Saverio Lodato in BUR

Intoccabili
(con Marco Travaglio)

La linea della palma
(con Andrea Camilleri)

Saverio Lodato

Quarant'anni di mafia

Storia di una guerra infinita

BUR
rizzoli

ISBN 978-88-17-05627-4

Prima edizione BUR 2012
Terza edizione bestBUR giugno 2013

Per conoscere il mondo BUR visita il sito **www.bur.eu**

QUARANT'ANNI DI MAFIA

AI MIEI GENITORI, A GIULIANO, A GIUSI

Forse è giusto e perfino necessario dimenticare i disastri, e le guerre sono di sicuro disastri cui la nostra specie sembra incline. Se potessimo trarne un insegnamento, sarebbe utile tenere vivi i ricordi, ma purtroppo non abbiamo questa capacità. Nella Grecia antica dicevano che ci voleva almeno una guerra ogni vent'anni perché ogni generazione sapesse. Noi invece abbiamo bisogno di dimenticare, altrimenti non potremmo più indulgere a questa assurdità omicida.

John Steinbeck

Andrà meglio. Quando? Quando governeranno i cani?

Elias Canetti

Ben se' crudel, se tu già non ti duoli, pensando ciò che 'l mio cor s'annunziava; e se non piangi, di che pianger suoli?

Dante Alighieri

È una specialità di Andreotti quella di non lasciar mai impronte digitali.

Indro Montanelli

Perché siamo caduti così in basso?

Paolo Sylos Labini

Oltre a ricercare la verità, abbiamo il dovere di ricordare.

Giorgio Napolitano

Il giornalismo italiano fa veramente ciò che deve per essere vicino ai suoi cronisti minacciati e aggrediti dalla mafia?

Roberto Morrione

Gli anni del rogo

Negli annali della lotta alla mafia potrebbero essere ricordati come gli anni del rogo. Il rogo delle telefonate dello scandalo. Il rogo delle telefonate fra Nicola Mancino e Giorgio Napolitano, che la Corte costituzionale prima e la Cassazione poi hanno disposto che andassero distrutte. Che rimanessero per sempre top secret e finissero nell'inceneritore. Un rogo voluto perché restassero sconosciuti i contenuti di quattro colloqui fra un imputato per falsa testimonianza e un presidente della Repubblica. Brutta storia, per le istituzioni repubblicane. Eppure, nonostante tutto, questa storia continua.

L'inchiesta sulla trattativa fra lo Stato e la mafia va a processo. Dopo una lunga fase preliminare, la prima udienza si è svolta a Palermo, il 27 maggio, nel carcere dei Pagliarelli. Nell'aula della Corte d'assise presieduta da Salvatore Montalto, giudice a latere Stefania Brambille, nutrito lo schieramento dell'accusa: Francesco Messineo, capo della procura, il suo aggiunto Vittorio Teresi, i sostituti Nino Di Matteo, Francesco Del Bene, Roberto Tartaglia. Tre gli imputati presenti in aula: Nicola Mancino, Antonio Subranni e Massimo Ciancimino. Innumerevoli le richieste di costituzione di parte civile sulle quali la corte sarà chiamata a decidere. A Mancino che aveva dichiarato: «Non posso stare nello stesso processo in cui c'è la mafia», la procura ha replicato annunciando «una nuova aggravante», rispetto alla falsa testimonianza, che sarà specificata in udienze successive. Questo, in estrema sintesi, il primo round di un processo che si annuncia lungo. Come si è arrivati a questo punto?

Il gup di Palermo, Piergiorgio Morosini, non si è lasciato influenzare dalla rabbiosa canizza di quanti avevano aprioristicamente sentenziato che non stava né in cielo né in terra che lo Stato, nella persona di alcuni suoi rappresentanti, venisse portato alla sbarra, processato, sbattuto sotto i riflettori. Serenamente, ponderatamente, carte alla mano, in solitudine, Morosini ha deciso di testa sua. E il 7 marzo 2013 ha rinviato a giudizio 10 imputati – boss della mafia e rappresentanti della politica e delle istituzioni – Marcello Dell'Utri, Mario Mori, Giuseppe De Donno, Antonio Subranni, Salvatore Riina, Antonino Cinà, Giovanni Brusca, Leoluca Bagarella, tutti accusati di «attentato mediante violenza o minaccia a un corpo politico giudiziario o amministrativo dello Stato; aggravato dall'agevolazione di Cosa Nostra»; Nicola Mancino, per falsa testimonianza; Massimo Ciancimino, per concorso esterno.

Saranno valutate a parte le posizioni di Bernardo Provenzano, il cui giudizio è stato sospeso a causa dell'aggravamento della sua malattia; e di Calogero Mannino, che ha chiesto il rito abbreviato.

Esistono, evidentemente, fondati indizi dell'ipotesi dell'accusa: prima, durante e dopo le stragi del 1992, a Palermo, e sino a quelle del 1993, a Roma, Milano e Firenze, uomini delle istituzioni aprirono canali di collegamento con i mafiosi. Strinsero patti scellerati, al punto di aver favorito, con i loro comportamenti, l'attuazione delle stesse stragi.

Argomenti sul tappeto? Fra i più significativi: l'attenuazione del carcere duro, la chiusura dei penitenziari di Pianosa e dell'Asinara, la revisione della legislazione antimafia su sequestro dei beni e pentiti. Tutto sarebbe iniziato prima della strage di Capaci (23 maggio 1992): all'indomani dell'uccisione (12 marzo 1992), a Palermo, di Salvo Lima, all'epoca europarlamentare della Dc, colpevole, secondo il giudizio dei vertici di Cosa Nostra, di non essersi opposto al verdetto dalla Cassazione che aveva reso definitive le condanne all'ergastolo al termine del maxiprocesso alla mafia. Fra gli uomini politici siciliani che sedevano in Parlamento si diffuse il panico.

Secondo la ricostruzione accusatoria, Calogero Mannino, democristiano e ministro, si rivolse all'alto ufficiale dei Ros, Subranni, sollecitandolo a trovare un canale di collegamento con i vertici di Cosa Nostra. Subranni, a sua volta, girò l'imput al generale Mori. I canali furono aperti. Il progetto di eliminare gli uomini politici rientrò. Ma a quel punto – sempre secondo l'accusa – la mafia ripiegò sui magistrati come facile bersaglio, e in questa chiave andrebbero rilette le stragi di Capaci e via d'Amelio. Proprio a causa dell'enormità di queste contestazioni, la strada per l'accertamento della verità resta in salita.

Certi giornalisti frettolosi, certi storici frettolosi, certi politici interessati, non si rassegneranno facilmente. Li rivedremo all'opera. Cercheranno, come fecero all'epoca del processo Andreotti, di intralciare con ogni mezzo l'accidentato percorso della giustizia. Ci si chiede: il processo che fa tremare i polsi a uomini in giacca e cravatta e camicia immacolata, quanto durerà? A quali conclusioni perverrà? Sapremo finalmente, sapremo davvero, cosa accadde dietro le quinte dello stragismo fra il 1992 e il 1993? E quali e quanti testimoni eccellenti sfileranno di fronte alla Corte d'assise presieduta da Montalto? 178 ne ha richiesti l'accusa. E anche questa è stata una seconda bruciante sconfitta per giornalisti e storici frettolosi e politici interessati.

Ascolteremo dal vivo la testimonianza del capo dello Stato, Giorgio Napolitano, o del presidente del Senato, Piero Grasso? E che dirà Nicola Mancino, un lungo cursus honorum nelle istituzioni, che con una raffica di telefonate imbarazzanti per lui, e compromettenti per chi le riceveva, non si fece scrupolo di determinare una crisi fra i poteri dello Stato senza precedenti?

Vicenda scivolosa, che solo in Italia poteva avere l'esito che ha avuto. Vicenda che non fa onore alle istituzioni, purtroppo senza tante eccezioni. Proviamo a riassumerla nello spazio contingentato che è d'obbligo nelle introduzioni. La Procura di Palermo, che da quasi un decennio indagava sui retroscena non conosciuti delle stragi di Capaci, via D'Amelio, Roma, Milano e Firenze – e in una sintonia di fondo con le Procure di Caltanissetta e Firenze, anche se non sono mancati inevitabili strappi e momentanee difformità di vedute – si imbatterono in Mancino.

Con un gioco di parole diciamo che Mancino, in passato, è stato lo Stato: presidente del Senato, vicepresidente del Consiglio superiore della magistratura. E soprattutto ministro degli Interni nominato il 1° luglio 1992, ad appena cinque settimane dall'uccisione di Falcone, e diciotto giorni prima che Borsellino facesse la stessa fine di Falcone. Perché la data del 1° luglio si intreccia con la trattativa? Perché è ormai acclarato che Borsellino fu ucciso per essersi opposto alla trattativa. Proprio quel 1° luglio, si sarebbe incontrato con il ministro Mancino ed è altamente probabile che si fosse parlato della trattativa. Un incontro sempre negato dallo stesso Mancino che sostenne di non aver mai conosciuto Borsellino, addirittura di non sapere neanche che faccia avesse. Ma i magistrati di Palermo trovavano davvero strano che Mancino affermasse di non averlo mai conosciuto, quando, proprio dopo la strage di Capaci, era ormai universalmente considerato l'erede naturale di Falcone. Anche perché avevano ormai le prove che Borsellino, nel giorno dell'insediamento del nuovo ministro degli Interni, aveva interrotto un interrogatorio del pentito di mafia Gaspare Mutolo proprio per andare a rendere omaggio al nuovo rappresentante del Viminale. Visita che Borsellino, in sovrappiù, aveva indicato espressamente in una delle sue agende. Non in quella «rossa», che una manina occulta fece sparire sulla scena del delitto, e che difficilmente 21 anni dopo salterà fuori, essendo destinata, con ogni probabilità, ad alimentare l'eterno «grande gioco» dei ricatti. Ma torniamo a quell'incontro della discordia. Mancino fu poco dopo intercettato telefonicamente dai procuratori di Palermo. Fu allora che esplose il caso clamoroso delle sue telefonate a Loris D'Ambrosio, consigliere del Quirinale, interfaccia di Napolitano, al quale Mancino, inspiegabilmente sollecitava scappatoie, suggeriva escamotage, pretendeva atti formali per alleviare la sua posizione e soprattutto perché fosse evitato un faccia a faccia fra lui e Claudio Martelli, all'epoca delle stragi ministro di Grazia e giustizia, con il quale, in sede di interrogatori, era insorta una diversità di vedute proprio rispetto a un episodio considerato decisivo nella trattativa. I giornali pubblicarono tutto.

Ma che Stato era quello che dialogava con un cittadino sotto inchiesta nell'intento di dargli una mano a tirarsi fuori dai pasticci in una vicenda delicata quanto lo sono le vicende di strage? Si disse che Loris D'Ambrosio non resse l'onta di quei titoli sui giornali, e che per questo morì d'infarto. A dare notizia del decesso non furono i familiari, ma proprio il capo dello Stato, Giorgio Napolitano, con apposito comunicato, abbastanza esplicito sul fatto che esistevano responsabili, anche se indiretti, nella fine di D'Ambrosio. Poi, solerte come al solito in emergenze del genere, ci pensò Giuliano Ferrara, oggi giornalista, ai tempi della guerra fredda sedicente spia della Cia, a fare i nomi, infilando nel tritacarne Antonio Ingroia, il procuratore aggiunto e il suo collega Nino Di Matteo titolari di quell'inchiesta. Ferrara fece giustizia giornalistica sommaria definendo entrambi «assassini» di D'Ambrosio. Fu quello, fra l'altro, il battesimo della campagna del fango contro Ingroia che sarebbe proseguita anche quando il magistrato decise di impegnarsi in politica.

Di fronte a questi attacchi, Napolitano tacque, non ritenendo opportuno, in quell'occasione, uno dei suoi inviti alla «moderazione» che tanto, va detto, hanno scandito il suo primo settennato e l'inizio del suo nuovo settennato. Ma la storia avrebbe riservato altre sorprese. Così saltò fuori anche l'esistenza di quattro telefonate fra Mancino e lo stesso Napolitano. Contenuto top secret, ma contenuto, in se stesso, che era di troppo, anche se giudicato non penalmente rilevante dalla stessa Procura di Palermo, che quelle telefonate aveva legittimamente ascoltato. In quel caso, sembrò davvero venir giù tutto. Si favoleggiò persino di un attacco al presidente della Repubblica, glissando elegantemente sul fatto che un indagato aveva trovato udienza (telefonica) presso il Quirinale. Napolitano sollevò conflitto di attribuzione contro la Procura di Palermo davanti alla Corte costituzionale. Chiese e ottenne, a seguito di un ulteriore parere della Cassazione, che quelle telefonate, una volta per tutte, fossero incenerite come in una pagina degna di *Fahrenheit 451*, mirabile favola sul Potere che cancella parole, cancella memoria, cancella verità che il suddito non deve conoscere. Furono in tanti a iscriversi precipitosamente al partito di Napolitano, il partito della forma che fa giustizia della sostanza. Qualche nome a caso: Eugenio Scalfari, Emanuele Macaluso, Luciano Violante, Pino Arlacchi, persino uno storico, Salvatore Lupo, però con una sua coerenza, visto che ha sempre negato il patto fra Stati Uniti e mafia ai tempi dello Sbarco in Sicilia, circostanza sulla quale persino la Storia, oltre che gli storici, ha da tempo emesso il verdetto definitivo.

Nel bel mezzo di queste vicende, scrissi una lettera aperta a Nicola Mancino invitandolo al pentimento. La lettera trovò ospitalità su «il Fatto quotidiano» (23 ottobre 2012).

Scrivevo a Mancino, a proposito di una delle sue telefonate con D'Ambrosio, la più sconcertante:

> Cosa intendeva dire quando diceva che non voleva restare da solo con il cerino in mano? Cosa intendeva dire quando diceva di sentirsi un uomo solo, e che quest'uomo solo va difeso, e che se quest'uomo solo non viene difeso quest'uomo solo chiamerebbe in causa altre persone?
>
> Ce lo lasci dire: parole stonate, soprattutto se dette da una persona con il suo curriculum.
>
> Non diremo che Lei avrebbe dovuto dire al consigliere D'Ambrosio che di quella trattativa non sapeva nulla; che i magistrati di Palermo, in quell'inchiesta, l'avevano tirata dentro per i capel-

li; che, insomma, non sapeva di cosa si stesse parlando. Ognuno dice quello che vuole, ci mancherebbe. Diciamo solo che quello che ha detto è l'unica cosa che non avrebbe dovuto dire. Era evidente, ed è evidente, che Lei sapeva, e sa, di che si stava parlando. E invece.

E invece si è scatenato il putiferio. È stato rovesciato il tavolo.

E ancora:

Si è denunciata l'esistenza di un complotto contro il Quirinale. Sono stati portati sul banco degli accusati i magistrati palermitani «rei» di avere intercettato il capo dello Stato. E di non avere staccato la spina delle sue telefonate che svettavano in alto. Troppo in alto, ce lo si lasci dire. E così è stato acceso un conflitto di attribuzione fra i poteri, sul quale ora la Consulta è chiamata a dire la sua.

Nel frattempo, Lei è rientrato nell'ombra.

Gentile Signor Nicola Mancino, in questo momento Lei, a nostro modestissimo parere, ha un solo dovere: prendere la parola. E ad alta voce. Collabori con la giustizia italiana. Nel nome e nel ricordo di Giovanni Falcone e Paolo Borsellino. Faccia i nomi di quelle «altre persone» alle quali, cripticamente, alluse in quella telefonata al consigliere D'Ambrosio. Faccia i nomi di chi trattò con Cosa Nostra in nome dello Stato. Chi decise e perché. Cosa offriva lo Stato e cosa chiedeva la mafia. E dica, infine, perché la trattativa si arenò, tanto che seguirono le stragi di Milano, Roma e Firenze.

E dica altro, ancora. Dica perché, per quasi una mezza dozzina d'anni, Lei andò in giro per le televisioni italiane mostrando le pagina bianca della sua agenda – alla data 1° luglio 1992, giorno del suo insediamento al Viminale da ministro degli Interni –, a riprova del fatto che non aveva mai incontrato Paolo Borsellino; salvo poi ricordare, in un compiacente salotto televisivo, ma solo all'indomani della sua iscrizione nel registro degli indagati a Palermo, che sì, Borsellino Le aveva stretto la mano nel giorno del suo insediamento, ma Lei, ancora oggi, non ricorda che faccia avesse.

E concludevo:

Non serve, infine, che io Le ricordi che se i rapporti della mafia con la politica, le istituzioni, l'economia e la finanza non saran-

no recisi, la mafia resterà esattamente nel posto in cui si trova.
E che un'altra grande occasione andrà perduta.
Faccia fino in fondo la sua parte. Racconti quella parte di verità
che conosce, piccola o grande che sia.
Le porteranno gratitudine gli italiani, il capo dello Stato, la
magistratura di Palermo.
La mafia e certo Stato non gradiranno?
Pazienza. Se ne faranno una ragione.

Il mio appello cadde nel vuoto. Mancino non rispose. Magari si
rivelerà più loquace con i giudici della Corte d'assise di Palermo,
quando lo interrogheranno.

(Dimenticavo: il 6 maggio 2013 è venuto a mancare Giulio
Andreotti. Commemorazioni, e tanta retorica, nei ricordi degli
uomini politici che lo avevano conosciuto. Curiosamente, Eugenio
Scalfari, una delle colonne portanti del giornalismo italiano, nel
suo ricordo pubblicato da «Repubblica», ha compiuto, chiamiamolo così, un piccolo miracolo: non ha mai scritto la parolina dalle
cinque lettere: M-A-F-I-A.)

28 maggio 2013

Introduzione
Una strada verso l'abisso

Li ricordo ancora. Con le loro facce e le loro voci. Gli sguardi e le lucidissime ironie. Ricordo dove trascorrevano il giorno, ma spesso anche buona parte della notte: stanze intossicate dal fumo e ingombre di faldoni, ingressi blindati e primi mastodontici computer, con annesse lentissime stampanti, registratori, e carta; carta dappertutto. Era una location grigia e spoglia: corridoi disadorni occupati da armadi metallici, anch'essi con blindature e combinazioni, che racchiudevano pezzi di memoria criminale e giudiziaria.

Ricordo le interminabili attese dietro le porte degli uffici dei magistrati, mentre facevano capolino imputati e testimoni, parenti di vittime, poliziotti, carabinieri, finanzieri, agenti delle scorte, rappresentanti delle istituzioni; il variegato popolo di Palermo che, a vario titolo, affollava quotidianamente il Palazzo di giustizia. E, ovunque, occhi di telecamere in agguato che scrutavano il flusso dei visitatori.

Certo. Le date spesso si confondono, i nomi si accavallano, la memoria qualche volta tira brutti scherzi. Ma, considerati gli anni che sono trascorsi, il ricordo di quello scenario si è mantenuto vivo. Sarà anche per questo, devo confessarlo, che non sono mai riuscito a vedere fiction televisive sull'argomento, pur avendo saputo, da persone del cui giudizio mi fido, che ce ne sono state anche di molto belle, fedeli ai fatti accaduti, aderenti a quel grumo di passioni che segnò in un certo momento non solo la vita di una città, Palermo, ma la vita dell'intero Paese Italia. Il fatto è che, avendo vissuto quella stagione interamente e dall'interno, a causa del mio lavoro di cronista, e con l'opportunità rara, in casi come questi, di conoscere dal vivo tutti i protagonisti, mi viene sempre alquanto difficile accomodarmi in poltrona davanti a uno schermo in attesa che lo spettacolo cominci. E poi, diciamocelo francamente, visto come è andata a finire, che spettacolo sarebbe? E allora che ognuno si faccia il suo film, come usa dire oggi. E se lo guardi.

Ma è di loro che adesso voglio continuare a parlare: di quei giudici del pool antimafia di Palermo, pionieristico strumento giudiziario mutuato dalla lotta al terrorismo; di Giovanni Falcone e Paolo Borsellino e Antonino Caponnetto (e non solo), che osarono ciò che sino a quel giorno era apparso impossibile: affrontare la mafia ad armi pari. Ma con le armi del diritto.

Ne ricordo ancora l'entusiasmo sul lavoro, la professionalità. Ricordo quanto fossero intelligenti e acuti nell'affrontare un fenomeno antico, ma che per decenni e decenni non era stato volutamente esplorato. Ricordo la loro tenacia di fronte ai cattivi colpi della sorte, la loro abnegazione quando l'ennesima tempesta del momento avrebbe magari consigliato pause di riflessione, suggerito accomodamenti, persino giustificato vie di ritirata. Ma anche la soddisfazione, tenuta però sotto traccia, quando le cose sembravano prendere il giusto verso. Ricordo quel loro modo, assolutamente rivoluzionario per quei tempi, di fare squadra con uno scopo finalmente comune: combattere Cosa Nostra. Come ricordo le lezioni che impartivano a noi giornalisti che gli stavamo attorno: lezioni di serietà e di rigore, innanzitutto; e, soltanto dopo, lezioni sull'argomento. Ma erano lezioni per chi era disposto ad ascoltarle.

Ma oltre a ricordare – e me lo si lasci dire almeno a distanza di così tanti anni – sono orgoglioso ancora oggi della simpatia che loro mi manifestarono sempre, seguendo il mio lavoro di cronista che, a sua volta, seguiva passo dopo passo il loro lavoro, quello che si sarebbe tragicamente rivelato una strada diritta verso l'abisso. È di questa strada verso l'abisso che parla questo libro.

Ricorre infatti quest'anno un anniversario pesante. Il ventesimo anniversario di due date tristi: la strage di Capaci, la strage di via D'Amelio. Si mobiliteranno le grandi testate giornalistiche e televisive italiane. Magari ci scapperà anche qualche programma in prima serata. Sarà tempo di bilanci e di retorica. Sarà l'occasione per altri fiumi di parole. Sarà, duole dirlo, l'occasione di un altro cumulo di falsità, ora che il tempo è trascorso e rimettere al giusto posto torti e ragioni è diventata quasi impresa impossibile. Ma potrebbe essere anche, e me lo auguro, il tempo delle rivisitazioni e di qualche inevitabile tuffo nel passato finalmente scevro da pregiudizi. Una previsione, però, viene facilmente spontanea: quei poveri magistrati che pagarono con la vita saranno ancora una volta strattonati da una parte all'altra, a testimonianza, drammaticamente a posteriori, della bontà di una tesi piuttosto che di un'altra. I magistrati del pool questo destino lo ebbero in vita e li perseguita ancora oggi.

Non c'è dubbio che in Italia la lotta alla mafia piace. E se ne fa un gran parlare. Piace, sì. Ma piace sino a un certo punto, entro certi limiti: *adelante, Pedro, con juicio*, diceva, d'altronde, il manzoniano cancelliere Ferrer. Proprio come con la mafia: avanti, ma con molto giudizio.

A tale proposito, mi è capitato di scrivere per un quaderno di Libera (l'organizzazione fondata da don Luigi Ciotti), dedicato al giornalismo e alle mafie (2008) e curato dal compianto collega Roberto Morrione, queste righe: «In questi anni qualcosa non ha funzionato. Cosa? Credo che si possa affermare, con un pizzico di paradosso, che la lotta alla mafia, in Italia, sia un'esperienza molto giovane che è invecchiata molto presto».

Perché «molto giovane»? Perché si dovette attendere sino alla fine degli anni Settanta per vedere lo Stato italiano, per esclusiva iniziativa personale e spontanea di un gruppo di investigatori siciliani finalmente onesti, affrontare un fenomeno che datava almeno dall'Unità d'Italia.

Perché «invecchiata molto presto»? Perché di quel nuovo modo di combattere la criminalità organizzata si fece scempio, con i risultati che oggi sono sotto gli occhi di tutti.

Quali risultati? Be', siamo ancora qui a parlare della mafia, della necessità di combatterla, della necessità di sconfiggerla. Il risultato è chiaro. E con questo, il discorso si chiuderebbe da solo. Ma se proprio va detto, diciamolo che continuarne a parlare non è un gran risultato, a seguito di una sequenza drammatica di stragi e feroci delitti che non ha eguali nel mondo intero. Cos'altro doveva accadere per sconfiggere la mafia?

Eppure è altrettanto vero che in Sicilia e in Italia – e dimenticarlo sarebbe di una gravità imperdonabile – alcune migliaia di persone umili, ogni giorno, continuano a rischiare la vita per continuare a combattere quella battaglia.

In quale parte, allora, il meccanismo virtuoso si è rotto? Ormai tutti gli italiani lo hanno capito e se ne sono fatti una ragione.

È la politica che tiene in vita la mafia.

È la politica che la coccola e la tiene all'ingrasso.

È la politica che le dà l'ossigeno.

È la politica che la mette al riparo dalla sconfitta definitiva. Inutile girarci intorno.

Prevediamo l'obiezione: ecco il solito qualunquismo di chi non sa distinguere fra una forza politica e un'altra. Sarà anche così. Ma il Parlamento italiano assomiglia sempre di più a un fortilizio dove una consorteria malavitosa, corrotta e inamovibile, strettamente imparentata con un'Italia del malaffare, brinda a champagne ogni qual volta viene respinta una richiesta della magistratura che pretenderebbe di fare chiarezza, indagare, procedere con gli strumenti della legge. Ma da quel fortilizio non si passa.

Il garantismo? Il garantismo non c'entra. Non c'entra proprio nulla. La sovranità del Parlamento non è prevista in nessun ordinamento come salvacondotto per l'improcessabilità e l'impunibilità in materia di volgare criminalità, per di più organizzata. Di conseguenza, è lo champagne che stona. A stonare sono i vassoi di cannoli, le coppole che vorrebbero essere sarcastiche, i baci a scena aperta, le pacche sulle spalle, gli «evviva» e i «bravo» al miracolato di turno. Il tutto ripreso dalle telecamere le cui immagini faranno il giro del mondo, rivelandosi un micidiale boomerang per l'onorevole consorteria malavitosa, pacchiana e ridanciana. Borges diceva che qualche volta, prima di riflettere un'immagine, perfino gli specchi dovrebbero fermarsi a riflettere. Vale, a maggior ragione, per le telecamere che scrutano la politica italiana.

Un vasto programma attende dunque il nuovo governo guidato da Mario Monti, se davvero vorrà modificare nel profondo la cifra di questo Paese. E purtroppo di mafia dovrà occuparsene anche lui. E non con eccesso di *juicio*, per tornare a Ferrer.

Ma veniamo a questo libro. Quando uscì la sua prima edizione, con il titolo *Dieci anni di mafia*, sottotitolo: *La guerra che lo Stato non ha saputo vincere* (era il marzo 1990), ebbe un doppio «battesimo»: Giovanni Falcone prima lo presentò a Roma e, qualche mese dopo, lo recensì ampiamente per «Micromega»; Paolo Borsellino lo presentò a Palermo, il 3 settembre, in occasione dell'ottavo anniversario della morte del generale Carlo Alberto Dalla Chiesa.

Perché piacque a entrambi? Libri sulla mafia negli anni Cinquanta o Sessanta ne erano stati scritti parecchi. E di ottima fattura. Politicamente centrati, sociologicamente acuti, assai documentati sotto il profilo dell'analisi economica. Scritti benissimo. Insomma: belli. Come lo furono, per esempio, tutti quelli di Michele Pantalone, sui quali, negli anni Cinquanta e Sessanta, si erano formati tanti magistrati, tanti investigatori. Ebbi modo, con Falcone e Borsellino, di prendere l'argomento.

Le loro risposte, sostanzialmente, coincidevano: con *Dieci anni di mafia* era la prima volta che gli orrori di Cosa Nostra venivano squadernati in tutta la loro tremenda brutalità. E in tempo quasi reale, dal vivo. I fatti, ormai accertati dalla magistratura, venivano sbattuti in faccia al lettore, senza indoramenti di pillole, senza stucchevoli giustificazioni aggrappate a teorie bislacche prese in prestito dal folklore locale, senza interessate equidistanze. I fatti criminali non venivano sottintesi, né dati per scontati. Venivano verbalizzati e quasi ossessivamente ripetuti. Di conseguenza, in quelle pagine non c'era traccia di quell'alone leggendario che la mafia, per sua immeritata fortuna, si tirava dietro da oltre un secolo.

Certo. Poi, dentro questa cornice granguignolesca di sangue e pallottole, ci stavano loro. I magistrati del pool, ma anche – se così possiamo chiamarli con il senno di poi – i poliziotti e i carabinieri del pool, e i politici del pool, e i giornalisti e gli imprenditori del pool... In altre parole, l'embrione di una Sicilia che per la prima volta faceva sul serio. Il lettore sarebbe stato costretto a scegliere da che parte stare.

E qui mi sovviene un lontano ricordo.

Un paio di settimane prima che il libro arrivasse in libreria, avevo chiesto alla Rizzoli, nella persona dell'indimenticato editor Edmondo Aroldi, di inviare tempestivamente le bozze a Falcone, nella speranza di un suo benevolo giudizio e, magari, anche di una presentazione.

Un pomeriggio, quando i tempi iniziavano a farsi stretti e il libro stava ormai per uscire, ricevetti una telefonata di Falcone che iniziò così: «Caro Lodato, certo che lei ha delle curiose pretese. Ma come pensa che io possa presentare un libro che prende a pesci in faccia i miei superiori Curti Giardina e Pietro Giammanco?». Il fatto che la linea fosse disturbata giocò a mio favore. Per farmi sentire, e anche per darmi quel coraggio che non avevo, gridai: «Dottor Falcone, quelle cose le ho scritte io. Mica le ha scritte lei. Lei è liberissimo di prendere le distanze...».

E lui: «Sarebbe a dire?». E io: «Lei è liberissimo di dire che Curti Giardina e Giammanco sono decisivi nella lotta a Cosa Nostra...». Qualche istante di silenzio. E poi: «Ah sì, sì... Questa è una bella idea... Mi ci lasci riflettere... Le farò sapere».

Avendo imparato a conoscere la sua ironia, a tutto pensavo tranne che di averlo convinto. E invece il 10 aprile ci ritrovammo a Roma, alla Residenza di Ripetta, per la presentazione. Non mi pare di ricordare che spese una parola in difesa dei suoi colleghi, i cui comportamenti e provvedimenti avevano abbondantemente sconcertato. Questo era Giovanni Falcone.

Entrambi, Falcone e Borsellino, da persone intelligenti quali erano, sapevano che l'opinione pubblica italiana non poteva limitarsi a far da comparsa nello scenario granguignolesco – lo dicevamo prima – di quegli anni. E la stampa, per il cammino che loro si erano accinti a compiere, era un prezioso compagno di viaggio (ma anche in questo caso, a conti fatti, non si può dire che furono molto fortunati). Oltretutto, stavano già facendo le spese di fango e veleni, invidie e rancori, da parte di molti dei loro stessi colleghi.

Poi, questo libro continuò ad andare per la sua strada. Esattamente per le stesse ragioni che lo avevano portato alla luce. E il primo aggiornamento lo imposero i fatti: le stragi di Capaci e via D'Amelio. Lo scenario si era fatto orrido. Altri, magistrati e investigatori, generazione dopo generazione, presero il testimone del pool antimafia di Palermo. E la storia, in qualche modo, si scrisse da sola.

Quante volte, purtroppo, i fatti mi imposero di riaprire e aggiornare questo libro. Quante volte, con la sconsolata considerazione che continuava la strada verso l'abisso. E siamo arrivati sin qui.

In questa nuova edizione, dunque totalmente rivista e aggiornata, il lettore troverà il filo nero che dagli anni Settanta lo condurrà sino a oggi. Troverà una ricostruzione documentata, nei limiti imposti da questa storia sterminata, di quanto è accaduto.

Non troverà invece un resoconto algido e asettico di quelle vicende, non essendo stato, io, inviato in una terra straniera.

Alla fine, in un'apposita appendice, viene raccolta una selezione di articoli e interviste che abbracciano il periodo trattato nel volume, testi che recano tutti la data in cui vennero scritti.

C'è poi una sintetica cronologia per orientarsi in vicende complesse e che fra loro, spesso, si sono intersecate.

Vuole essere un piccolo e personale contributo al ventesimo anniversario delle due date tristi.

Purtroppo la lotta alla mafia non è ancora finita. E non finirà presto. Se mai finirà.

Saverio Lodato

Palermo, febbraio 2012

I

Poliziotto americano dove vai?

Da dove venivamo

Volgevano al termine gli anni Settanta, anni di artigianato investigativo, scanditi dalle foto in bianco e nero che ritraevano il ghigno
beffardo di tanti boss mafiosi graziati con la formula dell'insufficienza di prove. O – quando proprio andava male – spediti a bordo d'un
barcone nelle minuscole isole di Linosa o Filicudi per quel soggiorno obbligato che non avrebbe intralciato più di tanto i loro traffici.
Discutibilissime assoluzioni, condanne tiepide, avevano chiuso il
processo ai centoquattordici rappresentanti della nuova mafia di
quel tempo. La prima commissione antimafia, richiamata in vita
all'inizio degli anni Sessanta, pur avendo fagocitato nei suoi archivi
moltissimo materiale necessario alla conoscenza del fenomeno, si
manifestava per quello che era: la santabarbara che non sarebbe mai
esplosa. Nella sua deposizione-lampo, il 4 novembre 1970, durata in
tutto dieci minuti, Carlo Alberto Dalla Chiesa, comandante del
gruppo carabinieri di Palermo, fece in tempo a dire ai commissari:
«Loro, questi signori, hanno la sensazione certa di poterla fare franca... Essi avvertono che da processi come quelli di Catanzaro, o
quello di Bari, di Lecce, o di altre sedi, vengono assolti e che poi,
tornando, non ci troviamo pronti a riceverli come si converrebbe.
Siamo senza unghie, ecco...». Pessimismo ingiustificato?
    Disse il giudice Giovanni Falcone in un convegno a Palermo
nella primavera del 1988: «Nell'immediato dopoguerra e fino ai
tragici fatti di sangue della prima guerra di mafia degli anni '62-63,
gli organismi responsabili e i mezzi d'informazione sembrano fare
a gara per minimizzare il fenomeno mafioso. Al riguardo appaiono

significativi i discorsi di inaugurazione dell'anno giudiziario pronunciati dai procuratori generali di Palermo». È una via crucis di documenti ufficiali che non fa onore allo Stato italiano. Nel 1956 si disse che il fenomeno mafioso era scomparso. Nel 1957 si registravano delitti di sangue, ma da ascrivere «a opposti gruppi di delinquenti». Un vero e proprio canto di vittoria nella relazione del 1967: «La mafia aveva imboccato la strada lenta ma costante della sua inevitabile sconfitta». Nel 1968 si teorizzò lo strumento del soggiorno obbligato perché «il mafioso fuori dal proprio ambiente diventa pressoché innocuo».

Alla fine degli anni Settanta si concludeva dunque quasi un trentennio zeppo di omissis ammiccanti sui nomi di decine di uomini politici che forse di fronte alla mafia e ai suoi traffici avevano chiuso almeno un occhio. Se poi a qualche mafioso saltava in testa di raccontare la mafia dall'interno, accusandosi di delitti che lui stesso aveva commesso, lo Stato provava un profondo senso di fastidio.

Pazzo, schizoide, venne bollato con discutibili certificati medici quel Leonardo Vitale che nel 1973 salì le scale della Questura di Palermo per raccontare tutto quello che sapeva. D'altra parte perché meravigliarsi? Non si era ripetuto per decenni che in fondo i «mafiosi si ammazzavano tra di loro»? Che la mafia ricorreva all'uso delle armi solo se vi era «costretta»? Giustificato dall'alto da un potere centrale a volte titubante, a volte pavido, a volte colluso, il senso comune di fronte a ogni nuovo delitto era naturalmente portato a interrogarsi sulle responsabilità della vittima. «Certo, se lo hanno fatto fuori un motivo ci sarà stato. Nessuno ammazza la gente per nulla.»

Spesso si tessevano le lodi per una mafia che rispettava le donne e i bambini. Attenta a non aprire il fuoco contro magistrati e poliziotti. Ossequiosa verso i rappresentanti del potere politico con i quali doveva «scendere a patti». E, paradossalmente, quasi necessaria, indispensabile, in una regione come la Sicilia dalla quale Roma era sempre stata lontana. C'è un aneddoto che la dice più lunga di mille documenti sul grado di consapevolezza della gravità del fenomeno per un intero trentennio.

Il fotografo palermitano Natale Gaggioli, che dedicò la sua vita a documentare con la pesante Rolleiflex fatti e misfatti di Cosa Nostra, si portava sempre dietro una pala di ficodindia, la pianta simbolo d'una Sicilia circondata dal mare, inondata dal sole, conosciuta nel mondo per la sua Conca d'oro o la cima innevata dell'Etna. Bene: Gaggioli arrivava sul luogo del delitto, cercava l'inquadratura giusta e piantava il ficodindia in prossimità del cadavere. A quel punto scattava. «Se non facessi così le mie fotografie oltre lo stretto non le comprerebbe nessuno» si giustificava con aria mercantile e divertita. Aveva davvero ragione lui. Una mafia che non fosse anche folklore, che non evocasse i sotterranei bui della leggenda dei Beati Paoli, che non fosse spiegata anche alla luce del clima siciliano o del «temperamento» dei suoi abitanti a chi poteva interessare negli anni Cinquanta o Sessanta? Se fin da allora fosse stata rappresentata come ciò che in realtà è sempre stata – sopruso, violenza e delitti – forse l'opinione pubblica italiana si sarebbe subito ritratta inorridita. E avrebbe finito col reagire.

Ma non fu così: la mafia poté sempre giocare con largo anticipo con delle istituzioni perennemente in ritardo nel capire e nel reprimere. Tanto che verso la fine degli anni Settanta riuscì a innalzare la sua sfida poderosa con la tremenda catena di delitti che sarebbe continuata a lungo. A quell'epoca la produzione e la distribuzione dell'eroina erano diventate la sua principale fonte di accumulazione. Ma alcuni la volevano ancora interessata al traffico dei tabacchi, altri legata agli interessi delle aree edificabili, inguaribili nostalgici erano rimasti fermi all'universo d'una mafia agraria sonnolenta e a suo modo rispettosa di antichissimi valori. La nuova mafia – ma in quell'aggettivo «nuova» cui ciclicamente si è fatto ricorso per definire altre escalation è forse racchiuso un profondo senso di impotenza –, quella nuova mafia, dicevamo, iniziò quasi silenziosamente a lasciare sul selciato i cadaveri di giudici e giornalisti, carabinieri e uomini politici. E via via, vittima lei stessa di un delirio di grandezza tanto inutile quanto mostruoso, si sarebbe ritrovata anche a far fuoco sulle donne e sui bambini.

Il 16 settembre del 1970 il giornalista de «L'Ora» Mauro De Mauro, notissimo a Palermo per le sue coraggiose inchieste antimafia, venne rapito sotto casa e mai più ritrovato. Il 5 maggio 1971, fu assassinato Pietro Scaglione, procuratore capo di Palermo. Quindi silenzio, per molti anni, prima che la mafia dal «volto buono» si prendesse un'altra piccola licenza uccidendo – il 20 agosto del 1977 – l'ufficiale dei carabinieri Giuseppe Russo che indagava sulla scomparsa di De Mauro. Un anno dopo toccò al cronista giudiziario del «Giornale di Sicilia» Mario Francese e a Michele Reina, segretario della Dc di Palermo. Eppure – nonostante avvisaglie così chiare – lo Stato italiano non sembrava comprendere granché della nuova strategia del terrore. Cosa significavano quei primi grandi delitti? Certo erano state eliminate personalità molto note. Ma a Palermo vai a scoprire come stanno veramente le cose... Più in generale, lo Stato italiano non aveva capito nulla delle nuove rotte internazionali lungo le quali si dispiegava il serpentone dalle cento teste chiamato eroina. Così, alla fine degli anni Settanta, Palermo non era una città blindata, le auto di scorta rappresentavano una rarità e le sirene indicavano solo il passaggio di un'ambulanza o dei pompieri, mentre i vetri antiproiettile erano un lusso insostenibile.

Era normale in quegli anni

Non dovrà allora meravigliare se alle sette e cinquantacinque del 21 luglio 1979 Boris Giuliano, capo della Squadra mobile di Palermo, considerato all'estero uno dei poliziotti più bravi d'Italia, instancabile cacciatore di latitanti mafiosi, investigatore attento anche agli intrighi di alta finanza per trovare una chiave di lettura di ciò che accadeva in quegli anni in Sicilia, uscì tranquillamente da casa senz'altra protezione che la sua pistola nella fondina. Ogni giorno veniva a prenderlo un anziano commissario a bordo d'una Giulietta. Ma quel giorno – era una splendida giornata di sole – Boris Giuliano uscì in anticipo. Si fermò un attimo in portineria per consegnare la busta con i soldi della pigione, percorse una quarantina di metri da solo, senza guardarsi alle spalle, diretto a un bar poco distante. Un saluto al cassiere, un saluto al barista, un cenno del capo per un paio di avventori. Fece in tempo a ordinare il suo ultimo caffè: un killer solitario, a viso scoperto, pallido come un cencio, tremante, si affacciò sulla soglia del bar. Giuliano, ottimo tiratore, esperto in conflitti a fuoco, non riuscì a reagire. Cadde colpito al volto in un lago di sangue. Il killer si dileguò favorito dai complici.

Lo Sceriffo – così i suoi stessi collaboratori avevano soprannominato il capo della Mobile – forse fu ucciso per aver anticipato di un decennio tecniche di lavoro per quei tempi rivoluzionarie. Un poliziotto all'avanguardia. Si esprimeva perfettamente anche in inglese. Sapeva orientarsi a occhi chiusi fra i vicoli del suk palermitano della Vuccirìa, e aveva alle spalle un lungo apprendistato a Londra, nel quartiere cinese di Soho. Gran divoratore di libri di storia e gialli, aveva due baffoni alla tartara, la battuta pronta, tre figli e una moglie che lo adoravano, ma anche una maledetta passione che gli bruciava dentro: quella del poliziotto che non si limita a sbarcare il lunario scaldando la poltrona, ma che vuole indagare sui misteri del posto in cui vive. Già solo per questo, a Palermo, città che ha sempre mal tollerato i rappresentanti delle forze dell'ordine, Boris Giuliano partiva male.

Entrato in polizia all'inizio degli anni Settanta, si era ritrovato – prima da capo della Squadra omicidi e poi della Squadra mobile – a indagare proprio su De Mauro, Russo, Francese e Reina, mentre lo Stato faticava a cogliere le motivazioni che spingevano uomini come Giuliano e non si rendeva conto che quelli erano i suoi funzionari migliori, i più fedeli, che avrebbe dovuto preservare da ogni insidia.

Lo Sceriffo sembrava non accorgersi di quest'apatia che faceva da sfondo al suo lavoro individuale. Andava avanti e indietro da New York. A Palermo era in contatto telefonico quotidiano con i colleghi d'oltreoceano, della Dea (Drug enforcement administration) o dell'Fbi. Era di casa negli istituti di credito siciliani, avendo capito che gli assegni bancari sarebbero diventati le impronte digitali del futuro. Possedeva una dote rarissima in quegli anni: la capacità di connettere in grandi puzzle intuitivi tasselli criminali apparentemente slegati fra loro. Una preziosa rete di informatori che lo stimavano e lo chiamavano confidenzialmente «dottò». E anche una regola d'oro che spesso a Palermo può salvarti la pelle e che lui sintetizzava così ai suoi collaboratori: «Se venite a conoscenza d'un segreto non tenetelo per voi. Scrivetelo, ditelo, telefonatelo, ma non diventatene i depositari».

Eppure i segreti di Palermo lo attiravano con la potenza d'una calamita. «Peccato» diceva spesso «che indagando su certi delitti sbattiamo contro una parete d'acciaio.» Si riferiva proprio a quei delitti che rimangono ancora oggi senza risposta, e per i quali non sono mai stati condannati né esecutori né mandanti. Ma per tanti portelloni che restavano sbarrati, altri si socchiudevano, altri si spalancavano.

La sua intuizione più felice fu che la Sicilia, proprio in quegli anni, stesse assumendo un ruolo nevralgico nello scacchiere internazionale del traffico degli stupefacenti. Giuliano sospettava fortemente – anche se ancora non confortato dalle prove – che le raffinerie d'eroina stessero per essere trasferite da Marsiglia e dalla Costa azzurra proprio a Palermo. «Droga, droga» ripeteva enigmatico ai cronisti che gli rivolgevano domande su delitti che apparentemente sembravano incomprensibili, commessi quasi da marziani sanguinari e invisibili. E nel giugno del 1979, un mese prima della sua morte, il suo personale rapporto di collaborazione con l'antidroga statunitense diede uno dei suoi frutti migliori: sul nastro bagagli dell'aeroporto di Punta Raisi i poliziotti trovarono due valigie abbandonate, contenenti cinquecentomila dollari. Quei soldi erano la parcella pagata dalle famiglie mafiose americane a quelle siciliane in cambio di eroina purissima che aveva già invaso il mercato americano.

Qualche giorno dopo all'aeroporto Kennedy di New York il teorema Giuliano ebbe una conferma inequivocabile: questa volta gli americani sequestrarono eroina, per il valore di dieci miliardi, spedita puntualmente da Palermo. Una sequenza che poi avrebbe avuto più d'una replica.

Lo Sceriffo aveva fatto centro trovando le prove d'una verità in seguito lapalissiana: i canali classici del contrabbando di sigarette erano stati riconvertiti in canali dell'eroina. Figurarsi ormai chi poteva togliergli dalla testa l'idea che gli elicotteri di polizia, oltre che per avvistare qualche imbarcazione in difficoltà, potevano essere adoperati per sorvolare l'intera provincia di Palermo alla ricerca delle raffinerie che pure dovevano essere nascoste da qualche parte. Se fino al giorno delle valigie Giuliano ne aveva sospettato l'esistenza, ormai ne era sicuro. Nel suo ufficio, al primo piano del brutto palazzotto in piazza della Vittoria, il capo della Mobile esaminava con scrupolo planimetrie e rilievi aerofotografici, alla spasmodica ricerca d'un indizio, d'una traccia che potesse segnalare la presenza di queste tremende farmacie. Non aveva più orari. Sua moglie Ines, i figli Selima, Emanuela e Alessandro, un giorno sì e uno no andavano a letto senza averlo visto tornare.

Giuliano, intanto, scavava, scavava, in mille direzioni. Avvertiva la presenza insidiosa d'un nemico feroce, che rompeva regole tradizionali e che, eliminando investigatori e giornalisti, alzava il tiro, mentre troppi elementi riconducevano con certezza al gigantesco traffico degli stupefacenti. Sceglieva l'eroina il vecchio contrabbandiere di Marlboro o di Philip Morris, l'ex rapinatore di banche o distributori di benzina. Il Jumbo Alitalia sulla rotta Palermo-New York aveva un soprannome che era tutto un programma: l'aereo del Padrino.

Un gioco estremamente pericoloso

Arrivò così l'alba dell'8 luglio 1979, una tiepida domenica sul lungomare di Romagnolo, a Palermo. Una data di svolta: tre settimane dopo Giuliano sarebbe stato assassinato. Con tre auto civetta, dodici uomini decidono finalmente di entrare in azione. Boris è con loro, e loro sono i «suoi» uomini, i migliori delle diverse sezioni in cui si articola una Squadra mobile. Non si trovano lì per merito d'una soffiata: il giorno prima, pedinando due mafiosi, sono riusciti a imboccare la pista che ora li conduce proprio al lungomare di Romagnolo.

Otto uomini silenziosissimi salgono su per una scala sbrecciata, altri quattro controllano la portineria. Nessuno risponde, nessuno apre. Il mandato di perquisizione concede l'autorizzazione a sfondare la porta. Ancora una volta lo Sceriffo ha indovinato. Fucili a canne mozze, micidiali pistole calibro 357, chili di munizioni. Ma la «gioielleria» doveva ancora saltar fuori da un armadio: otto sacchetti contenenti ciascuno mezzo chilo d'eroina purissima, per un valore di tre miliardi. Il ritrovamento della droga in sé – dopo le operazioni negli aeroporti – non rappresentava una novità eccezionale. Ma quei quattro chili d'eroina in qualche modo apparvero «firmati», se così si può dire. Nel covo di Romagnolo infatti vennero rinvenuti documenti falsi, guardaroba ed effetti personali di Leoluca Bagarella, braccio destro di Luciano Liggio, il superlatitante del clan dei corleonesi che spesso aveva adoperato quel rifugio per i suoi travestimenti. Sebbene Giuliano non avesse trovato ancora le raffinerie, quel giorno poté stabilire un'equazione rigida fra il terribile clan e la grande produzione d'eroina in quegli anni.

Forse per lui il bilancio investigativo era ancora magro, ma per i suoi nemici aveva oltrepassato ogni misura. Lo Sceriffo ormai sapeva benissimo di trovarsi nel mirino. «Giuliano morirai» sentenziò una voce anonima al centralino del 113, qualche giorno dopo il blitz di Romagnolo. Il conto alla rovescia era già cominciato. Giuliano mise in salvo un agente federale dell'antinarcotici che da qualche tempo si era trasferito a Palermo, costringendolo a tornarsene in America. A metà luglio piazzò moglie e figli su un treno diretto in un paesino alle falde dell'Etna, dove avrebbero trascorso le vacanze. Promise che li avrebbe raggiunti nella settimana successiva. Non riuscì a mantenere la parola.

Alle otto e trenta del 21 luglio 1979, il primo flash del giornale radio diede un annuncio laconico: «Il capo della Squadra mobile di Palermo Boris Giuliano è stato assassinato pochi minuti fa...». A Piedemonte Etneo era in ascolto la moglie Ines Leotta, che non vedeva l'ora che passassero quei giorni per riunirsi con tutta la famiglia. Intanto in via Di Blasi si assisteva a una sequenza che purtroppo, con il passare del tempo, sarebbe diventata sempre più frequente. Agenti distrutti dal dolore e rappresentanti delle autorità che non sapevano se fosse meglio parlare o stare zitti. A caldo si moltiplicarono interrogativi e supposizioni. Come mai Giuliano non aveva una scorta? Come mai l'assassino sapeva che il capo della Mobile, quella mattina, sarebbe uscito in anticipo? Per mesi si disse che proprio quel giorno Giuliano avesse ricevuto la telefonata d'un confidente che gli chiese di incontrarlo al bar sotto casa. Ma rimase solo una voce, i riscontri non si trovarono mai. Commentò il questore Giovanni Epifanio: «Non riusciamo a comprendere come sia stato colto così di sorpresa. Era sempre attentissimo, consapevole dei rischi, della delicatezza del suo lavoro».

Nella cattedrale, in un clima di grande tensione, mentre i poliziotti contestavano aspramente la delegazione degli uomini di governo giunta da Roma, il cardinale Salvatore Pappalardo, capo della Chiesa siciliana, pronunciò una durissima omelia: «Non si può chiedere di più a quanti sono giorno e notte esposti a innumerevoli insidie, a tanti mortali pericoli... Faccia lo Stato il suo dovere proteggendo, con un indirizzo politico chiaro e inequivoco e con leggi appropriate, la dignità e la libertà di tutti i cittadini, anche di quelli preposti alla tutela dell'ordine e della pubblica tranquillità...». Chi aveva ucciso Giuliano? Il cardinale non ebbe tentennamenti: «... cosche mafiose che si sono sentite minacciate di smascheramento». E forse erano in arrivo tempi ancora più duri. Pappalardo concluse così la sua omelia: «Si può applicare a noi la triste constatazione che faceva già per il suo tempo il profeta Ezechiele: "Il paese è pieno di assassini". Troppi mandanti, troppi vili esecutori e fiancheggiatori sono liberi e circolano alteri e sprezzanti per le nostre strade ed è difficile raggiungerli perché variamente protetti».

Il feretro venne portato a spalla dai «suoi» uomini fino in questura. Resero omaggio a Giuliano migliaia di cittadini semplici e tutti gli abitanti di via dei Biscottari, una stradina del popoloso quartiere di Ballarò, alle spalle della questura centrale. Spesso, per andare in ufficio, il capo della Mobile passava da lì e allora si fermava a parlare con gli abitanti di queste case fatiscenti, prodigo di consigli. In una città abituata da secoli a odiare gli «sbirri» era certo singolare che un poliziotto fosse spesso invitato in occasione di battesimi e matrimoni. *Via dei Biscottari in lutto. Erano tutti amici di Boris* titolarono i giornali di Palermo.

A Palermo in via Di Blasi una lapide ricorda il sacrificio d'un poliziotto onesto e al solo ricordo di questo mitico funzionario di polizia i pochi veterani ancora in vita si commuovono ancora. Ma a Giuliano per quasi trent'anni nessuno pensò di intitolare una strada. Oggi, finalmente, questa lacuna è stata colmata.

Giuliano pagò con la vita per non essersi rassegnato alla favoletta della mafia buona. Per non essersi fermato sulla soglia sbarrata da tanti portelloni d'acciaio che custodivano segreti innominabili. Per aver capito che la mafia si trasforma approfittando di lungaggini burocratiche e distrazioni colpose. Per aver inaugurato un asse investigativo Palermo-States che ai trafficanti non poteva andare a genio.

Dopo la sua morte, la sfida di Cosa Nostra accorciò i tempi secondo i ritmi e il copione d'una controffensiva militare che entra in una campagna decisiva. Settembre 1979: venne ucciso Cesare Terranova, magistrato. Gennaio 1980: Piersanti Mattarella, presidente della Regione siciliana. Agosto 1980: Gaetano Costa, procuratore capo a Palermo, e così via scannando e ricordando solo alcuni degli agnelli sacrificali più illustri.

Cerchiamo adesso di capire in quale ginepraio era andato a cacciarsi – spinto dal suo ottimo fiuto professionale e dal suo stile di lavoro poco incline ai compromessi – il poliziotto Boris Giuliano. Innanzitutto alcune cifre. Secondo stime della Dea, sul finire degli anni Settanta, i tossicomani americani sfioravano quota un milione, contro i centomila dei primi anni Sessanta. Il gigantesco mercato statunitense e quello europeo si approvvigionavano grazie alle tonnellate di oppio illegale coltivate nei due poli del Triangolo d'oro – Laos, Birmania e Thailandia – e in quello rappresentato da Afghanistan, Pakistan e Iran.

Proprio nel 1979, anno in cui venne assassinato Giuliano, la produzione nell'Asia del Sudovest sfiorò le duemila tonnellate, dieci volte di più che nel Triangolo d'oro. Il passaggio dall'oppio alla morfina, primo stadio del ciclo di raffinazione, veniva realizzato in Medio Oriente. E nel 1979, attraverso i sistemi più semplici o quelli più ingegnosi, sessanta tonnellate giunsero a destinazione in Europa occidentale. All'epoca da un chilo di morfina si ricavava un chilo d'eroina. Ma è la borsa valori di entrambi i prodotti che può dare un'idea di quanto fosse lucrosa questa attività, e di quanto fosse alto di conseguenza il potere di corruzione delle organizzazioni criminali che operavano in regime di oligopolio. Eric Charlier, uno dei primi trafficanti arrestati in America e alle dipendenze di Cosa Nostra, interrogato dal giudice Falcone nell'ambito della prima grande inchiesta palermitana su mafia e droga, spiegò ai giudici che «in Afghanistan il prezzo della morfina base era di duemila dollari al chilo, in Turchia raggiungeva i tremila e cinquecento, in Grecia gli ottomila, per lievitare – a Milano – fino ai dodicimila dollari». Quel chilo di morfina base che raggiungeva Milano alla fine degli anni Settanta, una volta raffinato proprio in Sicilia, sarebbe stato rivenduto in America per la somma tutt'altro che modica di duecentocinquantamila dollari. Fermiamoci qui. Può bastare per farsi un'idea degli interessi in gioco in quegli anni. A questo proposito può essere utile sapere che a quei tempi, nel mondo, i quantitativi d'eroina sequestrati oscillavano fra il cinque e il dieci per cento dell'intero fatturato. Si poteva insomma comprare – senza tirare sul prezzo – il killer disposto ad assassinare il capo della Mobile di Palermo. E quanto fosse ormai diventata corposa – quasi all'insaputa di tutti – questa posta in gioco che avvelenava scenari politici, istituzionali e imprenditoriali, si sarebbe visto esattamente due mesi dopo l'agguato in via Di Blasi.

Anche Terranova, perché no?

Ai primi di settembre torna a Palermo, dopo una lunga parentesi romana, un magistrato colto, informato, tutto d'un pezzo. «Giudice duro» è il peggior apprezzamento che riescono a coniare i suoi avversari, colleghi e no. Il magistrato che torna in Sicilia, dopo essere stato per due legislature componente della commissione antimafia eletto nelle liste del Pci, si chiama Cesare Terranova e ha cinquantanove anni. Per la mafia è un uomo ingombrante. Entrato in magistratura nell'immediato dopoguerra, la sua intera biografia era stata scandita da grandi inchieste e grandi processi alle vecchie cosche degli anni Sessanta. Terranova, giudice istruttore a Palermo fin dal 1958, aveva potuto assistere dal suo osservatorio privilegiato alle guerre senza quartiere che segnarono l'assalto alla città, all'insegna della speculazione edilizia e dell'accaparramento delle aree. Dalle sue mani erano passati i dossier più scottanti: quello sulla mafia della borgata di Tommaso Natale o contro la terribile famiglia Rimi di Alcamo, quello sui fratelli La Barbera – personaggi di spicco del sacco urbanistico di Palermo – o sull'uccisione, in ospedale, dell'albergatore Candido

Ciuni per mano di killer travestiti da medici. Ed era stato il primo magistrato a mettere finalmente per iscritto, nella sentenza istruttoria per la strage di viale Lazio del 10 dicembre 1969, che gli amministratori comunali di allora rappresentavano il centro propulsore della nuova mafia.

Aveva subito anche una *débâcle* personale, se così si può dire: quando a Catanzaro erano tornati in libertà quasi tutti gli imputati da lui rinviati a giudizio. Assolti, molti di loro però finirono assassinati subito dopo, a riprova della fondatezza delle sue convinzioni. Ma non è tutto. Il magistrato aveva preso di petto, infischiandosene degli inviti alla prudenza che da più parti gli venivano, l'intera famiglia dei corleonesi di Luciano Liggio. Riuscì a portare alla sbarra una sessantina fra gregari e colonnelli e lo stesso Luciano Liggio, che, in secondo grado, venne condannato all'ergastolo. Liggio giurò pubblicamente odio eterno a Terranova e il magistrato, nel suo studio al pian terreno del Palazzo di giustizia di Palermo, teneva una foto del boss: raccontava come gliel'avessero inviata i colleghi magistrati volendo scherzare su quest'antagonismo insanabile. Di Liggio – questo è certo – il giudice fu implacabile accusatore.

Un passato cristallino, una scelta di campo ribadita negli anni, una conoscenza del fenomeno talmente approfondita da renderlo quasi certamente vincitore nella corsa alla poltrona di capo dell'ufficio istruzione di Palermo. Tornava in Sicilia non solo il Terranova che aveva provocato sudori freddi alla mafia di quegli anni, ma anche l'ex parlamentare che aveva ampliato i suoi orizzonti nella commissione d'inchiesta e che ora, in poche parole, ne sapeva di più. E tornava – ma questo allora potevano saperlo in pochi – proprio in un momento in cui i corleonesi si preparavano a un gigantesco regolamento di conti con le cosche rivali. Uno come lui, che non era un bigotto del diritto e che aveva affinato anche una visione non solo repressiva del fenomeno, che ostacolo sarebbe stato per la mafia se fosse riuscito a insediarsi in quell'ufficio delicatissimo.

Terranova, che si definiva un ottimista per natura, pur rendendosi conto che il suo rientro a Palermo non sarebbe passato inosservato non nascose i suoi propositi. Spiegò di non aver mai avuto intenzione d'abbandonare definitivamente la toga, «temporaneamente dimessa» durante la parentesi parlamentare, e appena giunto a Palermo, in quel lontano settembre del 1979, rilasciò un'intervista a un giornale locale. Spiegò quanto fosse ingannevole la differenziazione fra mafia vecchia e mafia nuova. Sottolineò l'importanza degli appalti. Osservò che il traffico di droga non era una novità di quegli anni. Intuì che una nuova classe dirigente criminale stava scalzando i clan dei quali lui stesso si era occupato da giovane. Si lamentò dell'omertà come atteggiamento mentale diffuso. E degli scarsi risultati concreti ai quali era pervenuta la commissione parlamentare. Appena tornato era stato nominato presidente di sezione di Corte d'appello, una collocazione che tutti giudicarono di «parcheggio». Terranova aveva infatti presentato domanda, insieme a una trentina di colleghi, per dirigere l'ufficio istruzione. Già lo chiamavano «signor consigliere», quasi a dare per scontata la sua nomina.

La mafia sapeva che questo giudice non aveva nel suo cassetto carte scottanti su singoli casi ancora aperti. Conosceva bene la differenza che passa tra la figura di un giudice e quella di un poliziotto. Ma nello stesso tempo capiva che quel giudice dalla memoria ormai storica, per sette anni commissario dell'antimafia, politicamente orientato a sinistra, era l'ultima persona che avrebbe dovuto sedersi su quella poltrona. Ne tirò le conseguenze il 25 settembre 1979. Ancora una volta un agguato sotto casa.

Quella mattina Terranova scese per andare in ufficio. Lo aspettava Lenin Mancuso, fedelissimo maresciallo di pubblica sicurezza che ormai da vent'anni lo seguiva come un'ombra; si mise alla guida della sua auto, il poliziotto a fianco. Tre killer circondarono l'auto, armati d'una carabina Winchester, d'una calibro 38 e d'una 357 magnum. Non ci fu scampo: una trentina di colpi, esplosi a distanza ravvicinatissima. Per il magistrato anche un colpo di grazia al collo, come stabilì l'autopsia. Il maresciallo invece, pur essendo stato centrato da otto proiettili, sopravvisse ancora un paio d'ore.

Sebbene a quell'ora il quartiere, in una zona elegante della città, fosse affollato di gente, e sebbene molti testimoni assistettero casualmente all'esecuzione, non fu mai possibile tracciare l'identikit degli assassini che pure agirono a viso scoperto. Inutili le perquisizioni nell'abitazione del magistrato. Fu Giovanna Giaconia Terranova, moglie di Cesare, a guidare gli investigatori fra pile di carpette che contenevano sentenze e dossier ma da quell'archivio non saltò fuori nulla: c'erano solo le tracce documentali della sua lunga carriera di magistrato in trincea.

Toccò al cardinale Salvatore Pappalardo, per la seconda volta in due mesi, pronunciare l'omelia durante i solenni funerali nella cattedrale. «Sappiamo bene» disse il capo della chiesa siciliana «che non sono possibili soluzioni semplicistiche e immediate. Il male è talmente profondo e incarnato che le sue velenose radici affondano in un terreno dove si intrecciano da secoli... torbidi interessi, espressioni dell'egoismo e della prepotenza umana, disancorata da ogni visione morale e religiosa della vita.» Ma la mafia, intanto, tornava ad affilare le sue armi.

II

I Beati Paoli degli anni Ottanta

Pazzi e pentiti

Gli anni belli erano finiti, stava iniziando una guerra di sterminio che avrebbe fatto impallidire il ricordo d'una mafia tanto pacioccona verso lo Stato quanto spietata contro i suoi stessi affiliati. Il 1979 si chiuse con una secca sconfitta delle istituzioni e non solo in termini numerici. I giudici di Palermo, istruendo il maxi processo a Cosa Nostra, rivisitarono quel periodo e giunsero alla conclusione che molte perdite sarebbero state evitate se solo si fossero prese sul serio le deposizioni rese da due pentiti, quando ancora pentirsi era una preziosa rarità. Stiamo parlando di Beppe Di Cristina, un grande boss, capoelettore democristiano, personaggio di spicco nel gotha dei trafficanti internazionali di stupefacenti; e di Leonardo Vitale, un soldato che rimase sempre ai gradini più bassi dell'organizzazione.

Di Cristina venne ucciso nel maggio 1978 in una strada di Palermo. Qualche giorno prima aveva spiegato ai carabinieri di Riesi – il suo paese – che dalle mire espansionistiche dei corleonesi di Luciano Liggio sarebbero scaturite soltanto tragedie. Aveva tracciato un dettagliato organigramma di quella terribile famiglia rivelando per quegli anni novità sensazionali. Si decise al gran salto dall'olimpo degli uomini d'onore alla terra di nessuno degli «infami» e dei «traditori» quando gli avversari uccisero i suoi due guardaspalle più fidati. Di Cristina diede l'impressione di essere un animale braccato, in preda al terrore. Fu il maggiore dei carabinieri che raccolse la sua testimonianza a adoperare proprio queste espressioni in un rapporto. Il motivo c'era. Di Cristina, ricevuto il messaggio rappresentato dall'eliminazione dei suoi, aveva sperato di poter utilizzare nella caccia a quei nemici – che ormai erano molto più forti di lui – proprio gli investigatori. Un calcolo errato, ma Di Cristina ebbe poco tempo per rendersene conto. E, a rileggerle, le sue dichiarazioni colpiscono per autenticità e lungimiranza.

Tanto per cominciare si disse certo che il giudice Cesare Terranova sarebbe stato assassinato per decisione della cosca di Luciano Liggio, Lucianeddu. E siccome lo stesso Di Cristina aveva passato i suoi guai giudiziari proprio a causa di quel magistrato «duro e tutto d'un pezzo», i corleonesi speravano che le accuse si sarebbero ritorte contro di lui. A quale logica rispondeva un progetto militare così spregiudicato? Semplice: Liggio era stato duramente criticato dagli esponenti dell'ala «morbida» per aver decretato, solo e contro tutti, la fine del tenente colonnello Giuseppe Russo. La morte del giudice Terranova, secondo analoghe modalità terroristiche, equivaleva a un minaccioso «comando io». Già nel 1975, cioè tre anni prima, Salvatore Riina e Bernardo Provenzano, luogotenenti di Luciano Liggio, avevano proposto, durante un summit mafioso, l'eliminazione dell'ufficiale dei carabinieri. Di Cristina, che insieme ad altri «pacifisti» di Cosa Nostra aveva preso parte all'incontro, bocciò quel piano. Sangue e vendette, dunque. Ma parlò a lungo anche di affari il boss di Riesi, ricordando, per esempio, che una grande azienda agricola nel casertano altro non era che una moderna raffineria d'eroina gestita personalmente da Lucianeddu. Un torrente in piena, quel Di Cristina. I solidi argini della sua omertà venivano spazzati via in un momento, dopo decenni, dal terrore che portava dipinto in volto.

Qual era la potenza militare che giustificava lo strapotere, a quei tempi ancora sotterraneo, dei liggiani? Il capo dei corleonesi disponeva di una squadra di killer tutta sua: quattordici delinquenti sanguinari sparsi nelle più grandi città italiane. Contava su roccaforti di ultras corleonesi nei centri nevralgici della Sicilia occidentale. Su una rete di infiltrati potenziali disposti a svolgere il ruolo dei guastatori nelle famiglie del campo avversario. Ma i pezzi migliori della fondazione Liggio si chiamavano Salvatore Riina e Bernardo Provenzano (proprio gli stessi che sarebbero stati disposti a far la festa al tenente colonnello Russo con almeno tre anni di anticipo sul cartellone), soprannominati «le belve» – chissà perché –, autori, disse Di Cristina, almeno d'una quarantina di delitti. Riina era anche imparentato con Nicola Tripodo, il capo dell'anonima sequestri che operava in Calabria. Anche i primi sequestri di grossi imprenditori, messi a segno in Sicilia in quegli anni, erano frutto della fervida immaginazione dei liggiani che rompevano un atavico principio di Cosa Nostra: non far mai ricorso in Sicilia a questo strumento di ricatto. A quei tempi Liggio era già plurimiliardario e aveva ritagliato una fetta abbondante dalla torta del rapimento di Paul Getty, messo a segno dalla 'ndrangheta grazie al legame con Riina.

L'incontro fra Di Cristina e i carabinieri si svolse in un casolare abbandonato, nella campagna di suo fratello Antonio, in provincia di Caltanissetta. Il colloquio durò un'ora. Beppe Di Cristina volle parlare a quattr'occhi con il capitano dei carabinieri Alfio Pettinato, mentre fuori, in attesa e di guardia, rimasero Antonio e un brigadiere. Prima di congedarsi il pentito che aveva sbagliato secolo volle ancora una volta ribadire la sua estraneità all'uccisione del tenente colonnello Russo: «È stata una gran "cazzata". La sua morte ha gettato fango sull'intera organizzazione. Ho stimato il colonnello Russo per la sua competenza e per la sua abilità, anche se sono stato perseguito con accanimento proprio da lui». E perché non restassero dubbi sul suo stato d'animo, sui possibili contraccolpi che quella deposizione avrebbe determinato, aggiunse: «Entro la prossima settimana mi arriverà una macchina blindata, fornitami dagli amici, e che costa una trentina di milioni. Sa, capitano Pettinato, peccati veniali ne ho e qualcuno anche mortale». La mafia non gli perdonò né i primi né i secondi. Appena una settimana dopo diede il benservito a Di Cristina prima ancora che riuscisse a entrare in possesso dell'auto blindata. In una delle sue tasche i poliziotti di Boris Giuliano trovarono un assegno che consentì di ricostruire un ampio spaccato del traffico d'eroina fra la Sicilia e gli Stati Uniti e le scoperte negli aeroporti di Palermo e di New York. I suoi funerali, a Riesi, chiusero un'epoca.

Settemila persone seguirono il feretro, compresi uomini politici, sacerdoti e funzionari pubblici. Gonfaloni e manifesti listati a lutto in un paese totalmente paralizzato dalla morte del suo capo mafia. Cinquantuno persone vennero rinviate a giudizio per interruzione di servizio pubblico, ma considerare fuori legge un intero paese si rivelò presto un'impresa giudiziaria assai ardua. Durante le sue confessioni il boss non aveva dato i numeri. Certamente aveva adoperato colori molto tenui per dipingere il ritratto dei capi della sua fazione, minimizzandone traffici e atrocità. Aveva colpito esclusivamente in direzione dei suoi nemici corleonesi, ma le sue

parole lasciarono il segno. Scrissero i carabinieri: «Le notizie fornite dal Di Cristina rivelano una realtà occulta, davvero paradossale. Rivelano che accanto all'autorità dello Stato esiste un potere
più incisivo e più efficace, che è quello della mafia. Una mafia che
agisce, si muove, che lucra e uccide e che giudica. E tutto ciò alle
spalle dei pubblici poteri».

È un linguaggio moderno, quello adoperato dai carabinieri. Un
linguaggio adatto a commentare le riflessioni ad alta voce d'un boss
che aveva frequentato le più esclusive stanze dei bottoni e che non
era abituato a rimasticare mezze verità dette da altri. Di Cristina
anticipò l'irresistibile ascesa dei corleonesi, così come, ovviamente su ben altro versante, aveva fatto Boris Giuliano. Ma quelli
erano tempi grami per chi rompeva dall'interno o violava la legge
dell'omertà.

L'altro pentito che per pentirsi aveva sbagliato secolo si chiamava Leonardo Vitale. Se Di Cristina anticipò gli scenari mafiosi
degli anni Ottanta, Vitale, uomo d'onore che folgorato da una
crisi mistica bussò alla porta di Dio, raccontò alcune puntate precedenti non meno illuminanti. Indiziato per un sequestro di persona, Vitale si presentò spontaneamente negli uffici della Squadra
mobile nel lontano 30 marzo del 1973.

Nervoso, pieno di tic, una sigaretta dietro l'altra, Vitale non
aveva l'aria dell'uomo d'onore che si limita all'essenziale. Anzi.
Iniziò la sua deposizione con frasi che vennero considerate poco
più che uno sproloquio. Partì alla lontana, come si dice: «Io sono
stato preso in giro dalla vita, dal male che mi è piovuto addosso
fin da bambino. Poi è venuta la mafia con le sue false leggi, con i
suoi falsi ideali: combattere i ladri, aiutare i deboli, e, però, uccidere: pazzi! I Beati Paoli, Coriolano della Floresta, la Massoneria,
la Giovine Italia, la camorra napoletana e calabrese, Cosa Nostra
mi hanno aperto gli occhi su un mondo fatto di delitti... Bisogna
esser mafiosi per aver successo, questo mi hanno insegnato e io ho
obbedito... La mia colpa è di essere nato, di essere vissuto in una
famiglia di tradizioni mafiose e di esser vissuto in una società dove
tutti sono mafiosi, e per questo rispettati, mentre quelli che non
lo sono vengono disprezzati». E ancora: «Il mafioso non ha via di
scelta perché mafioso non si nasce ma ci si diventa, glielo fanno
diventare».

E lui, Leonardo Vitale, come lo era diventato? A diciassette
anni. Gli fu maestro, nell'iniziazione, suo zio Titta Vitale, rappresentante della famiglia mafiosa della borgata palermitana di Alta-

rello. Un giorno lo zio gli disse: «Almeno sei capace di uccidere un cavallo?». Il ragazzino accettò la prova, venne affidato alle cure d'un mafioso, ricevette in prestito un fucile calibro 12. Ma Leonardo deluse i suoi mentori. Trascorreva interi pomeriggi con il suo bel fucile in mano e guardando pascolare il cavallo. Si sprecavano rimproveri e schiaffoni a ogni suo rientro a casa a missione incompiuta. Zio Titta non volle rassegnarsi a quel nipote bacchettone e pusillanime. Non ce l'ha fatta con un animale, forse gli sarà più facile togliar di mezzo un uomo, pensò il vecchio Titta.

Stavolta andò meglio: dopo tre settimane di appostamenti, Leonardo Vitale si disse pronto per compiere il passo decisivo. Si trattava di assassinare un campiere che aveva acquisito delle gabelle «senza chiedere permesso» al capo mafia di Altarello. Vitale andò sul luogo dell'agguato, a bordo d'una Topolino, vestito da meccanico e in compagnia d'un complice. Ricordò Vitale ai poliziotti che lo ascoltavano con gli occhi sgranati: «Avevo aperto la cappotta della Topolino, ed ero in posizione di tiro e non appena vidi verso la strada il Mannino [la vittima designata, N.d.A.] esplosi due colpi a lupara. Ricordo che il Mannino portava un paniere: cadde al limite del marciapiede. Come premio mio zio Titta mi portò successivamente a caccia di allodole».

Quell'omicidio facilitò l'ingresso del giovane nell'organizzazione. Si tenne un'apposita riunione di mafiosi della zona: «Mi punsero il dito medio con una spina di arancio amaro e bruciarono un'immaginetta sacra facendomi ripetere il rito sacro dei Beati Paoli; dopo di che mi baciai sulla bocca (sulle labbra, ma senza lingua), con tutti i presenti ed entrai ufficialmente a far parte della famiglia di Altarello». Da quel giorno Leonardo Vitale tornò a uccidere, almeno in altre quattro occasioni. Raccontò per filo e per segno quei delitti. La famiglia di appartenenza lo utilizzò per punire trasgressori o casi di indisciplina che spesso si verificavano nel rigido sistema del pagamento delle tangenti, delle guardianie dei terreni o dei cantieri. Vitale fece di tutto: uccise con la stricnina i cani che stavano a guardia di un'impresa edile, tagliò i cavi di tante gru, scrisse lettere ricattatorie, fece telefonate anonime di minaccia, incendiò auto e camion, impose e riscosse bustarelle d'ogni tipo. Ma rimase un pesce molto piccolo stretto da un branco di squali veri. Lo prova quest'episodio minore che avrebbe fatto sorridere uomini d'onore di ben altra pasta: «Bruciai anche una Cinquecento. Era di proprietà del direttore del cinema Imperia. La incendiammo per fare un piacere ai nostri amici, che facevano le maschere in quel cinema e si lamentavano spesso di questo nuovo direttore severo. Mi prestai volontariamente per dargli una lezione, in cambio della cortesia che poi mi venne usata di non farmi pagare il biglietto d'ingresso».

Anche Vitale, come poi avrebbe fatto Di Cristina, parlò del corleonese Salvatore Riina. Di Pippo Calò, il «cassiere» di Cosa Nostra. Anche di don Vito Ciancimino, l'ex sindaco di Palermo poi arrestato. Ma Vitale veniva a conoscenza di ciò che accadeva ai piani alti dell'organizzazione solo indirettamente. A ogni modo raccontò tutto ciò che sapeva, e si autoaccusò per i delitti che lui stesso aveva commesso. E fece i nomi dei componenti di decine e decine di famiglie mafiose palermitane. Tuttavia venne considerato pazzo e fu rinchiuso nel manicomio criminale di Barcellona Pozzo di Gotto. Dieci anni dopo il pentito Tommaso Buscetta avrebbe più volte confermato fatti criminali, responsabilità, circostanze indicate dal nipote di zio Titta. Ma a quei tempi, nel 1973, chi poteva prendere in parola un ex mafioso che bussava di notte a una Squadra mobile con la stessa ansia di verità e giustizia con la quale si bussa alla porta di Dio?

Si legge nella sentenza della Corte d'assise che ha concluso il processone a Cosa Nostra: «Non si può nascondere che tutte le persone da lui accusate [da Leonardo Vitale, *N.d.A.*] per le quali fu iniziata azione penale venivano prosciolte in istruzione o assolte nei vari gradi del giudizio, mentre egli stesso, dichiarato infermo di mente, era l'unico a esser condannato per un solo omicidio e assolto anche in relazione a fatti delittuosi per i quali aveva ammesso la propria responsabilità. Ciò del resto non poteva non essere un esito scontato, sia per il clima culturale dell'epoca, secondo cui soltanto un pazzo avrebbe potuto violare la ferrea legge dell'omertà, sia perché le dichiarazioni di Vitale da sole e non sorrette da adeguati riscontri, erano da ritenersi insufficienti per delle condanne».

Nessuno insomma si prese cura di andare alla ricerca di prove e riscontri, nessuno si interrogò su quello spaccato che venne sbrigativamente azzerato con una raffica di certificati medici. È vero che per molti delitti dei quali lui stesso si era accusato, Vitale non fu mai condannato. È altrettanto vero che proprio per uno di quegli omicidi finì in carcere mentre gli squali continuarono per anni ad agire indisturbati. Quale fu il tragico epilogo di questa vita maledetta avremo modo di vederlo più avanti.

Di Cristina e Vitale: entrambi gridarono nel deserto. Entrambi erano stati mafiosi e assassini. Entrambi «scoprirono» la legge per un ultimo istinto di autodifesa, sapendo bene che Cosa Nostra non ha mai perdonato nessuno. Soffermiamoci ancora un momento su questo tandem di incoscienti. Di Cristina aveva compilato un elenco di nemici personali, aveva riferito ai carabinieri ogni dettaglio che potesse essere utile per aggiornare il più possibile le conoscenze polverose sul clan dei corleonesi. A voler essere cavillosi, Di Cristina non si pentì mai di essere uomo di mafia. Non rinnegò la sua appartenenza a Cosa Nostra. Se prese la parola – rompendo la regola numero uno, quella del silenzio – lo fece perché animato prevalentemente dall'impulso di ricorrere al braccio della legge contro un nemico che da solo non riusciva più a fronteggiare.

Autentica invece, definitiva, in qualche modo con ambizioni mistiche ed escatologiche, la ripulsa che provò Leonardo Vitale per quella degradazione umana e culturale che aveva conosciuto sin da ragazzino. E sembra senz'altro da preferire il contributo offerto da Vitale alla giustizia, e non solo per ragioni in qualche modo morali. Il fatto è che lui – pur nel suo piccolo – svelò aspetti (pensiamo alla cerimonia dell'iniziazione) fino a quel momento rigorosamente esoterici, impensabili, dei quali magari si parlava, ma più per metter paura ai bambini siciliani che non per avviare una seria discussione sull'argomento. Eppure era proprio quell'insieme di norme, non scritte ma rigide e spaventevoli, a costituire il cuore d'acciaio di un'organizzazione criminale diversa e particolarissima.

Sangue e onore

Qual è il segreto della invincibilità della mafia? Come si diventa uomini d'onore? E quali sono doveri, regole di vita, atteggiamenti, parentele che possono assicurare la carriera in quest'accolita di delinquenti sanguinari? Come viene gestito il potere? Per raggiungere quali obiettivi?

Con le deposizioni di Buscetta e di tanti altri pentiti vennero colmate lacune decisive che negli anni Settanta e Ottanta apparivano insormontabili agli investigatori. È bene parlarne subito, ed è bene che il lettore tenga presenti questi aspetti, soprattutto quando il racconto sembrerà sfuggirgli, gli apparirà inverosimile, non aderente al vero e inconcepibile.

Il primo requisito previsto da questo bando di concorso – che si tramanda oralmente da generazioni e che può spalancare la carriera di mafioso – è il coraggio, il valore criminale. Sapere uccidere, se necessario. Non aver paura del sangue, rispettare la vendetta, anche a tempi lunghi, quando magari il poveretto sul quale sta per abbattersi ormai pensa ad altro. Ottime parentele, fedine anagrafiche immacolate, almeno fino alla terza generazione. C'è solo un particolare: bisogna esser mondi da consanguineità con rappresentanti dell'autorità dello Stato. In altre parole se siete figli o nipoti di giudici o carabinieri, poliziotti o guardie carcerarie, rinunciate a presentar domanda: non verrebbe presa in considerazione. Respinti anche tutti quei soggetti dalla vita sentimentale travagliata, con eccessi di amanti o fidanzate, con figli illegittimi, o senza fissa dimora. Naturalmente se si è in grado di dimostrare la propria appartenenza a una famiglia che già fa parte di Cosa Nostra il cammino in una certa misura è spianato. Il candidato che vuol entrare nel giro sarà per un lungo periodo osservato, studiato, valutato in tutte le sue componenti caratteriali. Non se ne accorgerà nemmeno.

Tutto avverrà a sua insaputa, fino al giorno fissato per l'iniziazione. Sarà accompagnato in un'abitazione privata (non esistono né circoli né sedi pubbliche, ovviamente), dove incontrerà almeno altri tre uomini d'onore appartenenti alla famiglia della quale lui è destinato a far parte. Gli ripeteranno la solfa che Cosa Nostra c'è per far del bene ai deboli, vittime di ingiustizie e soperchierie, eccetera, secondo un copione apparentemente deamicisiano. Il più anziano dei presenti bucherà il dito d'una mano del candidato e lo costringerà a versare il suo sangue su un'immaginetta sacra. La sceneggiata sta per concludersi: uno dei componenti la commissione d'esame dà fuoco all'effigie sacra e l'aspirante mafioso dovrà tenerla in mano fin quando diventerà cenere. Poi, se non ci avrà ripensato, pronuncerà le fatidiche parole: «Le mie carni dovranno bruciare come questa *santina* se non manterrò fede al giuramento». Quindi l'ultimo arrivato sarà presentato al suo capo famiglia. E da quel giorno, per gradi, senza fretta, se necessario, e soprattutto senza esagerare, il capo famiglia metterà il suo nuovo soldato a conoscenza dei segreti dei quali lui è depositario.

Avvertenza per gli incostanti: una volta che si entra non si esce più. Si resta uomini d'onore fino alla fine dei propri giorni.

Uomo d'onore è colui che tace. Che tace con gli estranei ma anche con altri affiliati. Che non si sognerebbe mai di sbandierare ai quattro venti la sua delicatissima condizione. Capace di racchiudere un discorso complicatissimo in un semplice sguardo. Se dovessero insorgere liti o contrasti ha il dovere di dire al suo capo famiglia tutta la verità, senza lasciarsi trasportare dall'ira o dalla voglia di mettere in cattiva luce un altro soldato come lui: si rischia l'espulsione da Cosa Nostra quando si «armano tragedie» ingiustificate – cioè quando si imbastiscono intrighi – che seminano zizzania. In casi particolari è anche prevista la massima pena. Insomma la circolazione delle informazioni deve essere ridotta al minimo ma perfettamente corrispondente al vero. Dimenticarsi di far domande: è molto gradito. Vi chiederete: come fanno due uomini d'onore che non si conoscono a presentarsi fra di loro? Semplice: non possono e non devono farlo. È infatti necessaria la presenza d'una terza persona che, conoscendo la qualifica di entrambi, dica a uno dei due: «Questo è la stessa cosa». Ma se vi dovesse capitare di udire la formula: «Questo è un amico», sappiate che non vi stanno presentando un altro uomo d'onore ma, più semplicemente, un simpatizzante, un fiancheggiatore di Cosa Nostra. Se avete un problema con un mafioso di un'altra famiglia rivolgetevi al vostro capo naturale. Sarà compito suo informare il parigrado, mettendolo in guardia perché uno dei soldati alle sue dipendenze «sta sbagliando». Concludendo su quest'aspetto: di regola i mafiosi alle prime armi sanno molto sulla propria famiglia ma non sanno granché di quanto accade in casa d'altri.

Altra regola: non ricorrere in nessun caso alla legge dello Stato. Eccezione: se vi rubano l'auto sporgete regolare denuncia, evitando così di trovarvi in guai giudiziari che potrebbero coinvolgere la vostra famiglia d'appartenenza. Se l'uomo d'onore finisce in carcere non deve preoccuparsi: Cosa Nostra esiste anche per aver cura dei suoi parenti, per assisterli economicamente, per onorare i suoi debiti con gli avvocati difensori.

Abbiamo visto dell'appartenenza di ciascun affiliato alla famiglia, una cellula primaria che controlla – millimetro per millimetro – un quartiere, una borgata, un intero paese. L'attività delle famiglie è coordinata dalla commissione, detta anche cupola, quell'organismo collegiale del quale fanno parte i capi mandamento, vale a dire i rappresentanti di tre o più famiglie territorialmente limitrofe. Di solito il capo mandamento è anche il capo di una di queste famiglie, ma a volte le due cariche non coincidono. Le riunioni della commissione o cupola sono presiedute da uno dei capi mandamento. Normalmente all'ordine del giorno ci sono questioni che hanno a che vedere con il rispetto delle regole di Cosa Nostra mentre la pace fra le famiglie – ma durante la guerra di mafia degli anni Ottanta non fu così – è un valore da salvaguardare a qualsiasi costo.

L'ascesa dei corleonesi invece determinò presto un'ulteriore centralizzazione del potere mafioso. Un disegno egemonico vero e proprio realizzato con il progressivo esautoramento della commissione a vantaggio dell'interprovinciale proiettata sulle quattro province della Sicilia occidentale. C'è un particolare indicativo: la famiglia di Corleone non ha mai reso pubblici agli altri capi famiglia i nomi dei propri adepti. Nel passato invece – soprattutto all'atto d'una nuova iniziazione – tutti i capi venivano informati per esprimere il loro gradimento ma anche per verificare se ci fossero controindicazioni all'ingresso di tizio o caio. Anche nella mafia, come in tutti gli ambienti di lavoro, ci sono stacanovisti e fannulloni. Ma nella mafia s.p.a. non si drammatizza. Se un uomo d'onore è costretto a emigrare l'organizzazione lo terrà comunque presente, saprà di poter contare su di lui, e un giorno magari gli chiederà un favore al quale non si può dire di no.

L'omicidio è fra le molteplici attività di Cosa Nostra quella regolata in maniera più scrupolosa. Nessun delitto può essere compiuto all'insaputa del rappresentante della famiglia nel cui territorio ricadrà il delitto stesso. Ci sono delitti di particolare livello, decisi in commissione, ed eseguiti da un commando composto da killer scelti discrezionalmente fra le varie famiglie. Per avere definitivamente le idee chiare su questa lobby criminale bisogna sapere che le decisioni, una volta che sono state prese in commissione, devono essere realizzate a tutti i costi. Ci sarà modo di tornare sull'argomento quando saranno esaminate le clamorose confessioni di Buscetta e di Contorno.

Si fa presto a dire sequestro

Quanto avrebbe giovato allo Stato italiano far tesoro di quei deliri! Invece, in quell'autunno del 1979, frettolosamente seppelliti Giuliano, Terranova e Mancuso, si continuò a giocar di rimessa, non rendendosi conto che alta mafia, alta massoneria e alta finanza potevano trovare ottime occasioni di intesa catapultando in

Sicilia uomini e menti criminali disposti a perseguire disegni destabilizzanti. Associazione a delinquere di dimensioni internazionali: così il giudice Falcone, interessandosi del finto sequestro del bancarottiere Michele Sindona nella sua prima ordinanza su mafia e droga, ha biasimato quella rete inestricabile di complicità che trovava ancora una volta a Palermo il suo bandolo principale. È la storia d'un polpettone melodrammatico. È il racconto di un'armata Brancaleone di finanzieri corrotti e spregiudicati, massoni avidi e servili, e mafiosi – ahimè – ancora una volta sanguinari ed efficienti. È la ricostruzione metà grottesca metà inquietante del tentativo di dar vita in Sicilia a un anacronistico golpe separatista.

Perno centrale della messinscena è Michele Sindona che già in quel lontano 1979 doveva rispondere in diversi tribunali italiani di bancarotta fraudolenta aggravata, concorso in estorsione contro Michele Cuccia e Rodolfo Guzzi, concorso in omicidio per l'uccisione di Giorgio Ambrosoli. In America, invece, l'avventuriero di Patti si trovava in libertà provvisoria perché coinvolto fino al collo nel fallimento della Franklin Bank. Il 2 agosto 1979, alla vigilia del giudizio, Sindona sparì da New York. Ricomparve il 16 ottobre 1979, con una ferita alla coscia sinistra. Un buco nero di quasi tre mesi. Sotto il finto nome di Joseph Bonamico, con un passaporto che la mafia statunitense gli aveva messo a disposizione parecchi mesi prima, il banchiere pasticcione girò in lungo e largo per il Mediterraneo, ebbe numerosi incontri con personaggi a rischio, soggiornò parecchie settimane in Sicilia dove ebbe colloqui con capi mafia ed esponenti massoni.

Dal giorno della sua scomparsa inviò messaggi ai familiari e ai suoi difensori facendo di tutto per accreditare la tesi di esser stato rapito da un fantomatico «gruppo eversivo per una giustizia migliore». In realtà rientrava in Europa per tornare in possesso di documenti che avrebbero dovuto provare i suoi strettissimi legami con quegli ambienti politici e imprenditoriali italiani che ormai avevano intenzione di mollarlo. Cercava il cosiddetto «tabulato dei cinquecento», l'elenco di altrettanti nominativi di personaggi in vista che – a suo dire – lo avevano sapientemente strumentalizzato per esportare all'estero, in maniera illecita, ingenti capitali. E mentre aveva già raggiunto l'Europa, una lettera veniva spedita agli investigatori americani: c'era una foto di Sindona con appeso al collo un cartello con su scritto: «Il giusto processo lo faremo noi». Sindona intanto era a Vienna. Ricomparve ad Atene. Lasciò la Grecia per la Sicilia, dove ottenne ospitalità prima a Caltanissetta e poi a Palermo, in casa dei costruttori Spatola. Per aiutarlo, proteggerlo, assecondarlo anche nei suoi deliri ricattatori operò in pianta stabile uno staff con suoi uomini in America e in Sicilia. Perché questo sodalizio?

È stato accertato che il finto sequestro venne inscenato dalla mafia siculo-americana dall'inizio alla fine. È ormai risaputo che durante la sua permanenza negli States, Sindona frequentava abitualmente i Gambino, rappresentanti d'una delle cinque famiglie più potenti di Cosa Nostra. Infine, durante il processo che si celebrò a Palermo, si apprese che la mafia lo aiutò molto nella ricerca di quei documenti. Lo scenario delle complicità non era né casuale né gratuito: il crac della Franklin Bank aveva notevolmente penalizzato le cosche di Brooklyn e di Long Island che in quell'istituto avevano depositato – fra gli anni Sessanta e Settanta – milioni e milioni di dollari di dubbia provenienza. L'esito dunque di quel processo stava molto a cuore ai mafiosi americani disposti così ad appoggiare ogni tentativo di Sindona di arrampicarsi sugli specchi. Ma il copione non funzionò secondo programma. Eppure il protagonista di questo polpettone giocò al rialzo.

Pretese da Miceli Crimi, capo massone della P2 siciliana e suo medico personale, una strana prestazione. Dopo essersi sottoposto all'anestesia locale alla gamba sinistra si fece sparare a bruciapelo per rendere ancora più veritiera la tesi del suo sequestro. C'era la componente ricattatoria fra le molle che spingevano Sindona al travestimento e al suo viaggio in Europa, e in particolare al suo soggiorno in Sicilia. Ma Sindona coltivava anche un progetto politico destabilizzante, inseguiva un miraggio golpista, aspirava a diventare l'uomo della saldatura d'un fronte reazionario, piduista, mafioso capace di sbarrare il cammino alle forze del rinnovamento. Il 1978 era stato l'anno della svolta autonomistica, del primo governo siciliano a partecipazione democristiana e comunista. La stagione politica delle grandi intese stava dando frutti nuovi alla regione dove un democristiano di scuola morotea, che si chiamava Piersanti Mattarella, veniva rapidamente alla ribalta. Era stato lui a presiedere quel governo che non poche resistenze aveva incontrato all'interno della stessa Dc ancora saldamente guidata da un gruppo dirigente centrista.

A qualcuno sembrò che la misura fosse colma.

Un moroteo a Palazzo d'Orléans

Espressione della migliore tradizione del cattolicesimo democratico – quella dei Dossetti e dei La Pira alla quale aveva attinto lo
stesso Aldo Moro – Piersanti Mattarella si era liberato presto dal
fardello di un'eredità difficile. Nato a Castellammare del Golfo il
24 maggio 1935, venne considerato all'inizio della sua giovane
carriera politica il rampollo che avrebbe preso il posto di suo padre
Bernardo, il potente democristiano – deceduto nel 1971 – che per
una ventina d'anni era stato ministro di tutti i governi della Repubblica. Ma fin dagli esordi Piersanti preferì frequentare la biblioteca
comunale e i circoli dell'associazione cattolica piuttosto che i
comitati elettorali dove non era difficile imbattersi nei capi mafia
della provincia trapanese. A suo padre, che lo scrittore Danilo
Dolci, siciliano d'adozione, aveva indicato nel 1965 alla commissione antimafia come politico legato ai boss fin dal dopoguerra,
Piersanti era legato esclusivamente da affetto filiale. Certo lo urta-
vano frasi del tipo: «Quel cognome non gli porterà alcun vantaggio»,
oppure sentirsi definire, quasi che lui ne fosse in qualche modo
colpevole, «il figlio di Bernardo».

Dovette fare i conti con questo scomodo retaggio già nel 1961,
quando diventò per la prima volta consigliere comunale a Palermo
nel vivo di durissime polemiche. Ottima preparazione giuridica,
esperto in diritto civile, una materia che insegnò per un lungo
periodo all'università, Piersanti Mattarella dimostrò in fretta la sua
natura di cavallo di razza. Nel 1967 deputato regionale. Nel 1971,
ancora una volta eletto deputato, fu nominato assessore al Bilancio.
Anni che videro la Regione siciliana travolta da una catena di
scandali mentre risaltavano sempre di più, anche per esplicito
riconoscimento dei partiti d'opposizione, le doti di quest'amministratore giovane e serio pervaso dalla volontà di svecchiare le
strutture più compromesse del suo partito. Piersanti Mattarella non
volle mai mettersi in lista nel collegio elettorale di Castellammare,
sebbene avrebbe potuto contare su un'elezione automatica e ple-
biscitaria. Partecipare al comizio di chiusura della campagna elettorale: ecco l'unica concessione che era disposto a fare ai democristiani castellammaresi.

Scrisse su «L'Ora» (il 9 gennaio 1980) il giornalista Marcello
Cimino: «Era per lui come un debito che voleva pagare a una
tradizione dalla quale poi non traeva alcun vantaggio diretto. Anzi.
Dalla tradizione clientelare, paternalistica e ministeriale del parti-

to democristiano, quale andò crescendo in Sicilia dopo il 1948 sempre più abbarbicato al potere, Piersanti Mattarella si tenne sempre discosto...». È un ritratto esatto. Rigoroso ma di ampie vedute Mattarella – diventato presidente della Regione siciliana nel 1978 – si distinse immediatamente nello sforzo di moralizzazione. Decise, accogliendo la denuncia dell'opposizione comunista, di andare a spulciare nelle mille pratiche per concessione di finanziamenti dell'assessore ai Lavori pubblici Rosario Cardillo il quale, a conclusione di quell'inchiesta, si dimise: venne accertato infatti che sborsava miliardi sempre alle stesse imprese, agli stessi personaggi, qualche volta anche in odor di mafia.

Il giorno dell'Epifania del 1980, Piersanti Mattarella venne assassinato. Stava uscendo da casa per andare a messa. Era con moglie e figli. Niente scorta, che sistematicamente rifiutava nei giorni festivi. Un killer li seguì con calma. Appena il presidente della Regione si mise alla guida della sua 132, il killer si avvicinò al finestrino e iniziò a far fuoco. Irma Chiazzese, la moglie di Piersanti, lo vide e lo supplicò di non sparare. Parole inutili. L'esponente della Dc venne trasportato in ospedale ancora vivo. Morì mezz'ora dopo sotto lo sguardo sgomento di Sergio, il fratello, che era accorso subito avendo udito le prime detonazioni. Identikit e supposizioni. Polemiche per la mancata vigilanza sotto l'abitazione del capo del governo siciliano. Profonda costernazione popolare. È morto come Aldo Moro, dicevano tutti.

Si raccontò in quei giorni che Mattarella aveva ricevuto minacce solo in due occasioni: proprio all'indomani dell'uccisione di Moro, e poche ore dopo l'uccisione del segretario della Dc palermitana Michele Reina. Funerali di Stato e omelia di Pappalardo. Si farneticò a lungo anche su un probabile movente terroristico. Vennero messi sotto torchio gli ambienti di estrema destra ed estrema sinistra. Sfilarono di fronte al magistrato assessori e funzionari regionali, amici di partito, collaboratori. Cento chili di documenti vennero esaminati nella speranza di trovare uno spiraglio. Nulla.

Nell'estate del 1989, il ruolo operativo della mafia scivolò in secondo piano mentre emerse con evidenza la matrice nera dell'agguato. Falcone emise mandati di cattura per omicidio e favoreggiamento contro Valerio «Giusva» Fioravanti e un gruppetto di terroristi dell'estrema destra, sospettati di aver partecipato all'uccisione del presidente Mattarella su espressa richiesta del boss Pippo Calò. Ma chi furono davvero i mandanti di quell'Epifania di sangue?

III

Un giudice rosso che doveva morire

Gli ascensori non hanno orecchi

Si incrociarono sguardi d'intesa fra alcuni magistrati, quella mattina del 10 luglio 1978, durante la cerimonia di insediamento del nuovo procuratore capo di Palermo. E chi era questo Gaetano Costa catapultato a dirigere una delle postazioni chiave degli uffici giudiziari siciliani? Come gli saltava in mente di pronunciare, a conclusione del passaggio delle consegne con il suo predecessore, una frase che suonava pressappoco così: «Non accetterò spinte o pressioni, agirò con spirito d'indipendenza. Cercherò di non farmi condizionare da simpatie o risentimenti»?

Non aveva capito nulla. Non gli avevano detto che tanti procuratori generali, molti anni prima di lui, inaugurando gli anni giudiziari, si erano nascosti dietro l'angolo, teorizzando che la mafia non era mai esistita? Che si accettavano spinte e pressioni? Che l'indipendenza veniva criticata come una nota stonata, e si preferiva il magistrato ossequioso, piegato in quattro di fronte agli avvocati, disposto ad abbassare gli occhi di fronte agli imputati? Forse Costa veniva da Caltanissetta e non poteva sapere come andavano le cose del mondo. Ma non gli aveva insegnato nulla la tragica fine di Cesare Terranova, magistrato a riposo, ex commissario antimafia, parlamentare che aveva deciso di tornare in trincea? Gli esempi non erano mancati. I morti nemmeno. Giuliano e Terranova erano caduti sotto il piombo dei killer. Ma non erano caduti senza un perché. Ora arrivava il giudice da Caltanissetta e si vantava della sua indipendenza e della sua autonomia. Ma a Caltanissetta sapevano cos'era l'eroina?

Piccoletto, sempre con giacca e gilè, Costa aveva l'aria del signore siciliano d'altri tempi, con ottime letture alle spalle, di pochissime parole, e salde convinzioni sul fenomeno mafioso. Era nato a Caltanissetta sessantadue anni prima. Aveva aderito alle cellule del partito comunista clandestino e preso parte alla Resistenza. Era entrato in magistratura a Roma, all'inizio degli anni Quaranta, iniziando la sua carriera di sostituto procuratore che poi avrebbe proseguito a Caltanissetta dal 1944 al 1965 e dove sarebbe diventato procuratore capo, dopo aver indagato a lungo sulla mafia agraria che in quegli anni stava mutando pelle, scoprendo nuove forme di accumulazione illecita. La Banca rurale di Mussomeli, la Banca artigiana di San Cataldo, la filiale del Banco di Sicilia di Campofranco ricordarono a lungo le unghiate di quell'implacabile giudice che andò a scartabellare senza pietà nei conti di tanti imprenditori sospetti, riuscendo spesso a spedire in galera clienti, banchieri e funzionari.

Studioso attento dell'intreccio che si venne a determinare all'inizio degli anni Sessanta in Sicilia fra la mafia e i pubblici poteri, Costa aveva reso una lucida testimonianza ai commissari dell'antimafia giunti a Caltanissetta nel 1969. Durante la sua audizione Costa fu netto e molto esplicito per quei tempi. «Ormai» osservò con una leggera punta di preoccupazione «non esiste più un certo tipo di attività mafiosa, quella tradizionale, quella che si concretizzava nei sequestri, nei danneggiamenti, negli incendi, nell'omicidio... Ora, quando dopo la riforma agraria è venuto meno il latifondo, c'è stata la suddivisione dei feudi, la campagna si è impoverita e non rende più; in queste condizioni è evidente che non c'è convenienza, non è più un affare andare a controllare una campagna per stabilire che un determinato ladruncolo si orienta verso un pascolo piuttosto che un altro. La mafia, quindi, ha abbandonato virtualmente la campagna, date queste mutate condizioni.»

Volle essere ancora più preciso: «Penso che il più complesso dei problemi» proseguì il procuratore di Caltanissetta «sia rappresentato dall'amministrazione, e che esso vada esaminato più a fondo». Si soffermò a lungo, quella mattina del 28 marzo, anche sull'argomento degli appalti e di certe gare «solo apparentemente regolari». E sul tema dei concorsi: «Il concorso viene bandito nelle forme regolari» spiegava il magistrato ai commissari che lo ascoltavano stupiti. «Ci sono parecchi concorrenti; però, se ne pone uno in condizioni di prevalenza rispetto agli altri, rilasciandogli attestazioni false, certificazioni di servizi resi in altri enti, che in effetti non ha svolto, lo si mette così in condizione di vincere il concorso in perfetta legalità; ma sulla base di certificazioni e attestazioni false.»

Costa si era fatto le ossa in una città circondata dalle miniere di zolfo, in una delle province più povere e isolate della Sicilia, eppure aveva già fatto in tempo a capire che anche lì stava facendo la sua prima apparizione la mafia s.p.a. dei colletti bianchi. Balle. Era un comunista. Peggio: un comunista giudice e perfino giudice antimafia. Peggio di peggio: era un magistrato intelligente e che sapeva il fatto suo. Una dimostrazione del suo stile di lavoro? Disse subito ai suoi collaboratori: «Preferisco un minor numero di inchieste, ma una maggiore dedizione per quelle che hanno un fondamento e promettono risultati soddisfacenti». Non gli piacevano le scrivanie zeppe di fascicoli polverosi mai depositati, mai restituiti all'ufficio istruzione, eternamente appesi a un accertamento di là da venire.

Ancora una volta Gaetano Costa appariva disarmato nella città dei leoni. Qualcuno tentò di spiegargli come stavano le cose. Gli dissero: il garantismo è nato a Palermo. Lui stentava a capire. Adoperarono una metafora: è più facile che un cammello passi per la cruna d'un ago che un mafioso finisca nel carcere dell'Ucciardone. Forse non furono così brutali. Forse gli spiegarono soltanto, più semplicemente, che dire mafia significa trovare le prove, che se non si trovano le prove non si troverà mai la mafia, e siccome la mafia – ma questo era sottinteso – è nata proprio per non lasciare le prove, ergo la mafia non esiste. Quasi un ritornello. Ma più chiaro di così... Costa annuiva, prendeva tempo, avvertiva di esser finito in un universo ostile, ma non intendeva rassegnarsi all'idea che la mafia fosse riuscita a trovare tanti sponsor in un Palazzo di giustizia dall'aria apparentemente austera e carica di tradizioni. Forse ebbe un ripensamento. Si chiese se avesse fatto bene a pronunciare quel discorso in occasione della sua nomina.

Quanto al contenuto delle sue «dichiarazioni programmatiche» c'era poco da fare: il suo punto di vista era quello, e difficilmente l'avrebbe cambiato. Costa così ebbe modo di incontrare Piersanti Mattarella, di ascoltare le sue lagnanze per quelle solite ditte che facevano man bassa di appalti pubblici, e avviò una sua inchiesta in qualche modo parallela a quella – amministrativa – promossa dall'uomo politico. Sollecitò accertamenti sulle cosche agrigentine che si stavano dedicando finalmente al traffico di droga. Non sottovalutò il ruolo di Francesco Lo Coco, impiegato in un noto istituto di credito di Palermo che fra una distinta di versamento e un'altra trovava il tempo per riciclare milioni di dollari spediti dall'America. Costa stava imparando molto in fretta. Ogni tanto, fra una pausa e l'altra del suo lavoro investigativo, gli capitava di dare un'occhiata a quella relazione letta dieci anni prima ai commissari dell'antimafia. Vedeva tutti i limiti di un'esercitazione teorica, adesso che era alle prese con morti ammazzati, fiumi di miliardi dalla provenienza sospetta, chili e chili d'eroina raffinata che lasciavano la Sicilia per gli Stati Uniti. Ma le sue convinzioni piuttosto che indebolirsi si fortificavano. A maggior ragione bisognava dimostrarsi autonomi e non disponibili alle pressioni ora che la mafia lanciava i suoi poderosi siluri contro le istituzioni e i rappresentanti della magistratura. Su un punto però questo magistrato tenace non si faceva illusioni: solo era e solo sarebbe rimasto. Solo come il giorno della sua nomina, quando altri giudici, ascoltando le sue parole, si erano scambiati sguardi che valevano cento discorsi.

Ma c'era anche qualche magistrato che non considerava Costa alla stregua di un animale strano. Uno di questi era Rocco Chinnici, capo dell'ufficio istruzione, che in quel Palazzo di giustizia aveva anche lui i suoi guai. Costa e Chinnici si incontravano spesso in un ascensore di servizio, per non dare nell'occhio, per non far capire ai colleghi che facevano il punto sulle principali inchieste antimafia aperte proprio in quei giorni. Andavano su e giù in ascensore trovando così finalmente un attimo di vera privacy. Tantissimi gli argomenti di conversazione.

Si indagava sul filone della mafia siculo-americana, e sulle famiglie degli Spatola, dei Gambino e degli Inzerillo. Si erano già verificati – come si ricorderà – i clamorosi ritrovamenti di droga e dollari messi a segno da Giuliano e dalla Dea. E nel marzo del 1980, a Milano, erano stati scoperti quaranta chili di purissima eroina nascosti nei contenitori dei dischi di Esmeralda Ferrara, una cantante pop di Bagheria, vicino a Palermo, che andava avanti e indietro dall'America proprio per conto della famiglia dei Gambino. A quell'epoca la pista dei corleonesi era stata imboccata da poco: vi si stava dedicando con tenacia Emanuele Basile, il capitano dei carabinieri della compagnia di Monreale che già da tempo – pur prendendo le mosse da altri spunti d'indagine – era giunto a chiudere il cerchio attorno agli stessi clan palermitani che erano finiti nel mirino di Giuliano.

Mafia? E chi l'ha detto?

La mafia, che a Palermo non ha mai dimostrato eccessiva fantasia, la sera del 4 maggio 1980 riservò all'intelligente capo dei carabinieri l'identico trattamento destinato qualche mese prima al vicequestore Giuliano. A Monreale, durante la festa del Crocefisso, Emanuele Basile in alta uniforme ha appena lasciato il Comune dove si è svolto un ricevimento. È in compagnia della moglie, tiene in braccio la sua bambina di cinque anni. I killer sbucano all'improvviso dalla folla che ha preso parte ai festeggiamenti. Basile cade colpito a morte. Restano miracolosamente illese la mamma e la bambina. Lo choc questa volta è enorme. C'è un nemico dello Stato – scrivono i giornali – che non ha più paura di nulla. Che ha alzato il tiro contro i rappresentanti delle istituzioni, siano essi poliziotti, carabinieri, uomini politici. Si sollecitano provvedimenti. Ma quali? Da dove cominciare? E poi le prove dove sono? E chi l'ha detto, e dov'è scritto, che questa catena di delitti sia sempre il risultato della stessa mano?

Inutile obbiettare che Giuliano e Basile lavoravano in comune, sulle stesse persone, sugli stessi affari, che avevano raccolto prove fotografiche e telefoniche che finivano col coincidere in un unico puzzle. Così nessuno degli addetti ai lavori si preoccupò più di tanto quando i carabinieri – poche ore dopo l'uccisione del loro ufficiale – arrestarono una trentina di persone e presentarono in procura il rapporto di denuncia. Ma era ovvio... anche i carabinieri dovevano guadagnarsi lo stipendio. Così qualche giorno dopo gli avvocati palermitani davano già per scontato che si stava assistendo all'ennesima tempesta in un bicchier d'acqua. Costa lesse e rilesse quel rapporto. C'erano i nomi più significativi della mafia siculo americana. C'era un fitto intreccio di parentele e di rapporti societari che promettevano nuovi e più significativi sviluppi.

Il 9 maggio, di mattina, Costa convocò nel suo ufficio tutti i suoi sostituti. Espose il problema. Illustrò i pro e i contro di quel rapporto. Ne indicò lacune e pregi. Richiamò l'attenzione sul fatto che quella lunga catena di sangue non poteva essere ignorata da operatori della giustizia che si occupavano di inchieste antimafia. Parlava e avvertiva tutta la sua solitudine. Leggeva sui volti dei colleghi perplessità teoriche, ma su quei volti scrutava anche uno stato d'animo che con l'interpretazione della dottrina aveva poco a che vedere. Si rendeva conto che se era sempre stato complicato a Palermo, nei decenni precedenti, mettere dentro un mafioso, a maggior ragione, quella mattina, discutere d'una cinquantina di ordini di cattura era un'impresa titanica.

E così fu. Uno per uno presero la parola tutti i sostituti procuratori per avanzare dubbi, proporre mediazioni, riduzioni, ripensamenti. Ogni nome inserito in quel rapporto si tirava dietro discussioni interminabili. A quel punto Costa decise, rompendo la prassi consolidata dell'unanimità, di assumersi tutte le responsabilità. Firmò da solo gli ordini di cattura. Ringraziò tutti e rimase ancora un po' nel suo studio, consapevole, ancora una volta, d'avere imboccato una strada senza ritorno. Restarono di sasso gli avvocati, quella mattina, alla notizia che i loro assistiti sarebbero rimasti dentro. E un paio di sostituti procuratori non perdettero l'occasione per scaricare tutte le responsabilità su Costa, finendo con l'additarlo come grande inquisitore.

Ti scorto domani, oggi no

Gaetano Costa morì dissanguato alle diciannove e trenta del 6 agosto 1980, su un marciapiede della centralissima via Cavour, sfigurato dai proiettili d'un killer solitario che lo aveva seguito da casa fin davanti a un'edicola libreria. L'indomani il magistrato sarebbe partito con tutta la famiglia per le isole Eolie. L'indomani avrebbe avuto una scorta. Per l'indomani polizia e carabinieri avrebbero garantito un rigido sistema di vigilanza che avrebbe funzionato anche a tutela dei familiari. Tutto insomma era previsto, ma, appunto, per l'indomani. Quel giorno invece faceva molto caldo, la città era deserta, non s'incontrava una divisa, mentre per le strade del centro qualche drappello di turisti rappresentava un boccone facilissimo per i ragazzini del centro storico in cerca di borse e portafogli.

Costa era irriconoscibile. Il volto sfigurato, la camicia zuppa di sangue, gli occhiali in frantumi. Il magistrato venne inquadrato dai primi fotografi più per scrupolo professionale che per altro. Non si sapeva chi fosse. L'ambulanza giunse sul posto con spaventoso ritardo. Trascorse ancora un'ora prima che le autorità di polizia, questore in testa, capissero quanto era successo. Sì, ma allora è Costa, conclude finalmente qualcuno. Già, e il giudice rosso, intanto, moriva in ospedale. Ma qual era la differenza fra l'uccisione del giudice Terranova e quella di Costa? Certo, in entrambi i casi, fu la mafia a decidere di sbarazzarsi d'un investigatore scomodo. Ma mentre Terranova pagò con il prezzo della vita la sua decisione di tornare in magistratura forte d'un bagaglio parlamentare, Costa fu assassinato – su questo oggi non ci sono più dubbi – per aver preso la decisione di convalidare quegli ordini di cattura. Una morte, la sua, tutta interna a quel Palazzo di giustizia che non a caso si è meritato la definizione di palazzo dei veleni.

Leonardo Sciascia, in quegli anni deputato eletto nelle file del Partito radicale, presentò un'interpellanza avanzando il sospetto che l'atteggiamento dei colleghi avesse contribuito non poco all'isolamento di Costa. Tre anni dopo, Rita Bartoli, moglie del procuratore, disse al giornalista Massimo Nava del «Corriere della Sera» (14 settembre 1983): «Mio marito fu lasciato solo a firmare i mandati di cattura contro la cosca Spatola-Inzerillo. Qualcuno lo additò addirittura come unico responsabile di quei mandati. Lo andarono a raccontare in giro agli avvocati dei mafiosi, ai giornalisti». E aggiunse: «Il Palazzo di giustizia di Palermo si può dividere in tre parti. Il gruppetto dei magistrati impegnati contro la mafia, il gruppetto dei "chiacchierati" e la grande palude, paralizzata dalla cultura della paura, e che fa la routine. Ma la lotta alla mafia deve essere fatta muro contro muro. Invece avviene che coloro che non sono omogenei all'ambiente vengono decapitati. Non c'è un ordine preciso della mafia, ma si crea un clima, una situazione, appena qualcuno prende iniziative che disturbano e toccano davvero il Sistema». Parole esagerate? La signora Costa aveva i suoi buoni motivi se si pensa al fatto che due giorni prima dell'agguato i poliziotti avevano fermato sotto l'abitazione del magistrato Totuccio Inzerillo, un giovane di trentadue anni, appartenente a una di quelle famiglie colpite dagli ordini di cattura. Il giovane, che pure aveva insospettito gli agenti, venne subito rilasciato, ma dopo il 6 agosto scomparve nel nulla. I giornali scrissero il suo nome, riferirono l'episodio, chiedendosi come mai Totuccio Inzerillo se la fosse cavata così facilmente quel giorno in questura. Quasi una settimana dopo, accompagnato da un legale, l'uomo si presentò spontaneamente in procura. Questa volta fu sottoposto al guanto di paraffina. Una stranezza dietro l'altra: lo rilasciarono senza attendere l'esito dell'esame. E Inzerillo scomparve un'altra volta. Tre anni dopo la magistratura catanese (competente per l'inchiesta Costa) spiccò contro Totuccio Inzerillo un mandato di cattura per omicidio che però non poté essere eseguito.

Poca gente partecipò alle esequie funebri di Costa e pochi

furono soprattutto i magistrati, quei pochi che non provarono imbarazzo a dare l'estremo saluto a un «giudice rosso».

Fra il 1979 e il 1980 a Palermo le istituzioni vennero decapitate. La città assorbiva i colpi in fretta, ma tutti ormai avvertivano con chiarezza che qualcosa si era definitivamente inceppato nel delicatissimo sistema delle alleanze fra le famiglie di mafia. Una furia omicida come quella non si era mai vista. Andavano in frantumi secoli di luoghi comuni sull'Onorata Società che non si permetteva di alzare il suo tremendo sguardo verso i rappresentanti dello Stato. Solo uno sciocco non si sarebbe reso conto che un simile scenario di morte evocava quasi automaticamente affari per centinaia di miliardi. È impressionante sfogliare le collezioni dei giornali dell'epoca. All'indomani d'un nuovo grande delitto alcuni titoli erano diventati quasi di rigore: *L'hanno ammazzato perché stava raggiungendo livelli molto alti... perché stava violando certi santuari... stava colpendo in alto.* Non erano titoli a effetto, anche perché si potrebbe obbiettare, con una punta di cinismo, che la città mattatoio non aveva bisogno di iniezioni supplementari di scandalismo per interessarsi a quelle morti.

Quei titoli in realtà rispecchiavano la convinzione della gente comune e davano bene il senso del perché a Palermo fosse stata ripristinata la pena di morte. E solo gli sciocchi, o anche i collusi, potevano ritenere elemento secondario a spiegazione di tante esecuzioni il fatto che tutte quelle vittime avessero lavorato, per un verso o per l'altro, alle stesse inchieste: Giuliano e Basile; Costa e Mattarella; Costa, Basile e Giuliano. Tutte grandi personalità accomunate dalla decisione di fare fino in fondo il loro dovere che a un tratto erano andate a cozzare contro gli stessi nodi irrisolti, gli stessi grumi di complicità. Già, ma ci volevano le prove.

Il corso pilota di chimica

Sembravano davvero lontani gli anni delle indagini della squadra narcotici di Marsiglia che si erano concluse – l'8 ottobre 1964 – nella campagna di Aubagne, con la cattura del dottor Joseph Cesari, «Jo» per gli intimi, a quei tempi forse l'unico trafficante francese capace di raffinare eroina pura al 98 per cento.

È una storia che è in qualche modo l'antefatto di ciò che stava accadendo a Palermo e merita di essere raccontata proprio perché ebbe il suo epilogo, sedici anni dopo, in Sicilia. Due scenari, solo apparentemente distanti fra loro, che finirono con l'incrociarsi in maniera tutt'altro che casuale. Vediamo. Cesari fu arrestato in una villa hollywoodiana di sua proprietà. Uno specialista, tenuto in palmo di mano dai malviventi marsigliesi, aristocratico e solitario, sospettosissimo tanto da far perdere le sue tracce con una tecnica di guida tutta sua. Alla vista degli agenti spense i fornelli, si sfilò i guanti, si tolse il camice immacolato e disse loro: «Benvenuti ragazzi, diventerete famosi. Avete davvero fatto un bel colpo».

Autodidatta, eppure chimico d'eccezione. Non lavorava mai più di quindici ore al mese, temendo di intossicarsi. Collezionava libri rari, in edizioni numerate. Sei domestici, una decina di fuoriserie, tavolo prenotato nei locali più esclusivi di Marsiglia. Fu condannato a sette anni, e se li fece tutti. Tornato in libertà fu nuovamente pizzicato: era il marzo del 1972. Jo non resse all'umiliazione e si impiccò. In gioventù, durante la guerra, aveva fatto di tutto: dal marinaio al barman, dall'allibratore all'allevatore di maiali. L'attenta lettura dei contatori di luce elettrica, un eccessivo consumo d'acqua, l'odore acre tipico dell'anidride acetica, pedinamenti e soffiate erano stati gli ingredienti dell'operazione poliziesca che aveva portato alla scoperta della villa di Aubagne. La scomparsa di Cesari, anno più anno meno, coincise con l'avvento del clan dei siciliani: negli anni Settanta, infatti, Marsiglia cessò di essere la piattaforma principale per la produzione dell'eroina.

Osservò Pino Arlacchi: «Il cosiddetto clan dei marsigliesi era costituito dai membri di quattro famiglie corse, i fratelli Venturi, Marcel Francisci, Joseph Orsini e i fratelli Guerini. I marsigliesi sono stati poi sostituiti nel controllo della via dell'eroina fra l'Oriente e gli Usa dalle famiglie siciliane degli Spatola, dei Gambino, dei Bontate e dei Badalamenti». Ma i «nipotini» del dottor Jo dov'erano finiti? Possibile che la sua scuola non avesse lasciato eredi? Boris Giuliano, come abbiamo visto, ma anche il capitano dei carabinieri Basile, fino al loro ultimo giorno di vita giurarono sull'esistenza delle raffinerie in Sicilia. Tre allievi del dottor Jo, ai primi d'agosto del 1980, pranzavano ad aragoste e champagne nell'hotel Riva Smeralda di Carini, un paesino ad appena venti chilometri da Palermo. All'apparenza uomini d'affari, trascorrevano la giornata fra la piscina e la scogliera, poco inclini ad attaccar bottone con gli estranei: la sera sparivano per «importanti riunioni di lavoro». Si chiamavano André Bousquet, Daniel Bozzi, Jean-Claude Rannem, tutti poco più che trentenni. Il terzetto era giunto in Sicilia da un mese, e fin dal momento dell'imbarco a Fiumicino la Criminalpol italiana – su suggerimento della polizia francese – aveva predisposto un cordone di angeli custodi, invisibili e discreti. Il motivo c'era. André Bousquet non era un turista qualsiasi: era un chimico di fama internazionale, considerato un'autorità in materia di raffinazione, soprannominato – così come Cesari – *le Docteur*, con il nome d'arte di Michele il Marsigliese. Era riuscito spesso a beffare le polizie di mezzo mondo ricorrendo a travestimenti e plastiche facciali, ma soprattutto per la sua rapidità di intervento professionale. Eternamente incensurato. Battitore libero con provette e alambicchi, non legato a nessun clan mafioso in particolare, ma sempre disposto a offrire consulenze dietro congrua ricompensa: *le Docteur* degli anni Ottanta era infatti diventato proverbiale nel giro mondiale dei trafficanti per aver inventato un suo sistema che consentiva di cavar fuori eroina purissima da quantitativi assai modesti di morfina base. Insomma Bousquet arrivava, raffinava e se ne andava. Daniel Bozzi e Jean-Claude Rannem erano invece i maghi capaci di imbottire un'auto di polvere bianca senza che i cani poliziotto reagissero con un solo sternuto.

I tre trascorrevano piacevoli vacanze al Riva Smeralda, favorevolmente impressionati dalla bontà del servizio, del tutto ignari che quei camerieri tanto a modo fossero in realtà altrettanti agenti della polizia di Stato. Per giorni e giorni i poliziotti, travestiti da addetti alle pulizie, da barman o facchini, spiarono le mosse del clan marsigliese in trasferta, fin quando, il 25 agosto 1980, decisero il pedinamento per scoprire quali fossero queste «importanti riunioni di lavoro». Seguire il chimico e i suoi assistenti fu un gioco da ragazzi: l'auto sulla quale viaggiavano era stata infatti appesantita con qualche minuscola microspia che consentì alle auto civetta di non perderli mai di vista. Qualche chilometro fra stradine di campagna, passando al centro di profumatissimi limoneti, mentre si perdevano in lontananza gli echi delle discoteche aperte solo d'estate, e un piccolo esercito di poliziotti teso verso un obiettivo a lungo perseguito.

Quella notte trenta chilometri di giardini furono chiusi in un'unica morsa mentre il pannello toponomastico della Questura di Palermo sembrava un albero di Natale stracolmo di luci rosse che segnalavano la posizione di decine e decine di volanti. Un caseggiato ancora in costruzione, a Trabia, blocchi gialli di tufo ammonticchiati all'esterno, betoniere e sacchi di cemento. I marsigliesi salirono, fischiettando, al primo piano del rustico in perfetto orario per la riunione. Qualche minuto dopo si ritrovarono tutti in manette. Nel sotterraneo di quell'edificio venne trovato materiale necessario alla raffinazione: bidoni di acido solforico, di acido acetico e scatole di stricnina. Mentre la raffineria vera e propria – costituita da modernissimi impianti mai usati – venne contemporaneamente trovata a Carini, nella villa di un palermitano insospettabile. Quella notte d'agosto anche tre mafiosi palermitani vennero presi. Fu un'operazione di polizia in grande stile che provocò subito un effetto valanga oltralpe.

Sedici trafficanti vennero arrestati dalla polizia di Marsiglia qualche giorno dopo il blitz di Trabia. Il numero uno si chiamava Gérard Corbeille, aveva trentasei anni, e veniva considerato il braccio destro di Bousquet: ufficialmente esperto in pubbliche relazioni, viveva in Libano, dove si forniva di ingenti quantitativi d'eroina per conto del *Docteur*.

Undicesimo comandamento: non pentirsi

Ma la sorpresa vera, per i poliziotti che entrarono in azione nel casolare di Trabia, fu un'altra. Ospite illustre, a far gli onori di casa con i suoi amici marsigliesi, era nientemeno che Gerlando Alberti, il boss mafioso ultralatitante, soprannominato *u Paccarè*, coinvolto per intero nelle più sanguinose vicende di mafia fin dall'inizio degli anni Cinquanta. Le cronache narrano che quella sera, Gerlando Alberti, alla vista degli agenti, sbiancò in volto e pensò per un attimo di tentare una fuga disperata. Poi si tranquillizzò, divenne docile e mentre si arrendeva disse ai poliziotti: «Sì, sono Gerlando Alberti, ogni tanto ci si rivede. Scusatemi, ma in un primo momento non ero sicuro che foste dei veri poliziotti».

Ne aveva viste tante, nella sua vita, da potersi considerare un sopravvissuto. Cominciamo dal soprannome. *U Paccarè*: uomo pacato, saggio, di rispetto. Gerlando Alberti si conquistò questo «titolo» nella Palermo sottosviluppata e depressa del dopoguerra, nel quartiere disperato dei Danisinni, dov'era nato il 18 settembre 1923, in condizioni di miseria. Su questo piccolo impero, popolato da derelitti e bambini denutriti, dettava legge un boss spietato, *u zu* Tano Filippone. Per Gerlando Alberti l'unico modo di crescere – e lui voleva distinguersi proprio in quell'ambiente – consisteva nel lanciare una sfida al ras, sperando di farla franca: rubò un'intera forma di formaggio in un negozio posto sotto la tutela del vecchio Filippone. Superò l'esame. Al punto che *u zu* Tano, impressionato favorevolmente da quella prova di coraggio, gli commissionò subito una vendetta. Gerlando Alberti si dimostrò all'altezza anche di questo compito, fulminando il gestore d'un bar del centro. Giovane killer conobbe presto le celle dell'Ucciardone, dove divenne capo riconosciuto dei detenuti prima di esser rimesso in libertà per insufficienza di prove; una gentilezza che si adoperava molto spesso in quegli anni verso i capi mafia.

Il tirocinio era finito, ormai lo chiamavano tutti *u Paccarè*. Correvano gli anni Sessanta. Guerre senza quartiere scandivano l'assalto a Palermo guidati dalla nouvelle vague mafiosa dell'edilizia. La mafia, dopo aver spremuto il cantiere navale e i mercati generali, scopriva la speculazione e quanto fossero essenziali i legami politici con il potere amministrativo e gli uomini del Palazzo. Gli anni delle licenze facili al Comune di Palermo. La stagione felice dei carrettieri che in una notte si improvvisavano costruttori. *U Paccarè* invece se la spassava a Milano, dove esercitava il mestiere di insospettabile commerciante di tessuti. Unica nota stonata: venne a Palermo la notte prima della strage di Ciaculli, nel 1963, quando persero la vita sette carabinieri. Agli investigatori che qualche giorno dopo chiesero conto e ragione di quella singolare coincidenza rispose: «Ho trascorso la notte in compagnia d'una donna sposata. Non posso rivelarne il nome: infrangerei il mio codice d'onore». Lo presero in parola. Lui se ne tornò a Milano. Ma a Palermo si continuò a sparare. La strage di viale Lazio, nel 1969. Il delitto Scaglione, nel 1971.

Perennemente chiamato in causa, più volte arrestato, *u Paccarè* scomparve definitivamente il 7 ottobre 1977, alla vigilia d'un processo a Napoli che lo avrebbe visto alla sbarra per contrabbando di sigarette. Ne aveva fatta di strada il ragazzino che rubava i formaggi, ma quell'episodio che segnò la sua vita deve essergli rimasto scolpito nella memoria. Disse a un poliziotto in anni lontani: «La mafia? Cos'è? Una marca di formaggi?». Sotto un certo profilo aveva ragione lui. È rimasto in prigione da quella sera d'agosto del 1980. Si dice che sia restato fedele al suo cliché di uomo posato e taciturno. Mai che abbia dato segni di pentimento. Buscetta, che lo ha conosciuto in carcere, lo descrisse ai magistrati come detenuto schivo, burbero, distante dagli altri compagni di sventura. Se *u Paccarè* decidesse di spalancare i suoi archivi, tanti capitoli d'una storia di mafia che abbraccia mezzo secolo potrebbero essere corretti, se non addirittura riscritti. Ma, allora, che *paccarè* sarebbe *u Paccarè*? Tant'è vero che ancora oggi, ottuagenario, malato e detenuto, continua a tenere la bocca chiusa.

Albergatore te la sei voluta

Sono le sedici e quarantacinque del 28 agosto 1980. Settantadue ore dopo l'arresto dei marsigliesi e di Gerlando Alberti. Ventidue giorni dopo l'omicidio Costa. Due ragazzi ventenni, che indossano jeans e maglietta, abbronzatissimi, posteggiano la loro auto, una A 112 color sabbia, nel piazzale antistante l'hotel Riva Smeralda. Entrano nella hall, piena di turisti tedeschi e francesi, gironzolano dalle parti del bar, ordinano due birre. Pagano e poi, con l'aria più disinvolta di questo mondo, si dirigono verso il bancone dell'accettazione. C'è un uomo che armeggia smistando nelle camere le chiamate che provengono dall'esterno. I due ragazzi lo guardano, estraggono le pistole nascoste alla meno peggio sotto le magliette, gli sparano tre colpi in faccia, uno all'addome, e se ne vanno. L'uomo che si accascia su se stesso, ormai senza vita, si chiamava Carmelo Jannì, aveva quarantasei anni, una moglie, tre figli, ed era il gestore dell'hotel.

Ma come gli era saltato in mente di collaborare con la polizia accettando che gli agenti travestiti gli occupassero l'albergo facendo così violenza alla privacy dei marsigliesi? Una decisione suicida, la sua. Un pessimo esempio che andava cancellato in fretta. Ecco il significato della missione di morte eseguita dai giovani abbronzatissimi killer. Carmelo Jannì assassinato come Boris Giuliano. Jannì fedele allo Stato italiano tanto quanto Cesare Terranova. Spericolato come il capitano Basile. Solo, incosciente e fiducioso, paragonabile in questo a quell'altro incosciente di Gaetano Costa. Non era giudice, non era poliziotto, né uomo politico, Jannì. Aveva in mano un alberghetto, che funzionava a meraviglia, ma solo d'estate. Disse sì allo Stato italiano, spalancò alle divise le porte della hall, rimase a guardare come sarebbe andata a finire. Sorrise contento alla notizia che i clienti marsigliesi erano finiti al fresco. Fece il suo mestiere sino in fondo: precisò che Gerlando Alberti da quelle parti non si era mai visto. Qualche giorno dopo morì.

Ucciardone colabrodo

Dall'isolamento il boss ordina i delitti. Giunse a questa conclusione l'opinione pubblica profondamente colpita dalla rapidità della rappresaglia mafiosa. Si aprì un'inchiesta nel carcere borbonico dell'Ucciardone. I magistrati ispezionarono le celle dov'erano rinchiusi i detenuti più pericolosi. In quei giorni due ordini di cattura per omicidio aggravato vennero recapitati oltre le sbarre a Gerlando Alberti e Vincenzo Citarda, uno degli altri arrestati nel blitz di Carini e Trabia. Era noto in quegli anni, e fu oggetto anche di relazioni che fecero scalpore, che quella non era affatto una prigione moderna e tantomeno modello. Facilissimi i contatti con l'esterno. Molte celle restavano aperte con la giustificazione che le serrature erano arrugginite. Tanti i reclusi di prima classe se ne stavano tranquillamente in infermeria a fare salotto. Anche il regime di isolamento al quale erano sottoposti Alberti e Citarda pare che fosse all'acqua di rose. *U Paccarè* tentò l'unica via possibile: «Come? Sono in cella d'isolamento e venite a chiedermi spiegazioni di quanto accade fuori dall'Ucciardone?». Mentre lui non venne creduto, Citarda fu assolto. Per l'omicidio dell'albergatore Jannì, in primo grado, Alberti si vide infliggere ventiquattro anni di reclusione, per Citarda si fece ricorso all'insufficienza di prove. In appello, il pubblico ministero chiese l'ergastolo per entrambi. La Corte gli diede ragione.

IV

I professionisti dell'antimafia

Giovanni Falcone. Chi era costui?

L'uomo simbolo della lotta alla mafia, l'incubo di incalliti uomini d'onore, il giudice italiano più popolare e più protetto, più apprezzato o detestato, a quei tempi non era nessuno. Non era famoso. Non era temuto. Soltanto gli addetti ai lavori conoscevano il suo nome. Era un bravo giudice, come ce ne sono tanti. Ma chi avrebbe mai potuto pensare che in meno di dieci anni Falcone sarebbe diventato *Falcone*? Chi l'avrebbe mai detto che il suo nome avrebbe finito con l'evocare un ideale spartiacque fra quanti la mafia vogliono combatterla davvero e quanti invece sono disposti a subirla? Né era prevedibile che attorno a lui si sarebbe coagulato un nucleo di magistrati moderni, schierati fino in fondo dalla parte dello Stato, determinati, pronti a utilizzare tutti gli strumenti legislativi nel tentativo di disarticolare le strettissime maglie dell'organizzazione denominata Cosa Nostra.

Ci vollero anni per far nascere dalle ceneri dei processi farsa degli anni Settanta uno scenario che fosse radicalmente diverso, ci volle tempo per recuperare un ritardo spaventoso nella comprensione del fenomeno. Ci vollero spirito di sacrificio, abnegazione, e soprattutto enorme lavoro d'archivio per ripescare in scaffali polverosi i precedenti capitoli d'una storia criminale mai conclusa e sulla quale, a cicli alterni, calava il sipario del silenzio. Di questo sforzo senza precedenti, di questa svolta nel modo di intendere il ruolo del magistrato, Giovanni Falcone – palermitano, ma di quei palermitani che hanno sempre rifiutato i comodi cliché alimentati dalla sottocultura mafiosa – è stato senz'altro uno dei protagonisti principali.

Falcone è stato il giudice che con una pazienza tipicamente orientale si è chiuso in un ufficio con carta e penna alla ricerca di un filo logico e processualmente valido per dimostrare che la mafia non è spontaneità o casualità criminale, ma qualcosa di molto più serio, assai più pericoloso. A molti la specifica preparazione sull'argomento, ma anche la tenacia di questo eterno primo della classe, dava fastidio, al punto che ben presto cominciarono ad affiorare «nostalgie» per altre stagioni giudiziarie quando alla definizione mafia si preferiva quella più indolore di «delinquenza organizzata».

Giovanni Falcone non aveva conosciuto Boris Giuliano, né il giudice Cesare Terranova. Ebbe l'occasione di scambiare un paio di battute con Gaetano Costa, qualche settimana prima che l'ammazzassero, ma niente di particolarmente interessante. In un certo senso, al Palazzo di giustizia di Palermo era ancora un pesce fuor d'acqua. Nel luglio del 1978, data del suo arrivo, la temperatura delle inchieste antimafia era ancora molto fredda e le nomine più interessanti ai vertici degli uffici giudiziari – come abbiamo visto – sarebbero state messe presto in discussione a colpi di mitra. A trentanove anni, poteva appena andar fiero di una brillante carriera a Trapani, dove per quasi un decennio aveva svolto il mestiere di sostituto procuratore. Disponeva d'una buona conoscenza del fenomeno mafioso in provincia, aveva studiato le poche e contraddittorie norme che esistevano sull'argomento, e si era fatto delle idee sue.

La sua prima destinazione, alla sezione fallimentare del tribunale, anche se lontana dai clamori delle cronache, gli diede la possibilità di affinare i suoi strumenti conoscitivi in una materia utilissima e delicata. Reati fallimentari, reati contro la pubblica amministrazione, casi di bancarotta, lo assorbirono per tredici mesi, fino al giorno dell'uccisione di Cesare Terranova. All'indomani di quell'agguato Falcone presentò domanda per entrare a far parte dell'ufficio istruzione che allora era guidato da Rocco Chinnici. A quei tempi i pool antimafia non esistevano. L'opinione pubblica, e gli stessi mass media, non erano particolarmente interessati al problema, anche se le prime avvisaglie della guerra tra le famiglie non lasciavano presagire nulla di buono. Né, fra gli stessi giudici, si avvertiva ancora molta consapevolezza dell'utilità d'un lavoro di squadra. Grandi personalità isolate, questo sì, ma non si andava oltre.

Falcone trascorse i suoi primi mesi di attività all'ufficio istruzione smaltendo l'enorme lavoro arretrato, più di cinquecento processi. Lavoro grigio, necessario, che accettò di buon grado tanto da richiamare su di sé l'attenzione di Rocco Chinnici, che comunque aveva già accolto con soddisfazione la sua richiesta di lavorare in quell'ufficio. E, in un giorno di maggio del 1980, Rocco Chinnici chiamò il giovane che aveva ormai concluso il suo apprendistato e poteva finalmente diventare titolare di una inchiesta tutta sua. Di poche parole, come al solito quando si trattava di questioni di lavoro, Chinnici si rivolse al collega più giovane per dirgli semplicemente: «C'è questo processo Spatola che è molto delicato. La procura nei prossimi giorni lo invierà a noi per le richieste. Questo processo te lo devi fare tu». Fine del colloquio. Da quel momento in poi la vita del futuro giudice antimafia cambiò per sempre.

La prima doccia fredda si fece attendere appena ventiquattro ore. La notizia che Chinnici aveva assegnato a Falcone la grande inchiesta degli anni Ottanta su mafia e droga si sparse immediatamente al Palazzo di giustizia mentre iniziarono supposizioni e dietrologie nel tentativo di decifrare il significato di quell'attribuzione. Il processo era delicato, era lo stesso processo che aveva visto il procuratore Gaetano Costa in perfetta solitudine di fronte ai suoi sostituti, e vedeva coinvolti spezzoni significativi anche della mafia americana. Fatto sta che una quindicina di avvocati, probabilmente anche su sollecitazione dei loro assistiti, ritennero opportuno recarsi in delegazione da Falcone per suggerirgli «maggiore giudizio». Frase di circostanza ma dal contenuto garantista inequivocabile: «Abbiamo saputo» dissero quasi all'unisono «che il processo Spatola è stato assegnato a lei. Noi condividiamo questa decisione perché abbiamo sempre stimato il suo senso di giustizia, il suo equilibrio, la sua freddezza di fronte ai problemi». Per uno come Falcone, appena arrivato a Palermo, poco più che un novellino in quell'ufficio istruzione, le parole eccessivamente affettuose dei penalisti sollevarono qualche perplessità. Soprattutto gli offrirono un vivido spaccato di certe logiche che avevano letteralmente avvelenato i rapporti nel palazzo dei veleni e che erano state poi alla base di tanti scandali, tanti *affaires*, tante polemiche al vetriolo. Forse Falcone finse di non capire il significato di quel messaggio, certamente rimase senza parole. Ma non ebbe molto tempo per riflettere perché era in arrivo la seconda doccia fredda.

In alto, molto in alto, era stata presa la decisione di scortare il nuovo titolare dell'inchiesta Spatola-Gambino-Inzerillo. Per scorta, a quei tempi, si intendeva una volante di polizia con tre agenti a bordo che accompagnavano a destinazione il giudice. Ma era davvero inquietante come, in pochissimo tempo, quell'inchiesta avesse già rotto tanti equilibri consolidati provocando terribili reazioni a catena. Falcone poté rendersi conto definitivamente del clima quando assassinarono Gaetano Costa. Il giudice istruttore era appena giunto sul luogo dell'agguato. Costa era sul marciapiede, agonizzante. Un collega si avvicinò a Falcone, gli strinse la mano e gli disse quasi a mo' d'augurio: «Pensa un po', ero proprio sicuro che fosse toccata a te». Macabro ma autentico, l'episodio va riferito per ricordare il clima cupo di quei giorni, clima da esecuzioni annunciate, che si verificavano puntualmente.

La storia di Giovanni Falcone protagonista – la storia tutta luci, grandi successi, grandi foto e interviste sui giornali – iniziò così. Con centinaia di processi arretrati da smaltire, e il benvenuto di una categoria che dal suo eventuale zelo aveva tutto da perdere. Stretto in un'auto di polizia che in caso di assalto nemico avrebbe potuto fare ben poco. E, in sovrappiù, dato da molti istintivamente per morto: se ormai c'era da assassinare qualcuno, questo «qualcuno» – prima o poi – avrebbe finito con l'essere Falcone. È forse uno di quei pochi casi in cui lo spessore professionale del magistrato e il suo isolamento sono cresciuti di pari passo.

Libretto al portatore

Soverchiato dall'inchiesta Spatola ma forte di un'esperienza giudiziaria nei reati valutari, Giovanni Falcone partì subito da un presupposto che a prima vista potrebbe sembrare fin troppo ovvio. Vale a dire: poiché la mafia, pur con una sua distorta ideologia, privilegia in realtà l'aspetto economico finendo con il produrre utili, è proprio sul piano della consistenza patrimoniale che deve manifestarsi l'iniziativa investigativa. Elementare. Eppure a quel tempo Falcone era consapevole degli scogli contro i quali si sarebbe infranta una verità tanto banale. Ma non ebbe ripensamenti. Si consultò con Chinnici e ottenuta via libera spedì ai direttori di banca di Palermo e provincia una letterina che conteneva una richiesta a dir poco sconcertante: che gli venissero inviate tutte le distinte di cambio di valuta estera per le corrispondenti operazioni effettuate negli istituti di credito dal 1975 in avanti. Volle anche la documentazione che riguardava i conti correnti e i depositi delle persone coinvolte nel processo. Un provvedimento ad amplissimo spettro che colse alla sprovvista tanti direttori. Alcuni risposero tempestivamente. Molti, la maggioranza, si fecero attendere mentre altri ricorsero al telefono per farsi spiegare da Falcone in persona «dove volesse arrivare». E Falcone, paziente e sornione, ripeteva che avevano capito benissimo: dovevano inviargli la documentazione richiesta.

Alla constatazione lapalissiana ne faceva seguito un'altra, più specifica ma altrettanto solare. Falcone stesso la riassumeva quasi in un teorema. La nostra filosofia di giudici palermitani deve essere questa, diceva: se l'eroina finisce negli Usa, ed è ampiamente confermato che questo accade, e se l'eroina viene pagata in dollari, a noi non resta che cercare dove finiscano questi dollari. Quindi le banche. In altre parole se Boris Giuliano aveva speso buona parte della sua attività investigativa alla ricerca delle raffinerie si potevano ottenere altre ottime conclusioni seguendo il flusso monetario di ritorno dagli Stati Uniti. Falcone scelse quest'ipotesi e fu così che arrivarono nel suo studio grandi scatoloni contenenti quintali di documentazione bancaria. La spulciò tutta personalmente, mentre al Palazzo di giustizia qualche magistrato pettegolo e anche qualche avvocato avanzavano apertamente riserve sulla sanità mentale di questo giudice che non trovava niente di meglio che fare i conti in tasca a ciascun imputato. Agenti della Guardia di Finanza e agenti di polizia facevano da tramite fra l'ufficio istruzione e le banche. Erano anni in cui la squadra mobile, pur avendo subito il durissimo colpo dell'eliminazione di Giuliano, poteva fare affidamento su uno staff di funzionari di prim'ordine: Vittorio Vasquez, Guglielmo Incalza, Tonino De Luca. I risultati non tardarono. Falcone trascorreva le sue giornate compilando schede di singoli imputati che sistematicamente riflettevano cifre con troppi zeri. E alla voce «Michele Sindona» riuscì a far corrispondere tutta la documentazione che riguardava – almeno apparentemente – il solito signor Joseph Bonamico. Ciò segnò la svolta di quel processo.

Aver verificato che Sindona, sotto falso nome, aveva potuto tranquillamente cambiare nell'agenzia della Cassa di Risparmio di piazza Borsa a Palermo un assegno da centomila dollari equivaleva ad aver trovato la prova della sua presenza in Sicilia proprio durante i giorni del finto sequestro. Ma l'indagine incrociata non si concluse lì: un'impronta digitale sulla carta di sbarco del passeggero Bonamico che proveniva da New York aveva permesso di accertare che Sindona e Bonamico erano in realtà la stessa persona. Furono giorni spiacevoli per le cosche siciliane finite nel mirino. La domanda in fondo era sempre la stessa: «Lei ha cambiato quest'assegno a tizio per una cifra x in data... Sa dirmi il motivo di quest'operazione?». Ma come rispondere quando gli assegni erano frequentissimi, per cifre sempre più alte, e nessuna giustificazione apparente poteva essere adoperata come arma di difesa? Così in molti vennero arrestati per falsa testimonianza. Altri vennero indiziati per associazione a delinquere. Quando poi si tenne il processo, il numero degli imputati risultò quadruplicato rispetto agli ordini di cattura convalidati da Costa.

Lui ne parlò così

In una lunga intervista-racconto, rilasciata nell'autunno del 1986 a me e ai colleghi Lucio Galluzzo e Francesco La Licata per il libro *Rapporto sulla mafia degli anni Ottanta* (Flaccovio Editore, Palermo 1986), Falcone parlò anche del processo Spatola: «La mafia, vista attraverso il processo Spatola, mi apparve come un mondo enorme, smisurato, inesplorato. Il processo trasse impulso da un rapporto che era la risultante di tre filoni investigativi: le indagini di Bruno Contrada, oggi nella segreteria dell'alto commissario, di Ferdinando Imposimato e Giuliano Turone. Un ottimo lavoro di intercettazione telefonica diretto da Guglielmo Incalza – oggi vicedirigente della Squadra mobile di Roma – che ha contribuito in maniera decisiva all'arresto del boss mafioso Pippo Calò.

«Infine, una serie di episodi non secondari, quali l'omicidio del boss di Riesi Beppe Di Cristina, l'unico che nel 1978 denunciò il ruolo decisivo dei corleonesi. È il sequestro d'eroina degli Adamita a Milano.

«Alla prima impressione sembrava che tutto fosse scollegato, si trattava quindi di riunificare tanti tasselli. L'eroina partiva da Bagheria: questo era uno dei pochi punti certi che avevamo acquisito, anche grazie a un rapporto della Guardia di Finanza.

«Partii per Milano e disposi la perquisizione in via Larga 13, dove c'era una delle basi operative del traffico. E da questa perquisizione sarebbero scaturiti gli elementi che avrebbero portato al blitz di San Valentino, il 14 febbraio 1983.

«Ma tutto nasceva a Palermo e riconduceva a Spatola. Chi era Spatola? Una persona indubbiamente omertosa.

«Ma mi resi conto che non era un personaggio di grosso spessore. In quel periodo un collega di Milano che stava istruendo il processo Adamita mi chiese quali garanzie vi fossero che il processo non sarebbe finito in archivio, nel caso fosse stato assegnato a Palermo.

«Di fronte a tanta crudezza il mio primo grossissimo sforzo fu quello di dialogare con i colleghi che si occupavano di mafia in altre città italiane. Senza il loro contributo, ad imputati di mafia, avrei potuto a malapena chiedere che ore fossero. Mi convinsi che, proprio perché il fenomeno era ramificato, socialmente ed economicamente, non andava affrontato direttamente.»

Falcone ricordò gli aspetti innovativi contenuti nelle sue indagini bancarie: «Si imponeva la ricostruzione dell'intero percorso seguito da un impetuoso fiume di dollari che dagli Usa sfociava in Sicilia in cambio di eroina raffinata. L'unica strada era quella degli accertamenti diretti e inequivocabili: feci sequestrare – ricordo che qualche collega pensò che fossi uscito di senno – tutti i documenti bancari e le distinte di cambio. Fatta eccezione per qualche direttore di filiale, complice dei mafiosi, riscontrai subito la mancanza d'abitudine da parte dei direttori degli istituti di credito alle richieste dell'autorità giudiziaria. Si limitavano a fornire risposte evasive; se potevano, evitavano addirittura di rispondere.

«Il feticcio del segreto bancario, insomma, era duro a morire; quella di certi conti era ancora una pentola ben chiusa. Tutto ciò contribuì a rafforzare la mia convinzione che il metodo di indagine tradizionale era ormai sorpassato. Non si poteva più, ad esempio, perseguire la strategia antimafia che aveva animato i grandi processi di Catanzaro e dei centoquattordici. Processi che si conclusero, quasi inevitabilmente, con assoluzioni per insufficienza di prove e con il pannicello caldo del soggiorno obbligato.»

E anticipò quel concetto dell'unicità di Cosa Nostra che per anni le sentenze della Cassazione si ostinarono a negare. «Cos'è che non funzionava in quelle indagini? Era inutile scavare su singoli delitti, in assenza di una visione complessiva che consentisse il collegamento di episodi apparentemente distinti. Si aggiunga che inefficienza, distrazione, scarsa professionalità, non favorivano, più in generale, la lotta alla mafia.

«Nelle carte del processo Spatola era racchiusa una grande realtà da decifrare. Per venirne a capo adoperai strumenti che già esistevano ma che pochi avevano sufficientemente utilizzato. Mi rivolsi, ad esempio, al servizio nazionale antidroga, alla direzione antidroga del ministero degli Interni. Dovetti prendere atto che talvolta i documenti a disposizione non venivano letti fino in fondo.» E immediata, complementare a questo nuovo modo di fare indagini, la «scoperta dell'America», il continente dove già allora la caccia ai narcotrafficanti era inflessibile. «Ma bastava indagare a Palermo, in Sicilia, o in Italia? Se la polizia sequestra qui un carico di stupefacenti destinato agli Usa – mi chiesi – perché non andare in Usa a studiare gli effetti collaterali di quella operazione riuscita? Perché altri non avevano preso un'analoga iniziativa? Alcuni per istinto di conservazione, quieto vivere, altri per inadeguatezza culturale.»

Paolo Borsellino: il collega che veniva da lontano

Ai primi di dicembre del 1980 Falcone andò per la prima volta a New York per discutere di mafia con Victor Rocco, l'assistente del distretto Est, un giovane investigatore che poi sarebbe diventato molto noto. Il confronto fu utile. Gli interlocutori erano giunti alla conclusione che quelle famiglie dell'eroina andavano tenute d'occhio e che appartenevano a una mafia ben articolata e molto più pericolosa di quanto ancora non si potesse sospettare. I Customs, i doganieri statunitensi, avevano messo a segno brillanti operazioni negli aeroporti con il ritrovamento di ingenti partite d'eroina appena sbarcate dalla Sicilia. E non dimentichiamo che le polizie americane consideravano l'uccisione di Giuliano un conto ancora aperto.

A Palermo invece gli sforzi di Falcone non erano graditi. Ecco così le prime lettere anonime, le minacce di morte, mentre nel suo ambiente di lavoro iniziano le prese di distanza. Ha raccontato Falcone (*Rapporto sulla mafia degli anni Ottanta*): «Le abitudini peggiori al Palazzo di giustizia di Palermo? Il pettegolezzo da comare, le chiacchiere da corridoio (quando sarebbe preferibile un minimo di riserbo), una riserva mentale costante. In una parola mancanza di serenità... Come si può isolare un giudice? Anche con una sfilza di luoghi comuni. Di me hanno detto: fa panna montata, affogherà nelle sue stesse carte, non caverà un ragno dal buco; è un semplice giudice istruttore; ama atteggiarsi a sceriffo; ma chi crede di essere, il ministro della giustizia? Io ho la coscienza tranquilla». Ma un amico vero – in quell'ufficio – Giovanni Falcone, per sua fortuna, se lo ritrovò: Paolo Borsellino. Si conoscevano da quand'erano bambini. Erano nati entrambi nel popolare quartiere della Kalsa. Avevano frequentato le stesse scuole, la stessa facoltà universitaria.

È Paolo Borsellino l'altra grande personalità isolata che si ritrova all'ufficio istruzione all'inizio degli anni Ottanta a condividere con Chinnici e Falcone le stesse inchieste, le stesse intuizioni investigative, le stesse ansie. Un veterano di quell'ufficio, dove era giunto nel 1975, dopo aver fatto per otto anni il pretore a Monreale. E anche lui, fino a quel momento, digiuno di inchieste di mafia. Chinnici che fin dall'inizio aveva puntato sullo svecchiamento e la managerialità del suo ufficio, ancor prima che sulla lotta alla mafia, aveva assegnato a Borsellino il compito di fare piazza pulita di inchieste con centinaia di imputati che risalivano all'epoca delle lotte studentesche, ed equamente bilanciati secondo la famosa teoria degli «opposti estremismi».

I giudici si lasciarono alle spalle una lunga stagione in cui a Palermo non era mai stata inflitta la massima pena. L'ergastolo – infatti – non veniva comminato nelle aule del Palazzo di giustizia del capoluogo siciliano. Teneva per settimane la prima pagina dei giornali la notizia dell'arresto, su mandato di cattura di questo giudice istruttore, del democristiano Gaspare Giganti, presidente della Provincia coinvolto in una storia di appalti pilotati. Si trascinavano intanto stancamente decine e decine di processi sul saccheggio dei fondi destinati alla ricostruzione nella valle del Belice dopo il violento terremoto del 1968 che aveva provocato centinaia di vittime. E la mafia? Circolava al Palazzo di giustizia una strana leggenda: che all'indomani della conclusione del processo dei centoquattordici, avvocati e giudici avessero sancito un tacito accordo per evitare in futuro altri processi per associazione a delinquere. Paolo Borsellino si occupò di mafia su larga scala per la prima volta nel febbraio del 1980.

Un apprendistato velocissimo

Il capitano dei carabinieri Emanuele Basile era entrato in possesso delle carte che Boris Giuliano aveva ritrovato nel covo di Leoluca Bagarella, in via Pecori Giraldi, qualche settimana prima di essere ucciso. Non aveva abbandonato quella pista. E lavorando su quel materiale si era ritrovato a indagare su Altofonte, un paese alle porte di Palermo, controllato da una mafia agguerrita e feroce legata ai corleonesi. Arrestò una quindicina di persone, e presentò il suo rapporto a Borsellino. Da quel giorno i due iniziarono uno stretto rapporto di collaborazione. Il covo di via Pecori Giraldi infatti si stava rivelando un pozzo di san Patrizio che sarebbe stato imperdonabile non sfruttare sino in fondo. Si trovò per esempio una foto, scattata molto probabilmente in un luogo pubblico, in occasione d'una festa. Ritraeva riuniti lo stesso Bagarella, i Di Carlo di Altofonte, Gioè e Marchese – i due mafiosi arrestati dagli uomini di Giuliano nella cabina telefonica –, Giacomo Riina e Giuseppe Leggio, che in quel periodo vivevano a Bologna, e un signore distinto, con i capelli leggermente brizzolati.

Borsellino decise di andare a Bologna, insieme al pubblico ministero Antonino Gatto, per interrogare Riina e Leggio. Chiese la collaborazione di Basile che all'ultimo momento per un disguido perse il treno per Bologna. Era il 15 aprile 1980.

Partirono dunque Borsellino e Gatto, ma alla stazione di Bologna si riunirono con Basile giunto in aereo, pur di non mancare a quell'appuntamento di lavoro che si annunciava interessante. Naturalmente Riina e Leggio cascarono dalle nuvole. Di quella foto non sapevano nulla. Non ricordavano dove e quando fosse stata scattata. Bagarella? E chi lo conosceva? I Di Carlo? Mai sentiti nominare. Gli altri due compari? Mah. Il signore distinto e con i capelli brizzolati? La sua faccia non diceva nulla ai magistrati figuriamoci a loro. I tre inquirenti ringraziarono e se ne tornarono a Palermo. I due vennero arrestati per falsa testimonianza. Dieci giorni dopo Basile venne assassinato. Si scoprì che il signore distinto era Lorenzo Nuvoletta, l'unico trafficante napoletano d'eroina nella supercommissione mafiosa – come avrebbe raccontato quattro anni dopo Tommaso Buscetta – diretta da Michele Greco, soprannominato il Papa.

L'inchiesta sul delitto Basile fu assegnata a Borsellino che in appena due mesi si ritrovò a indagare contemporaneamente sul lavoro lasciato in sospeso dal capitano dei carabinieri e sulle piste – le stesse – che riconducevano proprio alla sua eliminazione (Borsellino e Gatto furono i primi due giudici palermitani per i quali si rese necessario il servizio della scorta). A fine maggio l'inchiesta Spatola venne assegnata a Falcone.

Ci volle ancora un anno perché Falcone e Borsellino si rendessero conto che stavano indagando sull'identica organizzazione criminale. Una realtà che affiorava lentamente mentre procedeva la lettura della contabilità bancaria. Spesso Falcone si ritrovava assegni e distinte di versamento che riguardavano imputati coinvolti nelle inchieste del collega. Quei giorni rappresentavano l'alba del pool. Chinnici insisteva molto con tutti i colleghi dell'ufficio istruzione perché tenessero il passo con gli enormi sviluppi dell'inchiesta Spatola. Ma ancora si lasciava molto all'improvvisazione. Alla singola disponibilità di ciascun giudice di andarsi a cacciare in quel ginepraio di rapporti societari e criminali fra centinaia e centinaia di rappresentanti di famiglie mafiose che stavano venendo in quel momento alla ribalta.

Borsellino non ricevette minacce di morte. Avvertimenti e messaggi trasversali sì. Gli mandarono a dire che Leoluca Bagarella era una vittima di quel cleptomane di Antonino Marchese che aveva deciso di rovinarlo. Perché proprio cleptomane? Semplice. Nel covo di via Giraldi si erano trovati i vestiti adoperati da Bagarella per i suoi travestimenti durante i periodi di latitanza. E c'erano anche la droga e le armi. Se si fosse potuto dimostrare che qualcun altro nascondeva lì i vestiti del colonnello dell'esercito dei corleonesi a sua insaputa, Bagarella avrebbe potuto farla franca per l'accusa di detenzione di armi e sostanze stupefacenti. Un giorno qualcuno andò da Borsellino e parlando del più e del meno si limitò a dire: «Signor giudice, non creda alle apparenze. Quel Marchese... Un disgraziato. Al povero Bagarella gli rubava persino le cravatte...». Borsellino non poté fare a meno di sorridere.

I professionisti dell'antimafia stavano cominciando a farsi strada.

V

Mafia: la guerra in casa

Angeli con la pistola

Con un bel faccione largo e birbante, gli occhi nocciola chiari, impomatato di brillantina, il francescano che piaceva alle signore si era abituato a vivere a rischio almeno da sedici anni. Di regole conventuali non voleva saperne. Il cantico di frate Sole lo recitava raramente e di malavoglia. I suoi confratelli li trattava a pesci in faccia. Sì, qualche volta diceva messa, ma, se poteva, preferiva marcare visita. Quando le porte delle piccole celle si richiudevano al calar della sera, lui, fra Giacinto – al secolo Stefano Castronovo, nato a Favara, nel 1919 –, accendeva il suo giradischi e se era di pessimo umore lo metteva a tutto volume. Un bicchierino di Johnnie Walker Etichetta nera gli dava una mano a rimettere ordine al termine di tante giornate burrascose. Che pensieri, che crucci terreni, che incombenze dovevano turbare il suo animo inquieto!

Era venuto a Palermo all'età di trentatré anni, dopo aver girato le spalle a tanti zolfatari e braccianti dell'agrigentino, ma essendo di pochissime parole nessuno seppe mai, né osò chiederglielo, il come e il perché del suo trasferimento. Nessuno, nel silenzioso convento di Santa Maria del Gesù, aveva scelto fra Giacinto come compagno di processione. Giravano anche voci maligne sul suo conto: pare che un vescovo di una diocesi siciliana gli avesse vietato espressamente di salire sul pulpito, perché – spiegava l'alto prelato – «la parola del Vangelo non si addice a tutti». Calunnie, forse. Facezie, rispetto all'idea che di fra Giacinto s'era fatta il commissario Angelo Mangano, un infaticabile segugio tormentato da un chiodo fisso: catturare nientemeno che Luciano Liggio, il boss dei corleonesi, super latitante, fin dai tempi della condanna all'ergastolo, per aver assassinato il medico condotto di Corleone, Michele Navarra, nell'immediato dopoguerra. L'idea del poliziotto era semplice: Liggio si nascondeva proprio nel convento di Santa Maria del Gesù, alle falde del monte Grifone, fra distese di limoni e i primi prepotenti pilastri della speculazione edilizia.

«Questo è un convento, mi faccia vedere il mandato» reagì duramente il religioso alla richiesta del commissario. Il mandato di perquisizione c'era, ma Liggio no. Mangano e i suoi uomini se ne andarono scornati. Era il 1964. E quel giorno, attorno al convento-cimitero dei francescani, fiorì una leggenda che è viva ancora oggi. Anzi, due leggende in una. Secondo la prima, in questo cimitero patrizio che risale al XV secolo e che accoglie i resti di nobili e potenti palermitani, era mimetizzata una necropoli zeppa di cadaveri di mafia. Un'ipotesi più allegra vuole invece che numerosi latitanti trascorsero fra quei cipressi secolari tante notti che diversamente sarebbero stati costretti a passare in cella di sicurezza. In entrambi i casi chi se la sentirebbe di profanare un luogo talmente sacro? Fu questa certezza, per tanti anni, l'arma vincente di fra Giacinto? Fu questo il suo terribile segreto? Custodiva i morti, o custodiva i vivi? Garantiva pace eterna o alleviava sofferenze terrene? Un errore, comunque, lo commise.

Erano appena trascorse le otto e trenta d'un lontano mattino del 1980. È il 6 settembre, fa ancora molto caldo a Palermo, il profumo della Conca d'oro sale su per i monti che costeggiano Palermo est. Due signori tracagnotti, forse uno ha trent'anni, forse l'altro ne ha quaranta, sudano accaldati nei loro vestiti in tinta unita mentre assistono con aria assorta al primo rito di quel giorno, officiato da padre Pio. Sono calmi, perché abituati ad aspettare. «*Ite, missa est.*» Così vanno anche loro, mentre un centinaio di fedeli si allontanano dal convento dei misteri. Ma dove possono trovare fra Giacinto? I francescani indicano la strada. Secondo piano, ultimo corridoio a sinistra. Bussano alla cella giusta i due fedeli tracagnotti: «Lei è fra Giacinto?». «A disposizione...» Ma la risposta si spegne in gola. Cinque colpi di calibro 38, due al petto e tre alla testa. Il saio ormai è intriso di sangue. I due killer, insalutati ospiti, scompaiono nel nulla. Certo. I fraticelli hanno sentito quelle detonazioni secche, ma pensavano fossero le fucilate di un cacciatore. È questa la versione offerta ai primi equipaggi delle volanti giunti sul posto. Superato un comprensibile imbarazzo, i poliziotti salgono al secondo piano. È un sopralluogo inconsueto.

Ma d'altra parte è inconsueto trovarsi alla presenza di un sacerdote ammazzato sebbene tenesse, in un cassetto della sua scrivania, una calibro 38, regolarmente denunciata alla Questura di Palermo, cinque anni prima. Ed è normale che avesse in tasca cinque milioni in banconote nuove di zecca? Che tipo fra Giacinto! Aveva preteso un'intera ala del convento tutta per sé: sette stanze, al secondo piano. Due erano destinate alle visite, «pubbliche» e «private». Poltrone in pelle, televisore a colori, telecomando, mobile bar. Le altre cinque ospitavano camere da letto, biblioteche, guardaroba. All'epoca i giornali scrissero molto sulle «notti brave» d'un religioso irrequieto.

Si parlò tanto di signore della buona borghesia palermitana sorprese ad aggirarsi a orari inconsueti nei paraggi del convento. Acque di colonia, vestiti di marca, scarpe inglesi, alimentarono la fantasia di tanti reporter. Fra Giacinto collezionava accendini in metallo prezioso, ma anche frustini in pelle, e l'immaginazione, imbattendosi in questo particolare, si sbizzarrì. Tirava le notti in lungo e dormiva di giorno. Spesso lasciava Palermo per raggiungere Roma. Nei ministeri, soprattutto in quello degli Interni, era di casa. Faceva votare per Giovanni Gioia e Vincenzo Carollo. Mentre, all'inizio della sua carriera di capoelettore democristiano, aveva preferito Mario Fasino, per approdare nei suoi ultimi giorni di vita agli andreottiani di Salvo Lima. Ma nessuno dei big scudocrociati accompagnò i suoi funerali. Neanche la borgata di Villagrazia, dove ricade il convento-cimitero di Santa Maria del Gesù, dimostrò particolare interesse per quel francescano morto peggio che se fosse morto in odore d'eresia. Su di lui si scrisse di tutto: era usuraio, era donnaiolo, era un potente capo clientela. Si può dire che fra Giacinto era intimo amico del capo mafia don Paolino Bontate, di cui frequentò i figli Stefano e Giovanni, entrambi assassinati. È risaputo a Palermo che tante persone ottennero l'assunzione per merito di fra Giacinto: all'Amat (Azienda municipale trasporti) e all'Amnu (nettezza urbana). Che molte altre riuscirono a evitare il servizio militare. Liti di vicinato sanate. Promozioni strappate in extremis.

Un'intera borgata gli volle bene, insomma, ma in pochi seguirono i suoi funerali. A un cronista che gli sollecitò un parere, il cardinale Salvatore Pappalardo rispose: «Di questa storia non so nulla, l'ho appresa dai giornali». Padre Timoteo, il provinciale dei francescani, chiamato a pronunciare l'omelia nella chiesa del convento, se la cavò in maniera molto classica: «Chi di voi è senza peccato scagli la prima pietra...».

Cinghiali e champagne

Gli investigatori dovettero attendere le venti e trenta del 23 aprile 1981 – esattamente otto mesi dopo – per rendersi conto che un vero ciclone di mafia si stava abbattendo su quelle borgate di Villagrazia e Ciaculli ove, per trent'anni, fra Giacinto aveva alternato il bastone del comando agli uffici religiosi.

È una notte di pioggia. Un distinto signore di quarantadue anni guida dolcemente una Giulietta super, ancora in targa prova, commercializzata in un numero limitato di esemplari: millecinquecento in tutt'Italia. È di ottimo umore – è il giorno del suo compleanno –, ha trascorso una allegra serata festeggiato dagli amici con fiumi di champagne. Si è ormai lasciato alle spalle la sua casina privata nell'antico baglio Aloi, proprio a due passi dal convento dei misteri. Per raggiungere la sua abituale abitazione, un'elegante villa munita di solide torrette e impianti a circuito chiuso, deve necessariamente immettersi nel caotico fiume stradale della circonvallazione. Forse non ha neanche il tempo di capire. Tutti i vetri della sua Giulietta immacolata si riducono in polvere sotto il fuoco concentrico di lupare e calibro 38. Cade fulminato, mentre l'auto continua a scivolare lentamente per una trentina di metri prima di schiantarsi contro il palo dell'illuminazione.

Cominciò così, quasi per caso, al termine d'un compleanno con tante candeline, la seconda guerra di mafia, che fino a metà degli anni Ottanta, avrebbe messo a ferro e fuoco la Sicilia, seminando centinaia e centinaia di cadaveri. Decine e decine di agguati, scomparse, vendette, tradimenti, secondo un macabro copione granguignolesco che avrebbe fatto impallidire al suo ricordo anche le pagine più efferate del terrorismo. L'uomo assassinato a due passi dal baglio Aloi era un condottiero mafioso a tutti gli effetti. Aveva un nome illustre: Stefano Bontate, e il titolo di don, nella Palermo che conta, se l'era guadagnato molto presto. Suo padre, don Paolino Bontà (e il cognome abbreviato in quel modo dava la misura della benevolenza che lo circondava nella borgata di Villagrazia) era un grande proprietario terriero che aveva avuto il fiuto necessario per trarre lauti profitti dal mercato delle aree edificabili. Ma il suo capolavoro manageriale lo aveva firmato imponendo che proprio nei suoi terreni sorgessero i capannoni d'una fabbrica elettronica – la Raytheon-Elsi – che segnò il passaggio della borgata agricola ai primi livelli di industrializzazione. Perché meravigliarsi se un benefattore soprannominato Bontà regolasse in maniera «giusta» il movimento delle assunzioni in quella azienda? Tutto ciò non avveniva per caso: già nel dopoguerra don Paolino in politica aveva dimostrato di saperci fare. In un primo tempo aveva appoggiato monarchici e liberali poi aveva trasferito il suo pacchetto voti alla Dc. E Bontà sapeva anche essere manesco, se necessario. I deputati più anziani, nel palazzo dei Normanni che ospita l'assemblea regionale siciliana, avevano imparato a conoscerlo. Come quella volta che rifilò un sonoro ceffone a un loro collega di partito che, in una votazione a scrutinio segreto, aveva voluto far di testa sua infischiandosene delle direttive del boss. Paolino era fatto così e non doveva avere tutti i torti se il suo comportamento, le sue strettissime relazioni con politici lo misero al riparo da due «calamità»: dalla prima guerra di mafia, quella che negli anni Sessanta, per il controllo delle aree edificabili (leggi: il sacco di Palermo), vide contrapposte le cosche di Pietro Torretta, dei La Barbera, dei Greco; e dalla commissione d'inchiesta antimafia, che di lui si occupò a lungo ma senza riuscire a scalfirne potere e prestigio.

C'è una bella testimonianza, riportata a suo tempo dai giornali, che la dice lunga sul personaggio. È quella d'un ingegnere genovese, il signor Giuseppe Profumo, chiamato a dirigere l'Elsi di Villagrazia fin dal giorno del suo decollo: «Alla fine del 1962, nel salone della fabbrica avevamo invitato le massime autorità regionali e stavo tenendo un discorso per illustrare le finalità dell'azienda. A un certo punto si spalancò la porta del salone ed entrò un uomo grasso. I presenti si voltarono e abbandonarono subito le loro sedie per correre ad abbracciare e festeggiare il nuovo venuto. Chiesi chi fosse quel personaggio e mi risposero: don Paolino Bontate. Allora mi resi conto di cosa vuol dire la parola mafia». L'ex agricoltore che prendeva a schiaffi gli onorevoli, che controllava migliaia di voti, che aveva agganci in curia e nei ministeri, morì di morte naturale – come morivano i veri capi mafia d'una volta – all'età di cinquantasette anni. Forse la sua stella stava perdendo smalto visto che lo avevano spedito, al termine d'una vita indisturbata, al confino, nella città di Messina. Appena un mese prima che il suo diretto erede, don Stefano, cadesse falciato dal piombo dei killer in quella notte di pioggia del 23 aprile.

Non fu impresa facile riconoscere in quel cadavere, sfigurato dai pallettoni, il figlio di don Paolino. I poliziotti rinunciarono all'impresa e solo all'arrivo del magistrato di turno e del medico

legale fu possibile estrarre quella patente insanguinata che risolse
il rebus della feroce esecuzione. Nel portafogli più di cinque milioni in contanti, fra la schiena e la cinta dei pantaloni una pistola
automatica di marca francese, con doppio caricatore, e un pruden-
ziale, quanto inutile, colpo in canna. Soldi e pistole: l'identico
binomio nel quale aveva creduto fra Giacinto. E creò più d'un
interrogativo il fatto che il sacerdote fosse il confessore di famiglia
dei Bontate, il depositario quindi di tanti segreti. Appariva chiaro che le due esecuzioni mafiose erano strettamente intrecciate,
che la «mano» era unica, e forse don Stefano aveva tardato a
rendersi conto che l'uccisione del francescano era un segnale
preciso che qualcuno aveva voluto rivolgergli. Nelle cronache
giudiziarie anche il nome di Stefano Bontate figurava di sfuggita.
Finito quasi per caso nel processone dei centoquattordici, venne
condannato a tre anni, ma in secondo grado fu assolto.

Mite e «moderato», benvoluto dalle famiglie che ne apprez-
zavano le doti di equilibrio, Stefano amava il bel mondo e la
caccia al cinghiale. Ma, pur restando apparentemente estraneo al
traffico dell'eroina, non disdegnava il contrabbando di sigarette e
i suoi legami con il clan del napoletano erano noti agli investigatori. Con lui se ne andò un altro pezzo di vecchia mafia (non
anagraficamente parlando, s'intende), il rampollo d'una generazione che poteva essere ancora considerata l'ultima discendente
del feudo: il padre di Stefano fu uno dei pochi vecchi capi mafia
chiamato a reggere la bara di don Calò Vizzini gran capo dei capi
di Cosa Nostra. Polizia e carabinieri non capirono granché (e come
avrebbero potuto?) sul possibile movente d'un delitto tanto clamoroso. Intuirono però che il termometro delle cosche ormai
segnava tempesta.

Ma che strana guerra era questa che fra le sue prime vittime
annoverava un religioso e un figlio d'arte tanto rispettato? Ciascun
delitto si poteva spiegare alla luce dell'altro: la polizia, per esempio,
scrisse in un rapporto che i Bontate, padre e figlio, spesso erano
ospiti di fra Giacinto nel convento di Villagrazia. Troppo poco.
Rimanevano infatti nell'ombra i nuovi generali. Buio fitto anche
sulle cause di quell'improvvisa esplosione di violenza. Ma il peggio
doveva ancora venire. Se il clan Bontate era entrato nel mirino
dei suoi misteriosi avversari, la risposta dei picciotti di Villagrazia
non avrebbe tardato a manifestarsi. E sarebbe stata una risposta
altrettanto simbolica, altrettanto mirata: gregari e ufficiali del
figlio di don Paolino avrebbero pareggiato il conto con l'uccisione

del loro capo con l'uccisione se non d'un generale almeno d'un colonnello dello schieramento avverso. Si sarebbe innescata ancora una volta la spirale infernale che ciclicamente, in Sicilia, segna il passaggio da un vecchio a un nuovo «ordine» mafioso. Questo almeno prevedevano gli investigatori.

Lo zio aveva visto giusto

Non andò proprio così. Non solo il clan legato ai Bontate non rispose per le rime, ma anzi, la mattina dell'11 maggio pianse, per la seconda volta in meno di tre settimane, la morte d'un altro dei suoi strateghi.

Salvatore Inzerillo, di anni trentasei, l'abile regista del finto sequestro Sindona, era l'uomo di fiducia a Palermo del ramo americano delle famiglie Spatola-Gambino-Inzerillo. Lo chiamavano Totuccio. Era cresciuto nella borgata dell'Uditore, e con Stefano Bontate aveva ottimi rapporti personali, e forse anche in certi affari. Ma quanto erano diversi i due caratteri. Raffinato e schivo, Stefano. Ricordate? Aveva una pistola francese, mentre le rivoltelle di concezione americana, le calibro 38, stavano ormai invadendo il mercato della criminalità palermitana. Segno d'un mutar dei tempi questo cambiamento delle preferenze: da strumento di eventuale difesa, a un'arma di scarsa precisione ma di devastante effetto, utilissima negli agguati. Totuccio invece si portava dietro una specie di cannone tascabile, la 357 magnum, sì, quella dell'ispettore Callaghan. Spocchioso e arrogante non badava a spese. Era stato lui infatti uno dei pochissimi eletti che aveva commissionato all'Alfa di Arese, una specie di fortezza viaggiante, una Giulietta blindata che gli era costata una sessantina di milioni.

Comodamente seduto alla guida di questa locomotiva d'acciaio, Totuccio se ne andava tranquillo in giro per le strade di Palermo, sebbene da parecchi mesi fosse teoricamente inseguito da un mandato di cattura emesso nella prima inchiesta su mafia e droga. E se Stefano recalcitrava, almeno a parole, quando si parlava di eroina, il reuccio dell'Uditore, abituato a far su e giù con gli Stati Uniti, dimostrava ben altra versatilità imprenditoriale. Magari non era capace di stabilire la qualità d'una partita di polvere bianca con il magistrale assaggio, ma certamente ebbe il merito di ripulire – riciclandoli – svariati milioni di dollari che finivano in Sicilia a saldo di tante spedizioni di droga andate in porto. Era proprietario di cantieri edili e nelle banche non lo ricordano in fila indiana dietro uno sportello. E a un personaggio di questo spessore non mancavano le parentele giuste.

Suo zio era il mitico Sasà Di Maggio, il boss di Torretta, un paesino a una ventina di chilometri da Palermo. Sasà morì di crepacuore, nell'ottobre del 1979, alla notizia dell'arresto di Rosario Spatola, coinvolto nel finto sequestro di Sindona, la messinscena che ora stava per rivelarsi un boomerang micidiale. Imperscrutabili regole ereditarie, mai codificate né verbalizzate, stabilirono che a Sasà dovesse succedere proprio Totuccio Inzerillo, per altri versi imparentato anche con i Gambino di New York. Il reuccio con la locomotiva d'acciaio era sposato con Filippa Spatola, e le tre famiglie a Brooklyn (secondo il rapporto d'una commissione senatoriale d'inchiesta americana) gestivano pizzerie e gioco d'azzardo, usura e traffico di droga, corse di cavalli truccate e sfruttamento della prostituzione. Anche Totuccio, come i Bontate, aveva un occhio di riguardo per i rappresentanti della Dc: fu infatti ospite di spicco della cena elettorale organizzata, alla vigilia delle politiche del 1979, dall'avvocato Francesco Reale (membro del comitato regionale scudocrociato), in onore dell'allora ministro della Difesa Attilio Ruffini. Detto per inciso: fin quando la salute fu dalla sua parte, Di Maggio si oppose strenuamente alle mire ambiziose di questo giovanotto che faceva di tutto per esautorarlo. Totuccio, confidava agli intimi il vecchio padrino, «ha troppa fretta e ha la testa fottuta». Una volta ottenuta la benedizione delle famiglie, il ricordo delle impietose parole dello zio svanì presto. E l'Americano a Palermo non volle più rassegnarsi alla figura del comprimario. Parentele invidiabili, solidi agganci politici, filo diretto con Manhattan, soldi a palate, cosa mancava a Totuccio per compiere il gran salto? Nulla. Per questo lo stroncarono sul nascere. Questa volta i killer dovettero eseguire un lavoretto più difficile del previsto, perché la vittima designata si spostava a bordo di quella diavoleria meccanica, e a meno di non utilizzare un bazooka o un carro armato, bisognava aspettare il momento buono. Alle dodici e trenta dell'11 maggio 1981, ecco che venne il momento buono.

Il commando (almeno quattro persone), dopo aver atteso a bordo d'un furgone posteggiato di fronte a un palazzone in via Brunelleschi, intravide la sagoma di Totuccio che si avviava verso la sua Alfetta, posteggiata poco distante. Colpi di kalashnikov anche per il nipote di Rosario «Sasà» Di Maggio. Colpi in faccia al punto da sfigurarlo, al punto da rendere impossibile ai poliziotti il riconoscimento (l'uomo non portava con sé i documenti): ci vollero cinque ore, e l'esame delle impronte digitali prima di capire che quelle iniziali, I. S., sulla medaglietta d'oro che aveva al collo, stavano per Salvatore Inzerillo. Ormai il terrore si era impadronito dei giovani che vivevano nelle borgate a più alta densità mafiosa. Qualcuno stava facendo tremendamente sul serio. Ma chi? E in pochi credevano alla favoletta che i rapporti fra Bontate e Inzerillo si fossero recentemente deteriorati.

Sul «Corriere della Sera» del 13 maggio 1981 Alfonso Madeo scrisse: «Ora, se fosse sempre vero che la spiegazione d'un delitto di mafia è fornita dalla morte successiva, si dovrebbe presumere che la morte di Inzerillo non è che la conseguenza dell'omicidio Bontate, cioè che gli uomini di Bontate hanno ucciso Inzerillo perché gli uomini di Inzerillo avevano ucciso Bontate. Ma non si hanno o non si conoscono i punti di collegamento tra i due gruppi: di conseguenza, perciò, un'ipotesi vale le altre sulle quali i palermitani, come la magistratura e la polizia, si interrogano con angoscia». Ecco un ritratto efficace del clima difficilissimo delle indagini di quei giorni.

Compro le sigarette e torno

Era controproducente, in quel momento, tentare di capire. Ingenuamente, fidandosi troppo del loro carisma, sicuri di strappare una tregua al nemico invisibile, ci provarono i sei di Santa Maria del Gesù. Tutti fedelissimi di Stefano Bontate e Totuccio Inzerillo, tutti convinti che si «dovesse far qualcosa» per riconquistare le redini del gioco. Si chiamavano: Girolamo Teresi, Giuseppe Di Franco, Salvatore Federico, Angelo Federico, Emanuele D'Agostino, Salvatore Contorno. L'unico che si salvò fu Contorno, e vedremo come e perché.

È una storia che merita di essere raccontata. Inquadriamo i primi quattro personaggi, quelli che ebbero in comune un tremendo destino. Teresi era cugino e socio in affari dei Bontate, i fratelli Federico erano gli abituali subappaltatori delle imprese che facevano capo ai Bontate e ai Teresi, il Di Franco aveva spesso fatto da autista a don Stefano. Il quinto uomo, D'Agostino, riuscì solo a differire una condanna a morte che era già stata emessa. Sono stati Buscetta e lo stesso Contorno a permettere, molti anni dopo, la soluzione di uno dei capitoli più sconcertanti della seconda guerra di mafia.

Il «caso» esplose il 2 giugno 1981, quando i giornali siciliani riportarono con gran rilievo la notizia che quattro boss di prima grandezza erano scomparsi nel nulla. Si fecero molte ipotesi: si pensò all'inizio che i fedelissimi di Bontate e di Inzerillo, temendo di far la stessa fine dei loro generali, avessero prudentemente tagliato la corda chiedendo ospitalità alle «famiglie americane»; si sospettò una messinscena concordata fra i quattro, decisi a entrare in clandestinità per regolare militarmente i conti con gli avversari; si temette una strage bianca, con l'occultamento dei cadaveri. L'ipotesi esatta era l'ultima. I quattro erano usciti dalle loro abitazioni, per non tornarci mai più, il 26 maggio, il «martedì nero», come poi si seppe dai familiari che impiegarono più d'una settimana per informare la polizia. Quel giorno il Teresi confidò alla moglie che doveva incontrare degli amici e le raccomandò di occuparsi dei figli se non fosse più ritornato da quell'appuntamento. Analoghe le testimonianze delle mogli degli altri. I quattro si recarono nel baglio di Nino Sorci, soprannominato *u Ricco*, che, almeno ufficialmente, era stato legato in passato a Stefano Bontate. Andavano per un chiarimento, sapendo di incontrare almeno una decina di pericolosissimi luogotenenti del clan dei corleonesi. A differenza infatti degli ambienti investigativi, in quelli di mafia si cominciava ormai a far chiarezza. Anche Contorno e D'Agostino vennero invitati al summit, ma ebbero la giusta sensazione che quell'abboccamento potesse rivelarsi una trappola per topi.

È Contorno stesso, l'unico superstite, a raccontare come andò a finire: «Qualche giorno dopo la morte di Inzerillo mi incontrai nel solito posto con Mimmo Teresi, Di Franco e i fratelli Federico; c'era anche D'Agostino. Teresi ci informò che era stato convocato dal nuovo capo di Villagrazia, Leopoldo Pullarà nella tenuta di Nino Sorci e ci invitò a seguirlo... ma né io, né D'Agostino, pur essendo convocati, li seguimmo, perché ci rendevamo conto che si poteva trattare di un tranello. Gli altri invece si lasciarono convincere e così li vidi partire... Ma da allora non li ho più visti [...] Io e D'Agostino attendemmo a lungo il ritorno di Teresi e compagni e alla fine capimmo che avevano fatto tutti la stessa fine di Bontate e Inzerillo. Così diventammo ancora più guardinghi sapendo bene che eravamo rimasti gli ultimi due a dover ancora essere soppressi».

Successivamente Contorno apprese i nomi di tutti i carnefici che nel baglio di Sorci avevano teso l'imboscata: in totale dieci persone condannate all'ergastolo al maxi processo. D'Agostino non riuscì a salvarsi: chiese ospitalità a un altro mafioso che intanto, a sua insaputa, era passato armi e bagagli dalla parte dei corleonesi. Neanche il suo cadavere è stato mai ritrovato.

La chiamano «lupara bianca». Un triste metodo di eliminazione – scrissero i giudici istruttori nella loro gigantesca ordinanza di rinvio a giudizio – che gli assassini possono applicare con l'aiuto di amici fidati della vittima. Sono loro infatti che hanno il compito di garantire la sicurezza dell'incontro e consegnare facilmente la vittima nelle mani del carnefice di turno. La fine dei quattro di Santa Maria del Gesù può entrare a pieno titolo in un'immaginaria antologia degli orrori compiuti dagli esponenti di Cosa Nostra. Le uccisioni di fra Giacinto, Stefano Bontate, Totuccio Inzerillo, la scomparsa dei quattro di Santa Maria del Gesù e poi di D'Agostino, rappresentano il poderoso segnale che la pax mafiosa, durata una decina d'anni, è finita. Indicano l'inizio d'una campagna di sterminio che ha trovato le sue punte più alte (centoquarantotto delitti) nel 1982, ma che è continuata per anni. Il clan dei corleonesi contro la vecchia mafia. Una guerra di eliminazione che ha visto decine di famiglie letteralmente falcidiate, i vecchi assetti sconvolti, ma anche il definitivo tramonto di un totem, quello dell'omertà, che nessuno si era mai sognato di violare. Il delirio di grandezza di una cosca che fa di tutto pur di imporre il suo regime di monopolio sulla «direzione strategica» di Cosa Nostra contiene in sé i germi dell'autodistruzione. È vero: ci vorranno almeno tre anni prima che Buscetta e Contorno decidano di spezzare un atavico cordone ombelicale con i segreti e i tanti retrobottega di Cosa Nostra. Eppure questi primi venti di guerra, fra il 1980 e il 1981, non furono ininfluenti sulla Grande Crisi della mafia aperta da confessioni e pentimenti clamorosi. Qui bisogna ricordare un ultimo episodio conseguente sviluppo di questa prima tragica sequenza di morte: il fallito attentato proprio contro Totuccio Contorno.

La donnola dalle mille vite

Abitava nella borgata di Brancaccio, era noto nel suo ambiente per essere un uomo «valoroso», furbissimo, capace di notevole sangue freddo, e soprattutto di uccidere. Era stato in passato il guardaspalle di Stefano Bontate, e rappresentava per i corleonesi l'ultimo ostacolo prima della vittoria finale. Doveva la sua salvezza al fiuto dimostrato alla vigilia del summit-camera della morte nel baglio di Nino Sorci, e all'esser diventato guardingo e sospettoso fin dai tempi dell'uccisione di don Stefano. A maggior ragione, per i suoi avversari, doveva morire. Rapidità e tempismo in quegli anni sono state le caratteristiche dell'ala dura della mafia. Così il 25 giugno 1981, quasi un mese dopo la scomparsa dei quattro di Santa Maria del Gesù, qualcuno decise che anche per Totuccio Contorno era giunta l'ora del *de profundis*.

Sono appena scoccate le diciannove e trenta. Contorno ha trascorso il pomeriggio in casa dei suoi genitori, in compagnia della moglie Carmela, di suo figlio Antonello, e d'un amichetto del figlio, Giuseppe, di undici anni. Conclusa la visita marito e moglie tornano a casa su auto diverse, Antonello va con la madre, mentre Giuseppe insiste per esser riaccompagnato a casa da Totuccio. Ecco come Contorno raccontò in che modo aveva visto la morte in faccia: «Imboccai il cavalcavia che dalla via Ciaculli immette in via Giafar. Notai subito, alla guida di una 127 che mi precedeva, Pino D'Angelo. Si lasciò sorpassare, rispose al mio saluto, proseguì a lenta andatura. Dal punto più alto del cavalcavia, dietro le finestre dell'ultimo piano d'un palazzo a cinque o sei piani, notai Vincenzo Buffa. L'ultimo piano dell'edificio infatti è allo stesso livello del punto più alto del cavalcavia dove io mi trovavo, per questo mi accorsi di Buffa. Andando avanti vidi – acquattato fra il cancello e il muro di cinta del giardino dei Prestifilippo – Mario Prestifilippo [uno dei più pericolosi superkiller della guerra di mafia, al soldo dei corleonesi, N.d.A.]. Cominciai a insospettirmi. Non avevo tutti i torti: all'improvviso, da una traversa a fondo cieco, sbucò una motocicletta potentissima e molto silenziosa. La guidava Giuseppe Lucchese [il "traditore" di Stefano Bontate, N.d.A.], e dietro si trovava Pino Greco soprannominato *Scarpuzzedda* [altro ferocissimo superkiller del quale non si è saputo più nulla, N.d.A.]. Fu lui, sporgendosi sulla sinistra, a lasciar partire contro di me la prima raffica di mitra. Intuita la mossa, abbandonai il volante, mi buttai su Giuseppe che era con me, facendogli scudo col mio corpo. Una volta esaurita la raffica, la motocicletta proseguì la corsa. Dallo specchietto retrovisore mi resi conto che Lucchese e Pino Greco stavano tornando indietro, così mi fermai. Scagliai fuori dalla mia macchina Giuseppe, che era già stato ferito a una guancia, e, sceso anch'io dalla vettura, mi inginocchiai davanti ai fari impugnando la mia calibro 38. Mi preparavo a difendermi dal secondo attacco. Mentre scendevo dall'auto non mi sfuggì un altro particolare: una Bmw stava facendo marcia indietro. La guidava Filippo Marchese, soprannominato *Milinciana* [un torturatore che poi si sarebbe macchiato di orrendi delitti nella camera della morte di sant'Erasmo, *N.d.A.*]. Ma essendo molto impegnato a respingere l'attacco non mi preoccupai più di tanto. Appena Pino Greco arrivò a tiro, riaprì il fuoco contro di me. Feci in tempo a sparare. Sono sicuro di averlo colpito al petto, perché cadde all'indietro e la raffica di mitra si diresse verso l'alto, perforando una saracinesca... Mi resi conto che era giunto il momento di fuggire e scappai a piedi. Successivamente seppi che non ero riuscito a ferire Pino Greco perché indossava un giubbotto antiproiettile. Fu mio cugino, Nino Grado, a raccontarmi di averlo visto al mare, in costume, senza evidenti tracce di ferite. Io riportai una leggera scalfittura alla fronte e una pallottola, che mi colpì di striscio, mi strappò una ciocca di capelli».

I fatti si svolsero realmente in questo modo, anche se viene difficile immaginare una sequenza da far west, in un quartiere frequentatissimo, in ora di punta, con un dispiegamento di forze così massiccio. Questo è infatti uno degli episodi della guerra fra le cosche sul quale gli investigatori hanno lavorato di più cercando decine e decine di riscontri alle parole di Contorno. La sera dell'agguato, per esempio, Giuseppe Faglietta, il bambino di undici anni, venne ricoverato in ospedale e interrogato dal magistrato. Nessuno sapeva cosa fosse accaduto. Venti minuti dopo l'agguato, un automobilista si fermò spontaneamente a un posto di blocco dei carabinieri in un quartiere poco distante da quello in cui i corleonesi avevano cercato di chiudere per sempre la partita con Totuccio Contorno. Raccontò di esser passato da Brancaccio, d'aver sentito dire che c'era stata una sparatoria, d'aver preso a bordo un bambino che era stato ferito. Il bambino era Giuseppe. I carabinieri lo presero in consegna e lo accompagnarono al pronto soccorso. A Brancaccio venne trovata l'auto di Contorno. Nei paraggi, una ventina di bossoli esplosi da Pino Greco con il suo kalashnikov. Qualche giorno dopo, in un paesino alle porte di Palermo, venne rinvenuta l'Honda 1000 adoperata dal commando. Ogni parola di Contorno trovò conferma.

Si scoprì anche che gli assalitori avevano fatto uso di radio ricetrasmittenti e che il piano d'attacco prevedeva l'intervento di molte staffette che avvertissero tempestivamente i killer: ecco perché l'intero percorso era disseminato di sentinelle la cui presenza, però, non sfuggì a Totuccio. Infine un'altra eloquente analogia che lega un po' questi delitti. Uno stesso fucile mitragliatore kalashnikov, AK 47, di fabbricazione sovietica venne adoperato per uccidere sia Bontate sia Inzerillo e nell'agguato a Contorno. Ma non è tutto: alla vigilia dell'uccisione di Inzerillo, alcuni colpi di mitra vennero esplosi contro i vetri blindati d'una gioielleria, in pieno centro a Palermo. Due metronotte – Agostino Capuano e Francesco Spitale – sorpresero un giovane di venti-venticinque anni che sparava con un'arma di grosso calibro, lasciando ricadere i bossoli espulsi in un sacchetto che reggeva con la mano sinistra. Il giovane aprì il fuoco contro di loro, senza riuscire a colpirli. I metronotte replicarono e Capuano, in particolare, si disse sicuro d'aver fatto centro. Ma lo sconosciuto, dopo un balzo all'indietro, salì sull'auto d'un complice, riuscendo a dileguarsi. «Era munito d'un giubbotto antiproiettile» dichiararono le guardie giurate. Quel giovane era Pino Greco Scarpuzzedda. La guerra di mafia degli anni Ottanta, era appena cominciata.

VI

Quel tremendo 1982

Una premessa

Porteranno dollari, benessere, e posti di lavoro. Ci difenderanno da eventuali attacchi nemici e non saranno puntati – in particolare – contro nessuno. È un prezzo che il Paese deve pagare per onorare i suoi impegni militari, ma è un prezzo inevitabile anche per riequilibrare gli SS20 sovietici. Missili Cruise: a testata nucleare, intelligenti, capaci di sfuggire alla sensibilità dei radar, smontabili, leggeri, facilmente trasportabili sui Tel, i camion che in poche ore li mettono al riparo da un eventuale attacco nemico. Serie americana di missili da crociera che seguendo le caratteristiche del terreno, rispettando un programma guida, raggiungono l'obiettivo. Iniziò così, quasi per caso.

Il governo italiano – il 7 agosto 1981 – su precise sollecitazioni atlantiche e americane aveva deciso in gran segreto che la più grande base nucleare d'Europa si potesse installare nel vecchio aeroporto di Comiso, il Vincenzo Magliocco. Il Parlamento venne tenuto all'oscuro. La corsa al riarmo fra le grandi potenze trovava ancora una volta uno snodo decisivo proprio in Sicilia, dove i tecnici militari italiani credettero d'aver individuato una «landa desertica» nel ragusano, che è invece una delle province più ricche e fertili dell'intera isola. Il ministro della Difesa dell'epoca, il socialista Lelio Lagorio, dopo aver taciuto di fronte all'opinione pubblica, dopo aver preso tempo preoccupato che da un momento all'altro esplodesse la protesta delle popolazioni finite nel mirino dei signori della guerra, espose l'infelice teoria degli «aghi nel pagliaio». Le squadriglie di Cruise – fu la risposta tranquillizzante di Lagorio –

potranno sparpagliarsi nell'intero territorio siciliano, nasconden-
dosi appunto come introvabili aghi agli occhi d'un nemico che non
saprà dove cercarli.

Ma quell'immagine si rivelò un boomerang. Alimentò preoccupazione e inquietudine, moltiplicò nelle popolazioni del ragusano la consapevolezza che dovesse scattare un allarme di massa. Si
stentava a capire l'eccessivo tempismo dimostrato dal governo
italiano mentre altri governi dell'alleanza atlantica, per esempio il
Belgio e l'Olanda, avevano declinato analoghi inviti. E la prospettiva cupa che la Sicilia diventasse ricettacolo d'ordigni nucleari, o
minacciosa portaerei nel Mediterraneo, non scosse più di tanto i
rappresentanti dell'istituzione Regione. Si limitarono a balbettare,
una volta che la decisione era stata presa. Lo Statuto dell'autonomia siciliana e il trattato di pace di Parigi del 1947, che facevano
divieto dell'utilizzazione della Sicilia a fini militari, vennero così
praticamente ignorati dal governo centrale.

Una quarantina di personalità siciliane denunciarono il presidente del Consiglio Spadolini alla commissione inquirente, criti-
candolo per non aver convocato, in occasione del consiglio dei
ministri in cui si scelse Comiso, il presidente della regione siciliana, il democristiano Mario D'Acquisto. L'iniziativa si richiamava
all'articolo 21 dello statuto dell'autonomia siciliana (recepito dalla Costituzione) che recita: «... con il rango di ministro il presidente della Regione siciliana partecipa al consiglio dei ministri con
voto deliberativo alle decisioni che interessano la regione». D'Acquisto, in compenso, pur definendo «inaccettabile» la sua esclusione, divenne uno dei più convinti paladini di una sicurezza
nazionale che andava tutelata.

Stretta fra una decisione che veniva considerata alla stregua di
un iniquo balzello e l'insipienza della sua classe politica che non si
avvaleva di prerogative che le avrebbero consentito di far sentire
la sua voce, la popolazione siciliana iniziò lentamente a risvegliar-
si. Il segnale partì dai grossi centri agricoli del ragusano, dove
molte amministrazioni comunali, negli anni successivi, avrebbero
proclamato «area denuclearizzata» i propri territori. Rita Costa e
Giovanna Terranova, mogli dei due magistrati assassinati dalla
mafia, insieme allo scienziato cattolico, Carlo Zichichi, lanciarono
un appello a Spadolini. Lo invitarono a un «ripensamento», e
soprattutto a promuovere «un negoziato sugli euromissili fra i due
blocchi e a chiedere la contestuale sospensione dell'installazione
della base di Comiso». Era l'8 settembre 1981. Ma già una settima-

na dopo le cronache da Comiso segnalavano la preoccupazione della gente del luogo negativamente colpita dal viavai di facce nuove attorno alla base che non lasciava presagire nulla di buono. I lavori erano già in corso, gli americani alle porte, e si portavano dietro – agli occhi dei più creduloni – una scia di benessere imminente del quale tutti avrebbero finito col beneficiare. In realtà si stava scatenando una dura lotta sotterranea fra le imprese che volevano concorrere agli appalti per i lavori di trasformazione del vecchio aeroporto. I severi controlli militari e polizieschi, se da un lato infastidivano una provincia siciliana di antiche e salde tradizioni democratiche, dall'altro alimentavano anche l'innato fatalismo contadino condensato nella formula «l'hanno deciso e lo faranno». Eppure è proprio a Comiso che subito dopo la decisione presa dal governo italiano si costituì il comitato unitario per il disarmo e la pace, un organismo prezioso che avrebbe assolto una decisiva funzione di raccordo fra i movimenti di tutt'Europa. A presiederlo è un deputato comunista, Giacomo Cagnes, che più volte nel passato era stato sindaco di questa cittadina. In una sua lettera aperta «a chi ci governa», pubblicata dai giornali siciliani, Cagnes, nel novembre del 1981, ebbe il merito di avvertire subito quanto fosse desta ben al di là dei confini siciliani l'attenzione per ciò che stava accadendo in quell'angolo sperduto della costa sudorientale d'Italia. «Sappiamo» scrisse Cagnes «che in questa battaglia per la pace, la vita e il disarmo e la convivenza pacifica fra i popoli non siamo soli in Italia, in Europa. Un forte e ricco movimento di pace è già in fermento, in Olanda, in Belgio, in Svizzera, in Germania, in Francia, in Italia, ed è sperabile nella stessa America. Ma se anche fossimo soli la condurremmo lo stesso. Non per altro, ma perché al centro della polveriera ci stiamo noi.»

Si avvertivano invece violente ripercussioni nel Partito socialista di Comiso che non condivideva la scelta «atlantista» di via del Corso. Una linea rappresentata a Roma da Lagorio e accolta a malincuore da Salvatore Catalano, socialista e primo cittadino – in quegli anni – della futura città nucleare. E il socialista Salvatore Lauricella, presidente dell'assemblea regionale siciliana, dal canto suo proclamò il 1982 «anno della pace».

Furono quelli, in Sicilia, giorni di mobilitazione febbrile. Fece la sua parte l'Università di Palermo, sotto la spinta del suo rettore Giuseppe La Grutta, primo firmatario d'un documento per il «no ai missili» sottoscritto da venti intellettuali. Si ritrovarono a Palermo, per la manifestazione dei centomila che si tenne il 29 novembre,

Luciano Lama, Franco Marini e Giorgio Benvenuto e Domenico Rosati, presidente delle Acli. Stava nascendo in Sicilia la «cultura della pace». Un grande movimento, al quale concorrevano forze sociali e politiche, gruppi e associazioni, movimenti e singole personalità del mondo della cultura e della religione. La «diplomazia dei popoli», come la chiamarono, intendeva contrapporsi, qui in Italia – in assenza di un segnale che venisse dalle autorità di Roma e di Palermo –, alla logica interplanetaria della corsa agli armamenti, e ambiva a far sentire la sua voce nel negoziato di Ginevra che muoveva proprio in quei giorni i suoi primi passi.

Anche un certo Pio La Torre, in quei mesi, era convinto che fosse quella la strada giusta.

Un dirigente europeo che parlava siciliano

«Sono nato nella borgata Altarello di Baida, frazione di Palermo, e mio padre era un contadino povero. A quell'epoca, nel 1927, nel piccolo villaggio e fino a quando non ebbi otto anni, non c'era la luce elettrica, si studiava a lume di candela o di petrolio, e l'acqua da bere dovevamo andarla a prendere quasi a un chilometro di distanza. I contadini, la domenica mattina, quando si ripulivano, e andavano in città dicevano: "Vaiu a Palermo", come se andassero in un posto lontano... Ho vissuto nelle case dei contadini poveri del corleonese e delle Madonie, le zone fondamentali del feudo della provincia di Palermo. Ho dormito con loro per intere settimane. Mancavano di tutto, del pane e delle strutture igieniche fondamentali. Nella casa d'una famiglia di braccianti di Corleone avevano un secchio che non si sapeva bene se era un secchio o una pentola perché serviva per cucinare gli spaghetti e per lavarsi i piedi. C'era la capra che girava liberamente per la casa come un animale sacro in quanto solo grazie al suo latte si alimentavano i bambini che altrimenti sarebbero morti di tubercolosi...» Era stata questa l'infanzia di Pio La Torre, figlio di contadini poverissimi, e fu lui stesso a raccontarla in un quaderno scritto di suo pugno nel 1954 alla scuola di partito (Pci) a Frattocchie, e trovato solo dopo la sua morte. Sarebbe tornato in Sicilia nel settembre del 1981.

Era diventato comunista nel 1945 e si era distinto molto presto nella partecipazione alle lotte contadine di quegli anni. Nel 1950 era finito in carcere «a scopo preventivo», come si diceva allora, al termine d'una manifestazione bracciantile nel paese di Bisacquino, in provincia di Palermo. La «prevenzione» durò diciotto mesi. Spese un'intera esistenza prima nell'attività sindacale, poi in quella politica. Segretario dei comunisti siciliani dal 1962 al 1967, più volte consigliere comunale a Palermo, deputato all'assemblea regionale siciliana dal 1963 al 1971, La Torre nel 1969 si era trasferito a Roma per ricoprire alti incarichi di partito. Deputato per tre legislature (1972, 1976, 1979), fece parte della commissione antimafia, per la quale preparò la relazione conclusiva di minoranza.

A riassumerla così può sembrare la vita d'un esponente politico particolarmente di successo, diviso fra un incarico e un altro, dopo l'inevitabile gavetta iniziale. Ma La Torre, anche se potrà sembrare un'osservazione retorica, non dimenticò mai le sue radici di siciliano, e soprattutto le condizioni di vita della sua gente. Un volto limpido, un linguaggio semplice e schietto che andava subito al cuore delle cose. Tale era Pio La Torre, negazione vivente del «politichese», che sapeva unire a una bonomia mai intaccata da anni di miseria e di sofferenze la tenacia tipica dei leader meridionali. Non conosceva la freddezza del burocrate. Mostrava un sano fastidio per le riunioni di partito se interminabili e inconcludenti.

«La Torre non era uomo da limitarsi ai discorsi e alle analisi, era un uomo che faceva sul serio, per questo lo hanno ucciso» dirà poi di lui Enrico Berlinguer. Ma non è tutto. Aveva la doppia capacità di saper parlare alla gente semplice, che a lui si rivolgeva quasi con fiducia istintiva, ma anche agli avversari politici che gli riconoscevano preparazione e lealtà. Fin troppo ovvio quindi che La Torre non lasciò Palermo per Roma spinto da ambizioni di carriera, ma per poter meglio perorare, nella città dei Palazzi, la causa di quel movimento nel quale aveva sempre militato. Altrettanto prevedibile quindi la sua decisione – nell'autunno del 1981 – di tornarsene in una Sicilia falciata dalla mafia e sulla quale incombeva la minaccia della nuova base missilistica.

Chiese alla direzione del Pci, della quale faceva parte, di essere «inviato» ancora una volta a Palermo ad assumere le redini del Pci siciliano. Ottenne ciò che voleva, ma segnò inconsapevolmente la sua fine. Il movimento pacifista mondiale deve molto a Pio La Torre. Sebbene dirigente «comunista di stampo antico», questo palermitano di Altarello di Baida seppe cogliere subito le ragioni dei rappresentanti dei movimenti pacifisti svedesi o londinesi, giapponesi o norvegesi, che giustamente inorridivano all'idea che i missili potessero essere distinti in «buoni» e «cattivi». Intuì immediatamente, appena tornato in Sicilia, che il Pci doveva spendere l'intero patrimonio delle sue energie a sostegno d'un movimento che sarebbe andato ben al di là dei confini di un singolo partito. Il suo ritorno fu come una scossa per le organizzazioni comuniste che riscoprirono il gusto della politica e delle alleanze dopo la breve stagione delle intese culminata nell'assassinio di Piersanti Mattarella.

La Torre fu così l'instancabile organizzatore di quella primavera di pace che toccò la sua più alta punta di mobilitazione nella manifestazione dei centomila, a Comiso, il 4 aprile 1982. Si potrebbe forse dire che La Torre riuscì a essere un politico che seppe esprimere per intero la voce dalla società civile, mai sfiorato da pretese egemoniche, poco incline al compromesso soprattutto quando entra in rotta di collisione con valori insopprimibili. Ebbe l'idea di lanciare una petizione popolare per la raccolta d'un milione di firme a favore del disarmo da indirizzare alla presidenza del consiglio dei ministri. Si rivolse a democristiani e socialisti, liberali o socialdemocratici, ignorando volutamente le posizioni «ufficiali» di ogni singolo partito e costringendo tutti a schierarsi, a dividersi.

In pochissime settimane trecentomila firme si aggiunsero in calce a quella richiesta semplice così formulata: «Chiediamo al governo italiano di non dare inizio alla costruzione della base per i missili Cruise presso l'aeroporto di Comiso. Sospendendo la costruzione della base, l'Italia darà un contributo positivo alla riduzione progressiva degli armamenti nucleari, all'Ovest come all'Est, fino alla totale eliminazione, stimolando inoltre positivamente la trattativa di Ginevra».

Due guerre in una

La Torre combatté due grandi guerre. Sì, una vera e propria guerra per la pace, per impedire l'installazione della base missilistica, per rimettere in movimento grandi masse di popolo attorno alla «centralità Comiso», per restituire fino in fondo ai siciliani diritto di parola nella speranza di impedire quella scelta. E la guerra altrettanto dura, a viso aperto, contro la nuova mafia dal volto ancora sfuggente nonostante la carneficina iniziata nel 1979.

Pio La Torre non subordinò mai l'una all'altra. Anzi, fin dall'inizio espresse la sua convinzione – poi si rivelò profetica – che la costruzione della base, fra le tante iatture, avrebbe finito anche con l'alimentare gli appetiti delle famiglie di mafia. Fu molto esplicito il 14 gennaio 1982. In occasione della sua relazione introduttiva al nono congresso regionale del Pci affermò: «Occorre respingere questa prospettiva, chiamando il popolo siciliano alla lotta per dire no a un destino che, prima ancora di farla diventare bersaglio della ritorsione atomica, trasformerebbe la nostra isola in terreno di manovra di spie, terroristi e provocatori di ogni risma al soldo dei Servizi segreti dei blocchi contrapposti. Ne trarrebbero nuovo alimento il sistema di potere mafioso e i processi degenerativi delle istituzioni autonomistiche, mentre la Sicilia sarebbe condannata alla degradazione economica e sociale».

A qualcuno quelle parole sembrarono esagerate, dettate da motivi congressuali, volte più che altro a richiamare l'attenzione di chi si dimostrava freddo sull'argomento. Non era così. E qui veniamo al secondo aspetto che caratterizzò l'impegno di La Torre in Sicilia. Mentre sul tema pace appariva sereno, soddisfatto per i risultati che si andavano conseguendo, perfino entusiasta se vedeva sfilare vecchi braccianti fianco a fianco con pacifisti stranieri, sul versante della lotta alla mafia era inquieto, preoccupato, come se i conti, in qualche modo, non gli tornassero. Come se disponesse di una quantità enorme di informazioni sul fenomeno mafioso difficilmente spendibile sul piano politico se non a prezzo di rischi gravissimi. Ci sono alcune circostanze che non vanno sottovalutate.

Non gli erano sfuggite – per esempio – tutte le inquietanti implicazioni dei delitti Terranova e Costa, che fra l'altro erano stati anche suoi carissimi amici. Non conosceva invece i nomi di Boris Giuliano ed Emanuele Basile. Sapeva che Piersanti Mattarella era diventato presidente della Regione siciliana, ma anche lui – e in questo dimostrava un'assoluta buona fede – si ricordava di Bernardo, padre di Piersanti. Doveva «recuperare» un ritardo di quasi dodici anni. Voleva farlo alla sua maniera: ascoltando, convocando riunioni, incontrando investigatori, discutendo con i segretari di altri partiti, ma anche attaccando, rivolgendosi – secondo il suo stile – all'opinione pubblica. Alcune domande lo assillavano.

La prima: cos'era venuto a fare Sindona in Sicilia nell'estate del 1979? Quali erano i suoi rapporti con la mafia siciliana? Si poteva capire il tornaconto del bancarottiere, ma trafficanti e piduisti quali interessi avevano avuto a quel carosello di trasferimenti? E chi poteva escludere che l'uccisione di Terranova e del suo agente di scorta Mancuso fosse uno dei tanti frutti marci della messinscena del banchiere di Patti? Non erano interrogativi gratuiti, anche se le risposte apparivano fumose. La Torre, ancor prima che siciliano, era un palermitano verace. Sapeva bene che Palermo è una città piccola. Sapeva che la venuta di Sindona e la morte di Terranova temporalmente coincidevano. Sapeva anche che l'eliminazione d'un alto magistrato, proprio per gli effetti repressivi che si sarebbe tirata dietro, non poteva esser stata decisa da una delle tante cosche dell'eroina, magari per la semplice restituzione di uno sgarbo. Troppo semplice? Scontato? D'accordo.

E La Torre allora capovolgeva la domanda: perché Sindona è venuto in Sicilia? Come aveva fatto a restare all'oscuro di tutto mentre era ospite proprio dei big della mafia siciliana? Quando non ne poté più, La Torre espresse pubblicamente i suoi crucci. Il 30 maggio 1981, durante la tribuna politica del Pci in vista delle elezioni regionali: «Perché sottovalutare la spaventosa coincidenza fra la presenza di Michele Sindona a Palermo e l'esecuzione mafiosa del giudice Cesare Terranova? Ma le indagini si sono spinte fino a questo livello? Hanno puntato così in alto?». La controffensiva del segretario dei comunisti siciliani non era solo squisitamente teorica. Ripeté in diverse occasioni: «Chi pensa che Mattarella sia stato ucciso per una questione di appalti non ha capito nulla».

A La Torre non era sfuggito che alcuni dei nomi sui quali aveva indagato la commissione antimafia figuravano negli elenchi della commissione d'inchiesta su Sindona e sulla P2. Supposizioni, coincidenze, ma come spiegare che due fra i massimi vertici investigativi palermitani (questore e capo della Squadra mobile) proprio in quei giorni venivano chiamati pesantemente in causa per collusione con ambienti piduisti?

Il gatto e la volpe

Giuseppe Nicolicchia: questore di Palermo (1979-1981), iscritto alla World organization of masonic «Thought» (l'organizzazione fondata da Licio Gelli – all'inizio degli anni Settanta – per esportare all'estero le trame della P2). Curriculum vitae: fu lui stesso a presentarlo per caldeggiare la causa della propria iscrizione. Il «Riservatissimo» venne presentato invece da un noto fratello massone che di quell'iscrizione si fece garante. Il questore di Palermo Nicolicchia si era infatti iscritto alla massoneria in tempi non sospetti: la lettera autografa con la quale chiese di essere ammesso alla loggia è del 1974 mentre era questore a Reggio Calabria. Alle ore sedici del 25 giugno 1976, Giuseppe Nicolicchia prestò giuramento a Roma in un appartamento a pochi passi nella sede dell'Onpam, in via Condotti. L'Onpam molto probabilmente serviva da copertura ad attività immobiliari della massoneria internazionale.

Giuseppe Impallomeni: capo della Squadra mobile di Palermo, situazione personale molto simile a quella di Nicolicchia, spedito in ferie alle prime avvisaglie dello scandalo. E ascoltiamo adesso Pio La Torre, in quella conferenza stampa del maggio 1981: «Devono dimettersi entrambi. O, comunque, in attesa di fornire spiegazioni, ammesso che ne abbiano, mettersi in aspettativa, non esercitando più le delicate funzioni cui sono preposti». E ancora: «Il questore ha ammesso d'aver brigato per far parte della P2. E di aver tenuto con Gelli una corrispondenza durata due anni. Impallomeni si è spinto oltre entrando nell'accolita dei fratelli proprio mentre esaminava gli atti dell'inchiesta su Michele Sindona». Il nome di Sindona, inserito in alcuni rapporti preliminari di polizia, scomparve invece dal dossier che aveva provocato gli ordini di cattura firmati da Costa. Ne erano seguite critiche e polemiche. Ai primi di novembre Nicolicchia e Impallomeni non ressero alla valanga delle accuse e si dimisero.

Il legislatore

Aveva conosciuto carrettieri diventati miliardari. Trovava scandaloso che semplici funzionari o assessori comunali e regionali fossero diventati proprietari di lussuosissime ville con l'apparente introito d'un semplice stipendio. Aveva studiato la farraginosa legislazione che riguardava le opere pubbliche e non gli erano sfuggiti quei punti deboli la cui utilizzazione permetteva di aggirare limitazioni e controlli. Aveva assistito al sacco di Palermo, allo spettacolo penoso di giunte che riuscivano in una sola notte ad approvare centinaia di delibere o di varianti al piano regolatore per favorire uno stuolo di clienti accattoni che però sapevano procurare migliaia di voti. Commissario dell'antimafia, La Torre aveva avuto l'opportunità di tener d'occhio le inspiegabili fortune dei Ciancimino, dei

Gioia, dei Matta, o dei Salvo, i grandi esattori che contavano quanto un partito nelle vicende pubbliche siciliane degli anni Sessanta e Settanta.

Tornato a Palermo scopriva che molti personaggi d'un vecchio gotha eternamente chiacchierato non avevano perduto le loro posizioni di influenza. Giunse così alla semplice conclusione che se si voleva fare qualcosa di serio contro la mafia, di decisivo per recidere una buona volta i rapporti fra le cosche, la pubblica amministrazione e la politica, occorreva andare diritti al cuore del problema rappresentato dagli arricchimenti illeciti. I trentacinque articoli della «sua» legge (ma quanto sangue sarebbe stato ancora sparso prima che quella legge fosse approvata dal Parlamento italiano) stabiliscono una serie di controlli patrimoniali destinati a colpire il portafoglio di Cosa Nostra. Introducono il nuovo reato dell'associazione mafiosa, cercano di mettere ordine nel ginepraio degli appalti e dei cantieri edili stabilendo anche il divieto del subappalto per le opere pubbliche. Un provvedimento legislativo del genere aveva fra l'altro l'effetto immediato di ridimensionare notevolmente quel totem del segreto bancario che i mafiosi avevano sempre considerato un prezioso alleato in difesa del riciclaggio di danaro sporco. Non è tutto: ai primi di marzo del 1982 La Torre guidò la delegazione comunista che discusse con Spadolini un pacchetto di misure precise e urgenti per fronteggiare la nuova controffensiva della mafia.

Qualche giorno dopo venne dato l'annuncio ufficiale che il generale Carlo Alberto Dalla Chiesa sarebbe venuto in Sicilia. La Torre era molto favorevole a quella nomina, perché convinto che lo Stato potesse iniziare così a risalire la china dimostrando contro la mafia una tenacia pari a quella messa in atto contro il terrorismo. La Torre e Dalla Chiesa, entrambi in pianta stabile a Palermo, e contemporaneamente. Due uomini diversissimi ma espressione d'un modo nuovo di essere Stato e quindi di fare antimafia. Voleva dire che Roma aveva finalmente deciso di regolare i suoi conti con la secolare «opposizione mafiosa»? Era troppo. E non poteva essere consentito.

A Comiso non ci andrai

Aveva già stabilito che l'indomani – 1° maggio – non sarebbe andato a commemorare con i lavoratori di Portella della Ginestra il 35° anniversario della strage compiuta dalla banda Giuliano. Gli sembrava che la sua presenza fosse più utile a Comiso, accanto a dodici pacifisti di ogni nazionalità che avevano intrapreso un lungo sciopero della fame per protestare contro i missili. Negli ultimi giorni era irrequieto. A un paio di dirigenti di partito aveva confidato le sue preoccupazioni senza però entrare nei dettagli: «Ho la brutta sensazione che prima o poi ce la faranno pagare per quello che sta accadendo in Sicilia». In qualche riunione aveva invitato i militanti, senza allarmismi, ma con fermezza, a tenere gli occhi aperti. Aveva chiesto il porto d'armi, lui così poco incline a forme di militarizzazione della lotta politica. E soprattutto aveva consigliato a Rosario Di Salvo – un giovane comunista di trentacinque anni, per lui molto di più che un semplice autista – di improvvisare sempre nuovi percorsi per evitare di essere seguiti.

Alle nove e venti del 30 aprile le cosche mafiose diedero un altro saggio di barbarie, volto a spezzare la controffensiva popolare. I killer seguirono La Torre e Di Salvo diretti alla sede del Pci. Aspettarono che la 132 si trovasse al centro d'una stradina stretta, in un punto scelto con cura perché poco frequentato, e diedero l'assalto. Una motocicletta costrinse Di Salvo a frenare. Partirono le prime raffiche, tutte per La Torre. Di Salvo fece in tempo a estrarre la pistola ma i colpi andarono a vuoto. Da un'auto scesero gli altri macellai per i colpi di grazia. Vennero trovati sull'asfalto una quarantina di bossoli. La Torre e Di Salvo ancora con gli occhi spalancati come di chi ha avuto poco tempo per morire. Niente testimoni. Niente tracce. Niente informazioni anonime ma attendibili. La solita rivendicazione «terroristica», giudicata un depistaggio, come era già accaduto per Mattarella. Per il resto un altro zero investigativo che strideva fortemente con l'enorme trauma popolare prodotto dall'uccisione del capo del partito d'opposizione. Seguirono a Palermo giorni di sgomento.

Centomila persone parteciparono ai funerali durante i quali prese la parola Enrico Berlinguer. La petizione per Comiso raggiunse subito il milione di firme che La Torre aveva voluto, ma i lavori per la costruzione della base continuarono. Spadolini e Rognoni, ministro degli Interni, chiesero a Dalla Chiesa di insediarsi a Palermo con sei giorni di anticipo. Ormai era guerra aperta. Ma poteva ancora una volta combatterla un uomo solo?

VII

Il generale disarmato

Il tempo è già scaduto

Non si svolse mai una partita ad armi pari fra Dalla Chiesa e la mafia. Uccidendo La Torre le cosche imposero subito un terreno di scontro militare che impedì al prefetto di Palermo di programmare la sua iniziativa. In un certo senso Dalla Chiesa fu costretto a giocare di rimessa fin dall'inizio, combattuto fra l'esigenza d'un intervento di lungo respiro e le attese immediate di un'opposizione pubblica sconvolta che reclamava provvedimenti immediati.

Il generale, appena giunto a Palermo, si recò in taxi dall'aeroporto in prefettura. Spesso prendeva l'autobus, senza il codazzo degli uomini di scorta. Consegnava ai funzionari programmi della sua giornata di lavoro letteralmente inventati. Spariva all'improvviso dalle cerimonie ufficiali senza una ragione apparente. Si materializzava e prendeva la parola in dibattiti e convegni dove la sua presenza era l'ultima cosa che si potessero aspettare gli organizzatori. Sapeva di essere spiato e quindi non voleva rimanere un bersaglio immobile. Riteneva indispensabile il contributo della gente e in tante occasioni lo chiese apertamente. Si rivolse a imprenditori, studenti giovanissimi, familiari di tossicodipendenti, agli operai del cantiere navale. Attorno alla sua figura avvertiva diffidenza, ed essere un piemontese, per di più carabiniere e prefetto, non lo agevolava nel suo compito. Aver guidato a Corleone i nuclei antibanditismo alla fine degli anni Sessanta era un'altra di quelle macchie che lo rendevano particolarmente antipatico alle cosche. E non dimentichiamo che se si trovava in quel posto lo doveva anche a quell'altro inquisitore travestito da politico che era Pio La Torre.

Non si sa molto del lavoro di intelligence svolto dal prefetto di Palermo. Era avvolto dal segreto allora, e a maggior ragione lo fu dopo la sua morte. Scese in campo la Guardia di Finanza per chiedere al ministro Formica via libera alla definizione di duemila schede patrimoniali riguardanti altrettanti personaggi siciliani che, in pochissimo tempo, avevano moltiplicato le loro fortune. Ma lo scoglio insormontabile, ancora una volta in assenza d'una legge, era rappresentato dal segreto bancario. Venne messa a segno una clamorosa perquisizione negli uffici delle esattorie siciliane, contro l'impero dei cugini Nino e Ignazio Salvo di Salemi sui quali si era soffermata a lungo la commissione antimafia. *Dalla Chiesa in azione*, titolarono i giornali all'inizio di maggio, anche se quelle iniziative non diedero risultati immediati. E il «toto Dalla Chiesa» iniziò a farsi martellante e lugubre. Dove voleva arrivare? In quale direzione si era messo in testa di colpire? E quanto poteva durare? Non molto. Anche perché a Palermo in quei giorni tutti ormai avevano capito che Dalla Chiesa avrebbe fatto le umane e le divine cose per colpire gli «intoccabili», e quella «direzione strategica» ormai indicata da più parti come la testa pensante dell'escalation mafiosa. Ma cos'era in realtà la direzione strategica?

Ne diede una spiegazione esauriente in un'intervista a «L'Ora», il 3 maggio, Ugo Pecchioli, «ministro degli Interni del Pci», giunto a Palermo insieme a Berlinguer per ricordare Pio La Torre. Osservò l'esponente comunista: «Se si analizzano i grandi traffici di mafia, soprattutto la droga, si abbraccia un orizzonte molto ampio e si arriva alla rete internazionale della criminalità mafiosa: le famiglie italo-americane, le coperture finanziarie, gli agganci internazionali, uomini che girano il mondo e dispongono di strumenti moderni e potenti per l'importazione della droga. Un giro d'affari che dà alla mafia una potenza che le consente di agire in maniera sempre più autonoma dal potere politico. È la mafia che determina le operazioni politiche, la scelta degli uomini». E ancora: «È una gigantesca potenza economica che diventa anche imprenditoria... Costruisce catene di alberghi, gestisce commerci, ha società di import-export, traffici di varia natura [...] E per fronteggiarla sono fondamentali» concludeva Pecchioli «gli accertamenti patrimoniali con possibilità di confisca e "indagini in deroga al segreto bancario".» Anche Dalla Chiesa si era fatto un'idea simile a questa.

Qualche ricordo personale

Tante cose aveva capito di questa città il generale Dalla Chiesa. Non solo e non tanto gli organigrammi e gli interessi, le alleanze, le complicità, le coperture insospettabili di mafie vecchie e nuove, non solo l'esattezza di alcune piste investigative piuttosto che di altre. Le sue più importanti intuizioni furono due: 1) è buona regola, quasi un dovere, per un funzionario dello Stato o per un uomo con incarichi pubblici delicati, non frequentare i salotti bene di Palermo. Dove non sai mai chi incontrerai e può capitarti di incontrare chiunque. Dove, se non metti dei punti fermi, puoi finire travolto senza accorgertene. Infatti nei cento giorni della sua drammatica esperienza, il prefetto declinò gentilmente ogni invito che potesse nascondere un'insidia. Praticamente li declinò quasi tutti. 2) La Sicilia, Palermo in particolare, è una terra dove il prestigio conta moltissimo, non per quello che sei, ma per come appari. Per il tenore di vita che esibisci. Per le amicizie, le parentele, ciò che si dice sul tuo conto, la «quotazione» che ti viene attribuita da una borsa valori il cui risultato è la media delle voci e dei segnali espressi da una subcultura di tipo mafioso.

Ecco perché Dalla Chiesa, qualche giorno prima di morire, si rivolse al console americano a Palermo chiedendogli, metaforicamente, che qualcuno lo prendesse a braccetto perché tutti sapessero che non era più solo. Essere evitati da un giorno all'altro senza una causa apparente. Osservare che i comportamenti della gente che ti sta attorno rispondono a regie imperscrutabili ma spaventosamente logiche, constatare di essere entrati in questa dimensione di «solitudine» significa che è già troppo tardi. E spesso l'uomo-bersaglio non se ne accorge nemmeno. A Palermo si sa tutto di tutti. Le informazioni circolano in maniera sotterranea, per canali simili a quelli fognanti, che spesso quasi per una coincidenza emblematica scorrono fianco a fianco alla rete idrica inquinando le acque. Non si tratta di inseguire improbabili purezze. Ma esisterà pure una ragione per spiegare a Palermo la media annua di un centinaio di delitti. Ed ecco la terza verità scoperta dal generale: raramente gli uomini inclusi nella nomenclatura che conta, a tutti i livelli, si presentano con un «volto solo», praticano il difficile sport della coerenza, considerano valore inalienabile un minimo di concordanza fra impegno pubblico e consuetudini private. Palermo è piena di Giano bifronte. Creature doppie, triple, indefinibili, che giocano partite spesso più grandi di loro per il semplice gusto del potere e la ricerca del prestigio. In anni trascorsi a fare il cronista a Palermo ho assistito più volte al funzionamento di questo meccanismo agghiacciante. Spesso ho raccolto in extremis, qualche giorno prima della inevitabile tragedia, lo sfogo, la denuncia, l'atto d'accusa di personalità pubbliche che volevano incontrare il cronista quando ormai era troppo tardi.

Parlai tre volte con Dalla Chiesa nel 1982, durante i cento giorni più frenetici vissuti dalla città in tempi di lotta alla mafia. In maggio, in una serata già estiva a Villa Whitaker, sede della prefettura, insieme a tantissimi miei colleghi. Ci ritrovammo per una conferenza stampa che lui stesso aveva convocato all'improvviso, appena nominato prefetto. Ma eravamo noi giornalisti a pensare che si trattasse di una conferenza stampa. In realtà, quando ci ebbe tutti attorno, precisò subito che avrebbe preferito un «colloquio fra uomini». Non aveva voglia – e lo disse – di rilasciare dichiarazioni rituali. Semmai preferiva saggiare la nostra disponibilità. La disponibilità di noi operatori d'informazione a sostenere fino in fondo una battaglia – quella contro la mafia – che si annunciava lunga, e che lui prevedeva (sante parole) molto più difficile che non quella contro il terrorismo. Un generale dei carabinieri si rivolgeva a dei giornalisti pregandoli – per il momento – di avere pazienza, di non scrivere nulla, perché non c'era nulla da scrivere. Eppure ebbi la sensazione che quella richiesta, apparentemente insolita, nascesse da una concezione alta della nostra professione, della nostra funzione. Ricordo bene il senso delle sue parole. Spiegò che mentre una certa platealità nell'iniziativa dello Stato s'era rivelata un ottimo deterrente psicologico per i terroristi, ora, contro gli uomini di Cosa Nostra, era molto più necessario lavorare in silenzio. Come il palombaro (adoperò proprio quest'espressione) capace di starsene a lungo in immersione prima di sferrare l'attacco decisivo e andare al bersaglio.

Dalla Chiesa mancava dalla Sicilia da più di dieci anni. Tornava all'indomani del 30 aprile 1982. E anche lui, come La Torre, tornava per capire, a rileggere, riannodare antiche piste investigative, lui che conosceva una certa vecchia mafia e sembrava non conoscesse il volto di quella nuova... Eppure. Eppure, poiché molti colleghi insistettero quel giorno a Villa Whitaker nella speranza di riferire almeno una sua frase «virgolettata», Dalla Chiesa ci autorizzò a scrivere che esisteva un paese che si imponeva all'attenzione di quanti volessero decifrare gli scenari di mafia. Questo paese era Corleone. E aggiunse che si riprometteva di indagare su chi vent'anni prima «aveva dieci» e inspiegabilmente negli anni Ottanta, aveva «raggiunto cento e mille». Corleone, si chiedevano in tanti, ancora Corleone? Qualche mese dopo ci rendemmo conto di quanto fossero state profetiche le sue parole. L'ex comandante della legione siciliana dei carabinieri non aveva mai perduto d'occhio i capi corleonesi, i Riina, i Provenzano, quei superlatitanti che la prima commissione antimafia aveva solo sfiorato.

La seconda volta che incontrai Dalla Chiesa fu il 3 agosto, alle diciotto. «L'Unità» mi aveva chiesto un articolo in occasione dell'anniversario dell'uccisione di Gaetano Costa. Sapendo che anni prima Costa e Dalla Chiesa si erano conosciuti proposi al giornale un'intervista al prefetto che fosse anche l'occasione per un bilancio sui primi tre mesi di lavoro a Palermo. Trascorsi esattamente tre giorni fra decine e decine di telefonate, estenuanti, inutili, ripetitive, e tutte in prefettura. Un particolare curioso: avevo trovato Dalla Chiesa «al primo colpo», alla prima telefonata. Gli avevo spiegato cosa volevo, lui era stato gentilissimo, ricordava Costa, mi chiese solo di pazientare perché era influenzato. Avevo ottenuto un primo risultato, anche se molto parziale: sapevo che non avrebbe più opposto un rifiuto. Ma da quel giorno non riuscii più a mettermi in contatto con lui. Venivo regolarmente sballottato da un funzionario all'altro della prefettura, da un capo di gabinetto a un addetto-stampa, mentre si alternavano al telefono voci maschili e femminili, tutte infastidite, glaciali: «Lei vuole intervistare il prefetto? Ma Sua Eccellenza non rilascia interviste». E io a ripetere che già avevo parlato con lui e sapevo di una sua disponibilità in linea di massima. Passavano le ore, il tempo stringeva. L'anniversario del 6 agosto si avvicinava. Il pomeriggio del 2 richiamai la prefettura per l'ennesima volta e sbraitai fuori di me per cinque minuti di fila. Non diedi il tempo al funzionario di turno di riattaccare senza prima avergli dettato il numero della redazione dell'«Unità». Cinque minuti dopo chiamarono loro. Una delle solite voci più glaciali del solito recitò la formuletta di rito: «Sua Eccellenza la attende per domani a Villa Whitaker, alle diciotto».

Di quel giorno ricordo un caldo infernale e che il piantone non mi fece alcuna difficoltà quando gli chiesi di salire. Villa Whitaker sembrava deserta. Attesi qualche minuto, in un'anticamera, al primo piano. Apparve un vecchietto che mi chiese di pazientare ancora. Infine si aprì una porta: «Lei è dell'"Unità?" Io sono Dalla Chiesa». Era di buon umore. Indossava un completo di lino color nocciola, camicia giallo pallido, cravatta marrone. Accese il ventilatore. Parlò quasi sempre lui, non mi diede il tempo di far molte domande. Raccontava soprattutto ciò che in quel momento gli stava a cuore. Insistette sull'importanza del rapporto di polizia dei «162», che offriva un quadro serio della «nuova mafia» di quegli anni e che la stampa invece – a suo giudizio – aveva sottovalutato. Mi disse, fra l'altro, «punto all'alta mafia». E insistette su un argomento a quei tempi inedito, quello del pentitismo. Sottolineò il contributo offerto da Leonardo Vitale, contributo insperato e del quale invece lo Stato non aveva fatto alcun uso. Pronunciò questa frase che riportai per intero: «Il primo pentito l'abbiamo avuto negli anni Settanta proprio fra i mafiosi siciliani. Perché dovremmo escludere che questa struttura possa esprimere un gene che finalmente scateni qualcosa di diverso dalla vendetta o dalla paura? Ma questo può verificarsi soltanto nei momenti più alti dell'iniziativa dello Stato...». Parole meditate a lungo e che invece io riferii quasi meccanicamente nel resoconto di quel colloquio che poi il giornale avrebbe pubblicato il 6 agosto. A conclusione dell'incontro, un'ora e mezzo dopo, tentai con molto imbarazzo, tanta circospezione, non riuscendo a trovare le parole giuste, di fargli capire che attorno a lui – certamente a sua insaputa – qualcuno voleva stendere un cordone di silenzio, per impedirgli di incontrare giornalisti. Si alzò, spense il ventilatore. Socchiudeva gli occhi e mi guardava, senza dir nulla. Quindi tagliò corto: «Le do il mio numero diretto. D'ora in poi, quando mi vorrà parlare non dovrà più superare alcun filtro, alcuno sbarramento».

Lo richiamai il 6 agosto. «Ha visto» esordì allegramente «com'è facile parlare con il prefetto di Palermo? E lei che non ci credeva... Sono io ad aver vinto la scommessa.» Sapeva? Non sapeva? Non lo seppi mai. Lo rividi l'ultima volta il 20 agosto, a Ficuzza, proprio vicino a quella Corleone che considerava la magica porta d'accesso a tanti santuari. Era insieme al ministro degli Interni, Virginio Rognoni, entrambi lì a ricordare un'altra uccisione per mano di mafia, quella del colonnello dei carabinieri Giuseppe Russo, avvenuta dieci anni prima. Giungeva al culmine in quei giorni proprio quell'Operazione Carlo Alberto che le cosche avevano scatenato all'insegna d'un macabro propagandismo.

A rileggerla oggi, quell'intervista, dà l'impressione d'un colloquio volutamente prudente, ben mantenuto all'interno di certi limiti. Ho già detto delle più significative affermazioni del generale. Gli obbiettai che Palermo ancora non si rendeva conto fino in fondo dell'inversione di tendenza rappresentata dal suo impegno, che la gente perbene chiedeva di conoscere i nomi dei mandanti e degli esecutori dei grandi delitti terroristico-mafiosi. Rispose: «È vero. L'opinione pubblica più sensibile ci chiede di svelare fino in fondo ciò che si nasconde dietro i delitti che hanno avuto quale comune denominatore un disegno tendente a destabilizzare le stesse istituzioni. Uomini come Mattarella, Costa, La Torre, vollero imprimere una svolta alla vita pubblica siciliana. Ma si scontrarono con interessi consolidati, o in fieri». E ancora: «C'è una sfida di faide, con sgarri e vendette contrapposte: veri e propri gruppi di potere locali, sui quali stiamo già intervenendo. E c'è poi una criminalità più complessa, un connubio di mafia e interessi, che punta in alto. Anche se non sono venuto a Palermo per stravincere, è decisivo impedire al più presto gravi inasprimenti della situazione che deriverebbero da nuovi salti di qualità di singoli clan».

Minuzzaglia e stanze dei bottoni. Protagonisti e comparse. Gregari, soldati e alti strateghi del crimine organizzato e mafioso. Un esercito disciplinato e feroce. Un esercito di parenti, anche. Grande punto di forza questo, ma anche grande tallone d'Achille di Cosa Nostra. È utile ricordare la deposizione che Dalla Chiesa rese alla prima commissione antimafia. Illustrò loro l'utilità di una scheda genealogica dedicata alle famiglie mafiose. E mi spiegò in quel colloquio in prefettura: «Era una tecnica innovativa, valida ancora oggi. Stabilire con chi è sposato il mafioso, con chi si è imparentato, chi ha battezzato o cresimato, è un buon punto di partenza per gli investigatori. Seguendo questi percorsi si scoprirà per esempio che un nucleo originario di Monreale, passando attraverso paesi e paesi della Sicilia, è giunto magari a mettere radici nel territorio di Castellammare». Forse era già in possesso del bandolo di qualche matassa investigativa. Forse riteneva imminente qualche primo grande pentimento nelle file dell'organizzazione mafiosa. Certamente sapeva che il tempo non gli era più amico. E aveva fretta. E parlava senza dare al cronista il tempo per le domande. Ormai sapeva di essere solo.

Terrore

Il generale aveva vissuto un'estate infernale. A metà giugno la mafia aveva manifestato i primi segni di fastidio. Strage della circonvallazione a Palermo: per eliminare il boss catanese Alfio Ferlito, i killer non esitarono ad assassinare tre carabinieri e l'autista che stavano trasferendo il mafioso da un carcere all'altro. Ai primi d'agosto gli omicidi a Palermo superarono quota ottanta. Esplose il regolamento di conti fra le cosche nel famigerato triangolo della morte Altavilla-Bagheria-Casteldaccia. In quest'ultimo paese si contarono dieci morti in appena cinque giorni. Due cadaveri vennero abbandonati un sabato pomeriggio in un'auto a dieci metri di distanza dalla caserma dei carabinieri. L'impressione fu enorme. Era un aperto segno di sfida, un guanto lanciato in faccia agli investigatori e soprattutto a lui, il numero uno, a questo piemontese che ancora non si decideva ad abbassare la guardia. Ma non finì lì. Delitti a Villabate, dentro l'antico mercato della Vucciria, a Palermo, mafiosi che in quei giorni scomparivano nel nulla. Dalla Chiesa aveva capito che il cerchio stava per chiudersi.

Rimasto un generale disarmato, costretto a inventarsi il suo esercito ogni giorno, circondato dalla diffidenza o dall'ostilità quasi palpabili della classe politica siciliana, concesse a Giorgio Bocca la clamorosa intervista che «la Repubblica» pubblicò il 10 agosto 1982 [«*Come combatto contro la mafia*»].

Il prefetto di Palermo disse fra l'altro: «Oggi mi colpisce il policentrismo della mafia anche in Sicilia e questa è davvero una svolta storica. È finita la mafia geograficamente definita della Sicilia occidentale. Oggi la mafia è forte anche a Catania, anzi da Catania viene alla conquista di Palermo. Con il consenso della mafia palermitana, le quattro maggiori imprese edili catanesi oggi lavorano a Palermo; lei crede che potrebbero farlo se non ci fosse una nuova mappa del potere mafioso?». Commentò così l'estate di fuoco: «Uccidono in pieno giorno, trasportano i cadaveri, li mutilano, ce li posano fra questura e Regione, li bruciano alle tre del pomeriggio in una strada centrale di Palermo». E lui chi si credeva di essere? Un proconsole o un prefetto nei guai? «Beh» replicò a Bocca «sono di certo nella storia italiana il primo generale dei carabinieri che ha detto chiaro e netto al governo: una prefettura come prefettura, anche se di prima classe, non mi interessa. Mi interessa la lotta contro la mafia, mi possono interessare i mezzi e i poteri per vincerla nell'interesse dello Stato.» E mezzi e poteri li aveva avuti? «Non mi risulta che questi impegni siano stati codificati.» Quali potevano essere le cause che avevano determinato l'uccisione del democristiano Mattarella? «È accaduto questo: che il figlio, certamente consapevole di qualche ombra avanzata nei confronti del padre, tutto ha fatto perché la sua attività politica e l'impegno del suo lavoro come pubblico amministratore fossero

esenti da qualsiasi riserva. E quando lui ha dato chiara dimostrazione di questo suo intento, ha trovato il piombo della mafia...» E
il comunista La Torre? «Per tutta la sua vita. Ma, decisiva, fu la sua
ultima proposta di legge, di mettere accanto all'"associazione a
delinquere" l'associazione mafiosa.»

Bocca infine ricordò tanti altri predecessori del generale che
avevano ritenuto possibile sconfiggere la mafia ma erano stati
inesorabilmente sconfitti. «Ma lei, Carlo Alberto Dalla Chiesa»
proseguì Bocca «si mette il doppio petto blu prefettizio e ci vuole
riprovare.» «Ma sì» concluse il generale «e con un certo ottimismo,
sempre che venga al più presto definito il carattere della specifica
investitura con la quale mi hanno fatto partire. Io, badi, non dico
di vincere, di debellare, ma di contenere. Mi fido della mia professionalità, sono convinto che con un abile, paziente lavoro psicologico si può sottrarre alla mafia il suo potere. Ho capito una cosa,
molto semplice, forse decisiva: gran parte delle protezioni mafiose,
dei privilegi mafiosi pagati dai cittadini a caro prezzo non sono altro
che i loro elementari diritti. Assicuriamoglieli, togliamo questo
potere alla mafia, facciamo dei suoi dipendenti i nostri alleati.» Ma
ancora una volta per lui, per le sue illusioni di persona perbene
sbattuta nella fossa dei leoni era troppo tardi.

L'11 agosto dichiarò al Gr1: «Non si possono pretendere i tau-
maturghi per sconfiggere la mafia». Quello stesso giorno un altro
delitto eccellente aveva scosso Palermo. Nei vialetti del Policlinico era stato ucciso Paolo Giaccone, medico legale. Sconcertante
la motivazione dei delitto: il serio professionista si era rifiutato di
falsificare l'esito di alcune perizie che mettevano in difficoltà una
cosca di mafia. Durissime erano in Sicilia – in quel momento – le
resistenze alla concessione di ampi poteri al prefetto che comunque
non si perse d'animo. Convocò i sindaci dei paesi del triangolo
invitandoli a mobilitare la popolazione. I parroci gli diedero indirettamente una mano pronunciando durissime omelie e denunciando che «troppi potenti partecipano ai funerali dei mafiosi».

Qui è morta la speranza dei siciliani onesti

Il commando fu rapidissimo nell'eseguire la strage. L'A 112, guidata da Emanuela Setti Carraro con a fianco Dalla Chiesa, era seguita a breve distanza da un'Alfetta di servizio guidata dall'agente

Domenico Russo. Le due auto provenivano dalla prefettura. La trappola mortale scattò in via Carini. Una 131 e una Bmw strinsero la A 112 contro un marciapiede, a meno d'un chilometro da Villa Whitaker. Le sventagliate di kalashnikov colpirono contemporaneamente Emanuela, il prefetto e l'autista dell'auto di scorta. Una decina di killer presero parte all'operazione. Il massacro fu scrupoloso. Emanuela e Dalla Chiesa morirono sul colpo. L'agente Russo in ospedale, qualche giorno dopo. L'indomani un cittadino scrisse nel luogo dell'agguato: «Qui è morta la speranza dei siciliani onesti».

Due giorni prima il ministro delle Finanze Rino Formica aveva dichiarato pubblicamente che presto Dalla Chiesa sarebbe entrato in possesso dell'enorme schedatura dei patrimoni illeciti preparata dalle Fiamme gialle.

Un cronista in via Carini

«Nota personalità... nota personalità... nota personalità...» Gracchiarono a lungo le autoradio, quella sera del 3 settembre, in via Carini. Non si pronunciava il nome di Dalla Chiesa in quei dispacci. Non si facevano i nomi di Emanuela Setti Carraro e dell'agente Domenico Russo, che stava agonizzando sventrato dai colpi di kalashnikov. Apparve infatti subito chiaro che la bestia mafiosa aveva superato il segno, e che sarebbero venuti ancora giorni ben più neri, ben più difficili.

Era un venerdì. Mi trovavo nella redazione de «L'Ora» in compagnia di un collega che si occupava di politica regionale. Stavamo facendo le ultime telefonate di controllo prima di andarcene a casa. A un tratto il mio collega assunse un colorito spettrale, e riuscì solo a farfugliare: «Dicono che hanno ammazzato Dalla Chiesa». In portineria, anch'egli stravolto, incontrammo un poliziotto che sentiva ripetere dalla sua ricetrasmittente: «Hanno ammazzato nota personalità... hanno ammazzato nota personalità...». Ricordo una autobotte dei pompieri messa di traverso in via Carini per impedire l'afflusso di automobilisti curiosi. Ricordo un impressionante dispiegamento di forze. Mai viste tante pistole che spuntavano dalle cinture dei pantaloni. Ricordo il grottesco carosello di decine e decine di volanti, per l'intera nottata, in ogni via di Palermo, quando ormai il peggio era accaduto. E sirene, sirene,

sirene: sembrava che tutti gli uomini di tante polizie, sbalorditi di
fronte all'ennesima dimostrazione di potenza del nemico, cercassero di darsi conforto alzando il volume, quasi a non voler sentire
l'eco ancora assordante di quei colpi che avevano messo in ginocchio lo Stato italiano. Ricordo il cardinale Pappalardo – il capo
della Chiesa siciliana – giungere sul luogo del delitto, a piedi, da
solo, stralunato. Lo ricordo fendere la folla consapevole d'un carisma che qualche giorno dopo, durante i funerali nella chiesa di San
Domenico, gli avrebbe dato la forza, mentre tutti erano deboli e
smarriti, di pronunciare la potente omelia su Sagunto che veniva
espugnata mentre a Roma si discuteva.

Ricordo le crocerossine in camice bianco giunte lì per l'estremo
addio a Emanuela. Ricordo la raffica di ordini secchi di tanti funzionari che purtroppo non significavano nulla. Ricordo il buio pesto
di quella sera, i fari delle auto che mi fecero pensare alla luce irreale dei comuni terremotati del Belice quella notte del sisma, in un
lontano gennaio del 1968 che sembrava sepolto nella mia memoria. E ricordo ancora strani vecchietti, poveri pensionati cascati giù
dal letto, vestiti alla meno peggio, alcuni in pantofole, altri con la
giacca sopra la blusa del pigiama, con baschi e cappelli di lana.
Ricordo nugoli di bambini, silenziosi, impauriti dalla serietà d'uno
spettacolo che non capivano. Rivedo affacciate a quei balconi, al
primo, al secondo piano, le popolane del vicinissimo mercato del
Borgo, mute come vedette che forse avevano visto tutto, che certamente avevano sentito tutto. Che magari non avrebbero mai
parlato, ma che certamente, anche se restavano impassibili, avevano già espresso dentro di loro una condanna senz'appello per gli
autori della strage. Sì. Ricordo ancora qualche cosa. Ricordo che
nessuno, quella notte, volle confermare ufficialmente che il nuovo
agnello sacrificale si chiamava Dalla Chiesa. Scene di isteria, umane, ma lo stesso fastidiose. Le maschere di cera di tanti funzionari
della prefettura che non avevano amato Dalla Chiesa vivo e avevano paura adesso che era morto. Ricordo i colleghi, quella notte,
disarmati, improvvisamente privi di certezze, senza taccuini, senza
penne, che non prendevano appunti perché scolpivano nella memoria ogni particolare di quell'impetuoso fiume di «notizie» che
scorreva di fronte ai nostri occhi. Giunsi finalmente a tiro della A
112 bianca la cui foto sarebbe stata pubblicata l'indomani da tutti
i giornali del mondo.

Non ho nulla da aggiungere. Lo strazio, la pena, la ripulsa di
quella notte in via Carini, sono diventati, per fortuna, patrimonio

comune di tanti. E dire che appena qualche settimana prima, all'indomani dell'intervista a «l'Unità», qualcuno, incontrandomi in quel Palazzo, mi aveva detto: «Ma questo Dalla Chiesa chi cazzo crede di essere? Nembo Kid?». Nembo Kid aveva chiuso. Ricordo anche il 5 settembre, giorno dei funerali, giorno dell'ultimo saluto a Carlo Alberto Dalla Chiesa e a Emanuela Setti Carraro. Ricordo che le facce di pietra degli uomini di Stato erano schierate lì in prima fila, nella chiesa di San Domenico, mentre migliaia di persone premevano per entrare e dar sfogo alla loro rabbia incontenibile. Sotto la navata centrale del Pantheon le due bare in mogano. Monetine da cento lire vennero scagliate in quel primo pomeriggio – erano appena scoccate le sedici – contro Alfette blu di ministri e sottosegretari.

La contestazione coinvolse tutti gli uomini politici presenti. Particolarmente bersagliati, per la carica di ministro degli Interni e di presidente del Consiglio, Rognoni e Spadolini. C'erano anche La Malfa e Craxi, Colombo e Formica, Berlinguer e Lama, Emma Bonino e Almirante. Nando, Rita e Simona Dalla Chiesa. E quella mattina, seppur distrutti dal dolore, avevano trovato la forza di rifiutare la corona di fiori inviata dalla Regione siciliana. Abbracciarono soltanto il presidente Sandro Pertini che quel giorno pianse come un bambino.

Nella chiesa di San Domenico, nel cuore della vecchia Palermo, echeggiarono spesso fischi, insulti e slogan inneggianti alla pena di morte. Anche il cardinale Pappalardo ignorò i rappresentanti delle istituzioni, e si accorse solo della presenza di Pertini. Pronunciò quel giorno un'omelia che avrebbe fatto storia: «Sovviene una nota frase, della letteratura latina, Sallustio mi pare: *Dum Romae consulitur... Saguntum expugnatur*, mentre a Roma si pensa sul da fare, la città di Sagunto viene espugnata. E questa volta non è Sagunto, ma Palermo! Povera Palermo nostra».

Le telecamere della televisione di Stato ripresero in diretta tutta la cerimonia funebre. C'era un'Italia con gli occhi rossi. E una classe politica con uno sguardo di pietra. La stessa che non aveva ben capito quali poteri andasse cercando questo generale piemontese mai contento che lo Stato lo avesse scelto per andarsene in trincea. Ma anche quella parte di classe politica che avendo capito benissimo quali fossero i desideri del nuovo prefetto di Palermo aveva fatto di tutto per ostacolarli.

VIII

La mafia è più forte e vincerà

Lacrime di coccodrillo

Uccidendo Dalla Chiesa la mafia ha dimostrato tutta la sua debolezza. Con la strage di via Carini ha commesso un errore strategico imperdonabile. Renderà inevitabile un'offensiva dello Stato implacabile e duratura. Per dedicarsi indisturbata ai suoi traffici illeciti la mafia ha bisogno di silenzio e di certezze: quei colpi di kalashnikov hanno provocato l'eco lunga di cento cannonate e scosso anche i tanti Ponzio Pilato che fino a quel momento erano rimasti a guardare. È scesa in campo la Chiesa, come mai era accaduto in Sicilia. Nulla sarà più come prima. Uccidendolo, le cosche hanno fatto di questo generale piemontese un mito, un eroe, un faro che sarà difficile spegnere.

Dopo lo sgomento iniziale, in quei giorni neri, i palermitani, e tutti gli italiani onesti, si davano conforto così, alimentando la speranza che l'ultimo eccidio avrebbe fatalmente capovolto l'andamento della partita. E cosa c'era ancora da vedere che già non fosse stato visto? Pensiamoci un attimo, senza stancarci di riascoltare i loro nomi: in soli quattro anni, fra il 1979 e il 1982, erano stati assassinati uno dietro l'altro Giuliano, Terranova, Mattarella, Basile, Costa, La Torre, Dalla Chiesa. A non voler includere nel macabro conteggio (e perché mai?) le centinaia e centinaia di vittime di mafia. Centoquarantotto solo nel 1982.

L'opinione pubblica si aspettava soluzioni radicali. Si aspettava – e mai come durante i funerali a San Domenico il baratro che separava la società civile dagli uomini del Palazzo era apparso incolmabile – una raffica di dimissioni a catena, l'apparire di facce nuove sulla scena politica, un grande dibattito rigeneratore all'interno di tutti i partiti siciliani. L'opinione pubblica pretendeva non solo un mea culpa generico, ma che tutti si sbarazzassero di scheletri antichi che hanno sempre impedito in questa terra un corretto funzionamento delle istituzioni democratiche. No, non andò così. Fin quando poterono, o tergiversando (il sindaco Nello Martellucci), o con arroganza cocciuta (il presidente della regione Mario D'Acquisto), gli esponenti politici più chiacchierati tennero duro, favoriti in questo da una vera e propria solidarietà di casta che ha sempre legato fra loro i detentori del potere in Sicilia. Il Palazzo alzò i suoi ponti levatoi e la società civile rimase all'esterno a rumoreggiare, recriminare, prima di rendersi conto ancora una volta che la lezione di via Carini non era stata raccolta da chi aveva il dovere di cambiare le cose.

Si varava in quelle ore lo Spadolini bis. Il 7 settembre, appena quattro giorni dopo l'agguato, Guido Neppi Modona, scrisse sulla «Repubblica»: «[...] La feroce eliminazione di Dalla Chiesa solleva interrogativi politici e istituzionali estremamente gravi e inquietanti. Sul terreno politico è fuori discussione che i partiti di governo hanno irresponsabilmente, o peggio ancora consapevolmente, sottovalutato i rapidi mutamenti di metodo e di iniziative del fenomeno mafioso e il suo porsi come contropotere a livello nazionale al punto che nel programma del secondo governo Spadolini non una riga è stata spesa sulla mafia e sulla criminalità organizzata. Contro la mafia è cioè finora completamente mancata da parte dei partiti di governo quella mobilitazione politica e morale che sia pure a fatica si era creata contro il terrorismo dopo il sequestro dell'onorevole Moro».

Tutto giocato su questa mancata analogia fra l'impegno dello Stato contro il terrorismo e quello contro la mafia, l'editoriale di Neppi Modona proseguiva così: «Della mafia in realtà si sapeva molto di più di quanto non si conoscesse sul terrorismo nella prima metà degli anni Sessanta, non foss'altro perché il fenomeno ha radici secolari e la sua trasformazione in contropotere nazionale era già in atto ben prima degli efferati omicidi degli ultimi tre anni. Tanto è vero che sin dal 31 marzo 1980 i deputati del Pci hanno presentato un analitico disegno di legge per la prevenzione e la repressione della mafia, poi seguito da una scarna iniziativa governativa del novembre 1981, che per altro nella sua intestazione pudicamente non cita neppure la parola mafia». Infine, un duro richiamo alla classe politica italiana: «È doloroso» aggiungeva Neppi Modona «ma nello stesso tempo politicamente istruttivo constatare che c'è voluta la morte di Dalla Chiesa perché la legge si muovesse dal letargo e venisse messa in discussione con procedura d'urgenza, tanto che si prevede una sua approvazione entro oggi o domani».

Fu un atto di debolezza delle cosche puntare così in alto? In un certo senso sì, nonostante tutto. Venne infatti finalmente approvata in Parlamento quella legge La Torre che per anni era rimasta impantanata nelle secche dei patteggiamenti e dei rinvii, e che ben altri risultati avrebbe consentito se accolta in tempo dal governo. Il primo ufficio istruzione italiano che la utilizzò – all'indomani dell'entrata in vigore – fu quello di Palermo, dove Chinnici, Falcone, Borsellino e altri giovani magistrati tirarono un sospiro di sollievo vedendo finalmente più praticabile la strada degli accertamenti bancari. Il primo imprenditore siciliano che la boicottò fu il catanese Carmelo Costanzo, uno dei quattro cavalieri che lavoravano a Palermo con il consenso della mafia, secondo la denuncia di Dalla Chiesa. Qualche giorno dopo l'entrata in vigore della legge, Costanzo chiuse i suoi cantieri in Calabria, licenziando cento dipendenti. Considerava insopportabile il nuovo sistema di controlli.

Il posto di Dalla Chiesa fu preso da Emanuele De Francesco. Con un apposito decreto legge di appena due articoli, firmato dal presidente della Repubblica Sandro Pertini, De Francesco ottenne ampi poteri estesi a tutto il territorio nazionale: avrebbe potuto avere accesso a banche o istituti pubblici e privati e gli veniva riconosciuta la possibilità di avvalersi degli organi di polizia tributaria. Le imprese avrebbero avuto l'obbligo di fornirgli ogni informazione per individuare gli effettivi titolari delle azioni o delle quote sociali. Al nuovo prefetto venivano concessi tutti i poteri attribuiti all'autorità di pubblica sicurezza, compreso quello di intercettazione telefonica. Ma soprattutto il Sisde, che De Francesco continuò a dirigere, lo avrebbe messo in condizione di conoscere tutti i top secret sull'argomento mafia. Si ricominciava, ancora una volta.

La mafia invece procedeva come una locomotiva lanciata a folle velocità, pronta a travolgere ogni argine, del tutto indifferente ai segnali romani che in fondo non considerava tanto minacciosi. Quante volte lo Stato aveva fatto la voce grossa lasciando intendere di volersi sbarazzare di quest'inquietante zavorra? Forse non c'era già stata la prima commissione antimafia? E se si era risolta in una bolla di sapone, dopo aver macinato milioni di parole, perché mai la nomina di De Francesco e l'ingresso in campo dei Servizi segreti avrebbero dovuto produrre un esito differente? Si disegnò dunque, con i poteri negati a Dalla Chiesa e attribuiti a De Francesco, la figura ideale di un superpoliziotto chiamato dallo Stato a fronteggiare il braccio armato della mafia. Un progetto perduto in partenza. Dalla Chiesa, venendo in Sicilia, non aveva forse messo in chiaro con il presidente del Consiglio Spadolini, con il ministro degli Interni Rognoni, e con lo stesso Andreotti, che non avrebbe avuto alcun riguardo per la «famiglia politica più inquinata dell'isola», cioè per gli andreottiani di Salvo Lima? Il generale insomma sapeva bene, avendo guidato le campagne dell'antiterrorismo, che l'esito del nuovo scontro non sarebbe stato deciso semplicisticamente da un buon numero di conflitti a fuoco con bilancio favorevole ai rappresentanti delle forze dell'ordine. Occorreva fare molto di più: recidere quella vischiosa ragnatela che la mafia aveva tessuto con le centrali siciliane del potere politico e imprenditoriale. Spezzare definitivamente quel patto di scambio fra mafiosi e alcuni politici che data in Sicilia almeno dal dopoguerra. Riportare alla luce i sistemi per l'aggiudicazione dei grandi appalti delle opere pubbliche assegnati invece al termine di patteggiamenti clandestini e irregolari. Disegnare l'eloquente mappa dei voti di preferenza, magari per andare a scoprire che certi signori delle tessere erano tutt'altro che immuni da cattive frequentazioni. Ma questa verità, sconvolgente e semplice allo stesso tempo, è stata sempre rifiutata, criminalizzata o ridicolizzata, a seconda delle circostanze.

Ecco perché – l'8 settembre 1982 – la clamorosa intervista concessa a Giorgio Bocca da Nando Dalla Chiesa, figlio del prefetto assassinato, provocò quasi una crisi di Palazzo. Venivano indissolubilmente legate mafia e politica. E questa conclusione, per nulla accademica, non apparteneva a una «ricerca sociologica», ma rispecchiava il pensiero di un figlio che ha subito l'assassinio del padre dopo averne condiviso negli ultimi giorni di vita assilli e timori. Era l'intervista di un testimone.

Disse Nando Dalla Chiesa: «Che cosa penso dell'assassinio di mio padre? Penso che sia stato un delitto politico deciso e commesso a Palermo. Né a me né ad altri della mia famiglia interessa sapere chi sono stati i killer, se venuti da Catania o da Bagheria o da New York. Interessa che siano individuati e puniti i mandanti che, a mio avviso, vanno ricercati nella Democrazia cristiana siciliana». Bocca, riprendendo un'intervista rilasciata dal prefetto, elencò alcuni dei possibili avversari locali del generale: il sindaco di Palermo, Martellucci, il presidente della regione D'Acquisto, Salvo Lima, Vito Ciancimino e Rosario Nicoletti. Chiese il giornalista a Nando Dalla Chiesa: «Lei pensa che questi nomi siano stati indicati a Rea [il giornalista dell'«Europeo» che raccolse l'intervista al prefetto di Palermo, *N.d.A.*] da suo padre?». Rispose Nando Dalla Chiesa: «Questo può dirlo Rea. Io so dalle dichiarazioni pubbliche rese alla stampa da questi signori che alcuni di essi si sono opposti alla concessione di poteri speciali a mio padre».

Un terremoto politico. La Dc sul banco degli imputati. Rischiava di afflosciarsi in meno di ventiquattr'ore l'effetto-immagine che a Roma si voleva ottenere con l'insediamento di De Francesco. Ma Nando Dalla Chiesa, che forse aveva previsto tutto questo, che certamente non era così ingenuo da assegnare a un'intervista, per quanto esplosiva, il compito di disarticolare una trama secolare, volle sottolineare nel suo colloquio con Bocca che suo padre era stato ucciso perché «era stato il primo prefetto della Repubblica a dichiarare in pubblico, durante la commemorazione del colonnello Russo, che la colpa del delitto era della mafia e che la mafia era una realtà malavitoso-politica». E aggiunse: «Durante la lotta al terrorismo mio padre era stato abituato ad avere le spalle coperte, ad avere dietro di sé tutti i partiti dell'arco costituzionale, Democrazia cristiana in testa. Questa volta appena arrivato a Palermo capì, sentì che una parte della Democrazia cristiana non solo non lo copriva ma gli era contro».

Quell'intervista rappresentò un doppio capovolgimento degli schemi convenzionali sull'argomento. Anche perché qualcuno, finalmente, aveva il coraggio di indicare responsabilità precise, mentre le indagini – secondo copione – imboccavano la scorciatoia facile della ricerca dei killer che materialmente avevano preso parte alla strage in via Carini. La levata di scudi in casa Dc fu massiccia. I giornali siciliani intervistarono gli esponenti democristiani tre alla volta. Si discolparono. Contrattaccarono. Magari diedero del visionario al «povero figlio del generale».

Tentiamo una piccola antologia dell'«onore Dc offeso» cominciando dall'intervista («Giornale di Sicilia», 9 settembre) a Mario D'Acquisto, il presidente della Regione siciliana. Qual era stata la sua prima reazione all'intervista di Nando Dalla Chiesa? «Una reazione immediata, data l'enormità della cosa e l'assurdità della cosa. E anche questa una forma di ferocia, un'aggressione morale nei cui confronti è difficile una concreta difesa che non sia quella stessa offerta dalla semplice, oggettiva verità delle cose. E la nostra richiesta è appunto che si accerti la verità a tutti i livelli possibili, che non rimangano ombre di dubbio» (ne sarebbero rimaste tante, invece). Nello Martellucci, allora sindaco di Palermo («la Repubblica», 9 settembre):

«È un attacco con fini politici da parte di un sociologo politicizzato. Non onora il sangue che suo padre ha versato, è il comportamento di un mascalzone». Disse la sua Vito Ciancimino (non occorrono presentazioni), in quel periodo responsabile degli enti locali per la Dc palermitana («L'Ora», 9 settembre): «I mandanti si vogliono trovare nella Dc siciliana? Credo che questa sia solo una valutazione soggettiva. Siamo nel generico. Se Nando Dalla Chiesa avesse avuto prove si sarebbe dovuto rivolgere non a un giornalista ma alla procura della Repubblica... Glielo assicuro: è una storia fumettistica».

Passò invece quasi inosservata, quel giorno, sempre su «L'Ora», la dichiarazione di un fanfaniano, assessore comunale all'Igiene, che si chiamava Giuseppe Insalaco. Forse fu l'unico che non si unì al coro dell'«onore Dc offeso». Riconobbe che: «Di fronte a fatti come questi non si può dire: non si comprende nulla. Ci sono tanti episodi che coincidono. Allora si può anche avere il coraggio di dire: "Sì, abbiamo sbagliato, c'è qualcosa che non va". Il problema del resto non è del partito, ma di alcuni tra gli uomini che lo gestiscono. Bisogna avere dunque il coraggio di spezzare questo coagulo di debolezze». Ma anche dagli spalti del palazzo scudocrociato di piazza del Gesù venne lanciato olio bollente per sbarrare il passo a una «campagna scandalistica» scaturita da una «gravissima accusa», e il cerchio si chiuse a meraviglia.

«I propositi del generale Dalla Chiesa di bloccare l'arroganza della mafia» scrisse la segreteria Dc in una sua nota ufficiale «sono condivisi dalla Democrazia cristiana. Qualsiasi tentativo di coinvolgere la Dc come mandante occulto del tragico delitto è vile, ingiusto e ingeneroso.» Altri grandi capi di partito tuonarono da Viareggio, dove era in corso la Festa dell'Amicizia. Serafico, disincantato, e anche sbrigativo, Giulio Andreotti diede del «birichino» a Nando Dalla Chiesa: «Se l'intervista è esatta mi sembra una cattiva azione spiegabile solo con l'emozione del momento». Mariano Rumor: «È forse in grado il figlio di Dalla Chiesa di dimostrare queste accuse?». Emilio Colombo: «Per fare affermazioni di questo genere bisogna provarle. Le accuse senza prova non possono essere prese in considerazione».

Meno retorico, sinceramente preoccupato da quanto era accaduto, e non incline a una piatta difesa d'ufficio del partito Dc, apparve il segretario Ciriaco De Mita che ammise a Eugenio Scalfari («la Repubblica», 9 settembre): «Se lei mi domanda: "Ci sono stati e ci sono mafiosi dentro la Dc?", la mia risposta è: è possibile, come è possibile che siano dappertutto, negli altri partiti, nella polizia, nella magistratura, nelle banche. Ma è venuta l'ora di una lotta senza quartiere. Non dobbiamo tollerare più nessun inquinamento, nessuna complicità: non ci può essere nessuna assoluzione. Chi è contro la mafia, qualsiasi tessera abbia in tasca, milita nel partito delle persone perbene; e chi non si associa attivamente a questa lotta, o peggio, collude con i criminali, va espulso dal tessuto civile».

Parole amare, un impegno tanto solenne quanto ambizioso, una nuova scelta di comportamento destinata a infrangersi non appena comunisti, socialisti e Pdup si ritrovarono insieme – in Sicilia – nel sollecitare le dimissioni del presidente della Regione, D'Acquisto, e del sindaco Martellucci.

«Sono venute meno al sindaco di Palermo e al presidente della Regione» scrisse il Pci siciliano in una nota della sua segreteria «l'autorità morale per continuare a rappresentare Palermo e la Sicilia, ed essi debbono trarne le conseguenze.» I due invece restarono al loro posto. Andrea Barbato scrisse sul quotidiano «Paese sera»: «Il patriottismo di partito che, in simili circostanze si erge come uno scudo, non può far dimenticare che accanto al partito di Mattarella ne esiste, sotto il medesimo simbolo, un altro che a esso è sempre stato contrapposto e ostile, in una lotta che si combatte sotterraneamente e che non appare in superficie. La Dc e De Mita hanno perciò le loro ragioni a respingere con rabbia l'accusa d'essere "il partito della mafia": ma ne hanno molte meno da mettere in campo dinanzi alle reticenze, alle tolleranze, agli interessi politici che hanno fatto comunque sorgere e prosperare un partito della mafia».

Ancora una volta, il diluvio di parole, la grandinata delle dichiarazioni, aveva centrato il bersaglio: in questo caso narcotizzare l'enorme *j'accuse* del figlio del generale. Nessuno, fra i plenipotenziari democristiani, si lasciò scappare una parola su quel vero e proprio tabù dei poteri mancati. Né mancarono le amenità: ci fu chi definì «imminente» il trasferimento in massa – fuori dalla Sicilia – di tutti gli impiegati degli uffici pubblici collegati in qualche modo al mondo degli appalti. Grande attesa infine, in quei giorni, per l'apertura della cassaforte del generale – nella sua residenza di Villa Pajno: i Servizi segreti – naturalmente – batterono sul tempo i magistrati. Nessuno osò protestare, ora che De Francesco aveva ottenuto pieni poteri e in tutti i sensi. Non saltò fuori nulla di interessante, o almeno fu questa la versione ufficiale. Si trovò il diario del generale, ma ci vollero altri due anni prima che il suo contenuto divenisse pubblico, alla vigilia del maxi processo.

Forattini in quei giorni – su «La Stampa» – disegnò una Sicilia a forma di coccodrillo che versava una lacrima ipocrita.

Poliziotto di strada

Ma l'effetto del dopo Dalla Chiesa si stava già esaurendo. Una ricostruzione a posteriori eccessivamente pessimistica? La risposta è in queste date che a posteriori risultano drammaticamente eloquenti: il 3 settembre fu ucciso Dalla Chiesa, il 14 novembre, settanta giorni dopo, venne assassinato in un elegante bar del centro Calogero Zucchetto, poliziotto della sezione investigativa che aveva da poco compiuto ventisette anni. E i giornali italiani, forse stanchi per l'overdose dell'argomento mafia nell'ultimo periodo, dedicarono un modesto rilievo a quell'agguato che invece confermava, ancora una volta, quanto fosse alto il potere militare delle cosche sul territorio.

Era un agente semplice Zucchetto, perché meravigliarsi se avevano tolto di mezzo anche lui? In realtà Zucchetto svolgeva un delicatissimo lavoro sul rapporto dei «162» – quello che piaceva a Dalla Chiesa – e per conto del suo diretto superiore – il funzionario della sezione investigativa, Ninni Cassarà – faceva da esca in ambienti mafiosi pur di riuscire a mettere insieme un tassello dietro l'altro. Un bel ragazzo, dall'aria un po' dinoccolata, che aveva iniziato il suo apprendistato a diciannove anni e per una breve parentesi aveva preso parte alle prime rudimentali scorte affiancate al giudice Falcone. Esuberante, gran lavoratore, intelligenza pronta, Zucchetto aveva manifestato subito il suo desiderio di «andare in strada». Trascorreva nottate intere nelle discoteche e nelle paninerie palermitane. Aveva ottimi agganci anche nel mondo grigio della prostituzione, delle case di appuntamenti, delle sale corse, del mercato ortofrutticolo, punti di riferimento naturali questi d'una varia umanità che a Palermo spesso incontra la mafia sul suo cammino.

Hanno scritto i giudici nell'ordinanza di rinvio a giudizio che ha istruito il maxi processo a Cosa Nostra: «Zucchetto con il suo carattere aperto e gioviale era stato in grado di stabilire rapporti confidenziali con gestori di locali pubblici, proprietari di negozi, prostitute, e con gli stessi pregiudicati, e ciò, nella risoluzione di varie indagini, si era rivelato di grande aiuto». Aveva più volte preso parte all'arresto di mafiosi di spicco. Spesso con il suo vespone, anche quando non era in servizio, se ne andava in giro per i viottoli degli agrumeti di Ciaculli, gli occhi bene aperti a spiare i movimenti degli uomini dell'esercito del boss Michele Greco, soprannominato il Papa. Alla fine di ottobre giunse alla

Mobile la soffiata giusta: qualcuno giurava di aver visto in un'auto, dalle parti di Villabate, il boss Salvatore Montalto, che da tempo si era dato alla latitanza. Per accertare questa circostanza Zucchetto – incaricato da Cassarà di occuparsi del caso – impiegò una decina di giorni, trascorsi con altri collaboratori in uno snervante lavoro di appostamento a bordo di auto senza radio (quindi non collegate con la centrale) per non alimentare i sospetti.

Finalmente la mattina del 28 ottobre, dalle parti di Ciaculli, il poliziotto ficcanaso incontrò tre uomini che parlavano fra loro, accanto alle auto dalle quali erano scesi. Un brivido scosse Zucchetto: ma quello non era Salvatore Montalto? E quell'altro non era il feroce super killer Pino Greco soprannominato *Scarpuzzedda*? E c'era anche Mario Prestifilippo, Mariuzzo, giovanissimo tiratore scelto che si sarebbe macchiato di decine e decine di delitti per conto delle cosche legate ai corleonesi. Una pesca davvero miracolosa, quel giorno. Tanto miracolosa da non poter essere messa a segno con la semplice esca Zucchetto. Era un solitario nel suo lavoro, e in situazioni simili gli era capitato spesso di doversi ritirare per non soccombere in un inevitabile conflitto a fuoco. Come al solito, anche quella mattina, era giunto lì con un'auto senza radio. Dovette precipitarsi alla cabina telefonica più vicina, chiese rinforzi, ma volò via del tempo prezioso. Un buco nell'acqua: i tre si erano dileguati.

Il 31 ottobre, appena tre giorni dopo, Zucchetto e altri poliziotti si nascosero alla meno peggio tra piccoli alberi di limoni poco distanti dalla villa dove Salvatore Montalto, ancora ignaro di tutto, trascorreva la sua latitanza. Con potenti binocoli cercarono di individuare tutti i partecipanti a un summit che certamente si stava svolgendo all'interno della casa: una decina di persone a bordo di parecchie auto, infatti, erano giunte tutte alla stessa ora. Ancora una volta i poliziotti preferirono attendere l'occasione più propizia.

Il 1° novembre 1982, il cerchio si strinse: Ninni Cassarà e Calogero Zucchetto, con l'aria innocente di due giovani universitari, ripercorsero in vespa la zona proibita. Si imbatterono in *Scarpuzzedda* e Prestifilippo ed ebbero entrambi la spiacevole sensazione che la loro presenza questa volta non fosse passata inosservata.

Il 7 novembre 1982, la villa del latitante Salvatore Montalto venne accerchiata con tutti i crismi, e l'irruzione dei poliziotti si concluse con la cattura del boss. Zucchetto non prese parte al blitz. Non firmò alcun atto di servizio. Le precauzioni non servirono: anni prima, quando ancora i Prestifilippo non erano ricercati perché non inseriti nel rapporto dei «162», Zucchetto li aveva conosciuti e frequentati. Il poliziotto aveva tradito la loro antica ospitalità. Aveva venduto un'amicizia e contribuito all'arresto di un alleato di quella famiglia. Si era spinto fin dentro quella roccaforte di mafia – la borgata di Ciaculli – dove i latitanti razzolavano indisturbati. Una bella lezione, ormai, non gliela levava nessuno. Zucchetto aveva l'abitudine di lavorare anche di domenica, e quindi poteva benissimo essere ammazzato anche di domenica: un modo sbrigativo scelto dalla mafia per ripetere che non gradiva i funzionari troppo zelanti, e anche un modo di approfittare della maggiore rilassatezza della vittima designata. Zucchetto venne ucciso alle ventuno e venticinque del 14 novembre, con cinque colpi di pistola calibro 38, davanti al bar Collica, dopo aver consumato la sua ultima birra e il suo ultimo panino. Tantissimi i testimoni. Un'ora prima aveva accompagnato a casa Anna Maria Ferla, la sua fidanzata, e stranamente – fu lei stessa a riferirlo – aveva imboccato alcune stradine interne. Un tragitto insolito, ma Zucchetto rispose in modo evasivo alla ragazza che preferì non insistere. Zucchetto fu il primo di un'altra lunga serie. Sarebbe stato assassinato Cassarà, il suo diretto superiore. Sarebbe stato assassinato Giuseppe Montana, l'altro funzionario che dava la caccia ai latitanti. Cassarà e Montana capirono più degli altri il significato vero dell'eliminazione di Zucchetto. Si resero conto che le famiglie dell'eroina stavano tornando – dopo l'uccisione di Boris Giuliano – a prender di petto la polizia. Quella polizia che presentava i rapporti, che svolgeva le indagini preliminari senza le quali il lavoro di un magistrato non può svilupparsi in nessuna direzione. Cassarà, Montana e Zucchetto avevano contribuito alla stesura di quel rapporto dei «162», primo tentativo serio di inquadrare ciascuna famiglia al posto giusto, disegnando la mappa dei cosiddetti «vincenti» e «perdenti» della guerra iniziata con l'uccisione di fra Giacinto. Ma la morte del poliziotto-esca venne letta con la giusta chiave solo dagli addetti ai lavori.

Libro nero

Il libro nero su Palermo '82: così il quotidiano «L'Ora» titolò il suo ampio resoconto della relazione del procuratore generale Ugo Viola per l'apertura dell'anno giudiziario nel distretto di Palermo. Un'analisi finalmente impietosa. Un documento giudiziario di particolare valore soprattutto se confrontato con il fastidio e l'imbarazzo che avevano avuto nel passato i predecessori di Viola nel trattare l'argomento. Ma anche un atto d'accusa per la classe politica siciliana già duramente sollecitata dalle parole di Nando Dalla Chiesa. Rivediamo allora le sequenze più significative del 1982 attraverso la relazione dell'alto magistrato.

Pio La Torre? «Aveva fatto parte della commissione parlamentare d'inchiesta sulla mafia in Sicilia e redatto, insieme con il giudice Cesare Terranova, la relazione di minoranza. Conosceva quindi molto bene uomini e fatti del potere mafioso e aveva individuato come mezzo idoneo a combatterlo i controlli sui patrimoni e sulle attività economiche, oggetto di una sua proposta di legge alla Camera del marzo 1980.» Paolo Giaccone, il medico legale? «A lui ricorreva frequentemente la magistratura per delicate e difficili indagini in processi a carico di pericolosi criminali. È attendibile che sia stato ucciso per la sua decisa volontà di opporsi a pressioni e minacce, dirette a influenzare il giudizio.»

Dalla Chiesa? «Da pochi mesi nominato prefetto a Palermo, con lo specifico incarico di dare impulso alla lotta alla mafia, pur senza che gli fossero stati attribuiti poteri speciali, Dalla Chiesa si era impegnato in tale compito con tutte le sue energie, rivolgendo la sua attenzione al vasto mondo degli interessi collegati alla criminalità mafiosa, ai contrasti fra i diversi gruppi che gestivano il traffico della droga, ai rapporti fra mafia palermitana e la criminalità catanese e di altre regioni, ma principalmente era ferma e decisa la sua volontà di coinvolgere in quella lotta tutte le forze politiche e sociali e di ripristinare in ogni settore l'autorità dello Stato. In quest'ottica aveva individuato nella gestione clientelare della cosa pubblica quell'humus fertile in cui prende corpo quella diffusa mentalità mafiosa...» Zucchetto? «Si trovava impegnato in difficili indagini sui gruppi mafiosi della città.» Si colsero finalmente accenti nuovi che esulavano dalla tradizionale compostezza analitica che caratterizza l'inaugurazione di un anno giudiziario. Viola fece aperto riferimento alla necessità della lotta alla mafia che fosse in qualche modo di sostegno all'impegno della magistratura.

Disse il procuratore generale: «I partiti politici, la chiesa, la scuola, i sindacati hanno così trovato nella lotta al fenomeno mafioso non solo un campo d'azione comune, ma soprattutto una convergenza sul modo più adeguato di combatterlo. Ci si è resi conto di quanto sia urgente una riunificazione di tutte le forze sane della nostra società attraverso un processo continuo e capillare di mobilitazione morale che non si esaurisca in momenti isolati di protesta, dettati dall'immediato sdegno per barbari omicidi, ma si estenda in profondità per una formazione sociale delle coscienze». La Sicilia veniva finalmente descritta come «uno dei centri più importanti del traffico della droga e degli interessi mafiosi a questo collegati». Un vorticoso business: «Gli ingenti profitti che si possono valutare in migliaia di miliardi di lire, essendo la valuta estera opportunamente riciclata mediante compiacenti operazioni bancarie, hanno trasformato le organizzazioni mafiose in vere e proprie potenti società imprenditrici, consentendo loro di emanciparsi da soggezioni di ogni tipo e di inserirsi nelle stesse strutture del potere economico e finanziario nazionale, e anche internazionale». Viola elencò anche gli enormi guasti provocati nel tessuto civile da quest'immediata immissione di ricchezza illecita che aveva consentito a larghi strati della popolazione di elevare notevolmente il suo tenore di vita. Ma non si limitò a questo.

Osservò: «Questi fattori assumono particolare virulenza giacché la mancanza di una cultura operaia in larghissimi strati della popolazione ha impedito il radicarsi di quella coscienza civica, necessario filtro per le sollecitazioni criminogene e ha predisposto a quella violenza efferata, assurda, che rende tragicamente insicura la vita cittadina». E per concludere sul quadro ampio delle responsabilità che consentivano alla mafia di trovare terreno favorevole in Sicilia Viola aggiunse: «Devo infine segnalare come non meno rilevante degli altri fattori anche la gestione della cosa pubblica, alimentata da frequenti scandali, il clientelismo, le assurde evasioni fiscali da parte di categorie elitarie, una carenza di capacità decisionale delle pubbliche amministrazioni che esaspera i problemi che angustiano la vita quotidiana del cittadino».

Molti politici presenti in sala, quella mattina, confidarono (ufficiosamente, per carità) di considerare alquanto «eccessiva» quella radiografia. Qualche parlamentare trovò indelicato che un'occasione così solenne venisse utilizzata per teorizzare addirittura la necessità di un fronte sociale e politico contro le cosche. Perché meravigliarsi? Anni dopo, la solfa del «magistrato che deve emettere sentenze ma non deve essere contro», neanche contro la mafia, non sarebbe diventato il cavallo di battaglia di certi inguaribili soloni?

IX

Anche il 1983 fu un anno tremendo

La croce annunciata

«Quello vede nemici dappertutto» dicevano di lui i soliti bene informati che non perdevano occasione per spiarne le mosse, intuirne i disegni, prevederne le decisioni. Gian Giacomo Ciaccio Montalto: ecco, a dispetto di tutte le apparenze, le maldicenze interessate, le miserabili leggende sul suo conto, un'altra bella figura di magistrato zelante, coerente, coraggioso fino alla morte. È un'altra personalità forte che incontriamo ripercorrendo il lungo cammino di questi anni di sangue. Un altro giudice che visse avvertendo in maniera quasi palpabile tutta la sua «solitudine», e che fino all'ultimo di questa maledetta condizione dimostrò di infischiarsene. Giudice antimafia a Trapani, per certi versi una professione ancora più difficile che a Palermo.

Trapani è una piccola città, e fra le città siciliane più improduttive; eppure i forzieri delle sue banche sono stracolmi di danaro. Si è meritata la definizione di Lugano del Sud: nel 1988, soltanto negli istituti di credito privati, erano custoditi millecinquecento miliardi di depositi, il cinquanta per cento in più di Catania. Livelli di vita altissimi, boutique da far invidia a Milano, una flottiglia da diporto paragonabile a quella della Costa Smeralda. Un terziario diffuso, uguale a quello di tanti altri capoluoghi meridionali, non spiega per nulla l'impetuoso successo di quest'eldorado un po' pacchiano, giustificato solo in piccola parte da una speculazione edilizia che non ebbe certo le dimensioni conosciute a Palermo o Catania. Eppure Trapani ha sempre vissuto così, nuotando nell'abbondanza. Come? Ricorrendo a quali fonti nascoste di sostentamento?

Esattamente gli stessi interrogativi che si era posto Ciaccio Montalto venendo a Trapani nel 1971. Per dodici lunghi anni cercò risposte esclusivamente nelle sue indagini, nei suoi processi, nei suoi dossier. Indossò quasi un'armatura, ancor prima che una divisa, pur di resistere alle tentazioni accattivanti di questa sirena dai mille volti e dai mille misteri e dove mai nessuna storia giudiziaria, neanche un piccolo scandalo, è stato chiarito fino in fondo. L'armatura consisteva nel suo rinchiudersi all'interno di un'esistenza scandita esclusivamente da casa e lavoro. Dicevano che Ciaccio Montalto avesse un brutto carattere. Sicuramente era un giudice di poche parole, che si faceva vedere raramente in giro e che evitava – per sua precisa scelta – una mondanità salottiera provinciale e rampante. Amava le buone letture, era un grande esperto di musica sinfonica. I pochi trapanesi che ebbero l'onore di frequentarlo – qualche collega, qualche avvocato – lo ricordano di fronte al televisore a rispondere ai quesiti di Mike Bongiorno battendo regolarmente sul tempo Massimo Inardi, il fenomeno di *Rischiatutto*.

Montalto fino al 1982 visse in compagnia della moglie, Marisa La Torre, trapanese, laureata in lettere, anche lei amante di musica classica, e delle sue tre figlie, Marena, Elena e Silvia. Abitavano in un antico palazzo liberty, stracolmo di libri, porcellane, mobili d'epoca. Era qui, fra grandi saloni, salotti ottocenteschi, spartiti di Bach e di Beethoven, che il magistrato preferiva trovare conforto al termine di giornate lavorative ricche di sorprese via via sempre più amare. Un bell'uomo, amante del mare e della vita all'aria aperta, che appena poteva prendeva il largo a bordo del suo *Lighea*, – uno swan di dodici metri – con il quale batteva spesso la rotta delle isole Egadi e una volta si spinse fino in Turchia. Ma questo giudice, che con le sue inchieste per dodici anni aveva rivoltato come un guanto tutti gli ambienti della Trapani bene, era trapanese soltanto a metà.

Nato a Milano quarantadue anni prima, si era laureato a Roma e appena vinto il concorso per l'ingresso in magistratura aveva scelto Trapani. Suo padre, Enrico, era magistrato di Cassazione. Suo nonno per parte di madre era stato il notaio Giacomo Montalto, che alla fine dell'Ottocento si era ritrovato dalla parte dei contadini nei fasci siciliani e sarebbe poi diventato sindaco socialista di Erice. Enrico, il fratello di Gian Giacomo, morto a ventidue anni in un incidente stradale, era stato un giovane dirigente comunista che aveva partecipato nel trapanese alle lotte bracciantili del dopoguerra. Con un antenato socialista, un fratello comunista, il giudice che prediligeva soprattutto Bach, non poteva riscuotere grandi simpatie in ambienti imprenditoriali, politici e anche mafiosi accomunati dalla sensazione che fosse un persecutore, legato ad ambienti cittadini di sinistra e perciò tutt'altro che imparziale. Iniziò a cercarsi i suoi guai nella prima metà degli anni Settanta, firmando una ventina di ordini di cattura per truffa e falso ideologico e portando alla sbarra i funzionari della Banca Industriale coinvolti in una gestione molto discussa. Gli andò male: gli imputati, condannati in primo grado a pene severe, vennero assolti a Palermo in appello. Ricordate lo scandalo per la mancata ricostruzione del Belice terremotato (centinaia di miliardi andati in fumo) che spinse il presidente Pertini a chiamare duramente in causa la classe politica e i pubblici poteri? Bene. Nel 1976 Moltalto, raccogliendo la circostanziata denuncia di don Riboldi, all'epoca parroco di Santa Ninfa, mise sott'accusa una ventina di alti funzionari dello Stato, compreso il provveditore per le opere pubbliche di Palermo. Anche questa volta gli andò male: sei mesi dopo la Procura generale di Palermo avocò l'inchiesta.

Si occupò anche di sofisticazione vinicola, fenomeno diffusissimo nel trapanese: nel 1980 gli uomini della Squadra mobile di Trapani, per sua iniziativa, sequestrarono un intero convoglio ferroviario carico di zucchero. Non lasciava in pace nemmeno i personaggi politici più in vista. Incriminò ben tre ex sindaci democristiani, il segretario regionale del Partito liberale, Francesco Braschi, un assessore della Dc, Michele Megale, il presidente del Pri trapanese, Francesco Grimaldi, coinvolti tutti in storie di ordinaria cattiva amministrazione. Povero Gian Giacomo Ciaccio Montalto: gli imputati di lusso che voleva portare sul banco degli imputati o venivano rimessi in libertà o prosciolti o finivano per essere amnistiati. Otteneva così soltanto un risultato: nuovi nemici, in una città piccola piccola dove non c'è cosa peggiore che farsi la fama di persecutore, per giunta introverso, per giunta straniero. Lui incassava con signorilità, sapendo che Trapani, tutt'altro che estranea al regolamento di conti fra le cosche, esprimeva una mafia feroce ipersensibile ai mutamenti di equilibrio all'interno del Palazzo. Mise sotto torchio il clan dei Minore, alleati organici dei corleonesi, e coinvolti nelle peggiori pagine di cronaca nera: dal finto sequestro dell'armatore Michele Rodittis al sequestro dell'imprenditore Luigi Corleo, due sgarbi messi a segno da gruppi di delinquenti comuni che pagarono duramente subendo poi una vera e propria decimazione per mano di mafia.

Le indagini sui Minore costituirono il comune denominatore di tante indagini, grandi e piccole, di Ciaccio Montalto. Un precedente che dà un'idea della sua tenacia investigativa: aveva fatto riesumare il cadavere di Giovanni Minore, morto d'infarto, perché nutriva seri dubbi sulle reali cause del decesso: la perizia aggiunse dubbi su dubbi. Si disse a Trapani che la famiglia Minore aveva considerato blasfemo il comportamento del magistrato. Montalto, ancora una volta, nonostante gli insuccessi tenne duro e continuò a indagare su questo gruppo: nel 1979, Antonio Minore, detto Totò, fu costretto a fuggire da Trapani inseguito da un paio di mandati di cattura firmati dall'ufficio istruzione su richiesta di Ciaccio Montalto. Di queste storie se ne potrebbero raccontare tante, perché numerosissime furono – in dodici anni di attività – le occasioni in cui il giudice non si fece scrupoli reverenziali al momento di ricercare la verità. Anche lui, come i giudici istruttori di Palermo Chinnici, Falcone e Borsellino, si segnalò per un'immediata applicazione della legge La Torre. Fin troppo ovvio che la sua inchiesta sui trentanove soggetti della nuova mafia trapanese si fosse infranta, altrettanto tempestivamente, nello scoglio delle trentanove scarcerazioni per mancanza di indizi.

Era un magistrato colto. Non legato a gruppi o personaggi locali. Geloso della sua autonomia. Immerso in una realtà che da decenni produceva scandali, misteri, traffici illeciti di ogni tipo. Eppure le sue indagini scrupolose e ponderate, a dispetto dei pettegolezzi di corridoio, nascevano sotto una cattiva stella. Cozzavano contro uno strano muro invisibile, fatto di alleanze sotterranee fra potenti di ogni risma. Negli ultimi tempi Gian Giacomo Ciaccio Montalto appariva stanco. Saremmo tentati di dire – se non si corresse il rischio di far torto alla sua proverbiale tenacia – che si era stufato. Stufato dei suoi colleghi, molto spesso sotto tono rispetto a un nemico rapidissimo nel prendere le sue decisioni. Sconcertato per il comportamento di un magistrato, Antonio Costa, che aveva accettato centocinquanta milioni dai Minore per ammorbidire le sue richieste in veste di pubblico ministero proprio nel processo che vedeva i Minore alla sbarra. Che lite furibonda fra i due, il giorno che Ciaccio Montalto scoprì la pastetta. Almeno in questa occasione (anche se a futura memoria) ebbe ragione: Costa venne messo in galera per corruzione e perfino detenzione abusiva di armi. Circondato da ostilità, odi, disprezzo, Ciaccio Montalto, all'inizio degli anni Ottanta, presentò domanda di trasferimento a Firenze. Il giudice era in ottimi rapporti con Piero Luigi Vigna e

Rosario Minna, impegnati in delicate indagini antimafia nell'ufficio istruzione del capoluogo toscano. E a Firenze, ormai da tempo,
si era stabilita una vera e propria colonia di mafiosi siciliani (parecchi i trapanesi) spesso mandati lì al soggiorno obbligato e che a
tutto pensavano tranne che a starsene buoni buoni: nel settembre
1982 in un calzaturificio di Firenze erano saltati fuori – per far solo
un esempio – ottanta chili d'eroina. Nascosti in scatole di scarpe
erano destinati al mercato di New York.

Il 15 ottobre 1982, Montalto fu ospite a *Tg2 dossier*. Lo inter-
vistò il giornalista Fausto Spegni. Quella di alcuni giudici siciliani
antimafia non rischiava di diventare una guerra privata contro i
clan più in vista? Montalto rispose: «[...] finisce per apparire una
guerra privata... in realtà è una guerra pubblica. Ma siccome siamo
in pochi, pochi che ce ne possiamo occupare, pochi che abbiamo
determinate conoscenze, la cosiddetta memoria storica, e privi di
determinati mezzi, va a finire che le nostre conoscenze [...] finiscono col diventare un patrimonio personale [...]. Tutto ciò finisce per
individualizzare la lotta al fenomeno mafioso». Sociologia giudiziaria? Protagonismo, come si direbbe oggi? E allora ascoltiamo
quest'altra risposta a una domanda specifica del giornalista sul
riciclaggio: «Le indagini bancarie le facciamo sempre, quanto meno
iniziamo sempre a farle. Solo che l'indagine bancaria è un'indagine
tecnicamente difficile e molto lunga. In un'indagine occorrerebbe
necessariamente memorizzare i dati perché quel singolo dato che
emerge in un'indagine al momento può non essere significativo,
ma diventarlo domani. E comunque il canale di riciclaggio passa
necessariamente attraverso le banche di cui il trapanese è pieno».
E, come se il povero Montalto non si fosse già fatto abbastanza
nemici in quel di Trapani, rincarò ancora di più la dose: «Dai dati
ufficiali sappiamo che in provincia di Trapani ci sono più banche
che a Milano».

Andò incontro alla morte da solo, come aveva vissuto sul
lavoro per dodici lunghi anni, da quando fresco di laurea era venuto a Trapani. Considerando imminente il suo trasferimento a
Firenze si era sfogato con una persona affezionata: «Me ne vado da
questa città senza rimpianti, non lascio un solo amico». Quanti ne
avrebbe trovati – se solo l'avesse voluto – in quei salotti che per
tanto tempo gli avevano fatto la corte prima di indispettirsi per i
suoi rifiuti! Quando invece si allontanava momentaneamente da
Trapani per viaggi di lavoro in Alt'Italia, Montalto si incontrava
con il giudice Carlo Palermo che stava già indagando su mafia,

droga, armi e – guarda caso – entrambi concordavano sull'importanza della pista trapanese. Meglio cambiare aria, andare a Firenze e seguire da vicino le mosse dei signori della droga.

Aveva detto Dalla Chiesa nell'intervista a Bocca: «La mafia è cauta, lenta, ti misura, ti ascolta, ti verifica alla lontana». Ma anche: «Credo di aver capito la nuova regola del gioco: si uccide il potente quando avviene questa combinazione fatale, è diventato troppo pericoloso, ma si può ucciderlo perché è isolato». Se condividiamo la doppia intuizione del prefetto di Palermo possiamo senz'altro dire che l'uccisione di Ciaccio Montalto rientrava alla perfezione in questo schema. La mafia aveva «misurato» per dodici anni questo giudice ed era giunta alla conclusione che ne potevano venire solo dispiaceri. Era diventato troppo pericoloso ma nello stesso tempo sempre più isolato.

I ragionieri della morte tirarono le somme nella notte fra il 25 e il 26 gennaio 1983. Il giudice, che da qualche tempo non viveva più in famiglia, stava rincasando nella sua villetta di Valderice, frazione di diecimila abitanti a pochi chilometri da Trapani. Era stato a cena con due avvocati. Tornava solo a bordo d'una Volkswagen Golf. Teneva fra le gambe un thermos pieno di caffè che gli avrebbe dato conforto in una nottata di lavoro che si prospettava lunga: l'indomani avrebbe dovuto prender parte a un processo delicato. Non ebbe il tempo di scendere dalla macchina: numerosi killer fecero fuoco con una mitraglietta Luger, una pistola calibro 38 e una 7.65. Per Montalto non ci fu scampo. Il suo orologio da polso si bloccò all'una e trenta. Nessuno quella notte diede l'allarme: «Pensavamo fossero cacciatori di frodo» diranno i vicini l'indomani. Alle sei e quarantacinque il cadavere venne ritrovato, grazie alla telefonata d'un pastore. E rimosso soltanto alle dodici, quando furono espletate le lentissime formalità di rito. Qualche mese prima una croce nera era stata disegnata con una bomboletta spray sul cofano della sua Golf. «Ce l'hanno con me» aveva confidato all'avvocato Elio Esposito, suo amico carissimo. Ma, croce o non croce, Ciaccio Montalto aveva continuato a percorrere la sua strada senza ritorno.

«La mafia a Trapani non esiste» tagliò corto Erasmo Garuccio, democristiano, sindaco della città, quando finalmente gli inviati di tutt'Italia riuscirono a strappargli una frase. E coerente con un'impostazione che fece scandalo, il sindaco ordinò di affiggere pochissimi manifesti per proclamare il lutto cittadino: nel testo non figurava la parola «mafia». Tornò alla carica Forattini disegnando un Garuccio con coppola e lupara. Il provveditore agli studi «dimenticò» di inviare ai presidi le disposizioni per il giorno dei funerali. E perché meravigliarsi se gli amministratori del luogo si chiudevano a riccio quando lo stesso ministro della Giustizia, Clelio Darida, aveva teorizzato che la mafia non poteva essere sradicata e andava ricondotta semmai entro «limiti fisiologici»? Concetto infelice, espresso pubblicamente durante un convegno di magistrati, a Palermo, alla vigilia dell'uccisione di Montalto. L'associazione dei magistrati liguri chiese le dimissioni del guardasigilli. Rosario Minna, giudice istruttore a Firenze e amico personale del magistrato assassinato, dichiarò all'«Espresso» il 6 febbraio 1983: «Io allora voglio sapere qual è il numero fisiologico degli assassinati per mano della mafia. E qual è il numero fisiologico dei chili di droga che si possono smerciare in Italia. Me lo dicano in faccia. Lo voglio sapere».

È incredibile che a brevissima distanza dall'uccisione di Dalla Chiesa e di Zucchetto esistesse ancora un'Italia ufficiale tanto distratta e così disincantata rispetto alla necessità di prendere provvedimenti. I magistrati trapanesi invece – soprattutto quelli che avevano conosciuto Montalto, non quelli che si erano affrettati a scarcerarne gli imputati – stilarono un durissimo documento per denunciare carenze di organici, inerzia del potere legislativo ed esecutivo, mancate riforme e clientelismo politico. Furono giorni di grandissima esasperazione. Marisa La Torre, con Marena ed Elena, si recò da sola nella cattedrale di San Lorenzo. Subito dopo il delitto aveva fatto sapere che non avrebbe perdonato quei colleghi che avevano contribuito alla solitudine del marito. E non mise piede al Palazzo di giustizia dov'era stata esposta la salma. Volle celebrare un funerale tutto privato, e perciò chiese che le venissero concessi venti minuti prima delle esequie di Stato, da trascorrere in una cattedrale vuota, di fronte al feretro del marito. Al di fuori della chiesa, intanto – in corso Italia – una folla enorme stava riscattando con la sua presenza l'insipienza della propria amministrazione comunale. Ventimila, soprattutto giovani, molti dei quali avevano conosciuto il magistrato durante i dibattiti sulla mafia organizzati nelle scuole. Ancora una volta Sandro Pertini riuscì a essere anche il presidente dei trapanesi, prima di correre a Palermo dove avrebbe presieduto, qualche ora dopo, la seduta solenne del Csm: «Il popolo italiano non può essere confuso con il terrorismo e il popolo siciliano non può essere confuso con la mafia». Il ministro della Giustizia ebbe il buon senso di ricredersi di fronte all'autorevole monito del capo dello Stato.

Ancora in cattedrale, l'omelia di monsignor Emanuele Romano, vescovo di Trapani: «La mafia è tornata a uccidere, a sfidare la forza e la dignità dello Stato, colpendo un giudice servitore dello Stato e della comunità nazionale».

Ciaccio Montalto aveva detto in un'intervista rilasciata poco prima di morire: «I magistrati vanno e vengono. Non si fermano a lungo in una sede, e non è pensabile che tutto sia affidato alla loro memoria, che nulla o quasi resti, quando vanno via». Eppure, ancora una volta, era andata così.

Quando Ciaccio Montalto venne assassinato, il nuovo Palazzo di giustizia a Trapani era in costruzione da diciotto anni. Ce ne vollero venti, a conti fatti, perché i lavori fossero ultimati. In questa considerazione lo Stato italiano teneva il problema della giustizia, a Trapani.

Un trimestre come tanti

Furono i ragazzi siciliani i primi a provare un profondo senso di nausea e di ripulsa. «Dalla Chiesa ce l'ha insegnato: fuori la mafia dallo Stato.» «Mafia, droga, missili Nato, per questo La Torre è stato assassinato.» «Dalle Alpi alla Sicilia uniti contro la mafia.» Slogan fino a qualche tempo prima inimmaginabili. Era la mattina del 25 febbraio 1983. Una giornata di freddo e di sole. Ventimila studenti, giunti in pullman da ogni angolo della Sicilia, avevano deciso di osare l'impossibile: marciare in corteo attraverso i centri della «zona del terrore», Bagheria, Altavilla, Casteldaccia. All'interno di quelle roccaforti che avevano rappresentato – appena sei mesi prima – il sinistro scenario dell'Operazione Carlo Alberto scandita da una ventina di delitti.

Finalmente la società civile esprimeva il primo di una lunga serie di sussulti. Finalmente un movimento di massa, anche se di dimensioni ancora modeste, sorgeva dal basso facendo proprie le spinte che venivano dalla Chiesa e dai partiti d'opposizione. Era la prima volta che un corteo andava a gridare il suo no alle cosche, proprio in casa della mafia, in paesi della provincia di Palermo dove è praticamente impossibile accertare fino a che punto si spingano le collusioni interessate prima di iniziare omertà e paura. Fu il primo tentativo di costruire una robusta coscienza di massa facendo leva proprio sullo stato di stanchezza di intere popolazioni costrette da decenni a subire il ricatto di poche e conosciutissime famiglie. E non mancarono le manifestazioni di simpatia, i momentanei sospiri di sollievo, gli applausi, le grida ripetute di «bravo, bravo», all'indirizzo di questa folla multicolore, salutata come fosse una truppa d'occupazione straniera, venuta per far rispettare le ragioni del diritto a conclusione d'un tunnel di barbarie. Una manifestazione indetta dal coordinamento degli studenti medi, con un'interminabile lista di adesioni aperta da Pertini e Nilde Jotti. Sul palco, fra i tanti, Rita Dalla Chiesa, la figlia del prefetto assassinato, Pompeo Colajanni, il leggendario «Barbato» della Resistenza, i parroci dei paesi falcidiati che – nell'agosto di sangue – avevano prontamente raccolto l'esempio del cardinale Pappalardo. E le loro omelie avevano scosso il mondo sonnolento delle parrocchie.

Quali risultati concreti ottenne quell'iniziativa? Spostò realmente – come si dice con linguaggio politico – i rapporti di forza? Probabilmente no. Probabilmente quel giorno i mafiosi di Bagheria e di Casteldaccia furono costretti – come osservò un arguto bracciante – «a rinunciare alla passeggiata quotidiana per le vie del paese», niente di più. Ma era stato lanciato un segnale, era l'inizio d'un rifiuto che, nonostante tutto, avrebbe dato in futuro i suoi frutti più consistenti. E se un prefetto come Dalla Chiesa i giovani se li era andati a cercare quasi con il lanternino, scuola per scuola, affermando che quei volti puliti erano l'unica garanzia di un futuro migliore, perché gli storici dovrebbero un giorno sottovalutare il significato emblematico di quel 25 febbraio?

La risposta della mafia non poteva farsi attendere. C'è una simbologia macabra nella scelta di date e luoghi per gli agguati, età, professione e parentele della vittima designata? Indubbiamente sì, sono propensi a rispondere i mafiologi più incalliti. Esiste una letteratura in proposito. Si va dalla strage del 1947 di Portella della Ginestra, eseguita dalla banda Giuliano il 1° maggio, festa del lavoro, fino alla scelta di eliminare il boss Stefano Bontate il giorno del suo compleanno, dal classico colpo in bocca contro chi ha parlato troppo, all'uccisione dei mafiosi appena varcata la soglia dell'Ucciardone perché rimessi in libertà in anticipo, rispetto alle loro stesse previsioni. Così, mentre i giovani studenti siciliani stavano già disegnando i loro striscioni e i loro dazebao per la marcia nella «zona del terrore», a un centinaio di chilometri da Palermo, le cosche della mafia agrigentina stavano già preparando una bella strage giovanile. Fu un caso questa coincidenza di tempi? Vediamo alcuni casi.

Sciacca – quarantamila abitanti, a trenta chilometri da Agrigento. Cittadina circondata da ricchissimi vigneti e frutteti, con un alto reddito pro capite, una flotta peschereccia seconda per importanza a quella di Mazara del Vallo – fino all'inizio del 1983 era rimasta tagliata fuori dalle rotte classiche dell'eroina. L'ultimo massacro, a memoria dei più anziani, risaliva all'immediato dopoguerra, poi qualche delitto passionale, nulla di più. Ora invece, all'alba del 28 febbraio, una Mercedes bianca veniva trovata abbandonata lungo una strada di campagna: nel bagagliaio i cadaveri di tre giovani, età compresa fra i ventiquattro e i ventisette anni, uno solo con lievi precedenti penali, gli altri due incensurati. Si chiamavano Francesco Montalbano, Calogero Lauro Ciaccio, Giovanni Bono. La sera prima erano stati visti in giro per il paese. Molto probabilmente si recarono a un incontro notturno e caddero nella più semplice delle imboscate. Cercavano droga? Avevano intenzione di smerciarla? Su questa triplice esecuzione a Sciacca si disse tutto e il contrario di tutto. Si parlò di Sciacca come possibile punto di sbarco della morfina e di Sciacca come possibile nuova base della raffinazione. L'attenzione dei mass media scemò e sull'orrenda fine dei tre ragazzi non si seppe più nulla.

Ma la mafia non è mai immobile. Si aggiorna. Si adegua. È tutt'altro che abitudinaria. Si sposta e sposta i suoi interessi da un punto all'altro, con velocità sorprendente. L'aeroporto di Punta Raisi era diventato momentaneamente impraticabile per i trafficanti d'eroina a causa di una maggiore severità dei controlli? Niente paura. Esistono le automobili e fino a prova contraria non è necessario il passaporto per attraversare lo stretto di Messina. Ecco allora Guido Santoro, un quarantenne di bell'aspetto, proprietario di una lussuosa gioielleria nel centro di Palermo, mettersi alla guida della sua Bmw fresca di immatricolazione. Appena l'auto sbarcò dal traghetto gli agenti della Guardia di Finanza e i carabinieri la bloccarono per un controllo. Un cane poliziotto diede in escandescenze. Venti chili d'eroina purissima, n. 4, per il valore d'una ventina di miliardi furono trovati nascosti fra i pannelli e la lamiera. Il gioielliere era da tempo nel mirino e quel giorno in tutt'Italia scattarono le manette per altre ventidue persone accusate di appartenere alla stessa rete di trafficanti. Dettagli, ordinaria amministrazione, cronaca nera davvero minuscola a confronto di quanto era già successo. Piccole scaramucce.

Come ciò che accadde la sera del 29 marzo nel quartiere di Brancaccio, una delle borgate palermitane dove è successo di tutto. Paolo Agnilleri, un giovane consigliere comunale comunista di trentadue anni, che si era già distinto per il suo impegno civile, venne pestato a sangue da un gruppo di picciotti mascherati. Se ne tornava a casa al termine di un'assemblea di giovani cattolici sensibili al tema della lotta alla mafia. Un mese prima una carica di tritolo aveva fatto esplodere un'Alfa Sud della polizia provocando il ferimento di tre agenti. Era la maniera scelta dalla mafia per comunicare al mondo intero che faceva volentieri a meno della presenza di un commissariato proprio a Brancaccio. Erano già stati dati alle fiamme la cereria dei fratelli Gance e i depositi dei panifici Spinnato perché i titolari non volevano pagare tangenti. Fu costretto alla chiusura perfino un cineclub che non ebbe mai una lira di finanziamenti dal Comune. E le cosche di Brancaccio avevano buon gioco a ricattare i piccoli imprenditori di questa zona industriale (all'epoca un diffuso tessuto di piccole aziende, argenterie, lavorazione del legno, tipografie, qualcosa come tremila operai) imponendo la loro compartecipazione. Le circostanziate denunce in questo senso, avanzate dai sindacati, non provocarono particolari reazioni.

E bisognò attendere il 30 marzo perché i disincantati cronisti palermitani tornassero a elettrizzarsi. In realtà la notizia era ghiotta. La prima sezione di Corte d'assise del Tribunale di Palermo, presieduta da Salvatore Curti Giardina, al termine d'una sbrigativa camera di consiglio durata quattr'ore, assolse i presunti killer del capitano Emanuele Basile per «insufficienza di prove». Alla sbarra Vincenzo Puccio, Armando Bonanno e Giuseppe Madonia, tre affiliati al clan dei corleonesi che erano stati bloccati poche ore dopo l'agguato del 4 maggio 1980 nelle campagne di Monreale. Il processo aveva subito fin dall'inizio un iter travagliatissimo. La prima istruttoria era stata annullata allo scopo di ripetere una perizia che confrontasse il terriccio rinvenuto nel luogo del delitto con quello che aveva inzaccherato i vestiti e l'automobile dei tre sospettati. Salomonicamente i periti sentenziarono: «Il terriccio è lo stesso ma la densità è inferiore».

Fatto sta che gli avvocati difensori utilizzarono un classico cavallo di battaglia in processi per mafia: «I nostri clienti, quando vennero fermati quella notte» dissero in dibattimento «erano reduci da un incontro galante». Le tre fortunate non si trovarono mai, anche perché il codice di un uomo d'onore prescrive anni bui di galera pur di tutelare la privacy di una signora. Ma non ce ne fu bisogno, visto che anche la Corte arrossì di vergogna, mandando tutti in libertà, soverchiata da un argomento difensivo tanto delicato. Giornali e opinione pubblica, più prosaicamente, definirono la sentenza semplicemente «scandalosa». E fu altrettanto ghiotta, due settimane dopo, il 14 aprile, quest'altra notizia: Puccio, Bonanno e Madonia, erano fuggiti dalla Sardegna dove avrebbero dovuto attendere – almeno in teoria – il processo d'appello. Spediti al soggiorno obbligato nei minuscoli centri di Asuni, Sini e Alloi, i tre giovanotti evidentemente non erano a loro agio. Vivevano in modeste stanze in famiglia messe a disposizione dalle amministrazioni comunali. Erano simpaticissimi e ben voluti. Scapparono tutti insieme, probabilmente a bordo di un motoscafo, e per anni riuscirono a far perdere le loro tracce. E pensare che durante il processo erano stati perfino riconosciuti dalla moglie di un appuntato dei carabinieri che aveva inseguito i killer del capitano Basile.

Pasqua amara

Il 15 aprile il quotidiano «L'Ora» pubblicò in prima pagina la notizia di un tentativo di trasferimento del cardinale per iniziativa di ambienti vaticani. Scrisse Massimo Novelli sul quotidiano della sera: «La decisione che stava per essere adottata era quella di chiamare l'attuale cardinale alla direzione della Congregazione dei vescovi. Un'apparente promozione che, in sostanza, sarebbe stata un fatto più che inquietante se si tiene conto del ruolo assunto da Pappalardo in tutti questi anni in Sicilia, specie da quando ha posto al centro della sua azione pastorale la condanna aperta e decisa della mafia». Il fatto che il progetto di allontanamento si fosse insabbiato venne messo da «L'Ora» in relazione a «un colloquio risolutivo dello stesso cardinale con il papa». Ma il ragionamento proseguiva: «Appare ora chiaro che la spinta si è fatta più risoluta nei pochi mesi successivi all'uccisione del generale Dalla Chiesa, quando l'azione pastorale di Pappalardo e della parte più impegnata del clero e dei cattolici palermitani ha avuto, fra l'altro, l'effetto di contribuire fortemente allo sconvolgimento dei tradizionali equilibri interni della Dc siciliana... Si può dire con largo margine di sicurezza che le pressioni di provenienza democristiana per un diverso indirizzo della curia palermitana non hanno mancato di trovare qualche canale in Vaticano intrecciandosi con gli interessi non solo degli ambienti ecclesiastici più legati alla Dc, ma anche con quelli dei gruppi più restii, addirittura ostili, al rinnovamento della Chiesa italiana di cui Pappalardo è, con il cardinale di Milano, Martini, uno dei più prestigiosi sostenitori».

Fu una brutta Pasqua per il cardinale Salvatore Pappalardo: il capo della Chiesa siciliana si recò, come di consueto ogni anno, nella cappella del carcere dell'Ucciardone per celebrare il precetto pasquale. Per la prima volta si ritrovò da solo, a dir messa in compagnia del cappellano e delle guardie di custodia. Gli ottocento detenuti del pianeta mafioso per eccellenza lasciarono intendere così, con un'assenza collettiva più che eloquente, che le coraggiose prese di posizione del presule avevano stancato. E quella non fu l'indiscrezione di un giornale. Il 9 maggio Pappalardo, dopo la grave intimidazione dei boss, tornò a far sentire pubblicamente la sua voce. Scelse la borgata di Brancaccio, l'azienda metalmeccanica dei fratelli Mineo, la scuola elementare Di Vittorio. Senza scorta, accompagnato da qualche sacerdote, trascorse diverse ore nella borgata mattatoio. Disse alla gente: «Guai a chi spaventato si ferma. Guai a chi va avanti e non ardisce. Non dovete arrendervi, nonostante questi tempi, queste difficoltà, questa nostra città».

Un trimestre come un altro, senza fatti particolarmente eclatanti. Ma per troppi mesi la mafia, tutto sommato, era rimasta tranquilla. E la situazione, ancora una volta, stava precipitando.

X

Beirut? Belfast? No. Palermo

La morte bussa col timer

Ci siamo: eccolo che arriva. Alto, corporatura massiccia, quel bel volto aperto che hanno gli uomini senza misteri, un vocione stentoreo da professore all'antica più che da giudice d'assalto. Indossa un abito di lino chiaro, una cravatta dai toni smorzati, tiene in pugno nella sinistra l'inseparabile borsa in pelle zeppa di documenti. Ha appena varcato la soglia. È puntuale come è puntuale a quell'incontro da mesi, da anni. Ha sempre voluto bene alle persone che lavorano con lui, in particolare a questi umili servitori dello Stato che gli si stringono attorno in ogni spostamento per proteggerlo, e di loro si fida ciecamente. Non ha mai dimostrato di avvertire fastidio per la scorta. Anzi. Ha sempre fatto il possibile per attenersi alle indicazioni, per non far capricci che potrebbero costare molto cari, soprattutto ora che il tam tam delle minacce è diventato lugubre e giornaliero.

Alle otto e cinque del 29 luglio 1983, in una giornata di caldo africano, Rocco Chinnici – il capo dell'ufficio istruzione che andava su e giù in ascensore con il procuratore Costa – scese dal terzo piano della sua abitazione in via Pipitone Federico, al numero civico 63. Tutto normale. Scontato, previsto. Una sequenza che lui, in quel momento il giudice più esposto del Tribunale di Palermo, aveva vissuto decine di volte: un saluto al portinaio dello stabile, due agenti già in attesa sul marciapiede, l'autista alla guida dell'Alfetta blindata pronta a sgommare, due auto d'appoggio che a una ventina di metri di distanza chiudevano un paio di traverse. Ma quella mattina andò diversamente.

Appostato a breve distanza il sicario si stava godendo la scena. Eccolo che arriva il giudice più testardo d'Italia. Quest'altro rompicoglioni convinto che qualcuno gli abbia lasciato in eredità la lotta alla mafia. Un altro crociato che potrebbe andarsene a passeggio con moglie e figli se solo fosse prudente e conciliante, e invece sta mettendo nei guai mezza città. Te ne vai in giro con la scorta? Sei convinto che la mafia non possa raggiungerti dove, come e quando vuole? E allora beccati questa.

Il sicario premette il pulsantino del telecomando. E un istante dopo mezza Palermo tremò di terrore. Via Pipitone Federico diventò un cortile di Beirut, con lo stesso odore acre della guerra, le ambulanze e le auto di polizia impazzite in mezzo a quel macello, gli occhi sbarrati dei passanti che si erano sentiti accarezzare da un alito gelido. Povero Rocco Chinnici! Poveri carabinieri, Mario Trapassi e Salvatore Bartolotta. Povero Stefano Li Sacchi, il portinaio di casa Chinnici! Pietosi brandelli, corpi scempiati da un centinaio di chili di tritolo, uomini vivi un attimo prima, e ora volati via come stracci. Quattro vedove, dodici orfani. E, per inciso, una ventina di feriti. La mafia, se vuole, gli uomini sa ucciderli anche così. Si salvò per miracolo l'autista Giovanni Paparcuri: l'Alfetta blindata lo protesse a guisa di uno scudo.

Che maestri di sterminio, che potenza di fuoco, e che precisione, soprattutto. Pensate che per non correre rischi avevano parcheggiato una Cinquecento (stracolma di esplosivo) esattamente di fronte al numero civico 63. In maniera tale che l'Alfetta del magistrato sarebbe stata costretta a fermarsi in doppia fila proprio accanto all'autobomba. Con un congegno telecomandato da un uomo in condizione di assistere in diretta al rituale di Chinnici che saluta il portiere e prende posto accanto all'autista si sarebbero neutralizzate istantaneamente tutte le misure di sicurezza. Calcolo azzeccato.

Terremoto. Tuono. Boato. Ma nessuna parola scelta poi dai giornali riuscì a dare adeguato vigore espressivo a quel cratere nero di polvere da sparo, a quella fossa profonda un metro nel punto in cui la Cinquecento si era disintegrata. Quella buca rappresentava la sinistra orma lasciata dalla bestia mafiosa. E tutt'attorno, desolazione e morte. Raccontarono testimoni e superstiti che alcune auto volarono fino al secondo e al terzo piano prima di precipitare in basso. Due bambine che stavano dormendo vennero estratte dai genitori da una valanga di detriti. Raccontano che dopo la detonazione trascorsero trenta secondi di calma irreale, e poi il coro dei lamenti dei feriti, quello delle sirene dei pompieri e delle ambulanze.

Personalmente ricordo pietosi lenzuoli bianchi, distesi fra via Pipitone Federico e via Prati, qualche albero piegato su se stesso, l'inestricabile caos di vetri, lamiere e calcinacci. Mi colpì il fatto che un'esplosione potesse strappare via i vestiti, mi serrò lo stomaco la vista di una gamba adagiata su un marciapiede, mi sembrò che cento pistole sfoderate dagli agenti in un posto come quello facessero da contrappunto ancora più macabro, mi resi conto che in certi momenti la vita può fermarsi prima di riprendere il suo cammino. Non provavo né odio né pietà, più semplicemente come la maggior parte dei presenti ero attonito, annichilito. Scrissero i periti: «Le vittime sono state uccise dall'onda d'urto oltre che dalla pioggia di migliaia di schegge metalliche roventi». Sì, era andata davvero così.

Palermo ripiombava nel caos. Ancora una volta un magistrato, ancora una volta dei carabinieri assassinati, e il segnale era rivolto a tutti: vi faremo a pezzi, giudici e poliziotti, qui lo Stato non passerà. Ma quali erano in quei giorni gli umori dei poliziotti mandati allo sbaraglio? La strage Chinnici lasciò un segno profondissimo. Gli investigatori si sentirono improvvisamente a petto nudo di fronte ai fucilieri della mafia. E «L'Ora» raccolse la testimonianza (comprensibilmente anonima) di un investigatore che il 4 agosto si rese interprete del malessere di un'intera categoria. Vale la pena riportarla quasi per esteso.

«Siamo in guerra, ma per lo Stato e le autorità di questa città, di questa regione, è come se non succedesse mai niente. Un esempio valga per tutti: quando nel luglio 1979 assassinarono Boris Giuliano, ci vollero ben quattro mesi e mezzo prima che mandassero il nuovo capo della squadra mobile [...] I mafiosi sparano con mitra e tritolo. Noi rispondiamo con parole. Loro sono migliaia. Noi poche centinaia. Noi facciamo i posti di blocco spettacolari in pieno centro. Loro passeggiano tranquillamente per corso dei Mille, a Brancaccio, all'Uditore. E Palermo non solo non collabora con la polizia e con i carabinieri, ma intralcia. Ostacola. Protegge per paura o per connivenza. Noi diciamo ai cittadini: non vogliamo esporvi, non vogliamo la vostra collaborazione con nome e cognome. Basterebbe che ci telefonaste, anonimamente, da una cabina: ho visto quel tale rapinatore, quella faccia "sospetta", quel ricercato [...] Ma Palermo non ha bisogno della polizia, non la vuole [...] Lo sapete che in questa città ci sono centinaia e centinaia di latitanti che godono dell'appoggio della maggior parte dei palermitani? Lo sapete che a Palermo un boss mafioso latitante da quindici anni si può permettere il lusso di andare per ben quattro volte in una stimata clinica cittadina, per battezzare i figli? Lo sapete che qui i boss e i killer tornano nei loro quartieri e nelle loro case quando vogliono? Hanno ammazzato quattro persone, venerdì scorso. Hanno ferito e terrorizzato un'intera strada del centro. Bene: avete visto quanta gente è venuta ai funerali del giudice Chinnici, dei due carabinieri e del portiere? C'erano solamente poliziotti, carabinieri, finanzieri [...] La città piange soprattutto per i danni che il tritolo può avere arrecato ai mobili di casa, alle serrande, alle porte...». E l'investigatore concluse dicendo: «Ma lo sa che la sera della morte di Chinnici è dovuto intervenire il procuratore della Repubblica per bloccare, almeno per un giorno, la festa patronale del Capo [quartiere popolare di Palermo, N.d.A.], dietro al Palazzo di giustizia?». I commenti non aggiungerebbero nulla a queste parole.

Ma chi era Chinnici? Cosa aveva pensato, detto o fatto di tanto grave da meritarsi una fine così orrenda? Esaminiamo da vicino il Chinnici teorico del fenomeno mafioso, ancor prima che l'insieme di inchieste e iniziative che avevano caratterizzato la sua attività di magistrato. Aveva detto a un cronista: «Un magistrato non è un uomo separato dalla società. Tutt'altro». Eccolo allora a Milano, il 2 luglio 1983, per svolgere una relazione sulla criminalità organizzata di fronte ai componenti della commissione incaricata dal Comune del capoluogo lombardo di studiare il fenomeno mafioso nell'hinterland. Chinnici non era uomo da eufemismi. E ora, rileggendo il suo intervento, non c'è che l'imbarazzo della scelta: «Il sessanta o settanta per cento dei fondi erogati dalla Regione siciliana alle aziende agricole finiscono a famiglie direttamente o indirettamente legate alla mafia. Si sta tornando al Medioevo, agli immensi latifondi...». Un caso limitato all'agricoltura? No. «La pubblica amministrazione» proseguiva Chinnici «è talmente permeata di mafia, le istituzioni sono talmente permeate di mafia per cui sembra veramente difficile poter arrivare da un anno all'altro alla soluzione del problema [...] Oggi non c'è opera pubblica in Sicilia che non costi quattro o cinque volte quello che era stato il costo preventivato non già per la lievitazione dei prezzi ma perché così vuole l'impresa mafiosa, impresa alla quale è spesso interessato anche un "colletto bianco".» Un quadro desolante, un bubbone che finalmente, grazie alla legge La Torre, era possibile tentare di incidere. «In Sicilia» aggiungeva il giudice istruttore «abbiamo scoperto imprese mafiose solo dopo l'approvazione della legge La Torre, dopo indagini della Guardia di Finanza, ma quelle imprese erano gestite da persone neanche sfiorate dal sospetto di mafia.» E per semplificare, di fronte al pubblico milanese, il consigliere istruttore fece quest'esempio illuminante: «Abbiamo saputo recentemente» disse «che un grosso personaggio della mafia di oggi è un costruttore edile che ha innalzato ventotto palazzi a Palermo, per migliaia di appartamenti: nel 1974 era uno dei facchini della stazione centrale...». Raccolsi la testimonianza di Alfredo Galasso, allora componente laico del Csm: «Quando ai primi di aprile una delegazione del Csm è venuta in visita in Sicilia e nelle sedi giudiziarie più calde del Mezzogiorno, Chinnici prese la parola per ultimo e spiegò, sulla base della sua personale esperienza, che la mafia in Sicilia ha ormai messo le mani su una buona metà dell'economia».

Certe cose a Palermo non bisogna dirle. Anzi è consigliabile, per essere apprezzati, negarle o smentirle. Invece Chinnici andava a ruota libera, pensava ad alta voce. E pensava anche – dimostrando in questo un'incoscienza senza pari – che il terzo livello esiste, e che senza il terzo livello la mafia che spara, che fa le stragi, che taglieggia popolazioni intere non avrebbe motivo d'esistere. Spiegò pochi giorni prima della sua morte: «C'è la mafia che spara; la mafia che traffica in droga e ricicla soldi sporchi; e c'è l'alta finanza legata al potere politico [...] Stiamo lavorando per arrivare ai centri di potere più elevati». Se l'avessero lasciato fare avrebbe certamente raggiunto l'obiettivo. Chinnici era andato a occupare quella poltrona difficile nel dicembre del 1979, sapeva bene che Cesare Terranova era stato assassinato proprio perché non offriva sufficienti garanzie ai suoi nemici. E non voleva né sfigurare, né cedere ai ricatti del Palazzo. Accentrò le inchieste più incandescenti, quelle sui delitti politici: La Torre, Mattarella, Riina, ma anche l'uccisione del cronista del «Giornale di Sicilia», Mario Francese, o le indagini sul grande sacco del Belice, o la morte dell'agente Zucchetto. Negli ultimi tempi non aveva fatto mistero con i suoi collaboratori di volerle unificare all'inchiesta sulla morte di Dalla Chiesa, perché aveva finito col convincersi che la regia strategico-mafiosa era identica in ciascuno di quei casi. Aveva confidato agli amici: «Una mia eventuale condanna a morte scaturirà dallo stesso "cervello" criminale che ha già deciso gli omicidi Terranova, Mattarella, Costa, La Torre». Ben altro che semplici supposizioni.

Il 9 luglio il giudice Giovanni Falcone, in pieno accordo con

Chinnici, aveva emesso quattordici mandati di cattura contro pericolosissimi mafiosi, accusati di essere fra i mandanti e i killer dell'uccisione di Dalla Chiesa: i superlatitanti Riina e Provenzano, i fratelli Michele e Salvatore Greco, Pietro Vernengo, Benedetto Santapaola, per citare soltanto i nomi più tristemente famosi. L'impressione era stata enorme. E si preannunciavano ulteriori sviluppi delle inchieste proprio alla luce di quella convinzione di Chinnici sulla matrice unica. Si disse, subito dopo la sua morte, che l'ufficio istruzione era sul punto di emettere un'altra ventina di mandati di cattura contro altrettanti mafiosi delle cosche che intanto stavano vincendo la guerra interna iniziata con le eliminazioni di fra Giacinto, Stefano Bontate e Totuccio Inzerillo. Si disse anche che Chinnici aveva deciso di arrestare i finanzieri Salvo, Nino e Ignazio, gli esattori che in quel momento apparivano fra gli uomini più potenti della Sicilia. Pensava a loro il giudice quando insisteva sul tasto del «terzo livello»?

La raffica dei mandati di cattura per la strage Dalla Chiesa era stata resa possibile da un pentito, Armando Di Natale, immediatamente eliminato dai killer delle cosche che avevano agito «in trasferta» lungo l'autostrada Milano-Genova. Non era stato un esempio isolato il suo. In quel periodo l'alto commissario De Francesco aveva infatti rivolto un aperto invito ai superstiti delle famiglie «perdenti» invitandoli al pentimento prima che fosse troppo tardi. E in realtà l'appello non era passato inosservato se è vero come è vero che una valanga di testimonianze e di segnalazioni (sebbene rigorosamente anonime) si era riversata all'ufficio istruzione diretto da Chinnici. Contemporaneamente si erano moltiplicate le minacce di morte contro il giudice.

Improntate a ottimismo le prime dichiarazioni di Amintore Fanfani, in quel periodo presidente del Consiglio, al termine di un summit in prefettura dieci ore dopo l'esplosione dell'autobomba. Da una sua intervista a Felice Cavallaro del «Giornale di Sicilia» (30 luglio 1983): «Quando penso a quanti anni ci sono voluti per raggiungere dei risultati eloquenti nella lotta contro il terrorismo, quando penso ai tempi impiegati per sconfiggere camorre di ogni tipo, allora concludo che qui non si sta espugnando Sagunto, ma si sta difendendo Sagunto da coloro che vorrebbero disordinarla». Ma davvero la mafia si stava limitando a creare soltanto un po' di confusione? Fanfani comunque ne era convinto, tanto da esprimersi così con il giornalista che gli chiedeva un bilancio del vertice: «Si è trattato di uno scambio di vedute su ciò che è stato realizzato in undici mesi. Sono stati esaminati i progressi e valutati i perfezionamenti da apportare». Manifestò maggiore determinazione il ministro della Giustizia Darida che forse, costretto dagli eventi a un veloce apprendistato, ebbe modo di rivedere i suoi giudizi concilianti espressi all'indomani dell'uccisione di Ciaccio Montalto. Darida promise categorico: «Staccheremo la testa del serpente».

Ma fatta eccezione per questi impegni, eccessivamente sopra tono, il clima generale, nel giorno dei funerali di tutte le vittime della strage in via Pipitone Federico, fu di grandissima stanchezza. La città era stanca. Rassegnata, certamente indisposta da quella sfilata di ministri in blu che tornavano ancora una volta nella chiesa di San Domenico, ancora una volta in occasione di funerali di Stato. Si notò, quel giorno, persino la stanchezza del cardinale Salvatore Pappalardo che si limitò a chiedere allo Stato di «continuare con fermezza il suo spirito di servizio», che non volle neanche parlare a esecutori e mandanti perché a loro «non abbiamo nulla da dire» e che abbracciò soltanto i familiari delle vittime e il presidente Pertini, questo «doloroso pellegrino» che si ritrovava ancora una volta al suo posto, unico rappresentante del potere che aveva avuto la sensibilità di vestirsi a lutto.

«Siamo stanchi» gridò un cittadino in chiesa, rivolto al capo dello Stato. «Anch'io» rispose Pertini.

Diari e veleni

Parlavano in codice. Riattaccavano sul più bello. Cambiavano costantemente telefono. Per mesi e mesi la polizia rimase sulle tracce di questi due insospettabili palermitani che mantenevano stretti contatti con un misterioso libanese molto addentro al traffico di armi e droga fra il Medio Oriente e la Sicilia. La polizia seguiva lo strano terzetto fin dai giorni del dopo Dalla Chiesa, fin da quando il pentito Di Natale aveva deciso di collaborare, spiegando molti retroscena proprio di quell'ambiente. I due palermitani erano Pietro Scarpisi, venticinque anni, e Vincenzo Rabito di quarantaquattro, entrambi proprietari di una fabbrica di sedie nella popolosa borgata dell'Arenella. Quest'ultimo aveva una fedina penale immacolata, il più giovane, invece, un piccolo precedente: un suo socio in affari, alcuni anni prima, era finito in carcere per traffico di droga. Ma nulla poteva lasciar supporre un benché minimo coinvolgimento dei due in un grande fatto di mafia come la strage Chinnici. Eppure, intercettando decine di telefonate, nonostante le difficoltà provocate proprio da quel comportamento sospetto, gli investigatori si erano convinti che Scarpisi e Rabito tutto sembravano tranne che al di sopra di ogni sospetto. Anzi. Raccolsero elementi per sostenere che i due fossero emissari nientemeno che del clan dei Greco di Ciaculli. Al libanese si rivolgevano forse per la compravendita di partite di morfina base e di armi ed esplosivo? E chi era questo fantomatico libanese?

Bou Chebel Ghassan. Anni quarantanove. Una sola foto segnaletica, nel 1980 e nel 1983 i giudici di Trieste avevano emesso contro di lui due mandati di cattura per una storia di auto rubate che aveva visto coinvolti anche trafficanti mediorientali. Specialista in travestimenti e patito delle parrucche, delle quali aveva una vera e propria collezione. Ricercato anche a Milano, ma per traffico di droga. Amante della vita d'albergo, passaporto svizzero (rilasciato alcuni anni prima a un inesistente signor Bernard Zufferey), amico fraterno di spacciatori internazionali di cocaina. Ma se Bou Chebel Ghassan avesse avuto soltanto questi precedenti tutto sarebbe stato più chiaro. In realtà vantava anche ottimi agganci con il centro nazionale della Criminalpol, con il servizio centrale antidroga del ministero degli Interni, con la Guardia di Finanza di Milano. Fatto sta che ai primi d'agosto 1983, il sostituto di Caltanissetta, Sebastiano Patanè, spiccò sei ordini di cattura per concorso in strage: tre erano per Scarpisi, Rabito e il Libanese. Quest'ultimo si trovava in quei giorni proprio a Palermo e alloggiava in un lussuoso albergo sul mare, in compagnia di una spogliarellista di nazionalità greca che però venne subito rilasciata. Gli altri tre ordini di cattura non poterono invece essere eseguiti: i fratelli Michele e Salvatore Greco, soprannominati rispettivamente il Papa e il Senatore, avevano preferito cambiare aria all'indomani della presentazione del rapporto dei «162» della nuova mafia. Mentre non si avevano notizie del cugino, Salvatore Greco, soprannominato l'Ingegnere, esattamente da vent'anni. Da quando cioè era esplosa un'altra autobomba, quella che proprio nella borgata di Ciaculli – nel 1963 – aveva provocato la morte di sette carabinieri e l'inizio della prima durissima guerra di mafia.

L'Ingegnere si trasferì in Sud America e si è favoleggiato sulla bellezza delle sue ville sparse nel Mediterraneo e delle ricchezze accumulate in Venezuela. Secondo alcuni, però, non avrebbe mai smesso di mantenere legami con Ciaculli. Perché i Greco vennero

chiamati in causa dalle indagini del giudice Patanè? Perché Scarpisi e Rabito – secondo l'accusa – altro non erano che gli uomini
di paglia del clan. I due insospettabili avevano ottenuto l'incarico
di battere la piazza milanese alla ricerca di morfina base: le indagini sulla morte di Dalla Chiesa avevano infatti disturbato, se non
interrotto, il canale di rifornimento assicurato ai palermitani dalle
famiglie catanesi. Chebel Ghassan era invece l'uomo in grado di
garantire questi rifornimenti. Fin qui il canovaccio del giallo sarebbe stato relativamente semplice: in altre parole la mafia siciliana,
per entrare in possesso di quel grosso quantitativo di tritolo e del
corredo necessario per farlo esplodere, si era rivolta a uno specialista del settore.

A complicare lo scenario, quantomeno ambiguo, la personalità eccessivamente poliedrica di Bou Chebel. L'avventuriero infatti teneva costantemente aggiornati gli uomini dei Servizi segreti
del suo lavoro all'interno delle cosche mafiose. Li informò, per
esempio, che le famiglie di mafia trapiantate nel capoluogo lombardo erano in agitazione e cercavano non solo morfina base ma
anche armi pesanti. C'è di più. Molto di più. Ghassan anticipò alla
polizia palermitana – con una telefonata, il 10 luglio – la notizia
che era in preparazione un clamoroso attentato. Fece i nomi dell'alto commissario Emanuele De Francesco e del giudice Giovanni
Falcone come possibili bersagli. Risultato: vennero moltiplicate le
misure di scorta attorno al funzionario e al giudice, ma nessuno
degli investigatori pensò che potesse essere Chinnici la vera vittima designata. Naturalmente seguirono polemiche a non finire. Il
giudice Patanè, ordinando l'arresto anche di Chebel, dimostrò di
non credere alla tesi di un libanese esclusivamente votato a una
causa «pulita». La polizia si giustificò dicendo che l'uomo era stato
troppo generico.

Chebel conosceva alla perfezione ciò che stava per accadere e
si limitò a informazioni generiche? O intuì soltanto il clima di
vigilia senza però essere a conoscenza dei progetti militari delle
cosche? (I processi di primo e di secondo grado non hanno mai
chiarito l'equivoco, e le raffiche di ergastoli per i sei accusati di
strage furono regolarmente annullate dalla Cassazione per ben due
volte.) Ma le sorprese non erano ancora finite.

Chinnici, negli ultimi tempi, aveva preso l'abitudine di annotare su un quaderno episodi, riflessioni, giudizi che gettarono poi
una luce molto inquietante sul Palazzo di giustizia di Palermo.
Forse presagendo di avere le ore contate, il magistrato aveva deci-

so di non trascurare il clima pesante e difficile che faceva da sfondo al suo lavoro, riflettendo – in solitudine – su quei comportamenti dei colleghi che in più di un'occasione l'avevano lasciato perplesso. Riempì così con una grafia minuta trentatré fogli di un'agenda del 1980. Il risultato finale non fu la stesura di un diario nel vero senso della parola, dal momento che Chinnici scriveva saltuariamente, solo quando i fatti lo stupivano più del necessario. I testi vennero pubblicati dal settimanale «l'Espresso» ai primi dell'agosto 1983, mentre erano in pieno svolgimento le indagini sul dopo strage. Naturalmente ci fu chi subito parlò di polverone, chi denunciò l'esistenza di una regia e di una manovra di depistaggio, mentre si moltiplicavano le supposizioni sulla maniera in cui il memoriale fosse giunto alla stampa.

«L'Espresso», fin dal primo giorno di questo nuovo rebus palermitano, affermò che i trentatré fogli erano stati trovati dai familiari e consegnati a Patanè, che a sua volta li aveva consegnati all'alto commissario De Francesco. I familiari si chiusero nel riserbo, Patanè sorvolò sull'argomento, De Francesco sostenne di non averli mai visti. Ma restavano quei giudizi duri, messi nero su bianco da un giudice che poco tempo dopo avrebbe fatto la fine che sappiamo. Nel fuoco delle polemiche si ritrovò il vertice degli uffici giudiziari palermitani.

Rileggiamo ora quelle pagine che furono al centro di una delicatissima indagine del Consiglio superiore della magistratura e che si conclusero anche con un provvedimento disciplinare. Scrisse un giorno Chinnici: «Se mi dovesse accadere qualcosa di grave, andate a sentire il giudice Francesco Scozzari [sostituto procuratore in quel periodo, N.d.A.] e l'avvocato Paolo Seminara [decano dei penalisti palermitani, legale di fiducia della famiglia Salvo, N.d.A.]». E su Scozzari, il collega «che mi ha combattuto fieramente per la nomina a consigliere istruttore», Chinnici tornava a più riprese, ricordando per esempio la sua raffica di richieste di assoluzioni per insufficienza di prove in veste di pubblico ministero al processo per la strage di viale Lazio [uno dei capitoli più cruenti della prima guerra di mafia, N.d.A.]. Né gli era sfuggito, durante il processo per l'uccisione del boss Di Cristina, quello strano avvertimento di Scozzari: «Stai attento, bada alla tua incolumità». In pessima luce appariva anche l'ex procuratore capo di Palermo, Giovanni Pizzillo, deceduto nel 1982. Anche lui aveva fatto a Chinnici discorsi molto strani. Come questo: «Ma cosa credete di fare all'ufficio istruzione? La devi smettere Chinnici di fare indagini nelle banche, così rovini tutta l'economia siciliana...». O questo: «A quel Falcone caricalo di processi, così farà come ogni giudice istruttore: non farà più niente». Chinnici partecipava ai dibattiti che si svolgevano sempre più frequentemente in Sicilia sulla criminalità organizzata. Tornando da Messina il consigliere istruttore si sentì dire dal solito Giovanni Pizzillo: «So che sei stato lì, non dovresti esporti così». E in un'altra occasione, durante un processo che coinvolgeva i Salvo per aver ottenuto finanziamenti regionali fin troppo benevoli, il procuratore capo aveva caldeggiato una soluzione morbida del dibattimento.

C'erano altri episodi che riguardavano invece il procuratore generale Ugo Viola e il procuratore capo Vincenzo Pajno, indicato da Chinnici come «un amico dei Salvo». Si faceva anche riferimento ai giudici istruttori Giovanni Falcone e Marcantonio Motisi, anche se per episodi molto marginali. Infine un'ultima annotazione assai inquietante: «Pochi mesi prima di essere ucciso, Mattarella [il presidente della Regione siciliana assassinato nell'Epifania del 1980, N.d.A.] fece un viaggio a Roma con due funzionari della regione per incontrarsi con il ministro dell'Interno [era Rognoni, in quel periodo, N.d.A.]. Al ritorno a Palermo Mattarella confida ai due funzionari: "Se qui si sapesse cosa ho detto al ministro mi ammazzerebbero"». Il fatto era stato riferito a Chinnici proprio dai due funzionari, e il giudice, ancora una volta nel suo diario, si lamentava perché l'episodio, che in un primo tempo era stato inserito in un rapporto di polizia giudiziaria, era sparito nei dossier successivi sull'uccisione del noto uomo politico democristiano.

Quale valore dare a quel documento? Si creò, all'indomani della pubblicazione, una confusione indescrivibile. Tutti i personaggi chiamati in causa intervennero subito per smentire che fra loro e Chinnici non corresse buon sangue. Viola e Pajno ricondussero a una normale divergenza di tattiche e strategie processuali quella che a Chinnici poteva essere sembrata una campagna persecutoria nei suoi confronti. L'8 settembre 1983 il Csm emise il suo definitivo verdetto. Dispose il trasferimento d'ufficio del giudice Scozzari, il quale subito dopo preferì rassegnare le dimissioni dalla magistratura. Non entrò nel merito delle critiche di Chinnici a Pizzillo, poiché l'ex procuratore capo era morto. Decise il «non luogo a procedere» per Viola, Pajno e Motisi: i tre comunque avevano confermato l'esattezza degli episodi riferiti nel diario pur ridimensionandone ovviamente il significato e la portata. Ebbe parole di elogio per Falcone, la cui testimonianza aveva notevolmente impressionato i consiglieri. E ne volle sottolineare senza riserve le doti di professionalità, coraggio e dedizione al lavoro che ne facevano un degno erede di Chinnici. Un'assoluzione incondizionata per tutti (tranne che per Scozzari)? No. Il Csm dovendo scegliere fra l'azzeramento dei vertici e il tentativo di recuperare ciò che poteva essere salvato, scelse la seconda strada. Commentò il consigliere Alfredo Galasso al termine dei lavori: «Credo che le nostre decisioni, adottate all'unanimità, abbiano un duplice valore: dovrebbero rasserenare l'ambiente giudiziario palermitano e nello stesso tempo dovrebbero incitare tutti i giudici a lavorare con più incisività e con maggiore linearità».

Restarono parecchi dubbi, parecchie ombre. Non si chiarì mai il misterioso episodio riferito da Chinnici e che riguardava Mattarella. Soprattutto non si fece piena luce sulle cause della solitudine crescente di Chinnici nei suoi ultimi giorni di vita. Perché il magistrato si era convinto che le pressioni mafiose trovassero canali favorevoli anche all'interno del suo Palazzo di giustizia? E cosa l'aveva spinto alla decisione estrema di tenere un diario segreto? Una forma di autodifesa, questo è certo. Lui stesso un giorno la consigliò proprio a Falcone dicendogli: «Tenga un diario. Non si sa mai come vanno queste cose». Parole profetiche quelle di Chinnici.

XI

Mi vendico e mi pento

Un terremoto chiamato Buscetta

Ricordate ciò che aveva detto il generale Dalla Chiesa nella sua intervista a «l'Unità» dell'agosto 1982? Aveva detto: «Il primo pentito l'abbiamo avuto negli anni Settanta proprio fra i mafiosi siciliani. Perché escludere che questa struttura possa esprimere un gene che finalmente scateni qualcosa di diverso dalla vendetta o dalla paura? Ma questo può verificarsi soltanto nei momenti più alti dell'iniziativa dello Stato...». La previsione si rivelò esatta, anche se al generale fu negata la legittima soddisfazione di assistere allo spettacolo che stava andando in scena in quell'eterno palcoscenico che è Palermo.

Questo gene impazzito era un ex vetraio palermitano con la faccia da indio, la parlata lenta e la memoria di un elefante, tanti matrimoni alle spalle, tanti figli, e una collocazione di tutto rispetto nel gotha delle famiglie mafiose. Questo gene impazzito – che, dopo tante stagioni di sangue, lutti, sconfitte, si offriva quasi spontaneamente per dare una mano allo Stato italiano, nel tentativo di una riscossa ormai auspicata a gran voce – si chiamava Tommaso Buscetta.

A Palermo lo ricordavano quando all'inizio degli anni Sessanta andava giornalmente nel bar Commercio della centralissima piazza Politeama accompagnato dai suoi guardaspalle. Quel bar era il suo studio. Lì don Masino si incontrava con i boss di quel tempo, offriva protezioni e dirimeva controversie d'ogni tipo mentre volgeva precipitosamente al termine la pax mafiosa. Entrato nella famiglia di Porta Nuova, nella zona ovest di Palermo, fin dal 1948 (all'età di ventidue anni) era considerato nel giro un decano dell'Onorata Società. Nel 1971, la commissione antimafia presentò un'ampia relazione scegliendo dieci biografie campione dei mafiosi più pericolosi. Fra essi c'era Buscetta, indicato come esponente tipico della mafia urbana, accusato d'aver contribuito al processo di americanizzazione dei metodi mafiosi. Il suo nome ricorre con impressionante frequenza in tutti gli episodi di cronaca nera all'inizio degli anni Sessanta. Ha conosciuto personalmente, ha fatto affari, ha partecipato a regolamenti di conti con boss del calibro di Luciano Liggio o Gaetano Badalamenti, Gerlando Alberti o Salvatore Greco l'Ingegnere. Contrabbandiere internazionale di sigarette e stupefacenti, Buscetta fu per anni il killer di fiducia di Angelo La Barbera, uno dei protagonisti più violenti della guerra che si scatenò per il sacco edilizio di Palermo, anche se ha sempre negato questa circostanza. Ha viaggiato per tutti i Paesi del mondo, con passaporti regolarmente falsi, utilizzando sapientemente una vasta rete di amicizie personali. Ma il primo passaporto che gli spalancò la carriera oltreoceano lo ottenne nel 1961, grazie all'intervento di un deputato democristiano che scrisse personalmente al questore di Palermo: «Buscetta è una persona che a me interessa moltissimo». E da quel giorno al bar Commercio il boss non lo videro più.

Buscetta ebbe una prima moglie palermitana, all'età di diciassette anni. Una seconda in America, a New York. E una terza in Brasile.

Il 25 agosto del 1970 gli americani lo arrestarono a pochi metri dal ponte di Brooklyn: niente paura, qualcuno, pochi giorni dopo, pagò settantacinquemila dollari di cauzione, cifra enorme per quei tempi. Buscetta ricomparì presto in Brasile, per ritrovarsi estradato in Italia, nel 1977, dopo aver costruito un'immensa fortuna. Un breve periodo all'Ucciardone, poi il provvidenziale trasferimento alle Nuove di Torino: un giudice di manica larga prestò credito alla favola del boss che vuole tornare a guadagnare onestamente con il suo mestiere di vetraio e gli concesse la semilibertà. Buscetta ancora una volta uccel di bosco. Ancora in Brasile, per curare i suoi interessi nell'agricoltura e nell'industria cariocche. Nel 1983 i brasiliani lo pizzicarono una seconda volta. A Palermo intanto era in pieno svolgimento la seconda guerra di mafia. Cos'era accaduto in sua assenza?

Tutte le famiglie una volta alleate e rimaste per anni i referenti palermitani di Buscetta, erano cadute inesorabilmente sotto i colpi dei corleonesi. All'inizio del 1980 i perdenti avevano chiesto a don Masino di tornare a Palermo sperando in un suo rientro per galvanizzare truppe con un morale ormai a pezzi. È rimasta agli atti processuali una telefonata intercontinentale registrata dalla polizia palermitana nell'autunno del 1980: Ignazio Lo Presti, insospettabile ingegnere, cognato del finanziere Nino Salvo, informava don Masino dell'inferno che si era scatenato. E invitava il boss, anche per conto dell'imprenditore, a non restare fuori dalla mischia.

Fra l'estate del 1981 e il dicembre 1982, in successivi raid per le strade di Palermo i corleonesi avevano assassinato tre fratelli di Buscetta, Benedetto, Antonino e Vincenzo, il genero Giuseppe Genova, un nipote, Vincenzo, e un numero imprecisato di suoi amici. Buscetta dunque aveva rinunciato da tempo a sconfiggere militarmente i suoi nemici, senza per questo abbandonare i suoi propositi di vendetta. Ecco perché quando i brasiliani lo arrestarono per la seconda volta il boss ebbe la strana sensazione di essersi liberato da un peso.

Era un bel mattino del giugno 1984, quando alle nove e trenta, in una spaziosa aula dell'avveniristica Corte federale di Brasilia, Buscetta, noto anche come «il boss dei due mondi», considerò – ancora all'insaputa di tutti – di sconvolgere dalle fondamenta l'organizzazione nella quale era cresciuto e aveva fatto carriera. Indossava un doppiopetto bianco, pantaloni neri, una camicia blu scuro, una cravatta in tinta unita. Aveva l'aria di un ricco proprietario terriero saltato fuori da un racconto di García Márquez, dirà poi un testimone. Nella stessa aula i giudici Giovanni Falcone e Vincenzo Geraci – venuti appositamente da Palermo – e la terza moglie di Buscetta, Maria Cristina Guimaraes, l'avvocato del boss, alcuni poliziotti. C'era anche il giudice federale brasiliano, con una sgargiante toga verde, certamente più allegra di quelle che si vedono nei nostri tribunali. I presenti all'incontro lo ricordarono essenziale e sbrigativo: stava per cominciare l'udienza di rogatoria che le autorità italiane, attraverso complessi canali diplomatici, erano riuscite a strappare ai brasiliani. I magistrati palermitani lessero, forse con poca convinzione, una cinquantina di domande pilota compilate all'ufficio istruzione di Palermo, alla vigilia della loro partenza per il Brasile. Domande che da tempo i nostri magistrati sognavano di poter rivolgere un giorno al boss dei due mondi. E Buscetta, dopo averle ascoltate attentamente, si limitò a rispondere: «Ci vorrebbe una nottata intera... Scusatemi ma ho riposato male, sono molto stanco...». In quella stessa aula, nel primo pomeriggio di quel giorno, l'udienza di estradizione si sarebbe conclusa favorevolmente per l'Italia. Il più era fatto.

Spiegò poi Falcone nella sua intervista racconto (*Rapporto sulla mafia degli anni Ottanta*): «Perché parla Buscetta? È animato da un fortissimo spirito di rivincita; sa di trovarsi con le spalle al muro. Ma c'è un'altra componente che riguarda la sua biografia. Ha girato il mondo. Gli hanno raccontato del secondo matrimonio del capo di una delle cinque famiglie di Cosa Nostra americana al quale assistette il figlio della sua prima moglie, mentre lui era stato aspramente criticato perché "aveva l'amante". Ha rotto da tempo – è questo che voglio dire – con una subcultura tipicamente siciliana. Non bisogna dimenticare che quando la polizia brasiliana, torturandolo, gli staccò le unghie dei piedi si limitò a ribadire: "Mi chiamo Tommaso Buscetta". Lo portarono in aereo sopra San Paolo. Aprirono il portellone, minacciarono di lanciarlo nel vuoto. Nulla. Né gli fecero cambiare parere le scosse elettriche o il fatto di essere stato legato a un palo mani e piedi: non svelò mai i reati commessi, né quello che sapeva». Ma la vecchia quercia cominciò a piegarsi.

Il 15 luglio un Boeing 747 lo riportò in Italia. Per la mafia il barometro stava finalmente segnando tempesta. Fino a quel momento lo scenario fu esclusivamente brasiliano. Non trapelò una parola di ciò che stava accadendo, perché giudici e poliziotti mantennero sino in fondo la consegna del silenzio. Nessun mafioso siciliano, piccolo o grande che fosse, sospettò mai che Buscetta, il padrino di un tempo, avesse già vuotato il sacco e girato le spalle a Cosa Nostra. Continuavano ad agire indisturbati i boss. Continuavano ad agire indisturbati i picciotti delle famiglie e di quartiere. Ah... se solo avessero intuito che un pezzo da novanta aveva rivisto precipitosamente – nell'aula di un tribunale straniero – la sua intera esistenza! Ma il tempo ormai lavorava contro le cosche.

Nel 1984 Buscetta aveva cinquantasei anni. Il 16 luglio, alle ore dodici e trenta, alla sede della Criminalpol di Roma, alla presenza dei giudici Giovanni Falcone e Vincenzo Geraci, del dirigente dell'ufficio Gianni De Gennaro, iniziò il grande racconto di Tommaso Buscetta, boss di prima grandezza. La sua verità: «Sono stato un mafioso e ho commesso degli errori, per i quali sono pronto a pagare integralmente il mio debito con la giustizia, senza pretendere sconti o abbuoni di qualsiasi tipo. Invece, nell'interesse della società, dei miei figli e dei giovani, intendo rivelare tutto quanto è a mia conoscenza su quel cancro che è la mafia, affinché le nuove generazioni possano vivere in modo più degno e più umano». Trecentoventinove pagine di confessione. Buscetta svelò il funzionamento interno di Cosa Nostra. Cosa Nostra in Sicilia, ma anche in America. Parlò di supercupola, famiglie, capi famiglia, capi mandamento e capi decina. Partì da lontano. Dal 1963, dalla strage di Ciaculli, risalendo così fino alla prima guerra di mafia che ebbe come protagonisti i La Barbera, i Gerlando Alberti, i Cavataio e (fin da allora) i sanguinari corleonesi. Conclusi i flash-back, tornò al presente, spiegando che la seconda non fu guerra di mafia tra le famiglie, ma piuttosto una vera e propria caccia all'uomo per uccidere quanti si erano schierati con i Bontate, gli Inzerillo, i Badalamenti. Rese finalmente di dominio pubblico i codici più tenebrosi, il perché di una promozione o di un'espulsione. Il principio inviolabile della territorialità. Il «prestigio», l'«infamia», il linguaggio degli sguardi e l'obbedienza. Regalò agli investigatori una bussola che si sarebbe rivelata utilissima. Per due mesi, a giorni alterni, dalle nove alle tredici e dalle quindici alle diciannove, Buscetta dettò le sue memorie destinandole a un'aula di tribunale. E la mattina del 23 luglio decise finalmente di sollevare il sipario su alcuni dei grandi delitti di Palermo.

Ecco una sintesi delle sue rivelazioni: «So che il colonnello Russo è stato ucciso da Pino Greco soprannominato *Scarpuzzedda*, non so se da solo o con altri. Terranova è stato ucciso su mandato di Luciano Liggio. Mattarella su mandato della commissione e su ispirazione di Salvatore Riina. Gaetano Costa è stato ucciso su mandato di Salvatore Inzerillo. Il capitano Basile per ordine di Riina da tre persone che la polizia ha già arrestato. Non so nulla dell'omicidio del capitano D'Aleo, né sull'omicidio La Torre. Anche l'onorevole Reina è stato ucciso su mandato di Riina. Infine, l'omicidio Scaglione: ho sentito dire che gli autori sono stati Luciano Liggio, Salvatore Riina e un terzo a me sconosciuto. Riferirò anche dell'omicidio Dalla Chiesa che è stato compiuto, nell'interesse anche dei catanesi facenti capo a Benedetto Santapaola, con il consenso unanime della commissione... La sera del 3 settembre 1982 mi trovavo all'hotel Ragen di Belém [in Brasile, *N.d.A.*] insieme a Gaetano Badalamenti. Mentre eravamo davanti alla televisione, venne diramata la notizia dell'uccisione, a Palermo, del generale Dalla Chiesa. Il Badalamenti, commentando con me tale evento, disse che sicuramente era stato un atto di spavalderia dei corleonesi, che avevano così reagito alla sfida contro la mafia lanciata da Dalla Chiesa. Soggiunse che certamente erano stati impiegati i catanesi – perché più vicini ai corleonesi – e disse che qualche uomo politico si era sbarazzato, servendosi della mafia, della presenza, ormai troppo ingombrante, del generale».

Ma chi erano questi famigerati corleonesi? Buscetta: «Il capo è Luciano Liggio, nonostante sia detenuto. In sua assenza i reggenti sono Salvatore Riina e Bernardo Provenzano, con pari poteri; solo che Riina è molto più intelligente del Provenzano, e pertanto ha maggior peso. Leoluca Bagarella è uno dei membri. La caratteristica della famiglia di Corleone è quella di non fare conoscere alle altre i nomi dei propri adepti e di ciò Gaetano Badalamenti si è sempre lamentato». All'interno della supercupola mafiosa, nel 1977, i corleonesi erano già la stragrande maggioranza: «A quella data» proseguì don Masino «la commissione era così composta: Antonio Salomone; Salvatore Riina; Gaetano Badalamenti; Stefano Bontate; Rosario Di Maggio; Salvatore Scaglione; Giuseppe Calò; Rosario Riccobono; Ignazio Motisi; Michele Greco. All'epoca il capo era Badalamenti. Ma per motivi che ignoro Badalamenti fu estromesso del tutto dall'organizzazione. Michele Greco prese il suo posto: data la sua scialba personalità era la persona più adatta a divenire capo della commissione in modo da non ostacolare le mire di Riina». Poi, le prime frizioni, i primi delitti che «dividono» la commissione, l'ambiguo ruolo di Michele Greco: «Fra i motivi di attrito con i corleonesi che mi riferì Stefano Bontate e che mi confermò Giuseppe Calò, era la posizione di Giovanni Bontate che, per invidia nei confronti del fratello Stefano, tramava alle sue spalle; in particolare si lamentava con i corleonesi e anche con Pippo Calò, perché il fratello lo trattava male. Stefano Bontate addebitava ai corleonesi di aver seminato zizzania in seno alla sua famiglia, ponendolo addirittura in contrasto con suo fratello Giovanni». Ma non solo piccole miserie individuali facevano da sfondo al regolamento di conti che aveva insanguinato la Sicilia. Aggiunse infatti il boss: «L'omicidio del colonnello Russo è stato un altro dei fatti che hanno determinato una frattura fra i corleonesi e Stefano Bontate. L'omicidio di Giuseppe Di Cristina costituì ulteriore motivo di attrito. Gli omicidi di Boris Giuliano, Cesare Terranova, Piersanti Mattarella, del capitano Basile furono decisi dalla commissione all'insaputa di Inzerillo, Stefano Bontate, e Rosario Riccobono. Anche questi omicidi hanno determinato un allargamento del solco esistente fra Bontate, Inzerillo e il resto della commissione».

Di Michele Greco, Buscetta ha sempre parlato come di un

ignavo eternamente indeciso e bugiardo: «Michele Greco negò a Bontate perfino di essere stato preventivamente informato che uno della sua famiglia – Pino Greco, detto *Scarpuzzedda* – avrebbe fatto parte degli autori materiali dell'omicidio e anzi disse di averlo appreso successivamente. A me sembra del tutto improbabile, comunque nessun provvedimento venne preso dalla commissione né contro i corleonesi né contro Pino Greco».

Attriti, delitti e ambiguità: ecco i moventi che nel 1980 avevano scatenato la guerra di mafia. Bontate, Inzerillo. Poi, silenziosamente, saranno eliminati i grandi alleati dei due capi, i Teresi, i Di Maggio, e verranno sterminate le famiglie Inzerillo, Contorno, Badalamenti, Manzella, Mafara, Rimi. È la «vittoria» dei corleonesi. Michele e Salvatore Greco si daranno alla latitanza, insieme ai superkiller più sanguinari, Pino Greco e Mario Prestifilippo. Rimasero invece nascosti – dopo decenni di clandestinità – Salvatore Riina e Bernardo Provenzano. Ma si era veramente trattato di una guerra di mafia? Buscetta spiegò: «Non è avvenuto uno scontro tra famiglie mafiose avversarie, ma una vera e propria caccia all'uomo nei confronti di tutti coloro che, indipendentemente dalla famiglia di appartenenza, erano stati amici di Bontate o di Inzerillo, e quindi non davano garanzia di affidabilità. Io stesso che faccio parte della famiglia di Pippo Calò dovrei essere dalla parte dei vincenti, mentre sono perseguitato e ho subito tanti lutti in famiglia esclusivamente per la mia amicizia con Bontate e Inzerillo, e poi per essere stato avvicinato da Gaetano Badalamenti».

E chi era Pippo Calò? «Il Calò, fin quando era minorenne, ha dimostrato di essere uomo valoroso. Ricordo infatti che sparò a un uomo che quando era piccolo gli aveva ucciso il padre. Ma non si comportava da capo famiglia. Per fare un esempio, mentre è prassi che gli uomini d'onore siano sorretti economicamente dal capo famiglia, egli, pur avendone la possibilità economica, si è praticamente disinteressato di me quando ero in carcere, della mia prima e della mia seconda famiglia». E, ancora, chi erano i cugini Nino e Ignazio Salvo di Salemi, che per trent'anni avevano gestito le esattorie siciliane in regime di monopolio lucrando aggi triplicati rispetto alle altre città italiane? «Uomini d'onore. L'amicizia fra Bontate e i Salvo era saldissima e ho potuto notare che si frequentavano regolarmente. Non sono affatto dei sanguinari né sono coinvolti per loro iniziativa nelle attuali vicende di mafia. Il ruolo dei Salvo in Cosa Nostra è modesto, mentre grandissima è la loro rilevanza politica, perché mi risultano i loro rapporti diretti con notissimi

parlamentari, alcuni dei quali di origine palermitana, e di cui mi
riservo di fare i nomi [in realtà non li fece mai, N.d.A.]». Buscetta
– il 12 novembre 1984 – durante l'ultimo colloquio con i giudici e
De Gennaro volle che venissero messe a verbale queste sue parole:
«Nel rendere spontaneamente le mie dichiarazioni sono stato ispirato solo dalla mia coscienza e non già da desiderio di rivincita o di
vendetta: quest'ultima, infatti, non ha mai restituito quello che si
è perduto per sempre. La mia scelta, quindi, maturata nel tempo,
non è condizionata da rancori personali e tanto meno dall'aspirazione a eventuali norme di favore per i cosiddetti "pentiti". Mi sono
reso conto da tempo che l'epoca in cui viviamo è incompatibile coi
principi tradizionali di Cosa Nostra e che quest'ultima si è trasfor-
mata in una banda di feroci assassini. Non temo la morte, né vivo
col terrore di essere ucciso dai miei nemici, quando verrà il mio
turno, affronterò la morte serenamente, senza paura. Ho scelto
questa strada in via definitiva e irreversibile e lotterò con tutte le
mie forze affinché Cosa Nostra venga distrutta. So bene quali umiliazioni e quali sospetti sul mio conto sarò costretto a subire e
quanta gente male informata o in malafede ironizzerà su questa mia
scelta di vita; ma, anche se sarò deriso, o peggio, chiamato bugiardo, non indietreggerò di un millimetro e cercherò di indurre tutti
quelli che ancora sono indecisi a seguire il mio esempio per finirla
una volta per tutte con un'organizzazione criminale che ha arrecato solo lutti e disperazione in tante famiglie e che nessun contributo ha dato allo sviluppo della società».

Il 29 settembre del 1984 la gettoniera del bar del Palazzo di
giustizia di Palermo rimase a secco in pochissimi minuti. Tutti i
telefoni vennero presi d'assalto dai cronisti dei giornali cittadini
che iniziarono a gridare a squarciagola in uno stato di evidente e
comprensibile esaltazione. Capannelli di imputati, avvocati, giudici, carabinieri di servizio si radunarono attorno ai cronisti e
rimasero tutti a bocca aperta. Era accaduto qualcosa di incredibile:
«Sì, ci sono trecentosessantasei mandati di cattura, molti già eseguiti. Ha parlato Buscetta, ha vuotato il sacco... sta svelando i
misteri di Palermo... dicono che si sia pentito. Ha indicato i nomi
di mandanti ed esecutori di decine e decine di delitti... Buscetta sa
un casino di cose, sa anche dei grandi delitti... È un terremoto. La
prima impressione è che stia accadendo qualcosa di storico, che
modificherà parecchio il futuro della lotta alla mafia...».

Erano le dodici del 29 settembre 1984, quando nelle redazioni
romane di tutti i giornali italiani, la notizia bomba appena giunta

da Palermo provocò una lunga serie di riunioni per capire, valutare, decidere, dividere responsabilità. Si stavano spalancando quei maledetti portelloni d'acciaio che avevano nascosto per quarant'anni i più nefasti segreti di Cosa Nostra? Sembrava proprio di sì. E come mai Buscetta aveva deciso di parlare? E chi era Buscetta, a parte la generica definizione di «grosso capo mafia»? Dunque era entrato in crisi proprio quel sacrosanto valore, quel tabù inviolabile, quel totem venerato da centinaia di famiglie e chiamato omertà? Esatto. Buscetta non morirà nel suo letto. Buscetta è assente da Palermo da troppi anni per poter raccontare come stanno veramente le cose. Avrà detto quello che gli hanno voluto far dire. Sarà interessante vedere se avrà il coraggio di ripetere le sue accuse in un'aula di tribunale. Gliela farei io qualche domanda a Buscetta. Adesso si atteggia a mammola innocente, come se non avesse anche lui i suoi bei delitti sulla coscienza. È un pentito a orologeria. Può dire quello che vuole, ma le prove dove sono?

Scattò immediatamente, quella mattina del 29 settembre 1984, l'autodifesa degli ambienti di mafia ma anche di quelli più genericamente permeati di cultura mafiosa. Istinto di sopravvivenza? Sì, ma non solo. Tutti infatti, indistintamente, da una parte e dall'altra, avvertivano che nulla sarebbe rimasto come prima. E che lo Stato italiano finalmente, dopo decenni di torpore, attraverso un gruppo di giudici intelligenti e coraggiosi rientrava in gioco, disponeva finalmente di ottime carte per guardare dentro una struttura segreta. Centoventuno gli omicidi sui quali il boss aveva fatto piena luce. Trecentosessantasei gli ordini di cattura scaturiti dalle sue rivelazioni. Una caterva di imputazioni: trecento reati contestati. E per gestire questo dossier, che si annunciava infinito, era stato formato uno staff di cinque sostituti procuratori e due giudici istruttori.

I cronisti palermitani, quella mattina, cercarono immediatamente lumi: un conto era affermare che Buscetta aveva raccontato tutto quello che sapeva, molto più difficile si presentava quel lavoro d'archivio senza il quale l'intera vicenda sarebbe rimasta confinata nella cerchia degli addetti ai lavori. Così per la prima volta, dall'autunno 1983, i cronisti ebbero modo di conoscere personalmente un uomo avanti negli anni, schivo, alto e magro, asciutto e misurato sia nei concetti sia nelle parole, un uomo al quale lo Stato deve molto, un giudice all'antica, eppure modernissimo nel suo stile di lavoro e nei suoi rapporti con i colleghi. Un giudice che non si era tirato indietro quando, all'indomani dell'or-

ribile morte di Rocco Chinnici, gli avevano chiesto di trasferirsi
da Firenze a Palermo con nessun'altra prospettiva che lasciare la
famiglia per andarsi a rinchiudere spontaneamente in una caserma
della Guardia di Finanza.

Si chiamava Antonino Caponnetto e aveva sessantatré anni.
Stranamente il Csm, abituato a dividersi sulle nomine nei distret-
ti giudiziari più caldi, sul suo nome, nell'autunno 1983 aveva
quasi raggiunto l'unanimità. Era giunto a Palermo l'11 novembre
1983, e a poche ore dal suo insediamento aveva convocato i futuri colleghi dell'ufficio istruzione dicendo loro senza particolari
preamboli: «Ho intenzione di confermare metodi, struttura e organizzazione del lavoro voluti dal giudice Chinnici. Dovremo andare avanti uniti, continuando il suo lavoro proprio dal punto in cui
fu costretto a interromperlo». Subito dopo aveva indicato le nuove linee operative che sarebbero state praticate per anni: la socializzazione fra i giudici istruttori della propria esperienza professionale; la massima circolazione di notizie, informazioni, nuove
acquisizioni processuali per evitare che singoli giudici fossero detentori di scomodi segreti; in altre parole la costituzione di un pool,
una squadra di magistrati che avrebbe dovuto dedicarsi esclusivamente a indagini antimafia essendo esonerata – proprio per decisione del capo di quell'ufficio – dalla routine giudiziaria. Ricordate
cosa aveva scritto Chinnici nel suo diario? Aveva scritto che un
ex procuratore capo, Pizzillo, non faceva mistero di teorizzare: «A
quel Falcone caricalo di processi, così farà come ogni giudice istruttore: non farà più niente». Caponnetto si regolò invece in maniera opposta. Valorizzò Falcone e Borsellino, i «professionisti dell'antimafia». E accanto a loro, altri due giudici giovani e molto
preparati: Giuseppe Di Lello, un pupillo di Chinnici, e Leonardo
Guarnotta, tutti insieme da quel momento in avanti nel tentativo
di opporre un disegno giudiziario comune al disegno criminale
della mafia. E a capo della squadra lui, Caponnetto, magistrato da
trent'anni e grande esperto in tecniche bancarie, emigrato giovanissimo da quella Caltanissetta dove era nato anche il giudice
Gaetano Costa.

Quella mattina Caponnetto fu lapidario con i cronisti che ne
volevano sapere di più sul contenuto delle rivelazioni di Buscetta:
«Siamo finalmente penetrati nel cuore della struttura dell'organizzazione mafiosa. Finalmente il cuore si apre alla speranza». Il grande pentito della mafia si era limitato a potare l'albero mafioso dei
suoi rami più compromessi o aveva anche parlato con i giudici di

quelle complesse radici politiche affaristiche e finanziarie giornalisticamente chiamate il «terzo livello»? Il capo dell'ufficio istruzione replicò: «Non ancora. Ma quest'indagine rappresenta un'importante manovra di avvicinamento in quella direzione».

Il blitz di San Michele viene considerato l'operazione antimafia più importante di questo secolo. In una sola nottata interi clan mafiosi vennero trasferiti in sette carceri italiane di massima sicurezza. L'Ucciardone non venne neanche preso in considerazione proprio per impedire a boss e picciotti di riprodurre all'interno delle mura borboniche la loro ragnatela di potere. Un particolare curioso: quella notte, la notte del blitz, a Palermo si esaurirono immediatamente le manette disponibili. *Mafia sconfitta, mafia in ginocchio*, titolarono i giornali. Un'euforia che non durò per molto. Pur accusando il micidiale colpo infertole dalle rivelazioni di Buscetta, Cosa Nostra tornò a far sentire tutta la sua potenza militare a Brancaccio, la borgata roccaforte che era stata uno degli scenari principali del regolamento di conti fino al 1983. E nella notte fra il 17 e il 18 ottobre una decina di killer misero a segno la spaventosa strage di piazza Scaffa. Dentro una stalla otto persone vennero messe al muro e fucilate, secondo un copione che fece tornare alla memoria la strage di San Valentino del 14 febbraio 1929, a Chicago. Gli autori di quell'eccidio, in giorni in cui i riflettori di mezzo mondo erano puntati su Palermo, vollero lanciare un pauroso messaggio alle forze dell'ordine: dateci un taglio con Buscetta e le sue confessioni, la mafia non gradisce. Ma Buscetta, all'insaputa della mafia, stava facendo scuola.

Subito dopo aver raccolto le sue confessioni, gli investigatori erano andati a far visita al numero uno dei «perdenti», detenuto in un carcere della Toscana. A quel Totuccio Contorno rimasto miracolosamente illeso sotto una tempesta di proiettili e che poi aveva assistito all'eliminazione di una ventina di persone, fra parenti e amici. I poliziotti furono sbrigativi e giocarono sull'effetto sorpresa: Buscetta – dissero all'ex primula rossa di Brancaccio – ha confessato, fai altrettanto, anche tu ormai non hai più niente da perdere. Per la verità fino a quel momento Contorno aveva collaborato in qualche modo con la giustizia, ma si era limitato a dare una mano al commissario Ninni Cassarà per la stesura del famoso rapporto sui «162». Non si era spinto oltre. Adesso la richiesta era ben altra: si trattava di svelare tutti i retroscena della sua biografia di soldato delle cosche e di confermare o meno l'atto di accusa del suo diretto superiore Buscetta. Superato l'iniziale stupore, Totuccio chiese e ottenne di poter incontrare don Masino nel suo rifugio segreto, per accertarsi che il boss avesse veramente infranto la regola dell'omertà. Incontro commovente, anche se di poche parole, come si addiceva ai personaggi. Contorno si inginocchiò di fronte a un Buscetta magnanimo e paterno che appoggiandogli un braccio sulla spalla gli diede il suo viatico: «Cosa Nostra ormai è finita. Totuccio, puoi parlare». Una benedizione (in tutti i sensi) che provocò di lì a pochi giorni un'altra valanga di mandati di cattura. Centoventisette per l'esattezza.

Contorno raccontò in pratica la «seconda puntata». Raccontò con dovizia di particolari ciò che era accaduto nella Palermo di mafia durante la parentesi brasiliana di Buscetta. Confermò e arricchì il quadro organizzativo di Cosa Nostra già illustrato dal suo capo. Accusò – e a ragion veduta – anche personaggi insospettabili: medici, avvocati, commercianti, perfino qualche nobile, come Alessandro Vanni Calvello principe di San Vincenzo che si era adeguato al nuovo sodalizio mafioso. Soprattutto regalò agli investigatori una mappa aggiornatissima della supercupola, colmando i vuoti lasciati dalla deposizione di Buscetta. E ne chiamò in causa i componenti per la lunga teoria di delitti politici che avevano sconvolto la Sicilia. Finalmente lo Stato italiano, dopo il clamoroso fallimento di quel tandem di incoscienti rappresentato da Vitale e Di Cristina, stava prendendo sul serio l'accoppiata Buscetta-Contorno.

All'indomani del blitz di San Crispino, ventimila giovani sfilarono a Palermo di fronte agli uffici della Squadra mobile e al tribunale, ricordando i tanti caduti nella lotta contro la mafia, applaudendo a scena aperta per i risultati concreti che si stavano finalmente raggiungendo.

Quel giorno raccolsi per «l'Unità» queste dichiarazioni. Ninni Cassarà, dirigente della sezione investigativa della Squadra mobile: «Una manifestazione come questa significa che a Palermo stanno davvero cambiando molte cose; che l'atteggiamento dei cittadini nei confronti delle forze di polizia non è più quello di una volta». Francesco Accordino, capo della Squadra omicidi: «Ci voleva... Ci voleva... sono ormai lontani i tempi in cui la parola mafia non poteva neanche essere pronunciata». E Ignazio D'Antone, dirigente della Squadra mobile: «Stiamo assistendo al prevalere della cultura sull'ignoranza e sull'omertà, a un risveglio delle coscienze». Fatto insolito in una manifestazione di piazza, il colonnello Stefano Lanzilli, comandante della legione dei carabinieri aveva stretto la mano ai rappresentanti del coordinamento studentesco che aveva promosso il corteo. Ma il tempo si sarebbe preso la briga di dimostrare che quella caterva di ordini e mandati di cattura rappresentava soltanto l'inizio della lunga marcia che un pugno di giudici, degni eredi di Terranova, Costa e Chinnici, stavano intraprendendo dopo anni di sconfitte.

Certo. Nell'immediato era stato spezzato il braccio militare di Cosa Nostra siciliana. L'articolo 416 bis della legge La Torre, il nuovo reato di associazione di tipo mafioso, veniva finalmente contestato ad alcune centinaia di persone che fino a quel momento avevano agito indisturbate. Ciò era clamoroso, inedito, denso di conseguenze. Ma dalla fine di settembre in poi furono ben altri i nomi che tennero le prime pagine dei giornali.

Ciancimino si accomodi in galera

Nomi eccellenti. Nomi di intoccabili. Nomi di personaggi assai chiacchierati dalle commissioni parlamentari d'inchiesta che però non erano mai riuscite a stringere le maglie dell'iniziativa repressiva. Il primo nome illustre che incontriamo in questa galleria di dèi in declino è quello di don Vito Ciancimino, democristiano, cervello oltre che protagonista dello scempio edilizio della città, proprio ai tempi in cui Buscetta frequentava il bar Commercio. Una carriera politica, la sua, tanto arrogante quanto rapida.

Nato a Corleone nel 1924, dove, secondo la voce popolare, iniziò facendo il barbiere. Si trasferì a Palermo nell'immediato dopoguerra, e già nel 1951 – grazie all'interessamento di notabili Dc dell'epoca – ottenne dal ministero dei Trasporti la concessione del servizio dei trasporti ferroviari. Poi l'ascesa divenne costante. Capogruppo democristiano al comune di Palermo (1964). Assessore ai Lavori pubblici per quattro anni (1959-1964), mentre era sindaco Salvo Lima. Non è una leggenda: in una sola notte l'assessore Ciancimino rilasciò 2500 delibere ad altrettanti prestanome varando così la più colossale speculazione edilizia che la città abbia subito nella sua storia. Nel 1969 divenne il responsabile degli enti locali nel suo partito. E nel 1970 coronò il suo antico sogno di diventare sindaco della città, ma lo fu solo per tre mesi. La commissione antimafia aveva infatti raccolto un'enorme mole di materiale investigativo sul suo conto e lo scandalo esplose costringendo don Vito alle dimissioni. Così si espresse sul suo conto Dalla Chiesa ai tempi della commissione antimafia, nel 1970: «Non risulta che abbia mai lavorato. Fin dall'inizio ha orientato la sua attività verso obiettivi afferenti alla sfera politica della città e del suo entroterra». Ma anche Pio La Torre e Cesare Terranova, per lunghi anni, erano stati suoi implacabili accusatori. All'inizio degli anni Ottanta per un momento la sua stella sembrò tramontare. La Dc siciliana, alquanto imbarazzata da un pedigree molto discusso, nel 1984 non gli rinnovò la tessera. Ma lo stesso Ciancimino, in una famosa intervista al «Corriere della Sera», tenne a precisare che «non poteva certo dimettersi da consigliere per quei tanti amici democristiani» che vedevano ancora in lui un costante punto di riferimento.

Sprezzante, baffetti alla Hitler, occhi neri, battuta prontissima, un archivio ambulante di fatti, date e nomi, Ciancimino per anni aveva dettato legge condizionando l'attività delle giunte che si erano date il cambio alla guida del Palazzo delle Aquile, sede del municipio. Il suo appartamento di via Sciuti fu per un trentennio la meta obbligata degli amministratori democristiani, ma non solo. Elda Pucci e Giuseppe Insalaco, sfortunati sindaci di Palermo (anche se per motivi diversi), raccontarono alla commissione antimafia, proprio nei giorni successivi al grande blitz di San Michele, le difficoltà, i boicottaggi, le trappole che avevano ostacolato il loro lavoro e indicarono in Ciancimino il gran burattinaio degli appalti comunali più appetitosi. Ma ci vollero ancora una volta i ricordi di Buscetta perché la stella di don Vito tramontasse davvero. E così, al termine di una lunga trafila giudiziaria (perquisizioni, ritiro del passaporto, invio al soggiorno obbligato nel Comune di Patti), nel primo pomeriggio del 3 novembre 1984, Ciancimino finì in manette e poi subito a Rebibbia. Buscetta lo aveva accusato di appartenere a pieno titolo a Cosa Nostra. Di essere uomo di Luciano Liggio e legato ai corleonesi Riina e Provenzano che «lo tenevano in pugno». Ma nel suo caso c'era molto di più della testimonianza pur significativa del boss dei due mondi. Da tempo infatti, la polizia, indagando sull'uccisione di un trafficante mafioso avvenuta in Canada nel 1981, aveva accertato che Ciancimino era anche un grande riciclatore di danaro sporco. E nelle sue cassette di sicurezza di miliardi ne trovarono parecchi, troppi per uno che non aveva mai lavorato, troppo pochi rispetto a quelli che riuscì a mettere al sicuro. Ma, in una parola, cosa aveva rappresentato Vito Ciancimino? Ancora una volta

Caponnetto fu lapidario con i cronisti: «Per lo spessore che ha possiamo considerarlo un'espressione del terzo livello».

E per concludere il bilancio del giorno più lungo nell'iniziativa dello Stato contro la mafia bisogna ricordare, appena dieci giorni dopo la cattura di Vito Ciancimino, gli arresti, altrettanto clamorosi dei due cugini Nino e Ignazio Salvo di Salemi. I due ricchissimi esattori, come avremo modo di vedere più avanti, avevano mantenuto rapporti strettissimi con Cosa Nostra. In particolare con Buscetta al quale avevano offerto ospitalità, in una delle loro lussuosissime ville, nel 1980, quando il boss aveva ottenuto a Torino la sua insperata libertà. Finché gli fu possibile Buscetta tacque sul ruolo dei due cugini all'interno dell'organizzazione. Poi, temendo di non apparire credibile proprio per quel silenzio troppo prolungato su personaggi che certamente erano appartenuti alla sua cordata, chiamò in causa anche loro con la descrizione minuziosa della villa in cui era stato ospitato.

Con Buscetta e Contorno superprotetti, come poteva reagire la mafia? Almeno saldando un vecchio conto: e una domenica mattina, il 2 dicembre, un commando di killer ridusse in fin di vita il povero Leonardo Vitale, il primo pentito di mafia che lo Stato aveva preferito considerare pazzo. Tornava a casa dopo essere andato a messa, con l'anziana madre e la sorella, in un popolare quartiere di Palermo. «Ora mi ammazzeranno» aveva confidato ai giornali qualche settimana prima rendendosi conto dei guasti che stavano procurando i Buscetta e i Contorno che, incredibilmente, avevano seguito il suo esempio. Quell'ambiente l'aveva sempre conosciuto, e pazzo non lo era mai stato.

XII

Ma la mafia non s'arrende

La pratica Beppe Montana

Ai cronisti ripeteva sempre lo stesso ritornello: «È inutile che veniate a trovarmi ogni giorno. Posso darvi in media una notizia ogni sei mesi. Il nostro è un impegno che si sviluppa in tempi molto lunghi. E se proprio dobbiamo parlare possiamo farlo solo a cose fatte». Cercare di cavar fuori una notizia dal dirigente di polizia Beppe Montana era un'impresa fallita in partenza.

Era difficile incontrarlo nei normali orari di lavoro, perché uno come lui – a capo d'una squadra di una quindicina di 007 per la caccia a duecento latitanti mafiosi – non poteva consentirsi abitudini troppo regolari. Era più facile incontrarlo di notte, per caso, a bordo d'una volante, che non nella sua stanzetta al primo piano di piazza della Vittoria contrassegnata dalla targhetta: «Sezione catturandi». Fra loro, scherzando, i colleghi lo chiamavano Serpico.

Serpico perché non era abituato a cercare i latitanti pubblicando annunci sui giornali. Serpico perché, per il particolare tipo di lavoro che svolgeva, considerava la scrivania d'ufficio alla stregua di una sedia a rotelle. E forse si era meritato quel soprannome anche perché era convinto che con tenacia e ore rubate al sonno si potesse supplire a quella vergognosa sproporzione fra il numero irrisorio dei suoi collaboratori e il plotone dei ricercati per mafia.

Il Serpico siciliano pensava che aguzzando la vista si potesse fare benissimo a meno di quei potentissimi cannocchiali all'infrarosso che il ministero prometteva sempre ma che non arrivavano mai. E se nel parco macchine della questura non c'era l'auto civetta disponibile per un servizio (perché una aveva subito un guasto, l'altra aveva l'assicurazione scaduta, una era stata richiesta dai ragazzi di una diversa sezione, e magari ce n'era una buona, ma talmente vista e rivista nelle borgate di Palermo che un carro funebre con su scritto polizia sarebbe passato più inosservato), Beppe Montana, il *bounty killer* che non intascava taglie, saltava su una motocicletta (presa in prestito) e si dava da fare.

Quando venne assassinato – il 28 luglio 1985 – Montana aveva trentaquattro anni e un curriculum di tutto rispetto. Nato ad Agrigento ma cresciuto a Catania, appena laureato in giurisprudenza, si era trasferito a Palermo nel 1982, all'indomani dell'uccisione di Dalla Chiesa. Subito dopo in trasferta, proprio a Catania, con un incarico che avrebbe scoraggiato il Serpico di celluloide: catturare Nunzio Salafia, Antonino Ragona, Nitto Santapaola, fra i primi a essere sospettati per la strage di via Carini. Si guadagnò la sua medaglia facendo scattare le manette per Salafia e Ragona. Ma in tempi rapidissimi aveva imparato a riconoscere nei mafiosi un nemico insidiosissimo: era suo amico quel Calogero Zucchetto che in compagnia del dirigente Cassarà se ne andava per i viottoli di Ciaculli sperando in una pesca miracolosa. E Montana era un poliziotto cosciente anche dell'importanza del sindacato (era dirigente del Sap), e di quanto fossero fondamentali – proprio in una città come Palermo – i rapporti con la società civile. Così era stato l'ideatore e il principale animatore del comitato in memoria di Calogero Zucchetto.

Nel 1983, mentre infuriava la guerra di mafia, aveva concluso felicemente un'altra delle sue operazioni: gli uomini da lui diretti avevano scoperto infatti l'arsenale mafioso di San Ciro Maredolce, mimetizzato sotto un cavalcavia dell'autostrada Palermo-Catania. Saltarono fuori in quell'occasione parecchi mitra, fucili a canne mozze, decine di pistole calibro 38 e munizioni in abbondanza. Ecco un nascondiglio che Montana non avrebbe dovuto scoprire, ecco un «passo falso» del commissario che aveva fatto molto arrabbiare i boss: a Maredolce erano conservate le armi dei gregari dei Greco e dei Marchese che in quel periodo stavano combattendo contro le vecchie famiglie restie ad accettare il nuovo ordine imposto dai corleonesi. E naturalmente era stato il «solito» Montana a bussare in quell'appartamento in via Lincoln (primavera 1984) per notificare al boss Masino Spadaro – ex contrabbandiere di sigarette convertitosi al traffico dell'eroina, uomo di Michele Greco e prestanome per i suoi traffici bancari – un nuovo mandato di cattura per associazione di tipo mafioso. Incredibile: Spadaro trascorreva la latitanza a casa sua. (Tempo dopo, durante le sue confessioni, Buscetta avrebbe raccontato che Masino Spadaro era nella super-cupola, e faceva da ponte fra mafia siciliana e la camorra degli Zaza, dei Bardellino, dei Nuvoletta.)

Nell'ultimo periodo di lavoro il commissario conseguì un successo dietro l'altro. Il più significativo: l'arresto di Salvatore Rotolo, superkiller, accusato di numerosi delitti e di aver ucciso anche il medico Paolo Giaccone, lo stimato primario del Policlinico che con una scrupolosa perizia balistica aveva incastrato i Marchese e gli Spadaro per la strage di Natale.

Il giovane catanese laureato in giurisprudenza ormai era un poliziotto eccellente. Si era fatto un quadro completo, raggranella-va informazioni precise, saltava come uno stambecco da una pista all'altra, appena riconosceva le tracce fresche che denotavano il passaggio di un latitante. E con i nervi tesissimi stava sempre in attesa che scattasse l'allarme giusto. Come quella mattina di un giovedì. Il 24 luglio 1985, quando una volante di pattuglia a Bon-fornello chiese il suo intervento. Gli agenti avevano individuato una villa sospetta. E fu Montana, ancora una volta sul campo, a dare il via all'irruzione. Otto persone arrestate. Capintesta del gruppo, il boss Tommaso Cannella, il capo mafia del paese di Prizzi che insie-me al padre Giuseppe svolgeva prosperosi affari nel settore delle opere pubbliche. Appalti, appalti a ogni costo, tanto da uccidere – secondo l'accusa – un altro temibile concorrente di mafia, Seba-stiano Alongi. Da un anno Cannella era latitante, si pensava fosse in Val d'Aosta, ma Montana lo cercava lì, a due passi da Palermo. Luogotenente dei Greco, utilizzava la sua impresa di calcestruzzi – la Sicilpali – per riciclare i narcodollari di Luciano Liggio. A Bonfor-nello le manette scattarono anche per Pietro Messicati Vitale, il nuovo boss di Villabate, Antonino D'Amico, anch'egli legato ai Greco e figlio del gestore della raffineria di Alcamo scoperta dal giudice Carlo Palermo. Questa di Bonfornello fu l'operazione più riuscita di un poliziotto scomodo. E fu anche l'ultima.

Montana venne assassinato tre giorni dopo, una domenica sera, alla vigilia delle sue ferie d'agosto. Venne ammazzato a Porticello, una bella borgata marinara dove si mangia del buon pesce e c'è un discreto attracco per le barche. Domenica sera il poliziotto – dopo aver trascorso una bella giornata a bordo del suo motoscafo, in com-pagnia di amici e della fidanzata – si era rivolto a un meccanico per riparare la sua imbarcazione. Poi, ancora in maglietta e zoccoli, finalmente disarmato, se n'era andato a spasso con la sua comitiva.

Due killer lo affrontarono a viso scoperto, in un angolo buio del porticciolo e con quattro colpi di calibro 38 stroncarono la vita del giovane commissario che braccava i latitanti d'oro. Ma questa volta non tutto filò liscio per i macellai di Cosa Nostra. Innanzitutto venne trovata in casa del commissario una dettagliatissima planimetria della costa dove erano state evidenziate le zone a più alta densità mafiosa. Si seppe dopo che Montana aveva scelto di affittare una casetta a Porticello per unire – se così si può dire – l'utile al dilettevole: la grande passione per il mare e lo sci nautico non mettevano a tacere la sua dote di segugio disposto ad arrestare un latitante anche in una bella giornata di sole. E si capì dopo che questa sua presenza non era né gradita né tollerata dalle famiglie che ne avevano fin sopra i capelli della versione invernale di Montana, figuriamoci di quella estiva! Ma il commando militare quel giorno non passò inosservato. Un testimone fornì agli investigatori le caratteristiche di una delle auto di appoggio al commando indicando anche i primi numeri della targa. Era l'inizio di una gigantesca caccia all'uomo che presto si sarebbe avviata in una spaventosa spirale.

In cattedrale, poca gente partecipò ai funerali. Non venne il cardinale Pappalardo, al suo posto fu il vescovo Rosario Mazzola a pronunciare un'omelia essenziale. Scrissero gli agenti appartenenti al Siulp: «Ancora una volta i poliziotti sono olocausto di una direzione politica dissennata, superficiale, retorica e logorroica, che sa solo promettere a parole, e che partecipa compatta ai funerali di Stato, ma che, quando è il momento non interviene, non muove un dito, affinché i problemi siano risolti, le tragedie evitate». Partecipando all'ennesimo inutile summit il ministro degli Interni Oscar Luigi Scalfaro non esitò a definire «acre e ingiusta» la posizione del Siulp. E aggiunse: «Meglio essere contestati che assenti». Il che poteva anche esser vero in linea teorica, se per anni lo Stato italiano, in Sicilia, non fosse stato contemporaneamente contestato e assente.

Ancora una volta invece era tutto così tremendamente semplice. Scrisse sull'«Unità» del 30 luglio Piero Sansonetti: «Lo hanno ammazzato perché faceva il mestiere più pericoloso del mondo: cercava latitanti. Gli hanno sparato in faccia. Era uno di quegli uomini coraggiosi che al proprio lavoro ci credeva sul serio. Alla legge, alla giustizia, allo Stato. E lavorava bene. Non si tirava indietro. Neppure quando si accorgeva di essere solo. Troppo solo lì in prima linea. Senza chi gli coprisse le spalle, senza protezioni forti, garanzie, mezzi, aiuto. Era un uomo coraggioso che voleva arrivare troppo avanti. Un pochino più avanti della linea dove lo Stato si ferma: il castello della latitanza mafiosa. Intoccabile. E forse era arrivato molto vicino alla "linea". Il potere delle cosche non se lo poteva più permettere vivo». Nulla di più esatto nel caso di Beppe Montana. Forse se avesse creduto alla favoletta che i mafiosi, per darsi alla macchia, fuggono dalla Sicilia, Serpico sarebbe ancora vivo. Non cedere invece alle apparenze, continuare a cercare i boss fra Bagheria e Casteldaccia, fra Aspra e Porticello, nei paesi dove le famiglie sono proprietarie di sontuose ville, in riva al mare, inaccessibili, e con fuoribordo a portata di mano, fu il colossale errore del commissario. Di lui conservo ancora un ricordo molto vivo.

Lo incontrai per l'ultima volta – allegro e indaffarato – il 26 luglio, due giorni prima dell'agguato a Porticello. Si era trattato di un incontro casuale, alla Squadra mobile. Ma, fatto insolito per lui, poco propenso a parlare con i giornalisti, mi era venuto incontro bloccandomi in un corridoio per rivolgermi un rimprovero bonario: «Tutti i giornali non hanno capito nulla del blitz di Bonfornello. Mi rendo conto che i nomi degli arrestati apparentemente non dicono granché, ma almeno uno, quello di Tommaso Cannella, avrebbe dovuto farvi riflettere. Cannella e i corleonesi fanno parte di un'identica cordata. Cannella è quello che pranzava con Michele Greco, uno dei pochi autorizzati a dargli del "tu". Sì, questa volta abbiamo quasi la certezza che i capi mafia corleonesi non si sono mai allontanati da Palermo, e vivono qui la loro latitanza. Arrestando Cannella abbiamo svolto un ottimo lavoro.» Incassai la parte di rimprovero che mi veniva rivolta e gli strappai un mezzo impegno per consentirmi di scrivere in futuro un pezzo sulla sezione catturandi.

Morto Zucchetto, morto Montana, all'altezza del compito restava solo il vicecapo della mobile, Ninni Cassarà, l'unico ormai in grado di dare ancora filo da torcere alle cosche dell'eroina.

La pratica Ninni Cassarà

Cosa significava il nome Cassarà per la mafia? Una pratica in sospeso. Un conto che prima o poi andava regolato. Un lavoro arretrato che forse per negligenza i macellai mafiosi si trascinavano dal 1982: non era stato proprio lui, Cassarà, insieme al dinamico capitano dei carabinieri Angiolo Pellegrini, a stilare minuziosamente quel rapporto sui «162» che era piaciuto subito a Dalla Chiesa appena nominato prefetto? E Cassarà si era fatto le sue idee sulla mafia di Ciaculli, pedinando, a volte con Zucchetto a volte con Montana, latitanti molto permalosi. Aveva portato a spalla dalla Mobile in cattedrale le bare di entrambi i suoi uomini. Ed era troppo accorto, oltre che troppo intelligente, per non capire che quelle due morti rappresentavano anche un duplice messaggio contro di lui. Continuò a indagare, come se nulla fosse. D'altra parte aveva scelto la strada del poliziotto rinunciando – all'ultimo momento – alla carriera di magistrato. Ed era un altro di quegli investigatori maledetti in partenza perché non sanno tenersi alla larga dai filoni mafia e politica, privo di un sesto senso che gli facesse da angelo custode, insomma uno di quelli che agli occhi dei mafiosi sembrava che le rogne se le andasse a cercare. Ninni Cassarà era uno di quei funzionari palermitani pronti a scommettere sull'esistenza del terzo livello.

Anche lui con una carriera ancora agli inizi, ma molto promettente. Un fisico atletico, ottimi studi universitari, estrazione cattolica, Cassarà era cresciuto insieme – culturalmente e politicamente – a quel Leoluca Orlando che anni dopo sarebbe diventato sindaco di Palermo. Era entrato in polizia a venticinque anni, e nel 1975 – giovanissimo – aveva diretto con ottimi risultati la Squadra mobile di Trapani. Nel 1980 però era stato costretto a fare le valigie perché il questore – Giuseppe Aiello – era molto sollecito alle rimostranze della Trapani bene scocciata da questo poliziotto che invece di apprezzare l'ottimo cuscus locale voleva dar la caccia a chissà chi. Né gli avevano perdonato quell'irruzione improvvisa all'esclusivo circolo Concordia dove potenti e blasonati si giocavano fortune al tavolo verde. Cassarà venne allora a Palermo e, dopo un breve tirocinio alla Squadra omicidi, per uno come lui il passaggio alla sezione investigativa fu quasi scontato. Qui, nel capoluogo siciliano, diventò per cinque anni l'animatore di un'intera équipe di polizia che si trovava a passare improvvisamente dagli anni dei ritardi e delle omissioni, se non addirittura delle complicità (non dimentichiamo il questore e il capo della Mobile cacciati perché appartenenti alla P2) a quelli di un lavoro scientifico, volto a disegnare la mappa del nuovo potere mafioso. Cassarà raccolse, un verbale dietro l'altro, le prime reticenti ammissioni dei cugini Nino e Ignazio Salvo. Fu tra i primi poliziotti a cogliere l'importanza rivoluzionaria del lento declino dell'omertà e fece quanto era in suo potere per accelerare il fenomeno. Con Falcone volò a Rio de Janeiro volendo indagare personalmente sul clan Buscetta.

Ma era anche il funzionario amato dagli agenti, quasi idolatrato, perché oltre agli incarichi di prestigio non disdegnava la stesura manuale di un interrogatorio, il lavoro di pedinamento, perché entrava in ufficio alle otto del mattino e ne usciva a notte fonda. Molti pentiti di mafia ebbero modo di conoscerlo. E apprezzarlo: la sua sezione non accettava nessun racconto a scatola chiusa, verificava tutto con scrupolo, disponeva gli accertamenti bancari utili spesso per convalidare un'intera deposizione. E con i pentiti nessun patteggiamento, nessuna promessa di futura immunità. Una sola deroga, per Totuccio Contorno. Quando Cassarà andava a trovarlo nelle carceri di massima sicurezza del centro Italia, per raccoglierne le prime stentate confessioni, si portava dietro un pacco di cannoli alla ricotta, il tipico dolce siciliano al quale il boss non sapeva dire di no.

E prove di coraggio Cassarà ne diede più di una. Fu uno dei pochi funzionari di polizia – per esempio – che non si tirò indietro a Caltanissetta, al processo di primo grado per la strage Chinnici. Raccontò con la sua faccia da primo della classe che stava imparando a conoscere i misteri di Palermo: «Mettetelo a verbale. I giudici Vincenzo Geraci e Alberto Di Pisa mi dissero personalmente che Chinnici aveva intenzione di arrestare i Salvo poco prima di finire assassinato in via Pipitone Federico». Quante critiche si beccò, per quest'imprudenza, da parte dei suoi superiori! Anche così è Palermo: un poliziotto che rende una testimonianza, non generica, ma indicando nomi e cognomi, può diventare facilmente bersaglio di rimproveri nel suo stesso ambiente di lavoro (certo, certo, rimproveri affettuosi: «È per il tuo bene che ti dico di stare più attento...»). Ma era una solfa che a Cassarà non andava giù. Sia Geraci sia Di Pisa, più netto il primo, più sfumato il secondo, negarono quella circostanza.

Le tragedie di quei giorni neri del luglio-agosto 1985 avevano scosso particolarmente Cassarà che si era stancato di vedersi cadere attorno i colleghi più affiatati, mentre dall'alto non si aspettava particolari aiuti e benevolenze. Quattro giorni dopo la morte di Montana, trovai Cassarà nel suo ufficio stanco e nervoso. Iniziammo a chiacchierare di quanto era accaduto e rispondeva alle domande quasi in tono beffardo. Come se volesse sottolineare che le stesse domande contenevano in sé la risposta, ma per uno stucchevole gioco delle parti entrambi dovevamo prestarci alla messinscena. Ci voleva tanto a capire perché avessero assassinato Montana? Cassarà quella mattina confidò tutta la sua amarezza autorizzandomi a pubblicare il colloquio sotto forma di intervista e pregandomi di farne avere qualche stralcio alle agenzie.

Disse il commissario: «Questa mattina ho avuto appena il tempo di fermarmi di fronte all'edicola della questura centrale e ne ho ricavato una pessima impressione vedendo le prime pagine dei giornali esposti. Tranne il "Giornale di Sicilia", la "Gazzetta del Sud", "Il Mattino" e "l'Unità", mi sembra che la grande stampa abbia molto sottovalutato l'uccisione del nostro collega. Ancora oggi, è difficile ammetterlo – ma è così – in questo Paese esistono morti di serie A, B e C. È una spia del modesto valore che i mass media riconoscono alla nostra attività». Il funzionario, nonostante gli alti successi di immagine conseguiti dall'antimafia con le confessioni di Buscetta e di Contorno, era preoccupato per un eventuale riflusso di consensi e simpatie. «Temo» disse Cassarà «che quel clima di consenso che si era creato grazie ai giornali ora stia venendo meno.»

Erano quelli i giorni delle polemiche sul processone napoletano alla camorra mentre già si profilava all'orizzonte l'inizio del maxi processo a Cosa Nostra. Osservò Cassarà: «Seguiamo con molta attenzione le preoccupanti vicende che stanno caratterizzando la vigilia del maxi processo alla mafia che si terrà a Palermo e lo svolgimento di quello che vede alla sbarra la camorra. In quest'ultimo caso non ci sfugge quanto accade dentro e fuori il dibattimento. Si conducono attacchi frontali contro il valore processuale delle deposizioni dei pentiti. Non sappiamo come si sono comportati i nostri colleghi napoletani. Sappiamo bene che qui [a Palermo, N.d.A.] si è proceduto con un riscontro meticoloso, rigoroso, a volte estenuante, di ogni particolare accusatorio...». E ancora: «L'impegno della polizia giudiziaria rimane il nucleo propulsivo delle indagini investigative, presupposto fondamentale per ogni indagine, passaggio obbligato per lo sviluppo processuale. Senza la fatica, senza il sangue versato dai nostri poliziotti, molti soloni non potrebbero pontificare né in occasione di convegni né in occasione di summit».

Infine, un'ultima frase, agghiacciante: «Ricordiamo soprattutto l'impegno di Rocco Chinnici, le sue qualità manageriali nella direzione dell'ufficio istruzione di Palermo, il ruolo prezioso che svolse per tanti anni. Ma Chinnici è stato ammazzato. Come, prima o poi, finiscono ammazzati tutti gli investigatori che fanno davvero sul serio». Era giunta la sua ora, e forse se ne rendeva conto. Espresse il suo pensiero fuori dai denti. Così volle ricordare il suo amico Montana, quasi imponendo che quella morte tornasse a far notizia ora che i giornali stavano già parlando d'altro. Ma non poteva prevedere che la situazione stesse precipitando a ritmo tanto vertiginoso. E che, nel giro di una settimana di sangue, la polizia palermitana avrebbe perduto in un colpo solo i consensi, la stima, la simpatia che era riuscita faticosamente a conquistarsi in anni di grandi sacrifici individuali.

Iniziò tutto (coincidenza paradossale, inquietante) con un'indagine che per la prima volta stava prendendo una piega favorevole. Con un'indagine che se fosse giunta in porto regolarmente – senza traumi, senza errori – avrebbe consentito molto probabilmente non solo di far piena luce sui nomi degli esecutori e dei mandanti del delitto Montana, ma anche di aggiornare le conoscenze sul fenomeno riprendendo il discorso dal punto in cui lo avevano interrotto Buscetta e Contorno. Naturalmente i poliziotti avevano dato il meglio di se stessi nello sforzo di assicurare alla giustizia gli assassini del loro funzionario. E per la prima volta si era stabilito un proficuo rapporto di collaborazione con i «cugini», i carabinieri palermitani che si erano messi a disposizione per uno scopo finalmente comune. Le indagini sull'agguato di Porticello avevano tratto impulso iniziale – come si ricorderà – da quella preziosa testimonianza sull'auto d'appoggio del commando, vista in paese quella domenica sera del 28 luglio. Ne era scaturito un gigantesco lavoro negli archivi della Motorizzazione. Diecimila vetture di quel tipo erano state controllate, fin quando la rosa delle auto sospette si ridusse a una piccola quantità di esemplari. Così entrò nel mirino delle indagini la famiglia Marino, una famiglia di pescatori poveri che viveva nella popolarissima borgata di Sant'Erasmo. Fu l'inizio di una nuova tragedia palermitana.

Fatto sta che un giovane di venticinque anni, Salvatore Marino, pesantemente sospettato di essere uno dei fiancheggiatori del commando di Porticello, venne torturato e ucciso alla Squadra mobile durante un interrogatorio non stop. Fatto sta che il giovane Marino venne portato in ospedale quando ormai non c'era più nulla da fare. Fatto sta che per un giorno e mezzo la questura tentò di accreditare la tesi che un «tunisino» era stato trovato annegato in mare mentre conosceva benissimo le generalità della vittima. E le versioni ufficiali produssero in quei giorni un'incredibile quantità di menzogne condite alla meglio con omissioni e opportuni ritocchi di orari e di particolari eventualmente rivelatori. Ma almeno una parte della verità non tardò a manifestarsi.

Salvatore Marino era un giovane calciatore che godeva di ottima salute, si dedicava alla pesca subacquea, e non soffriva di cuore. E quel giorno in cui si presentò in questura, accompagnato dal suo avvocato, sapeva che i suoi familiari erano già stati ascoltati in merito all'uccisione di Montana. Marino era proprietario di una delle auto adoperate dal commando di Porticello e anche lui aveva trascorso la domenica in quella borgata marinara. Sostenne però di essere tornato a Palermo poco prima del delitto, ma le persone che chiamò in causa lo smentirono. Durante una perquisizione nella sua abitazione gli agenti trovarono trentaquattro milioni in banconote che Marino affermò di aver ricevuto dalla sua squadra di calcio. Ma i dirigenti della squadra lo smentirono. Parte del danaro era avvolta in una copia del «Giornale di Sicilia» stampata nella notte fra domenica e lunedì. Il giovane, ignorando che il giornale usciva in diverse edizioni, incappò in altre brutte contraddizioni. Gli trovarono in casa anche una maglietta sporca di sangue. A chi apparteneva? E di chi era quel sangue? E perché la nascondeva lui? In altre parole poco prima di morire Marino era sul punto di essere arrestato quantomeno per favoreggiamento dei killer.

Ma qualcosa quella notte in questura non andò per il giusto verso, e Marino fu torturato e ucciso. I giornali di tutto il mondo pubblicarono la foto del suo cadavere all'obitorio, scattata dalla reporter Letizia Battaglia. Il volto di quel giovane non assomigliava neanche lontanamente a quello di un calciatore di venticinque anni che andava a pesca e aveva una salute di ferro. I funerali si svolsero in un clima di indicibile confusione. I familiari portarono a spalla per mezza città la bara bianca reclamando vendetta e gridando: «Poliziotti assassini». Il fiume di folla si riversò poi nel santuario di Santa Teresa, alla Kalsa, dove il carmelitano scalzo Mario Frittitta si soffermò sul «mistero di un giovane che muore».

La sera del 5 agosto 1985 le telescriventi batterono la notizia clamorosa che il ministro Scalfaro, dopo un incontro con il presidente del Consiglio Craxi, aveva rimosso – con apposito decreto – il capo della Squadra mobile Francesco Pellegrino, il capitano dei carabinieri Gennaro Scala, il dirigente della sezione antirapine Giuseppe Russo. Quel repulisti, se da un lato servì a restituire all'opinione pubblica un minimo di credibilità nelle istituzioni tanto compromesse, dall'altro ebbe l'effetto di decapitare i vertici di polizia in un momento in cui alcune cosche mafiose erano sotto tiro. Si innescò così una spirale che sfuggì al controllo di tutte le parti in campo. Perché era stato assassinato Marino? La tragedia venne spiegata alla luce di quel clima di esasperazione che aveva preso il sopravvento fra le file dei poliziotti. Si stigmatizzò l'aberrante logica dell'occhio per occhio che aveva disonorato i rappresentanti di uno stato di diritto. Dal questore in giù il coro fu unanime: «Eravamo i primi ad avere interesse che Marino restasse in vita». Eppure Marino era stato assassinato. Circolarono in quei giorni due opposte «filosofie» su quanto era accaduto. Entrambe inaccettabili. Da una parte quella dei familiari (fatta propria da quanti a Palermo erano stati sempre infastiditi dalla lotta alla mafia): la sua tragica fine veniva considerata la prova del nove della sua innocenza. Dall'altra quella dei poliziotti che insistevano invece sull'elemento «colpevolezza», quasi che ciò comportasse una riduzione delle loro responsabilità. Successivamente i poliziotti rimossi da Scalfaro finirono in carcere accusati di omicidio colposo. Ma ancora oggi resta un interrogativo: qualcuno ebbe interesse a toglier di mezzo Marino? Fra quelli che presero parte al pestaggio (durò un'intera nottata, vennero fatte ingerire a Marino grosse quantità di acqua e sale) c'era qualcuno che diede i colpi decisivi perché il giovane poteva diventare da un momento all'altro un testimone scomodo? Ci pensò comunque ancora una volta la mafia, ventiquattro ore dopo la «defenestrazione» voluta da Scalfaro, a pareggiare i conti a suo modo. Lo fece ripescando dai suoi archivi quella pratica che si trascinava da troppo tempo: appunto, il «dossier Cassarà». E non esitò ad aprire il fuoco con tre fucili mitragliatori contro il commissario e i ragazzi della scorta.

Delitto forse fra i più spettacolari compiuti dalla mafia. Almeno per tre motivi: Cassarà quel giorno rientrò a casa verso le tre di pomeriggio (da tre settimane saltava i pasti e non rispettava alcun orario). Come fecero i killer a entrare così tempestivamente in azione? Fu la stessa polizia a non nascondere la convinzione che qualcuno avesse seguito l'Alfetta blindata del commissario dalla squadra mobile fin sotto casa. Vennero prese in considerazione anche due ipotesi subordinate: che qualcuno avesse avvertito il commando in agguato, dalla parte opposta della città, utilizzando delle ricetrasmittenti; perfino che fosse stata ascoltata dalla mafia proprio la telefonata che Ninni Cassarà fece quel giorno a sua moglie Laura per comunicarle il suo imminente rientro. Le tre piste investigative naturalmente si insabbiarono. Restò comunque il dubbio sull'esistenza di una talpa interna alla questura, una quinta colonna che aveva reso estremamente facile quell'esecuzione. Un mega commando prese parte alla strage. Almeno quindici persone. Nel preciso istante in cui Cassarà e i giovani agenti Roberto Antiochia, di ventitré anni, e Giovanni Salvatore Lercara, di venticinque, scesero dall'auto blindata, si scatenò l'inferno. I killer sparavano dal palazzo di fronte, dalle finestre che davano sulle scale, dove avevano atteso pazientemente il rientro della vittima designata. Alla fine si contarono più di duecento colpi di kalashnikov. Ancora due metri e il commissario si sarebbe trovato in salvo, all'interno della portineria. Morì Cassarà. Morì Antiochia. Quel giorno Antiochia, pur essendo in ferie, si era offerto spontaneamente per avere l'onore di accompagnare il suo funzionario. Si salvò – sebbene gravemente ferito – Lercara, il secondo agente della scorta. Natale Mondo, l'autista che – rannicchiato sotto l'Alfetta – era riuscito ad esplodere alcuni colpi di pistola qualche settimana dopo venne arrestato con l'accusa infamante di essere stranamente sopravvissuto alla tempesta dei colpi. (Fu in seguito scagionato e totalmente riabilitato.) Ma di lui torneremo a parlare perché la sua vicenda umana è emblematica.

Udite le prime detonazioni, Laura Cassarà si affacciò al balcone e fu testimone diretta dell'uccisione del marito. Si precipitò nel cortile. Ma si ritrovò sola: tutti gli inquilini avevano sbarrato porte e finestre. Così quando, parecchi minuti dopo, giunsero autorità e colleghi delle vittime si presentò ai loro occhi un solitario e silenzioso scenario di morte. In un angolo, una moglie e un sopravvissuto piangevano a dirotto. Ironia della sorte: c'erano tutti quel giorno, in un clima di impotenza che non risparmiava nessuno, anche gli stessi funzionari «dimissionati» da Scalfaro ventiquattro ore prima. I giornalisti vennero cacciati dal luogo del delitto. Era un altro pezzo di Stato che colava a picco sotto lo strapotere militare delle cosche. Laura si oppose ai funerali di Stato per Ninni Cassarà. Vegliò il feretro in compagnia della madre e del figlio Gaspare di undici anni. Elvira e Marida, le altre due bambine del commissario, che quel giorno avevano rispettivamente due e nove anni, ricorderanno il padre da vivo.

In cattedrale, invece, i funerali per il giovane Roberto Antiochia. Qualche giorno prima di morire – appresa la notizia che Montana era stato assassinato – era tornato precipitosamente a Palermo per «coprire le spalle» (come lui stesso diceva) al dirigente Cassarà. Il ministro Scalfaro venne duramente contestato e aggredito. Il presidente della Repubblica Francesco Cossiga fu l'unico a ricevere applausi a scena aperta. La camera ardente per il giovane Antiochia fu letteralmente sottratta dagli agenti all'ufficialità della questura. La bara con il corpo del giovanissimo poliziotto, avvolta dal tricolore e con adagiato il cappello d'ordinanza, fu esposta alla Squadra mobile. Due palazzotti distanti una trentina di metri, questura e Squadra mobile, in piazza della Vittoria, a Palermo. Quel giorno li divise un abisso.

XIII

Il processo si farà

In quarantena contro le cosche

Il primo maxi processo a Cosa Nostra non nacque dunque sotto una buona stella. La decapitazione dei vertici della Squadra mobile, se da un lato aveva raggiunto l'obiettivo di togliere dalla scena i poliziotti più scomodi, dall'altro aveva rappresentato un duro segnale di sfida verso lo Stato per dissuaderlo dal tentare «avventure» processuali. Ingoiato, in attesa di tempi migliori, il boccone amaro dei pentiti, gli uomini di Cosa Nostra avevano ripiegato su altri bersagli dimostrando comunque che il potere militare dell'organizzazione non era stato minimamente scalfito dalle grandi retate dell'autunno-inverno 1984. Appariva ormai chiaro che i ritardi nella comprensione e nella repressione del fenomeno si erano talmente accumulati da rendere davvero improbo lo sforzo di quel pugno di professionisti dell'antimafia rimasto a tenere le postazioni all'indomani dell'uccisione di Chinnici. E colpisce, a rileggerla oggi, la storia di quel periodo.

Non si trovano mai tracce di euforia o di ottimismo ingiustificato nelle affermazioni o negli atti giudiziari di quei magistrati, ben consapevoli che altro sangue sarebbe stato sparso. Semmai si riscontra l'aperta condanna della classe politica siciliana seraficamente indifferente ai ripetuti cicloni che si abbattevano su una società civile terrorizzata e ricattata. Come se le confessioni di Buscetta e di Contorno non avessero aperto squarci rivelatori sul modo di fare politica all'assemblea regionale siciliana, dove per anni i potentissimi cugini Salvo avevano fatto e disfatto governi. Come se non fosse possibile a molti politici fornire alla magistratura utili ragguagli sull'andazzo delle assegnazioni di certi mega appalti. I giudici antimafia erano perfettamente consapevoli che l'eventuale riscossa dello Stato non avrebbe fatto seguito – in maniera meccanica, meno che mai indolore – a un'inverosimile battuta d'arresto dell'escalation criminale. Si rendevano conto che stavano assolvendo al compito di una paurosa supplenza ed erano i primi a dichiarare che, senza un deciso intervento delle istituzioni sul terreno dell'occupazione e dello sviluppo sociale, la lotta alla mafia sarebbe rimasta eternamente dimezzata. In un certo senso furono loro – proprio i componenti del pool antimafia – i primi spietati critici di se stessi, quando ancora in sala si applaudiva e faceva comodo a tanti che la partita fosse solo a due, tra Cosa Nostra e gli investigatori.

Falcone, Borsellino, Guarnotta e Di Lello, per nominare solo i più conosciuti, erano davvero convinti, in quell'estate 1985, che fosse giunta la vigilia della grande riscossa? Sembra da escludere. Scambiai poche battute con Falcone, il giorno dei funerali di Ninni Cassarà, al cimitero di Sant'Orsola, un luogo imposto dalle circostanze. Il giudice esordì così: «È inutile fare le indagini, forse anche i maxi processi, se intanto non si arrestano i latitanti». Giova ricordare che in quel periodo i big di mafia e droga erano ancora quasi tutti in libertà. E che le centinaia di picciotti arrestati, insieme a qualche colonnello, rappresentavano comunque un affronto troppo alto per l'organizzazione. Chiesi a Falcone in quale strategia fosse iscritto l'omicidio Cassarà. «È proprio il maxi processo che rientra nella strategia mafiosa» rispose. «Una strategia che è sempre stata quella di non sottostare alle investigazioni. Sia chiaro: la mafia non accetta l'idea di farsi processare dallo Stato.» Ma perché proprio Montana e Cassarà? «La mafia» concluse il giudice «ha compreso il pericolosissimo avvicinamento della Squadra mobile ai covi dei latitanti. Quindi la Mobile – secondo il loro calcolo – non dovrà continuare a salire quella scala che potrebbe portarla a ottime conclusioni.»

Un tremendo messaggio, quindi, anche a chi era rimasto, perché non seguisse il cattivo esempio dei suoi predecessori. L'effetto immediato delle uccisioni di Montana, Marino e Cassarà, fu la smobilitazione generale nelle file delle forze dell'ordine scompaginate dal rigore ministeriale, da una sensazione di impotenza di fronte a un nemico che non si lasciava pregare per offrire manifestazioni della sua tremenda forza di fuoco, da un diffuso sentimento di paura in vista delle nuove scadenze processuali. Fu trasferito a Brescia il questore Giuseppe Montesano, non coinvolto direttamente nella morte di Marino, ma rimasto per troppo tempo all'oscuro di quanto era veramente accaduto nella notte del 2 agosto. Dopo l'incriminazione, scattarono gli ordini di cattura per una decina di poliziotti e carabinieri accusati di omicidio preterintenzionale. Passò i suoi guai l'autista di Cassarà, Natale Mondo, accusato di essere colluso con la mafia. Vennero trasferiti, in un colpo, solo i dirigenti di tutte le sezioni della Squadra mobile, e alcuni su loro richiesta. Vennero sostituiti da «inviati» di altre questure del Nord Italia. Si teorizzò la necessità di un lavoro non «personalizzato» per evitare che le cosche si sentissero perseguitate sempre dalla stessa mezza dozzina di instancabili Serpico. Per la prima volta in tanti anni i cronisti vennero tenuti alla larga e non si svelarono i nomi di quei funzionari venuti dal Nord. Si sapeva solo che li dirigeva Maurizio Cimino, un fiorentino che per anni aveva diretto la Mobile di Firenze. Il nuovo assetto assicurò in qualche modo un minimo di continuità, ma risultati concreti non se ne videro. Dopo qualche mese, infatti, i poliziotti senza volto e senza nome se ne tornarono nelle città d'origine.

Andavano tutelati due principi in quell'estate 1985. Bisognava lanciare un preciso segnale all'opinione pubblica, per ribadire che sull'altare della lotta alla mafia non potevano essere sacrificati i valori inalienabili della convivenza civile, per ribadire che nessuno poteva indossare impunemente i panni del giustiziere della notte anche nei confronti del mafioso più feroce e più sanguinario. Ma era altrettanto necessario raccogliere la sfida delle cosche, rinvigorire lo sforzo investigativo, in una parola si trattava di creare le condizioni per un salto di qualità. Questa seconda esigenza – complementare alla prima, non antitetica – non trovò invece risposte. Per mesi non si indagò più sui delitti Montana e Cassarà. Quei fascicoli ben presto ingiallirono. Come se un senso di colpa collettivo, fatto proprio anche dal ministero degli Interni, paralizzasse ogni iniziativa in quella direzione. Salvatore Marino era stato assassinato. Ma non per questo trovò poi giustificazione la cappa di silenzio che calò sulle sue responsabilità nell'agguato di Porticello. Entrò così nel senso comune, avallata anche dall'alto, la convinzione che l'uccisione di Cassarà non fosse altro che una dolorosa risposta, una ripicca necessaria allo scempio compiuto da un'antimafia forcaiola. Che bel regalo alle cosche dell'eroina che in realtà avevano avuto ben altri motivi per togliere di mezzo quel poliziotto valoroso! Palermo – ancora una volta – tornava a essere città aperta. Sono i fatti a parlare. Vediamo.

In quell'estate 1985 il caso Palermo era tanto incandescente che si temeva persino per l'incolumità dei suoi giudici più in vista. Se era stata necessaria appena una settimana per imprimere un nuovo giro di vite, perché escludere che altre operazioni militari potessero mettere in ginocchio anche gli uffici giudiziari? E una bella mattina, subito dopo ferragosto, gli uomini dei Servizi segreti bussarono nelle case dei giudici del pool, invitandoli a far le valigie in quattro e quattr'otto. Un piccolo aereo militare aveva raggiunto in gran segreto il capoluogo siciliano per portare in salvo, in un clima da tragica vigilia, i giudici potenzialmente nel mirino. Segretissima anche la destinazione del viaggio. Scopo della missione: dar la possibilità ai professionisti dell'antimafia di scrivere in santa pace l'ordinanza di rinvio a giudizio. Quel documento giudiziario senza il quale nessun processo a Cosa Nostra sarebbe stato finalmente possibile.

Prelevati a domicilio, i professionisti non fecero obiezioni, lasciarono in asso le famiglie, radunarono pacchi di carte e centinaia di rapporti. Ormai la lotta alla mafia era esclusivamente nelle loro mani. Avevano raccolto le deposizioni dei pentiti, avevano studiato per anni l'identica materia, circoscrivendola, cogliendone i collegamenti meno evidenti. Se fossero stati assassinati anche loro – per brutale che possa sembrare la considerazione – del maxi processo non se ne sarebbe fatto nulla. Partirono. Solo al momento di atterrare seppero che si trovavano all'Asinara, in una delle supercarceri italiane più sicure e inaccessibili. Lì – in assoluto isolamento – in appartamentini di una foresteria messa gentilmente a disposizione dal direttore del penitenziario, trascorsero due mesi. Quando si concedevano una nuotata decine di uomini non li perdevano di vista un solo istante. Scrissero tutto quanto c'era da scrivere. Rispettarono i tempi. All'esterno non trapelò nulla. Come nulla era trapelato sul pentimento dei grandi boss. A metà ottobre si concluse l'inconsueta quarantena ma prima di lasciare l'Asinara i villeggianti dovettero sbrigare una piccola formalità: pagare il conto per il prolungato soggiorno. Infatti avevano capito male: l'agenzia turistica dello Stato italiano offriva solo i voli di andata e di ritorno. Il vitto era da intendersi a spese loro.

Di quella bella estate restano quaranta volumi, ottomila pagine. Un documento giudiziario di portata straordinaria. Venivano indicate le responsabilità penali di centinaia e centinaia di imputati per la prima volta chiamati a rispondere dell'esistenza di un'organizzazione monolitica e verticistica. Era il risultato di uno sguardo finalmente unitario su una miriade di fatti di sangue, stragi, episodi criminali che potevano trovare spiegazione solo se ricondotti a un'unica matrice. E come aveva fatto la mafia a diventare una struttura tanto potente? Scrissero i giudici: «Dieci anni di disattenzione al fenomeno mafioso avevano consentito a Cosa Nostra, già dilaniata dalla prima guerra di mafia, e dai primi effetti della commissione antimafia istituita dal Parlamento, di riorganizzarsi impadronendosi dei canali internazionali di produzione e distribuzione degli stupefacenti». Ma c'è di più. «Tuttavia, negli anni '79-'80, alcuni brillanti investigatori, pur in stato di sostanziale isolamento, circondati dal generale scetticismo, investivano a fondo con le loro penetranti indagini le attività criminose di tutte le cosche e particolarmente dei corleonesi, loro più stretti alleati, sino ad allora men che sfiorati dall'azione investigativa.» E dopo la morte di Boris Giuliano? «Sei mesi dopo» si legge nell'ordinanza «si allenta la pressione investigativa, mentre sul piano giudiziario tutto si diluisce in ritardi sconcertanti.» Ma anche allora – quando ormai erano passati quasi dieci anni – non tutto stava andando per il giusto verso.

Il cardinale stanco

La punta più alta del ripensamento del cardinale Salvatore Pappalardo coincise infatti proprio con l'inizio del processone a Cosa Nostra. Il capo della Chiesa siciliana, che con le sue coraggiose e puntuali omelie aveva rivestito un ruolo tutt'altro che indifferente nella creazione di una diffusa coscienza antimafia, perse l'appuntamento decisivo e fu autore di una clamorosa marcia indietro.

Una prima avvisaglia – anche se ancora molto contenuta – si era avuta alla vigilia del Natale 1985, quando durante il tradizionale saluto ai giornalisti si era astenuto dal pronunciare la parola mafia e aveva ripetuto con insistenza: «È molto meglio costruire il bene che denunciare il male». E analoghi concetti era tornato a esprimerli poco tempo dopo in occasione dell'insediamento a Palermo, alla direzione del centro studi sociali Pedro Arrupe, del gesuita Bartolomeo Sorge.

Il 4 febbraio 1986 segnò il giorno della grande retromarcia. A sei giorni dall'apertura del maxi processo. Mentre Palermo era già invasa dalle truppe degli inviati venuti da ogni angolo del mondo. Mentre era già iniziato un durissimo braccio di ferro fra quanti affermavano che simili parate non avrebbero fatto altro che rovinare ulteriormente l'immagine di Palermo e della Sicilia e quanti invece ritenevano che quest'immagine fosse stata rovinata dalla mafia e dai suoi crimini. Pappalardo deluse e stupì tutti. Adoperò argomenti che nessuno prevedeva e che finirono, indipendentemente dalle sue reali intenzioni, col dar fiato alle trombe dei denigratori che vedevano come una iattura una mafia finalmente alla sbarra.

Quella mattina, nel palazzo arcivescovile, Pappalardo replicò a un fuoco di fila di domande. Fin troppo ovvio, scontato, che i giornalisti battessero sul tasto della proverbiale omelia pronunciata per la morte di Dalla Chiesa e che aveva diffuso nel mondo intero la voce di un clero finalmente sceso in campo senza tentennamenti. Pappalardo però gelò tutti: «Vorrei dire che quell'espressione ha avuto fin troppa risonanza. Da quella frase si sono desunte troppe cose. Su quella frase, per giunta sbagliata nell'attribuzione, si è imbastito un discorso complessivo sulla Chiesa. Non è con le frasi che si risolvono le situazioni, ma con pazienza, lungimiranza, costanza. È vero. Palermo non è Sagunto, non lo è adesso, non potrà diventarlo mai. È una città con i suoi problemi, difficili da risolvere; li aveva allora, li ha oggi. In certi momenti questi problemi sembrano attenuarsi poi si condensano di nuovo. Ma c'è sempre l'impegno a voler andare avanti. E semmai qualche parte delle sue mura, delle mura di Palermo, se proprio si vuole adoperare quest'immagine, fossero state un pochino distrutte, si ricostruiscono e si va avanti».

Uno sgradevole capitombolo. I cronisti restarono interdetti. Stava finalmente iniziando un processo che comunque si annunciava di una certa consistenza. Possibile che Pappalardo stesse commettendo un errore di sottovalutazione proprio adesso?

Ed ecco la risposta del presule: «La Chiesa vive incarnata in mezzo al popolo, non ha un suo particolare punto di vista da esprimere di fronte a questo processone. La Chiesa da un lato si augura che serva a chiarire orizzonti nuvolosi, dall'altro è preoccupata che la celebrazione di un processo così grande possa attirare in Sicilia un'attenzione troppo concentrata. Ne sono impensierito, in qualche modo allarmato. Il processo finirà per riversare su Palermo un'attenzione esagerata. Auspichiamo certamente un processo chiarificatore, che si svolga serenamente, che serva a stabilire colpe e responsabilità. Ma non si può ridurre Palermo solo a questa dimensione...». Non mancarono le frecciate ai giornali «sempre

172 Quarant'anni di mafia

pronti a cogliere l'aspetto più sensazionale, quello che meglio si presta ai titoli ad effetto». Questo fu quasi il filo conduttore delle sue risposte. Eccone un'altra: «Palermo non è diversa da altre città. È tanto invivibile quanto lo sono altre, dove si registrano crimini e violenze non tanto reclamizzate quanto quelle che accadono nella nostra città». Il che, a voler adoperare un eufemismo, era quantomeno una macroscopica forzatura. Ma ormai le omelie in cattedrale sembravano appartenere a un remoto passato. «Molti dei mali che oggi si lamentano» aggiunse Pappalardo «sono dovuti alla mancanza di lavoro.» E quasi a voler stemperare subito il valore di questa constatazione creò una contrapposizione artificiosa fra il tema del lavoro e quello della lotta alla mafia: «Con le leggi antimafia si è contratto il volume dell'occupazione, in mancanza di altri interventi si è finito per dare l'idea che sia la mafia a garantire il lavoro e questo è catastrofico». Non si trattava di una considerazione casuale. Proprio in quei giorni, strumentalizzati da sindacalisti senza scrupoli, da galoppini legati a boss di borgata, cortei di disoccupati attraversavano Palermo inneggiando provocatoriamente alla mafia e chiedendo a gran voce che don Vito Ciancimino, arrestato e sott'accusa, venisse rieletto sindaco.

Eppure anche di fronte a questa vicenda Pappalardo preferì glissare con i cronisti intervenuti all'arcivescovado. E di acqua sul fuoco ne gettò davvero tanta quando affermò: «Non credo che a quei cartelli si possa dare un valore di scelta positiva a favore della mafia. Il fatto non manca di suscitare preoccupazione soprattutto se dovesse significare uno scollamento fra l'atteggiamento "ufficiale" nei confronti del fenomeno mafioso e la sensibilità di alcuni strati della popolazione priva di un lavoro. Eviterei confusioni scoraggianti, anche se certamente questi episodi rappresentano un allarme». Un autorevole avamposto stava andando in frantumi, in diretta, sotto riflettori e taccuini spalancati, e in un momento molto delicato per uno schieramento che si sarebbe invece avvantaggiato di scelte nette. Pappalardo stava cedendo a tutta la sua stanchezza. Con quella rassegnata conferenza stampa stava piantando i paletti che avrebbero indicato il lungo percorso di una ritirata.

Quel giorno, a chi gli ricordò le omelie dei «suoi» parroci, nel triangolo della morte Bagheria, Casteldaccia, Altavilla, quando nel vivo della guerra di mafia, la Chiesa era stata sul punto di pronunciare la scomunica dei mafiosi, Pappalardo apparve quasi confuso: «Quando mai ho parlato di scomunica?». Poi tentò di correggersi:

«Se ne parlò in un documento della conferenza episcopale, ma il riferimento non era alla mafia, bensì agli omicidi. Perché insistete su questo tema? Dovete capire che nella mia attività di vescovo questa questione, che a voi sembra totalizzante, per me rappresenta il due per cento del lavoro».

Il sipario calò mestamente con quest'ultima amara ammissione: «La mafia è uno dei tanti argomenti di cui mi occupo, uno dei marginali, necessario. Io non mi tiro indietro, non mi sono mai tirato indietro. Ma che tutto quello che ho detto in sedici anni sia stato rappresentato da quelle poche parole, questo è mortificante e riduttivo per un vescovo che si vede ingabbiato in un'unica dimensione, quasi fosse diventato un maniaco. Ma devo uscire in campo come Rinaldo, o come don Chisciotte, devo fare sempre battaglie?». Che poi il cardinale ritenesse opportuno mantenere una sua rubrica fissa sul «Giornale di Sicilia», proprio mentre quel giornale si trovava al centro di critiche pesanti per le singolari frequentazioni dei suoi dirigenti, era una circostanza che aveva sconcertato molti, anche all'interno delle stesse file cattoliche.

Il giornale della Palude

Alla vigilia del processone Giampaolo Pansa sarà l'inviato della «Repubblica» con il compito di descrivere in che modo la città si stava preparando a un evento senza precedenti. Il giornalista scelse un'immagine, quella della Palude, per raccontare ciò che aveva sentito e ciò che aveva visto. Nel suo libro – *Carte false* [Rizzoli, Milano 1986] – ricorderà così quell'articolo: «Che cos'è la Palude? In quell'inizio di febbraio, la Palude non è semplice descriverla poiché sta appena prendendo forma, e ha contorni sfumati, anche se è già chiaro a che cosa dovrebbe servire: a inghiottire il processone alla mafia. Non allo scopo di fermarlo, per carità!, ma di depotenziarlo, disinnescarlo, svalutarlo, sino a presentarlo come un che di gommoso, di asfissiante, di superfastidioso, insomma uno spettacolo poco credibile, inutile e dannoso. Dannoso alla giustizia e, soprattutto, all'onore di Palermo, della Sicilia e dei siciliani tutti. Questo è destinata a fare la Palude. E nel suo formarsi, lo sta già facendo. E lo fa abilmente, al rallentatore, e attraverso mille canali, ossia con tanti apporti di tante mani. Mani, sia chiaro, di gente pulita, e spesso di cittadini illustri, di onorevoli rappresentanti di Palermo. Mani per niente intenzionate a far male, e quasi sempre dichiarantisi volte a far bene. Ma l'effetto è proprio quello della Palude».

La Palude aveva un suo quartier generale: il «Giornale di Sicilia». Il quotidiano del mattino di Palermo più venduto in tutta la regione. Da oltre centocinquanta anni la voce monocorde dell'establishment, espressione delle classi dominanti, come si diceva una volta. Un giornale che a quei tempi non era sfiorato dalla tentazione di fare antimafia. Mai scivolato, si fa per dire, sulla buccia di banana della denuncia di un potentato o di un big politico «chiacchierato» per cattive frequentazioni. A metà degli anni Settanta, quando morì il democristiano Giovanni Gioia, granitico uomo di potere, sul quale la commissione parlamentare d'inchiesta pubblicò a suo tempo centinaia di pagine, il «Giornale di Sicilia» riuscì a non nominare mai la commissione antimafia nei numerosi articoli che ricordavano il benemerito uomo politico siciliano. E dire che nella relazione di minoranza della prima antimafia la sigla Va.Li. Giò. stava a significare l'asse di ferro fra l'ex carrettiere diventato super palazzinaro, Francesco Vassallo, l'ex sindaco di Palermo Salvo Lima e, appunto, l'onorevole Giovanni Gioia. Il sacco di Palermo, all'inizio degli anni Sessanta, messo a segno anche da don Vito Ciancimino, assessore ai Lavori pubblici mentre Lima era sindaco, non fu mai stato nominato nelle pagine di quel giornale. Molto peggio: Ciancimino, nel 1984, trovò invece ospitalità sul giornale del mattino per pubblicare intere pagine (e senza una parola di commento della direzione) che contenevano il suo memoriale contro la commissione parlamentare che – a sentir lui – lo perseguitava ingiustamente. Così, mentre si ricordavano ancora le coraggiose e documentate inchieste sulla mafia di Felice Chilanti e Mario Farinella pubblicate da «L'Ora», il «Giornale di Sicilia» fu il grigio contraltare di quelle grandi battaglie di democrazia condotte dal quotidiano della sera. Ma sarà l'inizio del maxi processo l'occasione in cui il giornale di Antonio Ardizzone riscoprirà la sua natura.

Sentiamo ancora Pansa. «C'è la polemica astiosa del "Giornale di Sicilia" contro Nando Dalla Chiesa. Lo si dipinge come un invasato, intento a diffondere proclami che il quotidiano trascrive così: "Ogni forma di garantismo è complicità, e chi non è d'accordo è mafioso", oppure: nell'ordinanza istruttoria di Giovanni Falcone e degli altri giudici istruttori "ci sono le prove, fatevi il processo da soli anticipate la sentenza".» In un apposito paragrafo di

Carte false, intitolato «La tromba di Ardizzone» Pansa ha scritto: «Il processone, *u maxi*, come ormai lo chiamano i palermitani, comincia lunedì 10 febbraio 1986. E quella mattina il "Giornale di Sicilia" suona il silenzio. Sì, proprio il silenzio che intimano le trombe di caserma sul far della notte, quando bisogna spegnere le luci e restare a bocca cucita... Ardizzone ha le sue idee sulla mafia. E ne regala qualche campione a Vittorio Bruno (in un'inchiesta de "L'Editore"). Dice: "La mafia, oggi, è sostanzialmente estranea al potere". Oppure: "Non credo che oggi si possa dire che vi sono collegamenti organici fra potere e mafia, come non si può dire che ogni uomo pubblico corrotto sia per forza un mafioso..."». Infatti è proprio la mattina del 10 febbraio che il quotidiano fa la sua aperta scelta di campo.

Titola: *Entra la Corte, silenzio.* Un titolo doppiamente infelice. Intanto perché trasudava piaggeria e contrito rispetto verso il collegio giudicante. Quasi a sottintendere, strizzando l'occhio ai lettori più direttamente coinvolti nella vicenda, che l'ordinanza istruttoria – «colpevolista», basata sul «pentito dire», in una parola «falconiana» – era stata negativamente segnata da una rumorosa emergenza. D'altra parte non era proprio questa la speranza di boss e picciotti di Cosa Nostra? Che il processo sfoltisse significativamente numero e posizioni penali di singoli imputati? Insomma questa Corte, per il «Giornale di Sicilia», ma anche per gli avvocati e soprattutto per centinaia di famiglie di mafia era ancora una Corte a scatola chiusa. Un oggetto misterioso, tanto quanto si era manifestato con le idee chiare il pool dei giudici istruttori. «Certo. Quella era l'ordinanza, e si sa le ordinanze sono sempre accusatorie... Ma stia tranquillo, con la sentenza sarà diverso...» Era questo il ritornello comune di centinaia di avvocati ai loro assistiti. Ma perché ciò potesse accadere, e si realizzasse quindi il miracolo di uno sbrigativo «tutti a casa», o quasi, adesso si imponeva il silenzio. E quindi il giornale di Ardizzone fece la sua parte. I riflettori su Palermo andavano spenti. La contrapposizione mafia-antimafia andava bandita dall'aula bunker. Ecco perché il quotidiano del mattino aveva sparato a zero quando si era prospettata – per iniziativa del sindaco di Venezia – l'eventualità che i sindaci delle grandi città del Nord fossero presenti all'apertura del maxi a testimonianza dell'attenzione dell'Italia democratica verso una piaga che non era certamente solo palermitana e siciliana.

Una gestione casalinga del processo, ecco il desiderio neanche tanto inconfessato di Ardizzone e dei suoi seguaci. Un esempio eloquente la proprietà lo aveva offerto a fine settembre, quando aveva licenziato in tronco, con motivazioni sindacali pretestuose, un cronista di nera, Francesco La Licata, che da anni seguiva le vicende di mafia. L'episodio non passò inosservato. Per tre giorni di fila, il «quotidiano officiale» della Sicilia conobbe per la prima volta l'onta dello sciopero proclamato dai suoi redattori. Emerse all'improvviso una realtà sconcertante: giornalisti di chiara fama messi nell'impossibilità di scrivere; ammonimenti verbali e contestazioni scritte verso quanti manifestavano autonomia professionale o simpatia verso le forze democratiche; improvvise sostituzioni di capi servizio del giornale. Né passò inosservata la singolare carriera di un caporedattore che aveva – secondo la denuncia del mensile «I Siciliani», diretto dallo scrittore giornalista Giuseppe Fava (assassinato a Catania dalla mafia nel gennaio 1984) – un rapporto di consulenza retribuita con l'impresa dei cugini Nino e Ignazio Salvo. E quel caporedattore fu interrogato dal giudice Falcone proprio nell'ambito del maxi processo: inquietanti intercettazioni telefoniche dimostravano che il suo rapporto con i Salvo era di natura tutt'altro che «anglosassone».

A Palermo lo scontro fu durissimo. Alla fine, di fronte alla spinta dell'opinione pubblica, delle associazioni di categoria, e dei sindacati, la proprietà fu costretta a ritirare il provvedimento di licenziamento. Un banale incidente di percorso? Il fatto è che il giornale, avvicinandosi l'ora X del dibattimento, non aveva intenzione di puntare su La Licata, considerato eccessivamente zelante e scrupoloso. Adesso si imponeva il «silenzio». Piccoli segnali, forse. Ma come definire la vera e propria campagna denigratoria contro Nando Dalla Chiesa, accusato, anche se indirettamente, d'aver provocato con i giudizi contenuti nel suo libro *Delitto imperfetto*, il suicidio del democristiano Rosario Nicoletti, segretario regionale scudocrociato? «Schizzatine di fango sociologicamente ben orientate» erano state causa non secondaria – secondo la prosa rozza del giornale – nella scelta di Nicoletti di togliersi la vita.

Per quasi due anni il giornale seguirà il processo pubblicando giornalmente due pagine. Una con la testata «mafia». L'altra con la testata «antimafia». Quasi che nell'aula bunker non si stessero processando autori e mandanti di centinaia di orrendi delitti, oltre che di un gigantesco traffico d'eroina, ma si stesse svolgendo un mieloso convegno che vedeva a confronto due distinte scuole di pensiero. Per due anni il giornale della Palude adoperò due diversi pesi, quando si trattava di render conto delle iniziative della parte civile e quando invece la parola era ai difensori degli imputati. Scoprì la definizione di «garantismo», come foglia di fico destinata a coprire troppe vergogne. Insinuò che il comitato per le parti civili stesse sperperando i fondi raccolti con una sottoscrizione da tutt'Italia, piuttosto che garantire gli interessi dei familiari delle vittime. Mise alla gogna – schedandoli singolarmente per nome e cognome – gli iscritti al coordinamento antimafia (un'associazione di cittadini e familiari delle vittime), accusandoli di essere degli ayatollah, ciechi tagliatori di teste posseduti dalla ottusa cultura del sospetto. E naturalmente scomparve la parola «mafioso» sostituita da quella più rassicurante di «presunto mafioso» che, forse, poteva andar bene per pesci piccoli ma certamente suonava grottesca nel caso di personaggi come Michele o Salvatore Greco, Mario Prestifilippo o Pino Greco o Pippo Calò; alcuni dei quali, per esempio Masino Spadaro, condannati pesantemente in altri processi per traffico di stupefacenti.

Ne parlò così un protagonista

Eppure, nonostante enormi difficoltà, ripensamenti, campagne stampa violentissime, il maxi riuscì lentamente a prender quota. Si dovette anche sconfiggere la paura dichiarata di tanti giurati popolari, letteralmente terrorizzati all'idea di dover giudicare i quattrocentosettantaquattro imputati. Infatti su cinquanta, estratti fra migliaia di nominativi, solo in quattro accettarono il difficile compito. E altre estrazioni furono necessarie per nominare i sei giurati e i dieci supplenti che avrebbero dovuto far parte della Corte. Ancora una volta furono i giudici istruttori, autori dell'ordinanza, a scendere in campo, temendo che il loro lavoro venisse vanificato.

Il 27 gennaio 1986 avevo raccolto per «l'Unità» quest'intervista a Paolo Borsellino, uno dei più stretti collaboratori di Giovanni Falcone. Un professionista dell'antimafia, come abbiamo visto. Vale la pena riproporla. Mi era stata concessa alla vigilia della ritirata di Pappalardo, mentre già il giornale della Palude si stava avvitando su se stesso. Rappresenta un documento ancora valido se si vogliono capire le ragioni individuali e la professionalità che spinsero un esiguo gruppo di magistrati a voltare pagina. Avevo chiesto a Borsellino se il processo potesse subire dei ritardi. «Siamo giunti a uno stadio molto avanzato. I tempi finora sono stati rispettati. L'aula bunker è pronta. Si attendono gli ultimi collaudi al sofisticato sistema elettronico che consentirà la ricerca computerizzata degli atti. Nulla lascia prevedere intoppi dell'ultima ora.» Sono risposte ancora tecniche, avevo obiettato. Intendevo riferirmi infatti al clima generale che avvolgeva l'attesa di un evento giudiziario senza precedenti in Italia. Borsellino: «Non dimentichiamo che all'indomani delle uccisioni di Montana e Cassarà da qualche parte venne avanzato il dubbio che i giudici istruttori non sarebbero riusciti a concludere la stesura della loro sentenza di rinvio a giudizio. La nostra parte, invece, l'abbiamo fatta. Semmai le nostre preoccupazioni non riguardano l'inizio del dibattimento. Non vorremmo – non può essere così – che il maxi processo rappresenti l'ultima spiaggia dell'attività repressiva». C'è chi lo ha definito processo «storico». Chi, all'opposto, ne mette in rilievo, per minimizzare, solo gli aspetti simbolici. «Questo processo riguarderà quattrocentosettantaquattro imputati. Ma sarà solo una prima tappa, l'inizio di una fase nuova. Non esprimo una semplice speranza: il lavoro istruttorio che si è chiuso è destinato ad aprire altri orizzonti.»

Qual era il principale elemento che stava consentendo allo Stato di rientrare in gioco? «Se l'attività di conoscenza del fenomeno è andata avanti, giungendo al punto in cui è giunta oggi, lo si deve all'appropriazione, meglio alla riappropriazione, del grande patrimonio investigativo conseguito fra gli anni Sessanta e Settanta.» E cosa si sapeva in quegli anni, e perché non se ne erano tratte le debite conseguenze? «All'epoca» aveva risposto Borsellino «si conosceva bene la struttura verticistica, piramidale e unitaria della mafia. Gli atti della prima commissione d'inchiesta, se letti, confermano il mio giudizio. Ma siccome quella era una commissione interlocutoria, squisitamente politica, gli atti finirono in archivio, non ne venne garantita la pubblicità, il Parlamento ne fece un uso molto limitato.» Disattenzione, insoddisfacente professionalità o episodi di vera e propria collusione? «Forse questi ingredienti ci furono tutti. Ma in sede politica – ne siamo certi – il fenomeno fu molto sottovalutato, considerato bubbone regionale, mentre, proprio in quegli anni, il cancro mafioso si stava nazionalizzando, internazionalizzando. Questa disattenzione si riflesse anche in sede processuale con l'utilizzazione di strumenti adeguati. Si spiegano così, in quel periodo, le raffiche di assoluzioni per insufficienza di prove.»

Quali erano le novità giudiziarie emerse dalla ricerca dei giudici istruttori? «Per noi le dichiarazioni dei pentiti hanno rappresentato un punto di forza, ma solo all'inizio. È seguita una fase – molto complessa – in cui abbiamo invece privilegiato l'aspetto dell'acquisizione probatoria. Abbiamo fatto ricorso a intercettazioni telefoniche, a un minuzioso esame di materiale bancario e patrimoniale sterminato. Scegliemmo di affrontare il fenomeno nel suo complesso, non disarticolando singoli fatti criminosi. Eravamo convinti, lo siamo anche adesso, che la potenza militare e la dimensione degli affari di Cosa Nostra, non possono essere compresi pienamente prescindendo dalla rilettura degli ultimi dieci anni della sua attività. I risultati non sono mancati.»

Sarebbe stato il processo al braccio militare di Cosa Nostra o c'era qualcosa di più? «Ora l'opinione pubblica conosce i nomi di chi spara e i nomi di chi traffica in eroina. Non è poco, non è tutto. Questa gente infatti non è stata ancora messa in condizione di non nuocere. E purtroppo l'amara verità è tornata alla luce in agosto quando la mafia ha dimostrato ancora una volta il suo potenziale di fuoco: riuscì, in appena una settimana, a contribuire all'azzeramento della Squadra mobile palermitana, uno dei pilastri dell'attività investigativa. C'è poi un inquietante dato statistico. Mentre i latitanti rappresentano un terzo del numero complessivo degli imputati, diventano addirittura tre quarti se si restringe la rosa ai vertici e al gruppo di fuoco responsabili dei reati più gravi e degli omicidi.»

Rischiavano di essere condannate delle ombre? «Con calma» aveva precisato il giudice istruttore. «Servono anche i processi a carico dei latitanti. Ma il processo è un momento dell'attività repressiva, la caccia ai latitanti è l'altra faccia della medaglia. Non è tutto: occorre ribadire che lo Stato deve farsi carico della necessità di sostenere e potenziare lo sforzo investigativo. Cattura dei latitanti e indagini sono infatti attività che finiscono con il coincidere. Un personaggio mafioso di spicco, una volta arrestato, può dare, per esempio, un contributo non indifferente alla conoscenza di tanti retroscena dell'organizzazione che ancora ci sfuggono... La mafia non è vinta, non è in ginocchio... E sta adottando alcune contromisure per tutelare le sue attività illecite.» Avevo chiesto degli esempi. «Innanzitutto alcuni accorgimenti di natura geografica. È molto indicativa la scoperta di una mega raffineria di eroina ad Alcamo, nel trapanese [la più grande d'Europa, *N.d.A.*]. Quella provincia è ancora un pozzo molto profondo, dove le indagini dovranno indirizzarsi con nuova alacrità...»

E quali erano, all'estero, gli Eden non ancora scalfiti dalle indagini? «Non mi pare che ci siano degli Eden. Le indagini in Spagna, dove risiedevano i Grado, e in Canada, e che costituiscono oggetto di stralcio per la posizione di Vito Ciancimino, hanno avuto un buon esito. Si sono giovate dell'apprezzabile collaborazione delle autorità di quei Paesi; collaborazione registrata anche in Svizzera. Nazione questa estremamente sensibile al problema mafioso, ma gelosa delle sue prerogative in materia di segreto bancario. Noi giudici palermitani abbiamo sempre rispettato i patti: con i giudici svizzeri il giochetto di indagare sui reati di mafia e poi risolvere tutto in accuse di natura fiscale non funziona. Analoga collaborazione invece non la riscontriamo in Germania...»

Infine: sarebbero emersi in aula bunker i tratti del cosiddetto «terzo livello»? «Terzo livello» aveva concluso Borsellino «è forse un'espressione infelice. Ma sicuramente le connessioni, le frequentazioni, gli intrecci fra mafia e certo mondo politico e affaristico troveranno una migliore collocazione. In questi giorni i nostri colleghi romani hanno emesso mandati di cattura a carico di Giuseppe Calò, accusato di appartenere alla cupola mafiosa, per la strage di Natale. Emergono da quelle indagini inquietanti contatti della mafia con il mondo finanziario, con quello dei grandi capitali...» Il maxi processo era già cominciato.

XIV

Le tigri in gabbia

La mafia vista dai mafiosi

La mafia non ha mai gradito i primi piani. È abituata al buio, al silenzio, alla cancellazione della memoria. Ma invece, in quel 10 febbraio del 1986, le condizioni ambientali furono opposte. Inviati e televisioni da ogni parte del mondo, teleobiettivi che scrutavano senza pudore, un plotone di operatori dell'informazione che aveva tutta l'aria di voler mettere le tende a tempo indeterminato. Eccoli in gabbia. Ecco gli uomini d'onore che avevano dato vita all'organizzazione Cosa Nostra. Che avevano messo a ferro e fuoco la Sicilia. Che avevano torturato, ucciso, fatto scomparire cadaveri, come fossero sacchetti d'immondizia, che avevano commissionato o eseguito stragi, eliminato testimoni, parenti o amici dei pentiti. E tutto in nome del grande «dio» Eroina. Erano amorevolmente assistiti da un nugolo di avvocati dall'eloquio forbito e dalla schiena, in qualche caso, dritta. Era il giorno del rancore sordo, che esplose in aula bunker alla vista di cameraman e fotografi.

Quel mattino del 10 febbraio, mattino di pioggia e di vento, volò via fra interminabili appelli e la costituzione dei collegi di difesa. Quella mattina, però, di certi mafiosi finalmente si videro le facce. Luciano Liggio, da solo, alla cella ventitré, intento a giocherellare con il sigaro cubano che però non accese mai. Pippo Calò che se ne stava alla gabbia numero ventidue, austero dentro un cappotto scuro di buon taglio, riverito dall'intero popolo di mafia. Alla diciannove, invece, Mariano Agate, braccio destro di Nitto Santapaola – accusato d'aver preso parte al commando che eliminò Dalla Chiesa – ascoltava distrattamente il suo avvocato mentre gli diceva: «Per quell'istanza ho parlato con la sua signora che è la persona giusta, anzi la martire di questa situazione...».

Alle dieci e quarantacinque l'udienza fu sospesa per consentire l'identificazione di tutti gli imputati a piede libero. I detenuti finalmente si trovarono a loro agio, in assenza della Corte. Da una gabbia all'altra comunicavano con l'alfabeto dei sordomuti. Fra loro, compagni della stessa cella, ironizzavano di malavoglia sulla loro condizione: «Pasquale questa mattina in cella te l'hanno portato il lattuccio con i biscottini?». «Sì, e anche i cioccolatini.» Un altro: «Il migliore avvocato del foro di Palermo è il mio... Totò, te l'hanno fatta la fotografia? Stasera ci vediamo in televisione...». «Zu Mariano... Zu Masino... tutto a posto?» «Non c'è problema.» E ancora: «Siamo belli». Risponde l'altro: «Ci siamo nati belli... voglio la mamma». Seri, serissimi quando invece si trattava di stigmatizzare le parole dei pentiti: «Tutte infamità»; o se si trattava di rispondere in coro alla domanda: chi sono i colpevoli? Il popolo carcerario aveva le idee chiarissime in proposito: «I colpevoli sono loro, i giudici istruttori, i pentiti, siete voi giornalisti...». C'erano i familiari di tante vittime, quella mattina. Disse Nando Dalla Chiesa: «Il "maxi" non è un evento spettacolare. Non è un circo, e lo dico con molta soddisfazione». C'era il sindaco Orlando, che aveva appena vinto la sua battaglia con il Comune di Palermo finalmente parte civile contro la mafia: «Lo Stato sta rispondendo alla violenza mafiosa con le regole del diritto». Alla cella numero tre, solo, nervoso, forse anche impaurito, l'unico pentito che quella mattina volle presentarsi in aula, Salvatore Di Marco.

Quante cose accaddero in quell'anno 1986! Quante storie, grandi e piccole, quante bugie, quanti «non ricordo» vennero pronunciati di fronte alla Corte presieduta da un giudice – Alfonso Giordano – piccolo di statura, con una vocina stridula, ma inamovibile come una roccia! Di lui, all'inizio del processo, gli avvocati della difesa si erano fatta un'idea sbagliata: pensavano che al primo soffio di vento sarebbe volato via come una foglia. E ne chiesero imprudentemente la ricusazione: dovettero ricredersi presto rendendosi conto che con Giordano avrebbero fatto meglio a convivere, visto anche che il processo si annunciava lungo. Vennero meno, a una a una, le certezze della strategia difensiva: i pentiti Buscetta e Contorno, e tutti i loro epigoni, non avrebbero certo avuto il coraggio di venire in aula; non avrebbero retto il confronto con il popolo delle gabbie. Non avrebbero osato, guardando negli occhi tanti «padri di famiglia», confermare le loro infamità. E invece i pentiti vennero, eccome se vennero. Venne Buscetta, col cuore e la mente gonfi di ricordi e rancore. Fu sottoposto a un fuoco di fila di domande, poi anche a un faccia a faccia con Calò. E stravinse. Ricordò al boss miliardario quando lui, con le sue stesse mani, aveva strangolato un giovane indisciplinato. E stravinse Totuccio Contorno, anche se adoperando un dialetto palermitano talmente stretto da rendere necessaria la presenza di un esperto traduttore. Riferì la cronaca del fallito attentato contro di lui e ricostruì la mappa delle famiglie, quartiere per quartiere, borgata per borgata. Confermarono tutto anche i pentiti «piccoli piccoli». E allora gli avvocati cambiarono tecnica, pretesero la lettura integrale degli atti processuali (mezzo milione di pagine), ma anche questo *filibustering* fu di breve durata di fronte al garbato decisionismo di Giordano. Minacciarono scioperi, astensioni. Poi ripiegarono su progetti più miti. Così lentamente la macchina del maxi iniziò la sua corsa. Una corsa che sarebbe durata quasi due anni. Una corsa perlopiù in salita, e vedremo perché. Una corsa non inutile, certo, ma fiaccata spesso dai tanti avvenimenti che accaddero quell'anno, soprattutto al di fuori di quella cittadella di acciaio e cemento che lo Stato aveva voluto inespugnabile e altamente simbolica della sua volontà di riscatto. Ma prima di darne conto, può essere istruttivo ascoltare proprio loro, i boss più autorevoli, ascoltarli quando parlavano di mafia quasi fosse un argomento di cui erano digiuni.

Apre la breve galleria proprio Pippo Calò, il primo pezzo da novanta che depose al bunker. Una breve presentazione: imputato di associazione a delinquere di stampo mafioso e traffico di stupefacenti, era chiamato a rispondere di sessantaquattro omicidi. Centotrentasette, in totale, i capi d'accusa. Esponente della famiglia di Porta Nuova, la stessa di cui aveva fatto parte – in gioventù – Tommaso Buscetta. Nel 1982, già coinvolto in precedenti inchieste di mafia, era riuscito a far perdere le sue tracce. Arrestato a Roma, nel 1985, era stato trovato in possesso di armi da guerra, mine anticarro, timer, telecomandi, centinaia di milioni e pezzi d'antiquariato. Calò fu sempre il crocevia di affari tra mafia siciliana, camorra napoletana, malavita romana (ottimi i suoi rapporti con la banda della Magliana) e sottobosco dell'estrema destra. Fu raggiunto anche da mandato di cattura per la strage di Firenze. E lui?

Si presentò calmo, sornione, con un gioco di ammiccamenti verso la Corte che sottintendeva tutta la sua profonda strafottenza verso il «rito» dell'aula bunker. Indossava un doppiopetto blu, pantaloni grigi, camicia azzurra di seta. Teneva le gambe accavallate, intrecciava le dita e inforcava spesso gli occhiali, ma più per darsi un tono che per reale necessità. Il presidente Giordano gli chiese dei delitti Dalla Chiesa, dell'uccisione di Boris Giuliano, dell'agente Calogero Zucchetto, della strage della circonvallazione... Calò replicò: «Sconosco quello di cui mi sta dicendo, signor presidente. Di questa associazione Cosa Nostra non ne conosco niente. Forse qualcosa da dire l'avrei... ma prima desidero un confronto con questo Buscetta e con questo Contorno...». Ma allora Buscetta lo conosce? «Lo conosco Buscetta... lo conosco... fin da giovane lo incontravo sull'autobus quando andavamo in piazza Ingastone... poi si trasferì e andò ad abitare in corso Olivuzza, ma venne sempre a trovarmi nel mio bar. Parlavamo a lungo, sempre di sport. Non l'ho più rivisto dal 1963, quando mi ritrovai imputato nel processo di Catanzaro.»

Era miliardario Calò? «Macché. Ho iniziato la mia attività come rappresentante di tessuti a Palermo, poi ho aperto un bar in via Sant'Agostino, quindi mi sono occupato di una pompa di benzina. Infine ho ereditato da mia nonna: ed eccola qui, la mia ascesa economica...». Traffico di stupefacenti? «Signor presidente, proprio non ne so parlare.» Al momento dell'arresto Calò aveva con sé una rubrica con tantissimi nomi di fantasia. Ci volle un po' di tempo prima che gli esperti scoprissero che in realtà a quei nomi corrispondevano i numeri telefonici di molti personaggi dell'organizzazione che dovevano restare segreti. La chiave del codice era data dalla frase: «Lunga morte». «Non era questa la chiave del codice» replicò secco, e finalmente spazientito, Calò, prima di tornarsene in gabbia. La faticosa sintassi di Pippo Calò era l'unico neo in una personalità apparentemente signorile, distaccata, modellata in fretta dalla facile disponibilità di danaro e dalla dimestichezza con gli ambienti bene della capitale.

Diverso, invece, il comportamento di Michele Greco, considerato il Papa di Cosa Nostra. Uomo di campagna, eternamente legato alle sue terre, nato gabellotto e diventato in fretta proprietario dopo aver costretto i nobili Tagliavia a far le valigie. Ricercatissimo in tutti i salotti palermitani, Michele Greco, fino al 1982, non era mai stato sfiorato da indagini di polizia. Si ritrovò invece in quel rapporto dei «162» scritto personalmente dal commissario Ninni Cassarà, tre anni prima di finire assassinato. Un Papa, Michele Greco, ma dalla personalità incolore, caratterialmente debole, a giudizio di Buscetta. Il più potente dei Padrini, ma fin quando i corleonesi ritennero opportuno tenerlo in carica. Era accusato d'aver «controfirmato» un centinaio di condanne a morte. Venne arrestato il 20 febbraio 1986. Dieci giorni dopo l'inizio del maxi. I carabinieri del gruppo 2 di Palermo lo trovarono in un casolare abbandonato sulle montagne di Caccamo, dove inizia la catena delle Madonie. Quattrocento uomini guidati dal colonnello Giuseppe De Gregorio, comandante del gruppo, dopo aver fatto visita ad alcune masserie, bussarono all'indirizzo giusto.

Era l'alba. Michele Greco che si era fatto crescere i baffi, esibì un documento falso intestato a un uomo morto alcuni anni prima. Era in pigiama, e sul suo comodino i militari trovarono la Bibbia. Ma chi era quell'anziano dall'aspetto irriconoscibile? A togliere dall'imbarazzo i carabinieri, fu il consigliere istruttore Antonino Caponnetto. Il magistrato, sospettando che l'uomo trovato nel casolare fosse proprio l'imprendibile Papa, si fece consegnare una vecchia foto segnaletica e su quel volto disegnò un bel paio di baffi. La rassomiglianza con la foto del falso documento risultò impressionante. Messo di fronte all'evidenza Michele Greco ammise: «Non state più a perdere tempo. Sono io. Ve lo dico perché vi siete comportati da gentiluomini». La mattina del 20 febbraio venne condotto a Palermo nascosto in un furgone Ford Transit seguito da un'auto senza contrassegni piena di carabinieri armati sino ai denti. Gli vennero risparmiati l'assalto dei fotografi e l'onta delle manette. Fu – comunque – un'operazione repressiva sui generis. Probabilmente i carabinieri l'avrebbero tenuta nascosta per qualche altro giorno. Senonché, proprio quella mattina, una signora dalla voce priva di inflessioni dialettali telefonò al giornale «L'Ora» suggerendo di tener libera la prima pagina. Fece riferimento a una notizia «con tanti lati» (anagramma di latitanti) e consigliò di rivolgersi alla «benemerita» per saperne di più. Il giallo della cattura di Michele Greco si trascinò stancamente per qualche mese. Poi la verità venne a galla. Ciò accadde il giorno in cui fu assassinato un giovane, Benedetto Galati, ex guardaspalle del Papa. Proprio il fedelissimo Galati lo aveva tradito consegnandolo ai carabinieri.

Michele Greco con la sua prosa colorita riuscì sempre a catturare l'attenzione dei cronisti. Venne il suo turno l'11 giugno 1986. Vestito blu, camicia immacolata, rolex in oro massiccio al polso. Ecco la sua verità: «A me mi hanno rovinato le lettere anonime. Un anonimato cieco e cattivo. Mi ha rovinato l'omonimia con i Greco di Ciaculli, mentre io appartengo ai Greco di Croceverde Giardini... La violenza non fa parte della mia dignità. Ho un mondo per i fatti miei. Un mondo fatto di piante e di campagne». E di suo nipote,

Mario Prestifilippo, giovanissimo superkiller al soldo dei corleonesi, e in quel periodo latitante? «Lo tenni a battesimo, gli regalai cinquantamila lire. E quando lo incontravo gli ripetevo spesso: mi raccomando, studia, studia... fatti strada, fatti una posizione.»
Si autodefinì un «uomo all'antica». «È una vita ordinata, la mia,» aggiunse «sia da scapolo che da sposato. Invece mi hanno descritto come un Nerone, come un Tiberio, perché il mio nome faceva cartellone, così si costruiva un mare, una montagna di calunnie contro la mia famiglia.» I carabinieri – a quel tempo – erano convinti che il Verbumcaudo, un feudo sulle Madonie di proprietà del Papa fosse stato dotato di piazzuole per l'atterraggio e il decollo di elicotteri. Si pensò che potessero servirsene i latitanti mafiosi. Michele Greco: «Appresi questa storia dai giornali. In quel periodo ero latitante e mi spostavo per le montagne a dorso di mulo. Da quel giorno soprannominai il mio somaro "elicottero". Ero abbagliato come una lepre, mentre tutti i giornali parlavano di me... ma io aspetto... so aspettare... non ho fretta anche ora in cella, non posso ricevere il cibo dalla famiglia e soffro...». Ma come mai era stato soprannominato il Papa? «Anche questo lo appresi dai giornali, signor presidente, nel 1982. All'improvviso fu fumata bianca. E da quel giorno diventai il Papa per tutti.» E il nome di Stefano Bontate gli diceva qualcosa? «Veniva nel mio feudo per allevare cani da caccia, a lui piaceva la caccia alle pernici. Lo vidi la sera prima che venisse assassinato, era calmo, sereno, non aveva paura di nulla.» Infine, un colpo d'ala: l'elenco di tutti gli ufficiali dei carabinieri che avevano una copia delle chiavi del suo feudo di Favarella, dove, secondo le accuse di Contorno, si raffinava anche eroina.

Ma per completare il quadro è utile conoscere le prime dichiarazioni di Michele Greco, affidate al suo avvocato, all'indomani dell'arresto. «Le accuse contro di me? Una valanga di fango. Conosco solo coloro che si pentono davanti a Dio. Gli altri, i pentiti, utilizzati dalla giustizia sono solo dei criminali falliti che per farla franca non esitano a raccontare calunnie e falsità... Non dico che i magistrati non debbano prenderli in considerazione, fanno il loro lavoro nel migliore dei modi... ma se alle dichiarazioni dei pentiti non seguono fatti e prove allora i pentiti vanno trattati come si trattano le lettere anonime... comunque ho fiducia che in qualche modo la verità verrà a galla anche se sono rassegnato... mi hanno arrestato, ma per me è stata una liberazione. Mi chiamano il Papa ma io non posso paragonarmi ai papi, neanche a quello attuale, ma per la mia coscienza serena, per la profondità della mia fede posso anche sentirmi pari, se non superiore a loro... Della mafia conosco solo quello che conoscono tutti. Giornali e televisione non fanno che parlar di mafia. La cupola? Io conosco solo le cupole delle chiese... Il personaggio sanguinario che mi hanno disegnato su misura è falso. Esistono i killer che sparano e commettono omicidi. Di tanto in tanto vengono presi e pagano... ma chi procura male con la penna non viene mai perseguitato dalla giustizia. La droga mi fa schifo solo a parlarne. I miei soldi sono puliti. Le mie terre sono frutto del mio lavoro e dell'eredità dei miei genitori. Non ho mai abbandonato la casa dove mi trovavo durante la mia latitanza e dove mi hanno trovato i carabinieri. Ho lavorato in campagna. Ho commerciato con il bestiame. Ho comprato e venduto vitelli. Ho letto molto, soprattutto la Bibbia...»

Nove giorni dopo – il 20 giugno – fu di scena Ignazio Salvo, il grande esattore di Salemi. Suo cugino Nino, alla vigilia dell'inizio del processo, era deceduto di morte naturale in una clinica di Bellinzona. Entrambi accusati d'appartenere a Cosa Nostra, avevano dato ospitalità nelle loro ville a Buscetta durante la sua latitanza. Ignazio Salvo, vissuto per quarant'anni nelle torri d'avorio di tanti ministeri, di tanti consigli di amministrazione, non era mai stato un mafioso in senso stretto. Mafiosi ne aveva conosciuti, e frequentati, parecchi. Con molti aveva fatto affari, anche se dei boss si era sempre definito una vittima. Al bunker non finì in gabbia, bensì nel settore riservato agli imputati agli arresti domiciliari. Doveva rispondere di associazione mafiosa.

Cosa ne pensava della sua improvvisa caduta dal solido piedistallo dell'intoccabile? «Sono qui perché qui mi ha voluto Buscetta» ironizzò il finanziere. «Non posso dire di considerarmi ostaggio dei magistrati, perché so che questo non è vero. Ma è vero che fuori da quest'aula si è imbastito un processo parallelo nel quale è sufficiente che le accuse siano ripetute perché divengano realtà. Questa società doveva godere dello spettacolo di Ignazio Salvo con le mani in catena dietro la schiena che faceva il giro delle caserme dei carabinieri.» Poi aprì una voluminosa borsa in pelle e tirò fuori alcuni documenti nel tentativo di dimostrare la limpidezza di operazioni che, invece, i giudici sapevano spericolate. Al fuoco di fila delle domande di Giordano rispose deciso: «Mai stato uomo d'onore. Mai conosciuto Buscetta. Mai conosciuto Stefano Bontate... Mai conosciuti don Tano Badalamenti e Totuccio Inzerillo. Solo un paio di volte intravidi Michele Greco, ma negli uffici di mio cugino Nino...». Buscetta? «È un bugiardo.» E ancora: «Dal giorno in cui mi ha accusato è diventato un fustigatore dei costumi. Mi ha invece accusato con malizia. Ed è diventato una specie di eroe nazionale. Viene preferito un simile soggetto a me che porto in quest'aula trent'anni di vita imprenditoriale, circondato dalla stima e dall'affetto dell'opinione pubblica».

Nei giorni caldi del loro arresto, Ignazio e Nino, si vantavano pubblicamente con i cronisti d'aver fatto e disfatto governi regionali, elargendo tangenti in tutte le direzioni, anche a sinistra. Al processo, Ignazio Salvo ebbe un ripensamento: «Sono estraneo a qualunque tipo di pressione o condizionamento nei confronti della politica siciliana. Non ho mai erogato finanziamenti a uomini o partiti politici». Sì. Erano davvero tutti galantuomini.

La parola alle vittime

Cos'accadeva, in quell'anno, alla periferia della cittadella d'acciaio e cemento? Distratti dall'evento maxi i mass media sottovalutarono, forse, alcune poderose picconate inferte al pilastro accusatorio rappresentato dall'ordinanza di rinvio a giudizio.

Esaminiamo queste date: 3 giugno. La prima sezione penale della Corte di cassazione, presieduta da un Corrado Carnevale ancora lontano dai fasti della cronaca, cancellò – al termine di una sbrigativa seduta – l'ergastolo che la Corte d'appello di Caltanissetta aveva inflitto a Michele e Salvatore Greco per la strage Chinnici. I due fratelli, secondo i giudici supremi, non potevano esser considerati i mandanti dell'uccisione del consigliere istruttore. «C'era una pista americana alternativa alle accuse di Bou Chebel Ghassan della quale i giudici di Caltanissetta non hanno tenuto conto» affermarono i magistrati. Quale fosse, però, non si seppe mai. Quel verdetto, accolto in aula bunker da un Michele Greco euforico e in gran forma, divenne da quel giorno una sorta di «vessillo garantista» che i difensori agitarono contro «la mostruosità giuridica delle delazioni dei pentiti».

22 luglio. I giudici di Reggio Calabria, assolsero in appello, con formula dubitativa, Luciano Liggio, dall'accusa d'aver commissionato l'uccisione del giudice Cesare Terranova e della sua guardia del corpo, il maresciallo Lenin Mancuso. Anche Liggio apprese la notizia in aula bunker. Si lamentò con il suo avvocato: «Questa formula dubitativa non mi piace». Incontentabile, il vecchio leone.

10 novembre. Tutti assolti i palermitani Pietro Vernengo e Carmelo Zanca, il catanese Nitto Santapaola, e un paio di personaggi minori. Non erano né mandanti né esecutori della strage di cortile Macello (quando vennero fucilate in una stalla otto persone). A pensarla così furono i giudici della seconda sezione penale della Corte d'assise di Palermo, presieduta da Giuseppe Prinzivalli. Anche Pietro Vernengo apprese la notizia in aula bunker ed esultò. Zanca e Santapaola restarono ancora per anni latitanti.

No. Non vogliamo dire che fosse in atto una congiura contro il maxi processo. Ciascuno di quei verdetti assolutori giungeva al termine di inchieste con una loro storia autonoma. E diversi erano i personaggi coinvolti. Numerosi, e di diverse città, i magistrati che emisero quei verdetti. Ma la segnalazione si impone lo stesso. Rende bene infatti il clima contraddittorio di quegli anni, testimonia l'enorme difficoltà riscontrata dalle istituzioni nel tentativo di affrontare la questione mafia. Facciamo degli esempi. Era inaspettata la sentenza di Reggio Calabria a vantaggio di Liggio?

Fu questo il commento a caldo della signora Giovanna Terranova, vedova del magistrato: «A mente fredda non potevo aspettarmi altro. L'assoluzione era nella logica delle cose. Assoluzione nel 1983 (in primo grado), assoluzione ancora oggi. Anche se questa volta – lo confesso – la richiesta dell'ergastolo da parte del pubblico ministero mi aveva aperto il cuore alla speranza... Ma diciamo la verità: le prove contro Liggio, raccolte durante l'istruttoria, erano assai labili. I giornali in quei giorni erano zeppi di studi psicologici per interpretare la natura dell'odio che secondo alcuni avrebbe diviso mio marito da Luciano Liggio. Era stata ridotta a questo l'attività di un giudice istruttore. Liggio così ebbe buon gioco...». E loro, i familiari, avevano denunciato questa situazione prima della conclusione del processo? «Come no» rispose la Terranova. «Soprattutto dopo i più grandi delitti di Palermo mi resi conto che i pochi indizi raccolti contro Liggio andavano inseriti in un contesto ben più ampio: perciò presentammo istanza chiedendo che il processo venisse rinviato a nuovo ruolo. Ottenemmo un rifiuto, rinunciammo così alla costituzione di parte civile. Se considero Liggio colpevole d'aver ucciso mio marito e Lenin Mancuso? In quelle morti ebbe certamente una responsabilità. O diede l'ordine, o diede il placet, o mise a disposizione la manovalanza...»

Buscetta confessò d'aver appreso dal boss Salvatore Inzerillo che l'agguato del 25 settembre 1979 era stato voluto da Liggio. «Sì» osservò la Terranova «ma questa affermazione è stata respinta dai giudici di Reggio Calabria. Mi aspettavo molto dal faccia a faccia Liggio-Buscetta, anche se entrambi i personaggi si sono imposti degli stop precisi oltre i quali decidono di non andare.» La Corte di Reggio Calabria si trasferì a Palermo, in aula bunker, per interrogare Luciano Liggio. Ma non concesse mai alla Corte di Palermo quel faccia a faccia fra Liggio e Buscetta che forse avrebbe riservato interessanti sorprese.

Secondo esempio: la storia di Pietra Lo Verso, moglie di Cosimo Quattrocchi, una delle otto vittime nella stalla di cortile Macello. Fu l'unica a costituirsi parte civile durante il processo. In istruttoria indicò i nomi degli assassini del marito. Confermò in aula le sue accuse di fronte ai diretti interessati. Non venne creduta dai giudici. Ma il tam tam di mafia non ebbe difficoltà a indicarla alla gente del suo quartiere come spiona, inaffidabile, pericolosa. E da quel giorno nella sua macelleria non entrò più nessuno. Non si rassegnò e scrisse al sindaco Orlando: «Nella macelleria di mio marito, dopo la tragedia, non entra più un cliente, e per pagare l'affitto del negozio ho dovuto impegnare i gioielli e cioè quattro anelli d'oro, al Monte di Pietà. Un cugino mi ha prestato sei milioni, il telefono del negozio ho dovuto tagliarlo. Ho detto la verità e non mi hanno creduta. Ricevo ancora telefonate misteriose, a casa, dove qualche sciacallo si diverte a tormentarmi. Ma non ho paura. Provo rabbia e disperazione. La stessa rabbia e disperazione che mi hanno imposto di dire la verità. Mio marito? Era un uomo buono, timido. Io lo amavo, me lo hanno ucciso senza che avesse fatto male a nessuno. Ai miei figli ho raccontato tutto, sono rimasti sconvolti. Sono piccoli, senza futuro, e hanno paura. Il più grande ha quindici anni e per far funzionare la macelleria ha dovuto abbandonare la scuola. Perché hanno ammazzato mio marito? Non lo so. Non posso capirlo. So però che se non ci fosse la mafia, a Palermo, queste cose certamente non accadrebbero. Avere io fiducia nella giustizia? Certo, anche se ora non la capisco più, davvero. Non riesco a capire più nulla».

E non era davvero facile capire il funzionamento della giustizia in quell'anno 1986. Sarebbe comunque mistificante affermare che in aula bunker tutto filò liscio. Se non altro perché una faccia del prisma mafioso, quella dei suoi rapporti con il mondo politico e imprenditoriale, restò avvolta dalle nebbie. Non valsero a nulla la determinazione e la richiesta dei familiari del prefetto Dalla Chiesa e di Emanuela Setti Carraro. Fu accolta in parte la proposta di audizione dei ministri Andreotti, Rognoni e Spadolini, avanzata dai legali. Se lo stesso Dalla Chiesa nel suo diario personale, qualche giorno prima di venire assassinato, aveva lamentato la mancanza di poteri, definendola causa non secondaria della «solitudine» in cui si ritrovava, perché non ascoltare quei rappresentanti dello Stato che quei poteri avevano preferito non concedere? E in particolare Andreotti. Com'è noto il generale si era già fatto una pessima impressione degli andreottiani siciliani fin dagli anni Settanta. E su questo preciso argomento aveva deposto nel 1973, di fronte alla prima commissione antimafia. Così, appena nominato prefetto, si presentò proprio da Giulio Andreotti annunciandogli la sua intenzione di fare un repulisti in quella direzione.

Nando Dalla Chiesa ricordò: «Gli andreottiani c'erano dentro fino al collo, fu mio padre a dirmelo. E mio padre aggiunse ad Andreotti che non avrebbe avuto alcun riguardo per i suoi grandi elettori in Sicilia. Andreotti» proseguì Nando Dalla Chiesa «replicò ricordando a mio padre che un mafioso, Pietro Inzerillo, era tornato dagli Usa in Italia rinchiuso in una bara, con in bocca un biglietto da dieci dollari». Il presidente Alfonso Giordano lo interruppe per chiedere se il generale avvertì un tono minaccioso nelle parole dell'allora ministro degli Esteri. «Mio padre ne fu colpito, questo è certo. Ebbe la sensazione che forse Andreotti considerava i "suoi" soltanto alla stregua di grandi elettori.» Il riferimento a Salvo Lima e Mario D'Acquisto, plenipotenziari della Dc andreottiana siciliana, erano chiari anche ai sassi. Disse ancora Nando Dalla Chiesa: «Fra gli esponenti politici che, ad avviso di mio padre, erano maggiormente compromessi con la mafia, egli mi fece i nomi di Vito Ciancimino e Salvo Lima».

Ci furono spaccature anche in seno alla Corte. Il pm Domenico Signorino si disse contrario con questa inconsueta motivazione: «Diamo per scontato che i pieni poteri a Dalla Chiesa non erano graditi a una certa parte della classe politica. Ma è altrettanto arbitrario rileggere il dibattito politico sull'assegnazione di quei poteri, alla luce dell'omicidio successivo». La Corte – comunque – accolse la richiesta. I ministri ottennero la gentilezza di poter deporre a Roma, evitando così un faticoso viaggio in Sicilia. Deposero a porte ch se, nella sede della Corte di cassazione. Qualcosa, naturalmente, finì col trapelare. Andreotti si difese su tutta la linea negando ogni addebito. Non era vero che Dalla Chiesa gli avesse mai parlato di mafia e politica. Non era vero che gli avesse mai nominato gli andreottiani di Sicilia. D'altra parte, garantì il ministro degli Esteri, quel colloquio non lo aveva sollecitato lui, bensì proprio Dalla Chiesa. Difese apertamente Salvo Lima dall'accusa di essere in qualche modo parte del sistema mafioso. E concluse dicendo che era un brutto vizio nella politica italiana, fin dai tempi di Vittorio Emanuele Orlando, quello di tacciare come «mafiosi» i propri avversari. Gli avvocati di parte civile accusarono a loro volta Andreotti di «falsa testimonianza».

Adoperarono questi due argomenti: cosa poteva avere spinto una persona seria come Dalla Chiesa ad annotare nel proprio diario un dialogo immaginario? E com'era possibile che quelle stesse cose Carlo Alberto le avesse raccontate a suo figlio Nando? D'altra parte l'autodifesa di Andreotti sarebbe risultata convincente se si fosse trattato solo di contrapporre la propria parola a quella di un morto. Piccolo particolare: Nando Dalla Chiesa era rimasto vivo.

Più onestamente Rognoni e Spadolini ammisero di aver parlato con Dalla Chiesa proprio dello scabroso argomento mafia e politica. Lo tranquillizzarono, lo invitarono ad andare avanti perché lui era un «prefetto della Repubblica».

Ma cosa accadde veramente quella notte del 3 settembre a Villa Pajno? Gli uomini dei Servizi segreti – è documentato – giunsero sul posto con molto anticipo rispetto ai magistrati. Questo zelo complicò le cose. C'erano infatti ottimi motivi per ritenere che Dalla Chiesa, seriamente preoccupato, conservasse documenti molto delicati, perfino utili all'individuazione dei suoi eventuali assassini. Quella notte i familiari cercarono invano la chiave della sua cassaforte. Giorni dopo la trovarono, ma dentro un mobile che avevano già ispezionato personalmente. Il forziere – naturalmente – era vuoto. Solo qualche oggetto di nessuna importanza. Il giallo non fu mai chiarito. Eppure, Antonia Setti Carraro, mamma di Emanuela, nel suo libro *Ricordi, Emanuela* (Rizzoli, Milano 1988) ha riferito una circostanza molto inquietante. Emanuela raccontò a sua madre: «Carlo è un po' nervoso e preoccupato; ma non vuole farlo capire, desidera che i suoi figlioli siano tranquilli. Il lavoro si è accumulato in questo periodo, le lettere minatorie piovono sul tavolo della Prefettura. Carlo me ne parla e mi dice: "Qualsiasi cosa dovesse succedermi, corri subito dove tu sai e ritira quello che sai". Mi sento morire. Non voglio lasciarlo un momento. Se dovesse succedere qualcosa voglio essere con lui».

La Corte – evidentemente – non diede peso processuale a questa testimonianza.

Morire a undici anni

C'era un modo per rimescolare le carte, dimostrando al mondo intero che se lo Stato era in grado di organizzare il maxi processo la mafia non per questo batteva la fiacca, e anzi era sempre capacissima di colpire chi, dove, e quando voleva? Far strage dei familiari dei pentiti era un po' più complicato visto che le misure di sorveglianza si erano fatte più strette, ed era controproducente ai fini della strategia processuale. Non si poteva riaprire la pagina dei delitti eccellenti perché questo avrebbe provocato l'inasprimento delle istituzioni e la sentenza ne avrebbe risentito. Occorrevano insomma mesi di buona condotta: 464 detenuti rischiavano condanne pesanti, era un pezzo di città che andava tutelato dall'esterno evitando colpi di testa e iniziative clamorose. Ma una risposta si imponeva lo stesso. E la risposta – agghiacciante, belluina, imprevedibile – giunse puntualmente in una sera d'ottobre ancora calda, in una borgata a poche centinaia di metri dalla Palermo bene. A San Lorenzo, indiscusso territorio dei clan corleonesi, fra casermoni in cemento armato e casupole che sopravvivono all'agonia della vecchia e popolosa borgata. Quasi una scheggia tortuosa e molesta in una città nuova tutta protesa verso grattacieli ed eroina, dove stalle, tuguri e videocitofoni convivono con apparente naturalezza. Mancavano pochi minuti alle ventuno del 7 ottobre.

Un bambino di undici anni, Claudio Domino, si avviava verso casa con due amichetti della sua età con i quali aveva trascorso il pomeriggio. Si fermò davanti alla cartoleria mentre sua madre, la titolare, stava chiudendo. Fu proprio lei, ricordandosi di esser rimasta senza pane per la cena, a spedire il piccolo al panificio più vicino. Uno dei suoi compagni, Giuseppe, volle accompagnarlo mentre Claudio affrettò il passo al pensiero che a casa lo aspettava il nuovo Commodore 64. Ecco Claudio e Giuseppe sulla via del ritorno quando si affianca al marciapiede una potentissima motocicletta Kawasaki.

«Ehi, tu vieni qua» dice il centauro. Claudio si avvicina, fa appena in tempo ad ammirare estasiato quel bel mostro d'acciaio a due ruote. E si distrae dal mostro vero, che con gesti lenti tira fuori una pistola calibro 7 e 65 e gli spara un colpo solo alla fronte. Claudio cade stecchito, come un passerotto. Il killer della mafia, uno dei tanti, riabbottona il suo giubbotto in pelle, abbassa la visiera del casco ultraregolamentare e, compiuta la missione, se ne va via, così com'era venuto, anonimo, imprendibile. Giuseppe

intanto col cuore in gola, piangendo disperatamente raggiunge la
cartoleria: «Hanno ammazzato Claudio, hanno ammazzato Claudio...». Antonio Domino di trentacinque anni e Graziella Accetta
di trentaquattro, i genitori, si precipitano in via Fattori dove la iena
mafiosa ha appena lasciato il segno. Raccolgono Claudio che perde copiosamente sangue dalla fronte. L'inutile corsa in ospedale
dove ai medici non resta che costatare il decesso.

A San Lorenzo, quella notte, si alternarono scene di terrore a
svenimenti dei passanti, e le luci restarono accese fino all'alba in
casa Domino. Luci accese alla Squadra mobile, con gli uomini
della sezione omicidi alle prese con questo nuovo e struggente
rompicapo. Tutto, al cospetto di quel corpicino senza vita, sapeva
di abnorme, di sproporzionato. Chissà se si chiama *morgue* anche
quando è un bambino di undici anni a finirci dentro. E che potevano dire gli archivi? Cosa poteva saltar fuori da fascicoli zeppi di
precedenti che ricordano assassini e vittime che non sono bambini? E come far «quadrare» la morte del piccolo Claudio in uno
schema, che fosse plausibile, di cause ed effetti, di moventi e di
scenari, in una parola, in uno schema criminale dotato di una sua
logica? Era impresa disperata. Così, nei giorni del dopo tragedia, le
ipotesi si moltiplicarono. Punto di partenza dell'indagine, la famiglia Domino. I suoi interessi, le sue attività, le amicizie e le parentele. I Domino erano benestanti. Antonio, venuto dal nulla, impiegato alla Sip e sindacalista, era riuscito ad aprire una piccola
cartoleria, poi, insieme alla moglie, due imprese di pulizia. Una
delle due, La Splendente, qualche mese prima aveva vinto l'appalto per i lavori di pulizia all'interno dell'aula bunker. Per un attimo
sembrò questa la chiave del mistero.

Si parlò di richieste che le famiglie mafiose avrebbero fatto al
papà del bambino. Del tipo: «Assumi uomini nostri alla Splendente». Oppure: «Mettici in contatto con questo o quell'imputato, o
porta dentro questo pacchetto senza chiederci cosa contiene». Si
favoleggiò anche di un interesse della mafia a conoscere la mappa
dei sotterranei dell'aula bunker, magari in preparazione di un
attentato. Antonio Domino, fin dal giorno dell'uccisione di Claudio, negò sempre, con molta decisione, d'aver subito pressioni di
questo tipo. D'altra parte era impensabile utilizzare la sua impresa
come cavallo di Troia: ogni operaio che entrava in aula bunker
veniva sottoposto a controlli personali rigidissimi. Più in generale
ogni nominativo veniva passato al vaglio per accertarsi che in quel
ramo genealogico non comparisse mai il tarlo della mafia. Lo sgo-

mento e la rabbia, intanto, si erano diffusi a macchia d'olio. Secondo un sondaggio del quotidiano «la Repubblica», l'uccisione del bambino era il fatto di cronaca che aveva maggiormente colpito gli italiani nel 1986. Così, ventiquattr'ore dopo, radio mafia emise il suo primo comunicato ufficiale, spezzando la regola che la mafia non rivendica e non si dissocia. Chiese di parlare in aula bunker Giovanni Bontate, fratello di don Stefano Bontate, a nome del popolo delle gabbie. Prese le distanze da quel delitto. Espresse «orrore e pietà». Protestò «contro gli attacchi indiscriminati di certa stampa verso gli imputati di questo processo... contro le vili e infondate accuse. Siamo uomini, abbiamo figli, comprendiamo il dolore della famiglia Domino... rifiutiamo l'ipotesi che un atto di simile barbarie ci possa sfiorare...». E chiese al presidente Giordano «un minuto di raccoglimento». «Il modo migliore di commemorare Claudio» tagliò corto il presidente «è continuare a svolgere questo processo senza interruzioni.»

Quanti sforzi interpretativi si fecero a Palermo per decifrare quel messaggio di terrore! Gli esperti conclusero che i vertici di Cosa Nostra avevano deciso di eliminare gli assassini di Claudio. Guadagnò quota la tesi che a far fuoco fosse stato un tossicodipendente o un rapinatore del vicino quartiere Zen, dove le cosche non hanno mai avuto una loro rappresentanza. Era un modo, anche se inconscio, di alleggerire Cosa Nostra da un fardello emotivamente più gravoso di quelli che già pesavano sul maxi processo? Fatto sta che parecchi mesi dopo si sarebbe sparsa la voce che gli autori del delitto, appartenenti a una famiglia di San Lorenzo, erano stati silenziosamente giustiziati. Si disse che nell'estate 1986 Claudio aveva assistito a un doppio sequestro di persona (che effettivamente si era verificato). E ne aveva riferito al padre. Secondo altre voci aveva notato in un retrobottega strane operazioni con provette e alambicchi. Nell'uno, come nell'altro caso, alla tesi della punizione esemplare verso il padre responsabile di un rifiuto troppo deciso, si preferì quella del bambino-testimone. C'è di più. I genitori del bambino, fin dal primo giorno, negarono la matrice mafiosa del delitto. Anche quest'atteggiamento fece discutere molto fra gli addetti ai lavori e gli investigatori. Qualche giornale scrisse che addirittura Antonio Domino, mesi dopo l'uccisione di Claudio, fu prelevato di notte, portato in un garage fuori città e messo di fronte all'evidenza che gli assassini del figlio erano stati tolti di mezzo. Nei rapporti di polizia fu espressa la convinzione che nessuno dei protagonisti di quella storia rimase vivo.

XV

In nome del popolo italiano

Un benefico acquazzone

Il 1987 non fu anno di eventi clamorosi, ma fu un anno denso di polemiche violentissime. Sul fronte giudiziario ci fu quella vera e propria bomba a orologeria rappresentata dalle dichiarazioni di Leonardo Sciascia contro i «professionisti dell'antimafia» e la conseguente levata di scudi dei diretti interessati. Sul piano politico, in pieno agosto, la nascita della giunta Orlando, quel pentacolore che avrebbe mandato fuori dai gangheri gli esponenti del vecchio pentapartito e in particolare Claudio Martelli. Giunse a sentenza il processone, e le condanne fioccarono pesanti. Subì colpi durissimi il braccio militare di Cosa Nostra, continuò a godere invece di ottima salute quel personale paramafioso – potremmo chiamarlo così – presente nelle istituzioni e nelle stanze dei bottoni. E fu anche l'anno in cui la mafia mise a segno solo un paio di delitti, prima di scatenarsi con il tiro al piccione contro i detenuti che uscivano dal bunker perché baciati in fronte da un'assoluzione con formula piena o per scadenza dei termini di custodia. Fu l'anno in cui la curva del rinnovato impegno dello Stato cominciò a scendere precipitosamente. I magistrati antimafia stavano già facendo il loro tempo.

Avevano stufato. Avevano stufato con quella maledetta determinazione di dar l'assalto al cielo, gradino dopo gradino, pentito dopo pentito, intervista dopo intervista, magnificando un pool che a molti, a troppi, dentro e fuori la magistratura, non era mai andato giù. Nessuno lo diceva apertamente: ma se quei giudici dell'Apocalisse avevano avuto il coraggio di sbattere nell'ordinanza i nomi di politici insospettabili, imprenditori cavalieri e gentiluomini, solo per indicarne le «responsabilità morali», quali garanzie si potevano avere di discrezione e autocensura? Fu proprio questo l'interrogativo che in quel 1987 attraversò tanti Palazzi del potere siciliano. C'era la paura, anzi il terrore, che a quei giudici l'appetito fosse venuto mangiando. Che non si fossero appagati d'aver violato la soglia di Cosa Nostra e ora si fossero messi in testa di dare un'occhiatina anche nel retrobottega. Se avessero compiuto il passaggio successivo dalle «responsabilità morali» a quelle «penalmente perseguibili» dove saremmo andati a finire? E provvidenziale come un prolungato acquazzone dopo anni di siccità era giunto quel discorso di Sciascia che tutti, anche gli analfabeti di borgata, recitavano a memoria, nuovo Vangelo da schiaffare in faccia a quei mangiapreti dei magistrati.

Un Vangelo scritto in una lingua perfetta. Scritto da un autore colto che di mafia ne sapeva. Che anzi aveva educato schiere di giovani, con i suoi romanzi, a conoscerla e diffidarne. Quindi con ottimi titoli per dire la sua e farsi ascoltare. Un Vangelo anche facile da consultare, un Bignamino condensato quanto poteva esserlo quella terza pagina del «Corriere della Sera», del 10 gennaio 1987. L'occasione era ghiotta. I giudici finivano quasi per incanto di essere «eroi», «fedeli servitori dello Stato», «eredi di Chinnici», «avamposto coraggioso in territorio nemico», «rappresentanti di pezzi delle istituzioni che non scendono a patti» e chi più ne ha più ne metta. Sciascia finalmente li derubricava, chiamandoli come andavano chiamati: «professionisti dell'antimafia», «strumento di potere», rappresentanti di un'antimafia che «non consente dubbio, dissenso, critica». E se Sciascia, male informato – come poi lui stesso avrebbe ammesso – indicava in Paolo Borsellino (andato nel frattempo a dirigere la procura di Marsala senza grandi requisiti di «anzianità») e nel sindaco Orlando, la personalizzazione vivente di questa macroscopica stortura, che male c'era?

Indovinello (con facile soluzione): quale poteva essere il giornale furbo come una volpe da scrivere in tempi record di averla sempre pensata come Sciascia? È elementare: «Il Giornale di Sicilia». Ecco due righe di un editoriale del 14 gennaio 1987 pensate e scritte come si pensa e si scrive un epitaffio: «L'antimafia-spettacolo è alle lacrime, agli ultimi sospiri, le sue carte scoperte. E come faceva Francesca Bertini viene giù con le tende alle quali si è aggrappata». Si moltiplicarono come funghi i garantisti del capello spaccato in quattro, gli avvocati furbacchioni che si trovavano una traccia bella e pronta per le loro arringhe, le signore palermitane infastidite da tutto quel fracasso di sirene e auto di scorta, i nemici del Pci, «partito delle manette», persino qualche vecchio comunista e sindacalista che protestava inacidito contro la «via giudiziaria al socialismo»; legioni di democristiani che non avevano perdonato mai l'amico Rognoni per aver firmato quella legge forcaiola voluta da La Torre. E tanti altri ancora. I socialisti, per esempio, gli stessi che sei mesi dopo si sarebbero scagliati contro la neonata giunta Orlando, con il miraggio di acchiappare due piccioni con una fava.

Figurarsi! Era diventato sciasciano persino Aristide Gunnella, big repubblicano in Sicilia che per quarant'anni aveva tenuto la candela alla Dc peggiore. Erano diventati sciasciani Salvo Lima e D'Acquisto, e si capisce. E quanti gli sciasciani anche fra la legione dei magistrati al Palazzo di giustizia! Un ampio campionario. C'erano i giudici insabbiatori. Quelli che da anni tengono i fascicoli «aperti», «perché non si sa mai». E che non hanno mai scritto una requisitoria di spessore. O quelli che alle domande dei cronisti su mafia e politica cascano sempre dalle nuvole perché «al nostro ufficio non risulta, non è giunta nessuna segnalazione». E i magistrati parrucconi fedeli alla litania che «il giudice non è contro nessuno». Pronti però ad assaporare quegli scatti di carriera che la tesi di Sciascia, a favore dell'anzianità, tornava a rendere attuali, dietro l'angolo. Sì. Poi c'erano anche i picciotti di borgata, quelli a bordo delle Kawasaki e delle Bmw, che si dicevano «d'accordo con lo scrittore». Chissà cosa ne avrebbe pensato dell'espressione «professionisti dell'antimafia» il killer di Claudio Domino, se qualcuno non avesse pensato di farlo sparire prima.

Così era Palermo in quei primi mesi del 1987. Un gran parlare, un gran ripetere, un modo come un altro, comunque, per distrarsi dall'aula bunker e da quel processo ancora in corso. E della tesi di Sciascia piaceva soprattutto quel privilegiare l'anzianità che avrebbe dovuto far premio sui meriti acquisiti sul campo, sulle professionalità individuali che in quegli anni si erano accumulate. In una parola: l'antimafia come scorciatoia per la carriera, come dottrina giuridica di seconda classe.

I primi a replicare con sdegno furono i giovani del coordinamento antimafia ricordando che, fino a prova contraria, nessuno aveva fatto «carriera», semmai c'era stata una lunga sfilza di morti. Nella foga polemica definirono Sciascia un «quaquaraquà», adò-

perando un termine dispregiativo utilizzato da'
Giorno della civetta. E si beccarono bacchettate sulle
del «Giornale di Sicilia» perché colpevoli di «mancanza
to» verso lo scrittore siciliano. È in quell'occasione che il quoti
diano li schedò tutti in prima pagina, uno per uno, con nome
cognome professione e data di nascita. Tacquero Borsellino, Caponnetto e Falcone. Respinsero l'insinuazione, fra gli altri, i giornalisti
Giampaolo Pansa e Corrado Stajano. Raccolsi qualche parere per
il mio giornale nelle polemiche di quei giorni. Si pronunciarono i
livelli intermedi della magistratura palermitana e alcuni componenti dei due pool. Il coro fu unanime: «Sostituto procuratore ero
e sostituto procuratore sono rimasto. Non mi pare che le indagini
antimafia diano diritto a scivoli particolari».

Qualche mese dopo Sciascia ebbe modo di chiarire, in un'intervista concessa alla rivista cattolica palermitana «Segno», che i
quotidiani avevano volutamente distorto la sua posizione forzando
nella titolazione degli articoli. Ma ormai la frittata era fatta.

Palermo in mano ai Gianburrasca

Ma chi era il sindaco Leoluca Orlando? Prima di rispondere proviamo a capovolgere la domanda: chi erano stati i sindaci di Palermo prima di lui? Come appariva al «non addetto ai lavori» il
municipio, quel Palazzo delle Aquile, all'interno del quale si sono
sempre consumati tanti patti scellerati? È necessario un passo
indietro, fino al settembre 1969. Seduto su quella poltrona di primo
cittadino, un democristiano che oggi non ricorda più nessuno. Si
chiamava Franco Spagnolo, aveva iniziato come monarchico e si
era ritrovato nella Dc. In un vecchio libro, intitolato *Cronache con
rabbia* (SEI, Torino 1995), Giampaolo Pansa accluse anche quest'intervista che gli fece da inviato del «Corriere della Sera». Rileggia-
mone i passi più significativi. Prima domanda del giornalista: «Signor
sindaco, chi conta di più a Palermo: lei o la mafia?». Risposta («con
voce stanca»): «Dottore mio, senta, ho già fatto dei colloqui con
la commissione antimafia e ho già reso delle dichiarazioni dicendo
che per me la mafia non esiste, non esiste nel modo più assoluto.
Loro, quelli dell'antimafia quasi quasi si mettevano a ridere. Ma io
ho aggiunto, se riconoscessi l'esistenza del fenomeno mafioso, non
farei che denigrare la mia città, e quel poco di turismo che c'è

ancora a Palermo scomparirebbe». Pansa: «Ma allora signor sindaco, lei, per non danneggiare Palermo, finge di pensare che la mafia
non esiste. È così?». Spagnolo: «Questo è un commento che fa lei,
io non aggiungo niente. Dico soltanto che l'antimafia ha un unico
obiettivo: scoprire una cosa che non c'è! La mafia non esiste più,
parliamo piuttosto di delinquenza organizzata che si trova dappertutto, e non capisco perché si debba indagare su quella di Palermo
e non su quella di altre città italiane, Torino, Milano o Roma».
Andiamo avanti.

Pansa ribadì con questa lunga domanda: «Va bene, parliamo
di delinquenza organizzata. Lei, signor sindaco, conosce certamente i duri rapporti sulla sua città che l'antimafia ha inviato alla
presidenza delle Camere. Lei sa pure che dopo la strage di Ciaculli la segreteria siciliana del Psi scrisse: "Il punto di forza delle cosche
è nell'amministrazione comunale di Palermo". Lei ricorderà, infine,
che un giovane consigliere comunale democristiano, Alberto Alessi, figlio dell'ex presidente della Regione, ha sostenuto in consiglio
che fra il 1956 e il 1966 l'amministrazione comunale di Palermo è
sempre vissuta ai "margini del lecito". Che cosa ne pensa? Esistono
rapporti fra delinquenza organizzata e amministratori o funzionari
del Comune?». L'immacolato sindaco garantì: «Lo escludo. Anche
prima di oggi, credo che nulla di ciò sia accaduto. Oggi, comunque,
no! No davvero! Se avessi riscontrato fatti di questo tipo, me ne
sarei andato senza pensarci un momento, non starei certo qui a
sedere su questa sedia...». E così via.

Tutti i sindaci di Palermo, dal dopoguerra in poi, chi più chi
meno, sia che vestissero i panni della comparsa sia quelli del protagonista, l'avevano sempre pensata come l'ex monarchico Spagnolo
diventato democristiano. A Salvo Lima e Vito Ciancimino, naturalmente, va riconosciuto il copyright di questa summa teologica
raccolta da Pansa nel lontano 1969. Ci sarebbe ricascato, anche se
con una dose di buona fede che fu inevitabilmente sommersa dalla
durezza delle polemiche per il «dopo Dalla Chiesa», il sindaco
Nello Martellucci, quando affermò che «fra i doveri istituzionali di
un sindaco» non c'è quello di arginare la controffensiva mafiosa.
Eccezioni alla regola? Un paio. Elda Pucci e Giuseppe Insalaco,
entrambi liquidati dai franchi tiratori democristiani, appena mos-
sero i primi passi, gettandosi a capofitto nel sottobosco degli appalti convinti di poter adoperare il machete. Per il resto veniva quasi
da esser lapalissiani: la mafia era diventata così forte perché a Palermo, per quarant'anni, non era stata neanche nominata. Abbiamo

visto quanto fossero sapientemente sterilizzate persino le relazioni dei procuratori generali che davano il via ad anni giudiziari sempre più uguali a sé stessi. Certamente il campanello d'allarme non poteva esser suonato dagli inquilini del Palazzo delle Aquile. Se la guardia dormiva perché doveva essere il ladro a darle la sveglia? Ma se le guardie si svegliano che può succedere? Ciò che accadde con Orlando, che ladro non era. Faccione da bambino, ciuffo di capelli sempre in giù sulla fronte, studi ad Heidelberg, tre lingue, oltre l'italiano, dopo sindaci che usavano il siciliano come «lingua ufficiale», e invitato dal borgomastro di Berlino alle cerimonie per il 350° anniversario della fondazione della capitale tedesca, «Leoluca» – come lo chiamano gli amici – è stato il primo sindaco di Palermo che non ha mai avuto altro da perdere che la propria dignità. Il che può darti una forza smisurata. Battitore libero non per vocazione, ma per disinteresse. Di estrazione morotea. Legato politicamente ai Mattarella, il Piersanti ammazzato dalla mafia, e il Sergio che cercava di ripulire la Dc siciliana. Voluto su quella poltrona da De Mita, che purtroppo poi se ne sarebbe dimenticato.

L'avevo conosciuto (giornalisticamente) ai tempi della campagna contro i missili a Comiso. Allora era solo uno dei quaranta e più consiglieri democristiani al Comune. Ma fu l'unico a pronunciarsi contro l'installazione dei Cruise richiamandosi idealmente alle battaglie per la pace del sindaco di Firenze La Pira, a Dossetti e Sturzo. Colsi sin da allora che questo democristiano parlava un'altra lingua. Detto per inciso non appariva arrogante, al cospetto dei suoi colleghi che invece, considerandosi «arrivati» per aver arraffato tot preferenze, non rispondevano al saluto, si consideravano tanti padreterni in sedicesimo abituati a ripetere ai cronisti «tu devi scrivere che...» e così via pontificando. Ma il nocciolo duro, la consistenza della spina dorsale di Orlando, si sarebbe vista più tardi, alla vigilia delle elezioni politiche del 1987. Da sindaco di un pentapartito, affermò, senza tanti complimenti, che i socialisti si sarebbero avvantaggiati del voto mafioso in alcune borgate di Palermo. Si scatenò un putiferio. I socialisti strillarono indignati, ma il voto elettorale a Palermo diede ragione a Orlando. Questo grande affronto non gli fu mai perdonato dal partito di via del Corso. E il 20 giugno 1987 il Gianburrasca, che aveva osato rompere una regola elementare del quieto vivere fra le segreterie dei partiti, fu costretto a dimettersi.

Un mese prima lo avevo incontrato nella Sala Rossa del municipio, per un'intervista pubblicata da «Grandevù», il mensile dei

Verdi palermitani, fondato dalla fotografa Letizia Battaglia in seguito nominata assessore alla Vivibilità nella giunta esacolore, sempre con Orlando sindaco. Orlando affermò esattamente il contrario di quanto aveva detto Spagnolo diciotto anni prima. Era una sera di maggio, e spirava vento di scirocco. L'orologio a pendolo della Sala Rossa segnava l'una di notte. In anticamera, il morale era a zero. Gli uomini della sua scorta, i commessi, i vigili urbani, i portinai mostravano facce disfatte per il caldo e per i ritmi di lavoro troppo stressanti imposti dal «nuovo sindaco». Orlando invece, a parte il viso buono e qualche ruga in più, dimostrava i soliti nervi d'acciaio. Disse subito: «Palermo è sempre stata capitale della mafia. E non provo soddisfazione nel fare quest'affermazione. Ma voglio esprimere l'orgoglio per la sua capacità di essere anche capitale dell'antimafia.» E le cannonate di Sciascia contro i professionisti dell'antimafia? «Ebbero il merito di far esplodere tanti bubboni, tanti luoghi comuni.» In che cosa erano state controproducenti? «Qualcuno, per nulla nemico della mafia, e per di più digiuno di lingua italiana ha creduto di vivere un momento di gloria.» E lui non aveva mai ricevuto telefonate di Lima o di mafiosi? «I mafiosi» replicò «se necessario salgono le scale, e hanno le facce che si vedono normalmente nelle aule dei tribunali.» Era una maniera elegante per ammettere che quest'attenzione si era manifestata? «È una rete di vischiosità e interessi abituata – nel passato – a trovare coperture anche nell'amministrazione comunale.» Lui era sindaco di una città dove centinaia e centinaia di famiglie erano finite sotto processo. Evitò toni demagogici. Non volle accattivarsi la simpatia di nessuno: «Migliaia di persone dovranno prender atto che una fase si è chiusa per sempre e dovranno esser capaci di reinserirsi dedicandosi ad attività sane e lecite». Orlando parlava chiaro.

Troppo chiaro per chi fa politica a quel livello, verrebbe voglia di dire. Il resto è noto: il 15 agosto 1987, contro ogni previsione, nonostante l'anatema di Martelli, Orlando avrebbe dato vita alla giunta scandalo (Dc, cattolici di Città per l'Uomo, Verdi, socialdemocratici e un indipendente di sinistra – Aldo Rizzo – vicesindaco).

L'ultimo dei Di Cristina

Ricordate il boss Giuseppe Di Cristina che nel 1978 era andato a spiattellare tutti i suoi segreti ai carabinieri? E che successivamente la mafia aveva assassinato per punirlo della sua infamità? Giuseppe aveva tre fratelli: Angelo, Antonio e Salvatore. Vivevano tutti a Riesi – allora sedicimila abitanti, migliaia di emigrati –, dove ogni famiglia aveva un parente negli States che annualmente andava e veniva e portava di tutto. E anonimi corrieri dell'eroina, magari un paio di volte nella vita. Così qualche maligno era solito ripetere: «La loro America i Di Cristina l'hanno trovata qui, senza andare molto lontano». Voci forse prive di fondamento.

Angelo, considerato l'erede naturale di don Beppe, insegnava alla scuola media Carducci di Riesi e dovette convivere con in testa le schegge di cinque proiettili, ricordo dell'agguato mafioso che il 7 marzo 1980 lo aveva quasi ridotto in fin di vita. Salvatore, impiegato di banca, non aveva mai legato con i suoi familiari e si era sempre tenuto alla larga da ogni traffico. Restava Antonio Di Cristina, anche lui insegnante, quarantanove anni, ultimo rampollo di una famiglia che aveva fatto fortuna negli anni Sessanta e Settanta. L'ultimo a sapere tante cose, a essersi fatto un'idea precisa dell'accanimento dei corleonesi contro la sua famiglia, l'unico ormai capace di tentare una controffensiva, sempre che ne avesse avuto ancora la voglia. Ma aveva rinunciato a propositi di vendetta, preferiva impiegare il suo tempo nell'insegnamento, si accontentava del suo ruolo di piccolo intellettuale di paese, rispettato e temuto senza bisogno di particolari sforzi ma solo grazie a un cognome che metteva spavento.

Dopo la morte di Giuseppe, e ancor di più in seguito all'agguato ad Angelo, Antonio aveva avuto un attimo di sbandamento e si era tappato in casa, uscendo solo se indispensabile, e sempre con un codazzo di guardaspalle fidati. Poi, col tempo, si era rassicurato, aveva ritrovato coraggio, convinto che ormai il peggio fosse passato. Esile, sobrio, tanto quanto Beppe era massiccio e di maniere rudi, Antonio era considerato in paese la mente politica della famiglia. Autorevole capocorrente democristiano, ossessionato dall'impresa complicata di riunificare lo scudocrociato di Riesi a quei tempi dilaniato in almeno tre spezzoni, per anni sindaco e per anni vicesegretario provinciale del partito, l'ultimo dei Di Cristina coltivava solo un hobby: l'organizzazione di banchetti pantagruelici, nella sua casa di campagna alla periferia di Riesi, con gran folla di burocrati, funzionari, medici, operatori sanitari e impiegati delle Usl. Le occasioni dei festeggiamenti andavano da una cresima a un battesimo, da un'assunzione a una promozione che il professor Di Cristina – fra un'ora e un'altra di insegnamento – aveva in qualche modo favorite se non addirittura determinate. «Quando si muoveva lui» ricordavano a Riesi «sembrava che si portasse dietro l'alone di una famiglia che aveva fatto e disfatto la politica dalle nostre parti.» Simile in questo a don Paolino Bontà, con la differenza che il primo arrivava anche a palcoscenici regionali e romani, Antonio restava nel chiuso del suo orticello di paese. E possedeva anche due requisiti che lo aiutavano a vivere serenamente: non aveva mai avuto guai con la giustizia, e soprattutto non ostentava ricchezze bancarie, né smisurati appezzamenti di terreno.

Il 7 settembre 1987, poco dopo le venti, i killer dei corleonesi dimostrarono ancora una volta che fidarsi è bene ma non fidarsi è meglio: perché rischiare che Antonio coltivasse qualche proposito vendicativo? Lo trovarono facilmente. Il professore stava consumando una bibita al bar del circolo Unione, nella piazza principale. Dieci colpi di pistola (tutti andati a segno). Almeno un centinaio i testimoni. Qualche giorno prima dell'agguato, sui muri della casa di campagna di Antonio era comparsa questa strana scritta: «Quattro meno due uguale zero, zero, zero, zero». Scritta apparentemente esoterica, in realtà dal significato chiarissimo: una volta eliminato Antonio, volevano dire gli strani visitatori notturni, dei quattro Di Cristina non resteranno che quattro zeri. Angelo ormai sopravviveva a se stesso, da Salvatore non poteva venire alcun pericolo. Esatto: i Di Cristina? Ormai quattro zeri. Un'altra famiglia di mafia era stata cancellata. Ma una volta che la spirale dell'odio si avvita inesorabilmente ogni senso della misura risulta essere un impiccio superfluo.

E ricordate Mario Prestifilippo, il superkiller che a ventinove anni aveva già compiuto una quarantina di delitti? Quando era stato battezzato il buon Michele Greco gli aveva regalato cinquantamila lire e una catenina d'oro. Mariuzzo però di farsi una posizione, come il Papa raccontò di avergli suggerito, non volle saperne. E mentre la sua famiglia, al gran completo, era alla sbarra in aula bunker, scorrazzava per Palermo da un nascondiglio all'altro, senz'altra precauzione che la sua 38 special, Smith and Wesson, caricata con pallettoni a espansione. Fino alla sera di quel martedì 29 settembre, lungo la strada fra Bagheria e Baucina.

Mariuzzo era a bordo del suo Vespone, aveva con sé una carta d'identità falsa, e della biancheria pulita che stava trasportando da un covo all'altro. Quella sera, poco prima delle venti, entrarono in azione almeno una decina di killer. Non c'erano infatti dubbi che se questo Billy the Kid di Cosa Nostra avesse fatto in tempo a metter mano alle armi avrebbe certamente lasciato secco qualcuno dei suoi aggressori.

In una stradina interpoderale due auto costrinsero il Prestifilippo a fermarsi contro un muro. I killer ne fecero scempio. Adoperarono fucili a pompa. Gli spappolarono la mano destra, per impedirgli di usare la 38. Poi, dopo averlo colpito in più parti del corpo, gli spararono una fucilata infilandogli la canna fra il casco da motociclista e la gola. E addio Mariuzzo.

Anche la mafia ha un cuore

Solo questi due delitti turbarono quell'anno l'andamento del maxi processo. Delitti certamente inevitabili, se è vero che in quel periodo la mafia dava prova di buona condotta in attesa del giorno del gran giudizio. Certo: come abbiamo visto attraverso l'eccezione rappresentata dal caso Domino, la mafia non era abituata ai proclami scritti, non rivendicava né si dissociava. Ma i segnali li sapeva lanciare, eccome! Se era impensabile un proclama che suonasse pressappoco così: ragazzi, da oggi non si spara più, perché prima dobbiamo vedere come va a finire questa cazzata del maxi processo, si poteva almeno offrire un ritratto inedito, rassicurante e persino struggente dei suoi grandi capi. Quelli, naturalmente, finiti dietro le sbarre.

Sapete che faceva Luciano Liggio mentre il processo andava inesorabilmente verso il suo epilogo? Dipingeva. Sì. Lucianeddu, accusato di essere il numero uno del clan dei corleonesi – lo stesso gruppo che aveva massacrato l'ultimo dei Di Cristina e Prestifilippo – nella cella dell'Ucciardone scoprì un'irrefrenabile vocazione artistica, dopo essersi abbonato alle dispense *Leonardo* che insegnano abc e tecnica del mestiere di pittore.

Che rumore, in quei giorni, all'Ucciardone! Erano commossi i detenuti. Non credevano ai loro occhi le guardie carcerarie, perfino il direttore del penitenziario Orazio Faramo, era diventato orgoglioso di questo detenuto modello. Che paesaggi, che belle campagne siciliane e che tramonti! Forse qualche deserto di troppo, mai un volto o una figura umani, ma quale sarebbe quel critico d'arte tanto mascalzone da applicare i canoni di mafia e antimafia a un talento come quello che si stava facendo largo in un ambiente così sordido? E poi – spiegava paziente in quei giorni il suo avvocato Salvatore Traina – Liggio aveva dipinto anche un bel mazzo di rose rosse per quella signora di Perugia, misteriosa e fugace ma ricorrente apparizione nella sua vita dietro le sbarre. «Un Liggio» aggiungeva Traina «che si rinnova meravigliando tutti. Si rinnova, si rinnova, Liggio, e il suo ingegno è indiscutibile. Dietro la maschera che hanno rappresentato i giornali ho scoperto un cuore che palpitava, un cuore particolarmente sensibile. Ecco perché lui, dei giornalisti, ha una profonda disistima. Cosa pensa dei giudici? No. Loro non li odia. Ne attende sereno il giudizio.» E se poi qualche cronista petulante insisteva per saperne di più sulla scuola artistica di appartenenza l'avvocato tagliava corto: «A metà fra il realismo e il divisionismo: potremmo definirlo così il Liggio pittore».

Forse Liggio commise anche qualche eccesso da autodidatta che scopre troppe cose in un arco di tempo troppo breve. E all'immagine del Liggio pittore i suoi difensori aggiunsero anche quella del gran divoratore di filosofia orientale. Prediligeva soprattutto i sacri testi dell'induismo dei Veda, e il Tao Te Ching, il magico libro della via e della virtù... anche tanto Dostoevskji... Tolstoj... e, fra una lettura e un'altra, fra una tela e l'ora d'aria, persino la scrittura di qualche poesia di cui «era gelosissimo». A Traina ne fece leggere una sola «quella dedicata al giornalista Enzo Macrì» che qualche mese prima gli aveva fatto un'ampia intervista per un settimanale... Della serie: anche i padrini hanno un cuore.

Michele Greco, invece, continuò a leggere la Bibbia. E a Catania, durante il processo d'appello per la strage Chinnici, si concesse una seconda volta all'assalto dei cronisti. Si considerava perseguitato dalla stampa, simile in questo proprio a Liggio. «Un intervistatore mi ha detto di fronte a venti milioni di spettatori: lei è stato condannato all'ergastolo per la strage Chinnici. Immaginate che rospo ho dovuto ingoiare. Avrei potuto replicare: sono stato assolto dalla Cassazione. Ma non l'ho fatto per rispetto a questa Corte.» Ed era addirittura amico dei magistrati: «Rocco Chinnici? Che persona perbene. Lo hanno calunniato, sostenendo che danneggiava me e la mia famiglia. Lo hanno fatto per ingigantire questa tragedia contro di noi. Quando lo incontrai fu così gentile... mi chiese di mostrargli la denuncia dei redditi, ma solo quella dell'ultimo anno. Poi mi disse: so che Giuseppe, suo figlio, è un cineasta... Chiamatela la tragedia del secolo, dovete definire così ciò che mi è accaduto». E Scarpisi e Rabito, imputati come Michele Greco nella strage Chinnici? «Non sapevo neanche che fossero al mondo.

Chiedetelo a loro che sono diventati famosi, come lo furono i gemelli del pallone, i gemelli del gol, Pulici e Graziani...» Un'infanzia dorata, la sua. «A sedici anni iniziai a frequentare il tiro a volo, dove conobbi il ceto più alto della società palermitana, dove ho realizzato amicizie per tutta la vita.» Gli diede una mano l'avvocato Antonio Mirabile: «Michele Greco conosce le migliori famiglie di tutt'Italia». E quei potenti lo aiutarono durante la sua latitanza? «Le signore furono vicinissime a mia moglie...» E anche se già al maxi processo era stato «esauriente», Michele Greco dovette ancora una volta spiegare perché lo avevano soprannominato il Papa: «Furono le lettere anonime a darmi l'epiteto... Mi chiamavano il papà... poi, per caduta d'accento, mi rimase il "papa"...».

Disgraziato, calunniato dai pentiti, sfottuto dai giornalisti senza scrupoli, Michele Greco comunque non perdeva fiducia nel futuro: «Nel futuro ci spero. Ho la pace interiore. Me la dà quel grande ospite illustre che è dentro di me e che ho ricevuto mediante il battesimo...». E si commosse anche: «L'avvocato Mirabile ha capito la mia tragedia, e mi difende col cuore. Venne da Roma e gli dissi: "Avvocato mi assista secondo scienza e coscienza... Anche se mi porteranno nei sotterranei, con le catene ai piedi, sprizzerò serenità"». Bambini buoni, ecco cos'erano diventati Luciano Liggio e Michele Greco.

Lo yoga contro il Terrore

L'11 novembre 1987 la Corte del maxi processo a Cosa Nostra entrò in camera di consiglio, il cuore del bunker d'acciaio, dove avrebbe vissuto in assoluto isolamento per diverse settimane. Si lasciava alle spalle un consuntivo di tutto rispetto. Trecentoquarantanove udienze, per un totale di milleottocentoventi ore. Milletrecentoquattordici interrogatori. Seicentotrentacinque arringhe difensive, pronunciate da duecento penalisti. Seicentosessantaseimila fotocopie di atti processuali. Cinquemila anni di carcere e ventotto ergastoli chiesti dai due pubblici ministeri, Giuseppe Ayala e Domenico Signorino.

Gli ultimi fuochi d'artificio, in aula, li avevano offerti i detenuti di maggior spicco. Michele Greco era stato protagonista di un altro show spettacolare. «Presidente, sono vecchio, non vi vedo e non vi sento» aveva detto con aria beffarda al presidente Alfonso

Giordano. E aveva proseguito: «Non sono a mio agio, vedo solo delle ombre... chiedo la grazia. E la pazienza di leggere attentamente il memoriale che vi ho consegnato. Quanto a voi esprimo il desiderio di farvi un augurio, vi auguro la pace e la tranquillità. Presidente non sono parole mie, sono le parole di nostro Signore che raccomandò a Mosè: quando devi giudicare abbi la massima serenità. Presidente, vi auguro che questa serenità vi accompagni anche nel resto della vostra vita...». Altrettanto apocalittico, Pietro Zanca: «Le accuse del pentito Stefano Calzetta sono tutte calunnie... vorrei ricordare alla Corte che la calunnia si è fatta viva con i primi uomini apparsi sulla terra, ed è stata sempre apportatrice di atroci conseguenze».

Ma ormai le parole scivolavano sull'acqua. Il diritto alla difesa era stato garantito. L'enorme materiale probatorio offerto dal giudice istruttore era stato verificato senza superficialità. I pentiti erano venuti in aula, dimostrando così, tranne qualche rara eccezione, di aver tirato il sasso ma di non aver nascosto la mano. E avevano vinto tanti drammatici faccia a faccia. Ne sarebbe scaturita una sentenza «giusta»? Osservò quel giorno il presidente Giordano: «Abbiamo gestito questo processo come dovevamo. Oserei dire: nella maniera in cui andava gestito. Innanzitutto occorreva offrire agli imputati il massimo delle garanzie processuali durante il dibattimento. Poi avevamo il compito di colmare eventuali lacune che potessero emergere dal lavoro culminato nella stesura dell'ordinanza di rinvio a giudizio. Ci siamo mossi in entrambe le direzioni». Aggiunse Pietro Grasso, giudice a latere: «Abbiamo cercato di adeguare la giustizia alla verità. Ma so bene che questo è uno sforzo molto relativo, perché non sempre la verità reale coincide con quella processuale».

Restavano sullo sfondo – comunque – i grandi scenari delle complicità economiche e politiche. «Non ci siamo mai sognati di processare la mafia» replicò Grasso «bensì un certo numero di imputati accusati di reati specifici. Le complicità? Quando è stato necessario ascoltare i rappresentanti del potere politico lo abbiamo fatto. Ma solo se quelle audizioni avevano attinenza diretta e precisa con la materia di questo processo.» Il 16 dicembre 1987, alle diciannove e trenta, dopo trentacinque giorni di camera di consiglio, vennero lette in aula le pesanti condanne. C'era un silenzio spettrale quando Giordano iniziò pronunciando diciannove volte la parola ergastolo.

Giuseppe Lucchese. Salvatore Montalto. Francesco Spadaro.

Antonio Sinagra. Giuseppe Greco. Michele Greco. Francesco
Madonia. Antonino Marchese. Filippo Marchese. Giuseppe Marchese. Bernardo Provenzano. Giovambattista Pullarà. Rosario Riccobono. Salvatore Riina. Salvatore Rotolo. Benedetto Santapaola.
Pietro Senapa. Vincenzo Sinagra. Pietro Vernengo. Nell'elenco
anche Mario Prestifilippo, ma, come abbiamo visto, la mafia aveva
battuto i giudici sul tempo. Ventitré anni invece a Pippo Calò.
Avvocati e imputati restarono impietriti. In totale, duemila-
seicentosessantacinque anni di carcere, la metà dei cinquemila
chiesti dai pm, undici miliardi e mezzo di multa. Un occhio di
riguardo per i pentiti Buscetta (tre anni e sei mesi) e Contorno (sei
anni). Pesante il verdetto per il finanziere Ignazio Salvo, condannato a sei anni dovendo rispondere di associazione mafiosa. La fece
franca il vecchio Liggio, che in quel processo doveva rispondere di
un'accusa difficile da dimostrare: quella di impartire ordini dal
carcere dove era rinchiuso dal 1974.
Le deposizioni dei pentiti spesso avevano retto, quando ciò non
era accaduto le assoluzioni non erano mancate. Se ne contarono
centoquattordici. Alfonso Giordano se n'era stato muto per quasi
due anni. Non aveva mai concesso interviste. Aspettava che a
parlare fosse il dispositivo di sentenza. Il giudice aveva allora cinquantanove anni, tre figli – Patrizia, Stefania e Stefano – rispettivamente di ventisette, ventidue e sedici anni; e una moglie, la
quale, mi raccontò lui stesso quando lo andai a trovare a processo
finito, lo aveva accolto «come si accoglie un naufrago che ha preso parte a un viaggio di cui non si sapeva nulla».
Fu una bella conversazione. Era la mattina del 23 gennaio.
Giordano mi ricevette nel suo minuscolo studio in aula bunker dove
si era trovato spazio anche per una brandina. Una cella, a voler
essere precisi. Una cella tappezzata di stemmi e gagliardetti degli
uffici di polizia di mezzo mondo, un quadro della Madonna. E un
gigantesco «divieto di fumare». Da lì, da quella cabina di comando
piccola come fosse quella di un'astronave, aveva seguito il lungo
viaggio della giustizia italiana nel tentativo di riuscire finalmente a
condannare la mafia. Cosa avrebbe significato quel processo nella
lotta alla mafia siciliana e internazionale? Volle precisare subito che
«processo e lotta non sono né sinonimi né termini facilmente conciliabili». Ma aggiunse: «Sicuramente si è trattato di una grande
vittoria dello Stato. Una vittoria resa possibile, innanzitutto, da
uomini politici illuminati; penso, fra gli altri, ai ministri Martinazzoli e Rognoni, che hanno predisposto tutti gli strumenti necessari

a un dibattimento di simili dimensioni. Ci tengo» aggiunse «a ricordare lo spirito di sacrificio dimostrato dalla Corte, nella sua interezza. Una Corte che non ha esitato di fronte a grandi fatiche...». All'inizio, e lui lo ricordava ancora, gli avvocati avevano ricusato Giordano. Alla fine, invece, aveva ottenuto gli applausi di imputati e avvocati. Cosa aveva prevalso? «Si è fatta lentamente strada la consapevolezza che non ci trovavamo lì a celebrare un rito sommario, nel disprezzo dei diritti degli imputati, dell'accusa o della difesa. È risaltata la nostra buona fede. Lo sforzo di essere assolutamente obiettivi. Lo scrupolo, fino allo spasimo, quando la Corte ha esaminato ciascuna posizione individuale. Volevamo sfatare una leggenda: che i maxi debbano condurre, per forza di cose, a giudizi indiscriminati e di massa. Mi lasci però dire che gli avvocati non erano legittimati a ricusare il presidente. Semmai potevano farlo gli imputati. Invece qualche avvocato ha voluto inscenare una manifestazione inutile, antipatica, e credo anche ingiusta. Qual è stata la critica che mi ha ferito di più? Esser considerati gli esecutori, biechi e ciechi, di un disegno deciso altrove. Ma è un argomento che francamente non ho mai ben capito.»

Gli chiesi: con la formula, forse un po' semplicistica, del teorema Buscetta si è voluto sintetizzare il principio che la supercupola fosse responsabile di tutti i delitti compiuti durante la guerra fra le cosche, dal momento che il codice di Cosa Nostra stabilisce che un boss sia a conoscenza di tutto ciò che accade nel suo territorio. Come ne esce questo teorema? «La Corte ha respinto automatismi troppo assiomatici. Buscetta infatti ha rivelato che spesso i delitti venivano eseguiti e poi la commissione era chiamata, nella sua collegialità, quasi a una ratifica notarile. Ecco perché, ad esempio, pur condannando Michele Greco all'ergastolo, lo abbiamo assolto – così come abbiamo assolto Pippo Calò, pur condannandolo – dall'accusa di aver eliminato il capo mafia Stefano Bontate. Per il primo non esistevano prove serie; per Calò il discorso era complicato dalle sue lunghe e ricorrenti permanenze a Roma. Ecco perché l'assoluzione di Luciano Liggio: in quegli anni si trovava in carcere. Quando le intuizioni o le certezze morali non hanno trovato riscontro, la Corte ha deciso di non tenerne conto.» E qual era stato il merito principale dei pentiti? «Hanno fornito una preziosa chiave di lettura interna, per vedere chiaro in una congrega criminosa della quale, fino a qualche tempo fa, si avevano notizie di terza mano, notizie che sembravano favole.» Insistetti: qualcuno, nel tentativo di declassare la portata di quelle accuse, ha sostenuto che i pentiti utilizzavano lo Stato per individuali regolamenti di conti; se non addirittura per ottenere in cambio danaro o sconti processuali. «Non credo» osservò il presidente del maxi «che a decidere sia stata una molla di così bassa lega. In Buscetta e Contorno c'era un atto d'intelligenza: aver fiducia nello Stato per ottenere giustizia contro quella organizzazione nella quale avevano creduto e che si era rivoltata contro di loro. Non dimentichiamo che se avessero voluto avrebbero potuto sempre ricorrere all'uso delle armi. Pur essendo ormai una minoranza era sempre una minoranza di uomini d'azione.» E i giudici popolari? «Io e il giudice Grasso ci mettemmo a studiare le grandi linee di questa materia prima che il processo iniziasse. Sono orgoglioso di poter dire che i giudici popolari non sono stati da meno: hanno accumulato un archivio personale, se così si può dire, soprattutto durante le arringhe della difesa; un tesoro di appunti incredibilmente precisi, che si è rivelato utilissimo in camera di consiglio. Tutti, fra una pausa e l'altra delle udienze, prendevamo poi lezioni di computer.» In quei giorni, il giudice Falcone aveva dichiarato che quando la mafia non spara, paradossalmente è più pericolosa. Cosa ne pensava Giordano?

«Sì. Direi che la mafia che non spara non per questo è meno pericolosa. Forse oggi appare più accorta nel valutare le conseguenze di una contrapposizione militare allo Stato. Forse vuol tornare a schemi tradizionali, quando preferiva inserirsi negli spazi lasciati vuoti dalle istituzioni. Il culmine della sua offensiva, con il delitto Dalla Chiesa e con l'uccisione dei poliziotti Montana e Cassarà, ha provocato risposte dello Stato che non le hanno certamente giovato. Ha provocato l'approvazione di uno strumento utilissimo ma perfettibile: la legge Rognoni-La Torre.» Tanti erano in quei giorni gli imputati ancora latitanti... «Da un punto di vista giudiziario» osservò Giordano «la latitanza non è un ostacolo. Sul piano dell'ordine pubblico invece sì: è, ancora oggi, una lacuna assai grave. Molti sono elementi di estrema pericolosità.» La Corte si era imbattuta in casi di coscienza? «Sì. Ma ho sempre preteso: in *dubio pro reo*.» E il terzo livello?

«Le ricordo che sono in corso indagini specifiche su ogni grande delitto. Ma se avessimo affrontato noi questa materia non avremmo potuto fare altro che costruire illazioni.» Cosa sarebbe diventata la mafia del Duemila? «Sarà mafia di computer, telex, alta finanza, e società finanziarie. La mafia è sempre riuscita a trasformarsi, a adeguarsi ai tempi.»

In molti ci eravamo chiesti: come aveva fatto Giordano a non prender fiato durante la lettura della sentenza durata parecchie ore? Replicò serafico: «Quattro anni di yoga serviranno pure a qualcosa... Gli esercizi di respirazione chiamati Prana Yana, questi esercizi mi hanno dato la capacità di non tirare il fiato».

Esattamente sei giorni prima di questo colloquio, in meno di un'ora, Antonino Ciulla, trentacinque anni, era stato assolto, liberato, assassinato. Né Giordano né io potevamo sapere che la mafia si preparava a correggere – secondo il suo stile – gli «errori» commessi dalla Corte.

XVI

La irresistibile ascesa di Peppuccio Insalaco

Da bambino prodigio della politica a sindaco di rottura

Aveva iniziato a far politica nella Democrazia cristiana, quando ancora – come lui stesso raccontava – aveva i «calzoni corti», a sedici anni. Due occhi che non stavano mai fermi, stampati su un volto da saraceno, vivace e accattivante. Battuta pronta e gran conoscitore di segreti. Animale politico, dotato di un fiuto fuori dal comune. Gli intimi lo chiamavano «Peppuccio».

Giuseppe Insalaco non era spuntato dal nulla sul palcoscenico della politica cittadina. Una storia alle spalle – a suo modo – ce l'aveva. Cresciuto nella segreteria del ministro degli Interni Franco Restivo (alla fine degli anni Sessanta) era subito riuscito a mettersi in luce nonostante la giovanissima età. E il ministro lo aveva valorizzato impiegandolo in un delicato lavoro di intelligence in Sicilia, ai tempi della prima commissione antimafia. Peppuccio infatti, figlio di un maresciallo dei carabinieri, si era specializzato nella gestione di quella giungla burocratica scaturita dalle vecchie diffide di polizia che, insieme all'istituto del soggiorno obbligato, avevano rappresentato per tanti anni il pannicello caldo contro una mafia che lo Stato non riusciva a processare.

Patenti, licenze, porto d'armi, permessi d'ogni tipo, sia che dovessero esser ritirati sia che venissero restituiti, passavano tutti dalle mani del giovane rampollo di Restivo. Naturalmente la sua rete di conoscenze si estese a macchia d'olio. E naturalmente non mancarono a Peppuccio le frequentazioni con una pletora di capi mafia grandi e piccoli che qualche volta non disdegnarono di favorirlo elettoralmente. Per esempio don Stefano Bontate, il

Principe di Villagrazia non fu estraneo ai successi elettorali che Insalaco conseguì presentandosi al consiglio comunale di Palermo. Amministrative del 1980: Insalaco, sebbene non fosse un candidato di punta della Democrazia cristiana, fu il secondo degli eletti, subito dopo Nello Martellucci che sarebbe diventato sindaco della città. Alle regionali del 1982: quarantamila voti di preferenza, secondo dei non eletti subito dopo Mario Fasino, già presidente della Regione siciliana. Fin dal 1975 assessore all'annona (sempre al comune) Insalaco fu protagonista di una grande campagna propagandistica contro il dilagare degli esercizi abusivi. Ma dei commercianti palermitani, Peppuccio, dopo un primo momento di incomprensione, divenne l'idolo: rilasciò infatti alcune migliaia di licenze che servirono per appianare tutto.

Insalaco – sempre a suo modo – non tenne mai in gran conto le regole cittadine della politica. E diventato assessore all'Igiene, dopo la parentesi annonaria, finì sui giornali di mezzo mondo con l'insolito primato d'aver decretato la chiusura dell'ufficio d'Igiene perché infestato dai topi. Ambizioso, quasi roso dal tarlo di far carriera per lasciarsi alle spalle le sue umili origini. Amante della bella vita e del bel mondo, diventerà presto uno dei frequentatori abituali di una mondanità salottiera che si contendeva il sempre giovane Peppuccio. E questo fu il suo primo vero errore di grammatica politica. A Palermo conosceva tutti, parlava con tutti. Credeva davvero che tutti gli fossero amici. Ingenuo, a suo modo. Sognava (e non ne faceva mistero) di diventare primo cittadino. Aveva le conoscenze giuste, un passato, risultava anche istintivamente simpatico, e sapeva tutto di tutti, perché non provare? E il sogno si avverò, il 13 aprile del 1984. Ma proprio quello fu l'inizio del suo declino. Con una discreta dose d'incoscienza, convinto ormai di poter fare a meno di quella lobby affaristico politica che per anni se lo era allevato, si convinse di non aver più bisogno di nessuno. E Peppuccio si mise così in testa di fare il sindaco sul serio, non solo di occuparne la poltrona.

Alla prima occasione (l'anniversario dell'uccisione di Pio La Torre e Rosario Di Salvo) eccolo con la fascia tricolore presentarsi sul luogo dell'agguato. Sua anche la decisione di far tappezzare la città con manifesti dell'amministrazione comunale dove finalmente campeggiavano – dopo decenni di omissioni e di silenzio – la parola mafia e la denuncia dell'escalation di sangue. E poco dopo – il 5 maggio 1984 – ebbe il coraggio di partecipare a Roma alla manifestazione nazionale contro la mafia e la camorra. Piccolissimi segnali rispetto a quanto accadrà dopo. Insalaco decise infatti di metter finalmente mano in quella giungla dei grandi appalti per la manutenzione delle strade, delle fogne e dell'illuminazione, assicurata in regime di monopolio da due gruppi imprenditoriali molto chiacchierati: il gruppo Cassina e l'Icem dell'ingegner Roberto Parisi. Due imprese che per un trentennio avevano imposto alla collettività costi triplicati rispetto al resto d'Italia. Così, mentre Insalaco spediva inviati in tutt'Italia per documentare all'intera amministrazione comunale lo spreco di Palermo, i due potentati – temendo la rescissione dei contratti – rumoreggiavano, provocando l'intervento di don Vito Ciancimino che nel 1984 contava ancora molti uomini di sua fiducia tra i consiglieri democristiani. Ed è bene ricordare che, a quella data, Vito Ciancimino era uno dei capi indiscussi di Palermo, anche se un capo ombra, non ancora scalfito da quelle indagini che si sarebbero concluse con il suo arresto e poi con la condanna al soggiorno obbligato.

Ma Peppuccio, al primo sogno che si era avverato, ne aveva aggiunto un altro, ben più pericoloso. Diventare in qualche modo l'esponente di un rinnovamento in casa Dc, dopo la brutta parentesi di Martellucci. Senza che nessuno – in casa Dc – glielo avesse chiesto espressamente. E per di più mantenendo ottimi rapporti con i dirigenti del Pci siciliano e il direttore del quotidiano «L'Ora», il compianto Nicola Cattedra.

Poteva avere una sua storia da raccontare un sindaco democristiano così eccentrico rispetto agli stessi democristiani, da esser defenestrato senza particolari preavvisi, in appena tre mesi? Credevo di sì. E quando il 26 luglio 1984, pochi giorni dopo la sua rovinosa caduta, Peppuccio mi fece sapere che voleva parlarmi, lo raggiunsi immediatamente nel suo piccolo ufficio di consigliere d'amministrazione del Teatro Biondo. Ormai l'avevano fatto fuori. La notizia era già bruciata. Difficilmente i suoi vecchi compagni di cordata gli avrebbero concesso un'altra prova d'appello per rientrare in palcoscenico. Ma anche se temevo di trovarmi di fronte al solito democristiano tradito, disposto a rilasciare un'intervista al quotidiano d'opposizione pur di togliersi il sassolino dalla scarpa, decisi di andare a vedere. Sembrava un animale in gabbia. Si sentiva tradito dentro e fuori la Dc. Proprio ora che aveva assaporato la forza del comando si ritrovava solo, impotente. All'improvviso era tornato a essere il figlio di un carabiniere, senza arte né parte, caduto male nel tentativo di fare il gran salto. E così, quel giorno di tanti anni fa, Insalaco iniziò a rovesciarmi addosso giudizi pesantissimi sulle diverse componenti del suo partito. Ancora una volta a suo modo tentava di rompere l'accerchiamento, con un violento atto d'accusa che prima o poi qualcuno gli avrebbe fatto pagare.

Mesi dopo, alla commissione antimafia, Insalaco avrebbe reso una durissima denuncia. Sarebbe tornato a ripetere ad alta voce i nomi di quei maggiorenti democristiani che gli avevano impedito di fare il sindaco. Sarebbe tornato a denunciare il peso enorme della vicenda appalti che aveva segnato il suo destino. Ma restò convinto che il suo testamento politico (l'intervista che gli alienò le ultime simpatie) fu proprio quello che mi concesse per «l'Unità» nella stanzetta del Teatro Biondo. Era come se Insalaco continuasse a tenere l'acceleratore pigiato mentre la carreggiata su cui viaggiava si restringeva a vista d'occhio. Ascoltiamolo.

Un'intervista testamento

Insalaco: «La Dc siciliana? Un partito a pezzi. L'hanno ridotta una società per azioni, dove ogni capocorrente non molla il suo pacchetto-tessere e cerca in qualunque modo di conquistarne altri. La battaglia per il rinnovamento? Parole e proclami. Il congresso regionale di Agrigento [la Dc aveva preso qualche impegno antimafia, N.d.A.] è ormai un lontano ricordo. È un dramma: i vecchi notabili, i Lima, i Gioia, i Gullotti, pretendono di esser loro a guidare il rinnovamento. C'è un impressionante tiro al piccione su qualunque esponente democristiano che si batte davvero per fare avanzare il nuovo.»

De Mita è venuto in Sicilia per mettere ordine nella babele delle correnti e dei potentati del suo partito. Con quali risultati?

Insalaco: «Tutta la base era convinta che la visita del segretario nazionale avrebbe coinciso con l'inizio della nuova era della chiarezza. Tirando le somme è stata un'illusione: il segnale tanto atteso non c'è stato. De Mita è rimasto ancorato a un falso dilemma: mettersi d'accordo? Cosa significa? L'esatto contrario di rinnovare. Vuol dire narcotizzare quei pochi effetti positivi che potevano esserci, rinviando la soluzione dei nodi alle nomine del sottogoverno che rischiano di travolgere le istituzioni, compresa quella regionale...»

Non vi aspettavate un po' troppo da De Mita?

Insalaco: «No. L'apparato del partito è disgregato. Non abbiamo più una linea ufficiale. Si sopravvive interpretando il pensiero di questo o quel "capo storico", e in questo clima emergono figure vecchie, tornano alla ribalta i gestori degli antichi interessi e le vecchie inadempienze che hanno finito col determinare lo stesso fenomeno mafioso...»

Ricorre spesso nelle cronache il nome di Vito Ciancimino. Qual è il suo potere reale all'interno del partito?

Insalaco: «Anche se ha dichiarato di non essere più iscritto alla Dc, pesava moltissimo, e pesa ancor di più oggi proprio per la debolezza dei dirigenti locali. È potente. È influente. Prova ne sia che i comportamenti dei suoi gruppi hanno provocato la caduta di ben tre amministrazioni comunali. La sua influenza soffoca la Dc siciliana. Ma non solo: c'è un partito strisciante dei cianciminiani che riesce ad aggregare interessi anche all'interno degli altri partiti della maggioranza: Lima e Gullotti che fanno il gran rifiuto. Ciancimino che riprende quota, e la sinistra – i Mattarella, i Mannino e gli esponenti della Cisl – che finiscono intrappolati nell'antica gestione, garantita da un tesseramento che guarda ormai all'al di là e non al presente.»

Parliamo della sua brevissima esperienza di sindaco. In quei novanta giorni ha comandato più lei o la mafia?

Insalaco: «Evitiamo schematizzazioni: i gruppi mafiosi sono già sotto il tiro dello Stato, o comunque sono stati individuati: ma ci sono gruppi economici e affaristici – meno nominati – i cui interessi spesso coincidono con quelli della pubblica amministrazione. Per il loro peso e i loro intrecci riescono spesso a condizionare scelte che in situazioni normali dovrebbero essere di competenza della classe politica.»

Le ditte Lesca e Icem sono da decenni clienti fissi del comune per la manutenzione di strade, fogne e luce. I risultati sono noti a tutti: servizio inadeguato, costi triplicati rispetto alle altre città italiane.

Insalaco: «Rivendico alla giunta da me diretta il merito di aver inciso più di tutte le altre amministrazioni precedenti. Siamo riusciti a imporre la linea della trasparenza. Abbiamo approvato delle delibere che permetteranno alle future maggioranze di bandire un concorso aperto a tutti gli operatori economici nazionali. È vero, Cassina e Parisi hanno garantito un servizio con costi eccessivi: e questo lo dico non perché è stato il Pci a denunciarlo. Sono dati emersi da una ricognizione che io, appena eletto sindaco, ho promosso in altre città italiane. Ho bloccato a queste ditte pagamenti per decine e decine di miliardi di revisione prezzi.» Gli chiesi quale futuro immaginava per Palermo.

Insalaco: «Con questa classe politica così troppo subalterna o condizionata da gruppi esterni, economici e affaristici, o addirittura permeabili all'iniziativa mafiosa, la città è ormai ingovernabile.» E gli chiesi se avesse mai avuto paura.

Insalaco: «Non è la parola esatta. Ho ricevuto lettere e telefonate anonime. Ho avvertito la solitudine politica e un clima di disimpegno degli alleati di governo che a parole mi sostenevano. Sono segnali che in una situazione locale lasciano intendere parecchie cose. Ho preferito invece [con quest'intervista, N.d.A.] richiamare l'attenzione sul "caso Palermo".»

Peppuccio hai chiuso

Apparentemente le sue parole scivolarono sull'acqua. Con un gelido silenzio dei singoli big chiamati pesantemente in causa, la Dc siciliana replicò a un Insalaco che ormai non poteva dare più garanzie a nessuno. Lo incontrai qualche giorno dopo la pubblicazione dell'intervista. «C'è una brutta aria intorno a me» osservò «fingono di ignorarmi. Qualcuno sostiene addirittura di non averla letta.» Ancora per qualche tempo alla ribalta della cronaca con la denuncia ai commissari dell'antimafia, Insalaco subì poi una veloce quanto inesorabile emarginazione politica. Una storia di bustarelle finì in tribunale e contro di lui venne spiccato un ordine di cattura per peculato e falso. Insalaco venne accusato d'aver intascato una tangente di cinquanta milioni al termine di un'operazione di acquisto-vendita terreni quando ancora non era sindaco. Si diede alla latitanza, e venne condannato in contumacia. Ma non per quella storia di bustarelle, bensì per violazione della legge sulle armi: durante una perquisizione in casa gli vennero trovate quattro cartucce di calibro diverso da quelle dell'arma regolarmente denunciata. Lui si disse certo di essere vittima di una cospirazione affaristico-politica che aveva trovato zelanti esecutori anche all'interno del Palazzo di giustizia.

Il 12 gennaio 1988, mi trovai quasi per caso in via Cesareo. Sia detto per inciso: a quei tempi era una circostanza banale, per ogni palermitano, almeno una volta nella vita, imbattersi nel cadavere di uno o più uomini assassinati. E nel raggio di un chilometro quadrato, proprio dove i killer a bordo di un vespino raggiunsero l'uomo che per quattro mesi era riuscito a essere primo cittadino di Palermo contro il parere di Vito Ciancimino, sono caduti negli anni: Piersanti Mattarella, Rocco Chinnici, Boris Giuliano, Michele Reina, Cesare Terranova, Ninni Cassarà, Roberto Antiochia e Calogero Zucchetto. Una toponomastica dell'orrore. Un insanguinato giro dell'oca che quella sera del 1988 giunse alla sua ultima stazione con la fucilazione esemplare di Peppuccio Insalaco.

Erano da poco trascorse le ventuno. Vidi da lontano lo sciabolare sinistro delle lampade blu sui tetti delle volanti. I cronisti palermitani sapevano stabilire a distanza, con buona approssimazione, il «peso» di ogni singola esecuzione mafiosa. Sembrerà cinismo ma è così. Quella sera sul luogo del delitto c'era la polizia e c'erano i carabinieri. Scariche di flash più prolungate del solito lasciavano intendere che i ragazzi non si stavano accontentando delle solite foto di maniera. Una folla numerosa, a suo modo composta. Ma nessuno indietreggiava, stavano tutti lì in prima fila. I vigili urbani, come inebetiti, giravano le spalle a un ingorgo che gonfiava a vista d'occhio. Mi ritrovai di fronte a Francesco Accordino, da dieci anni capo della Squadra omicidi. Un uomo difficilmente impressionabile che si era già imbattuto in un migliaio di cadaveri. Era teso, nervoso. Gli chiesi chi avessero ammazzato quella sera. Sebbene abituato da tempo a rispettare il lavoro di noi cronisti girò le spalle dall'altra parte. Altri funzionari, intanto, ripetevano che forse si trattava di un regolamento di conti fra rapinatori. Vuole una vecchia regola di cronaca nera a Palermo che quando la polizia è istintivamente portata a minimizzare ciò significa che il morto, invece, conta parecchio.

Mi intrufolai fra gli sbarramenti e riuscii finalmente a fissare l'uomo con il capo chino sul volante di un'auto metallizzata. Sembrava imbambolato. Aveva il bavero del cappotto blu rialzato. La morte era sopraggiunta di fianco, fra l'auto e il marciapiede sinistro di questa strada a senso unico, e lui forse non aveva fatto in tempo a vederla. Riconobbi Insalaco Giuseppe, detto Peppuccio, l'uomo che per anni «aveva rotto i coglioni» credendosi chissà chi. Il democristiano amico dei comunisti che una mattina s'era svegliato e aveva deciso di sputare nel piatto dove mangiava. Un poco di buono. Un ricattatore che negli ultimi tempi, dopo la latitanza, aveva sempre bisogno di soldi. Uno che spendeva al di sopra delle sue possibilità. Uno che fin da piccolo aveva bazzicato negli ambienti grigi dei Servizi segreti e non aveva mai perduto il vizio. Uno che ai mafiosi aveva dato del tu, e il primo amore non si scorda mai. Crepi l'avarizia: un cronista scrisse che in tasca gli avevano trovato non una, ma due tessere del ministero degli Interni. Brutto tipo. Chi poteva fidarsi di lui? Davvero nessuno. La Palermo che conta diede prova di grande ferocia di fronte al cadavere di Peppuccio. Che da tempo non lo amasse più si sapeva. E ora, una volta che l'ex sindaco era stato assassinato, si sapeva anche che avrebbe fatto carte false pur di non conoscerlo. Insalaco (che stupido non era) sapeva che sarebbe finita così. Ed era corso ai ripari. Ancora una volta a suo modo. Da uomo dei Servizi. Che lascia in giro «carte». Che lascia elenchi con nomi e cognomi, fatti, episodi, ricordi, sospetti, intuizioni e persino pettegolezzi. Nelle sue ultime settimane di vita aveva mandato la famiglia fuori Palermo, in una località segreta del Nord Italia. E diceva in giro d'aver paura «di fare la fine di Mattarella». E diceva a chi gli chiedeva spiegazioni del suo tonfo politico: «È sugli appalti che sono caduto».

Scrisse su «l'Unità» Ugo Baduel, all'indomani della sua morte: «Mi pareva strano questo personaggio così eccitato, accaldato, teso, che sembrava scatenato nel suo furore contro la mafia e contro il potere Dc che le stava alle spalle. Strano perché Insalaco non era un uomo "esterno" al sistema di potere come la Pucci e nemmeno un cattolico del rinnovamento come quelli di "Città per l'Uomo": era proprio un figlio del peggiore apparato Dc, quello sorto, cullato e perfezionato a Palermo e in Sicilia per tutti gli anni Cinquanta e Sessanta. Figlio politico di Restivo, adottato dai fanfaniani e quindi da Gioia (come la Pucci, per quanto esterna fosse), ma nemico giurato di Ciancimino che pure lui era stato dei fanfaniani. Nato e cresciuto quindi in quell'habitat – mi chiedevo – da dove tirava fuori tutto quell'ardore per compiere scelte tanto coraggiose non solo contro la cancrena degli appalti, ma perfino sul terreno politico?».

Il delitto Insalaco fece tremare Palermo più di tutti gli altri delitti eccellenti messi assieme. Peppuccio infatti era interno al sistema di potere, come aveva colto bene Baduel. E Peppuccio scrisse tutto ciò che ritenne utile per offrire la spiegazione degli eventuali scenari che avrebbero fatto da sfondo alla sua eliminazione. Se ne ebbe conferma quando la polizia palermitana riuscì finalmente a scoprire il rifugio segreto (in un convento di suore nella vecchia Palermo) dove questo ex sindaco, ormai braccato, perfino trasandato nell'aspetto, con la barba lunga, trascorse l'ultima parte della sua esistenza davvero convinto che la rivincita contro i suoi denigratori fosse questione di giorni. Un materiale incandescente. Un durissimo atto d'accusa. Un articolato dossier su mafia e politica. Una chiamata in causa dei potenti palermitani. Tutto veritiero? E chi può dirlo? Autentico? Sicuramente.

«La Repubblica» e «l'Unità», i due quotidiani entrati in possesso di questo vero e proprio testamento a futura memoria, pubblicarono tutto, per giorni e giorni, mettendo comunque in guardia i loro lettori da una valutazione acritica di quella documentazione. Innanzitutto vennero pubblicati gli elenchi di quei nomi che – a giudizio di Peppuccio – appartenevano alle «due facce» di Palermo. Una Palermo buona, schierata apertamente contro la mafia. Ne facevano parte: Sergio Mattarella, espressione, proprio in quel periodo del tentativo di rinnovamento della Dc siciliana. Ugo Viola, ex procuratore generale di Palermo ormai in pensione. Cesare Terranova, il giudice assassinato dalla mafia. Elda Pucci, sindaco di Palermo prima che venisse nominato Insalaco. Calogero Mannino, a quei tempi ministro dei Trasporti. Luigi Cocilovo, segretario della Cisl provinciale. Il cardinale Salvatore Pappalardo. Il generale Dalla Chiesa. Pio La Torre, il segretario del Pci siciliano assassinato dalla mafia. Luigi Colajanni che ne aveva preso il posto. Oscar Luigi Scalfaro, ex ministro degli Interni. Michele Reina, segretario provinciale della Dc palermitana, anche lui assassinato dalla mafia. Tredici nomi in tutto, considerato anche quello di Insalaco che si volle includere nell'elenco.

Quindici, invece, i nomi, diciamo così, dell'altra Palermo: Francesco Canino, deputato democristiano all'assemblea regionale siciliana. Vincenzo Pajno, procuratore generale che era subentrato a Viola. Vito Ciancimino. Giovanni Gioia, ex ministro dell'Agricoltura. Salvo Lima, eurodeputato democristiano. Luigi Gioia, fratello di Giovanni, ed ex deputato democristiano alla Camera. Aristide Gunnella, repubblicano e ministro per gli Affari regionali. Giacomo Murana, ex assessore comunale socialdemocratico a Palermo. Salvatore Palazzolo, presidente del tribunale delle acque. Bruno Contrada, funzionario del Sisde. Mario D'Acquisto, ex presidente della Regione siciliana. I finanzieri Nino e Ignazio Salvo. Stefano Camilleri, democristiano, anche lui ex sindaco di Palermo. E infine Giulio Andreotti. Contemporaneamente agli elenchi, «la Repubblica» e «l'Unità» resero noto anche il testo di un'intervista a Insalaco che non era mai stata pubblicata da alcun giornale. Non si seppe mai se l'avesse scritta lo stesso uomo politico durante la sua latitanza, sperando così di far venire a galla in qualche modo la sua «verità». Conteneva giudizi molto duri sugli uomini degli appalti più lucrosi. E alla domanda «quali sono gli uomini del potere occulto, chi comanda a Palermo», Insalaco rispondeva: «Non c'è un potere occulto. Parlarne è un comodo equivoco: è un potere alla luce del sole esercitato in modo visivo. Un potere che bisognerebbe vedere come viene esercitato, le sue connivenze, le sue colleganze».

Poi, venne trovato il diario vero e proprio. Fu un'altra violentissima picconata al vecchio sistema di potere in Sicilia. Ne uscì malconcio Aristide Gunnella. Insalaco infatti racconta nel suo diario che, mentre il clima sui grandi appalti era diventato incandescente, e lui era sindaco, ricevette una strana visita di Gunnella. Veniva in veste di ambasciatore a dargli una brutta notizia. Gli disse che i leader dei gruppi economici e imprenditoriali colpiti dalla nuova linea dell'amministrazione cittadina avevano decretato la sua fine politica. E quel giorno Insalaco decise di mettere in salvo i suoi due figli, Ernesto e Luca. Offrì la sua ricostruzione delle disavventure giudiziarie: e ipotizzò il coinvolgimento di alcuni giudici, Salvatore Palazzolo e Carmelo Carrara. (Il Csm, successivamente, non individuò, nella denuncia di Insalaco, gli estremi per iniziative disciplinari nei confronti dei magistrati citati negli elenchi.) Indicò apertamente in Arturo Cassina, re degli appalti comunali e cavaliere del Santo Sepolcro, il regista della «congiura contro di lui».

I Cavalieri del Santo Sepolcro (ne facevano parte in quel periodo, fra gli altri, anche il procuratore Pajno e Contrada del Sisde) è – sia detto per inciso – una pittoresca congrega che non si è mai ben capito a cosa serva, ma della quale, comunque, ha fatto parte in passato il fior fiore della nomenclatura palermitana. E poco tempo prima di finire assassinato, Insalaco ne volle parlare ampiamente con il giudice Falcone. Nei suoi diari citò episodi che vedevano coinvolto Vito Guarrasi, consulente del gruppo Cassina, e grande finanziere chiamato puntualmente in causa – con il soprannome di «mister X» – in quarant'anni di misteri palermitani.

Infine, Insalaco fece anche il nome di Elio Sanfilippo, capogruppo comunista a Palazzo delle Aquile, affermando che si era messo a disposizione per far da tramite con il gruppo Cassina, una circostanza che Sanfilippo avrebbe poi spiegato nel suo libro *Quando eravamo comunisti* (Edizioni Di Passaggio, Palermo 2008). Un diluvio di smentite.

C'era chi perfino smentiva di aver mai conosciuto Insalaco. Pajno disse di esser stato cooptato nel Santo Sepolcro a sua insaputa. E aggiunse: «Non mi stupisco di ritrovarmi dalla parte dei "cattivi" dal momento che fu proprio il mio ufficio a spiccare un ordine di cattura contro Insalaco». Contrada minimizzò. Guarrasi dichiarò: «Non avrei mai portato in spalla la bara dell'ex sindaco». Cassina: «La mia famiglia è oggetto di una speculazione da parte di terzi». Cocilovo (comunque fra i «buoni») definì «irresponsabile» la pubblicazione del testamento di Insalaco. Palazzolo, presidente del tribunale delle acque parlò di «elenchi stravaganti». Ma non finì lì. Gunnella, forte del suo scranno di ministro, sollecitò apertamente un'inchiesta giudiziaria sulla «fuga di notizie» e chiese che venissero perseguite le «gole profonde». La procura di Palermo non declinò l'invito.

L'inchiesta venne aperta da Alberto Di Pisa, sostituto procuratore, già titolare dell'inchiesta sul delitto Insalaco. E il capo della Squadra mobile Antonino Nicchi, in un'apposita conferenza stampa, annunciò la stesura di un documentato dossier «su tutte le fughe di notizie che si sono verificate a Palermo negli ultimi mesi». Con grande tempismo Salvatore Curti Giardina, da pochi mesi procuratore capo a Palermo, diramò una circolare interna per fare espresso divieto ai suoi collaboratori di intrattenere rapporti diretti con i giornalisti. Era il black-out, il giro di vite. Da quel momento, per mesi e mesi, le indagini sul delitto Insalaco sarebbero state insabbiate. Il «vero» caso Palermo, ormai, era rappresentato dalla fuga di notizie. Ma anche un'altra indagine, assai delicata, venne sacrificata per far posto a questa insolita caccia alle streghe. Vediamo.

C'è un «particolare» che fin qui abbiamo omesso. Fra l'uccisione di Insalaco (12 gennaio) e il terremoto scatenato dalla pubblicazione dei suoi diari segreti (17 gennaio) un altro gravissimo delitto. Proprio il giorno in cui si celebrarono i funerali dell'ex sindaco (assenti, naturalmente, tutti i suoi «amici» di un tempo), e quindi esattamente due giorni dopo l'agguato in via Cesareo, la mafia si manifestò ancora una volta alla grande. Tre killer trucidarono con decine di colpi di pistola Natale Mondo, trentasei anni, poliziotto della Squadra mobile, per anni autista e braccio destro di Ninni Cassarà. Ne abbiamo già parlato: era l'agente rimasto illeso durante il micidiale agguato a colpi di kalashnikov in cui erano caduti Cassarà e il giovane agente Roberto Antiochia. Era l'agente che aveva conosciuto l'onta delle manette prima di riuscire a dimostrare (venne infatti prosciolto in istruttoria) di non essere stato la talpa che aveva informato i killer dell'imminente rientro a casa del vicecapo della Squadra mobile. Ma era anche uno dei poliziotti presenti in questura la notte in cui venne torturato e ucciso il calciatore Salvatore Marino. E per questo Natale Mondo era stato rinviato a giudizio insieme ad altri funzionari e semplici agenti. Nei suoi ultimi mesi di vita, pur essendo stato riabilitato per la prima accusa, era stato trasferito alla Questura di Trapani. Ma le cosche di mafia non potevano dimenticare facilmente il suo passato. Cassarà infatti gli aveva affidato il delicatissimo compito di infiltrarsi proprio dentro alcune famiglie dell'eroina che vivevano all'Arenella, la stessa borgata in cui abitava Natale Mondo con la sua famiglia. Era una circostanza ormai nota a Palermo: Cassarà infatti annotava in una agenda giorni e luoghi d'incontro del suo autista con i boss che ancora non sospettavano il doppio gioco. Mondo fu costretto a render noto il particolare volendo così dimostrare la sua estraneità all'uccisione del suo dirigente. Si salvò in tribunale, venne ammazzato all'Arenella. Nel preciso istante in cui stava alzando la saracinesca di un negozio di giocattoli, Il mondo dei balocchi, di proprietà della moglie. Era l'orario dell'apertura pomeridiana. Cadde sfigurato fra fucili e pistole per bambini.

Chi aveva ordinato quest'ennesimo delitto? Se ne dissero tante. In un primo momento si pensò alla vendetta proprio di quelle famiglie che avevano dovuto fare i conti con questo infiltrato che non si era fatto scrupolo di avventurarsi in un nido di vipere. Poi emerse un'altra pista, clamorosa, e che si portò dietro uno strascico di polemiche. Si disse che Saverio Montalbano (che aveva preso il posto di Cassarà) aveva imposto all'agente, in qualche modo contro la sua volontà, di concedere Il mondo dei balocchi come osservatorio privilegiato agli uomini della Squadra mobile. Un punto ideale per seguire movimenti, andirivieni di boss e picciotti dell'Arenella. E così il giudice Di Pisa incriminò Montalbano accusandolo di favoreggiamento nei confronti dei killer di Mondo. Nel 1989 Montalbano sarebbe stato assolto da un'accusa analoga a quella formulata contro Mondo. Ma anche lui ebbe i suoi guai, e torneremo a parlarne.

Quali che furono le cause vere dell'agguato nella borgata marinara dell'Arenella resta un interrogativo: come poteva esser fatta piena luce su quel delitto quando pochi giorni dopo il capo della Mobile venne chiamato dalla procura a dedicarsi appassionatamente all'indagine sulle fughe di notizie? In altre parole veniva chiamato a collezionare ritagli di giornale e fotocopie. Ma il grottesco, la farsa, la burla erano solo all'inizio.

I pentiti non finiscono mai

Volò via un febbraio tranquillo, fatta eccezione per l'uccisione di Giovanni Fici, condannato al maxi a dieci anni, ma messo in libertà provvisoria. Non era uno qualunque: era cugino e braccio destro del superkiller Pino Greco *Scarpuzzedda.* Era il quarto a cadere, a meno di due mesi dalla sentenza del processone. E iniziò presto un marzo che si annunciò movimentato: questa volta (la sera del 7) venne ridotta in fin di vita una donna, Girolama Miceli, trentasei anni, con un discreto passato criminale. Ma il punto era un altro: aveva da tempo una relazione con Pino Greco. E probabilmente i suoi killer mancati erano gli stessi che avevano deciso di eliminare un superkiller ormai scomodo, ormai definitivamente bruciato.

Ma la notizia da prima pagina, nel marzo 1988, non se la guadagnarono i mafiosi con i loro crimini, bensì un nuovo pentito, un «nuovo Buscetta», come titolarono i giornali. Si chiamava Antonino Calderone. Era un catanese. Aveva cinquantacinque anni e una memoria di ferro. Con le sue confessioni, iniziate il 18 aprile 1987, tutte poi regolarmente documentate dagli investigatori, provocò una raffica di centosessanta mandati di cattura del giudice Giovanni Falcone che investirono mezz'Italia. Iniziò a dar segni di pentimento (ironia del destino) con il giudice marsigliese Michel de Back, il magistrato che aveva preso il posto di Pierre Michel, assassinato otto anni prima dai trafficanti del milieu marsigliese su ordine della mafia siciliana. Erano calunnie quelle di Calderone? Difficile sostenerlo.

Iniziò così la sua deposizione ai giudici istruttori di Palermo: «Ho ucciso quattro giovani a Catania, nel luglio 1976. Si chiamavano: Benedetto Zuccaro, di quindici anni. Giovanni La Greca, quattordici anni. Riccardo Cristaldi, quindici anni. Lorenzo Pace, che ne aveva quattordici. Li abbiamo sequestrati e rinchiusi in una stalla perché disturbavano la tranquillità del quartiere con continui atti di teppismo [...] Vennero strozzati e buttati in un fosso». Il summit in cui si decise l'eliminazione dei quattro adolescenti si tenne – confessò il pentito – nella lussuosa villa del principe Vanni Calvello di San Vincenzo, a Bagheria. Ma torniamo a Calderone. Suo fratello – Giuseppe – era stato assassinato nel 1978, a Catania, alle prime avvisaglie della guerra di mafia che aveva sconvolto anche quella città. Simili le ragioni del pentimento di Antonino Calderone a quelle di Buscetta e di Contorno: il rifiuto di vivere eternamente braccato con moglie e tre figli perché i corleonesi avevano deciso di farla pagare anche a lui. Era stato arrestato nel maggio 1986 a Nizza, in seguito a un'intercettazione telefonica. Tirava avanti gestendo una lavanderia.

Calderone ricostruì agli investigatori la mappa delle famiglie che in diverse province siciliane si erano riorganizzate dopo i clamorosi blitz dell'autunno 1984. Indirettamente offrì impressionanti riscontri alle confessioni di Buscetta e Contorno e aggiunse che, a Catania, Cosa Nostra esisteva dal 1925. Confermò che i clan di quella città avevano avuto un ruolo decisivo nell'eliminazione del generale Dalla Chiesa. Fu durissimo con il cavaliere del lavoro, l'imprenditore catanese Carmelo Costanzo: metteva a disposizione gli uffici della sua ditta di Misterbianco per delicatissime riunioni di mafia (nel 1978). I partecipanti? Da Gaetano Badalamenti a Beppe Di Cristina, da Salvatore Inzerillo a Salvatore Marchese, cugino dello stesso Calderone. Parlò dei rapporti intrattenuti da altri due cavalieri catanesi, gli imprenditori Mario Rendo e Gaetano Graci. Nutrita la parte della sua deposizione che riguardava Nino e Ignazio Salvo, anch'essi in strettissimi rapporti con i capi mafia più in vista. Davvero addentro a tanti misteri di Cosa Nostra il nuovo Buscetta catanese svelò anche molti retroscena sulla strage di viale Lazio a Palermo, il 10 dicembre 1969.

Delitti e stragi. Codici d'onore e rituali medievali. Droga appalti e sequestri di persona. Ragazzini strangolati e centinaia di persone scomparse nel nulla. Ma la mafia non è soltanto questo. E mentre Buscetta aveva preferito sorvolare, Calderone non si era fatto pregare per ribadire l'esistenza di inquietanti legami fra criminalità mafiosa e i rappresentanti di certi Palazzi del potere politico. Non poteva mancare Aristide Gunnella. Disse Calderone: «Mi risulta che il boss di Riesi Beppe Di Cristina non avendo ricevuto un appoggio concreto dalla Democrazia cristiana, quando ebbe problemi che gli derivavano da una proposta di misura di prevenzione nei suoi confronti, si rivolse ad Aristide Gunnella. Ignoro ciò che abbia fatto Gunnella per Di Cristina. Ma so, avendolo appreso da Di Cristina, che Gunnella fu l'artefice dell'assunzione di Di Cristina in un ente pubblico regionale, credo la Sochimisi [società chimica siciliana collegata all'ente minerario, N.d.A.]... Ricordo, come fatto sintomatico di quest'appoggio di Gunnella a Di Cristina che, in occasione di una campagna elettorale nel comune di Riesi, il partito repubblicano riportò una valanga di voti, cosa che non era mai accaduta nel passato». Calderone fece il nome di Cassina: «So che i Cassina si aggiudicavano gli appalti al comune di Palermo senza alcuna difficoltà. E so anche che Costanzo non presentava mai domanda per lavori nel territorio palermitano. I Cassina facevano altrettanto in provincia di Catania. Non so se esistesse addirittura un accordo fra i Cassina e i Costanzo in tal senso».

Calderone fece anche il nome di Insalaco. Disse ai giudici: «Personalmente non l'ho mai conosciuto. A parlarmene spesso erano i due capi mafia Stefano Bontate e Gaetano Fiore. Sapevo che entrambi appoggiavano quest'uomo politico. Una volta Stefano Bontate ridendo disse: "Siamo costretti ad appoggiare elettoralmente il figlio di uno sbirro" (come si ricorderà Insalaco era figlio di un maresciallo dei carabinieri)». Infine, per completare il quadro, Calderone si soffermò sul ruolo del democristiano Salvo Lima.

Ascoltiamolo ancora quando ricostruisce il periodo in cui era ricercato dalla polizia, in particolare da Francesco Cipolla, capo della Criminalpol catanese: «Cipolla era l'unico che nella questura catanese faceva seriamente le indagini nei nostri confronti, recandoci disturbo [...] Non lo faceva per particolare inimicizia ma solo per senso del dovere. Avevamo tentato di farlo trasferire da Catania, ma non ci eravamo riusciti. Ci rivolgemmo a Nino e Ignazio Salvo. Li andammo a trovare nei loro uffici delle esattorie di Palermo. Eravamo noi due soli [i due fratelli Calderone, *N.d.A.*], così quando esponemmo loro il nostro problema ci risposero che sarebbe stato opportuno rivolgersi a "Salvino", cioè all'onorevole Salvo Lima».

Ed ecco la cronaca dell'incontro decisivo, secondo la ricostruzione del pentito: «Avvenne negli uffici romani di Francesco Maniglia [costruttore palermitano arrestato nel dicembre 1987 a Parigi dopo una lunga latitanza, *N.d.A.*], in un appartamento del centro storico che non saprei più individuare. Eravamo presenti io, mio fratello e Nino Salvo. Quindi sopraggiunse Lima. Egli ascoltò le nostre richieste, e disse che si sarebbe interessato della faccenda. È l'unica volta che l'ho incontrato [...] Successivamente venni informato dai Salvo che Lima aveva tentato di far trasferire Cipolla ma non c'era riuscito, per motivi che ricordo confusamente». Ma non sarebbe tardata una «spiegazione». Ancora Calderone: «Sembra che il ministro competente dell'epoca [molto probabilmente quello degli Interni, *N.d.A.*] avesse detto a Lima di pazientare un po'. Cipolla infatti, entro un breve periodo, se ne sarebbe andato da Catania spontaneamente, per motivi che riguardavano il lavoro della moglie». Altri episodi si riferivano invece ad Attilio Ruffini, ministro della Difesa alla fine degli anni Settanta e già finito nell'inchiesta Spatola-Gambino-Inzerillo per le sue frequentazioni con i clan dell'eroina. Fermiamoci qui.

Nel marzo 1988 le rivelazioni del pentito Antonino Calderone erano coperte da segreto istruttorio. E ancora una volta «la Repubblica» e «l'Unità» fecero la scelta di pubblicarle con grande rilievo. Fin quando i due quotidiani si limitarono a riferire di vicende interne a Cosa Nostra non ci fu alcun contraccolpo. Quando invece si passò ai rapporti mafia, imprenditoria e politica, si scatenò ancora una volta il putiferio.

Salvo Lima, proverbiale in Sicilia per non aver mai replicato a tante accuse contro di lui, quella volta diede qualche segno di nervosismo. Definì «privo di fondamento» il tentativo di trasferimento di Cipolla e aggiunse: «Il ministro degli Interni e le autorità di polizia sono certamente in grado – com'è giusto, e come chiedo – di accertare la fondatezza o meno di questa mia precisazione». Gunnella si scatenò letteralmente. Smentì con decisione sue eventuali responsabilità nell'assunzione del boss Di Cristina. Ecco la sua verità, come la raccontò – con parole sue – in quei giorni: «La rivelazione è un fatto noto, anzi arcinoto, da vent'anni su cui è stato scritto da molti giornali, i fatti sono notissimi. Documentatamente ho dimostrato che all'assunzione di Giuseppe Di Cristina, mai, dico mai, prima conosciuto, si addivenne su due richieste scritte dal suocero, sindaco comunista di Riesi, e su parallela pressione dell'ex presidente dell'Ente minerario siciliano, dottor Graziano Verzotto, testimone di nozze del Di Cristina: il Verzotto era segretario regionale della Democrazia cristiana». E la «valanga di voti repubblicani a Riesi» ricordata da Calderone? «La valanga di voti a Riesi sono riconducibili ai minatori di zolfo residenti a Riesi che lavoravano nelle miniere di proprietà della Sochimisi di cui ero il consigliere delegato. Non scendo in altri dettagli noti ma sottolineo che nei voti di lista erano inserite le preferenze per molti candidati: i più votati erano La Malfa, Gunnella, Montanti e altri a testimonianza di un voto politico e non mafioso. Il Di Cristina votava con tutta la famiglia sempre per la Democrazia cristiana».

Mi è sempre rimasta la curiosità – detto per inciso – di sapere come facesse Gunnella a essere tanto informato sugli orientamenti politici del boss e della sua intera famiglia. Né mi sembrò mai un grande argomento difensivo sostenere che i minatori di zolfo votavano Gunnella perché Gunnella era consigliere delegato della Sochimisi proprietaria di quelle miniere. Ma erano dettagli. Gunnella infatti a quel punto era partito lancia in resta. «Sollecito ufficialmente il ministro dell'Interno, della Giustizia, il Csm, per le parti di loro competenza, nella certezza che la procura vorrà intervenire per ripristinare un'inchiesta specifica, approfondita, per un diritto violato ripetutamente dai due giornalisti» dichiarò all'Ansa. I due giornalisti della «Repubblica» e dell'«Unità» eravamo – ahimè – Attilio Bolzoni e io. Il 13 marzo Gunnella chiese provvedimenti esemplari. Il 14 i giornali ne diedero notizia. La sera del 16 marzo Bolzoni e io ci ritrovammo nel carcere dei Cavallacci a Termini Imerese. Con noi i carabinieri del nucleo operativo della caserma Carini, agli ordini del colonnello Mario Mori, furono gentilissimi. E non nascosero l'imbarazzo perché chiamati a eseguire perquisizioni e ordini di cattura tanto singolari. Ci risparmiarono il fastidio delle manette, ma non poterono fare a meno di prelevare le impronte digitali. Finimmo in carcere accusati di peculato. Accusati cioè di esserci appropriati di beni dello Stato: le fotocopie dei verbali delle deposizioni di Calderone (anche se le perquisizioni nelle nostre abitazioni avevano dato esito negativo). Autore dell'iniziativa era stato il procuratore capo di Palermo Salvatore Curti Giardina. Evidentemente il suo blackout, all'indomani della pubblicazione dei memoriali di Insalaco, non era stato preso alla lettera.

Restammo in carcere sei giorni. Uscimmo – tecnicamente – grazie a un provvedimento del Tribunale della libertà. Ci tirarono fuori dalle patrie galere l'enorme solidarietà dell'Italia democratica, lo sdegno e la protesta di tutta la stampa, la condanna espressa per quel provvedimento da uomini politici appartenenti a tutti i partiti, dall'estrema destra all'estrema sinistra, da Achille Occhetto a Giorgio Almirante.

XVII

La preoccupazione del presidente

I gerontocrati in pista

Arrestare due giornalisti non è una decisione che si prende a cuor leggero. Soprattutto se i giornalisti hanno violato il segreto istruttorio per informare i lettori sul nesso mafia e politica. È fin troppo evidente che non mancheranno le reazioni, è ovvio che sarà impossibile giustificare un provvedimento tanto drastico in una città dove i mandanti di centinaia di delitti restano impuniti, spesso mai sfiorati dalla giustizia.

A Palermo, città delle latitanze dorate, ci voleva davvero un coraggio non comune a spalancare i portelloni di un carcere di massima sicurezza per spedirvi dentro due giovani cronisti colpevoli di aver adoperato la penna biro e non una calibro 38 o un kalashnikov. E ci voleva fegato a ipotizzare l'accusa di peculato quando le perquisizioni domiciliari avevano dato esito negativo. Ci voleva una freddezza non comune dal momento che gli uomini del Palazzo di giustizia sapevano fin troppo bene che lo scoop non era destinato a sgonfiarsi come una bolla di sapone. Gli uomini del Palazzo, infatti, sapevano benissimo che il pentito Calderone quelle cose le aveva dette veramente. E ci voleva anche una bella faccia tosta: tutti infatti avevano visto i due politici coinvolti nello scandalo invocare apertamente la linea dura contro i cronisti. Insomma, l'operazione arresto, era un'operazione tutta a perdere.

Eppure fegato, freddezza e faccia tosta non mancarono al procuratore capo di Palermo. Fece tutto da solo? Ideò, progettò e mise in pratica un delirio repressivo senza aver bisogno di una squadra? Non informò, non si consultò, non chiese il sostegno di nessuno?

Era un marziano? Non sapeva che due mesi prima erano stati assassinati Insalaco e Mondo? Non andava all'idea che sul suo ufficio sarebbe piovuta una grandinata di critiche se non altro perché quell'iniziativa in quel momento distoglieva energie e mezzi dalle indagini su due omicidi? Era talmente miope da non capire che, all'indomani della maxi sentenza, sarebbe emerso lo strano volto di uno Stato non più alla ricerca dei mafiosi bensì alla ricerca di giornalisti scomodi? Ne ho sempre dubitato.

Curti Giardina rappresentò la punta di diamante di quel settore della magistratura palermitana che aveva subìto le iniziative antimafia del pool come fossero olio di ricino. Curti Giardina rappresentò la banalizzazione fin troppo concreta dello Sciascia-pensiero, il grido di riscossa di tanti travet della toga, il biglietto da visita di un nuovo schieramento che invocava prudenza, che rimpiangeva di nascosto gli anni in cui, per un motivo o per un altro, i procuratori generali minimizzavano la questione mafia. E spesso con motivazioni apparentemente ineccepibili. Erano quei giudici che «parlavano lo stesso linguaggio della gente», ne condividevano il fastidio per le sirene e le auto di scorta, provavano allergia al pentitismo, erano eternamente d'accordo con il giudice della Cassazione Carnevale che demoliva sentenze perché il «garantismo» non può soccombere alla «cultura del sospetto», erano anche quei giudici che pretendevano l'annientamento dei pool antimafia, ma per ottenere lo scopo teorizzavano l'immissione di forze nuove, giovani, capaci, anche se digiune di inchieste antimafia.

Quando il Csm dovette affrontare il tema della nomina del nuovo capo dell'ufficio istruzione (Caponnetto se n'era tornato nella sua Firenze, alla fine del 1987) scelse – come è noto – Antonino Meli. E bocciò Falcone, nonostante un magistrato della competenza e della saggezza di Caponnetto lo avesse indicato come unico successore possibile. Tornava così a prevalere il criterio dell'anzianità per le nomine ai vertici degli uffici giudiziari. Ora la procura aveva il volto di Salvatore Curti Giardina. L'ufficio istruzione aveva il volto di Antonino Meli. I travet tirarono un respiro di sollievo. I gerontocrati tornavano in pista. Naturalmente il primo a farne le spese fu Giovanni Falcone.

Accadde il 25 giugno, a Palermo, durante un convegno sulla mafia alle soglie degli anni Novanta. Erano venuti da ogni parte del mondo. C'era il Wiesenthal dell'antimafia, Giuseppe Di Gennaro, direttore esecutivo dell'Unfdac, la task force internazionale che dava la caccia ai trafficanti di ogni Paese. C'era Michael Ayala, esperto dell'Onu per l'America Latina. Ma i gerontocrati, quel giorno, non si videro: né il procuratore generale Pajno, né Curti Giardina, né Meli. Perdettero un intervento di Falcone che equivaleva a una spietata diagnosi dei rischi che stava cominciando a correre la lotta contro la mafia. Non c'era che l'imbarazzo della scelta a voler riassumere quelle ventitré cartelle dattiloscritte. Disse il giudice palermitano più odiato dai suoi colleghi: «Il declino di Cosa Nostra, più volte annunciato, non si è verificato, e non è purtroppo neanche prevedibile. È vero che non pochi uomini d'onore, alcuni anche d'importanza primaria, sono attualmente detenuti: tuttavia i vertici di Cosa Nostra sono latitanti e non sono sicuramente costretti all'angolo».

Destavano preoccupazione le condizioni di efficienza delle forze dell'ordine. «Le indagini di polizia giudiziaria, ormai da qualche anno» incalzò Falcone «hanno perso di intensità e di incisività, a fronte di un'organizzazione mafiosa sempre più impenetrabile e compatta. Le notizie in nostro possesso sull'attuale consistenza dei quadri mafiosi e sui nuovi adepti sono veramente scarse.» E la mafia adesso dimostrava una rinnovata capacità a stringere alleanze: «Gli omicidi di Insalaco e Parisi (imprenditore eliminato il 23 febbraio 1985 sul fronte degli appalti) costituiscono l'eloquente conferma che gli antichi ibridi connubi fra la criminalità mafiosa e occulti centri di potere costituiscono tuttora nodi irrisolti con la conseguenza che, fino a quando non sarà fatta piena luce su moventi e mandanti dei nuovi come dei vecchi omicidi eccellenti, non si potranno fare molti passi avanti.»

Ma dalla tribuna di quel convegno Falcone volle parlar chiaro sino in fondo. E affermò tra l'altro: «Non pochi uomini politici siciliani sono stati e sono ancora, a tutti gli effetti, adepti di Cosa Nostra». Non esistono cioè politici «prestati» alla mafia, semmai tanti mafiosi che si specializzano nella conduzione di attività pubbliche. Ecco perché in quel convegno Falcone sottolineò l'inesistenza di un terzo livello, inteso come struttura sovrastante la cupola mafiosa. Si espresse così: «Al di sopra dei vertici organizzativi non esistono terzi livelli di alcun genere che influenzano gli indirizzi di Cosa Nostra... In tanti anni di indagini non sono emersi elementi per autorizzare il sospetto che esista una direzione strategica occulta di Cosa Nostra. Gli uomini d'onore che hanno collaborato con la giustizia ne disconoscono l'esistenza». Ce n'era a sufficienza per dare la scossa a un plotone di elefanti. In un clima normale, di corretto funzionamento delle istituzioni, in assenza di veleni, quelle ventitré cartelle avrebbero dovuto scatenare un pandemonio. Ma non un pandemonio polemico. Il massimo esperto della lotta alla mafia non stava facendo accademia, tanto da concludere così il suo intervento: «Sarò anche considerato profeta di sventura, ma non è possibile trarre buoni auspici dalla drastica riduzione dei fatti di sangue che per altro si è verificata solo nel palermitano e che dipende in minima parte dall'azione repressiva».

Quel giorno Falcone mi diede l'impressione di un grande chirurgo che improvvisamente si ritrova solo in sala operatoria, abbandonato dai suoi assistenti, una volta che il paziente è già stato vivisezionato: troppo tardi per far finta di niente, rischioso procedere da soli. I gerontocrati, nei giorni successivi, tacquero. Una sola reazione: un fragoroso applauso dal quotidiano della Palude. E sapete perché? Perché Falcone aveva finalmente capito che non c'è un terzo livello. Quindi finalmente si poteva dire che tutto è mafia, solo mafia, nient'altro che mafia. Una bella lezione per quell'antimafia cinematografica, letteraria e sociologica, spasmodicamente affezionata all'idea che politici e imprenditori siano coinvolti nei grandi traffici. Ma Falcone non aveva anche puntato il dito contro gli adepti di Cosa Nostra che fanno politica? Niente paura. «Il Giornale di Sicilia» tutta quella parte, si limitò a ignorarla.

Il j'accuse di un grande protagonista

I giudici antimafia non vollero assistere indifferenti a quanto stava accadendo. Ma come? Il pool era sorto all'indomani dell'uccisione di Chinnici per dar vita a uno scudo protettivo che tutelasse indagini e giudici esposti, e ora i gerontocrati si ritrovano uniti in una campagna di discredito? I risultati di quel metodo di lavoro erano sotto gli occhi di tutti, erano stati oggetto di studio e apprezzamenti, e non solo in Italia. Eppure non era questo (ancora) il tema in discussione. A mettere in allarme uomini come Caponnetto, Falcone, Borsellino, Guarnotta e Di Lello era il grande riflusso seguito alla sentenza del processone. Al Palazzo di giustizia di Palermo circolava un senso comune apparentemente intriso di saggezza. E il ritornello era sempre lo stesso: vada per il processone, vada anche per le condanne, ma sarebbero venuti i processi di secondo e terzo grado, e il copione non sarebbe stato più lo stesso. Leitmotiv duro a morire, fin dai giorni in cui aveva preso avvio il maxi. E si era scatenata in quel periodo – non dimentichiamolo – una durissima controversia contro i due mostri che aleggiavano nelle aule di giustizia: i mega processi e il protagonismo dei giudici.

L'effetto immediato di questa nuova filosofia che iniziava a farsi le ossa era stato la flessione verticale di ogni forma di analisi e repressione del fenomeno mafioso. L'allarme lo lanciò Paolo Borsellino. Diventato procuratore di Marsala non faceva più parte, anche se solo formalmente, del pool di Palermo. Un buon motivo per stare zitto. Un buon motivo per non cercarsi rogne nel momento in cui i gerontocrati si preparavano all'assalto finale contro un gruppo di giudici antimafia irriducibili. Invece Borsellino parlò e – com'è sempre stato nel suo stile – disse tutto quello che pensava. Molto probabilmente, anche se è solo una supposizione, volle dare una mano al suo amico Falcone rimasto inascoltato a quel convegno. Ma Borsellino dovette sudare sette camicie prima di riuscire a richiamare l'attenzione, facendo esplodere un bubbone che ormai era sotto gli occhi di tutti.

E ad Agrigento, il 16 luglio, intervenendo alla presentazione di *Mafia e il processo di Agrigento* (scritto da Giuseppe Arnone, Editore La Zisa, Palermo 1988), parlò di «smobilitazione dell'antimafia, piuttosto che di normalizzazione»; e ad ascoltarlo c'erano Leoluca Orlando sindaco di Palermo, Luciano Violante, responsabile dei problemi della giustizia per il Pci, e Alfredo Galasso l'avvocato di Nando Dalla Chiesa. La domenica e il lunedì successivi, la notizia non figurava su nessun quotidiano, e il martedì venne pubblicata da «L'Ora». Quel giorno, insieme a Bolzoni, decidemmo di fare un salto a Marsala per capire meglio il significato delle parole di Borsellino. Non fu un viaggio a vuoto. Trovammo Borsellino stupito dalla nostra visita, chiuso in una stanza blindata di un palazzo di giustizia deserto, con i suoi quattro pacchetti di MS a portata di mano. Fu sempre un uomo schietto che ricorse al top secret o al doveroso riserbo solo quando era veramente indispensabile. Conoscendolo da anni, e sentendolo parlare, mi resi subito conto che Borsellino non stava pronunciando il suo *j'accuse* a cuor leggero. Non era mai stato abituato a giocare allo sfascio. E quando il clima generale della lotta alla mafia era stato diverso, Borsellino ne aveva colto tutti gli aspetti favorevoli e positivi. Ma allora cosa stava accadendo?

Il procuratore di Marsala osservò: «Fino a poco tempo fa tutte le indagini antimafia, proprio per l'unitarietà dell'organizzazione chiamata Cosa Nostra, venivano fortemente centralizzate nei pool della procura e dell'ufficio istruzione. Oggi invece i processi vengono dispersi per mille rivoli. Tutti si devono occupare di tutto, è questa la spiegazione ufficiale. La verità è che Giovanni Falcone purtroppo non è più il punto di riferimento principale». Gli feci questa domanda: «Mi risulta che Falcone continua a svolgere le sue inchieste. E negli anni passati, titolare del maxi processo, fu Antonino Caponnetto. Oggi invece, al posto di Chinnici e Caponnetto, c'è Antonino Meli. Perché trova strano che a Meli stia a cuore una direzione complessiva?».

Borsellino: «Senza mettere in discussione la bravura, la competenza, la buona fede di Meli, dubito che si possa rivendicare la titolarità quando si è arrivati ieri, e quindi non si conosce la materia. Il precedente di Caponnetto è ben diverso: lui, quelle carte, le ha viste crescere. E ai suoi tempi si era affermata una preziosa filosofia di lavoro che ha consentito l'istruzione del maxi: salviamo le competenze territoriali, quando è possibile, ma ogni spunto di indagine che riguarda Cosa Nostra deve trovare riferimento nel maxi e nello stralcio che da quel processo è scaturito. Con questa tecnica si chiuse la pagina delle indagini parcellizzate che per anni non riuscirono mai a centrare veri obiettivi. Ho la spiacevole sensazione che qualcuno voglia tornare indietro».

Era giunto il momento di spiegare quella frase apparentemente sibillina pronunciata ad Agrigento. «Bene» esordì Borsellino «l'ultimo rapporto di polizia degno di questo nome risale al 1982. Era il dossier intitolato "Michele Greco più 161". Da allora a oggi non è stato presentato più alcun rapporto complessivo sulla mafia nel palermitano. Se si escludono alcuni contributi del reparto anticrimine dei carabinieri, il vuoto è assoluto: nessuno, per esempio, che si sia posto il problema di capire quali effetti ha provocato negli equilibri di Cosa Nostra la sentenza del maxi. Recentemente, invece, il dottor Nicchi, capo della Squadra mobile di Palermo, ha dichiarato pubblicamente che lui "lavora per la *normalizzazione*". Francamente non capisco una frase del genere detta da un funzionario di polizia.» E la situazione della Squadra mobile di Palermo? Borsellino: «So solo che la Squadra mobile, dai tempi delle uccisioni dei poliziotti Cassarà e Montana, è rimasta decapitata. Lo staff investigativo è a zero.» Gli chiedemmo, infine, perché avesse deciso di lanciare questo grido d'allarme. «Il momento mi sembra delicato. Avendo trascorso tanti anni negli uffici-bunker di Palermo sento il dovere morale, anche verso i miei colleghi, di denunciare certe cose.»

Le due interviste, su «la Repubblica» e su «l'Unità», vennero pubblicate il 20 luglio. E quella mattina Bolzoni e io andammo a far visita ad Antonino Meli per conoscere la sua versione, per raccogliere la sua verità. Fu un lavoro faticoso. Sembrava che Meli avesse preso la scossa. Non fece neanche in tempo a sedersi che già scandiva a gran voce: «Non una sola parola fra quelle dette da Borsellino risponde a verità, forse è male informato. Mi chiedo se non sia il caso di investire il Csm dei contenuti di quest'intervista».

Un'autodifesa impetuosa, tutta d'un fiato, quella del vecchio leone. Spiegò di aver subìto spesso tante ingiustizie giornalistiche, e di aver imparato a diffidare dei cronisti. Ci chiese un resoconto che fosse il più possibile fedele. Gli facemmo comunque notare che problemi e spaccature erano tutti interni agli uffici giudiziari, e che solo in seconda battuta finivano qualche volta sui giornali. Meli tirò dritto come una locomotiva. Non esitò: «Nego» replicò secco «che il pool sia stato sgretolato. Semmai è stato ampliato con l'immissione di altri magistrati sia per far meglio fronte agli assalti della criminalità organizzata, sia per garantire un necessario ricambio che tuteli, anche in futuro, la continuità nella gestione di un settore così importante e delicato». I telefoni si erano rotti.

Meli, anche se implicitamente, dava del bugiardo a Borsellino. Tanti magistrati della procura, che però non vollero finire sui giornali, ci dissero quella mattina: «Borsellino ha avuto il coraggio di affermare tutto quello che molti di noi pensano, anche perché, lavorando a Marsala, è più libero di esprimere il suo punto di vista». Seguirono sei giorni di curioso silenzio. Evidentemente il Csm non prestava particolare attenzione alla denuncia di Borsellino e alla replica stizzita di Meli. Fu così che la sera del 26 luglio il presidente della Repubblica Francesco Cossiga lanciò un poderoso allarme antimafia, sollecitando i ministri di Grazia e Giustizia e degli Interni e lo stesso Csm a fare fino in fondo la loro parte, comunicandogli al più presto «ogni elemento utile di conoscenza e le misure ritenute necessarie per fronteggiare la situazione». Una bella tirata d'orecchie, anche perché Cossiga lasciò intendere, manifestando la sua preoccupazione, di considerare tutt'altro che fantasiosa la diagnosi del procuratore capo di Marsala. Il ministro degli Interni Antonio Gava non ebbe difficoltà particolari, e rispose all'invito del capo dello Stato con un laconico «è tutto sotto controllo». Il Csm non sapeva che pesci pigliare: promuovendo Meli a capo di quell'ufficio aveva preventivamente chiuso la partita, ponendo le premesse per lo sfascio successivo. Calunnie?

Fra il 27 e il 29 luglio raccolsi tre interviste che prendevano spunto dall'sos di Borsellino: a Giuseppe Di Lello, del pool dell'ufficio istruzione, a Carmelo Conti presidente di Corte d'appello, ad Alfonso Giordano, il presidente del processone. Una raffica di giudizi preoccupati. Un'articolazione, da angolazioni diverse, di quel concetto chiave – «antimafia smantellata» – che aveva provocato le ire del consigliere istruttore.

Di Lello: «Purtroppo c'è un visibile disinteressamento dello Stato che negli ultimi anni è emerso in maniera davvero preoccupante. Ha ragione Paolo Borsellino quando allude ai ritardi nell'opera investigativa. E ha ragione anche quando lamenta che ormai siamo al buio nella conoscenza dei nuovi organigrammi di Cosa Nostra. Anche la città, nel suo complesso, è ripiombata negli anni bui del dopo Boris Giuliano, e del dopo Ninni Cassarà».

Giordano: «Cosa sappiamo oggi del nuovo volto della mafia? Davvero molto poco. Siamo al buio. Come pensiamo di aver sconfitto la mafia quando Riina, Provenzano, Pino Greco, cioè i capi dei corleonesi sono ancora latitanti? Come possiamo illuderci di aver sgominato le cosche? Non ci sono più voci dall'interno che ci offrono una guida per capire. E dopo l'eliminazione di Cassarà e Montana, dopo il caso Marino, si è puntato alla ricostruzione amministrativa degli uffici di polizia piuttosto che alla rifondazione dell'attività giudiziaria. La mafia, com'è noto, ha eliminato molti giudici: ma negli uffici giudiziari un ricambio c'è stato, in polizia sembrerebbe di no». E Giordano non risparmiò le critiche per il Csm: «Hanno accuratamente evitato di mettere ai posti di direzione quei magistrati che avevano manifestato specializzazioni e comportamenti di un certo tipo. Hanno finito col fare strada coloro i quali ostentavano la "fine dell'emergenza". Quando è andata bene, invece, sono prevalse le carriere di quei magistrati che erano totalmente avulsi dalle realtà investigative degli ultimi anni. Ecco perché capisco perfettamente le ragioni del disappunto di Antonino Caponnetto, che fu alla guida di quell'ufficio».

Conti: «Lo Stato deve riscoprire la stessa unità di fondo che riuscì a manifestare nei confronti del terrorismo [...] Questo che oggi ci sovrasta è un pericolo di gran lunga più inquietante del terrorismo, esige una solidarietà fra le forze politiche ben più alta di quella che si conseguì allora. Devo rilevare purtroppo che, fra ieri e oggi, in termini di intesa fra i grandi schieramenti politici, la forbice si è allargata. La compattezza di fronte al nemico-mafia non è neanche lontanamente paragonabile a quella contro il terrorismo [...] Stiamo attenti: Cosa Nostra ha ripreso in pieno la sua capacità di intervento sul territorio. Soprattutto la sua capacità di condizionamento della democrazia. La mafia è viva, agisce. Può tornare a colpire. Può tornare ad alzare lo sguardo contro i rappresentanti dello Stato.»

«Ho tollerato in silenzio»

Sabato 30 luglio 1988, il Csm iniziò gli interrogatori dei giudici coinvolti a vario titolo nelle polemiche scatenate dalla denuncia di Borsellino. E quel sabato sera, a Palazzo dei Marescialli, Giovanni Falcone ruppe ogni indugio annunciando all'organo di autogoverno della magistratura la sua decisione di dimettersi dal pool antimafia e la richiesta di esser trasferito ad altro incarico. Lo fece con una lettera di quattro cartelle che vale la pena rileggere per capire in che modo può essere liquidata, in Italia, un'esperienza giudiziaria di altissima professionalità.

Scrisse: «Ho tollerato in silenzio in questi ultimi anni in cui mi sono occupato di istruttorie sulla criminalità mafiosa, le inevitabili accuse di protagonismo o di scorrettezze nel mio lavoro. Ritenendo di compiere un servizio utile alla società, ero pago del dovere compiuto e consapevole che si trattava di uno dei tanti incovenienti connessi alle funzioni affidatemi. Ero inoltre sicuro che la pubblicità dei relativi dibattimenti avrebbe dimostrato, come in effetti è avvenuto, che le istruttorie alle quali ho collaborato erano state condotte nel più assoluto rispetto della legalità. Quando poi si è prospettato il problema della sostituzione del consigliere istruttore di Palermo, dottor Caponnetto, ho avanzato la mia candidatura, ritenendo che questa fosse l'unica maniera per evitare la dispersione di un patrimonio prezioso di conoscenze e di professionalità che l'ufficio cui appartengo aveva globalmente acquisito. Forse peccavo di presunzione e forse altri potevano assolvere egregiamente all'esigenza di assicurare la continuità dell'ufficio. È certo però che esulava completamente dalla mia mente l'idea di chiedere premi o riconoscimenti di alcun genere per lo svolgimento della mia attività. Il ben noto esito di questa vicenda non mi riguarda sotto l'aspetto personale e non ha per nulla influito, come i fatti hanno dimostrato, sul mio impegno professionale. Anche in quell'occasione però ho dovuto registrare infami calunnie e una campagna denigratoria di inaudita bassezza, cui non ho reagito solo perché ritenevo, forse a torto, che il mio ruolo mi imponesse il silenzio. Ma adesso la situazione è profondamente cambiata e il mio riserbo non ha più ragion d'essere. Quel che paventavo purtroppo è avvenuto: le istruttorie nei processi di mafia si sono inceppate e quel delicatissimo congegno che è il gruppo cosiddetto antimafia dell'ufficio istruzione di Palermo, per cause che in questa sede non intendo analizzare, è ormai in stato di stallo.

«Paolo Borsellino, della cui amicizia mi onoro, ha dimostrato ancora una volta il suo senso dello Stato e il suo coraggio, denunciando pubblicamente omissioni e inerzie nella repressione del fenomeno mafioso che sono sotto gli occhi di tutti. Come risposta è stata innescata un'indegna manovra per tentare di stravolgere il profondo valore morale del suo gesto riducendo tutto a una bega fra cordate di magistrati, a una reazione, cioè, di magistrati protagonisti, oscurati da altri magistrati, che con ben diversa serietà professionale e con maggiore incisività condurrebbero le indagini in tema di mafia. Ciò non mi ferisce particolarmente, a parte il disgusto per chi è capace di tanta bassezza morale. Tuttavia essendo prevedibile che mi saranno chiesti chiarimenti sulle questioni poste sul tappeto dal procuratore di Marsala, ritengo di non poterlo fare se non a condizione che non vi sia nemmeno il sospetto di tentativi da parte mia di sostenere pretese situazioni di privilegio (ciò, incredibilmente, si dice adesso a proposito di titolari di indagini in tema di mafia). E allora, dopo lunga riflessione, mi sono reso conto che l'unica via praticabile a tal fine è quella di cambiare immediatamente ufficio. E questa scelta, a mio avviso, è resa ancora più opportuna dal fatto che i miei convincimenti sui criteri di gestione delle istruttorie divergono radicalmente da quelli del consigliere istruttore, divenuto titolare, per sua precisa scelta, di tutte le istruttorie in tema di mafia.

«Mi rivolgo pertanto alla sensibilità del signor presidente del tribunale affinché, nel modo che riterrà più opportuno, mi assegni ad altro ufficio nel più breve tempo possibile; per intanto chiedo di poter iniziare a fruire delle ferie con decorrenza immediata. Prego vivamente, inoltre, l'onorevole Consiglio Superiore della Magistratura di voler rinviare la mia eventuale audizione a epoca successiva alla mia assegnazione ad altro ufficio. Mi auguro» concluse Falcone «che queste mie istanze, profondamente sentite, non vengano interpretate come un gesto di iattanza, ma per quel che riflettono: il profondo disagio di chi è costretto a svolgere un lavoro delicato in condizioni tanto sfavorevoli e l'esigenza di poter esprimere compiutamente il proprio pensiero senza condizionamenti di sorta». Queste parole restarono senza effetto.

Il Csm non volle prendere atto dell'errore commesso con la nomina di Meli al vertice di quell'ufficio, e piuttosto che rimediare, quand'era ancora in tempo, preferì perseverare ignorando il clima di grande simpatia che in tutt'Italia circondava ormai Falcone e il suo pool. Passò alle cronache come la partita del 7 a 4. Sette consiglieri del Csm (magistratura indipendente, unità per la costituzione e Dc) votarono a favore di un documento che in buona sostanza respingeva i contenuti della denuncia di Paolo Borsellino. In quattro (magistratura democratica, uno dei consiglieri Verdi usciti da Unità per la Costituzione, Pci e Psi) votarono contro. E il 3 agosto Falcone, incontrando il cronista di giudiziaria dell'«Ora», Francesco Vitale, commentò con amarezza: «La partita è persa».

In quei giudici palermitani, che davvero avevano creduto che lo Stato volesse fare sul serio, il 7 a 4 provocò sfiducia e smarrimento. Ormai era chiaro che si voleva normalizzare Palermo, narcotizzando i fermenti migliori. E la mattina del 3 agosto gli stessi vincitori apparvero quasi impauriti dal loro successo. Meli non sorrise. Sembrò più teso del solito, evitò di polemizzare con Borsellino, non lo accusò più di aver detto il falso. Per un momento fu consapevole che, se l'antimafia dei suoi «nemici» era finita in archivio, la «sua» antimafia era tutta da inventare. Quali sarebbero stati gli effetti immediati?

I cerchi concentrici provocati da questo pesante macigno avrebbero raggiunto presto gli States. Laggiù gli italiani avrebbero trovato difficoltà a spiegare agli uomini della Dea perché era stato esautorato il giudice che con loro aveva stabilito ottimi rapporti di collaborazione. Sarebbe rimasto di stucco Rudolph Giuliani, procuratore distrettuale di New York con una vita professionale in qualche modo parallela a quella di Falcone. Avrebbero reagito male i pentiti Buscetta, Contorno e Calderone. Si erano decisi a confessare perché convinti dell'esistenza di pezzi dello Stato dei quali potevano fidarsi. Ora quel capitombolo li avrebbe scoraggiati. E che fine avrebbero fatto le inchieste sui delitti politici? Chi avrebbe indagato sull'omicidio Insalaco? Era fin troppo facile dire che non di soli Falcone o di soli Borsellino vive l'antimafia. Ma avrebbe potuto sopravvivere con Meli? Questo era l'interrogativo di fondo, quel mattino d'agosto al Palazzo di giustizia di Palermo. Sembravano ormai gli interrogativi retorici di un gruppo di anime belle, mentre gli uomini-apparato del Csm avevano dato ben altra prova di decisionismo e pragmatismo.

In quell'estate del 1988, intanto, come se niente fosse andò avanti il progetto di smantellamento della Squadra mobile. Canovaccio questo ricorrente a Palermo, ogni volta che il termometro segnava tempesta. L'onda lunga dei diari di Insalaco era ancora in piena attività. All'inizio di agosto, «L'Espresso» pubblicò una ricostruzione delle indagini sull'omicidio dell'ex sindaco democristiano, che sollevò molte polemiche. Il settimanale scrisse che Saverio Montalbano [il dirigente dell'investigativa incriminato all'indomani dell'uccisione di Mondo, N.d.A] «dopo aver ricevuto il diario Insalaco, legge e rilegge attentamente quegli appunti, controlla le date, compie un paio di verifiche, alla fine si convince della loro attendibilità e nel suo rapporto parla di lobby politico-imprenditoriali, comitati d'affari, mafia degli appalti: è lì che va cercata la ricostruzione del delitto. Trentacinque pagine di lucida analisi. Ma il questore Alessandro Milioni e il capo della Squadra mobile Antonino Nicchi mandano a chiamare Montalbano, troppe allusioni, troppi nomi, troppa politica [...] Meglio ridimensionare tutto. L'ex sindaco Insalaco costituiva un serio pericolo per il sistema di potere politico-mafioso, aveva scritto Montalbano, e il questore lo costringe a omettere il termine politico-mafioso».

Altre discussioni, altri veleni. Nicchi, chiamato già in causa da Borsellino, preferì dimettersi. Saverio Montalbano venne spedito in ferie e al suo rientro, in autunno, avrebbe trovata occupata la sua poltrona. Il questore (misteri delle gerarchie) rimase al suo posto. In compenso venne trasferito Francesco Accordino, che per sette anni aveva diretto la Squadra omicidi della Mobile di Palermo.

Lo consideravano l'ultimo dei moicani. L'ultimo dirigente che rappresentava la memoria storica di grandi stagioni investigative ormai tramontate. Un archivio vivente al quale avevamo attinto noi cronisti ogni volta che si trattava (spesso più di una volta al giorno) di «inquadrare» un delitto negli schemi apparentemente imperscrutabili del regolamento di conti fra le cosche.

In quell'estate di polemiche violentissime, Accordino volle dire la sua con molta semplicità. E dichiarò ai microfoni del Tg1, al giornalista Ennio Remondino, che a Palermo poteva sorgere il sospetto che qualche funzionario della questura lavorasse per la normalizzazione più che per arginare la mafia. Accordino venne spedito al commissariato postale di Reggio Calabria con il compito di indagare sul traffico delle raccomandate rubate. Al ministero non avevano gradito che un «modesto» funzionario di polizia si fosse unito al coro dei giudici in rivolta. Ma qualche provvedimento si imponeva. Ne vennero presi due. La nomina di Domenico Sica ad alto commissario per la lotta contro la mafia e la nomina di Arnaldo La Barbera (che aveva diretto a lungo la Mobile di Venezia) alla guida della Mobile di Palermo. Ma potevano essere i semplici ritocchi il balsamo necessario per curare strutture che per anni avevano brillato per la loro assenza? Lo Stato tornava a scoprire l'importanza dell'Alto Commissariato. Riccardo Boccia e Pietro Verga infatti avevano lasciato il loro incarico, fra il 1984 e il 1988, non risparmiando dure prese di posizione sulla mancanza di mezzi e uomini che avevano segnato negativamente la loro attività di alti commissari.

Con Sica invece – garantì il ministro Gava – la musica sarebbe cambiata. In Sicilia ce lo auguravamo in tanti. E il 13 agosto, Domenico Sica, vestito di lino beige, sudato, una sigaretta dietro l'altra, si presentò per la prima volta ai cronisti palermitani nei saloni della prefettura. Giocherellò a lungo con il suo Dupont di lacca blu, riuscendo a dribblare egregiamente le domande più incisive. A conti fatti riuscimmo a strappargli solo un laconico: «La mafia? Son qui per capire cos'è. Nei primi tempi ascolterò molto».

Gianburrasca al contrattacco

In quell'estate di fuoco il sindaco di Palermo Orlando fu uno dei pochi politici che ebbe il merito di non restare alla finestra. E ai primi d'agosto convocò una conferenza stampa per denunciare che spesso la mafia rischia di presentarsi con «il volto degli uomini delle istituzioni». Quest'affermazione provocò reazioni e risentimenti in quegli stessi ambienti convinti che la vittoria di Meli e lo smantellamento degli apparati di polizia fosse ormai un'operazione conclusa.

Il silenzio dei Palazzi del potere genera i mostri: fu questa la conclusione di una mia lunga conversazione notturna con Orlando che si svolse il 5 agosto in un Palazzo delle Aquile deserto. In quei giorni i suoi avversari lo accusavano di parlare troppo, di eccessivo presenzialismo, di aver convocato quella conferenza stampa mentre era in atto un duro scontro all'interno della magistratura. Come intendeva replicare a quelle critiche? Orlando rispose con nettezza. «Ormai i veleni del Palazzo sono chiari a tutti. Il re, in qualche modo, è finalmente nudo. Faccio un esempio. Fino a qualche tempo fa l'opinione pubblica si accontentava di una visione idilliaca della Squadra mobile impegnata nella lotta contro la mafia. Oggi è diverso. La gente vuol sapere se ha ragione questo o quel funzionario, vuol sapere che senso ha che il capo della polizia venga a Palermo per dire che tutto va bene, mentre ventiquattro ore dopo, il dirigente della Mobile, il dottor Nicchi, chiede il trasferimento. Non ha più senso allora presentare il volto di uno Stato rassicurante e che tace di fronte a un'opinione pubblica che ha bisogno di verità. La gente ha bisogno di parlare e di sentire: non si può più nascondere. Non si possono più nascondere gli inquinanti rapporti fra mafia e politica, i ritardi nell'accertamento delle responsabilità per i delitti politici».

Resta il fatto – feci notare – che fra gli uomini politici siciliani lui era quello più presente su questi temi. Ma sarebbe stato sufficiente un Palazzo «solo» per farsi carico di questa diffusa ansia di verità? Non si scompose. E continuò così il suo ragionamento: «In momenti come questo occorre che ciascuno faccia la sua parte. La gente deve sapere che è possibile contare sull'appoggio di tutti. Perché è stato assassinato Giuseppe Insalaco? Perché in quel momento di lotta alla mafia se ne parlava poco o niente, c'era una relativa soddisfazione per la conclusione del maxi processo, mentre tornavano ad alzare la voce quelli che provano fastidio per un impegno civile che definiscono noioso o addirittura opportunistico. La mafia è sempre in agguato, trova le condizioni ideali per colpire quando la chiarezza dei Palazzi si appanna lentamente, quando le luci si spengono. Certo che in Sicilia il comune di Palermo non rappresenta tutto. La Regione siciliana potrebbe fare moltissimo, utilizzando i suoi poteri. Invece insiste in un atteggiamento che è quello di considerare le amministrazioni comunali delle grandi città siciliane come la sua controparte».

In quelle settimane il presidente della Regione, il democristiano Rino Nicolosi, e il presidente dell'assemblea regionale siciliana, il socialista Salvatore Lauricella, si distinguevano per il loro silenzio. Sia detto per inciso: se Orlando aveva costantemente rappresentato il tentativo di trasformare il municipio in una cassa di vetro, Nicolosi e Lauricella avevano sempre considerato i «loro» Palazzi alla stregua di vere e proprie città proibite, sbarrate ai fermenti della società civile. E Orlando, nella sua conferenza stampa, aveva criticato entrambi per quel silenzio gommoso. Spiegò così il suo atteggiamento: «Quando ho denunciato il silenzio di Nicolosi e Lauricella non ero certamente animato dalla volontà di accrescere la separatezza delle istituzioni, ma spesso assistiamo a un gioco di società che riduce il rapporto città-regione alla contrapposizione Nicolosi-Orlando. Comunque, se i protagonismi personali si moltiplicassero all'infinito avremmo certamente un miglior funzionamento della democrazia».

Una affermazione del sindaco, in quella conferenza stampa, aveva sollevato inquietanti interrogativi. A giudizio di Orlando, l'aver replicato fermamente al tentativo di smantellare l'antimafia aveva ottenuto almeno il risultato di evitare un nuovo grande delitto. Si riferiva a Falcone? «Per carità» tagliò corto «evitiamo di fare nomi. Ma l'ho detto e lo confermo: aver fatto scoppiare questo bubbone, essersi scontrati apertamente a tutti i livelli, sul tema mafia-antimafia, ha forse avuto l'effetto di risparmiare l'omicidio. Immaginiamo quale tentazione dovesse esserci, in un clima di normalizzazione strisciante, per regolare ancora una volta qualche conto, per prevenire così qualche indagine, qualche accertamento di responsabilità. Quale tentazione nei confronti di investigatori che, non rassegnandosi al ruolo di archeologi giudiziari, pretendevano invece di indagare al presente. Ma se i magistrati oggi chiedono nel loro lavoro di puntare alto, possono i politici salvarsi la coscienza con i discorsi commemorativi, o non devono piuttosto *scommettersi* anche loro, magari a rischio di subire qualche cicatrice? Mi sembra questo un nodo decisivo: chiedere alla politica di far chiarezza al di là delle apparenze. Chiedere ai magistrati l'accertamento delle responsabilità di quanti sono colpevoli.

«Dico di più: la vera autonomia della magistratura si misura anche dalla sua capacità di rendere libera, possibile, trasparente, la politica. Un rapporto allora molto stretto fra "antimafia" e "nuova politica" mi sembra il modo migliore per rispondere a una mafia che penetra sempre più nel cuore delle istituzioni.» Gli chiesi anche il suo giudizio sull'articolo di Sciascia contro i «professionisti dell'antimafia». Cosa restava di quei furori verbali? Orlando mi diede l'impressione di dire esattamente ciò che pensava. Pesò queste parole: «Sciascia ebbe il merito di avviare la stagione della chiarezza. Diede via libera a tante persone legittimamente insoddisfatte del modo in cui si combatteva la mafia. Ma diede anche una patente di verginità a tanti amici della mafia che adoperarono le sue tesi con la leggiadria di una clava. E tanti che erano rimasti dietro le fila di un indistinto impegno antimafioso furono chiamati a render conto a padroni e padrini. Furono chiamati a parlare, proprio in forza di un uso strumentale delle tesi di Sciascia, contro chi, con errori e lacune, aveva il solo torto di trovarsi in una posizione incompatibile con quella della mafia».

Orlando fu costretto a pagare subito un doppio prezzo per la sua intromissione nello scenario di quei giorni apparentemente «solo» giudiziario. Innanzitutto un prezzo politico. Si moltiplicarono gli attacchi degli esponenti socialisti nei confronti della giunta comunale più anomala d'Italia. Per la prima volta in tanti anni i socialisti si ritrovavano seduti sui banchi dell'opposizione. E l'astio era tutto rivolto contro questo gianburrasca della politica che spezzava regole e schemi con una rapidità tanto sorprendente quanto inquietante. E non era una novità. Già sei mesi prima, nell'ottobre del 1987, Claudio Martelli era giunto appositamente a Palermo per una conferenza stampa che non era stata certo un capolavoro di diplomazia.

Ecco una breve rassegna delle idee di Martelli sul caso Palermo che i socialisti palermitani e romani avrebbero abbandonato solo all'indomani delle elezioni europee del 1989. Palermo era costretta a vivere in balìa di un «governo ombra composto da gesuiti e magistrati», a ospitare «cattivi pedagoghi» alla padre Sorge, partiti «superflui e aggiuntivi», come il socialdemocratico, o «salottieri e fragili» come il comunista (che comunque si limitava ad appoggiare la giunta dall'esterno), e perfino un gruppo che, definendosi «sinistra indipendente», in realtà «millantava credito», essendo invece «sedicente indipendente». Ma nell'agosto del 1988 i socialisti impugnarono addirittura il lanciafiamme.

In prima fila questa volta si trovò Gianni Baget Bozzo che invitò a diffidare apertamente di uomini come Sergio Mattarella e Leoluca Orlando e del loro «presunto» rinnovamento della Dc siciliana. In quei giorni sull'«Avanti» Baget Bozzo scrisse fra l'altro: «In Italia tutti sanno che i cognomi di Orlando e di Mattarella erano indicati, in una precedente generazione, come autorevoli amici degli amici». Insomma, visto che erano «figli dei loro padri», che almeno se ne stessero zitti. E la Procura di Palermo, che come abbiamo già avuto modo osservare, non si lascia pregare due volte se giungono input politici precisi, qualche giorno dopo diede un'ennesima prova di zelo. Come?

Semplicissimo: aprendo una bella inchiesta sulle affermazioni di Orlando in quella famosa conferenza stampa. Per settimane e settimane quattro procuratori di Palermo (gli aggiunti Pietro Giammanco ed Elio Spallitta, i sostituti Giuseppe Pignatone e Guido Lo Forte), con l'ovvio beneplacito del capo, il solito Curti Giardina, si distrassero da inchieste più serie per indagare sull'aria fritta.

Orlando aveva chiesto «verità e giustizia» sulle pagine nere scritte da Cosa Nostra durante gli anni di piombo, e avvertiva il rischio che la mafia potesse «presentarsi con il volto delle istituzioni». E poiché l'amministrazione comunale si era costituita parte civile (fatto mai accaduto nel passato) in tutti i processi per mafia, Orlando si dichiarava pronto – ma in quelle sedi – a dare il suo contributo di conoscenza. Un vulcanico avvocato (socialista) aveva fatto la sua parte presentando un esposto in procura. Orlando venne interrogato dai giudici in quell'agosto del 1988. Al termine del colloquio la procura emise un curioso comunicato stampa per dire che il «sindaco non aveva fatto i nomi dei responsabili» dei grandi delitti di Palermo. Che delusione per gli italiani convinti invece che Orlando conoscesse i nomi degli assassini di Russo, Impastato, Reina, Giuliano, Terranova, Costa, Mattarella, Zucchetto, La Torre, Dalla Chiesa, Montana, Antiochia, Cassarà, Insalaco, Mondo... Ma non è tutto.

Sotto torchio – qualche giorno prima – era finito il commissario Francesco Accordino. Cosa mai voleva dire in quell'intervista al Tg1? Il poliziotto diede la sua versione. E la procura fu subito in condizione, con un'apposita nota (alquanto cacofonica) di «affermare con assoluta certezza che da parte dei responsabili degli uffici della polizia di Stato non è mai stato posto in essere alcun tentativo di non portare avanti indagini molto importanti su delitti molto eclatanti». E la denuncia di Accordino? Il suo pensiero – aggiunsero ancora quei giudici zelanti – era stato «travisato». E travisato da chi? Dai microfoni?

XVIII

Anche la mafia sbaglia

Il benvenuto della mafia a Sica

«Non era un magistrato d'assalto», «non si era mai trovato in prima linea», «processi di mafia? Nessuno, tranne una vecchia storia di vent'anni prima», «sentenze particolarmente dure? non ce n'è traccia», «processi scottanti? nemmeno»: furono questi i commenti che i cronisti raccolsero nel baglio Ballotta, a sedici chilometri da Trapani, poche ore dopo l'uccisione del giudice Alberto Giacomelli.

Era una giornata ventosa, con un cielo limpidissimo. In una splendida casa padronale immersa fra palme, generosi vigneti e macchie di gerani, i familiari del magistrato – una delle figure più carismatiche e benvolute degli uffici giudiziari trapanesi – non riuscivano a capire perché fosse toccata proprio a lui. In città lo chiamavano tutti *u zu* Alberto, una piccola confidenza per quest'uomo mite, moderato, per nulla incline ad avventure private o professionali. Forse poteva meritare una sola critica: di essere eccessivamente rispettoso degli equilibri nella zona, e proprio per questo era riuscito a vivere serenamente fino all'età di sessantanove anni. Giacomelli, nell'ultimo periodo della sua carriera, aveva diretto la sezione misure di prevenzione del tribunale, e quindi aveva firmato provvedimenti per la limitazione della libertà personale.

Alle otto di mattina del 14 settembre Giacomelli uscì di casa per andare a Trapani a sbrigare alcune incombenze della sua nuova attività di agricoltore. Salì sulla sua auto (da tempo non adoperava quella blindata) e riuscì a percorrere poche centinaia di metri: un vespino gli tagliò la strada costringendolo a frenare. Giacomelli, che forse conosceva il killer, scese dall'auto ma venne immediatamente colpito da due proiettili in rapida successione, uno al fianco, uno alla testa.

Il suo corpo venne trovato al centro dell'asfalto; i poliziotti trapanesi, guidati dal giovane dirigente Calogero Germanà, quella mattina trovarono il vespino e anche la pistola del killer (una vecchia Taurus brasiliana e con matricola abrasa). Qualche imprevisto aveva messo in fuga l'assassino? Le indagini non diedero risultati concreti, continuando a oscillare fra un movente collegato alla professione di Giacomelli giudice, e un movente ricercato nella sua nuova passione di Cincinnato. Proprietario di sedici ettari di terreno, Giacomelli era forse entrato in contrasto con qualche altro grosso possidente della zona?

Ma la caccia grossa della mafia, ancora una volta, era appena agli inizi. 25 settembre 1988, appena dodici giorni dopo l'agguato a Giacomelli. Era quasi mezzanotte. Antonino Saetta, sessantasei anni, e suo figlio Stefano di trentasei stavano tornando a Palermo (a bordo della loro Lancia Thema) dopo aver trascorso il week-end nella residenza estiva di Canicattì, nell'agrigentino.

A differenza di Giacomelli, Saetta era giudice di primissima linea. Aveva presieduto la Corte d'appello per la strage Chinnici, infliggendo l'ergastolo – il 14 agosto 1985 – ai capi mafia Michele e Salvatore Greco. Aveva presieduto la Corte che aveva inflitto l'ergastolo a Puccio, Madonia e Bonanno, per l'uccisione del capitano dei carabinieri Emanuele Basile. Sì. Gli stessi che erano stati assolti – in primo grado – da Salvatore Curti Giardina. E come se non bastasse, proprio in quei giorni, Saetta rientrava in una rosa assai ristretta dalla quale sarebbe stato scelto il futuro presidente per la Corte d'appello del maxi processo a Cosa Nostra. Eppure, un giudice con queste caratteristiche, certamente non simpatico alle cosche, e in predicato per una designazione così importante, non disponeva di una scorta.

La dinamica di ciò che accadde non fu mai esattamente ricostruita. Si seppe che i macellai mafiosi per assassinare il giudice e suo figlio adoperarono quarantasette colpi di mitra. L'impressione fu enorme. Cosa Nostra tornava a puntare al cuore dello Stato. Il segnale era rivolto alla categoria magistrati. Ed era fin troppo ovvio che l'agguato fosse stato firmato e sottoscritto dall'alta mafia.

Si registrò l'inquietante dichiarazione di Roberto Saetta, figlio del giudice che quella sera, a Palermo, era in attesa del rientro del padre e del fratello: «Mio padre mi aveva chiamato domenica sera verso le nove. Mi aveva detto di essere indeciso: forse voleva restare a Canicattì, per quella notte. Mi richiamò un'ora dopo per annunciarmi il cambiamento di programma. Solo chi ascoltò quella telefonata era in condizione di mettere a segno un piano criminale tanto perfetto. Ormai sono quasi sicuro: avevamo il telefono sotto controllo». Questa testimonianza rimase inascoltata.

Si cercò di capire quale logica avesse ispirato la scelta del luogo dell'agguato al confine delle province di Palermo, Agrigento e Caltanissetta. Ci fu chi disse che li avessero uccisi a Caltanissetta perché in quella città Saetta aveva inflitto l'ergastolo ai Greco. Altri trovarono la spiegazione nel fatto che in quelle zone il magistrato si muoveva senza l'auto blindata che aveva invece a disposizione a Palermo. Si teorizzò che l'ok alla sentenza di morte fosse venuto da tutte le famiglie delle tre province, concordi nella definizione di una tregua militare nel palermitano. Se le congetture si sprecarono, mancarono purtroppo i risultati concreti.

26 settembre, lunedì sera, appena ventiquattr'ore dopo l'agguato ad Antonino e Stefano Saetta. Questa volta a Trapani, fra Custonaci e Valderice. A pochi metri dalla comunità Saman, specializzata nel recupero dei tossicodipendenti. Fucilate e colpi di pistola per il buon Mauro Rostagno, che di quella comunità era leader indiscusso. Aveva quarantasei anni. Fino alla sua morte i giornali conoscevano esclusivamente il Rostagno ex sessantottino che aveva studiato e lottato alla facoltà di Sociologia, a Trento. L'ex fondatore di Lotta Continua. L'ex fondatore del circolo creativo Macondo di Milano. L'ex arancione sanyasi che a un tratto si era stufato di un Baghawan eccessivamente eclettico, e aveva lasciato in asso gli amici del centro meditativo di Pona. Ed era anche il Rostagno che qualche mese prima aveva ricevuto una singolare comunicazione giudiziaria per concorso nell'omicidio del commissario Calabresi, a Milano, negli anni caldi. E in questi precedenti di una biografia, tanto complessa quanto cristallina, scavarono i giornali quella sera, alla notizia del nuovo agguato. Nessun giornale si salvò. E anche l'«Unità» commise un pasticcio definendo «misterioso» l'omicidio e collegandolo in qualche modo ai tanti trascorsi di Rostagno più che alla sua attività trapanese. E che attività, si scoprì dopo, quella che l'ex macondino svolgeva a Trapani!

Si era trasferito in Sicilia dieci anni prima. Guidava, insieme alla moglie Chicca Roveri e al vecchio amico Francesco Cardella, la comunità Saman. Generoso, instancabile, coltissimo, Rostagno aveva già da qualche anno scoperto il gusto del giornalismo militante. L'unica forma possibile di professione in una città – Trapani – all'incrocio di traffici d'ogni tipo. Dai microfoni dell'emittente televisiva Radiotelecine, ogni sera, riusciva a ipnotizzare i trapanesi più pigri e più conformisti raccontando con dovizia di nomi, cifre e particolari, la storia autentica di un oligopolio di trafficanti, politicanti e mafiosi, che avevano saccheggiato la città. In una città dove gli esponenti dei partiti sono equamente divisi fra collusi, pavidi e sonnacchiosi, Rostagno era diventato in fretta l'altoparlante clamoroso di una società civile ansiosa di verità e giustizia.

Francesco Cardella diede questa lucida spiegazione del delitto Rostagno: «L'ambiente trapanese poteva tollerare tutt'al più l'esistenza della comunità Saman, ma dovevamo limitarci a far da contenitore chiuso dei disagi di tanti ragazzi. L'equilibrio si è rotto quando siamo entrati nella città, nelle sue contraddizioni, nel suo specifico. Farlo poi da una televisione, con un telegiornale, entrando nelle case, grazie alla personalità energica e all'eleganza intellettuale di Mauro, a qualcuno sarà sembrato un po' troppo». Rostagno venne assassinato pochi minuti dopo aver abbandonato la sua trincea televisiva.

Il delitto ebbe un testimone: Monica Serra, una ragazza milanese di venticinque anni. E insieme ad altri colleghi, giunti a Trapani da Caltanissetta, dove la sera prima era stato ucciso Saetta, raccogliemmo la sua agghiacciante ricostruzione: «Stavamo rientrando qui, in comunità. Pochi minuti prima Mauro aveva finito il suo turno in televisione. Era tranquillo, come al solito. Abbiamo oltrepassato quel ponticello laggiù e stavamo per immetterci nell'ultima curva. Ma questa strada sempre illuminata, l'altra sera, stranamente, era buia: ho saputo poi che avevano manomesso la centralina dell'Enel. Ho sentito le prime tre fucilate, i vetri dell'auto che andavano in frantumi, schegge dappertutto. Mi sono rannicchiata per terra. Un lunghissimo silenzio. Ho chiesto: Mauro come stai? Tutto bene, Monica, mi ha risposto, sono riusciti a colpirmi solo di striscio. Ed ecco che sono arrivate le altre fucilate [...] Ho nascosto la mia testa sotto le gambe di Mauro che ormai era tutto pieno di sangue e gemeva sommessamente [...] Ho sentito il rumore di uno sportello che sbatteva, un'auto che sgommava, poi più nulla [...] No, non è vero che Mauro sia morto mezz'ora dopo in ospedale [...] Non mi rispondeva già più [...] Se l'avesse fatto gli avrei chiesto: chi può aver deciso di ucciderti? Sono corsa giù dall'auto, sono andata a chiamare l'Angelo per dargli l'allarme e far venire Chicca, la moglie di Mauro [...] Chi è l'Angelo? È un ragazzo che la sera vigila su di noi, che si preoccupa che tutto sia in ordine e gli ospiti siano andati a dormire, e che non si avvicinino auto sospette».

Rostagno venne assassinato come tanti giornalisti coraggiosi che in Sicilia avevano fatto della parola un poderoso strumento di denuncia del fenomeno mafioso. Come Mauro De Mauro, dell'«Ora». O Giovanni Spampinato, corrispondente dell'«Ora» da Ragusa, ucciso il 27 ottobre del 1972. O Mario Francese, cronista di giudiziaria del «Giornale di Sicilia», ucciso a Palermo il 26 gennaio 1979. Rostagno faceva informazione da quei microfoni di Rtc con la stessa passione civile e lo stesso spirito di servizio dimostrati a Cinisi da Peppino Impastato, militante di democrazia proletaria che non perdeva occasione per denunciare dai microfoni di radio Aut, lo strapotere del boss del paese don Tano Badalamenti. Impastato venne assassinato l'8 maggio del 1978. Rostagno come Giuseppe Fava, lo scrittore giornalista fondatore del mensile «I Siciliani» e implacabile accusatore di quei quattro cavalieri del lavoro contro i quali aveva cozzato invano anche il generale Dalla Chiesa. Fava venne assassinato il 5 gennaio 1984. Eppure l'ordine dei giornalisti siciliani, all'indomani dell'agguato a Rostagno, non seppe far di meglio che stilare un telegrafico comunicato per precisare che l'ex sessantottino non era iscritto all'albo professionale.

In quei giorni la mafia non andò per il sottile. E il 28 settembre chiuse un'altra vecchia pratica rimasta in sospeso. Alla vigilia dei funerali di Rostagno offrì un altro saggio della sua potenza militare eliminando il boss Giovanni Bontate e sua moglie Francesca Citarda. Giovanni, fratello di don Stefano Bontate, ucciso all'inizio della guerra di mafia, era stato condannato a otto anni al maxi, ma aveva facilmente ottenuto gli arresti domiciliari perché afflitto da una grave forma di ernia al disco. Come si ricorderà era stato lui, a nome del popolo mafioso delle gabbie, a leggere il proclama di dissociazione dall'omicidio del piccolo Claudio Domino. Era considerato un traditore essendosi alleato con i corleonesi che gli avevano ucciso il fratello Stefano. Bontate e la moglie conoscevano molto bene i killer. Quella mattina li ricevettero in vestaglia, nella lussuosa casa di Villagrazia, offrirono loro persino il caffè. Poi i sicari, con comodo, estrassero le pistole calibro 38. E il conto (inutile cercare di capire quale) fu regolato ancora una volta.

In quel fine settembre, in Sicilia, in soli tre giorni, vennero compiuti quattordici omicidi di mafia. Abbiamo parlato solo dei più importanti. Alla sua maniera, la mafia presentava a Sica il suo terribile biglietto da visita. Ma cosa accadeva intanto sul versante giudiziario? Quell'autunno si registrarono altre polemiche al Palazzo di giustizia di Palermo. Lo scontro Meli-Falcone si inasprì. E si inasprì all'indomani della decisione del plenum del Csm di salvaguardare l'esperienza del pool con una votazione che in qualche modo capovolse gli esiti della famosa partita del 7 a 4. Sull'«Unità» del 15 settembre Fabio Inwinkl riassunse così l'esito del secondo round sul caso Palermo: «Il Csm ritrova la sua unità e vota compatto un documento di riconciliazione sulla tormentata vicenda dei giudici di Palermo. La risoluzione, frutto di un faticoso compromesso, riconosce il ruolo centrale del pool di Giovanni Falcone nella lotta alla mafia. Si sostiene che il consigliere Antonino Meli ha operato in buona fede. Ma l'allarme di Paolo Borsellino ha "segnalato" un problema reale». Il pool antimafia non doveva colare a picco. Meli rimaneva l'indiscusso capo dell'ufficio istruzione. Il Csm diventava in qualche modo l'interlocutore diretto degli uffici giudiziari palermitani. Il capo dello Stato manifestò la sua soddisfazione per l'esito del confronto a Palazzo dei Marescialli.

Quanto sarebbe durata la tregua? Per un momento, a Palermo, tornò il sereno. Meli riuscì a controllare il suo nervosismo iniziale, Falcone ritirò la richiesta di dimissioni. La sera del 21 settembre i magistrati restarono a bocca aperta alla notizia che Meli e Falcone si erano finalmente abbracciati. In quell'occasione, Antonino Palmeri, presidente del tribunale, proverbiale a Palermo per saggezza e discrezione, si limitò a commentare: «Macché vincitori, macché vinti [...] siamo tutti mortificati, tutti sconfitti e amareggiati: quello che è accaduto non doveva accadere. Speriamo non accada più. Qualcuno di noi potrà dirsi vincitore quel giorno in cui la mafia sarà sconfitta». Appena due mesi dopo era ancora tempesta.

Questa volta, a innescare la miccia, furono i giornali con la pubblicazione del carteggio Meli-Falcone. Era un carteggio che risaliva a qualche settimana prima. Quando i due erano ai ferri corti. A far precipitare le cose giunse la pubblicazione della deposizione di Meli al Csm. Meli accusava Falcone di aver avuto un occhio di riguardo per il cavaliere del lavoro catanese Carmelo Costanzo e di non averlo arrestato, pur in presenza di elementi probatori molto gravi. Falcone replicò duramente spiegando di non disporre di prove ma di semplici indizi. Costanzo ebbe il suo effimero momento di gloria. Meli risolse quella nuova ondata di polemiche esautorando l'intero pool, spogliandolo di tutte le inchieste di mafia più delicate. I giudici istruttori Giuseppe Di Lello e Giacomo Conte, stufi per un clima ormai insostenibile, diedero le dimissioni dal collettivo di lavoro. Ma il 1988 doveva riservare anche una lieta sorpresa: la grande operazione di polizia, fra Italia e Usa, denominata Iron Tower. Cervelli investigativi: Falcone e il suo collega Rudolph Giuliani.

Nella rete caddero i boss americani dell'eroina, appartenenti alle vecchie famiglie dei Gambino e degli Inzerillo. Colpiti dalle prime grandi inchieste degli anni Ottanta, ma non sgominati, quei clan storici avevano pazientemente ricucito una rete di rapporti con la Sicilia. E per tutti una sola avvertenza: nel traffico di stupefacenti non si doveva muovere una foglia senza che Totò Riina, il capo dei corleonesi, ne fosse informato. Giunsero a questa conclusione i poliziotti americani sulla base di molte intercettazioni telefoniche che in proposito apparivano univoche.

La mafia va per la sua strada

Ricordate Vincenzo Puccio, uno dei tre presunti killer del capitano dei carabinieri Emanuele Basile? Puccio, Madonia e Bonanno vennero fermati in aperta campagna, senza fiato e con le scarpe sporche di fango. In primo grado Curti Giardina li aveva salvati. In appello vennero condannati all'ergastolo. Il 23 febbraio 1987 la Cassazione annullò la sentenza per un errore di data nel decreto per l'estrazione dei giudici popolari. Il secondo processo d'appello, presieduto dal giudice Antonino Saetta, si concluse ancora una volta con l'ergastolo. E il 7 marzo 1989, la Cassazione annullò anche questa sentenza.

Vincenzo Puccio si trovava in cella all'Ucciardone (per altri reati), in compagnia di altri due pericolosi ergastolani. Alle sei del mattino dell'11 maggio, venne avvolto dai suoi compagni in una coperta e ammazzato con una piastra di ghisa per arrostire bistecche. Giuseppe Marchese, uno dei due ergastolani, si giustificò così: «Abbiamo avuto un diverbio: io volevo vedere un programma della televisione, lui ne voleva vedere un altro». Un ufficiale dei carabinieri quella mattina commentò: «Queste sentenze di mafia sono molto più eloquenti di quelle della Cassazione, anche se altrettanto definitive».

Due ore dopo quella barbara esecuzione, in un'altra parte di Palermo, al cimitero dei Rotoli venne assassinato a colpi di pistola Pietro Puccio, fratello del detenuto appena massacrato. Del clan dei Puccio rimaneva ormai molto poco. Chi aveva dato un ordine tanto tempestivo e così mirato? Gli investigatori non ebbero dubbi. Totò Riina, il capo del clan dei corleonesi che negli ultimi tempi – proprio in Sicilia – doveva difendersi da numerosi attacchi alla sua leadership di Cosa Nostra.

Chi era Riina? Il capo della famiglia dei corleonesi da quando Luciano Liggio era finito in carcere nel marzo del 1974. La polizia lo cercava da vent'anni con una foto che risaliva – appunto – a più di vent'anni prima. Un uomo ombra, astuto e pericolosissimo. Era sposato con Antonietta Bagarella, la prima donna di mafia spedita al soggiorno obbligato. Naturalmente, da vent'anni era scomparsa anche lei. Si spiegavano così le esecuzioni più eclatanti degli ultimi anni. Da Mario Prestifilippo a Pietro Messicati Vitale a Giovanni Bontate che durante la guerra di mafia degli anni Ottanta erano stati preziosi per l'avanzata dei corleonesi, ma ora venivano considerati inutile zavorra. L'uccisione dei Puccio rientrava in questo schema.

Una considerazione si impone. La mafia continuava a dar prova di idee chiarissime. Eliminava giudici, giornalisti scomodi, alleati diventati troppo potenti e incontrollabili, piccoli gregari che magari sapevano qualcosa. Continuava a fare il suo mestiere, come l'aveva sempre fatto. E lo Stato? Diciamolo apertamente: non dava una bella impressione in quei giorni. La rissa a Palazzo di giustizia era sempre in agguato. Ma il 1989 poteva rappresentare la grande occasione per Sica di imprimere una svolta radicale nella strategia antimafiosa. Disponeva ormai di grandissimi poteri di controllo e coordinamento. E non solo sulle forze di polizia, ma anche sugli stessi magistrati. Poteri che il Parlamento gli aveva concesso – finalmente e all'unanimità – per non ricalcare lo squallido canovaccio che si era concluso con la fucilazione di Carlo Alberto Dalla Chiesa. Gli inizi invece non furono dei migliori. E a fine maggio, con la clamorosa cattura di Totuccio Contorno, il superpentito che tutti credevano al sicuro in America e che invece si trovava in un casolare alle porte di Palermo, si aprì una lunga stagione di gialli e di vicende enigmatiche.

I poliziotti della Squadra mobile lo catturarono per caso. Da tempo infatti erano sulle tracce di suo cugino, Gaetano Grado (soprannominato «occhi azzurri»), latitante, rimasto sempre fedele ai perdenti, e che non aveva rinunciato a propositi di rivincita contro i corleonesi. In quel periodo nel triangolo Bagheria-Casteldaccia-Altavilla si contarono una ventina di delitti. E gli investigatori avevano buoni motivi per ritenere che anche l'esercito di Totò Riina stesse perdendo finalmente qualche penna. La villa si rivelò un arsenale zeppo di pistole, fucili, munizioni e persino uniformi di tipo militare. Ma che ci faceva Contorno? Arnaldo La Barbera, capo della Mobile, ammise di fronte a telecamere e cronisti: «Noi ci siamo meravigliati di trovare Contorno e Contorno si è meravigliato di trovare noi». Anche il ministero degli Interni e l'alto commissariato caddero dalle nuvole. Insomma sembrava che nessuno sapesse che Totuccio aveva lasciato l'America per tornarsene in Sicilia. Era un'ipotesi credibile? Gli interrogativi si moltiplicarono.

Certamente Contorno venne arrestato nell'unica città del pianeta che avrebbe dovuto dimenticare per sempre: Palermo. Uno come lui, ispiratore di quasi duecento mandati di cattura, con una faccia nota e riconoscibile quanto quella di un anchorman televisivo, tornando in Sicilia rischiava la fine del topo. Contorno era sempre stato una macchina da guerra. Forse l'unico a essersi salvato da un agguato teso dai corleonesi con tutti i sacramenti. E a suo tempo erano stati versati fiumi d'inchiostro per spiegare la differenza della sua indole rispetto a quella di un Buscetta più «misurato», più «riflessivo». Si era spedito un Rambo in zona di combattimento con la pia illusione che il giovanotto non avrebbe più sentito il richiamo della foresta? E Contorno era sfuggito ai suoi apprendisti stregoni che avevano dovuto arrampicarsi sugli specchi per riacciuffarlo? O una volta concluso il suo «lavoro» il pentito era stato tratto in salvo con l'espediente della cattura? E ancora. Se qualcuno lo aveva spedito in missione quale obiettivo voleva raggiungere? Si volevano conseguire risultati devastanti all'interno del fronte delle cosche in lotta fra loro? O la missione del Rambo di Brancaccio era tutta a suo rischio e pericolo? O più semplicemente qualcuno aveva «chiuso un occhio»?

Sica affermò di aver appreso del suo arresto con molto ritardo. I carabinieri sostennero di non aver mai ricevuto segnalazioni sul suo arrivo in Italia. La Criminalpol comunicò invece che già da qualche mese Contorno era in Italia e non essendo sottoposto a obblighi particolari aveva una sola incombenza: telefonare due volte alla settimana per segnalare i suoi spostamenti. La storia era davvero molto poco convincente. Sull'«Unità» del 28 maggio formulai questi interrogativi che ebbero il merito di non ottenere alcuna risposta: «Delle due, l'una. O stiamo assistendo a un gigantesco scaricabarile fra i responsabili di uffici tutti regolarmente informati del rientro di Rambo; o, ipotesi forse meno inquietante ma che comunque fa cascare le braccia, Rambo è una sorta di Fantomas con la velocità di Superman. È credibile tutto questo? Ed è possibile che l'alto commissariato, sapendo del suo ritorno in Italia, non avesse almeno la curiosità di seguire minuto per minuto un personaggio di tale spessore?»

Contorno, interrogato in carcere, diede la sua versione dei fatti. E la confermò pochi giorni dopo, durante l'interrogatorio in aula bunker, dove la sua presenza era stata richiesta per un confronto. La versione era questa: «Signor presidente, il mio Paese mi ha abbandonato, sono tornato dagli Usa e non mi è stata data una lira [...]. Tra moglie, figli e parenti ho otto persone a carico [...]. Mi è venuto a mancare il pane per i figli [...]. Ero venuto a Palermo a trovare mio cugino Gaetano Grado, l'ultima persona che mi è rimasta, per avere un po' di soldi [...]. E mi sono ritrovato arrestato per associazione a delinquere [...]. Signor presidente, non voglio fare nessuna ricognizione, lo Stato mi ha abbandonato [...]. Ho collaborato e non è servito a niente. Non voglio più collaborare con lo Stato, da questo momento non vado più ne avanti né indietro».

Naturalmente non aveva commesso delitti né si era lasciato tentare da propositi di vendette private. Col tempo alcuni punti fermi emersero: le armi trovate nel covo di Trabia non avevano ancora fatto in tempo a sparare. Contorno non aveva più obblighi processuali in America. E gli americani avevano pensato bene di «licenziarlo» togliendogli il magro vitalizio mensile di settecento dollari. Totuccio per qualche mese aveva trovato lavoro in un mattatoio. Alla fine aveva preso un aereo e se n'era tornato in Italia. Neanche qui aveva pendenze particolari: condannato a sei anni al maxi processo aveva beneficiato della libertà provvisoria per decorrenza dei termini. Si spiegava così quel contatto telefonico «bisettimanale» preferito alla visita quotidiana a un commissariato. Un'abitudine, quest'ultima, che avrebbe finito con l'esporlo alla caccia dei suoi nemici corleonesi.

L'intera vicenda sollevò un vespaio. Gli avvocati difensori colsero la palla al balzo nella speranza di mettere in discussione l'intero Contorno-pensiero. Se il grande pentito, l'emulo di Buscetta, adesso si era pentito di essersi pentito, perché ostinarsi a prendere per buone le sue accuse? E in quei giorni, a Palermo, si assistette a un gioco molto sottile e animato da una sua logica. A Palazzo di giustizia l'arresto di Contorno veniva messo tacitamente sul conto di una gestione spregiudicata dei pentiti da parte di Falcone e del nucleo centrale della Criminalpol.

Il teorema era – apparentemente – di facile effetto: non è stato Falcone a raccogliere le prime confessioni del Rambo di Brancaccio? Possibile che il giudice non sapesse nulla del suo rientro a Palermo? Iniziarono così, in quel periodo, a fioccare le prime lettere anonime. Giudici antimafia e «giustizieri della notte» in quegli scritti, spediti a ondate ricorrenti, diventavano sinonimi. Stava iniziando la grande estate del corvo. Ma perché il caso Palermo esplodesse ancora una volta in piena estate era necessario che quelle lettere finissero sui giornali. Questo non accadde subito. E non accadde perché tutti i cronisti palermitani che frequentavano il Palazzo di giustizia, pur essendo perfettamente a conoscenza di quel materiale denigratorio, fecero la scelta di non costruirci sopra nessuna verità.

La mafia guarda al '90

Ora, mentre ci avviamo alle ultime battute di questo racconto, voglio proporvi un esercizio insolito. Mettiamoci per un momento (anche se l'impresa non vi apparirà del tutto suggestiva e affascinante) nei panni di uno dei tanti grandi capi mafia che hanno provocato questo sterminio. Solo per un momento. Proviamo a immaginare un bilancio possibile di questo decennio, naturalmente dal loro punto di vista. Intendiamoci: un bilancio esclusivamente militare. Come si addice a uomini d'onore. Come si addice a un antistato, con regole sue, tutte particolari, (volendo adoperare l'espressione dell'ultimo pentito, Francesco Marino Mannoia che il 4 gennaio 1990 iniziò a deporre in aula bunker). Hanno fatto affari per migliaia di miliardi. Hanno controllato il territorio, vicolo per vicolo, quartiere per quartiere. Hanno passeggiato indisturbati per città e paesi infischiandosene dei tanti mandati di cattura spiccati contro di loro. Hanno considerato la Sicilia niente di più che il cortile di casa loro. Hanno concesso appalti, sostituendosi ai poteri istituzionali veri. Hanno messo in ginocchio l'imprenditoria. Salassandola con le tangenti o entrando prepotentemente in compartecipazione. E un altro capitolo di questa storia, quello della violenza contro gli imprenditori, del quale non si sa molto. Eppure anche da quel versante, in quegli anni, giunsero agghiaccianti bollettini di guerra. Già. Come sono questi imprenditori palermitani? Ligi al dovere? Vittime inconsapevoli? O tutti sbilanciati dalla parte della mafia?

Pansa (in *Il malloppo*, Rizzoli, Milano 1989) ha offerto questa risposta: «L'imprenditore *protetto* era quello che pagava un *pizzo* concordato e grazie a questo non subiva sabotaggi né attentati, poteva fruire di capitali freschi e aveva un recupero dei crediti rapido e sicuro. L'imprenditore vittima era quello che non voleva subire, che resisteva e quasi sempre ci rimetteva la pelle». Esempi? Pansa li offrì: «Pietro Pisa (costruzioni) Francesco La Parola (costruzioni) Roberto Parisi (servizi) Piero Patti (industria manifatturiera) Paolo Bottone (servizi) Francesco Paolo Semilia (costruzioni) Donato Boscia (direttore del cantiere palermitano della Ferrocemento) e infine Luigi Ranieri, amministratore delegato della Sageco (edilizia)».

Un elenco dietro l'altro, il risultato di un macabro collezionismo. Una lunga sfilza di croci che va ad aggiungersi a quella di magistrati e poliziotti, politici e giornalisti, senza dimenticare lo sterminio all'interno delle stesse fila della mafia. O lo stillicidio delle esecuzioni di amici e parenti dei pentiti. Eppure... Eppure, si saranno detti i signori dell'antistato, perché il lavoro sia scrupoloso, perfetto, definitivo, insomma, per entrare alla grande negli anni Novanta, bisogna raggiungere il top. Per concludere la collezione infatti mancava lui, il pezzo forte, il trofeo più ambito, il «dottor Falcone», il nemico numero uno. So che questa logica fa impressione. Ma ne troviamo un'altra sufficiente a spiegare quanto è accaduto in Sicilia?

Vediamo. La Palermo mafiosa non lo ha mai digerito: ostinato, abitudinario, troppo affezionato al suo lavoro, Falcone rappresenta uno scoglio, un diaframma insormontabile. O – come mi disse, con immagine semplice ma efficace, un abitante di un quartiere povero – è l'equivalente del tappo di una vasca da bagno. Se lo sollevi, in un attimo la vasca si svuota. Cosa pensa un mafioso di Falcone? Che la sua memoria storica costituisce una mina vagante per Cosa Nostra. Anche Falcone – a suo modo – è un collezionista. Lo è diventato nel momento in cui, alla fine degli anni Settanta, si rese conto che perdendosi dietro i singoli delitti lo Stato non sarebbe mai venuto a capo di nulla. Aver intuito la presenza dura di un'organizzazione spietata, e non di singole bande criminali, credo sia questa l'intuizione più felice di questo magistrato. Ciò lo ha portato a conoscere intimamente i meccanismi più reconditi di Cosa Nostra, a conoscere l'effettivo peso di un mafioso dal suo modo di fare, dallo sguardo, dall'atteggiamento durante un interrogatorio.

Fino a oggi i fatti hanno dato ragione a Falcone. E ci riportano invece ad anni lontani le tesi di certi giudici di Cassazione che si ostinano a negare l'esistenza di questa intelaiatura unica e centralizzata. Si spiega allora perché tutti i pentiti di mafia (ormai saranno una quindicina) hanno chiesto espressamente di esser confessati proprio da lui, dall'ex nemico numero uno. Forse, inconsciamente, per molti è anche un modo per tagliare definitivamente i ponti con Cosa Nostra, per intraprendere una strada senza ritorno, mettendosi al sicuro dai ripensamenti. Bisogna ricordare che Falcone fu tra i primi magistrati a stabilire un fittissimo dialogo con gli investigatori americani e che ha una elevata conoscenza dei meccanismi bancari e una capacità di sintesi investigativa non indifferente. La mafia, in diverse occasioni, ha sperato che Falcone risultasse stritolato dalla stessa macchina giudiziaria, dalle polemiche, dai veleni così ricorrenti a Palermo, dalle piccole e grandi invidie di molti suoi colleghi. Lui ha tirato dritto per la sua strada, continuando a firmare mandati di cattura, costruendo ipotesi accusatorie che raramente hanno scricchiolato, spesso rischiando l'impopolarità. Restava la soluzione di forza. Quella militare, appunto.

Quel giudice deve morire

Così, il 19 giugno 1989 Cosa Nostra tentò una grande operazione di bonifica. Decise di chiudere il conto. Gli uomini di mafia piazzarono cinquantotto candelotti di gelatina a poche decine di metri dalla villa dove il magistrato trascorreva l'estate insieme alla moglie. A Mondello, sul lungomare dell'Addaura, a meno di dieci chilometri da Palermo. Un piano micidiale, messo a segno da un sub che – approfittando della confusione di bagnanti – aveva depositato il suo carico di morte sulla scogliera. Quel giorno Falcone aveva invitato a pranzo due colleghi svizzeri (Carla Del Ponte e

Claudio Lemman) con i quali sarebbe tornato in ufficio al termine della pausa pomeridiana. Un improvviso cambiamento di programma salvò loro la vita. Alcuni testimoni riferirono infatti che un canotto incrociò al largo, di fronte alla villa del magistrato, per più di mezz'ora. In quel canotto, un killer solitario aspettava l'occasione propizia per premere il pulsante del suo timer.

Gaetano, Angelo, Roberto, Gaspare, quattro fra i trenta poliziotti che per professione coprivano le spalle a Falcone nell'arco di un'intera giornata, ebbero la prontezza di spirito di non sollevare da terra quella borsa da sub che conteneva l'esplosivo. Aprirono con calma la chiusura lampo, impallidirono alla vista del contenuto, fecero in tempo a dare l'allarme. Falcone e i giudici svizzeri erano salvi. Fin dal primo momento, in un'intervista concessa a Paolo Graldi del «Corriere della Sera», Falcone avanzò due ipotesi molto precise sull'agguato. Individuò uno dei possibili moventi nelle sue indagini sul riciclaggio del danaro sporco che aveva in Svizzera il teatro principale. E fu perentorio nell'affermare che una talpa, molto addentro alle vicende giudiziarie, aveva segnalato a chi di dovere che quel giorno lui avrebbe pranzato con gli svizzeri nella villa dell'Addaura. La notizia resse le prime pagine per un paio di giorni. Poi non se ne parlò più.

Radio mafia, intanto, accreditava una versione di comodo: non si era trattato di un vero attentato, ma di un avvertimento più minaccioso del solito. E paradossalmente, in una città, Palermo, dove Cosa Nostra e lo Spirito Santo hanno in comune il dono dell'infallibilità, la circostanza insolita di un agguato sventato sollevò interrogativi sulla reale volontà dei mafiosi di uccidere Falcone. Anche in ambienti colti, al di sopra di ogni sospetto, scattarono riserve mentali e perplessità. Falcone si rese conto che era in pieno svolgimento una strisciante operazione di delegittimazione che non lasciava presagire nulla di buono. Trovandosi per la prima volta nell'insolita posizione di un giudice che è anche l'oggetto principale della sua indagine, il magistrato decise di ragionare ad alta voce sui possibili moventi dei suoi killer falliti e di lanciare così un segnale poderoso.

Se i diari del giudice Chinnici e quelli di Carlo Alberto Dalla Chiesa avevano rappresentato testimonianze a futura memoria, lui volle rendere noto il suo diario da vivo. Un diario naturalmente pieno di omissis, proprio perché il suo autore voleva continuare a indagare. Quando lo incontrai nella sua villa dell'Addaura (l'8 luglio) non mi trovai di fronte, come qualcuno poi avrebbe insinuato, un uomo con i nervi a fior di pelle. Ma non per questo un robot, o un alieno. Aveva trascorso tre settimane molto sgradevoli. In qualche modo aveva avuto l'occasione di partecipare al suo funerale e non gli era piaciuto. Non gli era piaciuto avvertire sulla sua pelle la lentezza, la farraginosità del modo di essere della giustizia italiana. E sapendo che qualcuno gli aveva piazzato sotto casa cinquantotto candelotti di gelatina, non aveva gradito i «se», i «forse», e i «ma» che avevano messo in discussione l'autenticità del disegno criminale. Si era anche stupito del fatto che nessuno, ai massimi vertici, avesse sentito il bisogno di convocarlo per conoscere i risultati acquisiti indagando sui grandi delitti di Palermo.

Falcone disse poche cose, ma chiarissime.

Innanzitutto: «Ci troviamo di fronte a menti raffinatissime che tentano di orientare certe azioni della mafia. Esistono forse punti di collegamento tra i vertici di Cosa Nostra e centri occulti di potere che hanno altri interessi. Ho l'impressione che sia questo lo scenario più attendibile se si vogliono capire davvero le ragioni che hanno spinto qualcuno ad assassinarmi». Avvertiva anche la pessima sensazione del *dejà vu*: «Sto assistendo all'identico meccanismo che portò all'eliminazione del generale Dalla Chiesa [...] Il copione è quello. Basta avere occhi per vedere».

In quale zona di Palermo era stato organizzato militarmente l'agguato? «Tutto parte da qui» rispose «e non è una rivelazione: è risaputo che in occasioni simili la "famiglia" che opera nel territorio, dove è previsto un delitto o una strage, viene informata, deve essere d'accordo, poi deve fare sino in fondo la sua parte. Per chi conosce la mafia queste sono verità assolute.» Insistette molto su questo aspetto della programmazione militare: «La mafia uccide o basandosi sulle abitudini o basandosi sulle informazioni. Non uccide mai d'impeto. Diciamola brutalmente: se la mafia decidesse di assassinare lei, in un certo giorno, in un certo posto, anche se lei il giorno prima si dovesse trovare a passeggiare in via Ruggero Settimo, non le farebbe nulla. E io, qui, contrariamente a quanto è stato scritto dai giornali, non avevo l'abitudine di fare il bagno alla stessa ora».

Nella sua intervista al «Corriere della Sera» aveva parlato espressamente di riciclaggio. Perché proprio il riciclaggio? «Rispondere in maniera chiara comprometterebbe indagini assai delicate. Lo ripeto: si tratta anche di riciclaggio.» Cosa sarebbe accaduto nei prossimi mesi? «Le mie previsioni sono brutte. La mafia continuerà a regolare i suoi conti. È in atto una spietata guerra interna per l'egemonia. Se qualcuno fosse riuscito ad eliminarmi avrebbe vantato crediti nei confronti delle altre famiglie per parecchi anni. Ma questo qualcuno ha fallito. Ora c'è un piano preordinato che va avanti.» Il suo morale non era a pezzi. Ma colsi una sfumatura di grande amarezza quando si congedò dicendo: «La mafia per ora starà pensando: forse un giorno Falcone si arrenderà, dichiarerà forfait. Forse sarà sua moglie a mandarlo a quel paese, stufa di una vita impossibile. La mafia – è questo che voglio dire – non lascia mai nulla di intentato».

La telenovela delle impronte

L'attentato a Falcone avrebbe dovuto provocare una risposta senza precedenti da parte dello Stato. Il magistrato più esposto nella lotta alla mafia, il giudice che gli americani ci invidiavano, era vivo per miracolo. E abbiamo visto che lui stesso lasciava intendere di avere idee molto chiare su quanto gli era capitato. Si poteva – per esempio – cercare la talpa che aveva fornito ai killer notizie sui programmi del magistrato. D'altra parte nei delitti mafiosi più significativi – dall'uccisione di Gaetano Costa a quelle di Dalla Chiesa e Cassarà – la talpa aveva fatto puntuali e ricorrenti apparizioni. Invece l'alto commissario Sica scelse un'altra strada.

Ritenne decisivo, all'indomani dell'agguato a Falcone, riaprire il dossier sulle lettere anonime. Ne circolavano una mezza dozzina. Ce n'erano per tutti i gusti. Ma gli argomenti trattati erano più o meno gli stessi: violentissimi attacchi contro Falcone e il dirigente del nucleo anticrimine della Criminalpol, Gianni De Gennaro, accusati d'aver usato i pentiti a loro piacimento. E, in particolare, d'aver consentito il rientro a Palermo di Contorno, affidandogli una micidiale quanto tacita licenza d'uccidere. Né mancavano le critiche al sindaco Orlando per una antimafia di facciata contraddetta invece – secondo l'anonimo – dalle concessioni di appalti a imprese in qualche modo collegate a gruppi mafiosi. Sica avviò indagini segretissime. Per un momento sembrò che il corvo (dal titolo di un vecchio film di Henri-Georges Clouzot che aveva per protagonista un anziano signore che si dilettava a scrivere missive anonime) fosse stato individuato nel sostituto procuratore Alberto Di Pisa.

A Di Pisa, Sica aveva rubato le impronte invitandolo a bere

nel suo ufficio (almeno così scrissero i giornali); impronte che, confrontate con quelle degli anonimi, si disse fossero risultate identiche. Il motivo c'era: al Palazzo di giustizia di Palermo, Di Pisa era chiacchierato da anni come autore di lettere anonime, anche se gli argomenti affrontati erano meno delicati. Né lo aveva aiutato un temperamento assai introverso che spesso lo spingeva a non vedere di buon occhio i suoi stessi colleghi. Poi, improvvisamente, i Servizi segreti fecero marcia indietro con l'alto commissario, provocando così una grottesca e stucchevole «telenovela giudiziaria» che si sarebbe chiusa soltanto in novembre. Fra l'altro, alle indagini promosse da Sica si aggiunsero quelle del procuratore capo di Caltanissetta, Salvatore Celesti.

La definizione di «telenovela» non è impropria: per mesi e mesi sarebbe apparso il volto di uno Stato pasticcione che pur disponeva di strumenti scientifici raffinatissimi. Un'estenuante altalena di conferme e di smentite: «il corvo è sicuramente lui», «probabilmente è lui», «forse non è lui», e ancora: «è lui, non è lui». Il tutto in diretta, di fronte a milioni di spettatori, dal momento che l'intera stampa italiana non risparmiò pagine e pagine per resocontare quest'ennesima estate palermitana dei veleni. Di Pisa, fin dal primo momento, minacciò tuoni e fulmini pur di ritrovare l'onorabilità perduta. Era un atteggiamento sacrosanto visto che il giudice per settimane e settimane era stato condannato, senza processo e senza sentenze, a portare la croce del corvo anonimo.

Quando finalmente il Csm si occupò della vicenda, gli animi erano ormai esasperati. E Di Pisa deluse tutti, sia gli innocentisti sia i colpevolisti. Il giudice poteva limitarsi a sostenere che le lettere anonime non le aveva mai scritte, anche perché non era suo l'onere della prova. Adottò invece un'infelice linea difensiva. Disse sostanzialmente ai commissari: non sono stato io a scrivere quelle lettere, ma ne sottoscrivo i contenuti dalla a alla z. Durissimo contro Falcone e De Gennaro tirò pesantemente in ballo il suo collega Giuseppe Ayala, uno dei due pubblici ministeri al maxi processo. E rivelò che Ayala aveva una scopertura bancaria che sfiorava il mezzo miliardo. Come aveva goduto – incalzò Di Pisa – di questo trattamento di favore? La conclusione del Csm fu ancora una volta salomonica: i magistrati andavano trasferiti entrambi per incompatibilità con i loro rispettivi ambienti di lavoro. Né valse a nulla la spiegazione di Ayala che il debito non era suo, bensì della moglie (e comunque era stato onorato proprio alla vigilia del definitivo verdetto del Csm).

Stranamente il giudice Di Pisa non criticò mai l'alto commissario che pure era stato il primo ad avviare indagini supersegrete mettendolo nei pasticci. A novembre il Tar avrebbe accolto il ricorso di Ayala bocciando il trasferimento e rimediando così – anche se in parte – al verdetto del Csm, tutto nel merito di vicende private. Di Pisa il ricorso non lo presentò mai. Anni dopo si tenne il processo. Condannato in primo grado, Di Pisa risulterà assolto in secondo e la sentenza diventò definitiva poiché la procura non fece appello.

Ma il 5 agosto 1989 – mentre la telenovela era alle sue prime sequenze – la mafia era tornata a colpire alto, a Villagrazia di Carini, a una trentina di chilometri da Palermo. E aveva assassinato un agente di polizia, Antonio Agostino di appena ventotto anni. Assassinò anche la moglie, Giovanna Ida Castellucci, che ne aveva venti. Era incinta: i due si erano sposati poche settimane prima. Con una bella omelia, il gesuita Ennio Pintacuda, tornò a chiedere «verità e giustizia» anche per questo nuovo delitto di Palermo.

L'antistato

Ma Palermo avrebbe mai ottenuto verità e giustizia? Tutti sapevano che la mafia poteva tornare a colpire. Non le mancavano gli uomini, i mezzi, la disponibilità economica. I pentiti, che all'inizio sembravano kamikaze, o geni impazziti, per adoperare le parole di Dalla Chiesa, si erano moltiplicati raccontando fatti ai quali avevano preso parte in prima persona, spezzoni di una storia criminale infinita. Prova ne fu che subirono lo sterminio di interi nuclei familiari.

L'esempio di Mannoia non ha bisogno di commenti. Fu il primo dei vincenti a pentirsi. Aveva raffinato, per il clan dei corleonesi, quintali di eroina. Era il miglior chimico sulla piazza, capace, nella seconda metà degli anni Ottanta, di produrre eroina pura al novantotto per cento. Quando i corleonesi capirono che stava già collaborando con i giudici assassinarono tre donne della sua famiglia, poi anche uno zio. Ma quando parlò al bunker nessuno osò interromperlo. Indicò in Leoluca Bagarella il killer di Boris Giuliano, capo della Squadra mobile. Definì Stefano Bontate, il principe di Villagrazia, un grosso trafficante di droga, capovolgendo così un giudizio consolidato sul boss. Spiegò che durante le indagini per il delitto Costa, quando gli investigatori presero di mira Salvatore Inzerillo, in realtà commisero un errore di omonimia (Costa, secondo il pentito, venne ucciso da un altro Salvatore Inzerillo). Negò l'esistenza di una pista catanese nel delitto Dalla Chiesa, sostenendo invece che la responsabilità militare ricadesse solo sulla famiglia di Ciaculli.

Ed è proprio sulla strage di via Carini che svelò particolari raccapriccianti, adoperando parole molto crude: «La moglie di Dalla Chiesa non è stata uccisa da un proiettile vagante. E stata appositamente massacrata. Perché? Era una puttana [...] che aveva sposato un generale [...]». Il presidente della Corte, Vincenzo Palmeggiano, lo interruppe invitandolo a moderarsi. Il pentito si giustificò così: «Non sono parole mie [...] ma il commento negli ambienti del carcere era proprio quello».

E perché venne assassinato Dalla Chiesa? «Perché era un vero rompipalle, uno che dava fastidio. Conduceva un lavoro investigativo serio contro la criminalità organizzata, rompendo le scatole in quasi tutta la Sicilia [...] E quando è stato ammazzato, all'interno della nona sezione dell'Ucciardone si è brindato, ma non a champagne come hanno scritto i giornali. Abbiamo reso delle buste di vino e qualcuno ha detto: "Ubriachiamoci alla faccia di Dalla Chiesa".» La Corte rimase attonita. E Mannoia aggiunse: «Se non si riesce a pensare con una mente malefica, allora non si può capire veramente la crudeltà, quel terribile demone che regna dentro Cosa Nostra».

Mannoia definì Rabito e Scarpisi estranei alla strage Chinnici e il libanese Ghassan un millantatore. E si soffermò a lungo su decine e decine di delitti compiuti dai corleonesi negli ultimi anni. Pino Greco – il superkiller –, per far solo un esempio, sarebbe stato eliminato nel 1985 dagli stessi corleonesi di Riina.

Solo un antistato poteva mettere a ferro e fuoco la Sicilia per un periodo così prolungato, nonostante la ribellione degli onesti, l'ansia di libertà di milioni di siciliani, il senso del dovere di un gruppo di investigatori intelligenti. Per sgretolare lentamente le fondamenta di questa tremenda struttura criminale il contributo dei pentiti continuerà ad essere decisivo. Ma con altrettanta certezza ci sentiamo di dire che i pentiti non raccontarono fino in fondo quello che sapevano. Buscetta, Contorno e Mannoia, pur avendo voltato definitivamente le spalle a Cosa Nostra, continuarono a tacere, fin quando fu possibile, sul rapporto mafia-politica. Scuotevano il capo quando veniva affrontato l'argomento.

Potevano gli esponenti delle parti più sane dello Stato vero, quello italiano, che dovrebbe esser rappresentato anche a Trapani o a Gela, rassegnarsi a omissioni così singolari quanto decisive? Sarebbero stati sufficienti uno, dieci, cento pentiti o cento processi per sconfiggere Cosa Nostra? Ma va anche detto: poteva la magistratura – da sola – arginare l'offensiva criminale? Non sarebbe stato preferibile una sintonia fra diversi poteri istituzionali? Questa sintonia è mancata. Fatta eccezione per il comune di Palermo, gli altri Palazzi del potere si erano chiusi a riccio. A questa grande guerra avevano preferito rimanere estranei. Scesero invece in campo – e pesantemente – molti Palazzi romani, immettendo altri veleni negli scenari siciliani tutt'altro che salubri. Da questa miscela – romana e palermitana – scaturirono i polveroni. Non sollevò un polverone l'arresto di due giornalisti all'indomani dell'uccisione di un ex sindaco e di un poliziotto? Non fu un polverone aprire un fascicolo di atti relativi a carico del primo sindaco che denunciava l'esistenza della mafia a Palermo e dintorni? Non fu un polverone a inaugurare l'estate della talpa pochi giorni dopo il fallito attentato a Falcone?

Il tempo si sarebbe incaricato di seppellire quegli interrogativi, allora attualissimi. La prima edizione di questo libro si concludeva qui. Con queste ultime considerazioni: «Ho voluto raccontare la cronaca di una storia che va avanti da almeno dieci anni. Qualcuno, che avrà avuto la pazienza di giungere alle ultime pagine, penserà forse che questo sia il resoconto di una storia senza speranza. Non vorrei avere dato quest'impressione. Certo ho avuto modo di conoscere troppe persone che poi, proprio a causa del loro coraggioso lavoro, sono state assassinate. Ma è altrettanto vero che molte altre sono andate a ricoprire quei posti rimasti vuoti e dimostrano di saperci fare. L'opinione pubblica italiana oggi è molto più sensibilizzata su quest'argomento. I riflettori sul "caso Palermo" sono quasi sempre accesi. Non è poco. Non è tutto. Ma la mafia ormai ha capito che la Sicilia non è più il cortile di casa sua».

Con il senno di poi, forse devo rimproverarmi un eccesso di ottimismo in quelle parole.

XIX

L'Apocalisse

Accadde il peggio

Infatti durò poco. Nuovi fatti tremendi, inimmaginabili, lasciarono tutti annichiliti. La strage di Capaci, quella di via D'Amelio. Anche Falcone, anche Borsellino.

E finimmo sulle prime pagine di tutto il mondo. Come se grandi registi dell'orrore si fossero impuntati, e avessero voluto privarci della possibilità di coltivare la fiducia in un finale che non fosse scandito ancora una volta da timer e tritolo, vittime e funerali, lacrime e rabbia. Quel lieve filo di speranza, rappresentato da «quelle creature che raramente Dio manda sulla terra, a una terra che non se le merita», per dirla con le nobili parole di Antonino Caponnetto, venne spezzato.

Bastarono appena due mesi per rimettere seriamente in discussione la convinzione che la mafia ormai si sentisse veramente estranea a casa sua. Non che fossero mancate le avvisaglie: il 29 agosto 1991 era stato assassinato Libero Grassi, l'imprenditore che si era ribellato al cappio del pizzo e aveva manifestato apertamente la sua decisione di non pagare. E il 12 marzo 1992 era stato assassinato l'eurodeputato democristiano Salvo Lima, nevralgico punto di contatto – per quarant'anni – fra gli andreottiani siciliani e i poteri occulti e mafiosi. Grandissimo delitto, questo, destinato inevitabilmente a preludere a un'impennata dell'escalation.

Dopo le stragi di Capaci e via D'Amelio, ci voleva davvero coraggio a dirsi ottimisti sull'esito finale, a coltivare illusioni, a fare finta che il ciclone non fosse mai passato, a reinventare terapie, a ostentare certezze sul sol dell'avvenire. Cosa bisognava fare? Da dove ricominciare? Come colmare il pauroso divario fra il diluvio delle parole, la lettura della sfilza dei proclami, l'assenza di misure autentiche, incisive, e la martellante monotonia dell'escalation? E chi poteva farlo con indiscussa autorevolezza? Si sarebbero trovati giudici capaci di prendere il posto degli ultimi caduti di un decennio che sembravano non finire mai? E avrebbero potuto essere solo giudici o poliziotti o carabinieri o soldati semplici, paracadutisti o carristi a giocare la partita? Cominciò tutto con l'uccisione di un poliziotto di nome Boris Giuliano... Poi, con un attacco di proporzioni gigantesche Cosa Nostra chiuse i suoi conti con i due magistrati più irriducibili, gettando nel panico i rappresentanti delle istituzioni, ignorando le misure di sicurezza, dimostrando di saper fare ciò che voleva, uccidendo speranze, alimentando propositi di resa, diffondendo angoscia. Si ritrovarono tutti a mani nude. Quando la prima edizione di questo libro uscì, nel 1990, Giorgio Bocca, recensendolo per «L'Espresso», iniziò così: *«Dieci anni di mafia... Il sottotitolo dice: La guerra che lo Stato non ha saputo vincere.* Ma forse sarebbe stato meglio questo: "Dieci anni di mafia per capire che ce ne saranno altri cento, altri mille"».

Il rullo compressore di Cosa Nostra andava avanti. Ai primi d'agosto, a Palermo, i fanti dell'esercito italiano si sciolglievano dentro le tute mimetiche. Picchettavano obbiettivi possibili, obbiettivi a rischio. Di notte si vedevano le ronde e i controlli si erano fatti severi. Ma la Grande Paura era tutt'altro che svanita. Minacce di morte per tutti: giudici e uomini politici. E lettere anonime, elenchi macabri, pessimi presagi. Il tam-tam di Palermo city metteva in guardia: per la mafia, dopo le ultime stragi, tutto il resto sarebbe stato in discesa... Il Csm decise sul futuro assetto della Procura di Palermo. Pietro Giammanco venne trasferito. Venne trasferito il questore, Vito Plantone, e fece le valigie anche il prefetto Mario Jovine... E Corrado Carnevale sarebbe stato a lungo sulla sua poltrona in Cassazione?

Tutto sembrò tremare. Alle spalle un panorama di macerie. Falcone e Borsellino, e Francesca Morvillo, e Antonio Montinaro, e Rocco Di Cillo, e Vito Schifani, ed Emanuela Loi, e Walter Cosina, e Vincenzo Li Muli, e Claudio Traina, e Agostino Catalano non c'erano più. Avevano pagato con la loro vita la fedeltà allo Stato italiano. Alle diciassette e trentotto del 23 maggio a Capaci, alle sedici e cinquantacinque del 19 luglio in via D'Amelio.

I pignoli volevano conoscere il quantitativo esatto dell'esplosivo. Ma nessuno seppe mai indicarlo con esattezza. Non si potevano contare i colpi esplosi: pistole, fucili e kalashnikov erano usciti di scena. Adesso ad andare in scena era la Strage Assoluta. L'Operazione Sterminio. Si recitava l'Apocalisse. Grandi registi dell'orrore avevano capito che il conflitto a fuoco era da evitare, appartenendo alle cronache nere di un passato lontano. Contro auto blindate e scorte armate sino ai denti le vittime sarebbero cadute da entrambe le parti. Meglio cancellare interi pezzi d'autostrada, polverizzare interi condomini, disintegrare interi cortei di auto di scorta.

Quando uccisero Falcone, mi trovavo a Torino. Quando uccisero Borsellino, mi trovavo a Messina. Non rimpiango di non esserci stato. Non rimpiango di non essere stato fra i primi cronisti a giungere sul posto. Non rimpiango di non aver visto: meglio non guardare quei corpi straziati, meglio ricordare da vivi i giudici Giovanni Falcone e Paolo Borsellino.

La notizia della strage di Capaci giunse al Salone del libro di Torino con una sequenza di tre telefonate da Palermo. Mi trovavo con Corrado Stajano, Nicola Tranfaglia e Tana De Zulueta. Prima telefonata: c'è stato un agguato con esplosivo sulla Punta Raisi, a Palermo. Stava passando Falcone. È fallito. Sono tutti vivi (pensai: che figlio di puttana Falcone, li ha fatti fessi un'altra volta). Seconda telefonata: Falcone ha le caviglie spezzate, lo stanno sottoponendo a massaggio cardiaco (pensai: tieni duro Giovanni, non gli fare questo regalo). Terza telefonata: sono tutti morti. Trovai la forza per una dichiarazione al Tg3 che suonava pressappoco così: almeno questa volta nessuno potrà accusare Falcone di avere simulato un altro «auto attentato», come era accaduto all'indomani dei fatti dell'Addaura. Ricordo che furono Stajano e Tranfaglia a decidere che il dibattito sulla mafia bisognava tenerlo lo stesso, che non dovevamo annullarlo, e che semmai bisognava cominciare da lì, sotto quei capannoni lucenti del Lingotto, raccontando alla gente di Torino chi era e da dove veniva quel magistrato di Sicilia di nome Giovanni Falcone. Ma gli altoparlanti del Salone non diedero la notizia di quanto era accaduto pochi minuti prima.

«Arriva la strage e il Salone va» scrisse qualche giorno dopo sull'«Unità» Grazia Cherchi. Quella notte Piero Sansonetti, condirettore dell'«Unità», mi chiese un ricordo di Falcone che pubblicò l'indomani in prima pagina: *Giovanni, cuore e cervello di Sicilia.* E l'indomani mi trovai in camera ardente.

Ancora una volta a Palermo. Nel cuore dell'Apocalisse, in quel Palazzo di giustizia, dove già dal primo mattino si stavano riversando fiumi di folla. Cinque bare di mogano. Scotti, pallidissimo.

Martelli che sembrava rimpicciolito, invecchiato di colpo. Spadolini con il capo chino. Alle tredici e trenta esplose la rabbia per
l'ingresso del drappello della nomenclatura: «Assassini. Ladri.
Sciacalli, andate via. Buffoni, non rappresentate la giustizia. La
mafia siete voi. Tornatevene a Roma. Siete ambigui. Fra qualche
giorno tornerà tutto come prima...». Vidi Borsellino, quella mattina: «Paolo Borsellino, con la toga, a fianco della bara di Falcone
sembra una statua. Non batte ciglio. Sa che un'eredità gravosa non
dovrà andare dispersa». E riascoltavo intanto quell'urlo: fra qualche
giorno tornerà tutto come prima... Ma prima che il copione fosse
completo ci volevano i funerali nella Basilica di San Domenico
dove Rosanna Costa, vedova dell'agente Schifani, disse parole che
gelarono il sangue: «A nome di tutti coloro che hanno dato la vita
per lo Stato... chiedo innanzitutto... che venga fatta giustizia...
adesso... rivolgendomi agli uomini della mafia, perché ci sono qua
dentro... ma certamente non cristiani, sappiate... che anche per voi
c'è possibilità di perdono. Io vi perdono, però vi dovete mettere in
ginocchio. Però... se avete il coraggio di cambiare... ma loro non
cambiano... tornate a essere cristiani...». E venne Scalfaro, per una
prima visita spontanea, non protocollare, ora che finalmente era
stato eletto capo dello Stato, ma non aveva ancora prestato giuramento. Sostò in silenzio sull'orlo del cratere di Capaci. Si fece il
segno della croce, pregò. Le sirene tacquero, e il suo corteo scivolò
per la città quasi in silenzio, fra gli applausi della folla. E in prefettura volle incontrare loro, le mogli degli eroi, di quegli uomini di
scorta carne da macello servitori dello Stato.

Ci aspettavamo tutti la Grande Svolta nella lotta contro la
mafia. Ci aspettavamo tutti che almeno adesso lo Stato sapesse
dimostrare sino in fondo la sua reale volontà di vincerla questa
maledetta guerra. Che pagassero i collusi, i pavidi, gli inetti, i
doppiogiochisti, gli incapaci, che per anni avevano inceppato il
funzionamento della macchina giustizia. Che avevano isolato,
ostacolato, e costretto Falcone a lasciare Palermo. Che se ne andassero a casa, che togliessero il disturbo. Fiorirono invece le chiacchiere da caffè. Venne detto e scritto tutto e il contrario di tutto,
in quei giorni. Ricordate?

Giovanni Falcone era stato assassinato perché la decisione che
sarebbe diventato capo della Superprocura era già stata presa. No.
Giovanni Falcone è stato assassinato perché la mafia aveva paura
che nel nuovo governo sarebbe diventato «ministro degli Interni».
Macché. Giovanni Falcone non faceva più paura a nessuno. Ma

era stato assassinato perché Cosa Nostra non dimenticava mai il passato.

Neanche per idea. Giovanni Falcone era ancora il nemico numero uno della mafia e dei poteri occulti. Ucciso non per tutto quello che aveva già fatto ma per ciò che avrebbe ancora potuto fare. E i pignoli tornavano all'attacco: da dove era partito l'ordine? I rappresentanti del governo americano: Cosa Nostra degli States, con la strage non c'entra nulla. Settimane dopo, Scotti, ministro degli Interni: l'ordine è venuto d'oltreoceano. Le piste si sprecarono. Si seguì la pista dei narcos colombiani, la pista dei trafficanti turchi, la pista svizzera, la pista dei rubli finiti nelle casse del Pci. E via fantasticando, in assenza di indagini vere, punti fermi. Ricordate la storia delle cicche, di quei mozziconi di sigaretta che uno dei killer avrebbe lasciato sulla collina che dominava l'autostrada di Punta Raisi? Gli impeccabili tg ci spiegarono che probabilmente dalla saliva del fumatore si poteva risalire al Dna e dal Dna all'individuazione di almeno uno dei componenti del commando... Già. Ma a nessuno saltò in mente che dare quella notizia significava invitare la mafia a eliminare l'incauto fumatore proprio per evitare che da un gradino si potesse risalire all'intera piramide. Puntuali – come in ogni grandissimo delitto – le parole, l'arringa delle interpretazioni antitetiche, polveroni e depistaggi.

Singolare destino, quello di Giovanni Falcone. Coloro i quali – uomini politici, magistrati, anche giornalisti – per anni ne avevano ostacolato la carriera, stavano tentando di diventare i più fedeli interpreti del suo pensiero. Rivendicavano il possesso delle spoglie di un uomo che per dodici lunghi anni aveva totalizzato solo umiliazioni, smacchi, sconfitte.

I cannibali di turno tuonarono in quei giorni: chi è stato contrario all'istituto della Superprocura ha delegittimato Falcone, contribuito al suo isolamento, alla realizzazione di quei fattori che hanno provocato la strage di Capaci. No, le cose non andarono proprio così. Si cominciò infatti a parlare di Superprocura nel momento in cui Falcone si trasferì a Roma nella primavera del 1991. E non è casuale. Nei giorni del dopo strage, invece, da più parti si volle presentare la carriera di Falcone come un unicum di successi iniziati con il processo Spatola, Gambino, Inzerillo, e con il pentimento di Buscetta e Contorno. Niente di più falso.

Fra il 1988 e il 1991 Falcone venne bocciato nella sua corsa alla guida dell'ufficio istruzione, da un Csm che gli preferì Antonino Meli. Gli venne preferito Domenico Sica per la guida dell'alto commissariato. Non venne eletto al Csm per colpa dei franchi tiratori della sua stessa corrente. In sovrappiù, subì l'agguato (fallito) dell'Addaura, prima di andarsi a cacciare in quella autentica tagliola che si rivelò essere il posto di procuratore aggiunto sotto il «capo» Pietro Giammanco.

Ma i pignoli erano incontentabili. Perché Falcone aveva lasciato Palermo? Falcone va a Roma quando capisce che a Palermo ormai ha chiuso. Va a Roma, con una speranza che si rivelò un'illusione: potere contribuire, in maniera diversa, alla lotta alla mafia. Falcone dunque è vissuto ed è morto per avere voluto fare sino alla fine il magistrato. Questa è stata, forse, l'unica vera, grande soddisfazione della sua vita.

Quante elezioni – europee, regionali, politiche – si svolsero nel periodo della sua permanenza a Palermo. E quante volte, di fronte alle solite voci che davano per imminente e sicura una sua candidatura in questo o quel partito, mi ritrovai a registrare il suo disappunto: «Siamo alle solite. Una volta mettono in giro la voce che sto per entrare nel Pci, una volta mi danno per candidato della Dc, un'altra ancora dicono che sto passando con i socialisti... Ma quando riusciranno a capire che a me piace fare solo il mestiere che faccio?».

Singolare destino, quello di Giovanni Falcone. I settimanali americani e tedeschi, giapponesi o brasiliani, gli dedicarono le loro copertine, ma qui in Italia, a Palermo, nel suo Palazzo di giustizia, continuava a essere osteggiato e combattuto.

Nei giorni lontani delle confessioni di Buscetta c'era stato chi aveva definito don Masino un «pentito a orologeria», sottintendendo che Falcone avesse girato a suo piacimento la chiavetta di quelle rivelazioni «pilotate». Le accuse di protagonismo si erano sprecate. Ma non finì lì. Il giudice che per la prima volta sarebbe riuscito ad arrestare gli intoccabili – i Ciancimino, i Salvo – dovette persino sentirsi dire che aveva potato rami secchi, che quelli erano nomi vecchi; e che li aveva sbattuti dentro perché ormai politicamente non contavano più nulla. Si capisce allora perché, a conclusione di quel calvario, nasce in Falcone l'idea della Superprocura, costretto a fare di necessità virtù. In altre parole: Falcone va a Roma quando si rende definitivamente conto che neanche lui avrebbe potuto fare il profeta in patria. Sappiamo come andò a finire.

Ora che Falcone era morto quei precedenti non potevano

essere ignorati. Era un impietoso promemoria utile ai ministri e rappresentanti delle istituzioni che Falcone lo scoprirono davvero in ritardo. E proprio a Roma – guarda caso – in tanti cominciarono a rivendicare il possesso di questo giudice.

Un'operazione talmente propagandistica che finì col danneggiare pesantemente un uomo che si ritrovava ormai al centro di attenzioni politicamente interessate, niente di più estraneo al suo temperamento. Ma l'enorme immagine di Falcone veniva usata per compensare – di fronte all'opinione pubblica – la ben misera immagine di uno Stato in balìa dei poteri criminali. Stragi in Campania? Sequestri in Calabria? Mattanza in Sicilia? Il ritornello governativo era identico: «Ma noi faremo la Superprocura e ci metteremo Falcone». Come se con la promessa di questo provvedimento, gli uomini delle istituzioni si sentissero sgravati dal dovere di rispondere, in quel preciso momento, allo sgomento della gente.

Falcone, dunque, fu messo in mezzo. Se ne volle fare un Ercole che da solo reggesse l'intero impegno dello Stato. E Falcone, sino alla fine, volle portare sulle spalle quel peso immane che altri, per cinismo, opportunità, calcolo politico, gli avevano scaricato addosso. E quanti coccodrilli vedemmo all'opera anche nella Basilica di San Domenico, nel giorno dei suoi funerali. Singolare anche in questo il destino di Giovanni Falcone.

Ma nessuno si chiese, piuttosto, se trasferendosi a Roma Falcone avesse dimenticato l'esistenza del rapporto mafia e politica? Non era stato lui a raccogliere le testimonianze dei pentiti che, pur ammettendone l'esistenza, non intendevano parlarne perché non si fidavano di questo Stato? Sì. Ma è pur vero che lo stesso Falcone, quando il pentito Francesco Marino Mannoia fece un accenno a Salvo Lima che si incontrava col boss Stefano Bontate, non volle approfondire la circostanza. Falcone, che per quasi venti anni aveva svolto il suo mestiere di magistrato ricorrendo esclusivamente ai suoi ferri del mestiere, alla fine fu costretto a fare i conti con la politica. Capì che non poteva più fare il battitore libero. E abbiamo già detto di quale portata furono le sconfitte che lo costrinsero a lasciare Palermo. Finalmente – avrà pensato qualcuno – Falcone cominciava a ragionare, rinunciava al ruolo di protagonista nella città trincea. Si avvicinò dunque al Palazzo romano in maniera quasi inesorabile. E non certo da vincitore.

Il suo scenario di vita e di lavoro mutò radicalmente. Dovette privilegiare alleanze, tatticismi, incontri con uomini politici? È probabile. Cosa sono infatti i suoi diari, quelli pubblicati dal «Sole

24 Ore», se non il testamento a futura memoria di chi si accorge di essere costretto a cambiare, ma almeno vuole che i posteri sappiano quanto gli costa? Se fosse davvero passato dall'altra parte, non avrebbe scritto parole di piombo sul capo del suo ufficio Pietro Giammanco, e sui colleghi Giuseppe Pignatone, Guido Lo Forte, Giusto Sciacchitano, indicati, praticamente, come insabbiatori di inchieste. Non avrebbe confidato ai suoi amici più cari, incluso Caponnetto, che era stato costretto a firmare sui delitti politici una requisitoria che non condivideva. Si dice che volesse tornare a fare il giudice. Si dice che si fosse ormai stancato di un ruolo istituzionale. Resteranno si dice. Un filo d'acciaio legò i delitti Lima-Falcone-Borsellino. Falcone si occupò dell'uccisione dell'europarlamentare democristiano, avvenuta il 12 marzo 1992? O era sul punto di utilizzare la sua profonda conoscenza del mondo mafioso per dare impulso alle indagini su un delitto che a Palermo aveva letteralmente chiuso un'epoca?

Avendo conosciuto Falcone sono certo che non era tipo da assistere con indifferenza a un episodio criminale di quella portata. Ma se fossero vere le voci che davano per imminente un suo ritorno nella mischia, perché escludere che proprio le indagini sul delitto Lima potessero rappresentare l'occasione di questo rientro? Del delitto Lima – stranamente – si parlò per un paio di giorni. Poi più nulla. Silenzio assoluto. Tacquero i rappresentanti delle istituzioni. E il top secret degli investigatori siciliani fu davvero impenetrabile. In dodici anni non era mai accaduto. C'era lo «stile Falcone» dietro questa riservatezza? Intervenendo a *Mixer*, dopo la strage di Capaci, Martelli si lasciò sfuggire che Falcone era andato in America per ascoltare Buscetta sul delitto Lima. Rimase un enigma irrisolto.

Si replica l'Apocalisse

Borsellino non verrà. Le polemiche, la pubblicazione dei diari di Falcone, le proteste dell'opinione pubblica contro la guida sonnolenta di Pietro Giammanco alla procura, non gli consentiranno di essere presente. Ragioni di opportunità gli sconsiglieranno di prendere la parola in un'assemblea che si annunciava incandescente.

Era la sera del 25 giugno. Paolo Flores d'Arcais, per il trigesimo della morte di Falcone, Francesca Morvillo e dei tre uomini della scorta, aveva organizzato la presentazione di un fascicolo della rivista «Micromega» quasi interamente dedicato al fenomeno mafioso. Nell'atrio della settecentesca Biblioteca comunale non tirava un alito di vento. Duemila palermitani erano venuti per ascoltare Orlando, Tano Grasso, Pina Grassi, Nando Dalla Chiesa e Alfredo Galasso. Era stata annunciata anche la presenza di Borsellino. Ma non erano in molti a credere che sarebbe venuto. E invece Borsellino non si sottrasse. Arrivò poco dopo le dieci. Si scusò per un ritardo dipeso esclusivamente da ragioni di lavoro. Prese la parola e quell'intervento, a riascoltarlo, mette i brividi. Mette i brividi per la schiettezza, la chiarezza, l'autentico coraggio, dimostrato da un magistrato che sentiva avvicinarsi la fine.

Borsellino quella sera vedeva un plotone d'esecuzione già schierato, tutto per lui, anche se i duemila palermitani presenti non potevano accorgersene. Capiva che dopo la morte di Falcone, amico collega e fratello, il cerchio si era fatto stretto. Quell'intervento a riascoltarlo oggi mette i brividi perché Borsellino quella sera disse sino in fondo ciò che pensava, pur senza dimenticare di essere e restare magistrato. Cominciò ricordando a se stesso e agli altri che la sua toga non gli avrebbe consentito quella sera di svelare particolari e circostanze di un'indagine dove si trovava a rivestire anche il ruolo di testimone, avendo lavorato per anni a fianco di Falcone, avendone raccolto confidenze, sfoghi, amarezze. Di tutto ciò – fu la premessa del suo intervento – ne avrebbe prima riferito al titolare delle indagini, il procuratore capo di Caltanissetta, Salvatore Celesti.

Sembrava dunque che il suo intervento non avesse più storia. Che la sua presenza andasse intesa come puro atto di cortesia verso la platea che lo aveva invitato. Secondo errore di previsione, quella sera. Borsellino tirò diritto, fumando una Dunhill dietro l'altra, fissando negli occhi tutti quelli seduti nelle prime file, scolpendo concetti che imponevano il silenzio. La strage di Capaci – osservò – «è una strage che ha fatto pensare a me e non solo a me, che era finita una parte della mia e della nostra vita». Una lunghissima pausa, aspirò la Dunhill a pieni polmoni, ed entrò nel vivo dell'argomento dei diari di Falcone pubblicati qualche giorno prima: «Posso dire solo, per evitare che anche su questo punto possano nascere speculazioni fuorvianti, che quegli appunti pubblicati dal "Sole 24 Ore" io li avevo letti in vita di Giovanni Falcone». Stava dicendo di conoscere il calvario di Falcone nel suo ultimo periodo palermitano. Confermava, anche se apparentemente si manteneva su linee generali, il ruolo pernicioso dei Giammanco, dei Pignatone, dei Lo Forte, degli Sciacchitano. E da conoscitore di cose di mafia e di Sicilia temeva (preoccupazione sacrosanta) che prima o poi qualcuno non avrebbe resistito alla tentazione di mettere in dubbio l'autenticità di quei diari. Ricordò quindi le parole dell'anziano amico Antonino Caponnetto per il quale «Falcone cominciò a morire nel gennaio 1988» [quando il Csm gli preferì Antonino Meli, N.d.A.].

Borsellino aggiunse: «Con questo non voglio dire che la strage sia il naturale epilogo di questo processo di morte. Anche se oggi tutti ci rendiamo conto che lo Stato, la magistratura, che forse ha più colpe di ogni altro, cominciò a farlo morire quel giorno. Forse ancora prima, in quella data ricordata da Orlando, con quell'articolo di Leonardo Sciascia sui «professionisti dell'antimafia» pubblicato dal «Corriere della Sera». Ricostruì la stupefacente nomina da parte del Csm di Antonino Meli al posto di Falcone, il «miracolo» fatto dall'opinione pubblica che costrinse il Csm a rimangiarsi in parte le sue decisioni e nel «settembre 1988, seppure zoppicante, il pool fu rimesso in piedi». Ma durò poco: «La protervia di Meli e l'intervento nefasto della Cassazione, iniziato allora e che continua ancora oggi, negando l'esistenza della mafia, continua a far morire Giovanni Falcone».

Il magistrato mise in guardia da teorie semplicistiche che spiegavano il trasferimento di Falcone con il fatto che «si fosse innamorato di Martelli e dei socialisti». Si disse disponibile a discutere della Superprocura («anch'io firmai una lettera molto critica verso questo istituto»), ma non si poteva discutere che Falcone, «a un certo punto della sua vita, da uomo delle istituzioni, ritenne di potere continuare a svolgere a Roma un ruolo importante nella lotta contro la criminalità mafiosa». Perché era stato assassinato? «L'agguato venne preparato quando ormai si erano concretizzate tutte le condizioni perché, nonostante la violenta opposizione di buona parte del Csm e in base alle notizie che io stesso conoscevo e che gli avevo comunicato, era ormai a un passo dal diventare direttore nazionale antimafia. Lui voleva tornare al più presto a fare il magistrato, ed è questo che gli è stato impedito, perché è questo che faceva paura.»

Scrissi sull'«Unità» (27 giugno), riferendo del suo intervento: «Borsellino, l'altra notte, ha parlato in un modo davvero strano. Forse come chi sa di avere poco tempo».

Dopo quella sera ci incontrammo il 29 giugno, nel primo pomeriggio, a bordo del Super 80 Alitalia che da Palermo andava a Roma. Mi sedetti accanto a lui. Chiacchierammo di quella sera alla biblioteca comunale. Gli chiesi se fosse ottimista sull'andamento delle inchieste antimafia. Rispose che stava lavorando bene, che a settembre i giornali avrebbero avuto di che scrivere, ma precisò che non si stava occupando della strage di Capaci. Confermò ancora una volta l'autenticità dei diari di Falcone. Mi raccontò che il suo collega era morto senza essere riuscito a mettere insieme i soldi per comperarsi una casa. E tornammo a parlare della Superprocura.

La notte in cui i telegiornali diedero la notizia che il ministro Scotti, alla presenza di Martelli, aveva lanciato la proposta che il capo della Superprocura fosse Borsellino, lo avevo chiamato da Roma a casa sua, a Palermo. Aveva risposto al primo squillo. Era teso, preoccupato. Mi aveva detto: «Lei sa che quando vennero aperti i termini per il concorso non presentai domanda. Per due ragioni: sapevo che Giovanni ci teneva, e quindi mi feci da parte. Ma anche per motivi familiari. Oggi sono stato preso alla sprovvista dalla proposta di Scotti. E resto del parere che quel posto non fa per me. Se vogliono, li riaprano i termini, per ora si tratta solo di parole. Comunque mi dispiace che Scotti non abbia sentito il bisogno di verificare una mia eventuale disponibilità prima di avanzare la sua proposta». In aereo mi confermò che la sua posizione non era mutata di una virgola. Gli chiesi dove fosse diretto e non me lo volle dire. A bordo era solo, mi disse sorridendo, non c'erano angeli custodi. Ci congedammo al momento dell'atterraggio e non lo vidi mai più.

Il 1° luglio, trovandomi a Sassuolo per un dibattito sulla mafia invitato dai ragazzi della Sinistra Giovanile – Nicola Zingaretti, Umberto Gentiloni, Caterina Ginzburg e Stefano Vaccari – feci un intervento tutto centrato sull'eventualità che Borsellino fosse chiamato a dirigere la Superprocura. Mi rendevo conto della delicatezza dell'argomento. Erano i giorni in cui tanti soloni dell'antimafia continuavano a ripetere il ritornello che Borsellino sarebbe stata la soluzione ideale. Il vecchio schemino: «Faremo la Superprocura e ci metteremo Falcone» veniva sostituito da quest'altro: «Visto che Falcone è morto ci metteremo Borsellino». Come facevano a ignorare che Borsellino era uno dei quarantadue giudici firmatari della lettera contro la Superprocura (lui stesso, come abbiamo visto, ne parlò quella sera alla Biblioteca comunale)? Come potevano pensare di spendere il suo prestigio, la sua autorevolezza, sapendo che il Csm aveva già indicato Agostino Cordova, procuratore capo di Palmi, come suo candidato? Non si rendevano conto che proporre

Borsellino avrebbe ottenuto solo l'effetto di metterlo in una scomodissima posizione fra esecutivo e magistratura? E il 2 luglio lo chiamai al suo cellulare anticipandogli l'intenzione di scrivere qualcosa sull'argomento. «La ringrazio» replicò. Forse vale la pena riproporre una parte di ciò che scrissi sull'«Unità» del 3 luglio: «Da più parti, dopo l'uccisione di Falcone, si spezzano lance a favore della soluzione Borsellino per la direzione della Superprocura. La proposta a molti appare suggestiva. La mafia ha ucciso Falcone? Ne prendiamo atto, ma rispondiamo mandando allo scoperto il giudice antimafia migliore, quello che le manifestazioni di Palermo – come ha scritto Maurizio Mannoni sull'«Unità» – hanno "incoronato" come erede naturale di Falcone. Se questi argomenti dovessero prevalere ricadremmo in un errore già tante volte commesso: identificare la lotta alla mafia in un solo giudice, alimentando un rischioso simbolismo che in passato non ha portato niente di buono. I giudici – da soli – non possono che fare da parafulmine. Ce lo insegnano le storie tragiche di Carlo Alberto Dalla Chiesa (che era un carabiniere solo) e di Giovanni Falcone. Borsellino, come ieri Dalla Chiesa e oggi Falcone, rappresenta un patrimonio che appartiene alla gente che lotta contro la mafia, alla società civile, all'intero mondo del lavoro che ha dato vita alla manifestazione dei "centomila". E non solo, dunque, a qualche ministro o a qualche reparto di mafiologi, recentemente folgorati dalla bontà di un pool antimafia che non c'è più». E concludevo: «Se lo Stato vuole fare finalmente la sua parte, con coerenza, metta Borsellino nelle condizioni di lavorare a Palermo. Crei per lui quelle condizioni che non volle o non seppe creare per Falcone, costringendolo a un esilio sofferto. Non serve invitare gli ultimi eredi di quella grande stagione giudiziaria a dare l'ennesima prova del loro valore salendo su trampolini sempre più alti. Quanto sta accadendo dentro Cosa Nostra ci dice che è a Palermo – innanzitutto – che si continuerà a giocare la partita. E, ancora prima della Superprocura, è la Procura di Palermo lo snodo decisivo».

Lo chiamai, per l'ultima volta, il 16 luglio. Non so dove fosse. Mi disse solo: «La prego, ora non posso parlare. Mi chiami in un altro momento». Seppi (dopo) che Paolo Borsellino aveva già ricevuto la notizia che un grosso quantitativo di esplosivo era giunto in Sicilia e che aveva riunito la famiglia per congedarsi dicendo: «Quell'esplosivo è per me».

La sera della strage, il 19 luglio, raggiunsi Palermo da Messina.

Una folle corsa in taxi, con i colleghi Cristina Parodi e Giorgio Gori, direttore di Canale 5. In via D'Amelio l'inferno era ancora in pieno svolgimento. Era lì, fra palazzi sventrati, carcasse d'auto arrugginite, pozzanghere di nafta e copertoni bruciati, che anche il mio amico Paolo Borsellino era stato fatto a pezzi. In appena cinquantasette giorni avevo perso due amici veri. Povera antimafia...

Non avrebbe molto senso riscrivere a posteriori le cronache di Capaci e via D'Amelio che scrissi allora per «l'Unità». Forse è più utile riproporle.

XX

Corrispondenze da Palermo

Giovanni, cuore e cervello di Sicilia

«Da dieci anni scrivete di mafia e ancora non avete capito nulla. Non avete capito la cosa più importante. Quella che voi chiamate mafia, piovra, criminalità organizzata, "è Cosa Nostra". Ma come fate a non capire che se in questa regione sono stati assassinati procuratori della Repubblica, dirigenti della Squadra mobile, comandanti dei carabinieri, segretari dei partiti, capi del governo, imprenditori, giornalisti, cittadini qualunque, tutto ciò è il risultato di una strategia ideata e messa a segno da una struttura verticistica e monolitica, che può avvalersi di una tradizione secolare e di rapporti fittamente intrecciati con interi pezzi della società siciliana. Un'ultima cosa: dovete ancora capire che per Cosa Nostra il controllo del territorio è lo strumento fondamentale per la ricerca del suo consenso.»

Negli ultimi anni, Falcone (che avevo conosciuto appena giunto a Palermo da Trapani, alla fine degli anni Settanta, dunque un «Falcone che ancora non era diventato Falcone») sembrava sempre di più pignolo e monotematico. Come se ormai dicesse sempre la stessa cosa. Cosa Nostra – ripeteva anche nei colloqui privati – «è Cosa Nostra, tutto qui».

Conosceva segreti? Certamente tanti. Conosceva regole comportamentali, strutture di pensiero, conosceva l'humus di cui l'uomo d'onore si nutre sin da bambino nei vicoli della casba di Palermo o nelle casupole di Corleone? Certamente. Conosceva l'antropologia del mafioso quasi alla perfezione. Diversamente, come avrebbe fatto a piegare sino al pentimento, colonne mafiose come Buscetta o Contorno, Calderone o Marino Mannoia? Era questo il segreto Falcone: i grandi mafiosi quando decisero di voltare le spalle a Cosa Nostra si rivolsero proprio al nemico numero uno dell'organizzazione. È verissimo: i mafiosi avevano finalmente trovato in lui il volto di uno Stato italiano che dopo quarant'anni di complicità, compromissioni e silenzi, manifestava l'intenzione di fare in qualche modo sul serio. Ma non era solo questo. Falcone era palermitano, siciliano, palermitanissimo, verrebbe voglia di dire. Parlava linguaggi che non si parlano nel resto d'Italia. (È che spesso lo rendevano non soddisfacente sul piano della resa televisiva). Parlava il linguaggio degli sguardi, per esempio. I silenzi, le pause, nelle sue schermaglie, interrogatori con gente poco propensa alla sintassi, ancorata istintivamente al silenzio anche quando inconsciamente avvertiva tutto l'impulso alla rottura di tabù secolari, diventavano quasi per incanto la chiave vincente per una «confessione clamorosa» o un «pentimento». Ho un ricordo personale, fra tanti che si affollano in queste ore alle prime notizie da Palermo, ma che forse può dire molto.

Era il settembre del 1989. Falcone, appena scampato all'agguato dell'Addaura, quando una cinquantina di candelotti di tritolo vennero scoperti appena in tempo, era venuto a cena a casa mia. Lui, in una serata per altro piacevolissima visto che l'uomo di storie ne sapeva davvero tante, non rinunciò ancora una volta a spiegare cosa fosse – secondo lui – Cosa Nostra. Ascoltiamolo: «Quando andai a New York (Falcone era già diventato Falcone) mi stancai presto, del protocollo e delle visite organizzate. Chiesi di essere condotto a Brooklyn. Entrai in un bar zeppo di italo-americani. Piombò un silenzio assoluto. Gli avventori fecero ala al mio passaggio, mentre mi dirigevo verso il bancone. Gli uomini di scorta, con un attimo di indecisione, erano rimasti sulla soglia. Mi chiesi anch'io come uscire dall'imbarazzo. Mi diressi al bancone e rivolgendomi al barista dissi in palermitano molto stretto: "Mi rassi un café". Si compì il miracolo. In quel locale tornò la vita, tutti ripresero a parlare e non fecero più caso alla mia presenza.»

Oggi Falcone è stato assassinato. Con un agguato che dimostra – ancora una volta – una potenza militare micidiale. L'agguato dimostra due cose: 1) Cosa Nostra esiste e considerava apertissimo il suo conto personale. Una autentica *vertenza* (come si dice a Palermo), iniziata tanti anni fa quando Falcone, per la prima volta, e prima di tanti altri giudici, aveva davvero capito di che

pasta fossero fatti gli uomini d'onore. 2) Falcone sapeva bene che
il rapporto mafia-politica esiste, è strettissimo, ed è la condizione
essenziale che consente, appunto, alla mafia, di non essere semplice
gangsterismo, guerra per bande, criminalità organizzata, anche se
di alto livello. Negli ultimi anni della sua attività volle dimenticare queste sue certezze sul rapporto mafia-politica? È molto
probabile. Non dimentichiamo che a Palermo riuscì a totalizzare
soltanto sconfitte, insuccessi personali, astio e antipatia da parte
di molti dei suoi colleghi. Era andato a Roma? Non è bastato a
salvarlo.

(24 maggio 1992)

Ecco il messaggio: cancellare del tutto la vera Antimafia

Sì. Anche lui. Anche Paolo Borsellino. Hanno ucciso l'erede
naturale di Giovanni Falcone. Il collega più anziano. L'uomo che
ne aveva raccolto i resti pochi minuti dopo l'orrenda strage di
Capaci del 23 maggio.

Cosa Nostra ha ucciso un altro dei mitici fondatori di quel pool
che a metà degli anni Ottanta aveva raccolto le confessioni dei
pentiti, emesso centinaia e centinaia di mandati di cattura, dimostrando, per la prima volta dal dopoguerra, che i giudici siciliani
non volevano più convivere con il fenomeno mafioso. E dimostrando così – per la prima volta in Sicilia – che lo Stato poteva presentarsi finalmente con un volto diverso.

L'antimafia deve morire. Di quei giudici, di quegli investigatori,
non deve restare traccia nell'Italia che si affaccia alle soglie del
Duemila. È questo il messaggio. Inutile girarci attorno. Inutile far
finta di non capire. Di quell'antimafia, antimafia vera, autentica, di
quell'enorme memoria storica, non deve rimanere davvero nulla.

E c'è un altro messaggio. La Sicilia non fa più parte dello Stato italiano. La Sicilia ormai è terra di nessuno. D'altra parte se ne
era forse reso conto lo stesso ministro degli Interni Mancino, quando aveva alzato le braccia qualche giorno fa. Si infittivano i segnali minacciosi contro Leoluca Orlando e il ministro aveva invitato
l'uomo politico più votato in Sicilia a non mettere più piede in
Sicilia.

Avevo viaggiato con Paolo Borsellino in aereo il 29 giugno, da

Punta Raisi a Fiumicino. C'eravamo seduti accanto. Si era detto fiducioso nell'esito delle indagini per la strage di Capaci. Mi aveva ancora una volta confermato l'autenticità dei diari di Falcone. Ne aveva – d'altra parte – dichiarato pubblicamente l'autenticità già a Palermo, qualche giorno prima, in occasione della presentazione di un numero della rivista «Micromega».

Mi aveva anche raccontato che Giovanni Falcone è morto senza potersi comperare una casa. E lo raccontava quasi sorridendo con quegli occhi nerissimi che non stavano mai fermi. Dov'era diretto? Non aveva voluto rispondere a questa domanda. Gli avevo chiesto se d'estate sarebbe rimasto a Palermo: anche su questo aveva glissato. Aveva angeli custodi su quell'aereo? Si era messo a ridere: «Sono solo. Non lo vede?» E infine: intendeva accettare eventuali candidature alla Superprocura? «Non me lo sogno nemmeno.»

Poi lo avevo chiamato al suo telefonino cellulare il 16 luglio, di pomeriggio. Era tesissimo: «La prego ora non posso parlare, mi chiami in un altro momento».

Non l'ho più visto, non l'ho più sentito. Muore un'altra di quelle creature rare – come aveva detto il giudice Antonino Caponnetto – che ogni tanto il cielo manda su questa terra. A una terra che non se le merita. Quanto potremo continuare ancora così?

(20 luglio 1992)

L'ira della gente contro i farisei

Un'altra corazzata dell'antimafia è colata a picco. E ora? E ora cosa urla la gente di Palermo? Cosa urlano gli uomini delle scorte? Cosa urlano i condomini di via D'Amelio, di via Autonomia Siciliana ancora tramortiti dal tremendo boato? È un crescendo assordante, disperato. Ieri sera, alle diciotto e tre, le sei bare della nuova strage sono state esposte nell'atrio del Palazzo di giustizia, ed è tornata a esplodere la rabbia. Non prima di un fragoroso applauso per rendere onore ai caduti. Sviene Lucia, la figlia ventenne di Borsellino, fra le braccia del fidanzato. Piange a dirotto Manfredi, il primogenito di ventun anni. Non sa ancora nulla Fiammetta, che si trova in Thailandia e che sino a ieri sera è stato impossibile raggiungere. C'è, vestita a lutto, Agnese Piraino Leto, moglie del magistrato.

Stringe al petto la toga del marito. La sorreggono due amici di famiglia. A decine i familiari degli uomini di scorta spezzati dal dolore. Qualcuno si scaglia contro i fotografi ma dura poco. Dice un cartello: «Falcone e Borsellino eroi della nuova resistenza». Dice un secondo cartello: «Per vincere dovete ucciderci tutti. Siamo alcuni milioni». Ce n'è un altro: «Ministro Martelli giù le mani dalla magistratura».

Tranne Pietro Folena e Nino Mannino, segretario della Federazione Pds di Palermo, non ci sono esponenti politici. Meno che mai rappresentanti dei vertici governativi. Solo magistrati. È tornato, ancora una volta da Firenze, Antonino Caponnetto, anziano capo dell'ufficio istruzione di Palermo che sino a metà degli anni Ottanta diresse uomini come Falcone e Borsellino. È toccato a lui, sudato, stravolto, in una Palermo di sangue e lacrime che conosce a memoria, portare a spalla il giovane collega, aprendo il mesto corteo dei feretri. Indossa una maglietta verde-acqua, un pantalone beige. Ha appena finito di rilasciare una amarissima dichiarazione: «Non si può più fare nulla. La mafia ha dato il colpo di grazia. La nuova strage è stata compiuta per spezzare la rivolta morale spontanea della gente dopo l'uccisione di Falcone. Hanno anche voluto azzerare la memoria storica del pool, il suo bagaglio di conoscenze e tensione morale... Ci sono troppi farisei, a Palermo, troppi amici dell'ultima ora. Ho già avuto modo di vederli due mesi fa ai funerali di Falcone...». E se in un primo tempo l'anziano consigliere aveva detto «non andrò al Palazzo di giustizia per non incontrare alcune persone, per non vedere alcune facce», in un secondo tempo aveva precisato: «Ci andrò di notte, quando ci andrà Agnese, vedova di Paolo, per evitare così di fare brutti incontri...».

Fuori, intanto, due manifestazioni distinte, una della Rete, una degli iscritti al Movimento sociale che chiedono la pena di morte. Ma fra ali di folla senza più distinzioni passeranno tutti i familiari salutati da ripetuti applausi. Poi, all'improvviso, arriveranno ancora una volta tutti gli equipaggi che compongono le scorte di Palermo. Ogni uomo, ogni donna, con un fiore che sarà deposto sulle bare. Sulla soglia del palazzo Giuseppe Di Lello che, insieme a Caponnetto, Falcone, Borsellino, Guarnotta, diede vita al pool. Ecco Alfonso Giordano, presidente del primo maxi processo a Cosa Nostra. Ma le urla di Palermo è come se riecheggiassero ancora.

I palermitani urlano che Paolo Borsellino è stato lasciato solo dallo Stato italiano. Che Paolo Borsellino è stato dato in pasto agli squali mafiosi. Che Paolo Borsellino è stato esposto, strumentalizzato, e poi dimenticato dagli uomini delle istituzioni che avrebbero dovuto proteggerlo. Il suo nome prestigioso esibito come una bandiera dal pennone più alto, e poi deposto in un angolo. Fu lui a dircelo: «Quando a Roma, durante la presentazione del libro di Arlacchi, Scotti, presente Martelli, fece il mio nome come probabile superprocuratore, rimasi di sasso. Non mi aveva detto niente nessuno. A suo tempo non avevo fatto domanda sia perché sapevo che Giovanni Falcone teneva a quel posto, sia per motivi miei, di carattere familiare. Mi trovai spiazzato. Ebbi la sensazione che qualcuno volesse strumentalizzarmi. Se vogliono li riaprano i termini per la Superprocura, poi deciderò. Ma le posso assicurare che questa è l'ultima cosa che mi passa per la testa in questo momento».

Così il suo nome era rimasto a galleggiare, senza che accadesse nulla. C'è di più: Scotti e Martelli non sapevano che Borsellino era uno dei firmatari della lettera dei quarantadue magistrati contro la Superprocura? Non si rendevano conto che il nome di Borsellino rischiava di finire schiacciato fra l'esecutivo e il Csm che aveva già designato Agostino Cordova? E come noi, crediamo che tanti altri ebbero modo di registrare il suo forte disappunto. Ormai, fra televisioni, articoli di giornali, libri, occhi per vedere e orecchie per sentire, la gente di Palermo sa davvero tutto quello che c'è da sapere. Ha completato il suo ideale censimento delle facce di bronzo. Per questo urla. Urla che Borsellino non è stato ascoltato, non è stato preso in considerazione per tutto quello che aveva detto dopo la strage di Capaci del 23 maggio. Ma la gente di Palermo urla anche contro il nuovo governo perché, come tutti quelli che in questi ultimi quindici anni lo hanno preceduto, fa finta, o è impotente, o non ha le mani libere. Comunque non è all'altezza. Lo urlano, qualcuno più freddo lo dice, ma tutti lo pensano. Urlano che se si va a guardare nel piatto della bilancia dell'iniziativa dello Stato si troveranno soltanto disfunzioni, paurose dimenticanze, tantissime chiacchiere, retorica a quintali e spreco di aggettivi. E incalzano: come si fa a tenere al suo posto di procuratore capo Pietro Giammanco? Come si fa dopo che tutti hanno letto i giudizi non certo lusinghieri che sul suo conto aveva espresso Giovanni Falcone in quelle pagine poi pubblicate dal «Sole 24 Ore»? Falcone non aveva forse messo nero su bianco di essere stato costretto ad abbandonare Palermo proprio perché Giammanco e un pugno di sostituti a lui fedelissimi gli aveva reso (professionalmente parlando) la vita impossibile? Bene. Tutti i giornali avevano ripreso quelle notizie. Ma cos'era accaduto? Nulla. Parole sull'acqua. Ma su questo punto bisogna soffermarsi un attimo.

Proprio Borsellino, intervenendo il 25 giugno alla Biblioteca comunale di Palermo, in occasione della presentazione di un numero di «Micromega» prevalentemente dedicato alla mafia, aveva detto testualmente (e in assenza di sollecitazioni): «Posso dire soltanto, per evitare speculazioni fuorvianti, che questi appunti pubblicati dal "Sole 24 Ore", io li avevo letti in vita di Giovanni Falcone. Sono proprio appunti di Giovanni Falcone perché non vorrei che anche su questo, un giorno, vengano avanzati dei dubbi». Chiaro? Non tanto. Se appena nominato ministro dell'Interno, Mancino, giunto a Palermo per un primo assaggio di Mafiopoli, aveva annunciato che il Viminale stava verificando l'autenticità di quei diari. Come? Borsellino li aveva letti mentre Falcone era vivo e il ministro dell'Interno andava a verificare? Gaffe, non c'è dubbio, gaffe che il giorno dopo il neoministro aveva cercato di ridimensionare.

C'è tutto questo, e molto altro ancora, dietro le grida di Palermo. Dietro lo scoppio di ira e violenza, domenica notte, in una Prefettura immersa in un'atmosfera spettrale, e dove Mancino, Andò, Martelli, Parisi e Giammanco sono riusciti a stento a sottrarsi al linciaggio. Sono fatti spiacevoli, ma i fatti sono questi. Dal 23 maggio a domenica sono trascorsi cinquantasette giorni. Troppo pochi per avere il tempo di riacquistare la capacità di riflessione. Ma davvero dobbiamo raccontare chi era Paolo Borsellino?

Dobbiamo raccontare perché lo hanno ucciso? Dobbiamo raccontare su quale filo, sempre più esile, sempre più teso, aveva iniziato a muoversi nelle settimane successive all'uccisione di Falcone? Verrebbe da dire: sempre le stesse cose. O non dovremmo invece raccontare le ultime quarantotto ore che si sono vissute in questa maledetta Mafiopoli? Cento chili di plastico, quattro condomini sventrati, sei persone fatte a pezzi, una cinquantina di macchine bruciate, ridotte ad ammassi di lamiera contorta. Si potrebbero anche raccontare gli odori. Di benzina, di copertoni liquefatti. O il tanfo all'ufficio di medicina legale, dove ieri mattina era in corso un'autopsia fatta quasi su una catena di montaggio. Pensate: dirigeva Paolo Procaccianti, medico legale che dal 1971 a oggi ha visto una infinita galleria di scempi. Meriterebbe un ruolo centrale la lapide all'ingresso della Squadra mobile di Palermo che inizia ricordando il sacrificio di Corrao Silvestro Silvio, maresciallo di pubblica sicurezza, caduto il 30 giugno del 1963... Ormai non può essere aggiornata: non c'è più spazio. Sia come sia, siamo stati costretti ancora una volta a entrare in questa Mafiopoli che fa tremare, lascia stupe-fatti, annichiliti. Non finirà qui, urlano tutti a Palermo in queste ore. Il micidiale rullo è destinato a schiacciare altre resistenze, altri eroismi individuali, altri capi storici di una stagione giudiziaria e investigativa che mai come in questo momento appare tragicamen-te irripetibile. Gli uomini dell'antimafia camminano tutti con la morte addosso. Lo sanno. Tutti si chiedono chi sarà il prossimo.

Ieri abbiamo parlato con Arnaldo La Barbera, capo della Squa-dra mobile. Due giorni prima della strage aveva avuto assegnata nell'equipaggio della sua scorta Emanuela Loi, la ragazza dilaniata insieme a Borsellino a soli venticinque anni. Se quel giorno La Barbera si fosse trovato a Palermo non l'avrebbero assegnata a Bor-sellino e lei sarebbe ancora viva. La Barbera, mentre raccontava di queste incredibili scelte del destino, sistemava in una cassaforte del suo ufficio uno scatolone di cartone: c'erano dentro gli effetti per-sonali del giudice: una borsa e un costume da bagno. Pare che di Borsellino non si sia trovato altro. Abbiamo incontrato Giuseppe Di Lello: «Due giorni fa c'eravamo dati un appuntamento con Bor-sellino ma per pochissimi minuti ci siamo mancati. Ora preferirei che non fosse accaduto». Leonardo Guarnotta ci dice: «Avevo trascorso una settimana lontana da Palermo. Al mio rientro ho trovato un appunto della segreteria: Borsellino mi aveva cercato due giorni prima. Ma neanche io ho avuto la possibilità di rimettermi in contatto con lui. La verità è che i mafiosi sono in guerra contro di noi. Noi disponiamo soltanto di armi davvero molto spuntate».

Un altro magistrato: «La verità è che negli ultimi tempi stava riesplodendo il fenomeno del pentitismo. E i pentiti volevano par-lare soltanto con Borsellino, dal momento che anche Falcone era stato eliminato. Oggi è facile prevedere che si richiuderanno anco-ra una volta nel loro mutismo. Se continua così moriremo noi, ma moriranno anche loro». Uno dei baristi della buvette del Palazzo di giustizia: «Vivo qui dal 1971. Ricordo persino la bonanima di Pietro Scaglione, che in quegli anni era procuratore capo di Palermo e poi venne assassinato... Ricordo Boris Giuliano, e tutti quelli che sono venuti dopo di lui. Ma già dall'uccisione di Scaglione mi resi conto che avremmo vissuto questa storia... C'è davvero qualche cosa che non quadra, che non funziona, in questa storia della mafia... ne ho viste, ne ho sentite tante. Mi creda: siamo sempre allo stesso punto di partenza, anzi, la situazione peggiora di giorno in giorno».

Si spiegano, eccome se si spiegano, le urla di Palermo.

(21 luglio 1992)

L'ira della cattedrale blindata

Hanno blindato la cattedrale. Hanno impedito ai fedeli di assistere alla messa. Hanno chiuso vicoli, strade, piazzette e bagli del centro storico. La gente è stata tenuta alla larga. Strattonata, spintonata, intimidita. Si sono visti idranti e cani poliziotto. Si è vista gente picchiata, gente portata via. Si è vista gente piangere, gridare, non credere a ciò che vedeva. Vedeva uno spettacolo ripugnante, che lasciava di stucco. Si vedeva finalmente uno Stato.

Rappresentato da quattromila uomini in divisa, efficienti, dislocati nei posti chiave, che riconquistavano, anche se per lo spazio di un solo pomeriggio, il territorio. Questo incredibile frutto proibito che da decenni viene controllato esclusivamente dalle cosche mafiose. Ma lo Stato aveva l'aspetto di un pugile suonato. Tirava i suoi colpi dalla parte sbagliata, contro la gente, considerava le decine e decine di migliaia di palermitani in piazza contro la mafia come un gigantesco problema di ordine pubblico.

Si dice spesso che a Palermo si assiste sempre allo stesso copione. Che alla strage di mafia seguono le esequie di Stato, che alle esequie seguono le passerelle delle autorità, che alle passerelle seguono i proclami e poi più nulla, sino ai nuovi morti, alla nuova mattanza. Ieri non è stato così. Un prefetto allenatissimo alle cerimonie ufficiali, molto impacciato quando si tratta invece di prevenire le esplosioni di violenza mafiosa, ha pensato bene di sfoderare i reparti migliori per una insulsa parata che ha offeso la coscienza dei palermitani. Questo prefetto – Mario Jovine, si chiama – rimarrà davvero nella memoria collettiva dei palermitani. Potrà anche non dimettersi mai, ma ieri ha firmato una pagina senza precedenti nella storia della città.

Giornata del rancore, dell'ira, giornata dei nervi a pezzi, delle urla, degli sputi, degli schiaffi, giornata che non sarà facile dimenticare. Il Palazzo voleva, doveva, ha preteso di andare a piazzare le sue tende nella chiesa dei re normanni che da settecento anni riposano in pace. E perché quest'occupazione fosse possibile ha preteso che tutti i palermitani fossero considerati e trattati da alieni. Un capolavoro, non c'è che dire. Giuseppe Campione, presidente di una giunta regionale che sempre più ha l'aspetto di una bagnarola in un mare in tempesta, è entrato quasi sollevato da terra dai suoi uomini di scorta. Gli abbiamo chiesto perché non si avvaleva di quell'articolo del sofisticatissimo statuto dell'autonomia siciliana che dà al capo del governo facoltà di comando sul prefetto e sulle forze di polizia. In altre parole perché non si stava opponendo a quel modo surreale di amministrare l'ordine pubblico. Piangeva e non rispondeva, e sarebbe sin troppo facile dire che non di sole lacrime può vivere Palermo. Il cardinale Salvatore Pappalardo si è fatto largo fra cordoni di polizia, di finanza, di carabinieri. Per trovare un varco, lui, il capo della chiesa siciliana. Gli abbiamo chiesto come si sentiva in una chiesa costretta a lasciare fuori i suoi fedeli. Sono stati dei preti a cinturare il cronista spingendolo via.

Giornata davvero singolare quella di ieri, che sarà difficile dimenticare. Potremo dimenticare facilmente Agnese Piraino Leto, pallore spettrale, figura ricurva, ora che sa che finalmente anche Fiammetta ha saputo? I Borsellino non hanno voluto funerali di Stato per Paolo, padre, marito esemplare, ancora prima che magistrato tutto d'un pezzo. Ma i Borsellino sono venuti in cattedrale per stringersi attorno ai familiari di Emanuela e Claudio e Walter e Vincenzo e Agostino. In questa città dove il dolore ha imparato a riconoscere, a capire, a rispettare il dolore. Ma ecco che mentre Agnese sta per entrare vengono spintonati fuori dalla chiesa gruppi di agenti di scorta. Agnese è sul punto di cedere, soffocata dalla folla e dagli agenti, urla: «Mio marito, me l'hanno ucciso, me l'hanno ucciso...». E la giovane Lucia, se possibile ancora più esile, ancora più spettrale, che le dice: «Mamma non fare così...». Potremmo dimenticare facilmente Claudia Loi, sorella di Emanuela, bionda, che con l'inconfondibile cadenza sarda porta la sua testimonianza nel giorno dell'ira e del dolore? Un collega di Emanuela, anche lui sardo: «Claudia, non metterti a piangere, non dare soddisfazione a questi assassini, ricordati che sei nata in Sardegna». Ed ecco che da un angolo remoto della cattedrale si fa avanti Rosaria Schifani, la donna di Vito, fatto a pezzi con Falcone nella strage di Capaci.

Rosaria ha quasi il piglio della veterana. Nessuno riesce a fermarla. Spezza i cerimoniali, travolge i copioni. Lei così scavalcando tutti, raggiunge un Pappalardo imbarazzato, impacciato. Gli getta le braccia al collo. E urla: «O lo dici tu o lo dico io: devi dirlo che si devono pentire, io non dimentico, non dimentico... Vito, ti voglio, ti voglio...». Una galleria di donne forti, di donne capaci di trovare le parole giuste, donne che impartiscono lezioni di comportamento a rappresentanti delle istituzioni che in queste ore stanno perdendo la bussola. Riflettiamo su ciò che è accaduto. Da lunedì pomeriggio a ieri, dal sottosuolo dei quartieri poveri e

dalle zone residenziali di borghesia grande e piccola, si erano river-
sati fiumi di folla. Si doveva attendere un'ora in fila indiana per
rendere omaggio alle salme in camera ardente, apporre infine la
firma nei registri del cordoglio. Solo chi sa quanto sono istintivamente restii alla disciplina i palermitani, può capire quale enorme
fatto di crescita collettiva siano state quelle file disciplinatissime
in attesa che venisse il proprio turno. E in camera ardente la
nomenclatura aveva pensato bene di non farsi vedere, dopo le
violentissime contestazioni domenica notte, in prefettura. Ieri,
qualcuno ha pensato che si imponesse una rivincita. E il risultato
è stato un disastro.

Sembrava che tutto stesse andando per il meglio, anche se
soltanto dentro la cattedrale. Pappalardo tirava via, con voce
stanca, un'omelia anodina, segnata da brevi sprazzi: «È una nuova
strage che ci trova incapaci di un commento... Mi sembra di vederlo ancora Borsellino, quando si esprimeva con accenti di fede e di
coraggio... e quale pena per questi fedeli servitori dello Stato posti
a inutile tutela... Palermo, alzati e cammina...». Fuori, intanto,
stava accadendo di tutto. Ma il punto era: terranno almeno le tre-
quattromila persone stipate nella basilica? No. Non hanno tenuto.
Il presidente del Consiglio Amato e il capo della polizia Parisi sono
stati risucchiati da un gorgo di folla inferocita. A un tratto non si
sono più viste le bare. Sono stati travolti i parenti. Poliziotti contro
carabinieri.

Agenti con la faccia da Serpico, quelli delle scorte, che si divi-
devano fra loro, che si accapigliavano. Dunque, anche poliziotti
contro poliziotti. Gli uomini in blu di Scalfaro, che altri avevano
cacciato in una pessima trappola, stentavano a farsi riconoscere,
ad arginare, a proteggere gli obbiettivi. Sputi e schiaffi. Chi inciam-
pava nei cavi della tv. Chi scivolava di brutto su tappeti di fiori
ormai liquefatti dal caldo. E urla, urla in cattedrale. Le urla di
Palermo: «Sciacalli, assassini, dimettetevi...». E Scalfaro, Amato,
Parisi, spinti via, messi in salvo mentre il frastuono si è fatto assordante.

E fuori? Sono da poco arrivati Leoluca Orlando e Nando Dalla Chiesa. I palermitani vengono bloccati. Chiedono aiuto. Riconoscendo volti amici urlano la loro disperazione: «Ci stanno tenendo fuori, non fanno entrare noi, che siamo le vittime, per fare
spazio a qualche politico... La gente perbene resta fuori, i mafiosi
li fanno accomodare. Aiutateci almeno voi». Monta un coro possente: «Giustizia, giustizia, giustizia...». Tutti la chiedono. E chi

può darla? Orlando e Dalla Chiesa chiedono spiegazioni a qualche ufficiale. «Ordini» è la scontata e laconica risposta. Orlando e Dalla Chiesa si impuntano. Chiedono che venga consentito alla gente di entrare. Di presentare tesserini e credenziali, per ottenere un trattamento differenziato dai comuni mortali, non se lo sognano nemmeno. Facce imbarazzate fra i poliziotti. Non si può fingere di non conoscere Orlando. Come ignorare la richiesta degli esclusi? Per un attimo questa città di paria trova i suoi portavoce. Il cordone si allenta. Poliziotti svegli transigono su un ordine che in molti reputano odioso. Piccoli gruppi filtrano, vengono lasciati passare, e così anche i due leader della Rete riescono a superare il bonario sbarramento dei palermitani. Volteggiano gli elicotteri.

Il popolo del Papireto, del Capo, dell'Albergheria ha svuotato le case. Esce dalla cattedrale il drappello della Marina. Esce Gianfranco Fini, segretario del Msi. Si prende applausi e un fitto lancio di monetine. «Pena di morte» gridano i fascisti. «Nuova resistenza» gridano altri. Lenzuoli, striscioni. La guerriglia degli slogan. E notizie che corrono di bocca in bocca: «Si è dimesso Aldo Rizzo da sindaco». «Bravo.» E un altro: «E si dimetterà anche la giunta regionale?» Sgommano le Alfette della scorta di Ayala, uno dei pochi volti noti, ieri, a essere applaudito a scena aperta. Ronzano gli elicotteri. Rimbalzano le ultimissime: Borsellino che aveva riunito la famiglia perché aveva capito che ora toccava a lui. La notizia che un grosso quantitativo di esplosivo era giunto a destinazione.

E Borsellino: «Quell'esplosivo è per me». E la gente racconta di quando, ieri mattina, Caponnetto è apparso in tutta la sua grandissima umanità stringendo una per una le mani di decine e decine di familiari, portando conforto in camera ardente, aggirandosi fra le bare, abbracciando i bambini. E teneva spesso la mano sul cuore. E Gherardo Colombo, Francesco Saverio Borrelli, i magistrati di Tangentopoli, ma anche la sfilata degli ipocriti, la galleria delle facce di bronzo. E i giudici della Procura distrettuale antimafia che stanno riuniti in seduta permanente. Molti di loro vogliono dimettersi. Non si riconoscono più nella direzione del capo, Pietro Giammanco. La chiesa, ai giudici che vogliono commemorare il collega Borsellino, non sarà concessa. Scelte, decisioni, voci, notizie e telefonate anonime, martellanti, uno stillicidio. E così anche il corteo del presidente del Consiglio Amato sarà fatto deviare dall'autostrada sulla statale, destinazione Punta Raisi.

La Sicilia è un continente, scriveva Vittorini. Molto miope, stupido, pretendere di tenerla fuori dalla porta.

(22 luglio 1992)

Il questore Plantone è stato rimosso

È incollato alla sua poltrona. Non molla, sfida la gente, sfida le urla, tiene duro. Si barrica nel suo ufficio. Spedisce fax per smentire categoricamente le «voci» fatte circolare in «malafede» da «fazioni politiche». Spera nel conto alla rovescia. Che i riflettori si spengano. Che cali il sipario anche sulla strage Borsellino. Spera di tornare a galleggiare fra un morto e l'altro, fra una strage e l'altra, snocciolando cifre ragionieristiche, dispensando dichiarazioni al cloroformio. Troncare, sopire? Macché. Narcotizzare, sottoporre ad anestesia totale l'intera città.

Pietro Giammanco è il capo équipe degli anestesisti di un certo modo di fare antimafia. Hanno avuto modo di rendersene conto ieri mattina giornalisti venuti da tutt'Italia, fotografi, teleoperatori. Giammanco non ha accettato il colloquio, non li ha ricevuti. Ma questa volta, il quinto potere non ha subito in silenzio. L'anticamera dell'ufficio del procuratore è stata praticamente occupata. Giammanco, di gaffe in gaffe, prima ha mandato un usciere a fare le sue veci. Poi, rendendosi conto degli effetti che questa mossa aveva provocato sugli umori dei giornalisti, ha spedito dentro la selva di telecamere e microfoni, Vittorio Aliquò, procuratore generale aggiunto. Un giudice anziano, un signore distinto, costretto a balbettare che «il capo procuratore ha deciso di non dire nulla».

Nottetempo, martedì, mentre si avviava al termine il giorno dell'ira e del dolore, Giammanco aveva rilasciato una dichiarazione all'Ansa sulla sua «presunta» volontà di lasciare l'incarico. Si è reso conto – dice Giammanco – che le sue dimissioni avrebbero rappresentato «un ulteriore successo di Cosa Nostra alla quale si sarebbe offerta l'immagine della decapitazione di un ufficio di procura che finora, grazie allo straordinario impegno e professionalità dei colleghi Falcone e Borsellino, e alla validissima collaborazione degli altri colleghi, ha svolto la sua azione con grande incisività ed efficienza».

Le sue dimissioni *avrebbero... Si sarebbe offerta...* E via con i condizionali, quasi a dire: avendo deciso di non dimettermi, il problema non si pone. Ecco perché ieri mattina ha scelto il braccio di ferro di fronte all'assalto dei cronisti. Avrebbe potuto evitare le domande sui diari di Falcone? Avrebbe potuto spiegare quella spiacevole sequenza di episodi che lo vide protagonista di ostacoli e ritardi nell'attività del giudice simbolo nella lotta alla mafia? Avrebbe potuto negare i disagi crescenti anche di Paolo Borsellino in quell'ufficio? Avrebbe potuto polemizzare con il ministro Martelli che in Parlamento ha apertamente preso le distanze da lui? No. Non avrebbe potuto. Allora, meglio restare incollato alla poltrona. Aspettare che il ciclone passi. Calati giunco, che passa la piena. Così, a fine mattinata, è fuggito via utilizzando un ascensore secondario per evitare qualsiasi contatto ravvicinato con il quinto potere.

E ora che a nessuno salti in mente di dire che un magistrato non ha l'obbligo di incontrare i giornalisti. Nell'ultimo anno, a Palermo, sono stati assassinati Libero Grassi, Salvo Lima, Giovanni Falcone, Francesca Morvillo, Paolo Borsellino, a non voler ricordare otto uomini di scorta. Questo palazzo è diventato un obitorio, di normale non c'è più assolutamente nulla. Dunque non è assolutamente normale che lui, il capo della procura, rifiuti il confronto con quanti di mestiere fanno da filtro fra istituzioni e opinione pubblica. A Tangentopoli, in queste settimane di fuoco, Francesco Saverio Borrelli non ha mai rifiutato gli incontri con la stampa. Perché mai a Mafiopoli devono valere regole differenti? Perché a Mafiopoli sedici parlamentari inquisiti per i reati più disparati (in tutto i parlamentari siciliani sono novanta) possono tranquillamente sedere a Sala D'Ercole?

Giuseppina La Torre, vedova di Pio, segretario dei comunisti siciliani assassinato dalla mafia, ha chiesto un incontro al capo dello Stato per sollecitargli un provvedimento per la sospensione dalle cariche dei parlamentari siciliani. Come mai – nello stesso tempo – questa è la regione d'Italia forse con il minor numero di inchieste di spessore sulla pubblica amministrazione?

Possiamo dire che Giammanco, insieme ai suoi sostituti Pignatone e Lo Forte, ha firmato una richiesta di archiviazione di una denuncia, teorizzando persino «l'intoccabilità» dei deputati siciliani? Diciamola tutta: questo Palazzo di giustizia riesce a essere casa di vetro solo quando ci entrano dentro migliaia di palermitani per rendere omaggio alle salme. Drammatico, ma è così.

Nella giornata di ieri, fortunatamente, un grande fatto merita di essere segnalato. Mentre Giammanco se ne stava arroccato nel suo ufficio era in pieno svolgimento la grande rivolta dei sostituti procuratori che fanno parte della Procura distrettuale antimafia. La misura è colma. Tantissimi giudici non si riconoscono più nella direzione del capo. Lo dicono già da domenica notte, lo hanno ripetuto in questi giorni. Sono in seduta permanente. Alcuni di loro hanno già annunciato le dimissioni: Vittorio Teresi, Ignazio De Francisci, Alfredo Morvillo, altri sarebbero pronti a seguirli. Si fanno i nomi di Teresa Principato, Roberto Scarpinato, Antonio Ingroia, Antonio Napoli. Tutti lavorano alla stesura di un documento non facile. Hanno un problema: non vogliono che le loro dimissioni siano fraintese. Sanno che sarebbe sin troppo facile il giochetto di accusarli di resa di fronte a Cosa Nostra. Sanno che Giammanco non vuole dimettersi. E in qualche modo, fra di loro, è iniziato un confronto a distanza: perché è sin troppo ovvio che se si dimettesse lui, potrebbero benissimo restare al proprio posto. Chi cederà per primo? Ieri, sino a tarda sera, erano ancora tutti riuniti. Una sorta di presidio di quei giudici che non intendono sfidare l'esasperazione della gente e che anzi ne vogliono raccogliere sino in fondo l'invito a bonificare Mafiopoli.

Gli echi forti di questa protesta si sono avvertiti durante l'assemblea distrettuale dell'Associazione nazionale magistrati, presieduta da Mario Cicala (il presidente) e Franco Ippolito (il segretario), venuti in Sicilia – hanno detto – «solo per sentire». Un'assemblea molto tesa. Ancora una volta è venuto a nudo il duro contenzioso con i vertici dell'ufficio. Incontro a porte chiuse, ma si sa, per esempio, di un intervento di Giacomo Conte, procuratore presso la pretura di Gela, il quale ha spiegato che «una volta morti Falcone e Borsellino, i giudici palermitani non hanno più alcun punto di riferimento. È questa la ragione del loro malessere». Ippolito, al termine dell'assemblea, sciolta prima del tempo a causa di un diverbio molto acceso fra due magistrati, ha dichiarato di «avere parlato con tutti i sostituti ma di non averne trovato neanche uno disposto ad alzare bandiera bianca di fronte alla mafia».

In serata, intanto, veniva confermata la notizia della rimozione del questore Vito Plantone, chiamato a rispondere degli incredibili episodi che si erano verificati in cattedrale durante i funerali. Plantone – amareggiato – ha fatto sapere di essere pronto a incontrare i giornalisti «per uno sfogo senza peli sulla lingua». Sarà sostituito da Matteo Cinque, questore a Trapani fino a pochi mesi fa. E del prefetto Mario Jovine, invece, non si hanno più notizie. Nel primo pomeriggio un dispaccio della Adn Kronos legava la sua sorte a quella di Plantone. Ma fino a tarda sera pare che anche lui sia rimasto fortemente incollato alla poltrona.

L'associazione dei giovani industriali spedisce alle redazioni siciliane dei giornali una nota per dire: «Crediamo che i vertici della questura, della prefettura, della magistratura abbiano dimostrato la loro assoluta incapacità». Di ricambio al vertice della procura quale «contributo costruttivo per riportare serenità in un luogo assai delicato della lotta alla mafia, ormai attraversato da profonde lacerazioni» parla la Cgil, in un documento delle segreterie nazionali, siciliana e palermitana. Altri Palazzi, in queste ore, sono nella bufera. Aldo Rizzo, per esempio, il sindaco che si era dimesso, in realtà non ha mai fatto in tempo a dimettersi. Una telefonata del capo dello Stato lo ha invitato a congelare la decisione. Insomma, resta anche lui sulla sua poltrona. La Rete contrattacca. I suoi leader commentano forse malignamente: «È un trucco per rafforzare un governo apertamente contestato dai cittadini». Rientrano invece nei ranghi i penalisti palermitani: sospendono lo sciopero antidecreto, in attesa dell'assemblea delle camere penali di tutta Italia. L'avvocato del boss Riina, Cristoforo Fileccia, scrive una lettera privata al ministro Martelli per dirgli che le sue dichiarazioni sono state «travisate».

Infine la gente di Palermo. Sono centosei le famiglie sfrattate dalla mafia con ottanta chili di esplosivo. Quasi cinquecento persone. Non hanno più casa. Non sanno a chi rivolgersi. Dormono in locanda, naturalmente a spese loro. Il Comune se ne lava le mani: «Lunedì abbiamo avvertito la protezione civile. Tocca a loro intervenire».

Fiammetta Borsellino, figlia del magistrato assassinato, arriva oggi a Palermo. Un aereo della presidenza del Consiglio l'ha prelevata a Francoforte dove è giunta dall'Estremo Oriente. Domani mattina, alle nove i funerali di Paolo Borsellino. In forma assolutamente privata.

(23 luglio 1992)

Tra gli applausi la preghiera di Scalfaro

Solo Scalfaro poteva rimarginare la grande ferita. Solo Scalfaro poteva finalmente scambiare un segno di pace fra lo Stato e il grande popolo di Palermo. Solo Scalfaro poteva entrare e uscire da una chiesa in punta di piedi, quasi inosservato, imponendo il silenzio, restituendo fiducia ai disperati, serenità a chi vive ormai con la morte appiccicata sulla pelle, mostrando lo stile della compostezza. È la seconda volta in due mesi che il presidente della Repubblica riprende le fila a Palermo. Che riprende il timone al posto di altri che lo hanno perduto. Che interrompe la tremenda spirale delle istituzioni in caduta libera. Si affacciò sul cratere lunare di Capaci che aveva inghiottito Giovanni Falcone, Francesca Morvillo e i tre uomini della scorta. Si fece il segno della croce e non disse nulla. Attraversò la città a sirene spente. Anche ieri non ha voluto richiamare l'attenzione, ha parlato poco ma la gente lo ha sommerso di applausi dentro e fuori la chiesa di Santa Luisa di Marillac, dove Paolo Borsellino andava a pregare, a confessarsi. Ed è stato il presidente a recitare una preghiera tutta per lui, per Borsellino Paolo, alto magistrato, stroncato nell'adempimento del proprio dovere, una preghiera per questo strano fedele che solo saltuariamente riusciva a trovare il tempo per praticare. Una preghiera che suona come un monito solenne: «Signore ti chiediamo, noi uomini che rappresentiamo i poteri dello Stato, di non disperdere la ricchezza che esce da questo enorme sacrificio. Nulla venga disperso, affinché noi, responsabili di fronte alla gente buona, onesta, pulita, che ama il lavoro, che chiede la pace... noi non siamo e non dobbiamo essere mai motivo di vergogna e di scandalo. Per questo ti preghiamo». Infatti.

Disperdere questo sacrificio sarebbe vergognoso e scandaloso. Falcone e Borsellino non vissero da kamikaze. Non intesero mai la lotta alla mafia come somma di bei gesti individuali, non furono neanche sfiorati dal dubbio o dalla tentazione di una cieca guerra privata. Già: non facevano altro che parlare di Stato, Borsellino e Falcone. E cosa aveva fatto lo Stato negli ultimi quarant'anni, e quali errori aveva commesso in un più recente passato, come avrebbe potuto mettersi in riga, e quanto fosse insostituibile per incentivare il pentimento mafioso una riscossa autentica, coerente, visibile. Gli storici del futuro non riusciranno a trovare una sola dichiarazione in cui il tema dell'autorità dello Stato non fosse presente o prioritario.

Fa caldo, dentro la parrocchia di Santa Luisa. I ventagli fanno quello che possono. Don Giuseppe Buccaro, il parroco amico di Paolo Borsellino, incita i palermitani snocciolando una sorta di decalogo: «Resistere alle estorsioni, rifiutare le raccomandazioni, denunciare i mafiosi, fare sino in fondo la propria parte». Sotto l'altare, la bara in mogano, avvolta dalla toga rossa. In primissima fila la vedova, Agnese, e i figli, Manfredi, Lucia, Fiammetta, contengono a stento il loro dolore. Hanno chiesto di essere dispensati da esequie ufficiali. Ciò non toglie che alcuni amici – anche con alti incarichi istituzionali e di governo – siano stati comunque invitati. C'è il dottor Claudio Martelli quasi a fianco, per casuale coincidenza, al dottor Giovanni Galloni. C'è il dottor Gianfranco Fini. C'è Cossiga, venuto in visita privata. Se ne sta in disparte, fra i fedeli, e si tiene il capo tra le mani. Ci sarà un applauso anche per lui. Hanno tutti i volti tirati, occhi bassi, immancabili abiti blu. Ma oggi non sono loro a fare notizia.

Non sono loro l'epicentro di una protesta che non c'è. Oggi nessuno cerca simboli dei Palazzi romani per scaricare rabbia e tensione. Corrono anche voci impietose: alcuni degli uomini della nomenclatura avrebbero fatto di tutto pur di ottenere dalla famiglia una deroga al carattere assolutamente privato della cerimonia, pur di ottenere un via libera che potesse in qualche modo cancellare l'umiliazione di qualche giorno fa in cattedrale, durante i funerali. Sarà vero. Ma un fatto parla chiaro. La famiglia ha chiesto solo a una persona, a parte Scalfaro, di rappresentare fino in fondo il proprio dolore e la propria rabbia. Questo uomo è Antonino Caponnetto.

L'anziano magistrato che nei giorni dell'ira, del dolore, delle grida di Palermo, era apparso quasi come il grande ambasciatore di uno Stato che non aveva più uomini presentabili. Il Caponnetto che aveva trascorso giornate intere in camera ardente, consolando i palermitani, abbracciando i parenti delle vittime, sorridendo ai bambini. Il Caponnetto che se n'è andato ad abitare in via Cilea, in casa Borsellino, come fanno i vecchi zii che tornano in Sicilia dall'America o dall'Australia, ieri mattina ha fatto ancora una volta la sua parte. Grande parte, difficilissima, quella di un laico che parla in chiesa. Lo dice e strappa innanzitutto l'applauso di preti e chierichetti, un autentico schieramento di officianti giunti quasi in rappresentanza di tutte le parrocchie della città. La sua è, vuole essere – dice l'anziano magistrato – una preghiera «laica ma fervente». Le sue parole giungono all'esterno con un attimo di

ritardo, amplificate per consentire alle migliaia di persone che
stanno fuori sotto un sole a picco di seguire la cerimonia. Ed è come
se un applauso volasse via verso il portone e un altro, ben più fragoroso, si ripercuotesse in risposta fin sotto l'altare.
Caponnetto sembra avere recuperato energia. Lo avevamo visto
stanco, vacillante, nei giorni scorsi. Si rende conto che l'ora è
grave, non solo per Palermo, non solo per la Sicilia. Conosce troppo bene Cosa Nostra per illudersi che questi eccidi resteranno
isolati, per sperare che non sarà più sparso altro sangue innocente.
Dice: «La famiglia mi ha chiesto di dire due parole. Le mie saranno
quelle di un vecchio magistrato venuto due volte a Palermo con il
cuore a pezzi, per portare l'ultimo saluto a due pupilli, a due figli,
con i quali aveva condiviso il lavoro, la gioia, l'amarezza di questi
anni... Non potrò mai dimenticare la generosità, il coraggio di
Paolo. Aveva il dono naturale di spargere attorno a sé l'amore.
Negli ultimi tempi il suo lavoro era diventato frenetico, quasi come
se sentisse incombere la fine. Mi mancheranno quelle sue telefonate e le ultime parole: ti voglio bene Antonio, mi diceva. E io
rispondevo: anch'io ti voglio bene, Paolo».

Una leggerissima pausa: un ondeggiare lieve del corpo, quasi
un tremito. La mano destra sembra aggrapparsi al microfono, come
a cercare un sostegno. Caponnetto ora torna a scandire le parole:
«C'è un altro peso che ancora mi opprime. Quell'attimo di sconforto che mi ha preso subito dopo la strage. Ho detto che tutto è
finito, ma nessuno, io meno che gli altri, posso permettermi dì
mortificare le speranze della gente. In un momento del genere
parole come quelle suonano come un tradimento alla memoria di
Paolo e Giovanni». Poi, la parte più ferma del suo intervento.
L'anziano consigliere prosegue con la lucidità che alcuni cronisti
palermitani ebbero modo di riconoscergli, la prima volta, tanti anni
addietro, in occasione della conferenza stampa per annunciare che
un pentito di nome Buscetta Tommaso aveva finalmente parlato,
consentendo l'emissione di quasi cinquecento mandati di cattura.
Falcone e Borsellino – aggiunge – «sono morti per quello Stato in
cui credevano, ora lo Stato ha il dovere di rispondere. È arrivato il
tempo delle decisioni, non è più l'ora dei compromessi e delle
furberie». Parole quasi centellinate: «Dovranno essere uomini
credibili e onesti, dai politici ai magistrati, a gestire questa necessaria fase di rinascita morale. Solo così questi sacrifici e quelli degli
uomini di scorta, non saranno inutili». Queste frasi scuotono il
Palazzo. Si capisce che per Caponnetto in questo momento tanti

rappresentanti dei vertici istituzionali, anche in Sicilia, non appaiono agli occhi della gente né credibili né onesti. Si notano lievi cenni di assenso fra tutti i magistrati che sono in prima linea. Fra i tanti: Antonino Palmeri, presidente del Tribunale che, fin quando fu possibile, difese Falcone e Borsellino dagli attacchi nel vivo di tante estati dei veleni. Ecco Ignazio De Francisci, pupillo di Falcone, che ha apposto la sua firma in calce a quella durissima Carta dei magistrati che non intendono più far parte della Procura distrettuale e chiedono apertamente che Pietro Giammanco, procuratore capo, si metta da parte. Ci sono Giuseppe Di Lello e Leonardo Guarnotta, anche loro componenti del pool. Si vede Roberto Scarpinato, anche lui sostituto che oggi si ribella a una direzione sonnolenta. Dirà Scarpinato, a cerimonia finita: «Condividiamo l'appello di Scalfaro. Lo raccoglieremo solo quando inizieranno a pagare coloro che sono responsabili di questo stato di cose». Se Scalfaro infatti ieri è riuscito in un mezzo miracolo, l'altra metà dovrà essere segnata da fatti inequivocabili che qui si continuano ad attendere. Ma Caponnetto non ha ancora concluso.

Si commuove ancora: «Fra i tanti fiori che ho visto sotto casa di Borsellino, uno mi ha particolarmente colpito. Un lilium adagiato su un messaggio non firmato: un solo grande fiore per un grande uomo solo». Caponnetto, mentre fuori la folla saluta le sue parole con ripetute ovazioni, si rivolge adesso a Scalfaro quasi a rassicurarlo: «Tu non sarai solo perché attorno a te batte il cuore di Palermo e di tutta la nazione». Abbraccia Di Lello e gli sussurra qualcosa. La cerimonia è davvero finita. Bara a spalla, tenuta da amici e colleghi di Borsellino. C'è anche il maresciallo Carmelo Canale. Aveva seguito Borsellino negli anni in cui il magistrato era diventato procuratore capo della Repubblica a Marsala. E quando era tornato a Palermo per ricoprire il posto di procuratore aggiunto, Borsellino aveva chiesto al maresciallo Canale di continuare a seguirlo. C'è Laura Cassarà, la moglie di Ninni, il capo della Squadra mobile assassinato nell'estate del 1985 insieme al suo agente di scorta Roberto Antiochia. I palermitani applaudono «Paolo». Ma applaudono anche «Paolo e Giovanni». Dietro la bara Agnese, Manfredi, Lucia e Fiammetta. Vengono gridati a gran voce i nomi di Scalfaro, Orlando e Ayala. C'è chi dice, rivolto a questi ultimi: «Attenti, mi raccomando... almeno voi non fatevi fottere». Qualche fischio per il capo della polizia Parisi, ma è una contestazione appena accennata, altri cittadini lo sommergeranno di applausi. Sgommano le Alfette. Corre specie quella del ministro Martelli: «Questa è la resistenza invocata dal capo dello Stato, mormora uscendo dalla chiesa, questa che abbiamo visto oggi qui». Ma nel frattempo una minaccia anonima nei suoi confronti è giunta alla sede di una tv privata catanese. Un messaggio generico, simile a tanti altri che negli ultimi tempi sono rivolti a politici, magistrati, uomini delle forze dell'ordine. Ma con il clima che c'è, tanto è bastato, evidentemente, a consigliare la massima prudenza: Martelli ha annullato gli altri impegni che aveva a Palermo e ha fatto subito ritorno a Roma. Dunque, ancora una volta Palermo ha seppellito i suoi morti. Ancora una volta Palermo ha celebrato funerali. Ancora una volta i palermitani tornano a sperare.

(25 luglio 1992)

Dura requisitoria del giudice «ribelle»

«Non è possibile vincere questa battaglia, questa guerra, se nei luoghi strategici delle istituzioni continuano a restare ai loro posti persone che per vari motivi, o un difetto di competenza, o forme di indifferenza morale, o per rassegnazione fatalistica, non sono in grado di assolvere ai loro doveri, ai loro compiti. Bisogna ristabilire il principio di responsabilità che passa anche attraverso rimozioni e dimissioni per affermare che oggi in Italia, quando si tratta di vita o di morte, se c'è qualcuno che non è all'altezza deve andare via.» Roberto Scarpinato è uno degli otto sostituti che hanno rassegnato le loro dimissioni dalla Dda al procuratore capo Pietro Giammanco. Scarpinato in queste ore ha brutti presentimenti. Teme che ancora una volta tutto rimanga come prima. Teme che anche l'invito di Scalfaro a una nuova resistenza sia destinato a cadere. Conta le ore, i giorni, dopo la strage di via D'Amelio, e resta in attesa di segnali che sino a questo momento non sono arrivati. C'è l'esercito, in compenso. Ma è una strada che non lo trova molto convinto. Scarpinato vorrebbe altre cose. Come Scarpinato le vorrebbero tantissimi suoi colleghi stanchi di andare al macello mentre la colonna sonora delle istituzioni intona proclami retorici. Sono giudici stanchi. Stanchi di gridare nel deserto un puntiglioso elenco di misure possibili per controbattere il potere di Cosa Nostra. Stanchi, soprattutto, di assistere a questa paurosa forbice fra quanto si dovrebbe, si potrebbe fare, e ciò che concretamente viene fatto. Ascoltiamo allora Scarpinato, senza fargli tante domande; perché lui come i suoi colleghi è perfettamente in sintonia con gli interrogativi più angosciosi che si pone l'opinione pubblica.

«C'è una cultura della rassegnazione» dice «che sta determinando un quadro complessivo disastroso. Si vuole far credere alla gente che certe stragi, certi delitti, siano una inevitabile fatalità. Questo è un falso storico. Quelle stragi potevano essere evitate con impegno e professionalità adeguati da parte dei responsabili della sicurezza. O quantomeno è certo che non è stato fatto il possibile perché fossero evitate. È vero o non è vero che non è mai stata creata una zona rimozione in via D'Amelio? Che non è mai stata costruita una garitta che consentisse di visualizzare tutti i movimenti in quella zona? Tanto che Paolo Borsellino disse ai familiari: se mi ammazzeranno, mi ammazzeranno qui. È vero o non è vero che prima della strage di Capaci venne abolito il servizio elicotteri perché costava troppo? È vero o non è vero che era stato sospeso il servizio bonifica sull'autostrada di Punta Raisi? È vero o non è vero che gli agenti di scorta, solo in minima parte, partecipano a scuole di specializzazione? È vero o non è vero che a guidare le auto blindate ci sono autisti civili, dunque molto simili ai taxisti?

«Questo Stato non ritiene che la vita dei magistrati valga il costo dello straordinario da pagare agli autisti. Abbiamo ricevuto una letterina con la quale ci è stato comunicato che se adoperiamo l'auto blindata di pomeriggio dobbiamo guidarcela da soli perché lo Stato ha intenzione di risparmiare. Ma la maggior parte di noi non sa guidare auto blindate, che richiedono particolarissime tecniche di guida. C'è di peggio: dopo l'uccisione di Falcone e Borsellino non è stato fatto assolutamente nulla per tutelare i magistrati a rischio. Faccio un altro esempio: il giudice Giuseppe Di Lello ha finalmente ottenuto un'auto blindata due giorni fa. Siamo andati in delegazione dal procuratore generale Bruno Siclari. Con grande sensibilità si è messo a disposizione, e il problema è stato finalmente affrontato. Ma non era compito del procuratore generale affrontarlo, come non era compito nostro farlo presente. I magistrati non sono specialisti in problemi di sicurezza. E il comitato per l'ordine pubblico che deve occuparsene.

«Quando tornò dalla Germania, Borsellino ci disse di essere esterrefatto per i sistemi di sicurezza tedeschi, e osservò che tra la loro preparazione tecnica e la nostra c'è un abisso. Come si può fare la nuova resistenza quando la nostra vita è affidata a queste persone? Si può chiedere coraggio se corri un rischio, non quando c'è la certezza di morte. Ormai i magistrati e gli uomini delle scorte si rendono conto di essere abbandonati a loro stessi. Ecco perché dico che il concetto di nuova resistenza, indicato da Scalfaro, va approfondito: deve essere una resistenza attiva, non passiva. Bisogna rimuovere tutte le cause che hanno determinato e determinano la sconfitta dello Stato nella lotta contro la mafia. Se non si parte da qui, se non si parte dall'individuazione dei momenti di debolezza, delle cause della sconfitta, si rischia, nonostante le migliori intenzioni, la massima buonafede, di perpetuare all'infinito le ragioni della sconfitta e della cultura della rassegnazione.

«Nuova resistenza deve dunque significare una cultura che abbia, come momento cardine, la riaffermazione del principio di responsabilità a tutti i livelli. È un intero sistema di sicurezza che va riorganizzato. Ora c'è soltanto un'autentica Armata Brancaleone. Occorre perciò che le migliori intelligenze in materia – ora e subito – vengano concentrate a Palermo dal ministro degli Interni. E che si faccia così il massimo sforzo di intelligenza e profusione di mezzi per evitare le prossime stragi annunciate. Tutti, a Palermo, sappiamo che il pericolo è concreto e reale. Chi dovrebbe avere in questo momento la sensibilità di farsi da parte? Tutti i responsabili dell'attuale sistema di sicurezza... nessuno escluso.»

Scarpinato sin qui si è limitato a indicare alcuni criteri di massima sicurezza. Si è cioè limitato ad affrontare un terribile problema: come tenere in vita il più a lungo possibile alcuni magistrati che oggi, dopo le eliminazioni di Falcone e Borsellino, sono entrati automaticamente nel mirino. Si è limitato a spiegare come dovrebbe funzionare – in uno Stato civile e moderno – una autentica autodifesa. Ma è tutta qui la lotta alla mafia? Si riduce solo alla sopravvivenza la sfida che lo Stato deve lanciare a Cosa Nostra? Certo che no. Riemergono, allora, attualissimi e irrisolti, decine e decine di volte già indicati dai magistrati palermitani, i nodi più complessi. Quelli di strategia giudiziaria, di strategia repressiva.

«Ancora non si è capito bene cosa sia esattamente Cosa Nostra» fa notare Scarpinato. «C'è un approccio teorico astratto e intellettualistico a questi problemi. La cultura giuridica straniera è scandalizzata dal modo di affrontare in Italia i problemi della criminalità organizzata. Accade che dopo le stragi ci sia una grande indignazione collettiva: allora si comincia a formulare proposte di strumenti incisivi ed eccezionali, ma poco dopo scatta la corsa al ribasso. Col trascorrere dei giorni sembra prevalere, rispetto all'esigenza di dare risposte definitive e forti, la preoccupazione di intaccare il livello complessivo delle garanzie. È un falso dilemma. Da una parte c'è chi vorrebbe un diritto processuale penale tutto tarato sui livelli massimi di repressione. Ma questa scelta può diventare inutilmente repressiva verso altre forme di criminalità minore. Dall'altra chi vorrebbe un diritto processuale penale tutto modellato su una criminalità medio-bassa, facendo finta di ignorare quell'autentica punta di diamante che nel panorama criminale è rappresentata da Cosa Nostra.

«C'è una via d'uscita: un diritto differenziato, che costruisca un vestito su misura per gli uomini di Cosa Nostra che, non dimentichiamolo, è tra le più sofisticate e organizzate associazioni criminali del mondo, insieme alle Triadi cinesi e alla mafia colombiana. Non si può ritenere, come fa qualcuno, che Cosa Nostra, camorra e 'ndrangheta siano in qualche modo tra loro assimilabili. C'è una bella differenza. La malattia Cosa Nostra va curata con l'antibiotico adatto a quel batterio, non con antibiotici ad ampio spettro, somministrati in dosi sempre più massicce, ma comunque inadeguati a quel particolarissimo bacillo.

«C'è il problema attualissimo di una legislazione sul pentitismo. Ancora oggi questa legislazione, trasparente, chiara, codificata, non c'è. Ancora oggi, dopo tutte le sciagure che abbiamo registrato, ci troviamo di fronte a una gestione del pentitismo all'insegna della discrezionalità. In questo momento una legge in tal senso metterebbe Cosa Nostra in difficoltà molto più dei settemila uomini dell'esercito che sono sbarcati in Sicilia. Che cosa si aspetta per approvarla in Parlamento?»

È necessario ricordare che Falcone e Borsellino iniziarono a sollecitare questa legislazione sin dai primi anni Ottanta? È necessario ricordare che la legge La Torre venne approvata solo all'indomani dell'uccisione dello stesso La Torre, mentre prima giaceva tranquillamente in Parlamento? È necessario ricordare che l'alto commissario contro la mafia venne istituito solo dopo l'uccisione di Dalla Chiesa, al quale furono negati quei poteri che lui invece richiedeva? Si entra così nel vivo di quel perverso rapporto mafia-politica che tutti gli italiani sanno ormai esistere. Mentre solo i governi si ostinano a negarlo. Già dopo la strage di Capaci, il 23 maggio, i magistrati palermitani all'unanimità hanno indicato un loro pacchetto legislativo.

Ancora Scarpinato: «Abbiamo proposto l'introduzione nel 416 bis di un comma che preveda anche come partecipazione all'associazione criminale lo scambio voti-favoritismi, raccomandazioni, finanziamenti. L'abbiamo articolato in maniera precisa, indicando una specifica tipizzazione di reati, insomma "a prova Carnevale". Abbiamo indicato la possibilità che il diritto premiale per i pentiti sia garantito da un vero e proprio contratto. Un contratto sicuro, minuzioso, senza alcun margine di discrezionalità. Il pentito quando inizia a collaborare deve sapere con esattezza quali sconti gli saranno concessi e a quali sanzioni andrà incontro in caso di dichiarazioni false. Ciò consentirebbe al pentito, quando parla di mafia e politica, di non temere più, come è accaduto sinora, l'effetto boomerang delle sue stesse dichiarazioni.

«Abbiamo indicato la strada di un'anagrafe patrimoniale per tutti i titolari di pubbliche funzioni, dal deputato all'usciere del Comune. Si tratta di stabilire il principio dell'assoluta trasparenza dell'accumulazione patrimoniale dei redditi, compresi quelli dei familiari. Chi vuole ricoprire responsabilità pubbliche a qualsiasi livello deve accettare il principio della *casa di vetro*: se dichiara il falso deve essere sospeso o rimosso. Il codice di autoregolamentazione antimafia è stato sin qui sistematicamente disatteso. E si è verificato anche – ne abbiamo qualche esempio illuminante alla Regione siciliana – che il politico chiacchierato venga espulso dal proprio partito ma riesca a farsi eleggere sotto altri simboli. È essenziale la revisione della legislazione in materia di appalti. Abbiamo lanciato un appello alla trasversalità parlamentare. Alla creazione di un gruppo antipartitico che faccia del rapporto mafia-politica il punto centrale della sua strategia antimafia. Sinora non abbiamo avuto risposte, mentre nel programma del governo Amato la parte che riguarda la lotta alla criminalità organizzata è racchiusa in tredici righe tredici.»

Come andrà a finire? Arriveranno questi benedetti segnali? O anche l'eco delle parole alte, nobili, di Scalfaro si spegnerà? Saranno l'attuale prefetto di Palermo Mario Jovine, l'attuale procuratore capo Pietro Giammanco, a guidare la nuova Resistenza? Se finisse così saremmo davvero messi male. Scarpinato non fa, non vuole fare nomi. Si limita a concludere: «Oggi abbiamo un grande nemico da sconfiggere: l'estate. Noi stiamo lottando contro il silenzio e contro il tempo. Se i segnali arriveranno presto, forse riusciremo a evitare altre morti, altre stragi annunciate. Bisogna spezzare le regole del toto-morte. È falso che questa tremenda roulette sia inevitabile. Ma ormai c'è davvero pochissimo tempo».

(27 luglio 1992)

XXI

Il primo miracolo

Il boss c'è ma non si vede

E lo Stato finalmente sembrò svegliarsi. Un miracolo. All'estero non credevano ai loro occhi. Della sua presenza si accorsero persino a Corleone. Quella presenza la avvertirono nelle province della Sicilia più interna, nel nisseno, nell'agrigentino. Ma non furono le divise dell'operazione Vespri Siciliani a modificare il look. Lo Stato più autentico, quello che parla il linguaggio della coerenza e della determinazione, dell'efficienza e dell'intransigenza, incapace di scendere a patti, venne al seguito delle divise militari. Quegli abiti, da soli, in Sicilia, non potevano evocare nulla, se non altro scetticismo, altri sguardi di indifferenza. Non era di uniformi che si sentisse la mancanza. Dunque, non potevano essere le uniformi a materializzare la presenza dello Stato. Quello Stato, che per mezzo secolo non si era visto pur riuscendo a mostrare il suo volto peggiore, aveva solo due chance: arrendersi o perire. Non si arrese, non finì al tappeto. Finalmente si intravide l'uscita dal tunnel. Restava l'interrogativo amarissimo: era necessario il sacrificio di Giovanni Falcone, Paolo Borsellino, Francesca Morvillo, Emanuela Loi, e sette uomini delle scorte, perché si compisse il miracolo? Proprio così. Senza quelle stragi tutto sarebbe rimasto come prima. Senza quelle stragi, nelle stanze dei bottoni, avrebbero continuato all'infinito a proiettare l'identico film.

Quelle stragi misero paura alle istituzioni? Non credo. Non era la prima volta che Cosa Nostra sceglieva lo stragismo: lo aveva già fatto per eliminare il giudice Rocco Chinnici, o a Pizzolungo, per togliere di mezzo Carlo Palermo. Fu l'intera opinione pubblica italiana a mettere paura allo Stato. La gente arrivò fin sulla soglia della stanza dei bottoni. I Mancino, i Parisi, questi feldmarescialli passati indenni fra tante stagioni, avevano ancora ben vivo il ricordo della folla inferocita ai funerali di Falcone. La corda rischiava di spezzarsi. Le stragi di Capaci e via D'Amelio amplificarono in tutt'Italia, in un sol giorno, quegli interrogativi che per decenni erano rimasti soffocati in terra di Sicilia. Mai come nel giorno dell'estremo sacrificio, i due professionisti dell'antimafia riuscirono a fare ascoltare il loro grido su una mafia che da tempo era diventata problema nazionale e internazionale. E a quegli interrogativi ormai era impossibile sfuggire. Cessarono di colpo le latitanze dorate. Le luci dei riflettori investigativi illuminarono a giorno le zone buie, le zone grigie, le zone nere, mentre potentissimi uomini politici, funzionari felloni e magistrati sleali venivano colti con le mani nel sacco.

Tutti capirono allora che fra la immensa forza di Cosa Nostra e la proverbiale debolezza delle autorità era sempre esistito un rapporto di simbiosi. Non di sole armi, e di soli delitti, e di sole stragi, aveva vissuto la mafia. Tutti videro chi era, che faccia aveva, come si esprimeva Totò Riina. Col tempo tre immagini si sarebbero imposte sulle altre, diventando simbolo di una caccia all'uomo durata ventitré anni (ma in quei ventitré anni la caccia all'uomo c'era stata per davvero?).

La prima immagine: Totò Riina che da milioni di apparecchi televisivi guarda negli occhi gli italiani, avendo alle spalle la foto di Falcone e Borsellino, in una caserma dei carabinieri, nel giorno della sua cattura, il 15 gennaio 1993. La seconda: Totò Riina con il capo chino che si tiene la giacca e corre verso l'elicottero che da Palermo lo porterà a Rebibbia. La terza: il suo «corpo senza voce», come scrisse Francesco Merlo il 20 novembre 1993 sul «Corriere della Sera», nel giorno del mitico confronto con Buscetta, nell'aula bunker del carcere romano. Cosa dicevano quelle immagini? Dicevano, innanzitutto, che l'assassino era vissuto fra noi, avvantaggiandosi a dismisura per le nostre incertezze, le nostre rimozioni, la nostra incapacità di capire ciò che stava accadendo. Se l'opinione pubblica italiana si fosse avvicinata prima alla soglia della stanza dei bottoni, le cose forse sarebbero andate diversamente. Se avessimo ascoltato prima quel ripetuto grido dei professionisti dell'antimafia, quel rapporto di simbiosi fra superpotenza di Cosa Nostra e vacuità dello Stato italiano non si sarebbe avvitato in maniera tanto perversa.

L'assassino era fra noi. Gli assassini erano fra noi, agivano indisturbati. E ogni tanto, facevamo finta di dimenticarlo. Riina era diventato *Riina* un giorno dietro l'altro. Grande travet della burocrazia criminale, il boss divenne «boss dei boss» senza che nessuno gli avesse regalato niente, conquistandosi il suo potere criminale palmo a palmo. Da quella foto sembrava guardare gli italiani negli occhi con lo stupore di chi ha subito un licenziamento in tronco dopo ventitré anni di onorata carriera. *I* suoi capi ufficio erano forse impazziti? Perché – sembrava chiedersi il boss – dopo che Cosa Nostra aveva messo a ferro e fuoco la Sicilia, all'improvviso, non le venivano perdonate due stragi?

Ma quelle immagini raccontavano anche altro: Riina corre verso il silenzio, e per lui la macchina del tempo, mirabilmente rappresentata dall'elicottero che lo porta verso l'ergastolo di Rebibbia o dell'Asinara o di Pianosa, corre all'indietro, verso il passato. Non c'è futuro, nella vita di Totò Riina. Davanti a lui solo i fantasmi di un passato remoto, alla sua memoria non affiorano ricordi, affiorano segreti. Difficilmente saprà liberarsene. Uno come lui non vuole, non sa, non può pentirsi. Ecco allora che a Rebibbia prende la parola lo stretto necessario, per disprezzare Buscetta, il capostipite del pentitismo, per richiudersi poi immediatamente nel suo granitico silenzio, per lanciare il suo messaggio a quello che resta del grande popolo di mafia, nel momento in cui stigmatizzava l'immoralità dell'eterno avversario, di quell'uomo d'onore che si era disonorato da solo, ancor prima che pentendosi, con una vita sentimentale disordinata, affollata da troppe presenze femminili. Il resto è folklore.

Riina era stato il capo della cupola e aveva ordinato centinaia di delitti. A sentir lui durante la latitanza, durata un quarto di secolo, si era dato da fare per mandare avanti la famiglia, per mantenere agli studi i suoi quattro figli – Lucia, Maria Concetta, Giuseppe Salvatore e Giovanni Francesco – e la moglie Antonietta Bagarella, che nel frattempo erano tornati a vivere tranquillamente a Corleone. Le sue ricchezze? Era sopravvissuto con le tre pensioni della madre e lavorando in un cantiere edile. Folklore, appunto. Il boss ormai è in gabbia. E non si vede. Continuerà a esercitare il suo dominio con la forza del silenzio. Dovrà dimostrare di essere un capo autentico non piegandosi mai di fronte alla terribile evidenza di due ergastoli già passati in giudicato. Si trascinerà di processo in processo, continuerà a recitare la sua parte, anche se questo continuerà a costargli la terribile condizione del duro isolamento. Solo gli storici sapranno raccontarci la verità sui retroscena del suo arresto.

La trimurti degli intoccabili

Ma il 15 gennaio portò un'altra gran bella notizia agli italiani: non solo la caduta del boss dei boss, ma anche l'insediamento a Palermo di Gian Carlo Caselli che prese il posto di Pietro Giammanco, bruscamente allontanato dalla Procura più calda d'Italia in seguito alla pubblicazione dei diari di Giovanni Falcone. Con il suo insediamento, i cronisti palermitani intuirono subito che la lotta alla mafia non si sarebbe semplicisticamente identificata con la lotta al braccio militare dell'organizzazione criminale. Si sarebbe puntato più in alto: dai piani bassi ai piani alti. I tempi erano finalmente maturi. La cattura di Riina, infatti, aveva aperto gli occhi agli italiani. Su cosa? Vogliamo rispondere riproponendovi queste efficacissime parole tratte dall'*Autobiografia di Malcolm X*: «La criminalità può esistere solo nella misura in cui può contare sulla cooperazione della legge... i criminali, gli uomini politici e i tutori della legge sono in realtà dei partner inseparabili».

Anche Riina aveva avuto i suoi partner inseparabili. E Caselli portò una ventata nuova nell'ufficio dove avevano spadroneggiato prima Salvatore Curti Giardina e poi Giammanco. Era giunto finalmente il momento di sollevare il sipario. Nella galleria di personaggi che avevano favorito Cosa Nostra si ritrovarono così tre intoccabili, tre superpotenti, tre monumenti delle istituzioni repubblicane: Giulio Andreotti, «zio Giulio» in ambienti mafiosi, Corrado Carnevale, primo presidente di Cassazione noto come l'«ammazzasentenze», Bruno Contrada, numero tre del Sisde, il Servizio segreto civile. Tutti e tre continuarono a protestarsi innocenti. Tutti e tre affermarono di essere stati chiamati in causa da pentiti senza scrupoli utilizzati ad arte contro di loro. Furono poi le sentenze dei processi a pronunciare la parola definitiva.

Ma a quel tempo non era facile individuare quale fosse la potenza occulta talmente omogenea da inserire tre nomi di quello spessore al centro di una campagna di delegittimazione. Tanti i pentiti che fecero i loro nomi. Tanti i riscontri. Una trimurti ai massimi livelli? Una trimurti che offriva coperture politiche, giudiziarie, poliziesche? Esattamente quello che sosteneva l'intera popolazione del pentitismo mafioso. Buscetta e Mannoia, Leonardo Messina o Giuseppe Marchese, Balduccio Di Maggio o Vincenzo Marsala o Gaspare Mutolo, riempirono infatti con le loro confessioni le 243 pagine che la Procura di Palermo, alla fine del marzo 1993, spedì al Senato provocando un terremoto politico senza precedenti: i giudici chiedevano finalmente di potere indagare su Andreotti Giulio, l'uomo che nella Prima Repubblica aveva totalizzato il maggior numero di cariche istituzionali e politiche. Andreotti «referente di Cosa Nostra». Andreotti che aveva mentito al maxi processo su Carlo Alberto Dalla Chiesa nel timore di dover dar conto dei suoi rapporti con Michele Sindona, con il banchiere Roberto Calvi, con Licio Gelli, con esponenti della loggia massonica P2, e con Cosa Nostra. I legami di Andreotti con Nino e Ignazio Salvo. La sua visita nella loro abitazione di Palermo, nella centralissima via Libertà, per incontrare nientemeno che Totò Riina durante la sua latitanza. Se non addirittura per abbracciarlo e baciarlo.

Corrado Carnevale, invece, lo specialista nell'insabbiamento dei processi e che di mestiere li «aggiustava». Secondo i pentiti, lo schema tattico era questo: gli uomini d'onore con grane processuali si rivolgevano a Ignazio Salvo (uomo d'onore come loro), il quale, a sua volta, si rivolgeva a Salvo Lima, l'eurodeputato democristiano e, sempre più in alto, sino a Carnevale e Andreotti. Poi venne la richiesta della Procura di Roma che indicava in Andreotti il mandante dell'uccisione del giornalista Mino Pecorelli.

Quanto a Contrada, fu accusato, negli anni in cui copriva incarichi di responsabilità alla Questura di Palermo, di avere puntualmente informato quei latitanti che finivano nel mirino della polizia tanto da essere iscritto nel registro degli indagati per la strage di via D'Amelio.

Contrada si ritrovò in carcere il 24 dicembre 1992. Carnevale fu sospeso dalle funzioni e dallo stipendio di magistrato. Andreotti – senatore a vita – pagò solo in termini di immagine, a riprova di quanto l'istituto dell'immunità parlamentare assomigliasse a un appannaggio feudale. Sembrava che la grande potatura consentisse di tagliare le cime più alte e più compromesse. È un bilancio complesso, quello del 1993-1994.

Il 18 maggio 1993 cadde nella rete Nitto Santapaola, rappresentante nella cupola degli interessi delle famiglie mafiose catanesi. Si aprì la cascata del nuovo pentitismo. Con ex uomini d'onore che raccontavano quasi in presa diretta gli ultimi misfatti dei corleonesi e consentivano di mettere a nudo gli organigrammi nelle province di Caltanissetta e Agrigento rimaste nel cono d'ombra quando la repressione si abbatteva prevalentemente su Palermo. Venne approvata la relazione della commissione antimafia su mafia e politica, autentico documento d'accusa per il sistema di potere che aveva permesso a Cosa Nostra di spadroneggiare indisturbata. Si aprì, finalmente, il capitolo delle stragi di Capaci e di via D'Amelio, e dell'uccisione di Salvo Lima. I giudici si convinsero di avere individuato i tre commando entrati in azione. I mandanti? Per il momento, dovevamo accontentarci di quella strana definizione di «entità» adoperata da Buscetta di fronte ai commissari dell'antimafia quando si era riferito al delitto Dalla Chiesa. Di «entità» dovettero essercene parecchie dietro l'uccisione di Falcone e Borsellino. Prova ne sia che le stragi di Firenze e di Milano, i tentativi andati a vuoto a Roma contro Maurizio Costanzo, avrebbero dimostrato successivamente che accanto alla mafia si manifestò la presenza di forze occulte.

Cosa Nostra fu l'esclusiva responsabile della stagione delle bombe nelle grandi città italiane? Difficile sostenerlo. In certi momenti si disse: solo mafia. In altri: non è solo mafia. Si fece riferimento ai narcos colombiani ma anche alla mafia russa e alle tante mafie dei paesi dell'Est. Un'ipotesi più attendibile dovrebbe partire dalla constatazione che in un anno furono inferti alla mafia colpi di gran lunga superiori a quelli che le erano stati inferti nel mezzo secolo precedente.

Tranne qualche rara eccezione, i boss della cupola finirono in galera. Ingenti beni patrimoniali furono confiscati. Sin da allora appariva chiaro che Cosa Nostra non fosse in grado, da sola, di mettere in piedi una strategia della tensione e perdipiù fuori dai confini siciliani. D'altra parte in passato (golpe Borghese, sequestro Moro, presenza di Sindona in Sicilia) Cosa Nostra era stata corteggiata da altri poteri criminali che la invitarono a fare la sua parte e per un cumulo di ragioni Cosa Nostra declinò l'invito.

Effetti speciali

Cosa Nostra, nonostante i colpi ricevuti, non si era sciolta, non aveva cambiato né nome né simbolo. Sarebbe stato ancora lo stragismo il suo modo di essere? Ma giudici e investigatori, compresi i mafiologi più avveduti, iniziarono a temere che il fronte futuro di questa guerra sarebbe stato rappresentato dal pentitismo. Piero Luigi Vigna, procuratore capo a Firenze, lanciò l'allarme il 21 gennaio 1994, affermando che Cosa Nostra poteva avere interesse a infiltrare finti pentiti nelle istituzioni. In Italia, all'epoca,

erano oltre seicento collaboratori di giustizia. Di questi, centottan-
tuno erano pentiti mafiosi, ammessi al programma di protezione.
Tanti, difficili da gestire e da valutare. C'erano quelli che volevano
sbalordire gli investigatori con effetti speciali. Quelli che raccontavano di congiure e mandanti internazionali dei delitti o che
sparavano grossi nomi nella speranza che il giudice abboccasse. E
i giudici del pool ne sapevano qualcosa di questi mitomani del
pentitismo proprio perché il pentitismo mafioso – quello vero – era
nato a Palermo, con Buscetta e con Contorno.

Si potrebbe fare un lungo elenco di ciarlatani che in quella fase
speravano di vendere la pietra filosofale per ottenere in cambio
vantaggi d'ogni tipo. Il loro caposcuola fu tale Giuseppe Spinoni
ed ebbe il suo momento di gloria all'indomani dell'uccisione di
Dalla Chiesa. Un giornale lo accreditò come il «superteste» della
strage di via Carini. Venne scoperto perché gli investigatori palermitani lo portarono in una strada omonima a quella dell'attentato
e lui, che non era palermitano e a Palermo non c'era mai stato,
iniziò a recitare la lezioncina: «Tizio sparò da lì, Gaio era nascosto
all'angolo di questa strada, la macchina con il prefetto e la moglie
si trovava in quella posizione...». Tito Baldo Honorati, il comandante dei carabinieri che aveva organizzato il sopralluogo, chiamò
il giudice Falcone raccontandogli l'esilarante esito di quella ricognizione. Spinoni finì al fresco. Se la cavò con una denuncia per
calunnia quel Giuseppe Pellegriti che pretendeva di convincere
Falcone che il mandante del delitto Dalla Chiesa era Salvo Lima.
E anche Paolo Borsellino non esitò a rispedire in carcere Rosario
Spatola, un «pentito» di Campobello di Mazara che, raccontandogli mezze verità e mezze bugie, lo aveva proprio indisposto.

Quando il giudice Vigna sollevò la questione, ascoltai per «l'Unità» alcuni giudici palermitani. Guido Lo Forte, procuratore aggiunto mi disse: «La linea della Procura di Palermo è quella di utilizzare
le dichiarazioni dei pentiti solo quando le indagini consentono di
affermare che non vi è neppure il dubbio più remoto sulla loro
attendibilità. In concreto: il giudizio è sospeso su una pluralità di
soggetti che hanno instaurato con noi un primo rapporto di colloquio. Di più: ci sono soggetti che hanno iniziato a parlare ma
restano in carcere perché non abbiamo la certezza della loro integrale attendibilità». Antonio Ingroia, sostituto procuratore e principale punto di riferimento a Marsala di Paolo Borsellino, quando
era procuratore in quella città: «La Procura di Palermo non ha mai
avanzato richieste di custodia cautelare, o richieste di autorizzazio-

ne a procedere, sulla base di dichiarazioni di collaboratori la cui attendibilità non fosse stata vagliata nel modo più severo e rigoroso possibile. Anzi. L'estrema abbondanza di pentiti ci ha consentito di utilizzare criteri di selezione ancora più severi di quelli, già severi, che venivano utilizzati nel passato. È vero: ci sono pentiti sulla cui attendibilità il nostro giudizio è sospeso. E il nostro rigore ha fatto sì che, sino a oggi, nessun falso pentito sia stato utilizzato processualmente o per iniziative giudiziarie». Le parole di questi giudici mettevano in guardia da un pericolo sempre in agguato. I magistrati palermitani infatti non affermavano che tutti i pentiti fossero doc, si limitavano a osservare che quelli finti non avevano ottenuto la patente di credibilità.

Vito Ciancimino raccontò alcune cose vere, ma all'interno di un contesto assolutamente inverosimile. Disse di avere appreso in carcere, da Nino Salvo – e mentre si facevano la doccia –, che dietro l'omicidio Dalla Chiesa c'era Andreotti, e che la strage era estranea alla Sicilia. I magistrati palermitani, pur verbalizzando quella teoria, non la allegarono mai agli atti inviati al Senato. Ciancimino credeva di offrire una primizia ghiotta, ma non era credibile. Né mai lo sarebbe stato poiché non ammetteva l'esistenza di Cosa Nostra e di farne parte. Che lui infatti fosse uomo d'onore i giudici lo avevano appreso da tantissimi pentiti, vecchi e nuovi. Dunque Ciancimino non era credibile: che senso avrebbe avuto utilizzare parte delle sue dichiarazioni quando il punto di partenza era rappresentato da una omissione tanto grave e significativa?

C'era il geometra Giuseppe Li Pera che aveva consentito di svelare il funzionamento della compravendita degli appalti pubblici in Sicilia. Tutte le sue affermazioni, rigorosamente controllate, trovarono verifiche. Ma quando Li Pera decise di alzare il tiro, chiamando in causa una mezza dozzina di magistrati, la sua immagine di pentito si appannò pesantemente. Messo alle strette, ammise di avere riferito storie che gli risultavano de relato.

Ma il capofila di «coloro che erano sospesi» restava Salvatore Cancemi, vice di Pippo Calò. Quando iniziò il «suo pentimento» (nel luglio 1993) erano più i «non so», i «non ricordo», i «non è vero», che le ammissioni genuine dei reati commessi. Una mezza dozzina di uomini d'onore lo indicavano come il successore di Calò alla guida della famiglia mafiosa di Porta Nuova. Lui cercò di ridimensionare il suo ruolo a quello di semplice soldato. Molti pentiti lo accusarono di avere preso parte alla strage di Capaci. Quando i giudici palermitani gli fecero osservare che non poteva sperare di farla franca, Cancemi confessò di essersi trovato da quelle parti, ma di non avere avuto alcun ruolo operativo. Prima o poi rischiava di fare la fine di Spinoni, Pellegriti o Spatola: tornare in carcere. Ed essere espulso dal sistema di protezione. Aguzzò l'ingegno. Il 14 gennaio condusse i giudici in aperta campagna alla periferia di Lugano e indicò un punto preciso; scavando scavando, saltò fuori un bidone del latte a tenuta stagna che conteneva due milioni di dollari in banconote da cento, qualcosa come tre miliardi e mezzo di lire. Era un modo per riguadagnarsi la fiducia degli investigatori. Ma quando Carla Del Ponte, procuratore generale della confederazione elvetica, e Alfonso Sabella, sostituto della Procura distrettuale antimafia di Palermo, che avevano guidato l'operazione di ricerca, iniziarono con le domande, venne fuori il Cancemi di sempre. Di chi erano quei soldi? Da quale banca svizzera erano stati precedentemente prelevati? E perché era stato preferito quel nascondiglio primordiale? Cancemi tornò alla carica con i «non so», i «non ricordo».

Utilizzare questi collaboratori di giustizia fu quasi un'arte, paragonabile a quella dell'acrobata. In tal senso, a Palermo, Falcone e Borsellino avevano fatto scuola sull'argomento. Niente di peggio del magistrato che si «innamora» del suo pentito. Che fa di tutto perché il pentito gli racconti quello che vuole sentirsi dire, anche se in buona fede, spinto solo dall'ansia di fare progredire le indagini. Niente di peggio del giudice la cui esperienza si riduce solo a un paio di collaboratori.

Falcone, Borsellino e Caponnetto ebbero la possibilità di ascoltare tante campane, sapevano che si commetteva un errore madornale quando si pretendeva di «fare violenza» al racconto di un uomo d'onore, cercando di tenere sempre presenti gli scopi occulti che potevano animarlo. Seguivano una regola d'oro: mettevano le dichiarazioni del «pentito» in relazione all'effettivo grado ricoperto all'interno dell'organizzazione. Diffidavano, in una parola, degli effetti speciali.

XXII

Il secondo miracolo

La Chiesa in prima pagina

Dicevamo che il bilancio del 1993-1994 fu un bilancio complesso: si udì, finalmente chiara, inequivocabile, la voce della Chiesa. E la condanna del fenomeno, ai massimi livelli, non si manifestò sotto la forma della scomunica, ma con l'invito al pentimento religioso. La Chiesa ruppe gli indugi, colmò ritardi gravissimi, chiamò la mafia per nome, lanciò un segnale che nessuno avrebbe più potuto ignorare. Sotto il tempio della Concordia, nella Valle dei Templi ad Agrigento, alla presenza di centomila fedeli, papa Wojtyla compì l'altro miracolo, dopo quello realizzato dallo Stato.

A mezzogiorno del 9 maggio 1993, in un giorno dedicato al ricordo di Giovanni Falcone, Francesca Morvillo, Paolo Borsellino e degli otto componenti delle scorte, il pontefice scese a tu per tu con gli uomini d'onore apostrofandoli con queste parole di rara efficacia: «Mafiosi, convertitevi. Un giorno verrà il giudizio di Dio e dovrete rendere conto delle vostre malefatte... Questo popolo talmente attaccato alla vita, un popolo che ama la vita, non può vivere sempre sotto la pressione della morte. Qui ci vuole la civiltà della vita. Nel nome di questo Cristo crocifisso risorto, di questo Cristo che è vita e verità, io dico ai responsabili: convertitevi, per amore di Dio... Ecco, sia questo nome, Concordia, emblematico. Sia profetico e sia concordia in questa vostra terra. Concordia, senza assassinati, senza paura, senza minacce, senza vittime. Che sia concordia. Questa concordia, questa pace cui aspira ogni popolo e ogni persona umana e ogni famiglia. Dopo tanto tempo, avete finalmente diritto a vivere nella pace. E questi che sono colpevoli di disturbare questa pace, questi che portano sulle loro coscienze tante vittime umane, devono capire che non si possono uccidere tanti innocenti. Lo ha detto Dio: non uccidere. Non può l'uomo, qualsiasi aggregazione umana, la mafia, non può cambiare e calpestare questo diritto santissimo di Dio. E a voi, fratelli, dico: il Male non vincerà». Parole pensate a lungo, parole che segnavano la fine di un'epoca. Ma non era la prima volta che papa Wojtyla visitava la Sicilia.

Era già accaduto undici anni prima, nel novembre del 1982, l'anno delle uccisioni di Pio La Torre e Dalla Chiesa. Quando la guerra di mafia era ancora nel vivo, quando i corleonesi di Totò Riina non avevano ancora preso il potere ai vertici di Cosa Nostra, quando la sfida contro gli uomini delle istituzioni non si era ancora conclusa. Già in quell'occasione c'era fortissima attesa, molti davano per imminente la scomunica dei boss, si avvertiva l'importanza che avrebbe assunto l'eventuale condanna del fenomeno da parte del capo della Chiesa. Le speranze furono deluse: nel testo di uno degli interventi del Papa, anticipati alla stampa, figurava un passaggio molto duro contro Cosa Nostra. Quando si trattò di leggerlo, quel passo scomparve. E in tutti gli interventi pronunciati durante la visita siciliana, la parola «mafia» non figurò mai. Negli osservatori si fece strada il sospetto che settori tradizionali del clero siciliano, quelli più vicini agli ambienti mafiosi, avessero fatto pressioni per evitare una rottura irreversibile.

Meriterebbe infatti una storia a parte la ricostruzione dei rapporti fra la Chiesa siciliana e la mafia, dal dopoguerra a oggi. Storia scandita da momenti di presa di coscienza e da vicende ed episodi che andavano invece in tutt'altra direzione. Si può dire che se la Chiesa avesse fatto sin dall'inizio una scelta di campo netta e dichiarata, la storia siciliana avrebbe avuto un andamento diverso. Ma senza andare troppo lontano, forse sarebbe stato sufficiente utilizzare la visita del 1982 per imboccare quella strada che poi sarebbe stata tracciata nella Valle dei Templi. Anche la Chiesa dunque, come lo Stato, come l'intera opinione pubblica, in passato aveva favorito, con la sua indecisione, la sua timidezza, la sua esasperante lentezza, l'impressionante ascesa dei boss. Quel 9 maggio 1993 – però – il miracolo era compiuto. E che le parole del pontefice non sarebbero scivolate sull'acqua si sarebbe visto molto presto. I mafiosi infatti, a modo loro, si sono sempre considerati uomini di chiesa, pii e devoti. Praticanti di prim'ordine, in testa a ogni processione, solleciti nel risolvere i problemi

economici delle parrocchie di paese o di quartiere, si sono sempre
distinti per una vita religiosa apparentemente ineccepibile. Prevaleva un quieto vivere, fra loro e il clero siciliano. In alcuni casi
c'era qualcosa di più e di peggio: c'erano compromissioni e affari
in comune. Le contraddizioni, a lungo sopite, esplosero all'indomani della decisione del papa di pronunciare quelle parole di
condanna. Cosa Nostra mandò a dire, con il suo linguaggio più
efficace, quello delle armi, che non aveva gradito. Volle rispondere con un segnale altrettanto poderoso.

Un prete piccolo piccolo

E il 15 settembre del 1993 si aprì una pagina inedita. Si aprì a
Brancaccio, borgata roccaforte delle cosche, dove già da tempo
l'attività di un prete piccolo piccolo era mal digerita. Quale migliore occasione per saldare un conto di quartiere colpendo contemporaneamente l'intera comunità ecclesiastica galvanizzata dalle parole del pontefice?

Padre Giuseppe Puglisi, cinquantacinque anni, parroco della
chiesa di San Gaetano, era conosciuto da tutti, stimato da moltissimi, odiato da pochi. Pur essendo da tempo in prima linea, non
aveva mai fatto notizia. Silenzioso, schivo per natura, don Pino
preferiva gesti concreti e quotidiani, e soprattutto si dedicava con
passione ai ragazzi tossicodipendenti e sbandati di Brancaccio. Il
giorno in cui lo uccisero si era recato in Prefettura per segnalare
l'esistenza, all'interno di un grande scantinato, di un autentico
spaccio di droga. Aveva dato vita a un gruppo di giovani volonta-
ri, diventato presto punto di riferimento per tutti gli emarginati
della zona. Aveva ricevuto minacce, piccoli avvertimenti, che
aveva denunciato ai fedeli: per esempio, gli avevano incendiato la
porta della chiesa, avevano dato alle fiamme un furgone della
ditta che si occupava del restauro della sua parrocchia. Raccontò
tutte queste cose durante la sua omelia nella messa in occasione
dell'anniversario della strage di via D'Amelio. E nel centro di
accoglienza Padre Nostro, annesso alla chiesa, accanto alle foto del
papa e del cardinale Pappalardo, aveva esposto un bel poster a
colori di Falcone e Borsellino. L'ultimo dettaglio: padre Puglisi,
parecchie volte, aveva impedito agli uomini politici della zona,
quelli inquisiti, di scrivere sul giornale della parrocchia.

Alle ventidue del 15 settembre, lo seguirono dalla chiesa fin sotto l'abitazione, a poche centinaia di metri di distanza. Fece appena in tempo a inserire la chiave nella toppa. Subito dopo, un killer solitario, gli esplose contro un colpo di pistola calibro 7 e 65 che lo raggiunse alla tempia. Per mezz'ora il suo cadavere rimase sul selciato, prima che i vicini si decidessero a dare l'allarme. Si capì subito, quella notte, che l'agguato era stato deciso dall'alta mafia. Non potevano essere stati balordi di quartiere a mettere a segno un delitto tanto dirompente. Se quel prete aveva svegliato le coscienze, era sin troppo ovvio che solo dalla cupola di Cosa Nostra poteva essere giunto o l'input o il placet per il killer solitario. Era la prima volta che accadeva. Il precedente di fra Giacinto, assassinato nel 1980 dentro il convento di Santa Maria del Gesù, non è utilizzabile, non fa testo, dal momento che in quel caso la vittima, per testimonianze pressoché unanimi, si lasciava alle spalle una vita tempestosa e carica di ombre. A tutto tondo, invece, il ritratto di padre Puglisi. I sacerdoti più avveduti, in quei giorni, colsero subito l'aspetto intimidatorio per l'intera comunità religiosa rappresentato dall'eliminazione di quel prete apparentemente piccolo piccolo.

I boss erano terrorizzati che le parole di Wojtyla potessero innescare meccanismi moltiplicativi di denuncia diffusi nei singoli quartieri, nelle singole borgate, nei paesi. In questa cornice andava letto l'omicidio. Se ne rese subito conto padre Paolo Turturro, parroco del Borgo vecchio, il quale affermò: «È un martire della giustizia e della Chiesa di oggi». C'era infatti una Chiesa nuova, tutt'altra rispetto a quella di ieri, quando spadroneggiava il cardinale Ernesto Ruffini, proverbiale per la sua ostinazione nel negare l'esistenza del fenomeno mafioso e per le sue strette frequentazioni con i grandi potenti di Sicilia. A Cosa Nostra la Chiesa di allora andava a genio, quella nuova molto meno. E se ne rese subito conto Francesco Stabile, che già nel 1980 aveva alzato la sua voce contro le cosche: «Padre Puglisi stava risvegliando le coscienze. L'interesse a ucciderlo lo ha avuto chi non ha interesse al cambiamento. A Brancaccio, chi alza la testa deve essere messo a posto. E nelle chiese ormai si sta facendo quello che non si è fatto per secoli». Il cardinale Salvatore Pappalardo commentò in modo lapidario: «Quanto è successo rappresenta un segnale ben preciso».

Ma quel delitto così apparentemente anacronistico (fu il primo a oltre un anno di distanza dalle stragi di Capaci e via D'Amelio) non sortì l'effetto sperato dai boss. Impresse infatti un altro colpo d'acceleratore al processo di liberazione inaugurato nel tempio della Concordia. Otto sacerdoti di prima linea (Antonio Garau, Cesare Rattoballi, Ennio Pintacuda, Vincenzo Noto, Baldassarre Meli, Aldo Nuvola, Giacomo Ribaudo, Paolo Turturro) si rivolsero direttamente al pontefice con questa lettera che riproduciamo per intero, in considerazione del suo alto significato storico, ancor prima che religioso.

Scrissero gli otto: «Santità, è appena trascorso un anno dalle stragi di Giovanni Falcone, Francesca Morvillo, Paolo Borsellino e degli agenti di scorta e di nuovo arriva un altro terribile delitto di mafia. Questa volta è stato ucciso un sacerdote. Padre Giuseppe Puglisi era un parroco impegnato in un quartiere di Palermo piegato da mafia e degrado. Questo sacerdote, come tanti altri della Chiesa di Palermo, era uno che viveva il Vangelo e si specchiava ogni giorno nel messaggio che Sua Santità ha dato il 9 maggio scorso alle chiese di Sicilia nel vibrante discorso pronunciato nella Valle dei Templi di Agrigento. Il nostro confratello, Giuseppe Puglisi, non era sicuramente uno di coloro, sacerdoti e vescovi, ai quali fu rivolto il Suo duro monito di non essere tiepidi e deboli nella lotta alla mafia. Santità, la città di Palermo tutta, i sacerdoti e i cristiani sono affranti e terribilmente colpiti; ci chiediamo quando finirà questa terribile catena di morte. Qualcuno è anche smarrito e scoraggiato e si chiede se vale la pena continuare a lottare. Anche perché continuano a esserci sacerdoti e vescovi che non sono testimoni autentici della liberazione che Cristo vuole per questa nostra isola. Santità, prima della Sua visita, è stata la signora Agnese, vedova Borsellino, affranta dal dolore a chiedere un segno... Adesso siamo noi, i Suoi figli sacerdoti, colpiti e sgomenti, a chiederLe, anche sollecitati da tanti fedeli, proprio in questa circostanza, un forte segno della Sua presenza tra noi, come conferma e guida di questo cammino difficile e ogni giorno più rischioso. Deve essere sempre chiaro volere e deve essere pur possibile sconfiggere le forze del male e far trionfare con la giustizia e la verità un'autentica cultura di vita e di pace».

C'erano dunque, è il passo decisivo della lettera, «sacerdoti e vescovi che non sono testimoni autentici della liberazione che Cristo vuole per questa nostra isola». Gli otto non avrebbero potuto essere più chiari.

Chiesa Nostra

Quali vescovi? Vediamo. L'allora arcivescovo di Monreale, monsignor Salvatore Cassisa, era l'emblema della Chiesa di ieri. Inamovibile, governava, a suo modo, la diocesi più estesa e più importante di tutta la Sicilia, ostentando un'arroganza più congeniale a un capobastone che a un prelato. Uno scandalo permanente, una macchia profonda sull'immagine di un clero che tentava di rinnovarsi, e autentica spina nel fianco per il capo della Chiesa convinto di avere chiuso per sempre la pagina delle compromissioni e delle complicità. Era sufficiente alzare la voce contro Cosa Nostra? Invitare i boss al pentimento? Stigmatizzare con parole definitive un fenomeno criminale con profondissime radici? Molto probabilmente no. Soprattutto quando le parole rischiavano di essere smentite dai fatti, contraddette dai comportamenti di chi, a quelle parole, avrebbe dovuto immediatamente uniformarsi. Ma chi era monsignor Cassisa?

Uno degli ultimi nipotini del cardinal Ruffini, il prototipo dell'alto prelato ammanicato con i novanta onorevoli della Regione siciliana sempre pronti a inginocchiarsi di fronte a lui, attentissimi a non disertare festini e celebrazioni religiose, ricorrenze di santi patroni e scadenze liturgiche di ogni tipo, prodighi di finanziamenti e assetati di voti. E Cassisa, per anni, fu gran maestro di quella bizzarra congrega dei Cavalieri del Santo Sepolcro, che vedeva fianco a fianco uomini di tutte le nomenclature: magistrati e generali, questori e bancari, imprenditori, prefetti e ministri. Chiacchierato, Cassisa, lo è sempre stato. Orlando, quando fu sindaco di Palermo per la prima volta, tanto per dirne una, raccontò che Cassisa lo aveva pesantemente sollecitato per il pagamento di una parcella di un centinaio di miliardi al conte Arturo Cassina, ras degli appalti e delle manutenzioni pubbliche. Per la gestione scandalosa di quegli appalti, Cassina finì sotto processo. Ma Cassisa, subentrato proprio all'imprenditore nella guida dell'ordine equestre del Santo Sepolcro, trovò naturalissima quest'intercessione a favore di un «amico». Orlando si sottrasse e Cassisa ci restò male. Ma non era facile dimostrare che il Santo Sepolcro, fondato nel 1209 dopo la caduta di Gerusalemme, era diventato ricettacolo di personaggi equivoci, tutti uniti appassionatamente dal culto della segretezza, degli affari, delle congiure. E che fra quei personaggi equivoci ci fossero anche mafiosi fu sempre più che una voce. Ma nel 1993 l'astro di Cassisa precipitò in caduta libera.

Questa volta non furono gli avversari politici, o i giornalisti, o Leoluca Orlando, a sollevare pesanti interrogativi. La protesta venne infatti dall'interno, dalla denuncia di Giuseppe Governanti, ex presidente del tribunale ecclesiastico, e parroco della chiesa del Carmine. Il sacerdote scrisse in Vaticano per «segnalare» ai superiori che la situazione a Monreale stava diventando insostenibile, che i fedeli chiedevano spiegazioni del comportamento di Cassisa. Il pentito Li Pera, raccontando ai giudici fatti e misfatti degli appalti, svelò, infatti, che a Cassisa sarebbe andata una tangente di seicento milioni, pagata dall'impresa Rizzani De Eccher per aggiudicarsi l'appalto (nove miliardi) per la ristrutturazione del duomo arabo normanno di Monreale. Cassisa finì sotto inchiesta della Procura di Milano e di quella di Palermo. Mentre infuriava la polemica, mentre Governanti e Cassisa erano ai ferri corti, mentre l'intero paese di Monreale insorgeva contro il rappresentante di Chiesa Nostra, un avviso di garanzia, pesante come un macigno, raggiunse il segretario particolare di Cassisa, don Mario Campisi. Si ipotizzava il reato di favoreggiamento del latitante Leoluca Bagarella. Il boss corleonese, che avrebbe preso il posto di Riina, dopo il suo arresto, ai vertici di Cosa Nostra, teneva i contatti con i suoi fiancheggiatori attraverso il telefono cellulare di don Campisi. Cassisa e il suo segretario, amici per la pelle, restavano al loro posto. Cassisa passò al contrattacco con un'omelia a metà fra l'autodifesa e l'avvertimento di chiaro stampo mafioso.

Nel «suo» Duomo di Monreale, il 15 gennaio, convocò la diocesi per spiegare di essere vittima di una «campagna denigratoria le cui origini sono abbastanza chiare e le finalità ben troppo evidenti», per ricondurre la sua scandalosa vicenda personale all'esistenza di un «attacco, ora palese, ora ambiguo, alla Chiesa in quanto tale», per difendere il suo segretario: «Per don Mario Campisi, torno a garantire l'assoluta fiducia sulla sua persona e sul suo magistero...». In prima fila, ad applaudire contenti, decine e decine di picciotti scesi in massa dal quadrilatero mafioso Monreale, Roccamena, Corleone, San Giuseppe Jato, insieme a tanti ex sindaci e consiglieri comunali di quei paesi inquisiti per mafia. Ai cronisti sembrò di assistere a una spettacolare sequenza del *Padrino*.

Ancora una volta, un gruppo di sacerdoti palermitani scrisse al papa lamentando l'assenza di «smentite e chiarimenti ufficiali» rispetto a ciò che stava succedendo. L'invito era rivolto anche a

Cassisa: «Senza volerci erigere a giudici sommari, riteniamo auspicabile che l'arcivescovo, pubblicamente e secondo la coerenza evangelica, renda conto della sua totale estraneità ai contenuti delle accuse e delle dicerie e sospenda, almeno temporaneamente, l'esercizio del suo ministero sinché non sarà fatta luce su tutte le vicende». Parole al vento.

Giro di vite

Per uno di quei curiosi paradossi attraverso i quali spesso si esprime la storia, la fine del 1993 e l'inizio del 1994 furono segnati da un pesante giro di vite che colpì proprio gli esponenti della Chiesa di prima linea. Sembrava che, dopo il monito del papa, la strada per i preti di trincea fosse ormai tutta in discesa. Che dovessero diventare maggioranza, all'interno di un clero così fortemente richiamato – dall'alto – ai suoi doveri. Previsione azzardata, calcolo sbagliato. Lo scontro, invece, si fece più acuto. Rischiarono di farne le spese proprio alcuni degli otto firmatari della lettera dopo l'assassinio di don Puglisi. Un'autentica falcidia, una raffica di «casi», a prima vista distinti ma in realtà legati da un filo comune, tenne per giorni e giorni le prime pagine dei giornali, creando interrogativi angosciosi sui reali umori della Chiesa.

Innanzitutto, don Paolo Turturro, parroco della chiesa di Santa Lucia, al Borgo vecchio, in uno dei quartieri più degradati del vecchio centro di Palermo. Da anni, don Turturro era una presenza viva nella Chiesa siciliana, avendo scelto di opporsi quasi fisicamente al degrado cittadino. Chi era don Turturro? Di origini pugliesi, capelli bianchi e occhi celesti, sembrava bruciato dalla passione per gli «altri», capace di dialogare per ore e ore con il parrocchiano più insignificante. Uno che non si adeguava a nulla, neanche alle abitudini più consolidate. Un esempio. Nella notte fra l'1 e il 2 novembre, per la ricorrenza dei defunti, i palermitani, soprattutto quelli dei quartieri poveri, hanno l'usanza di regalare ai figli pistole e fucili giocattolo. Tradizione vuole che siano i morti a «farsi vivi», carichi di doni, con figli e nipotini.

Una consuetudine sentita in città: una delle foto che rese famoso Enzo Sellerio è l'istantanea in bianco e nero che riproduce, all'indomani del giorno dei morti, un plotone d'esecuzione composto da una mezza dozzina di ragazzini palermitani che «fucilano», con aria solenne, un loro coetaneo precedentemente messo al muro. Don Paolo Turturro, preoccupato che questa familiarità con le armi, sia pure giocattolo, iniziasse una lenta opera di corrompimento delle coscienze, lanciò un'autentica campagna per l'infanzia disarmata. Diede appuntamento ai ragazzi del Borgo, si fece consegnare i regali che avevano ricevuto, e offrì loro in cambio giocattoli ben più innocui. Le armi finirono in cenere dentro un gigantesco falò, alla presenza di genitori stupiti e bambini festanti. Don Paolo Turturro, con simili iniziative, riuscì a stringere un rapporto molto forte con i parrocchiani, gran parte dei quali, inutile nasconderlo, gravitavano nel sottobosco della malavita organizzata e anche mafiosa. Durante le vacanze del Natale 1993, don Turturro ricevette la lettera firmata da un carcerato, il quale si dichiarava pentito per tanti crimini commessi, e autorizzava il sacerdote, se lo avesse ritenuto opportuno, a rendere noto il contenuto nascondendo però la sua identità.

Nella notte del 25 dicembre, durante la veglia di preghiera, un giovane di Milano lesse il testo accorato di quella missiva. Successivamente, durante l'omelia, don Turturro fece riferimento a una testimonianza raccolta in confessione: «Un ragazzo è venuto da me piangendo, dicendomi: "Padre ho ucciso tante volte. Ho partecipato a diverse stragi, compresa quella di Capaci. Potrò mai avere perdono?"». La notizia, a causa delle festività, uscì in ritardo, in maniera pasticciata, con diverse versioni. Non c'erano cronisti quella notte, a Santa Lucia. E tutti commisero l'errore di indicare in padre Turturro il «primo» sacerdote che aveva osato mettere in discussione il principio della segretezza della confessione. I giudici, alla lettura dei giornali, rimasero senza parole. Interrogarono don Paolo che, ovviamente, si richiamò al segreto. Quella che non era altro che una bella favola di Natale, raccontata a una comunità di fedeli a riprova di quanto sia forte la Luce del Signore contro il Buio di Satana, diventò una sorta di pernicioso atto d'accusa contro un prete scomodo. Editoriali a pioggia, commenti al vetriolo, e soprattutto pressioni, all'interno dell'alta gerarchia ecclesiastica, perché Turturro fosse chiamato a rispondere per la violazione di un sacramento. Per molti Turturro aveva sbagliato due volte: prima perché aveva parzialmente violato il contenuto sacro di una confessione, poi per non averlo violato sino in fondo raccontando tutto alla magistratura. Lo attaccarono i laici, lo attaccarono i religiosi. Qualche giorno dopo, i giornali cominciarono a riferire l'esatta ricostruzione dei diversi passaggi dell'omelia dello scandalo, ma il caso Turturro ormai era stato archiviato.

Finì peggio a Sant'Ignazio

Si era appena spenta l'eco del caso Turturro che esplose il caso Pintacuda. Il 29 dicembre mi trovai nella Sala delle Lapidi del Municipio di Palermo, dove si svolgeva la presentazione del libro *La scelta*, scritto dal giornalista Aldo Civico che aveva raccolto una lunga intervista a padre Ennio Pintacuda (Piemme, Milano 1993). A presentare il libro, in un'aula stracolma, c'erano, fra gli altri, Leoluca Orlando, nuovo sindaco di Palermo, Antonino Caponnetto, presidente del Consiglio comunale, padre Antonio Garau, parroco della Zisa e anche lui «prete di trincea». Tutto sembrava pronto per iniziare. Ma Pintacuda non si vedeva, e il brusio in sala lasciava intendere che il ritardo del principale ospite della serata non passava inosservato. Allora Orlando prese la parola leggendo una lettera di Pintacuda ai presenti con la quale spiegava la sua assenza per «impegni personali». Orlando era teso, la sua mimica facciale sembrava contraddire l'autenticità di ogni passo di quella lettera. Il mistero fu parzialmente chiarito dall'intervento successivo, quello di Antonino Caponnetto.

Con voce solenne, il fondatore del pool antimafia di Palermo, esordì così: «Non sarei sincero sino in fondo se dicessi di credere alle ragioni esposte da Pintacuda nella sua lettera. Avrei voluto che questa giornata iniziata festosamente [in mattinata si era insediata la nuova giunta con Orlando sindaco e Caponnetto presidente, *N.d.A.*] si concludesse in modo migliore, e non con l'assenza di padre Pintacuda». Questo, infine, il passaggio più duro: «Non vorrei che la voce di padre Ennio Pintacuda restasse soffocata». Un'affermazione come quella, durante la presentazione di un libro, poteva significare solo che «cause di forza maggiore» avevano impedito al gesuita più scomodo d'Italia di prendere parte alla serata.

Sudai sette camicie, quella sera, per strappare qualche parola a Orlando, Caponnetto e Garau, mentre ormai la presentazione era iniziata. Mi resi conto non solo che Pintacuda era stato diffidato dai superiori della Compagnia del Gesù a presenziare all'incontro, ma, quello che era più grave, che era stato apertamente invitato a lasciare Palermo e la Sicilia e a scegliersi una nuova sede, meglio ancora se in America. Giungeva all'epilogo un antico contenzioso fra il gesuita e la Compagnia del Gesù. La nuova scintilla della polemica era rappresentata dal libro *La scelta*, per quelle parti critiche nei confronti di padre Bartolomeo Sorge che aveva già mortificato

Pintacuda privandolo dell'insegnamento della sua materia (sociologia politica) nel centro studi dei gesuiti di via Lehar. Ma la ragione vera, espressa dallo stesso Pintacuda, era un'altra: molti non gli perdonavano di essere diventato uno dei consiglieri di Orlando. Gli addebitavano dunque, anche se indirettamente, l'uscita dell'uomo politico dalla Dc, la nascita della Rete e il trionfo di Orlando e della Rete alle ultime amministrative di Palermo. Sorge, invece, era diventato nel frattempo consulente della Dc di Martinazzoli. Della grande gamma di sanzioni previste per il «prete ribelle», alla fine, rimase ben poco. La mobilitazione dell'opinione pubblica, la grande eco che ebbe sulla stampa il caso Pintacuda, indussero i rappresentanti della Compagnia a provvedimenti meno traumatici. Pintacuda rimase a Palermo, anche se costretto a separarsi da padre Sorge considerato da molti il mandante della congiura. Anche Sant'Ignazio da Loyola, fondatore dell'ordine, dovette fare i conti con i superiori: gli intimarono di interrompere bruscamente la sua visita ai Luoghi Santi. E lui obbedì. Traslocare da un centro all'altro restando a Palermo, cosa alla quale ha sempre tenuto di più, rappresentò per Pintacuda quasi uno scampato pericolo: quello di abbandonare per sempre la Sicilia. Infine, il caso Noto.

Padre Vincenzo Noto, giornalista, fondatore della rivista «Novica» (Notiziario di vita cattolica), il 27 dicembre 1993 si recò in tribunale per ritirare la sua firma di direttore responsabile. Era reduce da una durissima campagna interna contro la linea seguita dal giornale. Padre Noto, troppo vicino al cardinale Pappalardo, e a Leoluca Orlando, come Pintacuda, pagò il conto per il forte successo conseguito dalla Rete alle elezioni amministrative di novembre del 1993.

Fu un caso che in un paio di settimane la bufera si fosse abbattuta su alcuni dei preti migliori della Chiesa palermitana? L'omicidio di padre Puglisi non avrebbe dovuto consigliare una linea di condotta diversa da parte delle alte gerarchie ecclesiastiche verso il caso Palermo? Il cardinale Salvatore Pappalardo consegnò le sue dimissioni alla Santa Sede, avendo compiuto i settantacinque anni previsti dal codice di diritto canonico.

Una cosa è certa: il papa ha compiuto il secondo miracolo.

XXIII

Qualcosa su Berlusconi

Piedi per terra

Bisogna resistere alla tentazione di fare politica parlando di questioni di mafia. Cosa penseremmo di uno scrittore di libri gialli che, non venendo a capo, lui per primo, dell'intrigo che sta illustrando, decidesse di mettere in campo la politica dimenticando così di indicare il nome dell'assassino? E i giudici del pool di Palermo non raggiunsero forse i loro risultati migliori quando si sedettero intorno a un tavolo spogliandosi, nel loro lavoro, delle convinzioni politiche delle quali ciascuno di loro era pur sempre portatore? Si liberarono di prevenzioni o tesi precostituite, decidendo di affidarsi solo all'esercizio della propria funzione.

D'altra parte, i pochi successi del fronte antimafia sono sempre stati raggiunti quando l'antimafia è apparsa agli occhi degli italiani un grande problema nazionale la cui soluzione prescindeva dagli interessi immediati di questo o quello schieramento. I tanti insuccessi si sono registrati quando l'antimafia ha dato l'impressione di diventare strumento di parte, adoperato per fini politici di bottega.

È ovvio che qui non troverete esposta la tesi che fra Cosa Nostra e Forza Italia si fosse stabilito un patto, creata una complicità, come non troverete la prova che i boss di mafia guardavano agli esponenti del Polo delle libertà come ai loro unici possibili referenti. E salvatori. Ma sarebbe un'omissione imperdonabile, in questa lunga cronaca, evitare di pronunciare il nome di Silvio Berlusconi, o fingere di non sapere che per sette mesi Forza Italia guidò un governo che affrontò – a modo suo – il nodo mafioso. Berlusconi, appena sceso nell'arena politica italiana, venne proprio a Palermo dove

– com'è noto – la mafia gode sempre di buona salute. Fu un battesimo di fuoco.

La fiera delle vanità

Parlava in trance. Non vedeva di fronte a lui. Non vedeva la prima fila. Non si accorgeva della seconda. Alla sua destra? Non guardava. Alla sua sinistra? Nemmeno. Sentiva solo l'inno. Il suo inno, quel Forza Italia, ritornello teologico, politico e canoro dei nemici sempreverdi del comunismo pronti a seppellire una volta per tutte la mastodontica carcassa della Prima Repubblica. Vedeva solo quel gigantesco fondale alle sue spalle, un cielo azzurro appena velato da qualche cirro che però non minacciava tempesta, sovrastato dal simbolo di un movimento appena nato eppure già grandicello. Scenografia soft, pastelli tenui, garbo grafico, niente di truce, tanta calma nel futuro e nel presente degli azzurri. Quanta arroganza, quanta pacchianeria invece, quando, nel 1981, Craxi pretese che un gigantesco garofano rosso campeggiasse su Monte Pellegrino e sovrastasse Palermo per salutare il dodicesimo congresso del Partito Socialista Italiano. Allora i nipotini di Garibaldi raggiungevano in nave i loro congressi, tirava ancora l'epopea dei Mille, il ritratto del Quarto Stato di Pellizza da Volpedo lo trovavi in qualsiasi sede sindacale o del patronato Inca. C'erano una volta la Dc, il Pci, il Psi, repubblicani, socialdemocratici e liberali, Andreotti e Gava, Signorile e De Michelis, Nicolazzi e Vizzini, La Malfa e Gunnella, Zanone e Malagodi... Preistoria, ormai. Ora si celebrava il nuovo rito di Forza Italia.

E lui, il grande officiante, il grande sacerdote del «mi consenta», appariva per la prima volta in terra di Sicilia. Cinquemila fedeli ad ascoltarlo. Altrettanto in trance, altrettanto rapiti dal verbo che si offriva per la prima volta dal vivo, non più in diretta televisiva. Correva il 20 marzo del 1994. Silvio Berlusconi stava già piacevolmente sorseggiando l'amaro calice della politica. Lo sorseggiava a Palermo, città che di suo ha un pizzico di amarostico, ma lo sorseggiava di fronte a una platea impaziente di applaudirlo. Un catino incandescente, quel giorno, il padiglione più esteso della Fiera del Mediterraneo, scelto per la prima autentica grande uscita allo scoperto di dirigenti e supporter di Forza Italia. Berlusconi poneva la prima pietra, il resto sarebbe venuto dopo. Ma si può andare per il sottile in giornate tanto indimenticabili? Si può spaccare il capello in quattro quando ti ascolta una folla oceanica? Si è mai visto un sacerdote interrompere la messa su due piedi perché qualche fedele gli sta antipatico? Così, quel giorno, l'ispirato sacerdote del «mi consenta» non poté guardare di fronte a sé, non poté guardare a destra e a sinistra, apparve al pubblico come fosse bendato, lungimirante però di una vista interiore alimentata da meravigliosi sondaggi, da granitiche certezze, dall'ispirazione che gli veniva direttamente dal popolo osannante. La grande traversata aveva spiccato il salto, sarebbe presto venuto il tempo delle tavole della Legge. E poi, perché meravigliarsi? Non è stata sempre rappresentata come una dea bendata, la giustizia che tiene in mano la bilancia? Quando ci si muove ad alto tasso di ispirazione, essere bendati è quasi obbligatorio. Un'incandescente graticola di spot bruciava la faccia dell'uomo al podio. Penombra, ombra, buio pesto per la platea, luce e tenebre, parola e fede, la liturgia della Seconda Repubblica era tutta lì, prendere o lasciare. E nessuno dei presenti, quel giorno, volle lasciare.

La Palermo ricca, opulenta, delle professioni, la Palermo del potere e del sottopotere, la Palermo delle banche, degli studi penali, civili e notarili, e delle imprese edili, quella del commercio, dei regionali. Il popolo in giacca e cravatta. Abiti blu, regimental, tailleur grigi, foulard, per una prima che più prima non si può. I palermitani allora avevano nostalgia di Teatro Massimo, che era chiuso da vent'anni. Pattuglie delle hostess, rigorosamente in blu, filiformi, dagli sguardi al miele e premurose, tutte giovani o giovanissime, pronte ad appuntare coccarde. Colleghi giornalisti Fininvest, elettrizzati da una giornata gloriosa di festa e lavoro. Berlusconi era finalmente lì, su quel podio. Si era fatto attendere, quel 20 marzo. Quasi un'ora e mezza di ritardo mentre cresceva il delirio nel catino arroventato della Fiera del Mediterraneo.

Che avrebbe detto? Come avrebbe lavato l'onta di quelle notizie al vetriolo che coinvolgevano nientemeno che il numero 3 dell'impero Fininvest, il palermitanissimo Marcello Dell'Utri? Proprio così. Appena ventiquattr'ore prima, sulla festa grande in terra di Sicilia si era rovesciato un autentico ciclone: Dell'Utri era stato chiamato in causa da Salvatore Cancemi, uomo d'onore e capo della famiglia mafiosa di Porta Nuova, erede di Pippo Calò, il cassiere di Cosa Nostra. A sentire Cancemi, Dell'Utri si sarebbe già lanciato nel grande affare del risanamento del centro storico di Palermo – la spesa prevista era di mille miliardi – non andando

troppo per il sottile nella scelta dei compagni di cordata. La giornata era nata storta. Non solo tempestosa sul fronte mafia, ma
tempestosa anche sul fronte 'ndrangheta. Il boss calabrese Peppino
Piromalli, aveva fatto sapere – dal carcere – che avrebbe votato per
Berlusconi e Forza Italia, provocando la presa di posizione di Achille Occhetto che sfidava il cavaliere a rifiutare voti tanto compromettenti. Il terreno di gioco si era dunque fatto ancora più pesante. E rischiava di diventare impraticabile dopo dieci giorni già
scanditi dalle polemiche per la clamorosa richiesta di arresto di
Dell'Utri (false fatturazioni e falso nel bilancio di Publitalia) avanzata a Milano dal pool Mani Pulite.

Con un ampio gesto della mano destra, appena scoccata la
mezza, il sacerdote zittì tutti dando inizio al rito. Il sacerdote vittima di oscuri complotti: «Non so più cosa aspettarmi. Ma Occhetto sappia che sono ingenuo ma imparo presto, molto presto». Il
sacerdote paladino delle regole: «Vogliono stravolgere il regolare
andamento della campagna elettorale». Il sacerdote intravedeva
scenari sinistri: «Nella prossima settimana può succedere di tutto.
Non riesco a fare previsioni. Stiamo assistendo a qualcosa che
potrebbe essere paragonato davvero a un golpe bianco».

Lo inquietavano parecchio le sue vicende giudiziarie, vere,
presunte o annunciate che fossero: «Prima ci sono i fatti di Milano, un teorema accusatorio di magistrati dall'ideologia che ben
conosciamo, contro un'azienda del mio gruppo, che non ha riscontri nella realtà. Poi c'è il caso di questo boss, questo Piromalli, di
non so quale onorata società, che contro ogni comportamento
logico grida forte e alto che lui e quelli come lui voteranno per
Forza Italia. A questo punto entra in scena Occhetto chiedendo
un mio pronunciamento...». Il sacerdote scoccò due frecce avvelenate. Una per Gian Carlo Caselli, il procuratore capo di Palermo accusato d'avere cenato con Paolo Mieli, allora direttore del
«Corriere della Sera». Una cena poco ortodossa, gridò il Cavaliere. Fra una portata e l'altra, Caselli avrebbe fatto trapelare
l'interessamento della magistratura palermitana per Berlusconi e
i vertici Fininvest. L'altra freccia fu per Nicola Mancino, ministro
degli Interni, al quale si rivolse così: «Non è libero, è prigioniero.
In qualche modo è stato ricattato e costretto a fare quelle dichiarazioni. Forse c'è qualcuno che ha ancora delle carte». Quali
dichiarazioni? Quali carte? Mancino aveva lanciato l'allarme sul
possibile condizionamento del voto da parte delle organizzazioni
criminali. Le carte invece richiamavano alla memoria il presun-

to coinvolgimento di Mancino nello scandalo Sisde. Il monologo raggiunse il suo acuto più riuscito: «Tutti i voti di Forza Italia raccolti in Sicilia, Campania, Calabria, e nell'intero paese saranno voti contro la mafia». Per la verità, sommersa da polemiche e inchieste, allarmi rossi sulla tenuta della democrazia e pettegolezzi d'alto bordo, la politica risultò un po' sacrificata, quel giorno, nelle parole del grande sacerdote.

I cinquemila fedeli furono rincuorati sull'eventualità di un esasperato separatismo leghista. «Posso assicurarvi» tuonò la voce dal podio «che l'idea delle tre Italie è seguita da meno dell'uno per cento della gente del Nord. La base leghista non condivide le sparate di qualche suo leader.» Castigato Bossi e grandi complimenti a Fini, quella mattina: «Un patto, inizialmente solo elettorale, si è trasformato in autentica simpatia». Ovazione sterminata. Delirio ritmato da slogan iperbolici: «Silvio, grazie di esistere, San Silvio, pensaci tu». Fu l'apoteosi. Il grande sacerdote chiese di tirare il fiato: «Datemi il tempo di far tornare normali i battiti del mio cuore. Nemmeno la curva del Milan mi ha mai dato questa emozione». Risuonò l'inno Forza Italia, esplose il karaoke. In tredici città italiane collegate in diretta con il catino della Fiera del Mediterraneo, giunsero le immagini della prima convention in terra di Sicilia. Silvio Berlusconi chiamò attorno a sé candidati e supporter, ma ancora una volta non li vide.

Che ne sapeva Berlusconi di chi sino a quel momento lo aveva ascoltato in quelle prime file di poltrone immerse nel buio? Che ne sapeva di Mario D'Acquisto (l'ex presidente della Regione siciliana costretto a dimettersi dopo l'uccisione di Dalla Chiesa)? O di Salvatore Carollo e Sebastiano Purpura, bastioni della vecchia Dc palermitana? O di Silvio Liotta (fino al giorno prima fedelissimo di Salvo Lima)? Non sono forse illustri sconosciuti Salvatore Porcari (documentati trascorsi massonici) o il costruttore Gianni Jenna (finirà in carcere per mafia poco tempo dopo)? I loro volti, lambiti appena dai riflessi delle sciabolate di luce tutte rivolte al grande solista, si avvicinarono solo il tempo per una fugace stretta di mano, per un bravo, per un complimenti, un avanti così. Chi erano? I distinti rappresentanti di una vecchia, vecchissima, Palermo, stagione Prima Repubblica. Che importava, ormai? C'era spazio per tutti in quella gigantesca arca di Noè presa d'assalto nel giorno del delirio. Importava solo il presente e il futuro. Il passato? Spettri da dimenticare.

Quei bravi ragazzi

Solo i politicanti di professione, i giornalisti prezzolati, i magistrati accecati dal demone persecutorio, possono arricciare il naso di fronte alla trovata grandiosa dell'imprenditore che si autopresta alla politica, pronto all'olocausto, disposto a spiccare il volo nella fossa dei leoni. Come si permettevano di mettere in discussione la buona fede del Cavaliere altruista e disinteressato che visita Palermo con la certezza – come disse lui stesso quel giorno – di fare apostolato? Solo i mestatori e i mestieranti dell'intrigo potevano eccepire sulla sua serenità d'animo, sull'intima convinzione che sostenne le sue parole nel giorno del delirio. Ma chi ce lo portava? Chi glielo faceva fare? Quali interessi personali poteva mai avere da difendere uno come lui, imperatore indiscusso del pianeta Fininvest? Aveva tutto da perdere, niente da guadagnare. Come non capire che se era stato costretto a prendere il toro per le corna, ciò era dovuto esclusivamente alla presenza di una folla di nani che occupavano, ormai abusivamente, il palcoscenico della politica italiana?

Silvio Berlusconi meritava di essere ringraziato. Bisognava accettarlo a scatola chiusa. Assecondarlo, applaudirlo e riverirlo. Chiedergli spiegazione su certe voci che adombravano le sue origini? Una cafonata. Tentare di capire se eccellente spirito manageriale, determinazione, lavoro duro fossero gli unici ingredienti della ricetta del suo successo? Imperdonabile mancanza di fair play. «Santo Silvio, pensaci tu» lo avevano apostrofato nel catino della Fiera del Mediterraneo, in quell'indimenticabile 20 marzo. E con i Santi, si sa, non si discute. Figurarsi se poi ci si mette in testa di disturbare un Santo che annuncia la futura lista dei miracoli. Ma è anche vero che i bilanci si tirano alla fine. E il governo presieduto da Santo Silvio sappiamo tutti che fine fece.

Eh, sì: Berlusconi si dimostrò un gran furbacchione nella sua visita a Palermo. Buono, ingenuo, e vittima, così si presentò. Certo. Non era tenuto a conoscere i misteri grandi e piccoli della Prima Repubblica. Aveva forse tutto il diritto di illudersi sul fatto che coloro che inneggiavano alla Seconda non avessero alcun cordone ombelicale con la Prima. Ma, vivaddio, il dovere di leggere i giornali o di ascoltare i tg, lo aveva. Oppure no? Le grandi abbuffate di sondaggi, le indigestioni da percentuali, il contagio dal virus Pilo (il sondaggista Gianni Pilo) lo avevano esentato forse dal ragionare con la testa sua? E non bastava la fede dei fedeli? Emilio Fede non rischiava di essere un di più? Giuliano Ferrara più Tiziana Maiolo, più Vittorio Sgarbi, più Antonio Tajani, più Paolo Liguori, più Tiziana Parenti non rischiavano di provocare il corto circuito nell'officina dei miracoli? Possibile che Berlusconi, nei giorni del trionfo, non avesse qualche curiosità su passato e presente di quella Repubblica che lui intendeva rilevare? Facciamola breve: sapeva, per esempio, chi era Licio Gelli? Sapeva che la P2 non era la marca di una pistola giocattolo? O che il Piano di Rinascita non era il progetto costitutivo di un ente di bonifica in zone di paludi? Sapeva chi era Luciano Violante? E la commissione antimafia da lui presieduta apparteneva alle cose da buttare o a quelle da salvare dalla bancarotta della Prima Repubblica? I magistrati che combattevano Cosa Nostra rappresentavano una zavorra dalla quale liberarsi volentieri? O un tesoro da custodire? E i pentiti? Tutta gentaglia? O, invece, una specie decimata dai regolamenti di conti e, dunque, da proteggere? Mani Pulite una congrega di giudici rossi? O professionisti che applicavano la legge a difesa del Paese? Era ragionevole credere che tutti i voti per Forza Italia sarebbero stati utilizzati contro le mafie organizzate? Anche i voti di mafia? Anche i santi hanno il senso della misura. E quando il miracolo si presenta troppo gravoso, si riservano di accettare con riserva. Fermiamoci un momento. Torniamo al leggendario Gelli.

Sarà un caso ma, da anni, di questo venerabile spettro non si sentiva più parlare. Scomparso dalle pagine dei giornali, assente in tv. Disperso, dimenticato, obsoleto come capita a volte a certi fantasmi. O forse prepensionato da quella stessa Italia dei misteri che spesso finisce con l'inciampare nelle sue stesse trame. Sia come sia, non appena si ventilò in Italia l'entrata in scena del grande Cavaliere, anche i reduci vennero immediatamente richiamati al fronte. Era giunta l'ora del riscatto. E dei riservisti. E chi meglio di Gelli poteva tornare ad aleggiare sulle prime pagine dei giornali, a dire la sua, a dare benedizioni, a celebrare battesimi, a pronunciare diagnosi e prescrivere terapie? Berlusconi, che – come abbiamo visto – procedeva bendato, non vedeva a un palmo dal suo naso. Ecco perché forse gli era sfuggita l'intervista rilasciata da Gelli al giornalista Sandro Ruotolo, e pubblicata il 16 gennaio 1994 sul mensile «Avvenimenti». Diamo un'occhiata, non dimenticando che Berlusconi stava entrando in politica proprio in quel periodo, appena due mesi prima dell'incoronazione alla Fiera del Mediterraneo.

Innanzitutto, una coincidenza che non può essere ignorata. Lo spettro venerabile si diceva preoccupato per l'eccessiva presenza di lavoratori extracomunitari in Italia: «Se noi eliminassimo tutti gli extracomunitari dal nostro Paese lasceremmo almeno un milione di posti disponibili per gli italiani». Avete capito benissimo: un milione. Un milione di nuovi posti di lavoro. Buffe coincidenze della politica italiana... Ma occupiamoci di cose più serie. Ruotolo gli chiese: «Ma lei come ha conosciuto Berlusconi?». Gelli, con galanteria: «Come uno dei tanti. Non mi ricordo in quale occasione. Poi siamo diventati amici. Poi ho fatto parte della loggia massonica. E poi tutto è finito lì». Ruotolo, insoddisfatto: «Quante volte lo ha visto?». Lo spettro diede qualche segno di impazienza: «Come faccio a ricordare. Saranno state cinque, sei, sette volte. Dieci». E a Ruotolo che insisteva per sapere se l'intervistato ricordasse quegli incontri, giunse una risposta a mo' di congedo: «No. Assolutamente. Lei lo sa bene, no, che si ossida anche la memoria?».

Berlusconi non sentì mai il bisogno di smentire Licio Gelli. Quale delle due «memorie» si era ossidata col passare degli anni? Quella dello spettro venerabile? O quella di Santo Silvio? Il cavaliere infatti, qualche mese prima, il 3 novembre del 1993, era comparso, in qualità di testimone, di fronte alla seconda Corte d'assise di Roma dove si celebrava il processo sulla P2. Così, rispondendo alle domande del presidente Sergio Sorichilli e del pubblico ministero Elisabetta Cesqui, aveva offerto la sua versione.

Questa: «Sì. Conobbi Gelli attraverso il mio amico Roberto Gervaso. Sì. Io incontrai Gelli. Adesso è molto lontano il tempo perché sono parecchi anni, quindi...» «Avvenne nel 1978?» domandarono i giudici. «Sì. Aderii nei primi mesi del 1978. Questo è nella mia dichiarazione.» Poi, parlando parlando, venne fuori che Berlusconi stesso di incontri ne ricordava due: «Lo incontrai due volte. Penso all'Excelsior e una volta al Grand Hotel dove io scendevo quando venivo a Roma per le mie cose. Mi riempì di complimenti, dicendomi che mi considerava tra i nuovi imprenditori quello più bravo, e insistette molto sul fatto che io avevo un futuro importante davanti». Dunque, fu Gervaso che fece da chaperon. Berlusconi ammise candidamente che le frequentazioni di Gelli erano di altissimo livello. E aggiunse: «Gervaso mi raccontava che Gelli era introdotto presso tutti i più alti gradi istituzionali del Paese, e quindi che era persona assolutamente rispettabile. Credo anche, forse, che su di me influirono i complimenti che ricevetti e il tipo di insistenza motivata col fatto che si vedeva in me una persona di sicuro avvenire. Il meglio che l'imprenditoria italiana in quel momento esprimeva fra i giovani imprenditori. Probabilmente fu anche la mia vanità che mi portò...» In quell'audizione non stop, Berlusconi ebbe modo di esprimere il suo punto di vista sulla massoneria. Questo: «Certamente sapevo che la P2 era un'associazione che apparteneva alla massoneria. Avevo della massoneria una mia impressione positiva, perché anche in casa c'erano delle tradizioni a riguardo, e quindi era un'adesione a una associazione che doveva raccogliere, che era in procinto di raccogliere, nomi importanti nella vita...»

Quali delle due versioni sia quella più attendibile, forse non lo sapremo mai. Un punto è acquisito, dalle dichiarazioni di entrambi: Berlusconi fece parte della P2. E Gelli, proprio alla vigilia dell'incontro di Palermo, sponsorizzò Forza Italia con un inquietante gioco di ammiccamenti. Incontrando dei giornalisti a fine gennaio, a quanti gli chiedevano per chi avrebbe votato il 27 marzo, rispose con il sorriso sulle labbra: «Chissà, questa Forza Italia, effettivamente ci sto facendo un pensierino...» I riservisti, insomma, tornavano a colpire. E Santo Silvio non si accorse di nulla.

Abbiamo visto che Gelli e Berlusconi parlavano della P2, dunque di una massoneria deviata, col distacco e l'eleganza che normalmente si riservano alla trattazione di argomenti accademici o ricreativi. Parlavano delle finalità di un'organizzazione criminale segretissima paragonandola o a una bocciofila incruenta e rassicurante, o a un propellente per entrare nella fiera delle vanità, dove complimenti e applausi non vengono mai lesinati alla crema dell'Italia che conta, istituzionale o imprenditoriale che sia. Concezione salottiera, quella di Gelli e Berlusconi, che non si concilia per niente con le conclusioni della commissione Anselmi; che fa sorridere i tanti giudici italiani che hanno indagato sull'argomento; smentita dai tantissimi pentiti di mafia che l'hanno posta sullo stesso piano di Cosa Nostra; in contrasto stridente con le sentenze di tanti processi che se la sono trovata sul loro cammino. C'è la massoneria ufficiale, riconosciuta, alla luce del sole, che per definizione non si occupa di stragismo ma di filantropia. Perché non ha soddisfatto i fondatori delle logge deviate e coperte che sono diventate ben presto crogiolo di delinquenti di ogni risma? Questa domanda, apparentemente ingenua, non ha mai trovato risposta da parte dei diretti interessati. E il venerabile spettro non galleggia forse da decenni per merito di un potere sommerso, non dichiarato, non istituzionalizzato, non previsto dalla Costituzione, ma che ha dimostrato di essere fortissimo?

Se – come dice Gelli – «la P2 è il nulla», lui, che di questo nulla era il capo riconosciuto, chi rappresentava davvero? Perché banchieri o generali, dirigenti dei Servizi segreti o direttori dei giornali, politici o imprenditori, hanno fatto carte false in Italia pur di legare i loro destini a una messinscena tanto vacua? Se il nodo logico non lo scioglieva Gelli, non possiamo pretendere che lo sciogliesse Berlusconi che ai giudici di Roma diede tali prove di ingenuità da giustificare addirittura il proprio ingresso con i «complimenti ricevuti». Verrebbe da dire che il diavolo fa le pentole, ma non fa i coperchi. Sarà un'altra coincidenza, sarà un caso, ma proprio nei giorni in cui i due gentiluomini discettavano amenamente su una massoneria pacioccona e ingiustamente perseguitata, a Trapani accadeva qualcosa di poco elegante a un giudice che indagava, per l'appunto, su mafia, massoneria, Servizi e Gladio siciliana.

Trapani dei misteri

Il sostituto procuratore Luca Pistorelli, padovano, conobbe a sue spese una faccia di quei poteri occulti tanto diversa da quella descritta a giornalisti e giudici da Gelli e Berlusconi. Dire che Trapani e la sua provincia pullulavano di logge massoniche, coperte e deviate, equivale a dire che lo Stato Vaticano gravita attorno a San Pietro. Nessuna persona di buon senso poteva fingere di non sapere che, in quell'estremo lembo di Sicilia, negli elenchi dei fratelli un nome su due era rappresentato da mafiosi latitanti, politici regionali sott'inchiesta, sedicenti imprenditori, funzionari dello Stato al soldo di tante bandiere, compresi artificieri di Cosa Nostra, magistrati e poliziotti uniti da un discutibilissimo passato. Scontrino, Iside 2, Scorpione, Gladio, furono solo alcune sigle di un catalogo avvolto dal mistero.

Luca Pistorelli iniziò a fare i conti con questa fauna sin dal 13 maggio 1991, quando si insediò a Trapani – anche lui era uno dei tanti giudici ragazzini –, in uno dei palazzi di giustizia più sconsigliabili d'Italia. Si ritrovò a rappresentare l'accusa nel processo contro gli appartenenti alla Iside 2. Stava per portare alla sbarra i famigerati clan alcamesi di Cosa Nostra che per un paio d'anni avevano dato vita a una delle faide più truculente che si fossero mai registrate nell'intera provincia. Clan alcamesi, per completezza d'informazione, che avevano stretto con i corleonesi un patto tanto affidabile da gestire in grande tranquillità anni e anni di latitanza di don Totò Riina. Un segno del destino: Pistorelli andò ad abitare in quello stesso appartamento blindato che, sino al 1985, era stato utilizzato dal giudice Carlo Palermo. Un giudice – lo ricorderete – che, avendo indagato su analoghe trame di quegli anni, era sopravvissuto per miracolo alla strage di Pizzolungo: un'autobomba aveva dilaniato Barbara Asta e i suoi figli gemelli. Ora, anche Pistorelli doveva morire.

Nella notte fra il 23 e il 24 gennaio 1994, il dirigente del commissariato di polizia di Alcamo bussò alla porta del giudice. Teneva sotto braccio un ingombrante fagotto, e sollevando un lembo di una coperta che nascondeva qualcosa gli disse: «Signor giudice, questi erano per lei». Sul tavolo del magistrato il commissario posò un fucile di precisione di fabbricazione americana e un discreto corredo di cartucce. Poi, a un Pistorelli comprensibilmente turbato, il funzionario raccontò cosa era accaduto quella notte. Un paio di giorni prima, alcune intercettazioni telefoniche e ambientali avevano consentito agli investigatori di conoscere un progetto di morte deciso dal ghota mafioso di Alcamo per punire il giudice curioso. Era in cartellone la replica della strage di Pizzolungo. Il commando avrebbe dovuto bloccare le auto blindate di Pistorelli e della sua scorta, adoperando un bazooka armato con granate anticarro. I tiratori scelti, con fucili di precisione, avrebbero fatto il resto. Qualcosa non andò per il verso giusto. Il ritardo del bazooka, il cui arrivo era atteso da Roma di giorno in giorno, non permise ai boss locali di passare alle vie di fatto. Gli investigatori corsero ai ripari riuscendo a recuperare almeno i fucili di precisione. Il commissario, quella notte, ne portò a Pistorelli un esemplare che da solo era abbastanza eloquente. La mattina del 25 gennaio la foto del giovane Pistorelli finì sulle prime pagine di tutti i giornali e nelle aperture dei tg.

Chi era Pistorelli? Cosa aveva scoperto di tanto significativo un giudice che, nonostante la giovane età, era l'unico magistrato distaccato a Trapani per la Divisione distrettuale antimafia della magistratura palermitana? O era sul punto di scoprire qualcosa? Raccontò: «Le indagini di mafia qui, a Trapani, hanno subito un black-out investigativo dal 1985 al 1990. Questo è un fatto inaccettabile e scandaloso. Da due o tre anni stavamo cercando di colmare questo vuoto e in parte c'eravamo riusciti». Proprio così. Una volta spenti i riflettori sulla strage di Pizzolungo, nessuno, o quasi, si accorse che a Trapani erano finalmente venuti gli anni del grande letargo. Pistorelli, col suo lavoro, aveva rotto la pax. Aveva portato in processo Vincenzo Milazzo, il gestore della più grande raffineria di droga scoperta ai tempi di Carlo Palermo (Milazzo poi fu ucciso, su ordine di Riina, insieme al fratello e alla fidanzata). Era stato determinante per il rinvio a giudizio del gruppo di mafia responsabile della strage di Pizzolungo: fra gli altri, i capi clan Gioacchino Calabrò, Mariano Asaro, Filippo Melodia. Disse Sergio Lari, all'epoca capo della Procura trapanese: «L'attività investigativa ci ha permesso di identificare in Pistorelli il destinatario del piano della mafia. Mi stupisco comunque del fatto che la mafia non abbia ancora compreso l'inutilità di colpire singoli magistrati, perché non ci sono più eroi isolati, ma si lavora in pool». Ma quel giorno, a Trapani, tutti sapevano bene che Pistorelli non aveva certo rischiato di morire di sola mafia.

Nella conferenza stampa indetta a caldo dagli investigatori, emersero scenari molto inquietanti. Furono ricostruiti, per esempio, tutti i filoni investigativi ai quali il sostituto procuratore stava lavorando. Il capitolo più consistente di quest'inchiesta riguardava la presenza di Gladio in Sicilia, e l'attività del centro Scorpione fra il 1987 e il 1990. Leggenda vuole che questo centro, oscuro e inafferrabile, fosse stato costituito dal colonnello del Sismi, Paolo Fornaro, al quale poi era subentrato il maresciallo Vincenzo Li Causi, originario di Partanna (Trapani), anch'egli agente dei Servizi segreti militari, ucciso durante una sparatoria in Somalia il 12 novembre 1993. Naturalmente, quali fossero le ragioni della nascita e gli scopi dello Scorpione nessuno lo ha mai spiegato. Si sa solo che in quella parte della Sicilia operavano due centri di Gladio, uno con sede a Castellammare del Golfo e l'altro nell'isola di Pantelleria. Si sa anche che, lungo la costa di San Vito Lo Capo, era stata predisposta una pista per decollo e atterraggio di piccoli aerei. E che furono proprio i giudici dello staff di Pistorelli a scoprirla. Nei giorni del fallito attentato a Pistorelli si fece un gran parlare di una altra vicenda complessa e con ogni probabilità collegata. A casa di Vincenzo La Colla, appuntato dei carabinieri, i magistrati avevano scoperto un fornitissimo arsenale: bombe a mano, fucili e pistole. Erano tutte armi pronte all'uso. «Pronte all'uso», come si disse spesso ai tempi di Gladio? Pistorelli rischiò la vita non per avere indagato su qualche delitto passionale o su liti condominiali. Mafia, massoneria coperta, poteri occulti, Servizi deviati: è di questo che si era occupato il magistrato nei tre anni di permanenza nel distretto.

Pistorelli lasciò la Sicilia, come Carlo Palermo, dopo l'agguato, lasciò quella procura. Chissà se dopo questa ennesima pagina di ordinaria cronaca trapanese, Gelli e Berlusconi rividero le loro rosee rappresentazioni dell'attività della massoneria e della P2. In quell'Italia di misteri, delle stragi, degli attentati, riusciti o falliti, c'erano ancora mille e seicento iscritti alla P2 che, dopo la sua messa al bando e il suo scioglimento, sembravano essersi volatilizzati. Mille e seicento anime belle che rimasero incappucciate resistendo ai mille perché sollevati dalla storia degli ultimi quindici anni di Prima Repubblica.

Dal giorno del grande trionfo nel catino della Fiera del Mediterraneo passò tanta acqua sotto i ponti. Schizzi di massoneria deviata raggiunsero, in Sicilia, il Polo della libertà. Ci fu l'arresto clamoroso di un boss mafioso e massone, quel tal Pino Mandalari, commercialista da sempre, e indicato dai giudici antimafia come prestanome di fiducia di Totò Riina e dei corleonesi. Nei giorni del trionfo di Forza Italia e di Alleanza nazionale in Sicilia alle elezioni politiche, Mandalari fu al centro di una vivacissima attività telefonica per ottenere le contropartite al suo presunto impegno elettorale a favore di Berlusconi. Finirono sulle pagine dei giornali i senatori Enrico La Loggia, di Forza Italia, e Filiberto Scalone, di Alleanza nazionale. Entrambi definirono Mandalari un mitomane che millantava credito. I testi delle intercettazioni, pubblicate dai giornali, provocarono un'imbarazzante tempesta sugli uomini nuovi della Seconda Repubblica siciliana. Fini si impegnò: «Prenderò Scalone a calci nel sedere». La promessa non venne onorata.

Ai primi d'aprile del 1995 finì in manette Vittorio Mangano, lo stalliere di Arcore, uomo d'onore della famiglia mafiosa di Porta Nuova, che per anni era stato inserviente di fiducia di Silvio Berlusconi. I giudici lo accusavano di avere mantenuto rapporti con Cosa Nostra sino a tempi molto recenti. Berlusconi, però, aveva declinato ogni responsabilità dichiarando: «Avevo bisogno di un fattore e Dell'Utri mi presentò Mangano. Si comportò sempre benissimo». Quando finì coinvolto in un sequestro di persona, il Cavaliere lo mise alla porta. E anche Dell'Utri si ritrovò in carcere il 26 maggio 1995, per decisione dei giudici di Torino. Reati valutari, niente a che vedere con la mafia.

Dunque, costruire la Seconda Repubblica era più difficile di quanto si pensasse a prima vista. Molto più difficile di quanto diede a intendere Berlusconi ai suoi supporter della Fiera del Mediterraneo. Difficile, soprattutto, dal momento che non si era stati molto rigorosi nel concedere il visto d'imbarco sull'arca di Noè che avrebbe dovuto traghettare al sicuro la parte sana del personale politico della Prima. Quando poi si hanno idee molto confuse su mafia e massoneria deviata, i guai sono inevitabili. E gli anni seguenti lo avrebbero dimostrato assai eloquentemente.

XXIV

Le ombre

Il passato non torna

Erano trascorsi esattamente tre anni da Capaci e via D'Amelio. Cosa Nostra rappresentava ancora un problema apertissimo per la collettività nazionale. Con una formula adoperata spesso dagli addetti ai lavori, si può dire che in quei tre anni l'iniziativa dello Stato aveva registrato luci e ombre. Una maniera elegante per dire che il bicchiere poteva essere indifferentemente considerato mezzo vuoto e mezzo pieno. Che le carenze fossero inevitabili, ma riscattate da splendidi successi investigativi. Era davvero così? Siamo sicuri che il bicchiere non fosse più vuoto che pieno? Che le ombre non fossero preponderanti rispetto agli squarci di luce? A tre anni da Capaci e via D'Amelio, l'interrogativo non poteva essere eluso. E l'ultimo anniversario rappresentò l'occasione migliore per non cadere nelle trappole di una retorica sempre in agguato.

La grande stagione delle mobilitazioni massicce era finita. Il bombardamento televisivo cessato. Il bombardamento dei giornali notevolmente rallentato. Gli editoriali infuocati sempre più rari. E il procuratore Gian Carlo Caselli se ne lamentò apertamente durante un'assemblea di studenti palermitani al Teatro Biondo il 28 febbraio 1995. La mafia finiva in prima pagina solo quando si verificavano le stragi, i delitti; come in anni lontani che vedevano prevalere una concezione del fenomeno a metà fra il folklore e la cinematografia a effetto. La mafia aveva stancato. I mafiosi avevano stancato. I libri sull'argomento non incontravano più quel favore di pubblico che incontravano quando più alta era l'iniziativa repressiva dello Stato. E anche l'impegno di grandi e piccoli editori, di conseguenza, era diminuito. I buoni libri non mancavano, per esempio quello di Alexander Stille, *Nella terra degli infedeli* (Mondadori, Milano 2007), o la storia – raccolta da Maurizio Torrealta, e con prefazione di Ilda Boccassini – di «Ultimo», il capitano che arrestò Riina (Feltrinelli, Milano 2008). Ma in generale anche l'editoria aveva finito col convincersi che la mafia aveva stancato.

Sollevarono un vespaio polemico le parole di Carmelo Petralia, pubblico ministero del processo per la strage di via D'Amelio e sostituto alla Procura nazionale, che il 24 maggio 1995, durante una pausa del processo in aula bunker a Rebibbia dichiarò ai cronisti: «Cosa Nostra è riuscita a zittire Maurizio Costanzo e Pippo Baudo. Costanzo è intimidito. Era questo il messaggio di via Fauro. E Costanzo lo ha perfettamente interpretato». E Baudo? Ancora una volta, Petralia non ebbe dubbi: «Non è più quello di prima. Prima della bomba esplosa nella sua casa di Acireale». Dura la replica dei due anchormen: «È distratto. Lui faccia il suo mestiere di magistrato, che noi facciamo il nostro, quello di presentatori». Per completezza – però – andrebbe aggiunto che se tutti gli anchormen avessero detto contro la mafia un quarto di ciò che avevano detto Costanzo e Baudo, forse non avremmo avuto né l'attentato di via Fauro né quello di Acireale.

Certo. Si verificarono ancora provvidenziali temporali d'agosto. Ci furono ancora giornate in cui l'attenzione di tutt'Italia tornava per incanto a concentrarsi su Palermo. Quando? In occasioni di qualche revival criminale. Quando, per esempio, le cosche ripresero alla grande a regolare i loro conti interni a Palermo, lasciando per strada cadaveri di altri mafiosi o di sconosciuti incensurati. Accadde fra la fine del 1994 e l'inizio del 1995, con l'uccisione di Domenico Buscetta, detto Domingo, uno dei nipoti del pentito che era sopravvissuto a un decennio di vendette trasversali. Quando era finito sotto tiro qualche superpotente della Prima Repubblica del peso di Giulio Andreotti. O quando furono diffusi dossier per metà veri e per metà falsi, come il dossier Di Maggio, nel tentativo di screditare gli uomini di punta dell'antimafia (si voleva dimostrare che Balduccio Di Maggio, uno dei tantissimi pentiti che accusavano Andreotti, fosse inattendibile e pilotato nelle sue confessioni). Operazione, sia detto per inciso, fallita miseramente, anche se Titti Parenti, presidente dell'antimafia, lo considerò un caso molto serio. O quando un maresciallo dei carabinieri, come Antonino Lombardo, si tolse la vita con la pistola d'ordinanza dopo aver scritto una lettera carica di segnali, allusioni, risentimenti, e amarezza (il 4 marzo 1995). O a Caltanissetta, per il processo sulla strage di Capaci. Infine in occasione degli anniversari. Ma restavano sprazzi improvvisi di interesse. Da parte dei media, quasi atti dovuti. Tributi pagati alla grande retorica che – inevitabilmente – si finì col fare dopo l'estate del 1992.

Si potrebbe discutere all'infinito se ciò sia stato un bene o un male, ma quella stagione era finita. Le Procure di Milano e di Palermo (e non solo) rappresentavano per alcuni una anomalia indigeribile, che chiedeva di essere al più presto sanata, ridimensionata, se non addirittura cancellata. Tant'è vero che dal 1994 in avanti si registrarono le impennate più clamorose sul fronte della contrapposizione fra giudici e potere politico. Basta elencare questi nomi: Francesco Saverio Borrelli, Gerardo D'Ambrosio e Gherardo Colombo e Piercamillo Davigo, o Gian Carlo Caselli e la sua squadra palermitana, o Agostino Cordova, per evocare altrettante pagine di scontri al vetriolo, equivoci colossali, sfrenato desiderio di regolamenti di conti, richieste giustizialiste – queste sì – contro i giudici migliori. Quando si sarebbe saputa la verità su Antonio di Pietro? Appena il giudice di Brescia Fabio Salomone iniziò a indagare, iniziarono i guai anche per lui.

E basta ricordare quel grumo di risentimenti che si sono lasciate dietro le perniciose ispezioni ministeriali volute prima dal Guardasigilli Alfredo Biondi e poi dal Guardasigilli Filippo Mancuso. Sfiorò la crisi persino il dicastero Dini. Sfogliando le collezioni dei giornali, ci si accorgerà che fecero più notizia loro, i magistrati, che il fenomeno mafioso.

Cosa Nostra continuò a dare prova della sua virulenza, della sua stupefacente vitalità in tutto il territorio siciliano, ma anche nel resto del Paese. Ma qualcosa appariva profondamente cambiato. Cosa Nostra, sul palcoscenico italiano, era un soggetto che tendeva a rimpicciolirsi. Perdeva visibilità. Non appariva più agli occhi di milioni di italiani come quel gigantesco convitato di pietra che aveva condizionato la politica e gli affari negli anni Ottanta. Continuare a ripetere che Riina era il grande capo, rischiava di diventare una gigantesca frase fatta.

Tutta lì, la mafia? E i due aspetti – sovraesposizione dei giudici e arretramento del mondo dell'informazione sul tema – risultarono meravigliosamente complementari. Cerchiamo di spiegare. Per quasi vent'anni si era definita la mafia solo come un potere criminale, diverso da altri poteri criminali, ma pur sempre un potere che basava la sua immensa forza sull'uso delle armi, sull'immensa disponibilità di risorse finanziarie, sul controllo totale del territorio. Si diceva anche – e Dio solo sa quanto costò fare diventare questa affermazione un diffuso senso comune – che la mafia aveva rapporti con la politica, con l'economia, con le banche, con le istituzioni. Ma questa seconda parte del ragionamento, nella testa di molti, doveva rimanere quasi un teorema indimostrabile dal punto di vista processuale. Le centinaia e centinaia di imputati che riempivano le gabbie dei processi di mafia nell'Italia anni Novanta erano i figli di quella concezione giudiziaria e repressiva. Erano infatti processi senza mandanti, quelli che si stavano celebrando. Primo fra tutti quello di Caltanissetta, che presentava una sfilata di boss e soldati personalmente coinvolti nell'agguato dinamitardo, ma che difficilmente potevano essere considerati come gli unici ideatori del massacro di Capaci. Ecco perché la mafia rimpiccioliva. Perché si era raggiunto un limite nell'accertamento della verità, un limite che in pochi avevano la seria intenzione di superare.

Facciamo un esempio. In Sicilia, quando venne arrestato Riina, e il suo volto venne finalmente inquadrato dalle telecamere sotto il ritratto del generale Dalla Chiesa in una caserma dei carabinieri, la gente diceva: «E vorrebbero farci credere che un pastore ignorante come Riina sia a capo, da solo, del traffico mondiale degli stupefacenti? Ci sarà certamente qualcuno sopra di lui». Obiezione pertinente, fondata. Ma quando iniziarono i guai giudiziari di Giulio Andreotti, culminati – il 2 marzo del 1995 – nel suo rinvio a giudizio, quegli stessi che esprimevano perplessità sul ruolo solitario di Riina, manifestarono altri dubbi: «Possibile che un uomo politico, uno statista, un intellettuale della levatura di Andreotti si sia incontrato con Riina e lo abbia addirittura baciato?» Obiezione pertinente, anche questa fondata, non c'è dubbio. Era infatti difficile ammettere di essere stati governati per mezzo secolo da un partito il cui massimo rappresentante trescava con un'accolita di killer e di trafficanti. Ma non è scritto da nessuna parte che le verità più sono sgradevoli meno sono attendibili.

Il punto era un altro: una volta che quell'immenso macigno (il caso Andreotti, appunto) era stato gettato nello stagno, diventava impossibile continuare a fare informazione su Cosa Nostra con le categorie che andavano bene sino a qualche anno prima. Centinaia, anche migliaia di pastori ignoranti e rozzi come Riina, possono – e devono – finire sotto processo, ma non ci aiuta più a capire. Quella verità ormai è stata digerita dagli italiani. C'era dell'altro che si nascondeva dietro quelle facce? Così, se la mafia rimpicciolisce, delle due l'una: o il limite viene violato – e allora bisogna spingere lo sguardo più in alto rispetto alla comunità dei pastori «rozzi e ignoranti» –, o si mettono sotto accusa quelle Procure che con il semplice recupero della legalità appaiono tendenzialmente eversive rispetto a un sistema di poteri forti, istintivamente portati a sentire, e spesso a riconoscersi nelle ragioni di Cosa Nostra.

Si stava verificando la seconda ipotesi. Anche se Piero Luigi Vigna, il procuratore di Firenze, a fine maggio 1995, aprì un fascicolo contro i mandanti (ignoti) delle bombe agli Uffizi, Cosa Nostra continuò tranquillamente a mettere a segno le mosse dalle quali pensava di poter trarre giovamento. Un precedente capitolo si intitolava: «Il secondo miracolo» ed era dedicato per intero al ruolo della Chiesa in Sicilia nella prima metà degli anni Novanta. Ma la controffensiva mafiosa non si limitò all'uccisione di padre Pino Puglisi.

La mafia dal «volto buono»

Si verificò qualcosa di più grave, di inedito, e che non è stato chiarito nonostante indagini tempestive e – sotto un certo profilo – esaurienti. Come abbiamo già visto, Cosa Nostra esportò il terrore in tutt'Italia. Seminò cariche di tritolo nelle città più grandi e simboliche: Roma, Firenze, Milano. Fu a un passo dall'eliminazione di Maurizio Costanzo, colpevole di eccessiva attenzione, durante il suo talk show, al fenomeno di tutti i poteri criminali. Colpì al cuore gli Uffizi. Per la prima volta nella sua storia dimostrò di sapere «sparare nel mucchio». Anche i turisti stranieri si sentirono potenziale bersaglio di uno stragismo mafioso che rompeva i controproducenti confini siciliani. Andò in scena una grandissima drammatizzazione del conflitto, nella speranza di riuscire finalmente a «dialogare con lo Stato». L'avevo definita – nel mio libro *Dall'altare contro la mafia. Inchiesta sulle chiese di frontiera* (Rizzoli, Milano 1994) – «la mafia della Seconda Repubblica». Una mafia del «potrei ma non voglio». Propensa a evitare le carneficine, ma altrettanto intenzionata a mantenere il controllo del territorio, e a fare sentire la sua voce nella definizione degli assetti politici di questo Paese. Una mafia che ambiva a presentarsi quasi con un volto umano. Ciò accadeva soprattutto durante i fatidici sette mesi del governo Berlusconi.

Il motivo c'era. In quella fase, ai boss di Cosa Nostra stavano a cuore soprattutto tre questioni: la revisione della legge sul pentitismo, l'ammorbidimento di un regime carcerario diventato finalmente duro con l'applicazione del 41 bis, un definitivo regolamento di conti con i pubblici ministeri diventati in Italia i rappresentanti di un'accusa ormai poco disposta a mediare in presenza di gravissimi reati di mafia. Sappiamo quali polemiche insorsero durante i sette mesi del governo Berlusconi. Conosciamo la sollecitudine dimostrata da personaggi di punta del Polo delle libertà (da Tiziana Maiolo a Vittorio Sgarbi, da Titti Parenti allo stesso Berlusconi) nel prestare ascolto agli innocenti argomenti «garantisti». Ricordate? Era una gara a chi la sparava più grossa. Chi voleva chiudere entro ventiquattr'ore le carceri di Pianosa e dell'Asinara. Chi voleva riammettere i detenuti mafiosi a vita comune. Chi si era specializzato nella denuncia contro l'uso distorto dei pentiti. E chi, di conseguenza, proponeva di rimettere in discussione la legislazione sull'argomento. Naturalmente, quelli furono mesi bui per gli addetti ai lavori più seri, consapevoli di quanto fosse costato riuscire a voltare definitivamente pagina nella lotta alla mafia.

Il carcere per i mafiosi risultava particolarmente gravoso. E lo spirito di quell'articolo 41 bis dell'ordinamento carcerario aveva finito con l'ispirare un'apposita legge che fu poi approvata dal Parlamento. Resse alla tempesta delle contestazioni e delle accuse la legislazione sul pentitismo. Le Procure – ma su questo torneremo – mantennero una buona agibilità d'azione. A voler essere precisi bisogna ricordare che dopo gli attentati di Roma, Firenze e Milano, si era aperta una seconda fase – all'inizio dell'estate 1993 – segnata da una sessantina di attentati tutti contro sindaci e amministratori progressisti e del Pds, in provincia di Palermo. Ancora una volta, mafia dal volto buono: fra Piana degli Albanesi e Altofonte, Corleone e Monreale, San Giuseppe Jato e San Cipirrello, e Camporeale, ma anche in paesi costieri, come Isola delle Femmine, o Cinisi o Terrasini, venivano distrutte case, incendiate auto, rasi al suolo uliveti e vigneti, ammazzati capi di bestiame. Mai una sola persona ferita, sia pur di striscio. Quale migliore prova di una strategia militare ormai attenta a evitare le stragi e i delitti? Ma anche questa seconda fase sembrava destinata al superamento.

In molti ritennero che si fosse aperta una pericolosissima guerra di successione ai vertici di Cosa Nostra. C'era chi sosteneva, per esempio, che i quaranta e più delitti di Palermo fra il 1994 e il 1995, fossero da ascrivere alla contrapposizione insanabile fra due colonnelli corleonesi, entrambi, una volta, legati a Totò Riina: Leoluca Bagarella, cognato del boss (finalmente arrestato il 24 giugno 1995), e Pietro Aglieri. Ne era convinto il sostituto Alfonso Sabella, titolare delle indagini su molti di quei delitti. Qualcosa si era rotto.

Non rientrava nella normalità che persino il paese di Corleone, tradizionalmente estraneo a questi scenari, avesse registrato l'uccisione di tre persone imparentate fra loro e tutte incensurate. Non ci sembrò convincente, a questo proposito, la lettura proposta da Luciano Violante che vedeva in ciò che stava accadendo una iniziativa dei corleonesi quarantenni, ormai stufi dello strapotere di Totò Riina. Difficilmente, nella storia di Cosa Nostra, le guerre di mafia sono state accese da semplici conflitti generazionali. Stava accadendo qualcosa che sfuggiva agli investigatori. Ma prima di parlarne merita di essere concluso il ragionamento sulla fase dell'esportazione del terrore. Se Cosa Nostra aveva inteso «dialogare» con lo Stato era pur vero che aveva chiuso i ponti con la Chiesa. Il primo avvertimento lo avevano lanciato con l'uccisione di padre Pino Puglisi. Il secondo venne con le bombe di Roma.

In occasione della pubblicazione del libro *Dall'altare contro la mafia* raccolsi questa testimonianza di padre Vincenzo Noto che vale la pena riproporre quasi integralmente: «A parte le ragioni localistiche, c'è una strategia della mafia più ampia, che parte dall'attentato alla Chiesa del Laterano. La scelta della piazza del Laterano non è fatta a caso, è altamente simbolica. Infatti la cattedrale del papa non è San Pietro, ma San Giovanni in Laterano che è anche sede del vicariato e del seminario di Roma dove si formano i sacerdoti. Hanno voluto colpire il papa nel luogo per lui più significativo. Volendo reagire al messaggio del suo discorso ad Agrigento, hanno deciso di colpirlo dove esercita il suo magistero. L'obbiettivo dell'altro attentato è stato invece San Giovanni al Velabro, chiesa storica del centro di Roma; vedo nella scelta di quei due luoghi una risposta molto intelligente, molto sottile, che è solo una parte della sfida della mafia. L'uccisione dei sacerdoti, fatto senza precedenti, avviene perché la mafia ormai sa che questo papa ha innescato un meccanismo di reazione che i sacerdoti, proprio per la devozione che hanno per il Santo Padre, non potranno più ignorare. Ci può essere il pavido, il collaboratore inconsapevole, il finto tonto, il don Abbondio... Ma nell'insieme troverai migliaia di sacerdoti in tutto il mondo che ormai sanno che devono rendere testimonianza come Chiesa di frontiera.

«La mafia ha capito che i sacerdoti fanno riferimento a quel discorso. E allora: la punizione al papa arriva con le bombe nelle chiese, la punizione ai sacerdoti comincia con le uccisioni di Puglisi e Diana che, per un motivo o per un altro, avevano già attuato in proprio questa linea del pontefice. La mafia avrà pensato che l'intervento di Agrigento creava attorno alla Chiesa siciliana una solidarietà nazionale e internazionale che le poteva dare quella forza, quella capacità di opinione pubblica che prima non aveva, perché probabilmente restava sempre una Chiesa isolana e isolata. La mafia avrà pensato: qui scende in campo il papa. Sino a quando parla il vescovo di una diocesi, il sacerdote può dire: va bene, ha parlato il vescovo... Ma se parla il papa, tu sacerdote o operatore pastorale, in qualsiasi centro lavori, anche nel più piccolo paese di questo mondo, incontrerai quel gruppo giovanile, quel circolo ricreativo, quell'associazione che conosce il discorso di Agrigento, e se ti comporti in maniera difforme, te lo faranno notare. Insomma: la mafia avrà capito che questa Chiesa isolana ha un sostegno che va al di là delle proprie forze, ed è passata alla controffensiva.»

Concludendo: «Hanno commesso un gravissimo errore di valutazione. C'è una consapevolezza più diffusa che qualsiasi forma di connivenza politica o economica deve saltare per aria. Perché la collaborazione con la mafia non è solo la collaborazione con il mafioso delinquente, è la collaborazione con il sistema nel quale il mafioso-delinquente si trova come il pesce nell'acqua. E i mafiosi non si sono accorti che queste morti, nella Chiesa, hanno ottenuto il risultato opposto, producendo molta più gente che ora è capace di resistere. Tertulliano diceva: "Il sangue dei martiri è seme di nuovi cristiani". Io potrei dire, parafrasando Tertulliano, che il sangue di questi sacerdoti innocenti uccisi dalla criminalità mafiosa genera altri sacerdoti che sicuramente continueranno con molto più impegno la loro testimonianza».

Neanche a farlo apposta, nella notte fra il 20 e il 21 maggio del 1995, un nuovo attentato intimidatorio prese di mira padre Gregorio Porcaro, l'ex vice di Puglisi che da qualche mese aveva lasciato Brancaccio per motivi di sicurezza, trasferendosi nella borgata marinara dell'Acquasanta, considerata più tranquilla. Non era che l'ultimo di una serie di attentati contro sacerdoti di punta della Chiesa palermitana. Ricordiamo i più clamorosi: impressionò l'opinione pubblica il caso di padre Roberto Zambolin, parroco missionario della chiesa di Santa Teresa, nel quartiere Noce, costretto a lasciare Palermo al culmine di una lunga serie di minacce (ottobre 1994); don Mario Scifo, frate minore conventuale, parroco della chiesa di Maria Santissima dell'Assunta, ancora una volta alla Noce, vide la chiesa svuotarsi mentre stava pronunciando una coraggiosa omelia antimafia (gennaio 1995). Anche lui lasciò Palermo su suggerimento dei superiori. A don Gino Sacchetti, cappellano del carcere di Termini Imerese, fecero trovare la testa di un capretto e gli spedirono tre proiettili con questo messaggio: «Uno è per la testa, uno per il cuore, l'ultimo per il colpo di grazia». Lui chiese di rimanere al suo posto. Il tempo stava dando ragione alle profetiche parole di Tertulliano.

Attacco ai giudici

E allora, di fronte a tutti questi fatti, torniamo a chiederci: a cosa era servito il terzo anniversario della strage di Capaci? C'era un rischio: che tutto affogasse nelle celebrazioni retoriche e in gigantesche passerelle di facciata. Che si volesse mettere in piedi una gelida macchina dei ricordi in grado di rinverdire le emozioni di quei giorni, riattualizzando la figura di un giudice, di sua moglie e di tre fedeli agenti della scorta. C'era il rischio revival, manifestazioni e convegni, dichiarazioni e prese di posizione, «come se» fosse stato ancora una volta quel lontano 23 maggio 1992. Ci sono momenti irripetibili, che nessuna cerimonia commemorativa può riprodurre. Gli stati d'animo non si prestano a operazioni a orologeria. Lo schema che dice: occorre insistere periodicamente in quel ricordo se vogliamo evitare che la tensione antimafia subisca un rallentamento, non funziona. I ricordi non possono rappresentare un ostacolo al procedere della vita quotidiana. Lo evidenziò Vittorio Grevi sul «Corriere della Sera», nel suo commento del 23 maggio 1995, intitolato significativamente «Le idee di Falcone finite nel cassetto».

Scrisse Grevi: «Importa domandarsi, in particolare, che cosa sia rimasto vivo, oggi, dell'eredità di Falcone: quanto dei suoi insegnamenti e delle sue strategie di contrasto alla criminalità mafiosa si sia tradotto in testi legislativi e in prassi investigative, e quanto, invece, sia rimasto lettera morta. Certo bisogna riconoscere che nell'arco dell'ultimo triennio molto è stato fatto, molti risultati sono stati ottenuti, e molti squilibri sono stati compensati, grazie anche alla fortissima carica di emozione suscitata nel Paese dalla terribile sequenza tra la strage di Capaci e quella di via D'Amelio. Ma proprio qui si annida il maggior rischio, tipico del momento che stiamo attraversando». E il rischio, per Grevi, non aveva nulla a che vedere con il funzionamento di una generica macchina dei ricordi, quanto con la capacità o meno – tre anni dopo – di saper mettere a profitto tutte le idee di Giovanni Falcone. Ecco allora l'elenco puntiglioso dei pericoli da evitare: «Quello del calo di tensione, del compiacimento degli obbiettivi conseguiti, del convincimento che il peggio sia ormai alle spalle». E ancora: «Un rischio più che mai reale, come dimostrano la leggerezza e la sufficienza con cui negli ultimi mesi sono stati talora affrontati, nel dibattito politico, argomenti cruciali come quelli che riguardano l'assistenza statale ai collaboratori di giustizia, il regime di rigore per i detenuti pericolosi, il sistema delle carceri di massima sicurezza, la disciplina dei sequestri e delle confische volti a colpire i patrimoni di non legittima proprietà. Argomenti delicatissimi, ma troppo spesso trattati senza la necessaria professionalità, e senza rendersi conto dei riflessi controproducenti che possono determinare nell'universo mafioso i segnali di incertezza e di disorientamento offerti da uomini delle pubbliche istituzioni sul tema della lotta alla mafia».

Nella seconda parte del suo ragionamento, Grevi osservava, fra l'altro, che «tutto questo non sarebbe piaciuto a Giovanni Falcone, instancabile fautore della necessità di una giustizia organizzata e compatta dinnanzi alla compattezza delle organizzazioni criminali. Come pure non gli sarebbe piaciuto un certo clima di isolamento che negli ultimi tempi si è venuto creando intorno ai magistrati di Palermo e delle altre sedi più esposte contro la mafia. Un isolamento al quale sempre si accompagna un effetto di delegittimazione dei medesimi magistrati nel contesto sociale in cui operano, e quindi di indebolimento della loro immagine, della loro stessa potenzialità operativa sul terreno delle indagini». Dunque, per ottenere un consistente salto di qualità, concludeva Grevi, occorreva una ripresa di iniziativa governativa rispetto alla "questione mafia", che è una questione nazionale di grado prioritario, rispetto alla quale si impone la convinta convergenza di tutte le forze politiche, al di là delle divisioni tra maggioranza e opposizione. Ed è questo anche l'unico modo serio per celebrare, oltre la retorica delle parole, la figura e la memoria di Giovanni Falcone».

Non c'era nulla da aggiungere. La questione era ben centrata, i punti di difficoltà – tre anni dopo – erano stati esattamente quelli indicati, e Falcone queste cose le pensava davvero. E – certamente – si sarebbe notevolmente infastidito di fronte a una retorica delle luci che dimentica le ombre.

Ma un aspetto, in particolare, meritava una sottolineatura tra le tante ricordate da Grevi: quella dell'isolamento dei giudici accompagnato dalla delegittimazione e dall'indebolimento della loro immagine. Se ne parlò diffusamente nei giorni del terzo anniversario. Anche il convegno della Fondazione Francesca e Giovanni Falcone aveva avvertito l'eco di questa tematica che però i diretti interessati preferirono affrontare in interviste e editoriali sui quotidiani nazionali. Niente di strano. La tre giorni della Fondazione vide la partecipazione di tutti i segretari di partito, da Gerardo Bianco a Rocco Buttiglione, da Gianfranco Fini a Fausto Bertinotti, da Mario Segni a Massimo D'Alema. Quest'ultimo sembrò quello più attento a una lotta alla mafia che non fosse solo repressione, ma anche occupazione e sviluppo. Era assente Berlusconi, per il quale in quei giorni la Procura di Milano chiedeva il rinvio a giudizio. Intervennero tutti i massimi vertici investigativi, ma il convegno non si prestò alla messa a punto di una linea comune fra addetti ai lavori che così finirono col cercare altre strade. E probabilmente si poteva trovare una sede migliore dell'assemblea regionale siciliana che con i suoi cinquantacinque parlamentari inquisiti a molti non sembrò lo scenario ideale per commemorare la strage di Capaci. Scrisse Francesco La Licata, sulla «Stampa» del 22 maggio: «La Sala gialla [dove si tenne il convegno, N.d.A.] è un frullatore: vi si agitano le diverse anime dell'antimafia, le contrastanti opinioni sul "valore" dei magistrati di Palermo o sull'opportunità della ricerca a qualunque costo di un impossibile ecumenismo».

Ma dietro le quinte del convegno non mancarono le sorprese, i colpi di scena, le polemiche. Gian Carlo Caselli, sulla «Repubblica» del 23 maggio: «In questi tre anni, grazie all'attività di vari uffici giudiziari, la magistratura è stata vista (ed era per certi versi improprio) come un fattore salvifico, una specie di salvagente della democrazia. Forse per una certa naturale stanchezza, per una caduta prima di tutto interna all'attenzione dell'opinione pubblica, la tensione appare oggi calata. La coscienza collettiva, se pure è ancora convinta dell'alto valore della giurisdizione, non appare più così compatta e vigile com'era stata, ad esempio, al tempo del "decreto Biondi". In questa situazione si profila, spesso, un'opera di erosione della credibilità della magistratura presso l'opinione pubblica. Si aprono così delle brecce, attraverso le quali si ha l'impressione che si vogliano far passare progetti di abbassamento del livello dell'operato giudiziario, che si voglia rendere il processo un fatto asettico-burocratico, tornando – sostanzialmente – al vecchio "non fare". Si coglie in altre parole, una crescente insofferenza per la giurisdizione, i cui ambiti di esplicazione si vorrebbero contenere riducendo un presunto strapotere dei giudici».

E ancora: «C'è quindi il rischio che a poco a poco si inneschino meccanismi capaci di smorzare l'impegno dei magistrati, facendo riaffiorare vecchi moduli di lavoro. Per intenderci, quelli propugnati da chi si era rivolto al consigliere Chinnici, quando Giovanni Falcone stava avviando le prime inchieste di mafia, perché quel giovane fosse caricato di "lavoro ordinario", così da non danneggiare più di tanto... l'economia siciliana. Certo, anche i magistrati possono commettere errori o essere responsabili di incertezze e ritardi. Ma ciò nulla toglie alla pericolosità di ogni disegno di riduzione della giurisdizione: perché, riducendo il controllo di essa sui poteri pubblici e privati, si finisce per aprire la pista a una voglia di "meno regole" in ordine al funzionamento di tali poteri, sotto l'apparenza del ripristino o del maggior rispetto, da parte della magistratura, di determinate forme». Infine: «Farsi carico di questi problemi e segnalarli non significa indulgere a un allarmismo esasperato e meno che mai dare vita a una specie di "guerra civile". Significa soltanto difendere, nell'interesse del servizio pubblico, l'integrità della giurisdizione, contro le insofferenze e le tentazioni di comprimerla. Se l'ostilità che serpeggia nei confronti della giurisdizione dovesse conseguire i suoi obbiettivi, alla fine del percorso ritroveremmo "il buon tempo antico": quando i processi magari si facevano, ma la sistematica conclusione era che non esistevano né la mafia né la corruzione. Dei morti di Capaci, allora, non ci sarebbe più bisogno di conservare memoria».

Quest'ultimo passaggio di Caselli sulla «guerra civile» merita una spiegazione. Si trattava di un aperto riferimento polemico alla tesi che Sergio Romano aveva esposto in suo editoriale sulla «Stampa» del giorno prima. Vediamone qualche passaggio. Innanzitutto, dopo avere riepilogato gli scontri di quei giorni sulle ispezioni ministeriali e la messa sotto accusa della Procura di Milano nel giorno della richiesta del rinvio a giudizio di Berlusconi, Romano osservava: «Mentre Tizio indaga su Caio, Caio indaga su Sempronio e Sempronio indaga su Tizio, alcuni procuratori lanciano segnali, ammonimenti, accuse. Caselli afferma che "i pm rischiano di trasformarsi da inquisitori in inquisiti." Scarpinato ricorda che i procuratori rischiano la vita. Morvillo sostiene, in un'intervista televisiva, che l'attentato contro Falcone non fu opera di "sola mafia"...» Dopo aver ammesso che il quadro disegnato dai procuratori non è un quadro fantasioso, Romano aveva bruscamente virato: «Ma l'emergenza politico giudiziaria ha deformato le funzioni dei procuratori, li ha sollecitati ad assumere posizioni e iniziative che non sono compatibili con l'equilibrio dei poteri in uno Stato di diritto. Delicati strumenti come la detenzione preventiva, gli avvisi di garanzia, gli avvisi di reato e i rinvii a giudizio sono stati branditi come mazze e usati con raffinato "tempismo" in un clima di crescente pubblicità». Non è tutto: «Come tutte le guerre civili anche questa rischia di lievitare su se stessa e obbedire alla logica spregiudicata della conflittualità. Mi spiego meglio. Vi è il pericolo che ogni contendente si serva, per meglio difendersi e meglio colpire l'avversario, degli strumenti che sono conferiti dallo Stato per l'esercizio di una funzione pubblica. Le carte bollate sono armi che l'uomo delle istituzioni, quando torna a casa, deve lasciare nel suo ufficio. Se le usa per scopi diversi, nell'ambito di una guerra fra poteri e corporazioni, mette in discussione la credibilità dello Stato e la propria». C'era questo scenario dietro l'editoriale di Caselli su «Repubblica». E quello stesso giorno, «l'Unità» pubblicò una mia intervista al procuratore capo di Palermo della quale vale la pena riportare due domande e due risposte.

Chiesi a Caselli: «Sergio Romano, sulla "Stampa" di ieri, vede addirittura una sorta di guerra civile di tutti contro tutti. Siamo a questo punto?» Risposta: «Farsi carico dei problemi dell'integrità della giurisdizione e dell'efficacia del controllo di legalità significa porre un problema istituzionalmente importantissimo. Denunziare i relativi pericoli significa assolvere un fondamentale dovere morale e giuridico. Quell'integrità e quell'efficienza sono garanzia che il "servizio giustizia" si svolga nell'interesse di tutti». Rivolsi a Caselli quest'altra domanda: «Lei vede in chiave positiva ciò che Romano vede come una jattura. O sbaglio?» E Caselli: «Le rispondo così: non vedo come si possa parlare di guerra civile quando si tratta solo di impedire che si torni al tempo in cui i processi si concludevano – sistematicamente – con l'affermazione che non esisteva né mafia né corruzione».

In altre parole, stavamo assistendo al replay di vecchissime polemiche contro Falcone, Borsellino e Caponnetto. Ricordate quando anche loro venivano criticati per eccessivo protagonismo, perché rilasciavano interviste, o perché denunciavano che si stava abbassando il livello di guardia della lotta alla mafia? Ricordate i conflitti Meli-Falcone, Meli-Borsellino? Ricordate Curti Giardina? Interviste non ne rilasciava, ma ciò non gli impedì di combinare guai colossali. Anche allora – apparentemente – c'erano tutti i segni distintivi di una guerra civile. Ma i magistrati, in quella guerra, erano schierati tutti dalla parte sbagliata? Erano paragonabili fra loro?

E fece male Alfredo Morvillo, cognato di Falcone, a rilasciarmi il 20 maggio quella clamorosa intervista all'«Unità» che poi il Tg2 ebbe la sensibilità di riprendere? Neanche la posizione di Morvillo, come abbiamo visto, piacque a Sergio Romano. Vediamo di che si tratta. Morvillo, fra l'altro, mi disse: «Dopo le stragi c'è stato un periodo di grande risveglio. Anche sull'onda del lavoro svolto proprio da Giovanni. Oggi c'è un evidente allentamento. Si fa credere all'opinione pubblica che ci sia un grosso impegno dello Stato. Si sbandierano grandi risultati. In effetti ci sono notevolissime carenze». Quali? E Morvillo: «Certe lentezze ingiustificate nell'assolvimento dei precisi impegni già assunti con i collaboratori di giustizia. Pensiamo al cambio di identità che sulla carta sarebbe semplicissimo. In realtà viene bloccato da incredibili lungaggini burocratiche, col risultato che intere famiglie di pentiti restano sospese fra presente e futuro. I pentiti invece vengono rappresentati con un chiodo fisso: chiedere soldi, soldi, soldi. Non è così. Posso fare altri esempi. Il 41 bis, il regime di isolamento carcerario, è un ottima misura, vanificata nei fatti».

Vanificata da che cosa? «Dall'assenza di una normativa che permetta all'imputato di assistere al dibattimento con il sistema della teleconferenza. Ciò consentirebbe a ciascuno di restare nel suo carcere. Per ora il gotha di Cosa Nostra è perennemente in viaggio da un processo all'altro. E il 41 bis diventa un bluff.» Gli chiesi anche: «Su un piano autenticamente investigativo quali sono i sintomi di quest'abbassamento della guardia?» Morvillo: «È cronaca di questi giorni il mancato pagamento dello straordinario a operatori della Questura di Palermo. Trovo clamoroso il fatto che lo Stato possa pensare di "risparmiare" sulle indagini antimafia in una città come questa. Sono comportamenti che demotivano la gente e creano un pessimo clima di sfiducia». Qual era l'opinione di Morvillo sul processo di Caltanissetta per la strage di Capaci? Non solo rose e fiori: «Quella è una parte della verità. Quella verità che per altro, e già da tempo, è sotto gli occhi di tutti. È la verità che ci viene offerta dalle modalità degli stessi attentatori». Insistetti: «Sono sotto processo quelli che garantirono l'attentato "chiavi in mano"?» E lui: «Possiamo dire di sì. Non c'è dubbio che quello è il comando militare. Sinora si è arrivati a questo punto. Per fortuna le indagini continuano».

Le critiche ai giudici di Palermo provenivano da tante direzioni. Anche Enzo Biagi aveva replicato in maniera stizzita quando Caselli, parlando al Teatro Biondo di Palermo, si era lamentato del silenzio dei media sul tema mafia. Biagi aveva scritto su «Repubblica» che i giudici palermitani devono smetterla di considerarsi l'ombelico del mondo. Morvillo, in quell'intervista, mi rispose così: «Di essere considerati "l'ombelico del mondo" faremo volentieri a meno. Non è colpa nostra se dalla fine degli anni Settanta a oggi, a Palermo, è accaduto tutto quello che è accaduto. Non è stata risparmiata nessuna categoria sociale. Non c'è un solo palermitano che non si sia visto uccidere almeno una persona che conosceva. Non appena qualche rappresentante dello Stato, a qualsiasi livello, infrangeva l'inerzia, si trovava in situazioni di sovraesposizione, veniva prima isolato, poi ucciso. In tante parti d'Italia ancora non si è capito cos'è accaduto qui. Chi legge o scrive i giornali, a Roma o a Milano, non ha ancora autentica consapevolezza che quello che è accaduto – e in parte accade ancora – in questa città, non ha precedenti in nessuna parte del mondo. Così, di fronte a certi allarmi, qualcuno avanza la critica di un'eccessiva valutazione della problematica mafiosa. Quasi che se ne voglia imporre la centralità. Col risultato che chi lancia quegli allarmi viene visto come qualcuno che si attribuisce un ruolo improprio perché commette un errore di ipervalutazione. Come diceva lei, questi atteggiamenti si manifestano anche da parte di uomini di cultura assolutamente insospettabili. Manca loro la consapevolezza di ciò che significa Palermo. Tutto qui».

Ricordiamo infine l'editoriale di Alessandro Galante Garrone, sulla «Stampa» del 24 maggio: «Si pensi all'importanza fondamentale che hanno assunto i "pentiti", allorché si sono sentiti a un certo punto sorretti dall'energica azione delle istituzioni, dalla fattiva ed energica protezione dello Stato. Dalla strage di Capaci a oggi, molti passi avanti sono stati fatti. Guai a fermarsi o, peggio, retrocedere. Sappiamo benissimo che ci sono nell'ombra forze che,

354   Quarant'anni di mafia

sotto troppo facili pretesti formali, speculano su questi primi indizi di cedimento dei propositi degli onesti, o che sembrano non rendersi conto che di fronte alla vastità dei fenomeni delittuosi, corruttivi o mafiosi, è ingenuo baloccarsi in procedure isolate, senza ricorrere al necessario congiungersi delle iniziative individuali in un'azione ben concertata, in quella che correttamente oggi si identifica nei pool dei magistrati. Se non si continua a procedere risolutamente su questa via (sempre, è ovvio, nel rispetto della legge; ed è questo che di regola accade) il pericolo è quello del progressivo, fatale isolamento di quei magistrati che sono in prima linea nell'assolvimento dei loro doveri. È chiaro che, lungo questa linea di azione giudiziaria, non ci sono zone franche, per le quali l'azione giudiziaria dovrebbe arrestarsi con cautela. Indubbiamente, le dimensioni della corruzione e della mafia si sono rivelate, ahimè, ben più vaste di quanto gli stessi magistrati non avessero sospettato all'inizio delle loro indagini. Ma quest'immensità del male non può essere accolta come una ragione per rallentare o addirittura interrompere le indagini. Essa dovrebbe anzi indurre a un impegno ancor più risoluto».

Non trovate stupefacente che, a tre anni da Capaci e via D'Amelio, i giudici fossero ancora nel mirino?

XXV

Finale di partita

Il crepuscolo dei corleonesi

Si era giunti finalmente agli sgoccioli dello strapotere corleonese. Erano bastati tre anni per annichilire il più temibile gruppo di comando che la mafia avesse mai espresso in un secolo di storia. Crollate le complicità istituzionali, era crollato l'impero delle marionette, imprendibili e sanguinarie, che avevano gestito vent'anni di traffici e di stragi. Tanti i segnali a conferma di questa constatazione: la cattura dei Grandi Capi, degli ultimi Signori della Guerra, dotati di un esercito personale, di una propria cassa, rimpinguata dai taglieggiamenti del racket e dai proventi dell'eroina; di un reticolo di covi, bunker, casematte, utili per occultare sia latitanti sia arsenali micidiali; l'incapacità degli ultimi Signori della Guerra, e in particolare dei loro mercenari, a mantenere il «segreto», a subire decenni di galera pur di non rivelare il funzionamento degli ingranaggi più reconditi di Cosa Nostra.

Si stava assistendo a un totale ribaltamento di quanto era accaduto nella prima metà degli anni Ottanta. Lo ricordate? Allora, a pentirsi, a collaborare, o a «tradire», erano solo i gruppi di mafia del palermitano, quelli che avevano perduto la guerra, e che avevano ormai come unica prospettiva quella di subire lo sterminio dei propri familiari. I corleonesi, vincitori di quell'efferato regolamento di conti, non avevano motivi validi per pentirsi. Le complicità istituzionali – nonostante tutto – non erano state neanche scalfite dai primi maxi processi, ragion per cui i seguaci di don Totò Riina avevano ancora tutto da guadagnare da una logica di contrapposizione frontale.

Allora dieci pentiti su dieci provenivano dal milieu corleonese:
Balduccio Di Maggio e Salvatore Cancemi, Gioacchino La Barbera e i fratelli Emanuele e Pasquale Di Filippo, Tullio Cannella e
Calogero Ganci, Antonio Mangano e Pietro Romeo, solo per segnalare i nomi di maggiore spicco. Questo ribaltamento non era casuale. La clandestinità, la totale secretazione dei nuovi componenti
della famiglia corleonese si era rivelata un boomerang. La stessa
abolizione del giuramento, se da un lato aveva alleggerito la affilia-
zione e la vita quotidiana dei soldati e dei boss, dall'altro aveva
provocato paurose smagliature nella rete difensiva: aumentando
infatti il numero dei corleonesi in posizione di comando che non
avevano mai prestato giuramento, la regola del silenzio sembrava
fatta apposta per essere infranta. Una volta l'iter prevedeva prima
l'arresto, poi anni e anni di galera, e, solo alla fine, la richiesta di
parlare con questo o quel magistrato. Ormai ci si pentiva in tempo
reale. C'era gente che oggi commetteva qualche delitto, finiva in
manette, e l'indomani aveva già vuotato il sacco. Mentre una volta
i pentimenti prendevano le mosse da giganteschi amarcord rimugi-
nati per decenni, ora il pentimento si muoveva quasi via fax. Una
sorta di folgorante «vado l'ammazzo e mi pento».
   L'abbiamo detto: il potere corleonese era agli sgoccioli. Ma
anche Cosa Nostra era agli sgoccioli? L'attualità non autorizzava
simili salti logici, simili scorciatoie. Ma c'è una data di svolta per
immaginare gli scenari futuri. Una data passata quasi inosservata
al grande circo dei media. È registrata solo, a suo tempo, dall'«Unità», dal Tg2, da TeleMontecarlo e dal Grl. Ciò che era accaduto
era troppo inquietante, troppo al di fuori degli schemi, gravido di
conseguenze imprevedibili e tutt'altro che rassicuranti.
   La data è il 22 febbraio 1996, l'episodio si verificò nell'aula
bunker di Mestre, dov'era in corso una delle tante udienze del
processo per la strage di Capaci. Cosa accadde quel giorno a Mestre?
Per un'intera mattinata aveva parlato il pentito Gaspare Mutolo,
e andava avanti così dal giorno prima, tanto che alla fine la sua
deposizione fu da guinness dei primati: venti ore filate (venti ore
che sfiancarono la Corte, l'accusa e la difesa). Gaspare Mutolo era
un altro di quei pentiti corleonesi che aveva deciso di collaborare
e le sue conoscenze non erano di poco conto visto che per tanti
anni era stato autista di Totò Riina e ne aveva condiviso viaggi,
segreti e confidenze. Ovvio che Riina lo detestava. Tanto che,
mentre il capo dei corleonesi assorbiva in silenzio tutte le «infamità» dei pentiti che lo chiamavano in causa, non appena sentiva la

voce di Mutolo dava in escandescenze. Perciò chiese immediatamente al presidente della Corte del processo di rendere dichiarazioni spontanee. Copione rispettato anche quella mattina del 22 febbraio. Parola accordata dal presidente della Corte d'Assise Ottavio Sferlazza, e inizio dello show di Riina.

In tutto meno di dieci minuti, ma con questo esordio: «Questo Mutolo è un poveraccio, un disgraziato, da noi si dice un cane di Vucciria, un canazzo di bancata...». Traduciamo la parte più colorita dell'immagine: la Vucciria è uno dei mercati più antichi di Palermo, e il «canazzo di Vucciria», o di «bancata», sta a raffigurare quei cani randagi che stanno appiccicati ai banconi nell'attesa che il macellaio lanci qualche osso da rosicchiare. Insomma, Mutolo – per Riina – era un accattone, un cane randagio. Effettuate le presentazioni, Riina parlò di Bruno Contrada, l'ex funzionario del Sisde finito sotto processo per mafia e condannato in primo grado a dieci anni. Riina, rispondendo polemicamente a Mutolo: «Mutolo dice che io ero amico... conoscevo il dottor Contrada... Signor presidente, io non conosco il dottor Contrada. Quello che ho letto del dottor Contrada è che mi ha sempre cercato di arrestare perché io sono stato latitante ventitré anni e mezzo, quasi ventiquattro anni. Quindi: lei pensa che il dottor Contrada mi ha cercato per ventiquattro anni e il dottor Contrada si è incontrato con me?».

Uno pensa: sta difendendo Contrada, sta dicendo di non averlo mai conosciuto, ciò significa che tanti collaboratori di giustizia si sono prestati a giochi pesanti contro l'ex 007. Senonché – quel giorno – Riina non chiuse l'argomento: «Ora se lui [il riferimento era sempre a Mutolo, N.d.A.] mi scambia con lui o con altri amici suoi, che loro si potevano pure incontrare, questo errore di persona, presidente, vorrei che lei sappia, che la Corte sappia, che non ho mai conosciuto il dottor Contrada...». Stava dicendo: forse Contrada incontrava Mutolo, o «amici suoi». Il riferimento, sin troppo evidente, era a Rosario Riccobono, boss della borgata palermitana di Partanna Mondello che – secondo l'accusa al funzionario Sisde – era proprio il boss che «aveva nelle mani Contrada». Ma Riccobono – a sua volta – era il capo famiglia proprio di Mutolo. E Riina, quasi a chiudere il cerchio, si rivolse ancora al presidente Sferlazza: «Lei può assodare, può sentire, può fare i controlli... mi sembra giusto, visto che questo parla sempre a ruota libera...».

Sembrava finita lì. Ma ecco Riina pronunciare le due frasi più criptiche della sua carriera di ergastolano. Proprio mentre invitava Sferlazza ad «andare a fondo» nella verifica sulla totale inattendibilità di quel canazzo di Vucciria che era Mutolo, il capo corleonese aggiunse: «Signor presidente, perché quando io esco...». Poi si bloccò, fece una pausa, borbottò incomprensibilmente in dialetto. Si avvicinò all'inferriata della gabbia e, ben saldo sulle gambe, aggiunse con decisione: «Anzi prima che parlo...». E nel dirlo si aiutava con le tre dita della mano destra, quasi a significare l'imminenza di un fatto, a sottolineare una certezza acquisita. Cosa intendeva dire con quelle frasi: «Quando io esco... anzi prima che parlo...»?

A tu per tu con Totò Riina

Quel giorno, mi trovai a fare un'esperienza professionale davvero inconsueta: per la prima volta scambiai un paio di battute proprio con don Totò. Vale la pena tornarci. Dopo avere visto e rivisto il filmato di quella deposizione in un pulmino-regia della Rai, insieme ai colleghi, decidemmo di sollecitare un «verdetto» sul significato di quell'enigma all'avvocato Cristoforo Fileccia, difensore di Riina fin dagli anni della sua latitanza. Fileccia, dopo avere riascoltato un paio di volte le parole del suo assistito, dimostrò poche incertezze: «Dite e scrivete quello che avete sentito, eventualmente sarà lui stesso a fare correzioni o precisazioni». Pochi minuti dopo, tornammo tutti in aula. E fu lì, durante una pausa, che mi ritrovai per la prima volta – unico giornalista – a parlare con l'uomo che per almeno trent'anni aveva diretto Cosa Nostra. L'avvocato Fileccia era fermo di fronte alla cella numero uno, quella del boss. Ne approfittai per avvicinarmi. Un carabiniere mi chiese chi fossi. Mentii: «Sono l'assistente dell'avvocato Fileccia...». Fileccia captò la bugia e la certificò: «Appuntato, il signore lavora al mio studio, lo lasci avvicinare...». Ero accanto a Riina.

Gli occhi di Riina emanavano lampi; avvertii una capacità magnetica fuori dall'ordinario in quello sguardo che aveva impartito mille condanne a morte, uno strano miscuglio espressivo che non aveva nulla di rassicurante. Trovandomelo di fronte, mi resi conto di una verità quasi banale: non era un caso se fra migliaia di mafiosi, killer, stragisti, una stranissima selezione della specie, tutta in negativo, aveva catapultato proprio lui sulla poltrona di numero uno. Il personaggio mi apparve sinistro. Ma la natura doveva avere evidentemente concentrato in lui anche altri poteri caratteriali determinando, a lavoro finito, l'esemplare umano del quale stiamo parlando. Riina non era «un» capo di Cosa Nostra. Era «il» capo per definizione. Capace di esercitare un mix di consenso e dominio, di vincere tutte le sue battaglie pur non riuscendo a vincere mai l'intera guerra (in quel caso sarebbe rimasto libero), disposto a piegare alle sue esigenze e al suo imperscrutabile despotismo l'intero esercito criminale. Ma torniamo al nostro telegrafico colloquio.

Esordì così: «Dottore, scriviamola giusta la cosa...». A quale argomento si riferiva? Io e lui non avevamo argomenti di conversazione in comune. E non c'era tempo per mettere in chiaro le regole di una nostra ipotetica conversazione. L'unica spiegazione possibile era forse che l'avvocato Fileccia aveva già avuto modo di informarlo che ai giornalisti presenti a Mestre non erano sfuggite le sue parole.

Continuai il gioco: «Signor Riina, normalmente cerco di scrivere le cose così come io le ho capite... Non vedo perché dovrei comportarmi diversamente con lei...». Mi sembrò «divertito» e insistette: «Glielo dico perché ogni tanto anche voi giornalisti fate qualche giochetto...». Intendiamoci: se era la mia prima volta, era pur vero che quella era la prima volta di Totò Riina a tu per tu con un giornalista. Né potevo aspettarmi particolari trasporti da uno che era stato descritto per decenni nel modo che sappiamo. Cercai di tranquillizzarlo: «Non ho alcuna intenzione di fare giochetti con lei...» (e, credetemi, dissi esattamente ciò che pensavo). Poi mi venne spontanea quest'altra frase: «E lei, signor Riina, giochetti non ne fa mai...?». Quando mi accorsi che avrei potuto benissimo evitare quell'aggiunta, era troppo tardi.

Riina ebbe uno scatto impercettibile. Il suo volto si oscurò. Si diresse verso l'interno della gabbia, i suoi occhi scivolarono via, e borbottò solo un «no» che stava a significare contemporaneamente la risposta a una domanda e il suggello a una conversazione finita. C'è una sola riflessione da aggiungere: era certamente la prima volta che uno come lui si vedeva costretto a scendere sullo stesso piano di «qualcuno». Oserei dire di più: era la prima volta che si vedeva costretto a scegliere il dialogo per ottenere un determinato scopo. Sono state altre le logiche che avevano ispirato i suoi comportamenti, le sue condotte.

L'indomani «l'Unità» avrebbe titolato in prima pagina: *Annuncio di pentimento? Totò Riina in aula: «Presidente quando esco...».* Nessun altro giornale dedicò una riga all'enigma di Mestre. Si pensò che facendo cadere nel silenzio quel titolo dell'«Unità» le cose si sarebbero rimesse a posto in fretta. L'imbarazzo era evidente. I giornali non disponevano di inviati che seguivano il processo di Capaci, scelta disdicevole visto che proprio in quel processo, per la prima volta, erano finiti alla sbarra i killer di Giovanni Falcone, Francesca Morvillo e tre uomini della scorta. Né – obbiettivamente – quella notizia era facilmente recuperabile, dal momento che Riina si era limitato a lanciare un segnale, senza per questo offrire agli ascoltatori particolari bussole di comprensione. Naturalmente, la notizia non passò inosservata. Il semplice accostamento di quel nome, Riina, e di quella parola, pentimento, costituiva una rottura di tutti gli schemi sintattici sull'argomento. Il punto interrogativo, usato prudenzialmente dall'«Unità», mitigava, ma sino a un certo punto, la violenza dirompente di quella semplice supposizione. Per settimane e settimane non se ne parlò più.

Esattamente due mesi dopo Antonio Manganelli, uno degli investigatori antimafia più noti, che nel 2007 diventerà capo della polizia di Stato, rilasciò un'intervista al settimanale «Avvenimenti» (24 aprile 1996). Al giornalista che gli chiedeva: «Lei crede alle voci di un pentimento di Totò Riina?», Manganelli rispose: «Non c'è nessun segnale di una cosa del genere, che tuttavia non mi stupirebbe. Buscetta, quando si pentì, era uomo d'onore di rango». C'erano voluti due mesi prima che qualche giornale raccogliesse quell'autentico messaggio nella bottiglia lanciato dal capo corleonese. Il ghiaccio era rotto. Quell'accostamento proibito era finalmente entrato in circuito, anche nel circuito istituzionale: non era infatti scritto da nessuna parte che uno come Riina non potesse prendere in esame, anche in via ipotetica, l'ipotesi di un suo pentimento. Ecco le parole che scrissi quel giorno nella mia corrispondenza da Mestre: «Riina vuol fare sentire *rumore* di pentimento?».

Il 23 febbraio, a Mestre, il processo continuò. E all'indomani di quello strano monologo – «signor presidente, quando io esco... anzi prima che parlo» – mi presentai in aula, devo ammetterlo, con un pizzico di apprensione. Quelle frasi, il boss le aveva dette. Era fuori discussione. E insieme ai colleghi Francesco Vitale, Tg2, Silvia Resta, TeleMontecarlo, e Andrea Vianello, Gr1, le avevamo sentite e «viste» alla moviola, almeno una ventina di volte. Essere smentiti era impossibile. Altrettanto vero che a uno come lui, del suo rango, nella sua posizione, non sarebbe risultato complicato riprendere la parola per tranquillizzare tutti i detenuti delle altre gabbie, chiarire che magari le sue intenzioni erano altre, o persino cavarsela dicendo che si trattava di un lapsus linguistico. Non mi allettava la prospettiva di trovarmi a dover rendere conto quasi in diretta di quella che sarebbe stata facilmente liquidata come una «forzatura giornalistica». Il mio ingresso in aula, quella mattina, non passò inosservato.

Sentii sguardi laser che partivano dalle gabbie e mi seguivano passo dopo passo mentre attraversavo l'aula in direzione del settore riservato alla stampa: gli occhi di Leoluca Bagarella, gli occhi di Nitto Santapaola, gli occhi di tutti i componenti della famiglia Ganci, gli occhi del vecchio Brusca, gli occhi del vecchio Madonia... Neanche a loro era piaciuto quell'accostamento proibito: «Riina», «pentimento». Diedi anch'io un'occhiata. Alla gabbia di Riina. E Riina non c'era. Seppi subito dagli avvocati – imbarazzatissimi – che quel giorno il boss dei boss aveva rinunciato al suo diritto di presenziare all'udienza. E che aveva accusato un leggero malore. Nel grande linguaggio dei segnali – l'unico che tutti avevamo respirato dal primo giorno di questa storia – ciò significava che Riina non aveva alcuna intenzione di smentire. Non aveva alcuna intenzione di rifugiarsi in corner. Ne dedussi che dal suo punto di vista, entro certi limiti, «la cosa l'avevo scritta giusta...».

Scrissi un secondo articolo per «l'Unità» che rincarò la dose. Titolo: *Dopo l'avvertimento Riina marca visita. Il boss si prepara a fare rivelazioni?* Iniziai così: «Clamorosa assenza di Totò Riina, il boss di Cosa Nostra... Nell'aula bunker di Mestre, dove si celebra il processo per la strage di Capaci, nelle gabbie c'è subbuglio: cosa sta meditando Riina? Cosa ha intenzione di fare il capo dei capi? Cosa voleva dire con quelle parole? Si spalancano inediti scenari». E ancora: «Messaggio di resa? Neanche per sogno. Incidente di percorso lessicale? Macché. Frase semplice e scontata? Nemmeno. Lo abbiamo scritto ieri, e lo ripetiamo: siamo solo all'ouverture. Quanto siano prossimi gli scenari evocati da Riina lo vedremo. Ma che ci sia rumore di avvertimento ci sembra palese. Quasi una minaccia. Chiamiamolo il "promemoria Riina". Sapete cosa contiene questo "promemoria"? Sapete cosa potrebbe accadere se il capo di Cosa Nostra decidesse di "dare alle stampe" il suo promemoria? Non per pentirsi, lo ripetiamo. Ma per mantenere, ribadire la sua posizione di forza. Il baule di Totò Riina – baule metaforico, si capisce – è pesante e contiene mezzo secolo di misteri, stragi, connivenze con parti dello Stato, nomi di politici rappresentanti

delle istituzioni...». E conclusi: «Ieri, Totò Riina, dopo aver lanciato un sasso niente male, ha pensato bene di non farsi vedere. "È
stanco" ha detto il suo difensore. E allora via libera alle congetture. Interrogativi e sbigottimento. Tutti alla ricerca del "messaggio
trasversale" contenuto nel monologo della discordia. In quei dieci
minuti metabolizzati troppo in fretta dal grande circo dell'informazione c'è "qualcosa" di importante». Ancora una volta nessun
giornale riprese quelle parole.

C'è da dire che il tempo è galantuomo. Il 22 aprile, durante il
processo per l'uccisione del giudice Antonino Saetta, si svolse il
secondo atto. Esattamente due mesi dopo quello che, forse, passerà alla storia di Cosa Nostra come il discorso di Mestre. Data
importante il 22 aprile: ventiquattr'ore dopo le elezioni politiche
che avrebbero segnato la vittoria dell'Ulivo e la sconfitta del Polo.
Ma anche all'indomani di un'altra data, tutt'altro che legata all'attualità politica. Il processo per la strage di Capaci nel frattempo si
era spostato da Mestre al bunker di Rebibbia, e fu in quella sede,
proprio il 20 aprile, che il pentito Salvatore Cancemi rilasciò una
dichiarazione choc: «Raffaele Ganci [boss detenuto, *N.d.A.*] mi
disse che qualche giorno prima della strage Totò Riina ebbe incontri con persone molto importanti che non appartenevano a Cosa
Nostra. Poiché dentro Cosa Nostra la persona più importante era
Riina ne dedussi che Ganci voleva riferirsi a persone estranee
all'organizzazione».

Il 22 aprile Gian Carlo Caselli raggiunse Piero Luigi Vigna a
Firenze. Entrambi andavano a far visita a Riina. La notizia doveva
restare segreta. Filtrò invece sui giornali, ormai attentissimi a qualsiasi «indiscrezione» sul capo corleonese. Incalzati dai giornalisti
fiorentini, Vigna e Caselli minimizzarono sostenendo che un interrogatorio del genere appartiene alla routine. Alcune settimane dopo
si sarebbe conosciuto il contenuto di quell'interrogatorio. Possiamo
riassumerlo così: Riina considerava «oltraggiosa» la semplice ipotesi di un suo pentimento; non aveva alcuna intenzione di aiutare
i magistrati nello svolgimento del loro lavoro; li invitava – comunque – a svolgerlo nel migliore dei modi... Ma non sfuggì a nessuno
che Vigna e Caselli, proprio con quell'interrogatorio apparentemente intempestivo, forse avevano iniziato a «dialogare» con il
capo di una potenza nemica, valutando insieme – perché no? –
anche la praticabilità di un simile percorso.

Signora Cosa Nostra

È un fatto che in casi del genere le prime a far sentire con prepotenza la loro voce sono le donne di mafia. Sono le donne, mogli o fidanzate, suocere o sorelle, madri o zie, quelle che custodiscono gelosamente i «valori» della tradizione mafiosa. Lo sanno molto bene tutti i pentiti: il primo stop, il primo altolà, il primo avvertimento a non tradire, decidendo di collaborare con la giustizia, viene proprio dalle donne del clan. E tantissimi sono stati i pentiti ripudiati, messi alla porta, privati della possibilità di rivedere i figli. Un solo esempio per tutti: Vincenzina Bagarella, moglie di Leoluca Bagarella, scelse il suicidio per cancellare l'onta di essere contemporaneamente moglie di un capo corleonese di altissimo rango e sorella di un pentito, Giuseppe Marchese, che aveva trascinato nel fango l'intera famiglia (il suo corpo non fu mai ritrovato, lo stesso Bagarella ordinò degnissima e segreta sepoltura).

E fortemente intrecciata alla vicenda del cosiddetto «pentimento» di Riina, è la cattura di Giovanni Brusca, l'uomo che aveva preso il posto di Leoluca Bagarella dopo il suo arresto. Giovanni Brusca, figlio del grande capo mafia Bernardo, era accusato dai pentiti di essere stato il superkiller che azionò il telecomando provocando la strage di Capaci. Era un altro di quei Signori della Guerra che interpretavano alla lettera il «Riina pensiero», pur non essendo corleonese in senso stretto. Originario di San Giuseppe Jato, apparteneva infatti a una famiglia che durante la guerra di mafia si era schierata apertamente dalla parte dei «vincenti» corleonesi. La prima avvisaglia che il suo potere stava scricchiolando si ebbe il 27 febbraio 1996 quando uomini della Dia e della Squadra mobile di Palermo scoprirono il micidiale covo di San Giuseppe Jato. Covo che in passato era stato adoperato dal boss per brevi periodi della sua latitanza, ma soprattutto santabarbara zeppa di armi leggere e pesanti: un lanciamissili con dieci missili, venticinque kalashnikov, cinquanta fucili, trentacinque pistole, cinquanta bombe a mano, quaranta chilogrammi di esplosivo, dieci bombe anticarro, un lanciagranate, diecimila munizioni, quindici silenziatori, cinque giubbotti antiproiettile, detonatori e cannocchiali per fucile di precisione.

Il 20 maggio 1996 Giovanni Brusca cadde in trappola. Cento uomini circondarono una villa nelle campagne di San Leone, località Cannitello, in provincia di Agrigento, solo quando ebbero la certezza che dentro c'era proprio il killer di Capaci. Lo arrestarono insieme al fratello, Enzo, anche lui latitante: i due erano in compagnia delle mogli e dei figli. Ricorderete ancora quelle immagini televisive con i poliziotti incappucciati che avevano preso parte alla missione e che sfilarono, mitra in pugno, davanti agli uffici della Squadra mobile di Palermo. Di quelle immagini si fece un gran parlare. Qualcuno ci vide un eccesso di spettacolarizzazione e il venir meno di uno stile, di una misura, che dovrebbero essere la divisa degli apparati dello Stato anche in momenti di trionfo. Qualcun altro ci vide la fine d'un incubo. Dopo mesi e mesi di stress, logorio professionale e personale, decine di agenti si davano alla «pazza gioia» avendo catturato il killer di Falcone, della Morvillo e di tre colleghi delle scorte. Il neoministro degli Interni Giorgio Napolitano, pur deplorando gli eccessi, diede atto alla polizia palermitana d'aver messo a segno una brillantissima operazione. Troncata la polemica, sarebbero stati sufficienti pochi giorni perché altre polemiche tenessero le prime pagine dei giornali. E questa volta proprio per l'intervento diretto e pesante delle donne di Cosa Nostra nelle vicende di mafia.

La prima a farsi sentire fu la signora Antonina Brusca, moglie di Bernardo, madre di Giovanni e di Enzo. Il 23 maggio 1996, a settantadue ore dall'arresto dei figli, rilasciò una durissima intervista che «Repubblica» pubblicò il 24. Il quotidiano titolò così: *La matriarca: il mio Giovanni non si pentirà...* E infatti era questo il passaggio più significativo: «Io dovrei vergognarmi? Mio figlio dovrebbe vergognarsi? E di che cosa? Ma se lo Spirito Santo ci illumina la mente, e la illumina ai giudici, lui non sarà condannato. Però io avrei voluto che Enzo, il più piccolo, si fosse consegnato. Anche mio marito era di questo parere. Ma con questo 41 bis (il carcere di massima sicurezza) come fai a consegnarti? Sono tre mesi che aspetto di vedere mio figlio Emanuele. A Bernardo poi gli hanno appena dato un ergastolo, e io so che non uscirà più. Mi ha riferito che quando ha saputo che avevano preso Enzo e Giovanni ha alzato le braccia, come per dire sia fatta la volontà di Dio. Io invece dico magari si pentisse Giovanni. Non lo farà mai perché non è un vigliacco, ma i pentiti fanno vita da signori, e così i loro parenti. E sono liberi. Ha ragione Sgarbi che i processi sono giusti per tutti meno che per uno, e finisce sempre che quell'uno sei tu».

Nei giorni successivi la signora Brusca avrebbe manifestato ancora in maniera assai sanguigna la sua avversione ai giornalisti, avrebbe preso a colpi di borsa operatori televisivi che la seguivano dentro e fuori dell'aula bunker di Palermo, quando Giovanni faceva le sue prime «apparizioni», prima di tornarsene nell'ombra. Il suo obbiettivo ormai l'aveva raggiunto: aveva lanciato un fortissimo segnale al figlio, diffidandolo dal pentirsi, e al popolo di Cosa Nostra che chiedeva di essere tranquillizzato proprio su una simile eventualità. Quel Giovanni Brusca, indicato dalla madre come vittima di un sistema giudiziario «mostruoso», era lo stesso che aveva dato l'ordine, questo sì mostruoso, di assassinare Giuseppe Di Matteo, il ragazzino di quindici anni figlio del pentito Santino Di Matteo. Il suo corpo venne sciolto nell'acido affinché non ne restasse traccia, ma è una pagina talmente nota che non è il caso di indugiarvi sopra.

La seconda signora di Cosa Nostra a far sentire la sua voce fu Ninetta Bagarella, la moglie di don Totò Riina. Anche lei colpita negli affetti: l'11 giugno 1996 venne arrestato a Corleone, perché accusato di associazione mafiosa e indagato per alcuni omicidi, Giovanni Riina, figlio del boss. Era accusato d'aver partecipato a summit con capi corleonesi, d'aver intrattenuto con loro costanti relazioni, d'essersi incontrato con Leoluca Bagarella nei tempi della sua latitanza. Ragazzo giudicato di comportamenti eccessivi venne sospettato, dopo il suo ritorno a Corleone, d'aver divelto la targa che in paese ricordava il sacrificio di Falcone e Borsellino. Naturalmente, per sua madre, restava un bravo guaglione. A differenza di Antonina Brusca, lei scelse la formula della lettera aperta. E fu ancora una volta «Repubblica», il 3 giugno del 1996, a pubblicarla, con a fianco una risposta del giudice Vigna.

Vediamone qualche brano: «Ora che si è chetato il gran vocio, ho deciso di aprire il mio cuore di madre gonfio e traboccante di tristezza per l'arresto di mio figlio Giovanni. In casa tutti sentiamo la sua mancanza, la nostra situazione familiare, adesso, è diventata un inferno, non riusciamo ad accettare che un ragazzo di appena vent'anni, incensurato, viene prima fermato, poi interrogato dopo due giorni e rinchiuso in carcere. Non gli si concede nessuna attenuante per poterlo rimandare a casa dopo l'interrogatorio perché figlio di Riina Salvatore, da tanti anni vissuto in latitanza, avrebbe potuto anche lui darsi alla latitanza». E ancora: «Ai miei figli viene attribuita la grande colpa di essere nati da papà Riina e da mamma Bagarella, un peccato questo congenito che nessuna catarsi può mai redimere. Proprio a Giovanni in questi ultimi giorni, alcuni giornalisti hanno fatto pesare come una condanna "a priori" il fatto di essere nato "latitante"... I miei figli invece nascono colpevoli del loro stato senza pensare e considerare che quando sono nati io (la mamma) ero libera cittadina, mio marito colpevole solo di non essersi presentato al Comune del paese assegnatogli come soggiorno obbligato». Ma c'era anche dell'altro in quella sconcertante lettera aperta.

Anche questa volta si aprì un dibattito: per alcuni era solo una lettera intrisa di cultura mafiosa, per altri, invece, un primo importante passo verso la redenzione e la rottura dei vecchi codici mafiosi. In quell'occasione scrissi un commento che «l'Unità» preferì non pubblicare per mancanza di spazio. Lo riportiamo qui di seguito per rendere l'idea delle durissime polemiche di quei giorni.

Mai pubblicato

Eccone il testo integrale: «Bisognerebbe avere il coraggio di dire – senza perifrasi o sconti ingiustificati – che la "lettera aperta" firmata da Antonietta Bagarella – pubblicata da "Repubblica" con a fianco la risposta spontanea del procuratore Vigna – è una brutta lettera. Una lettera che non smuove di una virgola l'immobilismo sin qui manifestato da chi per quasi trent'anni è stata suggestivamente definita la "moglie del padrino". E non per le tante cose che dice, legittime, umanamente comprensibili, quanto per le due che non dice, e per una terza che dice a modo suo.

«Intendiamoci: non si può pretendere che la moglie di un pluriergastolano e la mamma di un figlio ventenne arrestato per mafia, scriva lettere in perfetta sintonia con il sentire comune di chi non ha mai condiviso, pagando prezzi di sangue elevatissimi, e tenacemente combattuto, la cosiddetta "cultura mafiosa". Ma abbiamo l'impressione che nella lettera di Antonietta Bagarella non ci sia la benché minima traccia di un suo sforzo di cambiamento.

«C'è la richiesta di una "vita normale" per i suoi figli, in quel manoscritto che sta sollevando un vespaio di polemiche. C'è la rivendicazione orgogliosa di un "cognome onorato" e – di riflesso – la pretesa che le colpe dei padri non ricadano sui figli. Sia la richiesta che la pretesa sono giustificate, legittime, quasi ovvie. E vediamo invece le due cose che in quella lettera non ci sono e la terza che la signora avrebbe dovuto – questa sì – scrivere in tutt'altro modo.

«La signora Bagarella non può stendere un velo su ventiquattro anni di latitanza volontaria. Lei stessa, in proposito, adopera un passaggio autoassolutorio e contorto: "I miei figli, invece, nascono colpevoli del loro stato senza pensare e considerare che quando sono nati io (la mamma) ero libera cittadina, mio marito colpevole solo di non essersi presentato al Comune del paese assegnatogli come soggiorno obbligato".

«Lei "cittadina libera" (che per ventiquattro anni scompare), lui "colpevole solo" di una mancata firma. Non avrebbe forse fatto un passo significativo se almeno avesse voluto svelare le modalità di quella latitanza tanto prolungata? Trova normale che i suoi figli siano nati e vissuti nel buio e non trova altrettanto normale che oggi qualcuno gliene chieda spiegazione?

«Qui è in gioco lei, come donna, ancor prima che come moglie o come madre. Stiamo assistendo, proprio in queste settimane, in questi ultimi mesi, al fatto che clan e famiglie mafiose si sfaldano perché qualcuno, dall'interno, decide finalmente di parlare. Calogero Ganci con le sue rivelazioni non solo si autoaccusa di un centinaio fra stragi e delitti ma tira in ballo il padre, il fratello.

«Nessuno può aspirare ai "pentimenti pilotati", nessuno può cercare scorciatoie nella lotta a Cosa Nostra, imponendo le collaborazioni per decreto. Ma se la signora Bagarella esprime, attraverso la forma dirompente di una "lettera aperta", quella richiesta e quella pretesa, dovrà mettere nel conto che lo Stato non può semplicemente comportarsi da opera pia. Sarebbe sin troppo facile dire che la giustizia farà il suo corso stabilendo "innocenza" o "colpevolezza" di Totò Riina e di suo figlio Giovanni. E sarebbe un "non rispondere" ai quesiti posti dalla signora Bagarella.

«Alla quale – però – abbiamo il dovere di rivolgere una seconda domanda. Si è parlato insistentemente dell'eventualità di una qualche forma di "collaborazione" se non di vero e proprio "pentimento" di suo marito. Se n'è parlato sulla scia di una frase volutamente criptica adoperata a Mestre da Totò Riina, durante il processo per la strage di Capaci: "Signor presidente, quando io esco... anzi prima che parlo...". Ne è scaturito quasi un esercizio dialettico nel quale si sono cimentati un po' tutti rivolgendo a Riina inviti a collaborare, pentirsi, arrendersi.

«E qualche settimana fa, è stata attribuita alla signora Bagarella questa frase che lei non ha mai smentito: "Continuando a parlare del pentimento di mio marito rischiano di farci ammazzare tutti...". Ci permettiamo di chiederle: la pensa ancora così? E in caso di risposta affermativa, da quale parte proviene il pericolo visto che suo marito ha avuto come unico torto quello di "non essersi presentato al Comune del paese assegnatogli come soggiorno obbligato"?

«E veniamo, infine, alla terza cosa, quella che dice "a modo suo". Ascoltiamola: "Giovanni decise di dedicarsi al lavoro perché non si sentiva tagliato per la scuola e poi perché in casa qualcuno doveva lavorare per guadagnare un po' di danaro". La rivendicazione della "povertà" quasi a suggello della propria innocenza: ma tutti sanno che in questi anni il Tribunale di Palermo ha già sequestrato beni dei Riina per centinaia e centinaia di miliardi. Probabilmente solo una piccola parte del "patrimonio" della famiglia.

«Concludendo. In questa "lettera aperta" abbiamo trovato: la rivendicazione dell'innocenza del marito, la rivendicazione dell'innocenza del figlio, l'accurata omissione del termine "Cosa Nostra", l'accurata omissione del termine "pentiti" (eppure in passato la signora Bagarella aveva detto apertamente che "quei cornuti" erano stati la rovina della sua famiglia), l'assenza di qualunque riferimento alle migliaia di morti che la Sicilia ha subito negli ultimi vent'anni per mano di mafia.

«E una lettera aperta legittima, quella pubblicata da "Repubblica". Ma è altrettanto legittimo definirla una "brutta lettera". Il che non impedisce che la signora Bagarella possa trovare forme più incisive e convincenti per farsi ascoltare da un'opinione pubblica che ha diritto – altrettanto "legittimamente" – a definitivi atti di rottura con il passato.»

Addio corleonesi

Avevo, in questo articolo mai pubblicato, cercato di offrire un quadro del ruolo femminile in certe vicende di mafia. Il segnale inviato a Giovanni Brusca e Totò Riina era fin troppo chiaro. Le loro donne pretendevano coerenza. Sino alla fine. Sino all'estrema scelta di subire in silenzio un ergastolo eterno. Lo dicevamo all'inizio: il potere dei corleonesi era agli sgoccioli. Ma in quell'articolo non vi sarà sfuggito il riferimento al «pentimento» di Calogero Ganci.

Pentimento che iniziò il 7 giugno 1996, collocandosi dunque, assai significativamente, all'indomani dell'intervista di Antonina Brusca e della «lettera aperta» della Bagarella. Coincidenza casuale? Semmai spia eloquentissima del forte travaglio che stava attraversando le fila dei corleonesi. A sorpresa, Ganci fece esattamente quella scelta che le first lady di Cosa Nostra consideravano una maledizione da esorcizzare. Passò «dall'altra parte». E con risultati devastanti. Vediamo.

Ancora una volta, lo scenario era quello del processo per la strage di Capaci, stavolta nell'aula bunker di Caltanissetta. Era lì, nel cuore della Sicilia interna, in una giornata di caldo torrido, che Calogero Ganci chiese di incontrare il pubblico ministero Luca Tescaroli. Giudice tanto giovane quanto scrupoloso, Tescaroli si meravigliò che questa richiesta fosse rivolta proprio a lui che veniva dal Veneto e non aveva perduto occasione, in aula, di martellare contro i killer di Capaci. Calogero Ganci faceva sul serio. L'imputato si disse scosso per la sorte riservata al piccolo Giuseppe Di Matteo. E le sue prime parole, inequivocabili, annunciarono seguiti clamorosi: «Voglio dare una lezione di civiltà a Cosa Nostra, rompere con il passato e garantire un futuro ai miei due figli... Tanto per cominciare: ho ucciso il generale Dalla Chiesa, ero in via Carini il 3 settembre del 1982». Una valanga: a deposizione ultimata – andrà avanti per una quindicina di giorni – Ganci si autoaccusò d'un centinaio fra stragi e delitti.

Dalla strage Chinnici a quella di Capaci, dalla strage della circonvallazione all'uccisione del capitano dei carabinieri Mario D'Aleo. Tirò in ballo il padre Raffaele e il fratello Domenico. Raccontò al giudice Tescaroli i nuovi organigrammi di Cosa Nostra, e in che modo i corleonesi avevano tentato di arginare le perdite a seguito degli arresti di Riina e Bagarella.

Fece i nomi di giudici palermitani «contattati» dalle cosche. Raccontò di valigie di soldi che arrivavano dalle sedi Fininvest di Milano in cambio della «benevolenza» dei boss per i ripetitori tv in Sicilia. Persino della decisione di Riina di uccidere il cognato, Leoluca Bagarella, in una fase in cui si era convinto che stesse preparando la fronda contro di lui. Parlò anche di Marcello Dell'Utri, dei suoi esordi a Palermo, negli anni Settanta, quando ancora non si andava tanto per il sottile nelle frequentazioni di certi «ambienti».

Eccezione che conferma la regola: sua moglie condivise il suo pentimento, e accettò anche lei di vivere sotto protezione. Scelta

complicata: Calogero Ganci assassinò il suocero, Vincenzo Ansel-
mo, perché aveva deciso di schierarsi contro i corleonesi. Il particolare rivelatore sta nel fatto che la moglie di Ganci apprese d'aver
vissuto per anni con il killer del padre, solo alla presenza del giudice Tescaroli. Per l'esattezza: al terzo giorno di pentimento, Calogero Ganci chiese di restare qualche minuto da solo con la moglie.
E le raccontò tutto. Lasciandola libera di andarsene o rimanere.
Lei, che non rilasciò interviste né scrisse «lettere aperte», decise
di continuare a vivere con lui. Che speranze potevano avere ormai
i corleonesi?

XXVI

Corleonesi vecchi e nuovi

Il corleonese fantasma

Attilio Bolzoni scrisse su «la Repubblica» del 2 novembre 1998 che «da tredici mesi, nella città di Palermo, non c'è più un delitto di mafia. E ciò non accadeva dai tempi dell'Unità d'Italia». Cioè da Garibaldi, dallo sbarco dei Mille, dalle camicie rosse. Bolzoni colse uno di quei classici dati di fatto rispetto ai quali discutere non serve granché. Come mai, la mafia più feroce aveva improvvisamente deciso di deporre le armi? Come mai un solo grande delitto, quello di Domenico Geraci, avvenuto a Caccamo, nell'ottobre del 1998? La chiamavano «la grande pace». O anche la «direttiva Provenzano». Si potrebbe continuare: la mafia dal volto umano; Cosa Nostra nell'era del buonismo; Cosa Nostra alla vigilia del terzo millennio.

Ma i giochi di parole non aiutavano a capire le grandi linee di tendenza di un fenomeno che sembrava destinato a durare nel tempo. La stagione nera dello stragismo era finita con le punte «alte» di Capaci e via D'Amelio.

Il nucleo storico dei corleonesi batteva in ritirata, decimato dagli arresti e dagli ergastoli. Totò Riina e Leoluca Bagarella in gabbia, a rimuginare. E aveva sorpreso tutti quel Giovanni Brusca che iniziò il suo «pentimento» da autentico falsario della collaborazione.

Ci vollero quasi tre anni. Ma alla fine, le tre Procure che lo avevano «sotto osservazione» (Firenze, Caltanissetta, Palermo) sciolsero la riserva: Giovanni Brusca, assistito dall'avvocato Luigi Li Gotti, entrò a pieno titolo nel programma di protezione. Scelta difficile, travagliata. Ma Giovanni Brusca – anche per effetto benefico delle dure polemiche che avevano accolto la fase iniziale del suo «pentimento» – fu letteralmente passato ai raggi X da una trentina fra pubblici ministeri, presidenti di tribunale, presidenti di Corte d'Assise, giudici a latere, giudici per le indagini preliminari.

Conclusione unanime: superata la tentazione iniziale, quella di contribuire con le sue rivelazioni alla destabilizzazione dell'antimafia, Giovanni Brusca aveva raccontato per filo e per segno tutto quello che sapeva, distinguendo fra ciò che gli constava personalmente, ciò che aveva appreso dalle confidenze del padre Bernardo e Totò Riina, ciò che era il risultato di sue deduzioni e suoi collegamenti. Chiese di restarsene in isolamento. Questa scelta di solitudine doveva essere ormai la migliore garanzia per gli investigatori sul fatto che «ho deciso per sempre di raccontare soltanto la verità».

Impossibile dar conto dell'immensa mole di informazioni trasmesse da Brusca all'autorità giudiziaria. Non si limitò a ricostruire il «passato», ma fornì notizie «preziose» per la cattura di pericolosissimi latitanti e utili alla ricostruzione della pianta organica di Cosa Nostra in quella delicatissima fase. Infine, particolare non del tutto secondario, non si tirò indietro quando furono affrontate le sue responsabilità sia per la strage di Capaci sia per l'uccisione del piccolo Giuseppe Di Matteo.

I corleonesi, dunque, o marcivano in galera o scoprivano l'arma del pentimento che centinaia di loro nemici avevano da tempo utilizzato. Brusca aveva due strani «primati»: era il primo del fronte corleonese che si era pentito, ma era anche il primo collaboratore rimasto nel limbo per quasi tre anni.

Quando gli fu chiesto chi fosse diventato l'autentico capo di Cosa Nostra, la risposta venne spontanea: Bernardo Provenzano.

Provenzano era davvero l'«ultimo» dei corleonesi, vissuto fianco a fianco con tutti quelli che ormai si ritrovavano in galera. Latitante da quasi quarant'anni, era riuscito a passare indenne attraverso le forche caudine di ben tre guerre di mafia e di almeno altrettante strette repressive dello Stato.

Ma appena si cercava di mettere a fuoco la personalità di questo generale di Cosa Nostra, la faccenda diventava irrisolvibile.

Anche gli identikit litigavano fra loro. Alcuni lo volevano alto e con la forza di un toro. Alcuni vecchio, malato e malandato. Alcuni ottimo tiratore di pistola. Alcuni incapace di far male a una mosca. Secondo una scuola di pensiero aveva il cervello di una gallina. Secondo un'altra scuola di pensiero lui, al cospetto di Riina, era un nuovo Einstein.

Secondo alcuni aveva il fascino del fantasma invisibile, che al momento buono batte un colpo. Secondo altri, un nonno onnipresente fra centinaia di nipoti. Per alcuni era morto da tempo. Per altri vivo e vegeto. Non era l'araba fenice, Bernardo Provenzano. Ma ci si avvicinava parecchio.

Tentare di capire il suo ruolo strategico e criminale equivaleva a infilarsi in un vespaio. Ipotesi ne furono formulate tante. Vediamo. Nient'altro che l'erede naturale dei Riina e dei Bagarella. Un sopravvissuto agli arresti che non si tirava indietro rispetto ai suoi doveri di direzione di un'organizzazione criminale che non poteva restare acefala. La prosecuzione della linea genetica corleonese, in previsione, magari, del passaggio del testimone.

L'eterno doppiogiochista, capace di tenere sospesi tutti i fili, sia quelli mafiosi sia quelli istituzionali. Propendevano per questa interpretazione coloro i quali mettevano in risalto il suo proverbiale (ma smentito da altri) «indecisionismo». Finalmente, secondo questa lettura del personaggio, Provenzano si sarebbe ritrovato al vertice strumentalizzando a fini interni il repulisti messo a segno dallo Stato contro i suoi compagni d'armi di un tempo.

Rebus che allora erano irrisolvibili. Si restava sorpresi – questo sì – che una latitanza potesse durare quarant'anni.

Vai con Dio

Vennero inflitti altri duri colpi all'ala corleonese. I due successi più significativi furono rappresentati dalla cattura di Pietro Aglieri e da quella di Mariano Tullio Troia. Certamente, nonostante il forte divario anagrafico al momento dell'arresto – trentotto anni Aglieri, sessantacinque Troia – era il primo ad avere ereditato i galloni del comando dopo l'uscita di scena dei Riina, dei Bagarella, dei Brusca.

I poliziotti, guidati dall'allora questore di Palermo Antonio Manganelli, lo acciuffarono in un casolare disadorno – metà abitazione, metà magazzino per la conservazione degli agrumi – il 6 giugno del 1997. E la zona, lungo la provinciale che collega Ficarazzi a Bagheria, era di per sé rivelatrice dei forti legami di Aglieri,

sin dall'inizio della guerra di mafia, proprio con Bernardo Provenzano. Quella parte della costa, all'uscita di Palermo Est, pullulava
infatti di fedelissimi di Bernardo Provenzano. I poliziotti, che avevano iniziato a stringere il cerchio intorno ad Aglieri, conoscevano perfettamente la sua appartenenza a questo ramo della secolare
pianta corleonese. E mettevano in conto che, trovando Aglieri,
sarebbe saltato fuori anche il suo dante causa.

Le cose non andarono proprio così. L'ingordigia spesso può
lasciare a bocca vuota: motivo per cui quando i poliziotti ebbero la
certezza che Aglieri era in trappola, la chiusero senza complimenti. E rinunciarono – almeno per il momento – al pesce più appeti-
toso. Fu comunque «caccia grossa», anche per l'utilizzazione di
sofisticatissime apparecchiature fotografiche che consentirono di
selezionare progressivamente un'area territoriale immensa. Tutto
– alla fine – si ridusse a una casa, un cortile, una finestra.

Un cannocchiale astronomico, di quelli in dotazione all'Fbi,
puntato verso il basso invece che verso l'alto, immortalò la faccia
di Pietro Aglieri nell'unico istante in cui il boss mise il naso fuori
casa. Se ne ricavò una foto aggiornata. Fu sottoposta a Giovanni
Brusca, che stava già collaborando e non ebbe esitazioni a riconoscerlo. Al mattino presto, Aglieri si ritrovò in casa un centinaio di
poliziotti armati.

Era lui. *U signurinu*. Detto così per i suoi modi garbati, e la
riconosciuta «signorilità» di origini e lineamenti. Sull'Ansa, nel
giorno della sua cattura, Giuseppe Lo Bianco disegnò un efficacis-
simo ritratto che, pur nella sintesi obbligata del «dispaccio», si
rivelò autentica miniera di notizie.

Il nonno del boss, a sua volta «uomo di rispetto» di alto rango nella borgata agricola della Guadagna, era solito percorrere le
vie della città vestito elegantemente di bianco, sia d'estate che
d'inverno, e a bordo di un calesse. E *u Signurinu* qualche tocco
anglosassone nel suo portamento doveva pure averlo se «The
Guardian», nei mesi precedenti la cattura, lo aveva incluso – con
provocatoria forzatura – in cima alla classifica degli italiani più
noti nel mondo.

Solo apparenza? Forse no. Aveva conseguito un diploma di
maturità classica nel seminario della Curia arcivescovile di Palermo,
sotto la amorevole guida di monsignor Salvatore Gristina che non
sospettava che i suoi sforzi educativi sarebbero stati gettati al vento da una pecora nera chiamata *u Signurinu*. Il quale, crescendo, si
fece paracadutista della Folgore, a Livorno, e divenne spericolatis-

simo «driver» capace per anni di eludere ogni posto di blocco che si fosse trovato sul cammino.

Ma l'uomo finito in manette non aveva più il piglio dell'uomo d'azione, già condannato all'ergastolo per l'uccisione del boss Benedetto Grado. Completamente calvo, taciturno e dimesso, vestito senza alcuna ricercatezza anglosassone, né tantomeno di bianco, sbalordì investigatori e opinione pubblica. Nel suo covo, fra cassette d'agrumi e tavoli per le riunioni con altri sodali, aveva allestito un'autentica cappella per il culto.

Un piccolo altare, crocifissi, immagini sacre, breviari e vite dei santi, erano la cifra più inquietante di un arredamento casalingo davvero insolito. Come accade in questi casi, le fantasie si lasciarono andare. Per alcuni, gli insegnamenti di monsignor Gristina non erano stati poi così sprecati. Per altri, si trattava di una volgarissima messa in scena: sapendo di avere le ore contate, *u signurinu* aveva allestito una sua personalissima «via crucis» nella speranza di ripulire la sua immagine di braccio destro di Provenzano e di raffinato pluriomicida.

C'era, infine, un'altra ricostruzione: Aglieri poteva essere il «prelato» di Cosa Nostra in ottimi rapporti con certi ambienti della Curia – duri a capire che il mondo è cambiato – tradizionalmente contigui, per ragioni d'ufficio ma non solo, ad ambienti mafiosi. Calunnie?

Fatto sta che pochi mesi dopo la cattura di Pietro Aglieri, il 4 novembre 1997, ci fu una delicatissima appendice giudiziario-religiosa: venne condotto all'Ucciardone, accusato di favoreggiamento di mafiosi (non solo di Aglieri), don Mario Frittitta, carmelitano, parroco della chiesa di Santa Teresa alla Kalsa. Celebrava messe private in casa del *Signurinu* durante la sua latitanza. Lo ammise candidamente ad Alfredo Montalto, giudice per le indagini preliminari, durante il suo primo interrogatorio, precisando di non avere mai fatto grandi differenze fra questo o quel peccatore.

Potete immaginarvi le polemiche anti Caselli che ne seguirono: la Procura intendeva forse dare l'assalto persino al tempio di Dio? Si tennero grandi manifestazioni popolari di quartiere a sostegno del carmelitano. Il carmelitano era orgoglioso di avere esercitato «a domicilio» il suo magistero. Quattro giorni dopo – l'8 novembre – fu rimesso in libertà. Ne seguirono altre ovazioni in un chiesa zeppa sino all'inverosimile.

«Sono un vostro fratello» esordì don Mario «Gesù è morto fra due ladroni, tutti noi siamo fratelli e ci dobbiamo amare. Nessuno deve essere escluso da questo amore...» Poche ore dopo, don Mario lasciava la Sicilia. Il 30 ottobre 1998 Renato Grillo, giudice per l'udienza preliminare, al termine del rito abbreviato, gli inflisse una condanna a due anni e due mesi. Poi don Mario Frittitta tornò e riprese a celebrare messa alla Kalsa.

Quanto ad Aglieri si diceva che ormai si fosse pentito «davanti a Dio». Mentre di un eventuale pentimento giudiziario non si avevano notizie.

Meno conosciuto di Aglieri, Mariano Tullio Troia, detto Mario, era anche lui personaggio di prim'ordine. Capo mandamento della borgata di San Lorenzo, luogotenente di Totò Riina, indicato fra i mandanti dell'uccisione di Salvo Lima, il suo nome non figurava nelle dichiarazioni dei pentiti «storici» Buscetta e Contorno. Ciò non toglie che i collaboratori dell'ultima generazione, per esempio Gaspare Mutolo e Giuseppe Marchese, lo avevano indicato da tempo come protagonista di una carriera rapida e prestigiosa.

Il 6 giugno del 1997 fu scoperto dai poliziotti della Squadra mobile diretta da Guido Marino, in un anonimo appartamento della borgata di Tommaso Natale, a due passi da San Lorenzo, dunque nel cuore del «suo» mandamento. Viveva con una famiglia di quattro persone: padre, madre e due figli. La bambina più piccola, di dodici anni, lo chiamava affettuosamente «nonno». Non era armato e apparve rassegnato, quasi avesse messo in conto quella visita fastidiosa.

Troia era già informato del pentimento di Alberto Lo Cicero, suo ex autista personale, sin dalla fine del 1991. Lo Cicero di lui sapeva tutto. Sapeva che aveva interessi miliardari in Sud Africa, Paese dove era solito trascorrere anche lunghe fasi della latitanza. Conosceva il suo ruolo durante la guerra di mafia, quando era stato fra i mandanti dell'uccisione di Mario Prestifilippo – ricordate? –, nel timore che potesse vendicare l'uccisione del suo carissimo amico, il ferocissimo Pino Greco detto *Scarpuzzedda*. E aveva già rivelato agli investigatori che nella villa di Troia a San Lorenzo, denominata «Chiusa Grande», si erano svolti parecchi summit anche alla presenza di Riina.

Alfredo Montalto, giudice per le indagini preliminari, scrisse nell'ordine di custodia cautelare che Troia «gestisce attività economiche di notevole livello e ha il monopolio della zona di Capaci e Punta Raisi, attraverso il sistema dei subappalti». Eppure Mario, di fronte alla contestazioni dei giudici, non fece una piega.

Per spiegare a Vittorio Teresi, Domenico Gozzo e Gaetano Paci, i tre pubblici ministeri titolari delle indagini, l'origine delle sue ricchezze disse di avere vinto per tre volte al Totogol: «Ho centrato un sette e due sei. Mi basta poco, vivo con poco. E mi è andata molto bene con la vendita di un gregge di pecore».

Le ricadute

L'autunno del 1997 fu un autunno nero per pentiti e pentitismo. Già da qualche anno le maglie del controllo si erano allentate. Le ricorrenti campagne contro quest'istituto, che in passato si era rivelato preziosissimo per aprire varchi e voragini nel compatto muro dell'omertà, cominciarono a ottenere perversi risultati.

Il pentito di mafia stava diventando un peso per lo Stato. Se prima la tendenza era quella di largheggiare – a volte ingiustificatamente – nell'inserimento nel programma di protezione, ora prevaleva l'atteggiamento opposto.

Le posizioni pregresse, più antiche, erano quelle che avevano retto meglio. Chi, invece, aveva la sfortuna di arrivare quando la stagione della grande luna di miele fra Stato e collaboratori di giustizia era finita pagava o rischiava di pagare prezzi molto salati.

Alcune migliaia di «anime morte» a carico dell'erario, e spesso vita natural durante, costituivano una voce passiva del bilancio non indifferente. Pentitopoli era cresciuta a dismisura negli ultimi dieci anni. A un certo punto, in quella cittadella superaffollata andarono a vivere un numero sproporzionato di «cittadini». Le strutture – però – erano quelle che erano.

Il problema era stato affrontato, ma non risolto, con una sorta di evacuazione forzata da Pentitopoli. L'esodo dal programma di protezione coinvolse tutti, assecondando una logica quantitativa più che qualitativa. Il moralismo di molti uomini politici, irritati dalla libertà di parola riconosciuta in una certa fase a molti collaboratori di giustizia, offrì una verniciatura etica a un'operazione spregiudicata.

Tuonare contro i pentiti perché la loro fedina penale era molto sporca equivaleva a meravigliarsi perché in un lebbrosario è diffuso il contagio. Tranne rarissime eccezioni, quelli che venivano definiti «pentiti» mantenevano radici, modi di pensare, abitudini di vita, sistema di relazioni e amicizie, un sentire comune, fortemente cristallizzati. Il richiamo della foresta poteva scomparire del tutto, in presenza di un nuovo universo di riferimento. Mentre poteva tornare facilmente a esercitare la sua suggestione perversa quando l'alternativa di vita, per il collaboratore, cessava di essere credibile, duratura, persino conveniente.

Il cittadino di Pentitopoli che si vedeva consegnare il foglio di via non aveva molte soluzioni. E nella maggioranza dei casi tornava a delinquere, l'unica cosa che aveva sempre fatto e che sapeva fare. D'altra parte ogni collaboratore di giustizia si portava dietro un contenzioso gigantesco di odi, rancori, fame di vendetta: ed era rarissimo che due collaboratori di giustizia si scambiassero attestati di stima, anche se schierati, militarmente parlando, dalla stessa parte della barricata. Bene che andasse, uno avrebbe ammesso che l'altro aveva fatto rivelazioni «molto simili rispetto a come sono andate le cose».

Tutta questa premessa semplicemente per dire che se la maglia del controllo sul pentitismo si allentava i guai erano inevitabili. E non serviva, a cose fatte, gridare allo scandalo. Da diversi anni, San Giuseppe Jato, il paese dei Brusca alle porte di Palermo, era teatro di regolamenti di conti. San Giuseppe era «seconda» solo a Corleone, quanto a capacità dei mafiosi di ordire trame di morte, imbastire tragedie, seminare zizzania. La cattura dei Brusca e il clamoroso pentimento di Giovanni lasciarono campo libero ai loro rivali.

Balduccio Di Maggio, il collaboratore che sosteneva di avere assistito al «bacio» fra Riina e Andreotti, per vecchissime faide paesane, fu l'alter ego di Giovanni Brusca. Quando i due erano entrambi latitanti e liberi di scorrazzare per le campagne del paese, i colpi non mancarono da una parte e dall'altra. Di Maggio voleva uccidere Brusca. Brusca voleva uccidere Di Maggio. Il match fra i due duellanti venne interrotto dall'arresto di Brusca.

Senonché Di Maggio approfittò sia della sua favorevole condizione di pentito, sia della detenzione in isolamento del suo acerrimo rivale. In altre parole tornò più volte a San Giuseppe – da pentito – per riprendere i suoi «affari» e regolare i suoi conti con gli uomini che in passato erano stati legati proprio a Giovanni Brusca.

La storia andò avanti per almeno un anno. All'insaputa di tutti? All'insaputa di molti, questo è certo. Ma i delitti si moltiplicavano e nessuno riusciva a farsene una ragione. Brusca metteva in guardia gli investigatori. Ma gli investigatori erano convinti che a far parlare Brusca non fosse altro che il suo odio atavico per Balduccio Di Maggio.

Il 14 ottobre 1997, la svolta clamorosa. Al termine di stringenti interrogatori, durati quasi una settimana, la Procura di Palermo emise ordini di cattura per omicidio e favoreggiamento nei confronti di Balduccio Di Maggio. Analoghi provvedimenti, per detenzione di armi, quattro giorni dopo a carico di Santino Di Matteo (il padre del piccolo Giuseppe assassinato a quindici anni) e di Giuseppe Di Matteo padre di Santino, nonché di Gioacchino La Barbera. Componevano ormai un identico clan, quello dei pentiti tornati in servizio a San Giuseppe Jato ora che una certa stagione antimafia era definitivamente tramontata? «No» commentò Caselli «l'indagine ha portato a escludere l'esistenza di un clan unico. Si sono scoperchiate le storie di due persone che però non si intrecciano: c'è la storia di Di Matteo, che ha avuto ucciso il figlio, e quella di La Barbera, a cui Cosa Nostra ha ucciso il padre, simulando il suicidio.»

Il fatto, in sé, era scandaloso. Quei collaboratori – stranamente – riuscivano a fare il bello e cattivo tempo senza che nessuno si prendesse cura di loro. Tornavano in paese a loro piacimento. Minacciavano, taglieggiavano, ricattavano. Di Maggio arrivò a uccidere. E dire che quello era forse il paese italiano dove per ogni abitante si contavano tre fra poliziotti, carabinieri, uomini dei più disparati Servizi segreti...

L'arresto di Di Maggio sembrò un'occasione da non perdere per chi intendeva demolire il processo Andreotti. Il teorema era semplice: se il pentito del «bacio» è lo stesso che viene arrestato per omicidio, ciò significa che fu un madornale errore prestargli ascolto quando tirò in ballo uno degli uomini politici italiani più prestigiosi. Lui confermò ancora una volta la genuinità delle sue originarie dichiarazioni. Semmai emerse un grigio contesto che si era mosso dietro le quinte proprio nel tentativo di indurlo a ritrattare pubblicamente sul particolare del «bacio».

Il comandante del Ros «contro» un libro

Il 23 maggio del 1998, proprio per mettere insieme un catalogo dei dubbi, degli interrogativi, delle versioni ufficiali poco convincenti, insieme a Bolzoni, pubblicammo un libro: *C'era una volta la lotta alla mafia. Storie di patti e di ricatti* (Garzanti, Milano 1998).

Quattro storie. Quattro spaccati di mafia e di antimafia. Quattro spicchi di un solo problema: la caduta di tensione dell'impegno antimafia ai massimi livelli istituzionali.

Storia numero 1: un fantasma si aggira per l'Italia (la storia, appunto, di Bernardo Provenzano); storia numero 2: il mistero del covo (la singolare cattura – cioè – di Totò Riina); storia numero 3: la mafia buona (quella che non spara più, o molto meno di una volta); storia numero 4: storie di patti e di ricatti (prendendo spunto da una clamorosa intervista di Gherardo Colombo al «Corriere della Sera»).

Filo conduttore delle quattro storie, l'ipotesi – non data per scontata – che Cosa Nostra stesse continuando a trattare con pezzi delle istituzioni in vista del suo traghettamento al terzo millennio.

La cattura di Totò Riina e la prolungata libertà di Bernardo Provenzano potevano essere collegate? Provenzano era diventato il garante della pax mafiosa? Perché i carabinieri del Ros guidati dal generale Mario Mori non entrarono mai nel «covo» di Totò Riina? Perché la magistratura palermitana rimase all'oscuro di tutto?

Ovviamente si trattava di interrogativi pesanti. E che forse avrebbero meritato risposte pacate e documentate. Invece?

Grande successo di recensioni: da Giorgio Bocca a Corrado Stajano, da Corrado Augias ad Aldo Grasso e Antonio D'Orrico, per ricordare solo alcuni nomi. Silenzio di tomba, invece, dai Palazzi romani. Pur chiamati in causa, il ministro degli Interni dell'epoca, Giorgio Napolitano, il presidente della commissione antimafia, Ottaviano Del Turco, a non voler dire del presidente del Consiglio Romano Prodi e del suo vice Walter Veltroni, non fecero sentire la loro voce...

Perché si cucirono la bocca? Siamo giunti alla conclusione che in quel libro, quasi inconsapevolmente, fossero finite più verità di quelle che noi stessi avevamo voluto includervi. Napolitano e Del Turco rilasciarono una fiumana di interviste che si riferivano – senza mai nominarlo – proprio a quel libro. Interviste-carillon per ribadire che lo Stato non aveva mai avuto un profilo così alto nella lotta contro la mafia come in quel momento.

Prevalsero toni sdegnati, affermazioni apodittiche, qualche accusa di lesa maestà, e Pietro Folena, in quel momento responsabile Ds per le questioni della giustizia, rivendicò ai microfoni di Andrea Vianello del Gr1 e per gli ascoltatori di *Radio anch'io*, che «io chiedo da anni che venga arrestato Provenzano». Insomma, tutti lo volevano arrestare, da Napolitano a Del Turco a Folena, ma nessuno se la sentiva di entrare nel merito degli interrogativi e delle contestazioni contenute in quel volume.

Essendo uno dei due autori, e avendo vissuto tutti i passaggi di quella vicenda, mi sento di dire che se c'è un argomento in Italia sul quale non è lecito discutere a voce alta, avanzare critiche, discostarsi anche solo di qualche centimetro dal seminato ufficiale, questo è proprio il tema della mafia e delle terapie possibili per sconfiggerla.

Tant'è vero che due mesi dopo la pubblicazione del libro tre alti ufficiali dei carabinieri, Mario Mori, Giuseppe De Donno e Sergio De Caprio, «Ultimo», presentarono querela sentendosi diffamati dalla nostra ricostruzione della cattura di Riina. Il processo andò avanti per anni. Poco prima che arrivasse la sentenza Mori e De Donno ritirarono la querela, a differenza di De Caprio. Nel febbraio del 2004 Bolzoni e io fummo assolti e De Caprio condannato.

Il Mattarella di Caccamo

Torniamo al punto di partenza di questo capitolo. Se a Palermo un silenzio delle armi così prolungato non si registrava dall'epopea dei Mille, a Caccamo – paese a cinquanta chilometri da Palermo – un delitto di mafia non si verificava da vent'anni. Significavano qualcosa questi due primati speculari anche se apparentemente capovolti? Sì: che Cosa Nostra non aveva mai firmato cambiali in bianco.

Il 9 ottobre 1998, alle venti e trenta, un killer armato di fucile a pompa e a volto scoperto affrontò Domenico Geraci che stava rientrando a casa, alla periferia del paese. Geraci cadde colpito a morte in una pozza di sangue. Tentò di rialzarsi. Il killer gli esplose contro una seconda sventagliata di colpi. Uno dei figli della vittima, udendo i primi spari, si affacciò dal balcone, assistendo alla seconda sequenza dell'agguato. Lanciò anche un vaso di fiori nel tentativo disperato di colpire il messaggero di morte. Il killer, compiuta la missione, salì sulla Fiat Uno dei complici e scappò indisturbato.

Lo choc fu molto forte, sia a Caccamo che in tutt'Italia. Misteriosissime simbologie vollero che il giorno dell'uccisione di Domenico Geraci, detto Mico, fosse lo stesso della caduta del governo Prodi. Nel momento in cui l'Italia tornava a essere senza governo,

Cosa Nostra rialzava il tiro in grande stile. Domenico Geraci, quarantaquattro anni, sindacalista della Uil allevatori, sposato e con due figli, apparteneva al Partito popolare per il quale era stato consigliere comunale a Caccamo. Sarebbe stato il prossimo candidato dell'Ulivo per la poltrona di primo cittadino. Qualche mese prima Geraci aveva partecipato a un dibattito sulla mafia. Iniziativa insolita, in un paese come quello. Eppure, alla presenza di una cinquantina di paesani, di Giovanni Scaletta, direttore della Caritas diocesana di Palermo, di Beppe Lumia, deputato dell'Ulivo e componente della commissione antimafia, Geraci aveva pronunciato parole molto dure contro il piano regolatore (che si stava discutendo in quel periodo) affermando che era ispirato a interessi tutt'altro che limpidi.

Geraci non era di quelli che si improvvisano moralizzatori nell'arco di mezza giornata. Gli ultimi dieci anni della sua carriera politica, spesi sempre al servizio della collettività paesana, erano stati ripetutamente scanditi da avvertimenti e minacce. Lugubri mazzi di crisantemi ne aveva ricevuti parecchi. La macchina gliela avevano incendiata, come da copione. Ma perché rompere una tregua durata vent'anni?

Caccamo è uno di quei paesi che rappresentano il vero entroterra di Cosa Nostra: è sempre stato il più vasto mandamento mafioso dell'intera provincia. A Caccamo tutti sapevano che il capo di quel mandamento si chiamava Nino Giuffrè – detto Manuzza per una malformazione alla mano sinistra –, latitante da parecchi anni. A Caccamo tutti sapevano che Giuffrè era uno dei tanti luogotenenti di Bernardo Provenzano.

Geraci pagò con la vita il suo sostegno a un progetto riformatore. E l'aver ostacolato un piano regolatore «fatto su misura» per qualcuno, costituì un'aggravante. Infine, la decisione di candidarsi a sindaco per il centrosinistra, in un paese dove le prevenzioni «ideologiche» erano ancora fortissime, rappresentò per Cosa Nostra una sfida bella e buona. Ma un conto è la causale immediata del delitto, un conto è il significato più complessivo che assume il delitto stesso.

Ai funerali di Geraci, a Caccamo, partecipò, fra gli altri, Walter Veltroni. Denunciò che Cosa Nostra tornava a mettere a segno «delitti politico-mafiosi».

Già.

XXVII

C'era una volta la lotta alla mafia

L'aritmetica dell'antimafia

Questo libro non è mai stato un libro di battaglia. Mi sono sempre riproposto di fornire una ricostruzione documentata e plausibile di una significativa tranche delle vicende italiane. Senza rinunciare al mio punto di vista e senza nasconderlo al lettore. Questo rapporto di fiducia è forse la causa principale dell'evoluzione – davvero singolare – di questo testo.

Una premessa necessaria prima di questo interrogativo: com'è possibile che Cosa Nostra sia ancora un'organizzazione criminale segreta capace di funzionare, assicurando il ricambio sia dei suoi vertici sia dei suoi semplici affiliati? L'Italia era entrata in Europa, la «globalizzazione» era diventata una delle parole più ricorrenti, navigavamo in Internet, mentre la mafia, perverso intreccio di primitivismo e business, non mostrava di entrare nella linea d'ombra.

Quando iniziarono i fatti raccontati in questo libro Falcone e Borsellino erano ancora vivi. George Bush era il presidente degli Stati Uniti. Michail Gorbaciov era alla guida dell'Unione delle Repubbliche Socialiste Sovietiche. Non navigavamo in Internet. Esistevano la Dc, il Pci, il Psi, il Psdi, il Pri, il Pli... Mario Chiesa era un illustre sconosciuto, pochissimi italiani avevano sentito nominare il Pio Albergo Trivulzio, insomma Mani Pulite non era neanche in gestazione.

Ma allora: di quali armi segrete erano dotati questi ex braccianti analfabeti che riuscivano ancora a tenere in scacco una intera regione assumendo il ruolo del convitato di pietra in qualunque governo nazionale (a non voler aggiungere all'elenco camorra e 'ndrangheta, altrettanto sanguinarie e onnipresenti)? E quali armi erano mancate allo Stato italiano per riuscire a imporre – davvero e dappertutto – la sua legge? Erano quesiti che non potevano essere elusi. Non era infatti più credibile che ai cittadini italiani fosse riproposto l'identico schema: al culmine di tante battaglie vinte, sarà la guerra a essere definitivamente conclusa. Poteva andare bene una volta, ma ormai non più. Tutti formulavano questa domanda semplicissima, e tuttavia essenziale: quale ostacolo impediva che la partita fosse definitivamente conclusa? Non mancavano le leggi. Non mancavano i provvedimenti ad hoc. Non mancavano poliziotti o carabinieri, finanzieri o appartenenti a quasi una dozzina di reparti speciali. Non mancavano superstrutture. L'esercito era schierato, seppure impantanato.

All'indomani di qualche maxiretata, dopo la cattura di qualche latitante più pericoloso degli altri, non era difficile ascoltare queste domande: ma quanti sono questi mafiosi?; come si spiega che a ogni boss che finisce in manette ne subentra un altro pronto a prendere il suo posto?; la Sicilia non è l'Afghanistan. Se lo Stato volesse...

Già: se lo Stato avesse voluto... Tenendo ben presenti questi interrogativi, il titolo di questo capitolo farà arricciare il naso a certi ottimisti di professione, certi cultori dello sdegno a go-go, certi politicanti specializzati nello slogan «non disturbate il manovratore».

La lotta alla mafia non può essere considerata un problema aritmetico, banalmente quantitativo: «più» blitz, «più» latitanti arrestati, «più» mafiosi sotto inchiesta, «più» processi, non danno, come risultato finale, la sconfitta di Cosa Nostra.

«C'era una volta la lotta alla mafia» non significa, ovviamente, che alcune migliaia di rappresentanti delle forze dell'ordine avessero smesso di fare il loro mestiere. Il «c'era una volta» significa semmai che una grande stagione di impegno collettivo era tramontata. Era la «politica» italiana, in tutte le sue articolazioni, le sue sfaccettature, i suoi apparentamenti, la principale responsabile di questo diffuso e strisciante virus del «compromesso» che stava provocando guasti giganteschi.

Se la politica è l'arte del compromesso, il compromesso, trasferito alla lotta alla mafia, diventava il tronco d'albero capace di far deragliare anche la locomotiva più potente. È nota l'obiezione: chi ha parlato mai di compromesso con i mafiosi?

Ma a cosa puntava la polemica, costante e dura, degli uomini politici contro i magistrati di prima linea? Gian Carlo Caselli era costretto – un giorno sì e uno no – a denunciare la cappa di piombo calata sull'argomento. Andava avanti così almeno da tre anni. Il procuratore capo di Palermo trovava regolarmente qualcuno, sul suo cammino, che si risentiva «perché Caselli ora sta esagerando». E trovava puntualmente qualcuno pronto a esprimergli la sua «solidarietà». E dopo? Alcuni esempi concreti.

Il 1998 fu il primo anno, quanto meno a mia memoria, in cui nel programma della Festa nazionale dell'Unità non comparve la parola «mafia».

Giovanni Falcone fu invitato e partecipò alla Festa dell'Unità, nel 1990. Vi prese parte Antonino Caponnetto. Erano di casa, alle Feste dell'Unità, Leoluca Orlando e padre Ennio Pintacuda, quando volevano costruire una Palermo antimafiosa. Persino i sacerdoti, qualche volta, si fecero coraggio accorciando le distanze con un mondo che sentivano distante. Ai poliziotti e ai carabinieri più in gamba veniva sempre riservato un posto d'onore.

Se nel programma del 1998 non ci fu traccia né di mafia né di antimafia, e non furono invitati i magistrati e gli investigatori più conosciuti, ciò significa che si intendeva lanciare un segnale all'opinione pubblica: l'emergenza è finita; non di sola «antimafia» vive il centrosinistra; l'immagine dell'Italia che entra in Europa non può essere sfregiata da una questione criminale secolare; la «normalità» deve diventare un valore assoluto; la «politica» deve tornare ad avere il suo primato, anche a costo di mettere il silenziatore alle tensioni sociali più acute.

Intenzioni nobili, nobilissime. Ma Cosa Nostra non era stata sconfitta, non era scomparsa, non aveva consegnato le armi.

Due grandi novità nello scenario politico italiano di quegli ultimi anni: il governo di Romano Prodi e quello di Massimo D'Alema.

All'onorevole Prodi fu riconosciuto il primato di non aver incluso la parola «mafia» nelle sue dichiarazioni programmatiche (22 maggio 1996) e d'avere preferito l'espressione «criminalità organizzata»: «Il Paese ha bisogno insieme di legalità, la massima legalità possibile, e di normalità»; «Il governo auspica che la magistratura possa sempre più svolgere la sua naturale e doverosa funzione di tutela della legalità intesa, correttamente, come una funzione ordinaria e normale». Era un fuoco di artificio di aggettivazioni e avverbi: «naturale», «doverosa», «correttamente», «ordinaria», «normale». Calma ragazzi, sembrò dire in realtà il presidente del Consiglio...

Prodi non lanciò «segnali» particolari che potessero essere interpretati a sostegno degli uomini impegnati in prima fila nelle trincee calde del Sud. Lanciò «segnali» quando era leader dell'Ulivo, questo sì: nel maggio del 1995, quando venne in Sicilia a rendere omaggio alle vittime della mafia.

L'unica volta in cui il presidente del Consiglio dell'epoca affrontò l'argomento in maniera diretta, commise una gaffe formale e sostanziale. Era l'agosto del 1997. In un'intervista al «Welt am Sonntag», alla domanda se le accuse di associazione mafiosa rivolte a Giulio Andreotti potessero danneggiare l'immagine dell'Italia all'estero, il presidente del Consiglio Prodi rispose così: «Non posso naturalmente esprimermi su un processo in corso, ma una cosa posso dirla: la vicenda mi ha tolto il sonno».

Al giornalista che gli chiedeva se poteva immaginare il «sette volte presidente del Consiglio» che trescava con la mafia e ordinava delitti, Prodi rispose: «No. Un'ipotesi estrema come questa mi è difficile da immaginare». E meno male che non volle interferire in un «processo in corso»... Che – a volere essere pignoli – in quel momento erano due: uno a Perugia, per omicidio, l'altro a Palermo, per mafia.

Con il governo D'Alema si assistette a una timida ripresa. Il neopresidente del Consiglio sfiorò la questione nelle sue dichiarazioni programmatiche. E subito dopo l'elezione del nuovo esecutivo vennero in Sicilia, nell'ordine, il ministro del Lavoro Antonio Bassolino, il ministro di Grazia e giustizia Oliviero Diliberto, il ministro degli Interni Rosa Russo Jervolino. Tutti per esprimere solidarietà a Caselli.

La Jervolino, in particolare, si disse «personalmente» disponibile a forme di riutilizzazione dell'esercito in Sicilia pur dovendo prendere atto dell'esistenza in Parlamento di una «maggioranza trasversale» contraria all'operazione Vespri siciliani. Poi la situazione precipitò: la feroce strage di Vittoria in provincia di Ragusa (cinque ragazzi assassinati nel bar annesso a un rifornimento di benzina, la sera del 2 gennaio 1999) provocò (all'inizio di febbraio) una visita in Sicilia di Massimo D'Alema, presidente del Consiglio. La visita si concluse con l'annuncio che cinquecento militari sarebbero stati impiegati per la tutela della sicurezza nell'isola.

Ci si risvegliava, dunque, dal «lungo sonno»? Molti se lo auguravano.

Il lungo sonno e lo scudo romano

Il lungo sonno della sinistra ci fu. E durò esattamente dall'inizio del governo Prodi (fine maggio 1996) alla sua conclusione (9 ottobre 1998): Walter Veltroni vicepremier, Giorgio Napolitano agli Interni, e Giovanni Maria Flick alla Giustizia. Non ci è possibile, per ragioni di spazio, riassumere dettagliatamente i ritardi, i silenzi, gli errori di prospettiva, le prese di posizione non condivisibili assunte da quel governo. E non certo per «malafede» o intese sottobanco con il nemico mafioso. Discorso delicatissimo, quello sul governo Prodi e l'antimafia, che cercheremo di spiegare.

Intanto, alcuni risultati operativi non mancarono: l'arresto di Giovanni Brusca; l'arresto del boss Pietro Aglieri; l'arresto del boss Mariano Tullio Troia, assurto agli alti livelli di Cosa Nostra nel disinteresse generale; ma anche la cattura dei «pentiti» di San Giuseppe Jato; tutti argomenti già trattati.

A Palermo era diventato questore Antonio Manganelli, che proveniva dalla buona scuola di Gianni De Gennaro, allora vicecapo della polizia e braccio destro di Fernando Masone. Era stata ricostruita la Squadra mobile, sotto la direzione di Guido Marino.

Questo per dire che le forze dell'ordine continuavano a guadagnarsi lo stipendio. Ma ridurre l'intera questione al problema degli arresti equivaleva ad alimentare una lettura retorica degli avvenimenti.

«Grande impegno delle forze dell'ordine»; «grande abnegazione e spirito di sacrificio»; «durissimi colpi inferti a Cosa Nostra»; la qualifica di «nuovo numero uno della mafia dopo Totò Riina» attribuita con eccessiva disinvoltura e generosità ai boss che via via finivano in manette: furono questi gli spot governativi più ricorrenti per zittire i dubbiosi e i critici di una stagione che si annunciava molto promettente.

A questo punto, gli interrogativi potevano essere riassunti in un'unica domanda: era ancora il tempo di puntare a un ridimensionamento, sia pure consistente, del potere criminale, o, piuttosto, non ci sarebbero state tutte le condizioni per infliggere a Cosa Nostra il colpo di grazia?

Il primo governo di centrosinistra esorcizzò questo interrogativo. Lo eluse. Si creò uno «scudo romano» col compito di respingere eventuali sollecitazioni in questo senso. In parecchie occasioni, il ministro Napolitano si avvalse della collaudata metafora leninista del «bicchiere mezzo pieno» che solo inguaribili nichilisti e pessimisti vedono sempre «mezzo vuoto».

E affinché non sembri gratuita la definizione di «scudo romano», basta un riferimento alle accanite prese di posizione contro i pentiti di Ottaviano Del Turco, presidente della commissione antimafia, che fecero da urlato contraltare alle sottili e garbate metafore di Napolitano: «I pentiti non sono né santi né eroi» dichiarò Del Turco (Ansa, 8 febbraio 1997). Che bella scoperta.

Il fatto è che tutti condividevano da tempo la necessità di colpire le frange militari di Cosa Nostra. Mentre appena si trattava di offrire risposte alte per quanto riguardava la normativa antimafia o – caso altrettanto ricorrente – si imponeva un incoraggiamento agli investigatori affinché – come si diceva una volta – non guardassero in faccia nessuno, le grandi fondamenta della retorica e dell'«aritmetica» dell'antimafia si sbriciolarono.

Sotto il governo dell'Ulivo il Parlamento varò, in un clima di grandissima concordia, quell'articolo 513 che tempo dopo la Corte costituzionale avrebbe faticosamente rimesso in discussione.

Sotto il governo dell'Ulivo, in un clima di grandissima concordia, Silvio Berlusconi pronunciò parole sprezzanti su magistrati e collaboratori di giustizia. La politica non voleva fare i conti con la questione criminale. E poiché proprio il centrosinistra puntava a un lento recupero della «normalità» nella vita del Paese, si verificò il paradosso che il primo governo di centrosinistra si contraddistinse negativamente persino nel rapporto con l'opinione pubblica: non si ricordano inviti alla mobilitazione antimafia da parte dei Palazzi romani.

I processi diventarono argomenti dello scontro politico. Prodi disse la sua, come ricordavamo, sul processo Andreotti, ma anche sul processo per l'uccisione di Marta Russo. Walter Veltroni attese qualche giorno e, quando non era più al governo ma era diventato segretario del maggior partito della sinistra, trovò molto naturale far sapere che «ora il processo Sofri può essere riaperto». Come la pensavano Berlusconi e Marcello Dell'Utri sui processi che li vedevano in veste di imputati è cosa risaputa.

Era davvero strana una classe politica che trovava la sua maggiore compattezza all'insegna del «magistrati, fate silenzio». Quella stessa classe politica che non si accorgeva di quanto fosse abnorme la sua condotta disinvolta rispetto a singoli processi con loro storie, propri imputati, propri giudici. Questi esponenti politici credevano di avere titolo per pronunciare personalissime sentenze di innocenza o colpevolezza. Direte: che c'entrava tutto questo con la lotta alla mafia? C'entrava moltissimo.

Cosa Nostra ha sempre tenuto d'occhio gli orientamenti della politica in materia di giustizia. E ci sarà una ragione se la questione della giustizia venne lasciata in eredità – irrisolta – dal governo Prodi al governo D'Alema.

In quel periodo bisognava prendere atto che:

1) Certe sentenze della Cassazione potevano rivelarsi autentici colpi di spugna. Che senso aveva pretendere – in caso di una modifica del collegio giudicante – che i testimoni venissero a ripetere in aula le loro dichiarazioni? In Italia, dove occorrono almeno una decina d'anni perché una sentenza passi in giudicato, diventava platonica la pretesa che i tribunali e le Corti d'assise non registrassero la sostituzione di un suo componente per trasferimento, malattia se non addirittura la scomparsa. Se ogni volta si doveva ricominciare il processo, la giustizia italiana sarebbe stata regolata da tempi ancora molto più sesquipedali.

2) Gian Carlo Caselli era diventato l'autentica «emergenza nazionale». E quando diciamo Caselli intendiamo riferirci all'intera Procura di Palermo, visto che quella di Milano era stata fortemente bersagliata da «ispezioni mirate», inchieste giudiziarie e campagne giornalistiche.

3) Quando la magistratura affondava la lama nei rapporti fra mafia e politica, tutta la Politica si chiudeva a riccio.

4) Non esisteva più alcuna plausibile spiegazione per la durata di un fenomeno del quale, governi moderni ed efficienti sarebbero dovuti venire a capo da tempo.

5) La sistematica opera di denigrazione finì con il coinvolgere persino i pentiti. Negli ultimi tempi si era seguita una linea mefistofelica: abbandonarli al loro destino, allentare la briglia, correre ai ripari quando le stalle erano ormai vuote. Non accadde forse questo, in buona sostanza, con i Di Maggio, i Di Matteo, i La Barbera? E a quel punto si aprirono le dighe contro i «collaboratori di giustizia». La gente era sconcertata.

6) Guasti ce ne furono tanti. E molti dei peggiori nemici, l'antimafia li aveva al suo interno.

7) Il 13 novembre 1996, l'Ansa rese noto che: «È negativa la parola italiana più citata all'estero: "mafia"». Lo rilevava – si legge ancora nel dispaccio Ansa – un'indagine della «McCann Erickson» italiana che, esaminando tutte le citazioni riguardanti quattordici argomenti italiani su sessanta testate (dal «New York Times» al

«País» a «Vogue») di sei Paesi stranieri (Usa, Gran Bretagna, Spagna, Svizzera, Germania e Francia) elaborò una sorta di «indice di immagine»... L'indagine era intitolata a *Nathan il Saggio*, l'opera teatrale di Lessing. E ci voleva davvero molta «saggezza» a rassegnarsi all'idea che la parola italiana più conosciuta all'estero fosse quella che i governanti italiani pronunciavano di meno.

Il moderno garantista

Ci voleva – invece – molta «pazienza» per assistere indifferenti ad alcune operazioni di lifting a distanza di undici anni. Ci riferiamo a un curioso convegno indetto dalla Fondazione Sciascia a Racalmuto (Agrigento) – paese natio del grande scrittore siciliano – il 24 novembre 1998.

Di cosa si discusse a Racalmuto?

«Corriere della Sera» (25 novembre 1998). Pagina 1: «Per Sciascia il giorno del riscatto. Nel 1987, sul "Corriere", Sciascia accusava i "professionisti dell'antimafia", attirandosi critiche feroci. Ieri a Racalmuto, paese dello scrittore, il mea culpa degli avversari di allora. Tra questi, Lo Forte». Titolo nella prima di cultura: *Sciascia, il giorno del riscatto*.

«La Stampa» (25 novembre 1998). Titolo nella seconda di cultura: «Sciascia, rivincita del provocatore».

«L'Unità» (25 novembre 1998). Pagina 8: «Sciascia, da "quaquaraquà" a moderno garantista». Il convegno di Racalmuto riabilita lo scrittore siciliano: "Fu un anticipatore".»

«Giornale di Sicilia» (25 novembre 1998). Pagina 8: «Sciascia e i professionisti dell'antimafia. Dall'aspra polemica alla riabilitazione».

Il ristretto panorama dei titoli può dare un'idea. Quel giorno passò una «linea»: i detrattori di Sciascia avevano recitato il mea culpa; Sciascia era stato «riabilitato», si era «riscattato», si era preso una «rivincita», era diventato il «moderno garantista». Andando a leggere sui giornali le cronache di quel convegno, colpivano le «assenze», più che le «presenze».

Non figuravano fra i presenti al convegno: Giampaolo Pansa, Corrado Stajano, Giorgio Bocca, Nando Dalla Chiesa, per ricordare solo alcune delle personalità che all'epoca dissentirono apertamente con le tesi dello scrittore siciliano contenute in quel lontano articolo dedicato ai «professionisti dell'antimafia».

Bisognava, infatti, essere davvero digiuni di letture sciasciane per pretendere che uno come lui potesse essere sottoposto a un «processo di revisione». Francamente non ho mai pensato che Leonardo Sciascia avesse bisogno di una riabilitazione. E che poi a riabilitarlo – com'è accaduto a Racalmuto, per un'imperscrutabile regia degli organizzatori – fosse qualche sopravvissuto del coordinamento antimafia, è circostanza davvero sconcertante. Per cosa doveva essere riabilitato lo scrittore del *Giorno della civetta*, del *Consiglio d'Egitto*, o del *Contesto*? Cosa doveva farsi perdonare? Di essere stato persona intelligente e colta in una regione zeppa di avvoltoi pronti a saltare su qualsiasi zattera? Leonardo Sciascia restava Leonardo Sciascia, con buona pace dei convegni e di chi li improvvisava su misura. A Racalmuto non c'era uno dei protagonisti della polemiche di allora contro quell'articolo di Sciascia, protagonisti con i quali lo scrittore siciliano non si sottrasse mai alla discussione.

Restarono i fatti. Borsellino e Sciascia, per esempio, si incontrarono, tempo dopo quella polemica. Fra loro nacque un'amicizia. E fu Borsellino a raccontarmi proprio i retroscena di quel chiarimento in una intera pagina dell'«Unità», pubblicata il 13 agosto 1991. Dunque in tempi «non sospetti».

Conviene riproporne ampi stralci.

L'intervista dimenticata

Lo andai a trovare a Carini, dove aveva affittato una villa sul mare per trascorrere l'estate insieme alla famiglia rimanendo a due passi da Palermo e Marsala, località decisive per il suo impegno antimafia in quegli anni ormai lontani. Faceva molto caldo, ma la nostra lunga conversazione si prolungò per l'intero pomeriggio alleviata dal fresco regalatoci da una macchia di verde dove Borsellino aveva piazzato due sedie a sdraio.

Gli chiesi se considerava l'attacco di Sciascia un attacco alla sua persona.

Sorseggiò una spremuta d'arancia con ghiaccio prima di rispondere, secco: «No. Non attaccava me. Mi citava come esempio di magistrati che facendo antimafia facevano carriera. Poi Sciascia, rimeditando sulla faccenda, convenne sul fatto che in magistratura con l'antimafia non aveva mai fatto carriera nessuno. Né tantomeno l'avevo fatta io. Sono estremamente convinto della sua buona fede, e del fatto che lui abbia rimeditato arrivando ad altre conclusioni, anche perché fu lui a dirmelo personalmente in un paio di incontri che abbiamo avuto e in un paio di lettere che poi mi ha scritto».

Gli feci notare che di questi incontri e di questo scambio epistolare nessuno sapeva nulla. E gli chiesi di rivelarne di più.

Borsellino: «Ero stato appena nominato procuratore a Marsala. E gli incontri avvennero uno a Gibellina, l'altro a Marsala. Era il gennaio 1988, un anno dopo la pubblicazione dell'articolo [sul «Corriere della Sera», *N.d.A.*]. Gibellina: fu in occasione del ventennale del terremoto del Belice. Incontro casuale: Sciascia era relatore ufficiale in quella manifestazione. Che c'entravo io? Gibellina era nella giurisdizione del tribunale di Marsala. Ed è chiaro che intervenni come "autorità". Sciascia in quell'occasione, lui, di sua iniziativa, mi ha avvicinato e mi ha detto...»

Gli chiesi se già si conoscessero...

Borsellino: «Mai visti. Ci conoscevamo nel senso che io sapevo benissimo chi era Sciascia. Ci siamo incontrati... e Sciascia iniziò un discorso riferendosi a questo suo articolo sul "Corriere della Sera": e mi disse che era stato travisato, strumentalizzato in malafede da molti, mentre in realtà lui aveva inteso dire tutt'altro; e che non aveva assolutamente inteso indicarmi come esempio di professionista dell'antimafia. Aveva inteso indicare, invece, il Consiglio superiore della magistratura come esempio di autorità amministrativa che non aveva il coraggio di darsi certe regole e di decidere in conformità alle stesse. Ricordo che lui insisteva che il Csm si era data la regola dell'anzianità per gli incarichi direttivi. Non osava cambiarla perché questo disturbava il corporativismo diffuso fra i magistrati, e per riuscire a nominare in determinati posti taluni che non corrispondevano a questo "modello di regola", faceva i salti mortali. Mentre invece sarebbe stato più onesto che il Csm avesse avuto il coraggio di cambiare le regole.

«In sostanza, la posizione di Sciascia era questa: se voi ritenete che il criterio dell'anzianità non è un criterio valido, e che vi può portare a compiere scelte sbagliate, cambiatele queste maledette regole, abbiate il coraggio di cambiarle... A Gibellina, fu uno scambio di battute, in mezzo alla gente. Cosa risposi a Sciascia? Quello che dico ora: su questa osservazione di Sciascia, su questa mancanza di coraggio, o di capacità, del Csm di darsi nuove regole in materia e di agire in conformità, concordo perfettamente».

Ma lei – insistetti – oggi è procuratore a Marsala...

E Borsellino: «So bene che la mia nomina fu motivata arrampicandosi sugli specchi. Naturalmente non ritenni allora, né ritengo adesso, che Sciascia nel suo articolo originario avesse voluto dir questo... Confesso che non glielo feci rilevare: io ebbi l'impressione che Sciascia, nel dirmi quello che mi disse, fosse profondamente imbarazzato nei miei confronti anche se mi parlava sinceramente riferendomi quella che era la sua opinione in quel momento del nostro incontro. A mio parere perché lui sapeva che nell'articolo originario del "Corriere" aveva detto cose diverse. Bisogna riconoscere a tutti il diritto di cambiare opinione.

«Comunque questi concetti me li ribadì, ripetendo che ce l'aveva con il Csm, a Marsala, e in presenza del collega Giuseppe Alcamo... A Marsala, infatti, il nostro non fu un incontro a due, fu un incontro a tre. Ci incontrammo io, Sciascia e il collega Alcamo, cioè lo stesso che avevo scavalcato con la mia promozione. Be', non fu un pranzo organizzato: anche per l'occasione fummo invitati per presenziare alle manifestazioni promosse dall'Ente Teatro Mediterraneo. Il collega Alcamo, contrariamente a quanto molti possono pensare, ha avuto con me sempre rapporti che definire ottimali è poco: la polemica non ha lasciato nessuno strascico. Quando io venni nominato procuratore capo, lui, a Marsala, era giudice, così per un paio d'anni lavorammo insieme, nei rispettivi ruoli.

«Anche durante quel pranzo Sciascia ribadì la sua tesi che il Csm da un lato non sapeva rinunciare a certe sue regole, dall'altro aveva fatto salti mortali per lasciare fisse quelle regole, pur nominando me che ero meno anziano. In quell'occasione volle ribadire che con i suoi articoli aveva inteso criticare pesantemente quelli che con l'antimafia facevano politica. In seguito avemmo anche uno scambio epistolare. Due lettere che conservo ancora...».

Le lettere non riguardavano la polemica, ma Borsellino me ne parlò a riprova di rapporti che nel tempo si erano consolidati. Come si vede, già a soli due anni di distanza, i due principali protagonisti del «caso» avevano avuto modo di confrontarsi apertamente pervenendo a un chiarimento.

Ce ne ricorderemo di questo mondo

Si fece sempre una distinzione tra il contenuto di quell'articolo di Sciascia e la «lettura strumentale» che ne diedero ben individuati ambienti cittadini. Il problema era molto serio.

Gli imputati del maxi processo erano tutti sciasciani. Vito Ciancimino era sciasciano. Salvo Lima era sciasciano. Nino Salvo era sciasciano. Ignazio Salvo era sciasciano. Si potrebbe continuare. Significa che Sciascia, allora, avesse torto? O fosse mafioso? Significa solo che, in quel particolarissimo momento, una legittima preoccupazione di Sciascia fu stravolta *ad usum delphini*. Aveva ragione Sciascia quando diceva che Borsellino aveva fatto carriera? Con il senno di poi ci sentiremmo di rispondere negativamente. Aveva ragione Sciascia quando chiamava in causa Orlando per lo stesso motivo?

Ma ricordo perfettamente ciò che mi dissero un giorno sia Falcone che Borsellino: «Quando eravamo giovani, prima di diventare magistrati, la mafia abbiamo imparato a conoscerla proprio sui libri di Leonardo Sciascia».

La casa editrice Adelphi ripubblicò nel 1994 un saggio che verrebbe da definire «perfetto»: *L'affaire Moro*. Contiene una diagnosi autenticamente impietosa del comportamento della politica italiana durante il sequestro Moro. Ma Sciascia, per chi non lo ricordasse, era stato anche quello che durante la cupa stagione del terrorismo aveva teorizzato «né con lo Stato né con le Br».

Avrebbe avuto senso riaprire quella stagione all'insegna della «riabilitazione» per le posizioni assunte dallo scrittore sulla vicenda del terrorismo?

In Sicilia, invece, c'era stata fretta, molta fretta, di riscrivere, se non la storia, almeno le cronache dei giornali.

Perché? Forse perché gli ipergarantisti che si affacciavano alle soglie del Duemila avevano bisogno di stampelle teoriche per dar fiato al minimalismo di certe argomentazioni. Ripescare Sciascia, allora. Prefabbricare l'abiura dei suoi detrattori di un tempo. E scagliare ancora lo scrittore siciliano nell'agone della difficilissima questione giustizia.

Più che di riabilitazioni, Leonardo Sciascia avrebbe avuto bisogno di essere lasciato in pace.

Sulla sua lapide volle inciso: «Ce ne ricorderemo di questo mondo». Ma il fatto è che un certo mondo non riusciva a dimenticarsi di lui, convinto com'era di esserne l'autentico – e unico – interprete.

XXVIII

Il secolo scorso

I buchi della memoria

La lotta alla mafia sembrava risalire al secolo scorso. Che aggiungere? Che pensare? Quali «letture» offrire degli ultimi sviluppi di una storia che affondava le sue radici in un passato davvero molto lontano? A volte solo la letteratura può dare una mano. Ci sentivamo, in questo 2000 che se non chiudeva un millennio segnava comunque l'azzeramento definitivo di un'intera epoca, un po' come Winston Smith, il protagonista di *1984* di George Orwell. Sentite: «Tutto si confondeva in una nebbia. Il passato era cancellato, la cancellatura era stata dimenticata, e la menzogna era diventata verità». E ancora: «Identiche fessure si aprivano a migliaia, anzi a decine di migliaia, per tutto l'edificio, e non soltanto in ogni stanza ma anche, a brevi intervalli, in ogni corridoio. Per non si sa quale ragione erano stati soprannominati "buchi della memoria". Quando si sapeva che un certo documento doveva distruggersi, ovvero anche soltanto quando si vedeva un qualsiasi pezzo di carta inservibile abbandonato per terra, si procedeva all'azione automatica di sollevare lo sportello del più vicino buco della memoria e di buttarcelo dentro: di lì sarebbe stato rapito per mezzo d'una corrente d'aria calda e condotto ai forni che dovevano essere nascosti in qualche parte, nei sotterranei dell'edificio».

Una corrente d'aria calda. Una corrente d'aria calda che mandava al macero pezzi di memoria. Inquietante descrizione, ma di raggelante efficacia. Ridiamo la parola a Orwell: «La libertà consiste nella libertà di dire che due più due fanno quattro. Se è concessa questa libertà, ne seguono tutte le altre... Alla fine il Partito avrebbe proclamato che due e due fanno cinque, e si sarebbe dovuto crederlo».

Non avremmo mai pensato che saremmo giunti a questo punto nella lotta contro la mafia. In pochissimi anni tutti gli scenari di riferimento erano stati stravolti. Ciò che sino a qualche tempo prima veniva percepito come rischio possibile, ormai si era affermato con solare evidenza. Tutte le ipotesi più peregrine, le suggestioni fantapolitiche, le futurologie apparentemente strampalate, impallidivano al cospetto di quanto era accaduto. Non erano mancati i colpi di scena.

C'era chi rivalutava Giulio Andreotti. Chi rivalutava Bettino Craxi. Accostamento faziosissimo: il primo era stato prescritto, il secondo condannato. Il primo si era sottoposto per sette anni al suo processo. E, in qualche modo, l'aveva vinto. Il secondo aveva cambiato aria, e molti dei suoi processi aveva cominciato a perderli. Quanto a Silvio Berlusconi continuava ad assolversi da solo, non era scappato all'estero, preferendo processare puntigliosamente i processi che si sarebbero sognati di processarlo.

Chi chiedeva la commissione sul caso Mitrokhin. E chi la concedeva. Chi chiedeva la commissione di indagine su Tangentopoli. E chi era pronto a concederla.

Chi – come Cossiga – voleva licenziare in tronco Caselli, che era andato a dirigere il dipartimento dell'amministrazione penitenziaria. Chi voleva licenziare Scarpinato che, insieme a Lo Forte e Natoli, aveva sostenuto l'accusa contro Andreotti. Chi voleva sapere quanto fosse costato agli italiani il processo del secolo. Chi fingeva di non sentire l'accorato appello del procuratore generale di Palermo, Vincenzo Rovello, quando parlava di una «Caporetto» della giustizia italiana. E chi invece si scandalizzava per l'eccessiva presenza dei magistrati in Parlamento, dimenticando il detto del Vangelo: «Scagli la prima pietra» chi non ha mai fatto profferte ai magistrati affinché entrassero in lista (la propria). Chi taceva sul fatto che la presenza degli avvocati nel Parlamento italiano era almeno doppia di quella dei magistrati, dimenticando che spesso, nella commissione per le autorizzazioni a procedere, si era persino visto l'avvocato votare a favore del suo cliente.

Chi si offendeva se qualcuno parlava male della Dc e avrebbe voluto rifondarla ora che Andreotti era stato prescritto. Buoni e onesti. Chi in Italia non era mai stato comunista, ma, curiosamente, teneva a ribadire che il Partito comunista non fu mai sorpreso con le mani nella marmellata di Tangentopoli. Onesti e nuovi di zecca.

Chi periodicamente tornava a Racalmuto, dove nacque Leonardo Sciascia, per fare a brandelli qualche altra pagina dello scrittore che se oggi fosse ancora vivo forse farebbe incidere sulla sua lapide: «Di questo mondo cercheremo di dimenticarcene in fretta».

Chi voleva utilizzare la Storia per decifrare il presente, non rendendosi conto che la Storia, bene che vada, può «aiutarci a capire il presente» che dobbiamo comunque essere noi a governare. Chi voleva riscrivere la Storia nel tentativo di rendere leggermente meno indigesto il presente. Chi voleva correre a capofitto verso il futuro tagliando tutti i ponti con il passato, convinto che, in fondo, il presente, essendo sapientemente manipolabile, non esiste.

E chi erano i «saggi» ai quali ci si riferiva liturgicamente quando si trattava di ipotizzare commissioni parlamentari e di studio e di inchiesta e di regolamenti di conti su questo o quell'argomento della vita nazionale?

Uscivano valanghe di libri sugli orrori del comunismo. Valanghe di libri sull'«oro» di Mosca. Ci si dimenticava dell'oro di Dongo, che era passato da un bottino all'altro. E ci si dimenticava dell'oro di «Odessa», quello strappato dai nazisti agli ebrei, che faceva parte di un'altra contabilità. Evidentemente c'erano «cadaveri» e «tesori» che inseguivano gli italiani mostrando una vitalità inaspettata.

Vecchie glorie del comunismo italiano, che in gioventù teorizzavano «l'alleanza delle classi popolari con la piccola mafia per combattere la grande mafia», restavano favorevolmente folgorate dall'attuale commissione parlamentare antimafia, come se il suo presidente Del Turco fosse destinato a essere ricordato dalla Storia.

Chi teneva d'occhio lo share. Chi teneva d'occhio il collegio. Chi teneva d'occhio il conto corrente. Chi teneva d'occhio il casellario giudiziario.

Si rimandavano trasmissioni televisive perché magari «domani si vota». Si volevano spostare gli appuntamenti elettorali «se ieri a qualcuno è arrivato un avviso di garanzia». Ci si lamentava perché la magistratura non è indipendente dalla politica. E ci si lamentava se gli atti della magistratura «cadevano» in un momento politico «particolare».

C'erano giudici «buoni» e giudici «cattivi». Giudici che «facevano onore» alla magistratura. Giudici «vergogna» della magistratura. Ma se c'era una cosa che agli italiani provocava nausea, questa era la politica.

Non se la passavano meglio i giornali. Si vendevano giornalmente sei milioni e mezzo di copie. Esattamente quelle che si vendevano a metà degli anni Cinquanta. Altri sei milioni di italiani navigavano in Internet. Nell'ipotetica arca di Noè verso il terzo millennio, gli italiani mettevano in salvo – lo dicevano i sondaggi – cellulari, radio e pc. Si erano dimenticati la matita per andare a votare? Sembrava di sì.

Da poco era morta Nilde Jotti. Walter Veltroni disse che «anche le stelle più belle cadono». Eugenio Scalfari, prima della morte di Nilde Jotti, scrisse più o meno così: «Italiani, navigate pure in Internet, ma non dimenticatevi di guardare le stelle». Il fatto è che sembrava venire giù tutto il firmamento.

Si aveva l'impressione che la memoria, in Italia, fosse stata colpita a morte. Di fronte a «riabilitazioni» e «crocifissioni» mediatiche, ricaschiamo nel gioco della letteratura. Ancora da *1984*: «La Storia era un palinsesto grattato fino a non recare nessuna traccia della scrittura antica e quindi riscritto tante volte quante si sarebbe reso necessario. In nessun caso sarebbe stato possibile, una volta che il fatto era stato commesso, provare che aveva avuto luogo una qualche falsificazione».

Non ci diceva niente – lo ha acutamente notato lo storico Mario Isnenghi nel suo libro *La tragedia necessaria* (Il Mulino, Bologna 1999) – che la parola «Riconciliazione è diventata un'invocazione quasi corale, nella seconda metà degli anni Novanta. La ripetono presidenti delle Camere e opinionisti»?

Le baruffe chiozzotte

Ernesto Galli della Loggia, con background goldoniano, spiegava che il problema dell'Italia stava nel conflitto irrisolto fra «esagitati», presenti trasversalmente in ogni partito, e «sereni», presenti trasversalmente in ogni partito. E nelle *Baruffe chiozzotte* di Goldoni c'è Toffolo che vuol dare querela a tutti, e il povero Isidoro, giudice della cancelleria criminale, che vorrebbe risolvere la contesa e poi è costretto a dare forfait per l'eccessiva litigiosità delle parti in causa. Da Chioggia a Montecitorio, insomma, ma la baruffa non accennava a placarsi.

La buona politica può essere distinta dalla cattiva e dalla pessima politica, già dall'aspetto. E mai, come in quegli anni, la cattiva politica stava scacciando la buona.

Ricordate gli uomini politici negli anni di Tangentopoli? «La magistratura deve fare un passo indietro, la politica deve fare un passo avanti»; «la magistratura sta riempiendo spazi impropri, spazi lasciati vuoti dalla politica»; «il governo del Paese non può essere lasciato ai magistrati». Poi venne la lenta agonia di Tangentopoli. Se qualcuno si desse pena di sfogliare la collezione dei giornali scoprirebbe che mai funerale fu più annunciato. Ogni sei mesi c'era un titolo che suonava così: «Addio a Mani Pulite». E certi commentatori, che di quell'opera di becchinaggio virtuale furono gli antesignani (nessuna offesa, per carità: «becchino»: «epiteto spregevole per chi fa finire o affossa qualcosa», dal *Dizionario italiano ragionato* di Giacomo D'Anna), furono i primi a partecipare ai funerali scrivendo versi frementi di sdegno contro chi aveva mandato a morte Mani Pulite; incoerenze funerarie.

Con Mani Pulite finalmente zittita, con l'«antimafia» costretta a giocare quotidianamente in difesa, la politica aveva finalmente fatto il suo passo in avanti.

Si era scatenata una campagna maramaldica per il rientro di Craxi in Italia. Per un paio di settimane televisioni e giornali non parlarono d'altro. Tutto cominciò con un articolo dell'«Unità» (agosto 1999) per affermare che Craxi era sempre stato dotato del profilo dell'uomo di Stato che non poteva essere cancellato dalle inchieste di Tangentopoli. E mesi dopo, il giornale fondato da Antonio Gramsci, rivendicò purtroppo «a questo giornale» il merito di avere riaperto una querelle di tanto alto profilo.

Dovette intervenire l'allora capo dello Stato, Carlo Azeglio Ciampi, per ricordare sommessamente che a un latitante, seppur gravemente ammalato, nessuno può cancellare le condanne passate in giudicato.

E la politica italiana, quella che finalmente stava riempiendo gli «spazi vuoti», non poteva arrivarci da sola evitando di scomodare il presidente della Repubblica?

A Craxi, a cui tutto si poteva rimproverare tranne di non aver conosciuto i suoi paesani, andava riconosciuto il merito di avere tagliato corto: «Da Tunisi non mi muovo, mi faccio operare dai tunisini». Immaginiamoci quali conflitti di competenze – politiche, giudiziarie, ospedaliere – sarebbero scoppiati se lui fosse tornato in Italia...

Il goffo funerale di Stato fu l'epilogo di una storia italica raccontata magistralmente da Bernardo Valli. Altra storia – e che
merita il massimo rispetto – il dolore della famiglia Craxi espresso
nella toccante intervista televisiva della collega Rosanna Santoro
(per «Porta a porta») a Stefania, la figlia dell'uomo politico morto
in Tunisia.

Sul «dossier Mitrokhin» c'era poco da aggiungere: era un merito o una vergogna esserci finiti dentro? Sul «Corriere della Sera»,
su «la Repubblica», su «l'Unità», sull'«Espresso», ma forse l'elenco
potrebbe essere più lungo, si leggeva: «Io, agente del Kgb al servizio di Mosca». Tutti finiti dentro per caso, tutti «agenti inconsapevoli»?

In Italia, il conflitto fra maggioranza e opposizione si era talmente inasprito da dare l'impressione che la strada maestra per la
sua soluzione fosse offerta solo dalla «guerra della carta bollata». I
quattro dirigenti Ds che intentarono la causa civile per risarcimento danni contro Berlusconi non ci stavano a essere considerati
«mandanti» delle Procure italiane. Richiesta legittima. Ma era un
caso – clamoroso e per tanti versi inedito – di pesantissima commistione fra il piano delle relazioni politiche e quello della dialettica processuale.

La circostanza infatti che la politica, ora che diceva di avere
recuperato gli spazi precedentemente occupati in «maniera impropria» dalla magistratura, si autoinvitasse nelle aule per pretendere
giustizia proprio dai giudici aveva del paradossale. Ma allora serviva ancora a qualcosa la magistratura?

A ben vedere la «guerra della carta bollata» ci segnalava qualcosa di molto più drammaticamente serio: la sconfitta della politica quando pecca – come avrebbero detto gli antichi greci – di *hybris*,
di arroganza cioè.

L'appetito vien mangiando

Di amnistie, sanatorie o colpi di spugna per cancellare i reati di
Tangentopoli, si cominciò a parlare ai tempi del ministro Giovanni Conso, quando non c'era ancora il governo Berlusconi. Era il
1993. Mani Pulite aveva appena un anno di vita...

Era sufficiente questo esempio per dimostrare quanto fossero
antiche le ragioni della *hybris* di quegli anni. E quanto fosse

sfacciata e insolente la pretesa dei nostri politici di chiudere con una guerra – ammesso che Mani Pulite lo fosse stata – che, per il suo scopo dichiarato di estirpare la mala pianta della corruzione pubblica in Italia, avrebbe dovuto avvalersi di ben altre proroghe, ben altri consensi. In parole poverissime: ciò che accadeva non era che il frutto marcio di anni e anni di falsificazioni e strumentalizzazioni propagandistiche che non avevano risparmiato nessuno.

L'impunità della politica. Diventava questo il tema vero, autentico quanto nascosto, che animava la stragrande maggioranza dei parlamentari italiani. A impunità facevano seguito intoccabilità e inamovibilità: la politica delle tre «I».

Bastava scorrere le immagini dei Tg Rai dopo avere tolto l'audio. La cosiddetta parte politica del telegiornale si identificava con una galleria di facce in ordine di importanza politica decrescente. Sempre le stesse. Facce impunite, intoccabili, inamovibili, appunto. Un paio di facce facevano capolino da poltrone con spalliera e braccioli giganteschi. Un altro paio – ma qui siamo già nei talk show – erano incorniciate da «finestre» che sovrastavano lo studio televisivo. Erano i rari casi in cui gli anchormen Mosè erano costretti a guardare «in alto», verso il Verbo, verso l'Assoluto.

Erano i rari casi in cui il «minutaggio» Rai poteva concedersi il lusso di sforare nell'eternità (rischiavamo di vedere Cossiga slacciarsi le scarpe, infilarsi le pantofole, mettersi la vestaglia, aggiustarsi la papalina per la notte, mentre in studio, il Mosè di turno, gli augurava con voce tremante: «Buona notte presidente..., si riguardi e attento ai colpi di freddo»; e che vette di share, l'indomani...). Totale austerità, invece, sui Tg Mediaset: una sola faccia, sempre la stessa.

Il peccato di arroganza stava tutto nella pretesa che la politica fosse talmente sovrana da imporre i suoi diktat su tutto.

Si era inserita nella Costituzione la modifica denominata del «giusto processo». A cinquant'anni dall'entrata in vigore della carta costituzionale, non è che non mancassero gli articoli da modificare. Sarebbe stato sufficiente un lieve ritocco al primo articolo che avrebbe potuto suonare così: «La Repubblica italiana "non" è una Repubblica fondata sul lavoro». E nessuno avrebbe avuto nulla da ridire. Invece era sembrato a tutti che fosse proprio la questione della giustizia la prima da regolarizzare a colpi di alzata di mano.

Comunque sia, l'indomani, tutti quelli che avevano votato a

favore, si erano precipitati a dichiarare ai Tg: «Il voto di ieri non significa che le riforme istituzionali siano più vicine». E a strettissimo giro di posta era arrivata in Senato l'approvazione delle norme «antipentiti» che rappresentavano una torsione di trecentosessanta gradi rispetto alla linea perseguita dai giudici del pool antimafia di Palermo. Anche in quel caso totale unanimità fra le forze politiche.

Sul resto, c'era licenza di litigio. Ma «giusto processo» e «antipentitismo» erano diventati la prima, e per il momento unica, regola di convivenza moderna fra la maggioranza e l'opposizione. Anche se, a volere essere pignoli, andava ricordato che analoghe vette idilliache venivano raggiunte quando la Camera doveva votare contro l'arresto di qualcuno dei suoi sodali.

Ormai non c'erano dubbi sul fatto che il definitivo abbandono della lotta alla mafia non fosse casuale.

Buscetta? Chi era costui?

Con una mafia che non sparava si poteva convivere, e si conviveva. Se la mafia non disturbava il manovratore, perché il manovratore avrebbe dovuto disturbare il passeggero quand'anche fosse stato mafioso? Normale. Regolare.

Avevo intitolato la mia intervista-testamento a Tommaso Buscetta *La mafia ha vinto* (Mondadori, Milano 1999). Ero andato in America, nel luglio del 1999, a trovare il primo grande pentito di Cosa Nostra: il vecchio patriarca che quindici anni prima aveva mandato in frantumi il totem dell'omertà. Come vedeva questi ultimi scampoli di secolo il boss che aveva messo per la prima volta lo Stato italiano in condizione di acciuffare cinquecento mafiosi in una volta sola? Che ne pensava dell'interminabile querelle italica sulla giustizia? Quale futuro immaginava per Cosa Nostra alla vigilia del terzo millennio?

Ebbi modo di conoscere un Buscetta tanto amareggiato quanto lucidissimo. Viveva con la moglie Maria Cristina Guimaraes da oltre venticinque anni. Ormai era gravemente ammalato e non aveva ricevuto particolari trattamenti di favore dal nostro Paese. In fondo, se non ci fosse stato Buscetta, tutti i mafiosi sarebbero ancora in libertà. Neanche gli americani si svenarono per lui se è vero che continuava a essere privo di un passaporto statunitense.

Ma le disavventure non lo avevano piegato. Buscetta, avendo creduto sino in fondo nella volontà dello Stato di voltare pagina, non accettava quei tempi bui.

Mentre lo intervistavo non potevo prevedere che di lì a qualche mese sarebbe stato indicato come «l'antiandreotti» per eccellenza, anche perché lui stesso, durante i nostri colloqui, non lasciò mai intendere che un'eventuale sentenza di condanna dell'uomo politico avrebbe modificato il suo giudizio sullo stato della lotta alla mafia.

E a tale proposito va ricordato che quando Buscetta riferì ai giudici quanto aveva appreso dal boss Badalamenti sull'uccisione del giornalista Mino Pecorelli, la Procura di Palermo aveva già avanzato alla commissione del Senato per le autorizzazioni a procedere la sua richiesta di processare Andreotti, sostenuta dalle dichiarazioni di una decina di pentiti: Buscetta non aveva ancora reso le sue dichiarazioni. Fu dunque buon ultimo quando si decise a pronunciare il nome tabù, quello di Andreotti.

Eppure Buscetta, contro ogni evidenza, fu considerato il solitario responsabile del «processo ingiusto» al sette volte presidente del Consiglio. «Buscetta è stato smentito» fu infatti la grossolana mistificazione di molti giornali a commento della sentenza.

Freddezza e silenzio istituzionale accolsero quel nostro libro-intervista destinato a rimanere il canto del cigno di un grosso mafioso diventato il primo grande pentito. Due le obiezioni più ricorrenti. La prima: ma a Buscetta chi aveva dato l'autorevolezza del commentatore? La seconda: il titolo del libro era sbagliato, se non addirittura provocatorio.

Stavamo parlando dello stesso Tommaso Buscetta che, appena qualche mese prima, era stato indicato come esempio per tutti quei mafiosi invitati a collaborare con la giustizia. Tommaso Buscetta fu nel suo campo, al cospetto di certi onorevoli italiani, un autentico statista.

Buscetta lanciò un fortissimo allarme. I manovratori preferirono ignorarlo. Duole rilevare che uomini politici, soprattutto siciliani, specializzatisi sull'argomento mafia, così come fior di mafiologi, in quel caso restarono muti e tennero la coda tra le gambe.

Dire poi che la mafia aveva vinto significava evidenziare solo che la mafia aveva vinto in quella fase. Il che non significava che fosse invincibile per definizione.

Pentiti da buttare

Dicevamo prima delle norme «antipentiti». Il legislatore sapeva benissimo che, con queste norme, il maxi processo alla mafia, non sarebbe mai stato celebrato. Che non sarebbe stata provata neanche l'esistenza della cupola mafiosa. Che Giovanni Falcone e Paolo Borsellino, con simili norme in vigore, sarebbero rimasti disoccupati. Ma il legislatore tirava avanti per la sua strada.

Molti boss feroci erano stati assicurati alla giustizia. Ma se per loro fossero valse in processo le norme che stavano per diventare legge, sarebbero tornati in libertà. I boss il 4 gennaio – a 2000 appena iniziato – si fecero sentire per primi. Capi del calibro di Michele Greco e Pippo Calò, Leoluca Bagarella o Pietro Aglieri chiesero di potere accedere al rito abbreviato che avrebbe garantito loro una condanna a un massimo di trent'anni, e non avrebbero rischiato più l'ergastolo. Questo era parlar chiaro. L'indomani (5 gennaio 2000) si corse ai ripari con un decreto legge governativo: le nuove norme sul «giusto processo» non potevano essere applicate in quelli già in fase dibattimentale. I vecchi boss dovevano rassegnarsi a stare dentro «ingiustamente»?

Come per Tangentopoli, anche in Mafiopoli si raccoglievano i frutti marci di falsificazioni che venivano da lontano. Prima venne scatenata una campagna forsennata contro il pentitismo. Poi si regolarono i conti con quei magistrati che avevano osato toccare qualcuna delle complicità politiche e istituzionali di Cosa Nostra. E il cerchio si chiuse.

Nessuno, per esempio, disse che certi pentiti avevano licenza di ritorno in Sicilia, pur essendo sotto protezione, perché era in corso una guerra di apparati che doveva culminare nell'annientamento della Procura di Caselli. Per la verità, l'unico che ebbe il coraggio di dirlo fu Giovanni Brusca: ma si poteva credere a chi aveva fatto uccidere un bambino di quindici anni?

Il caso del pentito Di Maggio fu da manuale, caso eclatante di pentito sfuggito al controllo degli apprendisti stregoni. Sfuggito al controllo? O piuttosto mandato in avanscoperta? Tornato a San Giuseppe Jato, commise un delitto, altri ne aveva in preparazione. Caselli ne dispose l'arresto chiedendo l'espulsione definitiva dal programma. Grandi titoli, grandi prime pagine.

Eppure quando Di Maggio, due anni dopo, raccontò in processo le cose che aveva già raccontato ai magistrati di Palermo, nuovi titoloni e nuove prime pagine: come se la «notizia» fosse esplosa quel giorno per la prima volta. Tutto doveva tornare utile nella campagna contro la procura di Caselli. Tant'è vero che nessuno si guardò bene dal ricordare che proprio a causa di quei reati, che ora stava confessando in dibattimento, Di Maggio da due anni era in carcere e di quel programma di protezione non faceva più parte.

Questo non fu un caso isolato. Fu stravolta la figura stessa del «collaboratore di giustizia». Si finse di non capire che un «collaboratore» quanti più reati ha commesso tanto più ha da svelare alla giustizia. Quanto più è stato importante il suo peso nella gerarchia criminale, tanto maggiore è il peso delle sue rivelazioni.

Il disegno di legge Flick-Napolitano era fermo da quasi due anni in Parlamento. Mentre la campagna antipentiti non aveva smesso di infuriare. Dimenticanza della classe politica? Suvvia. Quello era un provvedimento che mirava a intervenire sulla materia delle concessioni premiali ai pentiti, modificando tutte le storture di gestione che si erano indubbiamente riscontrate dopo anni di applicazione dei vecchi regolamenti. Ma che aveva il merito di non mettere in discussione il ruolo del «collaboratore di giustizia» in quanto tale.

Come trascorsero quei due anni? In un estenuante braccio di ferro fra maggioranza e opposizione.

Con quest'ultima che dichiarava la sua disponibilità ad accettare il testo Flick-Napolitano, ma a patto che venisse modificato l'articolo 192, quello che riconosceva alle deposizioni incrociate dei pentiti il valore di «prova». Fu questa, per anni, la posta in gioco.

In mezzo a quell'estenuante braccio di ferro ci stava la conclusione del cosiddetto «processo del secolo», quello a Giulio Andreotti.

Da Belzebù a San Giulio

Giulio Andreotti prima fu assolto a Perugia dall'accusa di avere ordinato l'omicidio del giornalista Pecorelli (24 settembre 1999), e poi fu assolto a Palermo dall'accusa di un rapporto organico con Cosa Nostra (23 ottobre 1999). Di una sentenza si poteva solo prendere atto. Due sentenze chiudevano ogni discussione.

La duplice assoluzione fu salutata dai boatos degli andreottiani e dal silenzio tombale degli antiandreottiani. I boatos finirono con l'infastidire lo stesso Andreotti. Chi non voleva un processo «politico» al sette volte presidente del Consiglio, il giorno della sua assoluzione, cambiò la parte in commedia pretendendo risarcimenti «politici» in nome della vecchia Dc. Certi uomini politici siciliani (e non solo), che per anni costruirono la loro fortuna sul «dagli ad Andreotti», il giorno della sua assoluzione si misero la coda in mezzo alle gambe e declinarono l'invito a partecipare alle dirette televisive.

Nessuno ricordò che quel processo era stato autorizzato dal Senato che – evidentemente – aveva ritenuto tutt'altro che persecutorie le richieste della Procura di Palermo diretta da Caselli. Ordinaria amministrazione. Circo dell'informazione. Ma, dopo quelle assoluzioni, solo uno scriteriato avrebbe osato scommettere ancora sull'esistenza di rapporti fra «mafia e politica», «mafia e istituzioni». E dire che in Italia c'era sempre stato un buon numero di scriteriati convinti che il rapporto «mafia-politica» fosse qualcosa di più che un'invenzione cinematografica, giornalistica e persecutoria. Ma ora che per due volte Andreotti era stato assolto?

E se le motivazioni della sentenza di Palermo non fossero state un complimento per il sette volte presidente del Consiglio?

Venne assolto padre Mario Frittitta, il parroco della Kalsa che frequentava Pietro Aglieri e gli diceva messa a domicilio: «Per avere commesso il fatto nell'esercizio di un diritto». Qualche pesce piccolo di mafia finiva pur sempre nella rete. Qualche traffico di droga veniva pur sempre sventato. Qualche delitto di mafia veniva pur sempre commesso. Qualche disgraziato pur sempre condannato. Qualche mega boss restava pur sempre latitante.

Ecco perché «la mafia ha vinto». Perché aveva prevalso la «normalità». I momenti più alti nella lotta alla mafia furono quelli che vedevano la «politica» dei faccendieri sconfitta da quella delle grandi idealità, dei grandi valori nei quali si riconoscevano milioni di italiani.

Andare alla ricerca di grandi idealità e grandi valori nella «politica» italiana significava pretendere che a qualcuno stesse davvero a cuore la lotta alla mafia.

Di fronte alla volgarità e alla truculenza di certi commenti all'indomani della sentenza Andreotti, Antonio Ingroia, sostituto procuratore a Palermo, rivolse un appello accorato: «Donne e uomini di questo Paese, se ci siete, battete un colpo». L'appello venne raccolto, a Firenze, da Antonino Caponnetto. L'anziano magistrato, che aveva guidato il pool di Falcone e Borsellino, si fece promotore di un «vertice sulla legalità» che vide la partecipazione, fra gli altri, di Caselli, Gherardo Colombo, Vigna, Dario Fo e Franca Rame.

Per cinque ore di fila, centinaia di fiorentini ascoltarono con attenzione e simpatia gli esponenti di quello che sembrava un «governo dell'antimafia» ormai in esilio. L'impressione fu questa.

Le parole di Ciampi

Il quel periodo al Palazzo di giustizia di Palermo si respirava un'aria da 8 settembre prolungato. L'esercito antimafia era allo sbando. I giudici di prima linea restavano barricati nelle loro stanze. Molti di loro avevano fatto domanda di trasferimento. Ma si immergevano ancora in montagne di carte. Avvertivano un fortissimo senso di impotenza. Per i ragazzi delle scorte non era cambiato nulla. Venivano celebrati stancamente tantissimi processi d'appello. Imputati e avvocati non nascondevano di avere le ore contate in vista della futura assoluzione. I giornalisti locali, gli inviati della «grande stampa» e della televisione che d'abitudine frequentavano il Palazzo di giustizia di Palermo erano diventati una rarità.

Infine, la visita del capo dello Stato, Carlo Azeglio Ciampi, in Sicilia, dal 12 al 14 gennaio 2000. Il suo raccoglimento di fronte alla sede che ricorda tutti i caduti di mafia alla commemorazione di Piersanti Mattarella, l'incontro con i deputati dell'assemblea regionale siciliana, la visita nel quartiere di Brancaccio, la scuola media intitolata a don Pino Puglisi: Ciampi ribadì due concetti essenziali. Questi: «La mafia non vincerà», e «La lotta alla mafia, senza compromessi, deve tornare al primo posto della battaglia politica». Parole coraggiose, visti i tempi. Toccò ancora una volta a Ciampi, dopo il caso Craxi, pronunciarle. Parafrasando Brecht, potremmo dire: sventurato quel Paese dove a dire cose sensate (in tema di lotta alla mafia) era rimasto solo il presidente della Repubblica.

E appena due mesi dopo, la commissione ministeriale per i collaboratori di giustizia, presieduta dal sottosegretario Massimo Brutti, riconobbe lo status di «collaboratore» a Giovanni Brusca, definito finalmente attendibile dalle tre Procure di Palermo, Firenze, Caltanissetta. C'erano voluti quattro anni.

Addio Buscetta

La morte di Tommaso Buscetta, il 2 aprile 2000, chiuse un'epoca. Chiuse la grande stagione dei pentimenti puliti, dei pentimenti disinteressati, dei pentimenti che nascevano dall'incontro magico fra mafiosi incalliti e giudici che per la prima volta mostravano il volto di uno Stato non più compromesso, non più maneggione, non più colluso. Tommaso Buscetta fu il primo, fra i mafiosi incalliti, a pentirsi. Giovanni Falcone fu il primo, fra i giudici che inauguravano una pagina nuova della magistratura, disposto ad ascoltarlo. Li conobbi entrambi. E so che nell'accostamento di questi due nomi non c'è niente di blasfemo. So, infatti, quanto Giovanni Falcone stimasse – è la parola esatta – don Masino; so quanto don Masino stimasse Falcone.

All'indomani della morte di Buscetta in Italia si scrisse di tutto. Gente che non lo sentiva da anni si era frettolosamente iscritta al club degli amici di Masino. Penne illustri ebbero cadute di stile. Gente che lo odiava da vivo rinverdì le sue ragioni per odiarlo ancora di più da morto. Non fu così anche all'indomani della morte di Falcone quando si scoprì che almeno centomila italiani gli davano del «tu»? E con quanto odio, invece, dovette fare i conti Falcone...

Giovanni Falcone morì solo, con pochi, pochissimi amici. E in una solitudine se possibile maggiore morì don Masino. Accanto a lui la moglie Cristina e una famiglia numerosa.

Hanno sempre goduto di un limitatissimo consenso quelli che fanno sul serio la lotta alla mafia. Il codazzo degli amici, la corrida dell'«io l'avevo conosciuto», gli epitaffi a base di zucchero e cannella in Italia vennero dopo, molto dopo. Fuori tempo massimo.

XXIX

La mafia gioca a rimpiattino

Come il borotalco

La mafia era diventata come il borotalco: impalpabile, leggerissima, quasi inodore. La mafia aveva distrutto i suoi cliché, le sue immagini più truculente, più riconoscibili, più esecrabili. La mafia aveva smesso di assassinare, sfidare lo Stato, bersagliare le forze dell'ordine. Qualche delitto, a dire il vero, continuava a commetterlo, ma pochissima cosa, appena per dare testimonianza della sua esistenza. Si era ritirata in buon ordine dal campo di battaglia. La mafia forse non aveva più la sua cupola. O il suo direttorio. O la sua diarchia. Apparentemente inghiottiti nel nulla i suoi «soldati», i suoi «capi famiglia», i suoi «capi mandamento». Niente summit, niente riunioni clandestine nei casolari di campagna, niente più *schiticchi*: le grandi mangiate all'aperto che servivano a tenere desto lo spirito associazionistico, fra una portata pantagruelica e l'altra. La mafia sembrava ormai un ordine monastico, che aveva fatto voti di povertà, silenzio, astinenza dai piaceri terreni. Era una mafia che riusciva finalmente a passare inosservata.

Una mafia che anche all'estero avevano smesso di indagare, scandagliare, raccontare. Questa mafia era diventata irriconoscibile. Che mafia era una mafia che non ammazzava nessuno? Che mafia era senza i suoi rituali più arcaici e tradizionali? Due mafiosi che smettevano di baciarsi fra loro potevano ancora dirsi mafiosi? Mafiosi che non emettevano sentenze, al termine dei loro improvvisati e laconici tribunali, avevano ancora un appeal meritevole di essere descritto? Mafiosi che non bruciavano più le immagini sacre durante il giuramento di iniziazione, che avevano smesso di pro-

nunciare formule sub liturgiche, che non si strangolavano più fra
loro con fili di nylon, che non scioglievano i cadaveri dei rivali nei
bidoni di acido muriatico, che razza di mafiosi erano diventati?
Gli uomini d'onore languivano nelle carceri da un paio di
decenni.

Parlava forse Totò Riina? Parlava Leoluca Bagarella? Parlava
Nitto Santapaola? Parlava Giuseppe Madonia, detto Piddu? Parlavano Filippo e Giuseppe Graviano? Parlava Pietro Aglieri? E andando indietro negli anni, parlavano forse Michele Greco o Gerlando
Alberti? Incarnavano sino alla fine dei loro giorni il mito dell'omertà, del capo che non si piega e che non si pente. Eppure di «trattativa» segreta fra questi boss e rappresentanti dello Stato si parlava abbondantemente. E con esplicite ammissioni da parte di
autorevoli rappresentanti delle istituzioni.

Tacevano avendo ottenuto quello che volevano? O restavano
eternamente in attesa di tempi migliori? Avevano rinunciato, si
erano arresi, non nutrivano più speranze? Difficile rispondere.

Il mistero, però, rimaneva. Come mai i boss non avevano dato
fondo a quella che si era sempre stata la loro risorsa più temibile,
quella forza del ricatto e dell'intimidazione che aveva rappresentato una autentica arma letale puntata al cuore dello Stato? Visto
che Riina, Santapaola e soci avevano coltivato frequentazioni e
amicizie altolocate – politici di primo piano, imprenditori, uomini
delle istituzione e via elencando –, se fossero stati in possesso del
famigerato «papello» (la carta di rivendicazioni presentata a rappresentanti delle istituzioni fra la strage Falcone e quella Borsellino), ci si sarebbe aspettati da loro un accenno a questo o a quel
politico, a questo o a quell'ex vecchio amico. Invece niente. Silenzio profondo. Tranne alcune battute di Riina durante le sue tante
performance processuali, non era accaduto granché. Più significative, semmai, le esternazioni di suo cognato Leoluca Bagarella, il
12 luglio 2002.

Un autentico proclama-avvertimento, in videoconferenza,
durante un processo a Trapani: «Stanchi di essere strumentalizzati,
umiliati, vessati e usati come merce di scambio dalle varie forze
politiche, intendiamo informare anche questa eccellentissima
Corte che dal 1° luglio 2002 abbiamo iniziato una protesta civile
e pacifica...». E un duro attacco agli avvocati che «in Parlamento
non fanno il loro dovere». Ma era trascorso oltre un anno e mezzo
da quel proclama e gli uomini d'onore erano tornati a chiudersi nel
silenzio.

Significava che le cose andavano a gonfie vele per capi e picciotti. Stavano aspettando tempi più favorevoli. E fece scalpore quello striscione apparso sugli spalti dello stadio di Palermo alla vigilia del Natale 2002 – «Uniti contro il 41 bis. Berlusconi dimentica la Sicilia» – sembrando tanto la chiusura di un discorso, la fine di una luna di miele.

Sia come sia la mafia, un tempo cinematograficamente avvincente per la sua ferocia, era diventata ormai noiosa in questo suo apparire eccessivamente normalizzata. Quasi che nel nostro Paese l'unica realtà davvero «normale» fosse proprio Cosa Nostra. Normale. Evanescente. Che si disperde nell'atmosfera. Borotalco, appunto.

Non mancavano gli assertori convinti della scomparsa della mafia: siccome questa mafia non la vediamo, è legittimo supporre che si sia definitivamente dissolta, che sia andata via come certi flagelli biblici che avevano una loro durata limitata nel tempo. Per costoro, Cosa Nostra non rappresentava un'emergenza nazionale. Giusto che non finisse più sulle prime pagine dei giornali. Giusto che le televisioni avessero smesso di occuparsene. Giusto manifestare fastidio, insofferenza, quando non addirittura sdegno, nei confronti di quegli inguaribili «professionisti dell'antimafia» che pretendevano di occupare a vita il palcoscenico, anche ora che l'oggetto del contendere era platealmente scomparso.

«Il diavolo è stato così bravo da convincere tutti della sua scomparsa» è la battuta conclusiva del film *I soliti sospetti*, di Bryan Singer, ambientato in una New York molto nera, anni Ottanta. Torna utile ai fini del nostro ragionamento. Perché fra questi due estremi appena descritti, la mafia irriconoscibile e la mafia scomparsa quasi di morte naturale, ci stava lei, Cosa Nostra, entrata prepotentemente nel terzo millennio; Cosa Nostra che continuava a taglieggiare i commercianti con il racket del pizzo; Cosa Nostra che continuava a fare la parte del leone nella spartizione degli appalti pubblici, che continuava a tessere la sua ragnatela di rapporti politici, istituzionali, economici e finanziari.

Insieme con il racket, la voce appalti era in cima alla lista delle entrate sicure dell'organizzazione. Il 16 gennaio 2001, a Roma, alla prima conferenza nazionale su racket e usura venne reso noto che Gela era al primo posto nella speciale graduatoria delle città assoggettate alla legge del pizzo: a Gela pagava il 90 per cento dei commercianti. Seguivano Locri, Palermo, Napoli, Reggio Calabria, Mesagne e Trapani, con l'80 per cento. Cresceva alla grande il traffico di droga, diventata ormai esclusivamente cocaina. All'inizio del 2001 – per fare solo un esempio – ne vennero sequestrati tre chili all'aeroporto di Punta Raisi: spediti per posta da Milano, attraverso un corriere aereo. Il portafoglio mafioso, insomma, era quello di sempre.

Forse i boss, quando si incontravano fra loro, si stringevano velocemente la mano. Non sedevano più su troni e attorno a un tavolo degno di re Artù, come avveniva ai tempi d'oro. Forse i boss avevano il volto di questo o quell'uomo politico. Forse i boss vestivano come distinti direttori d'agenzia bancaria, stando attentissimi a non dare più nell'occhio con status symbol pacchiani e appariscenti.

Diciamo «forse» perché nessuno, neanche gli investigatori più avveduti, era capace di ridisegnare il ritratto convincente dei Padrini del terzo millennio. Prova ne sia che le inchieste della Procura di Palermo restituivano l'immagine di un groviglio inesplicabile di rapporti illeciti, più che svelare in maniera inequivocabile il volto nuovo del fenomeno.

Ma quando i tempi sono incerti, la lotta alla mafia non può proseguire grazie ad atti di fede. E fra i pochi elementi sui quali conviene ragionare, c'era questa inspiegabile latitanza di Bernardo Provenzano, che aveva ormai oltrepassato i quarant'anni. Che dai tempi della cattura di Totò Riina fosse diventato il Padrino Numero Uno era indiscutibile. Che lo fosse ancora era opinabile, ma non poteva essere escluso.

I conti non tornavano. Gli investigatori erano convinti di avergli tagliato l'erba sotto i piedi. Ma per un motivo o per l'altro, per soffiata o sesto senso da animale braccato, non si contavano più le volte in cui Provenzano era miracolosamente riuscito a rompere l'accerchiamento. Decine e decine gli arrestati con l'accusa di essere suoi fiancheggiatori. Ambasciatori, prestanome, locatari degli appartamenti che Provenzano adoperava come covi, procacciatori di automobili per gli spostamenti del capo, porta ordini, porta bigliettini, visto che il signore non si fidava di nessuno. Non adoperava cellulari, non telefonava da utenze fisse, non cascava mai nella trappola affettiva di andare a far visita a moglie e figli in quel di Corleone, concedendosi un unico vezzo tecnologico: l'uso di una vecchia macchina da scrivere. Naturalmente non sapeva cosa fossero le carte di credito destinate a lasciare traccia di ogni sospiro del suo titolare.

Però non doveva neanche avere tutti i torti Tommaso Buscetta, quando in America, poco prima di morire, mi aveva detto: «La mia terra non è l'Australia, non è un'isola grande quanto l'oceano». Allora non lo cercavano? Facevano finta di cercarlo? Neanche per sogno. Lo cercavano, eccome. Non da quarant'anni, si capisce. Perché una volta nessuno si poneva il problema di andare a scovare quel distinto signore che nel 1963, a conclusione del processo di Catanzaro, se ne era andato alla chetichella facendo perdere per sempre sue notizie. Scomparso precauzionalmente, visto che non era stato nemmeno condannato. Ai tempi era un corleonese giovane, molto giovane. Si sussurrava che avesse fatto qualcosa. Si sospettava che facesse parte di un manipolo di giovanotti corleonesi lesti di mano e di pistola. Ma niente di più.

Ci sarebbero voluti decenni perché i pentiti riferissero della sua presenza durante la strage di viale Lazio (10 dicembre 1969), e del suo ruolo, sempre in ascesa, ai vertici di Cosa Nostra. Da una decina d'anni lo cercavano sul serio. Con tutti i mezzi possibili. E non lo trovavano. Perché?

Quanti segreti custodiva questo signore che si avviava alla settantina? Quali? Di che pesantezza, di che profondità? Poteva ancora fare paura a molti, uno come lui? Si diceva che nell'ultimo decennio fosse stato il garante della pax mafiosa. Che avesse traghettato Cosa Nostra dalle acque pericolose dello stragismo e dell'escalation antistato – firmata da Totò Riina – alla bonaccia, quella della mafia come il borotalco. Che avesse fatto da inflessibile garante fra clan e famiglie che spesso avrebbero voluto dissotterrare l'ascia di guerra. Si diceva che lui in vita, lui libero, lui eternamente latitante, rappresentasse in qualche modo una polizza che conveniva a tutti, offrendo a Cosa Nostra il tempo che le serviva per riaversi dalle innegabili batoste subite nella prima metà degli anni Novanta.

Ricordate la favola di Esopo sulla volpe e l'uva? Di sicuro l'uva Provenzano non era ancora matura.

«Il governo dei cani»

Avete letto la seconda citazione che apre questo volume. È una frase scostante di Elias Canetti. Dice: «Andrà meglio. Quando? Quando governeranno i cani?». Citandola volevo segnalare quanto grandi fossero state le speranze durante i lunghi anni dei governi di centro-sinistra e quanto cocenti – invece – le delusioni. Lo spunto mi era stato dato da una puntata del *Costanzo show* (1998) alla quale ero stato invitato per presentare *C'era una volta la lotta alla mafia*, scritto insieme ad Attilio Bolzoni proprio per rappresentare i paurosi ritardi di quei governi di centro-sinistra in tema di lotta alla mafia.

Trascorremmo una serata molto «forte», in cui non vennero risparmiate critiche al centro-sinistra. La concluse Andrea Camilleri (il pubblico del Parioli gli tributò applausi scroscianti) con una frase che suonava pressappoco così: «Se le cose vanno in questo modo adesso che governano quelli che consideriamo essere i migliori, c'è da preoccuparsi a immaginare come andranno le cose quando governeranno gli altri».

Tempo dopo mi imbattei in quella frase di Canetti, che sembrava venire incontro (ma sarebbe più esatto dire: anticipava) alle più pessimistiche previsioni dello scrittore di Porto Empedocle. A distanza di anni mi ritrovavo a fare i conti con quella doppia profezia Canetti-Camilleri. Che dire se non che si erano drammaticamente avverate entrambe?

Dal punto di vista del bilancio, sotto il profilo dei risultati conseguiti, per quanto riguardava il clima generale che si respirava in Italia, si poteva tranquillamente dire che stavano governando i cani. I cani ce l'avevano fatta a occupare le stanze dei bottoni, erano vertiginosamente saliti ai vertici della piramide sociale. Cani votati – sia ben chiaro – a maggioranza dagli italiani, quindi legittimati, abilitati a governare, con il pedigree del consenso perfettamente in regola, ma, vivaddio, pur sempre cani. Non volevo cadere in una rappresentazione offensiva, semmai mi soccorreva una metafora zoologica che rendeva l'idea.

Camilleri aveva visto più lontano. Ma sarebbe stato diabolico perseverare nella miopia e non vedere che quasi tre anni di quel nuovo governo avevano prodotto guasti incommensurabili cento volte superiori a quelli prodotti dai governi precedenti. Giunta al governo del Paese, la sinistra tacque sull'argomento mafia. Aveva troncato e sopito, in vista di un'entrata in Europa che doveva avvenire indossando l'abito migliore. Sconveniente parlare di mafia e criminalità organizzate.

Palermo e la Sicilia avevano perduto ogni centralità agli occhi degli esponenti dei governi di centro-sinistra. La questione morale, per adoperare l'espressione che si usava nel secolo scorso, era stata nascosta in cantina, non veniva considerata più remunerativa dal punto di vista politico ed elettorale. Si era convinti che fosse sufficiente governare, non avendo consapevolezza che la questione morale non può mai essere considerata un optional. In altre parole, la legislazione antimafia, che doveva (e poteva) essere rafforzata, restò congelata. Ma le responsabilità di chi aveva governato l'Italia in precedenza si erano fermate qui.

Poi entrò in campo il governo dei cani.

Una legislazione – questa sì – aggressiva e ossessiva. Una legislazione che imboccava la direzione opposta a quella che un sia pur modesto bisogno di questione morale avrebbe suggerito. Una legislazione che strizzò l'occhio alla parte peggiore del Paese. A quella più retriva, più compromessa con la giustizia, a quella con le «carte» perennemente «macchiate». Una legislazione modellata su misura per gli egoismi più ottusi, per quei cittadini alieni da qualsiasi concezione del bene comune.

Il popolo degli abusivi e dell'abusivismo, degli evasori fiscali, dei trafficanti di valuta. Il popolo degli imputati, grandissimo popolo in Italia dal punto di vista numerico. Il popolo di chi detestava i giudici, di chi detestava la legge, ancor prima che i giudici. Il popolo che detestava l'equilibrio dei poteri e quel tanto o poco di garanzia di equilibrio che essi introducono nella vita collettiva. Il popolo di chi voleva a qualsiasi costo «tutto e subito». Il popolo di chi nascondeva scheletri negli armadi e si aspettava solo un governo che portasse al lavaggio la macchina Italia con spugne capaci di cancellare antiche responsabilità penali e morali. Il che non significava che non ci fosse anche una grande Italia per bene che, per ragioni che esulano dal contenuto di queste pagine, aveva voluto concedersi il lusso di vedere i cani al potere.

Perché un simile lifting sulle piaghe più nascoste della nazione avesse successo, ci voleva – appunto – il governo dei cani.

E non è un caso che, con esemplare tempismo da blitz, i provvedimenti legislativi peggiori fossero stati messi a segno al pari di autentiche randellate sulla testa della parte sana del Paese, proprio nei primi mesi di quel governo. Poco importava che quelle leggi non rientrassero nei programmi elettorali del centro-destra. Poco importava che molte di quelle leggi fossero destinate a risolvere questo o quel problema personale del presidente del Consiglio o di qualche suo amico fidato.

Doveva essere lanciato un segnale antitetico a quello della moralità. Il Paese avrebbe capito da solo. Meglio: avrebbero capito insieme le due parti del Paese. Il popolo dell'egoismo e dell'illegalità diffusa, con il suo via libera, e il popolo che credeva ancora, nonostante tutto, in un «paniere» di valori sui quali si è costruita in qualche modo l'Italia avrebbero avuto da meditare a lungo.

Ma in quale Paese al mondo si approverebbe una legge sui pentiti – febbraio 2001 – che, limitandone le dichiarazioni entro i centottanta giorni, metteva per iscritto il fastidio del legislatore rispetto a rivelazioni che spesso avevano bisogno di un lasso di tempo assai più lungo? Diventava così molto più facile essere estromessi dal programma di protezione. E i pentiti non potevano tornare in libertà se non dopo avere scontato un quarto della pena, dieci anni in caso di ergastolo. Sarà un caso, ma da quando entrò in vigore la nuova normativa, i pentiti preferirono non pentirsi più. Era difficile prevederlo?

Ma in quale Paese al mondo un ministro si sarebbe permesso di dire (Pietro Lunardi, 22 agosto 2001) che «bisogna convivere con la mafia»? Neanche in Colombia un uomo di governo si sognerebbe di dire che «bisogna convivere con i narcos».

Ma in quale Paese al mondo si cancella con un tratto di penna il «falso in bilancio» (legge sulla riforma del diritto societario; 28 settembre 2001), salvo poi doversi trovare in grandissimo imbarazzo di fronte a scandali della portata di quelli della Parmalat o di Cirio?

Ma in quale Paese al mondo si fa un provvedimento (3 ottobre 2001) che entra nel merito delle fotocopie delle pagine degli atti che stanno alla base delle rogatorie internazionali con l'evidente volontà di inceppare tutto?

Ma in quale Paese al mondo pagando una tassa insignificante si possono fare rientrare dall'estero i capitali che in precedenza si sono fatti espatriare illegalmente (decreto del 26 ottobre 2001)?

Ma in quale Paese al mondo sarebbe stata approvata immediatamente la legge sul legittimo sospetto (a firma di Melchiorre Cirami, ex magistrato siciliano eletto in Forza Italia; 5 novembre 2002) che, sulla scia di quella sulle rogatorie, sembrava modellata su «imputati eccellenti» ai quali il processo risultava stretto? No, non è tutto.

Ma in quale Paese al mondo il presidente del Consiglio annuncia alle agenzie (lo fece Silvio Berlusconi) che in occasione dell'undicesimo anniversario della strage di Capaci (23 maggio 2003) si sarebbe recato sul luogo dell'agguato a inaugurare la stele voluta dalla presidenza del Consiglio? Direte: che c'è di male? Niente, tranne che pochi giorni prima dell'anniversario si scopre che quella stele non c'era mai stata. E, di conseguenza, il presidente del Consiglio fu costretto ad annullare di gran carriera la sua visita annunciata in ricordo del sacrificio di Giovanni Falcone, Francesca Morvillo, Antonio Montinaro, Rocco Di Cillo, Vito Schifani.

Roba da governo dei cani, ce lo volete consentire?

Non è tutto. Ma in quale Paese al mondo, il presidente della commissione antimafia (il senatore di Forza Italia, Roberto Centaro), in occasione della presentazione della relazione di maggioranza (fine luglio 2003), si sarebbe permesso di dire che poiché i processi non erano stati in grado di individuare i mandanti delle grandi stragi che avevano insanguinato l'Italia, se ne doveva dedurre che i mandanti non c'erano, e che affermarne l'esistenza («rumore informativo») era il frutto avvelenato della strumentalizzazione di sinistra?

Ma in quale Paese al mondo un premier avrebbe mai dichiarato (lo fece Berlusconi) che «i giudici sono matti»?

Rileggiamola allora quella dichiarazione al settimanale inglese «The Spectator» (settembre 2003): «Questi giudici sono doppiamente matti. Per prima cosa perché lo sono politicamente, e secondo me sono matti comunque. Per fare quel lavoro devi essere mentalmente disturbato, devi avere delle turbe psichiche. Se fanno quel lavoro è perché sono antropologicamente diversi dal resto della razza umana». Chiara l'antifona?

Ma in quale Paese al mondo un uomo politico avrebbe offeso (lo fece Renato Schifani, capogruppo di Forza Italia al Senato) le due sorelle dei magistrati-simbolo entrambi assassinati dalla mafia?

Ricordiamo le sue parole: «Le signore Maria Falcone e Rita Borsellino, con le loro dichiarazioni, hanno offeso la memoria dei loro eroici fratelli» [si erano permesse di criticare aspramente Berlusconi proprio per le sue frasi sui «giudici matti», N.d.A.]. Ancora: «Le due signore, entrambe militanti a sinistra, non solo hanno finto di non avere capito che il presidente Berlusconi si è chiaramente riferito a una ristrettissima cerchia di magistrati [sic!] ma, con una disinvoltura che preferisco non commentare, hanno strumentalizzato due eroi civili che, per fortuna di tutti, sono patrimonio della collettività». La figura della sorella che strumentalizza la memoria del fratello assassinato – e poi, in due contemporaneamente – poteva essere immaginata solo dalla fervida mente di Schifani.

Sono solo alcuni esempi di ciò che contraddistinse il governo dei cani: attacchi all'arma bianca alla Corte Costituzionale, ai giudici di Milano, a certi giudici di Palermo – ma non tutti, però – persino al capo dello Stato, in determinate occasioni.

E lasciateci ancora dire: in quale Paese al mondo si sarebbe approvata una legge (il lodo Schifani) per mettere al riparo il presidente del Consiglio da indagini e processi passati, presenti e futuri? Che in Italia ci fosse un colossale conflitto di interessi nel resto del mondo lo sapevano tutti, e anche quegli italiani che hanno votato senza tentennamenti per quel governo. Come tutti sapevano che il mondo dell'informazione televisiva era ormai attraversato da scorribande stucchevoli, con il Tg1 ridotto a qualcosa che assomigliava troppo da vicino ai vecchi Film Luce.

Restava la domanda. Di fronte al panorama appena descritto, quale volete che fosse la determinazione del governo Berlusconi nel combattere la mafia? A ottobre 2001 la Dia rilanciò l'allarme su possibili nuovi attentati dinamitardi, disegnando lo scenario di uno scontro tra carcerati e uomini d'onore in libertà. Sulla spinta di questo allarme l'opposizione insorse, e il 19 dicembre 2002 diventò definitivo il 41 bis. Una foglia di fico? Giudicate voi. In compenso, il buon ministro degli interni, Beppe Pisanu, cercava di darsi da fare. Arrestava latitanti di 'ndrangheta, camorra, Sacra Corona Unita e terrorismo vecchio e nuovo. Ma la Sicilia restava tranquilla. E la Sicilia ricambiò con maggioranze bulgare Forza Italia. Restava quell'inquietante striscione esposto allo stadio di Palermo. Segno forse che i mafiosi (famelici) si aspettavano ancora di più dal governo dei cani.

Il *divo* Giulio

C'è una sentenza. Ma solo successivamente se ne conoscono le motivazioni. Partiamo dall'inizio.

Scrissi questa cronaca – pubblicata dall'«Unità» il 3 maggio 2003 – in occasione della seconda assoluzione nel processo, che si è esteso da un secolo all'altro, al divo Giulio. Mi sembra, in buona sostanza, da riproporre. È la cronaca del «prima»:

«Erano le diciotto in punto del 2 maggio 2003: San Cesare. E sarebbe troppo facile dire ora che è stato restituito a Cesare quel che era di Cesare. Il miracolo si è definitivamente compiuto. Esplode di gioia, e ci scappa pure qualche lacrima, Giulia Bongiorno, la giovane penalista che si è caricata sulle spalle una croce professionale niente male. È lei a dare notizia al suo assistito facendo volteggiare il cellulare come fosse un machete: "Presidente, presidente è stato assolto... assolto, assolto, ha capito bene... A-SSO-LTO...", mentre è ancora in corso la lettura del dispositivo. E il suo assistito, cui l'età suscita riflessioni sul tempo e sull'esistenza, farà sapere in serata, provato dall'emozione: "Il tempo è galantuomo... Se fosse più veloce sarebbe meglio...".

«Giulio Andreotti assolto per la seconda volta. E per la seconda volta a Palermo, dove, come fanno notare i suoi legali, i giudici di mafia e di mafia e politica se ne intendono, sono "superprofessionisti" di cui ci sarebbe bisogno in ogni distretto giudiziario italiano... Come una doppia laurea, perché se non si è mafiosi a Palermo difficilmente lo si può essere in altre parti del territorio nazionale... In simili circostanze non si va per il sottile. E d'altra parte, appena qualche mese dopo, il 30 ottobre 2003, la Cassazione non avrebbe definitivamente cancellato l'infamante condanna di Perugia a ventiquattro anni, per l'omicidio Pecorelli?

«La maledizione di Aldo Moro: uscirà dalla Storia e "passerà alla triste cronaca che gli si addice", dunque non si è avverata. Così lasciò scritto di Giulio Andreotti – e a Giulio Andreotti – nelle sue ultime lettere, durante la cattività impostagli dai brigatisti prima del sacrificio finale, il presidente della Dc. Quella maledizione, che veniva da lontano, aveva aleggiato a lungo nell'aula della prima sezione penale della Corte d'appello di Palermo, città cuore di Cosa Nostra e simbolo paradigmatico di quelle relazioni fra mafia e politica che per oltre mezzo secolo hanno reso la politica priva di spina dorsale e fortissima la mafia.

«Quel giorno, il presidente Salvatore Scaduti impiegò esattamente tre minuti per leggere il dispositivo della sentenza: "La Corte visti gli articoli... dichiara non doversi procedere...". E solo in quel momento, si era capito il significato, altrimenti apparentemente arcano, di quella dichiarazione di Scaduti, resa, prima di entrare in camera di consiglio e rivolgendosi a tutte le parti, giornalisti inclusi: "In questo doloroso e sanguinoso momento del contrasto tra potere politico avete dato al Paese, durante lo svolgimento di questo processo, un esempio di serena e auspicabile dialettica processuale".

«Intendeva dire: non abbiamo celebrato un "processo politico"; non sono state le dietrologie romane a guidarci; abbiamo tenuto la giustizia al riparo dai condizionamenti velenosi di chi fa scempio delle sentenze non gradite. E in tutta coscienza, abbiamo assolto.

«Giulio Andreotti dunque non è colpevole di mafia. E Giulio Andreotti non è stato condannato per mafia in quanto la Corte d'appello "conferma l'appellata sentenza", ma non è stato nemmeno condannato per l'associazione semplice "per essere lo stesso reato estinto per prescrizione". Giulio Andreotti insomma non era costretto a subire, dopo i ventiquattro anni inflittigli a Perugia e in quel momento ancora incombenti, un altro carico di pena. Chiudendo per sempre il cerchio della sua appartenenza a Cosa Nostra, questa sentenza non obbliga gli storici a rimettere inevitabilmente in discussione la storia d'Italia dal dopoguerra a oggi.

«Ma solo i superficiali potevano ritenere, e durante tutti questi anni lo hanno ritenuto in piena libertà in centinaia di talk show televisivi, che la storia di questi processi ad Andreotti fosse riassumibile nella centralità di un "bacio proibito", quello con Totò Riina, tale e quale a quella di Guglielmo Tell, riassumibile nella centralità di una mela. Si parlava d'altro, e lo stesso Andreotti lo sapeva.

«Ma conta sempre, per l'imputato, il risultato finale. Andreotti ebbe ragione di una caterva di collaboratori di giustizia (trentasei in totale). Non venne messo al tappeto dalle sue frequentazioni eccessive, e non giustificate, con i cugini Nino e Ignazio Salvo, mafiosi di prim'ordine, ancor prima che imprenditori di Sicilia. Frequentazioni ritenute veritiere anche in primo grado, sebbene quel processo si fosse concluso con l'assoluzione, sia pur mitigata dal comma secondo del 530 del codice penale che regola il campo dell'insufficienza delle prove.

«Andreotti uscì vincitore di fronte alle pesanti contestazioni dell'accusa per i suoi rapporti, altrettanto intensi e prolungati nel tempo, con Salvo Lima, mafioso di prim'ordine, ancor prima che capo della corrente andreottiana di Sicilia. E forse anche di fronte alle contestazioni per i suoi rapporti con il bancarottiere Michele Sindona, anche lui in odor di mafia.

«Assolvendolo, la Corte presieduta da Salvatore Scaduti (giudici a latere: Mario Fontana e Gioacchino Mitra), Anna Maria Leone e Daniela Giglio rappresentavano l'accusa, non prestarono fede a quella ricostruzione degli incontri fra Andreotti e i boss che aveva fatto sobbalzare tanti esponenti della Alta Politica italiana i quali, un po' per spirito di casta ("con questi pentiti si sa dove si comincia non si sa dove si può andare a finire"); un po' per solidarietà non disinteressata ("oggi tocca a lui domani può toccare a noi"); un po' per ignoranza delle carte processuali; un po' per una concezione platonica del garantismo più legata al mondo delle idee che alla reale volontà di capire cosa fosse successo in questi sessant'anni di vita repubblicana; e un po', infine, per malandrineria antimagistrati, avevano finito con il dare vita alla gigantesca corte degli Innocentisti Per Principio.

«I giudici di due tribunali, invece, sulle tesi dell'accusa lavorarono in silenzio per anni, come è giusto che sia in un Paese moderno e civile. E sono stati capaci di assolvere e riassolvere, anche se le riserve – a chi le vuole intendere – non mancano.

«È finita un'epoca. Si è chiuso un mondo. Si è concluso, e questa volta in tutti i sensi, un secolo politico-ideologico, se così possiamo definirlo. Sono andati in pensione in un colpo solo: la guerra fredda e l'anticomunismo, e l'alibi che la guerra fredda e l'anticomunismo potessero giustificare le complicità con la mafia di un intero sistema di potere. E che quel sistema di potere avesse, nel partito della Democrazia cristiana, il suo punto più alto, spiega forse la terribile vicenda che per quasi dieci anni ha visto l'uomo politico italiano più conosciuto al mondo, più stimato all'estero, più invidiato in Italia, entrare e uscire dalle aule dei tribunali.

«Ma nessuno potrà più dire che Andreotti fu la testa di ponte fra quel sistema di potere e la mafia. Andreotti il giorno della sentenza non venne in aula, e con una lettera, dai toni inusuali, se ne scusò: "Pensavo di essere presente, ma i miei avvocati mi hanno consigliato, dato il momento e la previsione di un notevole afflusso di giornalisti che sarebbero stati di disturbo, di non venire". I suoi avvocati, Franco Coppi, Gioacchino Sbacchi, Giulia Bongiorno, apparivano innervositi, quasi che sperare nell'automatismo di un'assoluzione fotocopia della prima, fosse scaramanticamente troppo rassicurante, e scontato.

«Nervosismo ingiustificato, come d'altra parte era ingiustificata la preoccupazione del senatore "sui giornalisti che sarebbero stati di disturbo".

«Resta un dato inoppugnabile. Non si può non paragonare la condotta processuale di Giulio Andreotti a quella di altri imputati condannati – il nome datevelo da soli – che vorrebbero rivalersi contro gli eredi di Licurgo, citare per danni Montesquieu, avvalersi dell'*Habeas corpus* per arrestare il magistrato che li ha inquisiti, e il tutto con la pretesa che il diritto di rubare andrebbe tutelato dal diritto naturale ancor prima che dal diritto positivo. Giulio Andreotti ha dimostrato di non appartenere a quella schiatta di imputati e a certe "scuole di pensiero".

«Ma saremmo incompleti: anche Gian Carlo Caselli e i pubblici ministeri di primo grado, Guido Lo Forte, Roberto Scarpinato, Gioacchino Natoli, che per anni furono messi alla gogna per avere osato processare un uomo che è stato per sette volte presidente del Consiglio, non avevano fatto altro che recitare sino in fondo la loro parte (quella dell'accusa) in un Paese dove vige l'obbligatorietà dell'azione penale e in presenza di una quarantina di persone che giuravano e spergiuravano sull'appartenenza di Andreotti alla mafia.

«Erano tre gli incontri che Tommaso Buscetta e Marino Mannoia avevano sostenuto essere avvenuti fra Andreotti e i capi di Cosa Nostra.

«Il primo, in una riserva di caccia, nel catanese, a metà del 1979 e successivamente all'uccisione (il 9 marzo dello stesso anno) di Michele Reina, segretario della Dc di Palermo. Mannoia riferì di avere appreso di quest'incontro da Stefano Bontate, allora rappresentante della cupola di Cosa Nostra, del quale era fidatissimo "soldato". Bontate gli rivelò che oltre ad Andreotti parteciparono Salvo Lima, i cugini Nino e Ignazio Salvo, Rosario Nicoletti, all'epoca segretario della Dc siciliana.

«Il secondo incontro un anno dopo, nel 1980, in una villetta sulla circonvallazione di Palermo. Si svolse all'indomani dell'uccisione (6 gennaio), di Piersanti Mattarella, presidente della Regione siciliana, anch'esso democristiano. Vi presero parte gli stessi protagonisti del primo incontro con in più: Girolamo Teresi, Salvatore Federico, Giuseppe Albanese, cognato di Stefano Bontate, tutti uomini d'onore. Mannoia, in questo caso essendo testimone oculare – almeno così ha detto lui –, aveva minuziosamente descritto l'arrivo di Giulio Andreotti, l'auto sulla quale viaggiava, chi era alla guida e chi lo accompagnava.

«In entrambi i casi, gli incontri nascevano dalla necessità – secondo la tesi accusatoria – di un «chiarimento» fra i boss che incalzavano Andreotti, pretendendone l'intervento politico a loro favore, e l'uomo politico, che invece glissava nella speranza di porre un freno a quel bagno di sangue già annunciato dalle esecuzioni di Reina e Mattarella.

«Di un terzo incontro aveva parlato invece Tommaso Buscetta: si era svolto a Roma, nell'ufficio dell'uomo politico, fra il 1982 e il 1983. A raccontargli l'episodio, Gaetano Badalamenti, in Brasile. Presenti, in quell'occasione: lo stesso Badalamenti, uno dei cugini Salvo, e Filippo Rimi, capo mafia del trapanese. Sul tappeto, l'eventuale interessamento in Cassazione di Andreotti per le sorti processuali proprio di Filippo Rimi.

«Esisteva infine, agli atti del processo, l'incontro che sarebbe avvenuto fra Totò Riina e Giulio Andreotti nell'abitazione di Ignazio Salvo, nella centralissima via Libertà, a Palermo: l'incontro del "bacio".

«A raccontarlo fu Balduccio Di Maggio il quale, però, ebbe una trafila da pentito assai travagliata, visto che fu prima arrestato, poi espulso dal programma di protezione, perché tornato a San Giuseppe Jato, il suo paese, a commettere delitti per conto di Cosa Nostra. Questi i quattro incontri "ravvicinati" dei quali Andreotti doveva rispondere. Si erano verificati ancora, sulla base delle dichiarazioni di questo o quel pentito, di questo o quel testimone non obbligatoriamente di mafia, anche altri "colloqui a rischio", alcuni avvenuti a Catania con Nitto Santapaola, altri nel trapanese con il boss Andrea Mangiaracina.

«Quanto alle frequentazioni con i Salvo ne parlavamo all'inizio. C'è da aggiungere che erano cinque gli elementi illustrati dall'accusa a sostegno della tesi che l'uomo politico conoscesse molto bene i due imprenditori in odor di mafia.

«Questi: 1) il vassoio d'argento inviato da Andreotti ad Angela Salvo, figlia di Ignazio, nel giorno delle sue nozze; 2) l'incontro dell'imputato con Nino Salvo, all'hotel Zagarella, durante la campagna elettorale per le europee del 1979; 3) le telefonate di Andreotti in un ospedale di Palermo per informarsi sullo stato di salute di Giuseppe Cambria, socio in affari dei Salvo; 4) il fatto che il numero riservato dell'uomo politico fosse stato trovato in una rubrica di Nino Salvo il giorno del suo arresto; 5) le fotografie che dimostravano che quando Andreotti veniva in Sicilia, si muoveva a bordo delle auto blindate (all'epoca rappresentavano un'assoluta novità) dei Salvo.

«Andreotti aveva sempre negato di conoscere i due cugini. Lo fece durante tutto il dibattimento. Lo fece anche a *Porta a porta*, qualche sera dopo la sua assoluzione, e per me, invitato – e che inopinatamente accettai l'invito in quella trasmissione –, fu inutile contraddirlo sul punto, visto che l'intera sequenza, in sede di montaggio, fu tagliata da Bruno Vespa.

«Andreotti, quando veniva messo alle strette, anche in occasioni di qualche intervista televisiva un po' più audace della media, se la cavava dicendo che per lui i Salvo erano solo "imprenditori" o "albergatori".

«In primo grado, il tribunale, motivando la sentenza di assoluzione, pur mostrando apertamente di non credere a questa singolare autodifesa, aveva ribadito come non esistessero "prove" che quei legami fossero finalizzati a favorire Cosa Nostra. «Nella sentenza Scaduti invece c'è anche scritto: "In parziale riforma della sentenza...". E si riferisce all'associazione semplice sino alla primavera del 1980, poi caduta in prescrizione: ma gli incontri più significativi, quelli raccontati da Buscetta e Mannoia, si riferivano a periodi precedenti quella data. Significa forse che la Corte d'appello si era trovata nell'impossibilità di condannare, visto che l'associazione mafiosa entrò in funzione solo successivamente?

«Come per tutti i processi dunque, anche in questo caso, bisognerà armarsi di santa pazienza per non avventurarsi in giudizi frettolosi, in un senso o nell'altro. Si fa facile previsione affermando che molti si mostreranno per l'ennesima volta sprovvisti di benedetta e cristiana pazienza.»

La cronaca finiva qui. Ma per sciogliere il rebus, fu necessario attendere il testo della sentenza. Il «dopo», appunto. E le due che seguono sono le due cronache del «dopo».

Onore ai Visionari

Cronaca scritta col senno di poi, il 27 luglio 2003, sempre sull'«Unità»:

«Onore ai Visionari. Onore al Visionario Gian Carlo Caselli, che dopo le stragi del 1992 fu posseduto dall'idea balzana di cercare i legami di Cosa Nostra con la politica e con le istituzioni. Onore all'intera squadra dei Visionari, da Guido Lo Forte a Roberto Scarpinato a Gioacchino Natoli. Nonostante tutto, non possono lamentarsi: anche con loro, come con il divo Giulio, il tempo è stato galantuomo.

«Sono stati infatti loro, i Visionari, a intravedere quello che dieci anni fa sembrava autenticamente invisibile: che l'uomo per sette volte presidente del Consiglio potesse avere avuto rapporti con la mafia. In questi dieci anni, i Visionari sono stati crocifissi dalle televisioni e dai giornali, sono stati costretti a discolparsi per avere osato tanto, sono stati messi sul banco degli imputati, al posto degli imputati che dovevano starci di diritto, sono stati irrisi e perseguitati dalla politica che non aveva alcuna intenzione di lasciarsi processare attraverso il processo al suo massimo rappresentante, sono stati accusati di essere stati sceriffi, comunisti e sicofanti.

«E sicofante, nell'antica Grecia, stava a designare l'accusatore di professione dei ladri di fichi. Ma in tutta coscienza: è di ladri di fichi che in questi dieci anni si sono occupati Caselli e compagni?

«Ancora onore ai Visionari, anche perché se gli storici del futuro troveranno, nelle carte di questo Paese che è l'Italia, qualche pagina animata da un barlume di coscienza civile e di rossore – il rossore della vergogna – lo dovranno anche a loro.

«È di Giulio Andreotti che è d'obbligo tornare a parlare. Del Giulio Andreotti che per la Corte d'appello di Palermo, presidente Salvatore Scaduti, incontrò – eccome – il capo di Cosa Nostra, Stefano Bontate. E lo incontrò prima dell'uccisione di Piersanti Mattarella, democristiano come lui, presidente della Regione siciliana, convinto che la sua autorevolezza politica e istituzionale potessero essere da freno alla realizzazione del delitto.

«Ma anche dopo. Per protestare con le stesse persone che quel delitto avevano recentemente commesso, ma che lo rimandarono a Roma con le pive nel sacco, come quel pifferaio andato per suonare e che fu suonato, dicendogli a muso duro: "Se ancora non lo hai capito, ormai in Sicilia comandiamo noi". Andreotti conosceva – eccome – i cugini Nino e Ignazio Salvo. Conosceva – eccome – don Tano Badalamenti. Questo dice la sentenza.

«Andreotti si disse contento di essere stato assolto. Per il resto: amen. Chiunque, al posto suo, avrebbe detto la stessa cosa. L'avvocato Franco Coppi invece, andando in prestito da Benedetto Croce, ha chiosato le motivazioni della sentenza: i giudici scrivono l'*Historia minor*. Sottinteso: chi se ne frega.

«Ma la storia è «minor» quando un Paese è normale. Ma se la storia dei fatti criminali – ed è il caso dell'Italia – si presenta fortemente intrecciata con la storia nazionale, i giudici, inevitabilmente, incolpevolmente, si ritrovano a scrivere un'*Historia maior*.

«Brutta, pessima storia, ma con dimensioni tali da non potere certo passare inosservata, e comunque sia, Storia. "Corri bello, che quelli siamo noi" canta Fiorella Mannoia...

«Giulio Andreotti – nel bene e nel male – è quello che è. Ma è stato l'uomo simbolo della politica italiana, in Italia e nel mondo, per oltre cinquant'anni. Se ci fosse consentito paragonarlo a una figura del mondo animale, diremmo con certezza che Andreotti, ancor più che una volpe, si è dimostrato uno struzzo. Lo struzzo che ha mangiato tutto, che ha divorato tutto, che non ha rifiutato nulla. Avere stomaco da struzzo, si dice infatti. E almeno in Sicilia, Andreotti non si fece mancare mai niente.

«Pur assolvendolo, solo con una dozzina di righe i giudici – restando in metafora – sono riusciti a descrivere il pranzo tipo dello struzzo: "I fatti dicono che il senatore Andreotti ha avuto piena consapevolezza che i suoi sodali siciliani intrattenevano amichevoli rapporti con alcuni mafiosi... ha coltivato amichevoli relazioni con gli stessi boss... ha palesato una disponibilità non fittizia... ha chiesto loro favori, li ha incontrati, ha interagito con essi... ha loro indicato il comportamento da tenere in relazione alla delicatissima questione Mattarella... ha indotto i medesimi a fidarsi di lui e a parlargli anche di fatti gravissimi (come l'assassinio del presidente Mattarella) nella sicura consapevolezza di non correre il rischio di essere denunciati... ha omesso di denunciare le loro responsabilità".

«Non dimentichiamolo mai: Andreotti è stato prescritto e assolto.

«Che pena (professionale), ancor prima che civile, ascoltare in quei giorni tanti servizi televisivi adoperare l'apriti sesamo della tipica notizia «scomoda»: Andreotti ebbe rapporti con la mafia, ma «solo» fino al 1980. Quel «solo» è il termometro forse dell'Italia di oggi?

«Ma dopo il 1980 – e abbondantemente, onestamente e correttamente ne scrissero i giudici – Andreotti voltò le spalle alla mafia, con una legislazione efficace e mirata. Eravamo ormai negli anni Novanta. Bene, bravo, bis, diceva una gag di alcuni anni fa. E allora?

«Andava assolto, allora, l'imputato? Ma certo che andava assolto, esistendo la prescrizione. Ma forse, allora, non andava processato?

«La politica per anni ha adoperato questo argomento "colto". La Storia, il Giudizio Politico, i Maitre à penser, i Posteri: per certuni, un peso massimo come Andreotti, andava comunque trattato in guanti gialli.»

Guai ai Visionari

E puntuale si scatenò la bagarre.

«I giudici dovranno pagare sino alla settima generazione per avere osato portare alla sbarra il sette volte presidente del Consiglio;

l'uomo politico italiano più noto al mondo, l'uomo simbolo della
Dc durante la guerra fredda e l'uomo simbolo dell'intera Prima
Repubblica; l'uomo politico dalla battuta sempre pronta, l'uomo
politico – anche questo scrisse qualcuno – che non poteva essere
sospettato, meno che mai accusato, visto che non ha mai indossato pullover che non fossero rigorosamente di cachemire; nostro
grande della terra fra i grandi della terra, l'unico Machiavelli partorito da cinque secoli di storia italiana perennemente alla ricerca
di autentici Statisti che fossero capaci di tacitare innaturali sinto-
nie fra «etica» e «politica».

Andreotti è la nostra gloria nazionale. Andreotti non andava
toccato. Andreotti non si tocca. Chi lo ha fatto deve pagare. È
questa la legge del taglione di quelli di Forza Italia. La legge del
settantasette volte sette. E già che ci siamo, questa è diventata
parola dell'intera Casa delle Libertà, senza esclusione di colpi,
senza distinguo, senza ripensamenti di alcun tipo.

Legge del taglione persino di quegli ex democristiani che dispongono di ben altri strumenti spirituali e culturali, rispetto a quelli
che, pur essendo loro compagni di scorribande concettuali (si fa
per dire), ne sono anagraficamente ma desolatamente privi.

Basta leggere la sentenza. È di facilissima consultazione su
genesi e storia del processo Andreotti, a uso e consumo dei furbi,
di certi «generoni» (palazzinari) delle terrazze romane, dei superficiali che vanno a orecchio, di quelli che non hanno mai letto una
carta, di quelli che le hanno lette tutte volendovi leggere il contrario di ciò che ci sta scritto, di quelli che come prima professione
esercitano quella di negare l'evidenza, di quelli che «l'imputato è
innocente» se il reato è stato prescritto, di quelli che «l'imputato
è innocente» se è stato assolto per insufficienza di prove, di quelli
che gli imputati sono tutti uguali ma qualcuno è più uguale degli
altri, in una parola di quelli che – anche se a proposito dello stato
generale della lotta alla mafia – il pm palermitano Antonio Ingroia ha definito in un'intervista al Tg3 «i vigliacchetti» della politica italiana.

Undici anni. Sono trascorsi undici anni dal giorno in cui la
Procura di Palermo, diretta da Gian Carlo Caselli, avanzò formale
richiesta di autorizzazione a procedere al Senato per mafia nei
confronti di un imputato indiscutibilmente di lusso. E il Senato
– ma i «vigliacchetti della politica italiana» lo hanno dimenticato
– diede il suo bellissimo disco verde. Nelle aule di giustizia di
Palermo si sono celebrati due processi. La fine è nota. Ne sono

stati celebrati alcune centinaia in televisione (pubblica o privata che sia), alcune centinaia sulla carta stampata. La fine è notissima. C'è stato un bel dibattito al Senato. Giulio Andreotti ha accusato Luciano Violante di essere l'ispiratore occulto del Gran Complotto che partiva dagli americani, dai pentiti, da Buscetta, dai comunisti, dai vertici della polizia... all'indomani della sentenza di Cassazione che lo riguardava. Si trattava, in quel caso, dell'annullamento della condanna di Perugia, non del processo di Palermo, ma fa lo stesso. Andreotti ha dato la sua versione dei fatti. Luciano Violante si è difeso dalle accuse dando la sua versione dei fatti.

Un dibattito al Senato, in un Paese civile, non dovrebbe forse mettere la parola fine alle polemiche, alle risse, ai contenziosi arretrati fra opposti schieramenti politici, anche se, in questo caso, avevano per oggetto una vicenda squisitamente giudiziaria? Diversamente a che scopo si fa un dibattito in Senato? Allora tutto finito? Macché. La festa è appena cominciata.

E partono le note dell'Orchestrina Garantista: Giuliano Ferrara alla batteria, Bruno Vespa ai piatti, Emanuele Macaluso al tamburo... (ci permettiamo di «scherzare con i santi», che non ce ne vorranno). Ma sì. Musica maestro. Parliamone in *saecula saeculorum* del processo Andreotti.

Eppure basterebbe leggere per disporre di un poderoso antidoto contro quell'autentico male occulto della politica italiana: certi Professionisti di «Forza Imputati». E qui bisogna stare attenti a quel che si scrive. Bisogna infatti stare attenti a non esser tacciati di esser Professionisti dell'Antimafia, anche se, potendo scegliere, opteremmo senz'altro per il secondo schieramento. Perché vedete: un conto è Giulio Andreotti, un conto sono certi cicisbei (cicisbeo: cavalier servente di dama d'alto lignaggio, *Nuovo Zingarelli*), che non lasciano il campo di battaglia non rendendosi conto che la guerra è finita e persino «la dama d'alto lignaggio» da tempo se n'è andata a casa.

La domanda non è (e le gambe ci fanno giacomo giacomo a doverlo ripetere): Andreotti era o non era colpevole? Diversamente, a che scopo si fa un processo? La domanda è: sulla base degli elementi di cui erano in possesso i magistrati di Palermo, andava o non andava processato Andreotti? La nostra risposta è affermativa. E alla stessa identica maniera risposero i senatori della Repubblica.

Naturale, umano, legittimo, ovvio, che Andreotti la trafila l'avrebbe evitata volentieri. Ma per certi Professionisti di «Forza

Imputati», non basta, non può bastare. Rimestano nel pentolone all'infinito: qualcosa, alla lunga, resterà.

Ma attenzione: sarebbe stata la Cassazione a scrivere la parola fine sotto una storia infinita che – come abbiamo visto – ci aveva già riservato numerose sorprese. Perché escludere che il divo Giulio potesse uscirne completamente riabilitato?

XXX
La fine del ventesimo secolo di mafia

Superpadrino

Carlo Azeglio Ciampi, il 12 gennaio 2006, disse a Siracusa: «Non è sufficiente combattere la mafia, è necessario sconfiggerla». Il ventesimo secolo di mafia era finito per sempre. Era finito dietro le porte di un casolare sgangherato, a due passi da un abbeveratoio per le mucche, ma dove l'acqua di sorgente era talmente buona che anche i «cristiani» ci andavano a riempire i loro bidoni. Il ventesimo secolo di mafia era finito con la cattura dell'ultimo grande Padrino all'antica. In uno scenario che più evocativo non poteva essere. Scenario pietroso, scenario perennemente in bianco e nero, scenario di pastori. Alle porte di Corleone. A un passo da Corleone. Lì dove ancora aleggiano i fantasmi sinistri di tante vecchie guerre di mafia che videro, nell'immediato dopoguerra, la nascita, l'ascesa e il definitivo comando proprio del clan dei corleonesi. Il ventesimo secolo di mafia si chiudeva in maniera esemplare, quasi didascalica. Con la cattura dell'unico Padrino della storia di Cosa Nostra che riuscì a trascorrere più anni da latitante che da uomo libero.

Anni di vita: settantatré. Anni di latitanza: quarantatré. Anni da cittadino (si fa per dire) libero: trenta. Neanche gli ex gerarchi nazisti, che per salvarsi imboccarono la via dei topi che dalla Svizzera li avrebbe messi al sicuro in Sud America, raggiunsero mai record simili. E, anche in futuro, assai difficilmente il record sarà uguagliato o superato.

Il secolo di mafia si chiudeva con la cattura dell'unico Padrino sopravvissuto a tutti gli altri, con qualche acciacco, qualche cicatrice, ma, tutto sommato, in ottima salute. Quello che per alcuni «aveva il cervello di una gallina» e per altri «un'intelligenza superiore», «che sparava come un dio» o che «sparava come un angelo».

Quello che «è il potere», quello che «è riuscito a fare diventare la mafia un'organizzazione, a suo modo, politica»; quello che «è talmente misterioso che non si incontra mai», quello che «è capace di starsene su una montagna per mesi e mesi senza incontrare nessuno».

Quello che «non ha mai usato un telefono o un cellulare e che scriveva tutto a mano», quello che «scriveva tutto con una macchina da scrivere».

Quello che «era religiosissimo e di Bibbie ne conservava una mezza dozzina, e di croci al collo ne portava almeno tre», quello che una volta, per non dare nell'occhio, si «vestì da vescovo».

Quello che non aveva che l'imbarazzo della scelta fra soprannomi e diminutivi: *Binnu* (da Bernardo), *u Tratturi*, *Iddu* (lui), eccetera eccetera. Quello – insomma – che ognuno lo raccontava a modo suo.

Di sicuro c'era – leggende a parte – che Bernardo Provenzano aveva vissuto da protagonista mezzo secolo di mafia.

E che aveva partecipato a tutte le riunioni della cupola, presiedute da Gaetano Badalamenti, presiedute da Luciano Liggio, presiedute da Stefano Bontate, presiedute da Michele Greco, presiedute da Totò Riina.

Era sopravvissuto indenne ad almeno tre guerre di mafia che seminarono in tutta la Sicilia migliaia e migliaia di cadaveri. Aveva vissuto gli anni in cui si ammazzavano i procuratori e i poliziotti, gli imprenditori e i carabinieri, i giornalisti e gli uomini politici, i funzionari di banca e i medici, le donne e i bambini. Aveva vissuto le stagioni delle grandi stragi. Aveva gestito sequestri di persona con relativi riscatti. Aveva vissuto la stagione della pax mafiosa, dell'«immersione», dell'«invisibilità», della «buona condotta». Tutto e il contrario di tutto.

Maneggiando sigarette di contrabbando. Maneggiando droga. Maneggiando armi ed esplosivo. Maneggiando appalti, commesse, tangenti. Maneggiando il pizzo e il racket del pizzo. E anche se è vero che morto un papa della mafia se ne fa un altro, è pur vero che un altro papa come questo, con un simile carisma, specie di leggenda vivente, ingombrantissima statua che deambulava, non lo inventavi dall'oggi al domani. Ci vollero quarantatré anni, a contar solo quelli della sua latitanza, per creare questo che ormai era diventato un mix da laboratorio, da scanner fluorescenti, da software di quinta generazione, ritoccato e ripulito all'infinito da uomini in camice bianco. Quando Gaetano Badalamenti venne arrestato in Spagna, Stefano Bontate ne prese il posto. Quando Bontate venne assassinato, Michele Greco ne prese il posto. Quando Greco venne arrestato, Totò Riina ne prese il posto. Quando finì in manette Riina, Bernardo Provenzano ne prese il posto. È sempre stata una legge naturale di Cosa Nostra: la successione non deve mai andare per le lunghe. I picciotti devono essere saldamente diretti in ogni momento. Dentro la mafia non esiste né il sistema maggioritario né quello proporzionale, né il voto secondo coscienza, o i ballottaggi, il pluralismo, i semestri bianchi e meno che mai le quote rosa. Struttura gerarchica per eccellenza, Cosa Nostra può funzionare solo a condizione che l'autorità venga verticisticamente imposta.

Ecco perché, con ogni probabilità, Provenzano il giorno del suo arresto era già stato sostituito.

Alle porte di Bagdad

In Italia dunque c'era ancora qualcuno capace di fare la lotta alla mafia come si faceva una volta. Non rassegnandosi all'idea che non sarà mai vinta. Testardi che si ostinavano a restare fuori dal coro, pretendendo di comportarsi ancora in maniera coerente, cioè a proprio rischio e pericolo. Attorno a quella che era stata l'organizzazione più segreta e misteriosa nella storia italiana, ormai non esistevano più misteri. Tutto infatti era stato svelato e raccontato dai protagonisti, analizzato, scritto, studiato, confrontato, verificato, passato al vaglio dei processi, oggetto di studio persino nelle università, rielaborato a piacimento dal cinematografo e dalle fiction televisive. Lo spettatore non aveva che l'imbarazzo della scelta fra i tanti attori (tutti molto bravi) che incarnavano Falcone o Borsellino, ma era di attori e messinscene, sceneggiature e fondali di cartapesta, che lo spettatore si doveva accontentare.

Scrisse Giorgio Bocca su «Repubblica», 5 maggio 2005: «Il profondo mistero della mafia, il famoso terzo livello dove si incontrano i ripugnanti delinquenti dai cento omicidi e i procuratori generali in toga d'ermellino, dove il sanguinario Riina bacia un potente ministro della Repubblica, sta nella sua manifesta e aggressiva chiarezza, nell'evidente favore di cui godono i mafiosi, nelle aperte collusioni fra la delinquenza e lo Stato, nel sistematico appoggio che una parte dello Stato dà all'"onorata società"».

E ancora: «Nessun mistero, solo l'agghiacciante, paralizzante normalità della mafia, solo la visibile, indiscutibile coesistenza fra la mafia e lo Stato, fra i mafiosi assassini e i loro amici e complici nel governo e nella società».

La mafia, come una malattia che, dopo essere stata sconosciuta per secoli, era diventata improvvisamente diagnosticabile, curabile, eliminabile. Il vaccino c'era, ma per uno strano destino non veniva inserito nella farmacopea nazionale. Con il risultato che la mafia restava al suo posto, continuando a svolgere i suoi affari, senza alcuna intenzione di smobilitare dallo scenario italiano, limitandosi a ritocchi e accorgimenti per consentire a molti di poter dire che no, la mafia restava «misteriosissima», «ramificatissima», «imprendibilissima», e via con superlativi che facevano quasi sorridere.

Ma perché? Semplicissimo. Perché lo Stato italiano aveva dimostrato di sapere condurre la lotta a Cosa Nostra sino a un certo punto, non oltre un certo punto. Ci si fermava sempre alle porte di Bagdad. Vediamo.

Lo Stato non aveva mai assunto iniziative contro la mafia. Quando lo aveva fatto ciò era avvenuto sempre a seguito di azioni particolarmente cruente della mafia stessa. Dal dopoguerra sino all'inizio degli anni Sessanta, veniva negata persino l'esistenza della parola «mafia». Quando il mondo era diviso in blocchi, una mafia che si professava anticomunista e vicina alla Chiesa cattolica non era ideologicamente indigesta a nessuno. Faceva comodo, era a mezzo servizio con i poteri forti e occulti, faceva quei lavori sporchi che qualcuno, in un Paese come l'Italia, doveva pur fare. Perché meravigliarsi?

Se, dopo la caduta del regime, plotoni di ex fascisti furono addirittura messi ai vertici e nei gangli dell'amministrazione dello Stato, perché avrebbero dovuto essere allontanati i mafiosi che, poverini, avevano subito autentiche persecuzioni proprio durante il ventennio fascista? Erano gli anni in cui i procuratori generali della Sicilia negavano che la mafia fosse un fenomeno reale e, in quanto tale, da perseguire con gli strumenti della legge. Erano gli anni in cui i mafiosi sfilavano nelle processioni religiose ostentando le candele accese, rimpinguando le casse delle parrocchie,

avendo diritto a funerali religiosi che li santificavano come bene-
fattori di intere comunità. Erano gli anni in cui la politica attinge-
va a piene mani dal serbatoio elettorale garantito da migliaia di
picciotti e boss. Erano, insomma, gli anni della stagione dell'oro
per la mafia e i suoi affiliati. Ma fu proprio all'inizio degli anni
Sessanta che qualcosa si ruppe per sempre.

Accadde che le «famiglie» di Palermo diedero il via a una
feroce guerra interna per l'accaparramento delle aree edificabili che
culminò nello scempio urbanistico della città liberty: centinaia di
morti furono il prezzo pagato per arricchimenti miliardari favoriti
da una gestione mafiosa del Comune di Palermo culminata nell'approvazione, in una sola nottata, di duemila delibere di variante.
Erano gli anni in cui a Palermo, forse in quel momento unica città
al mondo, esplodevano le Giuliette Alfa Romeo imbottite di tritolo. Ed erano anche gli anni in cui prefetti e questori, capi delle
Squadre mobili e alti ufficiali dei carabinieri, minimizzavano:
«Meglio così. In fondo si ammazzano fra di loro. La città è più
pulita».

Ma l'eco di quella guerra di mafia, tanto sottovalutata da chi
almeno avrebbe avuto il dovere di allarmarsi, costrinse lo Stato a
riesumare la prima commissione parlamentare di inchiesta sul
fenomeno mafioso con lo scopo di «proporre le misure necessarie
per reprimere le manifestazioni ed eliminarne le cause» (il 20
ottobre 1962). Solo che quella commissione, per un'improvvisa
crisi di governo, non fece neanche in tempo a riunirsi. L'effettivo
insediamento (25 giugno 1963) precedette di appena cinque giorni l'esplosione della Giulietta nella borgata agricola di Ciaculli
(sette fra carabinieri e uomini dell'esercito assassinati in una trappola mortale destinata proprio a loro). Furono anche gli anni dei
primi grandi processi indiziari che portarono alla sbarra mafiosi
prontamente assolti e tirati fuori dalle galere con tante scuse.

Dal 1963, la commissione antimafia divenne una presenza
costante nella vita politica italiana. Eravamo alla settima commissione, a non voler conteggiare quella che era stata costituita all'indomani dell'unificazione del Paese. Da oltre un secolo, insomma,
lo Stato studiava, approfondiva, raccoglieva faldoni, incolonnava
nomi, anche se il vaccino non veniva messo in vendita. Già allora
ci sarebbero voluti dieci autotreni con rimorchio per trasportare
tutti i documenti raccolti in una storia infinita.

Nuova svolta, alla fine degli anni Settanta. Ma in quel caso
non fu Roma il teatro di un cambiamento di registro, ma la stessa

Sicilia. Per la prima volta, alcuni magistrati, alcuni poliziotti, alcuni carabinieri, alcuni uomini politici, alcuni giornalisti, qualche imprenditore – in stragrande maggioranza siciliani –, cominciarono a darsi da fare sul serio per combattere la mafia. In quindici anni, dal 1978 al 1992, la mafia li uccise tutti.

Quei funzionari dello Stato si muovevano in terra di Sicilia senza che alle loro spalle ci fosse lo Stato. Andavano allo sbaraglio. A Roma, guardavano a questa inedita trasversalità, che rompeva decenni di quieto vivere e in molti casi di connivenze, con stupore e fastidio. Ma quei funzionari, poiché erano professionalmente validi tanto da avere aperto la crepa del pentimento tra le fila degli stessi mafiosi, rappresentavano un ostacolo che andava eliminato. Così la loro solitudine diventò la principale causa della loro morte. Un principio, però, era stato finalmente affermato: la mafia in Sicilia c'era andava combattuta e poteva essere combattuta. In quella fase ovviamente, si cominciò dai gradini bassi della piramide, cioè dalla componente militare. Già allora, però, si intuiva che dietro la mafia c'era dell'altro. Tanto è vero che non furono pochi i politici messi sotto osservazione, e in qualche caso persino arrestati, dal pool di Falcone e Borsellino. Era una falsità bella e buona quella che in passato la lotta alla mafia fosse stata condotta «seriamente» perché nessuno si era sognato di sfiorare la politica.

Le cose erano andate assai diversamente: per la prima volta nella storia, il pentimento di Tommaso Buscetta aveva permesso di sollevare una botola che immetteva in una città sotterranea. E prima di arrivare in fondo al tunnel, gli uomini del pool iniziarono a fare piazza pulita di quelli che incontrarono sulla loro strada.

Dopo le stragi del 1992, che chiusero nuovamente la partita, lo Stato tornò a far sentire la sua presenza. Ancora una volta in risposta a un'escalation particolarmente sanguinosa. Furono gli anni della cattura di grandi latitanti, da Riina a Bagarella a Santapaola a Brusca. Non ne erano mai stati catturati tanti in un periodo di tempo così breve. Furono gli anni dell'insediamento di Gian Carlo Caselli alla guida della Procura di Palermo. Ormai, dopo Capaci e via D'Amelio, tutti gli italiani avevano capito che dietro Cosa Nostra c'era un micidiale impasto di politica e istituzioni. Caselli si comportò di conseguenza.

Non tralasciò di continuare a perseguire l'ala militare, ma per la prima volta osò portare alla sbarra uomini politici di prima grandezza.

Dopo qualche tempo si scatenò l'inferno, e Caselli e la sua procura finirono sul banco degli imputati. Su quel banco dove si trovavano ancora sette anni dopo la partenza definitiva di Caselli da Palermo. La mafia finalmente non aveva più segreti. Bagdad era a portata di mano. Ma Bagdad non doveva cadere. O se preferite: il vaccino era stato scoperto, ma si metteva al bando lo scienziato che lo aveva scoperto. Iniziò così la nuova fase.

Il paziente corleonese

Per un bizzarro gioco delle date, il 1963 non fu solo l'inizio dei lavori della prima commissione antimafia ma anche l'anno in cui inizia la latitanza di Bernardo Provenzano. Due scenari che corsero paralleli per quarantatré anni: quello dello Stato, che a parole vorrebbe fare la lotta alla mafia, e quello della mafia, che di andare in pensione non se lo sognava proprio.

Negli ultimi tempi la vicenda della mancata cattura di Bernardo Provenzano era diventata una stucchevole telenovela che non faceva onore alle istituzioni. Chi è interessato a conoscere la lunga storia del Padrino può leggere il documentato libro *L'altra mafia. Biografia di Bernardo Provenzano*, dei giornalisti Salvo Palazzolo ed Ernesto Oliva (Rubbettino, Soveria Mannelli 2001), che fornisce gli elementi chiave per cercare di capire una storia che con il tempo era diventata sconcertante.

Durante il Tg1 delle 20 del 2 ottobre 2005, milioni di italiani non avevano creduto ai loro occhi. Preceduto da un «lancio» nei titoli di apertura – «Il Padrino di Cosa Nostra come non l'avete mai visto prima» –, era stato mostrato l'intero scheletro del boss di Corleone. Dal teschio in giù. Poi era stata mostrata una firma che sembrava scritta da una zampa di gallina. Un'esperta calligrafa ci aveva ricamato sopra per mettere in guardia gli ascoltatori dal fidarsi di una persona con una simile scrittura. Qualche mese prima, il procuratore di Palermo, Piero Grasso se n'era andato alla trasmissione *Chi l'ha visto?* per esibire agli spettatori uno dei tanti identikit del boss nella speranza che qualcuno lo riconoscesse. Performance televisiva inusuale, dal momento che tutti già sapevano, il procuratore di Palermo per primo, che Provenzano non si fidava neanche della sua ombra. Di solito a *Chi l'ha visto?* vengono mostrate foto di persone in carne e ossa, non identikit virtuali che sono il risultato della mediazione grafica fra dichiarazioni contrastanti di collaboratori di giustizia.

Di Provenzano negli ultimi tempi si era parlato molto, spesso anche a sproposito. Erano stati arrestati centinaia di mafiosi con l'accusa di essere suoi fiancheggiatori. I commercialisti e i vivandieri. Chi gli forniva le targhe false e chi gli faceva da autista. Chi gli faceva da postino e chi si occupava delle condizioni di vita dei suoi familiari. Chi sosteneva di averlo incontrato vestito da vescovo, come Giusy Vitale, mafiosa di Partinico che si era pentita. Lo si era fatto diventare una caricatura della dea Kalì, a voler contare i «bracci destri» che gli venivano amputati, e successivamente attribuiti. Periodicamente, qualche rappresentante delle istituzioni annunciava l'imminenza della sua cattura.

Da tempo non si contavano più i blitz in aperta campagna o nel centro di Palermo, fra casolari disadorni o residence di lusso, andati in fumo all'ultimo momento e non si capì mai perché. Si diceva che Provenzano si muoveva «a cavallo fra le province di Palermo, Caltanissetta e Agrigento», cioè la Sicilia occidentale. Proverbiale la stesura, da parte sua, dei cosiddetti «pizzini»: quei pezzi di carta attraverso i quali impartiva ordini agli affiliati, dialogava con Dio, si preoccupava della salute dei figli, o malediceva i tempi grami in cui era costretto a vivere.

Ma se eravamo arrivati al punto che un procuratore andava in tv a sventolare la foto di un fantasma, e il primo telegiornale, di quel fantasma, faceva vedere addirittura lo scheletro, qualche ragione doveva pur esserci.

Ormai di Provenzano tutti sapevano tutto. Persino che la cicoria era la sua verdura preferita e che era ghiotto di miele.

Tumori e operazioni (due alla prostata e una all'omero), cicatrici (tre: sul collo, sotto l'ombelico, sull'omero), gruppo sanguigno (A Rh positivo) e Dna, altezza (1 e 68) peso e tono muscolare, abitudini gastronomiche: il paziente corleonese da tempo era un libro aperto per i medici e gli investigatori. All'inizio di ottobre del 2005, i giornali pubblicarono i resoconti di una missione in Francia dei vertici della Procura palermitana sulle tracce di un misterioso paziente siciliano che si era recato in Costa Azzurra. Si era presentato nella clinica La Licorne, poi diventata Sas Clinique de La Ciotat, come «monsieur Gaspare Troia», per sottoporsi alla «resezione parziale della prostata». Lo accompagnavano tre persone: il sedicente figlio, Salvatore Troia, Nicola Mandalà e Ignazio «Ezio» Fontana. Giunto sul posto, il gruppo dei fiancheggiatori si avvalse del contributo di Madeleine Orlando, moglie di Salvatore Troia, residente a Misilmeri (nel palermitano), ma figlia di un emigrato e di una donna francese, lei stessa in possesso di cittadinanza francese e interprete ideale per Binnu che di francese – a quanto si sa – non aveva mai capito una parola.

Quando erano accaduti i fatti? Esattamente due anni prima: fra il 4 luglio e il 4 novembre 2003. È in quell'arco di tempo che la primula rossa di Cosa Nostra, presentandosi come «monsieur Troia», si sottopose a interventi e scintigrafie, sino alla totale asportazione della prostata, questa volta in un'altra clinica, La Casamance di Marsiglia. Pagò una cauzione in assegni, presentò il modulo E 111 della Regione siciliana (che si fece generosamente carico del paziente corleonese) e la sera, fra una visita e l'altra, andava a giocare al Casinò di Cassis. Non fu possibile sapere se rimase per quattro mesi in Francia o, invece, andò avanti e indietro dalla Sicilia. La vicenda ebbe qualche appendice giudiziaria con avvisi di garanzia per favoreggiamento al terzetto di Marsiglia con l'arresto di Francesco Campanella (l'uomo che avrebbe fornito la falsa carta di identità a nome Troia e che poi a tempi record si sarebbe pentito). Quanto al Dna, invece, fu confrontato con quello di un suo fratello: identici.

Insomma, era come se Provenzano l'avessimo davanti agli occhi. Eppure nessuno lo vedeva. Nessuno lo trovava. Nessuno riusciva ad arrestarlo. Quali angeli (si fa per dire) lo stavano proteggendo? Il paziente corleonese, appesantito dagli interventi chirurgici e dai malanni senili, privo ormai di almeno «cento bracci destri», teoricamente ingombrante ai vertici di una Cosa Nostra che aveva vitale bisogno di invisibilità e assenza di clamore mediatico, restava inspiegabilmente un uomo d'acciaio.

Qualche giorno dopo la sua nomina a superprocuratore antimafia, l'ex procuratore di Palermo aveva lanciato una sassata nello stagno. Il 21 ottobre aveva dichiarato a *Tv7*, il programma di Rai Uno: «Rappresentanti delle professioni, politici, imprenditori, forze di polizia coprono la latitanza di Provenzano». «Dall'indagine sulla sua ricerca sono emerse tutte queste categorie, quindi non è soltanto una copertura da parte di un'organizzazione criminale, ma è una copertura che viene da intere fasce sociali. Abbiamo scoperto che un imprenditore riceveva, da un sottoufficiale delle forze di polizia, informazioni sulle nostre indagini. L'imprenditore era collegato a Cosa Nostra e quindi le indagini nostre venivano conosciute direttamente da Provenzano.» E ancora: «Cosa

Nostra è sempre un'emergenza nel senso che va a infiltrarsi nel potere, nell'economia e distrugge quella libertà d'impresa, libertà di mercato che è il fondamento per lo sviluppo di una regione, di una nazione. Cosa Nostra ha accertati collegamenti con altre regioni d'Italia come la Lombardia, il Veneto, la Toscana, per quello che ci risulta. Ci sono investimenti e ci sono anche, secondo un fenomeno abbastanza strano, imprese siciliane che ottengono appalti in queste regioni e imprese di queste regioni che ottengono appalti in Sicilia. Sembra quasi che ciò possa essere in un certo qual senso coordinato o diretto da una mente che accentra tutto».

Rispondendo a una domanda sui timbri fatti imprimere da Francesco Campanella sul documento falso di Provenzano, aveva aggiunto: «Questo dà l'esatta misura di come Cosa Nostra riesca addirittura a infiltrarsi nelle istituzioni, ma non solo locali, anche nazionali. Il presidente di un Consiglio comunale che si presta a mettere un timbro falso su un documento falso per consentire appunto il viaggio all'estero a Provenzano. Questo mi pare che sia totalmente devastante per quelli che sono i rapporti sociali. Campanella è quello che noi possiamo definire l'interfaccia tra Cosa Nostra e le altre categorie sociali, perché è il presidente del Consiglio comunale di Villabate, quindi ha dei rapporti con la politica, ha una finanziaria, ha dei contatti a Roma con vari ministeri, insomma è quello che dà veramente la forza dell'organizzazione, la capacità di infiltrarsi e di avere questi collegamenti con l'esterno».

Lui stesso, dichiarandosi poi «stupito» per la tempesta di reazioni a seguito della sua denuncia, aveva corretto il tiro precisando che non c'era niente di nuovo e che, in fondo, non aveva fatto altro che ribadire cose note: «Tutti coloro che hanno direttamente o indirettamente aiutato Cosa Nostra e in tal modo oggettivamente favorito anche la latitanza del suo capo sono noti perché indagati, arrestati, rinviati a giudizio e alcuni già condannati».

Bernardo Provenzano era diventato il simbolo vivente e itinerante della guerra perduta dallo Stato italiano contro la mafia. Mi disse Tommaso Buscetta, quando lo intervistai per il libro *La mafia ha vinto*, qualche mese prima di morire: «La mia terra non è un oceano sconfinato... È mai possibile che oggi nessuno sia in condizione di dare notizie fresche sui covi e gli spostamenti di Provenzano? O è diventato anche questo un affare politico? Certo, Provenzano è un altro di quelli che la sanno lunga».

Ho sempre pensato che Buscetta fosse stato, nella seconda parte della sua vita, il mafiologo più autentico e professionalmente documentato che c'era mai stato nel nostro Paese.

Saluta a cù dumanna

Un piccolo aneddoto per capire chi era stato davvero il paziente corleonese. Qualche tempo fa, in un paese del palermitano, volgeva al termine il funerale di un mafioso. Tre persone si staccarono dalla folla prima che questa iniziasse a disperdersi. Si avvicinarono a un signore di piccola statura, molto distinto, con abiti da campagna. Lo abbracciarono e lo baciarono. Poi, uno del terzetto, parlando a nome di tutti chiese: «Come sta *zu'* Binnu?». Il signore distinto replicò prontamente: «Saluta a cù dumanna...» [saluta a chi chiede di lui, *N.d.A.*]. Fine. Bisognava conoscere l'ambiente in questione per decodificare il significato di una frase altrimenti ermetica.

L'uomo che la pronunciava era venuto a quel funerale proprio in rappresentanza del paziente corleonese, in quel momento impedito dalla sua latitanza. Era un suo delegato. Un suo uomo di fiducia. Di più. Aveva facoltà di ricambiare i saluti, eventualmente rivolti al Padrino, preventivamente. Chi si rivolgeva a lui sapeva che il Padrino sarebbe stato tempestivamente informato. Alcune delle persone intervenute al funerale, quelle con maggior prestigio in Cosa Nostra, lo sapevano e si sottoponevano volentieri alla trafila. Provenzano, costretto a rendersi invisibile, ritrovava la sua visibilità attraverso l'uomo addetto ai saluti.

Insomma: se qualcuno ha mandato i suoi saluti al Padrino, gli ha fatto certamente cosa gradita.

L'Aquila Reale in gabbia

Ma un bel giorno... Scrissi sull'«Unità» del 12 aprile 2006: «L'Aquila Reale di Cosa Nostra è caduta nella rete alle undici e diciotto dell'11 aprile 2006, san Stanislao vescovo. L'Aquila Reale è scesa finalmente da quei picchi inaccessibili in cui, per quarantatré anni, se n'era rimasta intanata, pur non rinunciando a impartire ordini al popolo di mafia. Scacco matto alla mafia, almeno per ora. Di quelli che riescono ogni cinquant'anni, dopo milioni e milioni di mosse andate a vuoto. Bernardo Provenzano ora è un detenuto, un detenuto diverso dagli altri quanto si vuole, ma detenuto. Il giorno della sua cattura, la vox populi dei palermitani era stata corale: "L'hanno tradito"; "L'hanno venduto"; "Se lo sono giocato"; "Gli dovrebbero dare la pensione, anzi la medaglia".

«Caccia grossa, comunque.

«Ero lì, e per un attimo, prima di essere sollevato da terra e cacciato via dai poliziotti, mi ero trovato a fianco dell'Uomo Nero, l'Uomo Nero dei delitti, delle stragi, delle bombe, l'Uomo Nero di tutte le grandi tragedie, i grandi tradimenti, i grandi patti e le misteriose trattative.

«L'Uomo Nero di oggi porta gli occhiali. L'Uomo Nero è piccolino, agile, saltella. Il giorno del suo arresto indossava un giubbotto blu impermeabile senza maniche, giacca scura, camicia chiara, sciarpa bianca, scarpe da trekking. Era apparso stempiato, pochi capelli brizzolati, molto corti, sguardo mobilissimo.

«Per un attimo la grande porta carraia della Squadra mobile di Palermo, scorrendo al contrario sui binari, stava stritolando l'Uomo Nero, insieme ai tre poliziotti incappucciati che lo avevano saldamente in pugno. Più tardi, negli uffici, aveva depositato finalmente le sue impronte digitali, chiesto una bottiglia d'acqua, ottenuto una pausa dal primo sommario interrogatorio per andare in bagno.

«"Bastardo, bastardo" urlava la folla all'esterno. "Bastardo" urlavano i ragazzi di Addiopizzo o quelli che avevano tappezzato Bagheria – dove spesso Provenzano si nascondeva – con un manifesto gigantesco che ne riproduceva l'effige con scritto "Wanted". "Bastardo" si era lasciato scappare anche Vincenzo, il padre dell'agente di polizia Antonio Agostino, assassinato dalla mafia in anni lontani. E urla e improperi si mescolavano agli applausi in direzione degli uomini della polizia di Stato.

«L'Uomo Nero era arrivato in Squadra mobile alle quindici e cinque, dentro una delle diciassette macchine che componevano un autentico corteo presidenziale. Giusto riconoscimento, per uno del suo lignaggio. Giusto anonimato, per chi adesso sarà conosciuto da milioni di italiani dei quali aveva finito con l'attizzare la curiosità, come solo le grandi star riescono a fare. Una star del crimine, del sangue, del delitto, e delle sapienti alleanze politiche e istituzionali, ma pur sempre una star.

«Un elicottero volteggiava su piazza della Vittoria – cielo grigio sporco, pioggia a catinelle –, vigilando che la star, acchiappata appena qualche ora prima in quel di Corleone, arrivasse al sicuro. «Dicevamo: in quel di Corleone... Che epilogo curioso che hanno sempre le storie di alta mafia. Pensate: il corleonese, capo dei capi corleonesi, capo di Cosa Nostra e di tutte le famiglie che la compongono, arrestato a Corleone. Roba da non crederci. Tutto cominciò a Corleone, il 9 settembre 1963... I Navarra, i Liggio, i Provenzano, i Bagarella... E tutto è finito lì. A Corleone.

«Lì, in contrada Montagna dei Cavalli, che non è un accampamento di tribù indiane, ma una collina che dista appena due passi da contrada Chiosi, dove i corleonesi, ma in questo caso parliamo degli abitanti di Corleone, da sempre hanno le loro case di villeggiatura. Lì, dove di casolari ce n'è tanti, cinquantuno per l'esattezza. E in uno di questi, intestato al pastore Giovanni Marino di quarantadue anni, aveva trovato ricovero l'Uomo Nero, o, se preferite, la grande star.

«Pensate. A meno di due chilometri dal ristorante Leon d'oro, dove c'è la casa di Saveria Palazzolo, la moglie, che ci vive insieme ai figli Angelo e Francesco Paolo. Epiloghi davvero curiosi...

«Dicono che l'hanno preso grazie a una telefonata intercettata tre settimane fa. Che due tizi parlavano di biancheria che dovevano andare a consegnare in un certo posto... Dicono che è stato seguito un movimento sospetto di pacchi di vestiti, viveri, corrispondenza, che partiva dalla casa della moglie... Questi pacchi si fermavano in casolari intermedi, passando di mano in mano, ma senza che nessuno conoscesse l'ultimo anello della catena, dicono che, in questo modo, i poliziotti facevano quattrocento metri alla volta, e che infine, in quel totale di cinquantuno casolari, sarebbe stato individuato il casolare giusto.

«Tre stanze, in tutto. Una porta con feritoia, teloni alle finestre per oscurare tutto... Dicono che quella sera il pastore se ne era andato a casa sua, e che l'indomani sarebbe tornato verso le nove, che la porta si sarebbe aperta, che ne sarebbe uscita una mano per prendere una busta... Dicono anche che, in tre settimane, l'Uomo Nero si sarebbe cambiato indumenti solo in quattro occasioni. Che Provenzano avrebbe tentato per un attimo la fuga, che si sarebbe arreso subito, che avrebbe sibilato: "Non immaginate neanche che danno state combinando...". E che poi si sarebbe chiuso in un gelido mutismo...

«Che aveva in casa due macchine da scrivere, una Brother e una Olivetti, che c'erano molti pizzini.

«Sappiamo che Provenzano nacque a Corleone il 31 gennaio

1933. Che da Corleone fuggì trent'anni dopo. Che a Corleone lo hanno arrestato. Che gli uomini che hanno guidato l'operazione sono stati il questore di Palermo, Giuseppe Caruso, il capo della Squadra mobile, Giuseppe Gualtieri, i dirigenti del Servizio centrale operativo, Gilberto Caldarozzi e Renato Cortese.»

Il backstage della cattura

Ne sappiamo qualcosa di più.

Ormai lo assistevano i vecchietti, i veterani di un tempo, gli anziani corleonesi, gli amici d'infanzia che lo avevano conosciuto e spesso aiutato in anni assai lontani. Vecchietti arzilli, cresciuti e vissuti in campagna, fra stalle, frantoi, mandrie, forme di ricotta, spremitura delle olive, rifiuto sordo della presenza di ogni Stato, cenni del capo e alfabeto degli sguardi. Abituati ad annusare uno «sbirro» avvertendone la presenza molto prima del dovuto. Vecchietti fedeli, allenati al silenzio come a una seconda pelle, al segreto, al rispetto spartano degli ordini. Quasi tutti incensurati, quasi tutti insospettabili, quasi tutti – apparentemente – brave, buone persone. Persone di rispetto, si sarebbe detto una volta. Lui non aveva avuto altra scelta: ora che il suo effettivo esercito, quello degli autentici fiancheggiatori di mafia, era stato fatto a pezzi, si era visto costretto all'aiuto dei riservisti.

Andare indietro nel tempo, scommettere sull'intuizione che le piste di oggi potevano forse trovare origine proprio in quelle del passato, è stata la carta vincente degli uomini della polizia di Stato che, dopo quarantatré anni di latitanza, hanno chiuso in un angolo il capo di Cosa Nostra, ora che stava assomigliando sempre più a un'araba fenice.

Il giorno dopo la cattura, avevo incontrato Gilberto Caldarozzi e Renato Cortese, i dirigenti del Servizio centrale operativo che, l'11 aprile – data ormai «storica» e in cui si festeggerà, a Corleone, «la liberazione» – avevano aperto e chiuso le danze attorno al casolare di contrada Montagna dei Cavalli. Erano stati loro a guidare una squadra di ventotto uomini – diciotto i palermitani, dieci venuti da Roma – tutti molto giovani, tutti contro il clan dei vecchietti. Li avevo incontrati nel bunker a due passi dalla Squadra mobile, in via Guido della Colonna, a Palermo.

Cortese: «Nel 1958, Bernardo Provenzano, ferito in un conflitto a fuoco di fronte a un bar di Corleone, è costretto a ricorrere ai medici di un pronto soccorso. Interrogato su quanto gli è appena accaduto chiama a testimoniare alcune persone».

Caldarozzi: «Uno di questi testimoni era Bernardo Riina, classe 1938. Che fine aveva fatto? Apparentemente una vita irreprensibile, senza macchie, senza precedenti, ma...». Ma è proprio lui che finisce sotto una discreta osservazione.

Stiamo parlando della primavera 2005. Da una telefonata salta fuori che due «insospettabili» (in realtà veterani) parlano di *Iddu* [lui, *N.d.A*]. E si dicono: «Ci l'amu a purtari sti cosi a iddu?» (gliele dobbiamo portare queste cose a lui?).

Caldarozzi e Cortese erano partiti da un teorema: che l'Aquila Reale di Cosa Nostra, dopo anni e anni trascorsi su vette inaccessibili, ora fosse molto più a portata di mano, a un passo da casa sua, a un tiro di schioppo da Corleone. Puro ragionamento da «sbirri», questo: se ti vengono meno tutti gli appoggi esterni, ti devi avvicinare al tuo centro vitale originario. Va dimostrato, però.

Vecchi amici d'infanzia, radici, passato remoto, ma se l'ipotesi fosse stata vera, era impossibile che la famiglia non avesse giocato un ruolo. E da un anno, l'abitazione della moglie del boss, Saveria Palazzolo, e dei figli, Angelo e Francesco Paolo, era tenuta sott'occhio da una minuscola telecamera «del diametro di una moneta da due euro».

Trascorrono i giorni, le settimane i mesi. Un'Occhio resta fisso sulla famiglia. L'altro Occhio fisso su quello strano movimento di vecchietti – scoperto indagando su Bernardo Riina – che ruotano attorno a *Iddu*. Calogero Lo Bue, classe 1946. E poi il figlio, Giuseppe, classe 1978, l'unico giovane. Bene. Sono queste le tre persone arrestate all'indomani della cattura di Provenzano. Ma ancora oggi c'è in circolazione una bella manciata di vecchietti vicini al boss.

Dalla casa di Saveria Palazzolo, ogni tanto, un giorno sì e dieci no, una settimana sì e tre no, spuntano fuori sacchetti, plichi, buste, borse, confezioni di varia misura. Di solito è Giuseppe che fa da corriere. Poi, molto sicuro del fatto suo, senza fretta, torna alla propria abitazione. Due tre quattro giorni dopo, porta a suo padre, che abita a poche centinaia di metri, ciò che gli è stato consegnato dalla moglie o dai figli del boss. Altra interruzione, altra parentesi di buio investigativo.

Mi avevano detto i due cacciatori: «Stiamo parlando di un paese, Corleone, dove appena viene vista una faccia estranea si pensa subito che siano arrivati "forestieri" curiosi». Terzo e ultimo percorso: a compierlo è Bernardo Riina, andando a finire, quasi sempre, in contrada Montagna dei Cavalli. Pedinamenti impossibili. E uso di microspie spesso controindicato per l'eccessiva esposizione dei luoghi.

Vola via un anno intero. Pacchi, pacchetti, sacchi, buste che passano di mano in mano, in uno stillicidio che farebbe saltare i nervi a chiunque. Nel frattempo, però, si rafforza la convinzione che casa Provenzano sia un po' come l'ufficio delle Poste centrali dove, prima o poi, tutti i postini devono farsi vivi per svolgere il proprio lavoro.

5 aprile 2006. Contrada Montagna dei Cavalli messa sotto osservazione da due poliziotti con binocolo, appostati su una collina a tre chilometri di distanza. Altri problemi, il rischio di essere notati dai pastori. Si sconsigliano appostamenti troppo lunghi, ma quella fattoria comincia a risaltare.

Il giorno della cattura: «Il pastore apre la porta del casolare e ritira una busta vuota. Mezz'ora dopo veniamo avvertiti che Bernardo Riina sta uscendo da casa. Lo vediamo arrivare al casolare. Anche lui consegna qualcosa prima di andarsene. Non ci serve seguirlo: ormai abbiamo la certezza che il casolare è abitato. Serve ancora mezz'ora per mettere insieme una trentina di persone che da giorni sono appostate a sette chilometri di distanza dal casolare... Prima facciamo entrare nella masseria un solo furgone blindato. Il pastore, sorpreso, si allontana in fretta, nel tentativo di distrarci. Ci lanciamo verso l'ingresso. La persona che è dentro fa in tempo a chiuderci in faccia la porta a vetri. La sfondiamo. Dietro c'è un cancello di ferro, ma l'abitante della masseria non ha il tempo di chiuderlo. Siamo dentro. Lo riconosciamo immediatamente. Lui allarga le braccia come per dire: "Sono io". È smarrito, ha un leggero tremore. Si accascia su una sedia. Si chiude nel suo silenzio. Dopo pochi minuti lo carichiamo su una blindata e ce lo portiamo all'aeroporto di Boccadifalco. Altri uomini restano nel casolare per la prima accurata perquisizione». Altri duecento pizzini, tutti da decodificare, per ricostruire l'infinita mappa degli interessi del Superpadrino.

Caldarozzi e Cortese mi hanno mostrato i tagli sulle mani che si erano procurati sfondando il vetro. È proprio il caso di dire che il numero uno di Cosa Nostra lo hanno preso con le loro mani, quasi a mani nude.

Parlavamo di gente come questa, di squadre come la loro, quando dicevamo che, per fortuna di noi tutti, c'è ancora chi non si rassegna.

L'altra fine del secolo di mafia

Il capitolo precedente si concludeva con queste parole: «Sarebbe stata la Cassazione a scrivere la parola fine sotto una storia infinita che – come abbiamo visto – ci aveva già riservato numerose sorprese. Perché escludere che il divo Giulio potesse uscirne completamente riabilitato?». La profezia non si rivelò esatta: il divo Giulio non fu riabilitato. Tutt'altro.

Fu infatti il 15 ottobre 2004 che la Cassazione mise la parola fine sul processo del secolo. Ecco ciò che scrissi sull'«Unità» e che riporto integralmente, visto che in questi trenta anni di mafia, la storia del processo del secolo occupa un posto centrale che ha mantenuto sino all'ultimo. Vediamo.

«Ma la macchia è rimasta. Dalle undici e quarantatré di ieri, 15 ottobre 2004, santa Teresa d'Avila, invocata per la liberazione delle anime del Purgatorio, oltre che protettrice dei lavoratori di merletto, quella che segue è parola di Cassazione.

«Dopo undici anni, sette processi, un milione e quattrocentoventiseimila pagine, arriva la parola fine. E questo è un sollievo per tutti. Non ci saranno più né tempi supplementari né golden goal, per usare metafore calcistiche. Quello che c'era da chiarire è stato chiarito. Quello che era umanamente impossibile chiarire, resterà oscuro e forse consegnato alla storia. Né Inferno, ma nemmeno il Paradiso giudiziario che l'imputato aveva sperato sino all'ultimo. Purgatorio, appunto.

«Sino al 1980, Giulio Andreotti ebbe rapporti con la mafia. Incontrò i capi di Cosa Nostra. Interagì con essi. Chiese favori. Trattò in terra di Sicilia e di mafia, come un capo di Stato che si rivolge ad altri capi di Stato. Mantenne «amichevoli relazioni», nella speranza di addomesticare la bestia mafiosa. Indicò il comportamento da seguire sulla delicatissima questione rappresentata da Piersanti Mattarella, il presidente della Regione siciliana che poi sarebbe stato assassinato dalla mafia. Non denunciò le responsabilità dei boss, consapevoli di non correre rischi. Ma questi comportamenti, sino al 1980, vanno prescritti perché ancora non esisteva il reato di associazione mafiosa, bensì quello di semplice associazione. E va confermata in pieno l'assoluzione di Andreotti per il periodo successivo, quando si distinse, con provvedimenti legislativi ad hoc, per sicuro impegno antimafioso. Il succo è questo.

«Fine di un secolo. Ma questa parola di Cassazione piacerà o no ai diretti interessati? Il coro dei politici che applaudono – contro ogni evidenza – alla piena "riabilitazione" è in corso, anche se l'orchestrina garantista, questa volta, sta suonando sotto tono. Se ne capisce il perché. Dovranno farsene una ragione. «Ragazzi, è finita. Il processo che ha attraversato la fine di un secolo e l'inizio di un altro, si è concluso per sempre. E chi cercherà di farne ancora oggetto di bagarre, sarà destinato a soffrire della sindrome patetica del reduce di una guerra perduta. Ma il tutto, ormai, è secondario.

«La seconda sezione penale, presieduta da Giuseppe Cosentino, procuratore generale Francesco Mauro Jacoviello, consigliere relatore Maurizio Massera, rigettando i ricorsi sia dell'accusa sia della difesa, ha confermato la sentenza di secondo grado, emessa il 2 maggio 2003 dalla Corte d'appello di Palermo presieduta da Salvatore Scaduti: assolto sì, ma con prescrizione. E ora, a Scaduti, dovrebbero chiedere scusa tanto Berlusconi quanto Centaro, presidente dell'antimafia, che lo crocifissero per avere dato credito alle parole del pentito Francesco Marino Mannoia prima che la motivazione della sentenza fosse disponibile.

«Lungo, infatti, in un Paese che fosse di gentiluomini, dovrebbe essere l'elenco delle scuse. Dovrebbe perdersi a vista d'occhio la fila indiana di chi dovrebbe scusarsi con Gian Carlo Caselli, Guido Lo Forte, Roberto Scarpinato e Gioacchino Natoli. Per dodici anni i pm di Palermo vennero messi alla gogna per essersi permessi di processare l'improcessabile. Parola di Cassazione adesso ci dice che Giulio Andreotti era processabile, processabilissimo: gli impone persino il pagamento delle spese (corre voce di milioni di euro). E bene fece il Senato a dare disco verde. Uno spaccato della storia d'Italia che non è edificante, viene consegnato ai nostri nipoti se avranno voglia di leggerlo. E non dice forse un antico adagio contadino: "Per i figli dei figli piantammo l'ulivo?". La domanda è cruciale.

«Guardano lontano per definizione le sentenze di Cassazione. Non potrebbe essere diversamente. Non possono finire triturate nel ventilatore di "nani e ballerine", e chi tira di qua e chi tira di là, a proprio uso e consumo, nella speranza di assaltare tutte le diligenze che passano. Ma di quali ingredienti era composta la storia della quale ora la Cassazione, confermando la sentenza Scaduti, si assume la paternità? Di ingredienti ambigui, equivoci, niente affatto cristallini. In sede di discussione, il procuratore generale Jacoviello, che pure concluse chiedendo che fosse "mitigata" la prescrizione, aveva lucidamente sottolineato due aspetti che – da soli – rappresentavano il tessuto connettivo dell'intero processo. Vale la pena tornarci sopra. «Il primo era di carattere generale. Che il killer mafioso, per essere tale, debba ammazzare la gente, si capisce. Che l'imprenditore mafioso, per essere tale, debba riciclare danaro sporco, si capisce. Ma all'alto esponente politico, eventualmente a disposizione della mafia, cosa viene richiesto? È noto infatti che uno dei cavalli e dei cavilli di battaglia della difesa di Andreotti era stato sempre quello di affermare che non era stata trovata la «prova dello scambio». No – aveva replicato il procuratore generale – ciò può anche non significare nulla. Con la mafia si tratta quando la mafia si arrende, diversamente il trattare significa solo consentire all'organizzazione criminale di lanciare un poderoso segnale intimidatorio all'intera società. Già l'esistenza di questo rapporto con un alto esponente politico favorisce enormemente il criminale: il taglieggiato avrà meno fiducia se mai volesse denunciare il racket delle estorsioni, il poliziotto sarà attento a non indagare troppo, eccetera. Non solo Cosa Nostra si rafforza all'esterno. Anche i boss, che sono depositari di queste relazioni altolocate, vedono lievitare a dismisura il loro potere interno.

«La seconda riflessione incideva la carne viva del processo. Troppe voci, dall'interno della mafia, avevano amplificato il diffuso senso comune che "zio Giulio" fosse a disposizione. Troppe, aveva detto il procuratore generale, per non tenerne conto: "Ci sono stati misteri che sono stati chiariti e misteri che non è stato possibile chiarire". Riferimento evidente alla conoscenza del senatore con i cugini Nino e Ignazio Salvo, imprenditori siciliani potentissimi e uomini d'onore, sempre pervicacemente negata dall'imputato. Ma soprattutto alla testimonianza oculare del pentito Mannoia che aveva descritto il secondo incontro di Andreotti con Stefano Bontate per chiedergli spiegazioni del perché dell'omicidio di Mattarella.

«Badate bene: c'erano altri incontri contestati, ma sono stati considerati privi di fondamento in quanto le prove non erano state trovate o erano parse insufficienti. È per questo che Andreotti è stato assolto. D'altra parte, anche per la prima sentenza del Tribunale di Palermo, il presidente Francesco Ingargiola, non aveva forse avvertito la necessità di ricorrere al 530 comma 2 del codice di procedura penale (la vecchia insufficienza di prove), quando avrebbe potuto assolvere l'imputato per non aver commesso il fatto?

«E così veniamo ad Andreotti. Nessuno gli toglierà, neanche questa sentenza di Cassazione, il posto che si è conquistato nella storia del nostro Paese. La sua proverbiale intelligenza non risulta sminuita dalle sue frequentazioni pericolose. Erano anche altri tempi. E certo lui non incontrò i boss per aizzarli contro lo Stato e gli uomini dello Stato. Esattamente il contrario. Il suo rappresentò il tentativo machiavellico di tenere a bada in Sicilia dei signori che in piena guerra fredda, all'insegna dell'anticomunismo, non venivano visti, dalla Dc del tempo, come l'espressione del peggiore dei mondi possibili. E questo, con il senno di poi, fu errore colossale. Ma è anche vero – e sarebbe manifestazione di grettezza non dargliene atto –, che in anni successivi, quasi inseguito dal senso di colpa, Andreotti fece tutto quello che c'era da fare contro quei mafiosi precedentemente sottovalutati. Ieri, quando Giulia Bongiorno, uno dei suoi legali, gli ha comunicato la notizia, lui ha replicato: "Ottimo". Non dimentichiamo che la Cassazione avrebbe potuto ordinare la celebrazione di un altro processo. Ipotesi da scongiurare, aveva detto in precedenza proprio la Bongiorno.

«Le restanti dichiarazioni del senatore appartengono ad altre dimensioni. Non è più l'imputato, a parlare, quando dice: "Sono soddisfatto di essere arrivato vivo alla fine di questo processo. Qualcuno voleva che togliessi il disturbo, ma non l'ho fatto". E dopo la parola di Cassazione, parola di santa Teresa d'Avila: "Nulla ti turbi, tutto passa, per chi ha Dio nulla manca, Dio solo basta"».

La cronaca di quel giorno era finita. Ne dovettero trascorrere altri settantaquattro prima che – il 28 dicembre 2004 – si conoscessero integralmente le motivazioni della Cassazione. Per la difesa del senatore, anche le speranze più tenui andarono deluse. Rivediamo anche la cronaca di quest'altra giornata.

«Cala il sipario. Ora difficilmente di questo processo si potrà parlare *in saecula saeculorum*. Ed è pesantissima la motivazione della sentenza della seconda sezione di Cassazione su Giulio Andreotti. Risulta confermata totalmente la sentenza della prima sezione della Corte d'appello di Palermo – composta dal presidente Salvatore Scaduti, dai giudici a latere Mario Fontana e Gioacchino Mitra (2 maggio 2003) – che aveva già provato gli incontri tra Andreotti e i mafiosi sino al 1980. E quasi a sottolineare la condivisione del testo, hanno firmato tutti e cinque i membri del collegio, presieduto da Giuseppe Cosentino. A proposito della richiesta di annullamento della prescrizione, avanzata dai difensori del senatore, scrive la Suprema Corte: "Potrebbe essere oggetto di annullamento solo ove fosse evidente la prova dell'innocenza dell'imputato, situazione che non è consentito affermare".

«Leggiamo: "La costruzione giuridica della Corte territoriale resiste al vaglio di legittimità. Andreotti, facendo leva sulla sua posizione di uomo politico di punta, soprattutto a livello governativo, avrebbe manifestato la propria disponibilità – sollecitata o accettata da Cosa Nostra – a compiere interventi in armonia con le finalità del sodalizio, ricevendone in cambio la promessa, almeno parzialmente mantenuta, di sostegno elettorale alla sua corrente, e di eventuali interventi di altro genere".

«E ancora: "Gli episodi considerati dalla Corte palermitana come dimostrativi della partecipazione al sodalizio criminoso sono stati accertati in base a valutazioni e apprezzamenti di merito espressi con motivazioni non manifestamente irrazionali e privi di fratture logiche o di omissioni determinanti... la Corte d'appello di Palermo ha ravvisato la partecipazione nel reato associativo non nei termini riduttivi della semplice disponibilità, ma in quelli più ampi e giuridicamente significativi di una concreta collaborazione anche con l'opera di Salvo Lima, dei cugini Salvo, e di Vito Ciancimino, oltre che nella ritenuta interazione con i vertici del sodalizio (basti pensare, ancora una volta, al suo riferimento alla vicenda Mattarella), la cui valenza, sul piano della configurabilità del reato, non è inficiata dalla considerazione che la soluzione realmente adottata non fu quella politica da lui propugnata, ma quella omicidiaria da lui avversata".

«Quest'ultimo è forse il passo più pesante. L'uomo politico, dunque, ebbe rapporti con la mafia. Ora sì che il processo dei due secoli si chiude per sempre. Ora sì che gli storici potranno mettersi al lavoro. Le carte ci sono. Basterà avere la voglia di leggerle. Ora sì che neanche l'orchestrina garantista potrà prescindere dalla parola: fine.

«Parola che arriva dopo undici anni tormentati di chiassate mediatiche, invasioni di campo all'arma bianca, con sconfinamenti della politica in un terreno che – per definizione – sarebbe meglio rimanesse inviolato, indipendentemente dalla figura dell'imputato in questione. Sino a una certa data, il sette volte presidente del Consiglio ebbe rapporti con la mafia. Inutile negarlo, inutile giocare con le parole. Il sette volte presidente del Consiglio, l'uomo simbolo della Democrazia cristiana, incontrò il boss Stefano Bontate, capo della cupola di Cosa Nostra, per chiedergli spiegazioni dell'uccisione di Piersanti Mattarella, presidente della Regione siciliana.

«Incontrò cioè gli assassini del capo del governo siciliano che con la sua opera moralizzatrice nel campo degli appalti pubblici stava diventando un ostacolo insormontabile per Cosa Nostra. E che proprio per questo – il 6 gennaio 1980 – era stato assassinato. Poco importa – ci dice ora la Cassazione in quello che abbiamo definito il passo forse più pesante – che Andreotti tentò di evitare il delitto.

«L'uomo politico italiano più conosciuto e stimato nel mondo ebbe, in più occasioni, i voti dei mafiosi. Quei voti non piovevano dal cielo, non rappresentavano una manna anonima: l'uomo politico sapeva, non disdegnava, non si scandalizzava più di tanto. E ancora: i pentiti, nel loro complesso, sono risultati credibili, attendibili, non obbedienti cioè a una regia persecutoria ispirata d'oltreoceano.

«Insomma: altro che il «mi manda Buscetta» – a giustificazione delle dichiarazioni di una quarantina di collaboratori di giustizia –, secondo la soporifera e martellante vulgata di Bruno Vespa. Altro che inquisizione da laboratorio, promossa dal procuratore di Palermo Gian Carlo Caselli e dai pubblici ministeri Guido Lo Forte, Roberto Scarpinato e Gioacchino Natoli. Poi, però, tutto sarebbe cambiato; quando il sette volte presidente del Consiglio, compiuto il grave errore di ritenere che si potesse accarezzare la bestia mafiosa, si ritrasse impaurito decidendo di voltare pagina.

«Il verdetto della seconda sezione di Cassazione – emesso il 15 ottobre 2004 – non era dunque una conferma squisitamente tecnica della sentenza che aveva considerato il reato prescritto sino al 1980. E non ci voleva molto a capire che, se era stato respinto il ricorso degli avvocati sulla parte che riguardava proprio la prescrizione, ciò non lasciava presagire nulla di buono per l'imputato. Molti, invece, nel collegio difensivo, avevano sperato sino all'ultimo. Nulla di formalistico, dunque, nelle duecentodiciassette pagine depositate ieri. Un giudizio, invece, motivato, denso di riflessioni, nel merito dell'intera vicenda.

«Duecentodiciassette pagine che, se non saranno insabbiate dai media, sono destinate a fare scalpore. Duecentodiciassette pagine per spiegare ciò che l'Italia delle impunità, delle intoccabilità, e delle immunità ad libitum non avrebbe mai voluto sentirsi dire: che il fatto di essere assolti con prescrizione non significa automaticamente essere innocenti, estranei alle accuse, non avere commesso i fatti contestati. La sentenza palermitana viene definita dalla Suprema Corte "esaustiva" e "logica". E cosa diceva quella sentenza?

«Che esistevano le prove dei collegamenti fra l'esponente politico e i boss sino al 1980, quando però ancora non esisteva il reato di associazione mafiosa. Ed è qui che si inserisce un elemento di critica, ma solo in punto di dottrina, da parte della Suprema Corte nei confronti della Corte di Palermo: sono infatti stati commessi due "errori in diritto", "emendati però dalla successiva ricostruzione dei fatti". Giulio Andreotti ha dichiarato: "Sono lieto della chiusura positiva e definitiva del mio piccolo calvario giudiziario. Ho dovuto guardarmi le spalle dalla mafia e dall'antimafia". C'è del vero in queste parole.»

Come è altrettanto vero che la stragrande maggioranza dei giornali e delle televisioni italiani ignorarono letteralmente le duecentodiciassette pagine della Cassazione. Bruno Vespa, con il suo *Porta a Porta*, rimase alla sentenza di primo grado, con quel gigantesco pannello che annunciava: «ASSOLTO».

In primo grado, a Vespa era stato sufficiente cancellare l'insufficienza di prove per compiere il gioco di prestigio. Del secondo grado, più semplicemente, non diede notizia. Del terzo, meno che mai. È *Porta a Porta*, bellezza, e non puoi farci niente... Ma qualcuno doveva pagare.

I bravi ragazzi dell'ultimo secolo di mafia

Qualcuno doveva pagare anche per quanto era accaduto l'11 dicembre 2004, proprio fra i due pronunciamenti della Cassazione su Andreotti. Vediamo.

Carcere di massima sicurezza dei Pagliarelli, a Palermo. Estenuante camera di consiglio. Dirette televisive predisposte in attesa di un evento giudiziario e mediatico. Gran folla di inviati, quella che a Palermo non si vedeva da tempo. C'erano i pubblici ministeri Antonio Ingroia, Domenico Gozzo, Mauro Terranova. Assenti i vertici della procura, assente il capo dell'ufficio Piero Grasso.

Dopo sette anni di dibattimento, polemiche a non finire, Leonardo Guarnotta, presidente della seconda sezione del Tribunale di Palermo, già figura storica del pool di Falcone e Borsellino, coadiuvato dai giudici a latere Gabriella Di Marco e Giuseppe Sgadari, inflisse al senatore Marcello Dell'Utri, fondatore di Forza Italia, nove anni di reclusione per mafia e l'interdizione perpetua dai pubblici uffici. Pena più lieve (sette anni) al coimputato Gaetano Cinà.

Una doccia fredda per gli imputati e i suoi difensori, gli avvocati Enzo Trantino (all'epoca presidente della commissione d'inchiesta Telekom Serbia), suo figlio Enrico, Roberto Tricoli, Giuseppe Di Peri e Francesco Bertorotta. Una doccia fredda, poiché la vulgata comune dava per scontato che i processi che risalivano all'epoca Caselli si sarebbero risolti tutti in una bolla di sapone. Dell'Utri si disse «amareggiato», gli avvocati «preoccupati per l'eccessivo potere discrezionale dei magistrati».

Nel luglio 2005 venne depositata la motivazione della sentenza. Leggiamo: la condotta dell'imputato «ha costituito un concreto, volontario, consapevole, specifico e prezioso contributo al mantenimento, consolidamento e rafforzamento di Cosa Nostra, alla quale è stata, tra l'altro, offerta l'opportunità, sempre con la mediazione di Marcello Dell'Utri, di entrare in contatto con importanti ambienti dell'economia e della finanza, così agevolandola nel perseguimento dei suoi fini illeciti, sia meramente economici che, *latu sensu*, politici». Ma non è tutto.

Rispetto al coimputato Cinà, «per Marcello Dell'Utri, la pena deve essere ancora più severa e deve essere determinata in anni nove di reclusione, dovendosi negativamente apprezzare la circostanza che l'imputato ha voluto mantenere vivo per circa trent'anni il suo rapporto con l'organizzazione mafiosa sopravvissuto anche alle stragi del 1992 e 1993, quando i tradizionali referenti, non più affidabili, venivano raggiunti dalla vendetta di Cosa Nostra e ciò nonostante il mutare della coscienza sociale di fronte al fenomeno mafioso nel suo complesso e pur avendo, a motivo delle sue condizioni personali, sociali, culturali ed economiche, tutte le possibilità concrete per distaccarsene e per rifiutare ogni qualsivoglia richiesta da parte dei soggetti interni o vicini a Cosa Nostra».

Qualche tempo dopo Silvio Berlusconi nominò il fido Dell'Utri responsabile organizzativo di Forza Italia in vista delle politiche 2006. Bruno Vespa, dal canto suo, svolse come sempre alla grande il suo lavoro: ignorò la condanna a nove anni del senatore forzista.

La Fatwa contro Caselli

Gian Carlo Caselli era diventato il capro espiatorio ideale. Aveva combattuto la mafia. Quindi andava combattuto. Aveva consentito allo Stato di risollevare la testa dopo le stragi. Quindi andava denigrato. Aveva ricostituito una squadra di giovani magistrati eredi della tradizione del pool. Quindi andava ostacolato. Aveva messo sotto inchiesta e sotto processo uomini politici e colletti bianchi. Quindi andava pesantemente ridimensionato. Voleva continuare a lavorare. Voleva continuare a occuparsi di mafia. Voleva dipanare definitivamente quel perverso groviglio che legava i mafiosi a persone insospettabili. Allora, quelli che negli anni lo avevano denigrato, calunniato, offeso, ostacolato, irriso, contraddetto, a un certo punto si resero conto che, con uno come lui, quelle armi, alla lunga, si sarebbero spuntate. Come fare per disinnescarlo per sempre? Come fare per archiviare questa pratica che per il potere spesso si era rivelata scomodissima? Occorreva impedire che Caselli diventasse procuratore generale antimafia ora che si avviava al termine il mandato di Piero Luigi Vigna.

Fermare a tutti i costi Caselli. Diventò questo il sogno recondito di tanti uomini politici che avevano ottime ragioni per temere dal suo rientro attivo nel fronte della lotta alla mafia dopo la sua lunga parentesi alla guida della Procura generale di Torino. Ma era arduo escogitare il marchingegno per raggiungere questo scopo. Il passato di Caselli, magistrato integerrimo, era fuori discussione. Prima contro il terrorismo, poi contro la mafia. I titoli professionali li aveva tutti e li aveva sempre avuti. Falcone e Borsellino lo stimavano indubitabilmente. Ma andava comunque fermato. E fermato per legge, per editto, per proscrizione, per depennamento. Fu così, come spesso accade nelle imprese che sembrano impossibili, che il gruppone dei politici, amici degli amici, anch'essi politici (ci mancherebbe), delegarono a un solerte senatore di An, dal passato in magistratura non particolarmente appariscente (tal Luigi Bobbio), il compito di scrivere una delle pagine legislative più vergognose dell'intera storia repubblicana.

Il giudizio non è gratuito. Le leggi su misura, in Italia, non sono certo una novità. Si sono sempre fatte. Leggi a favore di qualcuno. Per tutelarne gli interessi. Per offrirgli una scappatoia. Per affidargli un incarico o un posto di lavoro altrimenti irraggiungibili. Ma non si era mai vista una legge contro qualcuno. Peggio. Contro una sola persona. Contro un solo nome. Contro un solo curriculum.

Una fatwa, in piena regola. Una fatwa contro uno degli uomini migliori che lo Stato per un certo periodo aveva messo in campo. La legge Bobbio stabilì che andavano modificati tutti i requisiti che, sino al giorno prima, erano stati universalmente accettati e che avrebbero reso scontato il conferimento a Caselli di quell'incarico. Così, in sostituzione di quei requisiti, venne introdotta una gabbia che, giocando sull'età del magistrato, e quindi sulla sua data di nascita, nonché sulla sua futura età nel momento in cui sarebbe andato a ricoprire quell'incarico, espellevano Caselli da quella corsa. In altre parole nella legge Bobbio mancava solo che fossero inseriti altezza e segni particolari di Caselli.

Ma il tempo non giocava a favore dei legulei.

Come ti faccio fuori per legge

Il mandato di Vigna stava per scadere. E il 30 dicembre 2004, un decreto del governo prorogò di altri sei mesi l'incarico del magistrato fiorentino, sino al 2 agosto 2005. Non si farà grande peccato a dire che un'operazione del genere – anche questa senza precedenti, ché un incarico del genere non è mai stato prorogato dall'esecutivo e per di più senza alcun dibattito parlamentare che ne illustrasse la necessità – la si può fare solo se c'è l'accordo preventivo del diretto interessato. E se Vigna, al momento di scoprire che dopo otto anni alla guida della Superprocura volevano costringerlo su quella poltrona per altri sei mesi, avesse risposto con un garbato «no grazie»? In verità Vigna sapeva bene cosa bolliva in pentola.

Sembrò gradire, forse anche nella convinzione che quel governo, allo scadere dei sei mesi, si sarebbe ricordato di lui per un appannaggio di prestigio ancora maggiore. D'altra parte, proviamo a ragionare. Affermare la necessità che Vigna andava prorogato mentre era già in pieno svolgimento il concorso che avrebbe legittimamente sancito la sua sostituzione non equivaleva forse a congelare i tempi perché al potere politico non andava giù che il suo successore si chiamasse Caselli?

Appena cominciarono a circolare le prime voci in seno alla magistratura, fra lo stupito e lo scandalizzato, scattò la consegna del silenzio da parte dei giornali a grande tiratura. L'argomento non piaceva per niente. Si trattava di toccare nervi scoperti per di più su una materia delicata per definizione. Mi permisi allora di sollevare questo problemino sull'«Unità», che pubblicò un mio articolo nelle pagine dei commenti. Era il 4 dicembre 2004.

«Quella che vi segnaleremo di seguito, con ogni probabilità, non è la questione più scandalosa della controriforma della giustizia e dei giudici voluta dal ministro Castelli, ma certamente è un aspetto che la dice lunga sulla filosofia ispiratrice di un regolamento di conti presentato sotto specie di legge innovativa. Nell'Italia democristiana, in cui certo non mancavano le leggine *ad personam*, c'era un maggior senso del pudore di quanto non traspaia dagli atti di questo governo. Le leggine venivano congegnate su misura quando c'era qualcuno da favorire, mai contro qualcuno in particolare.

«Stiamo parlando della carica di procuratore nazionale antimafia che Piero Luigi Vigna ricopre ininterrottamente (e meritoriamente) da otto anni, e destinata a scadere, secondo la legge vigente, nel gennaio 2005. Nella nuova legge delega al governo per la riforma dell'ordinamento giudiziario sono però incluse disposizioni destinate a diventare immediatamente operative. Ovviamente, all'indomani della promulgazione da parte del presidente della Repubblica e della conseguente pubblicazione sulla Gazzetta Ufficiale.

«Fra queste, l'articolo 10, che così recita: "...il magistrato preposto alla Direzione nazionale antimafia, alla data di entrata in vigore della presente legge, è prorogato sino al compimento del settantaduesimo anno di età nell'esercizio delle funzioni ad esso attribuito".

«Si è verificata dunque, d'ufficio, e per legge, una proroga per l'attuale procuratore. Visto il lavoro da lui svolto in questi anni, non ci sarebbe niente da eccepire, salvo la procedura assolutamente insolita di inserire una proroga particolare in una legge generale. Al ministro Castelli non sembra infatti che stia a cuore la indiscutibile figura professionale di Vigna, essendo ben altre le sue finalità.

«Nessuno, in questo momento, può sapere entro quale data la legge sarà operativa. Sarebbe sufficiente uno slittamento di qualche giorno a gennaio, perché Vigna decada dall'incarico. Con la conseguente enormità che il prossimo procuratore nazionale antimafia, nominato secondo questi criteri, potrebbe restare in carica ininterrottamente per dieci o magari quindici anni, a seconda della sua età all'atto della nomina.

«Sembrerebbe tutto inspiegabile, indecifrabile. Ma non è così. Se infatti si va a guardare quali sono i nuovi criteri per fare domanda per quell'ufficio, tutte le tessere si rimettono a posto. Questi criteri li ritroviamo nell'articolo 2, H, 17 della legge delega, nella parte in cui, a proposito delle funzioni direttive di diversi uffici, fra i quali la Procura nazionale antimafia, si precisa «che possono essere conferite esclusivamente a magistrati che abbiano ancora quattro anni di servizio prima della data di ordinario collocamento a riposo». Qual è questa data? «Quella prevista dall'articolo 5 del regio decreto legislativo del 31 maggio 1946» che così recita: «Tutti i magistrati vanno collocati a riposo all'età di settant'anni».

«Ecco allora svelato il mistero: Vigna non viene prorogato dal governo per meriti o ragioni particolari (dei quali, infatti, non si tiene alcun conto tanto che nessuno ne parla), viene invece prorogato per disinnescare preventivamente eventuali candidature che la maggioranza di centro-destra, dal suo punto di vista, considera scomode. Quella di Gian Carlo Caselli, procuratore generale a Torino, per esempio. Il quale, essendo nato il 9 maggio 1939, al 1° agosto 2005, quando si aprirà il bando di concorso, non avrà più davanti a sé i quattro anni previsti dal Regio decreto.

«E poi non vi sembra curioso che lo stesso governo che da un lato proroga Vigna sino al settantaduesimo anno di età, dall'altro avverte la necessità – e perché mai? – di fissare il limite di settanta anni per quelli che ne prenderanno il posto? Ultimo paradosso: attualmente, i magistrati che occupano posti direttivi possono restarci, su loro richiesta, sino al compimento del settantacinquesimo anno di età. E questo anche Castelli dovrebbe saperlo. Settantacinque, settantadue, settant'anni: autentico e inspiegabile balletto. Ma, come abbiamo visto, spiegabilissimo.»

L'articolo finiva qui.

Poteva bastare. Da quel giorno nessuno avrebbe più potuto fare finta di non sapere. Il primo effetto fu che oltre cinquecento magistrati scrissero a Vigna una lettera molto accorata invitandolo a respingere il richiamo delle sirene governative. Con il passare dei giorni, altri magistrati italiani sottoscrissero quell'invito. Niente da fare. Vigna replicò che compito del magistrato era quello di obbedire alla legge. E siccome la legge gli imponeva di stare altri sei mesi in quel posto, lui questo avrebbe fatto. Non mancò chi, alla lettura di quelle parole, osservò con amarezza che una onoratissima carriera rischiava di concludersi in tono assai minore.

Il secondo passaggio fu l'emendamento Bobbio, approvato dal

Senato il 22 giugno 2005. Reso indispensabile dal fatto che la legge delega di riforma dell'ordinamento giudiziario (leggi: controriforma dalla giustizia) non era stata firmata da Ciampi, e dovendo così tornare alle Camere, Vigna si avviava a scadere per sempre dal suo incarico, nonostante la proroga dei sei mesi. I tempi legislativi, insomma, si stavano pericolosamente allungando e il centro-destra correva il rischio di vedere sfumare uno dei più bei sogni della sua vita. Con l'emendamento Bobbio (la norma dei due e dei quattro anni di servizio da garantire prima del compimento dei settant'anni veniva resa immediatamente operativa, senza alcun bisogno di decreti delegati), Caselli fu definitivamente estromesso.

La corsa di Grasso

Ma chi era l'uomo che andava a genio al centro-destra per quella poltrona? Se Vigna rappresentava infatti lo «strumento», chi avrebbe rappresentato il «fine» dell'intera operazione? Semplice: Piero Grasso. Da sempre convinto di rappresentare l'ala moderata contro gli estremismi alla Caselli. Da sempre convinto, per questo, di essere più falconiano, visto che lui prima si preoccupava delle «prove» da portare in processo e poi, eventualmente, di spingersi oltre. Anche Grasso, come Vigna, fece finta di non capire quello che stava accadendo.

Ne ebbi la conferma ai primi di maggio del 2005. Era uscito da qualche giorno il libro mio e di Marco Travaglio, *Intoccabili*, con introduzione del compianto Paolo Sylos Labini (Bur, Milano 2005), che da molti viene considerato un duro atto d'accusa proprio contro questa presunta gestione «normale» e «moderata» della Procura di Palermo nell'arco di tempo che andava dall'agosto del 2000 all'autunno 2005.

Chi vuole una ricostruzione dettagliata e documentata dell'operazione terra bruciata attorno a tutti i magistrati che risalivano ancora al periodo di Caselli non ha che da leggerlo. Vi troverà anche il paragone fra il bilancio della gestione Caselli e il bilancio della gestione Grasso. Né io né Travaglio, però, avevamo scritto quel libro con il fine recondito di inceppare la corsa di Grasso alla Superprocura. Erano ben altre le verità scomode, sino a quel momento occultate dal mondo dell'informazione, che ci premeva rendere di dominio pubblico.

La piccata dichiarazione di Grasso all'Ansa, che di seguito riportiamo, finì infatti con l'assumere il valore della classica *excusatio non petita*. Ansa 11 maggio 2005: «"È iniziata la corsa alla Superprocura e sono scesi in campo sponsor certamente non richiesti." È ciò che afferma il procuratore di Palermo, Grasso, commentando quanto contenuto sul suo conto nel libro di Marco Travaglio e Saverio Lodato, *Intoccabili*».

«Deciderà il Csm» aggiungeva Grasso «sui candidati per la Superprocura. E come non ci saranno candidati eliminati per decreto, non ci saranno candidati eliminati per un libro frutto di disinformazione organizzata. Non mancheranno le sedi istituzionali e giudiziarie in cui far trionfare la verità.»

Grasso invece di esprimere solidarietà al collega, preferì indossare i comodi panni della vittima del complotto all'italiana. Metà della previsione di Grasso si avverò: il nostro libro non gli sbarrò la strada. L'altra metà no: Caselli fu fatto fuori proprio per decreto.

In commissione, tutti i consiglieri non togati del Csm di centrodestra, insieme alle correnti di Magistratura Indipendente e di Unicost, si espressero favorevolmente per Grasso. Quando il decreto Bobbio eliminò definitivamente Caselli, il plenum si trovò a votare solo su Grasso, ormai unico candidato. E Grasso divenne così superprocuratore.

Conclusione

I grandi processi di Palermo ormai si avviavano a conclusione.

Provenzano era stato arrestato. I mesi seguenti sarebbero stati decisivi per capire in che direzione sarebbe andata la lotta alla mafia.

Tre fatti, però, apparirono indiscutibili. Questi: 1) Chiunque avrebbe governato, in Italia e in Sicilia, avrebbe dovuto fare i conti con Cosa Nostra; 2) Ciampi aveva detto sull'argomento, in una riga, ciò che da centinaia di convegni sull'argomento non era mai emerso; 3) la lotta alla mafia era ancora ferma alle porte di Bagdad.

Il ventunesimo secolo sarebbe stato finalmente un secolo senza mafia? Se non volevamo ritrovarci una mafia riveduta e corretta, andava reciso l'intreccio fra Cosa Nostra, la politica e le istituzioni. Di quell'intreccio, Bernardo Provenzano, per decenni, era stato la massima espressione. Solo a questa condizione sarebbe stata «decapitata la mafia», espressione incautamente adoperata dal ministro Giuseppe Pisanu il giorno della cattura del superpadrino. Era un buon momento per accelerare la definitiva scomparsa di Cosa Nostra, come chiedeva Ciampi.

Ma, il tempo l'avrebbe dimostrato, la retorica è sempre pessima consigliera.

XXXI

La testa del serpente non si rassegna

Testa a testa

Fra il 2007 e l'inizio del 2008 furono raggiunti risultati significativi nella lotta contro Cosa Nostra. L'intero apparato repressivo iniziò a muoversi all'unisono, con identità di vedute, di obbiettivi, secondo una regia finalmente degna di un'autentica, unica intelligence. Le rivalità e le gelosie del passato, i veleni, che impantanavano la grande armata erano fortunatamente in via di superamento. Polizia, carabinieri, Guardia di Finanza, prefetti dei principali capoluoghi, e non solo siciliani, fecero finalmente fronte comune. Il governo Prodi, questa volta, non sottovalutò il fenomeno seguendo una strada opposta a quella della convivenza ricercata dal precedente esecutivo. Il ministro dell'Interno Giuliano Amato non perse occasione per ricordare ai boss latitanti che per dar loro la caccia lo Stato non avrebbe risparmiato né mezzi né energie. E alle parole seguirono i fatti. Si era finalmente aperto un ciclo virtuoso.

L'intreccio con la politica e con le istituzioni restava un tabù. Come restava inviolabile l'immunità di quei parlamentari, sotto inchiesta o già condannati in primo grado, attorno ai quali scattava puntuale la solidarietà di casta. Una casta che si è sempre ritenuta improcessabile nella pretesa di non dovere mai rispondere alla legge. Caso da manuale, quello del presidente della Regione siciliana, Salvatore Cuffaro che, sebbene condannato a cinque anni per favoreggiamento semplice di alcuni mafiosi, aveva tentato di far passare quella condanna quasi per un'assoluzione. Di fronte al rischio di essere ritenuto colpevole di favoreggiamento a Cosa

Nostra, o, peggio, di concorso esterno, come avrebbero voluto alcuni magistrati della Procura di Palermo, Cuffaro aveva tirato un sospiro di sollievo. Nel suo tentativo di accreditarsi come innocente aveva eguagliato Giulio Andreotti. Restava questo il problema dei problemi: la pretesa di impunità dei potenti.

Per una testa che cade c'è una testa che si riproduce

È sempre accaduto che, caduta una testa, Cosa Nostra ne abbia trovata una di ricambio. Si erano appena spente le luci della ribalta sull'arresto di Bernardo Provenzano che la nuova Procura di Palermo, diretta da Francesco Messineo, metteva a segno un altro colpo storico, catturando Salvatore Lo Piccolo e suo figlio Sandro. Erano diventati loro le «nuove teste» pensanti. Quelli che avevano preso il posto del padrino corleonese, ereditandone il bastone del comando, gli elenchi degli imprenditori e dei commercianti da taglieggiare, il decalogo comportamentale al quale sono obbligati ad attenersi boss e semplici picciotti, i rapporti con gli uomini politici e i rappresentanti delle istituzioni, il nome della ditta, insomma. E nel caso dei Lo Piccolo, in occasione del loro arresto, con un pizzico di prudenza in più, si preferì la formula della «mafia acefala» a quella della «mafia decapitata». Ma sempre di «testa» si trattava.

Laddove si intuiva chiaramente che il problema degli addetti ai lavori, in questa guerra infinita che sconfinava ormai quasi nel mitologico, era diventato proprio la capacità di Cosa Nostra di cadere sempre in piedi; con profonde radici nel territorio, un esercito periodicamente rinnovato, una strategia e un tattica adeguate all'attualità dei tempi. Nessuno se la sentiva più di azzardare previsioni: ché Cosa Nostra non si arrendeva e non deponeva le armi; ché Cosa Nostra non scioglieva le sue fila; ché Cosa Nostra si avviava tranquillamente a concludere il primo decennio del terzo millennio. Dimostrava un'infinita capacità di assorbimento. Stringeva i denti e andava avanti.

Il fatto più sconvolgente è che proprio i successi antimafia mettevano in primo piano facce improbabili, uomini di bassissimo livello culturale, un po' analfabeti e un po' autodidatti. Tutti ossessionati dal rendiconto manuale e maniacale del bilancio dell'azienda, la stesura di quegli arcaici «pizzini» che mal si conciliavano con l'era di computer e cellulari. Persino lo scenario in cui si collocavano queste storie di mafia, sembrava sempre identico: campagna e casolari, ovili e strade interpoderali. Come ci fosse una vecchia Sicilia che non tramontava mai, riproducendo all'infinito il suo passato. Sapevano di essere intercettati, ma continuavano a parlare al telefono. Sapevano di essere imbottiti di microspie, ma non si imponevano un minimo di autocontrollo. Sapevano che non c'è prova peggiore della propria mafiosità che lasciare «pizzini» in mano agli investigatori, ma non solo continuavano a scriverli, li conservavano gelosamente sino al giorno dell'arresto.

Boss e picciotti si comportavano come se niente fosse, quasi spinti da una pulsione suicida, animati da un inspiegabile *cupio dissolvi*, un muoia Sansone con tutti i filistei. Evidentemente non potevano farne a meno.

L'altra circostanza che colpiva era che da anni, e fatta salva qualche eccezione, si sparava molto poco per le strade di Sicilia. L'ultima grande guerra di mafia risaliva a quasi una trentina d'anni prima. Periodicamente alcuni osservatori, forse svelando un pizzico di nostalgia per le stagioni cinematograficamente più efficaci del passato, azzardavano la previsione: «Sta per scatenarsi una nuova guerra di mafia». E, nel ritorno a Palermo e in Sicilia dei discendenti degli «scappati», le famiglie che durante gli anni Ottanta fuggirono negli Stati Uniti, vedevano la miccia che avrebbe potuto innescare il regolamento di conti con chi quella guerra di mafia l'aveva vinta.

Dopo le stragi del 1992, Cosa Nostra si era ritirata dal terreno della sfida allo Stato e da allora non si registravano più delitti eclatanti, delitti eccellenti, uccisioni di rappresentanti dello Stato. Sembrava reggere quella tendenza all'immersione che aveva segnato la leadership di Provenzano dopo la parentesi sanguinaria dei Riina, dei Brusca, dei Bagarella. Anche in questo caso, non mancavano le eccezioni.

Ogni tanto si scopriva che era tutto pronto per ammazzare qualche magistrato, qualche sindaco particolarmente indigesto, qualche giornalista. Ma anche di simili progetti, i mafiosi commettevano l'errore di parlarne al telefono. Gli attentati venivano fortunatamente sventati. Le misure, a protezione dei probabili bersagli, rafforzate. E boss e picciotti, ancora una volta, erano costretti a subire. Non era normale.

Ora, mettendo insieme tutti gli elementi esposti, sorgeva spontanea la domanda: cosa alimentava il fatalismo degli uomini di

Cosa Nostra che avrebbero dovuto capire che le istituzioni, prima o poi, avrebbero presentato il conto? Cosa li portava in fila indiana nelle patrie galere, con la prospettiva dell'ergastolo, del sequestro dei beni accumulati illecitamente, e con la certezza di affidare alle famiglie un destino quantomeno disagiato?

Forse non erano convinti della debolezza della loro organizzazione e meno che mai del fatto che questa debolezza fosse destinata, inesorabilmente, a tradursi in disfatta. Una risposta, sebbene indiretta, arrivò dalle modalità della cattura dei Lo Piccolo e di due luogotenenti.

Le teste che caddero quel giorno

5 novembre 2007, nove e trentotto del mattino. Quaranta uomini della sezione catturandi della polizia palermitana, guidati dal vicequestore Cono Incognito, dal capo della Squadra mobile di Palermo, Piero Angeloni, e sotto la supervisione del questore Giuseppe Caruso, arrestarono il primo capo dei capi di Cosa Nostra che non era sul viale del tramonto. Tutt'altro. Era in attività di servizio, aveva appena iniziato una «riunione di ragionamento» con altri due capi mafia della zona, non aveva trascorso la notte nel casolare dove sarà scoperto, armato, con il figlio. Non si considerava un animale braccato. Semmai temeva pugnalate alle spalle, imboscate dall'interno di Cosa Nostra. Vediamo i dettagli dell'operazione.

Tutto inizia alle sette e venticinque, quando da un binocolo ad alta precisione che sovrasta la zona da qualche giorno, vengono inquadrate una Toyota e una Citroen C3, che provengono da luoghi diversi e si ritrovano davanti al casolare di Giardinello, in territorio di Partinico. Scendono quattro persone. La polizia da giorni è convinta che una di quelle ville sia adoperata dai boss, ma non sa esattamente quale. Quelle quattro persone che si danno appuntamento alle sette del mattino, non passano inosservate. Scatta l'allarme. Ingenti mezzi di polizia vengono fatti convergere dall'aeroporto militare di Boccadifalco sulla zona che viene completamente isolata. Ma i quattro, anche questo fatto insolito, non si arrendono subito.

I poliziotti, dopo avere spianato le armi, sono costretti a bussare: «Aprite, polizia». Per tutta risposta: «Ma cu siti? No. Un niscemu». Trascorrono tre interminabili minuti di spiegazioni e trattativa, poi la porta si apre. I poliziotti scoprono che i mafiosi hanno gettato nel water alcuni fogli scritti a penna, ma non hanno fatto in tempo ad azionare lo sciacquone. Ancora una volta «pizzini», carte scritte a mano o a macchina, poco importa. Come se niente fosse. E anche in questo caso, il materiale (preziosissimo per le indagini future) sarà recuperato e successivamente decifrato.

Scattano le manette per Salvatore Lo Piccolo, sessantatré anni; suo figlio Sandro, di trentadue; Gaspare Pulizzi, di trentasei; Andrea Adamo, di quarantacinque. Tutti latitanti fino a un momento prima.

Poi, saltano fuori quattro eleganti borsoni di pelle. Ci sono armi, altro fatto insolito: nove pistole (calibro 38, 357 Magnum, una Beretta calibro 9, due parabellum 9x21 in dotazione alle forze di polizia) con relative munizioni. E, per le piccole spese, settantamila euro in contanti. Ma soprattutto una quantità impressionante di documenti, con cifre, nomi, sigle tutte da interpretare.

«Ti amo, papà» grida, in lacrime, Sandro Lo Piccolo, ormai in manette, mentre lo trasferiscono verso l'aeroporto militare di Boccadifalco.

Impassibile, sguardo duro e impenetrabile, il padre, soprannominato il Barone negli ambienti di mafia, non tradisce, invece, alcuna emozione.

Una lunga collezione di teste

Lo Piccolo sapeva che gli stavano addosso. Sapeva di essere cercato. Ne parlava la televisione, ne parlavano i giornali, nessuno ne faceva mistero. Dopo l'arresto di Provenzano, si era aperto il «totopapa» della cupola e l'unica incertezza era fra Lo Piccolo e Matteo Messina Denaro, il giovane capo mafia della provincia trapanese, rampollo di una grande famiglia tradizionalmente legata ai corleonesi. Chi avrebbe preso il bastone del comando? Ma lui, Salvatore Lo Piccolo, contava di resistere ancora molto a lungo. E dire che la sua latitanza datava da ventiquattro anni. Per tutti questi particolari, la sua cattura apparve subito come inedita e straordinaria.

Michele Greco fu preso da solo, a Caccamo, in un casolare di montagna, disarmato e senza alcun documento. Un contadino che lo accudiva, tutto qui. Totò Riina venne arrestato all'uscita del covo di via Bernini, in compagnia del suo autista: entrambi disarmati, nessun documento compromettente. Giovanni Brusca, in quel di Cannatello, era «armato» solo del suo cellulare e stava pianificando la fuga in America Latina. Nino Giuffrè fu quello che se la passò peggio di tutti. Lo vendettero i suoi stessi amici di un tempo mentre si recava a un appuntamento. Infine, Bernardo Provenzano: niente armi all'interno del casolare a Montagna dei Cavalli; ma tanti «pizzini» dai quali però, a conti fatti, sarebbero usciti solo nomi di alcuni fiancheggiatori, non certo il bilancio della mafia s.p.a., come invece nel caso del blitz di Giardinello.

La cattura di Lo Piccolo non rappresentò un arresto annunciato, un arresto che il popolo di mafia si aspettava e considerava ineluttabile. Fu un evento che colse tutti di sorpresa, forse anche gli stessi poliziotti che da anni gli davano la caccia ed erano tutt'altro che sicuri, quella mattina del 5 novembre 2007, di trovarselo davanti.

Si resero immediatamente conto però che le sorprese non erano finite. Il blitz avrebbe dovuto ancora dare molti frutti perché era ovvio che i Lo Piccolo, per il tipo di documentazione che custodivano, avevano sostituito Provenzano a tutti gli effetti. Ma gli investigatori non potevano ancora sapere quale spaventoso spaccato della Palermo imprenditoriale e commerciale sarebbe emerso: lo spaccato di una città usa a pagar tacendo, volendo parafrasare il motto dell'Arma dei carabinieri.

Teste mafiose dietro il decalogo

Quella mattina, un assaggio di quel che passa dentro le teste dirigenti di Cosa Nostra, fu rappresentato dal ritrovamento del «decalogo» del perfetto mafioso, articolato in dieci punti.

Vediamolo nel dettaglio.

«1) Non ci si può presentare da soli a un altro amico nostro se non è un terzo a farlo. 2) Non si guardano mogli di amici nostri. 3) Non si fanno comparati con gli sbirri. 4) Non si frequentano né taverne né circoli. 5) Si è in dovere in qualsiasi momento di essere disponibile verso Cosa Nostra. Anche se c'è la moglie che sta per partorire. 6) Si rispettano in maniera categorica gli appuntamenti. 7) Si deve portare rispetto alla moglie. 8) Quando si è chiamati a riferire qualcosa si dovrà dire la verità. 9) Non ci si può appropriare di soldi che sono di altri o di altre famiglie. 10) Chi non può entrare a far parte di Cosa Nostra? Chi ha un parente stretto nelle varie forze dell'ordine. Chi ha la «macchia» di tradimenti sentimentali in famiglia. Chi ha un comportamento pessimo e che non tiene ai valori morali.»

Quale significato attribuire a questo «decalogo»? Quei precetti, quei comandamenti, quelle regole non rappresentavano una novità. Tutto risaputo, trito e ritrito, sin dai tempi della confessione di Tommaso Buscetta, fatta eccezione per l'obbligo di fedeltà e disponibilità nei confronti di Cosa Nostra persino *nel momento in cui la moglie sta per partorire*. O per la sottolineatura della puntualità agli appuntamenti, spiegabile però in tempi di latitanze in cui un piccolo contrattempo può causare conseguenze incalcolabili per l'organizzazione.

Francesco Messineo, procuratore capo di Palermo, il giorno dopo il blitz, in un'intervista che mi rilasciò per «l'Unità» affermò: «Credo che oggi la mafia non abbia un capo riconosciuto. E tale non era neanche Salvatore Lo Piccolo, anche se si candidava con forza a questo ruolo. Forse nel giro di alcuni anni vi sarebbe riuscito. Con il suo arresto abbiamo quindi prolungato la condizione di una "mafia acefala". E credo che questo sia già un buon risultato».

Diciamo allora che in Cosa Nostra in quei giorni erano in pieno svolgimento le «primarie» che avrebbero dovuto risolvere il rebus della successione a Bernardo Provenzano. Lo Piccolo, che stupido non era, sapendo che la strada era in salita, e non volendo diventare un capo dimezzato, si era reso conto che per mettere d'accordo tutte le famiglie di mafia attorno al suo nome doveva accreditarsi non solo sotto il profilo militare, ma anche come guida spirituale dell'organizzazione, in tempi in cui le regole del passato andavano riscritte, ribadite, ricordate. E sotto quel decalogo ci voleva la sua firma. Non è un caso che gli venne anche trovata la classica immaginetta sacra, con la formula del giuramento da parte del nuovo affiliato e che prelude alla sua iniziazione. Neanche l'immaginetta sacra era una novità. Neanche le paroline magiche adoperate nel rito erano inconsuete. Ma l'aspirante papa di Cosa Nostra doveva avere a portata di mano tutti i ferri del mestiere.

Una testa di transizione

Ma fosse solo per i risultati del blitz di Giardinello saremmo ancora all'interno di una casistica tradizionale, sia pure con qualche eccezione. In che cosa Lo Piccolo si stava accreditando come l'espressione del nuovo? Come si ricorderà, la gestione di Bernardo Provenzano aveva portato Cosa Nostra a inabissarsi. Una linea soft, morbida, dalla quale erano esclusi delitti e stragi. Persino le estorsioni erano all'insegna del buonismo: «Paga chi può e quanto può» predicava il saggio *zu* Binnu che non aveva alcuna intenzione di inimicarsi piccoli imprenditori e commercianti. Prima novità: Lo Piccolo aveva deciso di tartassare tutti, nessuno escluso. E le cifre da sborsare dovevano essere quelle che lui imponeva, senza sconti, senza deroghe.

Mentre la pax fra le cosche, voluta da Provenzano, aveva retto per quasi quindici anni, con Lo Piccolo la musica era cambiata. Occorre tornare indietro, al 18 agosto 2003. Quando, nel ristorante Vecchio Mulino, a Torretta, a pochi chilometri dal luogo dove Lo Piccolo poi sarà arrestato, si era svolto un pantagruelico banchetto le cui ragioni furono comprese solo successivamente. Vi parteciparono i rappresentanti delle famiglie perdenti della guerra di mafia che si erano date alla fuga negli Stati Uniti: i rampolli degli Inzerillo, dei Gambino e dei Mannino. A quel banchetto, ovviamente, erano presenti anche gli emissari dei Lo Piccolo. Stava nascendo la nuova alleanza con gli americani. Si cercava di chiudere con un passato di vendette, rancori, contenziosi personali che si trascinavano da un trentennio. Ma i corleonesi non gradivano.

Gli effetti si sarebbero visti tre anni dopo. Sotto la gestione di Salvatore Lo Piccolo furono infatti assassinati due capi mandamento e un capo famiglia: Giovanni Bonanno (11 gennaio 2006); Bartolomeo Spatola (21 settembre 2006); Nicolò Ingarao (13 giugno 2007). Tutti e tre i delitti furono funzionali alla nuova strategia. Perché? Perché ormai quegli organigrammi che risalivano alla stagione di Provenzano, a Lo Piccolo andavano stretti. Come si diceva prima, erano in corso le «primarie», e lui aveva la necessità di crearsi uno stato maggiore di fedelissimi colonnelli. E attraverso omicidi eseguiti, omicidi minacciati, omicidi annunciati, cercava di dare la scalata al vertice. Ma c'era un grosso intralcio: l'ortodossia corleonese, dura a morire.

Nino Rotolo, storico boss della borgata di Pagliarelli, uomo di fiducia di Pippo Calò e Nino Madonia in anni ormai remoti, non gradiva l'eccessivo protagonismo del Barone. E gli si oppose fin dal primo momento, fino al punto di convincersi che i Lo Piccolo andassero tutti sterminati. Ma il progetto sfumò perché Rotolo, il

21 giugno 2006, finì in manette. Inevitabilmente Lo Piccolo ebbe
buon gioco: riuscì a portare dalla sua parte tanti «rotoliani» pro-
mettendo loro salva la vita in cambio di fedeltà; collocò in seno
all'organizzazione uomini di sua stretta osservanza; mantenne la
struttura formale di Cosa Nostra – famiglie e mandamenti –, ma
abolì ogni sorta di pluralismo ripristinando quel regime unico che
in passato era stato il grande «capolavoro» organizzativo dei corleonesi.

A testa alta

Vediamo adesso l'altra faccia del «medaglione» Lo Piccolo.

Le estorsioni a danno di commercianti e imprenditori, a Palermo, rappresentavano da sempre, insieme all'accaparramento dei
finanziamenti per gli appalti, la principale forma di accumulazione
illecita. Da sempre imprenditori e commercianti pagavano e restavano muti.

Ma dopo decenni di silenzio, la corda si era spezzata.

All'inizio di settembre del 2007 la giunta di Confindustria
siciliana prese una decisione storica: l'espulsione dall'associazione
di tutti quegli industriali scoperti a pagare il pizzo. È il codice etico,
destinato a far notizia, a far discutere, a impensierire finalmente i
mafiosi.

La riunione si svolse a Caltanissetta perché proprio lì, qualche
giorno prima, il presidente Marco Venturi aveva ricevuto l'ennesima minaccia, con due proiettili in busta chiusa. E non fu un caso
che, appena due mesi dopo l'annuncio choc, la sede di Caltanissetta venne messa a soqquadro da visitatori notturni, alla disperata ricerca di documenti e di elenchi.

Ormai era guerra aperta. Nello scontro intervenne lo stesso
Luca Cordero di Montezemolo, presidente nazionale di Confindustria. Ribadì che l'epoca della passiva accettazione dei tagliaggia-
menti era finita. Il codice etico di Caltanissetta diventava regola
in tutt'Italia. Ma va detto, a onor del vero, che la presa di posizione di Confindustria era l'atto finale di un percorso cominciato da
lontano. Prima di tutti erano apparsi, dal nulla, i ragazzi di Addiopizzo.

La notte del 29 giugno 2004 mani ignote avevano tappezzato i
muri, le colonne, le vetrine del centro di Palermo con un adesivo

dal contenuto laconico: «Un intero popolo che paga il pizzo è un popolo senza dignità». Il clamore fu enorme. Le foto fecero il giro del mondo. Si accesero i riflettori dei media. I telegiornali nazionali dedicarono titoli d'apertura a quell'insolita forma di protesta civile. Quei ragazzi avevano avuto il merito di scrivere nero su bianco quello che tutti i palermitani sapevano e fingevano di non sapere.

Ma dalla denuncia verbale, dalla rottura dell'ennesimo schema dell'omertà, dall'immaginazione, se vogliamo rifarci allo slogan del maggio francese, si trattava di passare al potere. Potere liberare le vittime dal cappio del ricatto. Potere convincere commercianti e imprenditori che quella era una battaglia possibile. E, di conseguenza, potere denunciare gli estorsori, portarli in tribunale, vederli finalmente condannati. La strada appariva lunga. Ma, comunque, era finalmente aperta. Il muro del silenzio mostrava la sua crepa più profonda. Fu così che, in un clima di paura e assoluto isolamento, alcuni commercianti cominciarono a sfidare il racket, a fare fronte comune, esponendo nelle loro vetrine l'adesivo di Addiopizzo ed esponendosi alla vendetta mafiosa.

Sono i nomi di eroi moderni, pionieri di una resistenza inedita a un fenomeno quasi atavico e che non sembrava più tanto invincibile.

Da Rodolfo Guajana, al quale era stato incendiato il deposito di ferramenta a Vincenzo Conticello, titolare dell'Antica Focacceria San Francesco, taglieggiato per un paio d'anni; da Maurizio Vara a Paolo Balsamo, entrambi di Termini Imerese; da Damiano Greco, del Borgo Vecchio, a Giorgio Scimeca di Caccamo; da Emanuela Alaimo di Brancaccio a Francesco Morgante e Ugo Argiroffi, entrambi palermitani...

Il fenomeno del «non ti pago» insomma si espandeva a macchia d'olio. Iniziarono i faccia a faccia e i riconoscimenti dei taglieggiatori da parte delle vittime. E iniziarono a fioccare gli anni di carcere: sia Conticello sia Morgante indicarono in aula senza esitazione i loro estorsori. Una sfida plateale poco tempo prima inimmaginabile.

Si stava finalmente inaugurando un'era nuova: polizia e carabinieri, su segnalazione delle vittime, pedinavano e intercettavano; i magistrati, ai quali finalmente venivano messe a disposizione le prove che Palermo era una città «senza dignità», si comportavano di conseguenza. Ma i casi si contavano ancora sulle dita di una mano.

Vale la pena ricordare che tutto ciò accadeva a diciotto anni di distanza dal sacrificio di Libero Grassi, il primo imprenditore che aveva avuto il coraggio, nell'assordante silenzio delle associazioni di categoria e dei suoi colleghi del tempo, di denunciare il racket, non pagare, non fermarsi di fronte a minacce di morte che poi, puntualmente, si realizzarono.

Molte cose erano cambiate. Le organizzazioni imprenditoriali di categoria erano sinceramente pentite per l'isolamento in cui lasciarono Libero Grassi. E il 10 novembre 2007, al Teatro Biondo di Palermo, stracolmo di imprenditori e commercianti, furono esposte le linee del nuovo corso. Fu il battesimo dell'associazione Libero Futuro, presieduta dall'imprenditore Enrico Colajanni, che, ispirandosi proprio al nome di battesimo di Grassi, era nata dal patto fra quaranta imprenditori e commercianti, che avevano smesso di pagare pur mantenendo l'anonimato. Ivan Lo Bello, giovane presidente di Confindustria Sicilia, chiese apertamente scusa a Pina Maisano Grassi, la moglie di Libero che quel giorno era in prima fila. Scuse per una «pagina buia», una «pagina da cancellare».

In quello stesso teatro, appena due anni prima, l'associazione magistrati e la stessa Confindustria di Palermo avevano organizzato un analogo convegno sul racket. Ma i tempi non dovevano ancora essere maturi, visto che a quell'incontro avevano partecipato appena una quarantina di persone.

Le teste non mancano mai

Trascorsero due mesi esatti. Il 16 gennaio 2008, nuovo colpo, nuovo blitz, con l'emissione di altre trentotto ordinanze di custodia cautelare. Emerse una realtà, se possibile, ancora più sconcertante: all'indomani della cattura dei Lo Piccolo si ebbe la prova che l'organizzazione non aveva conosciuto alcuna battuta d'arresto.

Fra i nomi, tutti di rango nel gotha mafioso, spiccava infatti quello di Calogero, l'altro figlio di Salvatore Lo Piccolo, che dal giorno del blitz di Giardinello era andato a occupare la casella lasciata libera dal padre. Non solo: era destinato, secondo i desiderata del genitore, a regolare gli ultimi conti rimasti in sospeso con i nemici. Fra l'altro, con questa seconda fase dell'operazione, si poté aggiornare persino il già sterminato dossier sul folklore mafioso.

Furono trovate infatti alcune lettere che davano un'idea delle relazioni umane dentro Cosa Nostra. Vediamone qualcuna. Il capo mafia Salvatore Lo Piccolo manteneva una relazione con una signora di trent'anni, sposata e con un figlio. In una lettera dopo l'arresto, la signora scriveva: «Non ho mai rimpianto nulla di tutto quello che abbiamo fatto insieme. Quest'amore è stato e continua a essere come un film». E a proposito di suo marito: «Gli sbirri gli fanno allergia... ne ha ammazzato uno a bastonate perché gli aveva mostrato il tesserino per fargli spostare il furgone che aveva messo male». C'è poi la lettera di un mafioso che scrive a un altro uomo d'onore: «Ti raccomando di stare il più pulito possibile... non c'è niente di più bello che rientrare la sera a casa e farsi ballare sopra la pancia dai bambini». Fu possibile ricostruire lo strepitoso elenco dei soprannomi, in codice, che i Bravi Ragazzi adoperano per chiamarsi fra di loro: «Chiù Chiù, Ciliegia, Lupo il lungo, Elefantino, Presidente, Ciak, Scuro, Sculurutu, Colomba, Spagna, Fratellone, Mercedes, Fiat, Bmw, Honda, Transalp, Cugino Camion, Compare G, Cugino Alfa, Tiramisù, Zucco...». Naturalmente, folklore a parte, vennero anche ricostruiti parecchi episodi criminali che avevano funestato la città, con la scoperta di mandanti ed esecutori materiali di attentati a imprenditori «ribelli», con modalità spesso terroristiche.

Per spiegare allora le stranezze alle quali facevamo riferimento prima, si può dire che la capacità di mimetismo di Cosa Nostra rappresentava ancora il problema. La mafia contava e poteva contare su grandi potenzialità: schiere di picciotti, soldati, aspiranti boss, mezzi boss che non vedevano l'ora di intraprendere la trafila gerarchica. E se arresti e mega blitz spianarono la strada, mettendo in carcere, e quindi in pensione, il vecchio apparato, le new entry erano pronte a far la loro parte. Non bisognava poi dimenticare che la scelta di collaborare con la giustizia manteneva un suo appeal anche per mafiosi di livello, non solo per gli ultimi arrivati. Insomma: se proprio le cose fossero andate male, ci si poteva pur sempre pentire.

Solo per fare un esempio, si contavano già quattro defezioni nel clan dei Lo Piccolo. Il primo era Francesco Franzese il quale, pur non essendo ancora ufficialmente collaboratore, aveva dato un contributo determinante per le indagini che sfociarono nel blitz di Giardinello. Poi, Antonino Nuccio e Gaspare Pulizzi. Quest'ultimo, come si ricorderà, arrestato insieme ai Lo Piccolo. E proprio insieme a loro aveva trascorso un anno di latitanza. Il suo pentimento fu dunque considerato dagli investigatori il più «pesante». Infine, Andrea Bonaccorso. Inutile dire che le loro famiglie lasciarono la Sicilia, sotto protezione, poiché Cosa Nostra, in qualunque momento, poteva ricordarsi di loro.

A proposito di questi pentimenti, il pubblico ministero Domenico Gozzo osservò: «La mafia è fortemente indebolita, ma pur sempre in grado di riorganizzarsi. I quattro collaboratori provenienti dal clan del boss di San Lorenzo sono comunque il sintomo di una deriva inarrestabile».

Le teste scambiate

Restava un interrogativo: c'era una giusta proporzione fra l'azione repressiva che aveva duramente colpito il racket e la disponibilità a collaborare da parte di commercianti e imprenditori? Purtroppo no. Ne era convinto Gaetano Paci, sostituto procuratore a Palermo che aveva diretto, insieme al procuratore aggiunto Alfredo Morvillo e ai sostituti Domenico Gozzo e Francesco Del Bene, sia le indagini culminate nella cattura di Lo Piccolo sia quelle sui «pizzini» che vennero poi decrittati.

Paci: «La cattura dei Lo Piccolo segna per sempre la fine del mito dell'invincibilità della mafia, perché quel blitz interruppe un processo di trasformazione e riorganizzazione di Cosa Nostra».

Ma la documentazione trovata aveva aperto il vivido spaccato sulla diffusione del racket: capillare, a tappeto. Commercianti e imprenditori però, pur sapendo che i loro nomi erano diventati noti alle forze dell'ordine, continuavano a tacere.

«C'è un precedente che risale all'inizio degli anni Novanta: il libro mastro delle estorsioni che venne sequestrato alla cosca dei Madonia» proseguiva Paci. «Allora come oggi, la posizione degli imprenditori, a rigor di logica, avrebbe dovuto essere facilitata. Se sai di essere finito dentro l'elenco, ti sarebbe sufficiente confermare di aver pagato. Per farlo non occorre un gesto di eroismo alla Libero Grassi. Ebbene, allora come oggi, tranne qualche lodevole eccezione, la stragrande maggioranza delle vittime continua ad avere paura, nonostante gli arresti e i primi processi.»

Perché?

«Il rapporto fra estorto ed estorsore» aggiungeva il magistrato «è estremamente complesso. Non solo perché spesso si trascina da decenni: molte delle vittime di oggi sono, ad esempio, le stesse ritrovate nel libro mastro dei Madonia. Non solo perché il taglieggiato sa comunque di poter beneficiare di un "servizio" che lo Stato non gli ha saputo garantire: dal recupero crediti all'ordine e alla sicurezza assicurati dalla mafia. Due elementi che, da soli, già darebbero una prima risposta alla nostra domanda. Ma anche perché il taglieggiato è terrorizzato dalla prospettiva di finire sui giornali, avere una vita sconvolta, essere costretto ad accettare la scorta per un periodo indeterminabile e sicuramente lungo.»

Ma questo silenzio difficile da estirpare non rischiava di vanificare i risultati delle indagini? Se la vittima non riconosce di essere tale, non sarà difficile processare i colpevoli?

«Il rischio è che la vittima, paradossalmente, debba essere perseguita dallo Stato per favoreggiamento. Quando le prove sono così evidenti, perché sorrette da documenti e da intercettazioni, il silenzio non impedisce di condannare i mafiosi; ma in quel caso verrebbe a mancare la coralità della risposta repressiva. E sembrerebbe che l'estorsione sia un reato senza la vittima. Lo Stato farebbe in qualche modo la sua parte, ma la società civile no.»

Erano state interrogate, una per una, le duecento persone finite negli elenchi dei Lo Piccolo. In quanti avevano ammesso?

«Se vogliamo evitare la retorica, dobbiamo dire la verità: non oltre il venti per cento.»

Quali argomenti adoperavano per schermirsi?

«C'è chi nega. Chi tenta di scaricare la sua responsabilità magari sul familiare che in passato gestiva l'impresa e che nel frattempo è venuto a mancare. C'è chi chiama in causa un suo dipendente. C'è chi tira fuori dalla tasca della giacca una fattura a giustificazione di un pagamento che con quella ricevuta non ha niente a che vedere. C'è chi dice con faccia di bronzo: non ho mai pagato nessuno, nessuno mi ha mai chiesto niente. Altri sembrano voler dire: sapete tutto ma che volete ancora da noi?»

E quel venti per cento, invece?

«Hanno ammesso subito, e a volte non si sono sottratti al riconoscimento fotografico. In questo caso gli interrogatori sono durati pochi minuti. Ma c'è una variante: qualcuno, pur ammettendo il pagamento, sostiene di averlo fatto senza rapporti diretti con i mafiosi, lasciando i soldi in un luogo convenuto.»

Era pensabile che a tutti gli altri, prima o poi, ritornasse la memoria?

«Credo che molto dipenderà dal ruolo delle associazioni di

categoria e dell'antiracket. Se sapranno far capire che pagare è economicamente non conveniente, ma soprattutto che l'imprenditore, quando si rifiuta di pagare, non resta da solo. È il solito discorso: se qualcuno si oppone rischia di finire assassinato, ma se sono in tanti a farlo il fattore rischio diminuisce notevolmente.»

Due teste all'antica

È morto da mafioso, da vero capo dei capi, ammalato, ormai quasi sordo, senza rinnegare nulla, senza pentimenti dell'ultima ora, dopo ventidue anni di detenzione, molti dei quali trascorsi in carceri di massima sicurezza, e tutti in assoluto isolamento. Michele Greco si trovava in un reparto per detenuti annesso all'ospedale Pertini di Roma dove lo avevano ricoverato perché affetto da un grave tumore ai polmoni che aveva reso necessaria una pesante chemioterapia. E lì, piantonato a vista, morì il 13 febbraio 2008, all'età di ottantaquattro anni.

Da tempo aveva smesso di far parlare di sé. I suoi legali, nell'ultimo periodo, avevano chiesto ai giudici che fosse sottoposto agli arresti ospedalieri, ma la richiesta era stata rigettata. Nient'altro. Di lui i pentiti avevano detto che la statura del grande padrino non ce l'aveva. Che ci fosse molto millantato credito in quella pomposa definizione di Papa di Cosa Nostra. Si diceva persino che i vari Totò Riina, Bernardo Provenzano, Leoluca Bagarella, volevano fargli credere di essere qualcuno, di tenere redini che in realtà erano nelle loro mani. Che lo trattassero, insomma, come un nonnetto innocuo, anche se la sua scelta di schierarsi con loro era stata decisiva per l'esito della guerra di mafia degli anni Ottanta. Sarà.

Certo. Solo i diretti protagonisti, indipendentemente dalla verità raccontata in milioni di pagine processuali, sapevano come andavano veramente le cose nella tenuta della Favarella; quali fossero i punti di vista espressi dal Papa nelle occasioni in cui interveniva; se la sua fosse parola di «pace» o parola di «guerra»; se fosse insomma un papa vero o un papa dimezzato. Ma è incontestabile che ventidue anni di carcere li scontarono in pochi. E più di una volta fu indotto in tentazione dai magistrati che tentarono l'impossibile per fargli tornare la memoria. Ai giudici che andavano a fargli visita prospettandogli i vantaggi di una sua eventuale collaborazione, lui rivolgeva parole gentili e formali ma dopo qualche minuto scuoteva il capo. E chiuso in se stesso, muto, leggermente claudicante, si ritirava nella sua cella. Se il Papa fosse stato davvero come venne descritto chissà quante ne avrebbe raccontate. Si è portato i suoi segreti nella tomba, preoccupato solo di proteggere la sua famiglia.

Con la morte di Michele Greco si chiuse un'epoca. Quella della cupola degli anni Ottanta.

Così come il 10 maggio 2007, con la sentenza della Cassazione che confermò definitivamente la condanna a dieci anni di reclusione di Bruno Contrada, ex numero 2 del Sisde, per concorso esterno, si chiuse una stagione giudiziaria. La stagione del «dopo stragi» del 1992, la stagione dei processi ai colletti bianchi, la stagione di quel nuovo pool diretto da Gian Carlo Caselli, che alcuni osservatori interessati si ostinavano a definire una stagione di fallimenti giudiziari. Tant'è che questa sentenza Contrada, definitiva, finale, fu letteralmente ignorata dai giornali e da quei salotti televisivi dove lo stesso ex 007 siciliano era stato di casa per quindici anni.

Teste d'oltreoceano

Ma dopo trent'anni di recente storia di mafia, scandita da arresti e pentimenti, qual era il futuro di Cosa Nostra? Un inarrestabile e mesto viale del tramonto? O una sua rigenerazione sotto mentite spoglie? Lo Piccolo, prima di finire in manette, si era posto il problema e aveva cercato di risolverlo portando indietro la macchina del tempo. Cosa significava, se non questo, il recupero degli «scappati» d'America? Cosa significava il restituire peso e centralità a quelle famiglie che ormai vivevano ai margini di Cosa Nostra siciliana dopo la sentenza capitale espressa dai corleonesi di Totò Riina? E non significava forse riportare indietro la macchina del tempo reinvestire tutti insieme sugli affari accantonando per sempre rancori e odi del passato?

Che questi interrogativi fossero fondati lo dimostrava un'indagine che portò a singolari scoperte. Sembrarono tornare antichi spettri. Spettri e sequenze che eravamo abituati da tempo a vedere solo nei film, con le facce accattivanti di De Niro, Jo Pesci, Al Pacino. Evidentemente, in faccende di mafia, nulla tramonta mai per sempre. Tornavano le sale giochi, anche lungo la circonvalla-

zione di Palermo. Ruotavano affari milionari attorno alla Sala
Bingo-Las Vegas, nome iperbolico per un piccolo casinò di periferia, ma con cifre da capogiro. Cifre manovrate da insospettabili.
Cifre che erano anche il frutto di riciclaggio mafioso. E ancora una
volta, intercettazioni telefoniche e ambientali dalle quali emerge-
va che sia Salvatore Lo Piccolo con i suoi «scappati» d'America,
sia Rotolo con i suoi colonnelli corleonesi avevano trovato nel
Bingo l'unica casa comune in cui convivere. È un'inchiesta che
merita di essere raccontata perché, incredibilmente, fu la fotocopia
di un'inchiesta avviata dagli stessi mafiosi.
    Si ritorna al nome di Nino Rotolo. Era lui il capo mandamento
dei Pagliarelli, proprio la zona dove era sorta la Sala Bingo-Las Vegas,
in un edificio di proprietà di un suo uomo di fiducia. Un bel giorno
Rotolo, quasi per caso, scoprì che nella società c'erano comparteci-
pazioni riconducibili agli Inzerillo, quegli italo-americani legati
ormai a Salvatore Lo Piccolo. Andò su tutte le furie. Avviò un'indagine interna. Interrogò, da autentico inquisitore, «tutte le persone informate sui fatti» e persino gli imputati colpevoli di averlo
tenuto all'oscuro. La sua sentenza non tardò: destituì in tronco il
reggente del mandamento mafioso di Boccadifalco, Vincenzo Mar-
cianò. Non sapeva, però, che altri inquirenti, magari con qualche
titolo investigativo in più del suo, lo stavano pedinando e intercettando da tempo. Proprio quella sua personalissima «indagine» finì
per intero agli atti della procura della Repubblica di Palermo.
    Rotolo, insieme ai suoi fedelissimi, come abbiamo già visto,
venne arrestato nel giugno 2006 e, qualche mese dopo, fu sequestrata la casa da gioco. Tutte le partecipazioni societarie passarono
a Elio Collovà, amministratore giudiziario nominato dal Tribunale
di Palermo. Secondo gli investigatori la vicenda era sintomatica
delle strategie silenziose degli ultimi anni. Seppure all'insaputa del
più «duro» rappresentante dell'ala corleonese, cioè Nino Rotolo,
sul terreno degli affari sembrava che gli altri corleonesi non disde-
gnassero affatto la spartizione della torta.
    Dalla Sala Bingo-Las Vegas emerse la nuova politica di allean-
ze mafiose con un duplice obbiettivo strategico. Leggiamo dal
provvedimento di sequestro: «1) un rafforzamento del potere economico e militare di Cosa Nostra, in un momento di difficoltà
della struttura militare corleonese, decimata da arresti e collaborazioni eccellenti, e di offensiva delle altre mafie sul fronte dei
traffici illeciti internazionali. Offensiva che può essere contrastata
da Cosa Nostra solo riaprendo nuovi mercati e nuovi orizzonti

mediante nuove alleanze internazionali; 2) il consolidamento dell'autorevolezza di Salvatore Lo Piccolo all'interno di Cosa Nostra palermitana, frutto dell'apertura di nuove rotte internazionali dei traffici illeciti e della riappacificazione interna dovuta al reinserimento degli scappati». Sono le teste d'oltreoceano.

Questo affare, dunque, racchiude in sé tutte le nuove dinamiche dell'organizzazione criminale: il graduale rientro degli «scappati»; le prospettive di ampliamento degli interessi finanziari di Cosa Nostra lungo la rotta Italia-Usa, appena riaperta e già bloccata.

Testa o croce

Ora che tutti i protagonisti di questa inedita strategia erano stati arrestati, rimaneva la domanda: qualcuno fra i boss ancora latitanti avrebbe avuto voglia, forza e autorevolezza per seguire questo disegno strategico? Secondo Antonio Ingroia, sostituto procuratore che seguiva la vicenda, i latitanti all'altezza del compito non mancavano. Ingroia: «Non è facile tracciare un quadro sicuro del futuro dell'organizzazione. Cosa Nostra attraversa una fase di transizione. Ci sono giovani boss rampanti che hanno partecipato a quei viaggi negli States. Viaggi certamente non disinteressati».

Il riferimento era ai tre grandi latitanti in cima alla lista dei ricercati della Questura di Palermo. I nomi del tris d'assi: Matteo Messina Denaro, capo della mafia trapanese; Domenico Raccuglia, boss di Altofonte; Gianni Nicchi, giovane promessa di Pagliarelli.

Ingroia teneva a precisare: «Nicchi può vantare il fatto di avere partecipato ai viaggi in America. Ma sembra troppo giovane per diventare il numero 1. Matteo Messina Denaro avrebbe invece oggi tutti i requisiti per guidare Cosa Nostra: è figlio di un capo storico del trapanese, Francesco Messina Denaro; è stato uno degli artefici della strategia stragista del 1993, a Roma, Firenze e Milano, e ha goduto di una buona reputazione presso i capi che si sono alternati nell'ultimo decennio. Ma è anche vero che Cosa Nostra non è mai stata guidata da un trapanese... C'è infine Mimmo Raccuglia. È rimasto intenzionalmente nell'ombra, ed è forse il momento in cui potrebbe farsi largo. Ma forse neanche lui ha ancora il curriculum indispensabile per governare l'organizzazione in una fase così difficile e diventare boss dei boss.

«Così torniamo alla domanda iniziale alla quale, oggi, non è possibile trovare una risposta convincente. Il futuro resta un punto interrogativo. Una cosa è certa. Anche in virtù di questo momento di difficoltà della struttura militare, i colletti bianchi – politici, consulenti finanziari, professionisti –, che in passato furono subalterni alla mafia, potrebbero avere la rivincita.»

Perché?

«Perché i boss» concludeva Ingroia «mai come in questo momento, hanno bisogno proprio di loro per salvare e far fruttare le enormi ricchezze accumulate illecitamente negli ultimi decenni.»

XXXII

Si fa presto a dire Dna

Il Dna del caro estinto

Viviamo in un curioso Paese in cui tutti a parole sono contro la mafia, ma la mafia, dopo almeno centocinquanta anni, è ancora qui, a tenerci compagnia. Quante volte la vittoria degli onesti è sembrata dietro l'angolo. Quante volte l'efficacia dei colpi inferti autorizzava finalmente l'ottimismo. Quante volte nessuno era più disposto a scommettere sulla longevità di un'organizzazione criminale che appariva ormai con le ore contate. Quante analisi, quante diagnosi, quanti commenti, quanti studi si esprimevano a senso unico: Cosa Nostra stava imboccando il viale del tramonto, appariva troppo dissanguata per mutare ancora una volta pelle e sopravvivere, avendo fatto il suo tempo come tutte le cose della vita che, come ricordava Falcone, hanno un inizio, una durata e un'inesorabile conclusione. E quante delusioni, e quante docce fredde, e quante clamorose resurrezioni...

Bisogna ammetterlo: della mafia non siamo riusciti a liberarcene. Nonostante i tanti uomini di buona volontà che ci hanno rimesso la vita, i racconti e resoconti sterminati di qualche centinaio di pentiti, la professionalità investigativa accumulata e affinata nel corso di decenni, le numerose battaglie vinte, i mafiosi fatti prigionieri, le postazioni nemiche espugnate, le bandierine di un tiepido consenso sociale finalmente piazzate in territori tradizionalmente refrattari e ostili alla legalità; nonostante i soldi spesi dallo Stato per tenere in vita un apparato repressivo mastodontico, ma anche quelli recuperati con le confische, nonostante le commissioni parlamentari inesorabili come lo scorrere del tempo, i pronunciamenti politici solenni, i proclami, forse anche troppi, spesso stonati; nonostante il coinvolgimento dei ragazzi, dei giovanissimi delle scuole, in occasione di anniversari salutati da marce, viaggi a bordo delle navi della speranza; nonostante libri, articoli, inchieste, fiction, docu-fiction e film d'autore, trasmissioni televisive d'approfondimento... Che bisognava fare di più? Cosa Nostra non è affatto arrivata al capolinea. Deve esserci qualcosa nel suo Dna che, almeno al momento, la tiene al riparo anche nei peggiori frangenti, la rende, in una parola, inestirpabile. L'Italia ha perduto una grande occasione per sbarazzarsi definitivamente del convitato di pietra ma, così facendo, ha anche perduto l'occasione di rigenerare se stessa.

La mafia sta sopravvivendo alla sua scomparsa. Fra altri cinquant'anni, ci sarà la mafia? Nel qual caso, che mafia sarà? Come descrivere il mafioso di oggi? E dove abitano, oggi, i mafiosi? Fanno ancora giuramento? Conservano ancora l'immaginetta sacra, magari ingiallita, indispensabile al rituale di iniziazione? Custodiscono e tramandano l'armamentario di regole, pronte per l'uso ma regolarmente disattese, che animarono, in passato, faide e guerre, tradimenti e fedeltà, concezioni della vita e ricostruzioni interessate di comportamenti criminali? Ricorrono ancora, dovendo presentare un estraneo all'organizzazione, alla formula: «Questo è Cosa Nostra»? Si riuniscono sempre fra loro? Hanno conservato quella struttura gerarchica, militare e verticale che aveva al suo apice il capo commissione e, scendendo per i rami, il soldato che svolgeva la funzione di vedetta sul territorio? La stessa commissione, o cupola, che fine ha fatto? Che fine hanno fatto, per restare in argomento, mandamenti e famiglie? E gli arsenali militari si sono un po' arrugginiti o sono ancora perfettamente oleati? I mafiosi si baciano ancora fra loro? Si dilettano ancora con le grandi abbuffate – schiticchi, come li chiamano – che si svolgevano in aperta campagna, tanto in tempo di pace quanto in tempo di guerra?

Cosa resta della mafia che abbiamo conosciuto? Cosa resta della mafia che imparammo a conoscere da Giovanni Falcone e Paolo Borsellino i quali, a loro volta, avevano imparato a conoscerla dalle rivelazioni di Tommaso Buscetta e da quegli ex mafiosi che seguirono il suo esempio? Quanti sono, alla data di oggi, i latitanti che affondano le loro radici in quella lontanissima stagione? E esiste ancora l'asse fra la Sicilia e gli States, quella comunanza fra «cugini» che per un secolo e mezzo alimentò cronache e leggende, blitz e processi, ricostruzioni letterarie, cinematografiche e giornalistiche che segnarono intere epoche dell'immaginario collettivo degli italiani? I mafiosi, per far solo un esempio, mettono ancora il sasso in bocca al cadavere di chi in vita si è macchiato dell'onta di aver confessato qualcosa alle forze dell'ordine? Quella mafia, la mafia sulla quale ci siamo interrogati sin qui, è un caro estinto. Un caro estinto tenuto in vita, artificialmente, dal ricordo di amici e parenti. Un caro estinto ricco di eredi, questo è innegabile. Un caro estinto tutt'altro che dimenticato, proprio perché sopravvive nella memoria degli amici e dei parenti. Ma è, e resta, un «caro estinto». Un estinto che ha lasciato ai posteri soldi a palate.

Non è un caso che quell'autentico fiume – fiume in piena, in certi periodi – del pentitismo, della collaborazione, della delazione, a seconda delle definizioni o delle prospettive attraverso le quali si guardava il fenomeno, oggi è paragonabile a un greto vuoto, asciutto, dove forse ristagna appena qualche piccola pozzanghera.

Neanche se usassero il forcipe gli investigatori riuscirebbero a estrarre dagli odierni mafiosi dichiarazioni di spessore, illuminanti, utili a decifrare l'enigma della mafia oggi, di quello che è diventata la mafia. Il minimo che si possa dire è che è cambiato il vento. La strada che sembrava percorribile anni fa, oggi, ai più, appare un inaccettabile azzardo, un suicidio virtuale. La domanda di legalità, ingrediente imprescindibile di un convinto impegno antimafia, è spaventosamente calata. Innanzitutto nelle istituzioni. Ma anche fra la gente che crede sempre meno, gira le spalle a una politica che da tempo ha smesso di essere credibile, se non altro perché è diventato impossibile ascoltarla.

Il Dna degli eredi del caro estinto

Perché questo è accaduto? Siamo in presenza di cosa? Della sconfitta della mafia? Neanche per sogno. Della sua resa, macché. Siamo in presenza, semmai, di un gigantesco mutamento di pelle dell'organizzazione. Di uno spostamento dei suoi orizzonti, affaristici e criminali. Di un adeguamento ai nuovi interessi che si sono venuti affermando nell'ultimo decennio. Parleremo di questi nuovi interessi più avanti. Comunque sia, siamo in presenza di un gigantesco mutamento che, purtroppo, nessuno, al momento, è in grado di raccontare non disponendo degli strumenti conoscitivi necessari. Il che non significa che non ci sia anche chi non ha alcuna voglia di capire.

Mettiamo in fila alcuni dati di fatto che dovrebbero balzare agli occhi in tutta evidenza mentre, curiosamente, non riscuotono l'interesse necessario da parte degli addetti ai lavori. Vediamo. La mafia non commette più stragi. La sanguinosa parentesi dello stragismo risale a venti anni orsono, ché tanto è trascorso da Capaci, via D'Amelio, Roma, Firenze e Milano. La mafia non commette più delitti eccellenti. I grandi delitti che decapitarono la Sicilia migliore – esponenti politici, magistrati, poliziotti, carabinieri, imprenditori, giornalisti – risalgono tutti, tranne le uccisioni di Falcone e Borsellino, che chiusero per sempre la parentesi, agli anni Ottanta. Significa che sono trascorsi non venti, ma trenta anni. La mafia non scatena più guerre di mafia. L'ultima, voluta dai corleonesi di Totò Riina e che provocò centinaia e centinaia di vittime, risale a trent'anni orsono.

Ci sembrano fatti di un certo peso. Ora si potrà dire di tutto. Che i mafiosi hanno capito che la contrapposizione frontale allo Stato, dal loro punto di vista, si è rivelata una pessima politica. Che sono stati fiaccati e dissanguati da processi ed ergastoli. Che sono venute meno le figure carismatiche del passato. O che i giovani di oggi non hanno più la statura che avrebbe fatto di loro, sotto la sapiente regia dei boss, come accadeva una volta, «picciotti» di valore. In ognuna di queste interpretazioni c'è del vero. Ma quei tre fatti appaiono troppo imponenti per essere disinvoltamente ignorati o sbrigativamente interpretati. È qui che la linea del cerchio inizia a chiudersi.

La mafia che imparammo a conoscere ai tempi di Falcone e Borsellino era la mafia in tempo reale. Il grande racconto dei giudici del pool, guidato da Antonino Caponnetto, era quasi paragonabile a una telecronaca in diretta. Telecronaca di fatti incalzanti, che toglievano il fiato, che lasciavano sgomenta l'opinione pubblica, che preludevano sempre a qualcosa di più grave, di più cruento, che puntualmente si verificava. Quante volte incontrai Falcone e Borsellino in una camera ardente, in un cimitero, davanti a una lapide, durante un funerale, parentesi struggenti in giornate di lavoro iniziate all'alba e terminate a notte fonda nei loro bunker al Palazzo di giustizia di Palermo? Non ci fu mai nulla di accademico in ciò che accadde in quegli anni dentro quegli uffici.

La verità è che quei magistrati furono pionieri, per la semplice ragione che prima di loro il mondo della mafia era rimasto sconosciuto, ignorato, rimosso. L'Italia rifiutava l'esistenza della mafia. Le istituzioni ne negavano l'esistenza. I politici la rimpicciolivano ad ambito regionale.

Avvertirne la portata impressionante, esplorarne i primi avamposti, maturare la coscienza che il fenomeno andava affrontato e combattuto con gli strumenti del diritto, acquisire e verificare una a una le prime parole dei grandi pentiti, cercare, nello stesso tempo, di parare i colpi che venivano – quale controprova tragica della bontà di quel lavoro! – dal mostro che per la prima volta dopo un secolo si vedeva identificato furono gli altri aspetti di quella stagione giudiziaria pionieristica. E fu inevitabile che da quella temperie – e temperie sotto tutti gli aspetti, essendo noto, per esempio, che dentro la stessa magistratura si sollevavano riserve, polveroni, polemiche e veleni perché il nuovo presepe rompeva il tran tran del quieto vivere – nacque una concezione classica della lotta alla mafia, una concezione di scuola. Secondo questa concezione, prima di tutto andava affrontato l'aspetto militare. Avrebbe potuto essere altrimenti? No. E la storia lo ha dimostrato.

Soffermiamoci su questo aspetto. Falcone adoperò in più occasioni la parola «piramide» per definire visivamente il fenomeno che andava affrontato e aggredito. E aggiungeva, ovviamente, che la «piramide» doveva essere scalata dal «basso», gradino dopo gradino, senza scorciatoie, senza fughe in avanti, senza velleitari voli pindarici. E in quel preciso momento storico e giudiziario (segnato dalla grandissima recrudescenza della violenza con l'effetto di un altissimo tasso di pericolosità sociale ma anche dalla distanza, misurabile in anni luce, che la giustizia era improvvisamente chiamata a colmare) tutti si rendevano conto che il nemico andava neutralizzato nel suo uso indiscriminato delle armi. Non si trattava di un approccio e di una terapia minimalisti. Al contrario. Muovere i primi passi partendo dal basso non equivaleva a un artifizio tattico, bensì rispondeva a una precisa esigenza strategica, di lungo respiro. Già in quegli anni, però, Cosa Nostra – e da decenni – non si identificava solo con lo smercio della droga e l'uso delle armi, avendo i suoi rapporti con la politica, le sue entrature nelle istituzioni, le mani in pasta in economia, finanza e affari, trovando persino orecchie attente nel clero e nella Chiesa cattolica. Questo il pool antimafia di Palermo lo sapeva benissimo. I magistrati che ne facevano parte non erano allocchi convinti che si potesse mettere a ferro e fuoco un'intera regione senza disporre di tantissimi santi in paradiso. Ma questa consapevolezza non fece loro velo: ché dai primi gradini bisognava rigorosamente partire, per poi, se le cose fossero andate per il giusto verso, salire sempre più verso la vetta, appunto, della «piramide».

Intendiamo riferirci a questo quando parliamo di concezione classica, di scuola, della lotta alla mafia. Ipotizziamo per assurdo che tutti quei pionieri fossero rimasti vivi, non uccisi o morti di vecchiaia (pochi), e si trovassero ancora oggi alle loro scrivanie, ai loro posti di combattimento. Indugerebbero ancora sul primo gradino della «piramide»? No. Prova ne sia che, persino ai loro tempi, appena se ne presentò l'occasione, strinsero il cerchio attorno ai cugini Nino e Ignazio Salvo e a don Vito Ciancimino, affiliati di Cosa Nostra, ma dei quali tutto si può dire tranne che fossero uomini d'arme. Ma fecero quel passo quando furono in condizione di poterlo fare. E se avessero vissuto tanto da conoscere l'odierna stagione del letargo, dell'invisibilità, del silenzio delle armi, solo per questo sarebbero beatamente convinti che Cosa Nostra fosse stata ormai rinchiusa in un museo? Doppiamente allocchi sarebbero stati. Torniamo ai nostri giorni.

Si sta accumulando un ritardo spaventoso nella comprensione di cosa è diventata la mafia. Non per negligenza di questo o quell'investigatore singolarmente preso. Non per i limiti di un apparato repressivo piuttosto che di un altro. Non per l'arretramento della magistratura rispetto ad anni in cui si marciava uniti e compatti, come si diceva una volta. Certo, il vento è proprio cambiato. Lo stesso Falcone era solito dire che la lotta alla mafia non poteva essere risolta da alcuni colpi di maglio ben assestati e che, se si fosse manifestata solo attraverso la sua componente repressiva, sarebbe rimasta zoppa.

Per ottenere la sconfitta della mafia, ci voleva l'impegno corale della politica e dei partiti che Falcone considerava una ramazza non meno efficace di quella rappresentata dalla magistratura. Ci voleva, altrettanto corale, l'impegno della società civile che mai più, a differenza dei decenni precedenti, avrebbe dovuto comportarsi come lo struzzo, facendo spallucce, o fingendo di non sentire e di non vedere, o, peggio ancora, fiancheggiando, con qualcuna delle sue componenti, il mostro mafioso. Altrettanto corale si richiedeva fosse l'impegno delle banche, per evitare che dall'opificio del terrore uscissero, al termine del «ciclo lavorativo», bauli di banconote da riciclare. Altrettanto corale aveva da essere l'impegno della Chiesa, soprattutto in Sicilia, ma non solo in Sicilia, viste le pagine nere scritte ai tempi di Sindona e di Marcinkus. Poi

veniva la scuola. Poi veniva l'università. Poi venivano i sindacati.
Poi venivano l'imprenditoria e il commercio. L'elenco era lungo.
Ma proprio la lunghezza dell'elenco, giocando con le parole, la
diceva lunga sulla profondità delle ramificazioni della mafia.
È esattamente questo il testamento lasciato dal pool di Palermo.
Quei giudici non speravano infatti che le loro parole fossero ripe-
tute pappagallescamente all'infinito. Diedero la vita, semmai,
nella speranza che non si fosse mai più concesso vantaggio a Cosa
Nostra in tutte le sue eventuali reincarnazioni.

Che gli scettici sulla possibilità della scomparsa della mafia ci
siano sempre stati è risaputo. Si ricorderà che trent'anni fa, un
prefetto di prima classe, quell'Emanuele De Francesco che prese il
posto di Dalla Chiesa assassinato, e ottenne proprio quei poteri che
a Dalla Chiesa, in vita, non furono mai riconosciuti e concessi, ebbe
a dire che per vedere l'alba del nuovo giorno (la fine definitiva
della mafia) si sarebbe dovuto attendere il 2000. Da molti fu considerata una provocazione. E lo era. Ma la provocazione è andata
avanti da sola, visto che persino il 2000 è dietro le nostre spalle e
tutto si avverte tranne che l'avvicinarsi dell'alba di un nuovo giorno. Ma gli scettici, almeno per una volta, furono smentiti.

Ci fu infatti una grande stagione in cui un papa della Chiesa,
Giovanni Paolo II, tuonò, spingendosi sino al limite della scomunica, contro le iene di Cosa Nostra. Ci fu una stagione in cui, dopo
le stragi di Capaci e via D'Amelio, tutti i partiti, da un estremo
all'altro, si dissero concordi nel conferire «carta bianca» a Gian
Carlo Caselli che chiedeva di venire a Palermo a occupare una
poltrona insanguinata. Ci fu, a Palermo, la grande stagione dei
lenzuoli che espressero tutto lo sdegno di una città. Si manifestò il
contributo enorme di insegnanti di liceo e d'università affinché gli
argomenti della mafia e della lotta alla mafia entrassero a pieno
titolo nei programmi scolastici. Ci fu, ma questo accadde anni dopo,
che la Confindustria e l'imprenditoria batterono finalmente un
colpo dopo anni di vassallaggio ai ricatti, alle imposizioni, ai taglieggiamenti mafiosi. Insomma, sembrava che l'alba del nuovo giorno
fosse davvero imminente. Però, ancora una volta, gli scettici ebbero partita vinta. E ricominciarono a sghignazzare.

Il fatto è che quel vento del quale parlavamo prima, da tempo
ha smesso di soffiare. Papa Benedetto XVI a proposito di questa
piaga sociale? Non pervenuto. Né c'è più traccia di cardinali o
preti siciliani che parlino dell'argomento. Dalle loro omelie, le
cinque lettere (m-a-f-i-a) sono scomparse.

Dei partiti e della «politica» meglio non parlare. In questo caso, infatti, non si tratta tanto di colpevole silenzio, quanto di commistione ormai senza decenza proprio con gli interessi mafiosi più inconfessabili. Se Totò Riina fosse riuscito a farla franca, e fosse magari riuscito a farsi eleggere in Parlamento, nessuno voterebbe a favore del suo arresto. Non la si consideri una battuta provocatoria. A questo proposito, rimandiamo il lettore a un conteggio attento e scrupoloso di quanti siano oggi i parlamentari e i senatori sui quali pendono richieste di indagini o di arresto – tutte puntualmente inevase – da parte della magistratura.

La politica ha gettato la maschera. E la società civile palermitana? Che aggettivi vogliamo adoperare per definire il suo stato d'animo? Avvilita? Frustrata? Frastornata dalle chiacchiere? Regredita? Delusa? Sia come sia, la società civile guarda sempre più stancamente, e persino con un pizzico di malcelata ironia, ai proclami istituzionali giocati all'insegna del «dobbiamo e vogliamo combattere la mafia». Ha capito che la storia si è fatta lunga, troppo lunga per essere vera. Anche le scuole stanno messe male, a prestar fede a quei sondaggi che periodicamente interpellano studenti da un capo all'altro d'Italia e dai quali si ricava la convinzione giovanile che la mafia è più forte di prima, che la mafia, in altre parole, c'era, c'è, e ce la piangeremo ancora a lungo. Essendo questo lo stato dell'arte, come usa dire, siamo esattamente a quella antimafia zoppa che paventava Falcone. Se mettiamo insieme i due elementi – il gap investigativo e il venir meno delle coralità di cui si è detto –, si capisce che oggi, in assenza di fatti nuovi, sarebbero consentite non una ma dieci profezie alla De Francesco. Ancora una volta i fatti stanno lì a dimostrarcelo.

Prendiamo in esame l'aspetto dei grandi latitanti. Dalla cattura di Provenzano in poi abbiamo assistito a un declassamento del peso specifico dei mafiosi finiti in manette. I Lo Piccolo, padre e figlio? I Nicchi? I Raccuglia? I Liga? Ragionieri piccoli piccoli dell'organizzazione, amministratori di condominio, travet costretti forse a portare una croce più grande di loro, per quanto i loro nomi, e quelli di tanti altri, siano stati enfatizzati con il giochino pedestre dell'appartenenza alla lista dei «venti latitanti più pericolosi». Ovvio che vanno arrestati tutti, sino all'ultimo. Ovvio che non ci si può limitare a dar la caccia solo ai pezzi da novanta. Ovvio che anche un amministratore di condominio può far scoprire cose interessantissime sugli abitanti di questo o quel palazzo mafioso. L'importante, però, e che non si perda il senso della misura.

Cinema e televisioni hanno dato il loro contributo, con film, fiction, docu-fiction, ricostruendo quegli anni di piombo. Il che ha permesso ai giovani di oggi, che allora non erano nati, di avere almeno un'infarinatura, anche quando Falcone e Borsellino vengono riproposti dagli schermi mentre si esprimono con un dialetto sgangherato che loro non parlarono mai. Ma c'è anche un effetto negativo, forse involontario, di questa produzione cinematografica: fare apparire il passato come un eterno presente, la mafia di trenta o quaranta anni fa come quella di oggi, il suo identikit paragonabile a quello di un Dorian Gray impermeabile alle cicatrici del tempo. Non è così. Il tempo trascorre anche per mafia e mafiosi. Oggi non si cerca forse Matteo Messina Denaro, capo mafia nel trapanese e latitante da quasi un ventennio – e come accadde già per Provenzano –, interpellando il computer, questo nuovo vate Tiresia tecnologico e moderno, sull'altra faccia sconosciuta che potrebbe avere oggi il mascalzone?

Ecco allora che la nebbia comincia a diradarsi. La contraddizione fra gli enormi sforzi fatti per debellare la mafia e il suo mantenersi ancora in vita, è solo apparente. Il fatto che il caro estinto sia tenuto sapientemente in vita con imbalsamazioni, ibernazioni e quant'altro da parte di amici e parenti, fa comodo proprio ad amici e parenti che, così, possono tranquillamente restarsene in ombra.

Negli anni passati, per ogni capo mafia che veniva catturato, sia ai massimi livelli, sia a livelli intermedi o inferiori, c'era già pronto il capo mafia che ne avrebbe preso il posto e la cui identità le forze dell'ordine conoscevano benissimo. Le chiamavano le «mappe» del potere territoriale della mafia. E se tutti conoscevano i numeri uno, si conoscevano altrettanto bene quelli che gerarchicamente venivano dopo, perché, casella dopo casella, la foto di famiglia era quella. E oggi? Le forze dell'ordine continuano, lodevolmente, ad aggiornare i loro schedari. Il «Giornale di Sicilia» (18 ottobre 2011) ha dato conto con grande risalto – due intere pagine – del «chi è» della mafia di oggi a Palermo e provincia. Decine e decine di nomi nuovi e meno nuovi che continuerebbero a garantire il controllo di Cosa Nostra sul territorio. È un documento illuminante e che fa cascare le braccia a chi credeva che si fosse alla vigilia del definitivo crollo della mafia. Per ognuno di quei quartieri, di quei mandamenti, di quei paesi dell'interno, i nomi nuovi sono accostati come in un minuzioso libro contabile ai nomi degli arrestati in operazioni di polizia e carabinieri, tutte comprese nell'arco di tempo che va dal 2008 al 2009, fatta eccezione per il caso più «datato» (2007) che riguarda la cattura dei Lo Piccolo.

Il titolo della documentata inchiesta del «Giornale di Sicilia», a firma Vincenzo Marannano, mette i brividi: *Tutti i boss che controllano Palermo*. C'è persino un ampio corredo fotografico: la galleria dei primi piani dei boss in questione. Ma non solo. Vengono fornite queste cifre: settantanove famiglie; quindici mandamenti; duemiladuecentotrenta affiliati. Uno si chiede: quaranta, cinquanta, cento anni dopo, Palermo è ancora sotto il tallone di picciotti, trafficanti e killer? Parrebbe di sì. Come la mettiamo? Se in meno di un anno Cosa Nostra ha allestito un nuovo esercito per rimpiazzare quello decimato appena uno, due anni prima, dai blitz delle forze dell'ordine, significa che nulla è cambiato. Quantomeno nulla è cambiato nel profondo, essendo di tutta evidenza che quel tessuto economico e sociale che produceva mafia continua a produrre mafia con buona pace degli speranzosi. Lo dicevamo: i mafiosi vanno arrestati tutti, sino all'ultimo. Anche quelli di nuovissima generazione, sebbene è facile intuire che il livello criminale, rispetto agli anni d'oro, è precipitato verso il basso.

Chi andrà a occupare la poltrona di Matteo Messina Denaro una volta che sarà costretto a lasciarla vuota per trasferirsi nelle patrie galere? Questo le forze dell'ordine non lo dicono. E non è un aspetto secondario. Il pozzo di conoscenze si sta prosciugando a vista d'occhio.

Se ne ha una controprova indiretta proprio sfogliando quella stessa copia del «Giornale di Sicilia» che ospita anche un'intervista di Daniele Billitteri al prefetto Nicola Izzo, vicecapo vicario della polizia, in quei giorni in visita nel trapanese. Il cronista gli chiede: «Stiamo vincendo?». E Izzo: «Noi non ci facciamo illusioni: i successi dello Stato contro le mafie sono evidenti. Ma il crimine in generale e quello organizzato in particolare sono espressione di una società dinamica in continua trasformazione. E ogni successo appartiene al fotogramma di quel momento. Poi la società si trasforma e il crimine, diciamo così, la segue». Altra domanda: «Dove c'è la pecora, ecco il lupo?». La risposta di Izzo: «Certo. Fuor di metafora vuol dire che il crimine organizzato si presenta dove c'è attività economica e reclama la sua parte, con le sue regole. Se cambia il tessuto produttivo, le mafie cambiano metodi e magari passano da una tipologia a un'altra. Ed ecco che magari ci troviamo di fronte a un nemico nuovo o comunque diverso. Per questo i

mezzi di contrasto, le strategie, i modelli operativi debbono posse-
dere la dote della flessibilità».

Come non condividere? Che l'insegnamento di Falcone e Borsellino abbia alimentato
per quasi vent'anni la lotta alla mafia dà la misura di quanto quest'insegnamento fosse autorevole e ancorato alla realtà. Ma si trattava
di un'eredità che richiedeva di essere aggiornata. La «dote della
flessibilità», per dirla con Izzo. Una dote, come si è cercato di
spiegare sin qui, che è mancata. Per responsabilità di chi? Per colpa di chi? Chi avrebbe potuto e invece si è sottratto? Serve a poco
ricalcare all'infinito le orme del pool.

Trovare una risposta è difficile. Con ogni probabilità, nessuno
è senza colpa. Cominciamo col dire che nessun esponente politico,
di nessuno schieramento, è disposto a sottoscrivere una lotta alla
mafia, e conseguentemente alla mafia intrecciata alla politica, che
sia senza «se» e senza «ma». L'abbiamo ripetuto più volte: un conto
è prendere di mira la componente militare di Cosa Nostra (il che
può trovare tutti concordi), ben più arduo spingersi oltre quella
soglia perché si tratterebbe di toccare fili scopertissimi e mortali.

Il Dna di un Cavaliere

Silvio Berlusconi mai come negli anni del suo ultimo governo è
stato il guardiano di quei fili scoperti e mortali. Sono i fatti a parlar
chiaro. E ora che il bilancio può dirsi concluso, proviamo a ricapi-
tolare. Berlusconi non ha mai sentito la lotta alle mafie come una
cosa sua, manifestando invece, in tantissime occasioni, un profondo fastidio sull'argomento, un risentimento quasi personale, un
astio viscerale contro chi quella lotta, nonostante la sua presenza
a Palazzo Chigi, continuava a combatterla.

Non ha mai invitato gli italiani a far la loro parte, come dovrebbe fare un premier consapevole che, sin quando ci sarà la mafia,
qualsiasi governo è destinato a restare un governo dimezzato. Non
ha mai ammesso che un terzo delle regioni d'Italia vede lo Stato
costretto a soccombere, perché ammetterlo avrebbe significato
offuscare la sua immagine di premier salvifico e unto dal Signore.
Non si è mai speso a favore di provvedimenti legislativi che andassero incontro alle richieste degli addetti ai lavori, poliziotti o
magistrati che fossero. Al contrario. Dalla legge sullo scudo fiscale,

che consentì, con modica spesa del cinque per cento, il rientro in Italia di capitali mafiosi e illeciti, alle ripetute restrizioni nella normativa sul pentitismo, che hanno reso ancora più difficile la vita dei collaboratori di giustizia, è stato un susseguirsi di leggi che il nuovo governo Monti non potrà tenere in vita ancora a lungo.

L'avere poi ingolfato e bloccato i due parlamenti, per anni, con la pretesa che venisse trovata per sempre la soluzione legislativa ai suoi problemi personali, hanno reso Berlusconi non solo impresentabile al mondo intero, ma vulnerabilissimo per cosche e cricche d'ogni risma che intendevano approfittare della sua vulnerabilità. Non si possono fare leggi *erga omnes* se la prima legge che si pretende sia approvata è una legge ad personam. Ma di quale mafia e di quale lotta alla mafia è stato fatto il triennio berlusconiano?

Ascoltate questa dichiarazione di Berlusconi – correva il 16 aprile 2010 – nella sala stampa del Viminale, e a commento dei risultati raggiunti dal suo governo in materia di lotta alla criminalità: «La mafia italiana risulterebbe essere la sesta al mondo, ma guarda caso è quella più conosciuta, perché c'è stato un supporto promozionale che l'ha portata a essere un elemento molto negativo di giudizio per il nostro Paese. Ricordiamoci le nove serie della *Piovra* programmate dalle tv di centosessanta Paesi nel mondo e tutta la letteratura in proposito, *Gomorra* e il resto».

Che Roberto Saviano fosse un fiancheggiatore della mafia dei casalesi, si sapeva da tempo... Ma per scoprire i nomi di tutti gli altri fiancheggiatori della *Piovra* siamo andati in prestito da Wikipedia. Abbiamo così scoperto che, a rendere grande la mafia italiana, altrimenti piccola piccola, non sono stati Stefano Bontate o Michele Greco, Riina o Provenzano, ma registi insospettabili, quali Damiano Damiani e Florestano Vancini, Luigi Perelli e Giacomo Battiato. I Liggio, i Badalamenti, i Calò, i Calderone, i Santapaola? Macchè. «Sesti» attori sarebbero rimasti, per dirla con le parole del premier Berlusconi, non fosse stato per il propellente ricevuto da attori di prima grandezza, da Michele Placido a Corrado Cattani, da Vittorio Mezzogiorno a Remo Girone a Raoul Bova, da Orso Maria Guerrini a Bruno Cremer, a Tony Sperandeo a Luigi Diliberti a Rolf Hoppe... E decisiva, come in tutte le mafie che si rispettano, la sapiente presenza femminile, incarnata da Florinda Bolkan e Giuliana De Sio, da Nicole Jamet e Patricia Millardet, a dar finalmente spessore a donne mafiose che altrimenti sarebbero rimaste «seste», anche loro, in quelle statistiche del crimine mondiale che Berlusconi cura personalmente.

D'altra parte Berlusconi è uno che non le manda a dire. Quel giorno d'aprile al Viminale, non aveva fatto altro che riprendere un tema a lui caro. Espresso per la prima volta il 28 novembre 2009, durante un convegno organizzato dall'Enac, all'aeroporto di Olbia, con queste parole: «Dobbiamo finire parlando di mafia. Io se trovo quelli che hanno fatto nove serie della *Piovra* e quelli che scrivono libri sulla mafia e vanno in giro per il mondo a farci fare così bella figura, giuro: li strozzo».

Insomma, questo è stato l'orizzonte culturale all'interno del quale si è mosso Berlusconi quando ha affrontato una materia come questa. Ma non dovettero essere anni facili per l'intero governo. Alle singolari tesi del premier, fra il serio e il faceto, corrispose infatti l'iper attivismo dell'allora pirotecnico ministro dell'Interno Roberto Maroni che, per quasi tre anni, recitò la parte dell'uomo di ferro. L'innegabile cattura di tantissimi latitanti divenne infatti occasione di quotidiane sottolineature della inflessibile determinazione antimafiosa dell'intero governo.

Il 7 dicembre 2009, all'indomani di una sua ennesima smargiassata, scrissi sull'«Unità» quest'articolo che mi sembra calzante ancora oggi: «Proviamo a fare un giochino. Quale era il governo in carica quando, il 15 gennaio 1993, venne arrestato Totò Riina? Il governo Amato. Quale era il governo in carica quando, l'11 aprile 2006, venne arrestato Bernardo Provenzano? È difficile rispondere: l'8 e il 10 aprile si erano svolte le elezioni politiche, e l'arresto del Padrino, governativamente parlando, fu considerato "orfano", visto che le urne erano state aperte proprio quel giorno. Qual era il governo in carica quando, il 20 maggio 1996, venne arrestato Giovanni Brusca? Da appena due giorni, il governo Prodi, e Giorgio Napolitano era ministro degli Interni. Qual era il governo in carica quando venne arrestato, il 20 febbraio 1986, Michele Greco? Il governo Craxi. Quale era il governo in carica, il 14 maggio 1974, quando venne arrestato Luciano Liggio? Il governo Rumor. Quale era il governo in carica quando venne arrestato, l'8 aprile 1984, Gaetano Badalamenti? Un altro governo Craxi. Quali furono i governi italiani che arrestarono Vito Cascio Ferro che fu arrestato, se i conti sono esatti, sessantanove volte? Tanti. E, almeno una volta, lo arrestò il governo Mussolini. Dovrebbe poter bastare. Le dichiarazioni di Berlusconi e Maroni, all'indomani degli arresti di Raccuglia, Nicchi e Fidanzati, ultimi boss, in ordine di tempo, a finire in manette, sono la testimonianza evidente del fatto che i politici del Pdl sono stupiti di se stessi e non credono ai loro occhi. Sbandierano gli arresti. Li contrappongono al popolo sceso a manifestare in piazza San Giovanni. Li enfatizzano al limite del ridicolo, quanto a caratura criminale dei personaggi in questione. Considerano talmente lo Stato qualcosa di proprio, di personale, di famiglia, da lasciar sottintendere che, se solo lo avessero voluto, quegli arresti non ci sarebbero mai stati. Difficilmente si daranno una calmata. Tanto è vero che non li abbiamo sentiti spendere una parola di plauso per magistrati, poliziotti e carabinieri che quegli arresti li fanno davvero e – per fortuna degli italiani – sopravvivono a tutti i governi, anche a quello di Berlusconi e Maroni. Come, d'altronde, i politici mafiosi, che mai l'hanno fatta franca come con questo governo».

Una tesi azzardata? Mica tanto. Ecco le macerie che sono rimaste.

Un onorevole Dna

L'attuale situazione del Parlamento, infarcito di indagati, rinviati a giudizio, condannati in primo o anche in secondo grado, ex ministri rinviati a giudizio per mafia; o, più in generale, infarcito di onorevoli e senatori indagati per una gamma di reati che rispecchia fedelmente quella contemplata dal codice penale, è un altro di quei fatti incontestabili che entra a pieno titolo nel ragionamento che stiamo facendo. Si scopre infatti che il tasso di inquinamento mafioso o di personaggi in odor di mafia, a Palazzo Madama, sede del Senato, è salito vertiginosamente. È un elenco di nomi imbarazzanti. In cima ci sta proprio il palermitano Renato Schifani, il presidente del Senato, la seconda carica dello Stato, il facente funzione di presidente della Repubblica nei casi in cui il capo dello Stato si trovi nelle temporanea indisponibilità a espletare le sue funzioni. Viene tirato in ballo dai pentiti, come uomo politico sul quale si poteva fare affidamento quando era un semplice avvocato che aveva studio a Palermo. Sicuramente non sarà vero. Schifani è sereno, e minaccia querele.

Poi viene il senatore trapanese Antonio D'Alì, fondatore siciliano di Forza Italia, ex sottosegretario all'Interno, appartenente a una nota famiglia proprietaria di saline e latifondi. D'Alì è chiamato in causa dai pentiti per i suoi rapporti con i Messina Denaro: il vecchio boss Francesco, poi deceduto, e suo figlio Matteo, tuttora latitante. Sicuramente non sarà vero. Anche D'Alì è sereno, e minaccia querele.

Condannato definitivamente dalla Cassazione per concorso esterno in mafia, l'agrigentino Totò Cuffaro, ex presidente della Regione siciliana, non proprio un signor nessuno, passato direttamente dagli scranni di Palazzo Madama alla cella di Rebibbia; rara avis, verrebbe da dire. E, almeno in questo caso, si potrà dire che è vero. A differenza del palermitano Marcello Dell'Utri che siede beatamente in Senato senza avvertire il minimo ingombro di una condanna a nove anni e un'altra, in secondo grado, a sette anni, ovviamente per mafia: *en attendant* la Cassazione, a quanto pare. Solo allora sapremo se era vero... Come, un giorno, sapremo se era vero che prese parte alla trattativa fra Stato e mafia, visto e considerato che si ritrova indagato anche per questa accusa.

New entry, nella lista degli indagati, il palermitano Carlo Vizzini, altro senatore. In politica da diversi decenni (nel 2011 ha lasciato il Pdl, partito in cui militava sin dai tempi di Forza Italia), Vizzini è chiamato a rispondere di corruzione, con aggravante mafiosa. Da intercettazioni telefoniche e dalle dichiarazioni di Massimo Ciancimino, risulta che avrebbe intascato tangenti per favorire la società del gas di don Vito Ciancimino, società nella quale – secondo la Procura di Palermo – c'erano anche interessi di Bernardo Provenzano. Sicuramente non sarà vero. E anche Vizzini è sereno e minaccia querele (contro Massimo Ciancimino) ma – in sovrappiù – esprime fiducia nei confronti dei magistrati.

Il buon Giulio Andreotti che a reti unificate venne spacciato per assolto, sebbene, più prosaicamente, fosse stato prescritto per mafia – e questo è verissimo –, resterà l'eterno senatore a vita che è sempre stato.

Ma, ove possibile, si è fatto di meglio. Non solo si respingono perentoriamente le richieste di arresto avanzate dalla magistratura. Non solo si applaudono a scena aperta i politici con il vizietto (di mafia): affettuoso trattamento che mentre era sotto inchiesta fu riservato proprio a Cuffaro. Non solo si proclama l'innocenza di lorsignori senza mai conoscere un rigo delle inchieste che li riguardano. Non solo si svillaneggiano i magistrati perché con sadismo li inquisiscono. Si può infatti fare di meglio.

Prova ne sia che, nel caso del deputato palermitano Saverio Romano, si è costituito un precedente unico nella storia d'Italia. Quale governo al mondo, fra centinaia di parlamentari che ha a disposizione, andrebbe a scegliersi quello a rischio di essere rinviato a giudizio per mafia, facendolo diventare ministro? Anche in presenza di una richiesta di archiviazione in cui comunque veniva sottolineata la sua «contiguità ad ambienti mafiosi»? Tanto da costringere il capo dello Stato, Giorgio Napolitano, a prendere le distanze da una decisione sconcia e impresentabile? Solo in Italia. Così, all'indomani del rinvio a giudizio per mafia di Romano, la Camera respinge la sua richiesta di dimissioni da ministro avanzata da una parte dell'opposizione.

C'è, in questa vicenda, una valenza provocatoria e simbolica che svela tutta l'arroganza e l'insofferenza del mondo politico alla lotta alla mafia vissuta come una inaccettabile pastoia che finirebbe con il paralizzare il Primato della Politica. Non dovrebbe essere difficile capire che promuovere ministro un deputato sotto schiaffo per mafia, e coccorselo facendolo assurgere a salvatore della patria che scongiura la caduta del governo, ha un effetto devastante sulla credibilità di quei tanti proclami verbali ai quali facevamo riferimento prima. Perché salvatore della patria? Perché Romano, eletto nelle fila dell'Udc, schierata all'opposizione, abbandonò il partito dando vita, con altri transfughi, ai Popolari di Italia Domani che andarono a puntellare la maggioranza del governo Berlusconi, ormai ai suoi ultimi giorni di vita. Ma Romano fece in tempo a essere ricompensato da Berlusconi, che lo fece ministro.

E la Chiesa non ha nulla da dire? Sembrerebbe così. Barbara Spinelli su «la Repubblica» (21 settembre 2011) ha scritto un lucido editoriale per denunciare, a quella data, il colpevole silenzio dei vertici ecclesiastici che trangugiavano in silenzio il calice (amaro?) di comportamenti sguaiati e volgari di un premier, Silvio Berlusconi, sedicente cristiano. Anche a seguito di quell'editoriale, il cardinale Angelo Bagnasco, presidente della Cei, recuperò – per dirla in gergo calcistico – in zona Cesarini adoperando finalmente parole critiche. Meglio di niente. E sarebbe stato altrettanto auspicabile che il cardinal Bagnasco si fosse lasciato scappare qualche parolina, e a disposizione ne avrebbe avute tante di sacro conio, per stigmatizzare la sconcezza del «caso Romano» quand'era in carica. Preferì farne a meno.

L'asticella della legalità, lo dicevamo all'inizio, e con riferimento non solo alla mafia, si è spaventosamente abbassata. Ci vedevano all'estero come il Paese della mafia e degli spaghetti. Oggi alla mafia si è aggiunto il bunga bunga mentre gli spaghetti hanno imparato a cucinarli in tutto il mondo. Stando così le cose, e fin quando staranno così, i mafiosi si sentiranno a disagio o avranno la sensazione di essere in perfetta sintonia con chi sta in alto?

Il Dna di Napoleone

Esaminiamo ora un caso che ha tenuto banco per oltre tre anni (dal dicembre 2007 alla prima metà del 2011) con un'enorme esposizione mediatica: il caso di Massimo Ciancimino, figlio del più noto Vito Ciancimino, ex sindaco democristiano di Palermo, mafioso, ormai defunto. Roba da far tremare le vene ai polsi, come si sarebbe detto una volta.

Correva il 19 dicembre 2007. E fu l'inizio di un tormentone. Risale infatti a quella data un'intervista rilasciata da Massimo Ciancimino al giornalista Gianluigi Nuzzi di «Panorama», settimanale di proprietà di Silvio Berlusconi. Un'intervista lunga, un prolungato fulmine a ciel sereno. Una galleria di affermazioni colorite e gustose che spaziavano dagli incontri di Massimo Ciancimino, in compagnia del padre, con Bernardo Provenzano, mentre era un indisturbato latitante che passeggiava per Palermo, allo scenario della trattativa fra Stato e mafia, al ruolo che in essa avevano avuto i carabinieri del Ros del generale Mario Mori. Quanto al «tesoro paterno» – quei cento, centocinquanta milioni di euro di cui gli chiese conto l'intervistatore – negò di esserne mai entrato in possesso perché «di questi soldi non ho mai saputo nulla».

Poi, *en passant*, un dettaglio piccante: «Giovanni Falcone, quando mio padre finì a Rebibbia, si era fatto avanti con me per aprire un dialogo». Poca roba? No. Di carne al fuoco, in quella fase, ce n'era già tantissima. Almeno così sembrò.

E, inevitabilmente, quell'intervista rappresentò il primo passo di una nuova vita che però a Massimo Ciancimino, con il senno di poi, avrebbe provocato una montagna di guai.

Negli ambienti più qualificati dell'antimafia si diffuse infatti l'aspettativa che il rampollo di una simile famiglia, se avesse davvero deciso di parlare, avrebbe provocato un terremoto persino nella ricostruzione storica di mezzo secolo di vicende nere siciliane. Rapporti di Cosa Nostra con gli imprenditori negli anni Ottanta: don Vito, il padre di Massimo, veniva considerato da Giovanni Falcone – che ebbe il privilegio di arrestarlo – il dominus dei grandi appalti che gli imprenditori si spartivano con le cosche. Rapporti con le banche: sin dai tempi del sacco di Palermo, quella gigantesca operazione di selvaggia lottizzazione edilizia che prese le mosse all'inizio degli anni Sessanta. Rapporti con tutti quegli uomini politici (alcuni dei quali sopravvissuti e in carica ancora oggi) che per decenni si erano infiltrati nella vita pubblica con l'unico scopo di favorire la mafia non disdegnando di intascare laute mazzette.

Ma dal giovane Massimo non ci si aspettava solo un documentato amarcord rispetto a fatti di un passato remoto. Ci si aspettava anche una chiave interpretativa del periodo nero delle stragi quando suo padre, ancora perfettamente inserito nell'ambiente mafioso, aveva avuto un ruolo delicatissimo nella trattativa fra Stato e mafia. Dalle mani dell'astuto genitore era infatti passato il cosiddetto «papello», quel foglio contenente i desiderata di Cosa Nostra, ispirati, se non addirittura scritti di proprio pugno, da Totò Riina, per mettere fine alla stagione dello stragismo. Dell'esistenza di quel papello ne aveva parlato, per la prima volta a fine anni Novanta, Giovanni Brusca, il mafioso sotto la cui regia era avvenuta la strage di Capaci e che, poco tempo dopo la sua cattura, aveva iniziato a collaborare. Ma gli anni erano trascorsi senza che di quel documento, la cui esistenza Brusca aveva data per certa, si fosse mai trovata una traccia.

Massimo Ciancimino, dicendo e non dicendo, si accreditò come il potenziale erede di una santabarbara di segreti che avevano mantenuto intatta la loro attualità. Li avrebbe svelati? Avrebbe consegnato le carte a riprova di tanti patti scellerati fra uomini delle istituzioni e boss? Come accade in casi del genere, molti ci speravano. E molti ne avevano terrore. Ecco perché l'esposizione mediatica attorno alla sua persona lievitò a vista d'occhio quando ancora il rampollo di mafia sembrava solo lanciare segnali e avvertimenti in più direzioni. Letta l'intervista, i magistrati di Palermo e di Caltanissetta decisero di ascoltarlo.

Dopo che il 29 giugno 2008 venne sentito una prima volta dal Procura di Caltanissetta, guidata da Sergio Lari, che indaga sulla strage di via D'Amelio, Massimo Ciancimino si ritrovò di fronte i due pubblici ministeri di Palermo, Antonio Ingroia e Nino Di Matteo. Sono i due magistrati che da anni indagano sui rapporti fra la mafia e la politica e sui livelli decisionali che ispirarono le stragi. Ma anche sul grande capitolo, oscuro ancora oggi, ma non per questo fantasioso o chimerico, della trattativa dei boss con lo Stato affinché le stragi cessassero, ma cessassero con vicendevole tornaconto; sulla ramificazione, in altre parole, del contagio mafioso nel corpo delle istituzioni che dura da sessant'anni, per non dire da oltre un secolo, se si ha come punto di riferimento retrospettivo non gli anni del dopoguerra ma quelli immediatamente successivi all'Unità d'Italia. Tutta materia contenuta, in embrione, in quell'intervista a «Panorama».

Alla pubblicazione di quelle rivelazioni, posti di fronte al dilemma «prendere o lasciare», i magistrati decisero di prendere, cioè andare a vedere quali carte avesse in mano Massimo Ciancimino. Decisione saggia, essendo i magistrati non una delle fazioni in campo, come certi cialtroni da prima serata televisiva vorrebbero far credere all'opinione pubblica, ma gli unici titolati a cercare la verità e perseguire eventuali reati.

Ciancimino si presentò loro come un figliol prodigo dell'antimafia giunto quasi fuori tempo massimo all'appuntamento con la storia. E da quel momento, di interrogatori, sul medesimo canovaccio ma con infinite variazioni sul tema, ne sarebbero scaturiti a decine nel titanico tentativo dei magistrati di andare a fondo in una materia magmatica e complessa. Lui disse di custodire in cassette di sicurezza di banche all'estero carte e segreti, verità inconfutabili, nastri di registrazioni dei colloqui fra suo padre e il colonnello dei carabinieri Mario Mori che avrebbero inoppugnabilmente provato il coinvolgimento dell'alto ufficiale in una spericolata trattativa fra Stato e mafia. E non faceva mistero di essere in possesso del famigerato papello che, a tempo debito, avrebbe finalmente esibito. E non faceva mistero di saperla lunga sui capitali con i quali Silvio Berlusconi aveva costruito Milano 2.

Insomma lasciava intendere, come si diceva all'inizio, di avere ereditato dal padre un gigantesco archivio contenente i cosiddetti pezzi mancanti sulle verità di mafia di alcuni decenni – e qui prendiamo in prestito il titolo di un buon libro, I pezzi mancanti [Laterza editore, Roma-Bari, 2010], del giornalista Salvo Palazzolo – che finalmente, grazie alla sua testimonianza, sarebbero stati collocati al loro posto.

Ma adesso non era più «parola di intervista», era «parola di interrogatori». Bisognava credere al buio a Ciancimino? Certo che no. Bisognava ascoltarlo? Certo che sì. Fu quello che fecero i due pubblici ministeri in uno sfibrante tira e molla per capire, ma soprattutto verificare, cosa ci fosse di vero. Evitando, nello stesso tempo, che il teste si chiudesse nel mutismo. Poi, la «parola di interrogatori» diventò «parola di processo». Accadde il 1° febbraio 2010, in occasione di un'udienza del processo al generale Mori che si celebra a Palermo. In quella sede Massimo Ciancimino rese la sua prima deposizione pubblica, elencando i titoli del grande libro che si accingeva a scrivere e che in molti, ormai, si aspettavano da lui. E sembrò a tutti, anche a me, davvero molto convincente.

Da quel momento in poi, fra indiscrezioni dei quotidiani, giornalisti in fila indiana per intervistarlo, spettacolari apparizioni televisive, la bolla mediatica prese quota da sola. Inevitabile, a quel punto, il coinvolgimento di rappresentanti del mondo politico che non perdettero l'occasione per dar vita a cori chiassosi con lo scopo di zittire eventuali rivelazioni del figlio del mafioso. O, altrettanto interessati, i cori di chi, al contrario, lo incitava a vuotare ancora di più il sacco nella convinzione che in politica, come con la carne di maiale, non bisogna gettare via nulla.

Come sempre accade, la tentazione delle opposte fazioni è infatti quella di prendere o lasciare, incensare o sputtanare, creare un simbolo o far di tutto per mandare in frantumi l'idolo di turno. E già questo dovrebbe farci capire che la lotta alla mafia raramente è disinteressata.

E Massimo Ciancimino?

Diciamo la verità: si vedeva che sulle poltrone dei talk show un pochino si pavoneggiava. Che in prima serata si trovava a suo agio. Parlava e rispondeva a tutti, e su qualunque argomento. Attaccava e si difendeva. Alzava perennemente il tiro e allargava a dismisura gli orizzonti del suo sapere. Giocava tantissime parti in commedia: vittima e perseguitato, censore e opinionista. Nel frattempo, a trasmissioni televisive concluse, saltabeccava senza tregua fra deposizioni processuali, interrogatori dei magistrati e interrogatori di polizia, presentazioni di libri e premi giornalistici, persino solidarietà espressa a giornalisti minacciati dalla mafia. Ma così facendo, più che chiarire, infittiva i misteri che si era caricato sulle spalle. Basti pensare al tormentone sul misterioso «signor Franco», o «signor Carlo», o sul «signore con la faccia da mostro», evanescenti ombre che lui invece sosteneva di avere ripetutamente incontrato dando per certo che si trattasse di uomini dei Servizi che da decenni facevano da cerniera fra lo Stato e Cosa Nostra. E anche in questo caso, lenzuolate di giornali, grandinate di scoop, per disegnare l'identikit di fantasmi che, a indagini concluse, tali rimasero. Si vedrà.

Poi, il 21 aprile 2011, le luci della ribalta si spensero per sempre. Massimo Ciancimino su ordine dagli stessi magistrati di Palermo che in un primo tempo avevano creduto nella sua buona fede, fu arrestato dagli uomini della Dia di Palermo e della Squadra mobile di Parma fra i caselli autostradali di Parma e Fidenza, mentre si stava recando in Costa Azzurra, sotto scorta sino al confine italiano, per trascorrere qualche giorno di vacanza. L'accusa era di calun-

nia aggravata. Ma cosa era successo? Semplice. I magistrati palermitani avevano scoperto che Massimo Ciancimino, in uno dei
tanti documenti del padre che aveva consegnato loro, aveva inserito di suo pugno, o per mano di un complice, il nome di Gianni
De Gennaro, all'epoca capo della polizia, come persona compromessa con Cosa Nostra. Una perizia scientifica aveva inequivoca-
bilmente stabilito che il nome di De Gennaro era stato aggiunto
posticciamente in epoca successiva, mediante un montaggio di
fotocopie: il classico «copia e incolla».

La perizia, che inchiodò il figliol prodigo dell'antimafia, sollevò
un clamore enorme, con ricadute persino nel processo al generale
Mori dove il promettente giovane Ciancimino si voleva accreditare come l'asso nella manica dell'accusa. Giornali e tv ordinarono
l'«indietro tutta» e altri casi da prima pagina occuparono lo spazio
lasciato improvvisamente vuoto dal figlio di don Vito. Emerse anche
che Massimo Ciancimino, su ordine della Procura di Reggio Calabria, guidata da Giuseppe Pignatone, era stato intercettato mentre
cercava di fare affari con un sospetto 'ndranghetista vantandosi di
tenere in pugno la Procura di Palermo. Anche in quel caso, Massimo Ciancimino, chiamato a fornire spiegazioni di quelle sue curiose frequentazioni, non poté che balbettare. Poi, ove possibile, Ciancimino si fece male da solo ancora di più.

Finito in carcere, sperando di alleggerire la sua posizione, rivelò di avere sventato un attentato dinamitardo contro se stesso a
opera di ignoti e indicò agli inquirenti, ormai allibiti, il giardino
di casa, a Palermo, dove aveva interrato i candelotti inesplosi dopo
averli debitamente innaffiati con acqua fresca. E un'altra misura
cautelare per porto e detenzione d'esplosivo venne emessa contro
di lui.

Che dire? Che morale trarre dalla favola? Storia incomprensi-
bile da ogni punto di vista. Storia viscida. Storia che evoca ancora
una volta, semmai ce ne fosse bisogno, gli zampini di apparati
occulti che non mollano mai la presa soprattutto sulle storie di
mafia da prima pagina. Se fosse stata vera la tesi di Ciancimino,
come riuscirono i mafiosi a collocare una carica esplosiva dietro la
porta di casa di un potenziale bersaglio che proprio per questa
ragione veniva sottoposto a scorta?

Un'ultima notazione di cronaca. La vicenda, alla fine, ebbe
anche un risultato pernicioso: la contrapposizione fra le Procure
siciliane (Palermo e Caltanissetta) che sin dall'inizio si erano
occupate del caso Ciancimino. I pubblici ministeri nisseni, guida-

ti dal procuratore Sergio Lari, furono infatti i primi a manifestare perplessità sull'attendibilità del teste protagonista, prova ne sia che lo iscrissero per calunnia nel registro degli indagati. I palermitani cercarono ulteriori verifiche ma il risultato cambiò di poco. Va infine ricordato che l'ordine di arrestarlo venne da Palermo. Poi, dal carcere, Ciancimino fu assegnato agli arresti domiciliari, e infine rimesso in libertà. Sinteticamente, i fatti del tormentone che durò oltre tre anni, sono quelli che abbiamo esposti sin qui.

Ma come definire Massimo Ciancimino?

Non è un mafioso (almeno non risulta che lo sia), essendo piuttosto, questo sì, uno dei cinque figli di un grande mafioso. La differenza non è di poco conto. Se tutti i figli dei mafiosi fossero mafiosi, saremmo alle prese con un micidiale teorema transitivo che non lascerebbe scampo alla società, né a quella di oggi né a quella di domani. Conseguentemente, Massimo Ciancimino non è un pentito, non è un collaboratore di giustizia, appartenendo semmai alla categoria dei testimoni, persone informate sui fatti che possono dare un contributo all'accertamento della verità. Ma è un testimone sui generis, un testimone al quale non è capitato solo di presenziare, trovarsi cioè al momento giusto nel posto sbagliato, ma anche di partecipare in prima persona e, per ciò, di essere iscritto e indagato per più di un reato. Testimone protagonista, sarebbe più corretto definire Massimo Ciancimino. Ma protagonista non per sua scelta. Protagonista per decisione di un dispotico padre-padrone mafioso che lo adoperava spregiudicatamente in veste di portaborse, portaordini, ufficiale pagatore, autista, palo, ascoltatore, archivista e complice; e il tutto a futura memoria. D'altra parte il cognome Ciancimino a Palermo è cognome pesante.

Ebbi modo di conoscere Vito Ciancimino, incrociarlo in alcune occasioni. Alcune note alle cronache giudiziarie: i processi ai quali fu sottoposto negli ultimi anni della sua carriera criminale, per effetto delle indagini di Falcone che ebbe il merito storico di spedirlo in galera quando – checché ne dicano gli smemorati ex democristiani di allora – teneva in pugno la potentissima Dc siciliana, essendo riuscito ad allungare la sua zampata sulla corrente andreottiana di Sicilia, rappresentata localmente da Salvo Lima. Altre, meno note. Come quella notte in consiglio comunale a Palermo, nel 1970, quando l'opposizione rappresentata dalla minoranza del Pci, diretta in quegli anni da un giovane Achille Occhetto, lo costrinse a dimettersi da sindaco. Alle prime luci dell'alba, dopo uno scontro al calor bianco in cui volarono parole grosse da ambo le parti, ai giornalisti che gli chiesero come mai uno come lui fosse stato almeno per una volta sconfitto e disarcionato, Vito Ciancimino rispose sprezzante e beffardo: «Tutti sanno che a Waterloo fu sconfitto Napoleone, ma nessuno ricorda più il nome del generale inglese che lo sconfisse». L'episodio rende bene il tasso di megalomania che alimentava carattere e personalità di Vito Ciancimino. E in questo troviamo anche una risposta a quel «prendere», cioè andare a vedere le carte dell'interlocutore, che ha condizionato la scelta dei magistrati di Palermo rispetto alla conclamata volontà del figlio Massimo di fare in qualche modo la sua parte.

Chiunque abbia un minimo di dimestichezza con quelle pagine di storia di Sicilia, sa infatti che la megalomania di questo boss, convinto di essere un novello Napoleone in salsa siciliana, aveva ottime ragioni dalla sua parte. Prima fra tutte l'essere stato, in quanto corleonese, la faccia politica di quel gruppo di fuoco, rappresentato dai Riina, i Provenzano, i Bagarella, che avevano firmato le prime pagine dello stragismo mafioso quando esso era rivolto contro le famiglie mafiose della città di Palermo con lo scopo – ottenuto dopo una trentina d'anni – di raggiungerne il definitivo controllo. Ma qui, ora, e più modestamente, verrebbe da dire, è di Massimo Ciancimino che tocca parlare. L'aurea che lo circonda è quella che abbiamo sommariamente descritto.

Ora il fatto è che quel tratto caratteriale del padre, la megalomania, sembra essersi trasferito in lui che invece non aveva e non ha altrettante valide ragioni per considerarsi un Napoleone nel cerchio ristretto dei testimoni-protagonisti. Non si tratta di indulgere a considerazioni psicoanalitiche d'accatto, ma il fatto è che Massimo Ciancimino, a un certo punto, si è trovato soggiogato dal suo stesso personaggio che, evidentemente, ha finito con il considerare un abito troppo stretto, per uno con un cognome come il suo. Toccherà ai magistrati tirare le somme di ciò che è rimasto nella cesta consegnata loro dal figlio di don Vito, ma anche i non addetti ai lavori hanno avvertito la vistosa sproporzione fra la pesca miracolosa annunciata dal diretto interessato e l'effettiva dimensione del suo contributo in termini di verità.

I giudici fecero bene a regolarsi, come si regolarono, di fronte al figlio del «Napoleone mafioso» che a un certo punto si convinse di essere un Napoleone lui stesso? L'abbiamo già detto: sì. È per questo che esistono i magistrati. Gli diedero troppa corda? Probabilmente sì. Tre anni sembrano troppi, anche in considerazione del fatto che la legge concede appena centottanta giorni ai pentiti per dire tutto quello che sanno e a un testimone sui generis, come Ciancimino, un tempo illimitato.

Ma se la tanto decantata pesca miracolosa alla fine non ci fu, è pur vero che nella cesta del figlio del mafioso non c'erano solo pesci andati a male: diversi riscontri furono trovati in riferimento alle complicità politiche di cui ha goduto e gode la mafia. Valga per tutti, la consegna del papello che avvenne il 29 ottobre 2009. Dodici le rivendicazioni di cosa Nostra per chiudere la parentesi stragista:

1. Revisione della sentenza del maxi processo
2. Abolizione della legislazione sui «pentiti»
3. Revisione della legge sulla confisca dei beni
4. Annullamento del decreto contenente l'art. 41 bis
5. Revisione della legge Rognoni-La Torre
6. Introduzione per i condannati per mafia dei benefici legati alla dissociazione
7. Chiusura delle supercarceri di Pianosa e dell'Asinara
8. Abolizione della censura sulla corrispondenza postale con i familiari
9. Trasferimento nelle carceri vicine alle famiglie
10. Arresti per mafia solo in flagranza
11. Arresti domiciliari per gli ultrasettantenni
12. Defiscalizzazione della benzina in Sicilia

Ma è altrettanto vero che in questo caso i periti grafici chiamati dalla Procura di Palermo per verificarne l'autenticità non riuscirono mai a trovare analogie fra quella scrittura e quella dei vari Riina, Provenzano, Cinà e altri, sospettati a vario titolo di esserne stati gli autori.

Se si volesse banalizzare il succo di questa storia si potrebbe dire che il bancone della pescheria di Massimo Ciancimino non si discosta molto da quello di certe pescherie che mettono in bella mostra pesci freschissimi occultando, alla vista del cliente, quelli che freschissimi non sono. Resta la domanda più inquietante di tutti: perché lo fece?

Esiste una scuola di pensiero convinta che Massimo Ciancimino si sarebbe deciso al gran passo per distrarre l'attenzione rispetto a ingenti capitali ereditati dal padre e appena sfiorati dalle indagini negli ultimi venti anni. Di certo, però, una condanna, per parte di quel patrimonio, l'ha comunque ricevuta. Si vedrà. Quanto alla storia dei candelotti di dinamite non c'è chi non veda che attorno a Massimo Ciancimino abbia continuato a ruotare un nugolo di mosconi, mafiosi e non solo mafiosi, che, almeno teoricamente, avrebbe dovuto girare alla larga da un personaggio mediaticamente esposto come lui. Perché? Si possono a tal proposito fare solo ipotesi.

La prima, forse la più plausibile, è che Massimo Ciancimino sia partito con il piede giusto nel suo rapporto con la magistratura e qualcuno, poi, con un mix di minacce di morte e carote che ne blandivano il suo ego ipertrofico, sia riuscito a farlo derazzare. La seconda, che però ci appare machiavellica, è che il loquace giovanotto sia stato fin dall'inizio un doppiogiochista paracadutato oltre le linee dell'antimafia per portare scompiglio e minarne l'unità. Sono interrogativi che forse non troveranno mai risposta.

Rimangono infine due grandissime anomalie che riguardano, tanto per cambiare, il mondo della politica e delle istituzioni.

La prima: fu proprio per effetto delle dichiarazioni di Ciancimino che in tanti ricordarono – a sedici anni di distanza dai fatti – di aver avuto sentore che il Ros di Mario Mori si era dato un gran da fare fra le stragi del 1992 e del 1993 per quel progetto di trattativa che per anni era stato negato istituzionalmente e all'unanimità. E ci riferiamo ai ricordi di Claudio Martelli, Luciano Violante, Liliana Ferraro, la quale, dopo la morte di Falcone, ne prese il posto alla direzione degli affari penali. Per carità, ognuno ha bisogno dei suoi tempi per ricordare. Ai mafiosi che decidono di collaborare si danno sei mesi per vuotare il sacco; Ciancimino allungò il brodo per tre anni; i rappresentanti delle istituzioni sono stati folgorati all'unisono sedici anni dopo.

La seconda anomalia riguarda invece quegli esponenti di centro-destra come Fabrizio Cicchitto e Maurizio Gasparri, fino a ieri al governo, che in questa storia hanno disinvoltamente recitato due parti in commedia: ultras da stadio quando sembrava che il testimone protagonista tirasse in ballo i governi di centro-sinistra di allora, implacabili Torquemada quando sembrava far capolino in queste storie il nome di Silvio Berlusconi.

Siamo al punto decisivo, quello che più ci interessa e del quale stiamo tenendo conto nella scrittura di queste note: la politica italiana non vuole una lotta alla mafia senza «se» e senza «ma». La vuole a suo piacimento. A favore dei propri interessi. A tutto pensa tranne che a trasformarla in una grande occasione di rinnovamento politico e morale del Paese. Andreotti, Schifani, Cuffaro,

Dell'Utri, D'Alì, Vizzini, Romano, ai quali abbiamo fatto riferimento in un precedente paragrafo, rappresentano forse altrettanti capitoli proibiti di una storia della lotta alla mafia che si fa di tutto per impedire che venga scritta. Il sospetto è più che legittimo.

Questa censura preventiva può essere letta come la risposta che spiega perché l'eredità di Falcone, Borsellino, dell'intero pool antimafia di Palermo negli anni Ottanta non viene mai aggiornata. Ci chiedevamo: per responsabilità di chi? Per colpa di chi? Chi avrebbe potuto e invece si è sottratto? È un intero sistema politico e istituzionale che fa da deterrente. Forse anche per questo siamo il curioso Paese dove tutti, a parole, sono contro la mafia, ma la mafia è ancora qui a tenerci compagnia.

Il Dna dei miracolati

Se Ciancimino, sull'argomento trattativa, risultò essere come la proverbiale ciambella senza il buco, le indagini che la Procura di Palermo svolse autonomamente raggiunsero invece risultati assai più interessanti.

Che una trattativa ci sia stata fra il 1992 e il 1993 (gli anni dello stragismo mafioso) ormai è di solare evidenza. Negarla, assomiglia in qualche modo al negazionismo di chi, tempi addietro, rifiutava di riconoscere persino l'esistenza della mafia. Ora non è necessario essere addetti ai lavori per farsi un'idea propria su come andarono le cose. Vent'anni dopo le uccisioni di Falcone e Borsellino la mafia c'è ancora. E questo, con ogni probabilità, sarebbero disposti ad ammetterlo persino i negazionisti di un tempo.

Ma chi è più forte, fra la mafia e lo Stato? Verrebbe da dire che lo Stato è senz'altro più forte della mafia. Prova ne sia che quando ha voluto far sentire la sua voce, Cosa Nostra è stata pesantemente costretta sulla difensiva. Lo Stato, però, ha perduto l'occasione più importante per debellare definitivamente il fenomeno a seguito dell'uccisione dei suoi giudici migliori, Falcone e Borsellino. Che ciò sia potuto accadere è la riprova logica del fatto che la trattativa c'è stata. Magari a qualcuno non piacerà la parola «trattativa», considerandola irriverente nei confronti delle istituzioni. Forse «sanatoria» e «condono» sarebbero termini più appropriati, più calzanti e, soprattutto, più aderenti al linguaggio in voga nel curioso Paese del quale si diceva all'inizio. Ma la sostanza non cambia. Nei fatti di mafia è fondamentale la prospettiva attraverso la quale si esaminano i fatti. Recentemente l'Unità d'Italia ha compiuto centocinquant'anni, e altrettanti ne ha compiuti la mafia (la cui nascita, forse, è persino precedente all'unificazione del Paese), come ha messo in evidenza Corrado Guzzanti nel suo spettacolo *Aniene*, a riprova del fatto che certe verità lapalissiane e scabrose in Italia possono trovare spazio, bene che vada, solo in sketch di irresistibile comicità. In altre parole, se nascita dell'Unità d'Italia e nascita della mafia sono coeve, va da sé che un filone «trattativista» non è nato dalla sera alla mattina, ma deve esserci sempre stato.

Due soli esempi, a tale proposito. Il «prefetto di ferro» Cesare Mori, l'uomo di punta utilizzato dal regime fascista intenzionato a debellare la mafia, non fu forse richiamato da Palermo a Roma e giubilato, dallo stesso Mussolini, perché «reo» di aver infastidito gli intoccabili del tempo, quei colletti bianchi che dovevano a qualsiasi costo restare nell'ombra? E gli Stati Uniti d'America, alla vigilia dello sbarco alleato, non cercarono forse, attraverso la loro intelligence, i buoni uffici di Lucky Luciano e della mafia siciliana, per coprirsi le spalle da eventuali cattive sorprese in terra di Sicilia, con buona pace di certi storici *à la page* che lavorano a tutto spiano a colpi di bianchetto? E Giulio Andreotti, per decenni, non incarnò forse la linea della «trattativa» fra Democrazia cristiana e mafia, fra istituzioni e mafia, fra Stato e mafia? Allora, di fronte alla trattativa del 1992-1993, si potrebbe dire: tanto rumore per nulla. Invece, questo capitolo dell'eterna trattativa, più di tutti gli altri, ha avuto un'enorme esposizione mediatica. La ragione risiede nel fatto che Cosa Nostra non aveva mai fatto ricorso a stragi di quelle dimensioni. E l'idea che uno Stato possa scendere a patti con un nemico che fa saltare per aria i suoi giudici migliori, interi palazzi, chiese e edifici di valore storico, non poteva in alcun modo essere digerita da un'opinione pubblica poco sensibile – e per fortuna – alla cosiddetta «ragion di Stato». Individuare l'esatta data d'inizio di questa storia fu per anni un rompicapo quasi insolubile. Secondo alcuni la trattativa nacque all'indomani delle stragi di Capaci e via D'Amelio, secondo altri nel bel mezzo dei due attentati. Ma entrambe le interpretazioni dovevano fare inevitabilmente i conti con la cattura di Totò Riina (15 gennaio 1993) e con il fatto che, pochi mesi dopo, l'escalation avrebbe registrato un'ulteriore impennata con le bombe di Roma, Firenze e Milano.

Ora è emerso un quadro che permette di sistemare al loro posto parecchi tasselli. Intanto, contrariamente a ciò che si pensava, non fu la mafia a tenere aperto il canale di comunicazione. Semmai fu la politica a cercare un contatto con il quartier generale stragista. E l'inizio della trattativa viene così retrodatato. Tutto sarebbe partito – sostengono i giudici palermitani che sull'argomento stanno ancora indagando – nel marzo del 1992, molto prima della strage di Capaci e di quella di via D'Amelio. Per l'esattezza il 12 marzo, con l'uccisione di Salvo Lima, europarlamentare democristiano che da anni rappresentava il punto di riferimento della corrente andreottiana in Sicilia. Lima – questo ormai è acclarato – venne eliminato perché colpevole di non aver mantenuto i patti con i mafiosi. Si diffuse il panico. Molti uomini politici siciliani, che, in tutta evidenza, avevano da temere per motivazioni analoghe a quelle che avevano segnato la condanna di Salvo Lima, temettero per la loro vita. Nomi importanti.

Ad aprire la lista, quasi ovviamente, verrebbe da dire, Giulio Andreotti. Ma anche Calogero Mannino (che poi la Cassazione assolverà definitivamente dall'accusa di mafia), all'epoca ministro per gli Interventi straordinari per il Mezzogiorno; Carlo Vizzini, ministro delle Poste e telecomunicazioni; Carlo Martelli, ministro di Grazia e giustizia che aveva scelto come suo collaboratore proprio Giovanni Falcone; Salvo Andò, ministro della Difesa; infine Sebastiano Purpura, un assessore regionale siciliano che all'epoca era di provata fede limiana. L'elenco era contenuto in un telegramma che Vincenzo Parisi, allora capo della polizia, inviò a prefetti, questori e vertici dell'intero apparato repressivo esattamente quattro giorni dopo l'uccisione di Lima. Nel documento, tornato di attualità nel 2010 perché depositato agli atti del processo Mori, si legge fra l'altro: «Nel periodo marzo-luglio corrente anno, campagna terroristica con omicidi esponenti Dc Psi et Pds, nonché sequestro et omicidio futuro presidente della Repubblica. Quadro strategia comprendente anche episodi stragisti».

Pochi giorni dopo, il ministro degli Interni Vincenzo Scotti fa propria la preoccupazione di Parisi, durante una sua audizione alla commissione Affari istituzionali del Senato, riferendosi alla possibilità di un «piano destabilizzante». A quel punto si scatena il putiferio. Nessuno vuole credere alla veridicità delle parole di Scotti e Parisi. Lo stesso Giulio Andreotti, parte in causa, bolla quell'allarme come il risultato delle «parole di un pataccaro». E il presidente della Repubblica, Francesco Cossiga, getta acqua sul fuoco. Ma secondo i giudici di Palermo, i diretti interessati, vale a dire i minacciati, continuano a non dormire sonni tranquilli. E iniziano così ad attivarsi per l'apertura di un canale con il vertice di Cosa Nostra. Ed ecco tornare improvvisamente d'attualità un vecchio arnese come Vito Ciancimino. Gli uomini politici si salveranno. Ma le stragi ci saranno lo stesso: Capaci e via D'Amelio. Ed è soprattutto in quella fase che la trattativa andò avanti, a questo punto anche per impulso dei mafiosi che, volendo battere il ferro mentre era caldo, cercavano di perseguire il loro tornaconto.

Il Dna di via D'Amelio

Materia scottante, ancora assai magmatica è quella relativa alle indagini sulla strage di via D'Amelio. Si potrebbe dire che quanto è accaduto nel 2011 è paragonabile al crollo di un grande ponte su quale sembravano destinate a scorrere tante certezze processuali, e non solo processuali, dell'antimafia più recente. C'è addirittura chi sostiene che un intero ventennio di vicende di mafia, prima o poi, andrà riscritto. Sarà anche una previsione eccessiva, ma, nell'immediato, risulta sconvolgente che il procuratore generale di Caltanissetta, Roberto Scarpinato, abbia chiesto e ottenuto dalla Corte d'appello competente, quella di Catania, la scarcerazione di sette persone, condannate all'ergastolo perché accusate di aver fatto parte del commando che entrò in azione in via D'Amelio per la strage del 19 luglio 1992, risultate invece, in seguito alle indagini, estranee ai fatti. Scarpinato ha altresì sollecitato la revisione dei processi Borsellino e Borsellino bis ma i giudici catanesi su questo punto sono stati di diverso avviso, ritenendo che prima debbano essere individuati i veri esecutori della strage. Come è potuto accadere?

Capaci e via D'Amelio restano entrambi capitoli oscuri, inficiati da cento verità, cento ricostruzioni antitetiche, e persino comportamenti tutt'altro che adamantini da parte di chi aveva indagato.

Fra le due, la vicenda più eclatante è quella di via D'Amelio nella quale, quanto a sentenze passate in giudicato, niente è definitivo. Anzi, a vent'anni di distanza, come nel gioco dell'oca, si ritorna all'inizio. Tutto è partito dalla deposizione, nel processo Dell'Utri, del collaboratore Gaspare Spatuzza che si accusa d'aver rubato la 126 che poi sarebbe stata imbottita di tritolo. Sino a quella data però, il fardello di quel furto gravava sulle spalle di un altro presunto collaboratore di giustizia, Vincenzo Scarantino, il meccanico della borgata palermitana della Guadagna che si era auto accusato a ripetizione di quel furto ma, altrettanto a ripetizione, aveva ritrattato.

Così prese corpo il sospetto che Scarantino fosse stato indotto a quelle dichiarazioni a suon di legnate da parte della task force di polizia diretta, nei primi anni di indagine su via D'Amelio, dal questore Arnaldo La Barbera risultato essere, dopo la sua morte, a libro paga dei Servizi segreti con il nome in codice «Catullo». Di sicuro c'è che i magistrati di Caltanissetta si sono convinti – come abbiamo visto – che in carcere, per quella strage, si trovavano anche persone che a quella strage non avevano partecipato. Insomma, la verità sarebbe ancora distante anni luce da quelle conclusioni processuali.

Ora, perché si abbia un'idea della complessità di questo gigantesco rompicapo è sufficiente ricordare che esistono ben sette filoni di inchiesta. Si indaga per scoprire che fine abbia fatto l'agenda rossa in cui Paolo Borsellino andava registrando le sue conclusioni sulla uccisione di Giovanni Falcone, come ha ripetuto più volte, e senza tentennamenti, Salvatore Borsellino, il fratello di Paolo. Quell'agenda, qualcuno – e al momento è l'unica certezza – la fece scomparire pochi minuti dopo la strage. In quell'agenda, dalla quale Borsellino non si separò mai negli ultimi giorni di vita, sarebbe contenuta la chiave per dipanare ciò che accadde in quei cinquantasei giorni che separarono le stragi di Capaci e via D'Amelio. Si indaga, dopo la scarcerazione di alcuni imputati, sull'effettiva composizione del commando. Resta da capire se di sola mafia si trattò (il che ormai sembrerebbe da escludere) o, piuttosto, della micidiale sinergia fra boss e uomini deviati dei Servizi segreti italiani. Va ricostruito il percorso dell'esplosivo che ad aprile arrivò in Sicilia e, appena un mese dopo, venne utilizzato a Capaci. Ci si interroga ancora su che fine abbia fatto il diario di Falcone, che nella sua versione integrale non fu mai ritrovato. Vicenda analoga, in maniera impressionante, a quella dell'agenda rossa di Borsellino. Mentre, ancora oggi, devono essere assicurati alla giustizia gli esecutori del fallito attentato all'Addaura che puntava all'eliminazione di Falcone. Infine, c'è la grande madre di tutte le inchieste che non può ancora dirsi conclusa: quella sulla trattativa fra Stato e mafia.

Quanti anni ancora ci vorranno per dirimere questo nodo

gordiano? Tanti, verrebbe da dire. Come accade in tutte le occasioni in cui mafia e Stato sono andate a braccetto.

Il Dna dello zio Totò

Che la posta in gioco sia alta lo dimostra il fatto che sull'argomento è tornato a farsi sentire perfino Totò Riina. E lo ha fatto da par suo. Sente che c'è rumore, che fra gli addetti ai lavori c'è polemica, che i politici si dilaniano (a parole), ed eccolo far capolino dalle patrie galere inviando il suo messaggio agli italiani, e, in particolare, agli italiani di mafia, come fosse il capo di uno Stato nemico detenuto ingiustamente. Ha fatto sentire la sua voce in maniera inusuale, attraverso la richiesta al suo avvocato, Luca Cianferoni, di far filtrare il suo pensiero sulla stampa, così da provocare l'intervento del procuratore capo di Caltanissetta, Sergio Lari, che, insieme al procuratore aggiunto Domenico Gozzo e al sostituto Nicolò Marino, andò ovviamente a interrogarlo. Inusuale la forma, dicevamo, ché non si era mai visto un boss dei boss accettare come interlocutori i magistrati che continuano a indagare su di lui.

Ne sono scaturiti due interrogatori, distanziati nel tempo, uno in data 24 luglio 2009, l'altro il 1° luglio 2010, alla presenza dei difensori, emblematici del punto di vista del padrino. Intendiamoci: nessuna rivelazione. Nessun mea culpa. Nessuna ammissione. Nessun ravvedimento. Nessuna parola rivolta ai familiari delle vittime. Nessuna chiamata di correità. Per Totò Riina la mafia non esiste. Non ha mai saputo cosa sia. Non ne ha mai fatto parte, non l'ha mai incontrata sul suo cammino, non gliene hanno mai parlato, sbigottisce quando gli pronunciano i nomi di Provenzano o di Cinà, di Ciancimino o di Di Maggio. Batte le palpebre solo quando gli parlano di gente nata a Corleone – di corleonesi, cioè –, che ammette di aver conosciuto ma solo in quanto «paesani» e fra «paesani», in piccoli paesi, si sa che ci si conosce tutti. Se poi gli viene chiesto se almeno con questi «paesani» fosse solito incontrarsi, si ritrae sdegnato perché lui è caratterialmente un «solitario», uomo che è sempre vissuto per i fatti suoi e che ha sempre evitato di dare confidenza al «prossimo». Oltretutto – precisa – «io non vivo sulla terra, vivo sulla luna».

Si inalbera al sentir pronunciare le parola «pentito» o «collaboratore di giustizia» perché, secondo il suo cervello fino, pentirsi è comunque un riconoscimento di appartenenza a Cosa Nostra, quel riconoscimento che lui, detenuto ormai da vent'anni in assoluto isolamento, non sarebbe disposto ad ammettere neanche sotto tortura. Una divinità sottoposta a una dolorosa e ingiusta via crucis: «Faccio diciassette anni che sono in isolamento... in area riservata... telecamere nelle stanze, telecamere nel passeggio, telecamere nelle salette, telecamere nel bagno, non mi posso fare il bidet, guardato a vista ventiquattro ore su ventiquattro... non so più cosa debbo fare e poi sono sempre io il capo mafia». A questo punto verrebbe spontaneo chiedersi: allora che motivo aveva Totò Riina di far sentire la sua voce?

Vuol apparire, e vuole che i posteri lo ricordino, come una divinità immobile. Una divinità che non conosce ripensamenti. Una divinità neanche scalfita da un'eterna prospettiva carceraria. Sa benissimo che divinità del genere, nel Pantheon criminale dell'umanità, un posto lo trovano di sicuro. E lui quel posto lo vuole, lo pretende, sembra questa l'unica legittima aspirazione che gli è rimasta. Sarà così anche per i suoi denigratori? Sarà così anche per Bernardo Provenzano o per i Lo Piccolo, i Raccuglia, i Nicchi, I Liga? Difficile: i Pantheon sono selettivi e a numero chiuso. Riina ne farà parte, gli altri no.

Cosa aspettarsi allora da lui? Niente.

Infatti: «Chi è questo Stato che io ho fatto queste trattative? Io 'ste trattative mi suonano novità... Lo Stato con me non ha trattato e non ha parlato». Riina sente il bisogno, dopo anni e anni di galera, di far sapere all'universo mondo che è rimasto tale e quale, che il demone del pentitismo non si è impadronito di lui, che resta la cassaforte inespugnabile che è sempre stato. In tempi in cui si aprono gli archivi di mezzo mondo, da quelli americani a quelli della Russia, da quelli inglesi a quelli dei Paesi dell'Est, il guardiano dell'archivio di Cosa Nostra risponde picche alle richieste dei curiosi. E tranquillizza, così, tutti quelli che avrebbero da temere da un suo eventuale ravvedimento.

I due interrogatori restano, al momento, gli unici testi sacri emanati dalla divinità immobile. Un'avvertenza: i giudici di Caltanissetta, che lo hanno interrogato, sono gli stessi che stanno indagando sulla strage di via D'Amelio e sulle possibili interferenze sulla strage, della trattativa fra lo Stato e Cosa Nostra.

Si ricomincerà da capo? Lo abbiamo detto: è assai probabile. Anche per questo, Riina prende la parola. Vuole esserci. Vuol rimarcare la sua presenza in questa nuova fase.

L'argomento gli sta a cuore, proprio perché si dice estraneo a via

D'Amelio e nega persino l'esistenza del papello. Diversi collaboratori, da Brusca a Spatuzza, lo hanno indicato con certezza per aver
scritto di suo pugno l'elenco delle richieste che la mafia avanzava
allo Stato offrendo in cambio l'archiviazione della pagina stragista?
Riina perde la pazienza: «Giovanni Brusca è un bugiardo. Non gli
ho mai parlato di trattativa o di papello o di Nicola Mancino» (che
alcuni collaboratori indicano come contraltare istituzionale della
trattativa mentre era ministro dell'Interno). Su Spatuzza, ironizza:
«Spatuzza sa la verità su via D'Amelio; chiedete tutto a lui che ha
sempre collaborato. Io non posso aiutarvi su via D'Amelio».

Spiega ai magistrati come è nata la sua decisione di aprire bocca: «Visto e considerato che questo Spatuzza e altri pentiti dicono
che questo Scarantino non è stato l'autore di prendere macchine,
di fare queste cose, il commissario La Barbera ha manomesso, ha
fatto, ha creato... allora ci dissi all'avvocato: avvocato si vuole
interessare di tutti questi miei casi nuovi e vedere come stanno i
fatti e che c'è di vero di questi papelli, di queste mie cose scritte con
lo Stato... Chi è questo Stato che io ho fatto 'ste trattative?».

Gli brucia il fatto di essere stato «tradito» e arrestato dopo
ventiquattro anni di latitanza: «C'è stato qualcuno che ha avuto
interesse di vendermi e farmi arrestare». Ma è un merito che non
ha alcuna intenzione di riconoscere a Bernardo Provenzano: «Provenzano ha la colpa di avere voluto fare lo "scrittore", non era
certamente capace di farmi catturare. Provenzano non ha mai
saputo dove abitavo io. Provenzano non mi poteva fare arrestare
perché non lo sapeva». Un'ultima annotazione su via D'Amelio.

È sempre esistito il forte sospetto che il telecomando che fece
brillare la 126 che provocò l'apocalisse fu azionato dal castello
Utveggio, in cima al Montepellegrino che sovrasta l'area dell'esplosione. E sembrava fossero emersi elementi che, in una certa fase,
fecero ritenere che proprio dentro l'Utveggio, in quegli anni, fosse
attiva un centrale di Servizi segreti (non meglio identificati); tanto che, a esplosione avvenuta, ci sarebbero stati contatti telefonici fra le utenze del commando e quella che riconduceva alla sede
sotto copertura dell'Utveggio. E di questo, per anni, si è detta
convinta Rita Borsellino, la sorella di Paolo. Ma poiché le prove
non sono saltate fuori, nonostante i magistrati le abbiano cercate,
quelle congetture sono rimaste niente di più che leggende metro-
politane. Altrettanto inutile chiedere a Riina come andarono
veramente le cose. Storpia persino il nome del castello Utveggio.

In conclusione: l'archivio resta chiuso. Stiano tranquilli gli uomini ombra della trattativa. Stiano tranquilli i mandanti esterni alla mafia che diedero l'ordine di assassinare Paolo Borsellino. Il guardiano dell'archivio vigila anche per loro. Anche il guardiano della cassaforte sa che resteremo il curioso Paese dove a parole tutti diranno sempre di voler sconfiggere la mafia mentre la mafia resterà e ci terrà sempre compagnia. Quanto allo zio Totò, si accontenta di passare alla storia come una divinità immobile.

Il Dna nascosto

Tutto quello che abbiamo raccontato sin qui dimostra che ci vorrà ancora parecchio tempo per scrivere la parola fine sulle indagini che riguardano l'intera stagione stragista di venti anni fa. Il semplice fatto che alcuni processi andranno celebrati ex novo lascia infatti prevedere che sentiremo ancora parlare a lungo di mandanti esterni, commandos che fecero detonare le cariche esplosive e trattative. Ma è pur vero che l'impegno della magistratura non è venuto meno; che non si perseguono teoremi aprioristici; che non si accettano conclusioni a scatola chiusa; che non viene tralasciata nessuna pista; che si sottopongono a continue verifiche le dichiarazioni dei pentiti soprattutto se risultano antitetiche fra loro; che, infine, non si fanno sconti a nessuno. E la considerazione vale per tutte le procure che, a vario titolo, si occupano di una materia così complessa. Ci sembra l'unico modo per procedere lungo una strada impervia e irta di tranelli. Che poi, alla fine, venga trovato il bandolo di questa matassa insanguinata è tutt'altro che scontato. Molto, ancora una volta, dipenderà dalla politica che sin qui non ha fatto altro che ostacolare e sopire. E sarà fondamentale l'interesse e l'attenzione dell'opinione pubblica anche se in certi momenti sono legittimi scoramento e sfiducia di fronte a una storia infinita.

Si tratta solo di restare in paziente attesa? Di attendere l'esito di una rivisitazione retrospettiva di pagine e pagine che appartengono innegabilmente al passato? Questo è un lusso non consentito per la semplicissima ragione che, da tempo, un'altra mafia ha preso il posto del caro estinto. La mafia, in questi venti anni, è andata molto avanti. Palermo e la Sicilia sono diventati la sua città e la sua regione dormitorio. Mai come oggi la mafia è altrove. Qualcuno se ne sta occupando? Qualcuno le dà la caccia?

Se questa fosse la sceneggiatura di un film del far west, il mafioso sarebbe paragonabile al fuorilegge che si allontana di chilometri e chilometri dal villaggio dove ha commesso i suoi crimini e decide di attraversare il deserto per rendere illeggibili le sue tracce allo sceriffo che vorrebbe ancora dargli la caccia.

Fuor di metafora sta accadendo qualcosa di simile. E allora abbiamo chiesto ad Antonio Ingroia, procuratore aggiunto di Palermo, che da oltre vent'anni in questa caccia, a volte disperata, ha finito con lo specializzarsi.

Dove è finita la mafia?

«È finita dove non ci saremmo mai aspettati di trovarla. Nel cuore del nord Italia, dove tutti pensavano che la "cultura europea" e lo sviluppo dell'economia avrebbero fatto da impermeabile alla penetrazione di questa metastasi mafiosa.»

Ma quando si è parlato di mafia al Nord non si è forse scatenato un putiferio nordista in difesa della verginità settentrionale?

«È proprio grazie a questo putiferio, che è sintomo di sottovalutazione, che le mafie di qualsiasi risma, che da tempo erano penetrate nell'economia sana del Paese, hanno potuto diffondersi ancora di più.»

Perché le economie locali del Nord industrializzato non hanno fatto da barriera frangiflutti rispetto alle mire espansionistiche degli zii Totò di turno?

«Mi spiace deluderla. È accaduto esattamente il contrario: economie indiscutibilmente forti sono risultate assai deboli nel rapporto con gli zii Totò, come li chiama lei.»

Come mai?

«Si è verificato un processo di adattamento nel quale l'economia, la cosiddetta economia legale, ha "adottato" l'economia criminale con il risultato che il capitale mafioso, piuttosto che essere considerato lo sterco del diavolo, è stato invece accolto.»

Non dovrebbe essere il Paese che, almeno a parole, vuole sconfiggere la mafia?

«Così dice la politica. Ma gli affari hanno un cuore antico. Le indagini stanno lì a dimostrarlo.»

Quali sono i settori dell'economia che vengono privilegiati dai mafiosi?

«Ci sono settori tradizionali che la mafia non ha mai abbandonato: dall'edilizia alle opere pubbliche. La novità oggi sta nel fatto che la mafia è entrata in altri business come quello della grande distribuzione commerciale che significa controllo della commercializzazione dei prodotti agricoli ma anche grandi investimenti nei mega centri commerciali che si moltiplicano a vista d'occhio nel Sud Italia. C'è poi il passaggio dal controllo delle case da gioco di una volta, al monopolio delle sale bingo, sale scommesse e gioco d'azzardo in generale.»

Ma non ci sono controlli preventivi antimafia da parte dello Stato in materia di gestione di sale da gioco?

«Sulla carta sì. In realtà, da una parte i mafiosi usano prestanome e intestatari fittizi dalla fedina penale immacolata, dall'altra – come è emerso da indagini specifiche a Palermo – più di un pubblico funzionario è abituato a chiudere un occhio.»

Sia più preciso.

«Mi riferisco, in particolare, alla più grande sala bingo di Palermo che si rivelò essere gestita da uomini di Cosa Nostra e persino ospitata in locali di proprietà di Cosa Nostra. E il tutto, ovviamente, intestato a prestanome. Proprio in quest'indagine si scoprì che alcuni funzionari dei Monopoli di Stato, a Roma e Palermo, intascavano tangenti e omettevano i controlli.»

Torniamo al Nord. Ma è una novità di questi ultimi tempi l'emigrazione della mafia nelle zone più industrializzate del Paese? Non è storia che risale addirittura agli anni in cui era in voga lo strumento di polizia del «soggiorno obbligato»?

«Quelli erano i primi avamposti dell'invasione mafiosa. C'erano alcuni boss che intrecciavano relazioni con l'imprenditoria lombarda mettendo a disposizione capitali freschi frutto di contrabbando di sigarette e di droga. C'erano altri siciliani specializzati nei sequestri di persona. C'erano i Vittorio Mangano, gli Stefano Bontate, i Mimmo Teresi. E c'erano già, operativi, uomini come Filippo Alberto Rapisarda e Marcello Dell'Utri...»

Sta alludendo anche ai capitali che consentirono la realizzazione di Milano 2 e, quindi, a Silvio Berlusconi?

«Non sto alludendo. Ma è un fatto che Dell'Utri, Rapisarda, Mangano, almeno questi erano in costante contatto con Berlusconi.»

Insomma, un cerchio magico mafioso d'altri tempi... Ma oggi che c'è di nuovo?

«Dicevamo degli avamposti. Ma dopo sono arrivate le truppe. E stiamo assistendo a un autentico processo di colonizzazione mafiosa del nord Italia. In cosa consiste la differenza fra ieri e oggi? Ieri venivano aperti i primi corridoi di penetrazione nelle realtà del Nord, oggi c'è una vera e propria invasione a ogni livello.

Accanto a Cosa Nostra si sono andate diffondendo le altre mafie. Penso soprattutto alla 'ndrangheta calabrese che oggi, più della mafia siciliana, controlla alcuni territori del profondo Nord e segmenti importanti di quell'economia.»

Siamo così in presenza di un fenomeno che va ben oltre una infiltrazione minoritaria in un corpo economico sano?

«Siamo infatti passati da una originaria infiltrazione a un autentico trapianto di pezzi dell'economia mafiosa in regioni che tradizionalmente erano estranee alla mafia. Ciò che è più grave è che non c'è stata alcuna forma di rigetto, prova ne sia che non si sono manifestate né forme di ribellione civile da parte degli imprenditori, né forme di pentitismo da parte delle persone coinvolte.»

Una mafia solo «italiana», o è più esatto parlare di ramificazioni europee?

«Il processo di integrazione criminale delle mafie e delle economie criminali è andato avanti contemporaneamente al più ampio processo di globalizzazione. Il risultato è che troviamo insediamenti e investimenti delle mafie italiane in varie parti d'Europa: dallo stretto di Gibilterra alle punte del Nord Europa fino all'Europa orientale oltre la ex cortina di ferro.»

In questi Paesi europei c'è una legislazione antimafia paragonabile alla nostra?

«Naturalmente no. Purtroppo prevale una sottovalutazione del rischio mafia che, per esempio, i tedeschi hanno già pagato duramente con la strage di Duisburg.»

Sino a qualche anno fa sembrava che fosse stato riaperto quell'asse Sicilia-States che per decenni fu la direttrice di marcia privilegiata da Cosa Nostra. È stato tralasciato, visto che si preferisce l'Europa e il nord Italia?

«Naturalmente no. Il nord Italia e il nord Europa sono territori privilegiati dalla 'ndrangheta, ma la rotta verso gli Usa resta prerogativa principale di Cosa Nostra. Anzi, al declino dei corleonesi è corrisposto il ritorno dei cosiddetti "scappati", quegli uomini d'onore che erano fuggiti in America ai tempi della guerra di mafia. E ora hanno ripreso posto ai vertici di alcune famiglie mafiose siciliane. Tanto è vero che da una recente operazione che ha portato alla cattura di trentasei persone è emerso che alcuni parenti degli Inzerillo, dei Gambino e degli Spatola godono di un rinnovato prestigio dentro l'organizzazione.»

Da tutto quanto ha esposto si ricava l'impressione che la mafia, alla quale siamo stati tradizionalmente abituati a pensare, sia davvero diventata un «caro estinto». La mafia oggi non abita più qui, in Sicilia. O le sembra una tesi eccessiva?

«Mettiamola così: l'epicentro mafioso delle strategie militari resta in Sicilia; l'epicentro delle strategie economiche e finanziarie del sistema mafia si è trapiantato nel nord Italia.»

Ma il cervello mafioso dove risiede oggi?

«Non esiste più un unico centro decisionale. E persino la tradizionale struttura verticistico piramidale si è polverizzata. Non abbiamo più capi dei capi, l'ultimo essendo stato Totò Riina. Non abbiamo più la cupola o commissione. Ciò che resta della struttura militare di Cosa Nostra è governato da un gruppo di boss i quali, peraltro, si avvicendano continuamente perché individuati e arrestati. Ciò che tutt'ora sfugge all'intelligence antimafia sono le propaggini del sistema finanziario mafioso che oggi è governato da un nuovo apparato che non risulta coinvolto nelle indagini degli ultimi decenni. E molti di questi incensurati operano al Nord. È un ceto di professionisti senza scrupoli che prestano la loro opera non solo per conto della mafia ma anche di altri "clienti" danarosi.»

L'arresto del commercialista Gianni Lapis, per decenni prestanome dei Ciancimino, va letto in questo modo? Si tratta di uno di questi professionisti senza scrupoli che prestano soldi alle mafie ma non solo?

«Quella che abbiamo scoperto è proprio una "struttura di servizio" che riciclava enormi quantità di denaro e qualsiasi tipo di merce scottante per clienti di ogni tipo. Il professor Lapis era già stato coinvolto in una indagine sul cosiddetto tesoro dell'ex sindaco di Palermo Vito Ciancimino, processo per il quale è stato definitivamente condannato. E questo costituisce riprova del legame con gli ambienti di Cosa Nostra che affondano negli anni perché Lapis era il finanziere di fiducia di Vito Ciancimino da sempre, a partire dai ruggenti anni del "sacco di Palermo". Poi Lapis è stato coinvolto in una indagine per corruzione nei confronti di alcuni politici siciliani da Cuffaro a Romano, da Cintola a Vizzini. E ora è venuta fuori questa organizzazione con ramificazioni nazionali e internazionali facente capo allo stesso Lapis e che trattava indifferentemente dollari, oro, moneta coreana e perfino combustibili di ogni genere.»

E con il caso di Massimo Ciancimino, una vita parallela a quella di Gianni Lapis, come la mettiamo?

«Che vuole che le dica? La considero l'ennesima occasione mancata. Abbiamo investito tempo ed energie, pazienza e aspettative. Sono ancora convinto che ne valesse la pena. Le premesse c'erano tutte e anche la sostanza. Vito Ciancimino era stato un potente con la "P" maiuscola. Mi era capitato di interrogarlo a lungo, e più volte, in carcere. Avevo già percepito che c'era un non detto, nelle sue dichiarazioni. Quando iniziai a interrogare il figlio, Massimo Ciancimino, ho creduto davvero che si potesse riaprire quel dialogo interrotto con "i Ciancimino". E così – e lo penso ancora oggi – è stato per un certo periodo. Poi qualcosa si ruppe. Ancora oggi mi chiedo quale fu il fattore scatenante. Vanità? La martellante pressione dei media? O qualche scarica elettrica arrivata da poteri oscuri e cosiddetti occulti? O, più banalmente, minacce mafiose alle quali un orecchio come il suo non poteva restare insensibile? Purtroppo non so ancora rispondere. E questa mancata risposta per me costituisce un cruccio.»

Dottor Ingroia, sono più le risposte che lei ha avuto o le omissioni che ha dovuto registrare, se non addirittura le autentiche falsità?

«Difficile bilancio. Restano le importanti rivelazioni del Ciancimino prima maniera. Verificate e attendibili. Restano le omissioni, i silenzi, le contraddizioni su argomenti non secondari sui quali lui stesso aveva annunciato clamorose rivelazioni. Restano, infine, versioni di comodo e comportamenti sconcertanti, che ne hanno determinato incriminazione e arresto. Toccherà ai giudici di merito l'ardua sentenza.»

Riprendiamo il nostro discorso. Cosa Nostra siciliana ha subito batoste innegabili. Ciò non le impedisce, come lei stesso ha ammesso, di rigenerarsi all'indomani di ogni blitz. La pressione militare sul territorio si è comunque allentata. Sotto il profilo degli affari i boss sono costretti ad affidarsi a professionisti esperti in finanza. Ma chi comanda?

«La mia impressione è che i rapporti di forza si stanno rovesciando o si sono già rovesciati. I mafiosi non sono più in condizione, come nel passato, di fare i conti in tasca sino all'ultimo centesimo ai loro sottoposti. Ma a questo proposito, una precisazione è d'obbligo: una cosa è la mafia, una cosa sono le mafie.»

Ci spieghi la differenza.

«È un fatto che come potenza criminale la 'ndrangheta ha superato Cosa Nostra. Ed è un fatto che la 'ndrangheta ha superato Cosa Nostra quanto a invasione del territorio industriale del Nord. È il secondo fatto che spiega il primo. Cosa Nostra si è sfinita, e in un certo senso dissanguata, nel conflitto armato con lo Stato e all'interno delle sue stesse fila. Alla resa dei conti, dovendo affidare a terzi le sue immense ricchezze accumulate sin dai tempi del traffico dell'eroina, e forse anche prima, è stata costretta a venire a patti con persone che non avevano fatto giuramento. Cosa voglio dire? Che essendosi troppo esposta, e sapendo di essere ormai nel mirino, ha dovuto condividere con altri il governo dei suoi affari. Prova ne sia che i siciliani non sono in condizione di seguire personalmente l'andamento dei loro interessi al Nord. Di contro, i calabresi, non essendosi avventurati in stagioni stragiste che sarebbero risultate perdenti, hanno fatto invece la scelta di trasferirsi armi e bagagli al Nord dove sono in grado di perseguire i loro interessi.»

Quindi, toccherà alla nuova generazione dei mafiosi siciliani colmare un gap di conoscenze finanziarie, visto che i loro padri sono stati superati dagli eventi?

«Credo di sì. Ma non vorrei essere frainteso. Non sto dicendo che la mafia siciliana è finita, ormai sul viale del tramonto. Sto dicendo, semmai, che dentro il sistema mafia sono mutati i rapporti di forza fra le sue varie componenti. Se durante il dominio corleonese i capi militari tenevano in pugno le redini del potere, intimidendo e minacciando perfino i loro interlocutori politici e finanziari, oggi la cosiddetta borghesia mafiosa ha assunto da sola il controllo. I capi militari sono quasi in posizione di soggezione, e certamente di subalternità. Chi gestisce invece la cassa dispone di diverse opzioni non essendo più vincolato a un'unica mafia e ha anche il vantaggio di influenzare le politiche statali di repressione tutte indirizzate solo contro la mafia militare.»

E siamo arrivati a quella che forse semplicisticamente, ma con indubbia efficacia, chiamiamo la mafia nello Stato. Non le sembra che questo rapporto in questi ultimi anni si sia notevolmente rafforzato?

«La vera novità consiste nel fatto che è venuto meno il rapporto mafia e politica.»

Addirittura? Ed è un bene o un male?

«Il punto è che il rapporto fra mafia e politica non c'è più perché non c'è più la politica così come, per certi versi, non c'è più la mafia che conoscevamo. Oggi ci sono solo interessi allo stato puro che si sono impadroniti della mafia e della politica. Mi spiego: il rapporto mafia e politica era tradizionalmente affidato a una sorta di accordo. Un patto fra due entità distinte che trovavano conveniente scambiarsi favori: la mafia appoggiava il politico e il politico offriva alla mafia favori e impunità. Questo rapporto aveva i suoi momenti di crisi e in questi momenti i mafiosi arrivavano

a intimidire i politici, a volte addirittura a ucciderli. Dall'altra parte, i politici alternavano momenti di armonia con qualche momentaneo giro di vite nell'azione repressiva dello Stato.»
Oggi a che punto siamo?

«Sarebbe meglio dire che durante tutta la Seconda Repubblica è saltata la mediazione politica fra Stato e interessi privati, compresi quelli mafiosi. Gli interessi privati hanno dominato le scelte e la scena politiche e si può dire che la mafia ha finito con l'adeguarsi a questa preminenza degli interessi. Ecco perché anche nel sistema mafioso gli uomini d'affari sono diventati più importanti degli stessi capi mafia.»
E i politici che ruolo hanno svolto e svolgono?

«Senza entrare nel merito di specifici procedimenti penali, è un dato che tutti i politici della Seconda Repubblica coinvolti in inchieste di mafia sono soprattutto uomini che vengono dal mondo degli affari e quindi portatori di interessi propri e di interessi mafiosi. La politica è soltanto uno strumento per la migliore realizzazione di questi interessi.»

In altre parole, non siamo più agli «uomini d'onore» prestati alla politica di cui parlava Falcone. Siamo in presenza di qualcosa di molto peggio: gli interessi mafiosi che si sono fatti Stato. È così?

«Mettiamola così. D'altra parte è innegabile che il numero dei parlamentari coinvolti in procedimenti di mafia negli ultimi anni è sensibilmente cresciuto rispetto al passato. Il risultato è che mentre si continuano a ottenere straordinari risultati sul fronte del contrasto alla mafia militare, grandi difficoltà si presentano agli investigatori quando ci sia avvicina alla vera essenza del cuore del potere mafioso. Perché quando si incrociano i grossi affari e i grossi interessi, tutto si fa più difficile. Un conto è contrastare il racket del pizzo, fronte sul quale, quantomeno a parole, il consenso è unanime. Diverso quando si affronta il tema dei grossi appalti pubblici, dei grandi business e della ricostruzione dei flussi finanziari del riciclaggio. Qui tornano paludi e silenzi, veleni e muri di gomma.»

La scuola di Falcone e Borsellino andrebbe dunque aggiornata alle mutate esigenze poste dai nuovi profili delle nuove mafie. È d'accordo?

«Direi proprio di sì. Per la verità Falcone e Borsellino questa intuizione la ebbero, ma non ebbero il tempo di svilupparla perché furono uccisi prima. A cosa si riferiva Giovanni Falcone quando parlava di una mafia entrata in borsa? E quali esigenze investigati-

ve avvertiva Falcone quando elaborava il progetto della procura nazionale antimafia e della Direzione investigativa antimafia? E perché Paolo Borsellino nella famosa intervista ai giornalisti francesi focalizzò la sua attenzione sui legami fra Palermo e Milano? Evidentemente avevano colto qualcosa che era già nell'aria.»
Ma che ancora non era giunta a maturazione?
«Esatto. Avevano colto i primi segnali del traghettamento dalla mafia corleonese alla mafia finanziaria e globalizzata che per essere contrastata necessitava di strumenti operativi e innovativi. Il tutto, ovviamente, mentre la stagione corleonese non era ancora finita.»
Quelle intuizioni sono andate disperse?
«In parte sì, e per diverse ragioni. Innanzitutto, dopo le stragi, dominò la stagione dell'emergenza per fare ancora una volta i conti con la componente militare e corleonese di Cosa Nostra. Una stagione lunga, e con risultati anche brillanti, sotto questo profilo. La mafia però, e noi a quel tempo non potevamo sospettarlo, stava trattando una tregua per portare a compimento quel traghettamento appena intuito da Falcone e Borsellino. L'emergenza finì, e la seconda fase, che a quel punto sarebbe stata decisiva per una definitiva sconfitta della mafia, non ci fu.»
Per sottovalutazione o per calcoli interessati?
«L'uno e l'altro. Certo è che la magistratura quella seconda fase la affrontò, ma d'un colpo si ritrovò sola.»
Si riferisce alla stagione dei cosiddetti processi politici?
«Anche, ma non solo. Il fatto è che con il passare degli anni non sono mancati i sostegni e gli appoggi quando si trattava di affrontare la mafia che sparava, mentre prevalevano diffidenze, freddezze, e talvolta autentici ostacoli e ostilità, non appena le indagini salivano più in alto investendo politica, imprenditoria e finanza. Vuole l'ultimo degli esempi di una lista che potrebbe essere lunghissima? Parliamo della Direzione investigativa antimafia pensata come l'intelligence per colpire il sistema mafioso al quale tutte le forze di polizia avrebbero dovuto dare gli uomini migliori. Oggi la Dia arranca sotto il peso della concorrenza delle forze di polizia tradizionali, dei tagli di uomini e mezzi, e perfino della decurtazione della retribuzione dei suoi funzionari. È un caso? Non lo so. Quello che so è che, in questi venti anni della sua vita, è stata la forza di polizia che ha più investigato su mafia e politica: dal processo Andreotti al processo Dell'Utri, da Mannino a Contrada sino alle più recenti indagini sulla trattativa e sui mandanti

esterni delle stragi. L'ex presidente Cossiga la definì la polizia politica nelle mani delle "Procure rosse". Secondo lei è un caso?» A proposito di trattativa. Avete iscritto Dell'Utri nel registro degli indagati per il reato di concorso in violenza e minaccia nei confronti di un corpo politico e amministrativo. E il nome di Dell'Utri si è aggiunto a quelli dei mafiosi come Riina e Provenzano, e a quelli degli uomini delle istituzioni come il generale dei carabinieri Mori e del colonnello De Donno. Avete sentito ex ministri come Martelli, Scotti, Conso e Mancino, ex presidenti della Repubblica come Ciampi e Scalfaro. Per la verità tutti questi nomi, esattamente per questa storia, sono alla ribalta delle cronache da un decennio. Ma lei è davvero convinto che riuscirete a scrivere una pagina giudiziaria definitiva su questo argomento?

«I nomi saranno pure sempre gli stessi, ma i fatti emersi nell'ultimo anno sono in parte nuovi, e soprattutto nuove sono alcune risultanze per noi importanti, se non decisive. Certamente promettenti... Che si possa scrivere una pagina "definitiva" sembra eccessivo anche a me. Ma non sono pessimista. Oggi, infatti, sappiamo molto di più di quella trattativa che ebbe inizio nel 1992 e, ormai lo sappiamo, mosse i primi passi a seguito dell'omicidio Lima e proseguì negli anni successivi, sino al 1994 se non oltre. Quello che meglio abbiamo messo a fuoco negli ultimi tempi è che vi è stata una sostanziale continuità fra la trattativa originaria del 1992 e gli eventi degli anni successivi. Ci sono state più trattative che si sono sviluppate nel tempo, ma in realtà era sempre la stessa trattativa dove si avvicendavano protagonisti diversi, dalla parte della mafia e dalla parte dello Stato.»

Lei si occupa, in quanto magistrato, della trattativa degli ultimi vent'anni. Ma a ben vedere lo Stato unitario, la mafia e la prima commissione di inchiesta sul fenomeno, hanno, più o meno, la stessa età. Sono coevi. Con la mafia fu costretto a trattare persino Mussolini, nel momento in cui fu costretto a ritirare dalla scena siciliana il prefetto Mori quando decise di puntare contro gli intoccabili, i colletti bianchi dell'epoca che fiancheggiavano la mafia. Con la mafia dovettero trattare pure gli americani in previsione dello sbarco alleato, e valga per tutti il nome di Lucky Luciano. Non le pare che non ci sia niente di nuovo sotto il sole?

«Indubbiamente la trattativa degli anni Novanta è stata solo l'ultima delle trattative, se non altro perché la strategia della mafia non è mai stata un'autentica strategia di guerra contro lo Stato. Allo stesso modo, purtroppo, la politica antimafia dello Stato italiano non è mai stata una politica di guerra contro la mafia. Ci si è sempre limitati al contenimento, secondo la logica della tregua. Diceva Riina ai suoi di voler fare la guerra allo Stato per poi raggiungere la pace. Ebbene, lo stesso è accaduto da parte dei governanti italiani, attraverso i vari regimi, ricercando una tregua contrattata proprio grazie a trattative che si svolgevano dietro le quinte. Il caso storico più clamoroso fu certamente la trattativa che favorì l'appoggio mafioso allo sbarco delle truppe alleate in Sicilia alla fine della Seconda guerra mondiale. Una trattativa, quella, che, di fatto, riconobbe alla mafia una ruolo politico strategico che si sarebbe protratto per decenni. È da quelle radici che la mafia trasse alimento per la sua partita di scambio con il partito di maggioranza relativa, la Dc, che doveva restare al potere, per volere degli americani, in quanto fedele al patto atlantico. Quanto al fascismo, sarei più propenso a pensare che la trattativa si sviluppò prevalentemente a livello locale, e Mussolini dovette fare di necessità virtù. Purtroppo questa è una storia che si ripete uguale a se stessa. E mi verrebbe da dire che la trattativa è più antica dello stesso Stato italiano. Non vorrei che i posteri dovessero rendersi conto che la "profezia" di Falcone sulla fine della mafia come fenomeno umano, quindi destinato a scomparire, fosse solo un'utopia.»

Un'ultima domanda: cosa comporterà la necessità di dover rifare interi pezzi dei processi per la strage di via D'Amelio sull'andamento generale della lotta alla mafia?

«È un apparente passo indietro quando, come in questo caso, si cancellano verità che sembravano acquisite per sempre. Ma quando si tratta di vicende complesse come queste la verità stenta a venire fuori per intero. La magistratura sta facendo il suo dovere. Speriamo che anche gli altri poteri facciano la propria parte senza ostacolare la magistratura e far deragliare la verità.»

A Ingroia, come anche a noi, starebbe a cuore una lotta alla mafia senza «se» e senza «ma», pena il restare per sempre quel curioso Paese di cui dicevamo all'inizio.

Corrispondenze e interviste

Avvertenza

Ci sembra utile riproporre alcune corrispondenze e interviste che possono aiutare il lettore nell'approfondimento delle vicende più delicate che si sono verificate fra il 1981 e il 2010. A conclusione di ogni testo è indicata la data di pubblicazione su «l'Unità», quotidiano per il quale l'Autore ha sempre lavorato.

La fine di don Stefano

La trentesima vittima di quest'anno a Palermo non è un gregario: è Stefano Bontate, un «don» per eccellenza, quasi l'emblema della pax mafiosa siglata tra vecchie e nuove cosche all'insegna della spartizione dei proventi ricavati dal traffico internazionale dell'eroina. Una morte come la sua – dicono già gli investigatori – non rientra nell'ordinaria amministrazione della cronaca nera della città.

È rimasto intrappolato nella sua Giulietta nuova fiammante, quando i killer, dopo avergli sbarrato il passo, hanno fatto crepitare lupara e P 38. Gli uomini della scientifica hanno impiegato più di tre ore per identificare da quella maschera di sangue il volto di Stefano Bontate. Giaceva riverso alla guida della vettura, circondato dai bossoli dei proiettili adoperati dal commando. Le sorprese non erano finite.

La vittima portava con sé cinque milioni di lire in banconote e, alla cintola, una pistola automatica di marca francese.

In via Aloi, dove è stata compiuta l'imboscata, all'angolo del viale della Regione siciliana, a quell'ora – si presume le ventitré e trenta dell'altra notte – i sicari non hanno corso il rischio di testimoni scomodi. È una stradina che si fa largo tra gli agrumeti. Dove si recasse, a quell'ora di notte, Stefano Bontate, è tutto da scoprire. E attende soluzione il rebus di un'impronta di sangue che sembra allontanarsi dalla vettura, proprio in direzione dei giardini. Qualcuno era in compagnia della vittima? Ha visto tutto ed è riuscito a fuggire? Poco probabile. Eppure anche questa traccia non viene sottovalutata.

Quel che è certo è che questo delitto segna una fase acuta della guerra di mafia, placatasi negli ultimi anni, e riaccesa dalle conseguenze dei colpi inferti dalle grandi inchieste sulla droga. Chi era don Stefano Bontate, il Barone per gli amici di borgata? Anzi chi sono i Bontate? Cominciamo da lui e dalla cerchia delle sue amicizie.

Qualche vicissitudine giudiziaria negli anni caldi: finì nel gabbione dei 114 – già condannato al processo di Catanzaro ma assolto in secondo grado – e ne uscì anche: questa volta con una assoluzione in appello. Poi, arrestato nella buona compagnia del cognato Gerlando Alberti, era stato in soggiorno obbligato a Napoli fino al 1978. Ma, nel complesso, gli addebiti a suo carico furono ritenuti sempre insufficienti per chiamarlo a rispondere della sua vera attività, quella di erede dell'impero paterno di don Paolino, vissuto negli anni ruggenti del sacco di Palermo.

La famiglia controlla e pilota trentamila voti democristiani. Giovanni Bontate, fratello minore di Stefano, è figura di spicco nell'inchiesta sul grande business: assieme a Tano Badalamenti, è accusato di essere fra i capi fila del racket. Arrestato a Roma l'anno scorso, Giovanni, il rampollo con il doppio petto del clan, si era costruito una lussuosa villa nella borgata di Villagrazia, dove più tardi verrà scoperta una delle tre raffinerie di eroina di Palermo.

Nella loro cordata, i nomi erano di primissima scelta: don Pino Panno, boss di Casteldaccia (scomparso misteriosamente quest'anno), don Masino Scaduto, ras di Bagheria (morto nel suo letto), e Tano Badalamenti, patriarca di Cinisi (tuttora ricercato).

Infine don Giacinto, il monaco della P 38 eliminato questa estate in convento.

Troppi morti, troppi «affari» da miliardi andati in fumo: è il segno che gli equilibri sono saltati, che qualcuno ha parlato.

(25 aprile 1981)

La fine di don Totuccio

La «pace mafiosa» non c'è più. Ormai è guerra aperta. Salvatore Inzerillo, trentasei anni, personaggio chiave del traffico degli stupefacenti tra Sicilia e Stati Uniti, latitante dal 1978, già capintesta nelle grandi inchieste su «mafia & droga», è «caduto» ieri a Palermo, nel corso di una tipica esecuzione all'americana messa a segno da un commando composto da almeno tre killer.

Sapeva di avere le ore contate. Viaggiava da solo a bordo di una Alfetta blindata nuova di zecca e dotata di radiotelefono. In tasca, come ulteriore precauzione, una pistola 357 Magnum. I sicari hanno atteso pazientemente la vittima designata in pieno giorno al centro del Cep (un quartiere dormitorio alla periferia ovest della città) ben nascosti dentro un furgone parcheggiato. Quando Inzerillo è apparso sulla soglia del cantiere edile Ciulla – dove, a quanto pare, aveva preso parte a un incontro di affari – i sicari gli hanno impedito di mettersi al sicuro. E proprio mentre tentava di aprire lo sportello dell'Alfetta, dando le spalle ai suoi nemici in agguato, l'uomo è stato investito da una micidiale scarica di lupara e di proiettili di pistola calibro 38.

Inzerillo non è morto sul colpo. Seppur sdraiato in una pozza di sangue, è riuscito a far fuoco in direzione del commando che si dava alla fuga.

Appena un'ora dopo l'agguato, i carabinieri, in prossimità dell'ospedale Cervello – a qualche chilometro dal Cep – ritroveranno il furgone utilizzato dai sicari con un finestrino completamente frantumato.

Chi era Inzerillo? Gli investigatori gli attribuiscono il ruolo di «paciere» e realizzatore della grande alleanza tra le cosche palermitane, all'insegna del racket multinazionale dell'eroina. Era anche un capo elettore. Nipote e successore del vecchio boss di Bellolampo Rosario Di Maggio, fu ospite di spicco nella cena elettorale organizzata dall'avvocato Francesco Reale, membro del comitato regionale Dc, in onore dell'allora ministro della Difesa, Attilio Ruffini, alla vigilia del voto delle «politiche» del 1979, presso il ristorante La Carbonella.

La polizia, più tardi, arrivò a lui, dopo un delitto. Il 30 maggio 1978, in via Leonardo da Vinci, cade in un agguato il capo mafia di Riesi Giuseppe Di Cristina. Nelle sue tasche, Boris Giuliano – vicequestore palermitano capo della Mobile che verrà eliminato dalla mafia il 21 luglio dell'anno successivo – trova un assegno di dieci milioni, che reca, appunto, nelle «girate» la firma di Inzerillo.

Sulla base di accurate indagini bancarie, il vicequestore risale a un traffico di denaro sporco che vede, in un intreccio ancora inedito, collegati mafia palermitana, camorristi napoletani sino allora dediti al contrabbando di sigarette e all'«importazione» di eroina. Forse anche il riscatto di un sequestro di persona.

Quando gli investigatori vanno a cercarlo, Inzerillo è già uccel di bosco. La polizia, più tardi, riesce a comporre i tasselli di un mosaico inedito. Inzerillo è cognato degli Spatola (i costruttori poi saliti alla ribalta per aver svolto il ruolo di «postini» del finto sequestro di Sindona). E a loro volta gli Spatola, per via di parentele e d'affari, portano al clan di Cosa Nostra dei Gambino.

All'indomani dell'uccisione del capitano dei carabinieri, Emanuele Basile, che per altre strade era arrivato alle stesse conclusioni di Giuliano (3 maggio 1980) il cerchio si chiude. Decine di arresti sigleranno l'inizio della grande inchiesta. Ora ci sono circa duecento imputati.

L'inchiesta, le tre raffinerie siciliane scoperte e smantellate, i «grandi delitti» dopo Boris Giuliano, da Terranova, Mattarella, Basile, il procuratore capo Gaetano Costa, sino all'uccisione, l'altra settimana, invece, di uno di loro, don Stefano Bontate.

Segno che qualcosa stava accadendo e che la grande alleanza di mafia era stata rotta. Ieri, quasi come una risposta all'omicidio di Bontate, tra i casermoni di cemento armato del Cep, si ha un altro inquietante segnale, che dice che ormai la guerra di mafia è ripresa sanguinosamente. La personalità e gli affari di Inzerillo avevano, comunque, mille risvolti anche fuori dalla Sicilia.

Il boss, sposato con Filippa Spatola, era legalmente socio di Rosario Spatola e Rosario Gambino in una impresa di costruzioni a Palermo. Ma i rapporti di parentela e di affari a Palermo, appunto, non erano tutto. Spatola, Gambino e Inzerillo erano un tutt'uno anche a Brooklyn dove gestivano – secondo un rapporto di una commissione senatoriale d'inchiesta – pizzerie e gioco d'azzardo, usura e traffico di droga, corse di cavalli truccate e sfruttamento della prostituzione.

(12 maggio 1981)

Intervista a Carlo Alberto Dalla Chiesa

«Gaetano Costa giunse a Palermo quando avevo già lasciato la Sicilia. Ma per la conoscenza del fenomeno mafioso che aveva maturato durante il suo periodo di attività a Caltanissetta, ne fui lieto. E non solo per l'indiscussa preparazione professionale, certamente all'altezza di una procura importante come quella di Palermo, ma anche per la dirittura morale che gli aveva consentito nella precedente sede di lavoro, di resistere, in più occasioni, a pressioni e interferenze d'ogni tipo. Rimane il suo contributo oltremodo qualificato alla commissione antimafia che nel 1967 si soffermò a lungo nel capoluogo nisseno.»

Nel suo studio a Villa Whitaker, il generale Carlo Alberto Dalla Chiesa, oggi prefetto di Palermo, non cede alla retorica per dire chi era l'alto magistrato assassinato dalle cosche nel capoluogo siciliano, il 6 agosto di due anni fa.

Inizia così un colloquio che Dalla Chiesa accetta volentieri – a patto, precisa, che non si tratti di un'intervista – e che lo porterà a ragionare su questa drammatica «Palermo anni Ottanta» sconvolta dall'escalation sanguinosa: ottantadue vittime da gennaio a oggi, cento-uno l'altr'anno, quasi una terra di nessuno dove clan rivali si affrontano quotidianamente soprattutto per imporre il loro dominio sul lucroso mercato dell'eroina.

Questo scenario non sembra sfuggirgli, semmai in questi primi tre mesi di presenza a Palermo (il suo insediamento già deciso venne anticipato all'indomani del tragico 30 aprile, giorno del barbaro agguato ai compagni La Torre e Di Salvo) lo ha spinto ad approfondire la conoscenza del fenomeno che si propone di combattere. «Va studiato dall'interno» dice «non da spettatori estranei, ma adoperando il massimo dell'intelligenza e incrementando ancora di più la preparazione professionale specifica del personale impegnato in questa trincea avanzata della democrazia italiana.»

Il prefetto Dalla Chiesa tiene però a sottolineare, anche con una nota polemica, che qualche risultato è già stato conseguito: «Gli organi di informazione hanno forse sottovalutato il rapporto dei 162 [presentato due settimane fa da polizia e carabinieri alla magistratura palermitana, N.d.A.]. Eppure è il frutto di un lavoro svolto in piena sintonia fra gli investigatori e chiama in causa, fra gli altri, mandanti e killer di una trentina di omicidi. Non è poco».

Obietto che la città non sembra percepire questo sforzo. E che, a tutt'oggi, resta da far piena luce sui grandi omicidi terroristico-mafiosi.

«È vero. L'opinione pubblica più sensibile ci chiede di svelare fino in fondo ciò che si nasconde dietro delitti che hanno avuto come comune denominatore un disegno tendente a destabilizzare le stesse istituzioni. Uomini come Mattarella, Terranova, Costa, La Torre vollero imprimere una svolta alla vita pubblica siciliana. Ma si scontrarono con interessi consolidati o in fieri.»

Proprio per impegnarsi a fondo nel versante «alto» della sfida, Dalla Chiesa chiede «tempi necessari a una meditata riflessione su indizi e sospetti, acquisiti o ventilati, che permettano di scoprire a Palermo, ma non solo, precise responsabilità». È convinto, insomma, che ci sia molto da capire. Dice: «C'è una sfida di faide, con sgarri e vendette contrapposte. Veri e propri gruppi di potere locali, sui quali stiamo già intervenendo. E c'è poi una criminalità più complessa, un connubio di mafia e interessi, che punta in alto. Anche se non sono venuto a Palermo per stravincere, è decisivo impedire al più presto gravi inasprimenti della situazione che deriverebbero da nuovi salti di qualità dei singoli clan».

Negli atti dell'antimafia si trova la deposizione che Dalla Chiesa, allora comandante della legione dei carabinieri di Palermo, rese ai commissari. Illustrò loro l'utilità di una scheda genealogica dedicata alle famiglie dei mafiosi. «Era una tecnica innovativa» ricorda con orgoglio «valida ancora oggi. Stabilire con chi si è sposato il mafioso, con chi si è imparentato, chi ha battesimato o cresimato, è un buon punto di partenza per gli investigatori. Seguendo questi percorsi si scoprirà ad esempio che un nucleo originario di Monreale, passando attraverso paesi e paesi della Sicilia, è giunto magari a mettere radici nel territorio di Castellammare.»

La discussione scivola inevitabilmente sul disegno di legge antimafia, che fra le altre norme prevede il sequestro e l'eventuale confisca dei beni illecitamente conseguiti. È ipotizzabile, come è accaduto per il terrorismo, la figura del «pentito», in un'organizzazione gerarchica e verticistica come quella mafiosa?

Dalla Chiesa risponde quasi con una battuta: «Il primo pentito l'abbiamo avuto nel 1970 proprio fra i mafiosi siciliani. Perché dovremmo escludere che questa struttura possa produrre un gene che finalmente scateni qualcosa di diverso dalla vendetta o dalla paura? Ma questo può verificarsi soltanto nei momenti più alti dell'impegno dello Stato: il Joe Valachi palermitano, saltò fuori, alla fine dell'operazione di polizia che portò all'arresto in contemporanea – in ogni parte d'Italia – di decine e decine di mafiosi (processo ai 114)».

In Sicilia, però, precedenti agghiaccianti: pentito e pazzo diventano sinonimi con estrema facilità.

«Infatti. È la legislazione italiana che non solo deve garantire la sopravvivenza dei pentiti ma impedire ad altri di "periziarli" come pazzi o semi-pazzi.»

Rigorosa attività giudiziaria dunque ma anche una costante opera di «prevenzione sociale» per moltiplicare il numero dei protagonisti della lotta alla mafia. In questi tre mesi Dalla Chiesa è sceso «in strada». Ha incontrato migliaia di studenti e genitori, operai e impiegati che si interrogano con angoscia sul destino di una città colpita a morte «uno sforzo di polizia giudiziaria» commenta «senza un tentativo di penetrazione nel tessuto sociale non sarebbe sufficiente». Una preoccupazione, questa, comune in buona misura alle forze politiche e sindacali siciliane che la scorsa settimana hanno inviato a Roma una loro delegazione, che si è incontrata con Fanfani, Nilde Jotti e il ministro Rognoni, per sollecitare un più adeguato intervento dello Stato.

«Non voglio entrare in una valutazione politica che non mi compete. Ma» conclude Dalla Chiesa «come si fa a non guardare con soddisfazione alla crescita di un ampio fronte sociale e istituzionale che renda tutti più consapevoli che la mafia non è soltanto un problema ancorato ai quartieri poveri di Palermo ma ha i suoi porti di approdo in ben altre parti d'Italia?»

(6 agosto 1982)

Intervista a Giuseppe Insalaco

«La Dc siciliana? Un partito a pezzi. L'hanno ridotta una società per azioni, dove ogni capocorrente non molla il suo pacchetto-tessere e cerca in qualunque modo di conquistarne altri. La battaglia per il rinnovamento? Parole e proclami. Il congresso regionale di Agrigento è ormai un lontano ricordo. È un dramma: i vecchi notabili, i Lima, i Gioia, i Gullotti, pretendono di essere loro a guidare il rinnovamento. C'è un impressionante tiro al piccione su qualunque esponente democristiano che si batte davvero per far avanzare il nuovo.»

Giuseppe Insalaco, quarantadue anni, fanfaniano, ormai ex sindaco di Palermo, rimasto vittima degli agguati e dei veti incrociati ispirati dai suoi stessi «amici» di partito, dopo solo tre mesi, dice tutto quello che pensa della Dc siciliana.

Domanda *Una settimana fa De Mita è venuto in Sicilia per mettere ordine nella babele delle correnti e dei potentati del suo partito. Con quali risultati?*
Risposta Tutta la base era convinta che la visita del segretario nazionale avrebbe coinciso con l'inizio della nuova era della chiarezza. Tirando le somme è stata un'illusione: il segnale, tanto atteso, non c'è stato. De Mita è rimasto ancorato a un falso dilemma: mettetevi d'accordo – ha detto – oppure sarò costretto a intervenire. Mettersi d'accordo? Cosa significa? L'esatto contrario di rinnovare. Vuol dire narcotizzare quei pochi effetti positivi che potevano esserci, rinviando la soluzione dei nodi alle nomine del sottogoverno che rischiano di travolgere le istituzioni, compresa quella regionale. In quella riunione la Dc doveva scegliere e non l'ha fatto. Ci vuole coraggio. Bisogna affondare il bisturi.
D. *Non vi aspettavate un po' troppo da De Mita?*
R. No: l'apparato del partito è disgregato. Non abbiamo più una linea ufficiale. Si va avanti interpretando il pensiero di questo o quel «capo storico» e in questo clima emergono figure vecchie, tornano alla ribalta i gestori degli antichi interessi e le vecchie inadempienze che hanno finito col determinare lo stesso fenomeno mafioso.
D. *Rimprovera loro solo un peccato di «distrazione»?*
R. Il discorso è più complesso. Fra gli anni Cinquanta e Sessanta, un'altra leva di «notabili» – i Restivo, i La Loggia, gli Alessi, i Mattarella – ebbe comunque il merito di creare la Dc siciliana che noi abbiamo conosciuto. Questa leva fu lentamente soppiantata da altri dirigenti che impugnarono la bandiera del rinnovamento: sono gli stessi che, a distanza di anni, si sono sclerotizzati nel ricordo dei meriti passati, e che oggi sono ridotti all'esercizio dei potere, costi quel che costi. Lima è uno dei più grossi responsabili di questa situazione: è il capo della corrente più forte, ha sempre avuto grande potere e ricoperto incarichi di alta responsabilità. Con quali risultati? È lui che dovrebbe dare qualche spiegazione:

Nello Martellucci era un suo uomo, ed è stato distrutto; Mario D'Acquisto era una sua creatura ed è stato eliminato; la candidatura della Pucci fu decisa a casa sua e abbiamo visto come è finita. Lima, ma anche Gullotti e Gioia, dovrebbero una buona volta superare il complesso della «defenestrazione»: nessuno vuol farli sparire definitivamente dalla scena. Dovrebbero anche superare le diffidenze verso quanti esprimono reali tensioni di rinnovamento, non pretendendo di utilizzarli per giochi politici e poi, con la stessa velocità, eliminarli se non addirittura distruggerli.

D. Ricorre spesso nelle cronache il nome di Vito Ciancimino. Qual è oggi il suo potere reale all'interno del partito?

R. Anche se ha dichiarato di non essere più iscritto alla Dc, pesava moltissimo, e pesa ancor di più oggi proprio per la debolezza dei dirigenti locali. È potente. È influente. Prova ne sia che i comportamenti dei suoi gruppi hanno provocato la caduta di ben tre amministrazioni comunali. La sua influenza soffoca la Dc siciliana. Ma non solo: c'è un partito strisciante dei cianciminiani che riesce ad aggregare interessi anche all'interno di altri partiti della maggioranza. Lima e Gullotti che fanno il gran rifiuto, Ciancimino che riprende quota, e la sinistra – i Mattarella e i Mannino e gli esponenti della Cisl – che finiscono intrappolati nell'antica gestione, garantita da un tesseramento che guarda ormai all'aldilà e non al presente.

D. In questi anni la Sicilia è stata sconvolta dall'escalation mafiosa. Come ha reagito la Dc?

R. I convegni che il mio partito ha organizzato sono scaturiti da fatti emotivi e non sono la controprova di un reale impegno antimafia, che richiederebbe una vera inversione di tendenza nel sistema di potere. Sarebbe opportuno che i nostri «capi storici» dimostrassero la loro reale volontà di combattere la mafia, con comportamenti e atti univoci. In Sicilia, la frontiera fra il nuovo e il vecchio è stata segnata da uomini come Dalla Chiesa, Mattarella, La Torre e tanti altri.

D. Per la prima volta in quarant'anni la Dc siciliana è minacciata da un ampio e articolato fronte sociale che vede la Chiesa e i gruppi cattolici giocare un ruolo di primissimo piano. Cosa ne pensa?

R. I comportamenti e i moniti del cardinale Pappalardo sono antichi e netti. Sta a tutti quelli che si identificano nel messaggio cristiano comportarsi di conseguenza. Se questa Dc assomiglia sempre meno à quella voluta da De Gasperi e don Sturzo non si può scaricare la colpa delle nostre sfortune elettorali sul disimpegno dei gruppi cattolici.

D. Veniamo alla sua brevissima esperienza di sindaco. In quei novanta giorni, ha comandato più lei o la mafia?

R. Evitiamo schematizzazioni: i gruppi mafiosi sono già sotto il tiro dello Stato, o comunque sono stati individuati. Ma ci sono gruppi economici e affaristici – meno nominati – i cui interessi spesso coincidono con quelli della pubblica amministrazione. Per il loro peso e i loro intrecci riescono spesso a condizionare scelte che in situazioni normali dovrebbero essere di competenza della classe politica. Mi riferisco agli appalti. Ed è sugli appalti che io sono caduto.

D. *Le ditte Lesca e Icem sono da decenni clienti fissi del Comune per la manutenzione di strade, fogne e luce. I risultati sono noti a tutti: servizio inadeguato, costi triplicati rispetto alle grandi citta italiane.*

R. Rivendico alla giunta da me diretta il merito di aver inciso più di tutte le altre amministrazioni precedenti. Siamo riusciti a imporre la linea della trasparenza. Abbiamo approvato delle delibere che permetteranno alle future maggioranze di bandire un concorso aperto a tutti gli operatori economici nazionali. È vero Cassina e Parisi [proprietari delle due ditte, *N.d.A.*] hanno garantito un servizio con costi eccessivi: e questo non perché lo ha denunciato il Pci. Sono dati emersi da una ricognizione dei tecnici del Comune, che io, appena eletto sindaco, ho mandato in giro per le altre città italiane. Ho bloccato a queste ditte pagamenti per decine e decine di miliardi di revisione prezzi.

D. *Anche Elda Pucci, prima di lei, si pronunciò a favore della licitazione privata.*

R. La Pucci, come lei stessa ha avuto modo di dichiarare, si è scontrata con la realtà degli appalti. Ma si è limitata a petizioni di principio. Della sua attività posso dire questo: è stato un periodo di luci e ombre, di apprezzamenti e violente contestazioni.

D. *Quale futuro per Palermo?*

R. Con questa classe politica così troppo subalterna o condizionata da gruppi esterni, economici, affaristici, o addirittura permeabili all'iniziativa mafiosa, la città è ormai ingovernabile. O si chiude subito con il passato – entro quest'estate – o il commissariamento sarà inevitabile. Si potranno fare nuove amministrazioni, altri sindaci verranno, altri agnelli sacrificali, ma la Dc siciliana continuerà a mordersi la coda.

D. *Ha paura?*

R. Non è la parola esatta. Ho ricevuto lettere e telefonate anonime. Ho avvertito la solitudine politica e un clima di disimpegno degli alleati di governo che a parole mi sostenevano. Sono segnali che in una situazione locale lasciano intendere parecchie cose. Ho preferito invece richiamare ancora una volta l'attenzione sul «caso Palermo».

(27 luglio 1984)

La fine di Giuseppe Montana

L'ho incontrato per l'ultima volta – indaffarato, allegro – negli uffici del primo piano alla Squadra mobile, venerdì scorso alle quattordici e dieci. Un incontro casuale. Ma, fatto insolito per un funzionario come lui poco propenso ad attaccar bottone coi cronisti, questa volta Montana m'era venuto incontro, bloccandomi nel corridoio per un rimprovero bonario: «Tutti i giornali» mi disse «non hanno capito molto del blitz di Bellolampo. Capisco che i nomi degli arrestati apparentemente non dicono granché, ma almeno uno, quello di Tommaso Cannella, avrebbe dovuto farvi riflettere. Cannella e i corleonesi fanno parte della stessa cordata. Cannella è quello che pranzava con Michele Greco, uno dei pochi autorizzati a dargli del "tu". Sì, questa volta abbiamo quasi la certezza che i capi mafia corleonesi non si sono mai allontanati da Palermo, e vivono qui la loro latitanza. Arrestando Cannella abbiamo svolto un ottimo lavoro».

A quel punto gli avevo strappato un mezzo impegno per scrivere un «pezzo» sulla sezione catturandi, quella che lui dirigeva ormai da una decina di mesi. Ora è un altro il «pezzo» che ci tocca scrivere. Montana l'hanno assassinato, e l'hanno assassinato proprio nella zona a più alta densità mafiosa, laddove, fra Bagheria, Aspra, Porticello e Casteldaccia, i capi mafia e le loro famiglie hanno ville sontuose, in riva al mare, inaccessibili, e coi fuoribordo a portata di mano. E che l'agguato di domenica sera sia più che «firmato» dai corleonesi lo provano non solo le prime indagini ma anche le affermazioni dei «superiori» di Montana che da tempo temevano per la sua incolumità. Ne conoscevano zelo e coraggio, come conoscevano ferocia e macabra «puntualità» dei suoi nemici diretti, quelli coi quali questo giovane di trentaquattro anni aveva ingaggiato, fin dal 1982 quando fresco di laurea in giurisprudenza era giunto a Palermo da Catania, una partita sotterranea, scandita da colpi su colpi, massacrante, raramente spettacolare, ma fruttuosa.

Dice Ignazio D'Antone, capo della Criminalpol per la Sicilia occidentale: «Gli avevo consigliato più volte di cambiar casa, non mi piaceva che uno come lui, con le operazioni che aveva all'attivo, abitasse in un posto così isolato, proprio a Mongerbino. Ma mentre glielo suggerivo, io stesso mi chiedevo a cosa potessero servire simili precauzioni». Francesco Pellegrino, capo della Squadra mobile: «Era un ragazzo che dava tutto al lavoro. Sabato avevamo parlato a lungo, ed era contentissimo del blitz di qualche giorno prima. Un risultato che aveva ottenuto lavorando con il suo solito stile: riservato e paziente. Negli ultimi giorni dormiva poche ore per notte poiché sentiva di aver imboccato la pista giusta. E i corleonesi, ammazzandocelo, ci mandano a dire: siamo sempre qui, siamo forti come prima; possiamo colpire senza alcuna difficoltà».

E rivediamola allora la «tabella di marcia» di Beppe Montana, il lavoro già svolto, e quello in cantiere per i prossimi mesi. Un filo conduttore: era l'uomo che dirigeva meno d'una ventina di «007» con l'obiettivo di dar la caccia a quasi duecento latitanti, fra Palermo e provincia. Una vergognosa sproporzione della quale ogni tanto si lamentava.

Giunge a Palermo nel 1982, all'indomani dell'uccisione di Carlo Alberto Dalla Chiesa, della moglie Emanuela Setti Carraro, dell'agente

Domenico Russo. Ha appena vinto il concorso di polizia. Ma i colleghi ne intuiscono subito le doti di poliziotto di razza e lo spediscono in prima linea. Ed ecco Montana già in trasferta, per tornare a Catania, questa volta da funzionario della sezione investigativa, per catturare Nunzio Salafia, Antonino Ragona e Nitto Santapaola, fra i primi a esser sospettati per la strage di via Carini. Arresta i primi due, guadagna sul campo la prima medaglia. Poliziotto, dunque, ma di quei poliziotti coscienti anche dell'importanza del sindacato, e di quanto siano fondamentali – soprattutto a Palermo – i rapporti con la società civile. È infatti fra i promotori del comitato in memoria di Calogero Zucchetto. E Zucchetto, come Montana, lavorava all'investigativa, e Zuchetto, come Montana, fu ammazzato il 14 novembre 1982 per «troppo» zelo, per «troppa» bravura professionale. Due destini che adesso appaiono tragicamente analoghi. All'inizio del 1983, Montana conclude felicemente un'altra delle «sue» operazioni: i suoi uomini scoprono l'arsenale mafioso di San Ciro Maredolce, mimetizzato sotto un cavalcavia dell'autostrada Palermo-Catania. Saltano fuori mitra, calibro 38, fucili a canne mozze, munizioni. Ecco un altro nascondiglio che Montana non «doveva» scoprire: sono infatti armi dei gregari dei Greco e dei Marchese che proprio in quel periodo stanno combattendo la guerra di mafia contro le vecchie «famiglie» che non vogliono adeguarsi al nuovo ordine imposto dai corleonesi.

Naturalmente c'è il «solito» Montana a bussare in via Lincoln, nella primavera 1984, per notificare al boss Masino Spadaro – ex contrabbandiere di sigarette, ormai nel giro della droga pesante, e uomo di Michele Greco, oltreché prestanome per i suoi traffici bancari – un mandato di cattura per associazione di tipo mafioso. Incredibile: Spadaro trascorreva la latitanza a casa sua. E poi Buscetta avrebbe raccontato che Masino era da tempo nella supercommissione di mafia, e faceva da ponte fra i siciliani e le famiglie napoletane Zaza, Bardellino e Nuvoletta.

Ma Montana non era abituato a «cantar vittoria», né a sedersi sugli allori. «È inutile che venite da me ogni giorno» ripeteva ai cronisti «io vi posso dare una notizia in media ogni sei mesi, il nostro è un impegno che si sviluppa in tempi lunghi.» Nell'ultimo periodo però «notizie» ne aveva date più d'una. E tutte significative. Per esempio l'arresto di Antonino Rotolo, un altro dei superkiller dei Greco, accusato dal pentito Calzetta d'aver compiuto parecchi delitti. Il più significativo quello di Paolo Giaccone, lo stimato primario che con una perizia balistica aveva incastrato al gran completo per la strage di Natale (tre morti a Bagheria nel 1982) i clan Marchese e Spadaro.

Insomma, s'era fatto un quadro completo, raggranellava informazioni preziose, «saltava» da una pista all'altra appena vedeva tracce fresche del passaggio di qualche latitante. E mentre si avvicinava – inesorabilmente –, il cerchio attorno a lui era sempre più stretto.

Il 22 febbraio 1984 ebbe un incidente automobilistico che stava per costare la vita a lui e a due altri funzionari di polizia: finirono tutti contro un muro, a Ciaculli, la borgata che Montana batteva spesso alla ricerca dei più temibili capi mafia. Due mesi in ospedale, poi ancora una volta al suo posto, in un ufficio tre metri per tre al pian terreno della Squadra mobile, di fronte a un tavolo sommerso da fascicoli intestati ai personaggi più sinistri. Spulciava voluminosi dossier, leggeva moltissimo, ascoltava sia i resoconti del componenti della squadra, sia le «soffiate» dei confidenti. Sempre in attesa che scattasse l'allarme.

E giovedì 24, appena cinque giorni fa, una volante chiese il suo intervento a Bonfornello. Era da tempo che la zona era sotto controllo. Era stata individuata una villa sospetta. Bisognava attendere il momento giusto. Fu Montana – ancora una volta «sul campo» – a dare il via all'irruzione. Otto persone arrestate. Capintesta proprio Tommaso Cannella, quel nome che i giornali avevano sottovalutato. Capo mafia di Prizzi, avendo preso il posto del nonno, vecchio capo bastone, insieme al padre Giuseppe Cannella svolgeva prosperosi affari nel settore delle opere pubbliche. Appalti, appalti a ogni costo, tanto da uccidere – secondo le accuse – un temibile concorrente, anch'egli di mafia, Sebastiano Alongi. Era latitante da un anno, lo si credeva in Val d'Aosta, ma Montana lo cercava lì, a due passi da Palermo. Luogotenente dei Greco, utilizzava la sua impresa di calcestruzzi – la Sicilpali – per riciclare i narcodollari di Luciano Liggio; impresa questa sulla quale aveva indagato a suo tempo il giudice Giovanni Falcone. Insieme a lui le manette erano scattate anche per: Pietro Messicati Vitale, il nuovo boss di Villabate; Antonino D'Amico, anch'egli legato ai Greco, figlio del gestore della mega raffineria di Alcamo. Quella scoperta un mese fa fu causa scatenante – secondo il mandato di cattura – della strage di Pizzolungo in cui doveva cadere il giudice Carlo Palermo. Con loro altri cinque pregiudicati, tutti venuti da poco alla ribalta.

È questa di Bellolampo l'ultima operazione d'un poliziotto scomodo. La sua corsa contro il tempo ora è finita. Michele e Salvatore Greco, Salvatore Riina, Bernardo Provenzano, i super killer Pino Greco e Mario Prestifilippo sono invece ancora a piede libero. Montana tenace com'era li avrebbe cercati ancora qui, alle porte di Palermo.

(30 luglio 1985)

Intervista a Ninni Cassarà

Un poliziotto intelligente e coraggioso, un collega che era anche tuo amico è caduto, ma tu non puoi fermarli. Ma sarà mai servito a qualcosa il sacrificio del commissario Beppe Montana? Non sarà l'identica squadra

– purtroppo con un uomo in meno – a tornare ancora una volta in prima linea, magari allo sbaraglio, nella speranza di catturare i latitanti più pericolosi?

Ieri mattina con i funzionari e gli agenti della Squadra mobile più bersagliata d'Italia, gli stessi che troppe volte sono stati illusi, ingannati e dimenticati dal potere centrale. Continuano a lavorare, c'è da sbrigare la dura, pesantissima routine. Ogni sezione si è assunto un compito specifico: il controllo di tutti gli abitanti della zona – quella di Mongerbino – dove si è verificato l'agguato mortale di domenica; o, per esempio, lo studio di quella decina di indagini alle quali Montana si era dedicato negli ultimi tempi. Per ora – comunque – è troppo presto per prevederne i risultati.

Andiamo allora a trovare Ninni Cassarà, oggi vicedirigente della Squadra mobile, fino a qualche mese fa a capo della sezione investigativa. Beppe Montana, ma anche Calogero Zucchetto, anche egli assassinato, impararono da lui i primi rudimenti del difficile mestiere di poliziotto. «Guardi» è Cassarà a prendere l'iniziativa «il foglio delle firme in memoria di Montana. Cittadini sconosciuti, giovani, ma credo che sia questa la firma che riveste un significato particolare: "La famiglia di una delle otto vittime di piazza Scaffa Cortile Macello". Ecco, di fronte a simili episodi ritroviamo la ricompensa per il nostro maledetto lavoro, vuol dire che qualche traccia rimane, muta qualcosa persino nell'universo mafioso, e se Palermo non è più quella di dieci o quindici anni fa il merito è anche dei nostri uomini che sono rimasti in prima fila.»

Sono tornati in queste ore gli studenti a far sentire la loro voce, a proclamare iniziative, a esprimere solidarietà ai vertici investigativi siciliani. Quegli studenti che – a Palermo – hanno sempre scandito con la loro presenza i momenti di più alta mobilitazione popolare. Furono giovani, in ventimila, nell'autunno scorso ad animare uno spettacolare corteo a sostegno del mega blitz di San Valentino quando per la prima volta degli intoccabili cominciavano a cadere. Ma il clima complessivo – inutile negarlo – non è dei migliori: «Questa mattina» racconta Cassarà «ho avuto appena il tempo di fermarmi un attimo di fronte alla edicola della questura centrale e ne ho ricavato una pessima impressione vedendo le prime pagine dei giornali esposti. Tranne il "Giornale di Sicilia", "La gazzetta del Sud", "Il mattino" e "l'Unità", mi sembra che la grande stampa nazionale abbia molto sottovalutato il significato dell'uccisione del nostro collega. Ancora oggi – è difficile ammetterlo, ma è così – in questo paese esistono morti di serie A, B e C. È la spia del valore modesto che i mass media riconoscono alla nostra attività».

Protagonismo? Esattamente il contrario. Semmai la preoccupazione che il fronte contro le cosche possa restringersi a piccole avanguardie investigative e giudiziarie, perdendo il collegamento con l'entroterra delle forze più sane e più vive della società: «Temo» aggiunge il vicedirigente della Squadra mobile «che quel clima di consenso dell'intera opinione pubblica che, anche grazie ai giornali, si era creato, ora stia venendo meno». Il funzionario non risponde a domande troppo dirette, trincerandosi – e correttamente – dietro ragioni gerarchiche. Alcuni concetti comunque li ribadisce sapendo di interpretare uno stato d'animo diffusissimo. «L'impegno della polizia giudiziaria» ricorda a quanti se ne fossero dimenticati con troppa leggerezza «rimane il nucleo propulsivo delle indagini investigative, presupposto fondamentale per ogni indagine, passaggio obbligato per lo sviluppo processuale. Senza la fatica, senza il sangue versato dai nostri poliziotti, molti soloni non potrebbero pontificare né in occasione di convegni né in occasione di summit.»

Cassarà non chiama in causa qualcuno in particolare, non fa nomi, evita di entrar troppo nel merito. Ma non crediamo di svelare nulla di particolarmente riservato dicendo che né funzionari né agenti condividono le pesanti ingerenze nell'attività del potere giudiziario di cui si sono fatti protagonisti in questi ultimi giorni socialisti e radicali. Brucia, insomma, anche qui a Palermo la polemica sui pentiti della camorra, sull'andamento del processo di Napoli.

Cassarà mantiene ben stretto il nesso tra attività di polizia e carabinieri e quella – dice – di procura e ufficio istruzione che a Palermo stanno facendo fino in fondo la loro parte. Dice di più, non nascondendo l'amarezza: «Ricordiamo soprattutto l'impegno di Rocco Chinnici, le sue qualità "manageriali" nella direzione dell'ufficio istruzione, il ruolo prezioso che svolse per tanti anni. Ma Chinnici è stato ammazzato. Come, prima o poi, finiscono ammazzati tutti gli investigatori che davvero fanno sul serio». E sul processo di Napoli? «Seguiamo con molta attenzione le preoccupanti vicende che stanno caratterizzando la vigilia del maxi processo alla mafia che si terrà a Palermo e lo svolgimento di quello che vede alla sbarra la camorra. In quest'ultimo caso non ci sfugge quanto accade dentro e fuori dal dibattimento. Si conducono attacchi frontali contro il valore processuale delle deposizioni dei pentiti. Non sappiamo come si sono comportati i nostri colleghi napoletani. Sappiamo bene che qui si è proceduto con un riscontro meticoloso, rigoroso, a volte estenuante di ogni particolare accusatore delle singole deposizioni.» E la requisitoria della procura? Ha confermato – sulla base di nuovi accertamenti – che a Palermo le manette non sono scattate sulla base di un generico «pentito dire», anche se magari autorevole, come quello di Buscetta. Quindi non c'è la caccia alle streghe, non si avverte spirito di rivalsa. Sta nascendo qui – proprio in questa martoriata terra di frontiera – un pezzo di Stato diverso, pulito, rappresentato anche da uomini come Montana e Zucchetto.

(31 luglio 1985)

La fine di Ninni Cassarà

Li stanno ammazzando uno a uno.

Proprio Ninni Cassarà, aveva insistito, due giorni dopo l'assassinio del suo carissimo amico, il commissario Beppe Montana, perché scrivessi a ogni costo – in una sua intervista all'«Unità» – una frase che mi era parsa troppo «forte». Questa: «Prima o poi, a Palermo, chi conduce seriamente la lotta alla mafia viene assassinato». Ieri sera il Saf di Palermo, il sindacato dei poliziotti, ha sottoscritto un comunicato durissimo con Roma: «Via Scalfaro, si dimetta!».

Ora se ne sta lì, sotto il lenzuolo, accanto al portone di casa sua. In ginocchio, muta, impietrita, Laura, la giovane moglie. E con Ninni è caduto anche un suo fedelissimo agente, Roberto Antiochia, di ventitré anni, e un altro è stato gravemente ferito, Giovanni Salvatore Lercara, di venticinque. A loro due, ieri, poco dopo le quindici, era toccato l'«onore» di accompagnare il dottor Cassarà. Un'enorme chiazza di sangue è il simbolo tragico del loro coraggio. In queste ore non esistono aggettivi per definire la situazione in città. Palermo in ginocchio, in balìa del potere mafioso, nella tenaglia, attraversata da un capo all'altro dagli uomini di tante polizie che stanno piangendo fiumi di lacrime. Abbiamo visto, udito, affacciati a un balcone che dà sul luogo dell'agguato, poiché i cronisti venivano cacciati e aggrediti, la seconda parte di questa ennesima tragedia. Quella che ha per protagonisti gli uomini della lotta alla mafia. Abbiamo visto uomini con pistole automatiche a sedici colpi sotto l'ascella piangere come vitelli, bestemmiare, aggredire il questore Giuseppe Montesano, il procuratore capo Vincenzo Pajno, Marco Pannella, mentre intanto sopraggiungevano in via Croce Rossa, luogo dell'agguato, sostituti e giudici istruttori. Diamo la parola, come nel giorni scorsi l'avevamo data ai familiari del giovane Salvatore Marino, morto negli uffici della Squadra mobile, alla rabbia e alla protesta dei poliziotti: «Ci siamo abituati a farci ammazzare, a farci mettere sotto i piedi signor procuratore, siamo carne da macello, dovete trasferirci in massa, fatevela da soli la guerra alla mafia, non chiamateci mai più per rischiare la pelle. Perché non è venuto qui il ministro Scalfaro? Ecco il risultato dei suoi provvedimenti... ecco il risultato della presenza di Pannella giunto qui a istigare come se non bastasse quello che già era accaduto... Cercateveli voi i mafiosi... E comunque andateveli a cercare a piazza Kalsa, a Ciaculli, a Brancaccio, a Bagheria o a Villabate... Sono lì che stanno, lo sappiamo tutti...». Tentano anche loro, fra uno sfogo e una bestemmia, di adempiere con scrupolo il loro maledetto lavoro. Ricostruiscono così il primo possibile canovaccio dell'agguato.

Eccolo. Cassarà e Antiochia sono stati colpiti da tre killer armati con tre kalashnikov. Due macellai mafiosi erano appostati da tempo a una finestra alla quale si accede dalla scala interna di un palazzo che dista una trentina di metri da quello dove abitava il vicecapo della Mobile. Hanno esploso qualcosa come duecento colpi. Bossoli lunghi una decina di centimetri, sparsi in tutte le direzioni fra le scale e i due ingressi. Pare che un terzo killer fosse invece nel cortile, al pianterreno, quindi a pochi passi dall'Alfetta blindata dalla quale sono scesi i poliziotti. Cassarà è caduto, sotto un tiro incrociato dal basso e dall'alto, e Antiochia accanto all'Alfetta. Un quarto agente si è salvato.

È proprio lui la «tutela» personale del funzionario. Urla a squarciagola: «Dovevano uccidere me, dovevano uccidere me, perché mi hanno lasciato vivo?». È un cortile interno quello in cui la mafia è tornata a prendere la mira. Qui si affacciano tanti palazzoni e centinaia di palermitani assistono in diretta a scene di panico e dolore. Fuori, al di là del cancello che conduce al grande condominio, si ingrossa la folla dei curiosi, stridono i pneumatici, si spengono, dopo una folle corsa per Palermo, le sirene delle autoblindate che conducono qui i massimi rappresentanti delle istituzioni. Giungono fra i prima Ignazio D'Antone, capo della Criminalpol siciliana e da due giorni nominato ad interim capo della Squadra mobile. Francesco Pellegrino, l'ex capo della Mobile se ne sta accasciato su una panchina. C'è il questore Giuseppe Montesano che cerca — ma è impresa difficile — di calmare gli agenti. Ci sono tutti gli uomini della sezione investigativa diretta, appena due mesi fa, proprio da Cassarà. Ecco il dottor Salerno, che dirige la sezione delle volanti, i dirigenti Digos, il capitano del nucleo operativo dei carabinieri, anche lui rimosso, Gennaro Scala, e accanto il capitano Angiolo Pellegrini della sezione antimafia della caserma Carini. Centinaia d'agenti, in borghese, in divisa. Un elicottero ronza alto. Gracchiano le autoradio. Si fa largo fra la folla Giovanni Falcone insieme ad Antonino Caponnetto, i capi dell'ufficio istruzione, tutti in questo budello di strada, leggermente ventilato, sotto un sole cocente. «Per dio» urla un agente «giornalisti non ne vogliamo, buttateli fuori, lo avete visto come ci hanno trattato in questi giorni.» A quell'ora – si sono fatte già le diciassette – il commando ha concluso la sua missione di morte: viene infatti ritrovata abbandonata – ovviamente dopo essere stata data alle fiamme – l'Alfetta 1800 adoperata per giungere in via Croce Rossa. L'hanno abbandonata un paio di chilometri più in là, in via Sardegna, nel cuore della Palermo bene, prima di salire su altre auto d'appoggio. E dire che a entrare in azione ieri sono state non meno di quindici persone.

Tocca allora – dopo aver visto e sentito – anche ricordare. Tutto ora si riduce a poche righe e a qualche data. Ninni Cassarà, trentacinque anni, una moglie Laura, insegnante, di trentuno; tre figli, Elvira, Marida, e il figlio Gaspare di undici anni. Marida era nata pochi mesi fa. Si sarà brindato a champagne ieri sera a Palermo come si brindò per Dalla Chiesa, fra chi ha dato ordine di sparare a Cassarà e ai suoi uomini? Chi ha sparato a Cassarà? Torniamo a scriverlo: i corleonesi.

Quelle cosche, dirette da Luciano Liggio, Salvatore e Michele Greco, Salvatore Riina, Bernardo Provenzano, e che annoverano nel loro «esercito» super killer come Pino Greco o Mario Prestifilippo. Scriviamo nomi. Non fosse per l'eco dei colpi d'arma da fuoco che sconvolgono Palermo in queste ore ci sembrerebbe di stare a parlare di fantasmi, tanto sono inafferrabili, questi super latitanti, quelli che però uomini come Montana o Cassarà si ostinavano comunque a cercare alle porte di Palermo.

(7 agosto 1985)

Intervista a Giovanni Falcone

«È inutile fare le indagini, forse anche i maxi processi, se intanto non si arrestano i latitanti.» Dottor Falcone, ho capito bene? «Benissimo. Questo che le ho detto purtroppo è molto semplice». Parla Giovanni Falcone, il giudice più esposto nella lotta alla mafia, l'unico che sia mai riuscito a convincere un mafioso a parlare, e per di più del calibro di Tommaso Buscetta. Dire che la mafia non lo ama è un eufemismo. Ma lui, accanto ad altri magistrati e investigatori forse meno conosciuti, tira dritto per la sua strada. Lo abbiamo visto giungere fra i primi in via Croce Rossa, non perdere la sua calma proverbiale, conservando dentro di sé l'immenso dolore per l'uccisione del vicecapo della Mobile Ninni Cassarà e Roberto Antiochia.

Domanda *In quale strategia si iscrive il nuovo agguato?*
Risposta È proprio il maxi processo che rientra nella strategia mafiosa, strategia che è sempre stata quella di non sottostare alle investigazioni. Sia chiaro: la mafia non accetta l'idea di farsi processare dallo Stato.
D. *Eppure, prima di questa nuova ondata di terrore, una «tregua» militare si era pure registrata. L'inizio di questo periodo possiamo farlo risalire ai blitz provocati dalle clamorose confessioni di Buscetta e di Contorno. Cosa si è rotto negli ultimi dieci giorni?*
R. Quale tregua? Le sembra che ci sia mai stata una tregua? Mi creda, di tregue la mafia non se ne è mai concesse. Sì, è vero, sembrava che a Palermo ci fosse finalmente una pausa, un «silenzio obiettivo». Ma non era altro che il riflesso conclusivo della lunghissima guerra degli ultimi anni. Una guerra che ha prodotto una assoluta monoliticità nella struttura organizzativa di Cosa Nostra. E poi, abbiamo forse già dimenticato l'uccisione dell'ingegner Roberto Parisi, dell'imprenditore Pietro Patti? Questi sono fatti accaduti appena qualche mese fa, anche se sembrano lontanissimi.
D. *D'accordo. E allora «questa volta» perché proprio Montana e Cassarà?*

R. La mafia ha compreso il pericolosissimo avvicinamento della Squadra mobile ai covi dei latitanti. Quindi la Mobile – secondo il loro calcolo – non dovrà continuare a salire a una scala che potrebbe portarla a ottime conclusioni.

D. *Allora c'è chi conduce fino in fondo la caccia ai latitanti?*

R. Montana e Cassarà stavano ottenendo i primi risultati, e qualcuno l'avevano già raggiunto. È per questo che sono stati assassinati. Giovanni Falcone se nesta in disparte, circondato da tanti fedelissimi servitori dello Stato che hanno il compito di proteggerlo ventiquattro ore su ventiquattro. È venuto qui, al cimitero di Sant'Orsola per accompagnare Ninni Cassarà.

D. *Chi era Cassarà, dottor Falcone?*

R. Un mio amico fraterno, un investigatore abilissimo.

(9 agosto 1985)

Intervista a Paolo Borsellino

«Le previsioni catastrofiche di qualche tempo fa non si stanno avverando. Il processo si celebrerà, ormai è tutto pronto. Non abbiamo preoccupazioni particolari: infatti è interesse di tutti – giudici, avvocati, imputati – che si giunga celermente in dibattimento. La mafia non è né vinta né in ginocchio. Cosa Nostra ha già adottato alcune contromisure. E non dimentichiamo che il numero dei latitanti è molto sproporzionato rispetto a quello dei detenuti. Lo Stato deve fare ancora parecchio. In vista di questo maxi processo le indagini vanno potenziate, non ridimensionate. Dallo stralcio di questa istruttoria scaturirà un altro processo non meno significativo.» Sono parole del giudice istruttore palermitano Paolo Borsellino, intervistato dall'«Unità». Borsellino è tra i collaboratori più stretti di Giovanni Falcone.

Del processo che ha contribuito a istruire, dice: «Sarà solo una prima tappa, l'inizio di una fase nuova, il nostro lavoro è destinato ad aprire altri orizzonti». E ancora: «Se l'attività di conoscenza è andata avanti lo si deve alla riappropriazione del grande patrimonio investigativo conseguito fra gli anni Sessanta e Settanta». Ma perché in quegli anni non se ne trassero le dovute conseguenze? «Gli atti della prima commissione di inchiesta» risponde Borsellino «finirono in archivio, non ne venne garantita la pubblicità, il Parlamento ne fece uso molto limitato... In sede politica il fenomeno fu molto sottovalutato, considerato un bubbone regionale, mentre il cancro mafioso si stava nazionalizzando e internazionalizzando.» Aggiunge Borsellino: «Lo Stato deve farsi pieno carico della necessità di sostenere e potenziare lo sforzo investigativo». Il giudice indica alcuni «accorgimenti geografici» adottati da Cosa Nostra: la provincia trapanese è un «pozzo profondo» e molta attenzione va dedicata alla Calabria. Buon esito ha avuto il lavoro investigativo svolto in Spagna e in Canada, non altrettanto la cooperazione con gli inquirenti tedeschi (la Germania è ormai anello decisivo per l'importazione di droga dall'Estremo Oriente): «Considerano il fenomeno della droga» dice Borsellino «soltanto dal punto di vista della tossicodipendenza». Dopo il maxi processo, lo stralcio per circa trecento imputati: «Sicuramente» afferma il magistrato «in questa sede le connessioni, le frequentazioni, gli intrecci tra mafia e certo mondo politico e affaristico troveranno una migliore collocazione». E sulle voci che vogliono Buscetta assente dall'aula? «Non mi risulta nulla di tutto questo. Finora nessuno dei ventitré pentiti ha manifestato la volontà di non comparire in dibattimento».

Due ore di colloquio sull'imminente maxi processo con Paolo Borsellino, giudice istruttore palermitano di prima linea, fra i collaboratori più stretti di Giovanni Falcone, uomo proverbiale in città per la sua memoria e la conoscenza del fenomeno mafioso.

Domanda *Dottor Borsellino, il processo potrà subire dei ritardi?*
Risposta Siamo giunti a uno stadio molto avanzato. I tempi finora sono stati rispettati. L'aula bunker è pronta. Si attendono gli ultimi collaudi al sofisticato sistema elettronico che consentirà la ricerca computerizzata degli atti. Nulla lascia prevedere intoppi dell'ultim'ora.
D. *Sono risposte ancora tecniche. Mi riferivo al clima generale che avvolge l'attesa di un evento giudiziario che in Italia non ha precedenti.*
R. Non dimentichiamo che in agosto (all'indomani delle uccisioni dei funzionari di polizia Montana e Cassarà) da qualche parte venne avanzato un dubbio che i giudici istruttori non sarebbero riusciti a concludere la stesura della loro sentenza di rinvio a giudizio. La nostra parte l'abbiamo fatta. Semmai le nostre preoccupazioni non riguardano l'inizio del dibattimento. Non vorremmo, non può essere così, che il maxi processo rappresenti l'ultima spiaggia dell'attività repressiva.
D. *C'è chi lo ha definito processo «storico». Chi, all'opposto, ne mette in rilievo, per minimizzare, solo gli aspetti simbolici. Qual è la sua opinione?*
R. Questo processo riguarderà quattrocentosettantaquattro imputati. Ma sarà solo una prima tappa, l'inizio di una fase nuova. Non esprimo una semplice speranza: il lavoro istruttorio che si è recentemente concluso è destinato ad aprire altri orizzonti.
D. *Qual è il principale elemento che dopo tanti anni di ritardo ha consentito allo Stato di rientrare in gioco nella lotta contro la mafia?*
R. Se l'attività di conoscenza del fenomeno è andata avanti, giungendo al punto in cui è giunta oggi, lo si deve all'appropriazione, meglio, alla riappropriazione del grande patrimonio investigativo conseguito fra gli anni Sessanta e Settanta.

D. *Perché parla di «riappropriazione»? Cosa si sapeva in quegli anni? E perché non se ne trassero le dovute conseguenze?*

R. All'epoca si conosceva bene la struttura verticistica, piramidale e unitaria della mafia. Gli atti della prima commissione d'inchiesta, se letti, confermano il mio giudizio. Ma siccome quella era una sede interlocutoria, squisitamente politica, gli atti finirono in archivio, non ne venne garantita la pubblicità, il Parlamento ne fece uso molto limitato.

D. *Disattenzione, insoddisfacente professionalità o episodi di vera e propria collusione?*

R. Forse questi ingredienti ci furono tutti. Ma in sede politica – ne siamo certi – il fenomeno fu molto sottovalutato, considerato bubbone regionale, mentre, proprio in quegli anni, il cancro mafioso si stava nazionalizzando, internazionalizzando. Questa disattenzione si riflesse anche in sede processuale con l'utilizzazione di strumenti inadeguati. Si spiegano così, in quel periodo, le raffiche di assoluzioni per insufficienza di prove.

D. *Torniamo al maxi processo. Può spiegare le novità emerse dalla vostra ricerca?*

R. Non si può fare a meno di semplificare. Primo, per noi le dichiarazioni dei pentiti hanno rappresentato un punto di forza, ma solo all'inizio. È seguita una fase – molto complessa – in cui abbiamo invece privilegiato l'aspetto dell'acquisizione probatoria. Abbiamo fatto ricorso a intercettazioni telefoniche, a un minuzioso esame di un materiale bancario e patrimoniale sterminato. Secondo, scegliemmo di affrontare il fenomeno nel suo complesso, non disarticolando singoli fatti criminosi. Eravamo convinti, lo siamo anche adesso, che la potenza militare e le dimensioni degli affari di Cosa Nostra, non possono essere compresi pienamente prescindendo dalla rilettura degli ultimi dieci anni della sua attività. I risultati non sono mancati.

D. *Dottor Borsellino, un paio di settimane fa un noto costruttore palermitano, Francesco Bonura, arrestato in occasione di un duplice delitto, fortemente sospettato, è stato assolto per insufficienza di prove insieme ad altri quattro imputati. La polizia l'aveva sorpreso a pochi metri di distanza dal luogo dell'agguato. La sua impressione su questo verdetto?*

R. Non drammatizzerei. Non conosco gli atti processuali, non sta a me tirare conclusioni. Una cosa comunque va detta. Quel processo è rimasto estraneo a quella filosofia che fin qui abbiamo tentato di applicare concretamente. Mi spiego meglio: quel processo nacque – e non per volontà di qualcuno – prima che si sviluppasse questo maxi processo. I nostri colleghi si sono trovati così nella condizione di giudicare le responsabilità di quel duplice omicidio isolatamente, al di fuori cioè di uno scenario ben più complesso che avrebbe favorito l'individuazione di relazioni molto più ampie.

D. *Questo che inizia il 10 febbraio sarà il processo al braccio militare di Cosa Nostra o c'è dell'altro?*

R. Ora l'opinione pubblica conosce i nomi di chi spara e i nomi di chi traffica in eroina. Non è poco, non è tutto. Questa gente infatti non è stata messa ancora in condizioni di non nuocere. E purtroppo l'amara verità è tornata alla luce in agosto quando la mafia dimostrò ancora una volta il suo potenziale di fuoco: riuscì, in appena una settimana, a contribuire all'azzeramento della Squadra mobile palermitana, uno dei pilastri dell'attività investigativa. C'è poi un inquietante dato statistico. Mentre i latitanti rappresentano un terzo del numero complessivo degli imputati, diventano tre quarti se si restringe la rosa ai vertici e al gruppo di fuoco responsabili dei reati più gravi e degli omicidi.

D. *Rischiano di essere condannate delle ombre?*

R. Con calma. Servono anche i processi a carico dei latitanti. Ma il processo è un momento dell'attività repressiva, la caccia ai latitanti è l'altra faccia della medaglia. Non è tutto: occorre ribadire che lo Stato deve farsi pieno carico della necessità di sostenere e potenziare lo sforzo investigativo. Cattura dei latitanti e indagini sono infatti attività che finiscono con il coincidere. Un personaggio mafioso di spicco, una volta arrestato, può dare, per esempio, un contributo non indifferente alla conoscenza di tanti retroscena dell'organizzazione che ancora ci sfuggono.

D. *Secondo stime ufficiali, i latitanti di mafia sono quasi duecento. Secondo lei, il latitante «tipo», per ora, si sente braccato o vive a suo agio svolgendo la sua attività con qualche precauzione in più?*

R. Entrambe le immagini non mi convincono. Certamente questo esercito non è in rotta, non fugge precipitosamente. E lo dico anche sulla base di dati che abbiamo acquisito e che ci accingiamo a verificare. Diversamente – torno a ripeterlo – non si spiegherebbero gli agguati di agosto. Più in generale la mafia non è vinta, non è in ginocchio. Eppure ha avvertito la pressione investigativa degli ultimi due anni e sta dettando alcune contromisure per tutelare le sue attività illecite.

D. *Quali?*

R. Intanto alcuni accorgimenti di natura geografica. È molto indicativa la scoperta di una mega raffineria di eroina ad Alcamo, nel trapanese. Quella provincia è un pozzo ancora molto profondo, dove le indagini dovranno indirizzarsi con nuova alacrità. Penso a un recente arresto di un esponente mafioso che faceva capo a una delle famiglie più coinvolte nel traffico dell'eroina – i Vernengo – avvenuto in Calabria. Ecco un'altra regione che deve entrare di più nel riflettore degli inquirenti. Cosa Nostra insomma cerca di continuare a fare quello che ha sempre fatto.

D. *Trapani, la Calabria. E all'estero, quali sono a suo giudizio gli Eden non ancora ispezionati?*

R. Non mi pare che ci siano degli Eden. Le indagini in Spagna, dove risiedevano i Grado, e in Canada, e che costituiscono oggetto di stralcio per la posizione di Vito Ciancimino, hanno avuto un buon esito. Si sono avvalse dell'apprezzabile collaborazione dell'autorità di quei Paesi, anche in Svizzera. Nazione questa estremamente sensibile al problema mafioso, ma gelosa delle sue prerogative in materia di segreto bancario. Noi giudici palermitani abbiamo sempre rispettato i patti: il giochetto di indagare su reati di mafia e poi risolvere tutto in accuse di natura fiscale con i giudici svizzeri non funziona. Analoga collaborazione invece non la riscontriamo in Germania. Mi sono recato personalmente in quel Paese durante le indagini su Nicolò Malfattore e un'altra trentina di imputati per traffico di eroina. Sappiamo che la Germania è divenuta anello decisivo nel canale dell'importazione dall'Estremo Oriente. Sappiamo che lì hanno trovato rifugio e risiedono capi mafia importanti. Eppure quel processo si è concluso con un parziale insuccesso per quanto riguarda l'individuazione di alcuni imputati che proprio in Germania amministrano grossissimi interessi.

D. *Come spiega questa resistenza dei tedeschi?*
R. Considerano il fenomeno della droga soltanto dal punto di vista della tossicodipendenza.

D. *Si parla già del maxi processo bis, con oltre trecento imputati. Perché uno stralcio di tali dimensioni?*
R. Dovevamo chiudere la nostra istruttoria entro l'8 novembre 1985. Per rispettare i termini previsti dalla legge sulla carcerazione preventiva, per riconoscere così agli imputati il diritto di andare subito in giudizio. Tuttavia i tempi non ci hanno condizionato: questa sentenza non contiene alcun pronunciamento sugli imputati ignoti. Non abbiamo cioè ritenuto che le indagini per la loro individuazione potessero considerarsi concluse. Insomma, non ci siamo avvalsi della formula di rito: ...non doversi procedere contro imputati ignoti perché rimasti non identificati.

D. *I contenuti del «secondo» processo in che misura ne risentiranno?*
R. Ciò significa che oggetto dello stralcio saranno tutti i reati per i quali imputati noti sono stati rinviati a giudizio una prima volta con in più quelli per i quali questo provvedimento non è stato preso.

D. *Si dice che in quella sede emergeranno ancora meglio i tratti del cosiddetto «terzo livello». È così?*
R. Terzo livello è forse un'espressione infelice. Ma sicuramente le connessioni, le frequentazioni, gli intrecci fra mafia e certo mondo politico e affaristico troveranno una migliore collocazione. In questi giorni i nostri colleghi romani hanno emesso mandati di cattura a carico di Giuseppe Calò, accusato di appartenere alla cupola mafiosa, per la strage di Natale. Emergono da quelle indagini inquietanti contatti della mafia con il mondo finanziario, con quello dei grandi capitali. Prestiamo molta attenzione al lavoro dei nostri colleghi romani.

D. *Gli ambienti politici siciliani hanno sostenuto fin qui la vostra attività?*
R. Abbiamo notato un lodevole interessamento da parte del sindaco, del presidente della Regione, del prefetto, una attenzione e una solidarietà che in Sicilia viene al nostro lavoro non soltanto dalle istituzioni. Più in

generale ci sembra che l'attenzione della classe politica sia eccessivamente focalizzata sul dibattimento, mentre anche il significato generale dell'ordinanza che abbiamo depositata va sostenuto.

D. *Gli avvocati si sono riuniti in assemblea. Diverse le strategie processuali a confronto. C'è chi propone iniziative per bloccare l'inizio del dibattimento, chi preferirebbe gesti simbolici...*

R. Il Foro degli avvocati e la Curia dei magistrati hanno un'interesse comune: che il processo si svolga regolarmente. Noi abbiamo rispettato i tempi dell'istruttoria, dimostrando che anche in Sicilia era possibile voltar pagina. Confido pienamente nel fatto che gli avvocati si rendano conto che anche a loro viene richiesto un impegno eccezionale. Ciò significa soprattutto il rispetto di ritmi di lavoro che purtroppo non hanno alternative. La regola vale per tutti.

D. *Un'ultima domanda. Pare che Buscetta e Contorno abbiano intenzione di non metter piede in aula. Andrà davvero così?*

R. Non mi risulta nulla di tutto questo. Finora nessun imputato, nessuno dei ventitré pentiti – tranne qualche caso di malattia – ha manifestato la volontà di non comparire in dibattimento.

(28 gennaio 1986)

Galantuomini alla sbarra

Cosa Nostra finalmente alla sbarra. Ieri finalmente erano lì, finalmente abbiamo potuto guardarli in viso: Luciano Liggio, Pippo Calò, Masino Spadaro. Non erano né ombre né controfigure. Sono accusati di aver messo a ferro e fuoco Palermo, la Sicilia, mezz'Italia. No, non da soli: tanti infatti sfuggono ancora oggi alla giustizia. Michele e Salvatore Greco, i super killer Pino Greco *Scarpuzzedda*, Mario Prestifilippo, i luogotenenti di Liggio, Totò Riina e Bernardo Provenzano. Per ora restano nomi e basta. Poi ci sono altri nomi: Chinnici e Dalla Chiesa, Costa e Terranova, Giuliano, Basile, D'Aleo, Zucchetto, Montana e Cassarà. Tutti uccisi dalla mafia, perché sulla mafia indagavano. Si potrebbe continuare a ricordare: il segretario del maggior partito d'opposizione, quello comunista, Pio La Torre; il presidente della Regione, un democristiano, Mattarella. È vero: alcuni di questi delitti sono stati stralciati, ma ieri mattina, quando è entrata la Corte, dieci anni di piombo sono tornati a rivivere tutti in quel simbolico minuto di silenzio. In raccoglimento, fuori dal bunker, i cittadini che a migliaia e migliaia chiedono giustizia.

Dall'alto, dalla tribuna stampa, i volti dei detenuti aggrappati alle sbarre dei gabbioni. Ventisette celle riservate per loro, tre per i pentiti. Gabbia numero 23. C'è un leone solitario. Liggio è giunto sabato dal carcere di Nuoro. Una condanna all'ergastolo, una pioggia di reati per lui che è considerato il grande vecchio di Cosa Nostra. I cronisti lo scrutano a distanza, i fotografi entrati in aula alle nove e venticinque lo bersagliano di raffiche con teleobiettivi potentissimi. Non si scompone, il vecchio leone. Giocherella con l'immancabile sigaro cubano, ma non l'accende. Molto malato, raccontano di lui. Si sente osservato, estrae dalle tasche un foglio di appunti, legge o fa finta, poi torna ad accavallare le gambe. Seduto, se ne sta seduto, non ha fretta. Eppure all'ingresso della Corte, il vecchio leone scatta in piedi.

Gabbia 22. Pippo Calò, il cassiere della mafia, membro della commissione di Cosa Nostra. Austero, pesante cappotto scuro di buon taglio, niente papillon questa volta. Don Calò, annuisce appena. E confiderà Guido Calvi, l'avvocato che lo ha conosciuto a Roma durante il processo conclusosi qualche giorno fa con una condanna: «È autorevole, è autorevole Calò». Poi ecco che improvvisa, all'unisono – alle nove e quaranta – esplode la voce dell'Ucciardone. «Basta con i fotografi, non siamo bestie.» Un rimbombo sordo, un tam tam prolungato che percorre gabbie e tribune riservate agli imputati a piede libero e agli arresti domiciliari. «State facendo una sceneggiata, via, dovete andare via» grida la popolazione carceraria che per qualche minuto ha il sopravvento. Escono allora i fotografi, fra gli applausi, gli sberleffi, le urla.

Gabbia numero 20. Masino Spadaro, il «re» della Kalsa. L'ex contrabbandiere di sigarette, l'abile affarista che insieme ai clan napoletani, gli Zaza, i Nuvoletta e i Bardellino, è fra gli artefici del gran salto al business dell'eroina.

Gabbia numero 19. Un avvocato parla con Mariano Agate, braccio destro di Nitto Santapaola, il super killer accusato di aver preso parte alla strage Dalla Chiesa: «Per quell'istanza ho parlato con la sua signora» dice l'avvocato al suo assistito «che è la persona giusta, anzi la martire di questa situazione». Alle dieci e quarantacinque, per «necessità tecniche» (consentire l'identificazione di tutti gli imputati a piede libero) la Corte si ritira. Radio carcere, ora, ha via libera. I detenuti si salutano fra loro, scherzano, ridono. Protendono le mani fuori dalle sbarre, a volte si sfiorano. Parlano in codice. Adoperano l'alfabeto dei sordomuti. Ironizzano su tutti e su tutto. «Pasquale, questa mattina in cella te l'hanno portato il lattuccio con i biscottini?» «Sì, anche i cioccolatini.» Un altro: «Il miglior avvocato del Foro di Palermo è il mio...». «Totò te l'hanno fatta la fotografia?... Stasera ci vediamo in televisione... *zu* Mariano... *zu* Masino... tutto a posto?». «Non c'è problema». E ancora: «Siamo belli» dice un imputato. Risponde l'altro: «Ci siamo nati belli». «... Voglio la mamma...»

E che pensano gli avvocati? Usciamo dal settore riservato ai cronisti. Ci intrufoliamo nel bar riservato ai difensori. Arrivano a gruppi durante la pausa della seduta. Non esprimono certo una strategia comune. Secco, infastidito, l'avvocato Nino Mormino (difende una ventina fra imputati vincenti e perdenti): «Una delusione, né passioni, né pubblico, né grande interesse». Preoccupato Frino Restivo (difende, fra gli altri, i boss Madonia e Di Carlo, dei gruppi vincenti): «Il tipico processone dove gli aspetti formali rischiano di prevalere su quelli sostanziali». Opposto il parere dell'avvocato, legale di Michele Greco, Gallina Montana: «Temevo una confusione che invece non c'è stata. Tutto sta andando come un orologio svizzero, e a questo non eravamo abituati». Scettico il difensore di Agate: «Anche nel 1929 la mafia di Corleone fu processata... ma finì tutto in una bolla di sapone...».

Al bar incontro il sindaco Leoluca Orlando: «Lo Stato sta rispondendo alla violenza mafiosa con le regole del diritto». Poi i familiari, gli avvocati delle vittime. Paolo Setti Carraro, fratello della giovane Emanuela assassinata: «Ci aspettiamo giustizia. Ci imponiamo una autocensura sui sentimenti, vogliamo ragionare. Per ora qui ci sono solo degli imputati. Ma come non rilevare che ne sono presenti appena tre dei dodici sospettati di aver realizzato la strage del 3 settembre?...». Ecco Nando Dalla Chiesa: «Non è un evento spettacolare, non è un circolo, e lo dico con molta soddisfazione». È la volta di Guido Calvi, difensore dei poliziotti del Siulp: «Non è vero quello che hanno scritto i giornali, che qui non ci sono avvocati siciliani per difendere le parti civili. Il processo si è aperto in un clima di grande serenità». Ancora: l'avvocato Ganci (difensore di imputati minori) adopera un argomento insolito: «È nostro interesse non perdere tempo. Statisticamente, in Italia, lo sanno tutti che il 50 per cento degli imputati sono innocenti, e poi vengono assolti». Alfredo Galasso, difensore di Dalla Chiesa, è lapidario: «Mi sembra che siamo partiti col piede giusto».

La mattinata scivola via in appelli e costituzione dei collegi di difesa. All'esterno dell'aula bunker, un'altra Palermo, quella della povera gente, ha appeso ai balconi cartelli con su scritto: «I veri detenuti siamo noi costretti a vivere in queste topaie». Torno per l'ultima volta, ora che la seduta è conclusa, nell'area della stampa. I detenuti sono ancora lì, in gabbia. Benedetto Spadaro, mi grida: «Lo scriva, lo scriva, siamo tutti innocenti». E le accuse dei pentiti? «Bugie, bugie, infamità.» E chi sono i colpevoli? La risposta viene dall'intero gabbione. È un urlo. «Sono loro, i giudici istruttori, i pentiti, siete voi giornalisti». Posso scriverlo? «Certo... Ci pensi lei con la sua fantasia a rendere le nostre idee...» Poi, troncano la conversazione. Ingiurie pesanti verso la gabbia numero 3. Lì, solo, in piedi, sguardo nervoso, sta l'unico pentito che ieri ha voluto presentarsi in aula, Salvatore Di Marco. Torno alla carica, con una domanda provocatoria: scusate, i pentiti vivranno a lungo? Mi voltano le spalle.

(11 febbraio 1986)

Intervista a Paolo Borsellino 2

«Ho la sgradevole sensazione che molti considerano questa provincia [trapanese, N.d.A.] un santuario, dove andrebbe mantenuta l'antica abitudine a non traumatizzare nessuno, lasciandola adagiata nella sua opulenza. È un errore molto grave: le piste investigative conducono infatti direttamente alla mafia di Corleone. Qui c'è e c'è sempre stata Cosa Nostra, qui i suoi maggiori esponenti hanno interessi enormi, hanno investito direttamente. Si sono avvantaggiati anche del fatto che lo Stato ha opposto mezzi esigui alla loro avanzata. D'altra parte, non è casuale che appena qualcuno inizia a lavorare seriamente, giungono reazioni tanto rozze quanto puntuali».

Dottor Borsellino, ha ricevuto minacce? «Personalmente no. Ma come dimenticare che in questa provincia è stato assassinato il sostituto Ciaccio Montalto e che Carlo Palermo è rimasto vivo per miracolo?» Paolo Borsellino, uno dei giudici antimafia più noti, ad agosto, nominato procuratore capo a Marsala, ha lasciato l'ufficio istruzione di Palermo. Da un avamposto all'altro, ma questa volta, paradossalmente, il suo primo bilancio è un bilancio di saluti. «Ho trascorso questi mesi salutando i colleghi che se ne andavano via. Il giorno del mio arrivo avevo tre sostituti: me ne è rimasto uno, perché lo stringo con i denti, ma anche lui – comunque – è già stato destinato alla pretura. Sono in attesa di un uditore giudiziario di prima nomina, sarà meglio di niente.» In questa città (più grande di Trapani), la lotta alla mafia può contare su forze repressive «ridotte all'osso».

Le indagini? «Si fanno nei ritagli di tempo libero.» Polizia e carabinieri? «Poiché Marsala non è capoluogo di provincia, non c'è la Squadra mobile, né il gruppo dei carabinieri. C'e un commissariato che può contare – teoricamente – su una quarantina di persone costrette a dividersi fra indagini e incarichi amministrativi. Risultato: il controllo del territorio è praticamente ridotto a zero.» Così, i tre «angeli custodi» del procuratore, gli uomini che si occupano della sua sicurezza, sono diventati due. Uno di loro infatti perlustra il paese a bordo di una volante. Una volante ventiquattro ore su ventiquattro a Marsala non si era mai vista. Ora sì. Ma più per affermare un principio di presenza dello Stato che per altro. «Per contribuire alla formazione di un equipaggio [sono turni di sei ore, N.d.A.] ho proposto che mi fosse innanzitutto ridotta la scorta. Ma ormai il "barile" di uomini e mezzi l'abbiamo raschiato fino in fondo. Partanna, Salemi, Castelvetrano sono altrettanti centri di questa provincia trapanese, contrassegnati da una forte presenza delle cosche e dal vuoto dell'autorità giudiziaria. Le faccio un esempio: un capitano dei carabinieri si recò per indagini nell'isola di Pantelleria, rimase bloccato lì cinque giorni, a causa del maltempo. Le ho detto della procura, situazione analoga all'Ufficio istruzione. In totale, l'organico è sottodimensionato di almeno due terzi. Abbiamo denunciato questa situazione alla commissione antimafia, al comitato antimafia del Consiglio superiore della magistratura. Ma il risultato è che al momento della scelta fra Marsala e Mondovì, è stata privilegiata Mondovì. Forse nella convinzione, illusoria, che l'emergenza antimafia sia finita. Ad Agrigento si è "scoperta" la mafia all'indomani della strage di Porto Empedocle. Non vorrei che anche da queste parti si aspettasse qualcosa del genere prima di intervenire...»

Alcamo non dista molto da Marsala, e ad Alcamo è stata scoperta la più grande raffineria d'eroina che sia mai stata trovata in Italia...

«Che da queste parti si raffinasse l'aveva già detto il boss mafioso Giuseppe Di Cristina nel 1979, ma nessuno volle ascoltarlo. Le sembra casuale che questa raffineria sia stata scoperta cinque anni dopo, per merito delle indagini volute dal giudice Carlo Palermo?»

Ormai, il giudice Borsellino vive una vita, se possibile, più «blindata» di quella che viveva a Palermo. Per dare un'idea: il suo appartamento si trova nello stesso edificio del commissariato. «Controllare altri palazzi» osserva «sarebbe stato molto più complicato.» Le sue parole rimbombano nell'enorme stanza del suo ufficio, sperduto in un mastodontico Palazzo di giustizia, in buona parte inutilizzato. Sembra una grande cassa di vetro dove il magistrato si muove allo scoperto. Fuori, a Marsala, di occhi indiscreti puntati su questo edificio ce n'è più del necessario.

(20 dicembre 1986)

Colpevoli in eterno

Sono colpevoli. Sono colpevoli di aver fatto parte dell'organizzazione criminale denominata Cosa Nostra. Sono colpevoli di essersi lasciati alle spalle l'impressionante scia di stragi e delitti. Sono colpevoli di aver decapitato, mettendo per anni la Sicilia a ferro e fuoco, i vertici dello Stato e delle istituzioni. Sono colpevoli di aver diretto il grande business dell'eroina. C'erano grandi nomi in questo processo di Palermo. Ci sono state grandi condanne. I mafiosi più in vista sono stati processati e giudicati, quindi ritenuti colpevoli. Gli ergastoli sono stati diciannove. Quasi un centinaio, invece, le assoluzioni, tra cui quella di Luciano Liggio. È andata bene anche per i pentiti: tre anni e sei mesi a Buscetta; sei anni a Contorno.

Alle diciotto in punto di ieri sera, l'ingresso nell'aula bunker della Corta d'assise presieduta da Alfonso Giordano, giudice a latere Piero Grasso, è stata accolta da un silenzio spettrale. E tutti in piedi, dopo 349 udienze, dopo la snervante attesa delle ultime quattro ore, dopo i giorni dell'odio e delle polemiche, in aula, nelle tribune, o nelle gabbie, hanno finalmente conosciuto il verdetto che conclude questo primo maxi processo: le accuse del pentiti sono state accolte, ma non a scatola chiusa, ma in quanto supportate da un'infinità di riscontri. L'impianto teorico e tecnico dell'ordinanza dei giudici istruttori di Palermo, firmata da Antonino Caponnetto che prese il posto di Rocco Chinnici, assassinato, ha superato così agevolmente tutte le insidie del dibattimento. Si chiude, anche se solo formalmente, un capitolo nero della storia italiana. Restano sullo sfondo, probabilmente materia di processi futuri, gli intrecci perversi tra questa organizzazione oggi alla sbarra e gli esponenti del mondo economico, politico, finanziario appena sfiorati dalle indagini. Quel «terzo livello» al quale, forse, non si è mai voluto attingere seriamente.

Ma questa sentenza ha posto finalmente un punto. Il Papa, nel caso di Michele Greco, il Senatore nel caso di Salvatore Greco, le Belve, nel caso di Bernardo Provenzano e Salvatore Riina, il Superkiller nel caso di Pino Greco, il Cassiere della mafia nel caso di Pippo Calò, il Terrorista, nel caso di Rosario Riccobono, il Sanguinario, nel caso di Filippo Marchese, per ricordare solo i nomi più sinistri, non rappresentano più gli ingiuriosi soprannomi scelti da pentiti o giornalisti persecutori, ma, in buona sostanza, il tratto distintivo vero dei protagonisti di una vicenda orrendamente «granguignolesca» costata troppi lutti.

Viene, cioè, sciolto il grande interrogativo della vigilia: funzionerà l'intelaiatura del «teorema Buscetta»? Sarà cioè riconosciuto valido il criterio che chiamava in causa l'intera super commissione per singoli delitti? La risposta è sì. È stata proprio questa commissione a dar l'ordine di assassinare Carlo Alberto Dalla Chiesa, sua moglie Emanuela Setti Carraro, e l'agente Domenico Russo. È stato questo vertice supersegreto ad assoldare il killer solitario che sparò a bruciapelo contro il commissario di polizia Boris Giuliano, che diede l'ordine di assassinare il capitano dei carabinieri della compagnia di Monreale, Emanuele Basile, nonostante fosse a fianco della moglie, con la figlioletta in braccio. È stato il conclave dei boss a lasciare in un lago di sangue il professor Paolo Giaccone del Policlinico di Palermo perché non si era piegato. O l'agente Calogero Zucchetto che, insieme al commissario Ninni Cassarà, se ne andava a bordo di un vespino per i vicoli di Ciaculli, alla ricerca dei latitanti più temuti. Sono stati ancora una volta loro a scatenare, con l'eliminazione dei boss rivali Stefano Bontate e Totuccio Inzerillo, un regolamento di conti di portata gigantesca a base di centinaia di delitti, scomparse, torture, tradimenti, orrende camere della morte, e che si è giocato in scenari distinti: dalla Sicilia al nord Italia, da New York alla California.

Questi i nomi delle persone colpite dalla massima pena per delitti gravissimi. Giuseppe Lucchese. Salvatore Montalto. Francesco Spadaro. Antonino Sinagra. Giuseppe Greco. Michele Greco. Francesco Madonia. Antonino Marchese. Filippo Marchese e Giuseppe Marchese. Bernardo Provenzano. Giovambattista Pullarà. Rosario Riccobono. Salvatore Riina.

Salvatore Rotolo. Benedetto Santapaola. Pietro Senapa. Vincenzo Sinagra e Pietro Vernengo. C'era Mario Prestifilippo, per il quale era stato chiesto l'ergastolo, ma che nel frattempo è stato assassinato poco tempo prima che la Corte entrasse in camera di consiglio. In totale i due pubblici ministeri, Giuseppe Ayala e Domenico Signorino, avevano chiesto ventotto condanne a vita. Ne vengono meno otto: ma la Corte, in questi casi, non si è discostata molto da quel progetto di sentenza che la pubblica accusa aveva attribuito come definizione della requisitoria.

Come era prevedibile aver collaborato tanto intensamente e proficuamente ha consentito a molti pentiti di pagare un prezzo moderato per i reati compiuti. Il grande pentito: Tommaso Buscetta, tre anni e sei mesi che difficilmente dovrà scontare. È infatti ormai un cittadino americano a tutti gli effetti come lo è ormai Totuccio Contorno che con le sue confessioni provocò un'altra valanga di arresti.

Contorno ha avuto sei anni, ma lo avevano sorpreso in una villa alle porte di Roma con un quintale d'eroina. Entrambi in questi anni avevano subito lo sterminio dei propri nuclei familiari prima di arrendersi all'evidenza e decidere di rivolgersi allo Stato. A seguire il loro esempio un'altra ventina di mafiosi, tutti trattati con mano leggera dalla Corte.

Pesante invece il verdetto (sette anni) per Ignazio Salvo, ex esattore di Salemi, che pur non dovendo rispondere di fatti di sangue, era stato considerato personaggio contiguo a Cosa Nostra. C'è un'altra condanna esemplare. I quattro anni e sei mesi inflitti all'avvocato Salvatore Chiaracane, tipico «consigliori», a giudizio della Corte, delle cosche dell'eroina nelle borgate palermitane. Infine le assoluzioni.

Quasi un centinaio, il doppio di quante ne avevano chieste i pubblici ministeri, un numero che però si può definire «fisiologico» in qualsiasi processo. Come altrettanto fisiologiche le lievi riduzioni di pena. Ventitré anni a Pippo Calò, per il quale il pubblico ministero aveva chiesto l'ergastolo. È un gran giorno invece per Luciano Liggio il boss di Corleone. Assolto da ogni addebito. Lo avevano accusato di impartire ordini dal carcere dell'Ucciardone, nel quale è rinchiuso dal 1974, ma questa tesi – evidentemente – è stata respinta. Lui, ieri, quasi lo prevedesse, ha snobbato l'udienza.

(17 dicembre 1987)

I buoni e i cattivi di Giuseppe Insalaco

Una Palermo. E un'altra Palermo. Sono i due volti della città, secondo Giuseppe Insalaco. Lui le chiamava espressamente «le due facce». È con questo titoletto significativo che l'uomo politico divise, in due colonnine distinte tredici nomi alla sinistra del foglio, quindici alla destra. Niente commenti. Prima colonna. Figurano questi nomi: Mattarella, Viola, Terranova, Pucci, Insalaco, Mannino, Cocilovo, Cardinale, Dalla Chiesa, Colajanni, La Torre, Scalfaro, Reina. Seconda colonna: Canino, Pajno, Ciancimino, Gioia, Lima, Gioia L., Gunnella, Murana, Palazzolo, Contrada, Fini, Andreotti, D'Acquisto, Salvo, Camilleri. C'è qualcosa da chiarire. Nel primo elenco esistono degli interrogativi su quella che, a prima vista, sembrerebbe una sigla: Matt. Anche perché, il cognome Mattarella viene indicato per esteso. A questo elenco di schieramenti, quantomeno divisi se non contrapposti, l'ex sindaco di Palermo, assassinato dalla mafia, aveva poi allegato singole schede e ricostruzioni molto più dettagliate. Quali sono allora queste due «facce» di Palermo? La spiegazione è semplice.

Sergio Mattarella, espressione del tentativo di rinnovamento della Democrazia cristiana siciliana. L'ex procuratore generale di Palermo, Ugo Viola. Il giudice Cesare Terranova, assassinato dalla mafia. L'ex sindaco democristiano di Palermo Elda Pucci, lo stesso Insalaco, Calogero Mannino, segretario della Dc siciliana e ministro dei Trasporti. Luigi Cocilovo, segretario regionale della Cisl. Salvatore Pappalardo, capo della Chiesa siciliana. Carlo Alberto Dalla Chiesa il prefetto di Palermo assassinato dalla mafia. Luigi Colajanni, attuale segretario dei comunisti siciliani. Pio La Torre, segretario dei comunisti siciliani assassinato dalla mafia. Luigi Scalfaro, ex ministro degli Interni. Michele Reina, segretario provinciale della Dc, assassinato dalla mafia nel 1979.

A destra, l'altro elenco di nomi. Francesco Canino, deputato democristiano all'assemblea regionale siciliana, nominato assessore con il recente bicolore Dc-Psi, eletto nel Trapanese. Vincenzo Pajno, attuale procuratore generale. Vito Ciancimino, ex sindaco democristiano di Palermo. Giovanni Gioia, ex ministro dell'Agricoltura. Salvo Lima, eurodeputato democristiano. Luigi Gioia, fratello di Giovanni, ed ex deputato democristiano alla Camera. Aristide Gunnella, ministro per gli Affari regionali. Giacomo Murana, ex assessore comunale socialdemocratico a Palermo. Salvatore Palazzolo, presidente del Tribunale delle acque. Bruno Contrada, ex capo della Criminalpol siciliana e funzionario del Sisde. Giulio Andreotti, ministro degli Esteri. Mario D'Acquisto, ex presidente democristiano della Regione siciliana. I finanzieri Nino e Ignazio Salvo, Stefano Camilleri, ex sindaco democristiano di Palermo. Finora non è stato possibile identificare il cognome Fini.

Gli elenchi sono stati trovati in un rifugio segreto, scoperto un paio di giorni fa, dove Insalaco si nascondeva nei periodi di maggiore preoccupazione. Nel popolarissimo rione del Papireto, a pochissima distanza dal negozietto di antiquariato che l'ex sindaco aveva iniziato a gestire quando ormai era caduto – politicamente – in bassa fortuna. Perché Insalaco sentì l'esigenza di raggruppare nomi che nella sua memoria dovevano ormai essere scolpiti in maniera definitiva? Il discorso si sposta su un altro piano. Riguarda la buona abitudine che lui aveva preso fin dal giorno della sua nomina a sindaco di Palermo, nel marzo 1984: l'abitudine di mettere tutto per iscritto.

Viene definita una lettura sconvolgente, che toglie il fiato. Un puzzle impressionante. Mai che Insalaco abbia messo su carta impressioni vaghe, mai che abbia ecceduto nell'uso di aggettivi ingiustificati. Il suo modo di esprimersi semmai è tanto lucido da sembrare quasi impersonale. Presupposti e conclusioni. Elenca tutte le pressioni subite, una volta nominato sindaco, per indirizzare gli affari legati al Comune, soprattutto i grandi appalti, in una direzione piuttosto che in un'altra. E accumula, giorno per giorno, un fatto dietro l'altro. Periodicamente mette per iscritto le sue conclusioni. Anticipa sviluppi possibili di ciò che gli sta accadendo.

Risulterebbe così una connessione molto stretta fra la sua cacciata da sindaco e le vicissitudini giudiziarie che portarono al suo arresto per una storia di bustarelle. Insalaco però si spinse oltre. Per un certo periodo decise di mettere al sicuro i suoi figli in una località del nord Italia. Più volte, infatti, si ritrovava di fronte agli stessi nomi che gli sbarravano il cammino, agli stessi potentati, agli stessi «ambasciatori» di quei potentati. E Insalaco, testardo, scriveva, scriveva.

E raccontava ai giudici. Nelle ottocento pagine della requisitoria sui grandi appalti (depositata due giorni fa dal sostituto procuratore Paolo Giudici), viene ricostruito un episodio che risale agli ultimi giorni in cui Insalaco fu sindaco. Insalaco raccontò di aver ricevuto una visita dal grande finanziere siciliano Vito Guarrasi. Questi si schierò apertamente dalla parte della Lesca, l'impresa del cavalier Arturo Cassina che deteneva da più di quarant'anni, in regime di monopolio, l'appalto per la manutenzione stradaria e fognante. Guarrasi avvertì Insalaco che era giunta a Palazzo di giustizia una lettera contro di lui e che la magistratura aveva aperto un'inchiesta: il grande finanziere si era detto, però, fiducioso in un esito della vicenda positivo per Insalaco. A quell'epoca – si confidò Insalaco – la notizia dell'inchiesta, almeno teoricamente avrebbe dovuto essere assolutamente segreta.

(17 gennaio 1988)

Intervista a Paolo Borsellino 3

Paolo Borsellino, quarantotto anni, dal 1986 procuratore capo a Marsala, può essere definito a pieno titolo uno dei leader storici del pool antimafia dell'Ufficio istruzione di Palermo, ai tempi di Antonino Caponnetto, Giovanni Falcone, Giuseppe Di Lello, Leonardo Guarnotta. Oggi sul fronte delle inchieste che investono Cosa Nostra stanno accadendo fatti, si stanno verificando situazioni all'interno e all'esterno del Palazzo di giustizia, che lui non riesce più a capire. Proverbiale per la sua schiettezza, esce allo scoperto con questa intervista.

Domanda *Dottor Borsellino, cos'è che non va oggi nella lotta alla mafia? In un recente convegno il giudice Falcone si è detto molto preoccupato.*

Risposta Fino a poco tempo fa tutte le indagini antimafia, proprio per l'unitarietà dell'organizzazione chiamata Cosa Nostra, venivano fortemente centralizzate nei pool della procura e dell'ufficio istruzione. Oggi invece i processi vengono dispersi per mille rivoli. Tutti si devono occupare di tutto, è questa la spiegazione ufficiale. Ma è una spiegazione che non convince. La verità è che Giovanni Falcone purtroppo non è più il punto di riferimento principale.

D. *Mi risulta che Falcone continui a svolgere le sue inchieste. E negli anni passati titolare del maxi processo fu il capo dell'ufficio Antonino Caponnetto. Oggi invece, al posto che fu di Chinnici e Caponnetto, c'è Antonino Meli. Perché trova strano che a Meli stia a cuore una direzione complessiva?*

R. Senza mettere in discussione la bravura, la competenza, la buona fede di Meli, dubito che si possa rivendicare la titolarità quando si è arrivati ieri e quindi non si conosce la materia. Il precedente di Caponnetto è ben diverso: lui quelle carte le aveva viste crescere. E ai suoi tempi si era affermata una preziosa filosofia di lavoro che ha consentito l'istruzione del maxi: salviamo le competenze territoriali, quando è possibile, ma ogni spunto di indagine che riguarda Cosa Nostra deve trovare riferimento nel maxi e nello stralcio che da quel processo è scaturito. Con questa tecnica si chiuse la pagina delle indagini parcellizzate che per anni non riuscirono mai a centrare veri obiettivi. Ho la spiacevole sensazione che qualcuno voglia tornare indietro.

D. *Dottor Borsellino, tutti conoscono il clima di polemiche che ha preceduto e seguito la nomina del nuovo capo dell'ufficio istruzione. Falcone non ce l'ha fatta. Non c'è il rischio di riaprire antiche polemiche?*

R. Sono fra quelli che non hanno mai pensato che si dovesse dare un «premio» particolare a Falcone. Si trattava semmai di tutelare la continuità con le direzioni di Chinnici e Caponnetto. Si trattava cioè di garantire una soluzione interna all'Ufficio, senza pause o pericolose soluzioni di continuità in certe indagini.

D. *Lei è procuratore capo a Marsala. Vuol dire che con l'Ufficio istruzione si sono «rotti i telefoni»?*

R. Qui, a Marsala, ho avuto modo di occuparmi di una potente cosca di Mazara del Vallo sulla quale indagano anche i giudici palermitani. Mi sembrava quindi di fare la cosa più normale di questo mondo rivolgendomi all'ufficio istruzione: non ho avuto alcuna risposta. Strano, davvero molto strano.

D. *Qualche giorno fa, ad Agrigento, durante la presentazione di un libro sulla mafia in quella città, curato da Giuseppe Arnone [Mafia e il processo di Agrigento], lei si è detto molto preoccupato anche della situazione delle forze di polizia.*
R. Bene: l'ultimo rapporto di polizia degno di questo nome risale al 1982. Era il dossier intitolato Michele Greco più 161. Da allora a oggi non è stato presentato più alcun rapporto complessivo sulla mafia nel palermitano. Se si escludono alcuni contributi del reparto anticrimine dei carabinieri, il vuoto è assoluto: nessuno, per esempio, che si sia posto il problema di capire quali effetti ha provocato negli equilibri fra le famiglie di Cosa Nostra la sentenza del maxi. Recentemente, invece, il dottor Nicchi, capo della Squadra mobile di Palermo, ha dichiarato pubblicamente che lui «lavora per la normalizzazione». Francamente non capisco una frase del genere detta da un funzionario di polizia.
D. *Il capo della sezione omicidi della Squadra mobile, Francesco Accordino, è stato trasferito a Reggio Calabria e da qualche mese si occupa di raccomandate rubate, presso la polizia postale. È un caso?*
R. So solo che la Squadra mobile, dai tempi delle uccisioni dei poliziotti Cassarà e Montana, era rimasta decapitata. Lo staff investigativo è a zero.
D. *Qualche giorno fa il giudice Falcone ha affermato che non esistono prove dell'esistenza di un «terzo livello», inteso come superdirezione politica della cupola militare della mafia; ha aggiunto che molti uomini politici siciliani erano e sono adepti di Cosa Nostra. Che ne pensa?*
R. Sull'inesistenza del terzo livello concordo con lui. Per la seconda parte del ragionamento non dispongo di informazioni particolari, poiché da due anni vivo a Marsala, ma è risaputo che esiste un'area di reticenza dichiarata, da parte di Buscetta, proprio nelle sue confessioni.
D. *Perché lancia oggi questo grido d'allarme?*
R. Il momento mi sembra delicato. Avendo trascorso tanti anni negli uffici-bunker di Palermo sento il dovere morale, anche verso i miei colleghi, di denunciare certe cose.

(20 luglio 1988)

La fine del barone D'Onufrio

Tommaso Buscetta, pentito numero uno di Cosa Nostra, è stato a Palermo nel marzo scorso? La voce circola con insistenza da diversi giorni. Da quando, in un casolare di San Nicola l'Arena, venne arrestato l'altro grande pentito, Totuccio Contorno. Se la notizia dovesse trovare conferme sarebbe clamorosa, e avrebbe dell'incredibile. Ma conferme ufficiali non ce ne sono. Vediamo – comunque – come potrebbero essere andate le cose. Il 16 marzo, nella borgata palermitana di Ciaculli, feudo indiscusso di Michele Greco il Papa, oggi caduto in disgrazia e nemico dichiarato del clan dei corleonesi, venne assassinato Antonio D'Onufrio, trentanove anni, barone, legato ad ambienti investigativi. L'agguato fu particolarmente feroce e spettacolare.

I killer adoperarono una piccola carica di tritolo per bloccare l'auto sulla quale viaggiava la vittima designata. Poi i killer raggiunsero D'Onufrio con numerosi colpi di lupara e pistola calibro 38. Gli spararono anche in bocca, quasi a voler significare, che l'uomo – da vivo – aveva parlato troppo.

Da qualche giorno a Palermo c'è chi sostiene che la vedova di D'Onufrio, interrogata dopo l'uccisione del marito, avrebbe fatto riferimento a una cena avvenuta qualche giorno prima. Avrebbe avuto luogo a Ciaculli, proprio nell'abitazione dei D'Onufrio. Vi avrebbero preso parte un alto funzionario di polizia e un personaggio «molto importante». Secondo alcuni questo «personaggio» sarebbe addirittura Buscetta. In realtà, nei testi dei diversi interrogatori resi dalla vedova, pare che questa circostanza non figuri. D'altra parte è stato lo stesso giudice Falcone, titolare dell'inchiesta D'Onufrio, a smentire queste voci: «Buscetta» ha detto «è negli Usa, libero cittadino e sotto la protezione delle autorità americane. Non risulta che si a scomparso né che sia venuto a qualsiasi titolo in Italia».

È pensabile che un personaggio dello spessore di Buscetta sia stato accompagnato proprio a Palermo, nel vivo di una nuova guerra di mafia? Francamente no. Ma era altrettanto impensabile che qui si trovasse Contorno. Ora tocca ai massimi esponenti delle istituzioni preposte a combattere il fenomeno mafioso dire una parola definitiva. Potrebbe farlo – primo fra tutti – l'alto commissario Domenico Sica.

(8 giugno 1989)

Quando a Palermo gli asini volavano

Al 452 di corso Vittorio Emanuele a Palermo, di fronte alla cattedrale arabo-normanna, abita, con il figlioletto di sei anni, Tiziana Pavloskj. Una ragazza di origini polacche al centro di una tragedia: è la moglie del barone Antonio D'Onufrio, ucciso dai mafiosi il 16 marzo. È il teste chiave per decifrare lo sconcertante *affaire* Buscetta. Ieri era visibilmente scossa dopo aver letto i giornali che recavano la notizia di un incontro segreto tra suo marito e il superpentito di Cosa Nostra. Ha smentito categoricamente la circostanza. Ha raccontato, senza incertezze, come andarono davvero le cose. Reagisce con foga alla voce che il marito fosse un confidente di poliziotti di rango.

All'incontro, che si è svolto alle undici del mattino, su un terrazzo pieno di sole e di gardenie, hanno partecipato anche un mio collega e un amico della famiglia, l'avvocato Gaetano Beninati. Ascoltiamola.

«Quella sera, saranno state le dieci o poco più, suonarono al citofono. Entrarono due signori che non avevo mai visto in vita mia. Mio marito andò ad aprire. Non si stupì per quella visita. Mi chiese solo di preparare il caffè per tutti. Chiacchieravano del più e del meno. Portai il vassoio, salutai tutti, andai in camera da letto. Ma che incontro lungo! Non durò più di mezz'ora... Lo so perché quando se ne andarono mio marito venne in camera da letto e io ero sveglissima, era passato davvero poco tempo...» L'indomani, Antonio D'Onufrio, allenatore di basket, proprietario di alcuni terreni a Ciaculli, venne assassinato da un commando al soldo del clan dei corleonesi. È sospettabile un rapporto di causa-effetto fra quell'incontro e l'esecuzione? Tiziana Pavloskj è portata a escluderlo. «Mio marito mi raccontava davvero tutto... non aveva segreti. Comunque mi sarei subito resa conto se fosse stato preoccupato o particolarmente agitato. I giornali hanno perfino scritto che fosse un informatore. Non consentirò a nessuno di infangare la sua memoria. Mai, dico mai, che in tanti anni di matrimonio fossero arrivate telefonate strane o telefonate di personaggi sconosciuti. Dopo la sua morte ho rivisto, in questura, uno dei due signori che vennero a bersi un caffè a casa nostra. Si è presentato. Solo in quel momento ho saputo chi fosse. Mi ha stretto la mano dicendo: signora, avevo un amico che era una persona perbene. Ora non c'è più. Ho raccontato al procuratore Salvatore Di Vitale, e ho saputo allora che anche l'altro ospite era un ispettore di polizia. Non c'è proprio nulla di misterioso in questa vicenda. Se Buscetta fosse finito a casa mia penso che me ne sarei accorta, non vi pare?»

La signora spiega che loro non hanno mai avuto una casa a Ciaculli, che il marito era legato a quella borgata da molti anni, da quando aveva ereditato da suo padre alcuni possedimenti. Si recava lì saltuariamente, ma a cadenze fisse, per esigenze di irrigazione o di raccolto. Aveva l'hobby del giardinaggio che aveva iniziato a trasmettere al figlioletto.

«Non aveva invece l'hobby del basket» aggiunge «come avete scritto voi giornalisti. Per il semplice motivo che con quel lavoro mandavamo avanti la famiglia. Quando qualcuno viene per la prima volta a casa nostra pensa subito: chissà quanti soldi avranno... Non è così. Anche questa casa è frutto dell'eredità di mio suocero.» Si congeda perché l'aspetta ancora una giornata pesante. «Oggi è il compleanno del bambino... Abbiamo iniziato la giornata andando al cimitero dove vado ogni giovedì dal giorno dell'agguato. Cercate di immaginare il mio stato d'animo.» L'incontro con Tiziana Pavloskj finisce qui.

Chi e perché ha avuto interesse a far circolare con insistenza ossessiva la notizia che Buscetta fosse stato a Palermo in missione segreta? Perché si è voluto stabilire un nesso meccanico tra la «sera del caffè» e l'uccisione del nobile palermitano? I nomi dei funzionari di polizia sono conosciuti, se non li scriviamo è unicamente per non divulgare ulteriormente particolari coperti dal segreto istruttorio. Falcone – forse oggi – tornerà ad ascoltare la signora. Già mercoledì aveva smentito le prime voci sulle visite di Buscetta in Sicilia. Secca smentita anche dagli Usa. Il sostituto procuratore federale di New York, Frech, assicura che Buscetta è continuamente sorvegliato dall'Fbi.

Ieri ha smentito anche il giudice Salvatore Di Vitale: «Ho interrogato la vedova ma non ho mai sentito una storia del genere. Mi giunge assolutamente nuova». Ha smentito il colonnello dei carabinieri Mario Mori: «È una notizia assurda. Evidentemente c'è qualcuno che si diverte a creare confusione in una situazione già abbastanza confusa. A chi giova tutto ciò? Non lo so, a questo punto si possono fare solo supposizioni sociologiche». Ha smentito Gianni De Gennaro del nucleo centrale anticrimine: «Buscetta a Palermo? È un'ipotesi fantasiosa destituita di ogni fondamento». Finiranno le fughe di notizie? Ne dubitiamo. Tante altre voci – non meno paradossali – rimbalzano in queste ore tra Roma e Palermo. Siamo in presenza di una vistosa schizofrenia fra tutti gli uffici che dovrebbero avere interesse a una visione unica del fenomeno. Prevalgono le gelosie di mestiere. C'è una impressionante – lo ripetiamo: impressionante – scollatura (sarebbe più appropriato definirla contrapposizione) fra diversi apparati dello Stato. Un disagio palpabile che si avverte parlando con il semplice agente o con il funzionario di medio livello. Si assiste – da tempo – anche ai «pentimenti annunciati». Se un merito ebbero i giudici che raccolsero nel 1984 le confessioni di Buscetta e Contorno sta nel fatto che di quei pentimenti si ebbe notizia soltanto il giorno in cui scattarono i mandati di cattura.

Il risultato è un gioco al massacro, ben condito di notizie false, verosimili, probabili ma non vere. Era credibile che Buscetta fosse stato a Palermo? L'avevamo scritto ieri, francamente no. Ma intanto, per settimane intere, sembrano essersi messi d'accordo nel ripetere ad alta voce che: «... invece no, l'asino vola...».

(9 giugno 1989)

Quando Giovanni Falcone mi parlò di menti raffinatissime

«Ci troviamo di fronte a menti raffinatissime che tentano di orientare certe azioni della mafia. Esistono forse punti di collegamento tra i vertici di Cosa Nostra e centri occulti di potere che hanno altri interessi. Ho l'impressione che sia questo lo scenario più attendibile se si vogliono capire davvero le ragioni che hanno spinto qualcuno ad assassinarmi.»

Sono trascorsi esattamente diciannove giorni dal fallito attentato dell'Addaura. Giovanni Falcone, miracolato se si pensa che doveva esser polverizzato da cinquantotto candelotti di gelatina, non è stato ancora interrogato dal procuratore capo di Caltanissetta, Salvatore Celesti, titolare delle indagini. Nessuno gli ha chiesto nulla, tranne Arnaldo La Barbera, capo della Mobile di Palermo con il quale ci sono stati alcuni scambi di vedute. Falcone avverte la pessima sensazione del *déjà vu*: «Sto assistendo all'identico meccanismo che portò all'eliminazione del generale Dalla Chiesa. La ricorda l'operazione di sterminio denominata Carlo Alberto? Il copione è quello. Basta avere occhi per vedere».

Spira un leggero vento di scirocco su questa terrazza che sembra uno spicchio del lungomare di Beirut trapiantato nel cuore della Conca d'oro. Ho di fronte a me una persona dall'aria normalissima. Ragiona lucidamente, in maniera calma. Ha il mare sotto casa, a due passi. Può solo guardarlo. Sul tavolo, un potentissimo cannocchiale della Marina. Un elicottero ronza alto. Ogni tanto incrocia lo sguardo di un agente in divisa che fa su e giù lungo lo scivolo. Perché l'Operazione Carlo Alberto? Perché quel brutto riferimento alla solitudine di un magistrato? La spiegazione è semplicissima. Perché in questi diciannove giorni il telefono di Cosa Nostra non ha smesso di chiamare. Telefonata giunta alla Questura di Roma, ventiquattro ore dopo l'attentato fallito e sventato: «Attenzione: questo era solo un avvertimento per il giudice Falcone. La prossima volta faremo sul serio».

A Palermo si sono moltiplicati i depistaggi: «Andate nel quartiere Zen, è lì che dovete cercare gli autori del tentativo di strage». Lo Zen a Palermo è quartier generale di ladri, borsaioli, rapinatori e pusher dell'eroina. La mafia non ha mai avuto una sua rappresentanza, allo Zen. Dunque, se la mano viene da lì, vorrà dire che si è trattato di un attentato da quattro soldi. Allontanare dalle piste investigative vere, ma anche far di tutto pur di ridurre la portata di quel piano militare fallito: ecco i due obiettivi che perseguono in questi giorni gli uffici stampa di Cosa Nostra. Invece i primi risultati concreti ottenuti dagli investigatori della Squadra mobile stanno facendo emergere ben altro quadro. È proprio la borgata dell'Arenella, la zona che più si è mobilitata – e in tutti i sensi – in preparazione dell'agguato. «Tutto parte da qui» osserva Falcone «e non è una rivelazione: è risaputo che in occasioni simili la "famiglia" che opera nel territorio dove deve accadere il delitto o la strage viene informata, deve essere d'accordo, poi, deve fare fino in fondo la sua parte. Per chi conosce la mafia queste sono verità assolute.»

Un momento. Ma allora perché Falcone ha fatto riferimento a centri di potere occulto esterni alla mafia? Certo: nessuno può strumentalizzare la mafia. Ma la mafia riceve input, segnali, anche richieste. Valuta se c'è una coincidenza di interessi. Solo in caso affermativo interviene.

Torna così il ricordo di quel martedì nero. Falcone doveva morire proprio quel giorno: «La mafia» osserva «uccide o basandosi sulle abitudini o basandosi su informazioni. Non uccide mai di impeto. Diciamola brutalmente: se la mafia decidesse di assassinare lei, in un certo giorno e in un certo posto, anche se il giorno prima lei si dovesse trovare a passeggiare in via Ruggero Settimo, non le farebbero nulla. E io, qui, contrariamente a quanto è stato scritto dai giornali, non avevo l'abitudine di fare il bagno alla stessa ora».

Gli chiedo: nella sua intervista al «Corriere della Sera» all'indomani dell'agguato lei ha parlato esplicitamente di riciclaggio come possibile causa scatenante. Perché proprio il riciclaggio? «Rispondere in maniera chiara prometterebbe indagini assai delicate. Lo ripeto: si tratta anche di riciclaggio.» Molto probabilmente entro l'inverno Falcone chiuderà – come si dice in gergo – la sua istruttoria sul delitto Mattarella. Un prevedibilissimo top-secret sbarra il passo alla domanda successiva sulla matrice nera di quell'agguato che costò la vita – nove anni fa – al presidente della Regione siciliana. Quali le previsioni per i prossimi mesi di questo magistrato che sembra seduto con una calma olimpica sul cratere di un vulcano? «Sono brutte. La mafia continuerà a regolare i suoi conti. È in atto una spietata guerra interna per l'egemonia. Se qualcuno fosse riuscito a eliminarmi avrebbe vantato crediti nei confronti delle altre famiglie per parecchi anni. Ma questo qualcuno ha fallito. Ora c'è un piano preordinato che va avanti.»

Già: stiamo discutendo in riva al mare. Ormai è estate piena. Cento metri più in là un gruppo di ragazzi ignora o forse se ne infischia di aver scelto il posto peggiore di Palermo per farsi un bagno. Mi sporgo dalla terrazza. Ecco la motovedetta della polizia che perlustra la costa. Eccoli, seduti su sedioline che traballano sul fondo roccioso, quattro angeli custodi di Falcone. Mitra in mano, fissano l'orizzonte. E quelli più in là sono i due sub, anch'essi poliziotti, che trascorrono la giornata scrutando i fondali. Oggi c'è un elicottero. Ma ci son giorni che si fa vivo anche un Observer, un maneggevole aereo biposto in dotazione alla polizia. Dal lato della strada invece jeep blindate e Alfette. Modo ingombrante per trascorrere qualche ora in riva al mare. Molto meglio che a Palermo, però, in quel condominio di via Notarbartolo, dove Falcone abita normalmente. Ci vivono una cinquantina di famiglie. Solo una ha speso una parola di solidarietà per questo giudice dall'aria giovanile che ha rischiato di saltar per aria. «La mafia» si congeda Falcone «per ora starà pensando: forse un giorno Falcone si arrenderà, dichiarerà forfait. Forse sarà sua moglie a mandarlo a quel paese stufa di una vita impossibile. La mafia – è questo che voglio dire – non lascia mai nulla di intentato.»

Quando Falcone all'inizio dell'estate si trasferì all'Addaura, qualcuno mise in giro la voce, che trovò perfino credito a Palazzo di giustizia, che questa villa, presa in affitto, gli era stata messa a disposizione gratis da un mafioso della zona. «Ecco perché le ho parlato del copione Carlo Alberto.»

(10 luglio 1989)

Borsellino ricorda Giovanni

Serata che non si dimentica. Biblioteca comunale, all'aperto, fino a mezzanotte. Duemila dell'altra Palermo. Ma quest'altra Palermo sembra ingigantirsi in quest'ultimo mese di grandi passioni che si intrecciano con una nuova volontà di ragionare su una prospettiva di lotta alla mafia ormai privata del contributo di Giovanni Falcone.

Il pretesto è la presentazione dell'ultimo numero di «Micromega», con articoli di Ayala, Di Lello, Dalla Chiesa, e la relazione a un convegno tenuto dallo stesso Falcone. Paolo tarda ad arrivare. Non verrà, dicono in molti. Nella sua posizione, in un momento come questo, avvertirebbe qualche imbarazzo a presentarsi in una platea che si annuncia poco tenera con i rappresentanti delle istituzioni.

E invece Borsellino è venuto. A testa alta, come è sempre stato nel suo stile. Attorno alle ventidue, e subito è partito il primo applauso. Borsellino è venuto per ristabilire alcuni punti fermi della tormentata vicenda umana e professionale del giudice Giovanni Falcone.

È l'unico, o comunque uno dei pochissimi, che può farlo davvero, che ha le carte in regola per farlo. Si sta infatti inflazionando, in questi giorni, il club degli «amici di Giovanni».

Borsellino lo dice: non voglio imbarcarmi in questa gara... Premette che parlerà da magistrato che è anche testimone, avendo lavorato per anni a fianco al giudice assassinato insieme a Francesca Morvillo e ai suoi tre uomini della scorta. Avendone raccolto confidenze, sfoghi, amarezze, come tocca spesso ai fratelli maggiori.

E non avendola sempre pensata allo stesso modo. Ma di tutto ciò prima vorrà parlarne con il titolare delle indagini sulla strage. Poi, si sentirà più libero.

Sembra dunque che il suo intervento non abbia più storia, che la sua presenza vada intesa come puro atto di cortesia verso una platea che lo ha invitato.

Invece, una parola dietro l'altra, una Dunhill dietro l'altra, questo anziano signore dalla faccia scura, dai lineamenti immobili, che si è visto cadere accanto tanti, troppi colleghi più giovani e più anziani di lui, offrirà uno spaccato destinato a far riflettere i duemila presenti. «È una strage che ha fatto pensare, a me e non solo a me, che era finita una parte della mia e della nostra vita.» Fa una lunga pausa prima di affrontare l'argomento diari. Sa bene che la materia è scabrosa. Sa bene che già in quelle due pagine, consegnate a Liana Milella del «Sole 24 ore», Falcone registrò episodi che oggi dovrebbero fare arrossire di vergogna l'attuale procuratore capo e molti dei suoi collaboratori che tante ne dissero e tante ne fecero da costringere Falcone al suo trasferimento da Palermo.

Borsellino, l'altra notte, ha parlato in un modo davvero strano. Forse come chi sa di avere poco tempo.

E allora «posso dire solo, per evitare che anche su questo punto possano nascere speculazioni fuorvianti, che quegli appunti pubblicati dalla Milella, io li avevo letti in vita di Giovanni Falcone».

Aveva dunque molta fretta, Borsellino, di ristabilire la verità, almeno sui diari. Poi ha ricordato le parole dell'anziano amico e collega Antonino Caponnetto per il quale «Falcone cominciò a morire nel gennaio 1988». Borsellino: «Con questo non voglio dire che la strage sia il naturale epilogo di questo processo di morte. Anche se oggi tutti ci rendiamo conto che lo Stato, la magistratura, che forse ha più colpe di ogni altro, cominciò a farlo morire quel giorno». Forse ancora prima, in quella data ricordata da Orlando, con quell'articolo di Leonardo Sciascia sui *professionisti dell'antimafia* pubblicato dal «Corriere della Sera». E nel gennaio 1988, infatti, a Falcone, «il Csm, con motivazioni risibili, preferì Antonino Meli».

Seguì il *miracolo* fatto dall'opinione pubblica che costrinse il Csm a rimangiarsi almeno in parte le sue decisioni e nel «settembre 1988, seppure zoppicante, il pool fu rimesso in piedi». Ma durò poco: «La protervia di Meli e l'intervento nefasto della Cassazione, iniziato allora e che continua ancora oggi, negando l'esistenza della mafia, continua a fare morire Giovanni Falcone». (Applausi scroscianti per parecchi minuti).

Borsellino mette in guardia quanti sono convinti che il trasferimento a Roma dipendesse dal fatto che «Falcone si fosse innamorato di Martelli e dei socialisti». Si può discutere della Superprocura («anch'io firmai una lettera molto critica verso questo istituto»), ma non si può discutere che Falcone «a un certo punto della sua vita, da uomo delle istituzioni, ritenne di potere continuare a svolgere a Roma un ruolo importante nella lotta contro la criminalità mafiosa».

Perché è stato assassinato? «L'agguato venne preparato quando ormai si erano concretizzate tutte le condizioni perché, nonostante la violenta opposizione di buona parte del Csm, e in base alle notizie che io stesso conoscevo e che gli avevo comunicato, era ormai a un passo dal diventare direttore nazionale antimafia. Lui voleva tornare al più presto a fare il magistrato, ed è questo che gli è stato impedito, perché è questo che faceva paura».

(27 giugno 1992)

Reportage da Ciaculli

In Italia, l'autobomba compie trent'anni. Era l'inizio dell'estate del 1963. In quei giorni Giovanni Leone diventava presidente del Consiglio, il cardinale Montini, appena incoronato papa con il nome di Paolo VI, pronunciava la sua omelia in nove lingue, mentre migliaia di voci intonavano il canto gregoriano del «Credo», e un milione di napoletani, in un appassionato corteo lungo sedici chilometri, si stringevano attorno a Robert Kennedy per la sua prima visita ufficiale in Italia. Non ebbe dunque il rilievo che meritava quell'orrenda strage di Ciaculli – passata alle cronache come la strage della Giulietta – costata la vita a sette fra carabinieri, soldati e poliziotti. Era il 30 giugno del 1963. *Sette uomini a pezzi in un fungo nero*, titolò il quotidiano di Palermo, «L'Ora», in edizione straordinaria.

Ma stretta, quasi soffocata da notizie di sicuro richiamo, quella del primo eccidio di mafia (c'erano state, sì, le stragi provocate dalla banda Giuliano, ma si era pur sempre nei confini del banditismo) resse sulle prime pagine per un paio di giorni, poi scomparve. Qualche settimanale se ne occupò con una settimana di ritardo. Eppure in tutt'Italia lo sdegno e il clamore furono enormi. Infatti, fu quella la prima volta.

Fu quella la prima volta in cui un'auto rubata – una Giulietta Alfa Romeo, appunto – venne imbottita di tritolo, abbandonata in una strada di campagna, utilizzata come esca, a quei tempi il timer e il radiocomando non si usavano, per ridurre a brandelli i funzionari dello Stato che facevano il loro dovere. Chi ricorda più i loro nomi? Chi ricorda più Mario Malausa, venticinque anni, nato a Cuneo, comandante della tenenza suburbana di Palermo, Silvio Corrao, quarantacinque, palermitano, maresciallo della sezione omicidi della Questura di Palermo, Pasquale Nuccio, quarantasette, palermitano, maresciallo dell'esercito, Calogero Vaccaro, quarantaquattro, di Naro (Agrigento), maresciallo dei carabinieri della stazione di Roccella, Giorgio Ciacci, venticinque, di Sasso Corvaro (Ancona), soldato d'artiglieria. Eugenio Altomare, trentadue, di Rogliano (Cosenza) e Marino Fardelli, venti, di Cassino, anche loro carabinieri, anche loro della stazione di Roccella? Questi nomi, scolpiti in qualche lapide a Palermo, a molti, a moltissimi, oggi non dicono più nulla. Ma loro, come quei vigili del fuoco e quel vigile urbano di Milano in via Palestro, pagarono con la vita per quel perverso intreccio fra poteri criminali e poteri economici e politici. Pagarono di persona perché non pagassero cittadini innocenti, cittadini che non indossano divise. Siamo tornati a sfogliare le collezioni dei giornali dell'epoca. Siamo tornati a rileggere quella tremenda pagina di una storia italiana non più recentissima per scoprire – ma occorreva forse una conferma? – che certe sequenze si ripropongono in maniera identica, che quella lontanissima prima volta non portò consiglio, non aguzzò la lungimiranza della classe politica italiana, non provocò quel «Basta» che tutti, chi più chi meno, sembrarono pretendere e invocare.

Cominciò tutto con una telefonata, che giunse alla stazione dei carabinieri di Roccella borgata di Palermo est, alle undici del mattino del 30 giugno, una domenica. Il maresciallo Calogero Vaccaro prese qualche indispensabile appunto per fissare su carta il messaggio di un certo Prestifilippo, proprietario del fondo Sirena di Ciaculli, nei pressi di Giblirossa, che segnalava con voce concitata: «C'è un'automobile abbandonata sulla strada, ha gli sportelli aperti e una ruota a terra. Nel sedile posteriore c'è una bombola di gas... È una Giulietta di color grigio topo. Venite a dare un'occhiata». Vaccaro avverte il nucleo radiomobile dei carabinieri.

In quei giorni, infatti, gli investigatori non battono la fiacca: quindici ore prima, il 29 giugno, nel comune di Villabate, alle porte della città, un'altra auto imbottita di tritolo aveva provocato la morte del custode di un'autorimessa e di due panettieri, anche se in quel caso si era trattato di un avvertimento mafioso tutto *interno*, rivolto al boss Di Peri, indiscusso capo mafia di Villabate (l'autorimessa era sua).

Non perde tempo, dunque, quella mattina, il maresciallo Fogliani, fra i primi ad arrivare sul posto, al fondo Sirena. Si avvicina, guarda bene, ma non tocca nulla. L'informazione di Prestifilippo è fondata: c'è la bombola, ma c'è anche, bruciacchiata e spenta, una miccia lunga una ventina di metri. Fogliani ordina il piantonamento dell'auto esca e informa i superiori. Intanto una telefonata – ma questa volta anonima – alla Squadra mobile, mette in guardia: «Non avvicinatevi, non toccate quell'auto. Rischiate di saltare in aria da un momento all'altro». La notizia rimbalza nel fondo di Ciaculli, i nervi sono tesi, molti uomini non dormono da due giorni, essendo già intervenuti a Villabate. Tutti in attesa di ordini, decisioni, e soprattutto del provvidenziale arrivo di un artificiere. Il tempo passa. È una giornata caldissima, si avverte il profumo degli agrumeti che a Palermo hanno reso proverbiale, nel *bene*, la famigerata borgata di Ciaculli.

È così che, un pò per incoscienza, un pò per curiosità e un pò per ingannare il tempo, un agente si avvicina alla targa della Giulietta. Si legge: «PA 76373». Ma chi sfiora la targa con un dito si accorge che il «6» e il «7» sono stati verniciati di fresco. La targa vera è PA 78313, Dalla centrale – via radio – avvertono: è quella di un'auto rubata, qualche settimana prima, in una strada del centro della città. Il nervosismo, a fondo Sirena, aumenta. Gli uomini si danno il cambio. Sotto il sole a picco del primo pomeriggio rimangono le sei persone che poi diventeranno vittime: si aspetta solo il maresciallo Nuccio, l'artificiere. Con il suo arrivo – alle quindici e trenta – per tutti loro inizia il conto alla rovescia. Nuccio vanta un brillantissimo curriculum: ha già disinnescato centinaia e centinaia di ordigni, e spesso in centri abitati. Anche questa volta sembra fare centro: libera la bombola da un supporto – alcune asticcelle di legno la tengono ferma –, la estrae, la fa rotolare lentamente, allontanandola dalla Giulietta. Ma non è finita. Sul sedile posteriore c'è anche uno strano barattolo, contiene bacchette di tritolo, Nuccio però non può saperlo. Nota, invece, la miccia che esce dal contenitore, ma non riesce a capire a cosa sia collegata. Nuccio manda Ciacci, suo collaboratore, a prendere le pinze che si trovano nella loro auto. Dalle centrali, intanto, si tengono continuamente informati. Ciacci torna con le pinze. È tutto inutile: nel momento in cui si avvicina alla Giulietta è il boato. La terra si arrossò di sangue. Brandelli furono trovati sugli agrumeti. Si salvarono solo alcuni uomini che in quel momento ebbero la fortuna di allontanarsi di qualche centinaio di metri per restare annichiliti, immediatamente dopo, alla vista del paesaggio dopo la tremenda esplosione. In Italia, era *nata* l'autobomba.

Da quel giorno, la stessa sequenza avrebbe avuto repliche infinite. La cattedrale arabo-normanna stracolma, il 2 luglio, per i funerali. Era un Duomo parato a lutto. Sette casse di legno scuro, avvolte dalle bandiere tricolore, su un palco, davanti all'altare maggiore. Il cappello nero, la sciabola, la fascia azzurra di «fuori ordinanza» del tenente Malausa, il berretto grigio verde del maresciallo Corrao, la bustina del soldato Giorgio Ciacci, i berretti neri di Fardelli e Altomare... Centoventi ghirlande di fiori. Mancava – anche allora – quella del Comune di Palermo. Piangeva Mariano Rumor, ministro degli Interni. E piangevano orfani, vedove, fidanzate. La Messa di Requiem venne cantata dalla Schola Cantorum del Collegio filosofico e teologico dei Frati Minori Conventuali di Palermo. L'assoluzione alle sette bare, al termine dell'ufficio funebre, venne impartita da Monsignor Aglialoro, vescovo ausiliare. Il cardinale, invece, non venne. E il cardinale, in quegli anni, si chiamava Ernesto Ruffini. Ci sarebbero ancora voluti trent'anni prima di potere udire le coraggiose parole di papa Wojtila contro la mafia. Quando le bare uscirono dalla cattedrale, si erano già raccolti un milione di palermitani. Una folla enorme, mai vista, che sfilò per le vie del centro storico sino a piazza Giulio Cesare, alla Stazione centrale. Qui vennero caricati sui treni i feretri di Malausa, Altomare, Fardelli e Ciacci che poterono così tornare ai paesi d'origine.

All'indomani della strage quasi tutti i giornali dedicarono i loro editoriali all'emergenza di quel nuovo terrorismo. Rivediamone alcuni. Enrico Mattei, direttore della «Nazione» intitolò il suo articolo *Esame di coscienza*. Scriveva, fra l'altro: «Certo la mafia è un fenomeno non secolare, ma plurisecolare. Tuttavia altri fenomeni plurisecolari sono scomparsi nel volgere di pochi anni dalla vita degli Stati moderni; e non si vede perché solo questo dovrebbe non soltanto persistere, ma aggravarsi ed espandersi, come tutti vediamo. Sforziamoci di non fare più difficili le cose difficili per giustificare la nostra inerzia di fronte alle cose facili... Dove vivono le nostre autorità cittadine, forse sulla luna? È vero che il regolamento del mercato del pesce di Palermo non è applicato da anni per favorire un piccolissimo gruppo di operatori? È vero che la licenza per un supermarket è stata concessa a un pregiudicato? È vero che una grande amministrazione pubblica ha premiato il costruttore abusivo di un grosso stabile prendendolo in affitto, in blocco, per i suoi uffici? Che possiamo sperare più in una società in cui la stessa amministrazione, che dovrebbe far rispettare i regolamenti edilizi, si insedia in edifici costruiti in violazione di quei regolamenti? [...] Anche visto da lontano, il quadro della mafia siciliana denuncia responsabilità più alte di quelle che si collegano a questo o a quell'episodio. Denuncia uno stato generale di inerzia, di tolleranza, di assuefazione; denuncia favoreggiamenti diretti o indiretti; denuncia pavide omertà, e forse anche interessate utilizzazioni».

Domenico Bartoli, sul «Corriere della Sera»: «Bisogna rendere più spedite e severe le procedure, rafforzare i poteri delle procure e della polizia, forse tornare al confino per i reati comuni, sia pure con le maggiori garanzie di equità. La giustizia, in Sicilia, e talvolta anche altrove, ha una bilancia inservibile e una spada che ricorda quella dei paladini dell'opera dei pupi. Ma una grande responsabilità spetta ai partiti, specialmente alla Democrazia cristiana che sta al potere in Sicilia e a Roma. Si dice apertamente, qualche volta si scrive con indicazioni precise senza provocare querele per diffamazione, che certi uomini politici si servono della mafia per le proprie fortune elettorali. Si afferma anche che queste organizzazioni di criminali hanno intimi legami con l'affarismo: con quello per esempio, delle aree edificabili. La mafia si è lasciata alle spalle la vecchia economia del latifondo e si è accampata, da sovrana, nelle pieghe dello sviluppo economico moderno che comincia a trasformare qualche zona della Sicilia. Qui bisogna colpirla e sradicarla. Se non si avrà il coraggio di spezzare certi legami colpevoli, di ripulire certi ambienti, di eliminare certe complicità palesi od occulte, non si farà nulla». E concludeva: «Il momento psicologico per agire è questo: dopo la strage di Ciaculli, tutti sono disposti a prendere quei provvedimenti ragionevoli ma vigorosi che uno Stato libero può deliberare. Se si lascia passare quest'ora di lutto e di reazione, tutto fra poco tornerà come prima».

Fu Pompeo Colajanni a scrivere l'articolo di fondo per «l'Unità»: «La compenetrazione tra il gruppo di potere della Dc e la mafia è un fatto organico: ecco perché le lamentele non possono servire. Mille volte abbiamo detto e denunziato che la mafia in Sicilia non è un prodotto della psicologia dei siciliani, ma è il frutto diretto di una struttura sociale arretrata. Occorre scavare il terreno sotto i piedi della mafia, se si vuole che essa venga distrutta; occorre che l'operaio possa trovare lavoro senza doversi inchinare davanti ai capi mafia, a mendicarne una raccomandazione per l'uomo politico, suo amico e protettore, e a sua volta, suo beneficiato; occorre che lo sviluppo della città sia regolato e diretto dai pubblici poteri nell'interesse della cittadinanza e non sia subordinato agli interessi delle bande di speculatori». Il «Messaggero» giunse a queste conclusioni: «È ormai tempo di sconfiggere la mafia e quanti, politici e non politici, a essa sono legati per amore o per forza». Infine «Il Tempo» che propose una terapia che sarebbe stata applicata dopo le stragi di Capaci e di via D'Amelio: la situazione andava affrontata «con tutti i mezzi di cui può disporre lo Stato, con gli ordinari e con gli straordinari. Non esclusa la forza militare».

Può bastare. Colpisce l'incisività, la pregnanza di quei commenti. Già allora, e non solo sull'«Unità», si poteva leggere che il problema era quello di un legame perverso fra mafiosi e uomini politici. Già allora il quadro era dunque chiaro. Ma colpisce anche, e lascia senza parole, il fatto che quei commenti potrebbero riproporsi oggi in maniera pressocché identica. Accaddero tante cose, dopo la strage di Ciaculli. Si mise finalmente al lavoro la prima commissione parlamentare di inchiesta sul fenomeno mafioso.

Rosario Poma ed Enzo Perrone, grandi cronisti di quei fatti, nel loro libro intitolato: *La mafia, nonni e nipoti* [Vallecchi, Firenze 1971] osservarono: «All'indomani dell'eccidio ebbero inizio spettacolari e massicce operazioni antimafia e la polizia si mostrò energica come non mai. Con l'impiego di autoblindate e camionette e con largo spiegamento di forze le borgate e i quartieri popolari di Palermo notoriamente infestati da *cosche mafiose* furono di notte accerchiati e illuminati a giorno da lancio di razzi, e attentamente rastrellati. Ogni casa fu minuziosamente perquisita come ai tempi del prefetto Mori. I risultati di tali operazioni furono riferiti dal ministro Rumor a conclusione del dibattito sul bilancio del ministero degli Interni alla Camera dei deputati nella seduta del 19 settembre 1963. Dal primo luglio al 15 settembre, seicento persone furono diffidate, trecento furono proposte per il soggiorno obbligato...». Ma già allora, a Poma e Perrone, i conti non tornavano. Ascoltiamoli ancora: «Il comportamento della polizia in occasione delle operazioni antimafia seguite alla tragica esplosione di Ciaculli è apparso piuttosto strano. È bastato, infatti, che il governo si impegnasse in un'opera di seria repressione e prevenzione, per vedere scattare un dispositivo molto bene orientato nei confronti dei bersagli da colpire. Si direbbe che i mafiosi fossero da tempo esattamente individuati; e che tutt'altro che sconosciuti fossero i responsabili dei gravi episodi che avevano turbato e impressionato l'opinione pubblica negli ultimi mesi. Ma, allora, viene da chiedersi, perché si era tardato ad agire? Chi, fino all'ultimo, aveva impedito l'opera di controllo, di vigilanza, di prevenzione della polizia? A chi attribuire la responsabilità della tolleranza, dell'inerte assuefazione con cui gli organi dello Stato avevano assistito per anni e per mesi alle sempre più scellerate manifestazioni della criminalità mafiosa?».

Recentemente, sulla «Stampa», Igor Man ha ricordato i versetti dell'*Ecclesiaste*: «Si stanca qualsiasi parola, di più non puoi farle dire».

(1 agosto 1993)

Reportage da Corleone

Dicono che la mafia venga da molto lontano. E tanti anni fa, proprio in questo punto, all'incrocio fra la via Bentivegna, corso principale di Corleone, e la via Tribuna, Bernardino Verro, forse il primo sindaco della storia di Sicilia a essere stato protetto da una scorta, congedò le due guardie municipali che lo avevano accompagnato dal vicino Palazzo Cammarata, sede del municipio. Era il primo pomeriggio di una giornata di brutti presagi. Spirava un vento di tramontana, nuvoloni cupi erano schierati a metà del cielo, anche se ancora non pioveva. Sembrava che dovesse venir buio da un momento all'altro, e, in un autunno già inoltrato, pozzanghere di fango stagnavano ai bordi della via Tribuna. Quasi arrivato a destinazione, Bernardino Verro congedò con misurate parole di cortesia i suoi angeli custodi: «Grazie ragazzi, per oggi avete fatto anche troppo, andatevene a casa, questi ultimi gradini posso farmeli da solo». Infatti, ai tempi, via Tribuna più che una strada era una trazzera, ripida come una mulattiera, tanto che era stato necessario costruirvi al centro una scala per alleviare in qualche modo la fatica di chi si inerpicava.

Lassù, quando gli agenti erano ornai scomparsi, quando Bernardino Verro era ormai sulla soglia di casa, due killer, sino a quel momento rimasti inguattati in un pagliaio, lo affrontarono esplodendogli contro undici colpi di pistola. Quattro colpi raggiunsero il sindaco alla tempia: sovrabbondanti colpi di grazia certo, ma inequivocabili, chiarissimi, quanto al messaggio che contenevano. Era un conto vecchio, troppo a lungo lasciato in sospeso, quello che la mafia chiuse a quel modo il 3 novembre del 1915. Per i contadini, per i diseredati, per gli affamati di Corleone, Verro, in quel primo Novecento, aveva rappresentato tutto. Tutto, nel vero senso della parola. Tanto che monsignor Emanuele Catarinicchia, che dal 1960 al 1977 è stato diacono a Corleone e oggi è vescovo a Mazara del Vallo, racconta che, quando andava a far visita a vecchissimi contadini e braccianti ammalati, trovava al loro capezzale la santina di San Leoluca, protettore di Corleone e quella di Bernardino Verro. Due santi popolari, due santi in uno, nella testa della povera gente. Con la differenza che il santo laico indossava abiti scuri di sobria eleganza, l'immancabile panciotto, aveva invidiabili baffoni e pizzetto, un'andatura lenta e maestosa che gli veniva da un fisico possente, e un eloquio asciutto che anticipava sempre fatti, colpi di scena, piccole vittorie sul fronte ottuso degli agrari e dei mafiosi.

Verro, di origini piccolo-borghesi, nato a Corleone nel 1866, socialista, non finì il liceo e a diciotto anni fu assunto come aiuto contabile nell'ufficio del monte frumentario dove i contadini andavano a farsi derubare del grano. Per la sua partecipazione ai Fasci Siciliani (1892-1894) fu condannato a sedici anni di reclusione: Francesco Crispi aveva infatti deciso di fare scattare la tenaglia della repressione, ma il partito socialista di Turati, opponendosi a questo disegno, consentì a Verro, insieme a tanti altri dirigenti dei Fasci, di beneficiare di una provvidenziale amnistia... Verro conobbe l'esilio in America, conobbe fame e persecuzioni, come racconta in un documentato profilo lo storico Francesco Renda, ma la sua tempra non si piegò. Verro riuscì a fare il sindaco di Corleone, con una valanga di preferenze, dal giugno del 1914 al 3 novembre del 1915. Perché la mafia del feudo lo uccise? Per la semplicissima ragione che durante la sua sindacatura Verro rilanciò l'idea delle *affittanze collettive*, germe embrionale di cooperazione che consentiva ai braccianti, consorziandosi fra loro, di pagare ai padroni dei terreni meno di quanto pagavano ai gabellotti, quelle sanguisughe che a cavalcioni dei muli, e imbracciando la lupara, vivevano di rendita affamando i lavoratori. I padroni, con le *affittanze collettive*, avevano un tornaconto: i contadini, spezzando un anello della catena, avrebbero dato ai proprietari terreni proventi maggiori di quelli che essi percepivano dai gabellotti, ma anche i contadini ci avrebbero guadagnato. Ecco perché Verro cadde nelle pozzanghere infangate di via Tribuna.

Come mai aveva una scorta? Perché nel 1910 i killer mafiosi lo avevano sorpreso in una farmacia e gli avevano esploso contro due fucilate, mancando clamorosamente il bersaglio. Andarono in frantumi vasi di porcellana e delicatissime teche, ma Verro se la cavò con una ferita al polso. Non si perse d'animo. Si rivolse alla folla che, uditi gli spari, e fuggiti i killer, si era riversata all'interno, dicendo con aria spavalda: «Sta vota i picciotti ficiro fumo...». Quel giorno, la sua fama diventò leggenda. Di questi santi laici, Corleone e i paesi della zona nel primo Novecento ne ebbero a legioni: Luciano Nicoletti, Andrea Orlando, Lorenzo Panepinto, Giovanni Zangara, Giuseppe Rumore, Nicola Alongi... Tutti assassinati. E ne ebbero legioni nel secondo dopoguerra. Ne furono assassinati cinquantaquattro, compreso il più famoso di loro, il corleonese Placido Rizzotto.

Dicono che la mafia venga da lontano. È vero. E certamente quel giorno del novembre 1915 è data sin troppo recente, anche volendo andare a ritroso. Ma accontentiamoci. È chiaro che a Corleone, almeno da cent'anni, si fronteggiano due genealogie. Corleonesi gli uni, corleonesi gli altri. E gli uni con il culto della fatica, del lavoro, della terra, delle lotte. Gli altri con quello della sopraffazione, della proprietà, dell'usura, della rendita, e delle armi, se necessario. Legioni di santi laici contro legioni di Dracula. E viceversa. Due fiumi carsici dai letti troppo confinanti per potersi ignorare. Due genealogie tagliate spesso orizzontalmente e verticalmente dalle parentele, dalle case appiccicate tra loro, costrette a guardarsi, dai balconi che si affacciano su stradine strette a volte meno di un metro, per intere esistenze. Ma se a Corleone tutti sanno tutto di tutti, è pur vero che non tutti sono la stessa cosa. Ogni pietra, ogni angolo, ogni vicolo di questo paese, dove è impossibile finirci per caso, trasudano lotte e leggende, eroici sacrifici e tragedie, e sangue, tantissimo sangue.

Forse adesso risulterà più comprensibile la querelle dei giorni passati, apparentemente frivola e vacua, sulla necessità di intitolare una piazza a Giovanni Falcone e Paolo Borsellino: la querelle che ha portato alla defenestrazione di un commissario regionale, Francesco Fazio, il quale preferiva mantenere vivo il ricordo di Vittorio Emanuele II, piuttosto che quello dei due magistrati assassinati dalla mafia. Lo sappiamo. Entrare e uscire da un Pantheon è cosa seria. Di solito chi entra non lo tocca più nessuno. Leggi e decreti regolano la materia complessa e delicatissima della Storia Patria. E non ci sono scorciatoie per entrare nella Storia Patria. Sappiamo che il crisma della storia lo danno i libri, e non gli articoli di giornale. Sappiamo che gli storici non hanno ancora detto la loro su Falcone e Borsellino, ma è facile la previsione che quando si accingeranno all'impresa, non se la sentiranno di assegnare posti d'onore, nel Pantheon italico, ai Luciano Liggio, ai Totò Riina, ai Michele Greco, agli Zanca, ai Vernengo... E questo poteva prevederlo anche il buon commissario Fazio, il quale, se a Corleone avesse fatto due passi a piedi, sarebbe ancora al suo posto, e non avrebbe acceso con la sua incauta decisione i riflettori di mezz'Italia sull'ennesimo scandalo targato Sicilia.

Ho fatto quattro passi a Corleone. Le sorprese non sono mancate. C'è un autentico Pantehon, tutt'altro che metaforico. Si chiama Parco delle Rimembranze, dentro la villa comunale. Sembra il parco lussureggiante di un'isola tropicale, dove palme, platani, magnolie ti fanno dimenticare di essere ad appena cinquanta chilometri da Palermo. Eccolo qui, quello che cercavo. Il busto di Bernardino Verro, il caposchiera dei santi laici, il santo concorrente di san Leoluca, il castigamatti degli agrari. In cima a una colonna di marmo bianco c'è il busto del più noto dirigente dei Fasci Siciliani. E sulla sua effigie mani anonime hanno scritto: «Antonella ti amo», disegnato una siringa, sagomato una svastica con vernice nera. Tempi duri anche per le statue. Leggo la data in cui venne eretto il cippo alla memoria: 3 novembre 1985. Ci sono voluti settant'anni suonati perché la genìa dei santi laici avesse ragione su quella dei Dracula e imponesse, alla fine, un monumento alla memoria di Verro. È tanto difficile a Corleone riposare in pace anche quando si è morti? Alla domanda risponde Dino Paternostro, quarantuno anni, impiegato alla Usl di Corleone. È uno di quelli che combatte la mafia da quando ne aveva sedici. Ha fondato il mensile che si chiama «Città Nuove», fastidiosissima spina nel fianco per i mafiosi di oggi. Paternostro non solo è diventato il punto di riferimento di tutti i giornalisti italiani che vanno a Corleone, ma è anche un conoscitore impressionante della storia del suo paese. Anzi di tutte le storie di Corleone: quelle scritte, quelle tramandate oralmente, e quelle che circolano solo fra quattro mura. Vi renderete conto da soli che Corleone conserva tanti di quei segreti che, a conoscerli tutti, i giornali potrebbero andare avanti per mesi e mesi con edizioni straordinarie...

Dunque, la domanda a Paternostro era: perchè Verro ha subito un destino così ingrato? Apprendo così che nel 1917, due anni dopo l'agguato di via Tribuna, era stato eretto un primo cippo, ma sfortunatissimo. Ignoti lo trafugarono qualche mese dopo. Da allora Verro era definitivamente scomparso dal Pantehon. Nessuno per decenni si era preso più cura di lui. E nel 1985, Paternostro e alcuni dirigenti del Pci ne fecero una questione di principio. Ma apprendo anche un'altra cosa. Che il processo ai killer di Verro si celebrò regolarmente e si concluse nel 1918 – altrettanto regolarmente – con la loro assoluzione: il pubblico ministero, caso forse più unico che raro nella nostra storia giudiziaria, abbandonò l'accusa e sposò le tesi della difesa. «Preferisco ritirarmi dal processo» disse al presidente della Corte «piuttosto che ostinarmi in un'accusa nella quale non credo più. Anche Verro, buonanima, condividerebbe questo mio atteggiamento...» E il delitto restò impunito. A Corleone, le prime avvisaglie lasciano prevedere una strada tutta in salita per Giovanni Falcone e Paolo Borsellino. Ne è la prova il fatto che, il 3 maggio di quest'anno, i ragazzi del Liceo classico e scientifico Galileo Galilei di Ostiglia, provincia de Mantova, e quelli del Don Giovanni Colletto, scientifico di Corleone, avevano piantato simbolicamente un ficus in ricordo delle stragi di Capaci e via D'Amelio.

«Vedi» dice Paternostro «in pochi mesi lo hanno fatto seccare. È stato sufficiente non innaffiarlo.» Perché meravigliarsi? Togliere l'acqua ai contadini per poi rivendergliela a prezzi capestro: non è stata forse questa, nelle campagne siciliane, una delle tante armi della mafia? Uguale accanimento, dunque, contro uomini e piante simbolo, contro avversari vivi e statue che pretenderebbero di perpetuarne la memoria. Nel Parco delle Rimembranze godono invece buona salute i busti del settecentesco Giuseppe Vasi che incise le vedute di Roma, di Francesco Bentivegna, moschettato (si legge proprio così) dai borboni, e quello di Vittorio Emanuele II, riverito a Corleone da piazze, strade e busti. C'è quasi un culto per chi non c'è più. Ma l'importante è che il nome da commemorare non evochi lo scontro secolare fra mafia e antimafia. Una ventina di corleonesi si unirono ai Mille di Garibaldi? Ognuno di loro ha la sua strada. I corleonesi che morirono nella grande guerra? Su ciascun cipresso del Parco delle Rimembranze c'è una targhetta di ferro con tanto di nome e cognome. Dal mondo, a suo modo sereno, dei morti, a quello turbolento e insidioso dei vivi. Chissà cosa ne pensa Rosolino Colletti, ex capogruppo democristiano, delle polemiche di questi giorni. Colletti – ci tiene a precisare – è un «ex», come sono «ex» a Corleone tutti gli uomini politici, dal momento che il consiglio comunale si è autosciolto per prevenire il ministro dell'Interno Mancino che – all'inizio dell'anno – aveva avviato un'inchiesta sulla città più mafiosa d'Italia. È a colloquio con Colletti che il gioco dei nomi e dei cognomi, delle rimembranze, della memoria, dei precedenti storici, diventa quasi magia. Occorre parlare con Colletti, per rendersi conto che a questo mondo tutto è relativo. Corleone? Qui, osserva serafico, a differenza che in Piemonte, per esempio, «c'è un po' più di filosofia, di passatempo, di calore umano...».

Metto in fila i nomi dei boss corleonesi più sinistri per vedere che effetto fa a Colletti. «Vede, dottore» replica «i nomi di chi nasce in un paese non sono sufficienti a dare la fisionomia di un paese. Voi giornalisti calcate la mano sempre sugli aspetti peggiori. Perché non dite mai che la mamma di Giovanni Falcone era di Corleone? Perché non dite che durante la guerra la famiglia Falcone fu sfollata a Corleone? Perché non scrivete che l'onorevole Giuseppe Tricoli, con il quale Paolo Borsellino trascorse le sue ultime ore di vita, era di Corleone? Noi conosciamo i corleonesi. Poi ci sono i corleonesi con le virgolette. Quelle virgolette le hanno messe polizia e carabinieri... E se lei vuole sapere qualcosa dei corleonesi con le virgolette è a polizia e carabinieri che si deve rivolgere... Mi creda: non abbiamo un Dna diverso dagli altri. Lo Stato? Lo abbiamo sempre visto come l'ufficio delle imposte, il commissariato di pubblica sicurezza, la tenenza dei carabinieri.»

Ma è alla domanda sulla singolarissima decisione del prefetto Fazio di cancellare Falcone e Borsellino dalla toponomastica corleonese che Colletti per un istante sembra identificarsi davvero con un superiore tribunale della Storia Patria. «Leggo che il presidente della Regione siciliana, l'onorevole Giuseppe Campione, ha rimosso il commissario Fazio. Ma questo Fazio aveva violato delle leggi o delle idee? Cominciamo a preoccuparci che qui non esista più lo stato di diritto». Chiarissima, sottile, l'antifona nelle parole di Colletti. C'è la Legge. E dalla Legge discesero il Vasi e Bentivegna, *moschettato* dai Borboni, e i «picciotti» di Garibaldi, e Vittorio Emanuele II e don Governali, *morto in fama di santità*, come recita Colletti. Questa è la Legge. Questa è la Storia. Solo così può farsi l'Ufficialità. Molti gradini più in giù stanno le idee. Che sono di parte, che a qualcuno possono piacere ad altri no, che non metteranno mai tutti d'accordo.

È al mondo delle idee che appartengono Falcone e Borsellino e gli uomini e le donne delle loro scorte. Per carità, rispettabilissime persone, con idee altrettanto rispettabili. Ma da questo a erigere busti, o intitolare strade, c'è una bella differenza. «Ne abbiamo tante, senza nome» propone Colletti «strade che si chiamano AZ, che hanno numeri per contrassegno... qui non siamo a Palermo dove usano i nomi dei fiori in mancanza d'altro. E una soluzione per Falcone e Borsellino si poteva trovare...» E, sembra sottintendere, senza fare tutto questo casino. Adesso Dino Paternostro mi propone di andare a trovare Giuseppe Governali, preside di scuola media, condirettore responsabile del mensile «Città Nuove». È un corleonese con il pregio di parlar chiaro. «A Corleone» esordisce «nessuno le dirà mai che ce l'ha con Falcone e Borsellino. I più scaltri, i più intelligenti le tireranno fuori l'ultimo Sciascia, quello sui professionisti dell'antimafia, le faranno un discorso colto, motivato, intelligente... le diranno che l'antimafia non si fa così, ma si fa in un altro modo più incisivo, anche se poi non sapranno proporgliene un altro... O magari gliene proporranno uno, ma a lunghissima scadenza. I corleonesi sono stranissima gente. A voce bassissima fanno nomi e cognomi; di certi politici e certi mafiosi, in privato, dicono peste e corna. Quando queste cose le scriviamo sul nostro giornale diventano subito montature, esagerazioni, e molti prenderanno le distanze... La gente non si espone... E noi siamo una minoranza: lo dico con amarezza, non con orgoglio.»

Il professore Governali teme che da un referendum popolare Falcone e Borsellino uscirebbero sconfitti da Vittorio Emanuele II. Certo, dice: la gente ha capito che l'arresto di Riina ha cambiato molte cose. «Ma i boss comandano, comandano ancora. E i corleonesi, ancora oggi, sulla fine della mafia, non ci giurerebbero... Stanno a guardare, non danno niente per scontato, si chiedono come finirà...»

Pessimismo di Governali e rassegnazione dei corleonesi senza le virgolette? Non direi. Paternostro e Governali provano a fornire l'identikit di questo paese ridotto ormai a poco più di dodicimila abitanti e con un disoccupato su tre. Fra gli anni Sessanta e gli anni Ottanta furono appaltate due dighe, una centrale del latte, e l'asse viario che avrebbe collegato Corleone al resto della Sicilia occidentale. Quattro progetti che hanno inghiottito quasi mille miliardi. E ancora oggi le dighe sono stagni, la centrale arruginisce, la superstrada non è mai stata tracciata.

Il 21 novembre i corleonesi voteranno con il sistema maggioritario per il rinnovo del consiglio comunale. «Il mio timore» osserva Paternostro «è che l'aggregazione che stiamo tentando di creare fra Pds, Rete, Psdi e Pri, partiti questi ultimi che hanno partecipato alla lotta contro la mafia e lo strapotere democristiano, non arrivi in tempo all'appuntamento. Per una scarsa chiarezza programmatica. Ma anche per la difficoltà di individuare gli uomini che dovranno rappresentare il rinnovamento. Il che non vuol dire che sino all'ultimo non cercheranno di impedire che Corleone torni in mano «ai vecchi comitati d'affari». L'esito della battaglia è incerto. Ma i discendenti delle legioni dei santi laici e dei Dracula torneranno a darsi battaglia. Su questo ci si può giurare.

(19 settembre 1993)

Reportage dall'Ucciardone

Non avevo mai visto il direttore e il vicedirettore di un carcere perquisiti dai loro agenti, meticolosamente, metodicamente. Passati al vaglio con il metaldetector portatile. Cortesemente invitati a cavarsi dalle tasche anche le monetine da cinquanta lire. Con le mani in alto e le gambe divaricate. Tutti perquisivano tutti, in silenzio, con gesti rapidi, professionali. Facce dure, silenzio di piombo. Chiavi del peso di tre etti l'una, di colore oro, pronte a entrare nelle toppe. E come fossero Samurai del grande rito della sicurezza e della vigilanza, semplicissimi agenti stavano compiendo un dovere che per definizione non può ammettere deroghe, eccezioni, cadute di interesse. Samurai costretti al sospetto permanente, a fiutare il pericolo anche quando non c'è, quindi niente sorrisi, niente battute, nessun atteggiamento deferente verso le massime autorità dell'istituto di pena. Stavamo entrando alla nona sezione, quella del 41 bis, cioè cupola, cioè boss di Cosa Nostra: il ghota, insomma. E allora, lasciamo da parte il colore e i fantasmi di una volta. Guardiamo con occhi sgombri, senza punti di vista precostituiti. Guardiamo, e ascoltiamo. Soprattutto evitiamo di ricordare.

Lasciamo da parte il caffè avvelenato che stecchì Gaspare Pisciotta, il traditore di suo cugino, l'assassino del bandito Salvatore Giuliano. Al primo piano della prima sezione, cella n. 4, dove si consumò una delle ultime pagine nere del banditismo siciliano, oggi sono acquartierati gli agenti di custodia, lasciamo perdere le evasioni. Con una sventagliata di mitra bloccarono Leoluca Bagarella e suo cognato, Pietro Marchese, che con tanto di fune erano riusciti a scalare tutti i muri interni, tranne l'ultimo, naturalmente. E per carità, non vedetelo più come un Grande Hotel. Con le bussole girevoli per entrare e uscire a piacimento. Certo che fino a qualche hanno fa era così. Francesco Marino Mannoia, da latitante, vi entrava per prendere parte ai summit. Gaetano Badalamenti, che per lungo periodo vi soggiornò, teneva le riunioni decidendo volta per volta quali uomini d'onore esterni dovessero essere invitati. Dimenticate padre Agostino Coppola, il confessore di Luciano Liggio, che, per i tempi, potè disporre di un'autentica suite, forse in ossequio alla sua doppia condizione di mafioso e di sacerdote. Non lavorate più con la fantasia, appena sentite nominare l'Ucciardone. Donnine e champagne da tempo non entrano più qui. Dimenticate tutto quello che per decenni avete appreso dai giornali. L'iconografia è cambiata. Sono cambiati i tempi. Oseremmo dire che, per tanti aspetti, è cambiato lo Stato. Difficilmente potrebbero ripetersi delitti come quelli degli anni Ottanta: le trentatré coltellate a Pietro Marchese, nel giorno del suo trentatreesimo compleanno, o i colpi di bistecchiera per Vincenzo Puccio, quando commise l'imprudenza di far capire ai compagni di cella che aveva intenzione di ribellarsi al dispotismo di Totò Riina... Ucciardone, addio. C'era una volta un carcere di mafia chiamato Ucciardone. Fu così per quasi mezzo secolo. Quello che i giornali scrissero fu sempre molto approssimativo, per difetto. Che dentro le cose andassero assai peggio lo sapevano i direttori, lo sapevano gli agenti, lo sapevano i ministri. Una logica c'era: è già uno sgarbo arrestare un mafioso, cerchiamo almeno di rendergli la vacanza il più sopportabile possibile.

Ora che vi siete liberati dai pregiudizi, non dovete dimenticare queste frasi tratte dalle *Riflessioni sulla pena di morte*, scritte nel 1957 da Albert Camus e che possono tornare sempre utili: «Chi ha appena trascorso settimane nella frequentazione di testi, di ricordi, di uomini, che da vicino o da lontano, hanno a che fare col patibolo, è escluso che possa tornare da queste spaventose ispezioni identico a quando vi era entrato. Ma non credo, è necessario ripeterlo, che la responsabilità non esista in questo mondo, e che si debba credere alla tendenza moderna consistente nell'assolvere tutto, sia la vittima che l'assassino, in una stessa confusione. Questa confusione puramente sentimentale è fatta di vigliaccheria più che di generosità, e finisce per giustificare quel che di peggiore c'è al mondo».

Non stiamo parlando del «patibolo», ma è fuor di dubbio che entrare in un carcere, sotto ogni profilo, rappresenta ancora oggi inevitabilmente una spaventosa ispezione. Non so quanti cancelli, quanti portelloni d'acciaio, quante grate, si siano aperti ieri mattina. Come fosse una ferrovia con uno scambio dietro l'altro, dove si procede qualche metro alla volta, ci si ferma, si riparte, si attende ancora, alt, avanti, alt, e nomi che si accumulano sui registri, sui brogliacci, e serrature simili a orologi impazziti con le lancette che vanno avanti e indietro. È l'ora dei colloqui. Ci troviamo in quella che viene eufemisticamente definita «sala colloqui». Un corridoio centrale. Sul lato destro e su quello sinistro si affacciano nove porte blindate. Dagli oblò, come dentro un acquario, guardano i nove agenti di custodia. Dentro c'è un brulicare straziante di madri, mogli, sorelle, cognate, separate dal familiare da un tavolo di marmo e una lastra dell'altezza di pochi centimetri. C'è un silenzio da sala parto. Vediamo mani che si intrecciano, bambini piccolissimi protesi dalle madri o che si spingono da soli verso il padre. E tutti mangiano, in continuazione, quasi nevroticamente: biscotti, wafer, panini imbottiti. Non è la fame, difficilmente si ha quella fame alle dieci del mattino. È un modo per strappare al destino che si è accanito su di loro brandelli di convivialità, attimi di calore in mezzo al marmo gelido di quelle panche, alla trasparenza di quei vetri impietosi, come sanno esserlo gli specchi, sotto gli sguardi estranei e vigili dei Samurai. Mangiano e parlano, familiari e detenuti. Un'ora di colloquio alla settimana, quattro volte al mese. Bisogna renderla un'esperienza densa, zeppa di contenuti, di gesti, di parole, proprio perché troppo breve, troppo rara. Dietro una porta, in attesa, un altro drappello di sei detenuti, tutti molto giovani, sono in attesa che venga il loro turno. Già perquisiti, senza cravatta, si sono appena liberati, nell'ufficio denominato «Buca Pacchi», del sacco della biancheria sporca che sarà consegnato ai familiari al termine del colloquio. C'è la foto che ritrae sorridenti Giovanni Falcone e Paolo Borsellino, appicicata su un muro della «Buca Pacchi». E fa uno strano effetto.

Qui c'è una bilancia. Anche questa è tenuta in qualche modo da una dea bendata. Gli agenti pesano i pacchi in entrata, con viveri e abbigliamento. Cinque chili a testa. Dietro la buca, la moglie è in attesa del verdetto. Se c'è un'eccedenza di peso, domanda scontata dell'agente: «Signo-

ra togliamo vestiti o mangiare?». Dubbio che più amletico non si
potrebbe: ma nove volte su dieci vince il mangiare. Il mangiare: croce e
delizia dei detenuti. Vengono regolarmente restituite al mittente, cozze e
vongole, per motivi igienici. Fanno la stessa fine torte con crema e panna,
cannoli, e tutta la pasticceria che non sia secca: in questo caso per motivi
di sicurezza. I controlli sarebbero impossibili. Si accettano gli insaccati, ma
al detenuto arrivano già affettati. Assolutamente controindicati i funghi:
che, già da soli, potrebbero essere velenosi... Non possono entrare alcolici
e superalcolici, o giacconi con imbottitura, divieto di accesso a zoccoli e
stivaletti, bandite le cinture soprattutto se con fibbie vistose. E si scrive
sempre tutto, in carcere. Quello che entra e che non entra, ciò che esce,
ciò che si richiede e che arriverà chissà quando... Gli agenti contano e
scrivono, scrivono e firmano, e inoltrano ad altri, inoltrano in alto, in
basso, e forse altri archiviano, chissà. Ma a Sua Santità la Burocrazia prestano tutti venerazione, detenuti e guardie, parenti e avvocati, educatori
e cappellani. Perquisire, scrivere, aprire e chiudere, così va il carcere, e
pare che sia andato sempre così. Ma, forse state diventando impazienti di
sapere dove sono finiti i mafiosi che resero celebre l'Ucciardone, che ne
nutrirono la leggenda, che ispirarono registi che non potevano fare a meno
del «colore Ucciardone». Ieri mattina, alla nona sezione, i mafiosi c'erano.
   Erano venuti qualche giorno fa da Pianosa, dall'Asinara, per assistere
alle udienze del maxi processo. Dunque, prima o poi, se ne andranno.
Mette i brividi la visita nei due bracci della nona. Mette i brividi non
perché il cronista non abbia mai avuto occasione di incontrare, e a volte
anche di dialogare, fra una pausa e l'altra di un dibattimento, con qualcuno di loro. Mette i brividi il fatto che sai che ci sono, ma non li puoi
vedere. Sono andato dietro ogni porta, trascrivendo sul mio taccuino i
nomi degli uomini che in Sicilia seminarono il terrore. Sembrava di
copiare le voci di un aggiornatissimo dizionario del crimine. Gli spioncini sono chiusi perché il 41 bis stabilisce tassativamente che gli imputati sottoposti a questo regime non devono avere alcuna forma di rapporto fra di loro. E poichè alla nona le celle si affacciano sui due lati del
corridoio, se gli spioncini fossero aperti i boss potrebbero parlare fra loro,
scambiarsi informazioni, notizie, disposizioni. Leggo le voci di questo
dizionario che sembra scolpito sul cemento. Nitto Santapaola, sapete chi
è, Michele Greco, sapete chi è, Pippo Calò, lo conoscete. E vi dicono
tanto, essendo stati costretti in questi anni a leggere le tragiche cronache
di mafia e di Sicilia, i Bernardo Brusca, i Salvatore Madonia, i Giovanbattista Pullarà, i Lorenzo Greco, i Rosario Marchese. Vederli dal vivo, è
diverso. Vederli in televisione, è diverso. Vederli, senza poterli guardare,
è questo a lasciare di sasso. Milioni di pagine sono state raccolte su quei
nomi.
   È la cupola, è il cuore duro di un'organizzazione dalle origini secolari. Uomini che hanno fatto e disfatto la storia di un'isola. Uomini che

hanno eliminato ogni ostacolo con la ferocia delle armi. Ora sono dietro una porta d'acciaio, uno spioncino chiuso, una targhetta rossa con su scritto nome e cognome. Quando escono per andare all'aria, o per andare in processo, escono uno alla volta, scortati da quattro agenti. Aprire e chiudere, aprire e chiudere, questo è l'eterno rumore del carcere, e nesun boss riuscirà mai a vedere, neanche per un attimo, neanche in un corridoio, un altro boss. In nessun altro posto, come alla nona sezione, non esiste il «caso», la circostanza fortuita, l'imprevisto. Uomini macchina, da una parte e dall'altra. Uomini macchina, in questa situazione, sono i controllori. Uomini macchina, sono loro, gli imputati, i boss, i leoni di una volta. Non devono essere molti, nelle carceri italiane, i posti come questi. Chiedo di Totò Riina, il suo nome non c'è, dietro le porte. Brutta domanda, giornalisti ficcanaso, sempre a chiedere le cose più imbarazzanti. C'è, c'è, Totò Riina. Dove? Ve lo raccontiamo in maniera sfumata. Dovete sapere che l'aula bunker che venne costruita all'inizio degli anni Ottanta, per celebrare i maxi processi, sorse a fianco dell'Ucciardone. E a essa è collegata attraverso un sistema di camminamenti sotteranei. Presumibilmente, Riina non sta all'Ucciardone, ma in una cella dell'aula bunker. E tanto può bastare.

L'aula bunker è bianca, moderna, in cemento armato, e ha una fisionomia a suo modo avveniristica. L'Ucciardone, invece, è un rudere del passato. Venne inaugurato dagli angioini, nel 1840, a sostituzione delle vecchie carceri della Vicaria che si trovavano in pieno centro storico. In quel piano, dove oggi sorge il carcere, esisteva una grande distesa di cardoni selvatici e spinosi: «les chardons». Ne derivò, per voce popolare, l'Ucciardone. I palermitani non lo hanno mai amato, preferivano la Vicaria, poiché permetteva ai familiari che passavano dal vecchio corso Vittorio Emanuele di parlare e toccare i detenuti che dalle grate si affacciavano. L'Ucciardone si trovava fuori le mura, era periferia, costringeva a viaggi faticosi. Oggi la città avvolge l'Ucciardone con un abbraccio tentacolare. Si affacciano su cubicoli dove si prende l'«ora d'aria» i grattacieli a ridosso della via Libertà. Eppure, dentro, non si ode il rumore del traffico. Si sentono solo, a intervalli regolari, i suoni delle sirene che segnano l'ingresso e l'uscita dal porto dei piroscafi che collegano Palermo a Napoli. Ieri era una bella giornata di sole, ma la luce accecante dei neon dominava tutto.

Ho avuto alcuni colloqui con i detenuti. Ho parlato dei problemi dell'Ucciardone con il suo direttore, Amato Dessì, quarantaquattro anni, una lunga esperienza precedente, alla guida delle carceri di Prato, Pistoia e Firenze. Ne ho parlato con il vicedirettore, Aldo Tiralongo. Mi sono sembrati uomini pragmatici. Innanzitutto consapevoli dell'alto incarico cui sono stati chiamati. Governare un bestione come l'Ucciardone non deve essere facile. I numeri sono quelli che sono. Teoricamente dovrebbe ospitare non più di cinquecento detenuti. Ieri mattina, per esempio, ce n'erano millecentocinquantuno. Significa, spesso, cinque persone per cella. Ma si sa che in altre carceri d'Italia a volte ce ne sono una dozzina. Fuori i giornali scrivono, le televisioni fanno vedere, l'opinione pubblica vuole sapere. Dentro, si può andare avanti solo a piccoli passi. Tutto costa fatica, sudore, burocrazia. Ecco allora le parole accorate, lo sguardo dolce di Annamaria La Terra, anziana insegnante di scuola elementare. Guida una «pluriclasse», cinque elementari in una: il più giovane alunno ha diciotto anni, il più grande sessantasei. Ecco Giuseppe Fonte, un educatore che mostra con orgoglio il catalogo della biblioleca carceraria. I *Beati Paoli*, all'Ucciardone, sono il bestseller incontrastato. In fondo alla classifica, e si può capire, *Le mie prigioni* di Silvio Pellico. Qualche giorno fa, Michele Greco, appena è arrivato, ha chiesto un volume della Bibbia. Come è noto è un lettore instancabile. E i problemi, allora? Tantissimi.

Una cella con quattro detenuti comuni. «Tutto a posto?» «Insomma» «Che vi manca?» «Il telecomando, l'abbiamo chiesto da un mese e mezzo ma ancora non arriva. Possiamo prendere solo l'uno e il due» «Nient'altro?» «L'acqua della doccia arriva fredda. Veramente è calda, ma basta che qualcuno si faccia la doccia per primo che gli altri muoiono di freddo.» «Per la verità questo capita anche negli alberghi.» La risposta è ironica e quasi divertita: «Dottore, è vero. Ma nell'albergo uno sceglie di andarci. Mentre per la verità qui noi non abbiamo chiesto di venire». Voci di dentro, occhi che trafiggono, facce segnate, un viso con una cicatrice. Un ragazzo di colore, che viene dalle Mauritius e dentro l'Ucciardone ha imparato l'italiano. Teniamo d'occhio le cucine, non dimentichiamo di ispezionare l'ambulatorio, il pronto soccorso, le docce. È lì che possono nascondersi i pericoli maggiori. Ovunque abbiamo chiesto di andare ci è stato aperto. Non si è trattato di una visita addomesticata. Incontriamo medici, specialisti, lavoranti, cioè quei detenuti che lavorano per mandare avanti il grosso bestione chiamato Ucciardone. Nel forno a legna si fa tutto il pane che vien consumato all'interno. Si respira più l'aria tipica di un convento che quella di un carcere. «Oggi cosa prevede il menù?» «Minestrone di verdure, carne lessa e dolce.» «Perché cucina lei?» «Perché prima di finire qui lavoravo a Palermo in un ristorante.» Colpisce, entrando in un carcere, quanto sia breve la distanza, innnanzitutto architettonica, che separa mondi, situazioni, esistenze, fra loro distanti anni luce. C'è il malato di Aids al primo stadio. C'è l'uomo con una gamba mangiata da una cancrena. Ci sono tre detenuti omosessuali che vengono presi in giro da altri detenuti. Impressionante caleidoscopio, un carcere. Ma questa volta, visto che sino a oggi in tanti ci siamo dimenticati di farlo, vogliamo dare voce esterna a una delle più significative voci di dentro. Quella dei Samurai.

Ne incontriamo una sessantina. Ce ne sono seicentocinquanta all'Ucciardone. Li guida Giuseppe Agati, viceispettore. Ormai – e scandisce le parole con orgoglio – «all'Ucciardone esiste solo la legge dello Stato». E accade una cosa strana. Acquista significato, all'improvviso, quella curiosa foto di Falcone e Borsellino sui muri di «Buca Pacchi». Sono stati loro, i Samurai, a scandire i nomi dei loro morti. Sapevate chi era l'appuntato Antonino Lo Russo? Era l'agente penitenziario che scortava il procuratore capo di Palermo Gaetano Scaglione, assassinato dalla mafia all'inizio degli anni Settanta. Anche Lo Russo fu assassinato quel giorno. Né sono considerati «vittime della mafia» Attilio Bonincuntro, Calogero Di Boria, Pietro Cerulli, Antonio Bunafato. Nessuno ha mai pensato di incidere questi nomi e queste date da qualche parte.

Si è fatto tardi. Torno indietro e ripenso a quelle parole di Camus. Difficilmente si torna uguali da certe «ispezioni». Penso a quest'universo chiuso appena rischiarato dalla buona volontà di qualcuno, dal lavoro di un cappellano, dalla parola di un educatore... Alzarsi, pulire la cella, prendere l'aria, pranzare, tornare a pulire, aspettare la sera, armeggiare con vecchi televisori che non funzionano, addormentarsi anche se non si ha sonno, non pensare anche se si avrebbe voglia di pensare, cacciare i ricordi della vita di prima, non chiedersi mai quanto durerà, non lasciarsi prendere dal panico, non contare i minuti se no il tempo si ferma. Un detenuto che chiama la guardia... Poi un giorno uscirai e troverai che fuori il mondo è cambiato. E ora sei libero: con in mano due sacchi della nettezza urbana pieni dei tuoi effetti personali. Sei uscito finalmente dall'Ucciardone. Fai il possibile per non tornarci. Fuori, oggi c'è il sole. C'è il traffico, e se ne sente il rumore.

(25 gennaio 1994)

Il senatore di fronte al pentito

Ci sono due grandi «statisti», in aula. Uno, si chiama Buscetta. L'altro, Andreotti. Dialogano fra capi di Stato. A distanza, ma dialogano. Entrambi vanno al sodo. Curano i particolari, solo quando è necessario. Uno parla e l'altro tace. Uno parla e l'altro ascolta. Uno parla e l'altro prende appunti, con il capo chino, con il pennarello blu, su un block-notes a righe larghe, molto larghe. Uno risponde, ricorda, tiene a precisare, si informa prima di rispondere, non risponde quando non conosce l'argomento. Talmente «composto» nella sua deposizione, che solo in rarissimi casi il presidente Francesco Ingargiola lo interrompe. Andreotti muove impercettibilmente le sopracciglia, si morsica il labbro, tamburella con le dita, flette leggermente una gamba, accarezza il borsone di cuoio. L'altro, Buscetta, parla con lo sguardo fisso di fronte a sé, non sapendo cosa accade alle sue spalle, potendo solo immaginare il terremoto interiore provocato dalle sue parole. Uno, Andreotti, vede uomini di spalle, schiene, manichini immobili, sagome che nascondono la sagoma, le spalle, la schiena di un altro manichino immobile. Fra i due statisti, infatti, c'è lo Stato.

Uno Stato che un po' per convinzione, un po' per caso, molto per inerzia, e con un vagone di sensi di colpa, ha deciso di andare a vedere le carte di questi due giocatori incalliti, sopravvissuti a giochi grandissimi, a quei giochi – diceva Falcone – che quando si fanno troppo grandi si concludono inesorabilmente con la morte di uomini che risultano essere troppo piccoli, seppure grandissimi. Cos'è lo Stato italiano visto nell'aula bunker di Padova?

Lo Stato è quel paravento che divide Buscetta dal resto dell'aula, dal «pubblico». È quel séparé bianco sporco, da pronto soccorso, secondo l'espressione più leziosa di qualcuno. Ma uno Stato può essere soltanto un paravento? Sì e no. Sì, quando è necessario coprire l'identità di un mega testimone, mettere al riparo la sua faccia da possibili vendette, proteggere il primo piano di un uomo che da solo sta dando una spinta poderosa nella comprensione di mezzo secolo di storia.

Dice Buscetta: «Mi hanno sterminato figli, fratelli, generi e cognati, e nessuno di loro era uomo d'onore. Hanno cominciato ad ammazzarmeli quando ancora non ero pentito... Ancora oggi non so darmene una spiegazione». No, quando quel paravento diventa solo una larva, diventa una foglia di fico rispetto al circo dei media, quando in trasparenza si vede la silhouette di chi si vorrebbe nascondere. È stato Buscetta, ieri, ad apertura d'udienza, a strappare il sipario, rompendo l'incantesimo: «Signor presidente, dopo quella sventurata crociera di quest'estate, il mio volto purtroppo è ormai arcinoto, e quel paravento non è più necessario...». Andreotti non gradisce: «Non credo che lo abbia fatto per affrontarmi a viso aperto. Glielo hanno suggerito. E lui è molto bravo. Del resto ha cambiato identità dieci volte... E quando uno deve recitare una parte...». Vietate, comunque, le riprese. Ma ciò che conta, in Buscetta, non è più la «faccia».

Sono infatti le parole, ormai, a identificarlo; piuttosto che il suo viso largo e un po' appesantito, l'inappuntabile blazer blu, giacca a tre bottoni dorati, camicia celeste, cravatta regimental, foulard bianco e mocassini neri con piccola fibbia. Elegante come al solito, «don» Masino, in questa giornata dedicata al titanico sforzo di rappresentare uno Stato che non c'è più, e di farlo alla presenza del massimo rappresentante dell'altro Stato che non c'è più. Due statisti che dialogano fra loro, Buscetta e Andreotti. Certo. Ma anche due superstiti, due sopravvissuti, saliti insieme sulla stessa «arca di Noè», due creature venute da due mondi intercambiabili, come dice l'accusa? A suo tempo, lo sapremo. Si tengono insieme, i due protagonisti. E in questo si avverte un clima da «arca di Noè»: Buscetta e Andreotti, sia pure facendosi paladini di due versioni diametralmente opposte, evocano lo stesso mondo che non c'è più. Versioni diametralmente opposte sui grandi capitoli della storia italiana almeno negli ultimi trent'anni.

Il tentativo di golpe di Junio Valerio Borghese. Con Buscetta che racconta della strana pretesa del «principe nero»: «Chiedeva l'elenco degli uomini d'onore che in Sicilia avrebbero partecipato, oppure che gli uomini d'onore si mettessero un bracciale verde sulla manica della giacca. I mafiosi dovevano tranquillizzare l'opinione pubblica siciliana facendo capire di essere d'accordo con il colpo di stato. Ma non se ne fece nulla perché i capi di Cosa Nostra dissero che non gli interessava». Che racconta di come Natale, uno dei Rimi, i mafiosi di Alcamo, andò a rubare le armi in una caserma romana. E di come proprio la liberazione del padre e dello zio del giovane, condannati all'ergastolo, fosse una delle contropartite richieste dalla mafia per la sua partecipazione. O il delitto Moro. Con Buscetta che racconta di trattative segrete fra Cosa Nostra e potere politico romano al fine di individuare al più presto il covo in cui era tenuto nascosto lo statista Dc: «Il mio ruolo è stato semplice. Mi è stato chiesto da due fonti, una mafiosa e una della malavita milanese, se mi potevo interessare a scopo umanitario per farlo liberare...». Poi il contrordine: «Pippo Calò mi disse che una parte della Dc non voleva Moro vivo». E soprattutto parla di quei «documenti» con i testi degli interrogatori nella prigione br e che non vennero mai ritrovati.

O l'uccisione del giornalista Mino Pecorelli. Con Buscetta che racconta come il giornalista andò incontro ai suoi killer: «Dissi a Bontate: ma che c'entriamo noi con l'omicidio di questo Pecorelli? E Bontate: lo abbiamo fatto su richiesta dei cugini Salvo su richiesta di Andreotti. Lo abbiamo fatto perché questo giornalista provocava grandi disturbi mettendo a repentaglio la vita politica di Andreotti». O l'omicidio di Roberto Calvi e la vicenda Sindona. Su Calvi: «Non ho notizie personali. Ma Badalamenti, in Brasile, leggendo un giornale mi disse che il mio *figlioccio*, Pippo Calò, era coinvolto fino al collo». Su Sindona: «Non lo conobbi personalmente... ma seppi che era venuto nel 1979 in Sicilia... per incontrare Bontate e Inzerillo e convincerli a fare un colpo di stato successivo a quello del principe Borghese, ma la commissione di Cosa Nostra disse di no, e allora non ci furono altri rapporti di Cosa Nostra con Sindona...».
È andato avanti così per sei ore, Buscetta.

Raccontando delle sue latitanze e di quando dirigeva di fatto il carcere dell'Ucciardone a Palermo, con «grandissima stima» del suo direttore. O raccontando di fatti e misfatti della guerra di mafia. O dei Salvo e di Cosa Nostra americana. Non cercate le «novità» in questa deposizione. Le verità – in senso stretto – sono un paio. Giudizio netto, nettissimo su Dalla Chiesa: «Non prese alcun provvedimento talmente significativo da giustificare che Cosa Nostra lo volesse morto». Ergo – sembra sottintendere – il mandante autentico della strage non è mandante di mafia. O ancora l'ambiguo ruolo del capitano dei carabinieri Ninni Russo, a sua volta ucciso dalla mafia: «Era nella massoneria. Del golpe Bor-

ghese sapeva tutto. E in quel piano gli avevano affidato il compito di arrestare il prefetto di Palermo...».
Molti dicono: Buscetta si esprime male. È vero. Non si contano gli strafalcioni, gli errori di grammatica, le concordanze improvvisate. Anche se si vede che è migliorato tantissimo rispetto agli anni lontani del primo grande «maxi processo». Per dire che aveva rapporti quotidiani con una certa realtà dice: «Avevo rapporti diari»... A volte appare ingenuo: «Il mio faro era Falcone», e lo ripete spesso. A volte pittoresco: «Nei processi in America si risponde alle domande: se il procuratore Dick Martin ha fatto un erutto si dice che ha fatto un erutto. Non ci sono giri di parole...». Perché i Salvo chiamavano Andreotti «lo zio»? Lapidario: «Per ometterne il nome, per rispetto, anche parlando fra loro». Buscetta è uno degli ultimi grandi capi di un'organizzazione criminale segreta con alle spalle secoli di storia. I suoi affiliati si sono sempre espressi attraverso i silenzi, gli sguardi, la capacità di mantenere i segreti. Se qualcosa non andava per il giusto verso la parola passava alle armi. È da lì che viene l'uomo che ieri ha preso la parola nell'algida aula bunker del supercarcere di Padova. Sta parlando una «lingua nuova», totalmente sconosciuta anche a lui stesso. Sta dando voce a ciò che resta di un'organizzazione che del linguaggio non ha mai saputo che farsene. Ecco una delle tante «rivoluzioni» messe a segno da don Masino. E in certi momenti non capisci più chi stia davvero facendo sentire la sua voce: lui, Buscetta, ormai si colloca nella genealogia dei *migliori* dello Stato italiano che a un certo punto decisero di affrontare la mafia a viso aperto.
A modo suo, ha ragione: «La potenza di Andreotti era tale che se avessi fatto il suo nome dall'inizio – questa è la sua versione – io sarei stato ridicolizzato, e Falcone lo avrebbero trasferito, ammesso che avesse continuato a fare il giudice». Anche Andreotti, ieri, ha parlato tantissimo. Ma ha dovuto aspettare che l'altro finisse. Sono due «lingue» ormai inconciliabili, le loro. Ma quei due «mondi» appaiono impastati fra loro in modo impressionante. Buscetta, questo, lo ha fatto toccare con mano.

(10 gennaio 1996)

Ergastolo ai killer di Borsellino

Cosa passa per quella testa? Quali atroci certezze? L'atroce certezza del ladro d'auto tenuto poi all'oscuro del fatto che quell'auto sarebbe stata imbottita di tritolo? O l'atroce certezza di chi è costretto a barattare la fine dei suoi giorni in galera con la vita dei suoi familiari? O l'atroce certezza di chi, non essendo uomo d'onore, sa che di quell'ergastolo non potrà mai farsene una ragione? Cosa passa per la testa di Giuseppe Orofino mentre la sbatte con violenza due, tre, quattro volte, contro vetri blindati duri come l'acciaio? Il mondo gli è crollato addosso alle dodici e trenta del 27 gennaio 1996, quasi quattro anni dopo l'Apocalisse di via D'Amelio. Fanno in tempo a tirarlo fuori dalla gabbia. Ma non si può spegnere la sua voce. Il suo grido disperato che gli prorompe da dentro. È quasi una litania «La vita m'arrubbasti... la vita m'arrubbasti... la vita m'arrubbasti... la vita mia...».

La Grande Tragedia esplode così. Al termine di una lettura di sentenza pesante come un macigno. Lettura velocissima, una decina di minuti. Ergastolo per Giuseppe Orofino. Ergastolo per Pietro Scotto. Ergastolo per Salvatore Profeta. Diciotto anni, ma uscirà subito dal carcere, per Vincenzo Scarantino, il pentito unico e solo di questo processo. Tutti interdetti dai pubblici uffici. Condannati a duecentosettanta milioni di spese processuali. Decaduti dalla «patria potestà».

La Grande Tragedia esplode in un'aula piccola della Corte d'Assise di Caltanissetta, col tetto a cupola, simile a una moschea. Tre imputati e un centinaio di parenti. I parenti delle vittime della strage. I sopravvissuti. Gli avvocati della mafia. E gli avvocati delle parti civili. Carabinieri e poliziotti. Giornalisti e cameraman. È mezzogiorno. Tutti in piedi. Entra la Corte. Entra il presidente Renato Di Natale, affiancato dalla giuria popolare. Fasce tricolori. Si alza il pubblico ministero, Carmelo Petralia. Spazio troppo stretto per tutti. Miscela ribollente di dolore e disperazione. Odio e disperazione. Ferite mai rimarginate che tornano a sanguinare. In diretta tv, sotto gli occhi gelidi delle telecamere, in presenza di microfoni che registrano quest'impressionante accavallarsi di «voci», di «pianti» a dirotto. Con i carabinieri che cacciano via tutti dall'aula. Con lo strazio che andrà in scena nei corridoi, lungo le scale, e poi più lontano, per le strade che portano al tribunale. Con donne che svengono e mariti che se le portano via di peso.

Giornata greve, densa di umori pesantissimi. C'è un momento in cui in un capannello parlano i familiari di tante vittime. In un altro, i miracolati che quel giorno si salvarono dalla tempesta di fuoco e fiamme. In un altro ancora, i familiari degli imputati alla sbarra. Mondi contrapposti, giustamente inconciliabili. Ma nessuno, ieri mattina, era sereno. Nessuno poteva legittimamente dire di avere «vinto». E la «giustizia» aveva un suono sordo, di ferraglie, di portelloni destinati a chiudersi per sempre.

Giuseppe Orofino (giacca grigia, camicia blu elettrico) sbatteva la testa contro le pareti della cella. Salvatore Profeta, quarantacinque anni, vicecapo della «famiglia» mafiosa di Santa Maria del Gesù (cardigan a scacchettoni marroni e color miele), non batteva ciglio. Impassibile prima che entrasse la Corte, impassibile a ergastolo ricevuto. Una via di mezzo, Pietro Scotto (camicia rosa e jeans), messo da solo in una gabbia di ferro, senza vetri blindati. È il «telefonista» della strage, l'esperto in intercettazioni, che spiò i movimenti in casa Borsellino. «Sono innocente, hanno fatto tutta questa montatura ma io quella via non so neanche dov'è.» Non urla però, non si scompone. Si limita a rilasciare a una tv questa sua dichiarazione d'«innocenza». Il coro delle donne, invece, non ha registrato distinzioni. Con questa sentenza, dentro Cosa Nostra, si aprirà un contenzioso non indifferente.

A molti, il «comportamento» di Orofino non sarà piaciuto. Non sarà stato ritenuto «all'altezza» della situazione. Orofino, ora, ha di che pentirsi. Secondo l'accusa custodì nella sua autorimessa la 126 rubata su ordine di Profeta. Secondo l'accusa non fu tenuto all'oscuro della destinazione finale di quel micidiale ordigno. Lui dice di no, che non sapeva nulla. Ma non dimentichiamo che sin qui ha persino negato l'evidenza. Ora sa che l'ergastolo non gli è stato risparmiato. Potrebbe dire quel poco o quel tanto che sa. Sarebbe più che sufficiente per fornire un ottimo riscontro. Ma, come ha osservato l'avvocato Francesco Crescimanno, che nelle centodiciotto udienze di questo «primo» processo per la strage ha rappresentato la famiglia Borsellino: «Alle spalle di questo dibattimento c'è un'inchiesta di polizia classica. Tutto cominciò dall'individuazione del numero del telaio del gruppo motore della 126... Così si giunse all'individuazione degli esecutori materiali. Scarantino si pentì *dopo* offrendo un formidabile riscontro a posteriori a dati di fatto già acquisiti. Oggi provo una grande emozione. Ma non per gli ergastoli. Perché finalmente si comincia a fare giustizia per Paolo Borsellino e per quanti lo accompagnarono alla morte».

E tutti, in quell'aula, non possono fare a meno di tornare a quel «lontano» 19 luglio del 1992. Paolo Borsellino. E con lui, anche Emanuela Loi, Agostino Catalano, Walter Cosina, Claudio Traina, Vincenzo Li Muli... Corpi maciullati. Ferraglie fumanti per ore e ore. Palazzi sventrati. Potrebbero mai dimenticare i parenti? Potrebbero mai dimenticare soprattutto ora che sanno di quella «riunione» di boss in cui Totò Riina disse: «Questo Borsellino può fare più danno di Falcone»? Emanuele ed Emilia Catalano, genitori di Agostino. Emanuele, il viso scolpito come fosse una maschera di legno: «La sentenza è giusta, ma anche con la condanna a morte mio figlio non torna. Ho dato allo Stato un giovane di diciotto anni e me lo ha restituito a quarantadue che era un cumulo di carne umana». E Provvidenza Melia, la mamma di Vincenzo Li Muli, parole e lacrime: «Mio figlio doveva sposarsi e per risparmiare non andava neanche in pizzeria. Avevo questa fortuna e me l'hanno strappata. Loro invece spendevano i soldi della droga. Hanno avuto l'ergastolo ma possono ancora respirare l'aria. I nostri figli no». Come potrebbe dimenticare l'agente di polizia, Antonio Gullo, che quel giorno si salvò, ma attorno a lui erano tutti morti? «Sentenza giustissima» e lo dice quasi d'impeto «anzi: poco, rispetto a quello che accadde.»

Sarà l'avvocato Crescimanno a riferire ai cronisti una sola frase di Agnese Borsellino, «perché non se la sente, in un giorno come questo, di rilasciare interviste». C'è amarezza e tanta tristezza: «Provo pietà per costoro. Nessun accanimento. Non capiscono quello che hanno fatto. Non conoscono il valore della vita umana». Parole sacrosante. Altra scena, altro quadro, altre voci. Si scaglia con forza in direzione dei familiari delle vittime, la sorella di Orofino: «Assassini, assassini... hanno creduto alle parole di un pentito fasullo... avete condannato degli innocenti». Poi, quasi un anatema, una maledizione che gela il sangue a tutti, fa piombare il silenzio, interrompe quasi le «dirette» tv, fa impallidire i carabinieri: «Neanche i morti avranno pace... neanche i morti avranno pace...». La portano via, la allontanano. Sembra calmarsi, ma un attimo dopo torna alla carica...

Giornata greve, lo avevamo detto. Ma restano alcuni «dati di fatto» inoppugnabili. Si è concluso il primo processo per le stragi. Si è chiuso con condanne per i macellai. Ma non è finita qui. Ci sarà un processo «bis» per via D'Amelio: comincerà il 14 maggio. Questa volta, alla sbarra, non ci sarà solo manovalanza. Saranno diciotto gli imputati: da Totò Riina a Giuseppe Graviano, da Lorenzo Tinnirello a Giuseppe Calascibetta. Molti sono latitanti. Ma tutti sono accusati di avere partecipato alla riunione in cui fu decisa la strage. E, forse, ci sarà un processo «ter». Ne hanno parlato apertamente Giovanni Tinebra, procuratore capo a Caltanissetta, e il sostituto Carmelo Petralia.

Dicono: «Stiamo continuando a indagare su eventuali mandanti esterni a Cosa Nostra». Precisa Tinebra: «Pezzi delle istituzioni deviate? Pezzi delle istituzioni, o sette, o corporazioni, o quant'altro...». E il tam tam giudiziario parla già di quaranta nomi «eccellenti» iscritti nel registro degli indagati. Ci sarebbero anche numerosi «politici». Questa storia, ieri, non è finita.

(28 gennaio 1996)

Contrada colpevole

Ha servito la mafia. Dunque, era proprio vero. Dunque, per decenni, è accaduto il peggio. Senza che nessuno se ne accorgesse. Senza che a qualcuno entrassero in funzione le antenne. Senza che nessuno corresse ai ripari. I Nemici erano tra noi, e ci sono stati più del dovuto: questo sembra aver detto, fuori dai binari di una sentenza ridotta all'osso, il presidente Francesco Ingargiola. Allora non si trattava di calunnie, o di complotti, o congiure di palazzo. Contrada aveva tradito. Contrada era passato dall'altra parte. Aveva fatto del doppiogioco un'arte raffinatissima, e a gioco concluso lo Stato aveva contato le sue perdite. Cosa Nostra ebbe in lui, in questo funzionario dal volto perennemente accigliato, con

buoni studi alle spalle, dal carisma indiscutibile, l'amico solerte, il consigliere premuroso, l'ineffabile angelo custode che metteva le cosche al
riparo dalle imboscate, dalle iniziative repressive, dai potenziali colpi di
scena. Contrada garantì a boss e soldati, picciotti e semplicissimi affiliati,
trafficanti o modesti travet del crimine, anni e anni di pacchia. La carriera di Contrada ebbe un «prima» ed ebbe un «poi». Ma quel «poi» si
verificò senza riserve, senza tentennamenti, senza particolari crisi di
coscienza.

Crolla definitivamente un nome. Crolla definitivamente un'«immagine». Viene messo a nudo un verminaio, svelato un congegno quasi
perfetto. Qui, infatti, non siamo al «delitto perfetto»: neanche la penna
di un Chase o di un Le Carré, di un Ambler o di uno Scerbanenco, avrebbe potuto descrivere con maggiore efficacia di quanto abbia fatto questa
sentenza di tribunale, l'ascesa e la caduta di un funzionario che per
trent'anni riuscì a non dare nell'occhio. Quasi una vita intera tenuta
all'oscuro. Quasi un fiume carsico che travolgeva di notte quei pochi
paletti che – in anni lontani – funzionari davvero fedeli si illudevano
d'avere piantato delimitando un insuperabile perimetro. La sentenza
lascerà il segno, un segno indelebile.

Questa sentenza, emessa alle venti e quindici del 5 aprile 1996, nel
giorno di «San Vincenzo», chiude, in maniera pesante, definitiva, il grande ciclo della risposta dello Stato alle stragi di Capaci e via D'Amelio.
Sentenza che fa da argine, da sbarramento, contro funzionari e agenti
collusi che per decenni e decenni sedettero alla stessa tavola dei boss di
Cosa Nostra. Sentenza attesa e temuta, annunciata e rimossa, anticipata
e radiografata da impetuosi tam tam quando non era stata ancora conce-
pita. Sentenza che è caduta nel gelo. Lo sconcerto dell'avvocato Milio, la
reazione misuratissima dell'avvocato Gioacchino Sbacchi. Il volto impenetrabile di Ingargiola, e dei giudici a latere, Salvatore Barresi e Donatella Puleo. Il commento a caldo del giudice Ingroia: «Si è dimostrato che in
presenza di indizi e prove, la giustizia non tiene conto delle particolari
qualità degli imputati». Giornata durissima, che si conclude comunque
male per tutti i «protagonisti». Sin troppo banale osservare che non ci
sono né vincitori né vinti. Pesa scoprire, questo sì, che ai massimi livelli
istituzionali le infiltrazioni erano possibili. E Milio chiede, nella bagarre
del dopo sentenza, fra la selva delle telecamere e la ressa dei fotografi, che
«se Contrada è colpevole allora occorrerà portare sul banco degli imputati tutti quelli che in questi anni lo avevano protetto».

E lui? È rimasto con la faccia che aveva, che ha sempre avuto. Imperscrutabile. Uguale al giorno del suo arresto, quella vigilia di Natale di un
lontano 1992. Uguale ai lunghissimi giorni della sua prigionia, in un
carcere militare disabitato e riaperto per l'occasione: tre anni, giorno più
giorno meno. Uguale ai giorni del processo, maratona scandita da cento-
sessantotto udienze. Uguale a se stesso, sino al rush di un'autoapologia

che ieri mattina non poteva contemplare cedimenti e concessioni alle tesi accusatorie. È stata questa l'ultima chance. Bruno Contrada ha opposto la sua immutabilità, il suo look rigido – blazer blu, camicia celeste, cravatta regimental – alla bufera di voci, deposizioni, racconti, testimonianze, prove, che lo hanno cinto d'assedio. Assedio scomodo, infamante, per un funzionario dello Stato. Chiamato a combattere la mafia, alla sbarra per averla favorita.

Poliziotto d'avamposto? No, aveva argomentato l'accusa: poliziotto delle retrovie, quelle retrovie gelatinose dove si scende a patti, si combinano baratti poco edificanti, si dialoga, mentre ne resta all'oscuro chi sta davvero in prima linea. Contrada a tutto questo ha opposto un gran rifiuto.

La sua immobilità facciale, dicevamo. E il suo eloquio scandito, a volte ricercato, con dosatissime impennate retoriche («i mafiosi» questa ci rimase impressa «li ho sempre visti dall'alto in basso durante gli interrogatori alla squadra mobile, o in posizione orizzontale, ormai cadaveri, durante i sopralluoghi della scientifica»), è stato il suo principale ferro del mestiere: il Funzionario, il Fedele Servitore, il Super Poliziotto non poteva abbassarsi all'infimo livello verbale, al trivio pettegolo dei pentiti e dei loro ispiratori. «Sono sempre rimasto quello che ero; anche in carcere, a Forte Boccea, insegnavo agli altri detenuti a sopportare la detenzione, a conservare l'equilibrio», aveva detto rivolgendosi al suo giudice. Si era espresso così: «Per nessuna ricchezza al mondo avrei tradito lo Stato. Non sono un traditore delle istituzioni, della polizia, di quegli uomini che per anni hanno lavorato al mio fianco. Sono stato accusato di essere un mendace, ma non avevo alcun interesse a mentire». Così era volata via l'ultima autoapologia.

Una «parola», quella del Fedele Servitore, contro la «parola» degli infami, dei mitomani, dei perseguitati dalla durezza «esemplare» del poliziotto che finalmente avevano trovato l'occasione della grande ripicca. Ma proprio la sua «parola», alla fine, non è stata creduta. Parola, dunque, scritta sull'acqua. Forse talmente detta e ripetuta da suonare falsa. Parola menzognera? Parola artefatta, studiata. Parola volta a ricostruire e riscrivere, occultare e omettere, rendere incerto il sicuro, assoluto l'opinabile, una grande macchina che fabbricava «controdeduzioni», «controtesi», «versioni» cavillose di episodi che testimoni e funzionari, pentiti o vedove di mafia, cittadini qualsiasi o semplicissime comparse avevano indicato nella loro presunta chiarezza. È questa l'idea che la Corte si è fatta delle sue parole condannandolo a dieci anni. È inutile tergiversare.

Si trovarono al suo fianco, giudici come Gaetano Costa o Cesare Terranova o Rocco Chinnici. Dovettero riferire a lui, funzionari del calibro di Ninni Cassarà e Beppe Montana. Si trovarono a lavorare al suo fianco, Giovanni Falcone e Paolo Borsellino, o Antonino Caponnetto.

E i mafiosi, dunque, se la ridevano. Se la ridevano i «don» Totò Riina o i Saro Riccobono, avvertiti a domicilio dei blitz in arrivo. Se la ridevano gli Stefano Bontate o i Vanni Calvello, che da lui ottenevano regolari porto d'armi o patenti di guida. Se la rideva l'imprenditore Oliviero Tognoli (al quale Falcone dava la caccia) e che poteva spiccare il volo proprio grazie alla «dritta» datagli da Contrada. Dieci pentiti avevano detto la loro contro lo 007.

Pentiti dello spessore di Tommaso Buscetta e Francesco Marino Mannoia, Gaspare Mutolo o Gioacchino Pennino, ma anche Giuseppe Marchese o Rosario Spatola, o Salvatore Cancemi, detto «Totò», avevano disegnato il grande «affresco nero» di un Fedele Servitore dello Stato, che si trovava però sempre dalla parte sbagliata. Buscetta: il boss Riccobono mi disse che Contrada gli passava informazioni; Mutolo: Contrada era a disposizione; Pennino: Contrada mi interrogò dopo l'uccisione di Reina, ebbi l'impressione che volesse depistare le indagini; Marchese: mio zio mi mandò tre volte da Riina per dirgli che Contrada gli suggeriva di scappare. Ma non di soli «pentiti» si era nutrito il processo.

Non aveva avuto dubbi Carla Del Ponte, procuratore svizzero. Avevano pesato le parole sofferte di Laura Cassarà: «Mio marito non si fidava di lui». O quelle della vedova dell'ingegner Parisi, o del giudice Dino Cerami, o del giudice Imposimato. Restano agli atti le strane «telefonate» fra Contrada e Nino Salvo. E forse non si chiariranno mai le circostanze di quegli incontri («presunti» secondo la difesa) fra il capo della squadra mobile Boris Giuliano e Giorgio Ambrosoli, a Milano, poco prima dell'uccisione dello stesso poliziotto palermitano.

Tesi inconciliabili, quelle di Accusa e Difesa. Tesi che continueranno a fronteggiarsi ancora, nonostante il verdetto univoco di una sentenza. Ci saranno le prove di appello. Una stagione, oggi, si è chiusa.

(6 aprile 1996)

Intervista a Tommaso Buscetta

Lasciamo che si presenti da solo: «Io sono come Davide, combatto con i miei giganti, devo stare attento. Una parola espressa da me si può prestare a interpretazioni maliziose, a equivoci, fraintendimenti magari in buona fede. Sono anni e anni che cerco di stare attento alle parole. Tutti possono sbagliare. Tutti i pentiti possono sbagliare. Ma il giorno in cui si scoprisse che io dico una cosa non vera, una parola fuori posto, un'idea invece che un fatto, si può immaginare quello che succederebbe». Credo finalmente di avere capito l'incubo vero di quest'uomo. Parla come se fosse sempre in agguato, costruita su misura per lui, tarata solo per lui, una cattivissima macchina della verità pronta a captare ogni virgola, ogni aggettivo, ogni data. Una macchina – questo, almeno, deve essere il suo incubo ricorrente – programmata con l'unico scopo di sbugiardarlo, di mettere a confronto le cose dette in passato e le cose dette oggi, con la segreta speranza di costringerlo ad ammettere di avere mentito. Da dodici anni questa macchina fa cilecca. Gira a vuoto contro questo Davide dalla parola lenta che non teme smentite. Di lui qualcuno ha detto: «È la Cassazione del pentitismo». Dalla Chiesa, nel 1982, due anni prima che iniziasse a collaborare con la giustizia italiana, si espresse con queste parole profetiche: «Perché escludere che un giorno dentro la mafia possa manifestarsi un gene impazzito?». Vide giusto il generale. Da dodici anni Cosa Nostra è costretta a fare i conti con questo «gene impazzito». E ne è uscita con le ossa rotte. Il «Davide», il «gene impazzito», chiamatelo come volete, è quel Masino Buscetta che nel 1984, con le sue prime rivelazioni, si abbatté con la violenza di un uragano contro i solidi palazzi della più tremenda delle organizzazioni criminali. Quella che ha espresso leader sinistri come Riina, Bagarella, o Giovanni Brusca. E lui, dalle sue località segrete d'oltreoceano, la tiene costantemente sott'osservazione dotato d'un potentissimo binocolo che ha affinato la sua vista in decenni e decenni di partecipazione «dall'interno». Alla prima domanda («In che condizioni si trova ora Cosa Nostra?») reagisce quasi con uno scatto verbale: «Cosa? Cosa Nostra? Quella attuale? È tutta rabberciata. Ormai serve solo per dimostrare ai singoli che ha ancora una sua forza, una sua ferocia. In giro c'è molta nostalgia che possa tornare a funzionare come una volta. Ma non se ne conosce più né il capo né la coda». Questo mi è sembrato un buon punto di partenza per la nostra lunga intervista durante la quale parleremo sia di mafia che di antimafia.

Domanda *Signor Buscetta, lei sta dicendo che Totò Riina non è più il boss dei boss?*
Risposta Non lo è più. Assolutamente. E le rispondo con convinzione, è una certezza la mia. E non lo è più neanche in carcere. Non dà più ordini. E quei pochi ordini che dà non sempre vengono eseguiti. Attorno a lui c'è sempre meno gente disposta a seguirlo.
D. *Ora comanda Bernardo Provenzano?*
R. Preferisco non rispondere a questa domanda, perché il discorso diventerebbe molto lungo e a me non piacciono i «fantaromanzi». Le ho detto che Cosa Nostra ormai è una cosa rabberciata. E le dico che la «cupola», in parole povere, non c'è più. Quindi la cosa di cui stiamo parlando è diventata una «cosa isolata».
D. *Alla vigilia della sua definitiva scomparsa?*
R. Questo forse lo pensa lei. Io temo molto di più questa «cosa isolata» di quanto non temessi la triste cupola. E sa perché? Perché adesso ognuno può andare per la sua strada.

D. *Vale a dire?*

R. Ogni mafioso sarà più feroce, e cercherà di attingere a quei livelli di ferocia ai quali qualcuno ha già attinto nel passato.

D. *Esclude che possa prevalere il «buon senso», quello che una volta si sintetizzava nell'espressione* calati junco ca passa a china [piegati giunco che passa la piena, N.d.A.]?

R. Non vedo più questi individui di una volta che sapevano aspettare il momento migliore.

D. *Cosa vede?*

R. Colpi di coda. Cose gravi. E tutto per dare la dimostrazione che ancora possono incutere terrore. Bisognerà ancora fare i conti con la balordaggine del pensiero di queste persone.

D. *Da qualche mese, si rincorrono voci su un possibile «ripensamento» di Totò Riina. Non parlo ovviamente di pentimento. Ma di rivelazioni, anche se parziali, di alcune «verità».*

R. Non ci credo. Neanche se me lo dicesse lo stesso Totò Riina.

D. *È stracarico di ergastoli...*

R. Per una questione di convenienza, dice? Lui non lo farà, a meno che mi sbagli. E sarebbe forse l'errore di previsione più grande della mia vita. Poi non credo che ci possa essere un giudice disposto a rimettere sulla strada uno come lui.

D. *Buscetta, in Italia, ormai da qualche anno, si cerca di colpire anche i livelli alti dell'organizzazione criminale. Le espressioni delle sue complicità con la politica e l'economia. Che idea si è fatto di Andreotti?*

R. Ho letto quello che sta succedendo in Italia. Ma mi esima da questa risposta. Su Andreotti quello che avevo da dire l'ho detto. E non voglio dare l'impressione di volere cavalcare i tempi. Io so andare come so andare io, sono abituato ad andare piano e convinto sulla mia strada.

D. *Bruno Contrada, anche sulla base delle sue rivelazioni, è stato condannato a dieci anni per mafia.*

R. E anche questa è una risposta che non mi sento di dare. Mi sentirei di sovrappormi ai magistrati. Sarei presuntuoso. Molti pentiti hanno ricevuto questa critica, e io non vorrei essere accomunato. Ho detto e lo ripeto che il boss Rosario Riccobono mi confidò: «Vieni a Palermo, starai tranquillo perché noi abbiamo il dottor Contrada, è nelle mie mani». Questo sapevo e questo ho detto. Il resto adesso è compito dei giudici. Io non voglio abbellire la realtà e non mi piace esagerare. Voglio essere preso di petto per le poche cose che so e per le poche cose che dico.

Ecco tornare l'incubo della macchina della verità. Ecco tornare la preoccupazione spasmodica che qualche parola possa essere rivolta contro di lui. Buscetta è un professionista della «parola». «The voice» dell'antimafia mi sembra che renda bene. Ma questa voce è roca, a tratti fievole. Parla da dodici anni. Da quel lontano 1984 quando iniziò i suoi lunghi colloqui prima con Gianni De Gennaro e poi con Giovanni Falcone. Racconta divertito: «Gli americani mi hanno visitato e mi hanno chiesto: signor Buscetta da quanti anni ha smesso di fumare? Ho detto: da dieci anni. E allora si prenda queste pillole e si tenga questa voce. Mi hanno fatto tutti i test: niente cancro, niente polipi... ma la voce va e viene. La prima volta che ho avuto questo sintomo è stato in Italia dopo che sono venuto a testimoniare contro Andreotti, l'indomani mattina ero completamente muto...». Eppure, in crociera, ha trovato la voce per cantare *Guapparia*. Buscetta, leggermente risentito: «Guardi che in quella crociera io non ho mai cantato *Guapparia*... cantavo normalmente, canticchiavo. E non esiste al mondo persona che è stata in carcere che non sappia trascorrere il tempo accennando qualche motivo. Comunque non ho l'umore né per cantare *Guapparia* né per cantare *Ridi pagliaccio*... Ho altri problemi».

Domanda *Quali? I suoi nemici dicono che lei se la passa benissimo. Lei non rifarebbe tutto quello che ha fatto?*
Risposta Ah sì? Dicono che me la passo benissimo? Li lasci dire. Io rifarei tutto daccapo e con le stesse persone di allora. Su questo non c'è dubbio. Diciamo che nel mio pentimento non mi sono mai pentito di essermi pentito. Ho sposato questa causa dopo averci pensato su. Avevo solo un obiettivo: che i miei familiari fossero salvati dalla carneficina. Non ho mai chiesto sconti, non ho mai chiesto soldi, non ho mai chiesto di non essere portato via dal carcere... Ai miei tempi, quelle condizioni non c'erano...
D. *Com'era ai suoi tempi?*
R. Semplice. Ho creduto negli occhi di due persone, una che è morta e una che è ancora viva. Ho creduto negli occhi di quel giudice che avrebbe almeno garantito una speranza di vita ai miei familiari. Ma lo sa cosa mi disse una volta Giovanni Falcone? «Signor Buscetta, l'unica cosa che posso darle è nasconderla in una caserma in Sardegna» mi sembra che fosse una caserma di polizia «dove potrà stare un po' più tranquillo.» In quegli anni era questo «il più» che uno come Giovanni Falcone poteva darmi...
D. *E lei conobbe anche Paolo Borsellino. Come lo ricorda?*
R. In tutto lo incontrai tre volte. Ebbi l'impressione di un giudice buonissimo. Ricordo quello che di lui mi diceva Falcone quando ancora non lo conoscevo: «Guardi, signor Buscetta, che lei parla, parla. E io scrivo tutto. Forse nella foga di scrivere mi scapperà qualche svista. Ma quando tornerò a Palermo sarà Paolo Borsellino che le farà l'esame, che controllerà tutto parola per parola». E accadeva proprio questo. Ma per fortuna non mi scappò niente di sbagliato...
D. *E lei conobbe anche Ninni Cassarà, capo della Squadra mobile…*
R. Lo conobbi negli ultimi tempi, quando ormai non parlavo quasi più con nessuno perché non mi fidavo più di nessuno, soprattutto in polizia.

Falcone mi diceva: «Buscetta, le cose che lei sta dicendo diventeranno pubbliche. Non resteranno segreti a vita...». E gli rispondevo: «Io non mi fido. Lo so che quello che dico diventerà pubblico. Ma è adesso che non devono saperlo». Fu lì che mi parlò di Ninni Cassarà: «Guarda che di lui ti puoi fidare come ti fidi di me». Poi, in America, incontrai Giovanni Falcone dopo l'uccisione di Cassarà. Era molto abbattuto. Mi raccontò di tutto quel sangue del suo amico sparso per terra... Era un uomo molto abbattuto, molto triste...

D. *Signor Buscetta, ma lei sa che uno dei pochi sopravvissuti di quella stagione, il dottore Gianni De Gennaro, spesso ha le sue gatte da pelare per difendersi da attacchi mascalzoneschi. C'è sempre qualche politico di turno, qualche onorevole, che ne mette in discussione serietà e professionalità.*

R. Che errore si fa, che errore madornale. Questa persona io non finisco mai di apprezzarla. Forse sarò soggettivo nel mio giudizio. Sa cosa mi diceva all'inizio dei miei interrogatori? Mi diceva: «Buscetta, guardi che io non sono un suo amico. Io sono un servitore dello Stato. Sono qui per raccogliere la sua testimonianza e trasmetterla ai magistrati». Ah, De Gennaro... Affrontava con me voli aerei dal Brasile o dall'America per l'Italia che spesso duravano ventiquattro ore. Non erano voli di linea. Per motivi di sicurezza eravamo costretti a volare su aerei da carico di una lentezza esasperante. Io passavo il tempo a vomitare... e questi erano i viaggi di piacere che De Gennaro faceva insieme a me...

In certi momenti sembra che «the voice» si rivolga prevalentemente al passato. La sua storia è segnata da quegli anni. Si intuisce che spesso gli verrebbero spontanei i confronti. Allora e oggi. Il «suo» pentimento e quello di centinaia e centinaia di altri uomini d'onore che poi lo avrebbero emulato. I tanti caduti. I tanti arrestati. Domani ricorre il quarto anniversario dell'uccisione di Falcone, Francesca Morvillo, Antonio Montinaro, Rocco Di Cillo, Vito Schifani... Gli chiedo se ne è valsa la pena. Fa una lunga pausa, questa volta non tace perché non gli viene la voce. Quasi sussurra: «Me lo sono chiesto spesso. Quando devo leggere che il procuratore di Palermo, ancora oggi, è costretto ad andare in giro per l'Italia per spiegare cos'è la mafia, allora mi dico: ma questi italiani non vogliono capire cosa è la mafia? Cosa ci vuole a capire che è un cancro sociale? Mi permetterà di dire che in questi anni ne ho viste e sentite tante: "faremo... diremo... scomparirà...". E poi vedevo scomparire la messa con tutto l'altare...».

Domanda *Ma ai suoi tempi, Riina, Bagarella, Brusca, Madonia erano liberi, solo per ricordare i più famigerati.*
Risposta Mi lasci finire. Allora io avevo le mie remore. Ora la giustizia, i poliziotti, i carabinieri cominciano a fare sul serio. I pentiti sono diventati una valanga. E quando gli uomini dei servizi di polizia ricevono

un'informazione attivano le orecchie. Non fanno più orecchie da mercante: questo informa a quello, quello avvisa a quell'altro, e quell'altro ancora scappa... Oggi non è più così.

D. *In Sicilia, al vertice di questa nuova struttura che fa sul serio, c'è un piemontese, Gian Carlo Caselli. Ci voleva un «piemontese».*

R. Intanto è un torinese che fa del suo meglio per capire il siciliano. E Dio sa quanto siamo complicati noi siciliani. La sua non è una poltrona di comodo: chiese di venire giù dopo la morte di Falcone. Nessuno dovrebbe mai dimenticare questo «particolare». So che al Palazzo di giustizia di Palermo, da quando è arrivato lui, si respira finalmente un'aria buona. Non ci sono più i veleni di una volta. Tutti i magistrati sono in concomitanza fra loro, si tengono in strettissimo contatto, socializzano tutte le informazioni di lavoro. Non ci sono più il primo attore, la prima donna... Caselli ha il merito di avere messo questo tribunale in condizione di lavorare. Lui si mette *dietro* i suoi pubblici ministeri, cerca di apparire il meno possibile. E dice ai suoi colleghi: «Fate come volete, ma fate, fate sino in fondo il vostro lavoro...».

D. *Signor Buscetta, cosa pensa di questo nuovo governo italiano?*

R. I mafiosi sono preoccupati perché sanno che questo non sarà un governo permissivo. Per il resto è un governo giovane, con poca esperienza. Ma faranno del loro meglio.

D. *Contro la mafia?*

R. In Sicilia dovrebbero creare centri di istruzione particolare per fare dimenticare ai bambini che vengono su adesso la parola «mafia». E naturalmente, migliaia di posti di lavoro. Perché se c'è il lavoro è inutile che vadano a chiedere il lavoro a don Masino e non avrebbero più l'obbligo della gratitudine. E don Masino o chi per lui diventerebbero dei signor nessuno. Ma lei mi chiede cosa fare contro la mafia... Vorrei trovare le parole più belle per dirlo. È inutile dire che si vuole fare «cento» quando fra un mese ci dimentichiamo spesso di fare «uno». Glielo dicevo prima: tante volte ho visto scomparire la messa con tutto l'altare... Ma è bello avere speranza.

Si potrebbero trascorrere ore e ore con Buscetta e raramente cadrebbe il silenzio. D'altra parte, una vita insolita e avventurosa come la sua, si presta a mille spunti, mille letture. Il boss? L'amico del «giudice»? Il primo dei pentiti? Abbiamo cercato di darvi un'idea. Ma una domanda mi premeva fargli: cosa vede nel suo futuro di eterno uomo braccato, blindato, scortato, inseguito da quel mostro che è una macchina della verità che forse qualche volta gli toglie il sonno? Finalmente ha sorriso offrendo questa risposta: «All'orizzonte vedo crescere la mia già grandissima famiglia. In Usa ho quattro figli già tutti sposati, e altri due ancora da sposare. Ho figli, generi, nipoti, nuore... E questo spesso mi tira su il morale. Anche se il mio sogno resta l'Italia...».

Domanda *L'Italia? O la Sicilia?*
Risposta Diciamo l'Italia. Il senso della sicilianità non l'avevo neanche quando ero mafioso. Mi sono sempre sentito cittadino del mondo. Ho conosciuto tanta bella gente al nord. E anche in Sicilia, dove però ho conosciuto anche tante carogne... La vita mi ha segnato. Questo sì. Ho 68 anni. Non sono più lo stesso di un tempo. Solo io so quanto sono cambiato.
D. *Come si definirebbe?*
R. Una persona molto umile che sbaglia i congiuntivi. Non sono laureato in legge, ho la quinta elementare. Leggo, leggo. Sì, leggo molto; è il mio unico passatempo. Anche se non so con quale profitto.
D. *Dodici anni fa avrebbe mai immaginato che il suo esempio sarebbe stato seguito?*
R. Nel 1984 rilasciai un'intervista al dottor Paolo Graldi. Se la vada a rileggere. Gli dissi: «Signor Graldi, io non resterò solo». Di me, nel mondo della malavita, si diceva: è intelligente, e forse si diceva erroneamente, ed è serio. Se lui si è pentito vuol dire che crede nello Stato, in questa magistratura, in questa polizia, in cui prima non credeva. Io? Ero a posto con la mia coscienza. E sapevo le umiliazioni che avrei subìto.
D. *Perché fu in quell'anno che decise di parlare, e non prima e non dopo?*
R. Perché stando nell'organizzazione sentivo con le mie orecchie che qualcosa non andava più alla stessa maniera. Non c'era più cameratismo, non si andava più da un posto all'altro. Tutti sospettavano di tutti. C'era paura. E c'era soggezione. Avevo trascorso otto anni in carcere. Ero diventato una specie di radar. Otto anni di carcere sono una fonte non comune di informazione. Pensi che in carcere, Francesco Scrima arrivò a parlarmi male di suo cugino, Pippo Calò. Un fatto che in altri tempi sarebbe stato impensabile.
D. *Cosa la ferisce di più?*
R. Una volta è stato lei a ferirmi. Nel 1994 scrisse un articolo sull'«Unità» e disse: «Questo Buscetta è un senatore a vita del pentitismo». Ma io non mi sono mai sentito un senatore. Uno storico catanese invece disse che io volevo rubare il mestiere agli storici... Non mi sono mai sentito neanche uno storico. Si dica di me quel che si vuole: è un ex galeotto, è un mascalzone, è un farabutto... ma non si dica mai che voglio apparire quello che non sono. Non amo i «fantaromanzi», come le dicevo.
D. *Possono esserci oggi alcuni pentiti che invece amano i «fantaromanzi»?*
R. Lo so che oggi i pentiti sono diventati tantissimi. Mi hanno raccontato anche una storiella divertente: che a Messina c'era un processo con dodici imputati e si sono pentiti tutti. A chi si fa il processo? Ma a parte la battuta, questo che dice io lo escluderei, almeno non ho mai notato una cosa del genere. Ma vorrei dirle un'ultima cosa...
D. *Quale?*
R. È la ricorrenza del dottor Falcone. Vorrei che si dicesse a chiare let-

tere che l'instauratore, l'inventore del pentitismo porta un nome preciso: si chiama Giovanni Falcone. Un uomo, un giudice che era una garanzia nell'espressione, nel dire e nel fare.

Auguri per la sua voce, don Masino.

(22 maggio 1996)

Intervista a Giovanni Tinebra, procuratore capo a Caltanissetta

La strage di Capaci non è un capitolo investigativo concluso. Le gabbie del bunker di Caltanissetta, che negli ultimi tempi si sono «arricchite» con la presenza di Leoluca Bagarella e Giovanni Brusca, non racchiudono ancora *tutti* gli ideatori di quella tremenda rappresaglia di Cosa Nostra contro lo Stato. Il caso ha voluto che proprio in questi giorni si stia creando un piccolo «ingorgo» giudiziario che ruota tutto attorno a quella fatidica data del 23 maggio 1992.

Tra oggi e domani, infatti, Ottavio Sferlazza dovrà decidere sulla sorte del processo da lui sin qui presieduto, alla luce dell'inequivocabile sentenza della Corte Costituzionale. Tam tam ufficiosi – da prendere quindi con beneficio d'inventario – anticipano la decisione di Sferlazza di spogliarsi del processo mettendo così in moto il meccanismo dell'iscrizione a nuovo ruolo.

Se così fosse, il processo dovrebbe ricominciare daccapo; ipotesi questa caldeggiata nell'ultima udienza sia dagli avvocati difensori (unica eccezione quella dell'avvocato Vito Ganci, difensore di Giovanni Brusca) che da quelli di parte civile; ipotesi, questa, fatta propria anche dai due pubblici ministeri Paolo Giordano e Luca Tescaroli. E mentre si decidono le sorti del processo a esecutori e mandanti salta fuori – come scritto ieri dall'«Unità» – il nome del giudice Filippo Verde che transitò con Falcone sull'autostrada di Capaci il 18 maggio, esattamente cinque giorni prima della strage. Gli investigatori si chiedono come mai il nome del magistrato Verde compaia anche in alcune indagini su utenze telefoniche nelle quali sono incappati seguendo le conversazioni di alcuni medici collusi con Cosa Nostra. E si chiedono anche perché gli esecutori della strage, pur avendo già piazzato l'esplosivo, attesero altri cinque giorni. Ha dichiarato infatti il pentito Gioacchino La Barbera: «Voglio premettere che il 18 maggio l'autostrada era già imbottita di tritolo...». Una occasione, dunque, particolarmente ghiotta: in quel corteo di blindate c'era anche Paolo Borsellino, ucciso meno di due mesi dopo. Già. Solo cinquantasette giorni fra una strage tanto devastante e un'altra che non fu da meno. Una «anomalia» che non ha mai convinto del tutto Giovanni Tinebra, procuratore capo a Caltanissetta e titolare delle indagini sulla strage di Capaci. Il quale osserva: «Noi siamo in presenza della particolare singolarità di due stragi messe a segno a meno di due mesi di distanza l'una dall'altra. È la dimensione stessa di quei due fatti che ci pone un interrogativo molto grande. Che necessità vi fu? Perché un replay stragista tanto ravvicinato? Intendiamoci: in Sicilia occidentale, l'attentato contro i magistrati è stata quasi una tragica consuetudine. Da Pietro Scaglione a Gian Giacomo Ciaccio Montalto, da Cesare Terranova a Gaetano Costa ad Antonino Saetta all'attentato contro Carlo Palermo: tutti colleghi che dovevano *pagare* per la serietà del loro lavoro. Eppure questa ricorrenza di Cosa Nostra, se così possiamo chiamarla, contro i migliori giudici siciliani, non spiega sino in fondo un lasso di tempo tanto breve fra Capaci e via D'Amelio. Fra l'altro, la seconda strage cadde in un momento in cui si era già verificata una certa stabilizzazione degli effetti della prima. Quali furono le molle aggiuntive? Entrò in campo qualche cosa d'altro rispetto alle esigenze di Cosa Nostra? Non potremo dire di avere davvero concluso tutte le indagini sin quando non risponderemo in maniera soddisfacente a quest'interrogativo».

Domanda *È possibile dunque che esistano due differenti strategie dietro le stragi di Capaci e via D'Amelio?*
Risposta È una bella domanda. Ma io non le risponderò.
D. *Comunque, dottor Tinebra, (da quasi tre anni la Procura da lei diretta non fa mistero di continuare a indagare su possibili altri scenari, esterni a Cosa Nostra. Alla sbarra continuiamo a vedere gli esecutori e i mandanti affiliati a Cosa Nostra. Le altre ipotesi a che punto sono?*
R. Non siamo più agli inizi. Se fossimo rimasti ancorati solo a quelle ipotesi avremmo già chiuso, avremmo già archiviato. Quella che definimmo l'ipotesi B è ancora viva e da noi seguita con moltissima attenzione. Cos'è quest'ipotesi? Che ci sia stata una convergenza di interessi esterni con gli interessi di Cosa Nostra. E che quella saldatura rese possibile la strage di Capaci.
D. *Non avete archiviato, d'accordo. Ma c'è qualcosa di più?*
R. Sì. Ma non posso dire cosa. Diciamo comunque che mentre tre anni fa ci muovevamo solo nell'ambito delle possibilità oggi siamo entrati nel campo, molto più concreto, delle probabilità. Devo anche dire che restiamo lontani dalla meta finale, anche se non disperiamo di concludere positivamente il nostro cammino. Insomma: siamo molto cauti, ancora molto lontani dalla verità, non vogliamo azzardare, ma siamo convinti che valga la pena continuare. Aggiungo: la cosiddetta ipotesi B non riguarda solo Capaci: riguarda anche via D'Amelio, via Fauro a Roma, Firenze, Milano, tutto quel grappolo di stragi alle quali siamo interessati insieme ai colleghi della Procura di Palermo e a quella di Firenze.
D. *Dica almeno a quali «forze» sotterranee prestate maggiore interesse?*

R. Non posso che essere molto vago: potentati economici e politici ma anche pezzi deviati dello Stato. Non abbiamo supporti già consolidati, ma intendiamo sollevare uno per uno i veli che celano quegli scenari.
D. *Esiste dunque un registro degli indagati per quest'inchiesta bis. Per ora, sono solo pagine bianche?*
R. No. Figurano già alcuni nomi. Ma nella maggior parte dei casi quei nomi non sono ancora tali da poterci far dire – e comunque non lo diremmo – che abbiamo «svoltato».
D. *È da escludere che Cosa Nostra realizzò una strage voluta solo da altri?*
R. Cosa Nostra non ha mai accettato ordini. Non esiste un «livello superiore» a Cosa Nostra. Cosa Nostra è *il livello*. Certo, può anche diventare il braccio armato di qualcuno, ma se lo fa è perché i suoi interessi vengano soddisfatti.
D. *Avete già sentito Giovanni Brusca sulla strage di Capaci?*
R. Lo faremo a tempo debito. Inutile precipitarsi adesso. Per sentirsi dire «sono innocente», «non ne so nulla»? Non dimentichiamo che la prima volta che Bagarella fu ascoltato dopo la sua cattura raccontò di essere un semplicissimo «venditore di formaggi».
D. *Dottor Tinebra, un'ultima domanda. La Chiesa siciliana, per bocca del suo nuovo Vescovo di Palermo, Salvatore De Giorgi, e dei sacerdoti antimafia più in vista, chiede a Totò Riina di pentirsi. La Procura di Palermo, per bocca di Gian Carlo Caselli e del suo vice, Guido Lo Forte, chiede a Totò Riina di arrendersi senza condizioni. Giuseppe Cipriani, sindaco di Corleone, chiede a Riina quanto meno di cominciare a manifestare la sua volontà di collaborare per chiudere con mezzo secolo di misteri. Se si verificasse una di queste ipotesi, Totò Riina cosa potrebbe dirvi che già non sapete?*
R. Personalmente le considero ipotesi improbabili. Ma se Riina decidesse davvero di pentirsi ne trarremmo un grandissimo vantaggio. Sicuramente sapremmo molte piccole cose in più sulle stragi che ancora non sappiamo. Ma soprattutto sapremmo tutto sui mandanti esterni a Cosa Nostra. Se esistono davvero. E chi sono stati.

(5 giugno 1996)

Dell'Utri, dodici ore dai pubblici ministeri

Mancavano pochi minuti alle ventidue quando è scomparso nel buio di Palermo. Imboccando un'uscita secondaria. Evitando accuratamente il plotone dell'informazione che lo attendeva da una giornata intera. Nessuno ha visto Marcello Dell'Utri al termine dell'interrogatorio più difficile della sua vita. Si sono visti solo tre giudici, Guido Lo Forte, Enza Sabatino, Domenico Gozzo, che non hanno voluto replicare o rispondere alcunché alle domande dei cronisti. Tranne il fatto che non è finita. Che l'interrogatorio riprenderà nei prossimi giorni, ma che la data non è stata ancora fissata. Una rigorosissima consegna del silenzio mantenuta da tutte le parti in causa.

Tutto era cominciato alle dieci di ieri mattina. Dell'Utri si era presentato al Palazzo di giustizia di Palermo, a bordo di una Mercedes blu presidenziale, presa a noleggio. In compagnia del suo avvocato Oreste Dominioni. Vestito di lino grigio scuro, taglia leggermente grande, mocassini in pelle nera, cravatta a pallini, camicia bianca, lo si è visto ondeggiare fra la ressa dei cronisti e delle telecamere. Solo un attimo di lievissima perdita dell'equilibrio. Poi si è ripreso. Spavaldo e sicuro di sé. Orgoglioso della sua palermitanità. Tranquillo perché i suoi trascorsi nel popolare quartiere di Cruillas non potranno macchiare l'irresistibile ascesa ai vertici Fininvest. Tranquillo, perché i grandi manager non possono rendere conto ad altri degli anni della gavetta, quando ancora non erano nessuno, procedevano a gomitate, e tutte le scorciatoie erano buone. Fiducioso di poter convincere questa procura «onnipotente» che una cosa è subire l'intimidazione, il taglieggiamento, la violenza mafiosa, altra cosa è avvantaggiarsene, cavarci il proprio tornaconto personale. Dava quest'impressione di sé, ieri mattina, ore dieci, Marcello Dell'Utri, neodeputato di Forza Italia, ex capo di Publitalia, astro di primissima grandezza nel firmamento del «biscione». Chiamato a fronteggiare un'accusa pesantissima – per ora, comunque, solo un'«ipotesi di reato» – quella di concorso esterno in associazione mafiosa, l'ex picciotto che allevava giovanissimi amanti del football, ha iniziato una partita delicatissima non sapendo bene quale squadra avrebbe messo in campo l'avversario. Una voce, inquietante, si era diffusa già da qualche giorno. Un investigatore: «Su Dell'Utri ormai abbiamo raccolto un'autentica enciclopedia». Solo voci? Si vedrà.

Un fatto è certo: la porta si è richiusa alle sue spalle per una giornata intera, e tutti hanno capito che i «chiarimenti» non potevano essere sbrigativi. Quasi dieci ore d'interrogatorio. Di fronte a lui, il procuratore aggiunto Guido Lo Forte, e i sostituti Enza Sabatino, Domenico Gozzo. Numerose apparizioni in quell'ufficio del capo del team dell'accusa, Gian Carlo Caselli. Maratona interminabile. Forse uno degli interrogatori più lunghi in questi vent'anni di antimafia, fatta eccezione per quello di Calogero Mannino, l'ex democristiano arrestato per mafia: quattordici ore. La giornata aveva avuto un inizio soft. Dell'Utri aveva concesso ai giornalisti e ai cameraman battute, frasi a effetto, sorrisi smaglianti. Del tipo: «È una cosa bellissima. Sono orgoglioso di essere palermitano»; «adesso non mi sembra giusto fare dichiarazioni»; «sono sereno, un caffè l'ho preso. Ora me ne daranno un altro...»; «e che ci possiamo fare?», in dialetto a chi gli ricordava che Silvio Berlusconi sostiene che certe *disgrazie giudiziarie* capitano a chi è nato in Sicilia... Ora noi non sappiamo se davvero Marcello Dell'Utri è convinto di finire sott'interrogatorio a causa della sua carta d'identità. Non sappiamo, cioè, se lui pensi davvero che basti essere «palermitano» per ritrovarsi sott'inchiesta per mafia. E non sappiamo neanche quali siano le nuove contestazioni dei giudici.

Azzardiamo comunque l'ipotesi che sino a ieri mattina anche il diretto interessato fosse a conoscenza solo della «preistoria», cioè di una fase ormai giurassica degli accertamenti sulla sua persona, quell'insieme di dichiarazioni di pentiti, da Salvatore Cancemi a Tullio Cannella a Gioacchino La Barbera, che non erano mai state considerate dalla Procura di Palermo leve sufficienti per inaugurare un capitolo tanto inedito e dagli effetti devastanti. Se è così, si spiegano sia la spavalderia che l'orgoglio manifestato da Dell'Utri per essere nato a Palermo.

Ma è plausibile che non ci sia nulla di nuovo? Cosa bolle in pentola? Naturalmente, in circostanze del genere, se ne sentono di tutti i colori, e le voci si moltiplicano attingendo sia a «ricostruzioni razionali» sia a «fantasie» incontrollabili. Di sicuro c'è un nuovo e voluminoso rapporto della Guardia di Finanza che passa al setaccio ditte e società che fanno capo in qualche modo al manager Fininvest e che avrebbero tutto l'aspetto di un labirinto modellato ad hoc per occultare, o «riciclare» per chi ama le parole forti, ingentissime somme di denaro. E si dice anche – ma qui si entra davvero nel campo delle illazioni – che alcuni estensori di questo dossier delle «fiamme gialle» sarebbero stati addirittura minacciati, al punto da rendere obbligatorio l'uso delle scorte e della protezione personale. C'è l'incognita rappresentata da Calogero Ganci.

Il neopentito, infatti, pare che abbia conosciuto personalmente Marcello Dell'Utri, e ha riferito al sostituto procuratore Luca Tescaroli di Caltanissetta che Gaetano Cinà, uomo d'onore della famiglia della Noce era solito andare a Milano, presso alcune società Fininvest, a prelevare cospicui compensi per i boss che garantivano la «sopravvivenza» in Sicilia dei ripetitori Fininvest. Fosse solo questo, saremmo ancora in quell'ambito del taglieggiamento subìto da un imprenditore pur di poter svolgere la sua attività. Ma esisterebbero altre dichiarazioni di Ganci, sino a ieri sera coperte da segreto, che chiamerebbero molto più pesantemente in causa l'ex numero uno di Publitalia. Perché – a ben vedere – le dichiarazioni pregresse, quella che abbiamo definito l'era giurassica degli accertamenti su Dell'Utri, sono il risultato di «voci di seconda e terza mano». Tanto che i giudici si erano limitati a registrarle, continuando a indagare, senza tuttavia assumere iniziative. Ricordiamo almeno quelle più significative.

Gioacchino La Barbera: «Tra il 1992 e il 1993 fui avvicinato da alcuni uomini Fininvest che avevano necessità di installare a Palermo ripetitori Tv. Non avevo le macchine adatte per lo spostamento terra e quel lavoro non lo feci io». Maurizio Avola: «Dell'Utri si sarebbe recato a una riunione nel messinese dopo l'incendio della Standa di Catania per concordare il pagamento del pizzo». Tullio Cannella: «Dopo l'arresto dei fratelli Graviano, nel 1994, a Milano, corse voce nella cosca di non fare mai il nome di Dell'Utri...». E ai primordi di questa storia, Filippo Rapisarda: «Assunsi Marcello Dell'Utri nel 1970, perché non si poteva dire di no a Gaetano Cinà che rappresentava il gruppo Bontate, Teresi, e Filippo Marchese. Bontate, Ugo Martello, Domenico Teresi, e Cinà [tutti mafiosi, N.d.A.] lo venivano a trovare negli uffici di via Chiaravalle. Dell'Utri diceva di aver conosciuto questi boss per mediare le estorsioni a Berlusconi relative all'impianto di trasmettitori televisivi a Palermo...». Salvatore Cancemi: «Dell'Utri è l'ambasciatore di Cosa Nostra in Lombardia. Teresi, Bontate e i fratelli Grado erano di casa ad Arcore...». Sullo sfondo – e si va davvero indietro negli anni – l'enigmatico ruolo dello stalliere di Arcore, quel Vittorio Mangano, da tempo in carcere per associazione mafiosa. Nei prossimi giorni non si escludono clamorosi sviluppi.

(27 giugno 1996)

Giuseppe Cipriani, sindaco di Corleone: «Togliamo i figli ai genitori mafiosi»

Continuando così, la catena mafiosa si riprodurrà all'infinito. Riina junior, condannato a quattro anni e mezzo di carcere per associazione mafiosa, getta una pesante ipoteca sul futuro, fa impallidire la speranza che un giorno Cosa Nostra possa essere considerata reperto archeologico da esporre nei musei. Il sindaco di Corleone, Pippo Cipriani, è preoccupato da questa storia che rischia di diventare infinita e avanza una proposta forte. I figli innocenti – sintetizziamo – devono essere sottratti alle famiglie, con le buone o con le cattive. Poiché questo modo di «sintetizzare» non rende sino in fondo giustizia al suo pensiero, ascoltiamolo.

Domanda *Sindaco Cipriani, che impressione le ha fatto vedere un ragazzo di vent'anni condannato per avere avuto un ruolo in un omicidio di mafia?*
Risposta Ho provato amarezza, ma non stupore. La stessa che provai il giorno in cui fu arrestato con quelle pesanti imputazioni. Le condanne non ci offrono mai motivo di soddisfazione. Naturalmente apprezziamo che le forze dell'ordine fanno il loro dovere non guardando in faccia nessuno. Ma in un caso del genere, ci rendiamo conto che la riflessione deve essere fortemente accelerata e che dobbiamo individuare strumenti che ci mettano al riparo da altri «figli di Riina».
D. *Si avverte quasi il peso di una condanna biblica in alcune famiglie di mafia. Stiamo forse dimenticando che hanno mantenuto questa identità di generazione in generazione?*
R. No, non lo dimentichiamo. L'unità di base di Cosa Nostra è la famiglia

di sangue, quella che dà la continuità, che trasmette la sua subcultura. È difficilissimo per le nuove generazioni sfuggire a questa «ereditarietà». Se prendiamo l'albero genealogico dei Bagarella, per fare solo un esempio, vedremo che non si è mai salvato nessuno: i nonni, i padri, le madri, i fratelli, le sorelle, gli zii... A maggior ragione, dobbiamo lanciare una sfida: disarticolare questo sistema di trasmissione dei valori. E la sfida io la concepisco così: sfidare le «famiglie» mafiose sul tema della famiglia.

D. *Un'utopia bella e buona, non le pare?*

R. Dipende. Per quanto riguarda gli adulti è sin troppo ovvio che debbano pagare per i tremendi crimini commessi. Ma mi chiedo: gli innocenti possiamo salvarli in tempo? Possiamo bloccare queste donne che sono deputate a conservare gelosamente un «focolare» di misfatti e subcultura? Credo proprio di sì. Ricordo che quando Giovanni Riina fu arrestato, sua madre ebbe un momento di forte disorientamento. Forse, in quella occasione, le istituzioni non ebbero il coraggio di dirle: noi questi figli te li vogliamo salvare, a patto che anche tu faccia la tua parte di madre.

D. *Sindaco, ricorderà che qualcuno ha teorizzato che i figli dovrebbero rinnegare i genitori mafiosi.*

R. Non si può chiedere a un figlio di rinnegare il padre, anche se il padre è il criminale più efferato. Mi sembra estremamente difficile che si raggiungano simili forme di ribellione. Personalmente rimango del parere che non è facendo leva sui figli che si risolve il problema.

D. *Ma sulle famiglie. E in che modo?*

R. Le famiglie devono consentire alle istituzioni di recuperare e salvare i loro figli con progetti educativi mirati. Sottoponendoli – anche se la scelta della parola non è felice – a un autentico «bombardamento» di messaggi e valori che siano alternativi e di contrapposizione ai loro valori «tradizionali».

D. *E se i mafiosi non ci stanno? Dovrebbero forse essere obbligati a «rieducare» i figli secondo le leggi del «nemico»?*

R. In quel caso si porrebbe un problema. Un fatto ormai è certo: il contesto familiare non è una loro «riserva privata». So bene che stiamo parlando di sfere private delicatissime e che le polemiche sono in agguato. Ma questa concezione arcaica e primitiva della «famiglia» ha una ricaduta così pesante sull'intera collettività e sui ragazzi stessi, che le istituzioni dovrebbero comunque intervenire con provvedimenti di autorità.

D. *Vale a dire?*

R. Se tu famiglia non accetti di collaborare per stendere una cintura protettiva attorno ai tuoi figli ancora innocenti, io Stato te li posso sottrarre. Per inserirli in altri contesti, per affidarli magari anche ad altri parenti che mafiosi non sono, oppure in realtà totalmente diverse. La mia proposta, dunque, è quella di un istituto di tutela e non di imposizione verso i ragazzi. Alla lunga questa strada potrebbe portare allo scardinamento di questa cellula malata che è la famiglia di mafia.

D. *Collegi di Stato per figli di mafia?*

R. La parola collegio è troppo forte. Ma perché non congegnare strutture apposite, in contesti ambientali diversi dai paesi d'origine, che diano a questi ragazzi una speranza? Sarebbe un elemento di pressione forte sui familiari che ci penserebbero due volte a non collaborare: perderebbero i figli e si vedrebbero stigmatizzati come mafiosi non solo nelle aule di giustizia. Naturalmente, bisognerebbe continuare a fare leva sulla confisca dei patrimoni illegali che andrebbero utilizzati per fini sociali.

D. *Lei, proprio sull'«Unità», rivolse un appello a Totò Riina invitandolo al pentimento. La pensa ancora allo stesso modo?*

R. Sì. E ho l'impressione che certi attacchi, spesso pretestuosi, contro i pentiti, avevano anche lo scopo non dichiarato di impedire il pentimento «vero», quello che tutti ci aspettiamo, quello di Totò Riina. Un pentimento che per molti non sarebbe facile da digerire. Riina è una memoria storica, un archivio gigantesco. Siccome Cosa Nostra non è vissuta su Marte, chissà quali e quante collusioni scopriremmo se Riina decidesse finalmente di parlare.

(17 febbraio 1997)

Chiesto il rinvio a giudizio di Corrado Carnevale

Era un leguleio a tassametro. Trovava il «pelo nell'uovo» su commissione. Faceva deragliare le sentenze. Si vantava di non avere rivali in cavilli, bistrattava chi si opponeva alla sua «verità», costruiva collegi su misura, espelleva i reprobi, anticipava l'orientamento dei suoi verdetti, si avvaleva di una pletora di avvocati fidatissimi. Masticava migliaia di sentenze e le riduceva a piccolissime e insignificanti polpettine. E scarcerava a raffica, Corrado Carnevale. Scarcerava detenuti pericolosissimi, annullava processi, sabotava minuziosissime istruttorie, come se si divertisse a dileggiare corti e pubblici ministeri, colleghi questi che detestava con tutte le sue forze. Perché si comportava così? Perché era diventato il più autorevole referente di Cosa Nostra in Cassazione, dicono i giudici della Procura di Palermo che ora ne chiedono il rinvio a giudizio per concorso in associazione mafiosa. Corrado Carnevale è uno degli ultimi idoli del firmamento delle complicità politiche e istituzionali di Cosa Nostra che viene già al termine di quasi cinque anni di inchieste delicatissime, complesse, discusse e ostacolate. Uno degli ultimi «intoccabili» chiamato a discolparsi per una gestione del suo ufficio che per una lunghissima stagione fece diventare grandi hotel le carceri italiane. È facilmente prevedibile il suo «non ci sto», la controffensiva difensiva che sarà questa volta incentrata sul pelo nell'uovo *pro domo sua*, il fuoco pirotecnico delle precisazioni, delle rettifiche, delle ricostruzioni cronologiche di parte. La lettura delle «mille pagine» ci restituisce un impianto accusatorio che non sembra destinato a cedere ai primi soffi di vento. Cominciamo dai «colleghi» di Carnevale, quelli che divisero con lui giorni e notti in camere di consiglio che avrebbero segnato la più recente storia giudiziaria italiana.

Vittorio Sgroi (ex procuratore generale di Cassazione): «Esisteva un partito del patriottismo della prima sezione, alcuni aderivano, altri andarono via perché non condividevano che gli orientamenti fossero così consolidati da rendere prevedibile la decisione su alcune questioni».

Antonio Brancaccio: «Alla prima sezione non ci voleva andare nessuno, c'era un orientamento omogeneo e compatto. C'era una certa atmosfera, un certo spirito e chi era di diverso orientamento mi chiedeva di andare via. Carnevale disprezzava tutti, riteneva tutti inetti e incapaci, era arrogante... La sua conduzione politica del diritto era diretta alla ricerca dell'errore, alla ricerca spasmodica del punto debole, aveva un'avversione per i pm. Riusciva sempre a fare prevalere il suo punto di vista anche a costo di interminabili camere di consiglio». Roberto Modigliani: «È vero che c'era un gruppo di consiglieri chiamati da Carnevale a far parte dei collegi da lui presieduti. La composizione dei collegi, da chiunque fossero presieduti, era fatta sempre da Carnevale che designava anche il relatore per ciascun processo». Antonio Manfredi La Penna: «Lo stimavo perché era un giurista di grande preparazione e memoria. Ma come uomo non aveva alcuna disponibilità verso le manifestazioni di dissenso. Arrivava a dileggiare e disprezzare pubblicamente in camera di consiglio e nei corridoi chi osava contraddirlo». Lucio Del Vecchio: «Non c'era un vero e proprio partito della prima sezione, come dice Sgroi. Carnevale però non affermava una tesi ma una verità. Quello che diceva lui era la verità... Se sostenevo una tesi contraria l'indomani non mi salutava...». Vitaliano Esposito: «Carnevale nei casi più gravi non mancava di manifestare il suo disprezzo per l'operato dei giudici di merito e la loro professionalità». E ancora. Ugo Dinacci: «Sentivo una certa preoccupazione per eccessi di formalismo che conducevano a risultati negativi sul piano della giustizia sostanziale». Giorgio Lattanzi: «Le decisioni venivano assunte da Carnevale, specie gli annullamenti, come sfida alle aspettative di certi settori dell'opinione pubblica». Unica voce difforme, quella di Umberto Toscani: «Non c'era una particolare difficoltà nel sostenere tesi dissenzienti».

Questo è il grande ritratto disegnato dai colleghi ed è una delle parti inedite della richiesta di rinvio a giudizio. Dei pentiti, in qualche modo, già si sa. In tutto, dodici. Mutolo: «Era il nostro punto di riferimento. Aveva trovato la formula per annullare, cercando il pelo nell'uovo». Marchese: «Mio cognato Bagarella mi disse che per me, imputato per la strage di Bagheria, il cui processo era all'esame di Carnevale, non c'erano problemi. Bagarella mi disse che la fonte era l'avvocato Angelo Bonfiglio, che era parente, non so in quale grado, di Carnevale». Di Maggio: «Riina mi mandò dai Salvo perché contattassero il comune amico Andreotti in vista del maxi processo». Mannoia: «È sempre stato avvicinabile. Era vecchio amico di Francesco Madonia, detto Ciccino, vecchio boss di Vallelunga e padre di Giuseppe Madonia. Attraverso lui e suo figlio si sono sempre avuti contatti con Carnevale». Di Matteo: «Sentii dire Brusca a Pullarà che doveva andare a Roma a portare soldi a una persona di cui non fu fatto il nome per l'esito del maxi processo. Brusca poi mi disse che a questa persona, in tutto, erano stati dati trecento o quattrocento milioni». Cancemi: «Vittorio Mangano [lo stalliere di Arcore, N.d.A.] mi disse che Andreotti era intimo di Carnevale». Lima: «Carnevale era avvicinabile. E questo si sapeva». Barbagallo: «L'avvocato Nino Mormino ci disse che quando il maxi sarebbe arrivato in Cassazione non ci sarebbero stati problemi per Lorenzo Di Gesù [boss, N.d.A.] ...». Di Filippo: «Andai a Roma con un uomo d'onore per contattare un cancelliere di Cassazione». Brusca: «Mi sono recato dai Salvo su incarico di Riina per aggiustare il processo Basile. La speranza era racchiusa in Salvo e nel binomio Lima-Andreotti».

Storie di processi «aggiustati» e di processi – come il maxi – salvati per il rotto della cuffia. Lo scandalo del processo ai killer del capitano dei carabinieri Basile, con una mezza dozzina di gradi di giudizio. E il «pelo nell'uovo»: un mancato avviso ai difensori che la Cassazione, in altri sei casi, aveva considerato una «irregolarità» ma non tale da invalidare il processo. E una sola sentenza «contraria»: ripresa integralmente da Carnevale. Altamente drammatiche le testimonianze dei giudici coinvolti nello scandalo del processo Basile. Una per tutte, quella di Manfredi La Penna: «Quella camera di consiglio fu l'esperienza professionale più drammatica e sconvolgente che abbia vissuto. Tornai a casa sconvolto. Sono pronto a parlare in caso di processo e sotto giuramento».

Ma anche la scarcerazione, per «decorrenza termini», di Michele Greco e altri quarantadue boss. Decisione – ovviamente – di Carnevale. E in quel caso, la Procura di Palermo è in grado di dimostrare che lo zelante e precisissimo Carnevale sbagliò – volutamente – i calcoli scaricando la responsabilità sul relatore, Paolino Dell'Anno. È la storia del maxi processo che poi fu tolto dalle mani di Carnevale. Ma lui, si legge nella richiesta di rinvio a giudizio, non era l'unico referente dei boss.

Giovanni Falcone diede incarico a Liliana Ferraro, Gian Nicola Sinisi e Loris D'Ambrosio, di «monitorare» dodicimila e duecentocinquanta sentenze di Cassazione. E di fronte alle sconvolgenti conclusioni commentò: «Di queste questioni si può morire». Il monitoraggio, infatti, dava sempre i nomi degli avvocati Giovanni Aricò, Alfredo Angelucci ed Enzo Gaito (anche lui indagato per concorso esterno), quali patrocinatori dei boss.

Claudio Martelli ha rilevato che, nei processi di mafia, anche i giudici erano quasi sempre gli stessi cinque. E ha aggiunto che: «Claudio Vitalone era la longa manus di Andreotti, alla Procura di Roma come in Cassazione». Carnevale è stato a lungo intercettato. Sono noti i suoi giudizi su Falcone e Borsellino: «Due dioscuri con professionalità prossima allo zero...». E dopo le stragi: «Quel cretino di Falcone... I morti li rispetto, certi morti no». Nelle «mille pagine» c'è anche un violentissimo faccia a faccia proprio con Vitalone. Si smentiscono a vicenda e – guarda caso – sul nome di Giulio Andreotti.

(24 luglio 1997)

La sentenza per la strage di Capaci

Sentenza che entrerà nei libri di storia. Sentenza coraggiosa, difficilissima, limpida. Sentenza che dice pane al pane e vino al vino. Sentenza che dice ai colpevoli di strage: per voi c'è l'ergastolo. Ma sentenza che commina anche nove assoluzioni, per quegli uomini d'onore che in quella strage non ebbero un ruolo. Sentenza, dunque, che manda in pezzi i teoremi. Che chiude tutte le scorciatoie possibili. Lo Stato di diritto contro gli stragisti che fecero a pezzi Giovanni Falcone, Francesca Morvillo, Antonio Montinaro, Rocco Di Cillo, Vito Schifani.

Sentenza letta, con parole che sembravano incise nel granito, dal presidente Carmelo Zuccaro, alle dieci e dieci del 26 settembre 1997, cinque anni dopo Capaci; dopo venticinque giorni di camera di consiglio; e mentre le gabbie sono vuote, e vaga solo Pietro Aglieri alla gabbia numero uno; mentre gli zoom sono puntati sulla Corte, mentre il dispositivo si riflette sulle facce dei difensori, dei pubblici ministeri, dei parenti delle vittime, del giudice a latere Maria Grazia Arena; ed è un'infinita gamma di reazioni; mentre il pensiero di tutti, colpevoli e innocenti, autori del fatto criminale o giudici, non può che correre al giorno dell'Apocalisse, il giorno del cratere sull'autostrada, il giorno in cui sembrò spezzata per sempre la speranza degli «italiani onesti».

E sentenza che chiude un «doppio» processo. Non solo, ovviamente, ai colpevoli di strage. Ma anche alla «credibilità» di Brusca. Giovanni Brusca e il suo avvocato, Luigi Li Gotti, sono i due grandi vincitori. Hanno combattuto in solitudine, ora escono dal tunnel. Non solo la Corte non infligge l'ergastolo all'uomo che premette il telecomando, ma non gli dà nemmeno quei trent'anni chiesti dall'ufficio del pubblico ministero. Ventisei anni per Giovanni Brusca. Meglio non gli poteva andare. Segno che la Corte non si è fatta né intimidire né influenzare dal «partito dei linciatori» di Giovanni Brusca che nelle ultime settimane era apertamente venuto allo scoperto – anche sui giornali – inscenando una colossale campagna di denigrazione. Di più. Il «teorema Buscetta» viene accolto, ma proprio accogliendo quella lettura critica del teorema formulata da Giovanni Brusca. È in quella lettura critica che va cercata la ragione delle nove assoluzioni, altrimenti incomprensibili.

Badate bene: il presidente Zuccaro non applica per Brusca l'articolo 8, quello che implicitamente riconosce all'imputato lo status di pentito. Il presidente sembra voler dire: non sta a questa Corte rilasciare definitivi «patenti» e «passaporti». Sta a questa Corte, però, dire se Giovanni Brusca ci è parso credibile sulla sua ricostruzione di «questa» strage, in «questo» processo, rispetto a «questi» imputati.

Il presidente Zuccaro ieri ci ha detto: i processi si fanno nelle aule di giustizia. Non negli studios televisivi. Non con le interviste dei pubblici ministeri. Non con la distillazione dei «veleni». Non dentro le sedi dei partiti. Una lezione che non potrà non lasciare il segno.

Massima pena per Totò Riina, *u Curtu*. Massima pena per Bernardo Provenzano, *Binnu*. Massima pena per Pietro Aglieri, *u Signurinu*. Massima pena per Leoluca Bagarella, *u* Leoluchino. Massima pena per Nitto Santapaola, *u* Cacciatore. Massima pena per Pippo Calò, *u* Cassiere. Massima pena per Salvatore Biondino, *u Driver*. Massima pena per Pietro Rampulla, l'Artificiere.

Massima pena per Antonino Geraci, Filippo Graviano, Matteo Motisi, Raffaele Ganci, Giuseppe Madonia, Carlo Greco, Michelangelo La Barbera, Benedetto Spera... Ergastolo, dunque. Ventiquattro ergastoli, per l'esattezza. Ergastolo per chi mise l'esplosivo. Ergastolo per chi pedinò il corteo delle auto blindate. Ergastolo per chi intercettava le telefonate. Ergastolo per chi disse «sta arrivando». Ergastolo per tutti quelli che, quel giorno, non vollero rinunciare a un «posto in prima fila».

Certo. Ci sono voluti sessantaquattro mesi perché fosse fatta giustizia. Sessantaquattro mesi di tiro al piccione sui pentiti. Sono ventisette ad avere riferito su Capaci. Sei gli imputati direttamente coinvolti. Hanno retto. Hanno superato il vaglio delle indagini, dei riscontri, delle ricostruzioni certosine, tassello dopo tassello, milioni di parole, forse miliardi di parole che dovevano andare a comporre un immenso arazzo che neanche in un punto poteva apparire rattoppato.

Ci sono voluti sessantaquattro mesi per piegare il gotha di Cosa Nostra. Possono solo restarsene in cella, rinunciando – oggi – al «posto in prima fila». Gabbie vuote, dicevamo. Unica eccezione Pietro Aglieri che fra «pentimenti religiosi», «crisi mistiche», lettura di testi sacri, vorrebbe parlare al «cuore» dei credenti tenendo però ancora la bocca rigorosamente cucita su tutte le cose che sa. Il presidente Zuccaro gli infligge l'ergastolo.

Non si brinderà a champagne nelle sezioni delle carceri sparse in tutta Italia. Si brindava invece quando cadevano le vittime, quando il kalashnikov falciava gli innocenti, i servitori dello Stato, uomini e donne che «dovevano morire». Cosa Nostra – lo ha detto Giovanni Brusca tre giorni fa a Rebibbia, al processo Lima – è stata «Morte continua». Ci sembra che di quest'organizzazione criminale non sia mai stata data definizione più efficace, più sintetica, più tremenda.

Verrà il tempo in cui conosceremo il testo completo della sentenza del presidente Zuccaro e della sua Corte. Sarà più materia per avvocati. Qui, oggi, segnaliamo che i sei collaboratori di giustizia hanno ricevuto condanne comprese fra i tredici e i ventuno anni. Ciò significa che questa Corte sa che lo strumento del pentitismo è grimaldello indispensabile per scardinare le saracinesche blindate dei santuari. Eppure questa sentenza vuole mantenere una «misura», il rispetto di uno «stile». Neanche a Salvatore Cancemi, che invece, a differenza di Brusca, è inserito a pieno titolo nel programma di protezione, vengono riconosciute le attenuanti previste dall'articolo otto.

Ad ascoltare la sentenza c'è Alfredo Morvillo, il fratello di Francesca, sostituto procuratore. E c'è Anna Falcone. Non sanno trattenere qualche lacrima. E anche loro, mantenendo uno stile, una misura, gireranno le spalle a cronisti e spot, telecamere e microfoni e teleobiettivi: la «massima pena» ai carnefici non riporta in vita i propri cari.

Pietro Aglieri ciondola la testa. Avrà pregato stanotte? Gli sarà balenato nella mente, solo per un momento, il lampo di un possibile pentimento vero? Ora che ha sentito la voce della giustizia, quella degli uomini, quella terrena, vorrà far sentire la sua? Se lo facesse, anche il suo «pentimento» di fronte a Dio avrebbe un suono più sincero.

Dicevamo: due processi in uno. Il «fattore Brusca» pesa fortemente. Giovanni Tinebra, procuratore capo a Caltanissetta, è soddisfatto per la sentenza nel suo complesso. Ma se ne avverte l'imbarazzo, ne cogliamo i tratti tirati del volto. Appena una settimana fa, i procuratori nisseni del processo per la strage di via D'Amelio, in ripetute interviste giornalistiche e televisive, avevano sparato a zero contro Giovanni Brusca. Clima pesante, se non altro perché proprio in quei giorni venivano pubblicate sull'«Unità» le pesanti notizie che riguardavano Silvio Berlusconi nel quadro del processo di Firenze sulle stragi del 1993 e chiamavano in causa anche Brusca. In un'intervista, l'avvocato Luigi Li Gotti mi aveva manifestato tutte le sue perplessità di fronte a un attacco tanto violento contro il suo assistito. E mentre – aveva ribadito Li Gotti – c'era una Corte in camera di consiglio che di queste cose stava discutendo, non di altro.

Si intuisce che il procuratore Tinebra oggi farebbe volentieri un passo indietro. Dice infatti: «quello era un giudizio su Brusca in un processo, in un certo momento storico. Oggi è un altro processo, il momento storico è diverso». Sono contenti Paolo Giordano e Luca Tescaroli, i

due pubblici ministeri d'udienza che in Brusca avevano comunque creduto, portandolo in aula.

Sono presenti tanti parenti degli uomini della scorta di Giovanni
Falcone. C'è il presidente della Provincia di Palermo, Pietro Puccio. Non
c'è il sindaco di Palermo Leoluca Orlando. E non c'è Maria Falcone,
l'altra sorella di Giovanni, trattenuta a Palermo da un convegno. E fra i
grandi assenti, ieri, c'erano i «mandanti», quei «mandanti a volto coperto», «gli incappucciati» della strage, che proprio Maria Falcone vorrebbe
processati. Comprensibile?

È tema spinoso, questo dei «mandanti». Ma sarebbe ingeneroso nei
confronti della Corte, presieduta da Carmelo Zuccaro, addebitare a «questo» processo l'assenza dei «mandanti». In questo processo si processava
il vertice di Cosa Nostra. E poi, come si fa – e anche Maria Falcone ha
scelto quest'impostazione – a sparare a zero su Giovanni Brusca? Cioè
proprio su chi, ogni volta che ha tentato di aprire bocca sui «mandanti a
volto coperto», è stato perentoriamente zittito dal coro dei linciatori?

Quanto ad Anna Falcone, che ha perfino invocato la «pena di morte», è
sufficiente ricordare che Giovanni Falcone, sino alla fine dei suoi giorni,
si avvalse degli strumenti di uno Stato di diritto. E uno Stato di diritto,
di «pene di morte» e capestri non sente alcun bisogno.

Laconico, ieri, l'avvocato Li Gotti: «la sentenza dice che Brusca non
è un depistatore». E poiché in almeno altri tre processi per mafia, Brusca,
in sentenza, ha ricevuto già il trattamento di favore ricevuto a Caltanissetta, si fa facile previsione nel dire che anche gli altri grandi processi
(Andreotti, Dell'Utri, Firenze per le stragi) finiranno col risentire fortemente di quanto è accaduto ieri.

Si ricorderà che, proprio all'indomani del pollice verso di Caltanissetta, la Procura di Palermo aveva adoperato ben altre parole e ben altri
giudizi sulle rivelazioni di Giovanni Brusca. Altre pagine saranno scritte
nelle aule di giustizia. Ieri, ha tagliato il traguardo un processo che cinque
anni fa non era neanche immaginabile.

(27 settembre 1997)

Arrestato Di Maggio, il pentito del «bacio» Riina-Andreotti

Il quesito è questo: si indebolisce un'antimafia che arresta un pentito di
mafia per concorso in omicidio di mafia? O si rafforza?

Diranno: ma questo non è un pentito «qualunque». Diranno: ma
questo è un «campione» del pentitismo, un fuoriclasse della delazione.
Diranno: è l'uomo che ha lanciato una audacissima sfida al buon senso
raccontando del «bacio» fra Totò Riina e Giulio Andreotti. E diranno

anche: il divario morale fra lo statista apprezzatissimo, il fine politico di vaglia, l'uomo-immagine della politica italiana per mezzo secolo e l'untore a pagamento, il delinquente prezzolato (non era lui quello dei cinquecento milioni?), il fantasista che recita a soggetto, ormai è di evidenza solare. Diranno anche che quando c'è una vittima, di regola, bisogna trovare il «carnefice». E chi, se non Balduccio Di Maggio, sembra ora tagliato apposta per indossare gli abiti del «carnefice»? Diranno, diranno. Diranno anche che questa pessima storia di faide di paese è l'ultimo stonato canto del cigno d'un'antimafia incapace di scoprire le verità senza la stampella di cento gole profonde.

E se oggi, invece, quest'antimafia, proprio in seguito alla cattura di Balduccio Di Maggio, stesse dando una delle prove più alte della sua professionalità e della sua laicità? Solo chi non confonde il piano della credibilità con quello dell'innocenza e della colpevolezza, oggi è in grado di vedere quale atto di coraggio intellettuale (l'iniziativa penale, invece, è obbligatoria) rappresenti, per la Procura di Palermo, non chiudere neanche un solo occhio di fronte ai comportamenti criminali di uno dei testimoni più significativi del cosiddetto «processo del secolo».

Intendiamoci. L'arresto di un pentito non è una novità. Non abbiamo dimenticato Salvatore Totuccio Contorno che spacciava dosi di eroina ai *viados*, fra una deposizione processuale e l'altra. Non abbiamo dimenticato Giuseppe Ferone che a Catania spediva i suoi killer per cimiteri a regolare vecchi conti di «famiglia», fra una deposizione processuale e l'altra. Né abbiamo dimenticato il terzetto di collaboratori che svaligiavano banche e negozi, fra un'udienza processuale e l'altra.

Collaborare con la giustizia, svelare i segreti dell'organizzazione criminale alla quale si è appartenuti – e qualcuno, magari, fa fatica a staccarsene per sempre –, ricostruire migliaia di pagine nere con nomi, date e moventi; ecco, tutto ciò non è sinonimo né di «conversione» né di scoperta di valori deamicisiani.

Augurarsi e fare il possibile che ciò accada, è sacrosanto. Pretenderlo, o darlo per scontato, sarebbe come dire che il «malato cronico» (tornato di moda in questi giorni), in via di miglioramento, debba essere – per decreto del medico – al riparo da qualsiasi ricaduta.

Abituiamoci a considerare i collaboratori di giustizia per quello che sono, alla stregua di «malati cronici», appunto. Eviteremo tutti tante delusioni, tanti disappunti, e tante polemiche sciocche e pretestuose. L'avvocato Luigi Li Gotti, che di collaboratori se ne intende, l'ha definita la «ricaduta nel delitto». E il rischio di ripiombare dentro le sabbie mobili, dove la sopravvivenza è regolata solo da cappa e spada, è reale, costante, e dotato di una sua tremenda capacità attrattiva.

Alle venti di lunedì, nell'aula bunker di Santa Verdiana, a Firenze, a conclusione della prima parte della deposizione di Giovanni Brusca sul suo delitto più orrendo, sequestro e morte di un ragazzino di quindici anni,

Alfonso Sabella, il pubblico ministero, ha osservato: «quella di Giovanni Brusca è stata una deposizione limpida, solare, pulita». Voleva dire che, a suo giudizio, Brusca si è caricato sulle spalle tutte le sue responsabilità, quelle che per sua stessa ammissione («ne ho fatte di cotte e di crude») gli pesano di più. Può dunque essere «limpida, solare, pulita» la deposizione processuale persino del più incallito delinquente.

I pentiti, non sono tutti uguali. Ognuno – ci si scusi la ovvietà – è un libro che va letto dalla prima all'ultima pagina. Con la lente di ingrandimento, quando anche una sola parola non convince. Non esiste infatti un'unica testuggine composta da pentiti e protetti da un gigantesco e indifferenziato scudo collettivo.

Quando questa diventerà una verità acclarata e indiscutibile per tutti, otterremo il risultato – che non è poca cosa – di trattare il cosiddetto pentitismo mafioso per quello che effettivamente è e deve essere: uno strumento giudiziario di conoscenza dall'interno di un'organizzazione criminale che nacque segreta; e non per caso. Il pentitismo è solo questo.

Ecco perché, al quesito iniziale, ci sentiamo di rispondere che quest'antimafia, capace di imporre la «legge» anche a chi magari collabora con la «legge», a stretto contatto di gomito, oggi si è rafforzata con la cattura di Di Maggio.

Dura lex, sed lex. E anche Di Maggio, a San Giuseppe Jato, non potrà più cavarsela dicendo: «Mi manda Picone».

(15 ottobre 1997)

Parla Brusca a Firenze, al processo per le stragi: «Ci fu trattativa fra lo Stato e Riina»

«Signor Bagarella, ma questa trattativa ci fu o non ci fu?»
   «E lo chiede a me? Lo chieda a lui.»
   «Lui ne sta parlando da mezz'ora. Dice che lei era informato.»
   «Quello è un mostro...»
   «Dunque, lei della trattativa non ha mai saputo nulla?»
   «Quello è un bastardo. Ma lei cos'è? Giornalista? Ah... Mi raccomando: senza sbagliare a scrivere.»
   «Ha detto bastardo. O no?»
   «Bastardo. Bastardo.»
   Alla gabbia numero uno c'è Leoluca Bagarella, visibilmente ingrassato. Si è fatto crescere dei folti baffi. Sfoggia un pullover verde petrolio. Solita giacca nocciola. Ci siamo. Firenze, grande processo sulle stragi del 1993. I preliminari dell'udienza sono agghiaccianti: Cosa Nostra, nel suo delirio stragista, prese in considerazione persino l'idea di immettere con-

fezioni di brioches avvelenate nei supermercati; e di disseminare le spiagge con siringhe infette (Cosa Nostra aveva già fatto rifornimento di sangue infetto). Era il progetto «terrore». Ma non è che l'inizio.

Giovanni Brusca affronta il tema dei temi, l'argomento degli argomenti, la grande madre – se così si può dire – di tutte le complicità. Quella dello Stato con Cosa Nostra.

Picchia duro, il «mostro». Picchia duro, il «bastardo».

Pensate: Bagarella, di Brusca che sta parlando a pochi metri da lui, non dice: pazzo, visionario, bugiardo. E neanche infame, o traditore, o disonesto... Lo chiama «mostro» e «bastardo». Quasi a volere esorcizzare, con la potenza delle parole, il tremendo segnale che Giovanni Brusca sta dando. Brusca sta dicendo la verità. Brusca sta svelando gli altarini più reconditi di Cosa Nostra. Brusca sta afferrando il toro per le corna. Il toro, questa volta, è Riina. E a Bagarella, che di Riina è sempre stato il fiduciario, di un Brusca pentito, non resta che dire «mostro», «bastardo».

Vogliamo sapere cosa dice Brusca? Brusca dice che dopo le stragi, dopo l'uccisione di Falcone e Borsellino, insieme a una decina fra uomini e donne delle scorte, ci fu telefono aperto fra la mafia e lo Stato. Che i due – Riina e lo Stato – si parlarono. Che la trattativa non andò a buon fine. Ma assunse altre forme. E solleva parecchi interrogativi proprio sulla clamorosa cattura di Riina.

Il pubblico ministero Gabriele Chelazzi, procede lentamente. Con le sue domande non lascia campo alle contraddizioni, alle incertezze, alle zone d'ombra. Ha una pazienza cinese, Chelazzi, nelle sue domande. Ha una pazienza cinese, Brusca, nelle sue risposte.

Punto per punto, virgola per virgola, parola per parola, i due «cinesi» dialogano fra loro. A che nulla rimanga ambiguo. Avrebbero dovuto assistere a questo interrogatorio certi coccodrilli del pentitismo, per imparare quale possa essere il contributo di conoscenza sulle organizzazioni criminali da parte dei diretti interessati. Certi opinionisti, certi commentatori del «dopo teatro» dovrebbero, almeno una volta nella vita, assistere al rito di un interrogatorio e poi sentenziare su una legislazione delicatissima e complicata. Stranamente, invece, ieri si registravano tantissime assenze da parte della grande informazione. Ma torniamo al «mostro», al «bastardo».

Dice il «bastardo»: «Dottor Chelazzi, lei vuole che le parli del cosiddetto "papello". Era successa la strage di Falcone e quella di Borsellino. Dopo un po' di tempo incontrai Totò Riina. Gli dissi: "Come va?" Mi rispose: "Si sono fatti sotto". Io, per educazione e per rispetto, non chiesi nulla. Ero abituato a vedere Riina come uno che si muoveva per il bene di tutta l'organizzazione. E lui aggiunse: "Si sono mossi i servizi segreti per la mia cattura". Gli risposi: "Zu Totò, non vorrei un tranello sotto la porta...". "No" mi rispose lui "tutto a posto. Gli ho fatto la richiesta. Gli ho fatto l'elenco dei patti. Gli ho fatto un papello tanto." E mi indicò con le mani quanto era grande l'elenco delle sue richieste».

Chelazzi, pur senza spezzare il filo del collaborante, chiede, sollecita: «Cosa fu questa "trattativa"? E cosa ne sa Brusca?». Brusca apre scenari: riapertura dei processi, legge Gozzini, carcere duro... Brusca spiega che, durante la fase trattativista, Riina «ci ha messo il fermo» su stragi e delitti. In altre parole, una specie di «fermo biologico», in attesa che lo Stato si pronunciasse.

Qualche tempo dopo questo colloquio, sarà Salvatore Biondino, per conto di Riina, a fare sapere a Brusca «che ci vorrebbe un altro colpettino. Perché gli hanno presentato il conto. Ma gli sembra troppo caro». E Brusca andò all'idea di uccidere Piero Grasso, che era stato giudice a latere del primo grande maxi processo. Il delitto venne poi scartato, dallo stesso Brusca, per difficoltà di carattere tecnico.

Ma la versione di Biondino fu confermata, qualche settimana dopo, da Riina in persona. In un successivo colloquio con Brusca, il boss dei boss affermò testualmente: «Non vogliono accettare. Gli viene troppo duro. È troppo oneroso». Chelazzi non molla: ma lo Stato, da questa trattativa, cosa poteva aspettarsi? Brusca: «Era sottinteso che se le richieste di Riina fossero state soddisfatte noi avremmo smesso con le stragi...».

Precisazione fondamentale: tutto questo accadeva perché ormai Riina era riuscito a liberarsi di Falcone e Borsellino: «Falcone e Borsellino andavano eliminati comunque». Chelazzi: Brusca lesse il «papello»? Risposta: «Non so cosa c'era scritto. Non so dove avevano cominciato. Non so dove erano arrivati. E non so dove si erano interrotti».

Ci fu la cattura di Riina. Il 15 gennaio 1993. Almeno è questa la data riportata negli annali dell'antimafia. Nel febbraio-marzo di quell'anno – insiste Brusca – ci fu un incontro con Bernardo Provenzano e Leoluca Bagarella. Lui stesso era presente. Bagarella dimostrò di essere a conoscenza della trattativa: «Provenzano fece finta di cascare dalle nuvole, come era suo solito». A questo punto, il pubblico ministero Chelazzi chiede e si chiede: ma chi erano questi interlocutori di Riina? «Chi c'era dall'altra parte del tavolo?»

E Brusca netto: «So che c'erano. Ma non so chi erano. Potevano essere magistrati o carabinieri, massoni o poliziotti o procuratori della Repubblica. Potevano essere di tutto. C'erano. Questo è sicuro».

Ma c'è un passaggio delicatissimo della ricostruzione di Brusca. Riguarda proprio la data del 15 gennaio del 1993: «So per certo che quel giorno doveva esserci una riunione di vertice di Cosa Nostra per discutere dell'andamento della "trattativa". Non credo che fu un caso che Totò Riina fu arrestato proprio quel giorno». Per uno come Brusca le parole – da pentito – hanno un grande peso. Come dovevano avere un grande peso – da «uomo d'onore» – fatti, azioni, gesti concreti. Se Brusca dice che non è casuale che Riina fu arrestato proprio quel giorno, una ragione dovrà pur esserci. Infatti. Ieri, nell'aula bunker di Santa Verdiana, è andato tranquillamente per la sua strada anche su questo punto. «Presidente» ha detto rivolgendosi al presidente della prima Corte d'Assise di Firenze, Armando Sechi «ho forti dubbi sul fatto che Balduccio Di Maggio sia stato arrestato in Piemonte come si è sempre detto. C'era una squadra di Cosa Nostra che agiva nel nord Italia. Io stesso cercavo da tempo Di Maggio. E so che in quel periodo Di Maggio non era in Piemonte.» Poi, quasi a volere ribadire un concetto destinato a lasciare il segno, Brusca rincara: «Posso svolgere le mie considerazioni, se me ne sarà data l'occasione, sia sull'arresto di Riina che sul ruolo di Balduccio Di Maggio».

Si cominciano a tirare le fila del primo giorno d'interrogatorio di Giovanni Brusca.

È esistito un piano di relazioni Stato-Cosa Nostra all'indomani di Capaci e via D'Amelio? Sì. (E a modo suo, anche se non con la ricchezza di particolari di Brusca, ne aveva parlato anche il pentito Gaspare Mutolo.) Con chi trattò Riina? Non lo sappiamo. Ma non dobbiamo dimenticare che recentemente, proprio il colonnello Mario Mori comandante del Ros, in un'intervista che non è passata inosservata, ha espresso analoghi concetti.

Ha parlato di «trattativa» che lui ha condotto per arrestare Riina. Ha parlato del ruolo che avrebbero avuto i Ciancimino (padre e figlio) in questa caccia al latitante. Ha spiegato – dal suo punto di vista – perché il covo di Riina non venne mai perquisito dagli uomini del Ros. Insomma, il comandante ha descritto uno scenario da «trattativa» che potrebbe avere più di un punto in comune con quello disegnato da Brusca nell'aula di Santa Verdiana.

Ma Brusca ha dubbi sulle date, sui luoghi degli arresti, sulle modalità delle operazioni. Sembra di assistere al contemporaneo svelarsi dello stesso segreto da parte di due protagonisti schierati su parti diverse della barricata. Di certo potrebbe esserci – ormai – che la «resa» di Riina fu contrattata.

Non dimentichiamo che la cattura del boss fu curiosamente preceduta dal rientro a Corleone della sua famiglia sempre vissuta in latitanza. E che tempo prima erano tornati a Corleone i Provenzano. Con quali garanzie di incolumità? È una storia, questa della cattura di Riina e della «non» cattura di Provenzano, che deve ancora essere svelata e raccontata. Esattamente domani ricorre il quinto anniversario dell'arresto di «don» Totò. Si aprono ormai tanti archivi nel mondo.

Sarebbe interessantissimo se venissero aperti gli archivi per rispondere a questi interrogativi: come andò la autentica cattura di Riina; quale fu il prezzo pagato dallo Stato; quale ruolo ebbe Bernardo Provenzano; cosa conteneva la cassaforte di Riina; dove sono finiti i documenti segreti di don Totò. Non sono tutti gli interrogativi. Ma potrebbero bastare. Se poi potessimo sapere che c'era scritto nel «papello» di cui parla Brusca e a chi andò, la verità farebbe un bel passo avanti. Forse ci vorrà solo pazienza.

(14 gennaio 1998)

Contrada assolto

Assolto. Assolto senza dubbi, senza riserve, senza macchie e senza ombre. Se volessimo scivolare nella retorica potremmo dire che questa è un'assoluzione che restituisce all'imputato anche l'onore. E allora?

E allora vittima sacrificale di pentiti senza scrupoli. Vittima di un ingranaggio micidiale che lo ha stritolato per anni, senza attenuanti, senza particolari riguardi per il suo ruolo, la sua statura, la sua divisa. Vittima di un clima, di una stagione, di una stretta repressiva che non hanno retto al trascorrere inesorabile del tempo. Non c'è scritto questo nella sentenza. E le sentenze non si pongono il problema di rispondere agli interrogativi emozionali dell'opinione pubblica. Ma difficilmente questi argomenti potranno essere spenti di fronte all'enormità di quanto è accaduto: Contrada viene assolto con formula piena dall'accusa infamante di avere protetto e agevolato Cosa Nostra quando mancavano venti minuti alle venti del 4 maggio 2001.

Adesso parleremo dell'uomo, della sua tragedia, delle sue reazioni, della sua condotta processuale, delle tecniche difensive, dei contenuti di una strategia del collegio degli avvocati che si è rivelata alla fine vincente, assolutamente vincente.

Qui, intanto, corre l'obbligo di segnalare che un Contrada assolto con formula piena, senza cavilli sulle prove che in processi del genere dipendono molto dall'occhio di chi le guarda, rappresenta uno spartiacque definitivo con una stagione che si è chiusa. Intendiamoci: stabilire concatenazioni meccaniche fra teorie di condanne o teorie di assoluzioni è un esercizio dietologico che porta alla lunga a pessimi risultati, magari a sorprese che spezzano la serie, in un senso o nell'altro. Ma certo fa specie – e non passa inosservato – che in questi ultimissimi anni siano finiti assolti (anche se con formulazioni diverse) Giulio Andreotti, Corrado Carnevale, Francesco Musotto, vale a dire quegli uomini potenti, superpotenti, che dopo le stragi di Capaci e via D'Amelio erano stati indicati dall'accusa quali possibili referenti di una mafia che aveva avuto – e secondo molti avrebbe tuttora – strettissimi rapporti con le istituzioni, con la politica, persino con la magistratura. Ora, dobbiamo tornare a Bruno Contrada.

All'uomo «servitore dello Stato», come si era definito lui stesso, nella tarda mattinata di ieri, nell'ultima e accorata deposizione spontanea di fronte alla seconda sezione della Corte d'appello presieduta da Gioacchino Agnello. Deposizione sobria, sintatticamente perfetta, con parole e concetti affinati in nove anni di autodifesa titanica di fronte a un castello accusatorio da fare tremare le vene ai polsi. Pentiti e pentiti contro Bruno Contrada. Pentiti che dichiararono che lui era a contatto di gomito con le cosche più efferate. Pentiti che dichiararono che lui informava preventivamente i delinquenti contro i quali si allestivano i blitz negli anni delle mattanze di Palermo. Pentiti che dichiararono senza mezzi termini che lui, Bruno Contrada, il capo della squadra mobile negli anni '70, non disdegnava regalie e prebende per quei favori da intelligence indirizzata nel posto sbagliato. Cosa resta di tutto ciò? Restano le parole di Bruno Contrada. Restano le parole del Contrada assolto, e assolto con formula piena. E sono parole – ovviamente – opposte a quelle che avevano pronunciato i pentiti. E che lui con la mafia non trescò mai. E che lui è sempre vissuto con i due stipendi, il suo e quello della moglie insegnante. E che Boris Giuliano o Gaetano Costa, e Ninni Cassarà o Giovanni Falcone o Paolo Borsellino, furono ammazzati ma non mentre lui, Contrada, faceva il doppio gioco, bensì mentre lui, insieme a loro, tentava tutte le vie umanamente possibili per mettere alle strette Cosa Nostra. Contrada ha trascorso trentuno mesi della sua vita fra il carcere militare di Forte Boccea e quello di corso Pisani a Palermo, leggi «carcerazione preventiva». E se vogliamo riferire il suo ritornello difensivo per eccellenza dovremmo ricordare quando diceva: «i mafiosi li ho sempre visti dall'alto in basso durante gli interrogatori alla squadra mobile o in posizione orizzontale durante i sopralluoghi della scientifica». In quei trentuno mesi, chiamarsi Contrada, essere diventato numero tre del Sisde, ritrovarsi in pieno nel clichè cinematograficamente perfetto del «poliziotto marcio», del «poliziotto colluso», del «poliziotto in bilico sulla zona grigia in cui Stato e criminalità scendono a patti», non solo non lo agevolò, ma anzi aggravò pesantemente la sua posizione. Francamente non ci sono molti precedenti di una pena comminata in maniera tanto rigorosa. In primo grado, Bruno Contrada era stato condannato a dieci anni. Con gli stessi elementi, in appello, è stato assolto. Ieri, l'aula del carcere di Pagliarelli, la stessa che ha ospitato l'assoluzione di Giulio Andreotti per insufficienza di prove, era gremita di anziani marescialli, anziani appuntati, anziani agenti, molti dei quali ormai in pensione. Volti segnati da rughe, volti che componevano la galleria ideale di una Palermo investigativa che fu, quando, come disse spesso Contrada, non c'erano ancora i pentiti e le indagini erano indagini di confidenti e di marciapiede.

Se volessimo allora cogliere un altro tratto della giornata di ieri osserremmo dire che «l'intelligence da marciapiede» si è presa una bella rivincita sull'«intelligence del pentitismo». Resta da capire – ma questo non è tema di queste brevi note – quale sarà l'intelligence che continuerà a fare la lotta alla mafia nel ventunesimo secolo, posto che l'assoluzione di Contrada non ha stabilito la fine dell'esistenza di Cosa Nostra.

Potremmo concludere riportando dichiarazioni di Contrada, o riferendo delle lacrime del figlio Guido, o citando le parole forti dell'avvocato Pietro Milio, senatore della lista Bonino, o ancora quelle di Gioacchino Sbacchi, l'altro difensore – per altro artefice dell'assoluzione di Andreotti – volato da Roma a Palermo, ieri sera, appena in tempo per assistere al verdetto. Le parole – a nostro giudizio – che ieri sera hanno pesato di più sono state quelle del presidente Gioacchino Agnello: no, Bruno Contrada, «in nome del popolo italiano è innocente...». Se la Cassazione sarà chiamata a un nuovo giudizio, avremo, in quel caso, la parola definitiva. Per ora, di definitivo, c'è l'assoluzione di Bruno Contrada.

(5 maggio 2001)

Andrea Camilleri a tu per tu con il commissario Montalbano che una sua idea per combattere la mafia ce l'avrebbe

Come farebbe il commissario Montalbano a prendere le misure alla mafia invisibile, alla mafia sommersa, alla mafia buona buona, quella che c'è ma non si vede, quella che non fa più rumore e si irrobustisce nel silenzio generale? Con il programma di Agenda 2000 saranno sganciati sulla Sicilia, con i paracadute dell'Unione europea, ventimila miliardi.

Andrea Camilleri, che ha dato vita a Montalbano anche per cercare di rimettere ordine in una Sicilia eternamente tumultuosa e fuori misura, raccoglie la sfida: «La calata di atti violenti fra i guardiani dell'orto, quelli che sono rimasti, poveracci, a curare le rape e le fave, non deve lasciarci tranquilli. E per guardiani dell'orto, intendo i Riina e i Bagarella. La mafia è diventata altro. Una volta entravano nella famiglia. Oggi chiamarla famiglia sarebbe quasi un arcaismo. Perché io posso entrare a far parte di un clan mafioso senza che nessuno mi abbia mai visto. Il conoscerci, il conoscersi, è diventato obsoleto. C'è Internet, ci sono altri sistemi di comunicazione e di conoscenza, dunque non c'è più bisogno neanche di eliminazione fisica dell'altro, dell'avversario. Oggi credo che la guerra sia economica, di altro tipo. Il fatto che ammazzano di meno non significa che non c'è più la mafia. Vogliamo considerare il suo volume d'affari? È una multinazionale. Come tutte le multinazionali avrà un ufficio elaborazioni dati, sviluppo e studi. Sembra fantastico. Ma ne sono più che convinto. La mafia è sempre un passo più avanti dello Stato. Lo Stato lavora a cose fatte, la giustizia interviene a cose più che fatte. Il problema è inventarsi un laboratorio che proceda di pari passo con quello della mafia, in maniera di prevenirne lo sviluppo, non di constatare, a cose fatte, il danno accaduto. E questo può farlo solo una politica illuminata che abbia la vera intenzione dell'eliminazione della mafia. Leonardo Sciascia diceva: "E poi non è vero che la mafia è in Sicilia...". Leonardo diceva che la "palma", la linea della palma, si andava spostando sempre più al Nord. E che la palma acchiana, acchiana... Ora è acchianata non so dove. È acchianata al Polo artico. Si è adattata al gelo polare. Tu vai nella banchisa e vedi una palma. È un paradosso. Ma mi devi credere: è così. Perché è esportabile, esportabilissima. E si manifesta per quello che è: una multinazionale.

«E come è fiorita, per esempio, nella Russia, la palma della corruzione, delle mafie, dei compromessi e com'è pronta a fiorire in Cina... Il dire: "attenzione, non abbassiamo la guardia", significa tornare al dovere morale, non agitare uno spettro, un campanello, uno spauracchio. In che cosa si manifesta l'attività della mafia? Contrabbando di stupefacenti, prostituzione, il pizzo... Ma la vera mafia è quella che lavora, per esempio, sugli appalti pubblici. Lì girano i miliardi. Ci sarà la pioggia di Agenda 2000. Allora, se noi sappiamo dov'è nascosto il formaggio, dobbiamo studiare come faranno i topi ad arrivarci. Non si può dire solo alla Procura e agli investigatori: pensateci voi. Però l'industriale del Nord che dice, come Andrea Pininfarina "siamo nel far west" – e non è vero, perché allora mi spieghi perché gli Zonin non si considerano nel far west? – ha un comodo alibi. E preferisce investire a Taiwan... E per rispondere alla tua domanda: Montalbano, attorno al formaggio, cercherebbe di mettere le trappole per evitare l'arrembaggio dei topi. Certo che questa mafia che ammazza di meno è preferibile. Siamo sicuri che non ammazzerà più? Intanto ti toglie lavoro, sviluppo economico. La mafia è un tumore che ha le sua metastasi continue. Uno ti dice: "Come stai bene in salute". No. Non sto bene, il male c'è ma non si vede».

Con questo delizioso nonno che tutti vorremmo avere in casa per chiedergli lumi, eccoci a discutere del «latitante eterno»: «Ah, vuoi dire Bernardo Provenzano? Mi diverte, mi affascina. È il mammuth. È il Jurassic Park. Ha raccolto una grossa eredità, che appartiene a un'altra generazione di mafiosi: quelli che pensano che la violenza non paga. Attenzione: in un certo senso sono i più pericolosi. È il sopravvissuto custode dell'orto che ancora quell'orto amministra bene, semina bene. Ma orticello è. Non lo vedo a capo della holding. Piero Grasso, nel vostro libro, dice: "È sua la regia". Sì. La regia di quell'orto, sì. Ma i guardiani dell'orto sono degli associati, come accade negli studi notarili. I titolari sono diventati altri. Come lo immagino? È questo che mi affascina. Avere un potere, un grosso potere, è vivere dentro una grotta. Per l'idea del potere, perché secondo me lui adesso non vive a Palermo, lui vive dentro una tana, che poi vedremo al telegiornale... vedremo che aveva la brandina, se ce l'aveva..., che aveva a cannila, perché magari la luce un "c'arriva".

Però ha l'idea del potere. È plurimiliardario. Provenzano è la quintessenza del modo di dire siciliano: "u cumannari è megghiu ca futtiri". Il distillato, il condensato assoluto: tu lo metti a brodo e dai da mangiare a mezza Sicilia, con il brodo di questo suo "u cumannari e megghiu ca futtiri". Vivere braccati credo che sia una cosa tremenda. Il povero Massimo Carlotto ha provato a raccontarlo ne Il fuggiasco [e/o, Roma 1996]. Ma uno come Provenzano che manda gli altri, scrive bigliettini che invierà con i piccioni viaggiatori... A una certa età non si fa una vita tranquilla. Lo tiene in vita il potere. Evidentemente ha iniezioni di "cumannari", ha iniezioni di potere, sono i suoi antibiotici... Diceva un noto senatore: il potere logora chi non ce l'ha. Provenzano non si logora, perché il potere ce l'ha. Quasi quasi mi auguro che non lo prendano. È uno degli ultimi folklorici mafiosi. Ma forse direi di prenderlo, è doveroso prenderlo. Per fare poi visite guidate. Sfruttarlo turisticamente: lui con la coppolicchia, messo là e arrivano dalla Svezia... Come al museo delle Cere... Solo che lui è vivo, sarebbe una cosa strepitosa. Pensa avere Provenzano seduto, tranquillo, e i turisti che pagano per vederlo... Lo immagino come una capra. Che non rumina solo mentalmente. Si terrà leggero, o forse mangerà il capretto infornato con le patate... Suo malgrado è diventato un simbolo. E se dovesse morire di morte naturale, i mafiosi, non lo direbbero. E lo terrebbero imbalsamato. Poi ci sarà magari Matteo Messina Denaro, pronto a prenderne il posto... E Denaro è un nome meraviglioso: perché se "nomina sunt consequentia rerum...". E poi ci sono troppe cose negative in questa caccia, mi riferisco alla mancata collaborazione fra polizia e carabinieri.

«Quando ho scritto La scomparsa di Patò [Mondadori, Milano 2000], mi interessava fare collaborare il delegato di pubblica sicurezza con il maresciallo dei carabinieri. Ma solo in un romanzo riesci a metterli d'accordo. Solo che nel romanzo sono minacciati da un potere terribile, allora, poveracci, si guardano le spalle... La cattura di Riina? Credo sia stata patteggiata, e la storia di Salvatore Giuliano dovrebbe farci riflettere... Riina fu mollato. Provenzano non lo mollano...»

Ricorre oggi l'anniversario dell'uccisione di Paolo Borsellino. Camilleri: «Seppi solo post mortem, dal fatto che Fini fu ammesso in casa della famiglia, quale era l'appartenenza politica di quel magistrato. Mi piace ricordarlo così. Quel magistrato aveva un gusto, uno stile che in Italia si sono persi. Da vivo nessuno sospettò mai quale fosse la sua fede politica».

Il bello di questa lunga conversazione, mentre nei posacenere si depositavano a decine i mozziconi delle sue President e delle mie Rothmans, è l'avere scoperto che Camilleri non considera il tema della mafia solo questione di specialisti. Lo considera banco di prova della politica. Banco di prova della sinistra. Argomento che deve entrare nel flusso caldo della discussione dei Ds. Ciò anche perché l'Italia berlusconiana, l'Italia di centro-destra, l'Italia della volgarità linguistica, lo rattrista, agita i suoi sonni. È stato un vecchio comunista, e certi vecchi comunisti, anche se oggi non lo sono più, abituati alla frase di Di Vittorio: «Giù il cappello padroni, passa l'esercito del lavoro», non riescono a girarsi dall'altra parte quando passa «l'Italia del motorino». Sentiamo come ce la spiega, il siciliano al quale è toccato vedere la palma attestarsi sulla banchisa polare.

«Oggi la guida morale italiana è raffigurata dalla guida del motorino. Il motorino si infila ovunque, fa slalom, rischia di travolgerti, fa frenare l'altra macchina, passa con il rosso, perché il motorino questo è. E questa è la morale che abbiamo oggi. Fregare gli altri e andare avanti. Ora ragiono per assurdo: quando una nazione comincia a parlare in inglese... Non si tratta di essere per l'autarchia linguistica, per l'amor del cielo, e sostenere che Renato Rascel si doveva chiamare Renato Rascele e Wanda Osiris Wanda Osiri, e Saint Louis blues, la tristezza di San Luigi... però neanche mi piace il ministero del welfare e la devolution... Se siamo italiani parliamo come mamma ci ha fatto. Quali verbi lasceremo in eredità? Per esempio: "rottamare", non ti sembra una cosa mostruosa? Lasceremo: "inciucio", non ti sembra una cosa mostruosa? Credo che un popolo si meriti la lingua che adopera. E noi ci stiamo meritando una gran brutta lingua. Quando un paese comincia a perdere la propria connotazione, la propria identità, è un paese che taglia le radici, che le fa essiccare. Io continuo a essere ottimista, ma il momento che attraversiamo è molto brutto. A me nessuno leva dalla testa che questo G8, queste frontiere chiuse, duemila e settecento uomini dell'esercito, i corpi speciali, la base missilistica terra-aria, piccola, ma sempre basuzza è, mi fanno così paura di prove generali, una paura che mi fa paura a settantasei anni. Avverto nell'aria simulazioni di guerra... Mi ha scritto un bambino di tredici anni, di Livorno, Lorenzo Sussi, che ha letto su "Micromega" e sul "Tirreno" i miei articoli all'"amico immaginario". E conclude: "speriamo che le sue previsioni non si avverino, anche se temo che lei abbia proprio ragione...". È un bambino che capisce molte cose. Sai cosa mi atterrisce di più? Chi non ha il senso dello Stato. Questi che governano oggi non ce l'hanno. Ci sono sottosegretari che difendono i boss. Quelli di Carlo Taormina sono atteggiamenti da "morale del motorino". Si sta perdendo tutto: il gusto, il buon gusto, il buon senso e la buona educazione.»

Chiedo a Camilleri perché la sinistra ha perduto la sua grande occasione. Ed è sempre lo stesso filo che continua a snodarsi sotto i miei occhi: «Diciamo che l'errore più evidente è quello della Bicamerale. Si è pensato di gestirla in un certo modo e invece la cosa si è rivoltata contro, con effetti che allora non erano calcolabili. Ma non credo che la Bicamerale sia nata solo per volontà di Massimo D'Alema. Credo sia nata da un diffuso senso di fiducia della sinistra nelle possibilità democratiche dell'altra parte. Lo ripeto: abbiamo abbassato la guardia. Certo che dopo ogni sconfitta si presentano i conti, ma non mi aspettavo che questa fase fosse così sanguinosa. Sto parlando esattamente della crisi dei Ds. Cercare la vittima sacrificale è un errore. L'ostracismo è un errore. Se ben ricordo, quando Occhetto fu sconfitto, gli furono imposte le dimissioni. Io non credo che sia una buona mossa imporre le dimissioni a chi è stato sconfitto. I generali possono anche perdere una battaglia, le guerre durano a lungo. Quindi: o si ha fiducia o no. Il mio non vuole essere un appoggio dalemiano. È un argomento di discussione. Sono stato iscritto al partito dal 1944, poi me ne sono andato. E non per la crisi di Ungheria che non sfiorò né me, né mia moglie, né Nicolò Gallo e ho il coraggio di dirlo tranquillamente. Ma quando si trattò di fare una critica al partito, io ripresi la tessera, perché parlo solo se sono dentro una situazione. Questa tessera oggi non ce l'ho. Posso dire che non appoggio né questo né quello e che mi auguro una ricomposizione unitaria. Perché la perdita di una battaglia può trasformarsi in una rotta. E da questo non ci si salva più, perché la sinistra oggi ha una responsabilità enorme: mantenere una posizione, costi quello che costi. Se n'era accorto Berlinguer, il buon Enrico, che c'era un'identità morale da salvaguardare. Allora, perché? Lasciami dire. Ricordiamo la chiamata di correo di Craxi in Parlamento? Occorreva che qualcuno si alzasse. Il suo, invece, anni dopo venne chiamato esilio. E lo chiamammo l'esiliato di Hammamet. E invece Craxi era un signore che se veniva in Italia lo arrestavano, era latitante. Parliamo in inglese e perdiamo il senso delle parole. Al mio paese un pregiudicato è un pregiudicato. Si dice: "Chiddu mischinu avi i cartì macchiate". Le carte macchiate valgono per il ladro di polli, ma non valgono più per l'uomo politico. Invece sono carte macchiate, nell'uno e nell'altro caso. E allora perché devo trovarmi al governo gente che ha le carte macchiate? È come lo smog. Siccome c'è lo smog e le centraline lo segnalano, si alza il livello della centralina. E tutto diventa tollerabile. Lo smog sale ancora? E allora leviamo la centralina. Leviamolo, suvvia, questo falso in bilancio... È meravigliosa la frase di Berlusconi: "la gente non lo considera più un reato". Ma che significa, la gente?».

C'è speranza o ha ragione Indro Montanelli?

«Ha ragione Montanelli. Per me è un amaro calice, e lo devo bere sino alla feccia. Se questa esperienza del governo Berlusconi, non viene patita, e non dico vissuta, gli italiani non se ne renderanno conto. È stata data fiducia al fascismo sin quando non ci fu la guerra. Non succederà una guerra e non lo auguro a nessuno. Però si sapeva che le promesse non sarebbero stati in grado di mantenerle. Ora hanno trovato questo comodo alibi dei sessantaduemila miliardi di buco, un buco che siccome non c'era dovevano inventarlo. "Accà nisciuno è fesso", dicono a Napoli: lo sapevamo. Mi chiedevo che cosa avrebbero inventato per non mantenere le promesse. Adesso lo so. E se lo sono inventati bene, con una cifra che è come blob. Ma se fosse vera, non puoi dire: "Nel 2002 sarà tutto a posto". Dovresti dire: "Vi imporrò lacrime e sangue". E se non lo fai, vuol dire che non è vero niente. Non c'è cosa più terribile della disillusione degli italiani: prende forme spaventose. E questa disillusione lo sai da cosa è nata? Il centro-sinistra ha dimostrato – perdona l'ossimoro – una furba ingenuità. E la perdita totale del patrimonio del vecchio Pci non è stata un bene. La perdità di una identità non è mai un bene. Tu puoi fare le alleanze con la Margherita, se sei tu. Un matrimonio funziona perché ognuno conserva la propria identità all'interno del matrimonio.»

E ci finiamo quasi dentro alla Sicilia dei sessantuno collegi al Polo, dei ventitré punti fra Totò Cuffaro e Orlando.

«Questa perdita di identità, la paghiamo, eccome. Credo sia avvenuto qualcosa di simile a quanto è accaduto nel resto del Paese. Per anni la Sicilia da Roma è stata considerata colonia. Quando hanno messo il povero Claudio Fava era già troppo tardi. Claudio ha accettato per generosità, e va benissimo. Ma era una partita persa: il terreno era stato già minato, bruciato, i ponti già lesionati. E non credo che sia stata una buona scelta, quella di Orlando, di candidarlo o lasciare che si autocandidasse. La persona che ha governato a lungo è già una persona bruciata di per sé. Quello che diceva in campagna elettorale non era francamente condivisibile. Bisognava essere più obbedienti degli iscritti del Mugello, assai di più, quando furono costretti a votare Di Pietro, che aveva ancora l'aura del pubblico ministero. E non è detto che tutti lo fossero, infatti non è accaduto. Ed era anche una guerra fra tre ex democristiani nella quale non dovevamo entrarci. Mi chiedi una ricetta per i Ds di Sicilia? Il consiglio è che noi, questi siciliani – che Cicerone dice: "Questi maledetti siciliani amanti di controversie e che spaccano il capello in quattro" – vogliamo cominciare a prendere i capelli e spaccarli in quattro? Ragioniamo. Torniamo a mettere i piedi per terra. Ragioniamo, per favore. Come diceva Pirandello: "Ragioniamoci sopra". Usiamo il nostro cervello. Il loro cervello, in maniera indipendente, i siciliani, spesso e volentieri hanno saputo usarlo. Ricordiamoci nel 1947, quando il Fronte del popolo aveva vinto e dovettero imbastire la strage di Portella per bloccare quel processo popolare. Riflettiamo su quello che siamo stati. È una modesta proposta: ragionare con la propria testa. Ripartiamo dalla conquista del senso della municipalità, perché non l'avevamo mai avuto, con l'elezione diretta del sindaco. Ho ritrovato nei siciliani l'orgoglio del loro paese. Il capire che l'idea del siciliano – che la cosa di tutti era di nessuno – era sbagliata. Se procedessimo partendo da questo, sarebbe una presa di coscienza, un trampolino solido dal quale ripartire... Possibile che non esistano più uomini come Pio La Torre che conosceva benissimo i meccanismi della mafia e della politica? Credo che ne esistano. Sono semplicemente in disparte. O sono stati messi in disparte. Ripigliamoli per favore. C'è un'esperienza antica che va messa assieme a una modernità di mezzi. Oggi una proposta, in dieci punti, di lotta alla mafia, firmata Ds Sicilia, da realizzare non a parole, credo la voterebbe la stragrande maggioranza dei siciliani, tranne i mafiosi. Se invece il tema non lo poni... Il siciliano non sale sul carro del vincitore. Il problema è quello di un certo *cupio dissolvi* che hanno i siciliani: muoia Sansone con tutti i filistei... Quante persone avranno votato dall'altra parte, per disperazione, per rabbia, per volontà di eliminare tutto, sapendo che dall'altra parte non gliene viene niente. È una caratteristica negativa del siciliano, forte, molto forte. I siciliani lo sanno benissimo che non cambia. Per questo dico: torniamo all'intelligenza del ragionare. È l'unico antidoto a quel *cupio dissolvi* che fa dire al siciliano: munnu è e munnu sarà, mondo è e mondo sarà.»

Non dimentichiamolo: Montalbano le trappole le metterebbe attorno al formaggio.

(19 luglio 2001)

Padre Pio scaccia Falcone

Il Padre Pio della piazza Magione riposa coricato da una quindicina di giorni sotto uno spesso telone di colore verde marcio. Al chiuso, nel magazzino di un fruttivendolo particolarmente fedele. Tutt'intorno, pile di carciofi di stagione e cassette vuote che prima contenevano uva. Il Padre Pio della piazza Magione è alto un metro e ottanta, pesa settecento chili, indossa un saio color seppia, è in pietra di marmo, tiene le mani giunte, e ha molta pazienza visto che da quando l'hanno parcheggiato lì con tanto di gru, nessuno gli ha più fatto sapere quale sarà il suo prossimo destino. Il Padre Pio della piazza Magione ha un'espressione serena, nonostante la posizione un po' scomoda.

E per evitare che qualche scossone lo possa mandare in frantumi lo hanno incapsulato in una provvisoria struttura in legno grezzo. Il suo volto, nonostante l'indecisione dei suoi fedelissimi, sorride beato. A cinquanta metri da lui, all'aperto, in mezzo al prato all'inglese di piazza Magione, una piccola pedana in cemento armato, nella quale è conficcata un'asta in acciaio, è destinata a far da supporto alla statua del beato di Pietrelcina. Compiere questi cinquanta metri finali: ecco il problema. Piazza Magione, alias Kalsa, alias Palermo. Piazza Magione, dove nacque Giovanni Falcone. Piazza Magione, dove nacque Paolo Borsellino. Come dire che senza piazza Magione non sarebbero nati il riscatto di Palermo e il riscatto della Sicilia. È luogo di suggestioni grandissime, fra le nobiliari facciate settecentesche che si reggono sulle fondamenta come elegantissimi abiti ormai lisi quando pendono da grucce da tempi immemorabili. Ricordi dei fondali de *Il Gattopardo* di Luchino Visconti, che qui ambientò – ed è storia – la battaglia dei garibaldini per la presa di Palermo. Piazza Magione, la chiamano. Ma sino agli anni Sessanta non c'era.

Sventrarono dedali di casupole, botteghe artigiane e palazzi, in vista di una strada che tagliasse direttamente verso il porto di Palermo, ma la strada non si fece mai, ed è rimasto questo deserto, chiamato, appunto, «piazza Magione».

Sono venuto qui per occuparmi delle recenti traversie di una delle migliaia e migliaia di statue di Padre Pio sparse per l'Italia che, in questo caso, non riesce a trovare requie. Il Municipio di Palermo per ora nicchia. Tarda a concedere l'autorizzazione all'installazione della statua. Anzi. Fa sapere che non è proprio aria. E che non vede di buon'occhio non tanto Padre Pio – ci sembra di capire – quanto l'eccessivo «fai da te» degli abitanti della Magione che un bel giorno si sono alzati dal letto, hanno fatto una colletta spontanea raccogliendo un milione e duecento mila lire, hanno acquistato il monumento da un rivenditore specializzato in effigi di Padre Pio, e hanno cominciato a vagare per la piazza decidendosi, alla fine, per quel punto in cui hanno elevato la pedana di cemento.

La prima persona che incontro, in grado di raccontarmi questa storia tipicamente palermitana di situazioni di fatto e autorizzazioni burocratiche che non arrivano, è Giovanni Di Giovanni. «Ma non sono il Di Giovanni del settimo piano», precisa questo simpatico calzolaio «ausitano» (si chiamano così gli abitanti della Kalsa) con cognizioni televisive della trasmissione di Serena Dandini, L'Ottavo nano, che si offre per spiegare la genesi di un così insolito atto di fede. Lui la ricostruisce così: «Ci furono i picciotti chi si misiro a raccogliere i piccioli... – Siamo amanti di Padre Pio. Volevamo una persona che ci guidasse... Vittimu a iddu e ni piaciu... L'abbiamo comperato. Perché lo vogliamo mettere nella piazza? Così l'abbiamo più a vista, più a portata di mano... E abbellisce, Padre Pio. Ce n'erano anche vestiti di nero. Ma questo colore che abbiamo scelto cammina in pariglia con il colore delle case...»

Siamo nell'era berlusconiana, ed evidentemente alla Kalsa, l'espressione «casa delle libertà», viene persino tradotta in «chiesa delle libertà», in «mi piace un santo e me lo compero», «mi piace un santo e me lo venero nella piazza di fronte casa mia». «Perché – chiede stupito il signor Di Giovanni – che male c'è? Abbiamo fatto tutto noi, un centinaio di abitanti del quartiere. Trovata l'area, trovati i soldi, trovata la statua...». Ineccepibile. O quasi.

Ed ecco la prima scoperta sconcertante: negli ultimi anni a Palermo sono proliferate le statue del beato. Si segnalano, di varia altezza e di vario colore, Padre Pio a Brancaccio e a Borgo Vecchio, alla «Bandita», prima del bivio fra Villabate e Ficarazzi, e persino in una delle piazze più chic, piazza Unità d'Italia, a Villa Sperlinga, a pochi passi da dove abitava un laicissimo Leonardo Sciascia. Chi le ha messe? Chi le ha autorizzate? Fiorirono forse durante l'era Orlando? In qualche caso parrebbe proprio di sì. Almeno quella di Villa Sperlinga, il 23 settembre 2000, riconducibile – fa fede una costosa targa in bronzo – al «Gruppo di Preghiere Madonna di Fatima». Raffigura una donna in bronzo che porge un pargolo in bronzo a un Padre Pio rigorosamente in bronzo. Significato della raffigurazione alquanto complessa: «Pellegrino devoto porgi nelle mani del beato Pio il tuo cuore afflitto. Egli lo porrà davanti al Signore e per te concederà la grazia...». E fu statua, questa nella Palermo-bene, costata certo più del milione e duecentomila di quella della Magione, con seguito di gustosissima polemica.

La scatenò l'allora segretario regionale di Rifondazione comunista, che di nome e cognome fa Francesco Forgione, quindi omonimo del santo a tutti gli effetti, e che pretendeva, come «risarcimento», in cambio da Orlando, l'innalzamento d'una statua del «Che»... Ma torniamo a piazza Magione. È una giornata di sole quasi primaverile. Nel quartiere c'è poca gente. Il signor Di Giovanni mi porta a vedere ciò che resta della casa di Giovanni Falcone. Esattamente nel punto dove abitavano i Falcone c'è un piccolo fossato. Una volta, prima che la virtuale strada verso il porto buttasse giù tutto, c'era un palazzo. Ora non c'è più neanche una targa.

L'avevano messa, qualche anno fa, su una base di cemento molto simile a quella che dovrebbe ospitare la statua di Padre Pio. Qualcuno l'ha trafugata. Nessuno – né cittadini, né autorità comunali – l'ha rimessa al suo posto. Mi sposto a cento metri di distanza. C'è ancora il palazzo dove nacque Borsellino. Al posto della farmacia del padre del magistrato, oggi c'è la bottega di un fabbro ferraio. Ma anche un cartello giallo, tipo segnaletica stradale, che recita: «Qui, dove è nato Paolo Borsellino, i cittadini palermitani iniziano il risanamento della città di Palermo». Reca la data del 1993.

«Ma questo cartello è diventata una barzelletta», taglia corto padre Giacomo Ribaudo, da dieci anni parroco della chiesa della Magione, e che ebbe grandissimo ruolo nel movimento dei preti antimafia di Palermo a fine anni Ottanta. «Il risanamento non c'è stato. Le condizioni di vita alla Magione sono lievemente migliorate. Ma si sarebbe potuto fare molto di più». Sa bene, padre Ribaudo, che la statua di Padre Pio giace stesa per lungo nel deposito di un fruttivendolo. I suoi parrocchiani, lo informarono dell'idea che era venuta loro in testa. Lui comprende la «felice idea» dei fedeli. Per quanto è possibile è intenzionato a sostenerli. «Ma – ammette sconsolato – manca la sensibilità a valorizzare i segni che ancora restano della presenza dei grandi di questa città. E questa sensibilità manca agli abitanti della Magione, ma anche all'intera collettività».

Fosse stato per padre Ribaudo, il Comune avrebbe dovuto acquistare il rudere di casa Borsellino. Ne avrebbe dovuto fare un museo della «cultura della legalità», mentre adesso, osserva «tutto resta avvolto da un freddo squallore». Ma il beato Pio troverà, alla fine, la sua collocazione? Difficilmente.

Attilio Carioti, ingegnere, funzionario del Comune, dirigente coordinatore del Centro Storico, non lascia molte speranze agli abitanti: «I luoghi deputati per accogliere le statue dei santi sono quelli per il culto. A piazza Magione non è prevista l'autorizzazione, né per quanto mi riguarda è possibile concederla. Questa mia posizione è condivisa dalla Sovrintendenza ai beni culturali». Come finirà? Dice il fruttivendolo che ora custodisce il mausoleo: «Per altri dieci giorni me lo tengo dentro. Mica gli devo dare a mangiare... Poi se i signori del Comune non decidono, lo piantiamo nel posto suo. E come finisce si cunta...». Sarà l'ennesimo miracolo del frate che ha dimostrato di sapere aspettare a lungo prima di vedersi riconosciuta la sua collocazione definitiva?

(19 febbraio 2002)

Sicilia: gli Usa, lo sbarco e Lucky Luciano

Sono trascorsi cinquantanove anni dallo sbarco alleato in Sicilia (all'alba del 10 luglio 1943) e cinquantasette dalla fine della seconda guerra mondiale. Apparentemente è un lasso di tempo abbastanza lungo per tornare a visitare, in chiave storica, lo sbarco in Sicilia, uno degli snodi fondamentali della nostra storia repubblicana che hanno dato adito a polemiche, tesi contrapposte, verità addirittura antitetiche fra loro. Sappiamo tutto del giorno più lungo, di Overlord, dello sbarco in Normandia, il 6 giugno del 1944. A guerra finita, alla ricostruzione di quella colossale operazione di sbarco sul cosiddetto Vallo atlantico, collaborarono testimoni che appartenevano al fronte alleato e testimoni che provenivano dalle fila dello sconfitto esercito nazista. Testimoni protagonisti, in entrambi gli schieramenti. Ma fatta eccezione per le condizioni di spirito dei vincitori e dei vinti, che non possono ovviamente essere le stesse, non è azzardato dire che ciò che accadde lungo i cinque punti di sbarco sulla costa francese trovò, nelle loro parole, una ricostruzione sostanzialmente univoca.

Sino ai giorni nostri non si sono infatti trascinate dietrologie sullo sbarco in Normandia, la storiografia non si sognerebbe – o almeno non lo ha fatto sino a questo momento – di rimettere in discussione pilastri acquisiti, di fornire una lettura radicalmente nuova di quelle pagine di storia. Certo. Si potrà continuare a scavare e a indagare. A molti, per esempio, sembrò curioso che all'alba dello sbarco alleato parecchie divisioni tedesche si trovassero prive di generali, tutti burocraticamente in viaggio fra la Francia e la Germania, mentre sulle loro teste si stava abbattendo un ciclone. Persino Rommel, spostato da Hitler dall'Africa alla costa atlantica proprio nel timore di un'invasione alleata, il 6 giugno del 1944 si trovava a Berlino. Ma le grandi linee di quell'ordito non potranno più essere rimesse in discussione. Sono pagine limpide, conosciute.

Altra storia, invece, altra musica verrebbe da dire, quando si focalizza l'attenzione sullo sbarco alleato fra Gela e Licata, e nella costa sud orientale della Sicilia. In questo caso, si viene presi da un leggero senso di vertigine. Non tutto è chiaro, non tutto è universalmente riconosciuto e accettato. Ci fu il famoso o famigerato patto fra la mafia siciliana e le autorità militari statunitensi? Qual era l'autentico mandato del governatore americano Charles Poletti? È plausibile che lo sbarco venne preceduto e poi favorito dall'ordine di Cosa Nostra intenzionata a saldare il suo personalissimo conto con il regime fascista? È vero o non è vero che lo sbarco non incontrò alcuna resistenza da parte delle popolazioni siciliane? È vero o non è vero che decine e decine di boss e capi mafia di paese furono tempestivamente dotati di tricolore e nominati sindaci proprio in considerazione del loro «contributo» alla causa alleata?

Lo storico Francesco Renda sostiene da tempo che simili interrogativi fanno parte di «una favola che ha la forza di un mito». E analoga tesi categorica la esprime nel suo recentissimo *Salvatore Giuliano*, edito da Sellerio [Palermo 2002]. Paolo Mieli, sul «Corriere della Sera» del 1° maggio, aggiunge altre certezze: «È falso che gli americani si affidarono per un'operazione complessa come l'invasione della Sicilia a uomini come don Calò Vizzini e Genco Russo, che si muovevano a dorso di mulo... Falso che gli alleati abbiano appoggiato il separatismo...».

Chi scrive, all'epoca dello sbarco in Sicilia e dello sbarco in Normandia, non era nato. Ma ci chiediamo: ci sarà pure una ragione se questa «favola» ancora oggi ha la forza di un mito? Se non fosse così, l'affermazione di Renda non avrebbe altro valore che la riproposizione di una tesi ormai acclarata, fatta propria da tutti, e di conseguenza non tale – per dirla con Mieli – da rappresentare un lavoro «del quale si parlerà parecchio». Dico subito che, su questo punto, la penso invece come Mieli: Renda ha lanciato nello stagno un sasso poderoso. Vediamo di capirne di più.

Può essere utile questa premessa: nell'inverno fra il 1941 e il 1942, il bilancio per la marina americana (l'America era ormai entrata in guerra) risultò tragico: gli U-Boote, i sommergibili nazisti, lungo la costa orientale degli Stati Uniti, avevano colato a picco un centinaio di navi mercantili. C'era il fondato sospetto che le imbarcazioni tedesche riuscissero a fare carburante sottocosta e gli equipaggi riforniti di viveri grazie alla complicità di sabotatori che operavano proprio nel porto di New York. Da qui la necessità vitale, per la marina americana, di rivolgersi alla malavita locale che controllava il porto e la rete degli uomini che ci lavoravano. E tutto, sin dal primo momento di questa storia, ruotò attorno alla figura enigmatica di Salvatore Lucania, in arte Lucky Luciano, nato a Lercara, in provincia di Palermo, l'11 novembre 1897. Chi era costui? Nel 1904, Antonio, padre di Salvatore, sbarca negli Stati Uniti in cerca di lavoro. L'anno successivo viene raggiunto dalla moglie Rosa e dai suoi cinque figli, fra cui Salvatore. Come era consuetudine nelle famiglie di emigrati siciliani che a inizio secolo si installavano a New York, ci scappava sempre il rischio di qualche «pecora nera».

Salvatore Lucania, arrestato la prima volta all'età di diciotto anni, totalizzò quasi una ventina di arresti sul territorio americano. Ma la fece sempre franca.

Sopravvisse per miracolo a un pestaggio di trafficanti d'eroina che la pensavano diversamente da lui. E divenne «Lucky» (fortunato), Lucky Luciano. E diventò il capo indiscusso della mafia siciliana di New York. Riuscì a imporre la «pax» alle diverse mafie che insistevano nella stessa area geografica ed economica. Ma nel 1936 la sua stella si oscurò: fu definitivamente condannato in processo a una pena che oscillava fra i trenta e i cinquanta anni di carcere per avere personalmente diretto il racket della prostituzione. Ne scontò esattamente nove.

Ascoltate ora il seguito della storia. «Con una delle più sensazionali decisioni del dopoguerra, il 3 gennaio 1946, Thomas E. Dewey, governatore dello Stato di New York, accogliendo la richiesta unanime e favorevole del New York State Board of Parole (l'ente dello stato di New York per la concessione della libertà sulla parola) commutò la sentenza di Charles "Lucky" Luciano... Il 2 febbraio l'ente concesse a Luciano la libertà sulla parola unicamente per poterlo rispedire nella natia Italia. Il 10 febbraio, il celebre capo mafioso fu estradato dal porto di New York a opera del servizio statunitense di immigrazione e naturalizzazione, e imbarcato sul *Laura Keene*.»

E – aggiungiamo noi – una volta in Italia, Lucky ci sarebbe rimasto sino alla fine dei suoi giorni, a Napoli, nel 1962. La sua salma venne traslata a New York e fu accolta nel cimitero della cattedrale di San Giovanni, nei Queens. Detto per inciso, non è strano che gli americani che lo «graziarono» da vivo non fecero una grinza quando gli italiani glielo rispedirono da morto?

Ancora due particolari da non sottovalutare. Il primo: era stato proprio Dewey a infliggere, nove anni prima, quella pesantissima condanna a Luciano. Il secondo: Dewey, oltre a Luciano, concesse la grazia ad altri sei criminali stranieri che furono rimpatriati in Spagna, Grecia, Inghilterra, Italia e Cina.

La lunga citazione racchiusa fra virgolette non è altro che l'inizio di un libro: *Operazione Lucky Luciano*, sottotitolo: «La collaborazione segreta fra mafia e marina statunitense durante la seconda guerra mondiale». Lo pubblicò, nel 1977, Rodney Campbell, un giornalista inglese che fu corrispondente in America per il «London Sunday Times». E in Italia venne tradotto da Mondadori nel maggio del 1978. Ho preferito riferire con esattezza tutti i dati che riguardano la «fonte» per evitare di aggiungere a favole altre favole. Ma anche per una ragione molto più delicata. Il lavoro di Campbell rappresentò la stesura, sotto forma di libro, delle conclusioni alle quali giunse la commissione di inchiesta nominata dalle autorità americane nel 1954 per tacitare definitivamente, in un senso o nell'altro, i ricorrenti scandali giornalistici che chiamavano pesantemente in causa il ruolo avuto da Charles «Lucky» Luciano, prima nella protezione del porto di New York da atti di spionaggio e sabotaggio e poi nello sbarco sulla costa siciliana. Stiamo parlando della «commissione Herlands», dal nome di William B. Herlands, commissario investigativo dello stato di New York. Fu infatti lui, nominato commissario, a condurre – fra il 28 gennaio e il 17 settembre del 1954 – l'inchiesta segreta sul «caso Luciano». Ascoltò cinquantasette testi, in stragrande maggioranza ufficiali della marina, per un totale di 2283 pagine di testimonianze giurate. Il tutto fu poi condensato in 101 pagine che, insieme ad altre 285 di allegati, compongono il «rapporto Herlands». Come era nata la commissione? Occorre fare un passo indietro.

A rivolgersi a Herlands, fu proprio Thomas Dewey, il procuratore che aveva liberato Luciano sulla parola. E che da quel lontano 1946 aveva perduto la pace perché accusato d'aver concesso l'immunità a Luciano per motivi inconfessabili. Accadde infatti che, fra il 1946 e il 1954, anno dell'istituzione della comissione Herlands, in America si scatenò il dibattito sul ruolo di Luciano. Ne troviamo traccia persino nel resoconto della commissione Kefauer sul gangsterismo in America, dal nome del senatore democratico del Tennessee, i cui risultati provocarono un enorme choc per l'intera opinione pubblica americana messa brutalmente di fronte alla realtà di quanto fosse esteso il gangsterismo negli States. (Il libro di Estes Kefauer, tradotto in Italia da Carlo Fruttero venne pubblicato da Einaudi nel 1953 con il titolo: *Il gangsterismo in America*.) E verrebbe da dire che tutto è stato scritto.

Ma torniamo a Dewey. A un brano delle sue memorie pubblicate postume: «Si diceva che la mia iniziativa di commutare la pena a Luciano doveva celare qualcosa di losco. La cosa mi fece andare in bestia, ma ritenni opportuno non replicare immediatamente a voci del tutto prive di fondamento. Decisi comunque che avremmo dovuto scoprire tutti i particolari possibili circa l'aiuto fornito da Luciano alla marina, e chiesi a William B. Herlands, all'epoca commissario investigativo dello Stato di New York, di occuparsi dell'indagine in questione».

Ed ecco come il giornalista Campbell ha ripercorso quei momenti: «Dewey era stato informato, per lo meno grosso modo, del contributo di Luciano alla guerra. Non ne conosceva però i particolari, né aveva chiesto ai servizi segreti esplicite informazioni. Piuttosto che dare inizio a un'azione legale e politica, optò per un'indagine privata, formale e ufficiale che si avvalesse dell'autorità dello Stato, e che godesse della facoltà di notificare l'ordine di comparizione in tribunale ai testimoni oltre che presentare la documentazione necessaria». Le conclusioni dell'inchiesta furono clamorose. Infatti rispose affermativamente sia alla domanda sull'eventuale contributo dato dalla malavita alla «bonifica» del porto di New York sia al quesito sulle reali modalità dello sbarco alleato in Sicilia. Vennero, fra l'altro, ricostruite decine di incontri che Luciano ebbe, proprio mentre era in carcere, con il gotha della malavita. Senza, ovviamente, che nel registro delle «visite» fosse rimasta regolare traccia. Un po' come sarebbe accaduto molti anni dopo in Italia per Raffaele Cutolo, detenuto nel carcere di massima sicurezza di Ascoli Piceno, durante il sequestro Cirillo.

A questo punto giova ricordare che il «rapporto Herlands» rimase top secret in America per altri ventidue anni, e proprio per la resistenza della Naval Intelligence statunitense che, pur avendo proficuamente collaborato con i commissari, a lavoro finito, chiese mediante una lettera a firma del suo direttore – la si può leggere – che calasse il sipario del silenzio e che il rapporto fosse conservato «per il futuro». Dewey accettò. Tutto filò liscio.

Sino a quel 1975, a trent'anni di distanza dalla fine della guerra, quando caddero i divieti delle autorità americane su quella scottante documentazione. Sino a quel 1976 quando gli eredi di Dewey riesaminarono per l'ultima volta la richiesta del loro congiunto. E decisero – come scrisse Campbell nel suo libro – «che il futuro era ormai arrivato».

La storia – lo abbiamo visto – è complicata. Possiamo concludere che commissione Kefauer e commissione Herlands posero la parola fine agli interrogativi che formulavamo all'inizio? Certo che no. Questi documenti però esistono. E nel caso dell'inchiesta Herlands ebbero una storia travagliatissima. Non ne abbiamo riferito per mettere in cattiva luce la politica degli Usa negli ultimi sessant'anni. Lo abbiamo fatto solo per dare un contributo a una parzialissima completezza d'informazione su argomenti che – evidentemente – ancora oggi suscitano passioni molto forti. Hitler e Mussolini, per fortuna di noi tutti, vennero sconfitti. Il resto poco importa.

(4 maggio 2002)

Falcone mi disse: «Ecco perché lascio Palermo»

Non so chi ha scritto che la memoria è fondamentale per progredire, ma non bisogna abusarne per evitare di restare annichiliti dal ricordo del

passato. Mai dimenticare; ma ricordare tutto, nemmeno. Forse lo scrisse Gesualdo Bufalino.
Dieci anni fa Giovanni Falcone fu assassinato. Con Francesca Morvillo, e tre uomini della scorta, Antonio Montinaro, Rocco Di Cillo e Vito Schifani. Tante cose sono state dette e scritte in questi dieci anni. Quello che si è saputo su retroscena e modalità di quella strage è consegnato a qualche sentenza di Corte d'Assise, ma non ancora a una sentenza di Cassazione (dovrebbe essere questione di giorni): è molto? È poco?

Molto, moltissimo, a giudicare dagli insuccessi giudiziari che precedettero quella strage, a giudicare dal secolo di insuccessi registrati contro la mafia.

Poco, troppo poco, rispetto alle aspettative di tutti coloro i quali ormai hanno capito che Cosa Nostra, nella sua interminabile storia, non è stata una monade criminale isolata e chiusa in se stessa.

Diciamo che è stata molto più aperta ad altri mondi criminali di quanto certe rappresentazioni folkloristiche, sia pure in buona fede, hanno finito col farci credere. Se questa osservazione è esatta – e credo proprio che lo sia – ne discende che una strage come quella di Capaci ebbe i suoi mandanti che furono estranei alla stessa mafia, tradizionalmente intesa. E quello che si è saputo sull'argomento non è «molto poco», è il niente più assoluto. Ma è altrettanto vero che proprio i dibattimenti processuali, ancor prima che le sentenze, hanno lasciato cogliere, a chi ha l'udito buono, e soprattutto a chi non ha l'udito di quella particolarissima specie di sordi che sono quelli che non vogliono sentire, l'eco martellante della presenza di misteriosissimi mandanti.

Mandanti politici? Istituzionali? Economici? Criminali e non mafiosi? Tutti insieme appassionatamente? Supposizioni e dietrologie non fanno né la storia né la verità. Ne riparleremo a tempo debito, quando ci sarà un fatto. Se mai ci sarà. Ma il decimo anniversario della strage di Capaci va celebrato.

Come celebrare oggi Giovanni Falcone non volendo pagare alcun tributo alla retorica? Ricordando, verrebbe da dire. Ma ricordando almeno qualcosa che non sia mai stato messo per iscritto, reso pubblico. Cercherò di farlo riferendo un episodio che riguarda la partenza da Palermo di Giovanni Falcone con destinazione Roma, il ministero di Grazia e Giustizia e Claudio Martelli come suo nuovo superiore.

Un pomeriggio primaverile di tanti anni fa, era il 1991, quasi sicuramente a fine marzo, andai al Palazzo di giustizia di Palermo a trovare Falcone. Il pomeriggio era la parte ideale della giornata per scambiare con lui quattro chiacchiere che fossero finalmente slegate dalla cronaca, dall'attualità. E per un cronista che si occupava di vicende siciliane, la possibilità di quegli incontri era quasi un privilegio. Lui continuava a lavorare, firmava, fotocopiava, rispondeva al telefono, impartiva direttive alle sue affezionatissime segretarie. Ma nello stesso tempo riusciva a rilassarsi parlando del più e del meno, senza per questo rinunciare a trattare argomenti pesanti o a lasciar cadere qualche domanda su persone e cose della città che magari conosceva sotto forma di atti giudiziari senza averne contezza diretta.

Bene. Saranno state le quattro, o poco meno. Entrai nel suo ufficio ancora inondato di luce, al secondo piano del Palazzo di giustizia. Si era trasferito lì, dal suo proverbiale bunker, all'indomani della nomina a procuratore aggiunto decisa su misura per lui dopo le clamorose sconfitte della mancata nomina a capo dell'ufficio istruzione e a componente del Csm.

Di fronte a me si parò l'inequivocabile spettacolo di un trasloco. Enormi scatoloni di cartone avevano creato quasi una barriera artificiale attorno alla sua larga scrivania. Sul bordo della quale, dal lato in cui sedeva l'ospite, campeggiava un bel bauletto in noce con appositi astucci in cui erano custodite parecchie penne stilografiche della sua numerosa collezione. Ricordo che quel giorno mi disprezzò una Waterman (ma la uso ancora oggi...) dopo averla soppesata e dicendo in palermitano: «Un c'è niente». Tradotto: solo fumo e niente arrosto.

Giovanni Falcone indossava una felpa e pantaloni da ginnastica. Al centro della felpa campeggiava a caratteri cubitali il logo della «Dea», la Drug Enforcement Administration, regalo dei colleghi americani durante un recente viaggio negli States dove Falcone negli ultimi anni si recava sempre più frequentemente per ragioni di lavoro. Ma veniamo al dunque.

Fra noi due si svolse il dialogo che segue.

Io: «Sta partennu?».

Lui: «Minni vaiu a Roma, a lavorare con Martelli».

Io: «Lasci Palermo?».

Lui: «Esatto. Lascio Palermo». E con un sorriso alquanto tirato: «Qualcosa in contrario?».

Non so come, non so perché, mi venne fuori una frase che era nello stesso tempo molto sincera e molto irrispettosa: «Giovanni, ci conosciamo da tanti anni. Nell'amicizia posso dirti che secondo me fai una minchiata?». Falcone girò attorno a una pila di scatoloni (ormai quasi tutti zeppi di atti giudiziari), si diresse alla porta – mentre velocemente cercavo di intuire quale sarebbe stata la sua reazione – e, da socchiusa che era, la chiuse rumorosamente.

«Ah io secondo te faccio una minchiata? Cosa vuoi che ti dica? Va bene, hai ragione tu: faccio una minchiata.»

Tentai una difesa. Mi ignorò e ripeté: «Cosa vuoi che ti dica? Che qui è diventato impossibile lavorare? Che a Palermo per me non c'è più spazio? Che ho chiuso?». Adesso era paonazzo. Girava per la stanza tenendo in mano un rotolo di nastro adesivo da imballaggio con il quale fino a quel momento aveva sigillato scatoloni.

Poi, trattenendo a stento la rabbia, ricominciò: «Ma lo sai che ieri ho telefonato a un giovane collega di Enna per chiedergli notizie su un imputato di mafia? Il collega si è messo a disposizione. E lo sai che mi ha richiamato dieci minuti dopo ed era sconvolto?».

Riuscii a chiedergli il perché.

«Perché appena ha chiuso la telefonata con me, ne ha ricevuta un'altra. Da chi? Dal mio capo, dal procuratore Pietro Giammanco.»

E cosa c'era di strano?

«Di strano c'è che Giammanco già sapeva che io avevo fatto quella telefonata, quali informazioni avevo chiesto e anche a chi le avevo chieste. E ha telefonato al collega di Enna per ricordargli che il capo di quest'ufficio resta lui e che non gli sfugge niente del lavoro che faccio. Ti basta come segnale? Così non posso più andare avanti.»

Gli chiesi se qualcuno fosse stato presente alla sua telefonata. Falcone preferì non rispondere. E a quel punto reagii: «E io adesso scrivo un bell'articolo sull'"Unità" raccontando l'intera storia per filo e per segno. Dimmi solo come si chiama il collega e dammi qualche particolare in più».

Non l'avessi mai detto.

«Se tieni alla mia amicizia non dovrai mai dire una parola su questa storia. Mi faresti soltanto danno. E mi costringeresti a smentirti. Scordatilla... (dimenticala).» Tentai qualche ultima e inutile resistenza. Verificai che diceva molto sul serio. Che voleva davvero che di quell'episodio non trapelasse nulla.

Per allentare la tensione dissi solo: «Ti posso confermare che secondo me fai una minchiata ad andartene a Roma?». Si mise a ridere: «Certo, certo. Ma dammi la tua parola d'onore che di quello che ti ho detto non scriverai mai nulla... Altrimenti non ti farò più entrare da quella porta...».

Mantenni il patto.

All'indomani della strage di Capaci, la collega Liana Milella, sul «Sole 24 Ore», pubblicò alcune pagine di un diario di Falcone che, fra l'altro, contenevano giudizi pesanti proprio su Pietro Giammanco. Il diario integrale – sulla cui esistenza Antonino Caponnetto non ha mai avuto dubbi – non è mai stato trovato (ma forse sarebbe più esatto dire che qualcuno dopo averlo trovato lo fece opportunamente sparire).

Paolo Borsellino, pochi giorni prima di cadere assassinato anche lui in via D'Amelio, durante un'assemblea pubblica nell'atrio della settecentesca Biblioteca comunale di Palermo – era il 25 giugno 1992 –, ne confermò l'autenticità: «Posso dire solo, per evitare che anche su questo punto possano nascere speculazioni fuorvianti, che quegli appunti pubblicati dal "Sole 24 Ore", io li avevo letti in vita di Giovanni Falcone».

Non incontrai mai Falcone durante la sua permanenza a Roma. Lo intravidi a Palermo in occasione di un convegno. E a essere sincero, se in casi del genere il parere di un cronista può valere qualcosa, devo ammettere che rimasi convinto che la sua scelta di accettare la proposta governativa, fosse troppo distante dal lavoro di giudice antimafia che tradizionalmente aveva svolto. Non ho cambiato opinione. Anche se ho sempre saputo quanto fossero gravi le ragioni che lo avevano spinto a lasciare Palermo. Ho riletto in questi giorni queste parole di Gesualdo Bufalino. «Io non mi fido troppo dei centenari: scadenze liturgiche che pretendono di giudicare un evento o un personaggio secondo le futili imposizioni del calendario; e che, mentre ostentano un distacco e un'equità falsamente definitivi, sbagliano le più volte nei due sensi opposti dell'enfasi celebrativa o del pregiudizio revisionista.» Dovremmo cercare tutti di attenerci a queste parole guida. Dovremmo sforzarci di evitare di cedere sia all'enfasi che al pregiudizio revisionista, anche perché nessuno di noi scriverà qualcosa di definitivo su Giovanni Falcone e sul suo sacrificio. È ancora troppo presto.

Almeno sin quando non saranno trovati i mandanti, per ora occulti, della strage di Capaci.

(19 maggio 2002)

Mafia, Sicilia, Italia nei ricordi di Enzo Biagi

Enzo Biagi: «E quando penso alla Sicilia penso sempre al Sud, anche perché lo scrittore che io amo di più, e che risale alle letture della mia giovinezza, è Corrado Alvaro. Penso che senza il Sud saremmo tutti molto meno intelligenti, al Nord. A me ripugna l'idea del "Po fiume sacro". La mia generazione aveva imparato che semmai era il Piave... altri ricordi, altre storie. Io vengo in Sicilia sempre con molta commozione, sempre volentieri, mi piace, e devo insistere su questo aspetto: sono a casa mia, a parte i rapporti umani che ho con tanti di voi. Sono più a casa mia qui che a Bolzano, dove ho qualche disagio. Amo venire in Sicilia, e dire che voglio bene a questa terra diventa quasi una forma di piaggeria. Ci sto bene. Mi piace. E sono convinto che qui, se sto male, eventualità possibile, vista l'età che ho, c'è di sicuro qualcuno che si occupa di me. Poi penso anche che i siciliani sono il popolo più gentile dell'Italia. Ma non gentili come i veneti, che hanno già un linguaggio tutto loro e che dicono: "sor paron, servo vostro, comandè che mi fasso..." Trovo che la magnificenza di questo paese è l'infinita varietà. Abbiamo nove modi per dire: mela. Che perfino Adamo si sarebbe trovato smarrito, di fronte a questa varietà di dizioni, per dare origine a quel peccatuccio...».

Il mare celeste, il termometro che segna trentaquattro gradi, qualche vela che ha preso il largo, il silenzio d'una giornata d'agosto. E siamo solo al 23 maggio. In lontananza, le gru del cantiere navale, forse le strutture più alte di Palermo. Il rosso dei salotti, i marmi di Villa Igiea, il liberty del Basile, che hanno accolto artisti e capi di Stato. Un cerimoniale silenzioso e perfetto. Ed Enzo Biagi che tiene le braccia conserte. Guarda il mare. E ricorda. Trilla qualche cellulare, ma sembrano cellulari in lontananza, quasi a voce bassa. In un tavolo, vicino al nostro, c'è Carla Del Ponte. È solo il 23 maggio, ma fa tanto caldo e c'è tanto silenzio. Come in quel 23 maggio di dieci anni fa. La Sicilia te la ritrovi davanti mentre meno te l'aspetti, mai piegata, mai stravolta sino in fondo, e mai definitivamente spiegata. Come un'eterna splendida cornice, immobile, indifferente. Non è facile intervistare Enzo Biagi. Molte domande restano inevitabilmente nel taccuino. Credo di essere riuscito ad ascoltarlo, questo sì. Venivamo dall'aula bunker, dove lui aveva coordinato, alla sua solita maniera quasi laconica, i ricordi di quelli che avevano conosciuto Giovanni Falcone.

Ho fatto appena in tempo a chiedere: «Ma la "tua" Sicilia...», che i suoi ricordi hanno preso il volo.

«Per me la Sicilia è Pirandello, è Musco che mi faceva ridere. La Sicilia è Vittorini che vedevo ogni giorno, a Milano, alla Mondadori, dove conoscevo tutti. La Sicilia è Verga, che per me è come Melville, con I Malavoglia, padron 'Ntoni, questi marinai con la barca a remi, che non sapevano neanche nuotare..., marinai siciliani che ho conosciuti. Tutto mi stordisce. Come il ricordo di 1860 di Blasetti, un film straordinario, con l'attore che si chiamava Gian Franco Giacchetti che faceva il frate, l'epopea dei garibaldini siciliani. Poi vidi la fotografia di Capa, quella del pastore siciliano che indica la strada, e ho conosciuto la mamma e il fratello di Capa. Ti sto dicendo... ma vedi? Si mescola tutto. No. Non c'è frattura fra la Sicilia che ho letto, la Sicilia che ho visto e la Sicilia che ho vissuto. Insisto nel dire: sono a casa mia.

«Ma se penso a questa Sicilia, penso soprattutto a Sciascia. Quando Sciascia veniva a Milano, spesso passeggiavo con lui. E fra una domanda e una risposta, c'era il tempo di andare a prendere un caffè. Perché Sciascia ci pensava tanto. Sono stato anche a Racalmuto. Ho conosciuto la signora Sciascia, la signora Maria, che mi ha fatto mangiare persino delle tagliatelle, oltre a piatti siciliani squisiti... La Sicilia sono i miei compagni del battaglione universitario, Sassuolo 42, arrivati da qui con cinque giorni di ritardo perché avevano fatto tutti i casini possibili e immaginabili lungo la strada. Ho carissimi amici siciliani. Come dire? È una parte dell'Italia bella... E capisco quando venivano in Italia gli stranieri, a cominciare da Goethe, e dicevano che qui trovavano il cuore di tutto. I limoni continuano a fiorire. Ed è fiorita anche la mafia. I mali della Sicilia? La Sicilia è fatta da italiani esagerati. E i mali che ci sono al Sud, sono sempre col punto esclamativo. Dalle altre parti invece, i piemontesi, per esempio, tutto molto più discorsivo, più moderato...»

Biagi entra nel pianeta Sicilia dall'ingresso principale, ma sa che anche per lui la Sicilia non è, e non è mai stata, solo un abbagliante caleidoscopio di colori e belle letture. «Per me la Sicilia era Sciascia, ma era anche Tommaso Buscetta. Di cui sono stato amico. E quando è morto ho detto: "Ho perso un amico". E un giornale molto per bene, un giornale di destra, mi ha attaccato. Ma era la verità. Io ero amico di Tommaso Buscetta e lui era amico mio. E ho le fotografie del matrimonio della figlia di Buscetta che si è sposata benissimo, anche con i diritti d'autore, che abbiamo condiviso, del libro *Il boss* è *solo*. Sono tutti in smoking, con vestiti bianchi, nuovi. Quelle fotografie sono delle meraviglie. La moglie disse a don Masino: se devi raccontare la tua vita, la devi raccontare a Enzo Biagi. Ero un autore che don Masino leggeva ed ero un autore che piaceva alla famiglia... Da lui, in America, mi ci portò l'Fbi, con un giro che non finiva mai. Mi sono fermato vicino a dei distributori di benzina, poi hanno cambiato macchine, poi abbiamo girato ancora, siamo saliti su altre macchine. È passato un autobus di quelli della scuola, con su scritto il nome della scuola. Ti do la mia parola: il mio problema era quello di dimenticare dove mi trovavo e dove stavamo andando. Buscetta lo rimpiango come una persona che mi ha voluto bene e alla quale ho voluto bene. Poi lui aveva la sua storia, la sua filosofia. Ma confermo: il mio amico Tommaso Buscetta non c'è più.»

L'affettuoso ricordo di Buscetta si tira inevitabilmente dietro il duro argomento mafia.

«Quando ho cominciato a fare questo mestiere, della mafia si parlava molto meno di oggi, quasi non se ne parlava. Anche se quando se ne parlava, se ne parlava nel modo giusto. Mi chiedi se uno come Tommaso Besozzi, che svelò le bugie di Stato sulla morte di Salvatore Giuliano, sarebbe riproponibile oggi. E ti rispondo di no. Perché le inchieste non si fanno più. Nei giornali ci sono approfondimenti, ci sono paginoni. Ma non raccontiamo più l'Italia. Torno in Sicilia a ottantadue anni. E ritrovo la mafia? No, ritrovo l'Italia. Esistono tante forme di mafia, e vorrei cominciare a distinguere. Tante associazioni che si ritrovano, che si danno convegno, che fanno le gite, che fanno i viaggi, che fanno i pranzi... Tutte forme di mutua assistenza. La mafia parte da suoi princìpi distorti e dalle distinzioni fra gli uomini: "Chi nasce tondo non può morire quadrato". Divide per categorie, ma questo accade nella società, nella vita. Conoscevo un nobile che litigando con un tizio in un bar, disse: "Se non ci fosse stata la rivoluzione francese noi due non ci saremmo neanche visti". E aveva un fondamento di ragione... Cosa voglio dire? Che la mafia in Sicilia prende certi aspetti, in altri posti prende altre forme, magari nel rispetto della legalità, ma insomma sono delle mutue: "Io do una mano a te tu dai una mano a me". È un po' nel Dna. In Italia non si ottiene niente senza intercessione. Anche per parlare con Gesù ti rivolgi a sua madre, o ai santi.

Abbiamo persino i santi specialisti: contro il mal di gola, contro il mal d'orecchi... No? Quindi ci vuole sempre qualcuno che ti dia una mano. È il bisogno di solidarietà, di assistenza, che in certe forme diventa mafia» Poi vennero dei giudici, in terra di Sicilia, che si ribellarono alla figura del santo otorinolaringoiatra. E Biagi fu tra i primi ad accorgersene. «Giovanni Falcone l'ho conosciuto il giorno del suo matrimonio segreto, a casa di un amico carissimo, Lucio Galluzzo. E ricordo quest'uomo, Giovanni Falcone, con la moglie, Francesca. Quella sera a cena, a casa di Galluzzo, dove fra l'altro mangiammo un pesce stupendo, in tutto eravamo sei persone. Giovanni e Francesca non avevano voluto nessun altro. Con Falcone ci fu una conoscenza umana, non mediata dal lavoro. Successivamente vidi anche Borsellino, ma non ho un ricordo da poterne parlare. Se ci si salva è perché ci sono questi personaggi sconosciuti, che purtroppo qualche volta devono morire per essere rispettati. Vedi, in Italia, bisogna morire per essere presi in considerazione. A Falcone da vivo gliene hanno fatte passare tante e tante. Diceva Charlie Chaplin: il successo, la notorietà, rendono simpatici. Guardavo questa mattina la cerimonia e mi chiedevo: quanti di questi qui saranno poi stati davvero d'accordo con quest'uomo, quando aveva i suoi problemi? Se riconosci che è un galantuomo, lo devi aiutare da vivo... Però sono i tipi come Falcone e Borsellino che, a un certo momento, salvano la nostra reputazione. Vedevo oggi persino l'ambasciatore americano, Mel Sembler... questi giudici sono diventati veramente patrimonio di tutti. È difficile essere italiani tutti i giorni, in questo sta la loro grandezza. Ero in Sicilia anche il giorno di Capaci. Mi stavo sforzando di ricordare perché mi trovavo qui quando è saltato in aria, sto pensando che cosa potevo fare, parliamo di dieci anni fa, chissà che andavo a cercare, di che cosa parlavo... non mi ricordo più.

«Che idea mi sono fatto della morte di Falcone e di Borsellino? Che non perdonano. E che colpiscono quando vogliono colpire. Poi ho pensato anche che quando hanno voluto uccidere due presidenti negli Stati Uniti, uno che lo era e il fratello che stava per diventarlo, ce l'hanno fatta. Il grande delitto è una costante della politica? Non saprei. Balzac ha detto che all'origine di ogni grande fortuna, c'è un delitto, non necessariamente un omicidio. Böll ha detto che vediamo solo la violenza delle barricate, mentre quella della lupara, quella della borsa, quella della banca, quella del prestito, non sono codificate, ma esistono ugualmente. Ci sta anche Brecht, quando diceva che tutti vedono la violenza del fiume in piena, ma nessuno vede la violenza degli argini che lo costringono.

«È vero: cerchiamo sempre i mandanti dietro le stragi. Forse perché in Italia dobbiamo sempre trovare qualcosa che sia anche dietro, per aggravare... Spesso invece basterebbe quello che c'è davanti. Naturalmente, società segrete, mistero, Beati Paoli, tutto arricchisce. C'è la leggenda,

il mistero, Joe Petrosino... Da ragazzo, le dispense su Petrosino me le sono
beccate tutte. Non c'era televisione allora, e la storia diventò giornaletti
a dispense. Era il 1909 quando lo ammazzarono. È trascorso un secolo.
Sono andato anche a vedere piazza Marina, dove lo uccisero, nella mia
mania di andare a vedere certi posti. Questo governo farà la lotta alla
mafia? È una domanda alla quale è molto difficile rispondere. Veramente
non so. Una volta Andreotti disse: "non sono né profeta né figlio di
profeti". Istituzionalmente credo che il governo farà la lotta alla delinquenza, di cui la mafia è uno degli aspetti più romanzeschi e anche più
insidiosi. Penso di sì, che dovrà farla, che la deve fare. O no?»
    Gli chiedo: «Sciascia scrisse, da qualche parte, che se lo Stato in
Italia volesse fare davvero la lotta alla mafia, dovrebbe suicidarsi. Condi-
vidi?».
    «Una considerazione che conteneva un'assegnazione di responsabi-
lità. Sai, io voglio tanto bene a Sciascia che, quasi per principio, direi
"sono d'accordo con lui". È uno di quelli che non mi hanno mai deluso.
Anche quando prendeva impegni politici, e io ero contrario perché pensavo: si stanca, si va a mettere in una cosa che non è per lui. Invidiavo
questo suo candore, poi è rimasto deluso... La sua relazione parlamentare
sul caso Moro? Lui aveva un difettuccio: che era tanto intelligente, e
capiva molto prima e molto di più degli altri... Ed era di un nitore nella
sua vita... E aveva conservato il candore della giovinezza, se no non si
fanno certe battaglie. Ed era anche stata una vita segnata dal dolore, la
sua.»
    Ci tiene a dire ancora qualcosa, Biagi: «Questa mattina è stato cita-
to Tortora. Il primo articolo che poneva interrogativi sul suo arresto
venne pubblicato su "Repubblica", è a mia firma. È intitolato: *E se Tortora fosse innocente?* A me non era simpatico, rappresentava un mondo
diverso dal mio. Però quando ho visto che i carabinieri hanno aspettato
la troupe televisiva per arrestarlo... Allora lo sono andato a trovare in
carcere e vidi che piangeva come un bambino. In questa prigione c'era
un circo che faceva uno spettacolo. Ma Tortora non volle andare in
mezzo agli altri detenuti. Forse anche per pudore che lo fotografassero.
Sto mescolando un po' di cose come succede ai tuoi ricordi che non
hanno un ordine».
    Poi torna indietro nel ragionamento, a quando parlavamo di Besozzi
e dell'Italia che i giornali non riescono più a raccontare, per darmi – come
dice scherzando – «una piccola notizia».
    Questa: «con Ermanno Olmi, il prossimo anno, a giugno, con una
macchina da presa, ripercorreremo tutta l'Italia. Cosa ci aspettiamo
rispetto all'Italia che abbiamo conosciuto? Tanti aspetti anche positivi.
La povertà della mia infanzia non c'è più. Anche quella povertà deco-
rosa delle famiglie operaie come poteva essere la mia, camera e cucina
in una città grande come Bologna. C'è stata la televisione, abbiamo

visto l'uomo camminare sulla luna, abolito il concetto di distanza, inventato gli antibiotici. È saltata fuori la penicillina. All'inizio del secolo, si moriva a cinquant'anni. Non c'è più il passaporto rosso, a New York abbiamo avuto un sindaco siciliano. È cambiato tutto. C'è un altro tipo di povertà: è quella che non si racconta, che non ha colore. È quella della gente, delle donne che vanno dalla parrucchiera ogni due mesi, invece che ogni mese... Ricordo che, ogni tanto, mia madre diceva: "basta, non possiamo comperare il giornale tutti i giorni", ma dopo qualche giorno tornava a comperarlo. Da questa difficoltà, forse, è nata la malattia di qualcuno in famiglia per i giornali... Tu hai conosciuto un altro mondo».

Osservo Enzo Biagi e mi chiedo come siano riusciti, quelli del Polo, nel miracolo di entrare in rotta di collisione con una professionalità come la sua. Arroganti? Incoscienti? Uomini tabula rasa? Analfabeti di ritorno? E dire che, fra loro, se ne vedono parecchi inquadrati in tv con i dorsi dei volumi della Treccani dietro le spalle. È proprio vero che gli dèi accecano quei politici che vogliono perdere.

Enzo Biagi, battaglione Sassuolo 42, non mi appare facilmente impressionabile: «È chiaro il loro progetto: lo dobbiamo far fuori. Ma non se lo possono permettere. E sai chi me lo ha fatto capire? Il portiere dell'albergo, di Villa Igiea. Appena mi ha visto mi ha detto: "Tenga duro. Io e la mia famiglia vogliamo che lei resti al suo posto". Magari questa gente vede meriti che non ci sono. Io faccio il mio mestiere. Ma poi ho ottantadue anni. Quelli che mi attaccano sono degli imbecilli perché non guardano all'anagrafe... Che cosa può succedere? Io tolgo il disturbo, a gentile richiesta. La richiesta deve essere gentile, e anche seria e motivata. Perché ho fatto il mio mestiere, non ho sballato da nessuna parte, né sul budget né sugli ascolti, visto che nove sere su dieci *Il Fatto* è il programma più visto della Rai. Cosa devo fare? Non sono simpatico? Pazienza. Vivo in un'età equivoca, in una stagione equivoca: sono vecchio per le ragazze e ancora giovane per gli editori... Non trovo una conciliazione».

Si sta pericolosamente avvicinando l'ora della partenza.

Enzo Biagi: «Dobbiamo andare. Sarei rimasto qualche altro giorno. E penso a quella signora che avrei fatta felice a portarla qua... Purtroppo non c'è più. Un'ultima cosa: ho un'amica a Catania, la signora Battaglini, che organizzava conferenze e la cui madre le organizzava con Tolstoj... Vedi il Sud è misterioso è capace di robe... dobbiamo andare... ma una signora che da Catania scrive a Tolstoj non è niente male, è vero?».

Dottor Biagi, dia retta al portiere di Villa Igiea. In questo nostro paese capita spesso di incontrare camerieri che sono più intelligenti dei nostri uomini di governo.

(27 maggio 2002)

Prometeo e Ronconi nemici di Dell'Utri

Venerdì 21 giugno, 2002, teatro greco di Siracusa, al tramonto. Va in scena il *Prometeo incatenato* di Eschilo, per la regia di Luca Ronconi. Dicono che ad Atene le rappresentazioni cominciassero all'alba e andassero avanti sino al tramonto. Ora non è più così: si finisce sempre al calar del sole, ma l'inizio è a pomeriggio inoltrato. Erano quasi le diciotto e trenta quando ho imboccato il vialetto che immette alla suggestiva scalinata in pietra sopravvissuta – le pietre sono pietre – per quasi duemilacinquecento anni. Mi viene incontro Marcello Dell'Utri (è al centro di un gruppo di persone), e mi tende la mano. È allegro, sorridente. Vestito di lino blu, camicia celeste, cravatta scura. La giornata è splendida, sebbene un po' afosa. Colto alla sprovvista dall'incontro dico: «dove c'è cultura c'è lei». Qualche giorno prima si era infatti svolto a Firenze, per sua iniziativa, il convegno sulla «cultura di destra». Dell'Utri, che avrà (e ha) tanti difetti, ma è comunque uomo di spirito, ride divertito e va a prendere posto.

La tragedia di Prometeo è nota. Punito da Zeus per avere elargito agli uomini mortali il dono del fuoco, questo titano, metà di stirpe divina metà di stirpe umana, viene condannato per l'eternità a restare incatenato su una rupe del Caucaso esposto al gelo e al sole. Uno Zeus, rancoroso come al solito, non gli perdona di avere scelto, fra uomini e dèi, gli uomini. Scelta di campo, quella di Prometeo, che invece piacerà molto a Carlo Marx, duemila e trecento anni più tardi; anche se questa è un'altra storia. Non sappiamo molto di più.

Prometeo incatenato è infatti l'unica delle tre tragedie di Eschilo dedicate al dio del fuoco giunte sino a noi. Le altre due (*Prometeo portatore di fuoco*, *Prometeo liberato*) andarono distrutte nell'incendio della biblioteca di Alessandria e non sono giunte sino a noi per l'egoismo di Tolomeo Evergete, re d'Egitto, che, volendone godere la lettura in solitudine, ne proibì la stesura di altre copie.

Monologo di immensa drammaticità, solo in qualche caso interrotto dal coro delle Oceanine, oggi possiamo leggerlo come parodia di un'opinione pubblica stupita dalla ferocia della punizione di Zeus ma poco incline a capire sino in fondo la portata rivoluzionaria del «gesto» di Prometeo, il *Prometeo incatenato* si è inesorabilmente prestato a essere apologo sul potere, su qualsiasi potere, sotto qualsiasi latitudine.

Luca Ronconi, allestendone la regia, se fosse stato libero di agire liberamente e secondo libertà, avrebbe voluto mettere sullo sfondo della scena caricature di Berlusconi, Fini e La Russa. Insomma, le facce attuali dell'attuale governo.

Il quale governo, per bocca di Gianfranco Miccichè, caricatura di una caricatura, sollevò un putiferio minacciando di mettere all'indice Eschilo, Prometeo e Luca Ronconi. E Ronconi, per evitare che Miccichè mettesse mano alla fondina (metaforicamente, si intende), a quelle caricature preferì rinunciare. Ma il *Prometeo* sta andando regolarmente in scena e sarà replicato sino a fine mese. La tragedia sta per finire. Il sole è quasi tramontato. Con voce ormai arrochita dalla sofferenza, dice Prometeo, più o meno: «ne ho visti tiranni cadere dalla cima del castello». Sono le ultimissime battute. Un brusio corre lungo la scalinata. Poi la tragedia finisce. Scoppia un fragoroso applauso. Durerà dieci minuti abbondanti. Forse qualcosa di più. Siamo tutti in piedi. Solo una mezza dozzina di persone restano sedute: Marcello Dell'Utri e il suo entourage. Non credo ai miei occhi. Guardo e riguardo. Niente da fare. Non si alzano. Passano cinque minuti buoni, poi lentamente il senatore Dell'Utri si alza e si alzano le persone al seguito. Battono le mani al ralenti.

Cerco di decifrare lo stato d'animo di Dell'Utri. È un bibliofilo, dove c'è cultura c'è lui, organizza convegni di intellettuali. Il suo volto è più maschera del solito. I muscoli facciali sono immobili. Mi chiedo: non vuole applaudire Ronconi o non vuole applaudire Prometeo? O non vuole applaudire Eschilo?

Tutti noi spettatori stiamo visibilmente, platealmente, dalla parte di Prometeo.

Un mezza dozzina, Dell'Utri compreso, stanno dalla parte degli dèi, di questo insopportabile Zeus ferito nell'orgoglio.

Le stirpi divine si riconoscono fra loro anche a duemilacinquecento anni di distanza. È questo l'amaro destino di noi mortali.

(27 giugno 2002)

Borsellino la sera del presentimento

Non ricordo in quale occasione conobbi Paolo Borsellino. È passato tanto tempo. Ricordo che ero alle prime armi. Diciotto? Vent'anni fa? So che ne ho sempre conservato lo stesso ricordo. Anche se ebbi modo di conoscere un Paolo Borsellino molto triste, ma di questo parlerò dopo.

Conservo il ricordo della sua risata sotto i baffi, il ricordo di un magistrato che si era fatto da sé e parlava di argomenti che aveva imparato a conoscere durante le sue quattordici, sedici ore di lavoro quotidiano. Dormiva pochissimo Paolo Borsellino. I suoi colleghi dicevano che si alzasse all'alba, tre, quattro del mattino, e che alle cinque fosse già seduto nel suo studio, a casa sua, a rimuginare su centinaia e centinaia di famiglie mafiose siciliane che per la prima volta stavano uscendo dall'ombra per entrare nella grande aula bunker dove, a costo degli immensi sacrifici di un pugno di magistrati – il pool diretto da Antonino Caponnetto –, sarebbero stati finalmente processati, finalmente condannati.

Se Giovanni Falcone scriveva esclusivamente con penne stilografiche delle quali era gran collezionista e fumava una sigaretta ogni tanto, Paolo Borsellino adoperava la biro, fumava quattro pacchetti al giorno di MS e aveva una collezione di accendini d'ogni marca e d'ogni epoca. Erano uomini, non eroi.

Era fedele alle istituzioni, Paolo Borsellino. Sinceramente fedele. Talmente fedele che sulla libreria in noce nel salone di casa sua, teneva appesi i calendari dell'Arma dei carabinieri che solitamente magistrati e rappresentanti delle istituzioni tengono esposti negli uffici.

Ed era tutto d'un pezzo, Paolo Borsellino. Ma la sua restava la personalità dell'uomo mite, mai scorbutico, incapace di sotterfugi, sia che interrogasse un coriaceo imputato di mafia, sia che rispondesse alla domanda ovvia dell'ultimo giornalista che trovava sempre aperta la porta del suo ufficio.

In tanti anni credo di avergli fatto poco meno di una decina di interviste.

Borsellino, con una di queste interviste, sullo smantellamento dell'antimafia (corsi e ricorsi) provocò, nel 1988, l'intervento di Francesco Cossiga, allora presidente della Repubblica. Mi onoro di averlo intervistato per un giornale nazionale in tempi non sospetti, quando ancora Paolo Borsellino non era diventato Paolo Borsellino, quando ancora nelle redazioni romane non si sapeva cosa fosse questo pool antimafia e chi ne facesse parte, quando ancora si stentava a credere che i tempi erano ormai maturi perché la lotta a Cosa Nostra diventasse questione nazionale, non più querele fra addetti ai lavori in ambito esclusivamente regionale.

Ho sempre lavorato bene con lui. Non pretendeva riletture dell'intervista a stesura finita. Si fidava istintivamente del lavoro degli altri. Se a una domanda replicava con un «no» significava «no», non lo diceva perché si scrivesse che a quella domanda aveva risposto «no». Non conosceva la retorica. Quando si parlava di mafia, si capiva immediatamente che considerava la politica alla stregua di un impiccio.

«Ognuno dentro il pool» diceva sempre «la pensa politicamente a modo suo. Ci ritroviamo uniti solo nella decisione di combattere e tentare di sconfiggere la mafia.»

Ma a quel ricordo che mi porto sempre dietro, se ne sovrappone un altro, quello dell'uomo triste, amareggiato, incredulo.

Potrei dire che lo scarto avvenne quando si rese conto che la politica, quella che lui considerava un impiccio nella lotta alla mafia, stava lentamente prendendo il sopravvento e condizionando ormai la vita e la storia del pool di Palermo.

Lo incontrai la sera del 3 agosto 1988, a Marinalonga, villaggio turistico a una trentina di chilometri da Palermo che si affaccia su un golfo dove l'acqua è incredibilmente trasparente. Capitava spesso che ci incontrassimo lì per caso, dove si mangiavano ottime triglie di scoglio fritte in padella, e si pagava davvero molto poco.

Va ricordato che il 1988 era cominciato male per gli uomini del pool. Il 18 gennaio, infatti, il Csm, per la guida dell'ufficio istruzione di Palermo, al posto di Caponnetto andato in pensione, aveva scelto Antonino Meli, detronizzando definitivamente Falcone. E il 31 luglio, con una clamorosa lettera aperta al Csm, proprio Giovanni Falcone aveva chiesto il trasferimento. Ai primi d'agosto, il Csm, con sette voti a favore e quattro contrari, aveva accolto un documento che – nei fatti – sconfessava il pool di Palermo.

Quella sera, a Marinalonga, Paolo Borsellino aveva le lacrime agli occhi. Teneva in mano un bicchiere di whisky e fumava accendendosi una sigaretta dietro l'altra, senza neanche spegnere quella appena finita. Esattamente come avrebbe poi raccontato il pentito Gaspare Mutolo che da Borsellino venne interrogato all'indomani dell'uccisione di Falcone, e prima che Borsellino si recasse a un misterioso incontro con un uomo delle istituzioni che, a distanza di dieci anni, nonostante tre processi, non è stato ancora identificato. Anche quel giorno – disse Mutolo – Borsellino accendeva sigarette senza accorgersi di quelle che continuavano a fare fumo dentro il posacenere.

Borsellino quella sera parlò a ruota libera. Tornò con la sua mente e i suoi ricordi all'origine del pool, a quel lavoro comune che aveva segnato una nuova epoca nella lotta dello Stato a Cosa Nostra. Tratteggiò ritratti, con pregi e difetti, di tutti i magistrati che lo componevano. Tirava un bilancio a voce alta.

Aveva la piena consapevolezza che qualcosa si era rotta per sempre. Avvertiva che stava iniziando una nuova stagione. Temeva veleni e insidie, paventava diversivi e sabotaggi persino da parte di pezzi delle istituzioni che la lotta alla mafia, fatta a quel modo, come la facevano loro, non l'avevano mai digerita. Era perfettamente consapevole che quei settori avrebbero finito col diventare sponda – consapevoli o no – di apparati letteralmente inquinati dalla mafia stessa.

Ricordo una serata cupa, una conversazione angosciata, disturbata dalle note del juke-box di Marinalonga che quella sera, diventata ormai notte, non tacque neanche per un istante.

Gli chiesi, alla fine, come avrebbero risalito la china.

Con gli occhi rossi, la voce arrochita, Paolo Borsellino, ritrovò un guizzo di ironia: «Tutti» concluse «dovremo riuscire a convincere Giovanni Falcone che da questo momento in poi non sarà più Giovanni Falcone... E non sarà un'impresa facile».

Borsellino sapeva che erano in arrivo guai peggiori. Il che puntualmente si sarebbe avverato.

Giovanni Falcone fece la sua parte, accolse il consiglio dei suoi amici a non considerarsi più «Giovanni Falcone», alla fine di un calvario durato tre anni se ne andò a Roma a lavorare al Ministero di giustizia. Ma tutto questo non servì a salvargli la vita. E Paolo Borsellino, cinquantasette giorni dopo, lo avrebbe raggiunto. (Era il 19 luglio 1992, in via D'Amelio, a Palermo. E con lui morirono cinque agenti di scorta: Emanuela Loi, Walter Cosina, Vincenzo Li Muli, Claudio Traina, e Agostino Catalano.)

(12 luglio 2002)

Corrado Carnevale, innocente

Corrado Carnevale esulta, e ne ha ben donde. «Papà hai vinto», esulta al cellulare la figlia appena conosciuta la buona novella. Il suo processo? Non sarà rifatto. Non sarà riscritto. È solo da buttare. Niente rinvio. Niente stillicidio che si sarebbe protratto negli anni. «Il fatto non sussiste», ha proclamato la Suprema Corte, a sezioni unite, dopo quasi quattro ore di camera di consiglio. È una marcia trionfale per «ammazza-sentenze». Commenta Carnevale: «Mi aspettavo questa conclusione e non da oggi, ma da quando nel 1992 la Procura di Palermo avviò l'indagine nei miei confronti, visto che io non ho fatto altro che onorare la magistratura italiana». Questa vicenda giudiziaria gli ha prodotto «danni di immagine, alla sua famiglia e alla sua carriera, incalcolabili e irreparabili», anche se non si rivarrà su chi lo ha indagato, anche se questo processo «dovrà essere vivisezionato».

Esultano i suoi avvocati, il professor Giuseppe Gianzi e l'avvocato Salvino Mondello, genero dell'ex presidente titolare della prima sezione penale della Cassazione. «Questa sentenza della Suprema Corte» commenta Gianzi «riporta il processo nei giusti binari annullando la sentenza di appello che si era ispirata a una illogica valutazione della prova».

E il reato di concorso esterno in associazione mafiosa, il cosiddetto 110 più 416 bis? Non allarmiamoci. Già da tempo questa ipotesi di reato era diventata un feticcio, una chimera penale meramente teorica. Passato remoto, visto che raffiche di assoluzioni da tempo avevano finito con l'annacquarlo. Archeologia giustizialista. Il de profundis non poteva essere più dirompente. Ma la Cassazione, ha voluto salvare la forma: il concorso esterno resta reato. I supremi giudici affermano infatti che rimane «configurabile» il concorso purché l'apporto abbia «una effettiva rilevanza causale» nel mantenere in vita o rafforzare Cosa Nostra. Non è dunque il caso di Carnevale. Ma c'è molto di più.

La parola degli ex colleghi dell'alto magistrato non doveva neanche essere presa in considerazione «perché il giudice penale ha l'obbligo di astenersi dal deporre, come teste, per quanto riguarda ciò che avviene nelle camere di consiglio quando i magistrati decidono i loro verdetti in assoluta segretezza». Corrado Carnevale potrà impiegare gli anni della sua pensione per tornare alla carica con le polemiche, con i risentimenti, i giudizi sprezzanti nei confronti dei colleghi che si erano messi in testa di processare uno come lui, proverbiale in Italia per la capacità «tecnico-professionale» di stecchire sentenze, affossare giudizi di condanna, rimettere in libertà ergastolani, stragisti e boss di mafia. Carnevale, con le sue prime dichiarazioni, sembra promettere buona condotta. Si vedrà.

Alla Suprema Corte, quella condanna a sei anni che il 29 giugno 2001 aveva concluso a Palermo il processo d'appello al magistrato chiamato – chissà poi perché – «ammazza-sentenze», deve essere apparsa densa di vizi di forma, contraddittoria, improponibile e inaccettabile nell'Italia ipergarantista del nuovo millennio. Non ci furono sentenze «aggiustate». Non ci furono corsie preferenziali per i processi di mafia. L'alto magistrato non era «a disposizione» di Cosa Nostra. Non faceva il sabotatore dei processi su commissione dei diretti interessati. E quelle decine di pentiti che lo tirarono in ballo ora dovrebbero farsi l'esame di coscienza per avere infangato un poveretto. Questo, in sintesi, il verdetto delle Sezioni Unite di Cassazione quando affermano che «il fatto non sussiste». A uno come Carnevale, sanguigno e supponente, non resterà che vantarsi dei suoi primati olimpionici nel Palazzo di piazza Cavour, autentici successi da maratoneta delle assoluzioni.

Qualche cifra può essere utile a capire le dimensioni del «fenomeno Carnevale». Nei sette anni in cui diresse la prima sezione di Cassazione (la più prestigiosa, la più significativa), il magistrato, originario di Licata, paese derelitto del sud Sicilia, indiscutibilmente ferrato in diritto, riuscì ad annullare quattrocento, dicasi quattrocento, sentenze di condanna. Proprio Giovanni Falcone, nella primavera del 1991, appena giunto alla direzione della sezione affari penali del ministero di Grazia e Giustizia, dispose un «monitoraggio» di quelle assoluzioni che sembravano scaturire da una curiosissima catena di montaggio. Carnevale annullò quella per la strage dell'Italicus. Annullò quella per il rapido «904». Annullò due volte le sentenze di condanna per i killer del capitano dei carabinieri di Monreale, Emanuele Basile. Annullò a raffica le condanne per l'uccisione del giudice istruttore Rocco Chinnici, facendo tirare un bel sospiro di sollievo ai terribili fratelli Michele e Salvatore Greco, il Papa e il Senatore di Cosa Nostra, considerati mandanti del delitto. Sono solo alcune delle sue assoluzioni che meriterebbero di essere incorniciate.

E lui? «Mi sono sempre limitato ad applicare la legge» si schermiva di fronte a interrogazioni parlamentari, campagne giornalistiche, quando ancora la sua fregola assolutoria non era diventata materia di aule di tribunale. Quelle assoluzioni rappresentavano il pedigree di questo alto, altissimo giureconsulto, che poteva anche concedersi il lusso di qualche volgarità fuori dal comune. L'Italia restò a bocca aperta quando nel 1993 il Tg3 mandò in onda alcune intercettazioni telefoniche di polizia che lo riguardavano. Ricordate?

Chi era Giovanni Falcone? «È un cretino.» Giovanni Falcone e Paolo Borsellino? «I dioscuri.» Il loro sacrificio? «Non avrei portato a spalla certe bare.» Infatti Carnevale diceva di se stesso: «Rispetto certi morti, certi altri no». Infastidito perché chiamato a giustificarsi, ammise: «È vero che avevo una stima negativa nei confronti di Falcone e Borsellino, ma nessuno, a parte il papa, è infallibile e il mio è un giudizio tecnico professionale». Tecnica, professione, appunto, ma anche cavilli, tantissimi cavilli. Era finito sott'inchiesta il 28 marzo 1993, all'indomani dell'esecuzione mafiosa di Salvo Lima, l'eurodeputato Dc. E quella, sotto il profilo della lotta alla mafia, era davvero un'altra Italia, capace ancora di indignarsi, tanto era vivo il ricordo delle stragi di Capaci e via D'Amelio. Si era diffusa la consapevolezza che Cosa Nostra ormai andava colpita non solo nei suoi tentacoli militari, ma anche e soprattutto nelle sue coperture politiche e istituzionali. I pentiti dell'epoca non ebbero tentennamenti: definirono «pacifico» e «assodato» il legame fra Cosa Nostra e il giudice «ammazza-sentenze». A ondate successive si fecero sotto collaboratori di peso: da Francesco Marino Mannoia a Giovanni Brusca, da Gaspare Mutolo, a Giuseppe Marchese, da Balduccio Di Maggio a Salvatore Cancemi, da Santino Di Matteo a Pasquale Di Filippo, solo per citarne alcuni. Finirono sotto inchiesta altri giudici di Cassazione, persino cancellieri. Tutti sospettati di pilotare i processi «difficili» in maniera tale che fossero assegnati puntualmente alla prima sezione, quella dove Carnevale, per dirla con le parole dell'ex presidente Vittorio Sgroi, era l'espressione del «partito patriottico» che operava in Cassazione. Venne indicata persino una troika degli «aggiustamenti»: Carnevale, ma anche Giulio Andreotti, anche Claudio Vitalone.

Partito dunque degli andreottiani, che a sua volta si identificava – ovviamente secondo l'accusa – con il «partito patriottico». Finirono agli atti telefonate registrate alla vigilia della sentenza di Cassazione che si apprestava a pronunciarsi nel merito del primo maxi processo a Cosa Nostra. Andreotti, nel frattempo, veniva assolto. Ci fu persecuzione nei confronti di Carnevale? Difficile dirlo. Fatto sta che il 3 aprile del 1995, la stessa Procura di Palermo che lo aveva messo sotto inchiesta chiese e ottenne dal gip, due giorni dopo, l'archiviazione della sua posizione. Ma il caso venne riaperto il 26 aprile dello stesso anno, per iniziativa della Procura romana che inviò a Palermo altri atti, altre dichiarazioni di pentiti, e il 29 aprile il nome di «ammazza-sentenze» finì per la seconda volta nel registro degli indagati. L'8 giugno del 2000, il processo di primo grado si concluse con l'assoluzione dovuta – secondo la sentenza – a «elementi insufficienti, testi inattendibili, dichiarazioni contraddittorie» mentre si stigmatizzarono le deposizioni dei pentiti i quali «avevano parlato de relato».

Un verdetto letteralmente capovolto il 29 giugno 2001: condanna a sei anni di carcere, l'impianto accusatorio aveva retto. Ed è cronaca di ieri. Poteva addirittura essere rinviato a giudizio per mafia, più che per concorso esterno: questa, in sintesi, la motivazione che Vincenzo Siniscalchi, procuratore generale di Cassazione, aveva espresso nella sua requisitoria: «C'è stata una disponibilità non occasionale e protratta nel tempo in favore di chiunque appartenesse a Cosa Nostra». Al punto – aveva proseguito il procuratore generale – che «bisogna chiedersi se la sua non sia stata addirittura partecipazione all'associazione mafiosa e non concorso».

Aveva definito «pienamente credibile» Antonio Manfredi La Penna, consigliere della prima sezione penale, il quale aveva rivelato in processo di essere stato chiamato da Carnevale nel suo studio. Dove aveva trovato – raccontò – una persona vestita da «massaro» che si informava sulle sorti del processo del 1991 che si sarebbe risolto con la scarcerazione dei boss per decorrenza termini (proprio grazie alla successiva sentenza di Carnevale). Opposto il punto di vista dell'avv. Giuseppe Gianzi, uno dei difensori di Carnevale: «Il mio assistito non faceva parte dell'associazione mafiosa, lo dicono anche i giudici che hanno formulato i capi d'imputazione a suo carico». E aveva chiesto l'annullamento senza rinvio della condanna a sei anni, «sia nel caso in cui si ritenga non configurabile il concorso esterno, sia che la Corte decida diversamente». Secondo Gianzi i ventidue coimputati di reati connessi avevano «rilasciato dichiarazioni non univoche a proposito del coinvolgimento di Carnevale, senza che i riscontri fossero precisi e concordi». E la testimonianza di La Penna? «Un vizio logico aver creduto a lui e non alle testimonianze degli altri consiglieri». Infine, l'altro difensore, Salvino Mondello, si era a lungo soffermato a sottolineare le contraddizioni delle dichiarazioni provenienti dai pentiti.

Alle diciotto e cinquantaquattro di ieri, 30 ottobre 2002, la Corte demoliva definitivamente qualsiasi impianto accusatorio. Un fatto è certo: teorizzando l'impossibilità per i colleghi di Carnevale di deporre in processo, la Cassazione ha dilatato in maniera assai considerevole l'area del «segreto» della camera di consiglio. Scelta impegnativa. Il fatto è che alcuni di quei giudici erano andati in processo per denunciare pressioni, anomalie, pesantissime interferenze. Bocca chiusa, dice ora la Cassazione. Cane non mangia cane.

(31 ottobre 2002)

Intervista a Giulio Andreotti

L'udienza è fissata alle nove e trenta. Lui sta seduto al banco degli imputati già alle otto e quaranta. Arriva prima di tutti. Aspetta la Corte e inganna il tempo scrivendo con pennarello nero sui fogli del Senato. I fotografi non gli danno tregua. Indossa il suo solito vestito blu. Quando, intorno alle undici di ieri mattina, i procuratori generali Daniela Giglio e Anna Maria Leone depositano sul tavolo dei difensori i nuovi verbali del pentito Antonino Giuffrè che lo chiamano in causa, lui non si avventa su quelle carte. Resta impassibile.

Sono Franco Coppi, Giulia Bongiorno, Gioacchino Sbacchi, i suoi tre difensori, a suddividersi l'ultimo malloppo cartaceo conosciuto, per un primo rapido esame a volo d'uccello. Stop dell'udienza. Il presidente Salvatore Scaduti accoglie le richieste di intervallo. I tre avvocati hanno le teste chine su quei fogli maledetti.

Sei occhi che sembrano altrettanti raggi laser che scrutano ogni frase, ogni periodo, ogni data di queste altre centinaia di pagine che si sono abbattute sul processo d'appello, rendendo persino probabile la riapertura dell'istruzione dibattimentale. Dopo circa un'ora e mezza, l'imputato viene informato dai legali che – a loro giudizio – in quelle carte c'è poco, davvero molto poco. Solite chiacchiere. Solite calunnie. Solite fumisterie da pentiti, prive di date e riscontri precisi. Lui li guarda e sembra dire: «Mah».

Alle dodici e sette, mentre sta leggendo le sue trentanove cartelle di dichiarazione spontanea, il fascio di carte gli scivola dalle mani sulla pedana del pretorio. È un attimo. Una volta raccolti i fogli, riprende la sua esposizione. E giunto alla frase: «quaggiù io chiedo solo giustizia» tutti udiamo distintamente un singhiozzo. Torna al banco degli imputati con qualche tentennamento.

Ora l'udienza è finita. Giulio Andreotti è davanti a me in una saletta dell'Hotel Des Palmes nel quale scende dal giorno in cui sono iniziati i processi di Palermo a suo carico. «Non mi sento benissimo, ho ottantacinque anni e questi sono sempre impegni gravosi.»

Presidente, a che ora si è alzato questa mattina?

«Alle sei, per andare a messa. Ma lei lo sa che se uno si abitua a dormire un'ora di meno al giorno, in un anno recupera quindici giorni esatti? Quindici giorni per leggere o per scrivere o per viaggiare...»

Devono essere importanti gli orari nella vita di Giulio Andreotti. Deve essere importante quella sua voglia di arrivare in anticipo, o di essere comunque puntualissimo. Deve essere anche importante quella sua pignola e quotidiana scrittura di diari che poi, come si vide al processo di Palermo, gli tornò utile in più di un'occasione. Dice che è parlamentare ininterrottamente dal 1945 e che da oltre mezzo secolo è in politica. Una vita all'insegna dei grandi numeri, verrebbe da dire. Ho il sospetto che da tempo lui sia abituato a dormire molto meno di un'ora per notte...

E faccio il conto che sommando i ventiquattro anni di condanna di Perugia, quale mandante del delitto Pecorelli, agli ottantacinque che ha oggi, la giustizia italiana pretenderebbe da questo «imputato» che la sua longevità arrivasse almeno ai centonove anni... Un po' abnorme anche la giustizia, nelle sue pretese...

Ma Andreotti ripete che ha sempre guardato le sue responsabilità a viso aperto, e non si tirerà indietro neanche questa volta.

Dice: «Sinora, nella mia vita, era entrato solo un signore di nome Giuffrè. Quel bancario del Credito Romagnolo che venne chiamato il banchiere di Dio perché raccoglieva danaro dando interessi del cinquanta per cento. E poi costruiva chiese... E cercarono di tirar dentro anche me anche se non era della mia regione. Ma presto ho chiarito che non c'entravo niente con questa specie di folle con il quale non avevo alcun rapporto. Poi scoprii che si trattava di una lotta politica che c'era in quel momento, come qualche volta accade, e si fanno anche i colpi mancini... Ma anche per quel Giuffrè non è che non ci dormivo la notte... Era il 1957...».

Domanda *Presidente, il Giuffrè di cui parliamo oggi, invece, è l'ultimo collaboratore di giustizia, in ordine di tempo, che in qualche modo la tira in ballo per i rapporti mafia e politica.*

Risposta Sì, mi tira in ballo. Ma le uniche cose concrete che dice sono contraddittorie. Quando parla di questo mio presunto collegamento con Gioia vuol dire che conosce poco le cose interne della Democrazia Cristiana. Per la verità, la adesione di Salvo Lima alla nostra corrente venne proprio per le lotte che fece con Gioia per le elezioni politiche del 1968... prima rappresentavano il grande gruppone fanfaniano, erano loro i dominatori. Lima prima non lo conoscevo, lo conobbi nel 1968 proprio quando venne da noi...

D. *Presidente, Michele Greco però non apparteneva alla Dc. Era il capo di Cosa Nostra.*

R. Ho visto queste carte processuali in cui è scritto «tutti sanno che...» e anche delle fesserie.

D. *Presidente, quali fesserie?*

R. Nel senso che non si capisce perché avrei dovuto essere, da un lato, una specie di compagno di cinema di questo Michele Greco, però poi lui aveva bisogno di avere «ambasciatori» per potere avere rapporti con me.

D. *Presidente, fra la fine degli anni Settanta e l'inizio degli anni Ottanta, il nome di Michele Greco le diceva niente?*

R. A me no. Mi ha impressionato, ero a Parigi, quando è morto questo Michele Greco, non so se sia morto di morte naturale o di altro...

D. *Presidente, Michele Greco è vivo.*

R. Non è morto? Ma io ricordo che uscì un servizio sui giornali francesi: «è morto il Papa». Un titolo a tutta pagina... Per un attimo ho pensato:

«che è successo al papa?» Forse ricordo male, e i giornali si riferivano al suo arresto. Io non lo conosco per niente. Ah è vivo?

D. *Sì, Presidente, è vivo.*

R. Ma allora perché non sentono questo Michele Greco?

D. *Presidente, perché Michele Greco non è pentito, è un detenuto per mafia.*

R. Ah, va bene ho capito. Ma è dentro? In detenzione? Non lo sapevo.

D. *Presidente, Gioia no, Michele Greco nemmeno. L'ennesima ricostruzione «fantasiosa» quella di Giuffrè?*

R. Non so se su altri argomenti possa dire cose utili, ma certo che per quanto mi riguarda è di una vaghezza generale. Poi ripete questa storia che non è che mi faccia un gran piacere: essere chiamato il gobbo. Anche perché curvo sono, per la verità, gobbo no...

D. *Presidente, per dieci anni i pentiti l'hanno tirata dentro fatti di mafia. Quasi a dieci anni dalle parole di Tommaso Buscetta, il tormentone torna sotto forma di un altro collaboratore di giustizia?*

R. Io non parlai mai di complotto. Che ci fosse chi, per ragioni anche politiche, voleva che io scomparissi dalla circolazione, senza dubbio era così...

D. *Presidente, erano gli americani?*

R. No, gli americani no.

D. *Presidente, certi ambienti americani?*

R. Qualche ambiente americano... C'era stato il riecheggiare anche su qualche giornale americano... Però poi ho avuto la massima soddisfazione che persone serie sono venute dall'America a testimoniare nel mio processo. Persone rispettabili, alle quali do più importanza che non a Giuffrè.

D. *Presidente, Gian Carlo Caselli non è più alla guida della Procura di Palermo; ora c'è Piero Grasso. Ci sono tanti sostituti nuovi, altri vertici negli apparati. Perché il suo nome invece riaffiora sempre?*

R. Il procuratore Piero Grasso conosce bene la mia attività, perché lui si occupò del maxi processo. Quindi sa quale fu il mio impegno in quella direzione. Su quello non ci piove.

D. *Presidente, e allora?*

R. Può essere anche una specie di vendetta della mafia. Ma non per quello che si sono inventati, che io prima aiutavo i mafiosi e poi avrei voltato loro le spalle. Invece, la vendetta: perché se noi non prendevamo quei provvedimenti, questi boss diventavano tutti latitanti del maxi processo...

D. *Presidente, una vendetta talmente differita nel tempo?*

R. Erano cose molto concrete. La stessa legislazione sui pentiti l'abbiamo favorita perché di per sé era una cosa utile. Senza Buscetta il muro dell'omertà sarebbe rimasto non incrinato... questa è la mia convinzione.

D. *Presidente, c'è stata una fase in cui la storia della Dc in Sicilia si è intrecciata con quella della mafia. Vorrà ammettere che almeno questo è un dato acclarato?*

R. Questo sì, questo sì... però, vede, io ho avuto rapporti con Salvo Lima, rapporti politici... senza dubbio, se io dovessi dire che Lima mi abbia chiesto qualche cosa che potesse apparire come un favore per qualcuno, come uno scambio, questo è assolutamente impensabile... Lima sembrava quasi sordomuto. Parlava pochissimo. E poi in tutte le cose importanti, giro di affari, di appalti, nessuno mi ha mai chiamato in causa... credo che abbiano filtrato...

D. *Presidente, lei non si è mai posto interrogativi su Salvo Lima?*

R. Io ancora devo sapere bene chi fosse e che cosa abbia fatto Salvo Lima...

D. *Presidente, non si è posto interrogativi neanche a posteriori, dopo la sua uccisione a colpi di pistola?*

R. Ho pensato che forse bisognava fare un fronte comune contro la mafia, un fronte comune come Democrazia cristiana... E forse questo dovere valeva anche per altri partiti...

D. *Concludendo: questo Giuffrè, nel 2002, da dove salta fuori?*

R. Questo bisogna domandarlo a chi lo ha raccolto. Spero solo che adesso siano più trasparenti le condizioni dei rapporti fra pentiti e amministrazione.

D. *Presidente, in passato non lo erano?*

R. Quando ho avuto il primo procedimento ho potuto dire quello che mi aveva raccontato il capo della polizia Vincenzo Parisi, che quando questi testimoniavano contro di me venivano retribuiti di più... Non dimentichiamo Balduccio Di Maggio al quale avevano dato mezzo miliardo... ed era previsto che ne prendesse tre volte tanti...

D. *Presidente, secondo lei la mafia i rapporti con la politica e le istituzioni li ha mantenuti e li mantiene? Oppure no?*

R. Non lo so. Credo che per quello che si dice del narcotraffico i rapporti siano fortemente intricati. Che la mafia internazionale sul traffico di droga prosperi, questo è vero. E alcune cose mi inquietano.

D. *Quali per esempio?*

R. Leggere che in Afghanistan è ripresa la coltivazione dell'oppio... per carità: che non ci siano più i talebani sono contentissimo, che non si perseguitino più le ragazze... ma con l'occasione della guerra i campi di oppio potevano essere distrutti...

D. *Presidente, tento di farla litigare con Silvio Berlusconi.*

R. Ma lei non ci riuscirà.

D. *Presidente, ci provo. Mi lasci fare la domanda: lei da presidente del Consiglio si sarebbe avvalso della facoltà di non rispondere se un Tribunale fosse venuto a Roma proprio per ascoltare lei?*

R. Io mi avvalgo della facoltà di non rispondere alla sua domanda... Le nuove generazioni hanno idee diverse, sono molto moderne, io appartengo all'archeologia.

D. *In che senso, all'archeologia?*

R. Perché adesso vedo risse quotidiane su tutto. Non c'è un argomento sui cui non si prendono subito posizioni pregiudiziali, il muro contro muro.
D. *Presidente, della legge sul legittimo sospetto che ne pensa?*
R. Io mi sono astenuto al momento del voto. Perché non mi piaceva il modo, anche in quell'occasione, con cui è stato fatto il dibattito parlamentare, il corpo a corpo. C'era una specie di pregiudizio da una parte e dall'altra...
D. *Presidente, questo governo concluderà la sua legislatura?*
R. Credo di sì. Non mi sembra che ci siano piattaforme alternative.
D. *Si riferisce alla debolezza del centro-sinistra?*
R. Intanto anche fra gli stessi Ds ci sono correnti, cose nuove che in passato non esistevano. Anche i rapporti fra Ds e Margherita, all'interno stesso della Margherita, non mi pare che abbiano elaborato un programma su cui possa crearsi, sin da ora, una aspettativa. E poi se ci si abitua al fatto che le legislature durano il periodo regolare, male non fa. Non facevo parte della Bicamerale, ma feci una serie di proposte fra cui quella di abolire la possibilità di scioglimento delle Camere prima del tempo. Ora capisco che c'è anche il vantaggio che se ci sono situazioni che non reggono e allora cambiano... Ma le spinte ai ribaltoni non portano mai bene...

Poca, pochissima politica in questa intervista. È un peccato. Si capisce che Giulio Andreotti avrebbe voluto volentieri parlare proprio di politica.

Ma «il catalogo» degli argomenti era un altro, almeno sin quando Andreotti non riuscirà a dimostrare che quelle di Giuffrè sono soltanto calunnie.

Auguri, Presidente.

(29 novembre 2002)

Se ne va il capo del pool antimafia. È morto Antonino Caponnetto

Se n'è andato dopo avere illuso amici e conoscenti di essersi ripreso da una brutta broncopolmonite. Appena qualche giorno fa, un giornale radio del mattino aveva dato la notizia che Antonino Caponnetto era stato ricoverato d'urgenza in un ospedale fiorentino. Ma era bastato un giro di telefonate per scoprire che invece si stava già riprendendo ed era – compatibilmente con le sue condizioni piuttosto serie – di umore accettabile. Tutti avevamo scacciato i pensieri peggiori, sapendo anche che Nino Caponnetto, essendo di tempra siculo-toscana, sapeva resistere e superare i momenti peggiori. Purtroppo questa volta non è stato così.

E Caponnetto ci lascia in un momento difficile. Ci lascia, ironia del destino, nel giorno di un ennesimo blitz antimafia scaturito dalle dichiarazioni del pentito Nino Giuffrè. E proprio nel decimo anniversario di quelle stragi di Capaci e via D'Amelio che tanto avevano contribuito a intristirlo, a incupirlo, a debilitarlo anche fisicamente.

Ero andato a trovarlo l'estate 2001, a Vallombrosa, in una località dell'Appennino dove cercava ristoro, insieme alla moglie Betta, che amorevolmente lo ha seguito sino all'ultimo, al caldo torrido del luglio fiorentino. Lo avevo intervistato per «l'Unità», in compagnia di Salvatore Calleri dell'associazione «Viva Jospin» che negli ultimi anni era diventato il suo portavoce, oltre che la persona nella quale Nino riponeva massima fiducia (e chi lo ha conosciuto sa quanto fosse complicato guadagnarsi la sua fiducia).

Stava seduto in poltrona con una leggera coperta sulle gambe, davanti a una finestra attraversata da una lama di luce. Appariva già stanco di primo mattino, con la voce flebile, e beveva in continuazione spremute d'arancia con le quali cacciava giù pillole d'ogni tipo. In compenso era felice di rendersi utile. Rilasciare qualche intervista: era diventato questo il suo modo di rendersi utile.

Utile agli altri, con le sue parole, le sue forti denunce, il suo messaggio di speranza soprattutto alle nuove generazioni. Parlammo naturalmente di lotta alla mafia, e di lotta alla mafia in un'Italia berlusconiana che gli dava ai nervi e considerava al limite della volgarità. Poi, dopo circa un'ora e mezzo di colloquio, mi disse che voleva interrompere e che, se proprio non mi bastava tutto quello che mi aveva detto, che ci mettessi del mio anche nelle sue risposte, oltre che nelle mie domande. Quando sbobinai il nastro registrato mi accorsi che non ce n'era proprio alcun bisogno e che si sarebbe riempita un'intera pagina di giornale con quello che mi aveva detto.

Antonino Caponnetto ha lavorato a suo modo sino all'ultimo. Da cinque anni, per esempio, era diventato l'ideatore, oltre che il principale organizzatore, del vertice che si teneva ogni anno a Firenze (una volta anche a Roma) sulla legalità. Non erano convegni salottieri quelli che si tenevano a Campi Bisenzio o al dopolavoro ferroviario di Firenze. Non erano passerelle dell'antimafia. Erano momenti di reale dibattito e, molto spesso, anche di duro scontro politico. Come quando, durante gli anni di centro-sinistra, il governo e i suoi esponenti vennero duramente contestati per una gestione eccessivamente soporifera della lotta alla mafia e ai poteri criminali organizzati.

C'erano Dario Fo e Franca Rame, Piero Grasso e Gian Carlo Caselli, Mario Almerighi e Gherardo Colombo, Piercamillo Davigo e ancora Diego Novelli, Alfredo Galasso, Luigi Li Gotti, Tano Grasso... gli uomini per bene di un'Italia per bene.

Caponnetto quando veniva prendeva la parola. Altre volte le condizioni fisiche gli consentivano solo di inviare un messaggio che veniva letto fra valanghe di applausi. Di lui ho tanti ricordi. Cominciai a conoscerlo davvero il 29 settembre 1984, durante una conferenza stampa che si tenne al Palazzo di Giustizia di Palermo. Con lui c'erano Falcone, Borsellino... Era la prima uscita pubblica di quel pool che poi sarebbe passato alla storia. Quel giorno venne data la notizia che un signore di nome Tommaso Buscetta, boss storico della mafia, si era «pentito» e che la sua «cantata» aveva provocato la cattura di quasi mezzo migliaio di trafficanti palermitani e siciliani dell'eroina, nonché feroci assassini e stragisti: il blitz di San Michele. I giornalisti presenti erano moltissimi. Fioccarono decine di domande.

E chi voleva sapere chi fosse Buscetta. E chi voleva sapere cosa significasse il «pentimento» di un mafioso. E chi voleva sapere chi fossero quelle centinaia di persone sino al giorno prima insospettabili, o quasi, nella vita quotidiana della città... Caponnetto si riservò di rispondere solo a domande esaurite.

Il bello è che nessuno di noi cronisti sapeva con precisione neanche chi fosse questo «capo dell'ufficio istruzione» che era venuto a occupare un'altra poltrona insanguinata. Nell'estate del 1983, Cosa Nostra aveva assassinato, con un'impressionante quantità di tritolo, Rocco Chinnici, capo dell'ufficio istruzione di Palermo, insieme a due carabinieri della scorta e al portinaio dello stabile. Caponnetto, dunque, lo conoscemmo in occasione di quella conferenza stampa.

E fu una rivelazione. Ci eravamo accorti che non aveva preso appunti. Rispose alla caterva di domande, nell'ordine inverso al quale erano state poste. Rispondeva ricordando, in tantissimi casi, anche il cognome di chi le aveva poste.

Giovanni Falcone e Paolo Borsellino manifestarono sempre verso la sua persona un rispetto reverenziale.

Entrambi erano consapevoli che se il pool esisteva, questo lo si doveva innanzitutto alla mano salda di Antonino Caponnetto. Forse dovremmo ricordare, in una triste occasione come questa, le tante pagine che scandirono la vita del pool antimafia. Ma è un altro l'aspetto che oggi vogliamo segnalare. I guai che toccarono in sorte a Falcone e Borsellino proprio per avere deciso, in maniera limpida e coerente, di battere la strada della lotta alla mafia, furono vissuti da Caponnetto in prima persona.

Quel magistrato, quell'avvocato o quel giornalista che attaccavano Falcone o Borsellino era come se attaccassero anche Nino Caponnetto. Del suo atteggiamento protettivo verso i «suoi» del pool, si è scritto tante volte: padre, tutore, scudo, a seconda dei casi e delle necessità.

Lo rividi nel 1992 in una Palermo intossicata dalle esalazioni delle autobomba e dalle lacrime. Lo rividi mentre faceva quella dichiarazione di «resa» («è finito tutto») che tante volte si sarebbe rimproverato. Poi venne agosto. Lo raggiunsi a Firenze, per iniziare a scrivere le sue memorie, quel libro che avrebbe avuto per titolo *I miei giorni a Palermo* [Garzanti, Milano 1992], e che resta la sua autobiografia negli anni di Palermo e del pool. Lavorammo per giornate intere. In quel momento Caponnetto era uno degli uomini più scortati d'Italia. Ricordo che in un paio d'occasioni Gianni De Gennaro, che in quel periodo presentò il suo primo rapporto sull'omicidio di Salvo Lima, venne in gran segreto a casa di Caponnetto per accertarsi personalmente che tutto fosse in ordine e adeguato il sistema di protezione. Erano tempi bui. E lo choc delle stragi di Capaci e via D'Amelio fu duro a passare.

Durante la stesura di quel libro, ebbi modo di conoscerlo meglio. Dietro la sua scorza apparentemente dura, si nascondeva un uomo mite. Pignolo e rigoroso con se stesso, ancora prima che con gli altri. E gran conoscitore della lingua italiana. Simpatico? Non direi. Loquace? Neanche per sogno. Serio, della vecchia scuola.

(7 dicembre 2002)

Intervista a Gian Carlo Caselli nel giorno della morte di Antonino Caponnetto

Si insediò alla guida della Procura di Palermo, pochi mesi dopo le stragi del 1992. Si trovò a gestire il «dopo Falcone», il «dopo Borsellino». E anche il «dopo Caponnetto». Si ritrovò, lui torinese, non siciliano, a ereditare il metodo di lavoro di un pool di magistrati siciliani d'eccellenza che per la prima volta, in cento anni, avevano dimostrato che con la mafia non era obbligatorio convivere. Un'Italia, ancora sgomenta per quei quintali di tritolo che avevano messo in ginocchio lo Stato colto alla sprovvista dall'escalation di Cosa Nostra, ripartì da un procuratore che veniva dal Nord e chiedeva di andare a occupare una poltrona insanguinata.

Gian Carlo Caselli ora è tornato a fare il procuratore generale nella sua Torino. Ed è proprio a lui che chiedo un primo ricordo di Antonino Caponnetto.

Era in corso in tutta Italia una raccolta di firme per nominare Caponnetto senatore a vita. Non si è fatto in tempo. Le istituzioni hanno perso una buona occasione per arricchirsi riconoscendo i meriti di una persona straordinaria per coraggio onestà spirito di servizio e intelligenza. Ma anche, e soprattutto, per capacità di costituire un punto di riferimento insostituibile soprattutto in questi che sono tempi di voltagabbana e opportunisti. Appena una settimana fa, a Campi Bisenzio, si è svolta una manifestazione pubblica organizzata da Caponnetto, purtroppo senza la sua presenza perché la malattia lo stava già distruggendo. Ma con una eccezionale partecipazione di popolo, richiamato proprio dalla sua figura e dalla sua capacità di indignarsi senza rinunciare al dovere della proposta.

Domanda *Dottor Caselli, da cosa veniva il fascino magnetico che ispirava Antonino Caponnetto?*
Risposta C'era una volta... che la mafia non esisteva... Procuratori generali, cardinali, notabili della più diversa estrazione, pubblicamente e ufficialmente accusavano chi parlava di mafia di essere un provocatore, spesso aggiungendo la pennellata di «provocatore comunista». Invece la mafia c'era e uccideva impunemente. Tra gli altri, il consigliere Chinnici, il primo che diede spazio a Falcone, nonostante che fior di autorevoli magistrati lo avessero invitato a sommergerlo di carte con le quali avrebbe finito di fare solo «panna montata». Caponnetto si candidò a prendere il posto di Chinnici, e dalla Toscana si trasferì volontariamente in Sicilia dove fu costretto a vivere iperblindato solo perché era un uomo coraggioso che agiva con senso del dovere e spirito di servizio. Una vergogna che dura tutt'ora nel nostro Paese.
D. *A cosa si riferisce?*
R. Siamo la quinta o settima potenza industriale – non so bene – e tuttavia non riusciamo a far sì che possano vivere come uomini liberi tutti coloro che combattono davvero il potere criminale in ogni sua angolazione. Ma torniamo a Caponnetto. Completando il lavoro di Chinnici, Caponnetto rese operativo il pool con cui Falcone, Borsellino e altri magistrati riuscirono a costruire un vero e proprio capolavoro investigativo-giudiziario: il maxi processo. La dimostrazione che nel pieno rispetto delle regole la mafia si poteva sconfiggere anche dopo decine di anni di sostanziale impunità. La dimostrazione che per sconfiggere la mafia basta volerlo e organizzarsi di conseguenza. Questo è stato il grande merito di Caponnetto.
Era talmente convinto di aver messo in piedi una struttura e un metodo di lavoro così indiscutibilmente validi, che a un certo punto pensò di poter lasciare andando in pensione. Sicuro che il suo posto sarebbe stato preso da Giovanni Falcone.
D. *Invece la catastrofe.*
R. Invece accadde l'incredibile. Un'altra vergogna. Di polemica in polemica. Professionisti dell'antimafia, pool come centro di potere, uso spregiudicato dei pentiti, uso politico della giustizia a fini di parte: le stesse identiche calunnie scagliate sempre, e ancora oggi, contro qualunque magistrato che facendo il suo dovere abbia «la sfortuna di imbattersi» in interessi o soggetti che vorrebbero starsene tranquilli. E di polemica in

polemica il pool fu distrutto, il suo metodo di lavoro cancellato, e Falcone fu costretto a emigrare a Roma, mentre la mafia se la rideva.

D. *Caponnetto ebbe mai modo di parlarle della sua grande amarezza all'indomani di quelle sconfitte, di quelle vergogne nazionali?*

R. Non riusciva a darsene pace. Neppure la sua grande esperienza lo aiutava a capire una pagina tanto sconcertante della nostra storia nazionale. Prova ne sia che dopo le stragi che stroncarono la vita di Falcone e Borsellino, Caponnetto letteralmente si consumò girando tutta quanta l'Italia – soprattutto le scuole – per parlare di Falcone, Borsellino, legalità antimafia e per creare nella società civile un impegno responsabile e diretto su problemi che non si possono delegare ad altri. E questo superando lo smarrimento che, subito dopo le stragi, aveva messo in ginocchio l'intero Paese. Ricordiamo tutti le parole di Caponnetto subito dopo la morte di Borsellino: «È finito tutto».

D. *Era il pensiero angosciato di ciascuno di noi...*

R. Ma poi abbiamo saputo, tutti quanti insieme, rimboccarci le maniche e Caponnetto, anche in questo, è stato un grande maestro per tutti.

D. *È rimasto un punto di riferimento nel vostro lavoro?*

R. Costantemente. Sempre prodigo di consigli e se necessario anche di critiche. Nei peggiori momenti non ci ha fatto mai mancare la sua solidarietà. Soprattutto quando si delineava quel pensiero unico secondo cui quando si tratta di imputati eccellenti, occuparsene indagando, figuriamoci poi condannando, significa fare giustizia per definizione «ingiusta». Uno stravolgimento della realtà. Un'intimidazione di fatto, intrecciata con sistematiche campagne di insulti e calunnie. Il fango non ha risparmiato neanche Caponnetto. I soliti noti intitolarono in prima pagina un articolo che lo riguardava, con le parole «Capoinetto», stravolgendo come sempre le verità più elementari per servire interessi di bottega.

D. *Perché furono tanto odiati il pool e i suoi rappresentanti?*

R. Forse perché la mafia non è completamente altra rispetto alla politica, alle istituzioni, agli affari, alla stessa società. Ci sono pezzi che con la mafia sono compromessi e ci fanno affari e che per difendersi non esitano a scagliarsi contro i magistrati. È un dato di fatto, per esempio, che i problemi, per il pool di Caponnetto, Falcone e Borsellino cominciarono quando le indagini dai mafiosi di strada si estesero ai cugini Salvo, a Ciancimino, ai cosiddetti cavalieri del lavoro di Catania. È un dato di fatto che la Procura di Palermo del dopo stragi, finché si è occupata di Riina e soci, andava bene a tutti. Quando ha cominciato a occuparsi anche di mafia politica e affari è diventata un covo di farabutti. Ma così si perdono chissà quante opportunità di un più efficace intervento, mentre crescono i tempi e gli spazi di riorganizzazione di Cosa Nostra. Caponnetto lo capiva molto bene e per questo ci rimase sempre vicino.

(7 dicembre 2002)

Contrada da rifare

Una secca sconfessione. Parole che lasciano il segno. Come queste: «la sentenza impugnata riesce a compendiare in poche righe tutti gli errori di diritto e le contraddizioni logiche che costellano la sentenza stessa». Come quest'altre: «la Corte d'appello continua a incorrere nella violazione del principio di valutazione unitaria degli elementi di prova, omettendo del tutto di valutare criticamente la motivata affermazione del Tribunale...». *Argomentum marmoreum*, come si conviene sempre – almeno in linea di principio – alla Suprema Corte. Uno di quei documenti giudiziari destinati a raffigurare, a futura memoria, come andavano le cose nel bel paese che si trastullava con le polemiche bizantine fra colpevolisti e innocentisti, brandendo i processi come fossero clave.

E diciamolo subito: più che Bruno Contrada, l'ex numero 3 del Sisde, il superpoliziotto che si ritrovò alla gogna perché accusato d'avere intrattenuto rapporti con Cosa Nostra, sono i giudici di secondo grado che lo avevano giudicato per assolverlo, a uscire a pezzi alla luce dell'*argomentum marmoreum*. Di che si tratta?

Si tratta di quella motivazione, recentemente depositata, con la quale la Cassazione intima (il verbo non lo adoperiamo a caso) la riapertura del processo. Contrada, commentando a caldo un verdetto per lui pesantissimo, ha dichiarato: «i giudici della seconda sezione penale sono entrati nel merito della questione e non si sono limitati a un giudizio di legittimità, cosa che non è di loro competenza». Tranne l'ultima espressione, dettata da comprensibile risentimento, per il resto, le cose stanno più o meno come dice Contrada.

Ma perché la Cassazione ha sentito la necessità di «debordare»? Ecco il punto.

Perché gli alti magistrati sono convinti – e lo hanno argomentato in 327 pagine – che il processo d'appello, con relativa appendice assolutoria, è risultato, alla lettura delle carte, privo di «totale struttura logica».

E la logica, parafrasando il Manzoni, chi non ce l'ha non se la può dare. Quello che è molto più grave è il seguente passaggio nel quale i giudici della Suprema Corte fanno riferimento alla: «deliberata determinazione di inficiare il costrutto accusatorio svilendo la portata probatoria di ogni singolo elemento a carico dell'imputato».

In altre parole, si sollevano dubbi – se le parole hanno un senso – sulla serenità di giudizio manifestata dalla Corte d'appello presieduta da Gioacchino Agnello. Rileggiamo per evitare di fraintendere: «deliberata determinazione». Come dire: avevano preso una decisione. Quale? Quella di «inficiare» le argomentazioni dell'accusa. In che modo? «Svilendo la portata probatoria di ogni singolo elemento a carico dell'imputato.»

Ecco perché all'inizio dicevamo: «argomentum marmoreum». O

una pesante legnata, a volere essere più prosaici. Ma attenzione. La Cassazione è giunta a ricorrere a queste espressioni dopo avere radiografato i gangli più delicati dell'intero dibattimento. Vediamo, anche se in sintesi.

Intanto, i giudici non capiscono perché sono state giustificate le reiterate e provate frequentazioni di Contrada con mafiosi d'ogni risma all'insegna di questa tesi che i giudici di secondo grado hanno pensato bene di mettere nero su bianco: «l'attività dei poliziotti comporta la frequentazione e il rapporto con elementi della malavita da essi contattati per assumere informazioni».

E sin qui saremmo ancora dentro il vecchio adagio che «guardie» e «ladri», in fondo, si assomigliano. Ma c'è il resto: «la necessità di assumere atteggiamenti che normalmente sembrerebbero anomali o addirittura sospetti». Il che già appare più difficile da digerire. Vuole il caso, però, rileva la Cassazione, che Contrada ha sempre negato di avere avuto quegli incontri pericolosi. Ergo, per i giudici dell'*argomentum marmoreum*, quella di guardie e ladri è semmai un'ipotesi meramente «astratta».

L'accusa a Contrada – come si ricorderà – era quella di «concorso esterno». La Corte, insiste la Cassazione, ha inteso ventilare, nella sua motivazione dell'assoluzione, un'ipotesi alternativa, quella dell'eventuale «favoreggiamento». Pista che però si è insabbiata quasi subito, essendo assolutamente svincolata da «concreti elementi probatori». Non c'è traccia – e questo è un altro dei passaggi che dovrebbero far riflettere – di «un rigoroso percorso motivazionale, supportato da un organico e coerente apprezzamento delle prove acquisite e articolato attraverso passaggi logici dotati di indispensabile saldezza». Per il momento può bastare. Anche perché qui entriamo in quell'autentico campo minato del pentitismo di natura mafiosa. E le sorprese non mancano.

Cominciamo col dire che il tanto vituperato e strapazzato Tommaso Buscetta, che nelle accuse a Contrada giocò la sua parte, era stato demolito dai giudici d'appello con la leggerezza tipica degli anni in cui uno degli sport nazionali preferiti era il tiro al pentito. Leggiamo: «manifesta contraddizione logica con la ricostruzione delle risultanze dibattimentali effettuata dal giudice del primo grado, e non contestata con proposizioni argomentative diverse e specifiche sul punto». Contraddire è bello, insomma, ma bisogna saperlo fare.

E continuiamo con una sfilza di altri nomi: Gaspare Mutolo, Marino Mannoia, Salvatore Cancemi, Rosario Spatola, Angelo Siino... Un materiale probatorio che ora dovrà essere «rivisitato» ex novo.

È troppo facile, persino troppo comodo, verrebbe da dire, esaminare ciascun dettaglio processuale isolatamente. Persino la Gioconda, se fosse ridotta a un mucchietto di coriandoli, avrebbe davvero poco da dirci. Figuriamoci le dichiarazioni dei pentiti.

Infatti. La Suprema Corte nutre ancora forti dubbi sull'infondatezza dell'accusa rivolta a Contrada d'avere favorito la fuga di John Gambino. Non capisce perché, scegliamo quasi a caso, Contrada, pochi giorni dopo l'uccisione del capo della squadra mobile di Palermo, Boris Giuliano, sentì il bisogno di rilasciare una raffica di interviste per smentire categoricamente la notizia che il bravissimo poliziotto aveva incontrato a Milano, qualche giorno prima di finire assassinato, Giorgio Ambrosoli, il liquidatore delle banche sindoniane. E a tale proposito, la Cassazione, non manca di elencare puntigliosamente quegli «elementi probatori», emersi dal primo processo, e praticamente ignorati dal secondo. Il quale secondo processo, sono altri esempi di un impianto accusatorio ridotto al mucchietto di coriandoli, non tenne in alcun conto neanche le delicatissime testimonianze di Carla Del Ponte e persino della vedova Giuliano.

Tiriamo le fila: «Nella sentenza impugnata – sono parole del relatore Franco Fiandanese – nelle deduzioni conclusive, dopo aver pregiudizialmente e sistematicamente smantellato (con metodi ed esiti illogici e giuridicamente erronei) l'impianto accusatorio, da un lato incorre in ulteriore e manifesta illogicità, allorquando sembrerebbe ritenere che vi sia stata una frequentazione assidua del giudicabile con soggetti appartenenti a Cosa Nostra, in quanto non si comprende da quali risultanze processuali ciò emerga, avendo la stessa sentenza ritenuto privo di valore probatorio quelle evidenziate dal giudice di primo grado».

«Vizi» e «contraddizioni», dunque. Si rifaccia il processo. Si cerchino finalmente i «riscontri processuali». Con quale scopo?

Condannare o assolvere Contrada, dicono alla Suprema Corte. Ecco, l'altro passaggio delicatissimo. Se i giudici di secondo grado dovessero giungere alla conclusione che a carico dell'ex superpoliziotto non sussistono «riscontri», hanno il dovere di assolverlo con formula piena e di restituirgli l'onore. Ma il tutto dovrà essere argomentato logicamente. Senza contraddizioni, rispetto a ciò che è emerso dal precedente dibattimento. Non ricorrendo all'«effetto coriandolo». Senza ammiccare a chi, nel nostro bel paese, spara a zero sui pentiti, variante nostrana e localistica delle guerre di religione. Ma intendiamoci, la Cassazione ci dice anche che il primo processo, quello che si conclude il 5 aprile 1986 con la condanna di Contrada a dieci anni, filava liscio come l'olio.

Gian Carlo Caselli, all'epoca dei fatti procuratore capo a Palermo, e che in tantissimi e sommari processi televisivi venne dato in pasto all'opinione pubblica del bel paese come fosse il padre dei peggiori inquisitori, forse era meno visionario di come ce lo dipingevano.

(5 aprile 2003)

Lettera aperta a Totò Riina

A Salvatore Riina ci permettiamo di scrivere: diciamoci la verità, *zu* Totò: la guerra è finita. Niente sarà più come prima. La sua Corleone è ormai davvero lontana. Ed è lontana anche la sua famiglia, costretta a girare da un capo all'altro dell'Italia per avere la magra consolazione di un colloquio mensile, ché questo è quello che prevede il regime del duro isolamento carcerario per i detenuti di mafia. Di tutto questo, lei, ovviamente, è il primo a rendersene conto.

«Sono diventato un parafulmine dell'Italia», ha dichiarato qualche settimana fa, e usando una parola che più appropriata non poteva essere, a una delegazione di radicali che venivano a farle visita in cella. Già: un parafulmine. E di chi, e per coprire le responsabilità di chi? Molto difficilmente lei tornerà a essere un uomo libero, capace di dare ordini al suo esercito, composto di tanti soldati e picciotti, e colonnelli o generali come lei. Il tempo è impietoso con tutti, anche con i boss dei boss, con i capi dei capi, con i «papi», con i mammasantissima, come si chiamavano una volta, in altre ere geologiche della mafia quelli come lei, i capintesta, per intenderci. Le agenzie di stampa informano che lei è rimasta vittima di un infarto. Ma dicono anche che l'hanno sottoposta a un delicato intervento, dal quale si sta riprendendo bene, al punto da avere scambiato qualche parola con i suoi medici che, adesso – ci informano sempre le agenzie – appaiono un po' più fiduciosi sul decorso della sua malattia. Oggi, *zu* Totò, lei deve ammettere che i medici che la stanno curando – e le rivolgiamo, e ci voglia credere, un sincero augurio di pronta guarigione – sono medici di Stato. Potrà non piacerle, ma è così.

Questi medici le stanno somministrando medicinali e cure di Stato. E forse, in settantadue anni, è la prima volta che le capita di non dover ricorrere a medici compiacenti come dovrà esserle certamente accaduto nei lunghi anni della sua latitanza, e come è sempre accaduto a tutti i latitanti mafiosi che non potevano – e non possono – ricorrere all'assistenza pubblica. Sappiamo bene quanto le pesa parlare. In dieci e più anni di carcere, pur avendo partecipato zelantemente a quasi tutte le udienze dei processi che la riguardavano (ed erano veramente tanti) lei ha parlato davvero lo stretto necessario. Qualche nome, qualche segnale, qualche giudizio beffardo, niente di più. E l'abbiamo vista ascoltare tantissimo, avendo fatto sempre la scelta professionale di seguirla – per questo giornale – nei processi che la riguardavano. Dentro Cosa Nostra, nessuno meglio di lei è stato il simbolo vivente dell'omertà, del silenzio, degli ordini impressi solo con la potenza e il guizzo di uno sguardo, in una concezione laconica del comando guerriero che non ha bisogno di lunghi preamboli per farsi eseguire.

Di lei si ricordano frasi quasi monosillabiche, ma di indiscutibile effetto: «Si sono fatti sotto» (riferendosi ai rappresentanti delle istituzioni disposte a trattare fra la strage di Capaci e quella di via D'Amelio), «Torna a fare il soldatino a Corleone» (a suo cognato, Leoluca Bagarella, al culmine di un dissidio particolarmente aspro), «Ammazzateli dai sette anni in su» (riferendosi ai familiari dei pentiti, gli «infami» sui quali si abbatteva la sua ira). Ma come le dicevamo all'inizio, la guerra ormai è finita. Se la sono giocata, zu Totò. Qualche giorno fa, lei ha mostrato di sospettarlo apertamente, quando ha dichiarato che qualcuno, persino dentro Cosa Nostra, lo aveva «tradito».

Guardi quel volpone dello zu Binnu, quel Bernardo Provenzano che sembra sempre che le forze dell'ordine stiano per catturarlo e invece non lo catturano mai... Con uno come lei – ci permetta anche questa precisazione – è bene misurare le parole. Non ce la sentiremmo mai di invitarla al pentimento. Se abbiamo capito qualcosa della sua personalità, sappiamo che preferirebbe davvero andarsene all'altro mondo pur di non essere aggiunto, in extremis, alla lista dei Buscetta, dei Mannoia, dei Contorno, dei Calderone, dei Brusca, che tanto le hanno complicato la vita e che lei – da capo dei capi – ha profondamente disprezzato. Ma vorrà convenire con noi che se non si decide una buona volta a svuotare il sacco dei suoi segreti, i suoi nemici – non tutti disinteressati, non tutti in buona fede, non tutti appartenenti solo alle fila di Cosa Nostra – avranno avuto buon gioco di lei. Racconti, allora. Chiami un magistrato, chiami un poliziotto, chiami un notaio, un cappellano o il suo avvocato, chiami chi vuole, ma consenta l'individuazione di quei mandanti esterni alle stragi che sin qui sono riusciti a farla franca.

Tutti hanno capito che le stragi di Capaci e di via D'Amelio, e quelle di Firenze, Roma e Milano, non furono solo farina di Cosa Nostra. Tutti hanno capito – e sin dai tempi del bandito Giuliano, dell'uccisione del medico Navarra di Corleone, e del delitto Mattei, e del delitto De Mauro – che dietro di voi c'erano altri poteri occulti, molto più invisibili di voi. Se no perché lei avrebbe sentito il bisogno di dire di se stesso, sono diventato il parafulmine dell'Italia? La sua storia, zu Totò, è zeppa di segreti. Segreti da togliere il sonno, segreti che non sono piume, come non lo erano quelli di Stefano Bontate, al quale lei subentrò nella direzione di Cosa Nostra dopo avere dato l'ordine di assassinarlo. I suoi sono segreti di cose vissute, ma sono anche segreti ereditati. E quante volte, nel chiuso della sua cella, si sarà fatto una bella risata leggendo le «fesserie» che scrivono i giornali su questi argomenti o ascoltando per televisione le roboanti proclamazioni antimafia di qualche politico che lei invece sapeva essere sul libro paga di Cosa Nostra.

Rimetta ordine, zu Totò. Offra – come si dice in gergo – qualche «interessante spunto d'indagine». Accenda i riflettori su quelle complicità con la politica e con le istituzioni, senza le quali l'organizzazione che lei per tanti anni ha diretto non sarebbe stata altro che un fuscello esposto ai marosi della storia. Tantissimi collaboratori di giustizia hanno detto: questo poteva saperlo solo u *zu* Totò... Vedrà che se si deciderà ad aprire bocca, le parole le verranno una dietro l'altra. E vedrà che dormirà meglio, e guarirà molto prima. Auguri, *zu* Totò.

(18 maggio 2003)

La rivolta dei pubblici ministeri contro Piero Grasso

Le inchieste sul rapporto mafia e politica rischiano di spaccare la Procura di Palermo. Brutto clima, minaccioso scricchiolio e rumor di sciabole. È rivolta, o poco ci manca, contro Piero Grasso. Come nel passato remoto, ai tempi di Giovanni Falcone e Paolo Borsellino. Come nel passato prossimo, ai tempi di Gian Carlo Caselli. Come allora, come sempre. Che qualcosa non andasse per il giusto verso, si era cominciato a capire da alcune settimane. Il Palazzo di giustizia torna a essere il pentolone in cui si cucina di tutto, e in cui montano malumori e frustrazioni, ma anche – e qui sta la novità – serpeggiano autentici ammutinamenti.

Oggi – per la terza volta dal giorno del suo insediamento – Piero Grasso, il procuratore capo, deve fare i conti con il 70 per cento dei suoi sostituti presenti nella Divisione Distrettuale Antimafia (dodici persone), i quali, per chiedergli («alla S.V.» è la formula prescelta) di «voler valutare l'opportunità di una convocazione urgente della Dda» sul caso Cuffaro, si vedono costretti a prendere carta e penna. Segno che qualcuno non riesce più a parlare con qualcun altro.

Secondo l'Ansa di ieri, 3 luglio (quindici e quarantaquattro) «i sostituti spiegano che non vi è "nulla di polemico né vi sono spaccature", trattandosi soltanto "della circolazione di notizie sulla vicenda Cuffaro che potrebbero riguardare anche altre indagini che sono in corso"». Abbiamo notizie – evidentemente – difformi da quelle Ansa. Se non altro perché i firmatari, motivano la loro richiesta di riunione urgente «in relazione alle notizie apprese negli ultimi giorni dalla stampa». Omissione apparentemente di scarso rilievo quella del dispaccio Ansa, ma decisiva ai fini della comprensione di quanto sta accadendo.

Se dodici sostituti chiedono di incontrare il loro capo per discutere degli «ultimi avvenimenti giudiziari che hanno visto coinvolti anche noti esponenti delle istituzioni» (leggi: Cuffaro), in seguito a quanto hanno appreso dai giornali, che significa? Significa che lamentano una gestione talmente verticistica dell'ufficio da non essere venuti a conoscenza di notizie che dovrebbero invece conoscere in ragione del loro ufficio. Ecco perché la questione è grave.

Quali sono i tanti ingredienti di una miscela pericolosissima? Innanzitutto l'avviso di garanzia al presidente della Regione Siciliana, Salvatore Cuffaro. Le intercettazioni ambientali che hanno determinato una misura di così forte impatto sull'opinione pubblica, risalgono almeno a sei mesi fa. Durante questi sei mesi, in Procura, ci sono state riunioni accesissime, con fronti contrapposti, con idee molto diverse sulla tempistica da seguire. Poi, l'improvviso giro di vite che avrebbe colto alla sprovvista molti sostituti, ma anche, a quel che se ne sa, alcuni procuratori aggiunti, anche fra quelli più vicini a Piero Grasso. Perché? Siamo partiti dalla goccia che ha fatto traboccare il classico vaso già colmo. Dicevamo che questa è la terza volta che Grasso «riceve posta».

La prima volta era accaduto sulla vicenda del pentimento di Antonino Giuffrè, il mafioso della montagna, quando i procuratori aggiunti Guido Lo Forte e Roberto Scarpinato gli avevano scritto due distinte lettere per mettere nero su bianco, anche in quella occasione, di essere stati tenuti all'oscuro dei passaggi più significativi di quella vicenda. Una contrapposizione che aveva poi trovato un punto di equilibrio accettabile per tutti.

Ora anche del pentimento di Giuffrè si torna a parlare prepotentemente. Sono infatti trascorsi sei mesi dallo scadere fatidico di quei centottanta giorni in cui Giuffrè rese le sue dichiarazioni. Di «terremoto giudiziario in arrivo e di nuovo Tommaso Buscetta» parlarono i vertici della Procura nella conferenza stampa in cui venne reso pubblico il pentimento del boss di Caccamo. Tutti davano per scontato che la procura sapesse il fatto suo, e che la montagna Giuffrè avrebbe partorito ben altro che un topolino.

A conti fatti, il bilancio è questo: una dozzina di arrestati (con Buscetta furono mezzo migliaio), per lo più mafiosi della pastorizia di qualche paese in provincia di Palermo. Il nome eccellente pronunciato da Giuffrè resta quello dell'avvocato Nino Mormino di Forza Italia, il quale ricevette – come è noto – avviso di garanzia per concorso esterno in associazione mafiosa. Il fatto è che, per l'avvocato Mormino, si veleggia verso l'archiviazione dell'inchiesta. A oggi, dunque, il terremoto giudiziario resta nel mondo dei sogni annunciati, e Giuffrè con tutto fa rima tranne che con Buscetta. Analoghi malumori, successivamente, in occasione della gestione del «finto pentito» Pino Lipari.

Si avverte aria di normalizzazione. Si denuncia l'esistenza di un clima di sofisticatissimo attendismo, quando ci si imbatte in inchieste «pesanti», quelle, appunto di «mafia e politica». Un eccessivo gridare alla luna (in sede di convegni e tavole rotonde), e una capacità di incidenza sulla realtà criminale (in termini di inchieste) molto meno efficace di quanto si vorrebbe fare credere: è questa – in sintesi – la contestazione più dura che viene ormai apertamente rivolta a Piero Grasso in parecchi uffici della sua stessa procura.

La «prudenza», l'eterno «temporeggiare», lo spaccare il capello in quattro nel tentativo di esorcizzare i fantasmi della direzione caselliana. Quasi che il capo attuale, nel timore di sconfessioni in sede di sentenza dei processi cosiddetti «politici», evitasse per principio di portare a processo gli uomini politici e i colletti bianchi. Si sente anche questo. Di Cuffaro e Giuffrè abbiamo detto. Ma c'è dell'altro. Com'è noto, è sempre esistito un coordinamento molto stretto fra le Procure di Palermo, Caltanissetta e Firenze sul grande tema delle stragi di mafia del 1992 in Sicilia e del 1993 a Roma e nel continente. Coordinamento prevalentemente rivolto all'individuazione dei cosiddetti eventuali «mandanti occulti».

Di questi argomenti si è parlato molto in occasione della recente scomparsa del giudice Gabriele Chelazzi a Firenze, città in cui i cronisti, venuti da Palermo, scoprirono l'esistenza di approfondite indagini su personaggi residenti nel capoluogo siciliano. Ma da tempo, di questo coordinamento fra le tre Procure, a Palermo non si avrebbe più notizia. Perché?

Domande. Interrogativi dalla difficile risposta. Gli esempi potrebbero essere innumerevoli. I titolari delle indagini sulla uccisione di Mauro Rostagno «scomodarono» i dirigenti Sisde chiedendo loro i fascicoli sull'uccisione del giornalista della comunità Saman. L'iniziativa fu considerata «intempestiva» dai vertici dell'ufficio e la cosa finì sui giornali. Altro capitolo quello delle indagini che languono. Langue quella sui grandi «sistemi criminali», archiviata, in parte riaperta, dimenticata.

Recentemente è stato arrestato un ex comunista, nell'ambito dell'inchiesta sulla cosiddetta «cooperazione rossa» collusa con la mafia. È finito in carcere il giorno in cui si votava in tutta Italia per i ballottaggi delle amministrative. E con un battage mediatico molto sostenuto, visto che si trattava di evocare il fantasma del «vecchio Pci». Battage mediatico quasi paragonabile a quello che ha accompagnato l'avviso di garanzia a Cuffaro. Con la differenza che il primo era un ex esponente politico di un comune di meno di diecimila abitanti, e chiacchierato da oltre un ventennio, il secondo, il presidente della Regione attualmente in carica (e quel giorno non si votava da nessuna parte).

Esisterebbero, infine, voluminosissimi dossier riguardanti esponenti politici di Forza Italia. Fascicoli blindatissimi, fascicoli top secret, fascicoli che in pochissimi avrebbero avuto titolo per leggere. Chi è responsabile di tali indagini? Anche questo è top secret.

(4 luglio 2003)

Tornano alla mafia di Johnny Stecchino

Tornano alla mafia dei pecorai. Tornano alla mafia dei fichi d'India. Tornano alla mafia di Johnny Stecchino. È la commissione antimafia all'epoca della Casa delle Libertà. Non sono adatti a trattare una questione così delicata come il tema mafia e politica. E per quel poco che ne capiscono, fanno di tutto per tenersene alla larga. Il suo presidente, l'onorevole Roberto Centaro (Forza Italia), parla di «approccio laico». Gioca con le parole: «Una politica antimafia e non una politica dell'antimafia». Mette in guardia dal «vizio pericoloso: l'analisi politica che si sovrappone o sostituisce l'analisi giudiziaria». Davvero ben detto. E aggiunge anche: «quando nella relazione si afferma che il terzo livello non esiste, significa che la mafia non si fa condizionare da nessuno. Possono, certo, esserci interessi concorrenti, ma la mafia non si fa guidare da nessuno». Bontà sua.

Piero Grasso, attuale procuratore di Palermo: «Possiamo arrivare alla conclusione che Cosa Nostra, pur avendo sempre avuto interessi propri, è stata contemporaneamente portatrice di interessi altrui. Entità esterne, almeno in tantissime occasioni, hanno armato la sua mano. Il rischio di schematizzare esiste. Non bisogna infatti presupporre una diversità fra Cosa Nostra e gli altri poteri: i confini spesso si confondono. La convivenza fra Cosa Nostra e il sistema di potere, e quindi la politica, è molto di più che una semplice ipotesi investigativa. Ecco perché considerare Cosa Nostra un anti-Stato si è dimostrato un errore grossolano. Cosa Nostra, molto spesso, è stata lo Stato. E ha sempre avuto la tendenza ad avere uomini delle istituzioni che potessero via via farla partecipare al sistema di potere. Avere suoi uomini fidati ai posti di comando è sempre stata una prerogativa di Cosa Nostra» (pagg. 101-102 de *La mafia invisibile*, Mondadori, 2001).

Ancora Piero Grasso: «Falcone era molto di più di uno dei tanti magistrati integerrimi. Stava diventando il promotore di una stabile e concreta iniziativa antimafia. Detestava la logica dell'emergenza. Riteneva che il fenomeno andava affrontato con misure che rendessero permanente la straordinarietà. Falcone non si sarebbe mai accontentato di un ridimensionamento dell'organizzazione mafiosa. Il suo obbiettivo era aggredire proprio quella specificità che faceva di Cosa Nostra uno dei soggetti che partecipava al sistema di potere. Ecco perché la sua presenza era ingombrante proprio per il potere. Ecco perché non furono solo i mafiosi a sentirsi insidiati dalla sua attività presente e futura» (pag. 118 de *La mafia invisibile*).

Ancora Piero Grasso, a proposito delle stragi del 1993: «La campagna stragista, diffusa sull'intero territorio nazionale, con ogni probabilità non fu opera esclusiva di Cosa Nostra». (pag. 127 *La mafia invisibile*). Lunghe citazioni, ma necessarie. Il presidente Centaro, e con lui gli altri rappresentanti della Casa delle Libertà, dovrebbero studiare un po' di più il rapporto fra mafia e politica. Lo studino magari «laicamente», ma lo studino.

(31 luglio 2003)

Caro Macaluso...

Per la terza volta in meno di tre settimane, Emanuele Macaluso, sul «Riformista», ha attaccato me e «l'Unità» per le corrispondenze sulla grave spaccatura della Procura di Palermo che – con ogni evidenza – non incontrano il suo gusto. Non c'è niente di male in questo. Il pluralismo dell'informazione – per fortuna (e nonostante tutto) – permette ai cittadini di scegliersi i propri giornali di riferimento. Ma se rispondo solo oggi per la prima volta, è perché riscontro, da parte di Macaluso, un eccesso di foga oratoria e nervosismo forse dovuto al fatto che, aspettandosi che io cogliessi la palla al balzo al primo stormir di fronde, l'attesa di una mia risposta che invece non veniva deve averlo urtato.

Non voglio – ovviamente – avventurarmi in una difesa postuma di Giovanni Falcone o di quanto, a suo tempo, scrisse «l'Unità». Ognuno ha la sua storia personale e professionale. D'altra parte, se non ricordo male, Emanuele Macaluso era direttore dell'«Unità», all'inizio degli anni Ottanta, e proprio di Giovanni Falcone ebbe modo di occuparsi personalmente sul giornale; fra l'altro pubblicando anche lui le mie corrispondenze.

È piuttosto dell'oggi che mi preme parlare. Scrive Macaluso: «A me pare che i guasti più seri e preoccupanti siano quelli che leggiamo ogni giorno sull'"Unità", a proposito delle aspre e inaudite contestazioni mosse al procuratore di Palermo, Grasso, da alcuni aggiunti e sostituti procuratori». E ancora: «Leggo sull'"Unità" di ieri in un titolo a tutta pagina: *Grasso ha nascosto i documenti sulle stragi...*».

Ora, per quanto mi riguarda, la questione è semplice: «i guasti più seri e preoccupanti» sono imputabili a un giornale che li racconta? O è la situazione della Procura di Palermo a essere diventata francamente delicata?

Quanto al successivo passaggio sulle stragi, Macaluso sa bene che la frase da lui riportata è racchiusa entro virgolette, e altro non è che il titolo a un mio articolo che riferiva della lettera scritta da tre procuratori che contestano a Grasso proprio il suo comportamento in processi che riguardano le stragi. Non dovevamo scrivere e pubblicare nulla?

Ma leggiamo ancora Macaluso: «Il corrispondente del quotidiano fondato da Antonio Gramsci, Saverio Lodato, che giornalmente aggredisce Grasso, pubblicò (Mondadori editore) un libro-intervista con lo stesso Procuratore in cui le lodi si sprecano». Si tranquillizzi, Macaluso: non aggredisco né intendo aggredire nessuno. Né – mi pare – che quel libro contenesse lodi sperticate, semmai una rappresentazione di fatti. Mi piace raccontare quello che accade, questo sì.

Quanto, invece, al secondo «argomento» (l'avere pubblicato un libro intervista con Grasso), penso che sia un autentico titolo di merito. Dimostra che non ho mai avuto prevenzioni nei confronti del Procuratore. E non ho nulla da rimproverarmi oggi, quando scrivo che certi suoi comportamenti ad alcuni (che indico, nomino, documento) non appaiono spiegabili. E anche qui. Il procuratore – vogliamo ricordarlo? – venne sostenuto all'unanimità quando andò a occupare la poltrona che era stata di Gian Carlo Caselli.

È ancora una volta colpa dell'«Unità», del sottoscritto, dei suoi articoli o del suo libro, se oggi quel consenso si è praticamente dimezzato? Ultima citazione: «Ma ci vuole il morto per capire che campagne irresponsabili, le quali coinvolgono certi magistrati, sono devastanti?» (Macaluso dal «Riformista» del 25 settembre).

Questa affermazione la trovo un po' greve. Macaluso, che di Sicilia se ne intende, sa che è sempre preferibile essere chiari e non vagamente allusivi.

(16 ottobre 2003)

Caro Lodato...

Caro Direttore,

la polemica con Saverio Lodato e «l'Unità» a proposito di ciò che avete pubblicato sul procuratore di Palermo Grasso, la continuo sul giornale dove l'ho cominciata. Tuttavia debbo chiarire ai vostri lettori che, contrariamente a quel che ieri ha scritto Lodato, negli anni in cui fui direttore dell'«Unità» (1982-86) furono fatte campagne solo a sostegno di Giovanni Falcone, soprattutto quando fu preferito Antonino Meli alla guida dell'ufficio istruzione del Tribunale di Palermo, in alternativa allo stesso Falcone. Lodato si rilegga il mio articolo di commento a quella decisione.

La campagna contro Falcone «l'Unità» la fece quando egli concorreva alla direzione della Procura nazionale antimafia, ed era impegnato al ministero di Grazia e giustizia (con Martelli ministro), alla vigilia della strage di Capaci. Il direttore era un altro.

Cordiali saluti
Emanuele Macaluso

(17 ottobre 2003)

Caro Macaluso...

Caro Direttore,
    Scrive Macaluso: «Debbo chiarire ai vostri lettori che, contrariamen-
te a quel che ieri, ha scritto Lodato negli anni in cui fui direttore... furono fatte campagne solo a sostegno di Giovanni Falcone... Lodato si
rilegga il mio articolo di commento a quella decisione...». Mi fa molto
piacere che Macaluso assunse quella posizione.
    Prova ne sia che ieri avevo scritto: «... Emanuele Macaluso era
direttore dell'"Unità", all'inizio degli anni Ottanta, e proprio di Giovanni Falcone ebbe modo di occuparsi personalmente sul giornale; fra
l'altro pubblicando anche lui le mie corrispondenze». Dove sta il problema? È meno chiaro, invece, perché Macaluso, per ribadire agli
odierni lettori dell'"Unità" il suo sostegno a Falcone, sia costretto a
falsificare platealmente il mio pensiero. Dove ha trovato materia nel
mio articolo per affermare: «contrariamente a quel che ha scritto
Lodato»?
    Prometto a Macaluso che andrò a rileggermi tutti i suoi commenti
sull'argomento – anche se sono passati quasi vent'anni (e ci vorrà un po'
di tempo) – a patto che lui mi prometta di rileggere – senza distrarsi –
quella mia unica precisazione, scritta ieri, in cui mi sono permesso di
replicare alla sua polemica che andava avanti da tre articoli e che, a
quanto leggo, è destinata a continuare. Almeno da parte sua.

(17 ottobre 2003)

Fin dove arriva la Piramide?

La realtà ha già superato – e di molto – qualsiasi ipotesi, anche la più
fantasiosa. Ambler? Ken Follet? Le Carrè? Deighton? Tutti apprendisti,
tutti artigiani nella fattura di «complotti» letterari, al cospetto di questo
nuovo canovaccio nero, terribilmente autentico, scritto a Palermo, e che
vede l'uno accanto all'altro, i super politici, i super imprenditori, i super
poliziotti e i super latitanti mafiosi. Sembra la grande madre di tutti gli
Intrecci. Direte: ma cos'è la Spectre? Anche questa definizione, quando
gli scenari saranno perfettamente delineati, potrebbe peccare per difetto.
Restiamo, intanto, coi piedi per terra, affrontando subito una prima raffica di domande.
    Sin dove arriva la Piramide? Dove si nasconde la testa del serpente?
Dopo l'operazione di ieri mattina, siamo alle battute conclusive? O appena agli inizi di un terremoto istituzionale e politico che vede ruotare
attorno a Cosa Nostra un gigantesco verminaio di complicità sino a ieri

impensabili? L'inchiesta della Procura di Palermo – culminata (per ora) in tre arresti eccellenti e tre avvisi di garanzia per favoreggiamento di interessi mafiosi – già da sola è dirompente. Non è esagerato affermare che se non siamo dentro al cuore dello Stato, poco ci manca. Il maresciallo della Guardia di Finanza e il maresciallo dei carabinieri, finiscono in manette per avere riferito a un imprenditore in odor di mafia, notizie che riguardavano lui stesso, ma anche il presidente della Regione Siciliana Totò Cuffaro (attualmente sotto inchiesta per mafia) e Bernardo Provenzano, il capo di Cosa Nostra che da quarant'anni resta uccel di bosco.

La prima impressione è quella di un gigantesco corto circuito fra mondi che dovrebbero essere tenuti rigorosamente distinti. L'allarmante vicinanza, invece, fra il mega imprenditore (Aiello), i mega poliziotti (il finanziere Ciuro, il carabiniere Riolo), il mega politico (Cuffaro) e il mega mafioso (Provenzano) dimostra – se provata – che persino la mafia che abbiamo conosciuto sino a ieri, non c'è più. Di funzionari collusi è piena la storia di Cosa Nostra e della lotta a Cosa Nostra.

Agivano tutti – e tradivano lo Stato – per le motivazioni le più disparate. E chi lo faceva per soldi. E chi lo faceva per dabbenaggine. E chi lo faceva perché, magari, sotto ricatto. E chi lo faceva perché altro non era che un «uomo d'onore» prestato alle istituzioni. Sin dai tempi del dopoguerra, sebbene il codice segreto dei mafiosi stigmatizzasse pesantemente qualunque forma di rapporto con gli «sbirri», in realtà boss di prestigio, da Stefano Bontate a Michele Greco, da Totò Riina allo stesso Bernardo Provenzano, hanno sempre avuto un segretissimo «parco clienti» nel mondo o nel sottobosco delle istituzioni: fra i poliziotti, fra i carabinieri, nella Guardia di Finanza...

Gente che ti avvisava se stava per essere stampigliata – marchio indelebile – la lettera «M», quella di mafioso, sulla copertina del tuo fascicolo personale. Gente che, un minuto dopo la firma del mandato di cattura a tuo carico, ti faceva la soffiata giusta. Gente chi ti avvisava del blitz in arrivo. Gente che per qualche giorno dimenticava di ritirarti il passaporto, ritardo sufficiente per lasciarti scappare all'estero. Preistoria, al confronto di quanto è accaduto ieri. La definizione adoperata dai magistrati, nel provvedimento di custodia cautelare, è quella di «rete riservata». Ma di questa «rete» – e la circostanza colpisce addetti ai lavori e osservatori – non fanno parte, indifferentemente, pesci grossi e pesci piccoli.

Stiamo parlando di una «rete» composta esclusivamente da numeri uno. Ne discendono alcune conseguenze. Viene meno l'ipotesi della leggerezza o della dabbenaggine del singolo funzionario: è plausibile che nessuno della «rete riservata» si rendesse conto di giocare una partita pericolosissima? Non sapevano con chi parlavano? Non si rendevano conto che stavano svelando segreti? Non sapevano – comunque – di essere pagati dallo Stato innanzitutto per stare zitti, visto il lavoro che svolgevano? Non sta in piedi – sino a prova contraria e della quale per ora non si ha notizia – la spiegazione di contropartite in danaro: ai loro livelli, per quel tipo di prestazioni – così come le descrive l'accusa –, per l'importanza dei destinatari di simili «favori», quantomeno le persone arrestate avrebbero dovuto essere ricoperte d'oro. E arricchimenti improvvisi non avrebbero finito con il dare nell'occhio molto tempo prima?

Né è da prendere in considerazione il movente di un ricatto, considerato che troppi – e tutti di primissimo piano – avrebbero dovuto essere i ricattati. Agivano indisturbati. Avevano accesso alle più segrete stanze. Alcuni di loro si tutelavano con utenze telefoniche che consideravano a prova di intercettazione. Quasi una sorta di «Stato parallelo». Erano tutti numeri uno. Bernardo Provenzano resta molto più in alto. Ma allora cosa c'è – vuole essere solo una domanda – al di sopra della «rete riservata»?

(6 novembre 2003)

Addio a Vincenzo Rovello: una vita contro la mafia

Era un magistrato fuori dal comune, Vincenzo Rovello. Rigoroso e colto, ma allegro e con la battuta aperta, e disponibilissimo con i giornalisti che facevano il loro mestiere. Si è spento nella notte fra il diciotto e il diciannove, all'età di 75 anni, a Varese, dove da qualche anno aveva iniziato la sua vita da pensionato che però gli stava molto stretta. Un'intera vita al servizio della magistratura la sua, all'inizio pretore a Gela (1955) in Sicilia, terra in cui era nato. Il suo ultimo incarico professionale, a Palermo, sino alla fine degli anni '90, dove aveva ricoperto l'incarico di procuratore generale.

Era una schiena diritta che seppe mantenere la barra in difficilissimi momenti della lotta alla mafia. Lo conobbi alla fine degli anni '80, quando venne a capo di una delegazione di ispettori del ministero di Grazia e Giustizia, in una delle tante pagine difficili del «caso Palermo» che vedeva coinvolti Giovanni Falcone, Paolo Borsellino, e i magistrati del pool antimafia. Quando Rovello concluse il suo lavoro, quando la sua relazione venne resa pubblica, tutti poterono leggere parole di alto elogio a quei giudici che qualcuno – sin da allora – voleva sottoporre alla mannaia delle ispezioni ministeriali.

Un rapporto che si rinsaldò nel periodo in cui tornò a Palermo da procuratore generale. Furono gli anni della stagione di Gian Carlo Caselli, segnati dalla cattura di Totò Riina e decine di super latitanti sino a quel momento indisturbati.

Qualche giorno prima di andare in pensione, Rovello mi rilasciò una lunga intervista per un giornale locale (purtroppo in quel periodo la vecchia «Unità» aveva chiuso i battenti), in cui, senza tirarsi indietro, senza tatticismi verbali, definì la mancata perquisizione del covo di Riina un autentico «segreto di Stato», al pari di tanti altri «segreti di Stato» che avevano scandito la storia della Prima Repubblica.

Poi partì per Varese. E fra noi era rimasta la consuetudine di scambiarci gli auguri telefonici durante le festività. Sapevo che andava in giro per l'Italia, ovunque lo invitassero, per spiegare ai ragazzi delle scuole quale cancro fosse la mafia e cosa bisognasse fare per sconfiggerla. Ai familiari di Vincenzo Rovello – magistrato gentiluomo – il cordoglio de «l'Unità».

(21 novembre 2003)

«Il Foglio» e la mafia

C'è un anonimo che accusa di omertà i giornalisti che firmano i loro articoli con nome e cognome. Circostanza curiosa. Vediamo di capire. «Il Foglio» del 18 dicembre si tira i capelli, sbraita e sbuffa, perché il «presepe», per dirla con De Filippo e alla vigilia di Natale, «non gli piace». Non gli piace come si comportano «gli eroi dell'antimafia giornalistica» e schiaffa in prima pagina un'intera colonna dal titolo «omertà di stampa». Si tratta di un bombardamento a tappeto su tutta la grande stampa italiana, eccezion fatta per i quotidiani amici e di centro-destra. Si tratta di un'autentica lista di proscrizione che include i seguenti nomi: Giovanni Bianconi e Felice Cavallaro («Corriere della Sera»); Attilio Bolzoni, Carlo Bonini, Giuseppe D'Avanzo e Marco Travaglio («la Repubblica»); Francesco La Licata («La Stampa»); il sottoscritto («l'Unità»).

Le accuse del «Foglio» sono rivolte a tutto campo contro chi non ha scritto sulla inchiesta delle «talpe» della Procura di Palermo, chi ha scritto troppo poco, chi ha scritto articoli che al «Foglio» non sono piaciuti.

Naturalmente – secondo la sua eroica e coraggiosa tradizione professionale – la colonna del «Foglio» è rigorosamente anonima. Come avviene quando il gioco si fa duro, e vige la regola aurea che è preferibile tirare il sasso e ritirare prontamente la mano. Ma cerchiamo di spiegare meglio ai nostri lettori cosa può avere spinto questo giornale indipendente (e anonimo) ad andar di cozzo con tre quarti della stampa italiana.

«Il Foglio» – nel suo articolo anonimo – si lamenta per lo scarso interesse verso un'inchiesta (quella della Procura di Palermo scaturita dall'arresto del finanziere Giuseppe Ciuro, del maresciallo Giorgio Riolo – ma questo nome «Il Foglio» stranamente lo omette –, dell'imprenditore Michele Aiello) che invece dovrebbe vedere – sempre a giudizio dell'anonimo – ben altro zelo e ben altra presenza della grande stampa.

Perché – si chiede l'anonimo – quest'«omertà di stampa»? Secondo lui la spiegazione ci sarebbe: la «"Ciuro connection" che rade al suolo molti miti costruiti dall'antimafia militante».

L'anonimo, una volta partito, va a briglia sciolta: «ce ne sarebbero notizie da dare, scandali da denunciare e pentole da scoperchiare». Insomma, quest'inchiesta risulterebbe indigesta ai grandi giornali che avrebbero dato ordine ai loro inviati di non mettere più piede al Palazzo di Giustizia di Palermo, di smettere di trivellare gli scantinati alla ricerca di «notizie» che non vanno bene perché sgradite alla solita «antimafia militante».

Belle frasi. Belle parole. Ma l'anonimo non si limita a battere i piedi perché il «presepe non gli piace». Curiosamente infatti l'anonimo stila quasi un ordine delle presenze degli otto giornalisti sopraelencati, indicando in qualche caso persino a quando risalgono le loro ultime presenze nel Palazzo di Giustizia. Sembra insomma che «Il Foglio» disponga di un Servizio informativo su frequenza, assiduità, saltuarietà, di ciascun cronista italiano che si occupa di mafia. Gli otto proscritti citati dal «Foglio» hanno in comune una cosa: mettono la loro firma sotto gli articoli che scrivono, indipendentemente dal fatto che possano piacere o non piacere a qualcuno.

Il fustigatore del «Foglio» – invece – resta top secret. Come resta anonimo il loro corrispondente da Palermo (avrà anche «Il Foglio» un corrispondente da Palermo? O tutto quello che pubblica è solo farina del Servizio informativo?) del quale – a questo punto – è lecito supporre che siccome si è innamorato di quest'inchiesta, si è trasferito col sacco a pelo fra le alte colonne di marmo di questo Palazzo che risale all'epoca fascista.

Però anche noi ci permettiamo di fare un piccolo rilievo ai colleghi del «Foglio»: perché siete stati «omertosi» – per adoperare il vostro stesso linguaggio – non scrivendo che l'inchiesta ha accertato che l'imprenditore Aiello, arrestato per mafia, disponeva di un esclusivissimo lasciapassare rilasciato nientemeno che dal Sismi? E dire che il giorno prima, l'Ansa, da Palermo, aveva dato la notizia in maniera esauriente. E «l'Unità» l'aveva riferita a pagina tredici.

E voi niente? Distratti. Smemorati.

(20 dicembre 2003)

L'Uomo Nero

Alla ricerca – giornalistica, s'intende – del Fantasma di Stato. Dell'Uomo Nero che non si vede mai. Dell'Uomo Nero che è considerato al grande vertice di Cosa Nostra, ma si è reso talmente trasparente da apparire un vuoto feticcio. Dell'Uomo Nero che tutti dicono che c'è. Dell'Uomo Nero che ognuno racconta a modo suo. Dell'Uomo Nero del quale il computer aggiorna periodicamente i connotati. Sulla base, però, di una sua virtualissima interpretazione degli anni che trascorrono, di una concezione cibernetica della vecchiaia. Va a sapere – però – se il computer ci prende. E sino a quando potrà fare a meno di dati vivi, tracce fresche, indicazioni aggiornate, prima di creare, e per sempre, niente di più che l'invecchiato volto di un automa.

Quarant'anni sono quarant'anni.

E l'Uomo Nero, di suo, si chiamerebbe Bernardo Provenzano. Era il 1963, quando l'Uomo Nero uscì definitivamente dal consorzio civile, entrò per sempre nel mondo delle tenebre, manifestando una sfiducia nei confronti della giustizia italiana che nei quarant'anni successivi sarebbe diventata la sua seconda natura. Si dissolse nel nulla a Bari, al termine di uno di quei grandi processi di mafia, assai indiziari, tipici dell'epoca, che gli aveva inflitto una condanna a sei anni, per reati futili, molto futili. Ma l'Uomo Nero – evidentemente – la prese male. E come avrà preso l'Uomo Nero i sei ergastoli ricevuti negli ultimi dodici anni? Gli è convenuto o ci ha perduto in questo suo rendersi araba fenice? Prima di rispondere dovremmo sapere come finirà la storia infinita.

Sono andato a trovare, nel suo studio romano, il difensore dell'Uomo Nero, l'avvocato Salvatore Traina, cinquantasette anni, pizzetto ormai bianco, gentiluomo che sembra più spagnolo che siciliano, e che in passato – tenetevi forti – fu l'unico e indiscusso difensore di Luciano Liggio. E Liggio al maxi processo, ne va reso atto all'avvocato Traina, venne assolto in primo secondo e terzo grado. L'avvocato Traina si concede poco alle luci della ribalta. Solo una volta, nel giugno 2000, lo avevo intervistato per «l'Unità». E ne era venuto fuori un suo appello, leggermente forzato nel titolo di prima pagina (11 giugno 2000), a che Provenzano si costituisse. Gli anni passano, tutti invecchiamo, ma dell'Uomo Nero nessuna notizia.

Domanda *Avvocato Traina, Bernardo Provenzano esiste veramente?*
Risposta Certo che esiste veramente. Questa forse è una delle poche certezze.
D. *Potrebbe essere morto e gli apparati investigativi non essere venuti a conoscenza della sua morte?*
R. Sono portato a escluderlo. Io sono stato e sono il suo difensore. Preciso che da quattro anni non lo assisto per i nuovi processi, per i quali viene difeso dal difensore d'ufficio di turno, ma sto portando a compimento i vecchi. Esaurendosi questi processi, io esaurirò il mio lavoro con Bernardo Provenzano. Se fosse morto, i familiari avrebbero avuto tutto l'interesse di porre fine a questo stillicidio giudiziario. Il venir meno dell'imputato è causa di estinzione del procedimento.

D. *Come forma di scacco alla giustizia, i familiari non potrebbero costringere gli investigatori a inseguire quasi eternamente un fantasma?*

R. Teoricamente tutto è possibile. Ma non dimentichi che questo stillicidio giudiziario e processuale ha influenze dirette anche sui familiari. È inevitabile. Se i figlioli di Provenzano sono figlioli di un imputato latitante è un conto, se sono figli di un defunto è un altro conto. Già era stata ingiusta la revoca ai familiari di Provenzano di quella licenza per una piccola lavanderia... Ma se non ci fosse stato più il loro padre, certamente ci avrebbero pensato di più prima di revocare quella licenza.

D. *I collaboratori di giustizia dicono di averlo visto, di avergli parlato, di avere preso ordini da lui, da Provenzano.*

R. Mi lasci dire che i collaboratori di giustizia, io amo chiamarli impuniti. Faccio ricorso a questo termine che non ho coniato io, ma che appresi dalla lettura del codice di procedura penale vigente durante l'Inquisizione. L'allora collaboratore di giustizia era codificato, e veniva chiamato: «impunito». Questo termine è rimasto nel gergo comune romanesco. Con impunito, si intende un individuo che è sfacciato, che è impudente, che è bugiardo.

D. *Avvocato Traina, lasciamo stare le questioni linguistiche. Tutti hanno offerto di Provenzano ritratti molto simili.*

R. Tutti dicono di averlo visto, di essere il suo braccio destro, l'espressione... E allora due sono le cose: o loro, come io sono convinto, dicono spesso cose non vere; o queste loro affermazioni non sono conciliabili con l'ipotesi che sia morto, perché nessuno di questi ce lo ha mai detto. Solo un ragazzo esaltato venne a dire in un processo che a Provenzano gli avevano sparato mentre era affacciato a un balcone. Ci vuole un minimo di cautela.

D. *Antonino Giuffrè, considerato attendibile dalla Procura di Palermo, dice di avere incontrato Provenzano sino a qualche giorno prima del suo arresto, avvenuto un anno fa.*

R. Vero che dice: io l'ho incontrato, vero è pure che non ne fa nessuna descrizione di quest'uomo.

D. *E perché?*

R. Perché evidentemente non lo ha mai incontrato. Tutte le immagini del mio assistito che vengono diffuse, sono il prodotto dell'unica effige che viene rielaborata al computer senza l'apporto di nessun nuovo identikit. E perché? Perché nessuno lo ha mai visto. La foto originaria è una foto segnaletica degli anni Sessanta. Tutti dicono di averlo incontrato, ma nessuno ne fa mai una descrizione. Particolari specifici su Provenzano non ne ha mai riferiti nessuno. Lei comprende quanto questo sia in antitesi con l'immagine del mafioso.

D. *Allora è davvero un fantasma?*

R. Che Provenzano sia un fantasma sotto un profilo criminale ne sono certo.

D. *Come fa a dire una cosa del genere?*
R. Ho grande fiducia nelle istituzioni. E so che lo cercano con grande attenzione. Ma devo dirle che il fatto che non lo trovano, per me, è la riprova della mia idea.
D. *Ce la spieghi quest'idea.*
R. Mai un vero mafioso è stato arrestato lontano dal suo territorio. Un'esigenza del mafioso è quella di tenere il collegamento con il proprio territorio di appartenenza. Venuto meno questo, finisce il mafioso. Altra esigenza è tenere i contatti con i propri sodali. La mafia si fonda sui rapporti strettissimi fra i sodali. E lei sa meglio di me che tutti quelli che sono stati arrestati, sono sempre stati arrestati perché si è trovato qualcuno, vicino all'«arrestando», che lo ha tradito. Se ci sono queste due condizioni, che sono assolutamente indefettibili, immancabili, nella condizione di un mafioso, allora si trova chi lo tradisce. Questo mi porta ancora di più a pensare che Provenzano non sia inserito nell'ambiente mafioso. Ecco perché non lo arresteranno mai.
D. *Come? Provenzano non è mafioso?*
R. Ha sentito benissimo. Tempo addietro feci una dichiarazione che confermo: non lo trovate perché lo cercate fra i delinquenti. Lo cercate dunque nel posto sbagliato. Ma per la delicatezza del mio ruolo e della mia professione, ci tengo a dire che, affermando questo, non intendo dare indicazioni di alcun tipo agli investigatori. Io non so nulla sul conto di Provenzano, ma se sapessi qualcosa sul conto del mio assistito sarei tenuto al segreto professionale e lo rispetterei, e lo rispetterò, qualunque cosa accadrà, sempre con estremo rigore. Intendo dire: voi cercate una persona qualificata come delinquente, mentre invece è possibile, non dico che ho la certezza – perché su questa terra solo gli imbecilli vivono di certezze – per una serie numerosissima di circostanze e particolari, per me significativi ed eloquenti, che Bernardo Provenzano non sia quello che viene indicato, anche dalle sentenze che lo condannano.
D. *Avvocato Traina, l'arresto di Benedetto Spera, di Antonino Giuffrè, di Pino Lipari e della sua intera famiglia... Per lei è una balla che tutti questi avevano avuto contatti caldi con Provenzano? I nomi che le ho fatto sono tutti di mafiosi. Qualcuno si è pentito. E qualcuno no.*
R. I miei capelli bianchi mi hanno portato a essere piuttosto cauto sulle cose che non vivo personalmente. Non dico che questi non siano inseriti nel contesto mafioso. È possibile. Ma mi sembra molto strano che siano tutti bracci destri di un uomo che non si trova.
D. *E i «pizzini», quei bigliettini scritti a volte a mano a volte con macchina da scrivere, come se li spiega?*
R. Devo dire che i bigliettini che ho visto non provano assolutamente niente. Quella corrispondenza professionale, che immancabilmente ho avuto con l'imputato latitante, è assolutamente diversa da questi testi che gli vengono attribuiti...

D. *Diversa la calligrafia?*
R. Ma no. Diversi i contenuti. Diverso il modo di scrivere. Diverso il modo di esprimersi. Questa storia dei bigliettini mi sembra assolutamente incredibile...
D. *Perché?*
R. Mettiamoci d'accordo. Certe volte Provenzano è uomo dalla prudenza diabolica. Certe volte, assolutamente ingenuo. La prima regola per chi vuole che la propria persona lasci meno tracce possibili, è quella di non scrivere.
D. *Ma come farebbe a esercitare il ruolo di capo di Cosa Nostra? Sarebbe costretto a incontrare fisicamente i suoi sodali.*
R. Ma i suoi sodali non dicono: non lo incontriamo, e i bigliettini scaturiscono dalla necessità di quest'uomo di non farsi vedere. Dicono: quest'uomo lo abbiamo visto sino a qualche giorno fa, però con noi comunicava attraverso i bigliettini. Non le sembra strano?
D. *Avvocato Traina, ma allora i «pizzini» che vengono trovati, chi li avrebbe scritti?*
R. Chiunque può averli scritti. Noi stiamo parlando della paternità di questi bigliettini. I quali non sono mai stati oggetto di una perizia grafica, né sono firmati. Può averli scritti Bernardo Provenzano, come può averli scritti pinco pallino. Chiunque può averli scritti, e chiunque può essere portatore di questi interessi.
D. *Qualcuno approfitta della situazione per restarsene indisturbato nell'ombra? Un vero capo che è al posto di Provenzano che tutti stanno cercando?*
R. Perché dice approfitta? Un vero capo non ha la dimensione dei bigliettini. Un vero capo non può scrivere quei bigliettini. Chi li scrive è certamente uno che appartiene alla manovalanza criminale, per quanto efferata sia, ma manovalanza criminale. La mafia, stando alle notizie che circolano, dovrebbe essere una delle holding internazionali più ricche. Be' mi sembra assolutamente incongruo che sia diretta con questi sistemi epistolari...
D. *Gli arrestati che furono trovati in possesso di questa documentazione, perché avrebbero avuto interesse ad attribuirla a Provenzano? Loro sanno chi ne è l'autore. Continuano a proteggere un altro capo, un altro vertice di Cosa Nostra?*
R. Come ipotesi, e soltanto come ipotesi, non c'è dubbio che potrebbe essere possibile. Possibile che i bigliettini siano effettivamente espressione di un vertice, e che loro li attribuiscono ad altra persona. O che non siano espressione di un vertice, ma di manovalanza, e che loro avallano certe realtà criminali che non sono quelle vere.
D. *Quindi, in un caso o nell'altro, croce addosso a Provenzano perché fa comodo a tutti?*
R. Devo dirle che la mia preoccupazione è proprio questa. La mia preoccupazione, di persona impegnata da sempre nella lotta alla mafia, che

coloro i quali sono i veri responsabili di fatti criminali che hanno fatto soffrire e piangere tanti di noi, possano restare impuniti. Il vedere sempre e solo la stessa costruzione, che potrebbe fare comodo anche a diversi ambienti, criminali e non...

D. *Cosa vuol dire: «e non»?*

R. Veda, fermo restando che ho grande fiducia e considerazione degli ambienti investigativi e soprattutto dei magistrati, non c'è dubbio che mantenere il grande apparato di lotta al fenomeno criminale e mafioso potrebbe giovare a qualche settore. La lotta alla mafia ha bisogno di una figura vera o non vera che sia. Bin Laden è il presupposto perché continui la lotta internazionale al terrorismo. Ripeto: lo cercano nel posto sbagliato. Perché cercano un Provenzano capo della mafia che, secondo me, non esiste come tale.

D. *Avvocato Traina, esiste un signore che si chiama Provenzano e che da oltre quarant'anni ha fatto perdere notizie di sé?*

R. Non c'è dubbio. Ma questa non è una colpa.

D. *Ma ci vuole una motivazione forte, ammetterà?*

R. La motivazione può essere anche quella che quest'uomo potrebbe anche non avere fiducia nei giudici in questo momento storico.

D. *Provenzano come un pallone aerostatico diventato ormai di dimensioni gigantesche?*

R. Tutto nasce da un input che diede Giuseppe Di Cristina nel 1978: parla con un maresciallo dei carabinieri che non gli crede e non lo mette a verbale. Racconta che i boss dell'epoca volevano uccidere il capitano dei carabinieri Ninni Russo: «Ci siamo riuniti, e siccome mi sono ostinato a difendere il capitano Russo, mi hanno condannato a morte...». E tira in ballo Provenzano come componente della cupola. Ma questa dichiarazione non sarà mai sostanziata da un atto specifico. Le condanne del mio assistito si condensano tutte in quattro-cinque righe, perché si basano tutte su quelle conclusioni incerte cui arrivò il maxi processo che lo aveva inserito fra i partecipi alla commissione... Erroneamente. Ma per spiegarlo avremmo bisogno di un'altra intervista.

Avvocato Traina, per carità, per oggi può bastare così. La ricerca dell'Uomo Nero continua.

(20 marzo 2004)

Intervista a Margherita Pluchino sull'Uomo Nero

Ricorre in questi giorni il centenario della polizia scientifica italiana. Ma nel gennaio 1961, quando i poliziotti lo identificarono per la prima e

ultima volta, lui si dichiarò analfabeta. In calce al documento, non pose
la sua firma. Ma i poliziotti, le impronte – vivaddio – gliele presero.
Guardiamo allora da vicino le mani dell'Uomo Nero.

Domanda *Dottoressa Margherita Pluchino, qual è lo stato di conservazione
delle impronte di Bernardo Provenzano, rilevate, quarantatre anni fa?*
Risposta Le impronte di Bernardo Provenzano sono impronte che vennero assunte nella maniera migliore, con tutti i crismi. Mi creda: ottime,
chiare, leggibili. Andrebbero benissimo anche oggi. I dattiloscopisti di
una volta erano professionalmente molto validi, scrupolosi sino all'inverosimile. E l'impronta resiste all'usura del tempo. L'impronta viene presa
con un inchiostro indelebile, non con un inchiostro normale, che, con
gli anni, può sbiadire.
D. *Quale regola si segue in questi casi?*
R. Quella che vale per tutte le persone che vengono arrestate. Prima di
tutto si assume – dito per dito – la mano destra, e poi la sinistra. E sempre
con l'avvertenza che sia effettuata la perfetta rotazione di ciascun dito sul
foglio di carta. Poi si passa a un'impronta simultanea, poggiando la mano.
Ne viene fuori una impronta completa con alcuni tratti caratteristici del
palmo. Poi c'è l'impronta palmare vera e propria, con la parte della mano
che è maggiormente in rilievo. Un tempo, il problema della classificazione, quando non esisteva il sistema computerizzato, veniva risolto con i
cosiddetti «foglietti dattiloscopici» che contenevano una serie di numeri corrispondenti al tipo di impronte di quelle dita e di quelle mani.
Erano numeri che si attribuivano in base alla classifica Gasti: impronta
chiusa o aperta, con ansa o senza ansa, punti di congiunzione, linee di
base... insomma, in base alla miriade di possibilità, si attribuivano numeri corrispondenti. Quando c'era il casellario, si doveva cercare cartellino
per cartellino. E allora era fondamentale la memoria del dattiloscopista.
Oggi la classificazione avviene in maniera automatizzata. È a quell'era che
risale il rilevamento delle impronte di Provenzano.
D. *Com'erano i vecchi dattiloscopisti?*
R. Persone dalla memoria straordinaria, impressionante. Si ricordavano
di impronte in cui si erano imbattuti anche dieci anni prima. Erano
fenomeni viventi. Alcuni di loro memorizzavano proprio i segni particolari di ciascuna impronta, ciò che la rendeva in qualche modo particolare, diciamo impropriamente la sua firma. Certo. Erano anche tempi in
cui la quantità di lavoro non era quella di oggi, ma era pur sempre un
lavoro molto consistente. In forza al nostro gabinetto ci sono una ventina di dattiloscopisti.
D. *Da allora cos'è cambiato?*
R. Il lavoro è più semplificato. Nel computer si inserisce il frammento
di impronta e il computer ti propone i possibili «candidati», si chiamano
così. A quel punto si tratta di trovare l'impronta che coincide. Ma l'occhio

del dattiloscopista – esperto che ha fatto un corso particolare e che è in grado di valutare tutti i punti caratteristici che ci sono in un'impronta – resta insostituibile e fondamentale. È solo il dattiloscopista, per esempio, che può stabilire se un certo frammento, rilevato sulla scena di un delitto, è utile o no per i confronti. La nostra legislazione fissa in sedici diciassette punti di coincidenza il minimo indispensabile – diciamo così – per certificare l'identità di un'impronta. Ma ci sono paesi, nel mondo, in cui sono sufficienti dieci, undici punti. Ogni impronta è unica e non uguale a nessun'altra, proprio perché le variabili sono infinite. Ma perché questo discorso abbia un senso, occorre sempre avere un'impronta piena. E non dimentichiamo che il computer è pur sempre una macchina... I dattiloscopisti, i videosegnalatori, i disegnatori da computer, contro l'Uomo Nero. Sono loro a comporre la task force della scienza impiegata nella caccia all'Uomo Nero. Niente di più, niente di meno. I fonici sono fuori gioco: l'Uomo Nero non ha una voce, una sua voce, una sua cadenza, un suo timbro, un suo accento. O – meglio – nessuno è mai riuscito a rubargli un campione della voce. I grafici, sin quando non si troverà qualche riga, sicuramente scritta di pugno dall'Uomo Nero, e da confrontare con le centinaia di bigliettini che gli vengono attribuiti da pentiti e investigatori, non hanno modo di entrare in campo. Gli scienziati biologi, per isolarne il Dna, dovrebbero essere in possesso almeno di un capello dell'Uomo Nero, ma il capello non ce l'hanno.

Bernardo Provenzano, l'uomo da più tempo ricercato al mondo, scelse infatti di darsi a definitiva latitanza, in anni in cui, per dirla con una canzone allora in voga, un capello poteva essere facilmente scambiato per un crine di cavallo. Insomma: da quasi mezzo secolo Bernardo Provenzano gioca a rimpiattino con la scienza e le tecniche investigative più sofisticate. Dell'immagine esteriore della sua persona, l'Uomo Nero ha lasciato in mano alla giustizia il minimo indispensabile, giusto per stuzzicare l'appetito dei cacciatori.

Quel minimo è racchiuso in un foglietto quadrato di una quindicina di centimetri riempito su entrambe le facciate. Reca il numero: 36754. È gelosamente custodito nel casellario del gabinetto regionale di polizia scientifica a Palermo, modernissimo laboratorio investigativo che copre l'intera Sicilia occidentale. Racchiude una faccia. Meglio: la fotografia di una faccia, dieci impronte digitali, i due rilievi palmari. Quasi una reliquia. Quasi un atto notarile ingiallito dal tempo e in cui ormai le date si leggono a fatica. Quasi una cambiale scaduta e mai pagata alla giustizia.

Per tredici anni (dal 1990) sino al 31 dicembre 2003, il gabinetto regionale di polizia scientifica, lo ha diretto lei, una autentica signora poliziotto: vicequestore aggiunto Margherita Pluchino, sessantadue anni, ora in pensione, e con alle spalle un curriculum di successi. Dal 1983 al 1985, ispettore nella sezione investigativa della squadra mobile di Palermo diretta da Ninni Cassarà (ucciso dalla mafia nell'agosto 1985). Rimase alla mobile sino al 1988. Da quella data sino al 1990, in forza alla Criminalpol della Sicilia occidentale. Quando iniziò a dirigere il gabinetto regionale, le persone impegnate erano ventotto. Ne ha lasciate novantadue, con settori di specializzazione che si sono letteralmente moltiplicati. Da ottobre dell'anno scorso, c'è persino il laboratorio di indagini biologiche per il rilevamento del Dna. «Quando arrivai – ricorda con orgoglio – non c'era neanche un computer. Il settore principale era rappresentato dalla balistica, con una gloriosa storia alle spalle, la specializzazione in sopralluoghi, la dattiloscopia. Oggi è un centro all'avanguardia in Italia. Esistono quattordici gabinetti regionali. Ma purtroppo la nostra è attività poco conosciuta e poco valutata.»

D. Dottoressa Pluchino, cosa rappresenta per voi Bernardo Provenzano?
R. Una scommessa mancata, almeno per ora. La prima certezza che si può avere sull'identità di una persona, è data dalle impronte che consentono un'identificazione quasi matematica, al cento per cento. Neanche il Dna è così perfetto: non supera il novantotto per cento delle probabilità, è un esame irripetibile poiché la sostanza organica si distrugge durante l'esame di laboratorio. Fra l'altro, l'esame del Dna è costosissimo, e per questo viene disposto solo in casi molto particolari. È chiaro però che per avere la certezza dell'identità della persona che stai cercando, devi avere una persona fisica di fronte a te, devi assumere le impronte, e devi fare i confronti con quelle archiviate. Come è noto, nel caso di Provenzano, è proprio la persona fisica quella che ci manca...
D. Del Provenzano «annata 1961» cosa resta?
R. Un cartellino segnaletico, vecchissimo, di quando lui era ancora molto giovane.
D. È utile?
R. Teoricamente sì. Le impronte, in un soggetto, rimangono uguali dalla nascita sino alla morte. E le impronte, una volta entrate nel cervellone dell'Afis – un sistema automatico informatizzato –, acquistano una vita investigativa praticamente eterna, e in meno di mezz'ora l'impronta richiesta viene estratta da un archivio che contiene milioni di impronte. Rilevate in tutt'Italia, attraverso un sistema di collegamenti periferici, affluiscono tutte nel cervellone... Ma negli anni il viso di una persona, ovviamente, cambia spesso, e anche radicalmente.
D. È possibile che Provenzano abbia sfigurato le sue impronte?
R. Mi sembra molto peregrina come eventualità. Ci sono persone che si producono tagli nei polpastrelli, ma non serve a nulla. Quando i polpastrelli si consumano, si perdono delle linee e ci sono meno elementi per identificarli. Ma se trovi un frammento di impronta con quelle stesse mancanze, la foto andrà a combaciare ancora meglio.
D. Quante volte, in questi tredici anni, vi sarà capitato di riesumare il cartellino segnaletico di Provenzano Bernardo – nato a Corleone il 31 marzo 1933;

altezza normale; carnagione olivastra, occhi e capelli castano scuri; corporatura regolare; segni particolari: nessuno?

R. Non più di una mezza dozzina di volte. Intanto, qualche anno fa, con l'aiuto di una persona che lo conosceva, abbiamo cercato di aggiornare al computer i suoi lineamenti. Ne venne fuori un identikit con il possibile odierno Provenzano. Chi ci aiutò? Un collaboratore di giustizia che, in maniera molto riservata, fu accompagnato di notte al gabinetto scientifico da uomini della squadra mobile di Palermo, e del quale ora non c'è motivo di svelare l'identità. Lui si mise accanto all'operatore. Cominciò a descrivere la faccia che aveva dentro la sua testa. Una volta esistevano i disegnatori che, mentre il testimone descriveva, manualmente traducevano in tratti e linee, le indicazioni ricevute. Questo lavoro, lo fa ormai il videofotosegnalatore al computer. Ma sino a una diecina d'anni fa, solo per fare un esempio, il disegno del volto di Santino Di Matteo, uno dei protagonisti della strage di Capaci, venne fatto manualmente proprio da noi. E quando Santino Di Matteo, grazie a quello schizzo, venne poi arrestato, risultò l'impressionante somiglianza fra i suoi lineamenti e l'identikit disegnato a mano... Ma tornando a Provenzano. Tutto può essere importante: il taglio della bocca, l'attaccatura dei capelli, gli occhi, le rughe...

D. *Se però quel collaboratore di giustizia vi diede indicazioni di fantasia, c'è il rischio che l'identikit vi porti fuori strada?*

R. Tutto è possibile. Ma da quello che mi risulta, credo che quell'identikit sia molto fedele, sia giusto. Anche se non possiamo sapere se Provenzano in tutti questi anni ha fatto ricorso alla chirurgia plastica, facendo modifiche significative del suo volto. Non è da escludere. In quel caso il computer, se non adeguatamente interrogato, non ti porta da nessuna parte.

D. *In quali altre occasioni vi è tornato utile quel cartellino?*

R. In tempi abbastanza recenti, si è avuto sentore che persone, fermate nel corso di indagini, potessero essere Provenzano. In quei casi la fibrillazione negli apparati investigativi diventa alta. Me ne ricordo benissimo: non sono episodi di tutti i giorni. Accadde in due occasioni. E in entrambi i casi, si rilevò decisiva l'assunzione delle impronte delle persone sospettate. Il confronto con quelle di Provenzano ci permise di provare categoricamente l'estraneità dei sospettati all'identità del boss dei boss. Non corrispondevano assolutamente.

D. *Avete mai confrontato impronte acquisite sul campo, con quelle di Provenzano?*

R. Su una scena del delitto non sono mai stati rilevati frammenti di impronte che avvalorassero questa ipotesi. Ma d'altra parte è molto difficile che un capo dei capi sia fisicamente presente sul luogo di un delitto.

D. *Vi è mai capitato di lavorare su documenti falsi che in qualche modo potevano condurvi all'uomo che state braccando?*

R. Non ricordo casi del genere. Anche se centinaia di questi accertamenti rappresentano un'altra parte importante della nostra attività.

D. *Avete qualche idea in merito alla voce del superlatitante?*

R. Le perizie foniche si fanno solo a Roma, al servizio di polizia scientifica, perché occorrono macchinari sofisticatissimi e costosissimi, stanze insonorizzate, personale altamente specializzato... Che io sappia non esistono brandelli di voce che si sospetta siano riconducibili al nostro uomo. Per concludere: di Provenzano abbiamo soltanto la fotografia vera, quest'identikit elaborato al video, ma di altri dati concreti per potere dire chi è Provenzano, non abbiamo nulla.

D. *Il vostro gabinetto si occupa anche di intercettazioni ambientali, postazioni di telecamere, microspie.*

R. Certamente. Ma a volte, anche noi subiamo qualche piccola defaillance.

D. *Per esempio?*

R. Quando voi giornalisti date eccessivo risalto a questo tipo di attività, certi ambienti entrano subito in allarme. Ricordo che una volta scoprirono la microspia mentre noi eravamo in ascolto. Sentimmo che gridavano: «ca è... ca è...» e la schiacciarono sotto i piedi, felici di avercela fatta...

D. *Provenzano potrebbe essere morto?*

R. Penso che sia vivo. Non abbiamo elementi per dire il contrario. La parte investigativa della polizia, lo saprebbe. Ha i contatti per sapere se è morto.

D. *Ha i confidenti?*

R. Alla polizia i confidenti non mancano. Se fosse morto si sarebbe saputo.

D. *Per il gabinetto di polizia scientifica di Palermo, dunque Provenzano è vivo?*

R. Lo ripeto: non abbiamo elementi per dire che è morto. Non è la stessa cosa.

Il cartellino segnaletico numero 36754, riposa nel casellario fra centinaia di migliaia di cartellini, simili a lui. Ma diciamo che non è proprio identico a tutti gli altri.

(21 marzo 2004)

Intervista a Enzo Sellerio sull'Uomo Nero

Dopo venti minuti che gli parli, ti accorgi che tenere Enzo Sellerio inchiodato troppo a lungo allo stesso argomento non è proprio impresa facilissima. Lui divaga, si allontana, spesso ti pianta in asso, poi te lo ritrovi davanti all'improvviso quando il filo della domanda che gli avevi rivolto sembrava volato via da qualche parte. È pirotecnico, instancabilmente pirotecnico. Il fuoco della battuta e dell'intuizione folgorante – forse anche per effetto di un «occhio» particolarmente allenato a vedere molto in profondità nelle cose della vita – gli cova dentro e, prima o poi, c'è da giurarci, esplode. Enzo Sellerio, anche se ha smesso di fotografare da una trentina d'anni, resta uno dei fotografi migliori e più sensibili che l'Italia abbia avuto in questo secolo (e fra i più apprezzati all'estero). L'ultimo suo libro si intitola *Fotografie 1950-1989* [Federico Motta editore, Milano 2000] e per pubblicarlo Sellerio ha attinto a piene mani dal suo archivio. Oggi è editore che pubblica raffinati libri illustrati sulla Sicilia. Da poco ha festeggiato il suo ottantesimo compleanno.

Per l'occasione, a Palermo, giornali locali e tv private hanno fatto il loro dovere, come dovrebbe sempre accadere in una città dove mosche bianche sono i cittadini illustri (e che hanno portato lustro) e intere divisioni, invece, i mascalzoni che hanno portato solo tragedie e pessima fama. Sono andato a trovarlo al 50 di via Siracusa, sede della casa editrice che porta il suo nome, per sollecitarlo su un argomento che, come vedremo, apparentemente non è nelle sue corde. Se infatti si annoia a parlare eccessivamente delle stesse cose, quando gli parli di mafia, e della mafia in questa città, e di che cosa avrebbe potuto essere questa città se la mafia non ci fosse stata, smette di annoiarsi ma in compenso si innervosisce, proprio a causa del suo amore viscerale per Palermo e per la Sicilia. Da artista – e lo si può capire – ha milioni di ragioni per avere occhi solo per il bello di Palermo e della Sicilia. Il fatto è che, da queste parti, il bello, in quest'ultimo mezzo secolo, ha avuto vita molto grama.

Al 50 di via Siracusa, allo stesso pian terreno, c'è la casa editrice di Elvira Sellerio, sua moglie, che ha dato vita a prestigiose collane di letteratura che i lettori italiani conoscono da tempo. Via Siracusa 50: dove i grandi scrittori siciliani, da Sciascia a Bufalino, da Consolo a Camilleri, sono stati di casa, e si sono sentiti a casa.

Enzo Sellerio: «A cosa mi fa pensare Provenzano? Provenzano non mi fa pensare a niente, non mi ricorda niente di particolare. L'immagine di Provenzano, semmai, mi fa pensare a certe fotografie dei Faraoni, le prime fotografie dei Faraoni che ho visto quando ero bambino, fotografie un po' sciupate. Quella foto segnaletica? È una fotografia antica. Provenzano può avere fatto quaranta plastiche. Sarà cresciuto. Se guardi le foto di amici tuoi di venti anni fa, li troverai irriconoscibili. Figurarsi dopo quaranta. Per questo penso che sia assolutamente ridicolo catturare Provenzano con quella vecchia foto. Gli invecchiamenti che può fare Provenzano sono maggiori di quelli che possono fare quelli che gli danno la caccia. Quelli magari lo invecchiano al computer, e lui invecchia in un altro modo. È una gara a chi invecchia di più. Provenzano? È un mistero naturale. Si deve nascondere o no? In fin dei conti ce ne sono stati tanti altri di casi: latitanze durate quindici, venti anni. Quindi non è un caso unico. Diciamo che si è organizzato bene e ha battuto il record: sicuramente, attorno a sé, avrà una guardia di ferro. Perché ci meravigliamo? D'altra parte ho sempre pensato: perché mi devo preoccupare di Provenzano? Trovo giusto e normale che la latitanza di Provenzano sia misteriosa. Se no che latitanza sarebbe? È la mafia, bellezza, e non puoi farci niente... Per il mafioso, latitare umanum est... Non era il mafioso Stefano Bontate che lo diceva? Ci sono invece misteri che non dovrebbero essere tali, ma sono coltivati artificialmente. I misteri artificiali, i misteri da laboratorio. A cosa mi riferisco? Al mistero della cattura di Totò Riina, alla quale non è seguita l'immediata perquisizione del suo covo. Prima che le forze dell'ordine si decidessero a entrare, passarono una ventina di giorni. Eppure il commissario Rex, la villa di Riina l'avrebbe perquisita subito. O no? Allora me lo dica lei: perché un cittadino dovrebbe occuparsi dei misteri naturali quando ci sono misteri artificiali che potrebbero non essere misteri? Mi creda: i misteri artificiali sono peggiori, più scadenti dei misteri naturali».

Domanda *Secondo lei, Provenzano potrebbe essere morto?*
Risposta Può darsi che ormai sia un ricordo. Un ricordo che serve a tutti conservare. Che succederebbe se scoprissimo che Provenzano è morto? Dovremmo tutti prendere atto che abbiamo dato la caccia a una persona inesistente. Sarebbe una delusione generale.

Ricordo a Sellerio che l'Uomo Nero venne fotografato dalla polizia nel 1961. E quello fu l'inizio e la fine della storia. E che nel 1963, a Bari, l'Uomo Nero, al secolo Bernardo Provenzano, scomparve per sempre. Com'era la Palermo anni Sessanta vista da un giovane fotografo che andava sempre in giro con Leica e buona scorta di rullini in bianco e nero? Si incontravano in città persone universalmente riconosciute come mafiose? O questo potere, in quegli anni, era occulto?

D. *Sellerio, lei non hai mai fotografato un mafioso. Come mai?*
R. No. Mai. Ma i personaggi di un certo tipo, c'erano, i loro nomi erano sussurrati. Di un avvocato molto noto alle cronache mondane, si diceva, sin da allora, che fosse il capo della mafia. Tutti lo conoscevano. Ricordo che una volta telefonai a un mio amico, leader politico dell'estrema sinistra dell'epoca, dalle cui labbra io pendevo, e che mi provocò una grande delusione quando gli dissi: «ho letto sul "Giorno" di Baldacci che il vero capo mafia non è Genco Russo, ma questo famoso avvocato della buona società...». Lui mi fece tutt'altro nome, quello di un noto playboy di estrema destra, dimostrandomi una conoscenza assai limitata delle vicende cittadine. Negli anni successivi, tante cose si sarebbero capite molto meglio.

D. *Le sarà capitato di vedere da vicino un mafioso?*
R. A pensarci bene posso anche dire di averlo conosciuto. Fu in occasione del pranzo di laurea di un mio amico, il quale era lontano parente proprio di Genco Russo, vecchio capo mafia di Mussomeli. Era il 1966. Genco Russo sedeva a capotavola. E io vice capotavola, a pochi passi da questo signore. Sì: lo sapevo bene chi era. Genco Russo era di aspetto piuttosto pesante, patriarcale. Aveva le mani grosse, callose. Mi colpirono le sue unghie, perché ricordo ancora che non mi sembrarono molto pulite. Genco Russo parlava in versi. Si divertiva a improvvisare versi. E sentenziava nel silenzio ossequioso dei presenti, che erano tutti compaesani suoi e che non si turbarono più di tanto. Per me, invece, quello fu un pranzo indimenticabile, un pranzo, diciamo così, antropologico. Ci trovavamo al ristorante «Conca d'Oro», il cui nome, poi è stato cambiato, comicamente, in «Ca' d'Oro». Forse perché è finita la Conca d'Oro e ci siamo trasferiti a Venezia, così il corso Vittorio Emanuele, dove questo ristorante esiste ancora, è diventato il Canal Grande...

I ricordi più vivi che Enzo Sellerio ha degli anni Sessanta, sono due: lo scontro ideologico nel vivo della guerra fredda, con l'anticomunismo che si tagliava a fette; lo sventramento della Palermo Liberty, innescata da una gigantesca speculazione edilizia (Dc, sistema di potere e mafia).

Il primo ricordo: «Stava iniziando l'era di Salvo Lima, dei potentati Dc, in una città in cui lo scudocrociato aveva la maggioranza assoluta. Ricordo quando arrivò Fanfani. Uno dei segnali peggiori per Palermo fu rappresentato proprio dal grande comizio di Fanfani, a piazza Politeama. Ricordo, come fosse ora, tutto quello che successe. A quei tempi, il cantiere navale di Palermo esisteva come vera e propria forza politica organizzata. E gli operai dei cantieri fecero una terribile contestazione contro Fanfani. In piazza Politeama c'era un'impalcatura di tubi Innocenti, alta una ventina di metri... E all'improvviso un operaio, per insultare Fanfani e lanciargli improperi, si arrampicò in cima all'impalcatura. A loro volta, i carabinieri, si arrampicarono per raggiungerlo, ma lui, che era partito per primo, continuò a salire ancora più in alto, fin quando i carabinieri si arresero e si rassegnarono. L'operaio urlava come un ossesso. Quando tornò a terra non aveva più voce. Visto dal basso, fu un grande spettacolo. Contemporaneamente a questa scena, un gruppo di operai correva da una parte all'altra della piazza portandosi un vecchietto sulle spalle che faceva le corna a Fanfani, che intanto cercava di parlare dal palco, e gli gridava: "cornuto... cornuto". Si raggiunse il teatro puro quando una decina di topi, vennero lanciati in mezzo alla folla. Fu il fuggi fuggi. A quel punto, Fanfani ordinò al questore di caricare la folla. Il questore si rifiutò e qualche giorno dopo venne trasferito per insubordinazione. Fu così che un Fanfani furibondo, rivolto ai comunisti, ai suoi oppositori, disse la storica frase: "Con i voti, o senza i voti, voi al potere non ci andrete mai. È inutile che vi agitate". E quel giorno, dietro suggerimento di Bruno Caruso che era con me, in via Ruggero Settimo, a pochi passi da piazza Politeama, fotografai un netturbino che spazzava tutti i manifestini di Fanfani... queste centinaia di facce di Fanfani finite per terra, in tutti i sensi. L'altro giorno, dai rivenditori di libri vecchi in piazza Marina, ho trovato uno stupendo album fotografico, *Il peggio di Novella Duemila*, curato da Renzo Arbore e Roberto D'Agostino. In questo libro è riprodotta la foto di quel cittadino che negli anni Settanta sorprese Fanfani alle spalle e gli tirò le orecchie. Foto stupenda. Evidentemente Fanfani non risultava molto simpatico. Poi Fanfani continuò a frequentare la Sicilia. In occasione del referendum sul divorzio tenne comizi, ne ricordo uno a Caltanissetta, piuttosto osé, parlando sempre di corna... Le corna – chissà perché – sono il leit motiv di certi politici nostrani. Le corna di Giovanni Leone... Le corna di Berlusconi fatte dietro la testa di Aznar... E guardi cosa è successo al povero Aznar... Forse le corna di Berlusconi sono state per lui peggio di Bin Laden, sono state corna devastanti...».

Il secondo ricordo: «Io adopero un termine caro ai diplomatici: finta di non ricevere. Io fingevo di non vedere, però le vedevo le cose, eccome. Cercavo di vivere come se fossi in Europa. Mentre la Sicilia Europa non era, e ancora non si può dire che lo sia diventata veramente. Una cosa, però, la fotografavo: la distruzione della città costruita dalla borghesia palermitana alla fine del secolo. Il famigerato sacco di Palermo. E la borghesia palermitana, in quel sacco, ci stava dentro con tutte e due le mani: tutti quanti vendevano le proprie case, le villette. E vendevano tranquillamente. Non è che don Vito Ciancimino gli puntasse la pistola alla tempia. Lui, di suo, Ciancimino diciamo che non era gentile, ma la borghesia palermitana, a poco a poco, vendette le case per tirare su palazzoni di otto piani... Hanno rovinato via Libertà, hanno rovinato l'intera città. Solo a Mondello, tranne qualche piccolissima aberrazione, i villini, che sono la tipica espressione dell'architettura cittadina, fortunatamente, sono rimasti in piedi».

Poi, parlando parlando, torniamo alla mafia. E si scopre che non è per niente vero che Enzo Sellerio non l'abbia mai fotografata. Mi sembrava strano. E in quegli anni, poi. La vera storia salta fuori così, quasi per caso.

Ascoltiamola: «Nel 1956, una mia amica, Jennie Cross Nicholson, figlia del famosissimo poeta Robert Graves, corrispondente di "Picture Post", bellissima rivista inglese illustrata all'altezza di "Life", anche se di tiratura inferiore, mi chiese un servizio completo sulla mafia. Accettai. Iniziai fotografando mafiosi in catene che uscivano dalla stazione Centrale di Palermo, provenienti dai paesi dell'interno, e che stavano per essere tradotti all'Ucciardone. Non fu facilissimo. La polizia non voleva sentire ragioni e voleva impedirmi di lavorare. Ma feci i miei scatti. Poi andai all'ospedale di Villa Sofia, dove sapevo che era stato ricoverato un mafioso, ferito molto gravemente durante un conflitto a fuoco. Mi intrufolai nell'ospedale. Approfittando della distrazione degli infermieri, fotografai questo povero cristo mentre era collegato alla bombola d'ossigeno. Ma non era finita. Ora si trattava di fotografare un morto. Perbacco. Volevano il servizio completo: il vivo, il moribondo e il morto. E come si faceva senza il morto? No. Non è che a Palermo in quegli anni mancassero i morti ammazzati. Però non mi piaceva l'idea di andare a fotografare un morto. Questa caccia al morto mi dava molto fastidio. Tutto qui. E non certo per paura. Conclusione: quel servizio non lo completai mai, e non mandai mai le foto alla mia amica...».

E dopo una piccola pausa, dice quasi a se stesso: «Dei fotografi della mia generazione quasi tutti, presto o tardi, hanno mollato. Tranne qualcuno, come ad esempio Mario De Biasi, e quelli che lavoravano a "Epoca", gli altri, ad esempio Mario Garruba, o i fotografi della cosiddetta scuola romana, hanno mollato. Resistettero di più quelli che lavoravano in maniera stabile nei giornali. Ma i giornali che davano grande importanza all'immagine andavano ormai scomparendo».

D. *E oggi?*
R. È cambiato tutto. I famosi magazine non è che diano gran peso alla fotografia di qualità. Per non parlare dei supplementi destinati al pubblico femminile e allegati ai quotidiani. Le pagine dispari sono dedicate alla pubblicità, le pagine pari, quelle meno importanti, ai reportage fotografici. Ne fa le spese anche Salgado, fotografo che ammiro moltissimo. Nella pagina di destra mettono una bellissima modella, fotografata benissimo, a sinistra il poveraccio fotografato da Salgado. La gente sfoglia. Ho conservato due pagine in cui si vede una bella modella che guarda a sinistra. E a sinistra incrocia lo sguardo di un poveraccio sdraiato per terra in una bidonville. Mi chiedo: come è possibile fare certe scelte di impaginazione? Non ricordo se fosse di Ennio Flaiano o di Angelo Musco la famosa battuta: «lei è cretino, però esagera...» Alla mia età, ormai, si combatte solo contro le esagerazioni. Perché i mali normali, i fenomeni normali, uno li sopporta, ci ha fatto il callo. Ma le esagerazioni, finché sei vivo, non le sopporti...

Auguri dall'«Unità» per i suoi ottanta anni, dottor Sellerio.

(25 marzo 2004)

A Corleone alla ricerca dell'Uomo Nero

Corleone, la faccia triste della Sicilia.

Corleone, dove nella piazza «Falcone e Borsellino», da qualche mese, hanno aperto il pub Keystone: birra irlandese e musica a tutto volume, ma non oltre la mezzanotte. Corleone, dove – paese forse unico in Italia – resiste ancora una insegna luminosa della vecchia Democrazia cristiana. Corleone, dove nel giardino pubblico i vecchi siedono in circolo e le giovani coppie flirtano sotto i loro sguardi indifferenti. Corleone, nella cui caserma dei carabinieri il futuro generale Carlo Alberto Dalla Chiesa, cominciò ad annusare i primi mafiosi della sua lunga carriera. Corleone, dove gli anziani ricordano ancora il cancello dalle punte acuminate in cui il capo lega Cgil Placido Rizzotto, «appese» per la giacca un ancor giovane Luciano Liggio, futuro capo mafia, che mal sopportava i fazzoletti rossi dei partigiani che si videro da queste parti a Liberazione avvenuta.

Corleone, definita già da Bernardino Verro, capo dei Fasci Siciliani e sindaco socialista d'inizio Novecento, «sede della Cassazione della mafia siciliana».

Corleone, paese simbolo della mafia, cuore duro di una «famiglia» – i corleonesi – che alla Sicilia hanno portato lutti inenarrabili. Corleone, paese simbolo dell'antimafia, con i suoi tanti martiri, proprio Rizzotto e Verro, per esempio, entrambi assassinati. Corleone, eternamente sospesa fra vecchio e nuovo, bene e male, speranze e cocenti delusioni.

Corleone, naturalmente, dove è nato l'Uomo Nero. E Corleone, dove vivono i familiari dell'Uomo Nero, al secolo Bernardo Provenzano, inafferrabile fantasma al vertice (forse sì, forse no) di Cosa Nostra.

Torniamo a Corleone dopo la sua primavera, datata anni Novanta. Qui vennero, in quegli anni, ben due presidenti della Repubblica: Oscar Luigi Scalfaro e Carlo Azeglio Ciampi. Ma se oggi cercate Corleone su Internet non potrete fare a meno di imbattervi nella Corleone firmata Benetton. Fu un grande evento, che culminò nel catalogo «primavera estate 1997» che riproduceva una cinquantina di volti di altrettanti giovanissimi ragazze e ragazzi di Corleone che per un giorno «posarono» per Oliviero Toscani.

Nel panificio di via San Leonardo, vado a cercare il «volto copertina» di quel catalogo: Salvatore Giacopello, che oggi ha ventisei anni. Durante la primavera corleonese, quando conobbe Oliviero Toscani, non aveva ancora diciotto anni.

«Incontrai Oliviero Toscani da un lattoniere, perché evidentemente qualcuno gli aveva già parlato di me. Fu gentilissimo, mi chiese se ero disponibile a fare questa esperienza. Mi scelse per il mio sguardo, perché mi hanno detto che nel mio sguardo si vede lo sguardo del siciliano tipico. Sarà così... L'idea mi piacque, ma le conseguenze un po' meno. Tutti i ragazzi di quel catalogo sono finiti in tantissimi siti Internet... Ancora oggi ci telefonano da ogni parte del mondo. Ma che possiamo dire ormai? D'accordo: eravamo noi, in quelle fotografie, ma dopo un po' il discorso si chiude lì. Anche per questo oggi, né io né gli altri, forse lo rifaremmo.»

Si fa presto, insomma, a dire antimafia. Queste sono terre dove è difficilissimo incidere in maniera duratura. Anche perché l'aspetto repressivo, da solo, come si è detto ormai un milione di volte, non può bastare. Ci vuole il lavoro. Ci vuole lo sviluppo. Ci vuole la presenza di uno Stato amico e di Istituzioni efficienti, vicine ai bisogni della gente. Sentiamo come andò a finire la parabola del «ragazzo copertina».

«Quell'iniziativa fu il tentativo di far conoscere un'immagine nuova di Corleone, ma non pensavamo che doveva provocare tutto questo trambusto. L'immagine di Corleone, però, è rimasta la stessa. La mafia? Come lei mi insegna, non si può vedere. E non mi va di parlarne molto, perché è una cosa che mi interessa poco. A Corleone si dice: vai per la tua strada che sarai sempre tranquillo. Sono del parere che è davvero così. So che esiste la mafia, ma io qui non la vedo, per me è come se non ci fosse. È una realtà che non si può nascondere, ma è anche una realtà che – qui a Corleone – non si può neanche mettere in evidenza. Arresteranno Provenzano? Se sarà sua volontà farsi prendere allora lo arresteranno, ma se lui sarà contrario, dopo quarant'anni di latitanza, non sarà così facile. Faccio il panettiere da cinque anni. E Angelo e Francesco Paolo Provenzano, figli di Bernardo, sono tutti e due clienti miei. Sono ragazzi tranquillissimi, molto socievoli, molto educati...».

Sogni e illusioni di un giovane corleonese. Cresciuto in fretta, fra apparenti luci della ribalta e durezza della vita quotidiana. Ecco che oggi lo ritrovi a parlare quasi un'altra lingua, quella del lavoro, del sacrificio, quella che parlano uomini grandi di età, che tante cose si sono lasciate alle spalle.

«Quando posai per il catalogo Benetton frequentavo, a Palermo, il conservatorio di musica. Ho studiato musica per tredici anni. Suonavo il corno. E qualche volta lo suono ancora nella banda del paese. Da grande volevo fare il musicista. Ma dopo il diploma fui costretto a lavorare. Per me le strade furono completamente chiuse. Mio padre è stato barbiere per tutta la vita. Un giorno, gli venne l'ernia al disco e per cinque anni non riuscì a stare in piedi. Smise di fare il barbiere. Restammo senza una fonte di reddito. E furono i nonni e gli zii, con grandissimi sacrifici, a mantenere agli studi me e mio fratello, Samuele, di quindici anni, che studia all'istituto agrario. Ma lavoratori si nasce, non si diventa. Non ci rassegnammo. Mia madre aveva fatto la domandina per questa licenza del panificio, e il sindaco Pippo Cipriani, Ds, in carica sino al 2002, mi diede una mano. Oggi mio padre lavora in una cooperativa di lavoratori socialmente utili e fa il bidello in una scuola. Faccio il panettiere da cinque anni. L'altro mio fratello, Biagio, di ventuno, mi aiuta in panificio. La mia vita è particolare: la notte lavoro e il giorno dormo. Dopo mangiato, alle tre del pomeriggio vado a dormire e mi sveglio all'una di notte, ora in cui inizio a panificare. La mia vita si è capovolta. Volevo suonare il corno, e se qualcuno mi avesse detto che avrei fatto il panettiere non ci avrei creduto. Ora sono tranquillo. La mia vita sarà quella del panettiere. Il lavoro è redditizio. Fra poco mi sposerò con una ragazza, che si chiama Rosa, diplomata allo scientifico, e che adesso mi aiuta come banconista. Anche lei ha smesso di studiare. Uno solo dei cinquanta del catalogo, Giuseppe Gennusa, che ha la parte del pastorello, nel film di Pasquale Scimeca dedicato a Placido Rizzotto, ce l'ha fatta a venire fuori da Corleone. Sono un artista in tutti i sensi, se si fosse aperta una strada l'avrei intrapresa anch'io. Mi consolo dicendo che anche per fare il pane, il pane buono, fatto bene, ci vuole arte...».

Non siamo all'«uno su mille ce la fa» – come dice la canzone di Morandi – ma poco ci manca.

Siamo entrati dentro la questione lavoro, a Corleone. E con Dino Paternostro, segretario della Camera del lavoro, direttore della rivista «Città Nuove» (che si è sempre distinta per difficilissimo impegno antimafia), cinquantadue anni, cerchiamo di ricostruire l'identikit di Corleone oggi. Cominciamo col dire che il Polo da due anni è alla guida dell'amministrazione comunale. È sindaco Nicolò Nicolosi, deputato nazionale e leader di Patto per la Sicilia, formazione politica locale inglobata nelle truppe del centro-destra. Che tipo di antimafia fa questa giunta nel paese in cui è nato l'Uomo Nero?

«Molto ostentata.» Non sono sicuro di avere sentito bene: ostentata o stentata? «No» precisa Paternostro «ostentata, nel senso che ai corleonesi appare generica e declamatoria.» Si dà il caso che per ben tre volte Nicolosi abbia querelato proprio Paternostro accusandolo di rovinare la sua «immagine» con eccessive critiche al suo lavoro e a quello della giunta. Difficile capire come stiano le cose. Ma certo che in questo paese, secolarmente, la prima grande spaccatura è sempre stata fra mafiosi e antimafiosi. Non ce ne sono state altre. Questa è la prima volta che un'inedita guerra della carta bollata contrappone un sindaco ai rappresentanti di un movimento che ha le sue radici (storiche, sindacali e politiche) nel sacrificio di uomini come Bernardino Verro e Placido Rizzotto. È l'antimafia alla maniera del Polo quella rappresentata da Nicolosi? Non è da escludere. Che il Polo stia governando molto male – antimafia a parte – è dato che comincia a essere acquisito dalla gente, è giudizio che appartiene alla libera critica politica.

Tanti anni fa, Leonardo Sciascia incontrò Paternostro, allora giovanissimo studente liceale a Corleone, per rispondere alle domande dei ragazzi che volevano sapere dallo scrittore di Racalmuto che ne pensasse della mafia. Disse Sciascia: «Tutto il male possibile, naturalmente». E i ragazzi gli chiesero cosa potessero fare contro la mafia. Disse Sciascia: «Tutto, a condizione che restate giovani, che non accettate compromessi col potere, che mantenete la capacità di indignarvi». Da quell'incontro, un gruppo di ragazzi – ormai adulti e con i capelli bianchi – trasse la lezione che soprattutto a Corleone non si doveva prestare il fianco al comune sentire mafioso. Poi, un giorno, Sciascia tornò a Corleone con il suo amico Renato Guttuso. Sciascia era infatti diventato consigliere comunale a Palermo, eletto come indipendente nelle liste del Pci. Tenne un comizio, lui così taciturno e così poco propenso all'enfasi oratoria. «In quella campagna elettorale – ricorda adesso Paternostro – Sciascia tenne pochissimi comizi.» Ma uno di quei comizi lo volle tenere proprio qui a Corleone che evidentemente considerava paese simbolo nella storia dell'eterna rivolta civile dei siciliani.

Di quali ingredienti è fatta questa storia simbolica? Vi proponiamo due profili. Quello di Verro, quello di Rizzotto.

Bernardino Verro: nacque a Corleone nel 1866, fu assassinato a Corleone il 3 novembre 1915. Ebbe il coraggio di ribellarsi in un territorio dominato dagli agrari, dai gabellotti, che affittavano i terreni che poi subaffittavano ai contadini, e dai killer mafiosi. Organizzò i contadini poveri nei Fasci Siciliani, nell'intero comprensorio di Corleone, Bisacquino, Prizzi, Palazzo Adriano, Lercara Friddi, Contessa Entellina, Campofiorito. Subì carcere, esilio e miseria per questo suo impegno. Nel 1914 fu il primo sindaco socialista di Corleone. Fu assassinato l'anno successivo, mentre stava tornando a casa dopo una mattinata trascorsa in Municipio.

Omicidio annunciato: cinque anni prima i killer lo avevano mancato, riuscendo a ferirlo solo a un polso. Alla gente intervenuta per soccorrerlo, Verro, che non si era perso d'animo, si rivolse alla folla: «Dite ai picciotti che per questa volta fecero fumo...».

È considerato il santo laico di queste contrade. Monsignor Emanuele Catarinicchia, oggi vescovo in pensione, che negli anni Sessanta fu arciprete a Corleone, ha sempre raccontato di avere visto in diverse case contadine la foto di Verro accanto a quella di san Leoluca, protettore del paese, e a quella della Madonna.

Placido Rizzotto: il film di Scimeca ha fatto conoscere la sua storia a un largo pubblico. Contadino semianalfabeta che divenne partigiano su monti della Carnia, tornò a Corleone a guerra finita con idee completamente rinnovate. Divenne segretario della Camera del lavoro, guidò le prime lotte per l'occupazione delle terre. Proprio per questo visse poco. A trentaquattro anni – era il 1948 – Luciano Liggio e i suoi picciotti lo sequestrarono, lo uccisero, ne buttarono il cadavere in una foiba di Roccabusambra.

Vado a dare un'occhiata al cimitero di Corleone. Bernardino Verro è in un loculo comune. Una foto. Ma non c'è data, né di nascita né di morte. Placido Rizzotto non c'è per niente. Quando si tenne il processo, i giudici non diedero credito al riconoscimento dei resti effettuato dai familiari. Gli imputati furono tutti assolti. Con ogni probabilità le ossa di Placido Rizzotto sono state accatastate in qualche scantinato di un tribunale italiano.

Elegantissime le sepolture per i capi mafia di Corleone. Ecco, bordata di luccicanti mosaici d'oro, la cappella gentilizia del dottor Michele Navarra, primario dell'Ospedale dei Bianchi. I familiari dovettero ispirarsi al Cristo Pantocratore della cappella Palatina a Palazzo dei Normanni. Solo che il medico in questione – sia detto per inciso – è lo stesso che ordinò l'iniezione letale per sopprimere Giuseppe Letizia, il pastorello tredicenne che fu testimone casuale dell'omicidio di Rizzotto. Ecco, a pochi passi da quella di Navarra, la cappella Cutrera. E non fu uno dei Cutrera a mettere a disposizione la stalla da cui i killer spararono al sindaco Verro? Ecco ancora – e stiamo parlando di un'intera area del cimitero che pare destinata esclusivamente ai mammasantissima corleonesi – le cappelle Vintaloro e Maiuri-Zanghì, altri nomi che nella storia post bellica della mafia hanno contato moltissimo e hanno il posto d'onore.

E Luciano Liggio? Sta nella tomba con il fratello e la cognata. Ma la sua foto non c'è. E non c'è il suo nome. Quando morì, nel 1993, nessuno in paese partecipò ai suoi funerali. Ma eravamo all'indomani delle stragi di Capaci e via D'Amelio e la tensione civile era molto alta. Corre voce a Corleone che proprio i familiari decisero che non ci fosse alcuna foto di «Lucianeddu» per evitare di «dare sazio» agli avvoltoi delle televisioni e dei giornali.

Eravamo tornati nel paese in cui è nato l'Uomo Nero. E verrebbe da dire che qui, Bernardo Provenzano, non fosse per la sua famiglia che ci abita e si vede molto poco per le strade del paese, appare più fantasma che altrove.

Ce lo lasciamo alle spalle, in una Corleone dove ancora convivono paure e vecchi spettri, speranze e volontà di resistenza, delusioni e riscatto, nobili ideali e brusche frenate.

Tommaso Besozzi, di fronte al cadavere di Salvatore Giuliano nel cortile di Castelvetrano in cui i carabinieri avevano simulato un conflitto a fuoco col bandito, iniziò il suo articolo per «L'Europeo» scrivendo: «Di sicuro c'è che è morto».

Dell'Uomo Nero, al secolo Bernardo Provenzano, al termine di quest'inchiesta, ci sentiamo solo di scrivere: «non è neanche sicuro che sia vivo».

(28 marzo 2004)

Intervista a Luigi Li Gotti

Domanda *Avvocato Luigi Li Gotti, lei difende Giovanni Brusca dal giorno del suo arresto, il 20 maggio 1996. Ha visto che bel coro di polemiche – giornali e tv, osservatori esterni alla materia e uomini politici –, di fronte alla* *notizia che il suo assistito si avvale della legge sui pentiti? Ci spiega le ragioni di questo clamore?*

Risposta Preciso che assunsi la difesa due mesi dopo la cattura. Ma veniamo alla sua domanda. In questo caso, non è in discussione la legge sui pentiti, come qualcuno ha voluto far credere. La legge che è stata applicata a Brusca è quella sull'ordinamento penitenziario. È una legge che si estende ai collaboratori di giustizia per reati di mafia o di terrorismo. Oltre che – ovviamente – a tutti i detenuti per reati comuni. Mi chiedo allora dove stia lo scandalo.

D. *È vero che Brusca pretende telefonino e piscina personale?*

R. Questa è una balla colossale. E spiego perché. Cominciamo col dire che Brusca, dal dicembre 2002 – su autorizzazione del magistrato del Tribunale di sorveglianza di Roma, e previa acquisizione di pareri favorevoli di tutte le autorità competenti – ha iniziato a godere di «permessi premio».

D. *Ma è l'uomo che azionò il timer a Capaci, uccidendo Giovanni Falcone, Francesca Morvillo, tre uomini della sua scorta. È l'uomo che diede l'ordine di sciogliere nell'acido il piccolo Giuseppe Di Matteo di soli quindici anni. Come risponde a queste obiezioni? Non le sembra inaccettabile la concessione di «permessi premio»?*

R. È una definizione giuridica menzionata dalla legge. I «permessi premio» possono essere concessi a chi sta scontando una condanna definitiva. Giovanni Brusca, per tutti i gravissimi e terribili fatti di cui è stato responsabile, ha subìto condanne che sono definitive. I permessi riguardano l'esecuzione delle condanne, ossia un momento successivo a quello dell'accertamento della verità e della responsabilità. E sono finalizzati – sempre per legge – alla risocializzazione del detenuto, e quindi anche a una normalizzazione del suo rapporto con i familiari. Ma mi faccia ricostruire quanto è accaduto...

D. *Faccia pure, avvocato.*

R. Il detenuto Brusca Giovanni ha chiesto più volte di poter usufruire di questi permessi presso il domicilio protetto e segreto in cui vivono la moglie e il figlio. In questo non ci trovo assolutamente nulla di scandaloso. Le autorità di polizia ritengono, al contrario, che proprio per motivi di sicurezza Brusca debba usufruire di questi permessi in albergo.

D. *Il luogo e l'albergo sono sempre gli stessi?*

R. Lo ignoro. Ma so che in un'occasione, in un albergo scelto dalle autorità, c'era anche una piscina. È stato allora che Brusca ha evidenziato per iscritto come i motivi di riservatezza, a suo modo di vedere, non fossero garantiti dal fatto che gli fosse consentito andare anche a farsi il bagno.

D. *E lui ci è andato?*

R. Macché. Era previsto che entrasse in piscina accompagnato dalla scorta. Ed è stato lui stesso a dire ironicamente: basta mettere il cartello

«Giovanni Brusca si sta facendo il bagno» e la violazione della riservatezza sarebbe identica... Segnalò questa situazione, che reputo alquanto grottesca, proprio per caldeggiare la sua richiesta di starsene al chiuso, in casa e con moglie e figlio. Era disposto a barattare i quattro cinque giorni di questa «vacanza», ogni due mesi, poco più poco meno, con un solo giorno che avesse quelle caratteristiche di normalità. Neanche in questo ci vedo nulla di strano.

D. *E anche la storia del telefonino è una balla colossale?*

R. Un'altra balla colossale. Brusca, da quando è in carcere, come qualunque detenuto nelle sue condizioni, ha diritto a un certo numero di telefonate con tutti i suoi familiari, compresa la madre. Anche le telefonate sono previste dal regolamento carcerario. Quando è andato in permesso, invece, a Brusca era vietato l'uso di qualsiasi telefono. Non solo. Alla moglie, che si recava a incontrarlo per trascorrere insieme il permesso, veniva requisito il cellulare. E Brusca, per iscritto, ha chiesto spiegazione del perché. Ammetterà che è letteralmente ridicolo potere affermare che Brusca pretende piscina e cellulare? È ridicolo anche pensarlo.

D. *Ma Brusca è ancora in regime di 41 bis?*

R. No. Dal 1997. Anche se, per sua scelta, ha chiesto e ottenuto di continuare a stare in cella da solo, in un sostanziale regime da 41 bis.

D. *Perché questo suo atto di «generosità»?*

R. Perché sapeva benissimo che una delle censure mosse ai pentiti, per inficiarne l'attendibilità, è la promiscuità con altri collaboratori di giustizia. E infatti, puntualmente, qualcuno durante i processi gli chiedeva con chi stava in cella. E lui poteva rivendicare la sua solitudine, la sua condizione di sostanziale isolamento.

D. *E questa scelta ha pagato?*

R. Direi proprio di sì. Sono quarantotto – se non ricordo male – le sentenze di altrettanti tribunali, gip, Corti d'assise e Corti d'assise d'appello, che, sull'intero territorio nazionale, hanno sancito la straordinarietà dei contenuti della sua collaborazione. Non c'è alcun pentito di mafia o di terrorismo che può vantare in Italia analogo primato. Come mai nessuno mette in evidenza questi aspetti?

D. *Ha una spiegazione?*

R. Io penso che come in tutte le cose siciliane, le polemiche al vetriolo di questi giorni non siano accadute per caso. Penso, invece, che dietro ci sia qualche manina poco nobile.

D. *A chi si riferisce?*

R. All'anonimo «animo nobile» che mostra raccapriccio perché Brusca ha il passato che ha, ma che invece teme questa legge sui collaboratori. Si grida allo scandalo per Brusca, ma il fine non dichiarato è proprio quello di colpire la legge. Infatti l'emozione ha fatto sì che quasi tutti dicessero che è necessario cambiare l'attuale legge.

D. *Ma chi può essere danneggiato da questa legge, visto che la polemica è* *stata sollevata da giornali, televisioni e uomini politici? È fra loro che vanno cercati gli «animi nobili»?*

R. No. Ho parlato, infatti, di «anonimi» interessati. Cosa Nostra, in passato, venne presa in contropiede dai collaboratori, oggi gioca d'anticipo.

D. *Insomma, la mafia ispira il mondo dell'informazione? È questo che vuol dire? Non le sembra affermazione eccessiva?*

R. Cosa Nostra si muove senza mostrare il suo biglietto da visita. Ma non è un caso che stralci virgolettati di verbale, sapientemente isolati dai contesti che ho appena descritto – vedi piscina e telefonino – siano usciti con scientifica tempestività e sapiente regia. Sono stati strumentalizzati i sentimenti delle vittime e l'indignazione dell'opinione pubblica. Le dico di più: il verbale, finito su alcuni giornali, non è stato mai consegnato alla difesa, che non ne ha mai chiesto copia. Non le sembra strano che, improvvisamente, esploda un caso del genere, dopo circa due anni che Brusca usufruisce di questi permessi? Non le sembra strano che stralci di un verbale vengano diffusi e pubblicati dopo otto mesi?

D. *Avvocato, i giornali pubblicano le notizie quando ne vengono a conoscenza.*

R. Certo. Ma c'è sempre un momento in cui qualcuno decide che i giornali ne vengano a conoscenza. Questa è una storia che mi sembra costruita a tavolino. Rispetto il disagio dei familiari delle vittime. Sono ammirato della pacatezza del dottor Alfredo Morvillo, cognato di Giovanni Falcone, il quale, per primo, ha osservato l'inutilità e la strumentalità di questi polveroni. Ma, contemporaneamente, sono allarmato di fronte a queste trame occulte che non fanno altro che confermare che a Palermo i veleni continuano ancora a essere di casa.

D. *Ammetterà che anche il mondo politico non ha pronunciato parole tenere nei confronti del suo assistito?*

R. Il mondo politico, a modo suo, è sempre coerente. Fa le leggi e poi le rinnega. Mi permetto di ricordare che quella legge sui collaboratori, che rende applicabile anche a loro l'ordinamento penitenziario, è stata approvata appena tre anni fa dall'intero Parlamento, con un solo voto contrario. È di questa legge che si avvale Brusca. In Italia, da decenni, identici benefici sono previsti per i terroristi pentiti, per i sequestratori di persona pentiti, per trafficanti internazionali di stupefacenti pentiti, e, ultimi in ordine di tempo, per i collaboratori di mafia. Quattro leggi premiali. Quattro leggi che non hanno mai scandalizzato nessuno. O comunque mai come nel caso di Giovanni Brusca.

D. *Brusca resta Brusca. O no?*

R. E allora si facesse una legge solo per lui. Ma ricordiamoci anche che di questi benefici godettero a suo tempo, decine di persone: Faranda e Morucci, Barbone o Savasta, Cianfanelli e Moretti, Mambro e Fioravanti, solo per fare qualche nome. Non dimentichiamoci che, per restare all'argomento mafia, Monticciolo, Chiodo, e il fratello di Brusca, che prima strangolarono il piccolo Di Matteo, e poi ne sciolsero il corpo nell'acido, godono da tempo degli stessi permessi, degli stessi benefici. Anche Gricoli, l'assassino di padre Puglisi.

D. *Dobbiamo rassegnarci?*

R. Mi lasci dire. La legge premiale ha assicurato la cattura dei latitanti, la scoperta degli autori di delitti, il ritrovamento di micidiali arsenali, ha scongiurato altre stragi, altri omicidi. È una legge che volle Giovanni Falcone. E anche per essa, Giovanni Falcone fu ucciso. Questo dato di fatto, in tanti, preferiscono ignorarlo.

(21 ottobre 2004)

Con mamma Felicia Impastato nella camera dei sogni di Peppino

A intervista finita, prima di lasciarci, aveva voluto che dessi un'occhiata alla stanza di Peppino, alle sue cose. E in quel momento tutto avrei pensato tranne che, di lì a qualche giorno, un improvviso attacco di asma l'avrebbe stroncata a ottantotto anni. Era in ottima salute, un fil di ferro, lucidissima, assai combattiva. Non mi aveva detto nulla. Mi aveva solo appoggiato una mano sul braccio e guidato dolcemente lungo il corridoio per raggiungere le scale che da piano terra conducono al primo piano. La porta della stanza di Peppino era aperta. Era una giornata ancora estiva, in questo bislacco autunno siciliano che mescola acquazzoni a folate di scirocco cariche di sabbia.

Era il 18 novembre, ed ero andato lì per intervistare Giovanni, fratello di Peppino, una pagina di intervista che sarebbe uscita su questo giornale domenica 21. Diedi un'occhiata alla scrivania di Peppino, ai suoi libri, ai poster alle pareti, alla collezione dei dischi, al letto, al balcone che si affaccia su via Umberto, a Cinisi. L'unico balcone del paese dove ormai da qualche anno sventola la bandiera multicolore della pace. Tanti libri di Pasolini. Il *Capitale* di Marx (lo ricordate?), testi di Sartre, tutto Sciascia sino a quella data, e il Camus de *Lo Straniero* e de *Le Voci del quartiere povero*. I cantautori di quegli anni: da Bob Dylan a Luigi Tenco a Fabrizio De André, parecchi dischi di musica classica. E ancora: una riproduzione del *Quarto Stato* di Giuseppe Pellizza da Volpedo... Ernesto «Che» Guevara... ma anche pittori siciliani, come Pino Manzella e Stefano Venuti... che volete, le idee di Peppino erano quelle... Qualche minuto in tutto.

Lei mi guardava con sguardo interrogativo, come a dire: «Ma le sembra questa la stanza di un ragazzo terrorista?». Ma non aveva detto neanche questo, infatti non aveva battuto ciglio. Né io avevo avuto la prontezza di spirito per rompere un silenzio gravido di ricordi. Donne più siciliane di Felicia Bartolotta Impastato era difficile trovarne. Aveva mantenuto il lutto da quel tremendo giorno di ventisei anni fa, quando suo figlio era stato trovato cadavere sul binario della Trapani-Palermo, dilaniato da una potente carica di esplosivo, in una nube altamente tossica di ipotesi strampalate, voci strumentali, silenzi omertosi e lacune investigative. Gli apparati di Stato, lo Stato di allora, tentarono sino alla fine di far passare quella morte per mano mafiosa, per la morte di un terrorista suicida, una sorta di kamikaze ante litteram che però, guarda caso, come scenario del suo ultimo «bel gesto» aveva scelto un luogo deserto, luogo dove non c'era anima viva, luogo privo di obbiettivi militari o sensibili che dir si voglia, insignificante sotto il profilo simbolico, quanto può esserlo un tratto di ferrovia fuori mano. Ho detto che Felicia manteneva il lutto: in realtà aveva iniziato a portarlo da prima, dopo la morte del marito, che invece era stato nei ranghi mafiosi, avendo subito il fascino sinistro della cultura dominante a Cinisi nei lontani anni Sessanta e Settanta. Moglie di un mafioso e madre di figli antimafiosi, Felicia, però, aveva scelto da subito la sua collocazione. E anche in questo era donna siciliana per eccellenza, di quelle insomma che quando decidono di rompere con il passato, lo fanno per davvero, senza tentennamenti, senza ripensamenti, soprattutto. Sapendo benissimo a cosa andranno incontro, e i mafiosi, che queste donne le conoscono bene, provano sempre un brivido di paura quando una di esse si mette di traverso sul loro cammino. Portandomi nella stanza del figlio, Felicia aveva voluto dirmi qualcosa.

Aveva voluto dirmi che in Sicilia c'è modo e modo di onorare il culto dei morti. Mi faceva vedere una stanza che non era una reliquia. Mi faceva vedere una stanza in cui il tempo non si era mai fermato. Una stanza in cui circolava aria pulita, non il tanfo del vecchiume. Mi faceva vedere una stanza che da ventisei anni, ininterrottamente, era diventata la meta, il pellegrinaggio dei rappresentanti di una società italiana per bene, non piegata ai ricatti, non frustrata dalle verità addomesticate di mille grandi fratelli. In tanti, famosi e no, erano entrati in quella stanza. E nell'Italia in cui si sprecano le guide dello star bene, del mangiar bene, del dormir bene, dei centri benessere, degli itinerari romantici, forse non sarebbe male pubblicare ogni tanto qualche guida dell'Italia del dolore e del riscatto, delle vittime e dei familiari delle vittime, così scopriremmo che il bel paese lo puoi guardare da prospettive infinite, e non tutte rassicuranti, piagata com'è – l'Italia – da una via crucis di stragismo e delitti, misteri e assenza di verità.

I lettori di questo giornale sanno da cosa era scaturito il nostro incontro. Da due pessime notizie, a pochi giorni una dall'altra, che avevano in qualche modo gettato un'ombra sugli sviluppi dell'inchiesta sulla matrice mafiosa del delitto Impastato conclusasi finalmente con la condanna in primo grado per omicidio di don Gaetano Badalamenti. Quel Tano Seduto, come lo chiamava ironicamente Peppino dai microfoni di Radio Aut, una radio che a quei tempi dava fastidio alla mafia più di mille dichiarazioni retoriche e di maniera, e che era stata uccisa uccidendone il suo principale ispiratore.

Le notizie erano queste: Giovanni, il fratello di Peppino, era stato condannato in tribunale al pagamento di cinquemila euro all'avvocato Paolo Gullo, difensore «storico» di Badalamenti, per avere definito, durante una puntata del *Costanzo show*, «un'imbecillità» la tesi di chi riteneva Peppino vittima di un attentato terroristico confezionato con le sue stesse mani. Gullo si era risentito, perché evidentemente si immedesimava in quella che è ormai storicamente dimostrato essere stata «un'imbecillità», e aveva querelato Giovanni. Un tribunale assai solerte aveva messo sotto sequestro la pizzeria degli Impastato a Cinisi, atto odioso che si poteva tranquillamente risparmiare. Il pagamento era stato infatti tempestivamente onorato, la pizzeria restituita ai legittimi proprietari, ma il provvedimento in sé restava scandaloso.

La seconda notizia, invece, era questa: dal momento che dopo la condanna di primo grado, Badalamenti era passato a miglior vita, si profilava – e si profila tutt'ora – la restituzione ai parenti del boss dei beni sequestrati, a suo tempo, al congiunto. Dunque: Giovanni condannato alle spese, Badalamenti risarcito, e con tante scuse. Ma che Stato era mai questo? Era questa la domanda che ci ponevamo con Giovanni quel giorno. E Felicia? Non aveva voluto aggiungere nulla alle parole del figlio.

Mi aveva detto di essere stanca degli interminabili colpi di scena. Di essere consapevole che il calvario degli Impastato non era ancora finito, e per questo preferiva lasciare il testimone, anche durante quell'intervista, a Giovanni, molto più giovane di lei. Voleva – e questo me lo disse a riprova del fatto che tutto era tranne che rassegnata – che quella casa, e soprattutto quella stanza, restassero luogo di memoria. Le chiesi: «Ma non lo è già?» E lei: «Sì, ma è ancora il risultato della volontà della nostra famiglia, vorrei che le istituzioni capissero sino in fondo il significato di ciò che stiamo cercando di fare. Solo in quel caso non correremmo più il rischio che tutti i nostri sforzi e i nostri sacrifici in questi ventisei anni vengano cancellati». Infine, questa frase spiritosa: «Chiederò al regista Marco Tullio Giordana [autore del bellissimo *I Cento Passi*, N.d.A.], o a un altro regista che mi consiglia lui, di fare un film, magari quasi comico, per raccontare la vita di Peppino Impastato. Parte Seconda. Insomma: in Italia non si finisce mai di imparare». E di soffrire.

(Ho saputo da Giovanni, qualche giorno dopo, che era particolarmente grata all'«Unità» per essere tornata a dare lo spazio di una pagina alla memoria di Peppino, e che quell'intervista a Giovanni la custodiva fra le sue cose più care, e che la faceva leggere alle persone che l'andavano a trovare. Alla famiglia Impastato, da questo giornale, le più sentite condoglianze per la morte di mamma Felicia.)

(9 dicembre 2004)

Funerali di mamma Felicia

Un funerale? Sì, c'è stato un funerale. A tratti disturbato dalla pioggia, poi riscaldato dal sole. Con i preti, il carro funebre, i serti di gladioli bianchi e di gigli rossi, i manifestini listati a lutto e affissi ai muri, le zaffate d'incenso. Tutto secondo prassi, secondo copione. Eppure molto diverso dal solito, assai lontano dai mille funerali che il cronista ha visto scorrere in un quarto di secolo di cronaca siciliana. Infatti il dato che emerge dalla giornata di ieri è che ieri non è andato in scena il «trionfo della morte». Un funerale sui generis, sorretto dalla speranza, animato persino da qualche polemica. Comunque, niente di tetro, di plumbeo, nessuna fissità del rituale.

E il paese? No, il paese non c'era. Nonostante il lutto proclamato dal sindaco Salvatore Palazzolo, i negozi sono rimasti aperti. Una mezza dozzina le donne ai balconi. Qualcuno, mentre il corteo avanzava, strappava i manifestini che dicevano «Ciao Felicia». Niente di nuovo sotto il sole di Sicilia.

Chi è questa donna esile, le mani quasi rinsecchite, le dita che tengono un rosario, il vestito blu, il crocefisso sul petto, il viso sereno, gli occhi socchiusi? Di chi è stato, in vita, questo corpo raccolto in una bara di legno chiaro, esposta al pian terreno di una casa come tante? Chi stiamo accompagnando a mille metri dal centro abitato in questo cimitero la cui architettura funebre assomiglia spaventosamente a quella del suo stesso centro abitato?

Un'eroina? Una donna coraggio? Una donna contro? Una siciliana eccentrica? Una dirigente dell'opposizione della sinistra extraparlamentare? La moglie di un mafioso? La madre di figli antimafiosi? Sì, insomma, chi era veramente Felicia Bartolotta Impastato, soffocata a 88 anni da un attacco di asma? È strano. È come se la morte, eternamente infallibile nel compiere la sua missione, avesse oggi subìto uno scacco. Accade quando ci sono vite che neanche la morte riesce a pietrificare per sempre. Questo è uno di quei casi.

Cinisi, Italia.

Cinisi, Sicilia.

Cinisi, corso Umberto 220, la casa di Peppino Impastato. Cinisi profonda. La casa di Giovanni Impastato. La casa di Felicia.

Un drappello di auto blu è posteggiato nel corso. Le auto di Guido
Lo Forte, Roberto Scarpinato, Gioacchino Natoli, Francesca Imberga-
mo, Antonio Ingroia, Massimo Russo, Mauro Terranova, procuratori
aggiunti e sostituti di quella parte di Procura che, nonostante la controriforma del ministro Castelli, ritiene sia lecito partecipare alle esequie
di qualcuno quando si è distinto per il suo contributo antimafioso. A
Castelli, che ha regolamentato (sarebbe più esatto dire: proibito per
legge) la presenza dei magistrati a convegni e presentazioni di libri, deve
essere sfuggita la voce «funerali», e oggi anche lui subisce uno scacco,
pur essendo riuscito a compiere, più modestamente, la sua «missione».
Questi magistrati con la loro presenza compiono un atto altamente
simbolico, non stanno rilasciando una dichiarazione. Come dicessero:
non ci siamo mai riconosciuti in quello Stato e in quella magistratura
che, oggi come ieri, per ventisei lunghissimi anni insabbiarono la solare verità di Peppino Impastato, morto per mano di Gaetano Badalamenti, l'immarcescibile boss di Cinisi. E oggi siamo qui a testimoniare il
nostro essere «reduci», come a loro modo sono stati «reduci» Peppino
e Felicia.

Chi era Felicia? Dice una cosa esatta Umberto Santino, del centro di
documentazione di studi siciliani intitolato alla memoria di Peppino. Poco
prima che il feretro venga portato nella chiesa dell'«Ecce Homo», che è
lì a due passi, pronuncia parole toccanti – non sappiamo se definirle
un'orazione, un discorso di saluto, una preghiera laica – che hanno il
merito di non essere alimentate da un improponibile ecumenismo. Dice
Santino che Felicia riuscì a essere sino in fondo «donna», ancor prima
che moglie e madre. E dice anche che fu esclusivo merito suo se la saga
dei Badalamenti e degli Impastato non si risolse in una del tante faide
ancestrali del Sud, dove si ribatte a morte con morte, a delitto con delitto, a vendetta infinita con vendetta altrettanto infinita.

Spezzò la catena, Felicia Bartolotta Impastato. Ruppe il tran tran
secolare. Impresse un vertiginoso giro di boa che consentì alla sua intera
famiglia il riscatto, la rottura di quella cappa di sottocultura mafiosa
incarnata persino dal suo stesso marito. Chiamatelo un merito da nulla.
Ma – lo ripetiamo – non riusciamo a trovare una definizione etimologi-
camente corretta per significare tutto questo.

Raccogliamo parole, ricordi, sensazioni, questo sì. Come quelle di
Marco Tullio Giordana, il regista dei *Cento Passi*, che raggiunto a Brescia
dalla notizia della morte di Felicia, ha piantato il set del film che sta
girando (*Quando sei nato non puoi più nasconderti*), per precipitarsi a Cinisi. «Per tutti noi Felicia era diventata una sorta di vice madre. Paradossalmente penso che lei, perdendo Peppino, abbia acquistato centinaia di
migliaia di altri figli.» E racconta delle sue perplessità iniziali a girare un
film del genere in un ambiente del genere, dei suoi sopralluoghi a Cinisi
durati mesi e mesi, della decisione di non ricorrere a star nazionali e di

importazione preferendo un cast che fosse sino in fondo di siciliani...
eppure restava ancora tutto molto nel vago... c'era il timore ad accingersi a questo «cimento». «Fu solo la fiducia di Felicia nel nostro progetto» conclude «a spingerci a fare il film.»

D'altra parte c'è da dire che se gli Impastato non fossero stati l'incredibile crogiolo di storie che ormai milioni di italiani conoscono, difficilmente avrebbero avuto un loro posto nella storia del cinema.

Ha gli occhi lucidi Luigi Lo Cascio, il «Peppino» del film. «Felicia diceva parole che davano il senso della certezza, ma scaldate dalla passione. Non si poteva non restare incantati.» È quasi una delegazione ufficiale, con Fabrizio Mosca, il produttore, e Marcantonio Borghese, anche lui della produzione dei *Cento Passi*.

Oltre a quello cinematografico, c'è però un altro quartier generale. Sono i tantissimi, ormai cinquantenni, che affiancarono Peppino nelle lotte operaie e studentesche che sembrano appartenere a un'altra era geologica. Alcuni di loro, che nel tempo si sono improvvisati giornalisti, lavorano a Tele Jato, una televisione privata che ha sede a Partinico e prende il nome dalla Valle dello Jato. Devono essere della stessa pasta di Peppino se in poco tempo hanno collezionato centoquarantotto querele per calunnia e diffamazione da parte della signora Antonina Bertolino, la Signora della distillazione siciliana, proprietaria della più grande distilleria di alcool dell'intera Europa, e contro la quale da anni sono in rivolta gli abitanti di Partinico, soffocati dai miasmi della sua azienda.

Per la cronaca, molte le personalità. Ci sono Rita Borsellino e Leoluca Orlando; il diessino Giuseppe Lumia dell'antimafia, Francesco Forgione di Rifondazione comunista, tanti militanti Ds. In chiesa, la cerimonia si svolge sotto l'occhio vigile di padre Cosimo Scordato, colonna portante del clero antimafioso palermitano. Ci sono alti ufficiali dei carabinieri. Uno di loro sussurra: «è un pezzo di storia che se ne va».

Visito la cappella della famiglia Badalamenti, non a cento, ma a venti passi da quella degli Impastato, dove ora i necrofori stanno seppellendo per sempre Felicia. I Badalamenti: Rosa, Vito, Cesare, Anna, Giuseppe... E don Tano? Perché non c'è don Tano? «L'hanno seppellito in America» mi dice un guardiano «hanno capito che era meglio non insistere per portarlo qui a Cinisi.»

Fatti più in là, diceva una vecchia canzone.

Con gli occhi rossi di pianto, vanno via Giovanni Impastato, sua moglie Felicetta, e la loro figlia Luisa. La battaglia per cambiare Cinisi e la Sicilia continua.

Dove sta Cinisi? A volte in Italia, a volte in Sicilia.

(10 dicembre 2004)

Marcello Dell'Utri colpevole

Vorrà dire che c'erano le prove. Vorrà dire che tanto strampalato non era questo processo imbastito durante la direzione di Gian Carlo Caselli alla Procura di Palermo. Vorrà dire che si possono processare i politici senza per questo pretendere di creare in laboratorio «processi politici» di stampo staliniano o volere riscrivere la storia d'Italia. Vorrà anche dire che se in Italia l'azione penale è obbligatoria, i magistrati non possono pretendere di avere la vittoria in tasca prima di fare il loro dovere. Vuole dire tante cose, questa sentenza. Una sentenza che ha l'effetto di una gelata sulle piantagioni artificiali del garantismo. Quelle piantagioni andranno al più presto riconvertite. Una sentenza di primo grado, più pesante di una sentenza di Cassazione. Una sentenza che lascia sbigottiti i componenti di quell'orchestrina garantista che da anni suona ininterrottamente il motivetto dell'anticasellismo, sempre lo stesso. Lo spartito, anche per loro, dovrà cambiare. Una sentenza non proprio estemporanea, visto che arriva dopo sette anni di processo e tredici giorni di camera di consiglio. Una sentenza che sembra non aver tenuto conto delle affettuose certezze del presidente della Camera Casini, il quale, appena il tribunale si era chiusa la porta alle sue spalle, aveva telefonato all'imputato tutta la sua solidarietà e la sua incredulità e poi, con tanto di comunicato ufficiale, aveva reso di dominio pubblico quella telefonata che forse sarebbe stato più elegante mantenere all'interno di una dimensione privata.

L'imputato è colpevole di concorso in associazione mafiosa, colpevole di essere stato l'ambasciatore di Cosa Nostra presso Berlusconi, colpevole di avere favorito i boss nel loro tentativo di minacciare il cavaliere e la sua famiglia per indurlo a più miti consigli, colpevole di avere inserito nello stato di famiglia della gran corte di Arcore uno specchiato delinquente e «uomo d'onore», quale Vittorio Mangano, con il compito tacito di difendere il palazzotto del futuro nuovo potere politico italiano dalle insidie delle iene di Sicilia che sentivano odore di rivincita. L'imputato è colpevole di aver coltivato all'infinito quest'amicizia, nonostante Mangano, «lo stalliere di Arcore», ormai fosse abbondantemente finito sui giornali in quanto mafioso.

Badate bene: non stiamo parlando di Totò Riina o Leoluca Bagarella, Giovanni Brusca o Nitto Santapaola. Quello che si è concluso ieri non è il maxi processo di Falcone, Borsellino e Caponnetto che vedeva alla sbarra assassini e trafficanti d'eroina. Parliamo di un'altra cosa. Stiamo parlando di Marcello Dell'Utri. Un colletto bianco. Un uomo che veste in doppiopetto blu. Un maître à penser. Un uomo colto. Un uomo che legge libri e ne possiede moltissimi, essendo anche bibliofilo di fama indiscussa. Che cita Socrate e Seneca, san Tommaso e Pascal. Dimenticavamo. Un senatore della Repubblica Italiana.

La sentenza della seconda sezione del tribunale presieduto da Leonardo Guarnotta, condannando a nove anni per mafia il fondatore di Forza Italia, ci dice che neanche a un senatore della Repubblica è consentito andare a Londra a vedere la «mostra dei vichinghi» per ritrovarsi la sera in una cena di narcotrafficanti internazionali che festeggiano un matrimonio; magari per ammetterlo durante il processo, sostenendo però di non sapere chi fossero i commensali. La sentenza della seconda sezione del tribunale ci dice che non si portano a Milano boss del calibro di Stefano Bontate, Mimmo Teresi, Francesco Di Carlo e Gaetano Cinà, per presentare loro Berlusconi. La sentenza della seconda sezione del tribunale ci dice che non si aiutano i boss a incassare il «pizzo» dalla Fininvest per evitare che i ripetitori televisivi, nel frattempo sistemati a Palermo, saltassero per aria. Insomma. La sentenza della seconda sezione del tribunale ci dice che a tutto c'è un limite, e quando le frequentazioni diventano troppe, rivendicare l'attenuante della buona fede diventa mestiere da «professionisti».

Dell'Utri avrà il suo processo di secondo grado. Avrà la sua sentenza di Cassazione. Solo quando l'iter giudiziario sarà concluso, tutto quello che viene detto oggi acquisterà il peso del verdetto definitivo. O lo perderà per sempre, se i nuovi giudici la penseranno diversamente.

Ma abbiate ancora una volta pazienza. Spezziamola una lancia a favore dell'imputato. Possibile che, nel bene e nel male, la storia di Forza Italia sia stata solo farina del sacco di Dell'Utri? Possibile che si sia trattato solo dell'incidente di percorso di un big politico sia pure di prima grandezza? Abbiate pazienza un'altra volta. Che volevano dire Antonio Ingroia e Domenico Gozzo, i due pm d'udienza, quando, in sede di requisitoria conclusiva definirono Berlusconi «vittima consapevole»? Dopo sette anni di processo, accusatori e difensori non parlano mai a vanvera.

Intendevano forse dire che Dell'Utri riuscì nell'intento di domare Berlusconi? Intendevano forse dire che si può essere vittime della mafia ma se poi se ne traggono benefici, la condizione personale cambia? Intendevano forse dire che dietro il «silenzio» berlusconiano si nascondevano verità inconfessabili? Spieghiamoci meglio.

Il cronista ricorda bene il giorno in cui Dell'Utri lasciò intendere, attraverso il tam tam di avvocati e di qualche giornalista amico, che avrebbe smesso di frequentare il «suo» processo se Berlusconi non avesse sentito il bisogno di dire la sua su quanto era accaduto. Fu più esplicito. Disse da qualche parte: «da questo momento il processo non riguarda più solo me... tornerò a frequentare quest'aula quando si tornerà a parlare di me». Berlusconi, interrogato a Palazzo Chigi in pompa magna da un tribunale costretto a spostarsi da Palermo, «avvalendosi della facoltà di non rispondere», aveva deluso tutti, Dell'Utri per primo.

Quali sono le risposte a tali interrogativi? Ci sarà tempo di leggere la motivazione della sentenza che sarà depositata – lo ha annunciato lo stesso Guarnotta – entro novanta giorni. Certo però che condannando l'imputato a nove anni e all'interdizione perpetua dai pubblici uffici, il tribunale sembra quantomeno essersi chiesto se a fondare Forza Italia contribuirono anche le generose «casse» di Cosa Nostra. A quel tempo, il tempo dell'incontro di Milano propiziato da Dell'Utri fra Berlusconi e Stefano Bontate, in quel momento capo cupola di Cosa Nostra, Forza Italia ancora non esisteva ma – secondo i pubblici ministeri – sarebbe nato il «patto» che prevedeva investimenti in danaro da parte della mafia nelle società Fininvest, quelle destinate in futuro a diventare la principale costola finanziaria della nuova formazione politica denominata «Forza Italia». Leggendo la motivazione della sentenza, si capirà anche questo.

Proviamo a tirare le fila. Dicevamo, all'inizio, che questo verdetto pesa più di una sentenza di Cassazione. Ma va anche detto che viene al seguito di alcune recenti pronunce della Cassazione che stanno gettando una luce assai diversa, rispetto alla vulgata dominante, sugli anni dei cosiddetti «processi politici».

Questo giornale, nel settembre di quest'anno, nell'ambito di un'inchiesta sui «processi eccellenti» aveva voluto segnalare come fossero ancora aperti tanti processi che l'orchestrina garantista, invece, dava per irrimediabilmente demoliti. Scrivemmo nella puntata dedicata a Dell'Utri: «il 2004 sarà l'anno della chiarezza». Ed è arrivata la parola della Cassazione su Andreotti. Parola dura, parola pesante, parola inequivocabile laddove ha confermato in toto la sentenza di secondo grado, quella che prescriveva sino al 1980, per il sette volte presidente del Consiglio, i suoi incontri in Sicilia con i boss mafiosi. Solo telegiornali di regime o animatori di talk show, innocentisti sin da quando erano in fasce (non garantisti, ché è altra cosa), erano riusciti nella magia di occultare all'opinione pubblica italiana il significato di quella sentenza della Suprema Corte. Oggi arriva la sentenza Dell'Utri.

Alludendo ancora alla «persecuzione politica» che sarebbe in atto contro qualcuno, Bondi e La Russa, ieri, hanno perduto un'ottima occasione per tacere.

Ad altri invece – i quali quanto a garantismo non sono mai stati secondi a nessuno (pensiamo ai Ferrara e agli Iannuzzi, ai Farina e ai Feltri) e che di mafia e antimafia in questi vent'anni si sono occupati tanto –, non sfuggirà che se la pianta del garantismo viene coltivata artificialmente in serra (a seconda, cioè delle convenienze di ciascuno in un particolare momento) questa pianta, alla lunga, è destinata a rinsecchire.

Anche loro abbiano pazienza: ma sembrava davvero strano, davvero troppo strano, che in un paese europeo civile e occidentale come l'Italia, potesse avere agito indisturbata una banda di «gangsters in toga» con lo scopo inconfessato di perseguitare esimi galantuomini per ragioni politiche. Neanche in Colombia, dove pure Castelli, il ministro padano della giustizia padana, troverebbe tanto fiato per la sua crociata antigiudici, si è mai visto un linciaggio della magistratura, sistematico e duraturo nel tempo, come quello al quale avevamo assistito in Italia. Volete l'ultimo esempio di ieri? Eccovi allora l'eroico e glorioso antifascista Alfredo Mantovano (di Alleanza Nazionale), che pare in passato sia stato magistrato, sottosegretario agli Interni, gettare la maschera, paragonando la sentenza di Palermo a certe «rappresaglie dei nazisti durante la loro ritirata». Frasi che la dicono lunga sul livore e l'allergia cronica alla cultura della legalità, anche in ambienti che, almeno sulla carta, dovrebbero essere insospettabili. Speriamo che una fase si sia chiusa per sempre. Ne dubitiamo.

(12 dicembre 2004)

Dice Mantovano

L'altra sera, mentre stavamo scrivendo sulla condanna a nove anni di Marcello Dell'Utri per concorso esterno in associazione mafiosa, siamo rimasti di sasso ascoltando al Tg1 le parole di un sottosegretario agli Interni, Alfredo Mantovano, che paragonava la sentenza della seconda sezione del Tribunale di Palermo, presieduta da Leonardo Guarnotta, a certe «rappresaglie dei nazisti durante la loro ritirata». In Italia, dove quotidianamente se ne sentono di tutti i colori, una scempiaggine del genere non l'aveva mai detta nessuno. Neanche ieri, quando si è capito chiaramente che certi esponenti del centro-destra avrebbero faticato parecchio per digerire l'accaduto. I Bondi e gli Schifani, i Cicchitto e i La Russa, al confronto con Mantovano, sembravano angioletti.

Occorre infatti un personalissimo senso del pudore per definire «nazisti» i giudici che emettono una sentenza di condanna. L'altra sera abbiamo fatto in tempo a inserire questa «notizia» nel nostro articolo, ma non abbiamo potuto darle tutto il rilievo che merita. Ecco perché torniamo sull'argomento.

Quasi per dovere civico, quasi per rispetto verso la nostra professione, quasi per segnalare all'opinione pubblica il superamento di un «limite». È doppiamente stupefacente che a pronunciare tali parole sia stato un signore – come si legge nella sua biografia a cura della Presidenza del Consiglio – che è stato pubblico ministero a Taranto, giudice di tribunale a Lecce, e che ora presiede la commissione ministeriale per i collaboratori di giustizia.

Naturalmente non riguarda noi la decisione che prenderà il presidente Leonardo Guarnotta, il quale avrebbe tutte le sue sacrosante ragioni per portare Mantovano in tribunale. Riguarda noi cittadini, invece, il fatto che un rappresentante delle istituzioni, addirittura un ex magistrato, si sia potuta consentire un'affermazione che nulla ha a che vedere con il legittimo esercizio del diritto di critica.

È infatti lecito chiedersi: ma qual è la concezione della giustizia di questo signore? O c'è qualcosa che non sappiamo? Ha definito «nazista» un tribunale della Repubblica Italiana perché lo pensa davvero? O il suo era un intervento dovuto all'imputato Dell'Utri? È quasi secondario. Non sappiamo quale delle due ipotesi sia la peggiore. Certo qualche curiosità resta.

Come ha fatto il pubblico ministero a Taranto il signor Mantovano? Chiedendo le assoluzioni per tutti gli imputati? O chiedendo condanne per i ladri di galline e assoluzioni per i «colletti bianchi»? Come si regolava a Lecce quando entrava in camera di consiglio? Assolveva tutti non sapendo fare a meno dell'applauso dei «politici» di Lecce? Certo. Quando si presentò alle elezioni politiche nel collegio di Gallipoli, contro Massimo D'Alema, non riuscì a essere eletto.

Se adesso è al governo, lo deve a una chiamata diretta di Berlusconi o di qualcuno dei suoi più stretti collaboratori. C'è da capirlo.

Ma che per ingraziarsi i nuovi dante causa un ex magistrato arrivi a sputare nel piatto in cui per tanti anni ha mangiato, lo troviamo alquanto indecente. E ci correva l'obbligo di dirlo.

(13 dicembre 2004)

Ma che dice Mantovano?

Ma che vuole Mantovano? Che gli hanno fatto? Con chi ce l'ha? Ha qualcosa di personale con i giudici di Palermo? Incredibilmente l'«affaire Mantovano» si infittisce. Dopo avere paragonato la condanna di Marcello Dell'Utri a nove anni per concorso esterno in associazione mafiosa, a certe «rappresaglie dei nazisti durante la loro ritirata», il sottosegretario agli Interni, che è anche presidente della commissione ministeriale dei collaboratori di giustizia, ieri è tornato sull'argomento. Lo ha fatto con una doppia correzione di tiro. Il riferimento alle bande di SS in fuga dall'Italia che si lasciavano alle spalle scie di fucilati, è scomparso. Meglio tardi che mai. Ma questa volta a finire nel mirino non è più la seconda sezione del Tribunale, presieduta da Leonardo Guarnotta, cioè la magistratura giudicante, bensì la Procura di Palermo nella sua interezza.

Osserva Mantovano: «Dopo tante sconfitte per la Procura di Palermo» la condanna di Dell'Utri «ha rappresentato una sorta di rivincita». Parola di Mantovano. Elargisce poi «lezioni ex cathedra» ai pm d'aula, per le loro dichiarazioni a lettura avvenuta del dispositivo di sentenza.

Non capiamo il perché di tanta foga oratoria. Il perché di questa prolungata esposizione personale del sottosegretario pugliese in una vicenda che, tutto sommato, sotto il profilo istituzionale non dovrebbe riguardarlo. Evidentemente, o è costretto a uscire alla scoperto da «ragioni superiori» che a noi sfuggono, o è spinto da un'irrefrenabile ansia di protagonismo, considerato anche che ieri la sua era ormai l'unica voce, l'ultimo assolo dell'intero centro-destra sulla sentenza di Palermo.

Noi continuiamo a occuparcene per l'incarico istituzionale da lui ricoperto: presidente della commissione dei collaboratori di giustizia. Sono ancora quasi cinquemila i pentiti, i testimoni e i loro familiari. Mantovano, per il suo incarico, è chiamato a occuparsi delle loro condizioni di vita. È per fare questo lavoro che viene pagato dall'erario, dallo Stato, cioè da noi cittadini.

Ora si dà il caso che Dell'Utri è stato condannato anche per le dichiarazioni di un bel gruppetto di collaboratori, gli stessi ai quali – molto correttamente – Mantovano giornalmente è chiamato ad assicurare vitto e alloggio. Ma un rappresentante delle istituzioni che in appena due giorni attacca frontalmente giudici e magistrati che l'uso dei pentiti per il conseguimento della verità considerano invece a norma di legge, non dovrebbe chiedersi se non sia giunto il momento di fare le valigie?

Diversamente, se queste esternazioni sorgono solo dalla sua coscienza, sia coerente: revochi i programmi di protezione ai pentiti che hanno accusato Dell'Utri. Ed esca così dal disagio che lo tormenta.

(14 dicembre 2004)

Massimo D'Alema e la lotta alla mafia

Quando gli chiediamo se una certa legislazione berlusconiana ha favorito o ha danneggiato la lotta alla mafia e a tutte le forme di delinquenza organizzata, Massimo D'Alema non adopera mezzi termini. Risponde infatti che «il complesso delle norme sui condoni, sul rientro dei capitali, quelle sul falso in bilancio, tutta questa roba qui, ha favorito l'economia illegale. Non c'è il minimo dubbio.»

Insistiamo: cosa cambierà in questa materia quando il centro-sinistra tornerà a governare? «Le norme sul rientro dei capitali, che sono servite a riciclare, hanno già prodotto effetti devastanti e, per certi versi, irreversibili. Ma alcune norme, faccio l'esempio di quelle sul falso in bilancio, andranno cambiate radicalmente, anche perché ce lo chiede l'Europa». Ma c'è anche, nel leader di centro-sinistra, una preoccupazione di fondo più generale: «Prima di abbandonare il potere, Berlusconi lotterà con tutti i mezzi che ha a disposizione».

L'improvviso arrivo del presidente Ds ieri mattina in Sicilia, non si è risolto in una visita di circostanza: Palermo, con la questione della lotta alla mafia, Termini Imerese, con una crisi economica che si abbatte su un intero comprensorio («Ci battiamo perché questo grande stabilimento torni ad avere una posizione strategica nel rilancio della Fiat»), Enna, con il suo primato negativo di provincia più povera d'Italia, e infine Catania, sono state altrettante tappe di una ricognizione per tastare il polso a un campione assai significativo di quella che, con oltre cinque milioni di abitanti, resta la terza regione d'Italia.

Un tempo la chiamavano la «Regione Laboratorio», perché anticipava i sommovimenti elettorali del Paese e le future alchimie della Prima Repubblica. Oggi, nel 2003, con la sua assoluta maggioranza di centro-destra, si ritrova a essere quasi una mosca bianca, se non addirittura il fanalino di coda, di quest'Italia dell'«undici a due» appena ridisegnata dal voto popolare. In Sicilia si andrà alle urne nella primavera 2006, ma a Catania per il rinnovo del consiglio comunale e l'elezione del sindaco, si voterà adesso, a maggio. «Con Enzo Bianco – osserva Massimo D'Alema – il centro-sinistra ha la possibilità di tornare alla guida della città di Catania. E a Catania sono convinto che il centro-sinistra può vincere le elezioni.»

I giornalisti chiedono quale sia lo scenario nazionale più probabile: «Avvertiamo che cresce la nostra responsabilità. Di fronte al fallimento della destra, il Paese ha bisogno di essere governato – ha puntualizzato D'Alema». E ha aggiunto: «Le eventuali elezioni anticipate non dipendono da noi, dipenderanno dalla maggioranza di governo. Dal punto di vista del centro-sinistra, se si vota fra un anno è meglio. Avremmo più tempo per prepararci. Non abbiamo chiesto nulla. Diciamo però che la situazione del Paese è molto grave e che occorre un netto cambiamento di rotta. Ed è evidente che se la maggioranza non è in grado di rilanciare l'azione di governo, di prospettare uno svolgimento utile di questi mesi che mancano alla fine della legislatura, il trascinarsi di una crisi in cui non si danno risposte ai problemi, rischia di essere dannoso per il Paese. Peggio ancora sarebbe una finanziaria elettorale all'insegna della demagogia, dello spreco del danaro pubblico. L'Italia non può permetterselo. Sono preoccupato per l'Italia. Un anno di fibrillazioni, di divisioni, di confusione, in un momento già così difficile per l'economia nazionale – perché siamo allo stremo dopo quattro anni di "cura Berlusconi" –, sarebbe molto dannoso per i nostri concittadini. Spetta alla maggioranza dimostrare che sono in grado di fare cose serie, se no è ragionevole che se ne vadano».

A Palermo, in Prefettura, a Villa Whitaker, il presidente Ds, ha incontrato l'attuale prefetto, Giosuè Marino, insieme al neo questore Giuseppe Caruso, ai vertici dei carabinieri e della finanza; al Palazzo di Giustizia, Carlo Rotolo, presidente della Corte d'appello, Giuseppe Bosco Puglisi, presidente del Tribunale, Piero Grasso, procuratore di Palermo.

In entrambi i casi, incontri a porte chiuse, ma a quel che se ne sa molto di più che semplici incontri di cortesia. Ricordate la «campagna sicurezza» scatenata da An e dal centro-destra nel 2000? Sebbene oggi la situazione sia sotto gli occhi di tutti, per le televisioni l'argomento è ormai tabù. «Quella garanzia di sicurezza che era stata promessa non è stata mantenuta – rileva D'Alema – Si sono ridotti i fondi per le forze dell'ordine, diminuita la loro capacità operativa, colpita l'autorevolezza e l'indipendenza della magistratura. Si sono varate leggi che hanno reso più difficile fare giustizia, rallentando i processi e ostacolandone lo svolgimento. Tutto questo ci preoccupa e vogliamo rilanciare proprio quella esigenza di sicurezza che è importante in tutto il Paese, ma in particolare nel Mezzogiorno d'Italia.»

Bilancio al termine della tranche palermitana del suo viaggio: «Abbiamo espresso una vicinanza e una solidarietà a chi opera sul campo e un'attenzione ai problemi che sono stati posti.»

Stato della lotta alla mafia? «Da una parte si sono registrati successi importanti, nel corso di questi anni, che sicuramente hanno visto l'azione dello Stato e degli inquirenti dare un colpo serio all'organizzazione mafiosa. Dall'altra parte, però – è la diagnosi di D'Alema –, si ha la percezione che la presenza della mafia nell'economia, nel controllo del territorio, nella rete racket, sia ancora molto forte. Un tipo di presenza che non si elimina solo con l'azione giudiziaria e il contrasto repressivo. Serve un'azione complessiva delle organizzazioni sociali e di quelle politiche, e delle istituzioni. Il tema è: come si rilancia una strategia globale fatta non soltanto del necessario sostegno all'azione giudiziaria? Non essendoci più le stragi, la guerra di mafia, l'omicidio, l'aspetto giudiziario, che rimane molto importante, in questo momento, ovviamente, avviene un po' più nell'ombra, a parte la ricerca dei grandi ricercati, a cominciare dal numero uno...»

Insomma, anche in un momento di legittima soddisfazione per il recente risultato elettorale su quasi tutto il territorio nazionale, nel centrosinistra c'è la sensazione diffusa che un pezzo importante dell'attuale partita si giocherà ancora una volta in Sicilia.

(12 aprile 2005)

Boris Giuliano, un poliziotto all'antica

Se c'è una data che per la polizia italiana segna uno spartiacque fra il passato di un volenteroso artigianato investigativo, sia pur glorioso, e il presente delle sofisticate tecniche di indagine, questa è certamente rappresentata dal 21 luglio 1979, quando Boris Giuliano, capo della squadra mobile di Palermo, venne assassinato da un solitario killer della mafia. Un autentico mito per gli uomini che ebbero la ventura di lavorargli accanto. Un autentico mito per i poveri, i derelitti della città, che si precipitarono a migliaia ai suoi funerali. Un mito: perché non si era mai visto un poliziotto forte e impavido davanti ai potenti, tanto quanto sapeva essere umano e attento alle ragioni di chi spesso si era fatto piccolo delinquente in mancanza d'altro. Semmai, in quegli anni, il cliché del poliziotto era all'opposto: voce grossa con i poveri cristi e tanta precauzione in più per i «don», i «blasonati», i «benestanti» della città.

Boris Giuliano fu l'ultimo grande poliziotto della stagione dei «confidenti» che popolavano vicoli e tuguri di un centro storico mai restaurato – unico in Europa – dopo i bombardamenti della seconda guerra mondiale. L'ultimo grande poliziotto di quella terribile stagione delle Giuliette iniziata nel 1963 con la strage di Ciaculli e con la conseguente istituzione della prima commissione di inchiesta sul fenomeno mafioso (con gli anni siamo arrivati alla settima commissione). L'ultimo grande poliziotto all'antica, prima cioè che venissero alla ribalta i pentiti e i pool antimafia della magistratura, che prendessero il via i maxi processi, quando ancora si sudava sui rapporti scritti a mano, sui fogli di carta carbone, e che poi venivano strimpellati, fra nuvole di fumo e bicchieri di pessimo bourbon, su vecchie macchine da scrivere con nastri che prima di essere cambiati dovevano rendere l'anima a Dio. L'economato della squadra mobile non nuotava mai nell'oro. A riguardare oggi le foto in bianco e nero di Boris, che oltre al nome aveva anche il volto e i capelli e i baffoni neri di un kirghiso, in mezzo a gruppi di colleghi dell'epoca, si percepisce subito l'«alterità» della sua figura, del suo personaggio.

All'antica sì, ma modernissimo. Si trovò infatti sul crinale che divideva due epoche, anche se questo si sarebbe capito più tardi. Se infatti fosse appartenuto solo al passato, forse sarebbe rimasto in vita. La sua storia è stata raccontata tante volte. È stato raccontato, per esempio, che fu il primo a intuire che fra la fine degli anni Settanta e l'inizio degli anni Ottanta, Palermo stava diventando pedina nevralgica nello scacchiere internazionale del traffico dell'eroina.

Che a Palermo si raffinava l'oppio che arrivava ormai a sacchi interi dal triangolo d'oro della Thailandia del Laos e della Birmania. E che l'eroina, una volta prodotta, doveva pur finire da qualche parte. È stato così raccontato – ed è risaputo – che grazie al fiuto di questo kirghiso che d'estate portava rigorosamente giacche di lino bianco, vennero scoperti, in due valigie abbandonate sul nastro bagagli dell'aeroporto di Punta Raisi, i dollari (cinquecentomila), spediti come compenso dei «cugini americani» ai palermitani. Successivamente, in una casupola sul lungomare di Romagnolo, fra motoscafi pronti a prendere il largo, furono trovati quattro chili di eroina purissima per un valore, all'epoca, di tre miliardi. Era la prova del «teorema Giuliano». Teorema che sarebbe rimasto tale se all'appello fossero mancati i soldi o la droga.

Invece il teorema trovò nuova conferma quando all'aeroporto Kennedy, quelli dell'antinarcotici di New York furono altrettanto fortunati riuscendo a mettere le mani sull'eroina (valore dieci miliardi) appena sbarcata da Palermo. Era la fine di un'epoca criminale, sotto un certo profilo persino leggendaria: l'epoca del clan dei marsigliesi. Quando a fabbricare clandestinamente la migliore eroina del mondo era Joseph Cesari, un chimico autodidatta, al quale si rivolgevano tutte le famiglie della mala marsigliese, corsa e siciliana. Cesari, miliardario e collezionista d'opere d'arte, nella sua hollywoodiana villa di Aubagne, piccolo centro alla periferia di Marsiglia, raffinava solo un paio di giorni alla settimana per non intossicarsi, sin quando l'8 ottobre 1964, la squadra antinarcotici francese lo arrestò in flagranza di reato. Boris Giuliano, che l'epilogo di quella storia lo conosceva, intuiva che ormai i marsigliesi avevano fatto un passo indietro.

E che con ogni probabilità Palermo era diventata il nuovo Eden della raffinazione.

Qualche poliziotto, ormai in pensione, lo ricorda ancora nel suo ufficio alla squadra mobile di piazza Vittoria, alle prese con foto aeree della città e planimetrie, pronto a far decollare l'elicottero se solo si palesava il sospetto che in qualche anonima catapecchia i fornelli della raffinazione fossero accesi. Le intuizioni, la tenacia, l'intelligenza, certo. Ma anche gli ottimi studi, l'ottima conoscenza dell'inglese, che lo aveva portato a frequentare nel 1975 (il suo ingresso in polizia risaliva al 1962), il corso dell'Fbi in Virginia, unico poliziotto italiano allora prescelto. Non fu un caso che durante la sua «reggenza» della Mobile, agenti e funzionari dell'Fbi o della Dea, furono di casa. Una sinergia tanto preziosa per le indagini, quanto devastante – come abbiamo visto – per i narcotrafficanti.

Il risultato fu che l'Alta Mafia, quella che in quel periodo stava scoprendo quanto fosse lucroso il traffico degli stupefacenti, cominciò ad avvertire un profondo senso di fastidio.

Ancora ancora si potevano sopportare gli «sbirri» all'antica. Quelli che strappavano qualche informazione al poveraccio di quartiere. Quelli che entravano nel futuro con la testa rivolta al passato. Quelli che – in polizia c'era di tutto – dietro l'elargizione di una bustarella o la spesa gratis nelle macellerie e nelle pescherie di mafia chiudevano un occhio facendo magicamente scomparire all'ultimo momento un nome dal rapporto che stava per essere presentato al magistrato. Quelli che erano autentici doppiogiochisti. Ma adesso era troppo. È stato raccontato più volte che dopo il blitz di Romagnolo giunse al 113 la fatidica telefonata anonima: «Giuliano morirà». Ma quanto tempo ci sarebbe voluto per capire che il «dottor Giuliano», come tutti lo chiamavano rispettosamente, aveva urtato la suscettibilità di uno che di strada, dentro Cosa Nostra, ne avrebbe fatta parecchia. Quella droga sequestrata nella casupola di Romagnolo apparteneva a Leoluca Bagarella, cognato di Totò Riina. Come apparteneva a Bagarella quell'autentico arsenale trovato a seguito della stessa irruzione guidata personalmente da Giuliano: pistole calibro 357 Magnum, fucili a canne mozze, chili e chili di munizioni. Alle otto del mattino, 21 luglio 1979, Boris Giuliano uscì di casa, in via Di Blasi. La macchina, una Giulietta, per l'appunto, con il fedele brigadiere che ogni mattina veniva a prenderlo per accompagnarlo in Questura, non era ancora arrivata.

Giuliano pagò la pigione al portiere, lo salutò, raggiunse il bar Lux a due passi. Ordinò il suo primo caffè della giornata, l'ultimo caffè della sua vita. Era nervoso ma non lo dava a vedere. Tre giorni prima, dopo la telefonata al 113, aveva accompagnato la moglie Ines Leotta, e i figli Alessandro, Selima ed Emanuela, tutti allora molto piccoli, a Piedimonte Etneo, alle falde dell'Etna, dove avrebbero trascorso le vacanze. Aveva promesso di raggiungerli una settimana dopo, e se ne era tornato a Palermo.

Ottimo tiratore scelto, Giuliano. E in più di un'occasione aveva risolto situazioni delicate senza mai strafare, tranne una volta in cui, anche se non per sua responsabilità, il morto, però, c'era scappato. Quella mattina al bar davanti al bancone, con le spalle rivolte alla porta, chissà cosa pensava.

Il killer ebbe tutto il tempo di arrivargli a tiro. Il titolare e i baristi raccontarono dopo che il killer solitario tremava come una foglia. Sarà. Solo anni dopo si seppe che quel killer solitario era Leoluca Bagarella. Proverbiale per la sua ferocia, per il suo sangue gelido, non per la sua indecisione. Sin qui vi abbiamo raccontato una delle tante storie possibili di Boris. Ma non fu solo la droga il suo pallino fisso.

Ovviamente, nella Palermo di quegli anni, aveva iniziato a farsi le ossa con grandi casi polizieschi e giudiziari: l'uccisione del procuratore capo Pietro Scaglione, il rapimento e l'uccisione del giornalista de «L'Ora», Mauro De Mauro, l'uccisione del capitano dei carabinieri, Ninni Russo, l'uccisione del giornalista del «Giornale di Sicilia», Mario Francese, l'uccisione del segretario della Dc palermitana, Michele Reina. Aveva avuto a che fare con il finto sequestro Sindona, con l'alta finanza collusa con la mafia. Con i cugini Nino e Ignazio Salvo, i potenti siciliani dell'epoca che di lì a qualche anno sarebbero rotolati giù dai loro piedistalli.

Aveva persino indagato sulla strage di viale Lazio. Il cronista ha un ricordo preciso del giorno dei suoi funerali.

Non solo l'omelia del cardinale di Palermo, Salvatore Pappalardo con la citazione di Ezechiele: «il paese è pieno di assassini». Non solo i vicoli alle spalle di corso Vittorio Emanuele stracolmi di migliaia di cittadini qualunque. Non solo lo striscione degli abitanti di via dei Biscottari – «via dei Biscottari in lutto. Eravamo tutti amici di Boris» – con i quali il capo della squadra mobile ogni giorno si fermava a parlare perché da quella strada doveva passare per andare in ufficio. Il ricordo è quello di tre giganteschi poliziotti americani, abbracciati a una colonna, mentre la folla dal basso spingeva, e loro, che volevano guardare dall'alto le dimensioni del corteo, avevano finito con il trovarsi fuori posto e non riuscivano più a scendere.

Ecco. Dicevamo, all'inizio, poliziotto sul crinale fra due epoche. Quei tre americani un po' allampanati erano la rappresentazione vivente che i tempi stavano cambiando. Questa, forse, fu la ragione del conto, un conto molto salato, presentato a Boris Giuliano. Scrisse Paolo Borsellino nell'ordinanza di rinvio a giudizio per il primo maxi processo: «senza che ciò voglia suonare come critica ad alcuno, se altri organismi dello Stato avessero assecondato l'intelligente opera investigativa di Boris Giuliano... l'organizzazione criminale mafiosa non si sarebbe sviluppata sino a questo punto, e molti omicidi, compreso quello dello stesso Giuliano non sarebbero stati commessi». Ines, la moglie, e le due figlie, Selima e Emanuela, di trentadue e trentaquattro anni, vivono a Palermo. Alessandro Giuliano, il figlio di Boris che all'epoca dei fatti aveva dodici anni, oggi ne ha trentotto. È l'attuale capo della squadra mobile di Venezia, dopo aver diretto quella di Padova, con brillanti operazioni fra le quali la cattura del serial killer Michele Profeta. Alessandro non ha mai rilasciato interviste, essendo schivo per natura e avendo giurato, quando entrò in polizia, che non avrebbe mai lavorato in Sicilia. Mi rivolgo a lui per chiedergli un ricordo del padre, qualcosa che davvero non sia mai stata scritta. Mi dice: «Per me, mio padre, prima che essere poliziotto, fu un uomo.

Ricordo che quando l'equipaggio di qualche volante di pattuglia nei quartieri diseredati di Palermo si imbatteva in un bambino che si era perduto, mio padre, mentre erano in corso le ricerche, spesso assai difficoltose, dei genitori, anziché tenerlo in un ufficio di polizia, lo portava a casa nostra e lo faceva giocare con noi che eravamo suoi coetanei». Che Boris, negli ultimi giorni, avesse capito che il barometro volgeva a tempesta, Alessandro lo testimoniò al maxi processo. Il padre, infatti, qualche settimana prima di essere assassinato, gli disse apertamente: «Sto facendo delle indagini sul traffico di droga che sono molto pericolose». Oggi, quando gli chiedo di tornare sull'argomento, Alessandro si limita a rispondere che quello che aveva da dire sull'argomento lo disse in quella deposizione processuale. E che non c'è motivo per ritornarci su.

(25 giugno 2005)

Caravaggio latitante

Non ha ancora raggiunto il primato di quarantadue anni di latitanza, come Bernardo Provenzano. Ma con i suoi trentasei anni di irreperibilità, la *Natività* del Caravaggio, trafugata a Palermo in una notte d'inverno del 1969, viene definita, dai carabinieri che si occupano del caso, un autentico equivalente del Padrino, sotto il profilo artistico, s'intende, ma non per ciò meno appetibile, meno ricercato, meno misterioso. Il lettore deve essere avvertito che siamo nel campo aperto delle leggende.

Avvolta dalla leggenda la vita turbolenta del Caravaggio, avvolta dalla leggenda e contraddittoriamente documentate la sua presenza e la sua produzione artistica in Sicilia, persino discussa la causa della sua morte sulla spiaggia di Porto Ercole, dove era giunto alla notizia che il papa lo aveva finalmente perdonato di tutti i suoi delitti. Di certo c'è, però, che fra il 1609 e il 1610, Caravaggio, dopo essere evaso dal carcere di La Valletta, a Malta, è in Sicilia che si era rifugiato, un periodo artistico intensissimo, seppur breve, che lo vedrà seminare opere d'arte fra Messina, Siracusa e Palermo. E qui, nel capoluogo siciliano, ultima tappa di Sicilia prima di imbarcarsi sul postale per Napoli, aveva accettato di lavorare per la Compagnia di San Francesco. E qui, nell'oratorio di San Lorenzo, a cui si accede dalla basilica di San Francesco e nel cuore del centro storico cittadino, la sua *Natività* riposò indisturbata sino alla notte del 17 ottobre 1969. Trecentosessant'anni dopo, infatti, la tela dell'autore maledetto per antonomasia – due metri e sessantotto centimetri per un metro e novantasette –, si involò per mano di mafia. Da allora, un doppio carico di leggenda è venuto ad abbattersi sulla *Natività*.

Chi fu? Come? Perché? Va detto che ai tempi, l'opera, come tutte le opere d'arte che si rispettano, non era esposta al pubblico. Che l'oratorio era quasi sempre chiuso, che l'allarme scattò con undici ore di ritardo, che nessuno nel quartiere vide nulla, sentì nulla, o comunque riferì nulla di particolarmente significativo agli investigatori. Leggende ne fiorirono tante. Ma un antefatto curioso è indiscutibile: qualche giorno prima del furto, una trasmissione televisiva, segnalando il ben di Dio artistico nascosto in Italia al pubblico, proprio di quella *Natività* caravaggesca, con tanto di domicilio, aveva fatto clamorosa menzione. Insomma, qualcuno aprì gli occhi (e la porta dell'oratorio) o su commissione (come alcuni credono), o più semplicemente perché un'occasione del genere fa l'uomo ladro (come credono altri).

Fatto sta che la tela, tagliata con affilatissimo coltello lungo i bordi della cornice, portata a mano o con più comodo furgoncino, quella notte – notte di diluvio universale – cambiò casa per sempre. Si dice – la seconda ipotesi parrebbe la più plausibile – che a mettere a segno il colpaccio furono due ladruncoli fai da te, e che la mafia, quando esplose l'affaire, aprì un'inchiesta nel quartiere e scoperta velocemente la loro identità si fece consegnare gentilmente la refurtiva. Ma anche per Cosa Nostra, se la ricostruzione è fondata, Michelangelo Merisi, detto il Caravaggio, si rivelò essere, caratterialmente parlando, la brutta bestia che era stato da vivo. È sempre stata una tela talmente conosciuta e fotografata da non essere facilmente svendibile al mercato nero dell'antiquariato clandestino. Quando ancora c'era la lira, il suo valore veniva approssimativamente stimato fra i sessanta e i cento miliardi. Essendo ingombrante, i mafiosi non trovavano mai il luogo ideale per nasconderla.

Chi, indagando, ha seguito le sue tracce, si dice convinto che innanzitutto venne parcheggiata in un appartamento in via Archirafi, alle spalle della stazione Centrale, proprio nei giorni in cui quell'appartamento era dimora di un latitante, poi spostata in una fabbrica di ghiaccio a Ponte dei Mille, alle porte di Brancaccio, una delle borgate più mafiose della città, quindi, dopo essere stata chiusa in una cassa d'acciaio, prudenzialmente trasferita, in un nascondiglio super segreto dove giacerebbe tutt'ora. La scelta dei luoghi, però, in vicende di mafia che si rispettano, non è mai dettata dal caso. All'epoca del furto, la cupola mafiosa era guidata da un triunvirato: Stefano Bontate, Gaetano Badalamenti, Totò Riina. Un Totò Riina non ancora pronto per l'assalto finale alla vecchia mafia, rappresentata, appunto, da Bontate e Badalamenti. Ciò spiega quanto si è sempre detto – e in questo dovrebbe esserci del vero –: che a essere coinvolta fu la vecchia mafia.

L'appartamento di via Archirafi ospitava un latitante che apparteneva alla cordata dei Bontate. La fabbrica di ghiaccio era dei Vernengo, famiglia a suo tempo legatissima ai Bontate. E Francesco Marino Mannoia, pentito storico insieme a Buscetta, anch'egli fedelissimo del Bontate, della *Natività* del Caravaggio parlò a Giovanni Falcone. Per dire cosa? Dichiarò d'avere avuto magna pars nel furto, di averlo realizzato su richiesta di Pippo Calò, ai tempi «cassiere» di Cosa Nostra, di avere preso parte a un trattativa con un non meglio identificato collezionista milanese. Ma che l'opera era ormai talmente in cattivo stato da aver perso qualsiasi valore commerciale (il collezionista proruppe in lacrime), al punto che Vernengo (fabbrica di ghiaccio), ne decise la definitiva distruzione.

Secondo gli investigatori, anche se non per malafede, il pentito avrebbe confuso un quadro per un altro (parecchie le tele trafugate in Sicilia dalla mafia negli ultimi decenni). E chi sarebbe il famoso latitante che in via Archirafi, convisse con la tela? Top secret. Più noto, invece, il nome di Gerlando Alberti, soprannominato *u Paccarè* (uomo saggio, di rispetto), arrestato dalla polizia il 25 agosto 1980, nell'hotel Riva Smeralda, insieme a tre chimici marsigliesi insieme ai quali si stava recando in un laboratorio a raffinare eroina. Condannato più volte all'ergastolo, Alberti, che non si è mai pentito, ormai è vecchio e malato. Pare che sull'argomento ne sappia parecchio. Comunque sia, a ondate ricorrenti, si riaccendono i riflettori.

Noi stessi ve ne stiamo parlando sull'onda della recente lettura di un gustoso libro (*Il muro di Vetro*, scritto da Giuseppe Quatriglio, firma storica del «Giornale di Sicilia», Flaccovio editore, Palermo 2005) che trae spunto dalla cronaca per raccontare la storia romanzata di un etnologo veneziano il quale, venuto a Palermo su richiesta della sua università, si aggiudica in affitto l'appartamento sequestrato a un latitante. E lì, in un nascondiglio segreto, salta fuori un «misterioso involucro...». Le leggende, attorno al quadro, rimangono.

A provare di dipanarle, ancorandosi a pochi fatti certi, c'è il tenente colonnello Ferdinando Musella, comandante del reparto operativo dei carabinieri che si occupa a tempo pieno di attività di contrasto al traffico illecito di opere d'arte. Musella fa notare che il reato ormai è caduto in prescrizione e chi sa, a questo punto, potrebbe finalmente parlare e riconsegnare ciò che resta della tela ai suoi legittimi proprietari, i siciliani. Ma su quali basi poggia la certezza che la *Natività* non sia mai andata distrutta? Il certificato di esistenza in vita della tela è dato da riscontri e testimonianze che si fermano al 1981. Sino a quella data, Cosa Nostra ne era in possesso. Sino a quella data esistono le prove dei suoi tentativi di venderla sottobanco. E dopo?

Da quel momento, Gerlando Alberti, che ne sarebbe diventato il depositario per conto dei boss, diventa ergastolano definitivo. Attenzione: gli investigatori, in questo caso, affermano che non di prove, ma di indizi si tratta. Ma perché mai il padrino dovrebbe portarsi la tela nell'aldilà? Ai misteri se ne aggiungono altri. Voci di mafia dicono che anni fa, prima della sua cattura, Alberti, nello stesso nascondiglio occultò 2 milioni di dollari. Se qualcuno dei familiari, in questo quarto di secolo, ha avuto le giuste coordinate per recuperare il tesoro, perché, il vecchio Padrino, tranquillo ormai su questo punto, non si decide, quantomeno, a restituire un inservibile Caravaggio? La leggenda continua.

(11 luglio 2005)

Pier Ferdinando Casini e l'album di famiglia Udc

C'era una volta Totò Cuffaro, il governatore vasa vasa che da solo metteva insieme una gigantesca flotta elettorale che faceva paura persino agli azzurri di Forza Italia. Alle ultime europee, i *berluscones* di Sicilia rischiarono infatti di perdere il primato, non fosse stato per quei due punti in percentuale che fecero comunque la differenza. Poi la stella di Totò cominciò lentissimamente, ma inesorabilmente, a perdere lucentezza. La nota vicenda giudiziaria. L'inchiesta su talpe e talponi. I pesantissimi nomi di Bernardo Provenzano e Michele Aiello, l'oscuro supermanager della sanità privata, furono messi sempre più in relazione – sarà l'esito del processo a darci se e quanto questa relazione fosse fondata – proprio con il personaggio di spicco dell'Udc siciliana. A giugno in Sicilia si tornerà a votare per il rinnovo dell'assemblea regionale. Il sessantuno a zero delle politiche appartiene ormai al passato. Rita Borsellino, scelta all'unanimità dall'Unione, è la candidata che può diventare il punto di riferimento per quella gran parte di siciliani che vogliono cancellare per sempre un'immagine della loro regione che in Italia, e anche all'estero, provoca frustrazione e sconcerto. Noi oggi non ci soffermeremo su Cuffaro più di tanto (tranne che per dare una nuova notizia sul suo conto: venerdì, i giudici della Corte d'appello di Palermo, accogliendo il ricorso della Procura dopo il suo proscioglimento da parte del gup, lo hanno rinviato a giudizio per rivelazione di segreto d'ufficio. Ipotizzano che abbia informato Michele Aiello, imputato di mafia, di delicatissime indagini che lo riguardavano). Ci interessa piuttosto vedere sino a che punto Cuffaro ha fatto scuola. E scopriamo che mentre in Italia la questione morale viene brandita come una clava contro l'opposizione, in Sicilia mezzo partito dell'Udc è sotto inchiesta per mafia e affini.

È sotto processo, falcidiato dagli arresti e dai blitz, coinvolto per ore e ore in intercettazioni nelle quali entrano ed escono i mafiosi. Ma – curiosamente – nessuno ne parla. Un ultima avvertenza: ragioni di spazio ci consentiranno di mostrarvi quest'album di famiglia in maniera purtroppo ridotta. Ed è un peccato. Cominciamo da Onofrio Fratello, deputato regionale dell'Udc eletto nel 2001 nel trapanese, oggi chiamato a rispondere di concorso esterno in associazione mafiosa. Secondo l'accusa, l'uomo politico, che in zona è sempre stato un eterno primo degli eletti, in cambio della sua elezione a Palazzo dei Normanni avrebbe promesso denaro e posti di lavoro alla locale cosca mafiosa. Tantissima solidarietà da parte dei suoi colleghi Udc appena ricevette l'avviso di garanzia. Più sfortunato, tanto da finire in cella, David Costa, trentanove anni, anche lui deputato regionale. E anche lui pronto a versare cento milioni in cambio della sua elezione alle cosche di Marsala, in particolare al boss Natale Bonafede. Il suo caso fece molto scalpore anche perché, parlando a telefono con il padre, si lasciò scappare il nome di Pier Ferdinando Casini, e i pubblici ministeri valutarono la possibilità di ascoltare il Presidente della Camera come persona informata sui fatti. Ma non se ne fece niente.

Nino Dina, invece, è il presidente dei parlamentari Udc all'Ars. Il pentito Nino Giuffrè ha rivelato che Dina, insieme al medico Giuseppe Guttadauro, boss di Brancaccio oggi in galera, mediava i rapporti fra Provenzano e la politica regionale. È indagato per mafia. Dina, quando venne sciolto (per mafia) il consiglio comunale di Vicari dichiarò: «La mafia non si sconfigge privando una popolazione della sua amministrazione democraticamente eletta». Sante parole.

Per una vicenda di appalti truccati, finì in cella, insieme a quaranta persone (altre due rimasero latitanti), Vincenzo Lo Giudice, deputato regionale Udc, presidente della commissione Sanità, altrimenti detto Nenè mangialasagna. Operazione denominata «Alta Mafia» che fece pulizia in quel di Canicattì (Agrigento) e si concretizzò nelle accuse di: associazione mafiosa, corruzione, riciclaggio, turbativa d'asta. Dall'inchiesta, fra l'altro, emerse che Lo Giudice, convertì cinquecento milioni di vecchie lire (una tangente) in euro e poi nascose la somma sotto il pavimento di casa sua. Poi, trovandosi agli arresti domiciliari a Monza, finì dentro una seconda volta. Quando venne eletto all'Ars, Lo Giudice ebbe il suo momento di gloria: lo accompagnarono, in un video elettorale, le note del Padrino. Meraviglioso.

Saverio Romano, avvocato, trentanove anni, sottosegretario al welfare, è componente della direzione nazionale Udc. Il suo nome è indissolubilmente legato a quello proprio di Cuffaro. Quando Cuffaro era ancora deputato regionale, e Romano suo fedele collaboratore, i due avrebbero ricevuto una tangente da un imprenditore per «oleare» – come si dice in gergo – la macchina elettorale. Tanta la «solidarietà personale e politica» che gli tributò Francesco D'Onofrio, presidente dei senatori Udc. La sua posizione giudiziaria era stata archiviata. Ma qualche giorni fa, a Firenze, nell'aula bunker di Santa Verdiana, il neopentito Francesco Campanella ha dichiarato: «Il sostegno alla candidatura alle politiche del 2001 per l'Udc di Saverio Romano, da parte della cosca di Villabate fu totale».

Domenico «Mimmo» Miceli, medico, ex assessore al Comune di Palermo, Udc, è sotto processo per mafia. Nel dicembre del 2002 viene coinvolto con l'accusa di concorso esterno in associazione mafiosa nell'inchiesta palermitana su mafia-politica, denominata «Ghiaccio 2». Gli uomini del Ros registrano ore di conversazione tra Miceli ed il boss di Brancaccio Giuseppe Guttadauro nella casa di Palermo di quest'ultimo: affari, elezioni, equilibri politici al centro degli incontri. Secondo gli inquirenti Miceli avrebbe «messo a disposizione il proprio ruolo e la propria attività politica al fine di contribuire alla realizzazione del programma criminoso di Cosa Nostra, tendente all'acquisizione di poteri di influenza e di controllo sull'operato di organismi politici e amministrativi». Viene arrestato il 26, lo si accusa di essere stato il canale per veicolare le richieste del boss Guttadauro al governatore della Sicilia. Secondo l'accusa il boss avrebbe approfittato dei buoni e vecchi rapporti tra i due medici ed esponenti politici. Miceli e Cuffaro con le rispettive famiglie, in effetti sarebbero stati legati da profonda amicizia già in epoca precedente alle regionali del 2001. Entrambi originari dell'agrigentino, si conoscevano all'epoca in cui papà Miceli e Cuffaro militavano nello stesso partito e nella stessa corrente dell'ex ministro Calogero Mannino.

Antonino D'Amico, consigliere Udc alla Provincia di Palermo, è processato insieme a un altro consigliere provinciale, Giovanni Tomasino, per turbativa d'asta. La Procura lo accusa di essere coinvolto in una gara d'appalto truccata per favorire Cosa Nostra, un appalto finanziato dalla Provincia per l'ammodernamento della rete idrica nel comprensorio palermitano. La ditta favorita sarebbe stata «vicina» ai corleonesi e a Provenzano. Il pentito Nino Giuffrè lo accusa di essere stato sostenuto da Cosa Nostra durante la campagna elettorale delle regionali del 2001: in quell'occasione, nonostante le sue 5.713 preferenze D'Amico rimane fuori dal palazzo della regione, aggiudicandosi più tardi un posto nel consiglio provinciale di Palermo.

Antonio Borzacchelli, ex maresciallo dei Carabinieri in aspettativa, deputato Ars eletto con quattromila e cinquecento voti nel 2001 tra le liste del Udc in Sicilia, è stato arrestato a febbraio 2004 nell'ambito dell'inchiesta «Talpe alla Dda» con l'accusa di concussione, favoreggiamento personale e rivelazioni e utilizzazione di segreti d'ufficio. Borzacchelli è sospettato di essere una delle «talpe» che avrebbe provocato fughe di notizie su due inchieste parallele: quella appunto sulle «Talpe» e quella su mafia-politica, «Ghiaccio2». Nel luglio scorso i giudici lo hanno scarcerato imponendogli il divieto di dimora a Palermo. Ha chiesto il reintegro nel suo scranno all'assemblea regionale siciliana ma un parere negativo del ministero dell'Interno glielo ha negato.

Salvatore Gambino, sindaco di Roccamena, è stato arrestato per associazione mafiosa. Vicino all'Udc, però non è mai stato ufficialmente iscritto. Insieme a lui, è finito in carcere Bartolomeo Cascio, attuale capo della cosca di Roccamena e già condannato per associazione mafiosa. In un cassetto dell'ufficio del sindaco Gambino, i carabinieri hanno trovato una pistola. Curioso ferro del mestiere di primo cittadino.

Secondo Marco Follini, in un'intervista del dicembre 2005 a «L'espresso», Cuffaro «è una persona per bene», tuttavia «serviva una selezione più rigorosa del personale politico. Sarebbe stata preferibile una minore propensione a fare incetta di consensi, e di ambienti». Proprio così. Secondo Casini (a Taormina nel convegno «L'Isola del tesoro», organizzato da Confindustria Sicilia, novembre 2005) «evitiamo di strumentalizzare la mafia in politica, di farla entrare nel tritacarne delle polemiche, altrimenti le daremo una mano... Non credo a chi dipinge questa terra (la Sicilia) come burattini o burattinai nelle mani di Cosa Nostra». Potenza dell'ottimismo.

(22 gennaio 2006)

Mario Mori e Sergio De Caprio innocenti

Assolti perché il fatto non costituisce reato. Il che equivale, con buona approssimazione, a una assoluzione con formula piena. Senza se e senza

ma. Senza macchia e senza ombra. Senza riserve e senza giri di parole.
Non venne favorita la mafia, non ci fu il semplice favoreggiamento, non
ci fu il dolo, non ci fu la svista, non ci fu niente di niente del quale i due
imputati – che ieri avevano fatto la scelta di non assistere alla pronuncia
del verdetto – dovessero penalmente rispondere.

Insomma, il generale
Mario Mori, oggi numero uno del Sisde, e Sergio De Caprio, tenente
colonnello, non avevano scheletri nell'armadio per quanto riguarda la
mancata perquisizione del covo di Totò Riina – l'allora numero uno di
Cosa Nostra –, curiosamente lasciato incustodito per diciannove giorni
mentre logica investigativa avrebbe voluto esattamente il contrario. Mori,
contattato telefonicamente da uno dei suoi due difensori, l'avvocato
Pietro Milio, ha lasciato trasparire – pur essendo proverbialmente uomo
di poche parole – tutta la sua «soddisfazione». De Caprio, al suo avvocato Francesco Romito, ha affidato parole analoghe: «Va bene così. È una
sentenza favorevole che mi restituisce la felicità turbata».

Sia chiaro: il mistero su cosa accadde in via Bernini c'era e c'è. E
rimarrà. Ma ormai sarà pane per gli storici del futuro.

Dopo una rapida camera di consiglio, la terza sezione del Tribunale
di Palermo, presieduta da Raimondo Loforti – giudici a latere Sergio
Ziino e Claudia Rosini – mette la parola fine sotto una vicenda che si
trascinava da oltre tredici anni, vicenda intricata, sconcertante, che
aveva attraversato persino due distinte stagioni della Procura di Palermo.

Com'è noto, qualche giorno fa, i due rappresentanti dell'accusa, i pubblici ministeri Antonio Ingroia e Michele Prestipino, fatto più unico che
raro in un processo palermitano per favoreggiamento alla mafia, avevano
chiesto l'assoluzione degli imputati dal reato di favoreggiamento a Cosa
Nostra, e la prescrizione per il reato di favoreggiamento semplice. Una
tesi sostenuta in aula anche ieri, nella battute conclusive. In altre parole:
non ci fu una «ragione di mafia» ma ci fu «una ragion di Stato», dietro
la mancanza di quell'elementare atto investigativo. Questa era stata in
sintesi la condotta accusatoria.

Da qui la necessità, secondo Ingroia «che lo Stato chiedesse scusa ai
due imputati e che proprio lo Stato si rendesse interprete del perdono che
a loro andava chiesto», quasi sottintendendo che Mori e De Caprio fossero stati spinti in avanti e coinvolti dalle istituzioni in un gioco non
perfettamente regolamentare, al limite del penalty. Come corollario di
questa premessa, il passaggio successivo: «Credo però – aveva proseguito
Ingroia – che anche gli imputati debbano chiedere scusa ai cittadini
italiani, perché la loro condotta ha determinato la mancata perquisizione.
E ha determinato tutto questo: anche questo processo, lacerante per le
istituzioni, che ha finito per travolgere la cosa migliore del 1993: l'arresto
di Riina».

Il Tribunale, esprimendosi nel modo in cui si è espresso, lascia intendere – anche se, ovviamente, adesso si tratterà di leggere la motivazione

della sentenza – di aver giudicato questa argomentazione eccessivamente sofisticata. Quanto alla difesa (Milio e Romito), va da sé che, nel chiedere l'assoluzione senza prescrizione, avevano reiteratamente battuto sul tasto dei funzionari fedeli che «avevano onorato il Ros, l'Arma dei carabinieri, il nostro Paese, garantendo la sicurezza di ciascuno di noi, non avendo mai commesso alcun illecito». Milio: «Uomini egregi, immuni da ogni sospetto, sottoposti a una storia triste, dolorosa, infinita. A un calvario, o a un'eresia».

Il fatto l'abbiamo raccontato tante volte, ma anche oggi, un piccolo riassunto è doveroso farlo. Alle otto del mattino del 15 gennaio 1993, a qualche centinaio di metri da via Bernini, viene arrestato Totò Riina che si trova a bordo di un'auto, in compagnia del suo autista Salvatore Biondino. Qualche ora dopo, Gian Carlo Caselli, che proprio quel giorno si è insediato alla guida della Procura di Palermo, ordina ai carabinieri del Ros, l'immediata perquisizione del covo. Mori, su esplicita richiesta di De Caprio, obbietta che forse è preferibile rimandare l'irruzione, continuando a tenere sotto controllo il covo con le telecamere che già si trovavano sul posto. Disco verde della Procura.

Tre settimane dopo, però, quasi casualmente la Procura scopre che il Ros, quello stesso giorno, ha dismesso ogni attività di controllo. Si scopre che Ninetta Bagarella, moglie di Riina, è tornata in tutta tranquillità a Corleone, insieme ai figli, e che i boss di Cosa Nostra, hanno ripulito il covo di tutto il ripulibile.

Nasce un carteggio piccato fra Caselli e l'Arma dei carabinieri. Ne scaturisce un'inchiesta che si trascinerà per anni. Sin quando due richieste di archiviazione della Procura di Palermo, dove nel frattempo era subentrato Piero Grasso, vengono respinte dal gip Vincenzina Massa che ordina l'imputazione coatta di Mori e De Caprio incontrando il vaglio favorevole del gup Marco Mazzeo. Inizia il processo concluso ieri.

Mori e De Caprio escono a testa alta. Perché non fu perquisito il covo?

Dice un vecchio adagio garantista che le sentenze non si commentano, si rispettano. È verissimo. Diceva Leonardo Sciascia: «illusi quelli che pensano che lo Stato possa processare se stesso». Verissimo anche questo.

(20 febbraio 2006)

Contrada colpevole 2

Contrada, condannato per la seconda volta a dieci anni, con il volto impietrito lascia il carcere palermitano di Pagliarelli: «Non ho nulla da dire». Dopo quasi 31 ore di attesa, l'avvocato Pietro Milio non si trattiene: «Sentenza terrificante. Una sentenza che non mi spiego e non mi voglio spiegare. Una cosa è certa: la impugneremo». C'è scritto sul frontespizio del Teatro Massimo di Palermo: «L'arte rinnova i popoli, vano delle scene il diletto, ove non miri a preparare l'avvenire. Ma questa è una sentenza che, purtroppo, anticipa tempi bui, tempi oscuri». Il sostituto procuratore generale Antonino Gatto aveva chiesto per Contrada dieci anni e sei mesi.

Dunque condannato per avere favorito Cosa Nostra. Condannato per avere tradito lo Stato italiano, del quale si era sempre detto fedele servitore. Condannato per avere disfatto la tela di Penelope dell'antimafia che in anni ormai lontani tessevano – a prezzo dell'estremo sacrificio – uomini come Boris Giuliano e Ninni Cassarà, Gaetano Costa o Cesare Terranova. Brutta storia. Brutta pagina di Sicilia. Brutta vicenda umana.

La bandiera garantista per eccellenza, quella agitata per tredici anni nel nome e per conto di Bruno Contrada, anche se spesso con finalità non limpide, quando mancava una manciata di minuti alle venti di ieri – 25 febbraio 2006, san Gerlando Vescovo – è stata ammainata mestamente. E forse per sempre.

Salvatore Scaduti, presidente della prima sezione di Corte d'appello, giudici a latere Giuseppe Melisenda Giambertoni e Monica Boni, dall'11 dicembre 2003, data d'avvio del dibattimento (poiché la Cassazione, facendo a pezzi con parole pesantissime l'assoluzione in appello dell'imputato, ne aveva ordinato uno nuovo), hanno riesaminato un milione di pagine, fatti e date che messi in fila non hanno in tutta evidenza deposto a favore dell'imputato. E sono giunti alla loro conclusione.

I giudici hanno creduto alla parola dei pentiti, da Tommaso Buscetta a Francesco Marino Mannoia da Gaspare Mutolo a Gioacchino Pennino, da Giuseppe Marchese a Rosario Spatola a Salvatore Cancemi: poliziotto a disposizione, Contrada; poliziotto del quale ci si poteva fidare.

I giudici hanno creduto alle accorate testimonianze rese in aula da familiari delle vittime, da Laura Cassarà a Gilda Ziino a Saveria Antiochia: di lui, i nostri congiunti non si fidavano. Hanno creduto alla parola di magistrati come loro, da Carla Del Ponte a Ferdinando Imposimato, al compianto Antonino Caponnetto: neanche Giovanni Falcone era convinto della bontà dei suoi comportamenti. Hanno riconosciuto totale validità di prova alla grande ricostruzione dell'accusa che per anni aveva disegnato il ritratto di una grande traditore, l'ex capo della Squadra mobile di Palermo in anni caldissimi, l'ex numero 3 del Sisde, ormai un pensionato di settantasei anni che è passato attraverso trentuno mesi di carcerazione preventiva, una condanna (presidente Francesco Ingargiola), un'assoluzione (Gioacchino Agnello), un durissimo richiamo della Suprema Corte a chi l'aveva assolto, una nuova condanna.

La sua autodifesa, anche nelle dichiarazioni spontanee di venerdì, si era concentrata su alcuni punti di fondo mai abbandonati. A mandarlo sotto processo erano stati ex mafiosi, nel frattempo diventati collaboratori della giustizia, che lui aveva fatto arrestare e da qui il loro dente avvelenato; era stato un gigantesco complotto, i cui registi vantavano buone aderenze nelle istituzioni e che mal vedevano i suoi successi investigativi; i poliziotti assassinati dalla mafia, i Giuliano e i Cassarà, lungi dall'essere stati mandati allo sbaraglio, ricevettero proprio da lui, che era stato il superiore gerarchico, il massimo appoggio, la stima incondizionata; e comunque – aveva sempre detto – erano anni in cui non c'erano le leggi antimafia, non esistevano i collaboratori di giustizia, l'opinione pubblica a tutto pensava tranne che a schierarsi con i poliziotti coraggiosi.

Aveva così finito con il disegnare il profilo di un poliziotto in terra di confine, a volte costretto a comportamenti non regolamentari, a volte costretto a spingersi troppo oltre le linee avversarie nel tentativo di carpire qualche buona informazione, a volte costretto a scendere a patti in attesa di tempi migliori.

Un argomento che però contrastava con i fatti processuali: dalla patente di guida concessa a Stefano Bontate, capo di Cosa Nostra, mentre veniva sottoposto per mafia a misure di sorveglianza, al porto d'armi rilasciato al principe Vanni Calvello di San Vincenzo, indiziato per lo stesso reato; dalle frequentazioni con Rosario Riccobono, il boss della borgata di Partanna alla pagina oscura della fuga di Oliviero Tognoli, un attimo prima di ricevere un mandato di cattura.

E mentre si avviano a conclusione questi grandi processi di Palermo – secondo chi l'imbastì, «processi doverosi»; secondo alcuni denigratori, «processi politici» – tutto si può dire tranne che furono copie saltate fuori dallo stesso calco: Andreotti prescritto e conseguentemente assolto; Dell'Utri condannato in primo grado a nove anni; Mori e De Caprio assolti perché il fatto non costituisce reato; Contrada pesantemente condannato. E ci limitiamo a ricordare solo i nomi degli imputati più noti all'opinione pubblica. Prova, ove ve ne fosse bisogno, che non è mai esistita la Casa Madre del Sospetto. Prova, ove ve ne fosse bisogno, che la musica accusatoria non era sempre la stessa, né era unico il direttore d'orchestra. Prova, ove ve ne fosse bisogno, che quello che accadde in Sicilia in quegli anni non fu esclusivamente frutto di sola mafia.

(26 febbraio 2006)

Potenza della mafia

Anna La Rosa, giornalista e conduttrice di Rai Due: «Di mattina, qui, c'erano anche le pecore...» (potenza della mafia!). Anna La Rosa, giornalista e conduttrice di Rai Due: «Qui c'è l'abbeveratoio dove ieri si abbeveravano le pecore e le mucche...» (potenza della mafia!). Anna La Rosa, giornalista e conduttrice di Rai Due: «Qui ci sono i resti di questo formaggio...» (potenza della mafia!). Anna La Rosa: «Ora vado, i miei ospiti mi aspettano dentro la stalla...» (e, a questo punto, anche la mafia avrà alzato le braccia in segno di resa).

L'altra sera, su Rai Due, Anna La Rosa, giornalista e conduttrice di Rai Due, ha introdotto noi, poveri spettatori, nella stalla di Provenzano, con l'entusiasmo di chi ci stava mostrando la casa e il pino di Pirandello. Pensate: in quella masseria, c'era il formaggio. Pensate: la ricotta, nel covo del superpadrino. E, in soprannumero, persino le pecore, che adesso, puntualizzava Anna La Rosa, erano state tolte dal set (e sembrava parlare di pecore date in affidamento dal Tribunale dei minori dopo una tragedia familiare...). C'erano anche «questi begli alberi verdi che i vigili del fuoco ci hanno permesso di illuminare con la luce bianca...» (mah!).

La perdita del senso di misura, quando noi giornalisti ci convinciamo di avere per le mani uno scoop (vero o presunto che sia), può avere effetti devastanti. In casi del genere, lo «scooppista stregone» viene improvvisamente investito da una fiammata di ridicolo, di grottesco, sublimi ingredienti involontari che non aveva previsto ma che, a quel punto, risulta difficile controllare.

Scriveva il grande giornalista americano, Walter Lippmann: «I fatti che vediamo dipendono dal punto di vista in cui ci mettiamo, e dalle abitudini contratte dai nostri occhi». Sante parole. Di pezzi televisivi, in questi trent'anni di mafia, il cronista ne ha visti tanti. Indimenticabile un'intervista del buon Lino Jannuzzi a Michele Greco – allora capo di Cosa Nostra – fra gli alberi della tenuta della Favarella, dove la cupola di Cosa Nostra si riuniva e dove tantissime persone erano state torturate, strangolate, sciolte nell'acido. Il filo conduttore di quel servizio televisivo era dato invece dalla convinzione di Jannuzzi che Michele Greco fosse solo un pacifico produttore di limoni, non il «papa» della mafia che era sempre stato, e Michele Greco, infatti, stava al gioco delle telecamere mostrando «verdelli» e «bastardoni», tipici agrumi della borgata di Ciaculli in cui si trova la Favarella. Ma fra Jannuzzi e Michele Greco, il dialogo era alla pari, nel senso che il giornalista (veterano del mestiere e al quale è difficile non riuscire a perdonare quasi tutto), che per anni si era occupato della materia, sapeva di che parlava. Il servizio risultava surreale, ma godibile.

Ma ieri, quel parterre ospitato nella stalla... Come si fa? E come si fa ad andare sotto casa di Saveria Palazzolo, la moglie di Bernardo Provenzano, per dire: «Sono Anna La Rosa di Rai Due» quando gli spettatori si accorgono perfettamente che l'apprendista scoppista sta parlando a un citofono muto? E perché introdurre e reiterare quella nota bucolica e fintamente confidenziale: «Il pastore Angelo... Il pastore Angelo... Il

pastore Angelo...», riferendosi ad Angelo Marino – l'uomo che copriva
la latitanza del boss – come fosse Angelo, il pastore dal quale comperiamo
le uova sotto casa?

Il nostro grande rispetto per gli uomini della polizia che hanno messo a segno la cattura del Padrino, non viene scalfito da quanto abbiamo
visto in tv. I primi a essere imbarazzati, erano proprio loro, i poliziotti,
costretti nottetempo a infilare sonde nei muri della stalla per la gioia
delle telecamere. E Giuseppe Pignatone, procuratore aggiunto di Palermo,
ha sentito la necessità di precisare alla La Rosa che lei «doveva rivolgere
i suoi ringraziamenti al Viminale, non alla Procura...». Viminale rappresentato, in quella sede disagiata, dal sottosegretario Alfredo Mantovano,
in camicia bianca immacolata, elegantissimo abito nero, fra caciotte di
ricotta e resti di formaggio stagionato.

(15 aprile 2006)

Intervista a Rosario Crocetta

Ha rivoltato Gela, facendola diventare tutto tranne che un mito negativo.
Ha rivoltato Gela, facendo diventare l'antimafia, nella città di una delle
mafie più feroci, moneta di uso corrente. Ha rivoltato Gela, licenziando
assessori che, essendo avvocati, pensavano non ci fosse conflitto nel difendere il cliente nello stesso processo in cui il Municipio si era costituito
parte civile. Ha rivoltato la Gela dell'appalto facile pretendendo e imponendo la presenza della forza pubblica durante l'espletamento delle gare
d'appalto. Ha scandalizzato tutti, a Gela, denunciando che gli appalti del
Petrolchimico erano in mano alla mafia. Non ha un carattere facile.
   Conosce tre lingue, l'arabo, l'inglese, il francese, ma quella che parla
meglio è la lingua del rigore e dell'intransigenza. Eppure, tutto questo, in
molti non glielo vogliono riconoscere. Wikipedia, che secondo la recente diatriba fra appassionati sarebbe un'enciclopedia addirittura più informata della Treccani (ma noi non siamo all'altezza di sapere se sia davvero così) lo ha definito il «primo sindaco di una città che nella storia
d'Italia si sia dichiarato omosessuale».
   Curiosamente, di Rosario Crocetta, cinquantacinque anni, primo
cittadino a Gela – ottantamila abitanti, terra promessa del sogno petro-
lifero di Enrico Mattei – avamposto maleodorante di un recente far west
siciliano, a far notizia è sempre stato il suo essersi proclamato gay, piuttosto che la lunga lista dei primati che vi abbiamo enunciato.
   Ma quello di cui oggi vi parleremo non è il curriculum politico e
umano di Crocetta, bensì le difficoltà che incontra, uno come lui, anche
negli ambienti di una certa sinistra siciliana. Le difficoltà che provengo-

no da un'area che, almeno sulla carta, dovrebbe guardare con simpatia al suo ruolo e al suo lavoro. Crocetta, per chi non lo sapesse, appartiene ai Comunisti Italiani, dopo una lunga militanza prima nel Pci, poi in Rifondazione Comunista. E, curiosamente, a far la guerra a Crocetta sono sia gli appartenenti al suo partito, sia qualche esponente Ds siciliano che ha sempre considerato la lotta alla mafia poco appetibile elettoralmente.

Domanda Crocetta, problemi con la sinistra siciliana?
Risposta Quando venni eletto sindaco a Gela, l'11 marzo 2003, volli segnare subito la mia discontinuità anche rispetto alla precedente amministrazione di centro-sinistra. Per carità: un amministrazione che aveva ottenuto risultati significativi ma che, negli ultimi tempi, era stata attaccata proprio dai Ds per scarsa attenzione verso la lotta alla mafia. E io ritenni necessario un impegno eccezionale su questo fronte. E cominciarono i miei guai.
D. Quali guai? Troppa lotta alla mafia?
R. Proprio così. Infatti venni immediatamente accusato di aver dato troppo peso a questo argomento. Accusa totalmente ingenerosa.
D. Perché?
R. Perché in questi tre anni di mia amministrazione, non abbiamo fatto antimafia di facciata, ma interventi concreti sul terreno dello sviluppo, della legalità e della giustizia sociale. Abbiamo appaltato opere per centocinquanta milioni di euro. Abbiamo studiato un grande progetto di riqualificazione urbana, pronto ormai per essere eseguito, che ridisegnerà il volto del centro storico e dei quartieri abusivi di Gela. È in dirittura d'arrivo il piano regolatore, inesistente dal 1969. Siamo l'unica città siciliana che ha abolito gli articolisti facendoli diventare tutti lavoratori a tempo pieno.
D. Ma allora, Crocetta, non di sola mafia e antimafia sta vivendo la sua amministrazione?
R. Mi fa arrabbiare tremendamente, quando, anche in ambienti di sinistra, sento dire: la lotta alla mafia va bene però...
D. Però che?
R. Nel però è implicita la convinzione che la questione della mafia in Sicilia sia una questione come tante altre. Invece è la questione. Ad esempio, a Gela siamo in piena crisi idrica. L'altro giorno vengo a scoprire che dei centoquaranta litri di acqua al secondo, che vengono inviati su uno dei serbatoi di accumulo della città, ben venti litri vengono rubati per alimentare alcuni laghetti artificiali delle campagne di proprietà di alcune famiglie mafiose. Così si scopre che i gelesi non hanno acqua a sufficienza, perché la mafia ruba l'acqua. Allora la questione legale finisce con il coincidere con la questione sociale e con quella economica. E ciò accade in tutti i campi.
D. Secondo questa sua visione, mi par di capire che la lotta alla mafia dovreb-

be essere un gigantesco collante per unire questioni sociali, politiche, economiche, altrimenti non risolvibili?

R. Infatti. Bisogna capire che in alcune realtà del Mezzogiorno la mafia non è il cancro inserito all'interno di un corpo sano, ma un autentico sistema di metastasi. In Sicilia, la mafia attraversa la politica, l'imprenditoria, settori di società civile, e una politica sana non può limitarsi alla gestione dell'esistente, ma deve essere profondamente rivoluzionaria mettendo in discussione i nodi di questi rapporti. Altrimenti non riesci neanche ad avere l'acqua per lavarti.

D. *Lei è stato ripetutamente minacciato di morte, anche di recente.*

R. Non sono argomenti di cui mi piace parlare. È certo che ho misure di sicurezza particolarmente alte e dure per la mia vita privata che da tre anni è quasi inesistente.

D. *All'indomani delle ultime elezioni regionali, Calogero Speziale, vicepresidente Ds all'assemblea regionale siciliana, e Salvatore Morinello, ex deputato regionale dei Comunisti Italiani, hanno raccolto firme di diversi consiglieri comunali del centro-sinistra, e persino di assessori della sua giunta, per chiedere le sue dimissioni da sindaco. Come se lo spiega?*

R. Me l'aspettavo. C'è da dire che in casa Ds le forti reazioni che ci sono state hanno rasserenato un po' il clima, come anche la reazione di Oliviero Diliberto. Ma per tornare alla sua domanda. Sapevo che il sostegno alla mia amministrazione sarebbe rimasto in piedi sino allo svolgimento di tutte le tappe elettorali. Infatti, a Gela, nelle elezioni comunali il centro-sinistra aveva il 38 e 50 contro il 48 e 50 che avevo raggiunto io al primo turno, a parte una lista mia di ragazze e ragazzi che prese il 5 per cento. L'anno dopo, alle elezioni provinciali, dopo la mia elezione, il centro-sinistra supera il 52 per cento. Insomma: in tutti gli appuntamenti elettorali il centro-sinistra supera pienamente il 50 per cento e il risultato a favore di Rita Borsellino, a Gela, è fra i più alti dell'intera Sicilia. Altro che antimafia di facciata.

D. *Sospetta di non servire più?*

R. Un po' sì. Secondo un certo modo di concepire la politica, sì. Non ci sono appuntamenti elettorali imminenti e qualcuno sta pensando di togliere di mezzo un rompipalle. Ma Gela e la Sicilia hanno bisogno di vera lotta alla mafia. E su questo è impossibile tornare indietro.

(19 luglio 2006)

Marcello Dell'Utri assolto

Marcello Dell'Utri è contento perché, almeno in questo processo per calunnia, figlio dell'altro in cui è già stato condannato a nove anni per mafia, è stato assolto per non avere commesso il fatto. E dichiara: «Sono esterrefatto. E pensare che questo è un tribunale che avevo ricusato. Evidentemente la forza della verità era tale che i giudici non hanno potuto che prenderne atto. Speriamo di continuare così». In sintesi: lui non cercò i calunniatori. Semmai furono i calunniatori a cercare lui. Non si diede da fare per inquinare le prove del processo per mafia che lo riguarda. Semmai furono altri ad offrirgli questa possibilità su un vassoio d'argento. Insomma, non sgomitò per cambiare le carte in tavola. Tutto lecito. Tutto consentito dal diritto alla difesa di se stessi.

Pare sia questa – ma le motivazioni della sentenza della quinta sezione del Tribunale di Palermo che manda assolto il senatore di Forza Italia dall'accusa di avere trescato contro i pentiti del suo processo andranno lette con attenzione – la ragione di fondo adoperata per spazzar via un processo ricco di prove, intercettazioni e filmati.

Il nuovo procuratore di Palermo, Francesco Messineo infatti ieri ha dichiarato: «Non commento mai le sentenze perché vanno solo lette ed è quello che faremo quando arriveranno le motivazioni. Solo allora decideremo cosa fare». Ed è analogo il punto di vista del pm Antonio Ingroia che, insieme al collega Domenico Gozzo, aveva chiesto per il senatore la condanna a sette anni. Di segno opposto, ovviamente, il parere dei legali dell'imputato. Giuseppe Di Peri: «I giudici non hanno dato nulla di più o di meno di quello che Dell'Utri meritava».

Cerchiamo di capire cosa c'era dentro questo processo. Originariamente tutto ruotava attorno alla figura di Giuseppe Cirfeta, personaggio criminale di spicco della Sacra Corona Unita, e coimputato in questo processo. Qualche mese fa si è suicidato in carcere, e la quinta sezione del Tribunale scrive in motivazione che, in questo caso, «il reato è stato estinto per la morte del reo». Ma allora il reato c'era?

Ma torniamo a Cirfeta. Condannato a suo tempo per mafia e omicidio, il 24 agosto 1997, tornando in libertà, chiede di incontrarsi con i magistrati di Lecce. È l'inizio di un fitto scambio di lettere in cui rivela di essere a conoscenza di un progetto calunniatorio contro Berlusconi e Dell'Utri. Prova ne sia – sostiene il Cirfeta – di essere a conoscenza di un incontro a Rebibbia tra Francesco Di Carlo, Francesco Onorato, e Giuseppe Guglielmini, tutti e tre collaboratori di primo piano nel processo che vede Dell'Utri alla sbarra per mafia. Si suddividevano i compiti – questa la sua tesi – e chi doveva accusare uno e chi doveva accusare l'altro. Successivamente, torna in carcere. Ma questa volta a Paliano. Lì conosce Giuseppe Chiofalo (mafia messinese) e insieme decidono di passare alle vie di fatto – una sorta di Anticomplotto – per screditare Salvatore Cocuzza e Giovanbattista Ferrante che nel frattempo sono andati ad allungare la lista degli accusatori di Dell'Utri. La notizia inizia a diffondersi. Anche perché Chiofalo annuncia di essere alla vigilia di un incontro «con una persona importante». Ma di chi si tratta? La Procura di Palermo, allora diretta da Caselli, decide di vederci chiaro e di mettere sotto controllo il suo cellulare. Così si imbatte nella telefonata di un misterioso «dottore» (così lo apostrofa il Chiofalo) a un non meno misterioso «delfino» (lo stesso Chiofalo). Ma chi è il dottore? È Dell'Utri, interessato in prima persona a conoscere le rivelazioni potenziali in sua difesa.

Il 31 dicembre 1998, a Rimini – dove nel frattempo si è stabilito il Chiofalo – si reca Dell'Utri per uno strano incontro filmato dagli uomini della Dia. I due prima prendono accordi ad un casello autostradale, poi il senatore di Forza Italia, con la sua macchina, segue il suo benefattore. Cosa si dicono non si sa. E forse non si saprà mai. Infatti, mentre il Cirfeta si è suicidato, il Chiofalo ha confessato tutto e ha patteggiato. «Dell'Utri» dichiarò in processo «mi offrì molti soldi.»

Certo è che Dell'Utri il fatto non lo ha commesso. E che il reato di Cirfeta è stato estinto dalla sua scomparsa. Dunque? Dunque la motivazione andrà letta con attenzione. Perché potrebbe esserci scritto che se uno scende a patti con il diavolo mafioso per salvarsi la pellaccia questo è consentito dalla legge. La domanda è: come si concluderà l'appello per il processo per mafia a Dell'Utri? Ci saranno automatismi?

(10 ottobre 2006)

Intervista a Francesco Messineo

«Le attività di Cosa Nostra sono per lo più di natura economica. Il tutto sotto la direzione di grandi latitanti: Salvatore Lo Piccolo e Matteo Messina Denaro. Chi ha preso il posto di Provenzano? Dovessi assegnare un vantaggio – ma questa non è una competizione sportiva – direi che è in vantaggio Lo Piccolo. Ma non sembra che fra i due ci sia uno scontro: lo spazio, per il momento, c'è per tutti. Matteo Messina Denaro sembrerebbe operare nel trapanese, nell'agrigentino, zona più vasta, ma meno ricca. Lo Piccolo a Palermo città, zona più ristretta, ma più densa di contenuti economici. La cupola? Secondo i nostri indicatori esiste ancora. Anche se i capi sono quasi tutti in stato di detenzione e hanno grandi difficoltà di comunicazione.»

Al nuovo procuratore di Palermo, Francesco Messineo, da quanto apprendiamo incontrandolo per questa sua prima intervista dopo l'insediamento, piacciono più i ragionamenti – sono parole sue – molto meno i proclami che non trova utili ai fini del suo lavoro, che definisce soprattutto lavoro di analisi, di conoscenza. Meno che mai gli piacciono le fughe in avanti, e ha tante riserve sui titoli a effetto dei giornali. Aggiunge infatti che «la sintesi, quando si parla di un fenomeno estremamente complesso e diversificato come la mafia, va a detrimento della precisione. Operiamo concretamente, non ci poniamo questioni teoriche particolari, cerchiamo di seguire i fatti».

Domanda *Procuratore Messineo, e i fatti che dicono?*

Risposta FATTO N. 1: Che la mafia ha accantonato la prospettiva stragista, la prospettiva dell'omicidio, la pratica quotidiana della violenza, avendo sperimentato che la violenza genera una reazione forte dello Stato. È fine ottobre e in questo secondo semestre abbiamo avuto due omicidi e una lupara bianca ascrivibili alla logica mafiosa. Cifre irrisorie, se ricordiamo la Palermo degli anni passati. Attenzione, però: non sono persone che fanno scelte definitive o si vincolano ad un comportamento e questa logica, che sembra abbandonata, potrebbe tornare a esplodere da un momento all'altro.

FATTO N. 2: Che Cosa Nostra si sta riconvertendo, quasi esclusivamente, alle estorsioni e all'intervento negli appalti pubblici. Un movimento sotterraneo di illecito prelievo di ricchezza che genera una massa di liquidità che solo in parte viene spesa per il mantenimento dell'organizzazione assicurandone resistenza e persistenza. Sappiamo che i mafiosi provvedono al mantenimento dei detenuti, delle loro famiglie. Che stipendiano quelli che lavorano, che pagano favoreggiatori e informatori.

FATTO N. 3: Che c'è un eccesso di liquidità, che probabilmente viene investito anche nel traffico di droga nel quale la mafia, che prima aveva l'egemonia, oggi non è più egemone. Subisce la concorrenza, e forse è stata soppiantata da altre organizzazioni criminali internazionali, però non è assente dal grande traffico. Insomma: adotta una pratica più sommersa.

FATTO N. 4: Che si tratta di un prelievo dal sistema economico con modalità soft che raramente generano la reazione delle vittime. Le estorsioni ai commercianti riguardano cifre modeste. Il singolo commerciante si trova a un bivio: scelta coraggiosa, ma che lo espone a possibili pericoli – lo Stato è presente e può proteggere, ma ovviamente non tutti e in ogni momento della giornata –, o pagare una somma contenuta che non mette in pericolo la sua solidità economica. Ci sono casi di commercianti sottoposti a pesanti taglieggiamenti, sino al fallimento, ma sono rari. La linea è: pagare poco, pagare tutti. Vale anche per gli appalti. La cosiddetta «messa a posto» che si stima intorno al 2-3 per cento, per un'impresa che gestisce un grosso appalto diventa, in fin dei conti, un costo che cercherà di scaricare in varie forme. Anche in questo caso non si tende a farla fallire.

FATTO N. 5: Che Cosa Nostra, attraverso questo sistema sommerso e non particolarmente invasivo, ottiene il silenzio delle vittime e l'estrema difficoltà delle indagini. Questo, grosso modo, è il quadro. Poi ci sono altre attività come l'usura dove, a certi livelli, l'intervento delle associazioni criminali – non parlo della piccola usura di quartiere – provoca la sostituzione dell'imprenditore che perde la sua azienda, viene soppiantato.

FATTO N. 6: Anche se i capi sono quasi tutti in stato di detenzione e se i segnali esterni sono meno inquietanti di una volta, non ci sono manifestazioni eclatanti, e purtroppo la collettività avverte meno il pericolo, dovrebbe essere chiaro che la mafia è tutt'altro che vinta. È ancora in piedi ed estremamente pericolosa.

FATTO N. 7: Che c'è questo continuo prelievo di ricchezza. E che il danno maggiore che viene al tessuto economico è la insicurezza degli imprenditori i quali sono sconsigliati dall'investire. Ecco perché la Sicilia e il sistema siciliano non progrediscono: la sicurezza è il bene principale per l'imprenditore.

D. *Procuratore, vorremmo conoscere qualcuna delle sue opinioni.*

R. OPINIONE N. 1: Non condivido il pessimismo di quelli che dicono che la mafia ha adottato la strategia della sommersione per sua libera scelta. L'abbiamo obbligata. L'abbiamo costretta a giocare in difesa. I mafiosi hanno capito che lo scontro frontale avrebbe portato alla distruzione dell'organizzazione. Questo risultato dobbiamo pure accreditarcelo, diversamente sarebbe veramente triste che l'impegno di tutti questi anni, tutti questi sacrifici, tutti quelli che sono morti, non fossero serviti a nulla. Sarebbe un autogoal gratuito. Vorrei però insistere: la sommersione non rende Cosa Nostra meno pericolosa.

OPINIONE N. 2: Credo che le indagini abbiano prodotto risultati validi. Lo dicevamo: tutta una generazione di capi è ormai in stato di detenzione, sono emerse altre individualità, ma che non sempre hanno le stesse qualità delinquenziali dei predecessori. Ciò ha comportato un abbassamento nella qualità dei quadri: è un fenomeno positivo per lo Stato. Si sono create difficoltà enormi di comunicazione fra i mafiosi che sapendo che le loro conversazioni possono essere intercettate si sentono vulnerabili. Hanno enormi difficoltà a incontrarsi. E questo è un altro punto a favore dello Stato.

OPINIONE N. 3: Penso che il pessimismo cosmico, dire non è successo niente, tutto è come prima, mi sembra ingeneroso verso quelli che hanno sacrificato la loro vita. Diciamo: luci e ombre. L'impegno dello Stato esiste ed è notevole, le forze in campo degli investigatori sono cresciute enormemente. Io che per mia sfortuna ho una memoria storica, significa infatti che sono diventato vecchio, noto che la capacità investigativa degli anni Settanta, paragonata a quella di oggi, era brillante artigianato: c'erano individualità, solisti, veramente brillanti. Negli anni Settanta uno dei problemi era quello di intercettare le comunicazioni fra telefoni fissi e lo si faceva con mezzi piuttosto artigianali. Oggi c'è una qualità diffusa dell'investigazione. È cresciuta anche la capacità di analisi e di lettura dei fenomeni economici dei bilanci, delle investigazioni bancarie, cose inimmaginabili trent'anni fa.

OPINIONE N. 4: Ma c'è un «ma»... Si nota un impegno dello Stato contro la criminalità organizzata che non è costante. Questa lotta ha costi notevoli. Il problema è se la collettività li vuole affrontare o no. Le intercettazioni, i pedinamenti, solo per fare qualche esempio, hanno un costo notevole. Non si possono fare con mezzucci confezionati in casa. Ora è cambiato il sistema di erogazione delle spese di giustizia e si prevedono restrizioni di bilancio: un segnale che non incoraggia. Si impone un discorso costi/benefici. Se si vuole veramente una lotta seria, se ne deve affrontare il prezzo. Se si cerca di risparmiare, l'effetto potrebbe essere quello di non fare bene il lavoro. Né voglio sollevare il problema del funzionamento dei nostri uffici: decurtazioni veramente brutali su certe voci di bilancio. Il processo penale moderno, piaccia o meno, è tutto un problema di fotocopie, spesso decine e decine di migliaia di pagine. I fondi relativi, proprio quelli per l'acquisto della carta delle fotocopie, sono stati ridotti – non del dieci o venti per cento, l'avrei capito – ma in misura dell'ottanta per cento. Siamo nei guai: abbiamo il problema di sapere come faremo a finire l'anno. Certo: non c'è una stretta relazione fra fotocopie e lotta a Cosa Nostra, ma tutto diventa più faticoso.

CONCLUSIONE: Lei mi chiede del cosiddetto Palazzo dei Veleni. Rifuggo dalle definizioni ad effetto. In procura, ci sono state in passato incomprensioni e attriti. Ho preso atto di questa situazione. Non ho una ricetta magica. Credo che ci siano percorsi da seguire, che sono quelli segnati dalle leggi, dai regolamenti interni, dalle circolari del Csm e dalle norme di buona amministrazione. Che il metodo giusto sia quello della continua consultazione reciproca, della ricerca di soluzioni condivise. E poi dell'applicazione di regole che, una volta approvate da tutti, devono essere seguite senza deroghe. Ho la piena collaborazione degli altri magistrati che sono magistrati di altissimo livello professionale. Penso che residue e possibili incomprensioni saranno risolte in questo clima, che definirei, più che di collegialità, di consultazioni continue e di socializzazione e scambio delle informazioni: di consultazione continua con i procuratori aggiunti. E penso che i problemi ai quali lei fa riferimento, potremo e sapremo risolverli.

D. *Procuratore Messineo, il rapporto mafia e politica lo definirebbe un fatto o un'opinione?*
R. È un fatto nei limiti in cui tale rapporto emerge da risultanze processuali. È un fenomeno al quale tutta la collettività, non solo la magistratura, dovrebbe prestare la massima attenzione.

(20 ottobre 2006)

Così uccisero l'uomo d'altri tempi

Cose vecchie. Antiquariato mafiologico e giudiziario. Cose d'altri tempi. È difficile sfuggire a questa sensazione tornando a scrivere, per l'ennesimo anniversario che in questo caso è il quindicesimo, della strage di via D'Amelio, dell'uccisione di Paolo Borsellino insieme a Emanuela Loi, Walter Cosina, Vincenzo Li Muli, Claudio Traina e Agostino Catalano. È difficile perché un minimo di onestà intellettuale imporrebbe di non sfuggire a domande essenziali che però, in tempi come questi, suonano retoriche, out, per dirla con gergo salottiero, come si volessero scomodare antichi fantasmi della cui perenne e ingombrante presenza in fondo ci siamo stufati un po' tutti.

È una la domanda che si impone. Cosa è rimasto di quella grande illusione? Sì, insomma, della grande illusione di uomini come Paolo Borsellino e Giovanni Falcone, anche se tutti ormai almeno abbiamo imparato che questi nomi costituiscono appena il titolo di un elenco di morti ammazzati per la stessa ragione, la stessa causa, lo stesso miasmatico groviglio di complicità.

Ma scrivere degli anniversari si deve. E occorre farlo proprio quando la memoria si fa più evanescente, come in casi come questi. Cercherò allora, in questo ricordo di Paolo Borsellino, di attenermi alla preziosa indicazione dello scrittore siciliano Domenico Cacopardo il quale, il 23 maggio di quest'anno, nel corso di una commemorazione televisiva de *L'Italia sul Due* della strage di Capaci (Falcone, per gli smemorati), disse che il nemico peggiore dell'antimafia è la retorica, e che, di conseguenza, il modo più onesto ed efficace di ricordare quei morti è riferire fatti ed episodi, rendere pubblico quello che sino a oggi ancora pubblico non è, insomma smetterla con la panna montata di questi «uomini straordinari» (furono anche questo) e la grande favola di Borsellino e Falcone che un bel giorno la mafia uccide al culmine della loro potenza antimafiosa. Non è così. Non fu così. Le cose non andarono come racconta questa comoda vulgata. Non furono uccisi, come re medioevali, al culmine della loro potenza, furono uccisi al culmine del loro isolamento.

Proverò a riferire di una circostanza e di un episodio che mi constano personalmente. E che mettono a fuoco la questione da due visuali assai diverse fra loro. Il primo è un dato incontrovertibile. Non c'è traccia, né scritta né riferita verbalmente, del fatto che fu «l'Unità» il primo grande giornale nazionale ad accorgersi dell'esistenza e del lavoro di Paolo Borsellino. Prova ne sia l'intervista che gli feci, allora giovane cronista, in data 28 gennaio 1986. Come è noto Borsellino in gioventù era stato politicamente di destra e tale, a quel che se ne sa, rimase sino alla fine dei suoi giorni. Questo a scanso di equivoci, ché non stiamo rivendicando improponibili appartenenze politiche post mortem. Ma Borsellino, che insieme a Falcone, aveva già da tempo iniziato a predicare nel deserto (parlare contro la mafia, e in quegli anni poi) non godeva di buona stampa. Più semplicemente non godeva di nessuna stampa.

L'intervista, se qualcuno volesse rileggerla, aveva questo titolo: *Io giudice antimafia vi racconto*. A quei tempi frequentavo il giornale «L'Ora» di Palermo, battagliero quotidiano del pomeriggio, che la lotta alla mafia l'aveva condotta sin dai tempi di Luciano Liggio e della Corleone del dopoguerra, con firme del calibro di Felice Chilanti, Mario Farinella, Marcello Cimino e, sotto un profilo letterario, Leonardo Sciascia. Bene. Ricordo bene che la mattina della pubblicazione dell'intervista su «l'Unità», mi chiamò in disparte Giacomo Galante, redattore capo de «L'Ora» (qualche anno dopo sarebbe venuto prematuramente a mancare insieme alla moglie, la psicologa Gigliola Lo Cascio e i loro due piccoli bambini, in una tragedia aerea a Cuba, memorabile la cronaca dell'accaduto, proprio su «L'Ora», a firma del collega Francesco Vitale) per dirmi: «Ma lo sai che è bravo questo Borsellino? Dice cose interessanti e intelligenti. Ma questi allora la lotta alla mafia la vogliono fare sul serio?». E qualche giorno dopo, se non addirittura l'indomani, «L'Ora» andò a intervistare Paolo Borsellino.

C'è un seguito della storia. Poco più di due anni dopo: marzo 1988. Ero appena uscito dal carcere di massimo isolamento di Termini Imerese, dove ero finito insieme al collega Attilio Bolzoni di «Repubblica» perché avevamo pubblicato sui nostri rispettivi giornali prima i diari dell'ex sindaco Dc di Palermo Giuseppe Insalaco, da poco assassinato in una strada della Palermo bene e poi i verbali segreti della confessione di Antonino Calderone. Il fatto suscitò grande clamore nell'Italia di allora. E venuto a sapere che Vittorio Nisticò, fondatore-pioniere, nonché nume tutelare del giornale «L'Ora» sin quando fu costretto dalla crisi di vendite a chiudere i battenti, avrebbe volentieri scambiato due chiacchiere con un cronista di primo pelo come me, lo invitai a cena.

Sintetizzo il significato dei discorsi di quella cena. Nisticò, di grande e raffinata cultura, oltre che straordinaria curiosità, mi fece quasi un bonario terzo grado su questi giudici antimafia che da tempo avevano iniziato a fare capolino in Sicilia. Ovvio che a uno come lui le mie risposte saranno sembrate superficiali e insufficienti. Ma alla fine, vuoi perché il ghiaccio era rotto, vuoi perché l'essere stato arrestato mi conferiva quantomeno un piccolo titolo di merito per partecipare a quella conversazione, gli chiesi a bruciapelo: «Vittorio, ma perché voi della vecchia guardia che venite dalla stagione dell'occupazione delle terre e quindi della mafia del feudo, vi state accorgendo in ritardo di questi magistrati antimafia che invece oggi si occupano principalmente di lotta al traffico di droga? E come se aveste una piccola riserva mentale nei loro confronti». Non si sottrasse affatto. E rispose in maniera articolata e onesta. Ora mi scuso se leggendo questi miei ricordi Nisticò non si riconoscerà che in parte nelle sue parole.

Secondo il mio ricordo, in sostanza, disse tre cose: «Apparteniamo a una generazione che la lotta alla mafia l'ha condotta sin dal dopoguerra. Sul serio, a prezzo di sacrifici umani enormi. E in questo, in Sicilia, il movimento operaio e contadino non è stato secondo a nessuno». E questo lo sapevo anche io, che conoscevo Pio La Torre sin dai tempi della mia iscrizione alla Fgci (prima tessera 1967), e avevo letto della interminabile scia di sangue di braccianti, sindacalisti, capi lega contadini, assassinati e spesso gettati cadaveri nelle forre del corleonese, per mano di mafia. Ma Nisticò, che banale non è mai stato, aggiunse: «Il problema è che in questi ultimi anni ci siamo un po' seduti, come si dice. Ci siamo forse convinti di avere già dato e avendo vissuto in prima linea una grande stagione, non ci siamo accorti che ne stava cominciando un'altra, quella della lotta alla droga, con altri soggetti, altri protagonisti sociali. E questo è un errore, me ne rendo conto».

Infine, riprese la parola e aggiunse: «Voglio essere ancora più preciso e chiaro. Tu mi chiedi perché spesso, molti di noi non sono particolarmente calorosi nei confronti di questi magistrati. Hai ragione. Posso rispondere per quel che mi riguarda: ho ancora davanti agli occhi decine e decine di braccianti incatenati che un giorno sì e uno no salivano e scendevano le scalinate del Palazzo di giustizia di Palermo chiamati dai magistrati a difendersi per reati spesso inventati di sana pianta... Non è facile dimenticare...». Se una piccola lezione vogliamo cavar fuori da questa storia, sempre attenendoci al suggerimento di Cacopardo, e che è anche gli inizi, ancora prima che la fine, per Borsellino e Falcone furono in salita. E a riprova, almeno, di quanto sia stata sempre una grossolana baggianata quella dei giudici antimafia che erano «giudici rossi» e sotto indicazione del Pci dell'epoca «firmavano i mandati di cattura»!

Maggio 1992. Per l'esattezza il 2 maggio, verso le otto del mattino. Ricevo a casa una telefonata di una segretaria della Procura che gentilmente, ma avverto nella sua voce un pizzico di preoccupazione, mi dice: «Stamattina venga in Procura... c'è movimento... movimento che la riguarda...». Quel giorno nelle librerie usciva un mio libro intitolato: *Potenti. Sicilia anni Novanta*, pubblicato dalla Garzanti di allora per volere di un grande editor, Gianandrea Piccioli che poi, stufo delle logiche compromissorie di un certo sistema editoriale italiano e con tanto di dichiarazione pubblica, decise di andare anticipatamente in pensione. Il libro conteneva un capitolo dal titolo: «C'era una volta». Conteneva fra l'altro un duro attacco a Giuseppe Pignatone e Guido Lo Forte, sostituti procuratori dell'epoca (il primo sarebbe rimasto sino ai giorni nostri fedele alla sua visione delle cose, il secondo avrebbe vissuto senza riserve la stagione di Gian Carlo Caselli alla guida della Procura di Palermo). Ma soprattutto a Pietro Giammanco.

Al Palazzo seppi che a volermi incontrare era nientemeno che Paolo Borsellino, da poco giunto a Palermo da Marsala e ora alla dirette dipendenze proprio di Giammanco, il capo che aveva preso il posto di Curti Giardina, il procuratore che, quattro anni prima, aveva firmato l'arresto mio e di Bolzoni per il bizzarro reato di «peculato» (la violazione del segreto istrutturio non prevedeva infatti il carcere per i giornalisti), mentre l'operazione sul campo – come si dice – era stata affidata a Mario Mori, allora comandante del gruppo 1 dei carabinieri. Il Giammanco, che avevo conosciuto in carcere durante il mio primo interrogatorio, nel frattempo era infatti diventato «capo». Tutti «bravi ragazzi». D'altra parte, Giammanco, lui stesso non ne faceva mistero, era amico personale di Salvo Lima e Aristide Gunnella, e aggiungiamo noi – forse eufemisticamente – fu una delle causa non secondarie che avevano spinto Falcone, esattamente due anni prima, ad abbandonare anticipatamente la sede di Palermo per l'incarico a Roma al ministero di Grazia e giustizia.

La porta dell'ufficio di Borsellino era spalancata. Mi affacciai sulla soglia e lo vidi circondato da pile di fotocopie. Mi apparve teso e nervoso. «Sono le fotocopie del suo libro, caro Lodato». «Strano» replicai «il libro se tutto va bene è arrivato in libreria da meno di un'ora e avete avuto già il tempo di fotocopiare?». Lui si sciolse in un accenno di sorriso: «Lei» e giocò sul titolo del libro «sottovaluta i potenti mezzi della nostra Procura... È vero. Ieri era il 1° maggio e le librerie erano chiuse, ma lei che è l'autore dovrebbe sapere che c'è una piccola libreria a Roma a Campo dei Fiori che è sempre aperta... E il mio "capo" aveva molta curiosità di leggerlo... Avranno mandato i motociclisti a Roma... i carabinieri a cavallo... non so che dirle...». Mi vennero i brividi mentre mi accorgevo di sottolineature rosse, nere, blu, un fosforescente tripudio di ipotetici capi d'accusa nei miei confronti. Balbettai: «Ma perché se ne occupa lei?». Borsellino: «Questo è il bello... il capo vuole che me ne occupi personalmente io... lei non sa che Giovanni e io siamo criticati per essere troppo amici de «l'Unità» e della sinistra?». Seguì il suo consueto e splendido sorriso sotto i baffi. Abbozzai: «Quindi?». Borsellino: «Quindi è meglio che per qualche giorno non si faccia vedere in giro... I miei colleghi non sono per niente contenti della sua ultima fatica letteraria...». Chiesi: «Mi devo preoccupare?». Borsellino: «Guardi se potessero strozzarla» e questa volta scoppiò a ridere per davvero «lo farebbero volentieri. Che posso dirle? Che chiederò un supplemento di istruttoria... insomma dirò che per leggere bene il suo libro ci vuole tempo... soprattutto perché se questa volta dobbiamo arrestarla dobbiamo arrestarla con tutti i crismi, evitando la brutta figura che la Procura fece quattro anni fa... Speriamo che mentre io continuo a leggere la bufera si calmi...».

Borsellino continuò a leggere, per giorni e giorni, e anche di questo gli sarò eternamente grato. Così fu. La bufera si calmò. Le minacciate querele non arrivarono mai. Ma non vi sembra singolare che Paolo Borsellino, ventun giorni prima della strage di Capaci e settantasette, se il calcolo non è errato, della sua stessa morte, veniva costretto a spendere il suo tempo a fotocopiare nella speranza che si trovassero gli estremi per arrestare un'altra volta lo stesso giornalista?

Conclusione: smettiamola una volta per tutte con la favola dei due giudici un bel giorno assassinati dalla mafia, come se prima di quel giorno ci fossero solo riconoscimenti dei media e applausi istituzionali. Vissero soli. Denigrati e osteggiati. Criticati, ostacolati, o snobbati. Nella più benevola delle ipotesi non capiti o non capiti sino in fondo. Cose vecchie, ormai. Cose d'altri tempi.

E loro, Falcone e Borsellino, per dirla con il titolo di una splendida canzone di Enzo Jannacci, «gente d'altri tempi». Guai se perdessimo l'abitudine di ricordarli almeno il giorno degli anniversari. Soprattutto noi che abbiamo avuto la fortuna, immeritata, di conoscere gente d'altri tempi.

(17 luglio 2007)

Intervista a Rita Borsellino

Lasciamo che sia lei, Rita Borsellino, a raccontare quel giorno di lacrime e sangue di quindici anni fa. E le nostre domande, inevitabilmente, risulteranno inadeguate alla drammatica sequenza di quel ricordo. La cronista d'eccezione, anche se questa cronaca avrebbe preferito non raccontarla, è lei: Rita Borsellino. Lo fa per la prima volta. Dopo quindici anni. Per un giornale – «l'Unità» – al quale Paolo, pur essendo di altre idee, era affezionato. E il lettore ci perdoni se non ricorreremo alla finzione di darci del lei.

Domanda *Rita, dov'eri il 19 luglio 1992?*
Risposta Non ero a Palermo, ero nella mia casa di Trabia, nonostante in quel periodo ogni allontanamento da Palermo mi risultasse difficile. A Trabia non avevo il telefono, e l'idea di non poter sentire Paolo mi faceva stare male, mi metteva in agitazione. Ma in famiglia vigeva quasi un patto: provare a vivere una vita normale in un periodo in cui la vita di normale aveva ben poco. Per noi andare di sabato a Trabia era una consuetudine che non volevamo cambiare. E io quella settimana avevo un problema in più: la sistemazione di mia madre che abitava con me e non volevo lasciare sola.
D. *Perché tua madre non venne a Trabia?*
R. Perché l'indomani Paolo l'avrebbe portata dal cardiologo, un amico di famiglia, disposto a visitarla di domenica. Risolsi il problema grazie a mio figlio Claudio che si offrì di restare con lei in via D'Amelio.
D. *Era tanto forte quel patto che vi imponeva di non cambiare abitudini?*

R. Sì. Ma per la prima volta partii a malincuore. Mi dicevo è tutto normale, tutto a posto: domani mattina Claudio arriva con il treno, e alla cinque di pomeriggio Paolo va a prendere mia madre e la porta dal cardiologo. Normale. Che motivo c'è – mi ripetevo – di cambiare abitudini? E la domenica iniziò a scorrere secondo copione: colazione, un po' di sole in giardino, pranzo, e di pomeriggio saremmo andati a messa prima di tornare a Palermo...

D. Quasi un presentimento della tragedia?

R. Non lo so. Me lo chiedo ancora oggi. Ricordo però che avevo voglia di stare un po' sola e andai in terrazza. Fu da lì che vidi una scena che mi turbò: i vicini di casa si avvicinarono al cancello per parlare con mio marito attraverso le sbarre... un attimo dopo vidi Cecilia, mia figlia, che si avvicinò a loro... dalla sua espressione mi resi conto che era accaduto qualcosa. Corsi giù per le scale e chiesi cosa fosse successo. Mio marito non rispose. Cecilia mi abbracciò: «Non lo sappiamo neanche noi, accendiamo la televisione». E mentre un attimo prima avevo pensato a mia madre, ora capii che si trattava di Paolo.

D. Vi metteste tutti davanti alla televisione?

R. Sì, un piccolo televisore che funzionava male... Ma per quanto male potesse funzionare lessi la scritta in sovrimpressione che parlava della morte di Paolo...

D. Erano le immagini di via D'Amelio appena dopo l'Apocalisse.

R. Già. Ma non me ne resi conto. Fu Cecilia a dire: «Ma quella è casa nostra...». Da quel momento in poi ricordo i silenzi. Nessuno disse nulla, non una parola. Non venne versata una lacrima. E tutti, molto freddamente, chiudemmo le imposte, recuperammo il cane, ci mettemmo in macchina, rientrammo a Palermo.

D. Quale fu il primo impatto con il luogo della tragedia?

R. In via D'Amelio ci fermarono. Scendemmo dalla macchina. Suoni, rumori, odori, fumo, lamiere arroventate e accartocciate... Le riprese televisive avrebbero reso solo in minima parte quello che stavo provando dal vivo. Improvvisamente mi ritrovai sola... Il capo dei vigili del Fuoco mi abbracciò e scoppiò a piangere. Solo allora mi resi conto che la scritta sul televisore di Trabia diceva la verità... Paolo non c'era più. Ricordo i vicini, che pur avendo ormai le case sventrate e avendo perduto un pezzo della loro vita, mi abbracciavano, cercavano di consolarmi. Fu quello il primo segnale di una Palermo che fino a quel momento non avevo conosciuto.

D. Cosa ricordi ancora in via D'Amelio?

R. Una figura vestita di bianco che mi colpì come fosse una macchia di colore improvvisa: era Salvatore Pappalardo, il cardinale di Palermo, che era voluto venire a toccare con mano la tragedia. Poi si avvicinò il procuratore Pietro Giammanco. Per chiedermi se volevo vedere mio fratello. Risposi di no. Volevo conservare la vivacità del suo essere, non un immagine di morte e violenza. Ma risposi quasi con disagio perché capivo che forse avrei dovuto dire di sì. Marta invece, la più piccola delle mie figlie, che mi era accanto, si rivolse e a Giammanco e gli disse con determinazione: «Io voglio vederlo». Non dimenticherò mai l'espressione di Giammanco che la guardò con sufficienza più che compassione...

D. *Reagisti?*

R. Mi arrabbiai. Ho sempre riconosciuto ai miei figli capacità e diritto di scegliere. Dissi quasi con stizza: «Se vuole, deve vederlo». E fu così che Marta, accompagnata da un vigile, sparì in mezzo al fumo... un attimo dopo mi sentii in colpa, pensando che avrei dovuto accompagnarla... e pensavo a quanto avrei dovuto consolarla dopo. Invece accadde un fatto stupefacente...

D. *Stupefacente?*

R. È la parola esatta. Al suo ritorno Marta non piangeva, sorrideva. Mi mostrò le mani sporche di fumo, me le mise sul viso dicendomi: «Mamma ho accarezzato lo zio Paolo», ma aggiunse anche un'altra frase: «Lo zio Paolo sorride». Pensai che Marta, nella sua infinita tenerezza, volesse consegnarmi un ricordo inesistente. Invece di quel sorriso avrei sentito parlare da altre persone, da Lucia, la figlia di Paolo, da Antonino Caponnetto, ma non solo. Chissà come, chissà perché era rimasta viva la caratteristica più bella di Paolo: sorridere anche nei momenti più difficili.

D. *Tua madre, intanto?*

R. Non sapevo cosa le fosse successo. Vidi i buchi neri della mia casa e non sapevo cosa ne era stato di lei. Pian piano, attraverso le parole dei vicini, mi resi conto che era salva. Che qualcuno l'aveva portata via dall'inferno. Seppi che la bomba era scoppiata quando Paolo aveva suonato il campanello e ne dedussi che non si erano visti. Ero ansiosa di trovarla.

D. *Come la trovasti?*

R. Con mio marito, i figli, il cane, iniziammo a girare per gli ospedali di Palermo. A Villa Sofia mi dissero che era passata di lì. All'Ingrassia seppi che il cardiologo, l'amico di Paolo, l'aveva portata a casa sua. Ma io non sapevo dove abitava il cardiologo. Ci volle qualche ora per scoprirlo. Mi chiesi cosa avrei dovuto dirle appena l'avessi incontrata. Il rapporto fra lei e Paolo era fortissimo.

D. *Che ricordi di quell'incontro, in una giornata di per sé straziante?*

R. La vidi piccola, indifesa. Vestita a metà: una sottoveste e sopra una camicia. Strane ciabatte ai piedi. Le scarpe le aveva perse quando un vigile del Fuoco l'aveva presa in braccio per portarla via. Con lei c'era mia sorella che quel giorno festeggiava il suo compleanno...

D. *Che vi diceste con tua madre?*

R. Fu lei a parlare. E mi sconvolse. Mi disse: «Sai cosa è successo? Sai che con Paolo sono morti i suoi ragazzi della scorta? Vai a cercare le madri e ringraziale per il sacrificio dei loro figli». Furono queste le sue parole.

Dopo lo scoppio. Dopo l'incendio. Dopo essere stata portata via di casa. Quella frase avrebbe condizionato le mie scelte, la mia vita successiva. Mia madre aveva trovato il modo giusto: non pensare solo a se stessa, ma anche agli altri.

D. *Ma la giornata non era ancora finita.*

R. Infatti. Andai a casa dei miei nipoti. La casa dove Paolo aveva abitato sino a quella mattina. Era aperta, piena di gente. Chi andava, chi veniva, chi piangeva. Incontrai Agnese, mia cognata, circondata da tantissime persone che le si stringevano attorno. Cercai i miei nipoti. Trovai Manfredi che parlava in maniera seria, matura, come se all'improvviso fosse diventato adulto. Ora si trattava di prendere decisioni. E mi sembrò all'altezza del compito. Trovai Lucia che ai miei occhi era sempre apparsa la più fragile. La vidi impassibile, calma, serena. Si occupava delle persone presenti, rispondeva al telefono.

D. *Fiammetta invece era all'estero…*

R. Era in Thailandia. Raggiungerla non era facile. Con Lucia ci capimmo al volo: facevamo la guardia al telefono di casa aspettando che chiamasse, perché volevamo essere noi a comunicarle quello che era accaduto.

D. *Ormai era davvero impossibile rispettare quel patto familiare che vi imponeva di fingere che tutto fosse sempre normale.*

R. È vero. Ma ne scattò subito un altro: nessuno di noi, in quella casa, avrebbe pianto. E nessuno pianse. E ci dicevamo: «Non è il momento delle lacrime. È il momento di riflettere e capire come andare avanti». Di quelle ore in casa di Paolo ricordo ancora la confusione, l'amara sensazione che fosse diventato importante passare da quel salotto… E per tanti, sedere sul divano, consolare Agnese, fu quasi un passaggio obbligatorio. Quasi un riconoscimento. Questo ci diede fastidio. Ricordo anche che arrivavano notizie del presidio a piazza Politeama, di cortei…

D. *Dove trascorresti la prima notte dopo la tragedia?*

R. In casa di Paolo. Non riuscivo a staccarmi da quel luogo anche se ormai era diventata un'altra cosa. Manfredi chiuse a chiave lo studio di Paolo perché nessuno entrasse: era fastidioso sentire quella casa espropriata, quasi fosse diventata un luogo pubblico. L'aria era diventata irrespirabile. E con Manfredi, a un certo punto, decidemmo di fare una selezione su chi doveva salire. Poi, forse alle prime luci dell'alba, ma non so dire esattamente che ora fosse, decisi di fuggire. Trovai ospitalità a casa dei miei suoceri.

D. *Ormai era il 20 luglio 1992…*

R. E fu quello il momento più difficile. Quello in cui mi resi conto di ciò che significava davvero il fatto che Paolo non c'era più. Con Paolo ero la sorellina da proteggere. Senza Paolo ero un'altra cosa. Un'altra persona. Me ne sarei accorta nei giorni a seguire quando per me iniziò un'altra vita. Senza Paolo. Ancora di più accanto a lui.

D. *Vivi ancora in via D'Amelio.*

R. I miei figli mi diedero lezioni di coraggio e di coerenza. Ricordo ancora le parole di Claudio quando appena giunta in via D'Amelio mi lasciai scappare che non avrei più voluto vivere lì: «Ma sei pazza? Non possiamo andare via. Abbiamo il dovere di custodire questo luogo che adesso è diventato sacro». Ecco perché abito ancora in via D'Amelio.

D. *Proprio in questi giorni, Salvatore Borsellino, fratello di Paolo, ha scritto una dura lettera aperta per denunciare insabbiamenti e depistaggi nelle indagini. E anche qualche strana amnesia. Che ne pensi?*

R. Condivido in gran parte quanto ha scritto Salvatore. Quelle stesse cose le denuncio anche io da anni. Sono convinta che bisogna pretendere la verità e non accontentarsi solo di alcune verità.

Crediamo non ci sia nulla da aggiungere.

(18 luglio 2007)

Cuffaro e le cronache marziane di Otto e mezzo

Se i magistrati iniziassero ad aggirarsi per le città italiane brandendo telecamere e microfoni per confezionare filmati e raccogliere interviste, l'effetto sulla popolazione sarebbe paragonabile a quello provocato sugli americani da Orson Welles quando annunciò per radio lo sbarco dei marziani: di terrore e di sconcerto. Si sono mai visti al mondo giudici che fanno i giornalisti? Ma se Giuliano Ferrara indossa la toga d'ermellino in nome del popolo italiano, pronuncia arringhe difensive, batte il martelletto, ricusa giudici naturali, si chiude in camera di consiglio ed emette sentenze da solo, va di cozzo contro sentenze già pronunciate, chiede in trasmissione l'arresto di qualcuno, o, più semplicemente, perora cause perse, nessuna vestale della legittima «separazione dei poteri» avrà nulla da obiettare. Infatti le vestali non obiettano.

Chi è stato Cuffaro in questi anni in Sicilia? Per Giuliano Ferrara, Totò Cuffaro, sotto processo a Palermo per favoreggiamento alla mafia, e per il quale l'accusa ha chiesto una condanna a otto anni, era l'uomo che amava i telefonini, un po' come c'era l'uomo che amava le donne di Truffaut. Ne aveva troppi. E bene ha fatto Tonino Russo, vicesegretario del neonato Pd siciliano a informarlo che lui, invece, non avendo nulla da nascondere, ne ha uno solo... (Unico momento in trasmissione in cui Cuffaro ha balbettato). L'uomo che amava i telefonini, Cuffaro. Tutto qui. Il resto? «Leggende». I processi per mafia agli uomini politici? Con Andreotti – garantisce Ferrara – sapete come è finita (noi crediamo di saperlo: prescrizione per mafia sino al 1980 e condanna di Andreotti, da parte della Cassazione, al pagamento delle spese processuali), Contrada (sì: dieci anni con sentenza passata in giudicato), Mannino (processo ancora aperto), insomma tutti casi che «non sfuggono alla regola della controversia», sintetizza mirabilmente Ferrara... Chissà mai perché. Ma lo dice Ferrara, e Ferrara, potremmo dire parafrasando Cesare, è opinion leader d'onore.

Il fatto è però che solo uno sciocco, mercoledì sera, durante la puntata di *Otto e mezzo*, guardando il dito di Ferrara che indicava Cuffaro (la luna) poteva fermarsi a guardare il dito di Ferrara. Era in alto che bisognava guardare. Bisognava guardare Cuffaro. E Cuffaro, fidatevi, ormai è irriconoscibile. Non è che non vuole il processo contro di lui, non vuole proprio la sentenza. Ha recitato sin qui il teatrino dell'imputato pacioccone, sottomesso ai suoi giudici naturali, ma adesso il gioco è cambiato. E puntuale, quando mamma chiama, come si diceva un tempo, picciotto risponde (il mondo di certi giornali, certi talk show, per intenderci). Da *Otto e mezzo* è stata raccolta alla grande (nelle intenzioni degli orchestrali, non per successo di botteghino) la campagna per far sì che il processo, in nome della legittima suspicione, facendo appello alla Cassazione – come hanno formalmente deciso di fare i difensori del governatore di Sicilia –, venga sfrattato da Palermo. Legittimissimo passo giudiziario. Scelta televisiva di dubbia trasparenza. Si può dire? Se l'imputato e i suoi difensori facessero centro, tutto cadrebbe infatti nel dimenticatoio. Ci vorrebbe ancora tempo per sapere come stanno le cose, la mina politica verrebbe disinnescata, Cuffaro potrebbe approdare come un naufrago un po' disidratato sul bagnasciuga delle europee 2009 conquistando l'immediato ricostituente dell'immunità parlamentare.

Se non si coglie questa differenza della vicenda tormentone che riguarda il governatore di Sicilia, non si capisce nulla. Cuffaro sarà «rotondo psicologicamente» – anche gli psicoanalisti ormai avrebbero diritto a una commissione di vigilanza contro le invasioni di campo... –, «bonario», «trasparente», «il prototipo della persona diversa dal mafioso amico dei mafiosi», come si complimenta con lui Giuliano Ferrara a inizio trasmissione, sarà «simpatico» come amichevolmente lo congeda Ferrara tranquillizzandolo che «Ritanna non è cattiva», ma è televisivamente evidente come Totò Cuffaro, che per sua stessa ammissione conosce «alcune centinaia di migliaia di siciliani», naturalmente senza sapere chi sia mafioso e chi no, si avvia alla sentenza (che non vuole) ormai privo della serenità che l'aveva accompagnato sinora. A noi, stava quasi «simpatico» il Cuffaro che esibiva la coppola come Gavroche, il monello dei Miserabili, o suonava lo scacciapensieri. Non quello dell'altra sera.

Dismessa la coppola, dismesso lo scacciapensieri, ormai Cuffaro è a ruota libera. Senza freni. Contro il suo processo, contro i pubblici ministeri che lo accusano, contro i magistrati che firmano per la candidatura di Rita Borsellino, contro una mezza dozzina di dirigenti dei Ds siciliani, contro Michele Santoro. «Ma noi qui non stiamo facendo il processo al processo» precisa Ferrara, e, ancora una volta parafrasando

Cesare, verrebbe da dire: ma lo dice Ferrara, e Ferrara è opinion leader d'onore.

C'è un finto passaggio-chiave della trasmissione. Chiede Ferrara: «Ma se fosse condannato a otto anni per favoreggiamento aggravato della mafia cosa farebbe?». E Cuffaro, con il faccione di chi la prima comunione la fa due volte al giorno: «Credo che la cultura istituzionale che ho maturato in questi anni mi imponga di dimettermi e di lasciare la politica...». Ferrara, che sembra recitare il ruolo di un severo istitutore in un collegio di epoca vittoriana: «Questo vale per una condanna definitiva in Cassazione o vale anche per una condanna di primo grado?». Cuffaro da buon chierichetto non si sottrae: «Beh la prima condanna mi vedrebbe continuare a lavorare mentre sono già condannato quindi, per quel che mi riguarda, vale subito per la prima condanna...». Esemplare.

Ma c'è un vero passaggio-chiave della trasmissione. Questo. Ferrara: «Quello che è successo nella Procura di Palermo ha dell'inaudito». Inaudito: le parole sono pietre, avrebbe detto qualcuno. Di rimando, Lino Jannuzzi, senatore di Forza Italia, che di fronte alla partita manifesta l'imparzialità di quell'ultrà che qualche anno fa scagliò un motorino dalle gradinate sulla testa di chi stava di sotto: «Io non ho ancora capito perché questo processo si faccia e si stia facendo a Palermo. Questo processo nasce quando è esploso lo scandalo delle talpe in Procura, talpe in Procura non fuori della Procura... stando così le cose il processo doveva essere immediatamente spostato a Caltanissetta su questo non ci sono dubbi... invece è rimasto a Palermo e da qui sono nati tutti i pasticci... il tutto poi ha innescato una competizione interna, ma chiamarla competizione è poco, una faida, interna alla magistratura palermitana...». Il che sembra eccessivo persino a Ferrara: «Detta così sembra che si tagliano le teste...». Ma tant'è. Ormai il piattino è in tavola. La Armeni, non ce ne voglia, addentratasi nel paese delle meraviglie (la mafia e la lotta alla mafia), sussurra: «Cuffaro, ma lei questa legittima suspicione perché non l'ha chiesta prima?». E la domanda non è sballata. Tutt'altro. Ferrara e Jannuzzi glissano, poi Jannuzzi rincara: «Piero Grasso è stata la prima vittima di questa faida».

Le cronache dicono, non le piccole cronache marziane di *Otto e mezzo*, che il processo alle talpe nacque proprio per volere di Grasso. Famosa la sua dichiarazione che in tempi di guerra «le talpe sarebbero state fucilate». Caselli era già a Torino, anche se il centro-destra per anni non se ne accorse e continuò ad attaccarlo come fosse ancora il procuratore in carica. Le cronache dicono, non le piccole cronache marziane di *Otto e mezzo*, che resta agli atti una telefonata di Berlusconi a Cuffaro (nei giorni in cui esplose la notizia che il governatore era finito sotto inchiesta) per tranquillizzarlo, avendo appreso – parole di Berlusconi, registrate e agli atti – da fonti interne alla stessa Procura che [nonostante tutto, *N.d.A.*] c'era un «orientamento favorevole nei suoi confronti».

Telefonata che una certa Procura, quella di cui è innamorato Jannuzzi, fece di tutto per mandare al macero. Fu questa la ragione che in passato spinse Cuffaro a non sollevare la questione della legittima suspicione? La domanda della Armeni meritava una risposta che invece non c'è stata. Per Jannuzzi – ed è una sua rispettabilissima opinione – Cuffaro non ha favorito la mafia. È un'opinione che, per quanto possa sembrare paradossale, rispettiamo. Concludendo, cercheremo di spiegare perché. Jannuzzi ha una sua coerenza. Per Jannuzzi infatti – e chi scrive ne ha ottima memoria –, persino Michele Greco, il Papa di Cosa Nostra, numero 1 della mafia prima che venissero alla ribalta Riina e Provenzano, condannato a una raffica di ergastoli confermati dalla Cassazione, non era mafioso, bensì un semplice produttore di limoni. Insomma: Michele Greco era l'uomo che amava i limoni, Totò Cuffaro l'uomo che amava i telefonini...

(19 ottobre 2007)

Intervista a Francesco Messineo 2

Francesco Messineo, capo della Procura di Palermo: «Credo che oggi la mafia non abbia un capo riconosciuto. E tale non era neanche Salvatore Lo Piccolo, anche se si candidava con forza a questo ruolo. Forse nel giro di alcuni anni vi sarebbe riuscito. Con il suo arresto abbiamo quindi prolungato la condizione di una mafia acefala. E credo che questo sia già un buon risultato».

In quasi trent'anni di lavoro, è la prima volta che ci capita di ascoltare un procuratore che non solo non enfatizza, ma ridimensiona, il ruolo di un arrestato all'interno dell'organizzazione mafiosa. Messineo è di poche parole. Si esprime con il linguaggio del suo lavoro. E sin quando non coglie frutti non si avventura in dietrologie o proclami alla nazione. È il suo stile. Poche ore dopo il blitz, oltre a lodare meriti e professionalità della polizia, ha fatto riferimento a un «pizzico di fortuna».

«Di fortune ne abbiamo avute due. In operazioni come questa, quando individuiamo il possibile tramite di un latitante, possiamo seguire due strade. Fare terra bruciata, per ridurre sempre più l'area dei fiancheggiatori. O lasciare che quelli che abbiamo chiamato i "tramiti" facciano il loro percorso. Ma c'è un inconveniente: la polizia, alla lunga, viene identificata sul territorio. Ci sono interi quartieri a Palermo dove la polizia è inutile che entri. Allora è necessario vedere senza essere visti. Perché tutti i nostri sistemi, per quanto sofisticati, possono essere scoperti. E il latitante cambia aria... Entra in gioco il fattore fortuna: piazzare i sistemi di osservazione senza che il latitante se ne accorga. In un luogo esposto come la villa di Giardinello questa è stata un'autentica fortuna. Ma ne abbiamo avuta un'altra: che Lo Piccolo è tornato in un luogo in cui sapevamo che era già stato».

Domanda *Ventiquattro ore prima, immaginava che lo avreste preso?*
Risposta Ero al corrente dei risultati. Troppe volte ci eravamo arrivati vicini. Non è stata una cattura annunciata. Mi rendevo conto che questa volta c'era una possibilità forte, una buona pista che stavamo coltivando. Ma era incerto il se e il quando. E prevedevo che sarebbe caduto da solo, assistito da qualche fiancheggiatore. Quella villa non era un covo ma un luogo di appuntamenti. E gli appuntamenti non si sa mai a che ora sono fissati, quanto durano. Insomma è stata una gradevole sorpresa.
D. *Non sospettavano?*
R. Non sarebbero stati tanto stupidi da farsi trovare in quel contesto, in pieno giorno, armati sino ai denti e in possesso di una consistente documentazione.
D. *Quanto impiegherete a decrittare?*
R. Non lo so. Ci metteremo a lavorare subito.
D. *Lavoreranno pochi «specialisti»?*
R. No. La documentazione sarà condivisa da tutta la Dda. Ne faremo una lettura globale per un primo esame, poi si procederà agli approfondimenti.
D. *Non le sembra diventata un po' grafomane Cosa Nostra?*
R. In effetti incorre negli stessi errori, consegnandoci un archivio, comunque sia, di notevole interesse. Il fatto è che non ci risulta che i mafiosi possiedano in proprio conoscenze informatiche per archiviare le informazioni senza ricorrere a mezzi cartacei. E l'attività estorsiva è talmente ampia e complessa che non può essere affidata alla tradizione orale senza il pericolo di gravi fraintendimenti, visto che parliamo di somme di danaro.
D. *Perché erano armati?*
R. Erano armi in funzione difensiva rispetto a possibili concorrenti. Non hanno aperto il fuoco contro la polizia ed escluderei che, a quel livello, si preparassero per ammazzare personalmente qualcuno.
D. *Come li definirebbe?*
R. Soggetti molto attivi. Né acquiescenti, né «posati», né troppo avanti negli anni o sul viale del tramonto. Relativamente giovani e in piena espansione, soprattutto Salvatore Lo Piccolo.
D. *Nessun pentito? Nessun collaboratore di giustizia, dietro il blitz?*
R. Assolutamente no.
D. *Cosa accadrà?*
R. La mafia è portatrice di «horror vacui», di conseguenza qualcuno cercherà di riempire il vuoto.
D. *Dal carcere Lo Piccolo indicherà il successore?*
R. Lo escluderei. Ormai nella mafia prevale un processo di selezione naturale: i gradi bisogna guadagnarseli sul campo.

D. *Anche Cosa Nostra si è convertita alla meritocrazia?*
R. In un certo senso sì. Di sicuro non riconosce più gerarchie consolidate solo dalla tradizione.
D. *Sarà una sostituzione pacifica?*
R. Il vuoto si può riempire in modo consensuale, mentre, in caso contrario, ci si può attendere una serie di atti violenti.
D. *Da ieri gli «americani», che avevano in Lo Piccolo il punto di riferimento, sono rimasti orfani.*
R. Dovranno cercarsi un altro referente, non è facile.
D. *Non sarà automatico l'avvento di Matteo Messina Denaro?*
R. Automatico non direi. La sua statura, la fama, il controllo del territorio sono idonei a fargli assumere il ruolo di capo. Ma non è ipotizzabile che nell'immediato lo possa diventare. Perché questo accada, Cosa Nostra dovrebbe passare attraverso una serie di intese, e forse anche contrasti. Non è detto che l'esito sia scontato.
D. *Quali sono le reazioni di Cosa Nostra al blitz?*
R. La mafia ha accolto in silenzio la notizia dell'arresto di Lo Piccolo. Sintetizzerei così: una fase di stallo, una fase di attesa e ricerca di nuove alleanze. Se dovesse andar male, possibili conflitti.
D. *Da ieri tutti parlano bene della sua Procura e della sua direzione.*
R. Quando si ottengono successi tutti sono pronti a esprimere alte lodi. Ma dobbiamo anche ricordare che pochi giorni fa una parte della stampa ha espresso giudizi che non definirei proprio laudativi. Noi eravamo prima e siamo ora la stessa Procura. Non eravamo «cannibali» o «spezzatino», e non lo siamo ora. Come oggi non siamo diventati gli artefici di miracoli. Siamo un gruppo di magistrati di buona volontà che hanno cercato tutti insieme, sia pure fra discussioni anche accese, di creare un'organizzazione fondata su due regole fondamentali.
D. *Quali?*
R. La massima circolazione e condivisione delle notizie. L'inclusione e il coinvolgimento nel lavoro di tutti i magistrati. Rinunciare all'apporto di intelligenze e esperienze sarebbe, in una lotta dura come questa, una pratica suicida.

(7 novembre 2007)

Arriva la valanga del «non ti pago»

Si presenta la neonata associazione «Libero Futuro», composta da quaranta fra imprenditori e commercianti che da tempo non pagano il pizzo. E vengono i brividi.
    Vengono i brividi a vedere Pina Grassi scoppiare in un pianto dirot-

to, sedici anni dopo la morte del marito Libero, perché il clima, a Palermo, sta veramente cambiando. Vengono i brividi quando Enrico Colajanni, presidente della nuova associazione, figlio di Pompeo, il leggendario «Barbato» della guerra partigiana, nomina uno per uno quei commercianti e quegli imprenditori che hanno sollevato la testa: Rodolfo Guajana, Vincenzo Conticello, Damiano Greco, Maurizio Vara, Paolo Balsamo, Giorgio Scimeca, Emanuela Alaimo... altrettanti partigiani di una Resistenza moderna. E vengono i brividi quando Ivan Lo Bello, presidente della Confindustria Sicilia, chiede scusa, una due tre volte, proprio a Pina Grassi per la solitudine in cui venne lasciato il marito dall'associazione industriali dell'epoca, e parla di una pagina buia, pagina da cancellare. Ma in tante altre occasioni, e per tante altre ragioni, vengono i brividi.

Il Teatro Biondo, dove ieri si è svolta la manifestazione, era stracolmo di giovani, di commercianti, di imprenditori: nel gennaio 2005, per lo stesso argomento, era deserto. E i brividi vengono persino a Tano Grasso, che dell'antiracket in Sicilia, in anni ormai lontani, fu il pioniere, a Capo d'Orlando, quando i lupi affamati della mafia di Tortorici scesero dai monti dell'interno per taglieggiare. C'era emozione vera, ieri. Ed era come se si sentisse pulsare, amplificato perché tutti lo sentissero, il cuore di una città finalmente onesta, che forse, azzardiamo, non è più minoritaria. Vedere scorrere sul palco le immagini delle piccole vedette lombarde, quei giovani di Addiopizzo che in una notte di maggio, con migliaia di adesivi denunciarono quello che tutti sapevano, che chiamarono Palermo per quello che era – «un intero popolo che paga il pizzo è un popolo senza dignità» – toccava corde profonde. E Vittorio Greco, la storia di quest'associazione, che vide e squarciò il buio, la sintetizza con parole che non sanno di politichese, che non indulgono alla retorica. Colajanni batte molto sul tasto di Stato e di Repubblica. E che se la Repubblica viene meno, lamentare la carenza dello Stato non solo non serve, diventa alibi. Alibi per le proprie paure. Alibi per continuare a pagare. Alibi per continuare a tacere.

Molto si è parlato ieri della cattura dei Lo Piccolo, di questa «mafia saprofita», come la definisce, Ettore Rosato, sottosegretario agli interni, su quanto sia indispensabile lo sforzo delle istituzioni, dello Stato dunque, e di come questo sforzo, però, in assenza della Repubblica, non può bastare, si è soffermato l'altro sottosegretario agli interni presente, Alessandro Pajno. In prima fila, gli uomini dello Stato, per l'appunto: il prefetto, Giosuè Marino, il questore, Giuseppe Caruso, il generale Arturo Esposito, comandante dei carabinieri della Regione Sicilia, il colonnello Andrea Taurelli, comandante provinciale dell'Arma, il generale Francesco Carofiglio, comandante provinciale della Guardia di Finanza di Palermo, il procuratore generale, Salvatore Celesti, il presidente del tribunale, Giovanni Puglisi , il procuratore aggiunto Alfredo Morvillo, insieme a una nutrita delegazione di magistrati. Anche su tutti questi volti «istituzionali» si leggeva la commozione. Come è commossa Rita Borsellino, altro volto pulito della Sicilia perbene. È seduta accanto a Pina Grassi. Viene letto dal palco un messaggio di adesione e di solidarietà, del procuratore Francesco Messineo, assente da Palermo per motivi di lavoro. Applauditissimo Piero Grasso, procuratore nazionale antimafia, quando dice che ora, «di fronte a una cupola mafiosa azzerata», vede finalmente «una cupola» dell'antiracket, che deve però ancora strutturarsi in «mandamenti», presenze territoriali forti, quartiere per quartiere, borgata per borgata. Applausi per Francesco Forgione, presidente della «commissione antimafia», quando indica possibili misure concrete.

Il 20 ottobre scorso è morto, all'età di novantasette anni, Pietro Valdo Panascia, pastore valdese, figura religiosa di altissimo profilo a Palermo che nel 1963, all'indomani della strage di Ciaculli, denunciò la mafia con un appello: «Non uccidete», appello che costrinse Paolo VI, papa di allora, a tirare le orecchie al cardinale Ernesto Ruffini, quello che diceva che la mafia non esisteva. Arnaldo Panascia, il figlio, oggi cineoperatore Rai, ieri aveva la telecamera in spalla, ma per un attimo l'ha messa da parte, giusto il tempo di applaudire Tano Grasso mentre diceva che il Teatro Biondo appariva «carico di storia» e che in questa città bisogna aspettare anni e anni prima che certi frutti germoglino.

L'emozione nasceva anche dalla costatazione ovvia che quando si diventa tanti si rischia molto meno di finire ammazzati. Possiamo sbagliarci. Ma ieri si percepiva l'imminente arrivo di una valanga. La valanga del «non ti pago». Una donna, sconosciuta, abbandona sul palco un foglio. Poche righe: «Sono la figlia di un commerciante. Abbiamo sempre pagato. Mio padre lo mette fra i costi fissi dell'azienda. Ma non ce la facciamo più». Da parte di chi ancora non ha il «coraggio», anche il solo riconoscere che al Teatro Biondo si stava seguendo la strada giusta, è il segno della valanga in arrivo. Due ultime cose. Vicepresidente di «Libero Futuro» è Loredana Fulco. Da anni e anni il cronista si rivolgeva a lei per la «pasta fresca», e lei, nel suo negozio, fu la prima a esporre la foto di Falcone e Borsellino con la frase famosa: «A questa città vorrei dire: gli uomini passano, le idee restano, restano le loro tensioni morali, continueranno a camminare sulle gambe di altri uomini». Da qualche settimana ha deciso di vendere solo salse e conserve: «Preferisco il mio nuovo lavoro nell'associazione» mi ha detto «mi sento molto più utile alla città che facendo gnocchi e tagliatelle».

All'uscita del Teatro, a domanda del cronista, il presidente del Tribunale, Giovanni Puglisi ha risposto: «Una manifestazione da brividi». Il copyright di questa parola è dunque suo, e a noi è sembrata la «parola chiave» per raccontare quanto è accaduto. Ché davvero venivano «i brividi».

(11 novembre 2007)

Arriva la valanga del «non ti pago» 2

Francolino Spadaro, condannato a sedici anni, Giovanni Di Salvo a quattordici, Lorenzo D'Aleo a dieci anni e sei mesi. Sono i primi esempi positivi. Prime storie a lieto fine. Prime secche smentite per gli inguaribili pessimisti che reputano inutile ribellarsi al pizzo.

A Palermo, giunge a sentenza il processo per i taglieggiatori della Focacceria San Francesco, coraggiosamente denunciati dal titolare, Vincenzo Conticello, che si è esposto in prima persona, ha riconosciuto in aula uno dei suoi estortori ed è entrato a far parte dell'associazione «Libero Futuro». Conticello: «Questa sentenza rafforza la mia fiducia nello Stato, nella Procura di Palermo, nel nucleo operativo dei carabinieri che in cinque mesi sono riusciti a chiudere le indagini arrestando i colpevoli. La sentenza è arrivata in tempi brevi. È un segnale forte a chi si trova in condizioni simili alle mie ed è preoccupato o sfiduciato».

È un linguaggio nuovo. Mai sentito a Palermo. È la prima volta in sessant'anni che si avverte la presenza tangibile dello Stato. E non a caso la Chiesa, dopo anni di silenzio, torna a far sentire la sua voce. L'arcivescovo di Palermo, Paolo Romeo, alla guida della diocesi da nove mesi: «Chiedere il pizzo è una forma di violenza, di sopraffazione... è tra le forme peggiori del male che l'uomo può commettere contro i suoi simili». Forse davvero qualcosa sta cambiando.

(18 novembre 2007)

Intervista a Pina Grassi

È lontanissimo nel tempo quel 29 agosto 1991, quando Libero Grassi venne assassinato da un killer di mafia a Palermo, in via Alfieri, per essersi pubblicamente opposto al racket dell'epoca. Decisione questa, formalizzata in una lettera al «Giornale di Sicilia» (*Cari estorsori non vi pago*), presa in famiglia, con i figli Davide e Alice, e con lei, Pina, la moglie: «Io e Libero su queste cose l'abbiamo pensata sempre allo stesso modo. Per noi era scontato non piegarsi al racket. La nostra famiglia è di formazione laica. Non siamo mai stati succubi, deferenti verso nessuno, né ossequiosi verso alcun potere. In compenso abbiamo sempre mantenuto, e coltivato, la dignità che ci veniva dal lavoro». Queste parole me le disse tre mesi dopo il delitto, per un'intervista che divenne il capitolo di un libro.

Torno a incontrare Pina Grassi nel suo nuovo negozio di tendaggi e tappeti, in via Lazio al civico 18, parte nuova della città. Un tempo era in via Cavour, alle porte del centro storico.

Domanda *Pina, cosa ricordi di quel 29 agosto 1991?*

Risposta Ricordo che quando Libero venne ucciso, a pochi metri da casa nostra, mi sedetti sui gradini della scala e pensai: e ora che faccio? Per un mese non volli vedere televisioni o leggere i giornali.

D. *Perché?*

R. Temevo la marea di banalità che si sarebbe riversata sulla nostra tragedia. Sapevo quello che era successo e non mi piaceva sentirmelo raccontare da altri. Solo un mese dopo vidi una rassegna stampa fatta da un nostro amico.

D. *Qualche mese dopo decidesti di reagire accettando di candidarti alle elezioni politiche del 1992.*

R. Sì. Su affettuosa insistenza di Francesco Rutelli, che conoscevo sin da quando aveva diciotto anni, accettai la candidatura per i Verdi per il collegio senatoriale di Fiat Mirafiori. E venni eletta. La legislatura durò due anni e mezzo e quella fu per me un'esperienza straordinaria.

D. *Anche la decisione di candidarti la discutesti in famiglia?*

R. Sì. Davide e Alice, dopo il primo rifiuto, mi dissero: «Va bene mamma, ma se proprio devi accettare fallo da Roma in su». Ma ci tengo a dirlo: anche da senatrice continuai a mandare avanti il mio negozio.

D. *Come reagirono i palermitani a questo tuo nuovo impegno pubblico?*

R. Con il massimo disinteresse. Il mio impegno politico non interessava i miei concittadini, forse perché, essendo stata eletta a Torino, nessuno poteva chiedermi favori.

D. *Che città è Palermo?*

R. Una città in cui ci sono voluti tredici anni perché nel suo seno maturasse un movimento come quello di Addiopizzo che si è manifestato con quello splendido manifestino che diceva: «Un intero popolo che paga il pizzo è un popolo senza dignità». La gente sente troppo poco la dignità del proprio lavoro. E altrettanto poco il valore della libertà.

D. *I palermitani cosa hanno sostituito a questi valori?*

R. Sono abituati a considerare la «politica» un tramite per clientele, favori, raccomandazioni, amicizie. Tutti ingredienti, insomma, che poi danno vita al voto di scambio. Ricordo che qualche mese prima di morire, Libero, intervenendo a una puntata di *Samarcanda* disse: «La cattiva qualità del consenso determina la cattiva qualità della politica».

D. *Oggi come allora?*

R. Se il 10 novembre siamo riusciti a riempire la platea di un teatro, due ordini di palchi, un loggione, ciò significa che, forse, qualcosa sta cambiando.

D. *Da cosa ha origine questa evidente remora al cambiamento che alla fine, quasi sempre, ha il sopravvento?*

R. Il problema principale, secondo me, nasce dall'evasione scolastica che nei quartieri periferici raggiunge il 30 per cento. Questi ragazzi, da grandi, e non per colpa loro, saranno cittadini che soffriranno la mancanza di libertà.

D. *Ci vorrà dunque un'altra eternità per liberare Palermo?*
R. No. Se la «meglio gioventù» sarà capace di fare da traino per le coscienze addormentate, e non solo a Palermo, ma in tutta Italia. Se le associazioni imprenditoriali saranno capaci effettivamente di discriminare gli associati che continuano a pagare il pizzo.
D. *Ivan Lo Bello, presidente di Confindustria Sicilia, ti ha rivolto pubbliche scuse per l'isolamento in cui fu lasciato Libero proprio dalle organizzazioni industriali.*
R. Lo avevo incontrato a Catania qualche mese fa e mi aveva detto di quando lui, diciassettenne, aveva provato vergogna per l'uccisione di mio marito. Le sue parole al Teatro Biondo sono state la conseguenza di quello che aveva provato allora.
D. *Dopo la cattura dei Lo Piccolo si fa un gran parlare di mafia acefala, di quanto sia straordinaria questa situazione, e molti ritengono che per gli imprenditori sia un'occasione da non perdere. Che ne pensi?*
R. Mi auguro che i miei concittadini imprenditori, se hanno pagato, denuncino senza vergognarsi a posteriori di avere avuto paura nel passato.
D. *Non è una pia illusione?*
R. Voglio credere che i palermitani siano migliori di quello che pensa l'opinione pubblica nel resto d'Italia.
D. *L'altro ieri il tribunale ha inflitto pesanti condanne ai taglieggiatori della Foccacceria San Francesco. Li consideri segnali utili?*
R. È la conferma che la giustizia lavora al meglio. Consideriamo i magistrai non solo i nostri migliori alleati ma autentici amici cui fare riferimento sempre in una battaglia difficile come questa.
D. *Oggi Libero correrebbe il rischio di finire assassinato?*
R. Penso di no. L'ignoranza e la rozzezza di Cosa Nostra, ai tempi di Riina, ha dato pessimi frutti. I mafiosi più razionali, se così si può dire, o comunque più avveduti, si sono resi conto che i delitti eclatanti non pagano. A questo proposito Libero diceva: «Se sono solo mi possono uccidere. Ma se siamo in cento che possono fare?».
D. *A «quota cento» mi pare che ci siamo arrivati.*
R. Molti di più. Il 5 maggio di quest'anno, quando a piazza Magione si è tenuta la seconda festa con lo slogan «pizzo free», erano già in duecento. Riusciranno i nostri eroi a diventare quattrocento entro il 5 maggio 2008?

(18 novembre 2007)

Andrea Camilleri e la mafia

La vita di Bernardo Provenzano, soprattutto i suoi anni più recenti, condensata in un dizionario di facilissima consultazione. Una storia che ha dello straordinario – quarantatré anni di latitanza – adoperata come bandolo per decifrare l'universo mafioso. Andrea Camilleri, con questo *Voi non sapete. Gli amici, i nemici, la mafia, il mondo nei pizzini di Bernardo Provenzano* [Mondadori, Milano 2007], dal caso particolare è risalito sin dove era umanamente possibile risalire. Questa è la prima cosa di cui bisogna dargli atto, essendo facilissimo, trattando un tema come questo, essere indotti in tentazione da dietrologie o congetture, voli pindarici o suggestioni letterarie. Persino i mafiologi più sofisticati dovranno ammettere che nelle 210 pagine del libro non si coglie neanche una piccola nota stonata. L'impasto narrativo è il risultato di tre ingredienti base: gli ormai proverbiali pizzini, scritti sgrammaticalmente dal padrino corleonese per governare Cosa Nostra, informazioni di primissima mano da parte di investigatori specialisti del «caso Provenzano», una dozzina di libri sull'argomento. E anche la scelta del «dizionario» ci sembra risponda all'esigenza di non volere scantonare, preferendo invece l'autore collocare tutte le tessere al punto giusto, non inventarsi quelle che non ci sono. E che forse non troveremo mai.

Rassegniamoci: Provenzano è quello. È quello che traspare dai suoi pizzini. Dalla sua pertinace volontà di comando. Dalla sua ingordigia per gli affari. Dalla sua finta religiosità. Dalla sua apparente bonomia, una volta capito che lo stragismo portava solo guai alla mafia. Dalle sue radici contadine, confermate persino dalle abitudini alimentari, dal suo modo, uno dei più retrivi, di essere intimamente siciliano. A conti fatti, dalla sua rozzezza. Come Caino, infatti, commise il suo primo delitto a colpi di pietra. Travestito da capitano di polizia partecipò alla sua prima strage, quella di viale Lazio, e il giorno della sua cattura lo si vide in tv indossare una casacca con scritto «Polizia». Talmente amante dei numeri da tenere nel suo covo, come livre de chevet, *Numeri*, il primo libro del Pentateuco, usato, a quanto pare, per cavarne un particolarissimo cifrario segreto che non è stato ancora decrittato.

Chi leggerà il libro di Camilleri di chicche inedite ne troverà parecchie. Ma Provenzano non è stato il primo e non sarà l'ultimo dei capi di Cosa Nostra. Prima di lui don Calò Vizzini e Genco Russo, amici degli americani, della Chiesa, dei cardinali e della Dc. Luciano Liggio che fumava sigari Avana ed era sprezzante. Stefano Bontate elegantissimo e che beveva solo champagne. Michele Greco, vestito rigorosamente di fustagno, che tutti, nell'ambiente, chiamavano il Papa. O Totò Riina, che pur essendo un distillato di ferocia, aveva l'accortezza di capire l'utilità di un buon archivio, nell'eventualità che le cose fossero volte al peggio.

E Provenzano? Come giudicarlo? Qual è la sua cifra? Il libro di Camilleri offre l'occasione per tornare sull'argomento dei pizzini. In quei dispacci non si incontra mai il nome di un politico di rilievo, fatto salvo qualche consigliere comunale e un paio di deputati. A Camilleri non sfugge la stranezza e la sottolinea. Nessun riferimento a grandi affari, mai il benché minimo riferimento all'attualità, alla cronaca giudiziaria, ai grandi processi agli uomini politici. Mai una parola di disappunto per la pressione investigativa su di lui, contro le forze dell'ordine. Forse, nei pizzini, non c'è neanche la parola «sbirro», oltre che la parola «mafia», come osserva acutamente Camilleri. C'è da fare, a questo punto, una considerazione. I pizzini non sono saltati fuori all'improvviso: «Sgominata rete di fiancheggiatori di Provenzano» (con annessa scoperta di pizzini) sin dagli anni Novanta era diventato titolo standard nelle cronache dei giornali. Eppure ha continuato a scriverli, indifferente al rischio – poi diventato realtà – che da pizzini e fiancheggiatori si riuscisse a risalire al vertice di Cosa Nostra. A ben guardare, in quei pizzini ritroviamo il volto di una Cosa Nostra anemica, dagli interessi limitati, con vedute di piccolo orizzonte, piccola, piccolissima impresa con contabili assai sgrammaticati. Tutto qui? Possiamo sbagliarci.

Ma ci sorge il dubbio che questo sia stato il vero miracolo compiuto da Bernardo Provenzano: rimpicciolire ciò che non è piccolo per niente. E lui, autentica ironia del destino, dopo essere vissuto in centinaia di covi, arrestato in un casolare a Corleone, a meno di un chilometro dalla sua vera casa. Anche questa circostanza è curiosa. Ma se non fossero sempre misteri che mafia sarebbe?

(20 novembre 2007)

La mafia vista da lassù

Non avete idea di quante forme possano assumere le piscine dei palermitani benestanti che hanno casa a Mondello: triangolari, a ferro di cavallo, raffiguranti la Sicilia, a forma di ottovolante, macchie azzurre, indaco immacolato, tutte circondate da palme, invisibili da terra, discrete come le enormi ricchezze che possiede la borghesia di questa città che ha tanto da nascondere, tanto da farsi perdonare.

Questa è forse l'unica città al mondo dove la borghesia istintivamente è portata a nascondersi. Il frate, nel cortile del convento di Corleone, si sbraccia a salutarci con il suo saio marrone. Oggi invece non è in casa l'eremita, come lo chiamano tutti, che ha eletto la sua dimora sul pizzo più inaccessibile di pizzo Sella, la montagna scorticata a vivo da Vito Ciancimino negli anni Settanta per affastellarci altre ville da obbrobrio. Due ragazzi si scambiano effusioni a due passi dal convento di Santa Rosalia, lassù, su Montepellegrino. Santa Rosalia: la «santuzza», la patrona di tutti i palermitani, nessuno escluso. Vista perfetta. Cielo terso.

Altezza mille e cento piedi, poco più di trecento metri. Si vede persino, in lontananza, il pinnacolo dell'Etna.

Sorvolare Palermo in elicottero, in un volo di ricognizione finalizzato alla ricerca di latitanti, equivale a farsi una visione aerea della lotta alla mafia. Con un equipaggio del «quarto reparto volo» della polizia di Stato, aeroporto militare di Boccadifalco, reparto carico di gloria. Vedo i registri del 1992. Gli ultimi voli in elicottero di Giovanni Falcone e Paolo Borsellino. Poi vedo il 23 maggio e mentre al mattino erano tutti voli O.P. (Ordine Pubblico), nel primo pomeriggio scatta la sequenza raggelante P.G. (Polizia Giudiziaria) da e per Punta Raisi, verso il cratere dell'autostrada, verso il luogo dell'Apocalisse. Vicedirigente del reparto è Valeria Cangelosi, primo pilota d'elicottero. Oggi è lei, affiancata da Maurizio La Rocca, secondo pilota, a far volteggiare il calabrone d'acciaio, un Augusta Bell 212. Lo fa con tocchi lievi, senza tensione apparente, e passa per la mente la scena finale di Miracolo a Milano, quando tutti se ne volavano in cielo abbracciati a una scopa.

Come è bella Palermo, a mille e cento piedi d'altezza... Ma bisogna tenersi ad alta quota, perché appena scendi un po'... Ecco la Favarella, la tenuta agricola di Michele Greco, il Papa di Cosa Nostra, in cui si tenevano i summit della guerra di mafia anni Ottanta. Immersa fra gli agrumeti di Ciaculli. Ecco la Camera della morte di Sant'Erasmo, dove Mario Prestifilippo e Pino Greco Scarpuzzedda torturavano senza fretta i nemici, prima di strangolarli e scioglierli nell'acido. Ed ecco, a fianco dell'ingresso della Palermo Agrigento, la casa di Totuccio Contorno, il pentito numero 2 dopo Buscetta, che va in malora alle porte di Brancaccio, perché ancora oggi, vent'anni dopo, i gesti vandalici si susseguono a perenne ricordo che fu la casa di un «muffuto», uno spione che i picciotti non potranno mai perdonare. Le strade stracolme di storia, storia di occupazioni d'ogni genere, fra Porta Nuova e Porta Felice... La sinuosa insenatura della Cala, vecchio porticciolo nel cuore della città vecchia.

È incantevole, visto da mille e cento piedi d'altezza, il convento di Santa Maria del Gesù, languidamente disteso sulle pendici di Monte Grifone. Leggenda vuole che negli anni sessanta Luciano Liggio vi trascorse, assistito dai fraticelli, lunghi periodi della sua latitanza. Nel chiostro, invece, ma è cronaca nera non leggenda, fu assassinato fra Giacinto, al secolo Stefano Castronovo, il monaco che portava il revolver sotto il saio, beveva solo Johnnie Walker etichetta nera, e nella suite che aveva preteso in convento riceveva signore di quella buona borghesia palermitana, la stessa che si sbizzarrisce nel dar forma alle sue piscine. Diciamo anche un'altra cosa.

Su questo stesso elicottero hanno viaggiato passeggeri illustri. Vip dell'alta mafia, se così si può dire. Da Totò Riina a Giovanni Brusca, da Leoluca Bagarella a Bernardo Provenzano. Partono tutti da Boccadifalco, una volta catturati, i boss che saranno trasferiti in carceri di massima

sicurezza fuori dalla Sicilia. Valeria Cangelosi svela l'arcano di quel giubbetto con su scritto «Polizia» indossato da Provenzano. È un giubbetto
salvagente che tutti hanno l'obbligo di indossare quando si attraversa il
mare, quindi anche Provenzano, assicurato anche lui dal ministero degli
Interni, come tutti i passeggeri «occasionali», contro l'eventualità sinistri.
Arrivando di notte a Roma, alla vista del Cupolone di San Pietro, Provenzano non trattenne un: «oh come è bello...» Uniche parole che si
ricordino del suo viaggio...

Mi fa da cicerone, Diego Di Simone, capo area affari generali della
questura di Palermo, guidata da Giuseppe Caruso. Ha lo sguardo del
condor. Riconosce casolari e anfratti, costoni rocciosi e laghi artificiali,
come se vedesse attraverso una personalissima lente di ingrandimento.
Sorvoliamo Altofonte, e fra mille riconosce la casa dove abita la famiglia
di Mimmo Raccuglia, l'altro gran latitante che, ne siamo sicuri, prima o
poi sarà catturato. Poi mi dice: «Vede quel fazzoletto di terra? Un pentito
ci fece scavare per una settimana sostenendo che avremmo trovato il
corpo del giornalista Mauro De Mauro... macché».

A bordo, un fotografo della squadra catturandi. Ha il viso e la capi-
gliatura di un Apache. Non parla. A suo insindacabile giudizio, ogni
tanto, punta il teleobbiettivo verso qualcosa: un attico della Palermo bene,
un garage dismesso, il greto rinsecchito del fiume Oreto.... Si vede che
per lui l'elicottero è come una seconda casa, altro che finestra sul cortile...

Vedete il Duomo arabo normanno di Monreale? Ma lo vedete a
fatica, certo, quasi avvinghiato com'è dalla case del paese che sembrano
volerlo stritolare. Verde e cemento. Verde e cemento. A mille e cento
piedi d'altezza si familiarizza presto e si passa al tu. Maurizio La Rocca:
«La vedi quella tribuna? Vedi che dietro la tribuna ci sono gli spogliatoi...».
Siccome noi non abbiamo la vista del condor costringiamo il calabrone
a volteggiare un paio di volte. Ora vediamo. E vediamo che c'è la tribuna,
ma lo stadio non c'è. «Forse è l'unica tribuna al mondo» osserva la Rocca «costruita in assenza di uno stadio».

Questa è Palermo. Con lo scempio edilizio dello Zen 2, che non vedi
neanche a Shangai o Città del Messico. Con il suo reticolo di strade dove
spesso, appena entra una volante di polizia, la gente insorge magari a
difesa del rapinatore come è accaduto qualche giorno a Ballarò. E sono
dovuti intervenire proprio gli elicotteri perché il «rumore» del calabrone
a bassa quota è uno sperimentato deterrente. Ci togliamo anche la soddisfazione di sorvolare sul covo di Provenzano. E siamo ad appena 800
metri dal centro del paese, Corleone, dove c'è la casa in cui vivono moglie
e figli.

Inizia a tirare un leggero vento di scirocco. Ora di rientrare. Valen-
tina Leone, anche lei pilota, due le donne in tutto il reparto volo, mi
racconta la sera dell'arrivo di Provenzano a Boccadifalco. Lei aveva preso tre caffè dalla macchinetta a gettoni, per sé e altri due colleghi. Pro-

venzano sommessamente: «Ispettore, ce ne sarebbe anche uno per me?».
«Il signore glielo paga» ringraziò garbatamente il padrino appena il suo
desiderio fu esaudito.

Mentre vado via, nel corridoio centrale della palazzina, noto tre
ritratti: Ninni Cassarà, Giuseppe Montana, Roberto Antiochia. A loro,
uomini della Squadra Mobile di Palermo trucidati dalla mafia, è intitolato il Reparto Volo.

Perché anche volare, a Palermo, è diverso che volare altrove.

(23 novembre 2007)

La nuova vita di Francesco Bontate

Un bel giorno, a metà degli anni Novanta, quando ormai la guerra di
mafia era finita, e alcuni dei familiari degli Inzerillo avevano rivolto un
appello pubblico ai corleonesi affinché si chiudessero per sempre le faide
del passato, andai a trovare, nella borgata di Villagrazia, Francesco Paolo
Bontate.

Era il figlio di don Stefano, che di quella borgata era considerato il
Principe sin quando i corleonesi di Totò Riina non lo assassinarono, il 23
aprile 1981, proprio nel giorno del suo compleanno. Quel giorno Francesco
Paolo aveva otto anni. Mi ricevette sul cancello della sua villa, circondato
dai cani da caccia, la grande passione del padre. Ormai era un uomo. Parlammo per una trentina di minuti. Fu cortese, ma irremovibile. Non riteneva opportuno che anche la sua famiglia si unisse all'appello degli Inzerillo perché – mi disse – il miglior modo per chiudere con il passato era la
scelta del silenzio. Gli dissi che avrei rispettato la sua decisione e non avrei
scritto del nostro colloquio, per altro non richiesto da lui.

In questi ventisei anni, Francesco Paolo ha vissuto la sua vita e non
ha mai rilasciato dichiarazioni. È di ieri la notizia che, dopo aver saldato
alcune pendenze con la giustizia in seguito a un processo per traffico di
stupefacenti, Francesco Paolo è stato definitivamente rimesso in libertà.
E insieme a lui, anche un altro rampollo di mafia, Gioacchino Di Gregorio, di trentacinque anni. Entrambi – secondo i giudici della quarta
sezione d'appello, presidente Rosario Luzio – «vogliono cambiare vita».

Francesco Paolo si è laureato e ha deciso di intraprendere la professione d'agronomo, Di Gregorio lavora in un'azienda commerciale. È uno
di quei casi, non frequentissimi ma che pure si verificano, che dimostrano
come persino figli di grandissimi boss possono decidere di costruirsi una
nuova vita. Segnali da non sottovalutare.

(22 dicembre 2007)

Cuffaro condannato

E alla fine, la montagna partorì il topolino. E la «piramide» restò senza punta. Se qualcuno si illudeva che la «via giudiziaria» potesse rimettere in discussione gli assetti politici della Regione siciliana, dovrà precipitosamente ricredersi. Totò Cuffaro viene sì condannato a cinque anni e alla interdizione dai pubblici uffici per favoreggiamento semplice e rivelazione di segreti d'ufficio (all'ex assessore comunale Mimmo Miceli, Udc), ma la «mafia», quella parolina magica attorno alla quale si giocava l'intera inchiesta, non c'è. Non gli è stata contestata. Ed è in questo che lui esce quasi «vincitore».

Ed è la fine – per tanti versi prevedibile – del tormentone. Un tormentone durato tre anni. Esce acciaccato, certo. Con un'immagine seriamente compromessa, né pulito, né riabilitato. Con una sua personalissima concezione dell'etica in politica. D'altra parte, che non fosse e non sia mai stato immacolato come la moglie di Cesare, questo lo sanno pure i sassi. Spesso, spiritosamente, sembrava riconoscerlo anche lui quando osservava che conoscendo «personalmente» quasi trecentomila elettori siciliani, qualche svista è umanamente comprensibile. Ma alla fine qualcuna delle sue tante «preghiere» innalzate, durante giorni e giorni di veglie e processioni, da un capo all'altro della Sicilia, deve essere arrivata in cielo.

La sentenza, pronunciata ieri, 18 gennaio, S. Margherita d'Ungheria, alle diciassette e quaranta dal presidente della terza sezione del Tribunale di Palermo, Vittorio Alcamo – giudici a latere Salvatore Fausto Flaccovio e Lorenzo Chiaramonte – lo salva da quell'accusa infamante, il favoreggiamento esterno a Cosa Nostra, che se confermata in giudizio lo avrebbe spinto, come da lui spesso annunciato, promesso e giurato, a dimettersi dalla carica di presidente della regione siciliana. Ovviamente, non si dimetterà. La parolina magica non c'è.

«Domani mattina alle otto sarò dove sono sempre stato, al mio tavolo da lavoro» ha dichiarato ieri sera nell'aula Vittorio Bachelet del carcere di Pagliarelli, appena ultimato l'ascolto della sentenza. Boatos da stadio. Aula stracolma di clientes, amici, amici degli amici, dipendenti regionali e portaborse, che lo avvolgono in un abbraccio quasi famelico, ora che potrà restare in sella. Uno di loro, urla a tutti gli altri: «Picciotti, domani v'inni putiti iri tutti a travagghiare» (potete tornare anche voi, come lui alla sua scrivania, ai vostri posti di lavoro). La morale della favola è questa.

Volti tirati, bocche cucite davanti alle giraffe dei microfoni, dei tre pubblici ministeri d'aula, Giuseppe Pignatone, procuratore aggiunto e i sostituti Maurizio De Lucia e Michele Prestipino. Escono da quella parte dell'aula riservata alla Corte, per evitare cameraman e giornalisti. La grande inchiesta sulle talpe non ha retto al vaglio dibattimentale. Quell'unica inchiesta della Procura di Palermo, allora diretta da Piero Grasso, che aveva osato puntare al mondo occulto dei «colletti bianchi», degli uomini politici, l'impalpabile «terzo livello» – come si sarebbe detto una volta – che consente a Cosa Nostra ancora oggi potenza e longevità, è destinata, salvo capovolgimenti di scena in secondo grado, a restare una «grande incompiuta». L'inchiesta, sin dal nascere, era stata accompagnata da polemiche, contenziosi fra gli stessi magistrati, perplessità per le disparità di trattamento riservato agli imputati.

Vale la pena ricordare che ben tre titolari dell'inchiesta, in corso d'opera, furono costretti a gettare la spugna: Guido Lo Forte e Gaetano Paci estromessi dal capo dell'ufficio, Grasso, in quanto non condividevano una linea accusatoria che loro giudicavano eccessivamente «prudente», un altro, Nino Di Matteo, dimissionario sua sponte, per le stesse identiche ragioni dei colleghi. E la presa di posizione di un altro procuratore aggiunto, Alfredo Morvillo, che si era espresso pubblicamente a favore del reato, ben più grave, di concorso esterno alla mafia, aveva portato i difensori di Cuffaro a presentare in Cassazione richiesta di «legittima suspicione», richiesta respinta dalla Corte. Alla fine, sono volati gli stracci. Viene condannato a quattordici anni Michele Aiello, il manager della «sanità privata» che ha costruito una fortuna grazie al suo rapporto con Cuffaro. Aiello e Cuffaro decidevano insieme il prezzario che la regione applicava (con costi triplicati rispetto alle altre regioni italiane) per le prestazioni fornite proprio dalla clinica di Aiello. E un incontro fra i due, nel retrobottega di un negozio di Bagheria, era diventato il punto chiave per provare che in quell'occasione, con l'alibi del prezzario, Cuffaro avesse in realtà informato Aiello che la Procura lo stava indagando per mafia. Cuffaro ha sempre negato la circostanza.

Quanto alle «talpe» – i pubblici ufficiali che anche dall'interno del Palazzo di giustizia, delle caserme dei carabinieri e dai commissariati di polizia, spifferavano tutto ai quattro venti – condannate ieri a pene pesanti, restano «orfane» di un dante causa. La piramide senza punta, come dicevamo all'inizio.

(19 gennaio 2008)

Cuffaro condannato 2

Beati monoculi in terra cecorum... Benvenuti nella terra dei ciechi, dove chi ha un occhio canta vittoria e fa proclami alla nazione.

Benvenuti in Sicilia, regione impastata di mafia, dove il suo governatore, che non viene condannato per mafia, poco ci manca che non si metta l'aureola e non si intitoli una strada.

Condanna a cinque anni di reclusione? E che sarà mai? Da autentico cireneo, avendo la vocazione istintiva a portare la «croce» della politica siciliana, Totò Cuffaro si autoassolve del tutto, tanto «ci saranno altri gradi di giudizio» – si conforta – che proveranno la sua piena innocenza. «Resterò sino al 2011» ha dichiarato ieri. Sin troppo prevedibile che al «giorno della vittoria» avrebbe fatto seguito il «giorno della rivincita». Ma sapere sin d'ora che resterà sino al 2011... diciamo che avremmo preferito non saperlo, vivere sino a quella data in beata ignoranza, felice incoscienza.

Una bella giornata per lui, quella di ieri. Dopo una notte insonne, ci informano le agenzie, ma riscattata da quel manipolo di aficionados che sin dall'alba aspettavano che uscisse dalla sua abitazione, fra le magnolie di Villa Sperlinga. Baci. Doppi baci. Abbracci. Strette di mano. Pacche sulle spalle. Qualche panzata affettuosa. Strette d'orecchie. Pizzicotti. Qualche pugno in testa... Qualche zuccata... «Quanto sei grande Totò» gli dice una donna. Ma anche sit in di protesta della Palermo autenticamente democratica che ha sfilato per chiedere le sue dimissioni subito. E lui ha risposto con le Madonnine e Santuzze su tutte le sue scrivanie, i suoi tavoli da lavoro, inquadrati dalle telecamere. E interi vassoi di cannoli offerti ieri a deputati e giornalisti, a Palazzo d'Orleans, la sede del governo siciliano.

Totò così è. Così è sempre stato. E così – ahinoi – continuerà a essere. Torna Cuffaro? Ma Cuffaro non se n'era mai andato. D'altra parte i siciliani, sapendo che era sotto processo per favoreggiamento esterno alla mafia, non lo preferirono forse a Rita Borsellino? È la terra dei ciechi che impone la sua legge. Dura lex, sed lex, dicevano i latini. E lui, anche nell'immaginario collettivo, dopo la sentenza del Tribunale, è un po' come chi è stato per tre anni all'Inferno e torna fra i vivi appena sporco di fuliggine. Che scherzetto per quelli di Forza Italia, e in particolare per Gianfranco Miccichè. Erano già andati dal sarto con la sua pelliccia, convinti che, questione di qualche giorno, lui sarebbe stato costretto a dimettersi. Che buffo leggere le dichiarazioni degli esponenti di Forza Italia che giocavano la carta dell'«antimafia» contro Cuffaro che ora si toglie il sassolino dalla scarpa: «dichiarazioni imbarazzanti». Davvero, la terra dei ciechi. Cuffaro, aveva annunciato che non sarebbe stato in aula e invece, qualche minuto prima dell'orario previsto, si è fiondato nel carcere bunker dei Pagliarelli: «È stato mio figlio a convincermi... Ho voluto essere presente per rispetto nei confronti della magistratura e della Corte che mi ha giudicato... e perché, essendo io presidente della regione, devo dare l'esempio...».

Nella terra dei ciechi, il significato della parola «esempio» si presta, come vedete, a una certa flessibilità. Però, ammettiamolo, anche lui qualche ragione ce l'ha. Sentiamolo: «È stato un processo che ho voluto affrontare. Avrei potuto scegliere di rimanere al Parlamento europeo o al

Senato dove sono stato eletto e sarei stato garantito dall'immunità parlamentare. Ho preferito rimanere a lavorare per i siciliani e affrontare il
processo, lo ripeto, per rispetto dei siciliani».

Il cireneo, la «croce» della politica siciliana, l'esempio. Tutto finalmente ricambiato – e qui Cuffaro svetta verso il lirismo – «dall'afflato
collettivo della gente comune». Ma ieri è stato anche il giorno della «fine
del rimorso»: «Il rimorso che provavo verso la mia famiglia. Io so di non
avere mai violato nessun segreto perché non avevo nessun segreto e
nessuna notizia da dare. Io so che non ho mai favorito la mafia che ho
sempre combattuto con le mie forze... Ora il rimorso verso i miei familiari è finito».

Cosa Nostra ancora dolorante per i colpi che le ha inflitto Totò, non
c'è che dire. I soliti bene informati dicono che la vicenda giudiziaria,
ormai, essendo trascorsi quasi cinque anni dal suo inizio, si avvii verso la
prescrizione: «Non parliamo di prescrizione. Voglio essere giudicato e
completamente scagionato». Quanto al procuratore antimafia Piero
Grasso, che continua ad affermare che la condanna è inequivocabile,
replica a muso duro: «Non ha letto per intero il dispositivo della sentenza. I miei avvocati che l'hanno letto sostengono che non solo è stato
favorito l'intero sistema mafioso, ma neanche il singolo mafioso». Ma
Grasso conferma.

Benvenuti in Sicilia, l'unica terra al mondo dove, sullo stesso foglio
di carta, chiunque può leggere tutto e il contrario di tutto.

(20 gennaio 2008)

Cuffaro se ne va

E alla fine, più che la coppola, poté il cannolo... Ha tolto il disturbo. Si
è dimesso. Se ne è andato. Ed entro novanta giorni i siciliani dovranno
tornare anticipatamente alle urne perché così stabilisce, in caso di dimissioni del presidente, lo statuto siciliano.

Dopo l'ennesima notte insonne, in cui aveva convocato per ieri
mattina a mezzogiorno la seduta straordinaria dell'Assemblea regionale,
Totò Cuffaro getta la spugna. Era ora. Ma va ricordato che prima che
scoccasse l'ora fatidica, sono dovuti trascorrere sette anni (dal 2001 a
oggi), durante i quali i siciliani sono stati costretti – anche per responsabilità dei leader della CdL che lo avevano ricandidato una seconda volta
alla guida di Palazzo d'Orleans nonostante fosse già sotto processo – a
convivere allegramente con un governatore diviso in due: fra vizi privati
e pubbliche virtù, come si sarebbe detto una volta, diviso fra stuoli d'avvocati e battaglioni di giornalisti che gli curavano l'immagine (ma a

conti fatti hanno lavorato meglio i «suoi» avvocati che i «suoi» giornalisti), diviso fra convitati di pietra in odor di mafia, costretto a incontrare nei retrobottega dei negozi, e fedelissimi peones dall'ovazione e dal bacio troppo facili.

Il sottile cavo d'acciaio che legava i due mondi oggi schizza via per le eccessive sollecitazioni. Anche per Cuffaro, fardello troppo pesante una condanna del Tribunale di Palermo a cinque anni. Fardello che aveva tentato di sopportare con la rivendicazione, quasi orgogliosa, che in quel dispositivo di sentenza la parola «mafia» non aveva fatto la sua comparsa. Fardello però che negli ultimi giorni era diventato un macigno a seguito della rivolta della parte migliore della Sicilia che aveva tappezzato le città con manifesti che ne chiedevano le dimissioni. E sfilava in corteo anche ieri sera – in duemila solo a Palermo – comprese molte ragazze travestite da cannolo. Un macigno anche a seguito della presa di posizione di Luca Montezemolo e, proprio ieri mattina, del parere dei giuristi del Viminale che sembravano orientati alla sospensione d'ufficio.

Si è trattato, per certi versi, di un fulmine a ciel sereno. Appena giovedì infatti, a Sala d'Ercole, l'assemblea dei deputati con cinquantatré voti contro trentadue aveva respinto la mozione del centro-sinistra con la quale si chiedevano le sue dimissioni. Un voto salutato dal centro-destra, anche in quel caso, da applausi e dichiarazioni di lealtà, se non altro perché tenere Cuffaro al suo posto significava tenere al loro posto le proprie poltrone.

Cosa è intervenuto di nuovo? Vediamo intanto come lui ha motivato ieri le sue dimissioni «irrevocabili».

«Insieme a tante manifestazioni d'affetto» ha detto «ho visto diffondersi una crescente ostilità verso di me. E siccome il popolo, più che i salotti o le manovre di Palazzo, è stato sempre l'elemento centrale della mia esperienza politica, non intendo sottrarmi a un confronto con il popolo. Le mie dimissioni costituiscono una scelta personale assunta per ragioni umane e politiche.» Per Cuffaro, questa «scelta personale» matura perché gli sarebbe risultata «insopportabile» l'idea che, restando in carica, potesse diventare «fattore di divisione sociale». Ne sarebbero scaturite altre polemiche – ha proseguito – che avrebbero ulteriormente «distorto il vero significato dei fatti che lo riguardano». Conclude dicendo – come è suo diritto – che si batterà sino alla fine affinché sia provata la sua completa innocenza.

Dunque dimissioni personali, a voler prestar fede alle sue parole. Ma che il distinguo fra dimissioni politiche e dimissioni personali sia sin troppo labile, lo avrebbero provato, pochi minuti dopo il suo intervento, gli attestati di stima che a valanga gli sarebbero venuti da Renato Schifani, Angelino Alfano, persino lo stesso Gianfranco Miccichè, che pure in questi giorni lo aveva tenuto sulla graticola. Eccedono, forse per foga oratoria: Gianfranco Rotondi, Dc per l'autonomia: «Un giovane cattolico portato alla gogna», Guido Lo Porto, An: «Alla Sicilia mancherà la sua guida. La coalizione dovrà compensare quèsta perdita», Raffaele Lombardo, Movimento siciliano per l'autonomia: «Una scelta nobile e generosa». Insomma, fosse stato per loro, poteva starsene tranquillamente al suo posto. Come dire: si è dimesso per «fatto personale» la politica non c'entra. Eccome se c'entra, invece, la politica. Chiunque dotato di buon senso, un anno e mezzo fa, non lo avrebbe ricandidato sapendo che un'eventuale condanna avrebbe provocato il meccanismo delle elezioni anticipate, come ricordava Antonello Cracolici, presidente dei parlamentari Pd.

Intanto ieri si è registrato un fatto grave legato alla vicenda Cuffaro: «Un branco di quindici-venti persone mi ha accerchiato e ha cercato di strapparmi la bandiera rossa che stavo sventolando. Urlavano "viva la mafia" e mi hanno preso a pugni. Io ho cercato di difendermi. Poi sono scappati via». È il racconto di Filippo Lazzara, trentaquattro anni, della provincia di Caltanissetta, militante della Fgci, aggredito mentre partecipava alla manifestazione organizzata per festeggiare le dimissioni del governatore. Anche un altro partecipante all'iniziativa, il consigliere comunale, Fabrizio Ferrandelli, è stato vittima di un'aggressione da parte di due ragazzi che sono poi fuggiti in moto.

Intanto fonti parlamentari del partito centrista parlano di Cuffaro come candidato alle politiche come capolista al Senato, o come secondo di lista alla Camera, appena sotto Casini. Chi guiderà l'opposizione? Rita Borsellino è pronta a riprovarci, a patto che l'intera coalizione si riconosca nella sua candidatura. Nel Pd c'è chi fa il nome di Lo Bello, presidente Confindustria Sicilia. I giochi sono appena iniziati.

(27 gennaio 2008)

Quei bravi ragazzi

Stavano cercando di rialzare la testa, stavano cercando di restituire centralità alla piazza di Palermo nel traffico mondiale della droga, stavano cercando di rivitalizzare un'ormai anemica «Little Italy», a New York, ridotta a un fazzoletto di pochi block, qualche patetico ristorante dal nome storpiato (Aldo'S, Mario'S, Palermu mia...), ora che i cinesi hanno comperato tutto quello che c'era da comperare, e Chinatown fa impallidire di vergogna i siculo americani.

Erano i figli dei figli, i nipoti dei nonni, i nipoti dei bisnonni. Quelli che ogni anno, ostentando ricchezza, a bordo di lussuosissime decappottabili, partecipano alla parata del Columbus Day, sfilano insieme a massoni con tanto di gonfaloni, accerchiati da italo americane platinate che sembrano uscite da Beautiful, ma che l'Italia l'hanno vista solo in cartolina. Ma erano dello stesso sangue, erano sempre loro. Avevano gli stessi cognomi, gli stessi «valori», «business», prima, «onore» dopo. Gambino, Inzerillo, Di Maggio, Casamento, Savoca, Mandalà, Rotolo... La solita araldica mafiosa.

Sul loro capo si abbatte la mazzata congiunta di un'operazione Fbi e del Servizio centrale operativo della polizia e della Squadra mobile di Palermo, denominata «Old bridge», il vecchio ponte.

Già. Il vecchio ponte, come ai vecchi tempi: quando Giovanni Falcone scoprì che la giovane cantante pop di Bagheria, Esmeralda Ferrara, spediva a New York, via Linate, i suoi dischi trentatré giri in contenitori di zinco zeppi di eroina, quando le casalinghe del piccolo paese di Torretta si riempivano le pancere di polvere bianca prima di spiccare il volo destinazione JFK – come raccontò in un mirabile libro (*Le signore della droga*, La luna, Palermo 1988) la collega Marina Pino, prematuramente scomparsa –, quando a Palermo funzionavano a pieno regime le raffinerie, sotto lo sguardo vigile dei chimici marsigliesi che insegnavano i rudimenti del mestiere ai siciliani che a man bassa acquistavano oppio nel Triangolo d'oro, fra il Laos, la Birmania, la Thailandia. Vecchi tempi. Tempi di affari miliardari. Ma il rapporto fra picciotti e «cugini» americani, che va avanti da un secolo, non è mai stato idilliaco. E anche questo doppio blitz, a una prima valutazione, appare in qualche modo come un colpo preventivo, se non altro perché, a quel che se ne sa, non sarebbe stata trovata droga, né in America, né negli States.

Per spiegare l'effettiva portata dell'«Old bridge» bisogna allora partire da un antefatto. Il più importante fu costituito dalla guerra di mafia inizio anni Ottanta, quando i corleonesi di Totò Riina, avendo deciso che era giunta l'ora di dare la scalata ai vertici palermitani di Cosa Nostra, seminarono un paio di migliaia di morti per le strade.

La mattanza iniziò con un omicidio di grandissimo rilievo, quello di Stefano Bontate (23 aprile 1981), in quel momento capo della cupola, e seguito, appena venti giorni dopo (11 maggio 1981), da quello di Totuccio Inzerillo, fedelissimo del Bontate. Ricordo che per «l'Unità» andai ai suoi funerali, nella borgata di Passo di Rigano, e che fra parenti e picciotti, si vedevano, in ordine sparso, i «cugini» americani, fisicamente imponenti, vestiti di nero, con vistosi Ray Ban dalle lenti verde scuro, e mazzette di quotidiani italiani sotto il braccio. In quel momento neanche loro, diretti interessati, sapevano da dove veniva la mano omicida.

Si diffuse il terrore e molti rampolli di «famiglie» ormai perdenti decisero di fuggire in America. Da qui il nome che gli affibbiarono gli avversari, quello di «scappati». I «cugini» americani, comprensivi di quanto stava accadendo in Sicilia, li accolsero non facendo loro troppe domande.

Ma appena un anno dopo, il 15 gennaio 1982, nel New Yersey, in un bagagliaio, l'Fbi trovò il cadavere di Pietro Inzerillo, stessa famiglia, stesso clan, con i polsi ammanettati dietro le spalle, freddato da nove colpi di pistola, con una banconota di cinque dollari in bocca e un'altra sotto lo slip, a significare che non aveva voluto dividere i proventi del traffico dell'eroina ormai fiorente. L'ordine era venuto da Corleone. E fu quello l'«argomento forte» adoperato dai corleonesi per la mattanza: i vecchi leoni, gli eredi di quelle famiglie che avevano costruito Altantic City o i casinò nel deserto del Nevada, ancora una volta, non avevano voluto dividere in parti uguali.

Passò il tempo. Una decina d'anni fa furono proprio gli Inzerillo, a Palermo, attraverso una sorta di appello su un giornale locale, a rivolgersi ai corleonesi. Il tenore era questo: il tempo dei lutti e degli odi è finito, rimettiamoci tutti insieme, alla grande, a fare affari.

Dal 2005, attraverso intercettazioni telefoniche, gli investigatori avevano iniziato a capire che i picciotti avevano ripreso ad andare negli Usa con troppa frequenza, e che troppi giovanotti con Ray Ban scuri scendevano a Punta Raisi, oggi «Falcone Borsellino»... Old bridge, appunto.

(8 febbraio 2008)

Intervista a monsignor Michele Pennisi

Domanda Ma che succede in questi giorni a Gela?
Risposta Che Gela sta cambiando. Che assistiamo al risveglio di giovani, imprenditori e commercianti che riscoprono la cultura e il gusto della legalità. E va riconosciuto al sindaco Rosario Crocetta il merito di essersi impegnato in questo senso. A Gela succede anche che la Chiesa è scesa in campo a sostegno di una legalità che deve coniugarsi con la solidarietà e la cittadinanza attiva. I cittadini devono infatti sentirsi parte, senza subire i condizionamenti di una mafia che vuole presentarsi come potere alternativo a quello legale.

Parla monsignor Michele Pennisi, sessantuno anni, vescovo di Piazza Armerina, finito anche lui, dopo Crocetta, nel mirino delle cosche, minacciato e insultato in un volantino anonimo al quale gli investigatori stanno dando molto peso, al punto che il vescovado è considerato ormai un «bersaglio sensibile».

Lui taglia corto: «Il contenuto di quel volantino è farneticante. Io sarei a capo di una cupola mafiosa, insieme a magistrati, polizia, sindacati, i vertici del Tribunale di Gela e di Caltanissetta, l'onorevole Giuseppe Lumia, il sindaco Crocetta e altri ancora... Continuo la mia attività normale, non dando importanza né al volantino né a chi lo ha scritto. Non sono intimidito.

D. *Le hanno dato la scorta?*

R. No. E la vorrei evitare, anche se devo seguire quello che dicono le autorità.

Monsignor Pennisi guida la seconda diocesi della Sicilia, dopo quella di Agrigento, che si estende per oltre duemila chilometri quadrati: metà della provincia di Enna e metà della provincia di Caltanissetta. La visita per intero ogni settimana.

D. *Quanta mafia c'è dalle sue parti?*

R. Riesi è un comune sciolto per mafia... Niscemi solo recentemente ha avuto una nuova amministrazione dopo tre anni di scioglimento... persino a Enna, che da qualcuno viene considerata zona franca, la mafia c'è, eccome....

Una specie di commesso viaggiatore del magistero antimafia, monsignor Pennisi. Dice: «Dove mi chiamano vado». E va nel cuore di una Sicilia profonda, dove il clero, in passato, non si è particolarmente distinto quanto a magistero antimafia.

D. *Non è forse così?*

R. Non è più così. Io cerco di dare l'esempio e non trovo ostacoli ma incoraggiamento. Certo. Il clero più anziano si limita a un impegno prettamente religioso, senza occuparsi di problemi sociali di bruciante attualità, come la disoccupazione, il pizzo, l'usura, la mafia. Ma molte cose stanno cambiando.

Vediamo in cosa consiste il suo esempio. I suoi guai non sono iniziati da quel volantino. Ma dal suo netto rifiuto a celebrare funerali religiosi e solenni nella Chiesa Madre, come pretendeva la famiglia Emmanuello per Daniele, il capo mafia di Gela, latitante, ucciso in conflitto a fuoco dalla polizia mentre cercava di scappare dal casolare nelle campagne di Villarosa, nell'ennese. «Il comitato per l'ordine pubblico aveva vietato che i funerali si svolgessero a Gela. Ho rispettato questa disposizione e ho autorizzato una funzione religiosa dentro il cimitero. D'altra parte la richiesta di funerali solenni nella Chiesa Madre, se accolta, poteva diventare un gesto simbolico di trionfalismo che non mi sono sentito di consentire.»

D. *A quanto pare la famiglia del boss è molto religiosa.*

R. So che alcuni dei familiari frequentano la chiesa dei cappuccini, a Gela. Tre giorni fa si è svolto il funerale del padre di Daniele Emmanuello, funerale religioso perché non esisteva alcun problema di ordine pubblico... Ora mi è giunta voce che la famiglia avrebbe intenzione di battezzare la figlia di Daniele che ha sette anni...

D. *Altri problemi in vista?*

R. No. A me fa piacere che la figlia e i familiari si accostino alla Chiesa ma voglio precisare che la «conversione», intesa come battesimo, implica, esige, anche un nuovo stile di vita...

D. *Quanto tempo ci vorrà per cambiare davvero Gela?*

R. Il lavoro sarà lungo. Bisogna restituire fiducia alla gente. Gela è un paese civile. Venni qui cinque anni fa. Trovai una città con difficoltà economiche e sociali enormi, ma ho visto anche come si sono cominciate a esprimere tante energie positive. A Gela, non tutti lo sanno, c'è una Casa del Volontariato. Ha sede in una scuola abbandonata messa a disposizione dal sindaco Crocetta. Raccoglie una trentina fra associazioni laiche e cattoliche. È uno dei pochi esempi in Italia. C'è l'associazione antiracket, promossa dal sindaco e da Tano Grasso... Portiamo avanti un progetto per figli di carcerati e ragazzi a rischio, finanziato dalla Caritas, con l'obbiettivo di inserirli in attività di doposcuola e attività artigianali... Ci appoggiamo anche a un'associazione antiracket di Messina, intitolata a don Pino Puglisi. Partecipiamo ad una rete diffusa sul territorio che cerca di incoraggiare commercianti e imprenditori a sottrarsi al ricatto della mafia attraverso l'usura e il pizzo...

Se in una città come Gela a rappresentare il potere temporale e il potere spirituale ci sono persone come il sindaco Rosario Crocetta e il vescovo Michele Pennisi, si capisce perché i Bravi Ragazzi mafiosi diano segni di nervosismo.

(15 febbraio 2008)

Se Lombardo «separa» la Sicilia

Sicilia libera. Sicilia autonoma. Sicilia separata. Sicilia zona franca. O Sicilia zona libera. Sicilia, comunque sia, che dovrebbe andarsene per i fatti suoi.

Sicilia infatti tradita dall'Unità nazionale, da Cavour, dai Savoia e persino dal loro braccio armato, Giuseppe Garibaldi. Sicilia che per decenni, sin dai tempi del banditismo di Salvatore Giuliano, ha fatto l'occhiolino agli Stati Uniti nella convinzione di avere i titoli per diventare l'ennesima stella ospitata nella bandiera a stelle e strisce. Sicilia che, in epoca più recente, girò la testa all'indietro, al Nord Africa, e non mancarono infatuazioni per la Libia di Gheddafi. Sicilia che dovrebbe avere il suo casinò. Sicilia diversa, perché, per dirla con Orwell, ci sono regioni più regioni delle altre.

Che la Sicilia, nel suo Dna, abbia caratteristiche che la differenziano dal resto d'Italia, lo provano, a parte secoli di invasioni subite e la rivolta dei Vespri siciliani, il movimento popolare che nel dopoguerra culminò nella concessione dello Statuto speciale, ma anche nomi come quello di Finocchiaro Aprile, il principale teorico dell'autonomia siciliana, di Palmiro Togliatti, con il suo storico discorso nel 1947 ai «quadri» di Messina – come si chiamavano allora i dirigenti comunisti – per spiegare come e perché il Partito Comunista avrebbe dato sì il suo via libera a un progetto d'autonomia, ma mai e poi mai a un'idea di separazione dal resto d'Italia, di Silvio Milazzo, il democristiano che alla fine degli anni Cinquanta dialogava con Krusciov, convinto com'era che la Sicilia dovesse trattare e fare affari con i sovietici e da «potenza» a «potenza», e la cui esperienza politica – poi naufragata – passò alla storia con il nome di milazzismo, inedita e, per certi versi, pasticciata alleanza fra democristiani, monarchici e sinistra, la mafia, l'Etna e il pesce spada, cantato da Domenico Modugno.

Ma erano anni delle ideologie, delle idee che venivano prima degli interessi, e, sia detto con rispetto, di teorici poco abituati a improvvisare. Si potrebbe dire che, trascorsi sessant'anni dalla fine della guerra, ancora oggi l'autonomia, o per meglio dire la separazione, resta un venticello. Un venticello che però non ha mai smesso di soffiare. Oggi c'è chi, sulle ali di quell'antico venticello, vorrebbe addirittura librarsi in volo.

Sentite come soffia nell'intervista che Raffaele Lombardo, leader della nuova autonomia in salsa siciliana, candidato alla presidenza della Regione da tutto il centro-destra, ha recentemente rilasciato a Carlo Puca per «Panorama». Ne riportiamo le domande e le risposte più significative, a dimostrazione di quanto soffi il venticello.

Domanda: Era l'isola degli indipendentisti...

Risposta: I siciliani si accorsero che l'Unità d'Italia era stata una truffa, una violenza, una conquista orchestrata da Cavour, voluta dai Savoia ed eseguita brutalmente da Garibaldi. Dopo ottant'anni di sfruttamento la Sicilia nutrì la grande speranza dell'indipendenza. Poi si è risolto tutto in un pezzo di carta, ma di grandissima importanza: lo statuto speciale. Purtroppo l'autonomia funziona solo se c'è un partito territoriale. Ora c'è il Movimento popolare dell'autonomia.

Quanto all'Unità d'Italia, va osservato, per mero senso delle proporzioni, che neanche De Roberto, ne i *Viceré*, e Pirandello, ne *I vecchi e i giovani*, mostrarono di avere un contenzioso personale con i piemontesi delle proporzioni di quello dell'onorevole Lombardo. Neanche Lampedusa, con il suo *Gattopardo*. E Lombardo, alla domanda successiva dell'intervistatore di «Panorama» («lei pensa alla secessione?») così risponde: «Assolutamente no, non ce n'è bisogno, bastano l'autonomia e la devoluzione delle risorse economiche».

Alla domanda: «Lei vorrà più polizia?» risponde così: «Io mi responsabilizzerei sempre di più. All'articolo 31 lo Statuto speciale conferisce al presidente della Regione i poteri di guida della polizia e delle forze armate. Certo, fa paura, ma è così: in Sicilia la polizia dovrebbe governarla il presidente regionale in accordo con le province, piuttosto che con i prefetti».

Insomma, Lombardo ci crede. Si immagina come una volpe del deserto al comando delle truppe corazzate di Sicilia. E manda segnali a

muso duro ai suoi alleati, quando dice che «non faremo sconti a nessuno».
Per quel poco che lo conosciamo, sarà difficile vederlo immerso con gli
stivaloni nel fiume che scorre fra le gole dell'Alcantara con in mano
l'ampolla sacra della sicilianitudine. Il Po è lontano, e quella è tutta
un'altra acqua... «Polposo» (e non vorremo giocare sull'aggettivo, come
chi, al Po, aggiungesse la polpa) hanno definito questo leader di Gram-
michele, in provincia di Catania, quanti lo conoscono bene. Uno che
punta al sodo. Un tira dritto. Uno che dà a tutti del lei, che non bacia
nessuno per rappresentanza, che a malapena stringe qualche mano, che
dichiara di non gradire i cannoli, offrendo ai suoi ospiti, al massimo,
qualche arancia.

Anche il Gran Lombardo di *Conversazione in Sicilia* di Elio Vittorini,
immaginato da Silvestro durante il viaggio in treno che dal Nord lo
riportava nella sua Trinacria, mangiava arance. Ma qui la storia è diversa.
Il nostro piccolo Gran Lombardo, che si candida a diventare «governa-
tore» di tutti i Siciliani, assai curiosamente, è alleato proprio della Lega
Nord di Bossi, Maroni e Calderoli. Insomma: a differenza del romanzo di
Vittorini, non va dal Nord al Sud, ma vorrebbe fare il viaggio al contrario.
Intendiamoci: non c'è niente di strano.

La politica italiana è l'alchimia delle alleanze impossibili. Però, Bossi che dà il via libera a Lombardo, e Lombardo che, a sua volta, dà via
libera a Bossi, resta un fatto curioso.

Fra il 1991 e il 1992, e sino al 1994, i grandi capi di Cosa Nostra si
appassionarono, anche loro, e a modo loro, al venticello separatista. Sono
anni significativi. Cosa Nostra si contrappone frontalmente alla politica
perché si ritiene «tradita» dalla conferma delle condanne al maxi processo. Saranno messe a segno l'uccisione di Salvo Lima, le stragi di Capaci
e via D'Amelio, poi, nel 1993, quelle di Milano, Firenze e Roma.

Quella che segue è una piccolissima antologia di opinioni mafiose
indipendentiste, tratte dall'inchiesta della Procura di Palermo denominata «sistemi criminali», inizio anni 2000, e successivamente archiviata.

Il 4 dicembre 1992, quindi dopo le uccisioni di Falcone e Borsellino,
il pentito Leonardo Messina, interrogato dalla commissione antimafia,
ebbe a dire: «Cosa Nostra sta rinnovando il sogno di diventare indipendente, di diventare padrona di un'ala dell'Italia, uno Stato loro, nostro...
In tutto questo Cosa Nostra non è sola è aiutata dalla massoneria... Ci
sono forze alle quali si stanno rivolgendo».

«Quali?», chiese il presidente della commissione? E Messina: «Sono
formazioni nuove... e non vengono dalla Sicilia».

Ma perché la massoneria? «Molti degli uomini d'onore, quelli che
riescono a diventare dei capi, appartengono alla massoneria...» prosegue
Messina «è nella massoneria che si possono avere i contatti con gli
imprenditori, con le istituzioni, con gli uomini che amministrano il pote-

re diverso da quello punitivo che ha Cosa Nostra... oggi possono arrivare al potere senza fare un colpo di Stato...». E ancora: «Loro appoggeranno una forza politica a distanza di qualche anno che partirà dal Sud... devono appoggiare nuovi partiti che tenteranno di separare la Sicilia dal resto d'Italia...».

Parole pronunciate e trascritte nel 1992. Parlò anche di una riunione che si tenne nella campagna di Enna, nel febbraio dello stesso anno, cui parteciparono Totò Riina, Bernardo Provenzano, Nitto Santapaola, per discutere di un progetto politico finalizzato alla creazione di uno Stato indipendente del Sud all'interno di una separazione dell'Italia in tre stati: uno del Nord, uno del Centro, uno del Sud. In tal modo, Cosa Nostra si sarebbe fatta stato. Proseguiamo.

Sentite Tullio Cannella, altro pentito di spicco, interrogato dai magistrati di Palermo, Caltanissetta e Firenze, il 23 luglio 1997. Fu il fondatore, su richiesta di Leoluca Bagarella, di «Sicilia libera», il primo esperimento di partito di mafia che si presentò alle elezioni in Sicilia con tanto di Trinacria nel suo simbolo: «Sin dal 1990-1991 c'era interesse di Cosa Nostra a creare movimenti separatisti, erano sorti in tutto il Sud movimenti con varie denominazioni ma tutti con ispirazioni e finalità separatiste. Questi movimenti avevano una contrapposizione "di facciata" con la Lega Nord, ma nella sostanza ne condividevano gli obbiettivi. Poi saltano fuori a Catania "Sicilia libera" e in altri luoghi del Sud movimenti analoghi. Tutte queste iniziative nascevano dalla volontà di Cosa Nostra di punire i politici una volta amici, preparando il terreno a movimenti che prevedessero il coinvolgimento diretto di uomini della criminalità organizzata o, meglio, legati alla criminalità, ma "presentabili"».

Giovanni Brusca, in diversi interrogatori, riferì di questa confidenza ricevuta da Totò Riina: «Mi vogliono portare questo Bossi per fare la Lega del Sud o la Lega della Sicilia... ma come si può avere a che fare con uno di questi?». Lo stesso Brusca, interrogato il 6 luglio 1999 torna sull'argomento: «Confermo le dichiarazioni già rese circa lo scarso entusiasmo di Riina verso un possibile "aggancio" con la Lega Nord che gli era stato prospettato da qualcuno che non mi precisò. Ciò accadde nel 1992 fra le stragi di Capaci e via D'Amelio... il modo in cui me lo disse, presupponeva che Riina aveva a lungo valutato tale prospettiva sottoposta quindi a lui già da tanto tempo».

Vincenzo Sinacori (interrogatorio del 17 gennaio 1997): «Nel 1993, fra gennaio e aprile, venne a trovarmi Matteo Messina Denaro [ancora latitante, N.d.A.] il quale, a nome di Bagarella, mi chiese di rivolgermi a Naimo Rosario, allora latitante di Mazara del Vallo e uomo d'onore della famiglia di San Lorenzo, nonché personaggio di Cosa Nostra americana, affinché sondassi la possibilità di un appoggio "americano" a un progetto separatista della Sicilia, con conseguente annessione agli Usa. Così io feci, e Naimo però mi disse che il progetto era "fuori tempo" perché, dopo la fine della guerra fredda, gli americani non avevano più interesse per la Sicilia».

Si potrebbe continuare. È accertato che in quel periodo, in tutto il Sud, fra il 1991 e il 1993, erano fiorite leghe regionalistiche: Campania Libera, Lega Lucana, Calabria Libera, Abruzzo libero, eccetera. Denominatore comune, scaturito dalle indagini, l'alta concentrazione di esponenti delle varie mafie, di massoni e di esponenti di estrema destra. Com'è noto, poi, in tutto il Sud non se ne fece niente. E a un certo punto, persino i mafiosi, con "Sicilia libera", tirarono il freno a mano.

Così parlò invece Gianfranco Miglio, vero artefice della Lega Nord, in un'intervista a «Il Giornale» (20 marzo 1999): «Io sono per il mantenimento anche della mafia e della 'ndrangheta. Il Sud deve darsi uno statuto poggiante sulla personalità del comando. Che cos'è la mafia? Potere personale spinto fino al delitto. Io non voglio ridurre il Meridione al modello europeo, sarebbe un'assurdità. C'è anche un clientelismo buono che determina crescita economica. Insomma, bisogna partire dal concetto che alcune manifestazioni tipiche del Sud hanno bisogno di essere costituzionalizzate».

Forse, a questo punto, dovrebbe risultare un po' più chiaro perché Bossi aziona il disco verde verso Lombardo.

Forse, risulterà più chiaro perché Lombardo aziona il disco verde per Bossi. Ed entrambi si fanno piedino, sotto lo sguardo attento e soddisfatto di Berlusconi.

Il futuro ha un cuore antico, si sarebbe detto una volta.

(28 marzo 2008)

San Vittorio

È morto ormai da otto anni. Ne aveva sessanta. Fu l'uomo del mandamento mafioso di Porta Nuova, a Palermo, che dalla stalla proteggeva la villa di Arcore di Berlusconi. Si è portato i suoi segreti nella tomba. Al processo di beatificazione di Vittorio Mangano, avviato da Marcello Dell'Utri prima, e Silvio Berlusconi dopo, adesso, per essere perfetto, manca solo la riesumazione del corpo dello stalliere, come imposto invece dal diritto canonico per chi ambisce a diventare beato, a diventare santo. Questa premessa solo per dire che da tempo i grandi leader di Forza Italia hanno perduto il senso della misura. Non del ridicolo, essendo questo, in fondo, un argomento funebre. Perché si parla pur sempre di un mafioso morto, e di alcune migliaia di persone assassinate dalla mafia. In questi giorni tutti si chiedono come mai si sia resa necessaria la riabilitazione, equiparandolo al rango di «eroe», di un pluriomicida come

Vittorio Mangano. Tutti si chiedono che ragione ci fosse di andare a scomodare un defunto, il quale aveva vissuto pericolosamente da mafioso e senza mai farne mistero. Tutti si chiedono quanto sia connaturato, in statisti del calibro di Berlusconi e Dell'Utri, il valore, tipicamente siculo, dell'omertà. Il nostro è un Paese dalla memoria talmente corta che periodicamente qualcuno ripropone le stesse domande degli ultimi venti anni provocando nuovo stupore, nuova incredulità, nuova indignazione.

Abbiamo dimenticato quando Berlusconi, in visita in Russia, una decina di anni fa, disse che in Sicilia il problema della mafia riguardava non più di duecento persone? Abbiamo dimenticato quando, appena eletto il suo secondo governo, il ministro Pietro Lunardi di Forza Italia, sentenziò che con la mafia gli italiani dovevano imparare a convivere? Abbiamo dimenticato quando Renato Schifani, anche lui in Forza Italia, attaccò in maniera assai elegante Maria Falcone e Rita Borsellino, accusandole di «avere offeso la memoria dei loro eroici fratelli»? O non sappiamo forse che le recenti affermazioni sui pubblici ministeri da sottoporre a test psichiatrico altro non sono che la riedizione aggiornata di uno spettacolino che era già andato in scena, con discreto successo, qualche anno fa? O abbiamo già dimenticato l'intervista di Roberto Centaro, Forza Italia, allora presidente della commissione parlamentare antimafia, a «Panorama», dall'illuminante titolo: *Mafiologi andate in pensione?* O Alfredo Mantovano (però di An), sottosegretario agli Interni nell'ultimo governo Berlusconi, che appena uscì la notizia che Dell'Utri era stato condannato dal Tribunale di Palermo a nove anni di reclusione per mafia, paragonò la sentenza «a certe rappresaglie dei nazisti durante la loro ritirata»? Alla fine, le elencazioni risultano stucchevoli. Siccome anche questa lo è, decidiamo di tagliarla qui. Tanto fra qualche mese, magari qualche settimana, torneremo tutti a mostrarci increduli, a stupirci, a indignarci. Sempre meglio di niente. Simile telenovela è andata talmente avanti che al motore di ricerca Google, se digiti come parole chiave: «Berlusconi mafia», vengono proposti 449.000 risultati. Cominciate a capire perché Dell'Utri e Berlusconi considerano Vittorio Mangano uno di famiglia? Capite perché non possono fare a meno della sua ombra ingombrante? E ricordate Farinata degli Uberti quando per capire chi fosse Dante, in visita all'Inferno, gli chiese: «Dimmi chi fuor li maggior tuoi?». Morale della favola: gli antenati non ce li possiamo scegliere.

E volete leggere il testo della lapide che a Palermo ricorda il povero stalliere di Arcore? Ecco: «Hai dato un valore alla storia degli uomini perché ti sei rifiutato di barattare la dignità per la libertà...». Occorrono commenti o illazioni? Suvvia. E poi, lasciatecelo dire, fra qualche giorno si vota. E ai Bravi Ragazzi dello Zen o di Cruillas, della Guadagna o del Capo, di Borgo Nuovo o di Ciaculli, di Brancaccio o di Villagrazia, di viale Michelangelo o di corso Calatafimi, di Medaglie d'Oro o della Cala, dello Sperone o di Passo di Rigano, dell'Uditore o di San Lorenzo, di Partanna o della Noce...

volete lasciare almeno un mito positivo in cui credere? San Vittorio Mangano, al quale Berlusconi e Dell'Utri, stanno pensando di costruire un monumento equestre, sarebbe un'ottima scelta: Mangano non ha parlato da vivo, e difficilmente parlerà da morto. È semplicemente questa, e non altro, l'operazione che stanno tentando di fare i due statisti di Forza Italia. E poi, come è risaputo, ognuno cucina con gli ingredienti che si ritrova.

(12 aprile 2008)

Calogero Mannino, assolto

Calogero Mannino è stato assolto dall'accusa di concorso esterno in associazione mafiosa. E nessuno potrà dire che si tratti di un fulmine a ciel sereno: finisce infatti un processo politico mafioso, o di mafia e politica se si preferisce, che sembra risalire al secolo scorso. Al secolo che risale all'indomani delle stragi del 1992, quella di Capaci, quella di via D'Amelio. Il secolo in cui a molti apparve possibile, realistico – e dunque ineludibile –, fare i conti con le complicità alte e istituzionali che hanno reso Cosa Nostra l'organizzazione criminale che è. Calogero Mannino, oggi senatore Udc, per sedici lunghi anni (ma vedremo che il conto pecca di molto per difetto), venne indicato da un'intera batteria di pentiti, e dall'accusa rappresentata dalla Procura di Palermo, come uno dei referenti principali che avevano il compito di curare in alto loco gli interessi di boss e picciotti avendone in cambio sostegno elettorale, corsie privilegiate che lo agevolassero a entrare politicamente, lui di origini personali e formazione politica agrigentine, nell'enorme riserva di caccia rappresentato dall'intera provincia di Palermo. Ma ove si consideri che Mannino fu indagato per la prima volta dalla Procura di Trapani alla fine anni Ottanta, che quell'inchiesta finì persino sul tavolo di Paolo Borsellino, in quel momento era procuratore a Marsala, il quale la inviò a Sciacca per competenza territoriale (alla fine la Procura di Sciacca archiviò tutto), si capisce bene che è anche a ritroso dei sedici anni che bisogna andare. A quando – per intenderci– segretario della Dc era Ciriaco De Mita, il quale, di fronte alla durissima reprimenda dell'allora cardinale di Palermo Salvatore Pappalardo – da poco erano stati uccisi dal piombo mafioso (e non solo) Pio La Torre e Carlo Alberto Dalla Chiesa (1982) – che chiedeva al partito scudocrociato di darsi una regolata, pena la fine di un collateralismo che in Sicilia durava da decenni, indicò proprio in Calogero Mannino, insieme a Sergio Mattarella e Rino Nicolosi, gli uomini del «rinnovamento» democristiano. Storie, appunto, di secoli lontani.

Quel che conta è che ieri, 22 ottobre 2008 (San Donato di Fiesole), la seconda Corte d'appello di Palermo presieduta da Claudio Dall'Acqua (giudici a latere Salvatore Barresi e Flora Randazzo) ha confermato la sentenza di primo grado (assoluzione per il secondo comma del 530) – correva l'anno 2001 –, ritenendo non ci sia stata prova sufficiente di un autentico scambio di favori fra l'uomo politico imputato e i boss, e condannato le parti civili al pagamento delle spese processuali. Vittorio Teresi – il pubblico ministero che aveva chiesto la condanna a otto anni e l'assoluzione per i fatti commessi prima del 1981 – rimanda alla lettura della motivazione della sentenza la decisione che dovrà prendere la Procura generale in merito a un eventuale ricorso per Cassazione. La quale Cassazione – va ricordato – si era già espressa a favore dell'imputato rigettando la sentenza di secondo grado che lo aveva visto invece condannato a cinque anni e quattro mesi di carcere (correva il 2004). Ecco perché, fra primo, secondo, terzo grado e celebrazione ancora di un altro processo, sono trascorsi in totale sedici anni. Ieri Calogero Mannino non era presente alla lettura del verdetto. In aula, accanto ai suoi difensori, gli avvocati Salvo Riela e Grazia Volo, c'era Salvatore Mannino, il figlio che fa l'avvocato e che ha comunicato al padre la lieta novella. Per Calogero Mannino si è trattato di un «periodo lungo e difficile». E la gioia, oggi, è molto raffreddata dall'infinità degli anni trascorsi in attesa di ottenere giustizia. Per Salvo Riela – comunque sia – «c'è stata finalmente giustizia». Per Grazia Volo: «È stato restituito l'onore al tribunale che aveva assolto Mannino». Silvio Berlusconi, Renato Schifani, Pier Ferdinando Casini, Raffaele Lombardo, Totò Cuffaro, hanno tutti fatto sentire la loro voce, sotto forma di telefonate personali o dichiarazioni alle agenzie, per ricordare quello che avevano sempre ribadito nel secolo scorso (e a favore di tutti gli imputati politici per mafia) : «No. Non è possibile che Mannino abbia fatto le cose di cui lo accusano».

(23 ottobre 2008)

Giudici rosso sangue

Fra i magistrati rossi e comunisti, indicati da Silvio Berlusconi al pubblico ludibrio, i primi nomi che vengono in mente sono quelli di Giovanni Falcone e Paolo Borsellino. Ma sono fra i più noti, televisivamente parlando, essendo l'elenco un po' più lungo. Non era forse toga rossa quel Cesare Terranova tempestato da colpi d'arma da fuoco a Palermo (1979)? E non era un comunista dell'ultima ora Gaetano Costa, procuratore capo di Palermo, freddato da un mafioso (1980)? Altro sfegatato bolscevico, quel Rocco Chinnici fatto a pezzi a Palermo (1983). E non era di sinistra il «giudice ragazzino», Rosario Livatino, giustiziato nelle campagne di Canicattì (1990)? E che idee volete che avessero Giacomo Ciaccio Montalto (1983), Alberto Giacomelli (1988), Antonino Saetta (1988)? Andiamo agli uccisi dai terroristi rossi e neri? Francesco Coco, procuratore generale a Genova (1976), Girolamo Tartaglione (1978), Riccardo Palma (1978), Emilio Alessandrini (1979), Guido Galli (1980), Mario Amato, (1980), Girolamo Minervini (1980). È ovvio: tutti comunisti! E ancora: Vittorio Bachelet, vicepresidente Csm (1980), Bruno Caccia, procuratore di Torino (1983), Antonino Scopelliti, calabrese (1991). Eppure, a prestar fede agli incubi del nostro premier, più ne ammazzi, di questi comunisti, e più sembrano moltiplicarsi. Che fare? Forse hanno proprio ragione Berlusconi e Alfano: la Riforma Della Giustizia.

(30 ottobre 2009)

I Graviano, fratelli killer

Gaspare Spatuzza, il collaboratore che sarà chiamato a deporre al processo Dell'Utri, nei suoi interrogatori si riferisce ai fratelli Giuseppe e Filippo Graviano chiamandoli «i miei padri». Il che, se non altro, spiega perché il terzetto, in passato, è stato assai affiatato. Ma la biografia dei fratelli Graviano, mafiosi, stragisti, capi della famiglia di Brancaccio, ergastolani, è emblematica dell'attuale stato della lotta a Cosa Nostra: quanto al profilo criminale e militare, di loro si sa tutto, di loro non si sa nulla, o, meglio, si entra nel campo dell'incerto, quando si affronta il tema del rapporto con la politica. Proveremo, partendo dalle certezze, ad avvicinarci al campo dell'opinabile. Va detto, preliminarmente, che Gaspare Spatuzza viene dallo stesso vivaio criminale dei Graviano, è Spatuzza attribuisce ai Graviano l'affermazione che Dell'Utri e Berlusconi erano diventati i nuovi referenti di quella Cosa Nostra delusa prima, furibonda poi, di fronte a una Dc e a un Psi che non avevano mantenuto i patti, che Spatuzza, nonostante il fuoco di sbarramento dei difensori di Dell'Utri, sta reggendo bene il vaglio giudiziario. I fratelli Graviano vengono arrestati a fine gennaio 1994, in un ristorante, Gigi il cacciatore, in compagnia, fra l'altro, di tal Giuseppe D'Agostino che aveva cercato di fare entrare suo figlio, astro nascente del calcio, nella squadra del Milan rivolgendosi a Dell'Utri. Appena trentenni, hanno già alle spalle le stragi del 1993, Roma, Milano e Firenze, quando, per la prima volta, Cosa Nostra decide di andare in trasferta. Appartengono al gruppo di comando di Leoluca Bagarella, fedelissimo di Totò Riina che però ormai è detenuto, il quale ha sempre disprezzato la linea «morbida» di Provenzano (è cronaca recente l'ipotesi che fosse stato proprio Provenzano a vendere Riina al Ros). Ma torniamo ai Graviano: è processualmente accertato che nelle stragi del 1993 ebbero magna pars. Commissionarono l'uccisione di don Pino Puglisi (15 settembre 1993), il parroco di Brancaccio che si era messo di traverso inceppando i disegni di mafia nel quartiere. E killer di quel delitto, fra gli altri, era stato proprio Gaspare Spatuzza, un'altra circostanza che spiega meglio perché il terzetto si conosca. Diamo ora la parola a Giovanni Brusca che con tutti, «padri e figli» verrebbe da dire, «lavorò», «fece affari», e divise molto del suo tempo prima di finire anche lui in manette.

Di Spatuzza dice: «Lo combinammo [gli facemmo prestare giuramento, *N.d.A.*] nel 1995, subito dopo la rapina alle Poste di Palermo. Era uno a posto: era quello, per dirne una, che doveva fare l'attentato al pullman pieno di carabinieri che usciva dall'Olimpico. Il timer all'ultimo momento si inceppò, ciò non toglie che era uno che sapeva il fatto suo. È durato poco. Hanno arrestato anche lui. Ricordo che quando lo iniziai e gli chiesi se voleva far parte... mi rispose sgranando gli occhi: "Sono quindici anni che aspetto questo momento..."». E ancora: «Gaspare Spatuzza aveva un amico nell'edilizia che gli procurava ogni volta un paio di bidoni senza problemi. C'era Vittorio, un altro amico: una sua partita di acido fu quella adoperata per sciogliere il corpo del piccolo Di Matteo». Già, il delitto del piccolo Giuseppe Di Matteo, strangolato e sciolto nell'acido nel disperato tentativo di costringere alla ritrattazione suo padre, Santino, che stava collaborando. Brusca ammette: «Sono sempre stato io, in tutta la vicenda, a dire quello che si doveva e quello che non si doveva fare...». E spiega: «Conoscevo le abitudini del piccolo Di Matteo perché andava a Villabate, al maneggio dei Vitale, "uomini d'onore" del mandamento dei Graviano di Brancaccio. Passai l'informazione a Giuseppe Graviano incaricandolo del rapimento». Ma anche il tentato omicidio, a Mazara del Vallo, del commissario Rino Germanà, che si salvò per miracolo, rientra in quegli anni terribili: «A ucciderlo andarono in tre: Bagarella, Giuseppe Graviano e Matteo Messina Denaro... Ma sbagliarono tutti: un fucile si inceppò...».

Perché il quadretto sia completo, giova infine ricordare che Giuseppe Graviano sta scontando l'ergastolo anche per l'omicidio (12 marzo 1992) di Salvo Lima, europarlamentare democristiano, con il quale il vertice stragista di Cosa Nostra decise di voltare politicamente pagina dando inizio alla campagna del terrore. In conclusione: i Graviano vivono in primissima linea, dall'inizio alla fine, quella stagione fulminea, nella quale rientrano ovviamente Capaci e via D'Amelio, in cui Cosa Nostra cercò spasmodicamente il suo nuovo referente politico. Ed è qui che si entra nell'opinabile. Quel nuovo referente forse fu rappresentato dall'allora nascente Forza Italia? Si indaga ancora molto sugli incontri e le telefonate dei Graviano, a Milano, prima del loro arresto? In che consisterebbe lo scandalo? E, se così fosse, perché si manifesta tanta fibrillazione ai piani alti del Pdl in vista dell'interrogatorio di Gaspare Spatuzza? Un freddo disinteresse sarebbe un'ottima risposta alle illazioni. Stranamente accade proprio il contrario.

(15 novembre 2009)

Vespa assolve in seconda serata

«Una porcata.» Dice proprio così Nicola Cosentino riferendosi all'inchiesta della magistratura contro di lui. Ormai non c'è più che sentire. Gli organismi di controllo dovrebbero registrare live questi capolavori di approfondimenti televisivi. Bruno Vespa, infatti, di fronte alla parola «porcata» non fa una piega. Non invita neanche l'ospite maleducatissimo a trovare un sinonimo che sia meno sgradevole. Ma che ci sta a fare un conduttore televisivo? Dopo anni di finti pudori, manovre di avvicinamento, dire e non dire e ipocrisia bipartisan, *Porta a porta* si svela finalmente per quello che è: il porto franco per tutti coloro che hanno il dente avvelenato con la giustizia, il tiepido ricettacolo per imputati alla ricerca di resa dei conti, il circo quotidiano della trasgressione verbale al quale vieni ammesso quanto più sono pesanti i tuoi precedenti penali, quanto più ti porti dietro una nomea non immacolata, quanto più sei chiacchierato. E se sei vicino alla mafia è meglio ancora: il tuo caso apparirà più misterioso e affascinante agli spettatori. Cosa ci sta a fare un conduttore se un suo ospite, a ruota libera, si scaglia volgarmente contro rappresentanti delle istituzioni assenti e dunque non in grado di difendersi?

In cosa consista il cavalluccio a dondolo di Vespa è presto detto. Ai magistrati è imposto – e giustamente – il tassativo divieto di parlare di indagini in corso e delle quali sono titolari. Ma nessuno fa divieto agli imputati di scannare mediaticamente i propri antagonisti. Vespa lo sa e gli fa comodo. Così la sua trasmissione, oltre a essere la terza Camera, è diventata il quarto grado di giudizio al termine del quale sarà emessa la sua sentenza. L'imputato ha qualcosa da dire? «L'inchiesta dei magistrati contro di me era una porcata. Vostro onore, Bruno Vespa, la ringrazio di avermi assolto almeno lei.» Fine della trasmissione.

(18 novembre 2009)

Falcone e Borsellino, vite parallele

Si potrebbe dire che si conoscevano da sempre. Durante l'infanzia avevano diviso lo stesso quartiere, essendo entrambi nati a Piazza Magione, in una Kalsa brulicante d'umanità e presto segnata irrimediabilmente, lo è ancora oggi, dai bombardamenti americani, l'azione cattolica, nella chiesa di San Francesco d'Assisi, le prime amicizie, le prime letture, i primi germi di una coscienza civile. Venivano entrambi da famiglie di borghesia operosa, ma, in strada, avevano istintivamente imparato a riconoscere, oltre al proprio, un altro mondo, diverso, più duro, con altri codici, altri linguaggi, altri modi di concepire la vita e le relazioni. Sape-

vano, uno dell'altro, tutto quello che c'era da sapere. Si fidavano ciecamente, senza riserve mentali, senza tornaconti. Si capivano con un'occhiata, un gesto della mano, il ricorso a un ricordo di quell'infanzia
comune. Era naturale che fosse così, essendo cresciuti insieme. Poi, con
gli anni, avevano imparato a stimarsi da professionisti, ma questo era
venuto dopo, quando sarebbero diventati «i colleghi della porta accanto»,
nel bunker dell'ufficio istruzione di Palermo. E va da sé che furono sempre
– rimanendolo sino alla fine – veri amici. Il che, in una terra dove il
sospetto è un tarlo che prima o poi corrode tutto, era un fatto che, da solo,
aveva quasi dello straordinario.

Che due vite parallele come quelle di Giovanni Falcone e Paolo Borsellino, si siano concluse come tutti sappiamo, non fa parte, come comune-
mente si crede, della storia della mafia, fa parte, semmai, di quel loro modo
intransigente, e sintonico, di volere fare le cose per bene, con molto scrupolo, senza mezze misure e sino in fondo. Poiché tutto questo lo facevano
dichiaratamente contro la mafia, la mafia, con piglio gelidamente notarile,
non fece altro che tirare la riga del dare e dell'avere. Ecco allora che più
passano gli anni e più, nell'immaginario collettivo, Capaci e via D'Amelio,
i luoghi in cui persero la vita, sono destinati quasi a identificarsi in uno solo,
come sono destinate a identificarsi, nel ricordo, e a dispetto di ogni anniversario, persino le date. Come se un'unica gigantesca vampata di ferro e di
fuoco si fosse portata via due vite troppo parallele per essere separate, proprio
in quella tragica dirittura d'arrivo, da quei cinquantasei giorni dei quali,
invece, danno pedantemente conto le cronache. Giovanni Falcone, Paolo
Borsellino. Ci si lasci dire: furono coerentemente, e sino alla fine, «magistrati d'onore». Un «onore» che, a chiacchiere, era stato sempre appannaggio esclusivo di quell'altro mondo, duro e con altri codici, che loro, sin da
piccoli, avevano imparato a conoscere e detestare. E questo capovolgimento di ruoli, che poi, grazie a loro, avrebbe fatto scuola e proseliti, fu vissuto
dai criminali come un affronto inaccettabile. Entrambi pagarono con la
vita, in moneta assai sonante, per le stesse cose. Entrambi commisero lo
stesso errore imperdonabile: l'essersi messi in testa che con la mafia non
doveva essere cercata alcuna forma di convivenza. Entrambi non resistettero alla tentazione di smuovere le acque in Sicilia, regione dove, quasi per
definizione, persino un intero armamentario di proverbi aveva sempre
sconsigliato qualsiasi forma di larvato cambiamento. Altro che il tutto
cambi perché nulla cambi. La mafia, dal punto di vista dei suoi biechi interessi, non voleva che cambiasse proprio nulla, ma davvero nulla.

E che dire, ora? Che Falcone e Borsellino per quindici anni costrinsero la mafia a ballare la samba a suon di arresti, inchieste, perquisizioni? Che
misero alle corde le famiglie americane degli Spatola, dei Gambino e degli
Inzerillo? Che istruirono una sfilza di maxi processi? Che spaccarono una
magistratura che, sino ad allora, aveva sempre girato la testa dall'altra
parte, forte con i deboli e debolissima con i forti, come si diceva un tempo?

Che scoperchiarono un santuario dietro l'altro? Che non rimasero spettatori passivi della guerra di mafia anni Ottanta, mentre in passato gli investigatori tiravano un sospiro di sollievo perché «i mafiosi si ammazzavano
fra loro»? Che dire, ancora? Che andarono alla ricerca delle ricchezze
accumulate illecitamente nelle banche di Milano come in quelle svizzere?
Che scardinarono, dando ascolto ai pentiti, un mondo segreto e sotterraneo
che, grazie al «valore» dell'omertà, era rimasto da sempre impenetrabile e
sconosciuto alla gente civile? O va ricordato che, per rendere ancora più
incisivo il loro lavoro, inventarono, sotto la guida di Antonino Caponnetto, il pool dell'ufficio istruzione? Che cascarono sempre in piedi, anche
quando sembrava che la manina di un certo Stato riuscisse, da sola, a fare
quel lavoro sporco che tutti i mafiosi agognavano ma che non era facilissimo portare a termine? O va evidenziato che sapevano anche rivolgersi
all'opinione pubblica per lanciare un messaggio che la sensibilizzasse finalmente contro la mafia? Vogliamo dirlo che furono accusati di protagonismo?
Di essere star dell'antimafia? Di concepire il lavoro del giudice come quello dello sceriffo? O dovremmo dimenticare che entrambi furono messi
sotto accusa dal Csm, cucinati a fuoco lento da certi media dell'epoca, visti
dai Palazzi romani, nella più benevola delle ipotesi, come fastidiosi guastatori che agivano alla provincia dell'impero? O, per finire, che il club degli
«amici di Giovanni e Paolo» registrò un boom di iscrizioni – oggi si direbbe di «contatti» –, ma purtroppo solo dopo il loro estremo sacrificio? Ci
accorgiamo che sin qui, ma è troppo tardi per rimediare, non abbiamo
fatto altro che scrivere: mafia e mafiosi, pur sapendo benissimo che quelle
definizioni, se ai tempi di Falcone e Borsellino in qualche modo delimita-
vano il problema, oggi è diverso. Già a quei tempi, la mafia era una mafia
politica. Falcone e Borsellino lo intuirono, ma non poterono andare oltre.
    Ci sarebbero voluti anni e anni per svelare l'esistenza di altre facce
nascoste, la faccia istituzionale, la faccia politica, quella economica. E
ancora non ci siamo. Avendoli conosciuti entrambi, ci preme dare una
testimonianza solo di dettaglio di quanto siano state parallele le loro vite.
Noi cronisti, è proverbiale, andiamo sempre in giro a far domande per poi
scrivere quello che si trova (più o meno). Cominciamo col dire che, se
per caso, andavi nel loro ufficio un'ora prima che fossero sul punto di
scatenare una micidiale offensiva giudiziaria, di questo clima di vigilia
non trapelava assolutamente nulla. Nel loro accampamento non perce-
pivi alcun segnale di mobilitazione, di fibrillazione. Il che, come si può
ben capire, mandava in bestia gli avvocati penalisti che speravano, annu-
sando l'aria, di captare invece segnali che potessero tornare utili ai loro
clienti mafiosi. Se il cronista si faceva più audace, Falcone, che magari
non aveva intenzione di rispondere, elargiva un bel sorriso e un invito
laconico: «Chiedilo a Paolo». Se il cronista accettava il suggerimento,
altro sorriso, ma in questo caso sotto i baffi, e altro consiglio laconico:
«Lo chieda a Giovanni». Uno dava del tu, l'altro dava del lei. Magistrale

gioco delle parti, magistrale interpretazione, fin nei minimi dettagli, di due vite parallele.

(1 dicembre 2009)

Il monaco zen

Un monaco zen un po' avanti negli anni, ieri, 4 dicembre 2009 – si festeggiava Santa Barbara, che si distinse per l'impegno nello studio e per la riservatezza –, attorno alle dieci, in perfetto orario con l'apertura dell'udienza, ma quando tutti avevano già preso posto, si è presentato nell'aula del Tribunale di Torino e ha preso posto anche lui, in primissima fila, davanti alla Corte, scrutato da centinaia di sguardi, telecamere, teleobbiettivi, che tentavano di decifrarne l'umore. Un monaco zen sui generis, certo; impeccabile vestito grigio scuro, camicia azzurra, cravatta a pallini, scarpe inglesi, in cuoio rosso. Questo monaco zen si chiama Marcello Dell'Utri.

È un monaco zen di grado molto alto, che deve averne viste e udite tante, e ormai si dedica solo alla pace interiore, alla costante ricerca della via della vita e della virtù. Tiene le braccia conserte. Le gambe distese, leggermente divaricate. Occhialini appoggiati sul tavolo, anche se non c'è niente da leggere. Sguardo immobile, forse assente, o forse no; una lieve ombra di sorriso quasi stampata sul volto impenetrabile; non cambierà mai posizione, appena qualche piccola torsione sul busto. Davanti a lui, una mala linguaccia di pentito, di nome Gaspare Spatuzza sta suonando il gong proprio per Marcello Dell'Utri, senatore, fondatore di Forza Italia, vita parallela, da un certo punto in avanti, con quella di Silvio Berlusconi, per le sue responsabilità, vere o presunte che siano, dentro e fuori Cosa Nostra. Suona il gong a ruota libera, in maniera sgraziata, senza rispetto per nessuno, quasi a voler violare la pace del tempio. Ma il monaco zen non fa una piega. È venuto spinto dalla curiosità di guardare da vicino uno dei suoi accusatori. È venuto perché appartiene alla scuola che l'imputato, al suo processo, deve essere presente. È venuto – come dice lui stesso – «perché io ci metto la mia faccia, non mi nascondo mica». Dell'Utri non ha mai preso appunti. E un monaco zen, da che mondo è mondo, non prende appunti, non consulta verbali, non cammina in giro per il mondo con cartelle piene di scartoffie. È così che si comporta Dell'Utri. Ai vecchi cronisti, ormai con la barba bianca, abituati ad Andreotti che dalla sua cartellina in pelle estraeva a colpo sicuro foglietti su foglietti per prendere nota, che evidenziava con diversi colori brani di interrogatori o suggeriva al collegio difensivo, la differenza non sfugge. Dell'Utri, al massimo medita, forse ascolta. Certamente non ha domande da fare. Sono gli altri che gliele devono rivolgere.

E ai giornalisti, che alla prima pausa dell'udienza lo cingono d'assedio, dice: «Oggi cattivo giorno, domani farà buon giorno». A chi gli chiede se ha paura, risponde: «Temo tutto, non ho paura di niente». A chi gli fa notare che dopo Spatuzza potrebbero essere ammessi al suo processo altri collaboratori, risponde: «Dieci o mille Spatuzza che differenza fa? Può venire chiunque. Io sono sereno e questo mi basta». A chi gli fa notare che si parla di stragi, bombe, terrorismo politico mafioso, replica: «Di fronte a simili accuse una persona normale o impazzisce o si spara». A chi insiste sull'argomento: «Fate citare il Poeta anche a me: "Che colpa ho della loro vita rea?"». A chi ipotizza che altri collaboratori potranno suonare colpi di gong ancora più assordanti, rispetto a quelli che sta suonando Spatuzza, risponde: «Meglio, meglio. Le cose, più grosse sono, meglio è. Appaiono ancora più incredibili». A chi gli chiede se ha mai conosciuto Spatuzza risponde: «Mai visto». E Giuseppe e Filippo Graviano? «Non li ho mai conosciuti.» A chi spera di rincarare la dose, facendogli il nome di Bernardo Provenzano: «Ma vuole scherzare? Dicono che Provenzano mi ha anche mandato dei bigliettini. Cose assurde, un teatrino. Il teatro è un'altra cosa». Magari avrà conosciuto Massimo e Vito Ciancimino e Massimo gli vuole lanciare qualche messaggio? «Ma quali messaggi? Le dichiarazioni di Ciancimino mi fanno ridere». Il primo assalto è finito.

Il monaco zen sembra quasi divertito dall'infinita stupidità che lo circonda. Un intero mondo dei media, con cospicua rappresentanza straniera, al seguito della mala linguaccia di un pentito: ma è mai possibile? Questo deve essergli passato per la mente. E dire che una chiave politica, il monaco zen, aveva pur cercato di offrirla agli incolti, quando aveva detto: «Questo è un pentito di mafia, questi sono pentiti di mafia. Non "di antimafia". Hanno tutto l'interesse a buttar giù un governo che lotta contro la mafia. Il vero obbiettivo è Berlusconi e il suo progetto politico. E nessuno, contro la mafia, ha fatto quello che ha fatto lui». Ma il circo dei media poteva prestare mai ascolto a parole così sagge, tanto documentate e di evidenza tanto solare? Ma è proprio vero che tutto ha un limite, anche la pazienza dei monaci zen. E se esplode, esplode in modo incalcolabile. «Ma che cazzo sta dicendo?» urla improvvisamente alla collega Antonella Mascali, di Radio Popolare, perché si è permessa di citare Vittorio Mangano aggiungendo: «Come ha fatto a definirlo un eroe?». Ora, Dell'Utri è diventato un'altra persona. È paonazzo. Urla a squarciagola: «Certo che Mangano era un eroe! Se lo metta bene in testa». E scandisce, una, due, tre volte: eroe, eroe, eroe. «Ha capito? Eroe!» Ma cosa fece di tanto straordinario l'eroe Vittorio Mangano? «Cosa fece? Ma lei lo sa che mentre Mangano era in carcere, divorato da un tumore, i pubblici ministeri lo chiamavano per dirgli: "Faccia quello che vuole, ma si inventi qualcosa contro Berlusconi e contro Dell'Utri"...».

E lui? «E lui niente. Non accettò il ricatto, rinunciando alle sicure contropartite che avrebbe ricevuto. Con me si è comportato da eroe...». L'udienza adesso è ripresa. Ma il posto del monaco zen è vuoto. Marcello Dell'Utri se ne è andato e non tornerà sino alla fine. Perché a tutto c'è un limite. E nessuno può permettersi di mettere in discussione persino gli eroi.

(5 dicembre 2009)

Quando il centro-destra sconfisse la mafia

Il governo bandisce un concorso di idee per la migliore cartolina ricordo, con annessa emissione di francobollo commemorativo, che abbia come tema: «C'era una volta la mafia». Cosa Nostra è stata infatti decapitata. No. Cosa Nostra è in ginocchio. No. Ci sono interi clan in ginocchio, è la mafia palermitana a essere definitivamente scomparsa. Sottili disquisizioni amatoriali, ma la sostanza non cambia. A sentire gli esponenti governativi, la fine del fenomeno ultra secolare, alla quale stiamo assistendo in queste ore, è indiscutibile per tutti, e irreversibile. Fatta eccezione, ma si capisce, per le opposizioni di sinistra che non si rassegnano e vogliono tenerne in vita il fantasma (della mafia) per avere così la possibilità di attaccare Berlusconi, con l'argomento specioso che proprio Berlusconi la tiene in vita, la foraggia se addirittura non ne è il mandante occulto. Altrimenti le opposizioni che ci stanno a fare? Ma per fortuna sono polemiche ormai stantie, ché, come osserva acutamente Rosi Mauro, Pdl: «Gli slogan nascono e muoiono in un nano secondo, la lotta di un governo serio alla mafia rimane negli annali della Storia». Da questa consapevolezza discendono la cartolina ricordo e il francobollo. Ora si tratta solo di mettersi al lavoro per individuare l'immagine adatta. La location, come usa dire. E c'è chi propone la Valle dei Templi, ad Agrigento, con in sovrimpressione, la famosa icona di Cuffaro con coppola e scacciapensieri. E chi lavora a un bozzetto con i profili stilizzati di Alfano, Maroni e Gasparri che addentano i tentacoli di una piovra bollita, e al limone. E qualcuno pensa a un Berlusconi che, con una mano strozza chi ha fatto fiction e libri sulla mafia, con l'altra strangola i mammasantissima. Avevamo scritto lunedì: «Difficilmente si daranno una calmata». Ci eravamo tenuti bassi.

(11 dicembre 2009)

Graviano non ha conosciuto Dell'Utri

Signor Filippo Graviano, conosce il senatore Marcello Dell'Utri? «No.» Ha mai avuto rapporti di qualsiasi tipo con Marcello Dell'Utri? «Assolutamente no. Né direttamente né indirettamente. No.» Filippo Graviano, quarantotto anni, pullover verde acqua a V, camicia bianca, sguardo gelido, una prosa ancorata solo a periodi ipotetici di terzo tipo, non solo non conferma Gaspare Spatuzza ma lo smentisce dalla A alla Z. Non lo tratta male, né lo critica per la sua scelta collaborativa. Lo smentisce, e basta. Al presidente del Tribunale di Palermo, Claudio Dall'Acqua, che gli chiede se intende avvalersi della facoltà di non rispondere, Filippo Graviano premette che risponderà nei «limiti delle mie possibilità». E sarà un fiorire di risposte precedute da una sfilza di «se...», assai cautelativi. Il procuratore generale, Antonino Gatto, si avvicina alla domanda fatidica – centrale nell'udienza di Torino – sulle aspettative di Cosa Nostra rispetto a Forza Italia, e Graviano taglia corto: «Questa domanda che sta tentando di farmi mi è già stata rivolta in cinque interrogatori. La frase: se non arriva niente da dove deve arrivare, possiamo pensare di parlare con i magistrati... che mi attribuisce Spatuzza. Ma queste parole non le ho mai dette, perché non potevo dirle». E perché non poteva dirle? Graviano: «Nel 1994 fui arrestato per scontare quattro mesi. Quindi nessuno aveva da promettermi niente». Il colloquio Spatuzza-Graviano, si sarebbe svolto nel 2004 nel carcere di Tolmezzo dove i due si incontrarono, per la prima volta, da detenuti. Graviano: «Se avessi voluto consumare una vendetta [contro Berlusconi e Dell'Utri, N.d.A.] non avrei atteso cinque anni. Non è che abito in un hotel. L'avrei detto prima. Non ho cercato scorciatoie. Non ho cercato mai i magistrati».

La polpa dell'udienza di ieri – 11 dicembre 2009, San Damaso I, papa, patrono degli archeologi – è tutta qui. Anche perché il fratello di Filippo, Giuseppe Graviano, si è avvalso della facoltà di non rispondere, adducendo ragioni di «cattiva salute», affidando al difensore, Gaetano Giacobbe, una lettera in cui denuncia di essere «sepolto vivo» per effetto del 41 bis. Infine, non si è cavato nulla da Cosimo Lo Nigro che, a domanda se conoscesse Graviano Filippo, ha concesso: «Può essere che acquistava pesce nel mio negozio, in via Bergamo. Avevo una pescheria»; e negato di essere mai andato a Campofelice di Roccella, dove Spatuzza colloca, nel 1993, un suo incontro proprio con lui e con Giuseppe Graviano. Platone nei suoi *Dialoghi*, da qualche parte, scrive che: «L'uomo interrogato bene risponde sempre bene». Che forse i tre signori interrogati ieri dalla Corte d'appello, dal procuratore generale, e dai difensori, ma assai laconicamente, e va rilevato, sono stati interrogati «male»? Ci mancherebbe. Non è questo che si vuole sostenere. Le domande erano, umanamente parlando, le più logiche che potessero essere rivolte in una simile circostanza. La questione è un'altra. Domande sacrosante, ma, semmai,

Corrispondenze e interviste 785

rivolte alle persone sbagliate. E qui ci permettiamo di aprire una parentesi a beneficio di lettori che non dovessero masticare la materia. Se è inusuale che le dichiarazioni di Spatuzza siano finite in dibattimento prima di quella verifica che alle parole di un collaboratore conferisce patente di attendibilità o no, è ancor più inusuale che, a far da cartina di tornasole alle parole del «collaboratore», siano stati chiamati tre «uomini d'onore». Evidentemente, i tempi devono essere cambiati. Ché quando si trattò di verificare le parole di Buscetta su Andreotti, insorse il «partito dei sostenitori di Badalamenti». Volevano a gran voce che don Tano tornasse dagli Usa – e il generale Mario Mori sembrò caldeggiare quest'ipotesi – per sentire anche «l'altra campana». Non se ne fece nulla. Il viaggetto di Badalamenti sfumò perché qualcuno, sensatamente, fece notare che Badalamenti negava che esistesse la mafia, oltre che di farne parte. Che poteva saperne di Andreotti colluso o no? Naturalmente, le deposizioni dei tre «uomini d'onore» quelle sono. E univoche: non sappiamo chi sia Dell'Utri. Ora qualcuno farà notare che Filippo Graviano ha pronunciato calorose affermazioni pro buoni sentimenti, pro legalità, pro istituzioni. A noi è sembrato che gli stia a cuore accreditarsi, in carcere, come Difensore Civico dei detenuti. Ambizione rispettabilissima e commendevole, ma che non muta la sua condizione di ergastolano autore di stragi. Per finire, Dell'Utri. Riferendosi a Filippo Graviano: «Nel guardarlo ho avuto l'impressione, a differenza di Spatuzza, della dignità da parte di uno che si trova in carcere e soffre. Credo nel suo processo di ravvedimento». Ma è risaputo che, quanto a «eroi», il senatore ha una sua personalissima graduatoria.

(12 dicembre 2009)

Cuffaro condannato 3

Condannato per aver favorito consapevolmente la mafia, non solo per cannoli, a voler sintetizzare. Ed è un pezzo del sistema di potere, un tempo Dc, oggi Pdl, che viene giù fragorosamente, dopo anni e anni di polemiche, spettacolari arrampicate sugli specchi, solidarietà politiche preventive, postume e in corso d'opera. Peggio di così, non gli poteva andare. Totò Cuffaro, già governatore di Sicilia, è stato condannato a sette anni, due in più rispetto a quella condanna a cinque anni che, non riconoscendo l'aggravante per mafia, lui, nell'euforia tipica di chi sa che ci sarà sempre un verdetto successivo, aveva salutato quasi fosse un'assoluzione. Anche perché così fan tutti. Ora la cruna dell'ago si fa più stretta, la Cassazione non è alle viste e la Cassazione, fra i suoi compiti istituzionali, non è che abbia proprio quello di far sempre i miracoli. E stavolta neanche Pier Ferdinando Casini, a rigor di logica, dovrebbe avere granché da dire, da obiettare. Silenzio: entra la Corte, alle undici e un minuto di questo 23 gennaio – San Enrico Suso Von Berg, frate domenicano tedesco che nel Trecento si incise sul petto con un ferro rovente il nome di Gesù Cristo – per sgranare un dispositivo di sentenza che pietrifica imputato, difensori, amici di corrente, amici degli amici, qualche giornalista di vecchio, ma collaudato, ceppo garantista, semplici curiosi. Siamo abituati, nelle aule dei tribunali italiani, di quest'Italia di oggi in cui la giustizia è stata stuprata e scempiata in nome di grottesche caricature della ragion di Stato, strattonata di qui e di là, ridotta a una mazza ferrata per randellare a piacimento, siamo abituati, dicevamo, a considerare come fattore decisivo il «clima» in cui questa o quella particolare sentenza vengono a cadere. E il clima, o il vento, se si preferisce, all'indomani della definitiva assoluzione in Cassazione di Calogero Mannino, spirava tutto a favore di don Totò. Entrambi democristiani, Mannino e Cuffaro. Entrambi Udc. Entrambi senatori. Entrambi ultime robuste costole di quella gigantesca balena bianca che per mezzo secolo aveva galleggiato indisturbata nelle acque di Sicilia. Ma non solo: entrambi, Mannino e Cuffaro, giungevano a sentenza dopo anni di tribolazioni processuali, quando i processi erano roba lunga, e il «processo breve» di Angelino Alfano e compari, non aveva ancora riscritto l'astronomia processuale disegnata, a suo tempo, da Mosè.

Ma ieri, la terza sezione di Corte d'appello presieduta da Giancarlo Trizzino – giudici a latere, Gaetano La Barbera e Ignazio Pardo (l'accusa era stata rappresentata da Enza Sabatino e Daniela Giglio, da Nino Di Matteo, in primo grado) – ha inferto un colpo durissimo alle teorie «climatiche» che cercano di anti vedere le sentenze. L'effetto è visibile: Cuffaro, seguito da un piccolo codazzo, esce a passo svelto dall'aula bunker del carcere dei Pagliarelli, terreo. Lo segue una selva muta di microfoni tenuti a mezz'altezza, quasi a mezz'asta, ma nessuno – e in fondo è umano che sia così – ha il coraggio di articolare una sola domanda. Che chiedere, in casi del genere, al condannato: se se l'aspettava, se lo rifarebbe, cosa ha pensato nel momento in cui il giudice lo inchiodava alle sue responsabilità o a chi è andato il suo primo pensiero in quel momento? Diciamo la verità: qualsiasi domanda, e di conseguenza qualsiasi risposta, sarebbero state di pessimo gusto. Tant'è che, grazie a quel fiuto che nessuno gli ha mai negato e a quella capacità del navigatore di lungo corso che gli ha consentito, in certi frangenti, di essere l'uomo politico più votato della storia della Sicilia, Cuffaro ha detto ai microfoni, quasi spontaneamente: «Le sentenze dei tribunali vanno sempre rispettate. E le rispetto. Io so di non essere mafioso. Dedicherò il mio tempo alla famiglia, mi dimetterò da incarichi di partito, continuerò a difendermi nel mio processo, come ho sempre fatto». Tacciono, e ascoltano Cuffaro, i suoi difensori: sia il veterano dalla chioma ormai incanutita e che ne ha viste tante, come Nino Mormino, sia le giovani new entry, illuse di sparigliare, portando linfa fresca alla difesa. E già tutti, vecchi e giovani, pensano alla nuova data che incombe: il 5 febbraio, quando di fronte al giudice per le indagini preliminari, Vittorio Anania, inizierà il nuovo processo a Totò Cuffaro per concorso esterno in associazione mafiosa. Tutto appare molto più complicato da questa sentenza emessa nel giorno di Sant'Enrico. Però, è giusto sottolineare: «Beati monoculi in terra cecorum!». Ché nell'esercito italiano dei processati, fra essere imputati con immunità, come Cuffaro, ed essere imputati di rango semplice, fa pur sempre una certa differenza. E non proprio di lievissimo conto.

(24 gennaio 2010)

Intervista a Francesco Messineo 3

È fra i procuratori più taciturni d'Italia. Mai andato in un salotto tv, restio alla dietrologia, allergico ad ogni retorica – tentazione irrefrenabile in certi ambienti antimafia –, attratto più dalla contabilità dei risultati che dalle parole; insomma: dai consuntivi, più che da proclami passeggeri. Il minimo che si possa dire di Francesco Messineo, sessantatré anni, magistrato da quaranta, procuratore a Palermo, una di quelle poltrone che non sono mai state un sofà per nessuno e che occupa dal 2006, è che è un magistrato a sangue freddo.

Domanda: *Cosa Nostra è stata ormai sconfitta?*
Risposta: Non parlerei di sconfitta, che resta ancora un obbiettivo finale ma non è realtà. È fortemente indebolita e in grave difficoltà. Credo sia importante valutare realisticamente la condizione attuale di Cosa Nostra perché sottovalutare o, all'inverso, enfatizzare l'avversario, sono errori speculari che non dobbiamo commettere.
D. *Ci spiega l'arcano dei boss che cascano nella rete ma vengono sostituiti?*
R. Cosa Nostra possiede una grande capacità di rigenerazione, ma i soggetti scelti in sostituzione non possiedono le stesse «qualità» politico-militari dei predecessori. Questo ha determinato un forte abbassamento qualitativo dell'intera organizzazione, oggi ridotta alle terze e alle quarte linee.
D. *Perché non resistono al demone del «pizzino» che si ritorce contro di loro?*
R. Da un lato, devono mantenere il controllo di trame economico-criminali complesse: «messe a posto» di appalti; rateazioni di pagamenti o proventi estorsivi; somme riscosse; e il tutto è troppo difficile da tenere a mente. Dall'altro, si tratta di soggetti che, non possedendo la capacità di utilizzare i moderni mezzi informatici, sono costretti ad affidarsi alle

antiche annotazioni cartacee magari protette da codici che, però, per gli esperti risultano ormai semplici da decifrare. E l'archivio deve essere sempre a portata di mano, quindi deve seguire il latitante.

D. *La Sicilia: un mare gigantesco in cui i mafiosi nuotano indisturbati, o stagno dove a mala pena sguazzano?*

R. L'acqua nella quale nuotavano si è ridotta a ben poca cosa. La principale ragione di ciò è che l'azione investigativa, fondata principalmente su strumenti tecnici, rende molto difficile la comunicazione fra i mafiosi. E una Cosa Nostra privata della possibilità di comunicazione è fortemente indebolita.

D. *Sotto la sua direzione è toccato ai Lo Piccolo, a Domenico Raccuglia, a Giovanni Nicchi. E Matteo Messina Denaro?*

R. Quando sono arrivato a Palermo operavano i grandi latitanti da lei ricordati. Oggi, nel territorio di Palermo, non vi è più alcun latitante di spicco, dato che Giovanni Motisi, latitante da dieci anni, non è certo che sia vivo. Quanto a Messina Denaro sono alieno dal manifestare certezze. Ma ora, potendo riconvertire il meccanismo investigativo verso un solo obbiettivo, i risultati non dovrebbero mancare.

D. *Scriveremo l'epitaffio della mafia?*

R. Mancano ancora all'appello i due latitanti agrigentini, Giuseppe Falsone e Gerlandino Messina. Dopo la loro cattura, della mafia che abbiamo conosciuto resterà davvero poca cosa.

D. *Intravede già una mafia ex novo?*

R. Spero di no, ma la mafia ci ha abituati a continue mutazioni genetiche e avvertiamo segni di uno spostamento verso aree economiche diverse dal passato: la grande distribuzione commerciale e l'investimento in strutture turistiche.

D. *I mafiosi li arrestano magistrati poliziotti e carabinieri o gli esponenti governativi?*

R. Gli arresti sono frutto della collaborazione fra magistrati e forze dell'ordine. Il ruolo del governo è predisporre e coordinare le risorse per quest'attività.

D. *Le cronache rendono noti elenchi di vittime designate. Questo «minaccificio» ha una funzione deterrente? Falcone diceva che se Cosa Nostra vuole assassinare qualcuno, prima porta a termine il lavoro, e dopo fa i comunicati.*

R. È difficile rispondere in termini di certezze. Probabilmente, le minacce servono più a turbare i destinatari e a provocare ripetuti allarmi nelle forze dell'ordine che non a prefigurare reali progetti di attentati. E l'esperienza dovrebbe aver chiarito che non hanno in genere alcun effetto intimidatorio sulle persone minacciate che restano a fare il loro lavoro.

D. *Nino Di Matteo, sostituto procuratore, sostiene che si potranno arrestare anche dieci, cento latitanti ma, se non si recide il nodo con politica e istituzioni, la mafia si riprodurrà sempre per partenogenesi.*

R. Il tema delle influenze mafiose nella politica è grave e serio dato che l'imponente consistenza numerica dell'organizzazione determina, fatalmente, un forte peso elettorale.

D. *Antonio Ingroia, procuratore aggiunto, ha scritto un pamphlet eloquente: «C'era una volta l'intercettazione». Lo ha letto?*

R. Certo. E trovo che esponga considerazioni rilevanti che costituiscono un'utile base di discussione.

D. *Un figlio d'arte, il figlio di don Vito Ciancimino, che di mafia ne masticò tanta, collabora con la sua procura. Trattativa e papelli, complicità e latitanze di rango. Ne verrete a capo?*

R. Preciso che Massimo Ciancimino non riveste la qualità di collaboratore in senso tecnico ma rende dichiarazioni in ordine a temi sui quali viene interrogato. Le sue dichiarazioni sono oggetto di verifiche. E vengono utilizzate nel quadro di più complesse indagini, da noi e da altre procure. Venire a capo delle trame in cui si inseriscono le sue dichiarazioni è un risultato nel quale confidiamo, ma occorrerà il concorso di vari fattori.

D. *In procura non si parla più di «veleni».*

R. Non so come era prima. Ho cercato un clima di unità e concordia perché sono convinto che una struttura deve essere unita, in caso contrario si debilita nelle lotte interne. Non so se ci sono riuscito.

(28 gennaio 2010)

Atlante cianciminiano

Ma chi è? Da dove è saltato fuori? E perché dice tutto quello che dice? E tutte queste cose come le sa? E chi gli lo fa fare di dirle tutte insieme, una dietro l'altra, in un processo pubblico, concedendo perfino che le telecamere lo riprendano? E perché osa sfidare le ire del generale Mario Mori, petto stracolmo di medaglie pesanti, elargite da Prima e Seconda Repubblica, e imputato per favoreggiamento a Cosa Nostra, avendo, secondo l'accusa, fatto scappare Bernardo Provenzano, ma, comunque sia, uno fra gli uomini dei Servizi segreti più potenti e informati d'Italia?

È Massimo Ciancimino, quarantasei anni vissuti pericolosamente. Sembra ancora un giovanotto, è di piccola statura, con occhi neri vivacissimi, parlata lenta con parole affilate dal bisturi, in impeccabile grisaglia, persino il panciotto che ormai usano in pochi. E si porta dietro, al banco del pretorio, un bottiglione d'acqua minerale da due litri perché sa che l'udienza sarà lunga e solo la sete potrebbe tirargli brutti scherzi.

Ciancimino è figlio di suo padre, don Vito, che lo prescelse fra i suoi cinque figli, quattro maschi e una femmina, perché da grande ereditasse il bastone del comando. O che lo allevò sin da bambino, ipotesi subordinata, nell'insolita veste, a futura memoria, di testimone di fatti e persone, retroscena e fuori scena, porcherie di Stato e porcherie di mafia, delitti e stragi ideati da menti tanto più laide proprio in quanto insospettabili.

Solo che, diventando grande, Massimo ha derazzato, si è cioè allontanato dalla via maestra indicatagli dal padre: non è diventato mafioso, forse anche perché i tempi sono cambiati, ma non per questo è diventato pentito, il che, in memoria di cotanto padre, è il minimo che poteva fare.

E ieri Massimo Ciancimino, in quell'aula bunker dell'Ucciardone gemella del primo maxi processo a Cosa Nostra, ha indossato i panni del geografo audace, controcorrente, che disegna le mappe di un mondo spaventoso, dove non splende mai il sole, eternamente buio, popolato com'è da creature doppie e triple che governano in ossequio a patti sconosciuti e scellerati, individui sfuggenti che di nomi ne avevano almeno due, ma che tutti, di cognome, facevano: «Nessuno».

Ora basta con le ciance, sembra dire il figlio di don Vito, quando, a proposito degli affari canadesi del padre – che fu Giovanni Falcone a scoperchiare per primo – svela che furono i Caltagirone e i Ciarrapico, imprenditori di razza fina, di salotto buono, a suggerirglieli in vista delle Olimpiadi di Montreal. Basta con il «si dice» e il «non si dice», sembra dire il figlio di don Vito quando racconta che il padre, anche se scettico, perché lo considerava «faraonico», alla fine si fece convincere dai costruttori Bonura e Buscemi, tutti mafiosi e di sua fiducia, a mettere la sua quota nel progetto di Milano 2, tenuto a battesimo, e questo neanche gli storici più negazionisti potranno ignorarlo, da Silvio Berlusconi e Marcello Dell'Utri.

Ma chi ha raccontato agli italiani, sembra dire il figlio di don Vito, la leggenda metropolitana della latitanza di Bernardo Provenzano, quando ricorda tutte le volte che proprio il superlatitante andò a trovare il padre, nel frattempo agli arresti domiciliari nel suo appartamento di via Sebastianello, a due passi da Piazza di Spagna? E in nome di quale mandato, sembra sottintendere il figlio di don Vito, reverendissimi Alti Commissari per la lotta alla mafia, quali Emanuele De Francesco e Domenico Sica, ricevevano papà se andava a trovarli in strutture di copertura, mimetizzate presso ospedali o anonimi condomini della periferia romana?

E a chi vogliono raccontare, sottintende ancora una volta il ragazzo che da grande decise di farsi la sua strada, che Totò Riina era il più gran latitante di tutti i latitanti se suo padre lo riceveva in camera da letto, in via Sciuti n. 85, nel cuore della Palermo per signori costruita, grazie allo scempio edilizio, proprio dalle giunte comunali di Vito Ciancimino, democristiano e persino sindaco di Palermo?

Che quadretti, che istantanee, che siparietti, quelli che l'audace geografo, che riscrive le mappe dei poteri in oltre sessant'anni di storia patria, ci riporta dal mondo spaventoso. Ne vogliamo parlare dei Gioia, dei Ruffini, dei Lima, che per prendere ordini da don Vito si servivano di una linea telefonica tutta per loro? La stessa della quale beneficiava Provenzano, che si presentava come «l'ingegner Lo Verde»?

Ce n'è per tutti, sembra sottintendere il disincantato geografo che ormai ha smesso di meravigliarsi, quando ricorda che il padre riuscì a farsi annullare un ordine di carcerazione grazie alle sue aderenze in Cassazione; o quando si impegnò con Luciano Liggio a farlo mettere agli arresti ospedalieri grazie ai suoi rapporti con altissimi magistrati di Palermo.

Non va dimenticato: il figlio di don Vito non ha conosciuto questo mondo parallelo, ci è cresciuto dentro sin da bambino. Lo si intuisce quando parla del «signor Franco» che, a volte, diventava il «signor Carlo», settant'anni e più portati benissimo. Pare sia ancora vivo, i magistrati lo cercano ma non riescono a svelarne l'identità. Un uomo-cerniera fra mondi diversi che ebbe don Vito quasi in affidamento, per conto di non si sa chi, sin dagli anni Settanta, dai tempi in cui Franco Restivo, democristiano e ministro dell'Interno, lo accreditò, insieme a un'altra persona, proprio a don Vito, come interlocutore e referente.

Deve essere uomo di fedeltà di ferro e solidi principi, l'uomo-cerniera se, a prestar fede a Massimo Ciancimino, in questo come in tutto quello che dice, si recò di persona al cimitero dei Cappuccini a Palermo per assistere alla tumulazione di don Vito, nel 2002; e dove, per l'occasione, gli consegnò una busta con le condoglianze alla famiglia proprio di Provenzano che in quel momento – sulla carta – figurava latitante. Infine, la trattativa.

La trattativa fra le stragi di Capaci e via D'Amelio. Il papello, con le richieste di Riina per conto di Cosa Nostra. E Nicola Mancino e Virginio Rognoni, all'epoca ministri democristiani i quali, ancora una volta a detta del figlio di don Vito, sapevano tutto quello che c'era da sapere e che avallarono; anche se suo padre, alla ricerca di coperture blindate, non considerandoli all'altezza di un compito così titanico, avrebbe preferito tirarsi dentro Luciano Violante della cui risposta, però, don Vito poi non seppe più nulla.

Il resoconto dal mondo spaventoso finisce qui. E con ogni probabilità, già oggi, quando si concluderà la seconda parte della deposizione del figlio di don Vito, sarà il generale Mario Mori a rendere dichiarazione spontanea.

È facile prevedere che, davanti alla quarta sezione penale del tribunale, presieduto da Mario Fontana – giudici a latere Wilma Mazara e Annalisa Tesoriere – squadernerà tutt'altro Atlante.

(2 febbraio 2010)

L'orologio di Tv 7

Si chiama orologio giudiziario. È un raffinatissimo prodotto meccanico inventato per rovinare la carriera di uomini politici d'ogni colore, preferibilmente alla vigilia di una elezione, e che non ha bisogno di carica manuale, essendo dotato di una irrefrenabile batteria accusatoria. Così un autorevole settimanale di approfondimento televisivo, Tv 7, da sempre attento a ciò che di nuovo si muove nella società italiana, sabato sera ha dedicato all'«orologio» uno dei suoi servizi più importanti. Si è scoperto che troppe inchieste della magistratura, che a un occhio superficiale sembrerebbero «senza tempo», scaturite cioè da un'ansia di giustizia priva di una sua tempistica, sono invece di millimetrica puntualità, ispirate a un calendario che i magistrati adottano per conto loro. «Basta vedere quello che è accaduto in questo ultimo anno e vediamo che questa coincidenza di tempi c'è sempre» ha osservato acutamente Pierluigi Battista a Tv 7, che, però, a diretta domanda sull'«orologio», non si è detto sicurissimo della sua esistenza. I fatti dell'ultimo anno? Perbacco: son sotto gli occhi di tutti. E l'elenco lo fa la voce narrante di Tv 7: «Ora si parla dei casi Bertolaso e Ciancimino e qualcuno insinua che la coincidenza con il voto di marzo non sia casuale», ma come dimenticare «il processo a Renato Soru», «il caso Noemi», «la gestione della sanità in Puglia», «Ciancimino» e «Bertolaso»? Conclusione: «E mancano ancora quarantaquattro giorni alle elezioni». Se Battista avesse saputo in anticipo dove andava a parare Tv 7, si sarebbe compromesso un po' di più, non sollevando dubbi sull'esistenza dell' «orologio». Ma tant'è: il merito di avere aperto una strada innovativa gli sarà riconosciuto. Gli storici? Forse si stupiranno: ché mentre L'Italia cadeva a pezzi, il fior fiore dei suoi intellettuali puntava il dito contro l'«orologio».

(14 febbraio 2010)

Giuseppe Liga, pizzo e compasso

Questo non era un arresto annunciato. Gli investigatori palermitani, catturando all'alba di ieri Giuseppe Liga, palermitano, sessant'anni, boss a tempo pieno, prestanome dei Lo Piccolo, ormai in vetta a Cosa Nostra, ma anche architetto a tempo perso con studio a Sferracavallo, nonché reggente regionale del Movimento cristiano lavoratori sino a qualche giorno fa, quando è stato cautelativamente sospeso, hanno finalmente documentato l'esistenza, in natura, del «mafioso invisibile». Che i mafiosi «invisibili» ci fossero si sapeva. Che fossero di stampo assai diverso dai loro predecessori, anche recenti, si era intuito. Che avessero fatto tesoro, sotto il profilo della prudenza e della discrezione, dei loro errori marchiani di sottovalutazione della professionalità delle forze dell'ordine, lo si sospettava. Che affondavano le loro radici in un mondo lontano, quello, per intenderci, degli «scappati» in America che avevano perduto la guerra di mafia «anni Ottanta», era plausibile. Ma occorreva catalogarne almeno uno, perché dalla nebulosa delle congetture si passasse alla certezza del diritto. È per questo che l'operazione di ieri costituisce qualcosa di autenticamente «nuovo» nella catena di Sant'Antonio degli arresti, in un certo senso tutti uguali, che hanno segnato l'ultimo decennio repressivo.

A mettere a segno il blitz che porta in carcere Liga – insieme ad Amedeo Sorvillo, cinquantasette anni, Agostino Carollo, di quarantacinque e Angelo Giovanni Mannino di cinquantasette, cognato di Totuccio Inzerillo, capo dell'Uditore, ottimi rapporti con Cosa Nostra americana e con la cui uccisione, insieme a quella di Stefano Bontate, si scatenò la guerra del 1981 – è stata la sezione Valutaria della Guardia di Finanza, dopo anni di accertamenti volti a dare peso inoppugnabile a dichiarazioni dei pentiti, intercettazioni e pedinamenti. Il nome di Liga, incensurato sino a ieri, venne fatto per la prima volta, nel 1998, da Isidoro Cracolici, della borgata di Tommaso Natale, per diciotto anni uomo di fiducia dei Lo Piccolo ma ormai collaboratore di giustizia. Quel nome, all'epoca, non diceva nulla agli investigatori che indagarono senza però che la caccia si rivelasse fruttuosa. Erano gli anni in cui l'«architetto» godeva di un ottimo scudo di immagine, ricoprendo, fra il 1989 e il 1997, l'incarico di segretario nazionale del Mcl e, dunque, con frequentazioni illustri. Numero in codice 013.

Qualche giorno fa, quando già gli ronzavano le orecchie, Liga, al magazine palermitano «S» (che si è specializzato in biografie di mafiosi e latitanti eccellenti), aveva rilasciato un'intervista tirando in ballo Sergio Mattarella e Leoluca Orlando con i quali, a suo dire, avrebbe avuto rapporti in passato. Nel fatto che Liga volasse alto, qualcosa di vero deve esserci, prova ne sia che agli atti c'è un filmato che lo ritrae mentre entra ed esce dallo studio del presidente della Regione siciliana, Raffaele Lombardo. Il che non prova nulla, essendo il nome di Liga, come dicevamo prima, quello di un «incensurato». Ma questo nome riaffiora all'indomani della cattura di Salvatore e Sandro Lo Piccolo (padre e figlio), il 5 novembre 2007. Nei libri mastri e in numerosissimi pizzini del boss, ricorre troppo spesso un fantomatico «architetto Pippo», numero in codice «013». Saranno proprio le intercettazioni – quelle che Silvio Berlusconi e Angelino Alfano vorrebbero impedire o, se non dovessero farcela, almeno depotenziare, negandone il valore di «prova» – a far capire che Liga la sa molto lunga. Un esempio: secondo i pentiti, incontrò numerose volte, e nei posti più disparati, Rosalia Di Trapani, moglie del Lo Piccolo, quando ormai il boss era detenuto e tutto il mondo sapeva che i Lo Piccolo erano mafiosi: incontri di pochissimi minuti che non si svolsero mai nello stesso posto e ai quali l'Architetto si sarebbe recato dopo aver cambiato mezzo di trasporto e accompagnatori. L'uomo è molto accorto.

«Dobbiamo riconoscere» osserva Gaetano Paci, sostituto procuratore fra i titolari dell'inchiesta guidata dal procuratore aggiunto Antonio Ingroia e sottoposta al vaglio del gip Silvana Saguto «che metteva in atto ogni accorgimento per non dare nell'occhio anche se ormai siamo in grado di definirlo di alto spessore criminale.» In conclusione, Liga, da un lato occupava la casella di «cassiere», lasciata vuota dalla cattura di Lo Piccolo, acquisendo così la veste di prestanome del clan, dall'altro iniziava la scalata. Dalle intercettazioni emerge che la sua candidatura al vertice di Cosa Nostra palermitana era già stata vagliata e accettata da tutti i capi mandamento. C'è anche da dire che nove ex luogotenenti dei Lo Piccolo si andavano via via pentendo, concordando tutti sullo spessore di Liga. Come anche l'avvocato Marcello Trapani, legale del boss, arrestato nel settembre 2008 e diventato collaboratore. Il lavoro più complesso viene ora: si tratta di decifrare l'immensa mappa di appalti, costruzioni, ville e villini, supermercati, bar, centri commerciali, dei quali l'Architetto Pippo risulta intestatario. Per il momento si sequestra la Eu.te.co (Euro tecnica costruzioni), sulla quale ci sarebbero prove a bizzeffe. Per Liga non sarà facile dimostrare che si tratta solo di un «equivoco», come ha dichiarato a «S»: il primo «mafioso invisibile» è stato finalmente catalogato. O, almeno, così pare.

(23 marzo 2010)

Marcello Dell'Utri condannato

Se sette anni vi sembran pochi. Se sette anni vi sembrano un soffio, un buffetto sulla guancia, un'amichevole pacca sulle spalle. Se sette anni di galera, per concorso in associazione mafiosa, per un senatore della Repubblica in servizio permanente effettivo, per l'uomo che insieme a Silvio Berlusconi diede vita a Forza Italia, per il pioniere Fininvest, per il politico palermitano che trasmise le stimmate di Cosa Nostra nella variopinta corte di Arcore, vi sembrano un nonnulla. Se sette anni, insomma, vi sembrano un tantino di meno rispetto ai nove che erano stati inflitti in primo grado dalla Seconda sezione del tribunale presieduta da Leonardo Guarnotta, allora vuol dire che non avete capito nulla di cosa significhi, in Italia, metter mano nel ginepraio dei rapporti secolari fra mafia, politica, economia istituzioni e Servizi segreti; altro che «pezzi dei Servizi», molto più spesso Servizi «presi per intero». Ieri, 29 giugno 2010, nel giorno del martirio di Pietro e Paolo, la seconda Corte d'appello di Palermo, presieduta da Claudio Dall'Acqua – giudici a latere, Salvatore Barresi e Sergio La Commare – dà finalmente ragione, a distanza di quindici anni, a quella tanto vituperata Procura di Gian Carlo Caselli che aveva osato portare alla sbarra un politico importante e pesante, potente e conosciuto, protetto e riverito, persino bibliofilo e bene accolto nel bel mondo. Ci sarà tempo per la Cassazione.

Però, come non vedere? Come non vedere che a una condanna a nove anni, ne fa seguito un'altra a sette? E sempre per il medesimo reato che – lo si ammetterà facilmente – infamante lo è, soprattutto per un esponente delle istituzioni. E come non vedere che il tribunale non ha prescritto, non ha svuotato l'impianto accusatorio, sostenuto da un battagliero procuratore generale, Antonino Gatto, per il quale, come è ovvio, sarebbe stato meglio adoperare una mano ancor più pesante nei confronti dell'imputato, ma lo ha esaminato da cima a fondo, regolandosi in base al suo libero convincimento? Non ci sembra una sentenza da buttar via, tutt'altro. La giustizia, bene che vada, non è perfetta. In questo caso, ha operato una distinzione cronologica fra il «prima» e il «dopo» 1992. La sentenza ci dice che Marcello Dell'Utri, sino a quella data, da un lato ispirò gli atteggiamenti estorsivi di Cosa Nostra, dall'altro si presentò con spirito amicale a Silvio Berlusconi, invitandolo a trattare. Quante balle, alla luce di questo verdetto, ci ha raccontato in questi anni il senatore con innegabile bonomia. Che Vittorio Mangano, per lui, altro non era che una persona per bene, di fiducia, indefesso lavoratore nel mondo dei cavalli. Altro che lo stalliere trasferito da Palermo a Milano, su sua esplicita richiesta, per farlo assumere proprio come cinghia di trasmissione fra gli ambienti mafiosi e malavitosi, in cui era immerso lo stesso Dell'Utri, e Silvio Berlusconi e i suoi cortigiani.

Ma vogliamo capire, una volta per tutte, che quando il duo Berlusconi-Dell'Utri beatificava al rango di «eroe» il Mangano non si comportava come un duo comico in un numero da varietà, ma faceva, proprio nella apparente paradossalità, una estrema scelta di autodifesa? Un duo tragico, allora, non un duo comico. Cade su Mangano Vittorio, mafioso ed eroe, il senatore della Repubblica italiana, Marcello dell'Utri. Ma cade anche su altri cognomi, altrettanto pesanti, il senatore. Stefano Bontate non Blaise Pascal, spesso citato da Dell'Utri fra una pausa e l'altra dei suoi processi. Mimmo Teresi, non Seneca, dalle cui pagine l'imputato attinse durante la maturità tante certezze sul dolore terreno. Francesco Di Carlo, non San Tommaso, ché, se avesse seguito San Tommaso alla lettera, ci avrebbe davvero messo il naso per scoprire che

Mangano delinquente era, altro che eroe. Totò Riina, non Leonardo Sciascia. Jimmy Fauci, non Gesualdo Bufalino. E il tutto sin dal lontano 1974.

Ma dopo il 1992, per la Corte d'appello, il fatto non sussiste. Non regge, al vaglio dibattimentale, l'ipotesi della «trattativa» su Stato e mafia; non regge cioè il coinvolgimento di Dell'Utri in quell'altalena di papelli redatti dai boss di Cosa Nostra, contenenti le loro richieste, e recapitati al nemico istituzionale che si intendeva mettere in ginocchio. È il tremendo periodo delle stragi di Capaci e di Via d'Amelio e quello, immediatamente successivo, delle stragi di Roma, Firenze e Milano, a non essere messo a fuoco da questa sentenza. Era compito di questa sentenza far chiarezza anche su quelle pagine nere? Dipende dai punti di vista. Se ne discuterà all'infinito. Che la trattativa ci fu, che ci furono i mandanti esterni a Cosa Nostra per quella ininterrotta teoria di stragi, ormai fa parte del senso comune. Non sono pochi, d'altronde, i colleghi giornalisti che sull'argomento stanno scrivendo libri assai documentati (da *La trattativa*, di Maurizio Torrealta per la Bur, all'*Agenda Nera* di Giuseppe Lo Bianco e Sandra Rizza per Chiarelettere).

Ci sarà tempo, perché il senso comune, ormai inoppugnabile, faccia il suo corso processuale e si traduca in sentenza. Ma che Dell'Utri, nell'immediato, sia stato sgravato da quest'ennesimo fardello, è stata ben magra consolazione, ieri mattina, nell'aula bunker dei Pagliarelli. Erano infatti disorientati i legali. E a ragion veduta. A parte i sette anni di condanna per il loro assistito, mai facili da digerire, il fatto che la Corte abbia espunto la cosiddetta «stagione politica», ha finito con il togliere carburante, più in generale, alla gigantesca «macchina da guerra» dei media, scagliata in questi anni a folle velocità proprio contro i cosiddetti «processi politici». E Marcello Dell'Utri? Ieri non si è visto. Curiosamente assente, quasi gli fischiassero le orecchie, mentre per anni e anni si era distinto in presenza e puntualità. Da Como, in conferenza stampa, ha ribadito: «Mangano per me resta un eroe». Chapeau alla sua coerenza. Chapeau per il pensiero rivolto al vecchio sodale mafioso, ormai scomparso che, salvo capovolgimenti di Cassazione, se l'è tirato giù, nel gorgo giudiziario, con tutto il peso di una pietra al collo.

(30 giugno 2010)

Intervista ad Andrea Camilleri

Camilleri, ricorre oggi il diciottesimo anniversario di via D'Amelio, quando furono trucidati Paolo Borsellino e la sua scorta. Ed è caccia ai mandanti delle stragi. Si è diffusa la consapevolezza che Cosa Nostra non agì da sola, non essendo mai stata un'organizzazione avulsa da un sistema di poteri che ebbero i medesimi interessi e le medesime finalità dei boss. Giovanni Falcone, dopo il fallito attentato dell'Addaura (vent'anni fa), mi disse, per «l'Unità», che dietro quei candelotti di dinamite scoperti dai ragazzi della scorta, si nascondevano «menti raffinatissime». Maniera elegante per lasciare intendere che non solo di mafia si trattava. Le sue parole ebbero forte eco, esponenti istituzionali ripeterono pappagallescamente che erano entrate in azione «menti raffinatissime», ma ciò non impedì alle «menti raffinatissime», due anni dopo, di mettere a segno la strage di Capaci. Si riparte con diciotto anni di ritardo, spesi nel far tornare la memoria ai tanti che l'avevano perduta. A essere sospettati sono i Servizi segreti. Non è una gran novità. La gran novità sarebbe dimostrare che le stragi furono volute dai Servizi e da poteri forti e deviati, e che i mafiosi non furono altro che ragazzacci di bottega.

«Sono convinto che dietro alle stragi nelle quali trovarono la morte Falcone e Borsellino, e anche nelle altre che seguirono, ci siano state numerose "convergenze parallele", per dirla alla Moro. Lei, caro Lodato, autorevole storico della mafia, certamente ricorderà – e mi pare che una volta ne abbiamo già parlato – che il pentito Giuffrè raccontò in aula come e qualmente Bernardo Provenzano, avuto sentore con grande anticipo che Riina preparava le stragi, se ne allarmò. Temeva che avessero ripercussioni negative negli ambienti "bene" coi quali la mafia era in affari. E indisse un sondaggio segretissimo presso politici, massoni e imprenditori, affidandolo a tre uomini di sua fiducia. Giuffrè dichiarò di non conoscere i risultati del sondaggio, ma di essere certo che alcuni imprenditori del Nord si erano pronunziati a favore dell'eliminazione fisica dei due magistrati, che tra l'altro avevano il brutto vizio di mettere il naso nel corrotto sistema degli appalti. Quindi, a parte il fatto che sarebbe utile e sommamente educativo conoscere i nomi di questi imprenditori del Nord, resta il fatto che l'eliminazione fisica di Falcone e Borsellino trovava ampi consensi anche al di fuori della mafia. Forse il fallito attentato dell'Addaura fu una sorta di prova generale. In queste settimane è cominciata a circolare la plausibile ipotesi che gli attentati continentali (Roma, Firenze, Milano) siano stati dati in appalto alla mafia dai Servizi deviati. E questa non sarebbe la prima volta che l'ombra sinistra dei Servizi deviati si protende sulle stragi italiane che sono state tante, troppe, dai tempi della strategia della tensione all'Italicus e via via massacrando. E sempre, si badi bene, con una finalità politica a medio o lungo termine. Tanto che mi sorge un dubbio che le sottopongo. Se esistono i Servizi deviati, dovrebbero esistere anche e soprattutto quelli non deviati. Ma siamo sicuri che questi ultimi esistano davvero? Lungi da me l'intenzione d'offendere dei fedeli servitori dello Stato. Ma non è paradossalmente ipotizzabile che quando un'operazione dei Servizi va a finire male, allora venga attribuita ai deviati? Dei quali deviati infatti non vengono mai fuori i nomi e non si sa neppure se sono stati estromessi dal servizio o se sono stati promossi ai gradi superiori. E se per disgrazia qualcuno viene identificato e si tenta di processarlo, allora d'autorità viene tirato in ballo il segreto di Stato, un provvidenziale tappo che non lascia trapelare cattivi odori. A proposito, quanto ci scommette che del "signore con la faccia da mostro", l'ubiquo uomo dei Servizi che si trovava sempre nel momento sbagliato e nel posto sbagliato, a breve non sentiremo più parlare?»

(19 luglio 2010)

Donna Elvira, cultura vs polvere da sparo

Si potrebbe dire, dicendo il vero, che una grande Palermo, per partecipazione e intensità di commozione, ha accompagnato per l'ultima volta la Signora intelligente e volitiva. Che sono state pronunciate parole vere; quelle di padre Nino Fasullo che, officiando, ha parlato di «una donna di questa città»; o di Gianni Minoli: «una donna che ha fatto della cultura una cosa grande»; o del professor Nino Buttitta, un laico che non si è sottratto all'ultimo desiderio dell'amica: leggere per lei brani dall'Antico Testamento. Si potrebbe dire, senza enfasi e condimenti retorici, che ieri mattina, nella chiesa di Santo Espedito, a due passi dalla centralissima via Siracusa, si sono celebrate le esequie di una Signora fuoriclasse nel mondo dell'editoria italiana ed europea, oltre che siciliana. Sarebbe anche esatto – e ovvio – registrare che raramente, a Palermo, si dà il caso che l'intera comunità, con i suoi ambienti più rappresentativi, partecipi ai funerali di personalità che hanno dato lustro indiscusso, diffuso cultura a piene mani, favorito e premiato le idee, spianato il cammino verso una terra migliore, una Sicilia migliore. E tutti sanno di quanto ce ne sia – ancora oggi – assoluto bisogno; e qui, lo scivolone nella retorica è inevitabile.

Ma il fatto è che la vita di Elvira Sellerio – che, a quanto pare, alcuni chiamavano «Donna Elvira» – è una di quelle vite eccezionali che qualche volta scappano per la tangente, quando tutto intorno gli altri, per prudenza, rassegnazione, cinismo o autentica vigliaccheria, si sentono istintivamente, e saldamente, ancorati al grigiore del quieto vivere. Tutto vero, tutto giusto, tutto – sotto il profilo della cronaca – assai corretto. Si potrebbe ricorrere, come in tanti hanno fatto, a una sarabanda di nomi magniloquenti che da soli, ma meglio se messi in fila, compongono il gotha delle letterature d'ogni angolo del pianeta.

Tremila libri, quasi altrettanti autori, una dozzina di collane, legati da un comune filo d'autore: il «marchio Sellerio», il marchio di Elvira. Se il bilancio della vita della Signora che se ne stava rintanata nella sua casa editrice – al civico 50 di via Siracusa, appunto – come fosse un bunker, per quanto elegante e raffinato, e dall'atmosfera surriscaldata dal confronto quotidiano fra intelligenze fuori dall'ordinario, dall'aria quasi irrespirabile per mille sigarette, si potesse racchiudere in un elenco di trofei editoriali sia pure sterminato, il suo resterebbe il bilancio dell'attività di un editore. Di un editore fuori dal comune, certo, ma pur sempre un editore. Ben altro si avvertiva ai funerali di ieri. E proveremo a raccontarlo così.

Una città, la cui nomea, da oltre un secolo, varca i confini per l'efferatezza delle sue storie nere, ha avuto in Elvira Sellerio un simbolo a tutto tondo, l'incarnazione di un'immagine positiva e diversa, e si è sentita in dovere di ringraziare. Era ora. E non stiamo parlando dell'immagine della bellezza di sole e mare, o delle vestigia decrepite del passato, o di una cucina misteriosamente agrodolce, ma la bellezza, ben più significativa, di una donna che non si rassegnava, non accettava, e ne fece ragione di esistenza, l'efferatezza di quella storia. E rispose colpo su colpo, Elvira Sellerio. Sarebbe interessante affiancare alle date della storia cittadina – e di quanti funerali è stata intessuta la vita recente e passata di Palermo! – le date di pubblicazione dei libri Sellerio, dei libri la cui fattura lei curava con le sue mani. Colpo su colpo, dicevamo. Scrittura versus polvere da sparo. Intelligenza contro barbarie. Parola scritta contro detonazioni e omertà. Eleganza contro bieca volgarità. Rientra fra i compiti d'ordinanza di un editore cavare il sangue dalle rape in una terra in cui, come diceva Leonardo Sciascia, i suoi abitanti non perdonano soprattutto due cose, «il fare» e avere delle «idee»? Non sappiamo. Ma certo è che Elvira Sellerio faceva, eccome se faceva. E aveva idee, eccome se ne aveva. Ecco perché seppe anche scoprire intelligenze nascoste, valgano da soli i nomi di Gesualdo Bufalino e Andrea Camilleri. Crediamo sia racchiusa tutta qui, in questa capacità di voler fare per cambiare la propria terra, e di saperlo fare con idee eccellenti, il segreto di Elvira Sellerio. Dicono che avesse un carattere «forte e determinato». Vero, anche questo. E d'altra parte non ci voleva forse carattere, in questi trent'anni, per far sì che la Sicilia non finisse nell'immondezzaio e alla gogna e sapesse invece trasmettere al resto del Paese, nonostante tutto, un messaggio di speranza e di cultura? È questo carattere che Elvira Sellerio lascia ai figli Antonio e Olivia, che ieri, pur se affranti, sembravano consapevoli di una eredità difficile ma entusiasmante. E c'era Enzo, il marito: altra vita, la sua, all'insegna del fare, all'insegna delle idee.

(6 agosto 2010)

Se Rosario Livatino...

Se non fosse stato abbattuto dai sicari in una scarpata a colpi di pistola, braccato come la preda in scene di caccia grossa, oggi avrebbe cinquantotto anni, e forse i capelli bianchi. Più o meno la stessa età che hanno oggi gli Ingroia, i Di Matteo, gli Scarpinato , i Lo Forte... E che sarebbe diventato nel frattempo? Esattamente come loro, sarebbe diventato un «giudice rosso», magari contrario all'abolizione delle intercettazioni telefoniche, ai «Lodi» in favore di uno solo, alle leggi ad personam, un Torquemada giustizialista, uno di quei tanti «tarati mentali» che hanno scelto la carriera in magistratura, per dirla con il pedagogico ammonimento del papà di Silvio Berlusconi, a prender per buone le parole che lo stesso premier attribuisce al suo genitore, tanto sui generis. Invece, più modestamente, a Rosario Livatino, magistrato in quel di Canicattì, provincia di Agrigento, dove bastava smuovere un masso per trovare verminai di Cosa Nostra, e di cui ricorre oggi il ventesimo anniversario del sacrificio, toccò sorte diversa. Non morì da «giudice rosso», bensì, più semplicemente, da «giudice ragazzino», secondo la trombonesca, e malevola, definizione cui ricorse l'emerito capo dello Stato, Francesco Cossiga, a giustificazione di quanto era accaduto, esecuzione spaventosa (né la prima, né l'ultima in terra di Sicilia) che aveva sconvolto l'Italia. Ma che intendeva dire Cossiga?

Intendeva che se lo Stato manda in trincea i «ragazzini» (il «ragazzino», però, di anni ne aveva trentotto) deve mettere in conto che i mafiosi li spazzeranno via a cannonate. In altre parole, la propensione militarista di Cossiga lo portava a ritenere che, sotto sotto, anche Livatino se la fosse cercata, in quanto è dovere della vittima predestinata essere all'altezza del suo tragico destino e Livatino, in quanto troppo giovane, non lo era. Il tempo cancella vittime e ricordi. Oggi sarà ricordato Rosario Livatino. Qualche settimana fa, è stato ricordato Francesco Cossiga, ma il nome di Livatino, quel giorno, non lo ha fatto nessuno. E il suo nome andava fatto invece, eccome se andava fatto.

(21 settembre 2010)

Dell'Utri portò la mafia a Milano

Ora non solo sappiamo che la mafia a Milano c'è e c'è sempre stata. E da alcuni decenni. Ma sappiamo anche chi ce l'ha portata: Marcello Dell'Utri. Molti dovranno farsene una ragione. Le motivazioni della sentenza della seconda sezione di Corte d'appello di Palermo che ha condannato per concorso in associazione mafiosa a sette anni, in appello, uno dei fondatori di Forza Italia, costituisce un illuminante promemoria. Parliamo di «promemoria» perché le 641 pagine depositate non contengono, a volere essere rigorosi, scoperte o rivelazioni giudiziarie o sociologiche, sul fenomeno dell'infiltrazione di Cosa Nostra, racchiudendo invece – naturalmente – una caterva di fatti che riguardano l'imputato (anche se lui è convinto di cavarsela dicendo che i giudici di secondo grado hanno «ricicciato» il lavoro di quelli di primo grado).

Il promemoria ci ricorda quando, negli anni Sessanta e Settanta, i vertici di Cosa Nostra ritennero che i tempi fossero ormai maturi perché l'organizzazione criminale cercasse fortuna, ramificazioni e insediamento sociale, proprio al Nord. Già gli atti della commissione parlamentare d'inchiesta, istituita nei giorni immediatamente precedenti la strage di Ciaculli (1963), indicano, nella città di Milano, il nuovo palcoscenico delle cosche palermitane, così dimostrando, sin da allora, che la favoletta di una mafia made in Sicily non corrispondeva più alla realtà. Non è infatti un caso che, poco dopo, inizio anni Settanta, l'industria del sequestro di persona, bandita in Sicilia per volere di Luciano Liggio – uno dei primi capi corleonesi, antesignano di Riina e Provenzano – e con apposito pronunciamento della «commissione», iniziò a essere praticata nel nord Italia (Lombardia e Piemonte).

L'ultimo sequestro a Palermo, quello dell'imprenditore Luciano Cassina (avvenuto il 16 agosto 1972 e concluso il 7 febbraio 1973 dietro pagamento di oltre un miliardo di riscatto) aveva infatti portato i capi mafia alla conclusione che fossero più i contro che i vantaggi, poiché la pressione delle forze dell'ordine aveva inevitabilmente contraccolpi negativi sui traffici di Cosa Nostra. Da qui la decisione della «commissione» di dichiarare la Sicilia «terra non disponibile» per i sequestri. Gli effetti furono immediati. 18 dicembre 1972: rapimento, a Vigevano, di Pietro Torielli Junior (riscatto pagato da un miliardo e mezzo); 14 novembre 1973: Luigi Rossi di Montelera, rampollo di una famiglia patrizia torinese, ostaggio dei mafiosi sino al 14 marzo del 1974, quando i poliziotti lo ritrovarono in una cella nelle campagne di Treviglio; 10 marzo 1974: rapito, a San Donato Milanese, Emilio Baroni, rilasciato, dodici giorni dopo, con pagamento di un altro miliardo.

Sono solo i casi più eclatanti e che, per quei tempi, ebbero enorme ricaduta mediatica. Gli anni del contrabbando di sigarette volgevano al termine. E l'introito dei sequestri andava a finanziare, da parte dei siciliani, i primi cartelli dell'eroina la cui raffinazione – sino ad allora – era esclusivo appannaggio della malavita corsa e marsigliese. Ma l'insediamento al Nord, come si diceva, non risaliva alla stagione dei sequestri, ma al decennio precedente. A quando, cioè, il clan dei fratelli Salvatore e Angelo La Barbera, palermitani doc, dimostrò intuito manageriale non indifferente scegliendo la «piazza» di Milano per allargare i confini del mercato delle «bionde».

Storia che risale a decenni orsono e che in molti farebbero bene a non scoprire ogni volta per la prima volta, trattandosi di fatti che hanno avuto consacrazione in atti giudiziari e parlamentari. Citiamo, a mo' di esempio, un passo della biografia di Angelo La Barbera, contenuta nei dieci profili di altrettanti boss, firmati da Girolamo Li Causi, a compendio della relazione parlamentare d'inchiesta a inizio anni Settanta: «Dalle umili condizioni originarie, da quando cioè aiutava il padre a raccogliere sterpi e legna da ardere nella borgata Partanna-Mondello, a Palermo, Angelo La Barbera, nello spazio di un decennio, più o meno, si eleva al rango di facoltoso imprenditore... concedendosi un tenore di vita raffinato... frequenti viaggi... numerose e costose relazioni extraconiugali... dalla assiduità negli alberghi più lussuosi e in locali notturni... come al Caprice di Milano».

E sarebbe stato Tommaso Buscetta, coevo, sotto il profilo mafioso, proprio dei La Barbera, testimone privilegiato della stagione delle stragi culminata in quella di Ciaculli, a ricostruire fedelmente il fenomeno migratorio in Lombardia (e all'estero) proprio quando venne sciolta la commissione di Cosa Nostra, per timore di una reazione dello Stato e in attesa di tempi migliori. Son cose pubblicate, che gli addetti ai lavori sanno. Ne sono stati scritti libri e girati film. Ma veniamo a Dell'Utri. Le sentenze ci dicono che fu il rappresentante di Cosa Nostra Lombarda Parte 3. Non più sigarette di contrabbando. Non più eroina. Ma il mondo vorticoso degli appalti in edilizia, dove far confluire (Vito Ciancimino docet) i proventi accumulati in decenni di traffici illegali.

C'è un aspetto che forse è stato sottovalutato: lo stalliere Vittorio Mangano fu assunto alla corte di Arcore, dietro presentazione da parte di Dell'Utri, proprio come deterrente per eventuali sequestri che potessero colpire i familiari di Berlusconi. Il che, quantomeno, dimostra che Berlusconi quella storia dei sequestri la conosceva benissimo. Fa sorridere che il ministro Maroni queste cose le stia scoprendo oggi dalla viva voce di Roberto Saviano. E farebbe bene a tenerne conto lunedì, nella puntata di *Vieni via con me*, dove lo hanno «invitato» a seguito di un rumorosissimo «autoinvito». Infine se Maroni cercasse autentico riscatto, gli basterebbe ricordare la sentenza di Palermo su Dell'Utri. Non accadrà. Ché il rapporto mafia-politica, per gli esponenti di questo governo, non è «cosa che si mangia». L'argomento, in altre parole, è incommestibile.

(21 novembre 2010)

Coraggio Maroni

No, ministro Maroni, non ci legga tutto l'elenco dei cento e cento latitanti mafiosi, camorristi e 'ndranghetisti che sono stati catturati, sin qui, sotto la sua gestione del dicastero degli Interni! Freni! Per carità. Noi, poveri telespettatori, non le abbiamo fatto niente di male. Non commetta questo errore di grammatica politica e televisiva. Non le basterebbe la puntata di questa sera di *Vieni via con me* per assestare sulla testa dei suoi oppositori la randellata che ha in serbo per vendicare l'onta delle parole di Roberto Saviano. Lei, questa sera, non è invitato-autoinvitato per una sfida all'Ok Corral a colpi di cifre, statistiche e primati. Neanche i capi del Pentagono si sono mai sognati di snocciolare i nomi dei quaranta iracheni che componevano il mazzo da poker e caduti tutti, uno a uno, come le foglie. Se Bush non commise questo errore, perché deve commetterlo Lei? Lei è Roberto Maroni, Lega Nord, delfino del Bossi, ministro di ferro, come Mori era prefetto di ferro, come Petrosino era poliziotto di ferro. È a quel Pantheon che si deve ispirare e al quale deve aspirare. Lasci che gli altri straparlino, quando dicono che la mafia è a Milano come a Torino, in Padania come in Laguna. So' ragazzi. Da Lei ci aspettiamo ben altro. Faccia un primo colpaccio televisivo, dicendo: «Vittorio Mangano? Ma quale eroe? Era un mafioso che scannava la gente». E mentre gli spettatori si chiedono se sognano o son desti, assesti un altro colpettino: «Se Dell'Utri viene condannato per concorso esterno in associazione mafiosa a nove e sette anni qualcosa di vero ci sarà!». Poi dica cosa ne pensa di Cosentino, il ras Pdl in Campania. O di Totò Cuffaro, processualmente inguaiato come Dell'Utri. Verrebbero giù le volte del teatro. Lei ormai appartiene alla Storia. Lasci stare la cronaca: la cronaca è la scienza dei nullatenenti.

(22 novembre 2010)

Maroni, un «vorrei ma non posso» al Viminale

Ministro Maroni, saremo sinceri. Ci aspettavamo che parlasse di Vittorio Mangano, e non lo ha fatto. Ci aspettavamo che pronunciasse il nome di Marcello Dell'Utri, ma se ne è guardato bene. Ci aspettavamo che dimostrasse coraggio politico, spendendosi in un giudizio su Cosentino e la «banda Campana» del Pdl, ma si è tenuto assai alla larga. Doveva evocare, anche en passant, perché chi vuole intendere intenda, il binomio mafia-politica. Macché. Niente. Niente di niente. E ora cosa vuole sentirsi dire? Che gliele ha cantate chiare? Che ha ristabilito di fronte a milioni di sudditi l'autorità del «suo» ministero degli Interni? Insomma, vuol sapere se ci è piaciuto il suo «presepe»? No, non ci è piaciuto. Si va a *Vieni via con me* per leggere elenchi di valori, di idealità. Questo lo hanno capito tutti gli italiani. Lei ha fatto di tutto per andare a leggere un elenco di «atti dovuti», un elenco di «quote millesimali», come quelle che il ragioniere mette insieme, e sommando le quali, si ottiene l'identità di un condominio. Ecco, se ci consente la semplificazione: sommando gli arresti che Lei ha puntigliosamente ricordato, sottraendoli da quelli che devono essere ancora eseguiti, e dividendo per il numero degli abitanti italiani, avremo l'identità di quel gigantesco condominio criminale rappresentato dalle Mafie nel nostro Paese. Macchinoso come approccio al fenomeno, non crede? Così ci siamo convinti che ad animarla sia più la passione del «collezionista» che quella del politico riformatore. Le mancano ancora un paio di «Gronchi rosa» (come Matteo Messina Denaro e Michele Zagaria), ma ci ha informati che presto faranno parte della collezione. Bene. Siamo con Lei. Ma un'ultima osservazione: non ha mai citato il governo del quale fa parte. È una stranezza del suo «presepe» che non ci è sfuggita. L'unica omissione che abbiamo apprezzato, capendo perfettamente da quale imbarazzo era dettata.

(24 novembre 2010)

Cronologia

21 luglio 1979: Boris Giuliano, capo della Squadra mobile di Palermo, viene assassinato in un bar sotto casa da un killer solitario. Poco tempo prima il poliziotto aveva scoperto alcuni canali del traffico dell'eroina fra la Sicilia e gli Stati Uniti.

25 settembre 1979: agguato sotto l'abitazione del giudice Cesare Terranova che rimane vittima di un'autentica tempesta di colpi d'arma da fuoco insieme al suo fedele accompagnatore, il maresciallo Lenin Mancuso. Terranova, dopo aver fatto parte della commissione parlamentare antimafia, tornava a Palermo con l'intenzione di riprendere la sua attività di magistrato. E aveva già presentato domanda per andare a dirigere l'ufficio istruzione.

6 gennaio 1980: Piersanti Mattarella, democristiano, presidente della Regione siciliana si mette alla guida della sua 132, a fianco, sua moglie. Si stanno recando a messa. Un killer, con calma, si accosta al finestrino del guidatore e inizia a sparare. Mattarella morirà in ospedale, mezz'ora dopo. La mafia non gli perdonò la sua volontà di bonificare la palude degli appalti regionali per le opere pubbliche.

4 maggio 1980: durante la festa del Crocifisso, i killer sbucano dalla folla all'improvviso. Emanuele Basile, il capitano della compagnia dei carabinieri di Monreale, cade colpito a morte. Si salvano la moglie e la bambina di cinque anni che l'ufficiale tiene in braccio. Basile stava indagando sull'uccisione di Boris Giuliano.

6 agosto 1980: Gaetano Costa, procuratore capo di Palermo, viene sfigurato dai proiettili di un killer che gli spara alle spalle. Costa stava passeggiando nella centralissima via Cavour a poche centinaia di metri dalla sua abitazione. Qualche mese prima aveva firmato in solitudine, contro il parere di alcuni dei suoi sostituti, gli ordini di cattura contro i clan della mafia siculo-americana.

6 novembre 1981: i killer uccidono, alle 18 e 30, in via Simone Cuccia, a Palermo, Sebastiano Bosio, 52 anni, che è appena uscito dal suo studio. Era il primario di chirurgia vascolare dell'Ospedale Civico che si opponeva ai ricoveri facili dei boss. Il Civico, a quei tempi, era feudo elettorale di Salvo Lima, agli ordini del quale rispondevano parecchi medici e infermieri.

4 gennaio 1982: A Palermo, poco dopo le 20, in via Arimondi, un killer uccide, con cinque colpi di pistola sparati alle spalle, l'imprenditore edile Pietro Pisa originario di Brescia. Titolare della Abc Bresciana costruzioni, aveva trasferito la sua attività, per la realizzazione di infrastrutture urbanistiche e stradali, in Sicilia, dove aveva anche costruito l'aerostazione di Punta Raisi. Fu uno dei primi imprenditori a cadere per mano di mafia, non accettandone le imposizioni. Non si è mai celebrato un processo.

30 aprile 1982: trucidati Pio La Torre, segretario del Partito Comunista siciliano, e Rosario Di Salvo, il suo autista e uomo di fiducia. Pio La Torre si era distinto nella mobilitazione popolare contro l'installazione di una base missilistica a Comiso (provincia di Ragusa) e nella presentazione di un disegno di legge che, se approvato, avrebbe finalmente consentito ai giudici di indagare sui patrimoni bancari delle cosche mafiose.

11 agosto 1982: Alle 8 e 15, nei viali del Policlinico a Palermo, i killer uccidono con cinque colpi di pistola Paolo Giaccone, palermitano, 53 anni, medico legale considerato fra i più autorevoli in Italia. Il medico, che era anche consulente del tribunale, da un'impronta digitale era riuscito a risalire a uno degli autori della strage di mafia avvenuta a Bagheria il 25 dicembre 1981 (sei persone assassinate). I boss gli chiesero di falsificare la perizia e lo minacciarono. Lui tirò dritto per la sua strada. Al maxi processo, per la sua uccisione, vennero condannati all'ergastolo Salvatore Riina e i componenti del gruppo di fuoco dei corleonesi.

3 settembre 1982: strage di via Carini, a Palermo. Almeno una decina di killer per assassinare Carlo Alberto Dalla Chiesa, prefetto del capoluogo siciliano, sua moglie Emanuela Setti Carraro, e l'agente Domenico Russo. Dalla Chiesa si era insediato all'indomani dell'uccisione di Pio La Torre. Ma la mafia, sin dal giorno del suo arrivo, fece capire in tutti i modi che non gradiva la sua presenza. Dalla Chiesa fu lasciato solo dai poteri romani che non vollero mai concedergli quegli strumenti da lui richiesti per combattere il fenomeno criminale.

14 novembre 1982: cinque colpi di pistola calibro 38 per Calogero Zucchetto, giovane poliziotto della sezione investigativa della Squadra mobile di Palermo. Era uno dei migliori quando si trattava di dare la caccia ai latitanti mafiosi.

26 gennaio 1983: colpi di mitragliatrice e di pistola, a Trapani, per Gian Giacomo Ciaccio Montalto. Era il magistrato di punta che indagava sulle cosche dell'eroina agguerritissime in quella provincia.

29 luglio 1983: strage di via Pipitone, a Palermo. Per assassinare il giudice Rocco Chinnici, Cosa Nostra adopera un'autobomba. Insieme a Chinnici vengono massacrati i carabinieri Mario Trapassi e Salvatore Bartolotta, il portinaio di casa Chinnici, Stefano Li Sacchi. Rocco Chinnici era il capo dell'ufficio istruzione del Tribunale di Palermo e l'amico fraterno del procuratore Gaetano Costa. I responsabili dei due uffici giudiziari, per la prima volta, si muovevano in sintonia contro le cosche.

8 settembre 1984: alle 12 e 30, a Villagrazia di Carini, due killer uccidono l'imprenditore palermitano Francesco La Parola, 46 anni, che si trova a bordo di una Ferrari. Non si è mai celebrato un processo.

23 febbraio 1985: cinque killer, a bordo di due auto, tendono un agguato in via Tommaso Natale, in direzione di Mondello, e uccidono con numerosi colpi di pistola l'imprenditore Roberto Parisi, di 53 anni, torinese e il suo autista Giuseppe Mangano, di 40 anni, che si trovavano a bordo di una Fiat 131. L'eco del delitto è enorme: Parisi era il presidente dell'Icem, società che deteneva l'appalto per la manutenzione degli impianti di illuminazione, era vicepresidente dell'associazione degli industriali palermitani, presidente della Palermo calcio.

27 febbraio 1985: cade vittima del racket delle estorsioni l'imprenditore palermitano Piero Patti che si era rifiutato di pagare una mazzetta. Delitto particolarmente efferato: Patti venne ucciso, con diversi colpi di pistola alla testa, alle 8 e 20 del mattino, in via Marchese Ugo, mentre stava accompagnando a scuola le sue quattro figlie, una delle quali, Gaia, di 9 anni, rimase gravemente ferita. Anni dopo, Alessandra, un'altra delle figlie, si laureerà con una tesi che aveva per tema il modo in cui i giornali avevano trattato la vicenda. Alessandra li criticò duramente. Non si è mai celebrato un processo.

2 aprile 1985: strage di Pizzolungo, alla periferia di Trapani. La mafia fa esplodere un'auto piena di tritolo per uccidere il sostituto procuratore Carlo Palermo, che riesce a salvarsi. Muoiono Barbara Asta e i suoi due figli gemelli.

28 luglio 1985: Beppe Montana, funzionario della Squadra mobile di Palermo, era il dirigente della sezione che dava la caccia ai latitanti mafiosi. Lo uccidono a Porticello, località balneare a pochi chilometri da Palermo. Montana aveva trascorso la giornata in compagnia della fidanzata e di alcuni amici.

6 agosto 1985: Ninni Cassarà, dirigente della Squadra mobile di Palermo, viene assassinato da una dozzina di killer insieme a Roberto Antiochia, giovane poliziotto tornato dalle ferie proprio per coprire le spalle a Cassarà, in un momento reso incandescente dall'uccisione di Beppe Montana. Cassarà era sulle tracce degli assassini del collega e amico Beppe Montana.

21 gennaio 1986: verso ora di cena, due killer, con colpi di pistola, uno dei quali alla nuca, uccidono in via Antonio De Saliba, a Palermo, l'imprenditore edile Paolo Bottone, 26 anni, palermitano, che si trova in auto in compagnia della fidanzata rimasta invece illesa. Non si è mai celebrato un processo.

10 febbraio 1986: è la data d'inizio del maxi processo a Cosa Nostra. Per la prima volta quasi cinquecento imputati per mafia vengono portati alla sbarra. Si erano rivelate decisive, per istruire quel processo, le clamorose confessioni di Tommaso Buscetta e Totuccio Contorno che poi vennero seguiti, sulla strada del «pentimento», da decine e decine di mafiosi.

13 maggio 1986: alle 15 e 45, due killer seguono in auto Francesco Paolo Semilia, 46 anni, palermitano, imprenditore dell'edilizia. Il delitto avviene in via Papa Sergio, dove Semilia si stava recando al lavoro nel suo cantiere. Uno dei killer gli rivolse la fatidica domanda: «Lei è il signor Semilia?» prima di aprire il fuoco e sparare il colpo di grazia. Gli operai assistettero terrorizzati all'esecuzione. Non si è mai celebrato un processo.

7 ottobre 1986: un colpo di pistola in faccia per Claudio Domino, bambino di undici anni, che forse aveva assistito, nella borgata palermitana di San Lorenzo, a un sequestro di persona. L'impressione e l'orrore per questo delitto furono enormi.

10 gennaio 1987: un articolo dello scrittore Leonardo Sciascia, pubblicato dal «Corriere della Sera», dal titolo *I professionisti dell'antimafia*, inaugura una stagione di durissime polemiche contro i giudici di Palermo e il sindaco Leoluca Orlando.

16 dicembre 1987: si conclude il maxi processo con diciannove ergastoli e altre pene pesantissime per traffico di droga, delitti e stragi. Antonino Caponnetto, Giovanni Falcone, Paolo Borsellino, e tutti i giudici del pool, le cui accuse ressero al vaglio dibattimentale, avevano così dimostrato che Cosa Nostra poteva essere processata e finalmente condannata.

12 gennaio 1988: due killer per Giuseppe Insalaco, democristiano, ex sindaco di Palermo. L'uomo politico prima di morire aveva fatto in tempo a denunciare, anche di fronte alla commissione parlamentare antimafia, le pressioni subite da Vito Ciancimino e dal suo gruppo. E lo aveva indicato come il *dominus* dei grandi appalti al Comune di Palermo. Dopo la sua morte venne trovato un clamoroso memoriale in cui Insalaco chiamava pesantemente in causa il vecchio sistema politico cittadino.

2 marzo 1988: cinque colpi di pistola alla testa per l'imprenditore Donato Maria Boscia, 30 anni, di origini baresi, bloccato in auto in via Oreto alle 19 e 30. Ingegnere che si era laureato al Politecnico di Torino, Boscia stava costruendo in quei giorni una sezione dell'acquedotto di Palermo a Monte Grifone, in zona Ciaculli. Si opponeva alla pressioni mafiose sugli appalti. Non si è mai celebrato un processo.

14 settembre 1988: assassinato Alberto Giacomelli, magistrato trapanese, da poco in pensione.

25 settembre 1988: imboscata sulla statale Agrigento-Caltanissetta per il giudice Antonino Saetta e per suo figlio Stefano. Saetta aveva presieduto la Corte d'appello per la strage Chinnici, infliggendo l'ergastolo ai capi mafia Michele e Salvatore Greco.

26 settembre 1988: fucilate e colpi di pistola per Mauro Rostagno, leader della comunità Saman per il recupero dei tossicodipendenti. Rostagno, dai microfoni di una televisione locale, faceva ogni sera i nomi dei capi mafia e dei politici corrotti della zona.

15 dicembre 1988: alle 21, in via Generale Antonio Scavo, un killer, con tre scariche di un fucile caricato a pallettoni, uccide l'imprenditore Luigi Ranieri, di 60 anni, originario di Messina. Amministratore delegato della Sageco, la società con cantieri a Punta Raisi, allo Zen, e anche in altre parti della Sicilia, Ranieri si opponeva tenacemente alla spartizione degli appalti con le imprese mafiose. Vent'anni dopo suo figlio Rocco pubblicò una toccante lettera sui giornali cittadini dal titolo *Grazie papà*.

19 giugno 1989: sventato all'Addaura, sul lungomare di Palermo, l'attentato contro la villa in cui il giudice Giovanni Falcone trascorreva le vacanze: cinquantotto candelotti di gelatina nascosti in una borsa da sub.

15 marzo 1990: Emanuele Piazza, 29 anni, palermitano, poliziotto e collaboratore del Sisde, esce di casa per non tornare mai più. Forniva notizie utili alla cattura di latitanti mafiosi. Ma il Sisde, nonostante la sua scomparsa e le coraggiose denunce pubbliche del padre, Giustino, e del fratello, Andrea, per lungo tempo negò che Piazza avesse lavorato sotto copertura. Incredibilmente, la notizia della scomparsa venne tenuta nascosta ai media per sei mesi.

9 maggio 1990: alle 8 e 10, in via Alessio Di Giovanni, a Palermo, due killer a bordo di una moto uccidono con tre colpi di pistola al volto Giovanni Bonsignore, 59 anni, palermitano. Era un funzionario della Regione siciliana che, in una sua relazione, aveva definito «illegittimo» un finanziamento di 38 miliardi elargito proprio dalla Regione. Falcone lo definì «delitto di alta mafia». Bonsignore è stato insignito di medaglia al valore civile alla memoria.

21 settembre 1990: alle porte di Agrigento, viene ucciso il giudice Rosario Livatino, che indagava sulla mafia di quella provincia.

29 agosto 1991: messo a tacere Libero Grassi, il coraggioso imprenditore che si rifiutava di pagare le tangenti alle cosche e non perdeva occasione per denunciare il racket delle estorsioni.

30 gennaio 1992: la prima sezione penale della Cassazione – presidente Arnaldo Valente, relatore Mario Schiavotti, consiglieri Giorgio Buogo, Mario Pompa, Umberto Papadia – conferma le condanne del primo maxi processo di Palermo che, in secondo grado, con sentenza del 30 luglio 1991, erano state fortemente ridimensionate.

12 marzo 1992: si conclude la lunga carriera di Salvo Lima, uomo politico democristiano, europarlamentare. Viene ucciso mentre sta uscendo dalla sua villa, a Mondello. I pentiti, dopo l'uccisione di Falcone e Borsellino, indicheranno Lima come il «referente politico» di Cosa Nostra.

23 maggio 1992: strage di Capaci, sull'autostrada che collega l'aeroporto di Punta Raisi a Palermo. Con un telecomando a distanza viene fatto saltare il corteo delle auto blindate. Muoiono Giovanni Falcone, sua moglie Francesca Morvillo, i poliziotti Antonio Montinaro, Rocco Di Cillo e Vito Schifani.

19 luglio 1992: strage di via D'Amelio, a Palermo, sotto l'abitazione della madre del giudice Borsellino. Con un'autobomba Cosa Nostra replica l'Apocalisse di Capaci. Vengono massacrati Paolo Borsellino e gli agenti della sua scorta, Emanuela Loi, Walter Cosina, Vincenzo Li Muli, Claudio Traina e Agostino Catalano.

17 settembre 1992: Ignazio Salvo viene ucciso a Casteldaccia, alle porte di Palermo, all'interno della sua splendida villa sul mare. Ignazio Salvo, potentissimo esattore siciliano, era stato legato per quarant'anni alla Democrazia cristiana. Nino, insieme al cugino Ignazio, venne arrestato il 12 novembre 1984, dopo le rivelazioni di Buscetta. Entrambi appartenevano a Cosa Nostra. Nino era deceduto di morte naturale, il 19 gennaio 1986.

24 dicembre 1992: finisce in carcere Bruno Contrada, numero 3 del Sisde, accusato di associazione mafiosa. Per molti anni Contrada aveva ricoperto incarichi di rilievo alla Squadra mobile di Palermo e nella Criminalpol della Sicilia occidentale.

15 gennaio 1993: arrestato, a conclusione di una latitanza trentennale, Totò Riina, capo del clan dei corleonesi e di Cosa Nostra. Quel giorno Gian Carlo Caselli iniziò la sua attività di procuratore capo a Palermo.

27 marzo 1993: i giudici della Procura di Palermo, Gian Carlo Caselli, Guido Lo Forte, Roberto Scarpinato, Gioacchino Natoli, accusano Giulio Andreotti di collusione con la mafia, e inviano al Senato la richiesta per l'autorizzazione a procedere.

8-10 maggio 1993: papa Wojtyla visita la Sicilia occidentale. Ad Agrigento, sotto il Tempio della Concordia, di fronte a centomila fedeli, pronuncia un accorato invito al pentimento rivolto ai boss di Cosa Nostra, e un appello ai siciliani affinché rifiutino per sempre ogni compromesso. L'eco di quella visita giunge in ogni angolo del mondo.

15 settembre 1993: don Pino Puglisi, parroco a Brancaccio, viene ucciso a colpi di pistola da un killer solitario mentre sta rientrando a casa. Sacerdote coerentemente impegnato sul fronte antimafia, aveva pronunciato numerose omelie contro le cosche del quartiere e creato un forte movimento dal basso in difesa di valori cristiani e di tolleranza. È il primo durissimo segnale di Cosa Nostra contro la Chiesa cattolica.

2 marzo 1995: Agostino Gristina, giudice per le indagini preliminari, rinvia a giudizio Giulio Andreotti per associazione mafiosa.

24 giugno 1995: arrestato Leoluca Bagarella, genero di Totò Riina, uomo di punta del clan dei corleonesi.

26 settembre 1995: inizia a Palermo, di fronte alla quinta sezione del tribunale, presieduta da Francesco Ingargiola, il processo a Giulio Andreotti, accusato di associazione mafiosa. Sono presenti trecento giornalisti giunti da ogni parte del mondo.

27 gennaio 1996: ergastolo per Giuseppe Orofino, ergastolo per Pietro Scotto, ergastolo per Salvatore Profeta, diciotto anni per Vincenzo Scarantino, l'unico pentito del processo. Con questa sentenza, la Corte d'assise di Caltanissetta, presieduta da Renato Di Natale, condanna alcuni dei colpevoli della strage di via D'Amelio.

22 febbraio 1996: nell'aula bunker di Mestre, durante il processo per la strage di Capaci, Totò Riina parla per la prima volta di un suo eventuale «pentimento».

5 aprile 1996: la quinta sezione del Tribunale di Palermo, presieduta da Francesco Ingargiola – giudici a latere Salvatore Barresi, Donatella Puleo –, condanna Bruno Contrada, ex funzionario del Sisde, a dieci anni di reclusione, all'interdizione dai pubblici uffici, al pagamento delle spese processuali. Contrada viene infatti riconosciuto colpevole di concorso aggravato in associazione mafiosa.

14 aprile 1996: nell'aula bunker di Rebibbia, al processo per la strage di Capaci, il pentito Santino Di Matteo racconta l'uccisione di suo figlio Giuseppe di quindici anni. Il bambino venne tenuto sotto sequestro da Giovanni Brusca e dai suoi gregari per più di due anni. L'obiettivo era quello di costringere il padre a ritrattare tutto. Ma Santino Di Matteo, nonostante pressioni e minacce, continuò a collaborare. Alla fine, Giuseppe venne torturato, strangolato e sciolto nell'acido per cancellare ogni traccia.

20 maggio 1996: viene arrestato, in una villa di San Leone, in provincia di Agrigento, Giovanni Brusca, il superkiller della strage di Capaci.

1 giugno 1996: la prima sezione della Corte d'assise di Palermo, presieduta da Salvatore Scaduti – giudice a latere, Fabio Marino –, condanna all'ergastolo Salvatore Riina e Salvatore Biondino per l'uccisione dell'imprenditore Luigi Ranieri.

26 giugno 1996: Marcello Dell'Utri viene interrogato per dodici ore dai magistrati antimafia di Palermo. E torna sotto interrogatorio il 1° luglio. È iscritto nel registro degli indagati per concorso esterno in associazione mafiosa.

6 giugno 1997: viene arrestato, tra Ficarazzi e Bagheria, alle porte di Palermo, Pietro Aglieri, detto *u Signurinu*. È uno dei collaboratori più stretti del boss Bernardo Provenzano ed è accusato sia per la strage di Capaci sia per quella di via D'Amelio.

26 settembre 1997: la Corte d'assise di Caltanissetta, presieduta da Carmelo Zuccaro, infligge per la strage di Capaci ventiquattro condanne all'ergastolo ai boss che compongono la cupola.

14 ottobre 1997: Balduccio Di Maggio, collaboratore di giustizia, viene arrestato dai giudici della Procura di Palermo con l'accusa di essere il mandante di un omicidio e di un tentativo di uccisione compiuti a San Giuseppe Jato.

19 ottobre 1997: vengono arrestati per detenzione abusiva di armi il collaboratore di giustizia Santino Di Matteo, padre di Giuseppe ucciso a quindici anni; Giuseppe, il nonno omonimo del ragazzino. Provvedimenti restrittivi anche per il collaboratore Gioacchino La Barbera.

4 novembre 1997: finisce nel carcere dell'Ucciardone, con l'accusa di essere favoreggiatore di mafiosi, il carmelitano don Mario Frittitta, parroco della chiesa Santa Teresa della Kalsa.

8 novembre 1997: dopo quattro giorni di carcere, scanditi da fortissime manifestazioni popolari di solidarietà, don Mario Frittitta viene scarcerato.

15 settembre 1998: si conclude con la cattura la latitanza di Mariano Tullio Troia, detto Mario, capo mandamento della borgata di San Lorenzo. Ad arrestarlo è il commissario di pubblica sicurezza Saverio Montalbano, proprio mentre gli italiani si appassionano alle vicende del commissario Montalbano creato dalla fantasia di Andrea Camilleri.

8 ottobre 1998: a Caccamo, in provincia di Palermo, viene assassinato, sotto gli occhi del figlio, Domenico Geraci, esponente politico del Partito popolare italiano, che sarebbe diventato il candidato a sindaco del centro-sinistra.

30 ottobre 1998: Renato Grillo, giudice per l'udienza preliminare, condanna don Mario Frittitta, parroco della Kalsa, a due anni e due mesi per favoreggiamento aggravato nei confronti di alcuni boss.

2 gennaio 1999: strage a Vittoria in provincia di Ragusa. In un autogrill della periferia cadono falciati dal piombo dei killer: Salvatore Ottone, Claudio Motta, Franco Nobile, Claudio Salerno, Angelo Mirabella. Qualche giorno dopo, Francesco Aiello, il sindaco di Vittoria, guiderà una fiaccolata contro la mafia alla quale partecipa l'intero paese.

19 gennaio 1999: inizia la requisitoria dei pm al processo contro Giulio Andreotti. La quinta sezione del Tribunale – presieduta da Francesco Ingargiola – dà la parola all'accusa: «Andreotti fu il garante di un patto scellerato» esordisce il sostituto procuratore Roberto Scarpinato.

23 gennaio 1999: verdetto a sorpresa della Corte d'assise d'appello di Caltanissetta – presieduta da Giovanni Marletta – nel secondo processo per la strage di via D'Amelio. Vengono assolti per il reato di strage Pietro Scotto, il presunto «telefonista» e Giuseppe Orofino, titolare dell'autorimessa in cui venne preparata l'autobomba. Confermato l'ergastolo al terzo imputato, Salvatore Profeta.

27 gennaio 1999: è scontro fra Gian Carlo Caselli, procuratore capo a Palermo, e la Cassazione. Quel giorno l'opinione pubblica scopre che due sentenze della Suprema Corte rischiano di bloccare decine di processi per mafia e rimettere in libertà pericolosissimi boss.

13 febbraio 1999: nel secondo troncone del processo per la strage Borsellino, la Corte d'assise di Caltanissetta, presieduta da Pietro Falcone, decreta sette ergastoli, in testa alla lista Salvatore Riina e Pietro Aglieri; dieci altre condanne per associazione mafiosa.

18 febbraio 1999: il gip Antonino Tricoli rinvia a giudizio per concorso esterno in associazione mafiosa il tenente dei carabinieri Carmelo Canale, uno dei principali collaboratori di Paolo Borsellino. Canale, accusato da dodici pentiti, si dichiara vittima di un «complotto».

7 luglio 1999: la prima sezione della Corte d'assise di Palermo, presieduta da Angelo Monteleone – giudice a latere Roberto Binenti – condanna Emanuele Di Filippo, collaboratore di giustizia, a diciassette anni di carcere per le uccisioni di Roberto Parisi e Giuseppe Mangano.

4 agosto 1999: Piero Grasso si insedia alla guida della Procura di Palermo. Prende il posto di Gian Carlo Caselli chiamato a dirigere il dipartimento dell'amministrazione penitenziaria.

23 ottobre 1999: la quinta sezione del Tribunale di Palermo, presieduta da Francesco Ingargiola – giudici a latere Antonio Balsamo e Salvatore Barresi –, assolve Giulio Andreotti dall'accusa di associazione mafiosa. Il dispositivo della sentenza fa riferimento all'articolo 530 comma 2 del codice di procedura penale. È quell'articolo che, secondo alcuni, avrebbe di fatto sostituito la vecchia «insufficienza di prove». A non pensarla così, per esempio, sono Giulia Bongiorno e Franco Coppi, i due tenacissimi difensori di Andreotti che hanno vinto il cosiddetto «processo del secolo».

5 novembre 1999: la quarta sezione della Corte d'appello di Palermo, presieduta da Salvatore Rotigliano (giudici a latere Antonella Di Tullio e Amalia Settineri, pm Anna Maria Fazio) assolve padre Mario Frittitta dall'accusa di favoreggiamento per «avere commesso il fatto nell'esercizio di un diritto».

9 dicembre 1999: si conclude il Borsellino ter, terzo troncone del processo per la strage di via D'Amelio. Il collegio presieduto da Carmelo Zuccaro infligge diciassette ergastoli e centosettantacinque anni di reclusione, dieci le assoluzioni. Fra le condanne a vita, quella per Bernardo Provenzano. Per i pentiti: ventisei anni a Salvatore Cancemi, ventitré a Giovanbattista Ferrante, sedici a Giovanni Brusca.

4 gennaio 2000: nell'aula bunker dell'Ucciardone si tiene un'udienza del cosiddetto «processo tempesta»; prima sezione di Corte d'assise, presieduta da Claudio Dall'Acqua (giudice a latere Roberto Binenti, pm Olga Capasso). Alla sbarra una cinquantina di mafiosi accusati di una ventina di delitti. Michele Greco, Pippo Calò, Leoluca Bagarella, Pietro Aglieri, Giuseppe e Filippo Graviano, fra gli altri, chiedono di accedere al «rito abbreviato».

12-14 gennaio 2000: il presidente della Repubblica, Carlo Azeglio Ciampi, va a Palermo e Catania. Ricorda tutti i caduti della lotta alla mafia e commemora il sacrificio di Piersanti Mattarella, presidente della Regione siciliana. Visita la scuola media di Brancaccio, intitolata a padre Pino Puglisi. Lancia ripetutamente un forte messaggio: «La mafia non vincerà».

8 marzo 2000: Giovanni Brusca viene definitivamente considerato un collaboratore di giustizia «attendibile» e idoneo al programma di protezione per i pentiti. Resterà in carcere e non percepirà stipendio. Saranno aiutati i suoi familiari.

4 aprile 2000: Tommaso Buscetta muore a New York, all'età di settantadue anni.

7 aprile 2000: la Corte d'assise d'appello di Caltanissetta, presieduta da Giancarlo Trizzino, porta a ventinove le condanne all'ergastolo per la strage di Capaci.

8 giugno 2000: la sesta sezione del Tribunale di Palermo, presieduta da Giuseppe Rizzo, assolve Corrado Carnevale, presidente della sezione penale della Cassazione, dall'accusa di «concorso in associazione mafiosa». Secondo il collegio: i collaboratori di giustizia non sono stati considerati «attendibili» perché riferivano voci «de relato». Considerate inattendibili anche le accuse di alcuni colleghi di Carnevale.

7 ottobre 2000: la seconda sezione della Corte d'assise di Palermo, presieduta da Giuseppe Nobile – giudice a latere Roberto Murgia – condanna all'ergastolo Giuseppe Lucchese e Pietro Salerno per le uccisioni di Roberto Parisi e Giuseppe Mangano.

30 gennaio 2001: in un casolare di campagna a Belmonte Mezzagno (Palermo), la Squadra mobile arresta il boss Benedetto Spera, capo mandamento di Belmonte Mezzagno, ritenuto vicino a Bernardo Provenzano. Si trovano le lettere che la compagna, i figli e il fratello scrivevano a Provenzano. Ma ci sono polemiche dopo l'arresto: i carabinieri sostengono che l'arresto ha pregiudicato una loro indagine che puntava proprio al numero uno di Cosa Nostra.

21 febbraio 2001: viene arrestato a Trapani, dopo sette anni di latitanza, il boss Vincenzo Virga, capo mandamento di Trapani.

5 marzo 2001: il boss Vito Palazzolo viene condannato a trent'anni per l'omicidio di Peppino Impastato. A emettere la sentenza è la terza sezione della Corte d'assise di Palermo, presieduta da Angelo Monteleone.

3 maggio 2001: la quinta sezione penale della Cassazione – presidente Guido Ietti, relatore Nunzio Cicchetti, consiglieri Pierfrancesco Marini, Francesco Nicastro e Vittorio Glauco Ebner – conferma l'assoluzione di padre Mario Frittitta, contro il quale la Procura generale di Palermo aveva presentato ricorso alla Suprema Corte. Con questa motivazione: la conversione del mafioso è un diritto che ogni sacerdote deve e può esercitare.

4 maggio 2001: la Corte d'appello di Palermo, presieduta da Gioacchino Agnello, assolve Bruno Contrada dall'accusa di concorso esterno in associazione mafiosa. Il sostituto procuratore generale, Antonino Gatto, impugna l'assoluzione.

22 giugno 2001: la quarta sezione del Tribunale di Palermo, presieduta da Giuseppe Nobile condanna a dieci anni l'ex capo della Squadra mobile Ignazio D'Antone, con l'accusa di concorso esterno in associazione mafiosa.

29 giugno 2001: la terza Corte d'appello di Palermo, presieduta da Vincenzo Oliveri, condanna Corrado Carnevale a sei anni di reclusione per «concorso esterno in associazione mafiosa».

5 luglio 2001: la seconda sezione del Tribunale di Palermo, presieduta da Leonardo Guarnotta – giudici a latere Giuseppe Sgadari e Michele Romano –, assolve Calogero Mannino dall'accusa di concorso esterno in Cosa Nostra.

29 novembre 2001: la seconda Corte d'assise di Palermo, presieduta da Giuseppe Nobile – giudice a latere Roberto Murgia – condanna all'ergastolo per l'omicidio di Emanuele Piazza, agente del Sisde, Salvatore Biondino, Antonino Troia e Giovanni Battaglia.

21 dicembre 2001: la terza sezione della Corte d'assise di Palermo, presieduta da Giancarlo Trizzino – giudice a latere Angelo Pellino – condanna Nino Velio Sprio e Pietro Guida all'ergastolo e Ignazio Giliberti a diciannove anni di carcere, per l'uccisione di Giovanni Bonsignore.

24 gennaio 2002: viene arrestato Pino Lipari, geometra dell'Anas e fedelissimo di Bernardo Provenzano. Con lui finiscono in carcere la moglie Marianna; la figlia Cinzia, avvocato civilista, e suo marito, Lorenzo Agosta; il rampollo di casa Lipari, Arturo; l'altro genero di Pino Lipari, Giuseppe Lampiasi.

7 febbraio 2002: a Caltanissetta, in appello, al Borsellino ter, per Cancemi e Ferrante, è arrivato uno sconto di pena: la Corte, presieduta da Giacomo Bodero Maccabeo, gli ha riconosciuto l'attenuante prevista per i collaboratori di giustizia. Ma dei ventidue ergastoli chiesti dalla Procura generale, ne sono stati decretati solo undici (e due sono nuovi: per Salvatore Biondo e Francesco Madonia). Annullati quelli inflitti in primo grado per Stefano Ganci (condannato a trenta anni), per Giuseppe Farinella, Giuseppe Madonia, Nitto Santapaola, Nino Giuffrè, Salvatore Montalto e Matteo Motisi, condannati a venti anni. Sembra venir meno la responsabilità della commissione regionale di Cosa Nostra.

18 marzo 2002: il giudizio d'appello per il Borsellino bis. La Corte d'assise di Caltanissetta, presieduta da Francesco Caruso, inasprisce il verdetto di primo grado, portando a tredici le condanne a vita, così come la procura aveva chiesto in primo grado. Dopo la clamorosa ritrattazione, Scarantino, tornato ad accusare, è stato in parte creduto. Insieme a lui, i procuratori generali Dolcino Favi e Maria Giovanna Romeo hanno portato in aula anche un nuovo collaboratore, Calogero Pulci.

11 aprile 2002: ergastolo per il patriarca di Cinisi, Gaetano Badalamenti, accusato di essere il mandante del delitto di Peppino Impastato. La sentenza viene emessa dalla seconda sezione della Corte d'assise di Palermo presieduta da Claudio Dall'Acqua.

16 maggio 2002: a Caccamo viene arrestato Nino Giuffrè. Si trova un altro carteggio con Provenzano. È l'archivio del capo mafia di Caccamo, componente della cupola.

31 maggio 2002: la quinta sezione penale della Cassazione – presidente Guido Ietti, relatore Angelo Di Popolo, consiglieri Carlo Casini, Francesco Nicastro e Giuseppe Sica – annulla con rinvio tredici condanne ai boss che a Caltanissetta erano stati condannati perché ritenuti fra i mandanti della strage di Capaci. Il processo dovrà essere rifatto dalla Corte d'assise di Catania.

5 giugno 2002: viene arrestato, a Corleone, Giuseppe Salvatore Riina, uno dei figli di Totò Riina. Si scopre che nonostante i suoi ventiquattro anni è al centro di una rete che controlla appalti ed estorsioni a Palermo: ha creato una sua personale cosca.

3 luglio 2002: la quinta sezione della Cassazione conferma l'ergastolo nel processo Borsellino bis ai seguenti mafiosi: Totò Riina, Pietro Aglieri, Carlo Greco, Giuseppe Calascibetta, Giuseppe Graviano, Francesco Tagliavia, Salvatore Biondino, Cosimo Vernengo, Natale e Antonio Gambino, Giuseppe La Mattina, Lorenzo Tinnirello, Gaetano Scotto, Gaetano Murana e Gaetano Urso.

19 settembre 2002: in occasione del blitz contro la mafia delle Madonie, il procuratore Piero Grasso rende nota alla stampa la scelta di Nino Giuffrè di collaborare con la giustizia. Il boss di Caccamo aveva iniziato a fare le sue prime dichiarazioni ai pm di Palermo il 19 giugno 2002.

30 ottobre 2002: le sezioni unite della Cassazione – il presidente della Cassazione Nicola Marvulli, relatore Luigi Calabrese, consiglieri Bruno Frangini, Carmelo Scuito, Francesco Morelli, Giovanni Silvetri, Stefano Agrò, Giovanni Canzio e Aldo Fiale – annullano, senza rinvio, la condanna di Carnevale a sei anni perché «il fatto non sussiste».

19 novembre 2002: Vito Ciancimino, ex sindaco democristiano di Palermo, muore a Roma, per cause naturali, all'età di 78 anni. Si trovava agli arresti domiciliari, dopo essere stato condannato – il 28 ottobre 2001 – a tredici anni di reclusione, con sentenza passata in giudicato, per associazione a delinquere di tipo mafioso.

12 dicembre 2002: la seconda sezione penale di Cassazione – presidente Francesco Morelli, relatore Franco Fiandanese, Francesco De Chiara, Alessandro Conzatti e Carla Prodo – annulla la sentenza di assoluzione di Bruno Contrada. Il processo dovrà essere rifatto. E questo nonostante il parere contrario della stessa Procura generale della Suprema Corte che aveva chiesto l'assoluzione di Contrada.

18 dicembre 2002: finisce indagato l'assessore regionale Domenico Miceli, in rapporto con il medico boss Giuseppe Guttadauro.

18 gennaio 2003: la sesta sezione di Cassazione annulla parte della sentenza del Borsellino ter, emessa dalla Corte d'assise d'appello di Caltanissetta, trasferendo il fascicolo a Catania. I giudici della Suprema Corte cassano le assoluzioni dal reato di strage di alcuni boss disponendo un nuovo processo.

16 aprile 2003: la prima sezione della Corte d'assise d'appello di Palermo, presieduta da Innocenzo La Mantia – giudice a latere Giovanni D'Antoni – conferma gli ergastoli di primo grado per l'uccisione di Emanuele Piazza.

30 aprile 2003: Ignazio D'Antone viene condannato nel processo di secondo grado dalla terza sezione della Corte d'appello di Palermo, presieduta da Salvatore Virga.

2 maggio 2003: Giulio Andreotti è assolto in appello dalla prima sezione della Corte d'appello, presieduta da Salvatore Scaduti, giudici a latere Mario Fontana e Gioacchino Mitra. I sostituti procuratori generali, Anna Maria Leone e Daniela Giglio, chiedevano la condanna dell'imputato.

21 maggio 2003: le sezioni unite penali della Cassazione spiegano in centoventinove pagine che il «metodo rigorista e ipercritico» adottato in ogni procedimento da Carnevale non prova che egli abbia effettuato pressioni o ingerenze sui magistrati della stessa sezione nel decidere procedimenti mafiosi.

26 giugno 2003: viene arrestato Domenico Miceli. Primo avviso di garanzia a Salvatore Cuffaro, presidente della Regione siciliana, per concorso esterno in associazione mafiosa e corruzione.

9 luglio 2003: lo stralcio del Borsellino ter deciso dalla Cassazione e uno stralcio della strage di Capaci vengono riunificati sotto un unico processo dalla Corte d'assise d'appello di Catania presieduta da Paolo Lucchesi.

14 agosto 2003: Carmelo Milioti, imprenditore, viene assassinato in pieno giorno, in un sala da barba di Favara (Agrigento) con un solo colpo di lupara alla testa. Era ritenuto esponente di primo piano della mafia agrigentina per i suoi stretti legami con Giovanni Brusca.

Settembre 2003: primi problemi in Dda con l'estromissione dei procuratori aggiunti Roberto Scarpinato e Guido Lo Forte, dal coordinamento delle indagini antimafia. Per protesta si dimette il sostituto Gioacchino Natoli.

5 novembre 2003: arrestato il manager della sanità siciliana Michele Aiello, accusato di essere un prestanome del boss Bernardo Provenzano. In manette pure due sottufficiali accusati di essere le talpe della mafia, il maresciallo della Dia Giuseppe Ciuro e il maresciallo del Ros Giorgio Riolo. Aiello il 26 marzo 2004 è stato messo agli arresti domiciliari.

22 novembre 2003: arrestato il radiologo palermitano Aldo Carcione, accusato di essere stato un altro canale delle talpe in procura. Il 23 marzo sarà posto agli arresti domiciliari.

6 dicembre 2003: i carabinieri del Ros e la Procura di Palermo decapitano il vertice della famiglia mafiosa di Brancaccio, guidata da un ex primario, Giuseppe Guttadauro. Una cimice, piazzata nella sua abitazione, aveva registrato le frequenti visite di un assessore della giunta comunale di centro-destra, Mimmo Miceli, dell'Udc.

17 dicembre 2003: chiusa l'indagine su Miceli, di cui la procura chiede il rinvio a giudizio. Stralciata la posizione di Cuffaro, su cui i magistrati continuano a indagare.

7 febbraio 2004: in manette il deputato regionale dell'Udc Antonio Borzacchelli, accusato di concussione nell'ambito dell'inchiesta sul manager della sanità Michele Aiello. Lo avrebbe aiutato in modo illecito. Lo stesso giorno, il presidente della Regione siciliana Cuffaro riceve un nuovo avviso di garanzia ancora una volta per associazione mafiosa e con l'accusa di rivelazione di notizie coperte dal segreto istruttorio e di aver ricevuto un finanziamento elettorale illecito.

12 febbraio 2004: arrestato il dirigente dell'Asl di Bagheria, Lorenzo Iannì, che avrebbe favorito Aiello.

18 marzo 2004: secondo l'ultima relazione della Direzione investigativa antimafia, i capi di Cosa Nostra sarebbero ancora Totò Riina e Leoluca Bagarella, malgrado siano sottoposti al regime del 41 bis, oltre ai latitanti Bernardo Provenzano e Matteo Messina Denaro, capo mafia di Trapani. La relazione lancia l'allarme per il rischio di infiltrazioni mafiose nel settore delle grandi opere, soprattutto quella per la realizzazione dello Stretto di Messina.

24 marzo 2004: la Procura di Palermo chiede l'archiviazione dell'inchiesta per l'avvocato Nino Mormino, di Forza Italia, vicepresidente della commissione giustizia della Camera, e per Antonio Battaglia, senatore di Alleanza nazionale, accusati di concorso in associazione mafiosa in seguito alle dichiarazioni del collaboratore di giustizia Nino Giuffrè.

29 marzo 2004: blitz «Alta mafia». La Dda arresta quarantuno persone: politici, imprenditori, funzionari e impiegati di enti pubblici delle province di Caltanissetta e Agrigento, accusati a vario titolo di avere avuto rapporti con mafiosi. Riesce a sfuggire alla cattura Maurizio Di Gati, indicato come il reggente di Cosa Nostra della provincia di Agrigento. Tra gli arrestati, c'è il deputato regionale dell'Udc Vincenzo Lo Giudice, di Canicattì.

23 aprile 2004: sciolti per condizionamenti mafiosi i Comuni di Villabate (PA) e Niscemi (CL).

30 aprile 2004: muore nel carcere di Fairton (Usa) Gaetano Badalamenti, che stava scontando una condanna per traffico internazionale di droga. Badalamenti era stato condannato all'ergastolo, nell'aprile 2002, per l'omicidio di Peppino Impastato.

11 maggio 2004: la terza sezione della Corte d'appello di Palermo, presieduta da Salvatore Virga – giudici a latere Luciana Razete e Marina Ingoglia –, condanna Calogero Mannino a cinque anni e quattro mesi per concorso esterno in associazione mafiosa.

26 maggio 2004: confermata dalla sesta sezione penale della Cassazione – presidente Renato Acquarone, consiglieri Giangiulio Ambrosini, Nicola Milo, Arturo Cortese, Domenico Carcano – la condanna a dieci anni per Ignazio D'Antone, ex capo della Squadra mobile di Palermo, accusato di concorso in associazione mafiosa per aver favorito la latitanza di alcuni capi mafia. Viene arrestato per scontare la pena.

28 giugno 2004: la Corte d'assise di Palermo presieduta da Renato Grillo, giudice a latere Roberta Serio, condanna all'ergastolo Giuseppe Lucchese e Nino Madonia, accusati di essere gli esecutori materiali dell'omicidio di Pio La Torre e Rosario Di Salvo, uccisi il 30 aprile 1982. Erano già stati condannati i mandanti, i capi mafia della cupola, e Salvatore Cucuzza, killer reo confesso.

29 giugno 2004: sui muri di Palermo, durante la notte, vengono affissi dei volantini anonimi: «Un intero popolo che paga il pizzo è un popolo senza dignità». Il giorno dopo, i promotori dell'iniziativa si svelano: sono un gruppo di studenti che voleva sollevare un dibattito. L'appello riscuote la solidarietà di cittadini, associazioni e rappresentanti delle istituzioni.

6 luglio 2004: inizia a Palermo il processo all'ex assessore comunale dell'Udc Domenico Miceli, accusato di concorso in associazione mafiosa. Secondo l'accusa, avrebbe fatto da intermediario fra il boss di Brancaccio, Giuseppe Guttadauro, e il presidente della Regione, Salvatore Cuffaro, intanto raggiunto da un avviso di garanzia per concorso esterno e rivelazione di notizie riservate, nell'ambito dell'inchiesta sulle talpe.

8 luglio 2004: la Procura di Palermo chiude le indagini sulle talpe. Per il presidente della Regione siciliana, Salvatore Cuffaro, cade l'accusa di concorso in associazione mafiosa. Il sostituto procuratore Gaetano Paci si dissocia dalla decisione ritenendo ci fossero gli elementi per contestare a Cuffaro il reato più pesante. Il procuratore Piero Grasso revoca la delega del procedimento a Paci.

9 agosto 2004: la prima sezione penale della Cassazione – presidente Piero Mocali, consiglieri Giuseppe De Nardo, Maria Cristina Siotto, Giancarlo Urban, Paola Piraccini – rende definitiva la condanna all'ergastolo per Salvatore Biondino, Antonino Troia e Giovanni Battaglia responsabili dell'uccisione di Emanuele Piazza.

1 *settembre* 2004: la Procura di Palermo chiede il rinvio a giudizio del presidente della Regione siciliana Salvatore Cuffaro, accusato di rivelazione di segreto d'ufficio e favoreggiamento aggravato dall'aver agevolato Cosa Nostra.

9 *settembre* 2004: viene data notizia che alcune settimane prima è morta, nella sua casa di Palermo, Serafina Battaglia, la donna che negli anni Settanta – dopo l'uccisione del suo convivente Stefano Leale e del figlio Salvatore – accusò alcuni capi mafia rivolgendosi al giudice istruttore Cesare Terranova. Aveva detto: «Se le donne dei morti ammazzati si decidessero a parlare così come faccio io, non per odio o per vendetta ma per sete di giustizia, la mafia in Sicilia non esisterebbe più da un pezzo». Nonostante le sue accuse in aula, i sicari dei suoi congiunti furono assolti per insufficienza di prove.

15 *settembre* 2004: il gip di Palermo Vincenzina Massa non accoglie la richiesta di archiviazione avanzata dalla Procura di Palermo nei confronti di Mario Mori, direttore del Sisde, e Sergio De Caprio, tenente colonnello dei carabinieri, indagati entrambi per favoreggiamento nei confronti di Cosa Nostra, per la mancata perquisizione del covo di Riina.

7 *ottobre* 2004: la prima sezione penale della Cassazione, presieduta da Piero Mocali – consiglieri Giovanni Silvestri, Gianfranco Raggio, Francantonio Granero, Grazia Corradini –, conferma gli ergastoli per Totò Riina, Michele Greco, Antonino Geraci e Francesco Madonia, quali mandanti dell'omicidio del magistrato Cesare Terranova e del maresciallo Lenin Mancuso, uccisi a Palermo il 25 settembre 1979.

8 *ottobre* 2004: la Corte d'appello di Caltanissetta assolve l'ex procuratore di Termini Imerese Giuseppe Prinzivalli, accusato di concorso in associazione mafiosa in seguito alle dichiarazioni di alcuni pentiti che lo avevano indicato come persona «avvicinabile». L'assoluzione arriva dopo la pronuncia della Cassazione, che aveva annullato la condanna di secondo grado, a otto anni.

15 *ottobre* 2004: la seconda sezione penale della Cassazione, presieduta da Giuseppe Cosentino, procuratore generale, Francesco Mauro Iacoviello, consigliere relatore Maurizio Massera –, conferma la sentenza della Corte d'appello di Palermo che assolveva il senatore Giulio Andreotti dall'accusa di associazione mafiosa dichiarando di non doversi procedere per il reato di associazione a delinquere semplice, contestato fino al 1980, per avvenuta prescrizione.

2 *novembre* 2004: rinviato a giudizio dal gup Bruno Fasciana il presidente della Regione siciliana, Salvatore Cuffaro, accusato di favoreggiamento di Cosa Nostra. Viene prosciolto dall'accusa di rivelazione di notizie riservate. La Procura annuncia appello contro il proscioglimento.

2 novembre 2004: il gip di Palermo, Vincenzina Massa, ordina alla Procura di formulare un capo di imputazione per favoreggiamento aggravato nei confronti di Cosa Nostra, per Mario Mori e Sergio De Caprio, per la mancata perquisizione del covo di Riina.

15 novembre 2004: la seconda sezione del Tribunale di Palermo, presieduta da Antonio Prestipino – giudici a latere, Piergiorgio Morosini e Vittorio Anania –, assolve il tenente Carmelo Canale, stretto collaboratore di Borsellino, che era stato accusato da alcuni collaboratori di giustizia di avere accettato denaro per passare notizie ai mafiosi.

11 dicembre 2004: la seconda sezione del Tribunale di Palermo, presieduta da Leonardo Guarnotta – giudici a latere, Gabriella Di Marco e Giuseppe Sgadari –, condanna a nove anni il senatore Marcello Dell'Utri, accusato di concorso in associazione mafiosa. Condannato a sette anni il coimputato Gaetano Cinà.

18 febbraio 2005: il gup di Palermo, Marco Mazzeo, rinvia a giudizio Mario Mori e Sergio De Caprio, per favoreggiamento nei confronti di Cosa Nostra, per la mancata perquisizione del covo di Riina.

21 marzo 2005: Il gip Giacomo Montalbano archivia l'indagine, iniziata nel 2003 dai sostituti procuratori Nino Di Matteo e Gaetano Paci, nei confronti del deputato Saverio Romano, per concorso esterno in associazione mafiosa e corruzione.

1 aprile 2005: il gip di Palermo, Giuseppe Montalbano, archivia l'inchiesta su Salvatore Cuffaro, presidente della Regione siciliana, per l'accusa di concorso in associazione mafiosa e corruzione. Così come chiedeva la stessa procura. Analoga decisione per il deputato nazionale dell'Udc Saverio Romano.

13 aprile 2005: Agnese Borsellino scrive una lettera aperta: «A seguito della ben nota inchiesta giudiziaria che ha coinvolto l'ex presidente del Centro Paolo Borsellino, padre Giuseppe Bucaro, evidenziando che nel sacerdote avevo riposto la massima fiducia, pur non essendo stato – come erroneamente riportato in passato da taluni mezzi d'informazione – il confessore o padre spirituale di mio marito, reputo doveroso informare l'opinione pubblica che ho deciso di togliere il nome Borsellino al Centro, indipendentemente dall'esito dell'inchiesta».

16 giugno 2005: la Procura di Palermo chiude l'indagine, riaperta nel 1995, sull'omicidio del giornalista del quotidiano «L'Ora» Mauro De Mauro, scomparso a Palermo il 16 settembre 1970. De Mauro sarebbe stato rapito e ucciso perché aveva scoperto un patto tra Cosa Nostra siciliana e il comandante della X Mas, Junio Valerio Borghese, per il progetto di un colpo di Stato. A ucciderlo sarebbero stati Mimmo Teresi, Emanuele D'Agostino e Stefano Giaconia, freddati nella guerra di mafia degli anni

Ottanta. I mandanti sarebbero stati i capi della cupola Stefano Bontate, Gaetano Badalamenti e Salvatore Riina.

1 luglio 2005: sequestrati dalla Procura di Palermo depositi bancari, società e immobili per circa trenta milioni di euro riconducibili a Vito Ciancimino e ai suoi figli, sotto inchiesta per riciclaggio. Coinvolti nell'indagine Gianni Lapis, professore di diritto tributario ed ex commercialista di Ciancimino, poi anche l'avvocato Giorgio Ghiron ritenuto prestanome dei Ciancimino.

2 luglio 2005: le sezioni unite della Cassazione – presidente Nicola Marvulli, consiglieri Pasquale Trojano, Giorgio Lattanzi, Renato Calabrese, Carlo Brusco, Nicola Milo, Giovanni Canzio, Aldo Fiale, Franco Fiandanese – annullano la sentenza d'appello per l'ex ministro Calogero Mannino per «difetto di motivazione». E ordinano un nuovo processo.

16 novembre 2005: David Costa, deputato regionale dell'Udc ed ex assessore della giunta Cuffaro, viene arrestato per concorso esterno in associazione mafiosa. Nel 2001 avrebbe avuto il sostegno elettorale delle cosche trapanesi in cambio di favori.

23 novembre 2005: dopo le dichiarazioni del pentito Francesco Campanella, i sostituti procuratori Nino Di Matteo e Maurizio De Lucia riaprono l'indagine a carico di Saverio Romano solo per 416 bis.

7 gennaio 2006: il sindaco di Roccamena, Salvatore Gambino, esponente dell'Udc eletto nel 2003, viene arrestato con l'accusa di associazione mafiosa. In manette finiscono anche Bartolomeo Cascio, ritenuto capo della cosca corleonese, già condannato per associazione mafiosa, e due imprenditori. In un cassetto dell'ufficio del sindaco, i carabinieri hanno trovato una pistola non denunciata.

11 gennaio 2006: denunciata la scomparsa di Giovanni Bonanno, reggente del mandamento di Resuttana. Secondo gli investigatori, si tratta di una «lupara bianca» dovuta a contrasti all'interno della cosca retta da Salvatore Lo Piccolo.

12 gennaio 2006: il capo dello Stato, Carlo Azeglio Ciampi, durante una sua visita in Sicilia, a Siracusa, afferma: «Non è sufficiente combattere la mafia, è necessario sconfiggerla».

13 gennaio 2006: il capo dello Stato, Carlo Azeglio Ciampi, a Palermo: «Al termine di ogni visita a Palermo ho sempre invocato una maggiore unione nella lotta alla mafia. Ieri ho detto che non basta combatterla, occorre sconfiggerla. Oggi aggiungo: noi siamo in grado di sconfiggerla. E abbiamo le armi per farlo».

28 gennaio 2006: a Corleone, durante la notte, viene data alle fiamme la macchina di Dino Paternostro, segretario della locale Camera del lavoro, giornalista e scrittore noto per il suo impegno antimafioso.

19 febbraio 2006: la terza sezione del Tribunale di Palermo, presieduta da Raimondo Lo Forti – giudici a latere Sergio Ziino e Claudia Rosini –, assolve Mario Mori e Sergio De Caprio dall'accusa di avere favorito Cosa Nostra in occasione della mancata perquisizione del covo di Riina.

25 febbraio 2006: la prima sezione della Corte d'appello di Palermo, presieduta da Salvatore Scaduti – giudici a latere Giuseppe Melisenda Giambertoni e Monica Boni –, condanna Bruno Contrada a dieci anni per concorso esterno in associazione mafiosa. Il sostituto procuratore generale Antonino Gatto aveva chiesto dieci anni e sei mesi di condanna. I difensori dell'imputato – gli avvocati Gioacchino Sbacchi e Pietro Milio – annunciano il ricorso in Cassazione.

11 aprile 2006: a Corleone, in contrada Montagna dei Cavalli, viene arrestato Bernardo Provenzano, latitante da quarantatré anni. Arrestato anche il pastore Giovanni Marino di 42 anni.

12 aprile 2006: per aver favorito la latitanza di Provenzano, vengono arrestati a Corleone: Bernardo Riina, 68 anni, Calogero e Giuseppe Lo Bue, padre e figlio, rispettivamente di 60 e 28 anni.

4 maggio 2006: la polizia arresta Carmelo Gariffo, nipote di Provenzano, già condannato per associazione mafiosa. Avrebbe tenuto i collegamenti tra il capo mafia e gli altri mafiosi, sarebbe stato la mente finanziaria della famiglia di Corleone.

19 maggio 2006: si viene a sapere che le casse dello Stato hanno pagato alla difesa d'ufficio di Bernardo Provenzano, ufficialmente nullatenente, ventottomila euro in quattro anni, di cui ventimila e cinquecento euro per il processo che lo vedeva imputato come mandante dell'omicidio del giornalista Mario Francese. I giudici del processo si erano opposti, sostenendo che la legge deve applicarsi soltanto agli avvocati d'ufficio degli irreperibili, mentre Provenzano era latitante. Ma la Cassazione non ha condiviso questa interpretazione.

31 maggio 2006: archiviata dal gip di Palermo, Vincenzina Massa, l'inchiesta sull'omicidio del sindacalista dell'Uil, Domenico Geraci, detto «Mico», ucciso a Caccamo l'8 ottobre 1998. La richiesta di archiviazione era stata formulata dai pm nel 2005, perché in assenza di riscontri erano state ritenute insufficienti le accuse del collaboratore di giustizia Nino Giuffrè nei confronti di Bernardo Provenzano e dei presunti sicari. Secondo Giuffrè, Geraci «fu ucciso perché non solo continuava a parlare in pubblico» contro i mafiosi, «ma addirittura aveva messo i bastoni tra le ruote a richieste di contributi finanziari».

8 giugno 2006: il gip di Palermo, Gioacchino Scaduto, emette un provvedimento di arresti domiciliari per Massimo Ciancimino, figlio di Vito, e per il suo avvocato Giorgio Ghiron, accusati di riciclaggio, reimpiego e intestazione fittizia di denaro e beni di provenienza illecita. Secondo i pm Roberta Buzzolani, Lia Sava e Michele Prestipino, la grande disponibilità di denaro di Massimo Ciancimino deriverebbe dal patrimonio accumulato dal padre all'epoca del «sacco di Palermo», solo in parte individuato dagli inquirenti.

13 giugno 2006: il presidente della Regione siciliana Salvatore Cuffaro viene interrogato nell'ambito del processo in cui è imputato di rivelazione di segreto d'ufficio e favoreggiamento, con l'aggravante di aver favorito Cosa Nostra. Cuffaro nega di avere appreso segreti e girato informazioni. Ammette di avere incontrato l'imprenditore Michele Aiello nel retrobottega di un negozio di abbigliamento, ma soltanto per parlare del tariffario delle prestazioni offerte dalle cliniche dell'imprenditore.

20 giugno 2006: la Procura distrettuale antimafia emette il fermo per quarantacinque mafiosi ritenuti i vertici di Cosa Nostra palermitana. Per questa ragione l'operazione della polizia viene ribattezzata Gotha. Fra i principali arrestati, Nino Rotolo, Francesco Bonura e Antonino Cinà.

27 giugno 2006: il pubblico ministero, Nino Di Matteo, chiede l'archiviazione dell'indagine sulla mancata cattura di Bernardo Provenzano, che sarebbe potuta avvenire il 31 ottobre 1995, dopo le indicazioni del mafioso confidente Luigi Ilardo al colonnello dei carabinieri Michele Riccio. È stato lo stesso Riccio a presentare un esposto denuncia nei confronti dei vertici del Ros, sostenendo di essere stato fermato nelle indagini. La richiesta di archiviazione riguarda anche Riccio, a sua volta querelato dall'allora comandante del Ros, il generale Mario Mori. Secondo la procura, la mancata cattura maturò comunque in un contesto di «obiettiva e preoccupante opacità».

30 giugno 2006: inizia a Palermo il processo d'appello a Marcello Dell'Utri, condannato in primo grado a nove anni per concorso in associazione mafiosa.

5 luglio 2006: la terza sezione del Tribunale di Palermo presieduta da Donatella Puleo – giudici a latere, Vittorio Alcamo e Lorenzo Chiaramonte – condanna a nove anni, per concorso esterno in associazione mafiosa, Vito Roberto Palazzolo, originario di Terrasini, ritenuto il finanziere dei corleonesi. È latitante in Sudafrica.

10 luglio 2006: Giovanni Mercadante, deputato regionale di Forza Italia e primario di radiologia dell'ospedale Civico, viene arrestato dalla polizia per associazione mafiosa.

12 luglio 2006: Francesco Messineo viene nominato dal Csm procuratore capo a Palermo.

13 luglio 2006: condannata a sedici anni, dalla Corte d'assise di Palermo, presieduta da Roberto Murgia – giudice a latere, Roberta Serio –, la collaboratrice di giustizia Giusy Vitale, di Partinico, che si era accusata di essere la mandante, assieme al fratello Leonardo, condannato all'ergastolo, dell'omicidio di Salvatore Riina, un mafioso che aveva tentato di scalzare i Vitale dopo l'arresto del capo mafia Vito.

14 luglio 2006: viene estradato dalla Repubblica Ceca, dove era stato arrestato un anno prima, il capo mafia di Porto Empedocle Luigi Putrone, condannato all'ergastolo per alcuni omicidi, fra cui quello di Giuseppe Di Matteo, il figlio del collaboratore che ha svelato i segreti della strage Falcone.

18 luglio 2006: la polizia arresta Filippo Guttadauro, cognato di Matteo Messina Denaro, il capo mafia latitante di Trapani. Proprio Guttadauro era il tramite tra Provenzano e Messina Denaro.

18 luglio 2006: uno dei più noti imprenditori siciliani, Giuseppe Migliore, ammette di avere pagato i boss del pizzo. L'ammissione avviene dopo una citazione alla Squadra mobile: gli inquirenti hanno scoperto dell'estorsione dopo aver ascoltato i mafiosi arrestati dell'ambito dell'operazione Gotha.

19 luglio 2006: la Corte d'appello di Palermo presieduta da Salvatore Scaduti – giudici a latere Luisa Leone e Monica Boni – conferma la condanna per associazione mafiosa per Giuseppe Salvatore Riina, uno dei figli del capo mafia, ma riduce la pena da quattordici a undici anni.

21 settembre 2006: denunciata la scomparsa di Bartolomeo Spatola, anziano capo mafia del quartiere Tommaso Natale-Sferracavallo. Gli inquirenti pensano subito a un caso di lupara bianca e sospettano che il mandante sia il latitante Salvatore Lo Piccolo, perché Spatola si era avvicinato alle posizioni di Antonino Rotolo, capo mandamento di Pagliarelli, che meditava di uccidere Lo Piccolo.

25 settembre 2006: il sostituto procuratore di Palermo, Antonio Ingroia, chiede l'archiviazione dell'inchiesta sull'omicidio di Mauro Rostagno, ucciso nel 1988.

27 settembre 2006: Luigi Putrone, mafioso di Porto Empedocle, condannato all'ergastolo per tredici omicidi, e Ignazio Gagliardo, della cosca di Racalmuto, condannato all'ergastolo per due omicidi, iniziano a collaborare con la giustizia.

1 ottobre 2006: il Tribunale per le Misure di prevenzione di Palermo, presieduto da Cesare Vincenti, confisca beni per circa cinquecento milioni di euro ai fratelli Giuseppe e Gaetano Sansone, costruttori accusati di essere fiancheggiatori di Totò Riina.

9 ottobre 2006: la quinta sezione del Tribunale di Palermo, presieduta da Salvatore Di Vitale – giudici a latere, Alfonsa Maria Ferraro e Lorenzo

Iannelli –, assolve, per non avere commesso il fatto, Marcello Dell'Utri, imputato di calunnia aggravata nei confronti di tre collaboratori di giustizia.

11 ottobre 2006: al processo contro Totò Riina, imputato dell'omicidio del giornalista del giornale «L'Ora», Mauro De Mauro, il collaboratore di giustizia Francesco Marino Mannoia dichiara di non conoscere il movente del delitto, ma di essere sicuro che il corpo del giornalista fosse tra i corpi di altri uccisi che vennero sciolti nell'acido.

30 ottobre 2006: condannato dal gup di Palermo Maria Elena Gamberini a cinque anni, per concorso esterno in associazione mafiosa, il costruttore palermitano Francesco Zummo, ritenuto prestanome del consuocero Vincenzo Piazza, condannato nel 1998 per associazione mafiosa. Condannato a tre anni il figlio Ignazio, per favoreggiamento, e assolti la moglie, le due figlie e il socio Francesco Civello.

26 novembre 2006: il capo mafia latitante Maurizio Di Gati, di Racalmuto, si consegna ai carabinieri.

6 dicembre 2006: la terza sezione del Tribunale di Palermo, presieduta da Raimondo Lo Forti – giudici a latere, Sergio Ziino e Donatella Puleo – condanna a otto anni di reclusione, per concorso in associazione mafiosa, l'ex assessore dell'Udc al Comune di Palermo Domenico Miceli, medico chirurgo al Policlinico, accusato di avere avuto rapporti con il capo mafia di Brancaccio, l'ex chirurgo del Civico Giuseppe Guttadauro.

19 dicembre 2006: assolto dal gup di Palermo, Antonella Pappalardo, perché il fatto non sussiste, l'ex assessore alla presidenza regionale David Costa, accusato di concorso esterno. Costa era stato arrestato nel novembre 2005 con l'accusa di avere ricevuto voti dalla mafia di Marsala in cambio di favori e assunzioni.

30 dicembre 2006: la procura chiede la riapertura dell'inchiesta per l'omicidio dell'agente Antonio Agostino e della moglie Giovanna Ida, avvenuto a Palermo il 5 agosto 1989. I genitori di Agostino chiedono che sul caso venga tolto il segreto di Stato posto dal Servizio segreto civile dopo una richiesta dei magistrati di Palermo.

25 gennaio 2007: blitz della polizia contro quarantotto esponenti del mandamento mafioso di Carini, ritenuta la roccaforte economica del superlatitante Salvatore Lo Piccolo.

10 marzo 2007: condannati dal gup di Palermo, Giuseppe Sgadari, Massimo Ciancimino (a cinque anni per riciclaggio e fittizia intestazione dei beni) e Epifania Scardino (a un anno per fittizia intestazione dei beni, con pena sospesa), rispettivamente figlio e vedova di Vito Ciancimino. Condannati a cinque anni gli avvocati Giorgio Ghiron e Gianni Lapis, che avrebbero nascosto e gestito il patrimonio dei Ciancimino. Il gip ha disposto anche la confisca dei beni mobili e immobili sequestrati nel corso dell'inchiesta, per centosessanta milioni di euro.

19 marzo 2007: la Procura di Palermo chiede la riapertura dell'indagine sul presidente della Regione Salvatore Cuffaro, con l'accusa di concorso in associazione mafiosa, sulla base di nuovi elementi.

4 aprile 2007: arresti domiciliari, su richiesta della Dda di Palermo, per Bartolo Pellegrino, politico trapanese di Nuova Sicilia, ex assessore al Territorio e ambiente nella precedente giunta di Salvatore Cuffaro, accusato di corruzione aggravata dal fine di agevolare Cosa Nostra.

11 aprile 2007: rinviati a giudizio, dal gup di Palermo, Marco Mazzeo, Bernardo Provenzano e Totò Riina per la strage di viale Lazio, avvenuta il 10 dicembre 1969. Sono accusati dell'uccisione di Michele Cavataio, Francesco Tumminello, Salvatore Bevilacqua e Giovanni Domè.

17 aprile 2007: ammessa dal gip, Maria Pino, la riapertura delle indagini sull'assassinio dell'agente Antonio Agostino e della moglie Giovanna Ida Castellucci.

27 aprile 2007: il Tribunale di Palermo, presieduto da Angelo Monteleone – giudici a latere, Lorenzo Chiaramonte e Marcella Ferrara –, assolve con formula piena Gaspare Giudice, deputato di Forza Italia, accusato di associazione mafiosa, riciclaggio, estorsione aggravata, due bancarotte fraudolente e false comunicazioni sociali.

10 maggio 2007: la sesta sezione della Corte di cassazione, presieduta da Giorgio Lattanzi – relatore Giacomo Paoloni, consiglieri Giangiulio Ambrosini, Arturo Cortese, Adolfo Di Virginio –, conferma la condanna a dieci anni per l'ex funzionario del Sisde e ex capo della Squadra mobile di Palermo Bruno Contrada, accusato di concorso esterno in associazione mafiosa.

14 giugno 2007: Nicolò Ingarao, ritenuto reggente di Porta Nuova, dopo essere uscito dal commissariato Zisa, dove aveva firmato sul registro dei sorvegliati speciali, viene ucciso da due sicari a bordo di una moto.

11 luglio 2007: la prima Corte d'appello di Palermo, presieduta da Salvatore Scaduti – giudici a latere, Gioacchino Mitra e Monica Boni – condanna a nove anni, per associazione mafiosa, Vito Roberto Palazzolo, originario di Terrasini, ritenuto il finanziere dei corleonesi, che prosegue la sua latitanza in Sudafrica.

15 ottobre 2007: il procuratore aggiunto Giuseppe Pignatone, i pm Michele Prestipino e Maurizio De Lucia, chiedono la condanna per il presidente Cuffaro: otto anni. Viene sollecitata anche la condanna a diciotto anni per l'imprenditore Michele Aiello e otto anni per il maresciallo dei carabinieri Giorgio Riolo.

5 novembre 2007: la polizia arresta Salvatore e Sandro Lo Piccolo. Erano in un casolare delle campagne di Giardinello, assieme ad altri due latitanti, Andrea Adamo e Gaspare Pulizzi. Sequestrata una borsa ai Lo Piccolo contenente numerosi pizzini e la contabilità del pizzo pagato dai negozianti e dagli imprenditori.

15 novembre 2007: il gip di Palermo, Maria Pino, dispone che la Procura di Palermo indaghi per ulteriori sei mesi sull'omicidio di Mauro Rostagno. La seconda sezione della Corte d'assise di Palermo, presieduta da Innocenzo La Mantia – giudice a latere Mario Fontana – riduce a dodici anni la pena inflitta in primo grado alla collaboratrice di giustizia Giusy Vitale, per l'omicidio di Salvatore Riina.

19 dicembre 2007: Massimo Ciancimino, figlio del capo mafia don Vito, rilascia un'intervista a «Panorama» e per la prima volta parla dei rapporti fra suo padre e Bernardo Provenzano, che lui sapeva chiamarsi «ingegner Lo Verde».

18 gennaio 2008: la terza sezione del tribunale, presieduta da Vittorio Alcamo – giudici a latere, Salvatore Fausto Flaccovio e Lorenzo Chiaramonte –, conclude il processo alle «Talpe». Condannato a cinque anni il presidente della Regione Salvatore Cuffaro, per favoreggiamento a singoli mafiosi e rivelazione di notizie riservate: assolto dall'aggravante di aver favorito l'intera organizzazione. Quattordici anni per Michele Aiello, il magnate della sanità privata in Sicilia, al centro della rete delle talpe: risponde di associazione mafiosa. Sette anni per il maresciallo del Ros Giorgio Riolo, esperto nella sistemazione di cimici e telecamere.

2 febbraio 2008: la Squadra mobile scopre in un terreno a Villagrazia di Carini alcuni resti umani. Secondo il pentito Gaspare Pulizzi, dovrebbero appartenere a Giovanni Bonanno e Bartolomeo Spatola. La Procura dispone l'esame del Dna per la verifica.

7 febbraio 2008: novanta arresti fra Palermo e New York in un'operazione congiunta fra polizia ed Fbi (ribattezzata Old bridge), coordinata dalla Direzione distrettuale antimafia di Palermo e dalla magistratura americana. Svelati i nuovi affari in Sicilia dei mafiosi usciti perdenti dalla guerra di mafia degli anni Ottanta, tornati al potere con il sostegno del clan Lo Piccolo. Nell'asse fra Palermo gli Usa l'ombra di affari di droga.

13 febbraio 2008: Michele Greco detto il Papa – storico boss della mafia siciliana – muore, a 84 anni, all'ospedale Pertini di Roma, dove era ricoverato da alcune settimane. Da tempo era detenuto a Rebibbia, dove stava scontando diversi ergastoli definitivi. Nella sua carriera di capo mafia di Ciaculli, e ai vertici di Cosa Nostra, è stato tra i mandanti di alcuni degli omicidi eccellenti che hanno insanguinato la Sicilia.

15 febbraio 2008: le dichiarazioni del neo pentito Gaspare Pulizzi, un tempo vicino a Salvatore Lo Piccolo, fanno ritrovare alla polizia un cimitero di mafia nei pressi dell'aeroporto Falcone-Borsellino. Fra alcune villette in costruzione a Villagrazia di Carini i resti di due corpi, quelli di Lino Spatola e Giovanni Bonanno, fatti uccidere da Lo Piccolo.

28 febbraio 2008: la seconda sezione della Corte di cassazione, presidente Francesco Morelli – relatore Annamaria Ambrosio, consiglieri Giuliano Casucci, Pietro Curzio, Giorgio Di Iorio – dispone la scarcerazione, per scadenza dei termini, di Giuseppe Salvatore Riina, figlio terzogenito di Totò Riina. Accusato di associazione mafiosa ed estorsione era stato condannato in primo grado a quattordici anni e sei mesi. In appello la pena era stata ridotta a undici anni e otto mesi. La Cassazione, però, aveva annullato senza rinvio la condanna per estorsione e con rinvio quella per associazione mafiosa. Nel nuovo processo d'appello, Riina era stato condannato a otto anni e dieci mesi. Dopo la sentenza, è tornato a Corleone.

29 febbraio 2008: Vincenzo Lo Giudice, ex deputato regionale Udc, viene condannato a sedici anni e otto mesi di reclusione, per associazione mafiosa, dalla prima sezione del Tribunale di Agrigento, presieduta da Antonina Sabatino, giudici a latere, Alberto Davico e Marco Salvatori. Riconosciuto il diritto al risarcimento dei danni da liquidarsi in separata sede ai comuni di Agrigento, Canicattì e Comitini, l'Istituto autonomo case popolari e l'Assessorato regionale ai Lavori pubblici, che si erano costituiti parte civile. Lo Giudice era stato arrestato nel marzo 2004.

17 marzo 2008: nove commercianti ammettono di avere pagato il pizzo e scatta una nuova operazione della Direzione antimafia e della Squadra mobile. Grazie alle indagini sui pizzini trovati nel covo di Lo Piccolo e alle dichiarazioni dei nuovi pentiti, gli inquirenti ricostruiscono altre estorsioni. Ventuno gli arresti nell'ambito dell'operazione Addiopizzo 2. Si fa luce sull'attentato che nel luglio 2007 ha distrutto Guajana Ferramenta, voluto dai Lo Piccolo per punire chi si opponeva al racket.

27 marzo 2008: resta in carcere Bruno Contrada, l'ex numero 3 del Sisde condannato a dieci anni di reclusione dalla Cassazione per concorso esterno in associazione mafiosa. Lo ha deciso la Prima sezione penale della Suprema Corte – presidente Saverio Chieffi, relatore Umberto Giordano, consiglieri Massimo Vecchio, Marcello Rombolà, Silvio Bonito – che ha respinto il ricorso con il quale i legali dell'ex superpoliziotto, recluso nel carcere militare di Santa Maria Capua Vetere, ne chiedevano la scarcerazione per motivi di salute.
Con la decisione della Suprema Corte esce confermata l'ordinanza con la quale il Tribunale di sorveglianza di Napoli, il 10 gennaio 2008, aveva detto «no» al differimento della pena ritenendo che le condizioni di salute dell'ex capo della mobile di Palermo fossero compatibili con la

detenzione. Favorevole a una nuova valutazione del quadro clinico di Contrada (77 anni) era stato, invece, il sostituto procuratore generale di piazza Cavour, Tindari Baglione, che nella sua requisitoria scritta – depositata tempo prima – aveva chiesto l'annullamento con rinvio della decisione dei magistrati napoletani.

7 aprile 2008: Massimo Ciancimino viene convocato in procura dai pm Nino Di Matteo e Antonio Ingroia, e risponde alle domande sulla trattativa fra mafia e Stato. È il primo di una lunga serie di interrogatori in cui il figlio dell'ex sindaco consegnerà numerosi documenti del padre.

9 aprile 2008: i carabinieri del comando provinciale di Palermo arrestano Leoluca Antonino Bruno, 33 anni, nato a Corleone e fedelissimo killer di Totò Riina. L'uomo, con sentenza passata in giudicato, dovrà scontare diciassette anni in quanto responsabile di alcuni delitti commessi a Corleone nel 1995. All'epoca dei fatti era ancora minorenne.

16 settembre 2008: presso la quarta sezione del tribunale di Palermo, presieduta da Mario Fontana – giudici a latere Wilma Mazara e Annalisa Tesoriere – inizia il processo al generale Mario Mori e al colonnello Mauro Obinu, accusati di favoreggiamento nei confronti del boss Bernardo Provenzano. Secondo la Procura di Palermo, avrebbero impedito il blitz che, nell'ottobre 1995, avrebbe consentito la cattura di Provenzano durante un summit di mafia, grazie alle informazioni rese dal boss confidente Luigi Ilardo al colonnello dei carabinieri Michele Riccio.

16 dicembre 2008: la Procura di Palermo dispone il fermo di novantanove mafiosi al culmine delle indagini dei carabinieri del reparto operativo, guidati dal colonnello Jacopo Mannucci Benincasa, sul nuovo organigramma della mafia palermitana. Dalle intercettazioni telefoniche e ambientali era emerso il tentativo di ricostituzione della cupola mafiosa.

12 marzo 2009: i senatori Carlo Vizzini e Salvatore Cuffaro e l'onorevole Saverio Romano vengono indagati per corruzione nell'indagine nata dalle dichiarazioni di Massimo Ciancimino, che ha parlato di mazzette date da Lapis per un'attività di lobbing fatta dai politici in favore della società Gas, il gioiello di famiglia di Ciancimino e Lapis. L'iscrizione è motivata anche in considerazione degli esiti del riascolto di intercettazioni telefoniche e ambientali a carico del professor Lapis, sorpreso a conversare decine di volte con Carlo Vizzini e Saverio Romano.

13 marzo 2009: la seconda sezione penale della Cassazione – presidente Giuliano Casucci, relatore Domenico Gallo, consiglieri Antonio Prestipino, Antonio Manna, Giovanni Diotallevi – condanna definitivamente a nove anni Vito Roberto Palazzolo, ancor oggi latitante in Sudafrica.

28 luglio 2009: la seconda sezione del tribunale di Palermo, presieduta da Bruno Fasciana – giudici a latere Fabrizio La Cascia e Cristina Russo – condannano Giovanni Mercadante per mafia a dieci anni e otto mesi.

8 giugno 2009: Gaspare Spatuzza inizia a collaborare con i magistrati di Palermo e Caltanissetta, che si occupano di fare luce sui misteri delle stragi e della trattativa fra Stato e Cosa Nostra.

6 ottobre 2009: Spatuzza dichiara ai magistrati di aver saputo da Giuseppe Graviano di rassicurazioni arrivate da Silvio Berlusconi. Dice Spatuzza: «Graviano era esultante. Mi disse: abbiamo avuto quello che volevamo, abbiamo il Paese in mano perché abbiamo persone serie, come Berlusconi e il nostro "paesano", non come quei "crastazzi" dei socialisti».

23 ottobre 2009: Spatuzza, a Palermo, di fronte ai giudici della seconda sezione della Corte d'appello di Palermo, presieduta da Claudio Dall'Acqua – giudici a latere Salvatore Barresi e Sergio La Commare, procuratore generale Antonino Gatto – nel processo al senatore Dell'Utri, conferma le dichiarazioni rese negli interrogatori di qualche giorno prima.

15 novembre 2009: la sezione catturandi della Squadra mobile di Palermo, guidata dal vicequestore aggiunto Mario Bignone, arresta il latitante Mimmo Raccuglia, 45 anni, soprannominato il Veterinario, in un'abitazione di Calatafimi, in provincia di Trapani. Il boss era considerato il capo mafia più influente di Cosa Nostra nella provincia di Palermo.

4 dicembre 2009: Spatuzza torna a deporre a Torino, nel processo d'appello a Dell'Utri e conferma ancora una volta le sue accuse.

5 dicembre 2009: la sezione catturandi della Squadra mobile di Palermo, guidata da Bignone, arresta il latitante Gianni Nicchi, 28 anni, in un'abitazione a poche centinaia di metri dal Palazzo di giustizia. Era ritenuto uno dei capi in ascesa della nuova Cosa Nostra.

11 dicembre 2009: Filippo Graviano, nell'aula del processo Dell'Utri, al Palazzo di giustizia di Palermo, smentisce Spatuzza, sostenendo di non aver mai avuto rapporti di alcun tipo con Dell'Utri. Giuseppe Graviano, il fratello, decide invece di non rispondere lamentando problemi di salute causati dal regime di 41 bis. Entrambi i fratelli non rispondono alle domande che riguardano le dichiarazioni di Spatuzza sull'incontro, nel gennaio del 1994, in cui si sarebbe detto che Cosa Nostra aveva «il Paese in mano» grazie a Berlusconi e Dell'Utri.

30 dicembre 2009: la quarta sezione Corte d'appello di Palermo presieduta da Rosario Luzio – giudici a latere Gabriella Di Marco e Renato Grillo –, riduce la condanna inflitta in primo grado a Massimo Ciancimino a tre anni e quattro mesi. Cade per lui l'accusa di tentata estorsione e gli vengono riconosciute le attenuanti generiche. Sconti di pena meno consistenti per gli altri imputati: cinque anni all'avvocato Gianni Lapis (per intestazione fittizia aggravata: anche per lui è caduta l'accusa di tentata estorsione), un anno alla madre di Massimo Ciancimino, Epifania Scardino (intestazione fittizia). Pena confermata per l'avvocato Giorgio Ghiron, a cinque anni e quattro mesi, che rispondeva di riciclaggio.

23 gennaio 2010: la terza sezione di Corte d'appello di Palermo, presieduta da Giancarlo Trizzino – giudici a latere Gaetano La Barbera e Ignazio Pardo – condanna Salvatore Cuffaro a sette anni per favoreggiamento a Cosa Nostra e rivelazione di segreto istruttorio.

23 febbraio 2010: orrore a Palermo per l'aggressione al noto avvocato penalista Enzo Fragalà, consigliere comunale del Popolo della libertà. Un killer solitario lo attende di sera sotto il suo studio e lo aggredisce ferocemente a colpi di mazza. L'avvocato morirà in ospedale tre giorni dopo per le ferite riportate.

5 marzo 2010: i giudici che conducono il processo Dell'Utri respingono la richiesta della Procura generale di ascoltare Massimo Ciancimino, ritenendo le sue dichiarazioni incomplete e contraddittorie.

22 marzo 2010: Giuseppe Liga, 59 anni, insospettabile architetto e reggente regionale del Movimento cristiano lavoratori, viene arrestato a Palermo dai finanzieri del nucleo speciale di polizia valutaria, sotto la direzione del generale Leandro Cuzzocrea, su ordine della procura e del gip Silvana Saguto. È accusato di associazione mafiosa ed estorsione per aver continuato a gestire il tesoro di Salvatore Lo Piccolo. Assieme all'architetto finiscono in manette: Giovanni Angelo Mannino, 57 anni, cognato di Salvatore Inzerillo, uno dei padrini della vecchia guardia ucciso nel 1981; Agostino Carollo, 45 anni, e Amedeo Sorvillo, di 57, imprenditori palermitani che avrebbero fatto da prestanome a Liga.

15 giugno 2010: la commissione centrale per la protezione dei collaboratori di giustizia, presieduta dal senatore Alfredo Mantovano, con una decisione giudicata «senza precedenti» dai pm di Caltanissetta e di Palermo, revoca a Spatuzza il programma di protezione, per aver reso dichiarazioni oltre il limite di centottanta giorni, entro cui un pentito è tenuto a riferire di fatti gravi di cui è a conoscenza.

29 giugno 2010: la Corte d'appello di Palermo, presieduta da Claudio Dall'Acqua – giudici a latere Salvatore Barresi e Sergio La Commare – condanna a sette anni di carcere il senatore Marcello Dell'Utri per concorso esterno in associazione mafiosa per i fatti accaduti sino al 1992. La Corte d'appello ritiene che Dell'Utri intrattenne stretti rapporti con le vecchie organizzazioni mafiose di Stefano Bontate, Totò Riina e Bernardo Provenzano sino alla stagione delle stragi di Falcone e Borsellino, facendo da intermediario fra le organizzazioni malavitose e Silvio Berlusconi. Il pg Antonino Gatto aveva chiesto la condanna a undici anni per Dell'Utri.

25 ottobre 2010: il procuratore aggiunto di Palermo Antonio Ingroia, i sostituti Nino Di Matteo e Paolo Guido comunicano a Massimo Ciancimino di essere stato iscritto nel registro degli indagati per concorso esterno in associazione mafiosa, sulla base delle sue stesse dichiarazioni, relative a rapporti che lui avrebbe intrattenuto, su incarico del padre, con alcuni capi mafia, per la consegna di lettere e pizzini.

12 novembre 2010: il sostituto procuratore Nino Di Matteo aveva chiesto nuovamente di archiviare, pur rilevando «elementi denotanti la contiguità di Romano al sistema mafioso». Accuse gravi, che però, secondo la Procura, non avrebbero potuto portare a un processo per concorso esterno.

18 novembre 2010: il gup di Palermo, Ettorina Contino, rinvia a giudizio per l'omicidio di Mauro Rostagno i boss trapanesi, Vincenzo Virga e Vito Mazzara. Dopo ventidue anni la svolta sul delitto arriva grazie a una perizia balistica che collega l'uccisione del giornalista ad altri omicidi di cui sono stati ritenuti colpevoli i due boss.

22 gennaio 2011: la seconda sezione penale di Cassazione, presieduta da Antonio Esposito – relatore Filiberto Pagano, consiglieri Laurenza Nuzzo, Alberto Macchia e Antonio Manna –, conferma in via definitiva la condanna a sette anni inflitta dalla Corte d'appello di Palermo a Salvatore Cuffaro. L'ex presidente della Regione siciliana, in giornata, si costituisce nel carcere di Rebibbia.

2 febbraio 2011: il Senato della Repubblica accoglie le dimissioni da parlamentare di Salvatore Cuffaro con duecentotrenta voti favorevoli, venticinque contrari e diciassette astenuti.

2 febbraio 2011: nell'aula della Corte d'assise di Trapani, presieduta da Angelo Pellino – giudice a latere Antonio Genna –, si apre il processo per l'uccisione di Mauro Rostagno. In prima fila la figlia Maddalena, che dice: «Finalmente sono state rimesse le cose a posto. Dopo ventidue anni la verità è più vicina». Per il pm Antonio Ingroia, è giunto in processo «solo un pezzo di verità e non tutta la verità». E il suo collega, Gaetano Paci, denuncia «tentativi riusciti di depistaggio, miopie investigative, approssimazioni e superficialità».

21 febbraio 2011: la sesta sezione della Corte d'appello di Palermo presieduta da Biagio Insacco – giudici a latere Roberto Murgia e Gaetano La Barbera –, assolve Giovanni Mercadante, dall'accusa di associazione mafiosa e ordina la revoca dei domiciliari a cui era sottoposto. Prove non sufficienti, secondo i giudici, che nella formula assolutoria usano il secondo comma dell'articolo 530 del codice di procedura penale, stabilendo che «il fatto non sussiste».

22 marzo 2011: la seconda sezione penale della Cassazione, presieduta da Pietro Sirena – relatore Geppino Rago, consiglieri Domenico Gentile,

Nuzzo Laurenza e Giovanni Verga –, riduce la condanna per Vincenzo Lo Giudice, l'ex assessore e parlamentare regionale nonché ex sindaco di Canicattì, a dieci anni, per associazione mafiosa (in appello, a Palermo, aveva avuto undici anni e quattro mesi). Cade l'aggravante di mafia per altri reati, abuso d'ufficio e corruzione, che vanno così prescritti.

31 marzo 2011: la prima sezione della Corte d'appello di Palermo, presieduta da Antonella Pappalardo – giudici a latere Donatella Puleo e Monica Boni – conferma l'assoluzione per il senatore del Pdl Marcello Dell'Utri accusato di calunnia aggravata nei confronti di tre collaboratori di giustizia.

7 aprile 2011: viene ritrovato a Palermo, in via Titone, traversa di corso Calatafimi, il corpo di Davide Romano (34 anni), un giovane mafioso scomparso da tre giorni. È stato ucciso con un colpo di pistola alla nuca. Romano era stato scarcerato qualche mese prima: avrebbe tentato di riprendere il controllo del clan mafioso del Borgo Vecchio.

21 aprile 2011: la Procura di Palermo dispone il fermo di Massimo Ciancimino, con l'accusa di calunnia aggravata nei confronti dell'ex capo della polizia Gianni De Gennaro. Da una perizia grafica effettuata dalla polizia scientifica è emerso che uno dei documenti consegnati da Ciancimino in procura sarebbe stato falsificato.

22 aprile 2011: la Dia trova tredici candelotti di esplosivo nell'abitazione palermitana di Massimo Ciancimino. È lui stesso ad aver dato l'indicazione per il ritrovamento, sostenendo, durante il primo interrogatorio in carcere, di aver ricevuto quei candelotti da alcuni sconosciuti. «Non ho denunciato» precisa Ciancimino junior «per paura di spaventare mia moglie.»

31 maggio 2011: il procuratore aggiunto Antonio Ingroia, i sostituti Nino Di Matteo e Paolo Guido ottengono dal gip Ferdinando Sestito l'emissione di una nuova ordinanza di custodia cautelare per Massimo Ciancimino. Questa volta l'accusa è quella di detenzione e porto di materiale esplosivo.

11 giugno 2011: la terza sezione di Corte d'assise di Palermo, presieduta da Giancarlo Trizzino – giudice a latere Angelo Pellino – assolve Totò Riina dall'accusa di essere stato il mandante dell'omicidio di Mauro De Mauro, il giornalista del quotidiano «L'Ora», sequestrato e ucciso il 16 settembre 1970. Diversi pentiti avevano accusato Riina di avere avuto un ruolo nell'omicidio.

8 luglio 2011: il gip Giuliano Castiglia rigetta la richiesta di archiviazione, presentata dal sostituto procuratore Nino Di Matteo, dell'indagine per concorso in associazione mafiosa a carico del ministro delle Politiche agricole Saverio Romano, e dispone l'imputazione coatta.

13 luglio 2011: il pubblico ministero Nino Di Matteo chiede il rinvio a giudizio per Saverio Romano. E produce al gup, Ferdinando Sestito, nuovi elementi d'accusa consistenti nelle dichiarazioni dei collaboratori di giustizia, Giacomo Greco e Tommaso Lo Verso.

7 settembre 2011: la commissione centrale per la protezione dei collaboratori di giustizia ammette Spatuzza al programma di protezione. «È un atto dovuto» spiega Mantovano «dopo la decisione del Tar Lazio che ha annullato il provvedimento con cui si negava l'ammissione al programma.»

20 settembre 2011: due killer uccidono Giuseppe Calascibetta, 60 anni, in via Belmonte Chiavelli, a Palermo. Il boss, assolto per la strage di via D'Amelio, è ritenuto il reggente del mandamento di Santa Maria di Gesù.

5 ottobre 2011: la seconda sezione penale della Cassazione – presidente Giuseppe Cosentino, relatore Alberto Macchia, consiglieri Giuliano Casucci, Domenico Chindemi, Fabrizio Di Marzo – condanna Massimo Ciancimino a due anni e otto mesi e alla confisca dei beni di famiglia, per sessanta milioni di euro. Per effetto della prescrizione su alcuni capi d'imputazione, la sentenza riduce la condanna per l'avvocato Gianni Lapis, noto avvocato tributarista e docente universitario, a due anni e otto mesi.

14 ottobre 2011: il procuratore generale di Caltanissetta Roberto Scarpinato chiede la revisione dei processi Borsellino e Borsellino bis. Per sette degli undici imputati condannati all'ergastolo per la strage di via D'Amelio, è stato chiesto un nuovo giudizio. L'istanza nasce dalle nuove rivelazioni del pentito Gaspare Spatuzza. L'istanza – trasmessa alla Corte d'appello di Catania – riguarda Salvatore Profeta, Cosimo Vernengo, Giuseppe Urso, Giuseppe La Mattina, Natale Gambino, Gaetano Scotto, Gaetano Murana (condannati all'ergastolo) e Vincenzo Scarantino, Salvatore Candura, Salvatore Tomaselli e Giuseppe Orofino (condannati a pene fino a nove anni).
Per i condannati detenuti il pg chiede la sospensione dell'esecuzione della pena; per Orofino, Tomaselli e Candura, che hanno già espiato la condanna, è stata chiesta la revisione.

25 ottobre 2011: dinanzi al gup Ferdinando Sestito, inizia l'udienza preliminare a carico di Saverio Romano.

8 novembre 2011: la seconda sezione della Corte d'appello di Caltanissetta, presieduta da Sergio Nicastro, giudici a latere Giovanni Carlo Tomaselli e Miriam D'Amore, in udienza camerale, dichiara inammissibile la revisione del processo Contrada. Per il pg Antonino Patti, che si era opposto alla richiesta, «la sentenza è abbastanza scontata perché, al di là del titanico sforzo dei difensori, non ci sono assolutamente elementi processuali nuovi».

20 novembre 2011: di fronte alla quarta sezione di Corte d'assise di Palermo, presieduta da Alfredo Montalto – giudice a latere Claudia Rosini – si apre, trent'anni dopo, il processo per l'uccisione del chirurgo Sebastiano Bosio. In aula, le coraggiose deposizioni della vedova, Rosalba Patania e delle figlie, Liliana e Silvia. Il caso è riaperto dalle indagini del sostituto procuratore Lia Sava, coordinata dal procuratore aggiunto, Ignazio De Francisci. Una nuova perizia balistica su un proiettile dimenticato negli archivi, ha consentito infatti di incastrare il boss Nino Madonia, unico imputato alla sbarra.

24 novembre 2011: si apprende che Marcello Dell'Utri, nell'ambito dell'indagine sulla trattativa tra Stato e mafia, è iscritto nel registro degli indagati per attentato a corpo politico, amministrativo o giudiziario, reato previsto dall'articolo 338 del codice penale.

29 novembre 2011: finiscono in manette a Palermo trentasei persone accusate di associazione mafiosa e di voler ricostruire la cupola di Cosa Nostra.

2 dicembre 2011: su ordine del gip di Palermo Lorenzo Jannelli, la Guardia di Finanza arresta a Roma il commercialista Gianni Lapis. È accusato di associazione per delinquere dedita al riciclaggio nazionale e internazionale.

13 dicembre 2011: dalla collaborazione di Monica Vitale, 28 anni, amante di un mafioso del Borgo Vecchio a Palermo, con il procuratore aggiunto Ignazio De Francisci e i sostituti Maurizio Agnello, Caterina Malagoli e Francesca Mazzocco, scaturisce il blitz dei carabinieri del reparto operativo, guidati dal tenente colonnello Paolo Piccinelli e dal maggiore Antonio Coppola, che si conclude con la cattura di ventidue presunti mafiosi di Porta Nuova, a Palermo. Ad altri sei i provvedimenti vengono notificati in carcere. Si scopre anche che i mafiosi taglieggiavano la produzione di *Squadra antimafia*, la fiction di Canale 5. Infine, Monica Vitale sostiene che l'avvocato Enzo Fragalà fu ucciso perché «colpevole» di aver corteggiato la moglie di un suo cliente che si trovava in carcere.

15 dicembre 2011: su ordine del procuratore capo di Caltanissetta, Sergio Lari, la Dia perquisisce l'abitazione romana di Lino Jannuzzi, giornalista ed ex senatore di Forza Italia. I magistrati nisseni, che indagano su Massimo Ciancimino e sulla trattativa Stato-Cosa Nostra, entrano in possesso di materiale sul cui contenuto mantengono l'assoluto riserbo.

16 dicembre 2011: finisce in manette per associazione mafiosa Ciro Caravà del Pd, sindaco di Campobello di Mazara (Trapani), noto per i suoi proclami antimafia. L'operazione viene condotta dai carabinieri del Ros, su ordine del procuratore aggiunto della Dda, Teresa Principato, e dei sostituti Marzia Sabella e Pierangelo Padova: finiscono in carcere, oltre al sindaco, dieci persone. Appartengono tutte alla famiglia mafiosa di Campobello, tradizionale roccaforte del super latitante Matteo Messina Denaro.

18 dicembre 2011: il gip Ferdinando Sestito revoca gli arresti domiciliari a Massimo Ciancimino, ritenendo attenuate le esigenze cautelari. Ma gli impone di risiedere a Palermo.

21 dicembre 2011: la Camera dei deputati, a scrutinio segreto, con duecentottantasei voti a favore, duecentosessanta contrari e quattro astenuti, autorizza la magistratura all'uso delle intercettazioni telefoniche a carico dell'ex ministro Saverio Romano, indagato per corruzione, aggravata dall'avere agevolato la mafia. Il riferimento è all'inchiesta, tuttora in corso, sulle mazzette ai politici per le vicende della società Gas di Gianni Lapis e Vito Ciancimino.

Su questa storia della mafia hanno scritto

• Giovanni Falcone, **La mafia non è invincibile**
«Micromega», settembre 1990

1. «Ho voluto raccontare la cronaca di una storia che va avanti almeno da dieci anni. Qualcuno, che avrà avuto la pazienza di giungere alle ultime pagine, penserà forse che questo sia il resoconto di una storia senza speranza. Non vorrei aver dato quest'impressione. Certo ho avuto modo di conoscere troppe persone che poi, proprio a causa del loro coraggioso lavoro, sono state assassinate. Ma è altrettanto vero che molte altre sono andate a ricoprire quei posti rimasti vuoti e dimostrano di saperci fare. L'opinione pubblica italiana oggi è molto più sensibilizzata su questo argomento. I riflettori sul "caso Palermo" sono quasi sempre accesi. Non è poco. Non è tutto. *Ma la mafia ormai ha capito che la Sicilia non è più il cortile di casa sua*». Con queste parole Saverio Lodato conclude il suo libro *Dieci anni di mafia*; parole che ad una prima lettura possono suonare stonate in chiusura di un'opera che ripropone, con fedeltà documentale e lucidità di analisi, i tanti insuccessi registrati dallo Stato sul fronte antimafia negli ultimi dieci anni.

Peraltro, il sottotitolo del libro (*La guerra che lo Stato non ha saputo vincere*) e le ultime frasi del risvolto di copertina («Un libro coraggioso, amaro, di alto impegno civile che lascia parlare i fatti e che racconta la tragica e sanguinosa guerra che lo Stato italiano finora non ha saputo – o voluto – vincere») avvalorano il sospetto che l'autore abbia ceduto alla tentazione di lasciare acceso un barlume di speranza in un contesto che legittimerebbe il più nero pessimismo.

Certo, ragioni di pessimismo ce ne sono tante e da più parti amplificate. Non è stato lo stesso Leonardo Sciascia a parlare, con tutta la sua autorevolezza, di Palermo come «città irredimibile»? E non è di questi giorni l'allarmata denunzia del ministro di Grazia e giustizia, Giuliano Vassalli, sulle enormi difficoltà in cui si dibatte l'amministrazione della giustizia nel generale disinteresse? E non è, parimenti, sotto gli occhi di tutti l'impressionante aumento degli omicidi e di altri delitti tipici del crimine organizzato?

Come non ricordare, poi, la preoccupante denuncia dalle colonne di «Repubblica» di un attento studioso come Pino Arlacchi sulla disastrosa situazione di Napoli, considerata più grave di quella della Chicago di Al Capone; o l'allarmato editoriale di Eugenio Scalfari, sul medesimo quotidiano, intitolato *Non donna di provincia ma bordello*.

Il capo della polizia, Vincenzo Parisi, ha da tempo parlato di un vero e proprio «antistato» per sottolineare il grado di pericolosità acquisito dalle organizzazioni criminali in Italia, mentre si moltiplicano le dichiarazioni di impotenza e di sconforto da parte di magistrati e funzionari impegnati, nelle zone calde del Meridione, a lottare, con mezzi e tecniche assolutamente insufficienti, contro una criminalità sempre più proterva ed arrogante che ha ormai in larga parte il controllo del territorio, in Calabria ed in altre zone del Mezzogiorno, e va estendendosi ad altre regioni in passato ritenute indenni, come ad esempio la Puglia.

La piaga dei sequestri di persona, appannaggio prevalente delle organizzazioni calabresi, desta sempre maggiore allarme sociale. Così come suscitano crescente preoccupazione i tentativi, sempre più evidenti, delle organizzazioni criminali di condizionare l'erogazione della spesa pubblica attraverso gli appalti nonché le infiltrazioni mafiose nelle amministrazioni locali; fenomeni, questi, ormai ammessi anche da autorevoli esponenti della compagine governativa. Senza parlare poi delle dimensioni del riciclaggio delle enormi ricchezze provenienti dal traffico della droga e da altre attività illecite, che ha assunto connotazioni di particolare gravità, anche per gli inquinamenti indotti nel mercato legale. Una situazione così allarmante avrebbe dovuto provocare una decisa e corale mobilitazione di tutti i poteri pubblici.

Ma così non è stato.

Si è preteso, con una manovra puramente demagogica che coinvolge maggioranza governativa ed opposizione, di addossare all'alto commissario responsabilità pressoché esclusive nella lotta alla mafia, approvando una legge che allarga i suoi poteri oltre misura ed in stridente contrasto coi princìpi ispiratori del nuovo codice di procedura penale; adesso l'ineluttabile fallimento di una simile scelta politica viene caricato tutto sulla persona fisica di Sica.

Si è tentato, in tutti i modi, di polverizzare professionalità ed esperienze di sparuti gruppi di magistrati che avevano compreso la necessità della socializzazione delle conoscenze e del lavoro in *équipe*.

Si è negata, con superficialità e contro ogni evidenza, l'unicità dell'organizzazione mafiosa Cosa Nostra, con conseguenze di portata incalcolabile sul piano della repressione.

Si è messa in piedi e fomentata con ogni mezzo una campagna denigratoria contro «magistrati-sceriffo» e si è inventata una polemica inesistente sulla impossibilità per il magistrato di «lottare» contro le organizzazioni mafiose, dimenticando disinvoltamente le differenze esistenti, *in un processo di tipo inquisitorio,* tra l'attività di acquisizione delle prove e quella di valutazione delle stesse.

Si è invocata l'introduzione del nuovo codice di procedura penale come panacea di tutti i mali e come mezzo per eliminare in radice e nell'immediato le disfunzioni e le distorsioni della giustizia penale. Si è additato al pubblico ludibrio, quindi, chi metteva in guardia da attese miracolistiche e poneva l'accento sulla necessità che questa importante conquista di civiltà giuridica fosse accompagnata da riforme strutturali e soprattutto da un robusto impegno finanziario.

E adesso?

Adesso, sembrerebbe proprio di trovarsi di fronte ad un cumulo di macerie, ultimo avanzo dell'impegno antimafia degli anni Ottanta, ineluttabile epilogo di una stagione già preannunciata da quell'anonimo epitaffio sul luogo dell'assassinio di Carlo Alberto Dalla Chiesa: «Qui è morta la speranza degli uomini onesti».

Ebbene, malgrado tutto, è mia convinta opinione che ci sia ancora posto per quel cauto ottimismo manifestato da Saverio Lodato. Tanto mi suggerisce l'esperienza accumulata nei molti anni trascorsi in un ufficio giudiziario di prima linea come l'ufficio istruzione di Palermo.

Per chi, come me, è stato protagonista dei terribili anni Ottanta è, in un certo modo, imbarazzante parlarne senza i correre il rischio di incappare in una sorta di scontata autodifesa. Tuttavia, ritengo utile e stimolante ripercorrere le tappe di un'attività ultradecennale e tentare i primi bilanci per trarne spunto di riflessione e, se del caso, di autocritica.

2. Il libro di Lodato prende le mosse, sostanzialmente, dal 1979, l'anno dell'uccisione di Boris Giuliano, dirigente della Squadra mobile di Palermo, e di Cesare Terranova, il magistrato che avrebbe probabilmente assunto le funzioni di consigliere istruttore del tribunale di Palermo dopo una lunga parentesi parlamentare.

Era già stato consumato a Ficuzza (Corleone) l'omicidio del tenente colonnello dei carabinieri Giuseppe Russo (20-8-1977), seguito da altri efferati crimini. Ma proprio quell'anno segnò l'inizio di un'impressionante escalation di violenza che sarebbe poi sfociata in una sanguinosa guerra di mafia e in tanti omicidi eccellenti, primo fra tutti, per la sua potenzialità destabilizzante, quello del prefetto Dalla Chiesa.

Allora, lo stato delle conoscenze del fenomeno mafioso ed il grado di efficienza delle strutture repressive statuali erano molto carenti. Anche fra i rappresentanti della legge c'era chi dubitava perfino dell'esistenza della mafia come organizzazione criminale. Ricordo la domanda che mi rivolse un collega dell'ufficio istruzione, con un'esperienza specifica pluriennale: «Ma tu credi veramente che esista la mafia?». E ricordo anche le preoccupazioni di un collega milanese, seriamente impensierito nel dovermi trasmettere, per competenza territoriale, un processo per traffico di eroina, perché, a suo dire, a Palermo tutti i processi più gravi avevano una sorte infausta.

Era il periodo in cui nei quotidiani locali si aveva ritegno a nominare la mafia, tanto che gli omicidi mafiosi venivano quasi sempre etichettati come opera di una «bieca mano assassina», e in cui le indagini sulla scomparsa di Mauro De Mauro erano ormai avviate verso il totale insuccesso.

Gravi fatti di sangue (l'uccisione del cronista giudiziario Mario Francese e di Michele Reina, segretario della Dc di Palermo) non avevano sortito alcun risultato sul piano giudiziario e permaneva una visione folcloristica e irreale del fenomeno mafioso.

Il disinteresse dello Stato nei confronti della mafia era pressoché totale ed aggravato dalla presenza concomitante del fenomeno del terrorismo. Non c'è da meravigliarsi, dunque, se i fenomeni criminali della mafia, della camorra, della 'ndrangheta venivano vissuti dall'opinione pubblica nazionale in maniera disattenta e svogliata o, peggio, in un'ottica razzista. Ebbene, quello è stato il momento in cui la mafia siciliana, dopo aver compiuto numerosi sequestri di persona ed avere acquisito il controllo del contrabbando di tabacchi, si imponeva definitivamente nel traffico internazionale dell'eroina; e ciò mentre l'Italia solennemente negava nei congressi internazionali l'esistenza di laboratori clandestini di eroina nel proprio territorio.

Avendo avuto la sorte di dovermi occupare, non appena arrivato all'ufficio istruzione di Palermo, del primo processo di mafia di grande rilievo (quello contro Spatola Rosario ed altri, nel quale erano confluiti, fra l'altro, le vicende del falso sequestro di Michele Sindona e di un vasto traffico di eroina tra l'Italia e gli Usa), ebbi modo di constatare personalmente come non fosse rimasta alcuna memoria storica delle conoscenze giudiziarie acquisite sul fenomeno mafioso; come gli organismi di polizia giudiziaria, provati da gravissimi omicidi (Boris Giuliano, il tenente colonnello dei carabinieri Giuseppe Russo, il capitano dei carabinieri Emanuele Basile), avessero perso vivacità e spirito di iniziativa; come, invece, la mafia facesse mostra di sicurezza e di arroganza.

Cominciò così, nell'indifferenza generale ma con l'aiuto generoso del capo dell'ufficio, Rocco Chinnici, e di qualche collega e ufficiale di polizia giudiziaria, una paziente opera di *intelligence*, diretta ad individuare e fissare le coordinate del fenomeno mafioso: vennero riesumati obsoleti rapporti di polizia e studiati vecchi processi di mafia finiti ingloriosamente; vennero faticosamente avviati in Italia ed all'estero contatti di collaborazione con magistrati e funzionari impegnati in indagini analoghe; venne battuta per la prima volta la strada degli accertamenti bancari e patrimoniali, che si rivelò una fonte preziosa di notizie. I risultati non tardarono ad arrivare.

Vennero scoperti i primi laboratori di eroina; vennero redatti i primi importanti rapporti di polizia giudiziaria; vennero finalmente celebrati i primi processi di mafia con buoni risultati. Cominciò, soprattutto, ad intravvedersi, grazie agli sforzi generosi di funzionari di polizia e di ufficiali dell'Arma, la trama di un'organizzazione mafiosa, Cosa Nostra, di dimensioni e di potenza inusitate, con notevoli capacità di infiltrazione nelle istituzioni e nel tessuto sociale.

Questo rinnovato impegno, duro, silenzioso e di lungo periodo fu scandito da un susseguirsi di fatti criminali di gravità inaudita. Già il 6 gennaio 1980 era stato ucciso il presidente della Regione siciliana, Piersanti Mattarella; il 30 aprile 1982 venne il turno di Pio La Torre, generoso segretario regionale del Pci; il 3 settembre dello stesso anno Carlo Alberto Dalla Chiesa, inviato in terra di Sicilia per combattere la mafia come un generale senza esercito, venne biecamente trucidato unitamente alla giovane moglie. Nello stesso periodo infuriò una guerra di mafia che, per durata ed intensità, non aveva precedenti. Il 29 luglio 1983, in un sanguinario attentato, perse la vita il consigliere istruttore di Palermo, Rocco Chinnici, unitamente alla scorta e ad ignari cittadini.

Faticosamente – e grazie soprattutto alla abnegazione ed alla modernità di idee del nuovo capo dell'ufficio istruzione, Antonino Caponnetto – si riuscì ad organizzare finalmente un serio lavoro di gruppo ed a tirare le fila di un impegno ormai pluriennale. Erano comparsi i primi pentiti di mafia, incoraggiati dalla maggiore credibilità acquisita dallo Stato anche agli occhi delle organizzazioni criminali, i quali avevano consentito di inquadrare nella giusta luce gli squarci già aperti dalle indagini fino ad allora condotte. Vennero, così, conferme ai risultati del lavoro investigativo e di ipotesi di lavoro e si poterono, soprattutto, porre le basi per un'ulteriore avanzata grazie alle conoscenze, ormai sufficientemente precise, delle strutture e delle dinamiche di Cosa Nostra.

3. Del faticoso ma gratificante lavoro di quegli anni Saverio Lodato è stato un testimone attento e sensibile, quale cronista giudiziario e responsabile della redazione siciliana dell'«Unità». Egli ha saputo fedelmente e con rara capacità di sintesi rievocare i fermenti ideali che accompagnarono quell'attività, la mobilitazione della coscienza collettiva siciliana, le speranze nate intorno all'azione di uno Stato che, attraverso i suoi funzionari, cominciava a dare segni di vita in una parte del suo territorio da tempo abbandonata a se stessa.

Ed ha puntualmente registrato anche le resistenze e le reazioni di vario segno che, nelle istituzioni e nella società, hanno determinato, ad un certo punto, il rallentamento (secondo alcuni, la stasi) dell'azione antimafia.

È impossibile, in questa sede, dar conto degli innumerevoli problemi scaturiti dalla maggiore incisività dell'azione dello Stato nel contrasto del fenomeno mafioso e dei meccanismi di rigetto innescatisi. Forse è più opportuno lasciare che sia il tempo a decantare le emozionalità, per esaminare poi con sangue freddo e distacco vicende oggi troppo vicine e coinvolgenti. Ma alcune considerazioni, a mio avviso, è possibile e doveroso formulare fin d'ora.

Non vi è dubbio, anzitutto, che un mutamento tanto radicale nell'atteggiamento delle istituzioni e soprattutto di parte della stessa società siciliana rispetto al fenomeno mafioso non poteva che creare conseguenze di vasta portata; in primo luogo, la furiosa reazione dell'organizzazione mafiosa e dei suoi fiancheggiatori ma anche l'incomprensione e l'insofferenza di chi, fuori e dentro le istituzioni, rifiutava il cambiamento.

Certamente, ci sono state esagerazioni ed ingenuità fra coloro che, con entusiasmo e voglia di liberazione, hanno sostenuto l'attività di uno Stato che finalmente cominciava a mostrare di volere fare sul serio.

Ma il risultato è stato che, in mezzo a tante polemiche, l'azione repressiva statuale si è impantanata, anche perché la mafia ha saputo abilmente sfruttare le divisioni nel campo avverso, agendo con spietatezza e con tempismo eccezionali e seminando sconforto e disorientamento nelle forze dell'ordine. Si sono così innescate le polemiche sui giudici-sceriffo, sull'uso disinvolto dei pentiti, perfino sul disturbo alla quiete pubblica provocato dalle chiassose scorte di magistrati, e si è portata avanti un'azione obiettivamente delegittimante, prima con le incredibili polemiche in seno al Consiglio superiore della magistratura sul *pool* quale centro di potere e, poi, con la enfatizzazione di lettere anonime contenenti accuse cui nessuno avrebbe dovuto dar peso per la loro evidente falsità. Si è in definitiva offerta all'opinione pubblica l'immagine di pretesi meschini scontri tra magistrati malati di protagonismo, senza sapere (o volere) comprendere che la posta in gioco era altissima e cioè lo stesso ruolo del magistrato nella società.

Nel contempo, attraverso un'operazione di cui la classe politica non ha saputo cogliere tempestivamente la contraddizione con la legalità democratica, si è pensato di spostare la repressione del fenomeno mafioso, attraverso il rafforzamento dei poteri dell'alto commissario, su un piano meramente amministrativo, al di fuori di efficaci controlli della magistratura.

E tutto ciò mentre la mafia uccideva inesorabilmente gli uomini migliori delle istituzioni.

Nella tragica estate del 1985, l'uccisione di Beppe Montana e Ninni Cassarà metteva in ginocchio la Squadra mobile di Palermo, privata di due fra i suoi più attivi e coraggiosi funzionari; il contemporaneo, immediato, trasferimento dei migliori ufficiali dei carabinieri che, in quanto coinvolti in tante indagini, erano maggiormente esposti al pericolo di rappresaglie mafiose, produceva l'effetto d'azzerare praticamente le strutture investigative antimafia.

L'uccisione, poi, di Antonino Saetta, presidente della Corte di assise di appello che aveva giudicato e condannato gli imputati dell'assassinio del capitano dei carabinieri Emanuele Basile, era la dimostrazione di come, ormai, l'attacco alle istituzioni fosse generalizzato e come nessuno potesse ritenersi fuori della mischia.

Tuttavia, malgrado il pesante clima intimidatorio, le decimazioni, l'abbassamento del livello di consenso sociale, le crescenti difficoltà operative, l'azione antimafia è proseguita. Il primo maxi processo ha avuto esito soddisfacente e, sia pure tra problemi di ogni genere, anche altre difficili e complesse indagini giudiziarie sono andate in porto o stanno per essere concluse.

È entrato in vigore, adesso – senza purtroppo il sostegno di un adeguato impegno, anche finanziario, dello Stato – il nuovo processo penale che ha rivoluzionato il quadro di riferimento degli strumenti della repressione penale. Ha finalmente affrancato da ogni equivoco la figura del pubblico ministero, restituendolo senza ibridismi alla sua qualità di parte e attribuendogli, coerentemente, ogni potere di iniziativa nella repressione delle manifestazioni di criminalità. Ma ha lasciato tanti problemi irrisolti e ne ha creato tanti altri, di cui finora nessuno ha saputo (o voluto) cogliere l'importanza per la sopravvivenza stessa del servizio-giustizia, come quelli della grave carenza di strutture materiali e umane per il funzionamento del nuovo codice e di una magistratura e di una classe forense comprensibilmente impreparate a cogliere nell'immediato le novità del nuovo impianto processuale.

Ci troviamo, quindi, in un momento istituzionale per tanti versi particolarmente delicato e difficile e ciò non potrà non refluire, per quanto qui interessa, sull'efficienza complessiva dell'azione dello Stato contro la criminalità organizzata.

Ma se ciò è vero, è altrettanto vero che non siamo all'anno zero.

Dopo un indubbio periodo di stasi, la macchina investigativa ha ripreso faticosamente a funzionare; nuove professionalità si stanno formando fra magistrati e ufficiali di polizia giudiziaria; il pianeta mafia non è più un mondo inesplorato, ma è abbastanza noto con buona approssimazione nella struttura e nel *modus operandi*; sempre più frequenti si registrano le catture di importanti latitanti mafiosi nel territorio di loro dominio, dove ormai quindi essi non possono ritenersi del tutto al sicuro; le relazioni fra gli organismi investigativi, a livello internazionale, vanno migliorando nettamente.

Sia nel «palazzo» che nella società comincia a farsi strada la consapevolezza che la mafia non è un fenomeno criminale emergenziale ma una piaga profondamente radicata con cui occorrerà confrontarsi ancora per un lungo periodo. Si comincia a comprendere, senza lasciarsi guidare dalla moda del momento e dai mutevoli e contingenti equilibri politici, che solo un tenace, duro impegno collettivo potrà costituire la base per un'ulteriore avanzata.

E, sia pure con lentezza, cominciano a registrarsi mutamenti di mentalità e maggiore comprensione di questi problemi perfino negli ambienti finora più restii a comprenderli.

Non si è allora lavorato invano in questi anni difficili. L'iniziale impegno di pochi ha costretto le istituzioni e la società a guardare in faccia la realtà di un fenomeno criminale destabilizzante troppo a lungo minimizzato ed è valso ad aprire un varco, a creare una testa di ponte che ha resistito, con gravi perdite e tra enormi difficoltà, ad una pesante controffensiva. Adesso, fortificati dalle esperienze nel bene e nel male acquisite, è tempo di andare avanti non con sterili declamazioni e non più confidando sull'impegno straordinario di pochi ma con il doveroso impegno ordinario di tutti in una battaglia che è anzitutto di civiltà e che può e deve essere vinta. Ottimismo e retorica a buon mercato? Forse. Ma come sarebbe stato possibile spendere tanti anni in un duro lavoro di trincea se non vi fosse stata anche un po' di sana retorica e un pizzico di ottimismo?

I fatti, però, mi sembra che mi diano ragione e, comunque, una cosa è certa: indietro ormai non si può più tornare.

• Paolo Borsellino, **Difficoltà generali nella presentazione di libri (torto all'autore o torto all'uditorio)**
Palermo, 3 settembre 1990

Difficoltà particolari in ordine al libro di Lodato: l'essere un personaggio (conseguente ritegno).

Come personaggio infatti mi riconosco in tanti capitoli del libro e sono grato a Lodato per le immeritate parole di apprezzamento (spreco di aggettivi).

Per inciso non mi riconosco soltanto (si fa per dire) nel giovane che al cap. IV (i professionisti dell'antimafia) si assume nato all'Albergheria.

In realtà io e Falcone siano nati e vissuti alla Kalsa e ricordiamo entrambi accanite partite di calcio o ping-pong con gli uomini che poi ritrovammo componenti del clan di Masino Spadaro.

Ma, eccettuate queste marginali imprecisioni, ritrovo nel libro me stesso, i miei compagni di viaggio (Chinnici, Caponnetto e Falcone soprattutto), le nostre ansie, il nostro impegno e le nostre speranze di quasi un decennio di appassionato lavoro.

Non poteva essere che così, perché Lodato è stato a suo modo uno di questi compagni di viaggio:

non distaccato cronista ma attore comprimario (col suo altissimo impegno civile a rappresentare la stampa accanto la giustizia) e almeno in un paio di occasioni, anche suo malgrado, protagonista.

Mi riferisco anzitutto alla disgraziata storia del suo arresto e di Bolzoni descritta quasi con pudore di sfuggita all'inizio del cap. XVII (i gerontocrati in pista) e quindi alla intervista fattami dallo stesso e da Bolzoni, sempre loro nel luglio 1988, che scatenò tante polemiche.

Intervista e suoi contenuti cui spero di tornare brevemente più avanti.

Mi sembra, infatti, più corretto soffermarmi dapprima sui contenuti generali del libro che devo presentare, cominciando dal titolo, anzi dal sottotitolo «La guerra che lo Stato non ha saputo vincere». Io avrei preferito scrivere «che non ha saputo combattere».

E la conferma che contro la mafia è stata condotta una lotta inadeguata la trovo nell'ultimo capitolo del libro (pag. 281) a proposito del rapporto mafia-politica e delle ricorrenti reticenze, in proposito dei c.d. pentiti: «Possano gli esponenti delle parti più sane dello Stato... etc... Questa sintonia è mancata».

Ma in cosa avrebbe dovuto consistere questa «sintonia» che Lodato (e io sono d'accordo) giudica così essenziale?

Qui è necessaria una breve digressione sull'essenza della mafia.

Questa non è soltanto un potere criminale da debellare (o meglio contenere) con operazioni repressive. Vallanzasca – Epaminonda – i sequestratori sardi etc. sono stati scoperti, arrestati e sconfitti senza insormontabili difficoltà con mere operazioni di polizia e con l'intervento repressivo della magistratura.

La mafia è un antistato. Si distingue dagli altri poteri criminali perché tende ad affermare la propria supremazia su un territorio. (La droga è un accidente storico.) Essa è territorio.

La «famiglia» mafiosa non sarebbe tale se non avesse il territorio fra i suoi elementi costitutivi.

Sul territorio tende a esercitare le stesse potestà di imperio che ivi legittimamente esercita lo Stato (e gli altri enti pubblici che ne costituiscono l'articolazione territoriale).

Prime fra tutte ⟨ la giustizia / l'ordine pubblico / il controllo delle risorse economiche.

Questa sua tendenza è alternativa alle potestà pubbliche esercitate dallo Stato e quindi teoricamente le due istituzioni sono in insanabile conflitto.

Solo che il conflitto non viene normalmente risolto con lo scontro armato. La mafia non dichiara guerra ma tende al condizionamento delle persone fisiche che impersonano le istituzioni perché la loro attività pubblica venga dirottata dal fine del bene comune all'interesse proprio dei gruppi mafiosi.

Questa è la normale via attraverso cui la mafia cerca e trova la sua supremazia. Chi non si piega come ultima ratio viene fatto fuori perché non sta al gioco.

È evidente che l'eliminazione e il contenimento di questo cancro non passa soltanto attraverso la via repressiva, ma postula l'eliminazione di tutte le cause socio-economiche e politiche in forza delle quali questo antistato riesce ad affermarsi.

Necessità di interventi legislativi di riforme delle istituzioni (enti locali innanzi tutto), di interventi socio-economici che eliminino la facilità di reclutamento della manovalanza-trasparenza nella distribuzione delle pubbliche risorse al fine di evitare l'inserimento parassitario e così via (tutto ciò è mancato del tutto o in gran parte) a giudicare dalle più diffuse e accreditate opinioni.

In ultimo l'attività repressiva, cui non vanno attribuiti poteri taumaturgici.

Il caricare di attese di definitiva soluzione le grandi indagini e i grandi processi è stato un gravissimo errore, spesso in malafede.

Il maxi processo non poteva decretare in pubblica udienza la fine della mafia, perché quella non era la sede di questa soluzione definitiva.

La delega generalizzata di risolvere il problema (quasi una partita tra guardie e ladri) data a polizia e magistratura è stata una truffa atta a ingannare una opinione pubblica che poi è rimasta sconcertata.

Tanti mafiosi in carcere, tante condanne, ma come mai continuano a esser potenti come prima e più di prima?

Così si è alimentata la pericolosissima e ricorrente tentazione alla convivenza.

Ma poi questa delega a polizia e magistratura, oltre che a Parole, vi è stata davvero?

Le vicende narrate nel libro di Lodato lo escludono.

Vi troviamo tanti uomini che nell'arco di un decennio, da Terranova a Falcone, attraverso Chinnici, Cassarà, Caponnetto e molti altri, hanno inventato le indagini antimafia, operando dapprima in una realtà se non ostile perfettamente indifferente.

Il pool antimafia non fu creato dallo Stato e istituito per decreto ma sorse per faticosissima germinazione spontanea di volenterosi il cui senso dello Stato era sicuramente ed estremamente più alto di quello dei loro governanti.

Fu uno strumento con l'uso del quale furono sicuramente commessi anche gravi errori, ma fu l'unico strumento esistente e funzionante appieno in quegli anni.

Quando ne denunciai la morte imminente, con l'intervista a Lodato, si scatenarono le più accese polemiche e del fiume di parole che in quella torrida estate del 1988 si riversò addosso agli italiani, pochi ricordano una pacata intervista del Min. Vassalli al settimanale «Epoca», nel corso della quale egli sottolineò l'esigenza di una regolamentazione legislativa di quella validissima esperienza.

Non se ne è fatto nulla!!

Il nuovo c.p.p., nel frattempo entrato in vigore, contiene solo una norma sul coordinamento fra i vari pm, priva della prospettazione di rimedi in caso di omissione di una determinazione a coordinarsi, che rimane essenzialmente volontaria.

Lo stesso c.p.p. (o meglio le concrete modalità con le quali la magistratura è costretta ad applicarlo) rende seriamente problematiche le indagini antimafia (sei giorni al mese, secondo vari documenti della Procura di Palermo).

Il nuovo ordinamento giudiziario ha messo fuori uso uffici di importanza vitale (situazione di Marsala).

Pessimismo? Storia senza speranza?

No!

Lasciatemi concludere con una nota di profondo ottimismo, la stessa con la quale l'11.1.90 Lodato concludeva il suo libro.

Dieci anni di antimafia, questi dieci anni di indagini e di polemiche hanno avuto un effetto, sicuramente non perseguito deliberatamente da investigatori e giudici, ma non per questo meno importante. Un effetto culturale che ha svegliato al problema (per la prima volta) l'opinione pubblica meridionale. Che ha allontanato soprattutto dalle giovani generazioni meridionali quella tentazione alla convivenza col fenomeno che generava in ultima analisi quel consenso diffuso di cui la mafia si è sempre nutrita.

Questo è un punto di non ritorno che ci convince di non aver lavorato inutilmente e che ha fatto capire alla mafia che ormai «la Sicilia non è più il cortile di casa sua».

• Gian Carlo Caselli, **Trent'anni di mafia e di «vizio» italiano** «l'Unità», 5 luglio 2006

Un cronista giudiziario «testimone attento e sensibile». Un saggista che opera con «fedeltà documentale e lucidità di analisi». Qualunque scrittore di cose di mafia (un terreno a dir poco tormentato) sarebbe orgoglioso di essere giudicato così. Se poi ad esprimere tali giudizi fosse stato Giovanni Falcone, l'orgoglio potrebbe legittimamente trasformarsi in un titolo d'onore, da rivendicare con fierezza.

È il caso di Saverio Lodato, perché proprio a lui Giovanni Falcone dedicò le parole sopra riprodotte fra virgolette, commentando (su «Micromega» del settembre 1990) un libro di Lodato intitolato *Dieci anni di mafia*. Dal 1990 ad oggi Saverio Lodato ha pubblicato varie altre edizioni di questo suo importante lavoro, ogni volta aggiornandolo nei contenuti e nel titolo. Ed ecco oggi *Trent'anni di mafia*, il volume che la Bur ha appena pubblicato, nel quale Lodato dà prova eccellente che il suo metodo di lavoro è rimasto lo stesso che Falcone aveva apprezzato.

Gli aggiornamenti dell'edizione del 2006 di questa che è fra le più informate ed interessanti storie della mafia siciliana comprendono non solo i capitoli per così dire obbligati, che non si possono non scrivere, come quello riguardante l'arresto di Bernardo Provenzano (L'Aquila Reale di Cosa Nostra) dopo ben quarantatré anni di latitanza. Comprendono anche capitoli che la stragrande maggioranza dei giornali e delle televisioni italiani hanno o letteralmente ignorato o stravolto o minimizzato: come la conclusione del processo Andreotti (217 pagine di motivazione della Cassazione che confermano come l'imputato abbia commesso fino al 1980 il delitto, prescritto, di associazione a delinquere, frequentando mafiosi e discutendo con loro financo dell'omicidio di Piersanti Mattarella), o la sentenza di condanna in primo grado del senatore Marcello Dell'Utri, o la condanna in appello di Bruno Contrada. Vi sono poi capitoli per i quali – parlandone – corro il rischio di una specie di «conflitto di interessi», perché riguardano vicende che mi hanno coinvolto. Ma non posso non farlo, perché è proprio su questo versante che Lodato dimostra ancora una volta la sua straordinaria capacità ed il coraggio di essere testimone fedele dei fatti, anche se «scomodo» perché controcorrente rispetto ad un vento di «normalizzazione» che spesso si fa tempesta.

E sono i capitoli che Lodato intitola «Alle porte di Bagdad», «La Fatwa contro Caselli» e «Come ti faccio fuori per legge». Dove si dimostra che «dopo le stragi del 1992... lo Stato tornò a far sentire la sua presenza», che quelli «furono gli anni della cattura di grandi latitanti, da Riina a Bagarella, da Santapaola a Brusca... mai catturati (così) tanti in un periodo di tempo così breve», gli anni in cui «tutti gli italiani avevano capito che dietro Cosa Nostra c'era un micidiale impasto di politica ed istituzioni», gli anni in cui la Procura di Palermo si comportò di conseguenza, ossia «non tralasciò di continuare a perseguire l'ala militare, ma per la prima volta osò portare alla sbarra... uomini politici di prima grandezza», ma furono «dopo qualche tempo» anche gli anni in cui «si scatenò l'inferno». Nel senso che «la mafia finalmente non aveva più segreti. Bagdad era a portata di mano. Ma Bagdad non doveva cadere. O se preferite: il vaccino era stato scoperto, ma si metteva al bando lo scienziato che lo aveva scoperto. Iniziò così la fase, tutt'ora in corso, dei magistrati della Procura di Palermo sbattuti «sul banco degli imputati» o penalizzati – dentro e fuori del loro ufficio – solo perché colpevoli di aver fatto il proprio dovere senza sconti per nessuno.

Fermare la lotta alla mafia alle porte di Bagdad. Anzi, ostacolare se non impedire la stessa lotta alla mafia.

Un «vizio» di sempre della nostra Italia, rilevato con forza anche da Giovanni Falcone, per esempio nel già citato intervento del settembre 1990 su «Micromega», là dove egli denunzia che «si è messa in piedi e fomentata con ogni mezzo una campagna denigratoria contro "magistrati-sceriffo" e si è inventata una polemica inesistente sulla impossibilità per il magistrato di "lottare" contro le organizzazioni mafiose».

Intervento cui fanno cupamente eco alcune tra le pagine più significative del libro di Lodato, quelle intitolate «Falcone mi disse: "ecco perché lascio Palermo"», dove si racconta una verità che troppi ormai hanno dimenticato, se mai l'hanno saputa: vale a dire che Falcone fu costretto ad emigrare da Palermo perché «qui (gli era) diventato impossibile lavorare», perché qui per lui «non (c'era) più spazio». E perché tutto questo?

In un'intervista a Lodato nel giorno della morte del grande Nino Caponnetto (7 dicembre 2002), che Lodato ripropone nel suo libro, alla domanda «Perché furono tanto odiati il pool ed i suoi rappresentanti» rispondevo: «Forse perché la mafia non è completamente altra rispetto alla politica, alle istituzioni, agli affari, alla stessa società. Ci sono pezzi che con la mafia sono compromessi e ci fanno affari e che per difendersi non esitano a scagliarsi contro i magistrati. È un dato di fatto, per esempio, che i problemi, per il pool di Caponnetto, Falcone e Borsellino cominciarono quando le indagini dei mafiosi di strada si estesero ai cugini Salvo, a Ciancimino, ai cosiddetti cavalieri del lavoro di Catania... Ma così si perdono chissà quante opportunità di un più efficace intervento...».

Dunque, allora come oggi, uno dei problemi centrali nella lotta alla mafia, uno dei nodi da sciogliere per sapere (come si chiede Lodato nella «Conclusione» del suo libro) se «il ventunesimo secolo sarà finalmente un secolo senza mafia» è rappresentato appunto dal fatto che «sino ad oggi la lotta alla mafia si è sempre fermata alle porte di Bagdad». Al punto – aggiungo io – da legittimare un paradosso: quello secondo cui se un magistrato che si occupa di antimafia non subisce attacchi e gode di consensi persino in ambiti che presentano zone grigie, vuol certo dire che è bravo e fortunato, ma forse vuol anche dire che ha scoperto un nuovo metodo, che non è proprio quello di Falcone. Più in generale, c'è da essere – per il futuro – più ottimisti o più pessimisti? Difficile rispondere, ma personalmente propendo per un certo misurato ottimismo. Secondo Giovanni Falcone («Micromega», cit.), nella prima edizione del suo libro, «in un contesto che legittimerebbe il più nero pessimismo», Lodato lasciava acceso «un barlume di speranza», ed era «convinta opinione» di esso Falcone che ci fosse «ancora posto per quel cauto ottimismo». E dire che nell'edizione del 1990 il titolo *Dieci anni di mafia* recava anche il sottotitolo *La guerra che lo Stato non ha saputo vincere*. Oggi questo sottotitolo è scomparso. Credo a ragione: perché magistratura e forze dell'ordine hanno moltiplicato impegno e successi, perché alcune componenti della società civile (penso soprattutto a Libera, cui spero che in una prossima edizione del libro Lodato dedicherà lo spazio necessario) hanno saputo tradurre in cifra operativa quell'antimafia dei diritti, delle opportunità e del lavoro in assenza della quale l'antimafia delle manette risulterebbe sempre insufficiente.

Certo occorrono schiene dritte, come quella di Vincenzo Rovello «che seppe mantenere la barra in difficilissimi momenti della lotta alla mafia», una figura troppo presto dimenticata, che Lodato fa molto bene a riproporci. Ma anche tutte le schiene dritte di questo modo non basteranno, se non ci sarà anche – finalmente – una volontà politica concorde, decisa ed univoca contro la mafia e a sostegno convinto dell'antimafia. Purtroppo (valga a dimostrarlo, se ve ne fosse bisogno, il libro di Lodato) è proprio questo che ancora oggi troppo ci manca.

• Antonio Ingroia, **La forza dei fatti**
«Giudici a Sud», gennaio 2007

Leggere questo bel libro di Saverio Lodato, uno dei più profondi conoscitori del fenomeno mafioso, ma anche delle luci e ombre della «storia ufficiale» dell'antimafia, è una vera esperienza. Un'esperienza per chi di mafia sa poco, perché il libro è il minuzioso racconto di trent'anni di mafia siciliana, vista dall'osservatorio privilegiato di un cronista palermitano, che dalle colonne de «l'Unità» ha scritto di tutte le nefandezze della mafia e dei suoi oscuri intrecci con potentati locali e nazionali, politici ed economico-affaristici, attraverso guerre di mafia, ventate repressive, strategie stragiste, effimere primavere politiche e giudiziarie, legislazioni emergenziali, eterne latitanze, connivenze e coperture. Ma è un'esperienza preziosa anche per chi la mafia la conosce, perché la scrittura di Lodato, non meramente cronachistica ma ricca di spunti problematici e spesso anche polemici, fornisce strumenti critici nuovi di lettura e di analisi di vicende passate e recenti. Un modo per guardare con occhio diverso fatti risaputi, ma anche di concatenare episodi lontani nel tempo, apparentemente slegati fra loro, così scongiurando il rischio di leggere la realtà secondo la logica dell'ultimo anello, che dimentica di legarlo alle sue concatenazioni di origine.

Lodato ha poi il merito di essere un giornalista-scrittore controcorrente. E controcorrente è anche questa sua ultima fatica. Controcorrente perché esce dai binari ormai logori del cronachismo folcloristico sulla mafia oggi imperante. Controcorrente perché propone l'immagine di una mafia che è soprattutto un potere criminale prima ancora che crimine organizzato, e perciò mette al centro della propria analisi il tema che sembra essere divenuto sempre più tabù negli ultimi anni: il rapporto mafia-politica. Controcorrente perché racconta ciò che nessuno, tranne rarissime eccezioni, vuole ricordare: e cioè che la stagione giudiziaria post-stragi del 1992, la stagione del pool di Caselli a Palermo, è stata una stagione di successi e non di fallimenti; dalla cattura dei latitanti storici e dall'individuazione di ingenti patrimoni mafiosi fino all'individuazione delle più imbarazzanti «relazioni esterne» della mafia, rammentando – ad esempio – ciò che viene quotidianamente negato, e cioè che il più noto dei processi di quella stagione, il processo al sen. Giulio Andreotti per «concorso esterno», non si è chiuso affatto con una sentenza di assoluzione piena, come strombazzato da tutti i media e giornali, in quanto per il periodo antecedente alla primavera del 1980 il senatore Andreotti è stato invece ritenuto responsabile del reato contestato, dichiarato prescritto al momento della sentenza di secondo grado.

Controcorrente perché ha raccontato altri fatti-tabù, come quella che Lodato definisce la «Fatwa contro Caselli», e cioè la legge *contra personam*, mediante la quale la maggioranza di centrodestra – caso senza precedenti – ha escluso per legge dal concorso a Procuratore Nazionale Antimafia Gian Carlo Caselli, «reo» di essere stato sempre un magistrato autonomo ed indipendente, ed in quanto tale di avere guidato la Procura di Palermo durante la stagione dei processi a tanti potenti ed uomini politici siciliani ed italiani per collusione con la mafia, nel più rigoroso rispetto del principio di eguaglianza.

Controcorrente perché ha raccontato le vicende più «imbarazzanti» della storia recente dell'antimafia giudiziaria, come quella – ad esempio – che Lodato definisce «l'operazione terra bruciata» attorno ai magistrati reduci del pool di Caselli, operazione attribuita alla gestione della Dda di Palermo da parte del procuratore Grasso, che Lodato definisce «l'uomo che andava a genio al centro-destra per quella poltrona», e cioè quella di Procuratore Nazionale Antimafia, al punto da sbarrare la strada a Caselli con quel decreto *contra personam*. Insomma, un libro denso e stimolante, arricchito da alcune interessanti interviste – fra gli altri – ad Andrea Camilleri, Enzo Biagi e Gian Carlo Caselli, che merita ampiamente la lettura e che sarebbe bene tenere sempre a portata di mano, da consultare quando occorre, quando la memoria ha bisogno di un sostegno documentato.

• Arrigo Petacco «Il Resto del Carlino» – 15 marzo 1990
«Non si può non restare sgomenti, appena terminata la lettura di questo nuovo libro sulla piovra.»

• Giampaolo Pansa «la Repubblica» – 11 aprile 1990
«Un libro di Saverio Lodato, giornalista serio e raccontatore di razza, che lascia al lettore l'amaro in bocca.»

• Tony Zermo «La Sicilia» – 14 aprile 1990
«Un libro avvincente, una specie di romanzone nero.»

• Giorgio Bocca «l'Espresso» – 22 aprile 1990
«... un libro scritto da Saverio Lodato, cronista coraggioso della mafia...»

• Aldo Di Lello «Secolo d'Italia» – 4 maggio 1990
«L'analisi dei fatti è impietosa e il verdetto inchioda lo Stato alle proprie responsabilità.»

• Piero Folena «l'Unità» – 6 maggio 1990
«L'informazione è uno degli strumenti che dobbiamo saper usare; e Lodato dà a tutti una lezione col suo libro e l'interpretazione del suo mestiere.»

• Italo Del Vecchio «La Gazzetta del Mezzogiorno» – 12 maggio 1990
«C'è tutto quello che è successo dal 1979 ad oggi.»

• Gian Carlo Caselli «Stampa Sera» – 14 maggio 1990
«Ma perché lo Stato non ha saputo vincere la guerra contro la mafia? Una delle chiavi di lettura offerte da Lodato è sconfortante ma chiara.»

• Raffaele Bertoni «Mercurio – la Repubblica» – 19 maggio 1990
«L'incalzante ritmo narrativo del libro quasi stravolge le brevi pause di riflessione... ma i fatti vengono esposti in modo che parlino da soli, con una forza persuasiva superiore a mille dibattiti.»

• Remo Urbani «Epoca» – 20 maggio 1990
«Scritto con la scorrevolezza del romanzo e con la puntigliosità e l'accuratezza dell'inchiesta...»

• Giuseppe Di Lello «il manifesto» – 25 maggio 1990
«Cronaca di infiniti misfatti in guerre parallele all'ombra dello Stato.»

• Danilo Moriero «La Voce Repubblicana» – 14 giugno 1990
«Uno spaccato vivo ed efficace su quella guerra mai combattuta ad armi pari.»

• Giorgio Galli «Panorama» – 1° luglio 1990
«È una vera e propria storia dell'ultimo decennio dell'onorata società.»

• Diego Sergio Anzà «Gazzetta del Sud» – 8 luglio 1990
«Ci racconta quanto è avvenuto nella "libanizzata" Sicilia.»

• Vittorio Prajer «La Nazione» – 30 luglio 1990
«Fatti sconvolgenti e brutali, storie di morti ammazzati, corrotti, corruttori e faccendieri, politici compromessi fino al collo.»

• Giuseppe Melis Bassu «La Nuova Sardegna» – 13 ottobre 1990
«Consente di capire meglio quanta sottovalutazione e connivenza, se non complicità, abbiano consentito al tumore di propagarsi.»

• Enzo Catania «Il Giorno» – 5 settembre 1992
«Indispensabile per chi davvero vuole conoscere gli ultimi dieci anni.»

• Corrado Stajano «Corriere della Sera» – 26 giugno 1994
«Una storia infinita, questa che Lodato, cronista di terribili fatti neri e gialli, rappresenta ora con un po' di speranza in più.»

• Marco Palocci «Il Sole-24 Ore» – 4 dicembre 1994
«Una delle più complete e acute cronache dei fatti mafiosi più recenti.»

• Vittorio Grevi «Corriere della Sera» – 27 giugno 2004
«Grazie al ritmo incalzante impresso al racconto e alle numerose testimonianze, il lettore viene stimolato a ripercorrere le vicende della mafia siciliana dalla fine degli anni Settanta ai giorni nostri. E, soprattutto, a comprendere le ragioni non solo degli innegabili progressi, ma anche dei molti insuccessi registrati dallo Stato nella lotta al crimine mafioso.»

• Ruggero Farkas «Ansa» – 20 giugno 2008
«Sembra un vocabolario. È la più nutrita e documentata storia di Cosa Nostra italiana dal dopoguerra ai giorni nostri.»

• Andrea Vianello «Agorà» – 28 ottobre 2011
«Chiunque voglia capire cosa è successo davvero in Italia negli ultimi decenni deve leggere questo libro. È come la Bibbia dell'antimafia.»

• Lilli Gruber «8 e mezzo» – 3 aprile 2012
«Questo libro, negli anni, è diventato un classico del genere.»

• Antonio Ortoleva «Giornale di Sicilia» – 23 maggio 2012
«Un libro che oggi si accredita, in Italia e all'estero, come un testo imprescindibile.»

Ringraziamenti

Un particolare ringraziamento a:
Manfredi Borsellino, Salvo Cangelosi, Gian Carlo Caselli, Francesca Romana Ceci, Gisella Cuffaro, Ignazio De Francisci, Francesco Del Bene, Alessandro Del Popolo, Nino Di Matteo, Cecilia Ferretti, Umberto Gentiloni, Luigi Giuliana, Alessandro Giuliano, Renato Grillo, Antonio Ingroia, Luigi Li Gotti, Guido Lo Forte, Dario Montana, Margherita Nanetti, Gaetano Paci, Salvo Palazzolo, Andrea Piazza, Silvia Resta, Lia Sava, Armando Sorrentino, Vittorio Teresi, Andrea Vianello.

Indice dei nomi

Sommario

Capitolo XXII
Il secondo miracolo

Capitolo XXIII
Qualcosa su Berlusconi

Capitolo XXIV
Le ombre

Capitolo XXV
Finale di partita

Capitolo XXVI
Corleonesi vecchi e nuovi

Capitolo XXVII
C'era una volta la lotta alla mafia

Capitolo XXXII
Si fa presto a dire Dna

Corrispondenze e interviste

Finito di stampare nel giugno 2013 presso
il Nuovo Istituto Italiano d'Arti Grafiche - Bergamo
Printed in Italy

DP 0138838960

QUARANT ANNI
DI MAFIA
LODATO SAVERI

BUR
RCS LIBRI

Libri

ISBN 978-88-17-05627-4